Robert Chr. van Ooyen · Martin H. W. Möllers (Hrsg.)

Das Bundesverfassungsgericht im politischen System

Robert Chr. van Ooyen
Martin H. W. Möllers (Hrsg.)

Das Bundes-
verfassungsgericht
im politischen
System

VS VERLAG FÜR SOZIALWISSENSCHAFTEN

Bibliografische Information Der Deutschen Nationalbibliothek
Die Deutsche Nationalbibliothek verzeichnet diese Publikation in der
Deutschen Nationalbibliografie; detaillierte bibliografische Daten sind im Internet über
<http://dnb.d-nb.de> abrufbar.

1. Auflage November 2006

Lektorat: Frank Schindler

Der VS Verlag für Sozialwissenschaften ist ein Unternehmen von Springer Science+Business Media.
www.vs-verlag.de

Umschlaggestaltung: KünkelLopka Medienentwicklung, Heidelberg
Druck und buchbinderische Verarbeitung: Krips b.v., Meppel
Gedruckt auf säurefreiem und chlorfrei gebleichtem Papier
Printed in the Netherlands

ISBN-10 3-531-14762-5
ISBN-13 978-3-531-14762-8

Inhalt

4 Bundesverfassungsgericht im politischen Prozess II: Akteure und Funktionen

5 Rechtsprechung des Bundesverfassungsgerichts zu Verfassungsprinzipien und Politikfeldern

6 Bundesverfassungsgericht im internationalen Umfeld

Roland Lhotta / Jörn Ketelhut

Rainer Wahl

7 Reformperspektiven und Vorbildrolle

Daniel Burchardt

Klaus von Beyme

Robert Chr. van Ooyen / Martin H. W. Möllers

Einführung:
Recht gegen Politik – politik- und rechtswissenschaftliche Versäumnisse bei der Erforschung des Bundesverfassungsgerichts

Donald P. Kommers, Kenner der amerikanischen und der deutschen Verfassungsgerichtsbarkeit zugleich, hielt in seiner Studie Mitte der siebziger Jahre – also etwa zur Zeit des ersten runden Jubiläums von 25 Jahren Bundesverfassungsgericht – nicht ohne Untertreibung fest:

„This is a study of the Federal Constitutional Court... of West Germany. My principal goal is to... describe its relationship to German politics. That courts of law, constitutional courts especially, are parts of political systems is a proposition no longer to be denied"[1].

Dem auswärtigen, zumal amerikanischen Beobachter war die Bedeutung des Bundesverfassungsgerichts im politischen System allein vor dem Hintergrund eigener langjähriger Erfahrungen mit dem machtvollen Supreme Court schon immer ganz selbstverständlich. Dass Verfassungsgerichtsbarkeit integraler Bestandteil des „politischen Teils" von „government" ist und damit auch der permanenten politischen Analyse bedarf, muss hier – trotz sogar stärkerer Tradition der „Gewaltentrennung" – in keiner langatmigen Erörterung über das dialektische Verhältnis von Recht und Politik erst noch begründet werden. Wirft man auch einen nur flüchtigen Blick auf die in den USA publizierte Literatur, so muss man folglich „neidvoll" feststellen, dass diese Analysen auch jenseits hoch politisierter Entscheidungen wie zur „Rassentrennung", „Abtreibung" oder „Todesstrafe"[2] zum alltäglichen publizistischen und wissenschaftlichen Geschäft zählen: Arbeiten zur allgemeinen Geschichte des Supreme Courts[3] lassen sich ebenso finden wie politische Analysen einzelner Phasen der Rechtsprechung[4], umfangreiche „Insider-Berichte" wissenschaftlicher Mitarbeiter über die interne Arbeitsweise und die politischen (Macht-)Kämpfe innerhalb des Gerichts[5] stehen neben Darstellungen von Richtern selbst[6] und schließlich eher populistisch verfassten Polemiken[7]. Auch die die Rechtsprechung von Leitentscheidungen maßgeblich beeinflussenden Faktoren wie politische Grundeinstellungen, Sozialisation und Persönlichkeitsmerkmale einzelner Richter sind hier regelmäßig Gegenstand breiterer öffentlicher Wahrnehmung und Diskussi-

---

1   Kommers, Donald P.: Judicial Politics in West Germany. A Study of the Federal Constitutional Court, Beverly Hills – London 1976, S. 11.
2   Vgl. z. B.: „Brown v. Board of Education" (1954); „Roe v. Wade" (1973) bzw. „Mc Clesky v. Kemp" (1987).
3   Vgl. z. B. Irons, Peter: A People's History of the Supreme Court, New York 2000.
4   Vgl. z. B.: Powe, Lucas A., Jr.: The Warren Court and American Politics, Cambridge 2000; Schwartz, Herman (Ed.): The Rehnquist Court. Judicial Activism on the Right, New York 2003; Keck, Thomas M.: The Most Activist Supreme Court in History. The Road to Modern Judicial Conservatism, Chicago – London 2004.
5   Vgl. z. B. Lazarus, Edward: Closed Chambers. The Rise, Fall and Future of the Modern Supreme Court, New York 2005.
6   Vgl. z. B. Rehnquist, William H.: The Supreme Court. Revised and Updated, New York 2002.
7   Vgl. z. B. Levin, Mark R.: Men in Black. How the Supreme Court is Destroying America, Washington 2005.

on[8] – und dies nicht nur wegen der starken präsidialen Kompetenzen bei der Richternominierung und der auch für die Richter am Bundesverfassungsgericht immer wieder geforderten[9] öffentlichen „hearings"[10].

Dies verhält sich im deutschen Diskurs erheblich anders:

Biografisch-politische Porträts liegen zwar inzwischen auch für einige Richter/innen des Bundesverfassungsverfassungsgerichts vor; dies jedoch nur sporadisch und nicht etwa als Ergebnis eines allgemeinen, breit angelegten sozial- und rechtswissenschaftlichen Forschungsinteresses am systematischen Zusammenhang von Verfassungsrechtsprechung, Richter und Politik[11]. Auch in der aktuellen zeitgeschichtlichen Forschung ist gerade erst ein wichtiger Anfang gemacht worden[12]. In den Rechtswissenschaften hingegen ist die Literatur zur Verfassungsgerichtsbarkeit bzw. zum Bundesverfassungsgericht zwar kaum noch zu überblicken. Doch entweder dominiert ein an der Gegenüberstellung von „Recht" und „Politik" orientierter „binnenjuristischer" Diskurs „reiner" Rechtswissenschaft, der nur selten zugunsten einer „politischen" Sichtweise durchbrochen wird, da man hier wohl ansonsten befürchtet – und auch Gefahr läuft – sich wissenschaftlich zu „disqualifizieren". Oder aber man stößt in der Folge der einflussreichen staatsrechtlichen Schulen[13] auf einen – wenn auch liberal eingehegten – national fixierten Etatismus mit einem hegelianischen Verständnis von „souveräner Politik", der die „hohe" Politik zum nicht-justiziablen Bereich von „Gemeinwohl" bzw. „Staatsräson" verklärt[14] und die „niedere" (Partei-)Politik der Gesellschaft als „schmutziges Geschäft" des Schacherns um „egoistische Beuteinteressen" begreift. Die selbst verständliche Aussage, dass das Bundesverfassungsgericht – und in ihm natürlich die Richter/innen[15] – ein Machtfaktor in der Politik ist, ja Politik „mache" bzw. sogar machen müsse, wird daher noch heute im staatsrechtlichen Diskurs nicht selten als Provokation emp-

8   Vgl. z. B.: Talbot, Margaret: The Scalia Court; in: The New Yorker vom 28.03.2005.

9   So erfährt man über neue Richter am Bundesverfassungsgericht in der Qualitätspresse – wenn überhaupt – nur wenig und allenfalls am Rande; vgl. z. B. aktuell Müller, Reinhard: Schonende Besetzung. Der neue Verfassungsrichter Eichberger; in: FAZ vom 08.04.2006, S. 7.

10   Vgl. etwa Häberle, Peter: Bundesverfassungsrichter-Kandidaten auf dem Prüfstand? Ein Ja zum Erfordernis „öffentlicher Anhörung"; in: Guggenberger, Bernd / Meier, Andreas (Hg.), Der Souverän auf der Nebenbühne. Essays und Zwischenrufe zur deutschen Verfassungsdiskussion, Opladen 1994, S. 131 ff.

11   Hier sind vor allem zu nennen: Aders, Thomas: Die Utopie vom Staat über den Parteien: biographische Ann'herungen an Hermann Höpker-Aschoff (1883-1954), Frankfurt am Main 1994; Wiegandt, Manfred H.: Norm und Wirklichkeit. Gerhard Leibholz (1901-1982) – Leben, Werk und Richteramt, Baden-Baden 1995; inzwischen liegt auch vor: Spieker, Frank: Hermann Höpker Aschoff – Vater der Finanzverfassung, Berlin 2004, sowie eine von der Politologin und Journalistin Karin Deckenbach im Stil der Hofberichterstattung verfasste, eher unkritische Biografie zu Jutta Limbach, Düsseldorf 2003.

12   Vgl. hierzu aktuell insb.: Henne, Thomas / Riedlinger, Arne (Hg.): Das Lüth-Urteil aus (rechts-)historischer Sicht. Die Konflikte um Veit Harlan und die Grundrechtsjudikatur des Bundesverfassungsgerichts, Berlin 2005; Löffler, Ulrich: Instrumentalisierte Vergangenheit? Die nationalsozialistische Vergangenheit als Argumentationsfigur in der Rechtsprechung des Bundesverfassungsgerichts, Frankfurt a.M. 2004; Gusy, Christoph (Hg.): Weimars lange Schatten – „Weimar" als Argument nach 1945, Baden-Baden 2003.

13   Vgl. m. w. N. Günther, Frieder: Denken vom Staat her. Die bundesdeutsche Staatsrechtslehre zwischen Dezision und Integration (1949-1970), München 2004; van Ooyen: Der Staat – und kein Ende?; in: JBöR, Bd. 54, Tübingen 2006, S. 151 ff.; van Ooyen: „Volksdemokratie" und „Präsidialisierung" – Schmitt-Rezeption im liberal-konservativen Etatismus: Herzog – von Arnim – Böckenförde; in: Voigt, Rüdiger (Hg.), Carl Schmitt heute, Baden-Baden 2006, i. E.

14   Vgl. schon Schmitt, Carl: Der Hüter der Verfassung (1931), 4. Aufl., Berlin 1996; auch Triepel, Henrich: Wesen und Entwicklung der Staatsgerichtsbarkeit; in: VVDStRL, Bd. 5, Berlin – Leipzig 1929.

15   Vgl. Wassermann, Rudolf: Der politische Richter, München 1972.

funden[16]. Dieser Mythos vom „unpolitischen", „objektiven" Recht ist trotz der Erfahrung Weimars und aller eigenen fachwissenschaftlichen Aufklärungsbemühungen durch die Rechtssoziologie in Rechtswissenschaft und Justiz bis in die höchstrichterliche Rechtsprechung hinein wirkmächtig geblieben[17], sodass selbst Verfassungsrichter immer wieder damit ringen, den „Makel" des Politischen loszuwerden[18]. Dabei hätte gerade die Rezeption der *juristischen* „Staatstheorie" des „reinen" Rechtspositivisten Hans Kelsen, dessen auf der Wiener Staatsrechtslehrertagung von 1928 vorgetragene Modell der Verfassungsgerichtsbarkeit ja bei der Konzeption des Bundesverfassungsgerichts Pate gestanden hat, hier mehr als ein Missverständnis über die grundsätzliche Stellung des Bundesverfassungsgerichts im politischen System schon frühzeitig ausräumen können. Denn gerade der „Radikal-Positivist" Kelsen klärte darüber auf, dass das „Politische" der Verfassungsgerichtsbarkeit nicht hintergehbar und kein „Makel" ist; im Gegenteil, es ist geradezu ihr unverzichtbarer Bestandteil, andernfalls man sich – wie sein Gegenspieler Carl Schmitt – von der Idee der Verfassungsgerichtsbarkeit überhaupt zu verabschieden habe[19]. Mit dem Bundesverfassungsgericht hat man jedoch im staatsrechtlichen Diskurs nur das Modell, nicht aber die bahnbrechende verfassungs- und demokratietheoretische Herleitung durch Kelsen übernommen.

Umgekehrt sind die Versäumnisse in der – deutschen – Politikwissenschaft hinsichtlich der Analyse von Verfassung, Recht und Verfassungsgerichtsbarkeit nicht minder erheblich, obwohl eine ganze Reihe ihrer „Gründergestalten" nach 1945 durch Ausbildung und Werdegang vom klassischen Staatsrecht kamen und gerade dies ganz explizit einer politologischen Analyse zuführten[20]. Hier wird inzwischen so ziemlich alles untersucht, was irgendwie „politisch" bedeutsam sein könnte – nur selten hingegen das gerade im deutschen politischen System aufgrund seiner Kompetenzen und der stark juristisch formalisierten politischen Kultur besonders machtvolle Bundesverfassungsgericht. Eine vermeintlich kritische Politikwissenschaft überlässt daher in „partieller Selbstentmündigung"[21] alles, was mit Recht und Verfassung zu tun hat, den Juristen und reproduziert mit diesem „blinden Fleck" gerade die problematische Attitüde der Trennung von Politik und „unpolitischem" Recht, die der demokratische Rechtsphilosoph und -politiker Gustav Radbruch schon in der Weimarer Zeit treffend als die „Lebenslüge des Obrigkeitsstaats" entlarvt hat[22]. So wundert es nicht, dass unter den Autoren der zweibändigen, insgesamt weit mehr als 1.500 Seiten umfassenden

---

16 Vgl. dagegen aber die Arbeiten der hier versammelten Rechtswissenschaftler/innen Bryde – Bull – Burchardt – Häberle – Haltern – Henne – Hesse – Grigoleit – Gusy – Hohmann-Dennhardt – Korioth – Steinberg – Wahl – Zuck, über deren Beteiligung wir uns als Herausgeber daher besonders freuen.

17 Vgl. m. w. N.: van Ooyen: Der Begriff des Politischen des Bundesverfassungsgerichts, Berlin 2005.

18 So schon Rasehorn, Theo: Aus einer kleinen Residenz. Zum Selbstverständnis des Bundesverfassungsgerichts; in: Däubler, Wolfgang / Küsel, Gudrun (Hg.), Verfassungsgericht und Politik, Reinbek 1979, S. 153.

19 Vgl. insb. Kelsen, Hans: Wesen und Entwicklung der Staatsgerichtsbarkeit; in: VVDStRL, Bd. 5, Berlin – Leipzig 1929, S. 30 ff.; m. w. N. van Ooyen: Der Staat der Moderne. Hans Kelsens Pluralismustheorie, Berlin 2003.

20 Vgl. hierzu allgemein insb. die Arbeiten von Ernst Fraenkel und Karl Loewenstein sowie speziell die grundlegende Arbeit von Laufer, Heinz: Verfassungsgerichtsbarkeit und politischer Prozeß. Studien zum Bundesverfassungsgericht der Bundesrepublik Deutschland, Tübingen 1968.

21 So die Kritik von Wolfgang Seibel am Rückzug der Politologen aus den Themenbereichen von Recht und Verfassung: Suchen wir immer an der richtigen Stelle? Einige Bemerkungen zur politikwissenschaftlichen Forschung nach dem Ende des Kalten Krieges; in: PVS, 2003, S. 221; vgl. aktuell auch van Ooyen: Politik und Verfassung. Beiträge zu einer politikwissenschaftlichen Verfassungslehre, Wiesbaden 2006.

22 Radbruch, Gustav: Die politischen Parteien im System des deutschen Verfassungsrechts; in: Anschütz, Gerhard / Thoma, Richard (Hg.), Handbuch des Deutschen Staatsrechts, Bd. 1, Tübingen 1930, S. 289.

jüngsten Festschrift zum 50-jährigen Jubiläum des Bundesverfassungsgerichts[23] gerade mal ein Politologe ist, der diese Merkwürdigkeit dann auch zu Recht kritisiert[24]: Die Darstellung des Verfassungsgerichts in politikwissenschaftlichen Einführungen erfolge, so Klaus von Beyme, eher „pflichtgemäß…, aber meist ganz am Ende", nicht zuletzt, weil „Politikwissenschaftler… verlernt haben, sich in juristische Methoden einzuarbeiten"[25]. Die politikwissenschaftlichen Monografien zur Verfassungsgerichtsbarkeit lassen sich daher – überspitzt formuliert – fast an einer Hand und im Abstand von Dekaden abzählen[26]. Inzwischen scheint unter Umständen doch ein Trendwechsel in Sicht[27]: Die Zahl der Aufsätze[28] und die aktuell vorgelegten bzw. angekündigten genuin politikwissenschaftlichen Monografien und Sammelbände nehmen deutlich[29] zu[30].

---

23 Vgl. Badura, Peter / Dreier, Horst (Hg.): Festschrift 50 Jahre Bundesverfassungsgericht, Bd. 1: Verfassungsgerichtsbarkeit, Verfassungsprozeß; Bd. 2: Klärung und Fortbildung des Verfassungsrechts, Tübingen 2001.

24 Vgl. von Beyme, Klaus: Das Bundesverfassungsgericht aus der Sicht der Politik- und Gesellschaftswissenschaften; ebd., Bd. 1, S. 493 ff.

25 Ebd., S. 493 f.

26 Für die 1980er und 1990er Jahre sind hier insb. zu nennen: Landfried, Christine: Bundesverfassungsgericht und Gesetzgeber. Wirkungen der Verfassungsrechtsprechung auf parlamentarische Willensbildung und soziale Realität, Baden-Baden 1984; Lietzmann, Hans: Das Bundesverfassungsgericht. Eine sozialwissenschaftliche Studie über Wertordnung, Dissenting Votes und funktionale Genese, Opladen 1988; Biehler, Gerhard: Sozialliberale Reformgesetzgebung und Bundesverfassungsgericht. Der Einfluß des Bundesverfassungsgerichts auf die Reformpolitik – zugleich eine reformgesetzliche und -programmatische Bestandsaufnahme, Baden-Baden 1990; Piazolo, Michael (Hg.): Das Bundesverfassungsgericht. Ein Gericht im Spannungsfeld von Recht und Politik, Tutzinger Schriften zur Politik, Bd. 3, Mainz – München 1995; Stüwe, Klaus: Die Opposition im Bundestag und das Bundesverfassungsgericht. Das verfassungsgerichtliche Verfahren als Kontrollinstrument der parlamentarischen Minderheit, Baden-Baden 1997; Guggenberger, Bernd / Würtenberger, Thomas (Hg.): Hüter der Verfassung oder Lenker der Politik? Das Bundesverfassungsgericht im Widerstreit, Baden-Baden 1998.

27 Vgl. insb. die Arbeiten der am Sammelband beteiligten Politikwissenschaftler/innen und Zeitgeschichtler Anter – von Beyme – Brodocz – Günther – Jesse – Ketelhut – Köppe – Landfried – Lembcke – Lhotta – Lietzmann – Niclauß – Piazolo – Pilz – Schaal – Schäller – Stüwe – Voigt – Vorländer.

28 Vgl. z. B.: Lhotta, Roland: Vermitteln statt Richten: Das Bundesverfassungsgericht als judizieller Mediator und Agenda-Setter im LER-Verfahren; in: ZPol, 3 / 2002, S. 1073 ff.; Lhotta: Verfassungsgerichtsbarkeit im Bundesstaat: Überlegungen zu einer neo-institutionalistischen Ergänzung der Forschung; in: Jahrbuch des Föderalismus, Bd. 4, Baden-Baden 2003, S. 49 ff.; van Ooyen: Staatliche, quasi-staatliche und nichtstaatliche Verfolgung? Hegels und Hobbes' Begriff des Politischen in den Asyl-Entscheidungen des Bundesverfassungsgerichts; in: ARSP, 3 / 2003, S. 387 ff.; Kranenpohl, Uwe: Funktionen des Bundesverfassungsgerichts. Eine politikwissenschaftliche Analyse; in: APuZ, 50-51 / 2004, S. 39 ff.; Patzelt, Werner J.: Warum verachten die Deutschen ihr Parlament und lieben ihr Verfassungsgericht? Ergebnisse einer vergleichenden demoskopischen Studie; in: ZParl, 3 / 2005, S. 517 ff.; Möllers: Die Diskussion über die Menschenwürde und das Urteil des Bundesverfassungsgerichts zum „Großen Lauschangriff"; in: Möllers / van Ooyen (Hg.), JBÖS 2004 / 2005, Frankfurt a.M. 2005, S. 51 ff.; Edinger, Florian: Wer misstraut wem? Die Entscheidung des Bundesverfassungsgerichts über die Vertrauensfrage des Bundeskanzlers und die Bundestagsauflösung 2005; in: ZParl, 1 / 2006, S. 28 ff.; Helms, Ludger: Ursprünge und Wandlungen der Verfassungsgerichtsbarkeit in den konsolidierten Demokratien; in: ZfP, 1 / 2006, S. 50 ff.

29 Vgl. aktuell: Massing, Otwin: Politik als Recht – Recht als Politik. Studien zu einer Theorie der Verfassungsgerichtsbarkeit, Baden-Baden 2005; van Ooyen: Der Begriff des Politischen des Bundesverfassungsgerichts, Berlin 2005; Vorländer, Hans (Hg.): Die Deutungsmacht der Verfassungsgerichtsbarkeit, Wiesbaden 2006; Lembcke, Oliver: Hüter der Verfassung. Eine institutionentheoretische Studie zur Autorität des Bundesverfassungsgerichts, Tübingen 2006, i. E.; van Ooyen: Die Staatstheorie des Bundesverfassungsgerichts und Europa. Von Solange über Maastricht zum EU-Haftbefehl, Baden-Baden 2006; Stüwe, Klaus: Das Bundesverfassungsgericht. Eine Einführung, Wiesbaden 2007, i. V.; Vorländer, Hans / Schaal, Gary S.: Die Deutungsmacht des Bundesverfassungsgericht, Wiesbaden 2007, i. V.

30 Hiervon zeugen auch die Gründung einer ad-hoc Gruppe „Verfassung und Politik" in der DVPW sowie der thematisch breiter angelegte und angekündigte PVS-Sonderband: Becker, Michael / Zimmerling, Ruth (Hg.): Politik und Recht, Wiesbaden 2006, i. V.

Vor diesem Hintergrund erklärt sich das Vorhaben des vorliegenden Bands, der nicht nur helfen soll, diese riesige Lücke im Bereich der Lehre vom politischen System zu schließen. Als Herausgeber hoffen wir auch darauf, endlich eine über dieses augenblickliche Interesse hinausreichende grundsätzliche und kontinuierliche politikwissenschaftliche Forschung zum Bundesverfassungsgericht (mit-)anzustoßen. Auch deshalb ist der Band in seiner Konzeption thematisch breit angelegt und beschränkt sich gerade nicht auf den politischen Prozess im engeren Sinne, sondern schließt theoretische Grundfragen der Verfassungsgerichtsbarkeit und methodische Zugänge der Analyse ebenso ein wie historische Entwicklungen, die (rechts-)politischen Implikationen zentraler materieller Bereiche der Verfassungsrechtsprechung und internationale / vergleichende Perspektiven[31].

Da die „symbolische Dimension" der Politik sich immer auch in einer (Herrschafts-)Architektur niederschlägt, möchten wir uns zudem besonders bedanken bei Thorsten Bürklin, der als Architekt und Philosoph die Ambivalenzen dieser symbolischen Bezüge beim modernen „Staatsbau" des Bundesverfassungsgerichts in einer für „Baulaien" verständlichen Weise offen gelegt hat.

Berlin und Bad Schwartau, im Juli 2006

---

31 Dabei sind wir uns darüber bewusst, dass trotz der hier versammelten Zahl der Beiträge eine Reihe von Themen nicht oder doch nicht erschöpfend behandelt werden. Dies liegt zum einen darin begründet, dass für die politikwissenschaftliche Analyse bestimmter, zumeist stark juristisch geprägter Themen – bisher – einfach zu wenige Sozialwissenschaftler zur Verfügung stehen. Zum anderen hat es den ganz banalen Hintergrund, dass wir schon mit dem hier vorgelegten Umfang des Sammelbands an die Grenze dessen stießen, was von uns als Herausgeberduo neben der vollen Lehrverpflichtung an einer Fachhochschule – und ohne Mitarbeiter/innen – zu bewältigen war.

1 Symbolische Architektur

Thorsten Bürklin

Bauen als (demokratische) Sinnstiftung

Das Gebäude des Bundesverfassungsgerichts als „Staatsbau"

1 Sachlichkeit und Strenge

Gerichtsgebäude erfüllen, über funktionale Anforderungen hinaus, die vornehme Aufgabe zu repräsentieren. Dazu reproduzierte die Baukunst des 19. und beginnenden 20. Jahrhunderts – je nach Geschmackslage und Bauaufgabe – die Vorbilder des Mittelalters, der Renaissance und des Barock, indem sie den historischen Fundus den neuen Erwartungen und Vorgaben anpasste. Daneben hatte sich ein Kanon symbolischen Bildwerks etabliert, zu dem u. a. die abwägende Justitia, aber auch Büsten antiker sowie moderner Rechtsgelehrter und Gesetzgeber, die wachsame Eule und, im Falle des Deutschen Reiches, der Adler gehörten. Man war bestrebt Würde zu inszenieren, wollte natürlich den Machtanspruch des Staates bzw. seiner Jurisdiktion und – durch die Wahl historischer Baustile – aus der Vergangenheit überlieferte Ehrwürdigkeit sowie Kontinuität deutscher Geschichte darstellen.

Wie sehr hatte sich die Lage jedoch verändert, nachdem das Dritte Reich untergegangen und jene Vergangenheit hinter einem Schleier irrationaler Wahnvorstellungen verschwunden war. Auch ehemals akzeptierte Baustile und Symbole waren auf einmal in Misskredit geraten. In der Folge dieser Verwerfungen ist das Gebäude des Bundesverfassungsgerichts (BVerfG) als Ausdruck einer prekären geistigen und kulturellen Situation entstanden. Notwendig geworden war der Bau durch das am 23. Mai 1949 in Kraft getretene Grundgesetz. Zunächst hatte man noch im bald zu klein gewordenen Karlsruher Prinz-Max-Palais (von Joseph Durm 1891-97 erbaut) residiert. Der von 1962 bis 1969 von Paul Baumgarten entworfene und zwischen dem barocken Schloss und der 1843-46 entstandenen Kunsthalle Heinrich Hübschs errichtete Neubau musste jedoch unausweichlich all die komplizierten Fragen nach einer der Zeit und den politischen Verhältnissen angemessenen Architektursprache aufwerfen.[1]

Auf diese heiklen Anforderungen reagiert die Gebäudegruppe des BVerfG auf den ersten Blick durch disziplinierte Zurückhaltung. Formale Sachlichkeit und materiale Strenge erzeugen eine Geste der Bescheidenheit, die zwischen den barocken und klassizistischen Schmuckfassaden der nächsten Umgebung spröde, nahezu abweisend wirkt. Der hier verwandte Duktus hat vordergründig nichts mehr mit jener historischen Hochsprache zu tun, die ehemals Exempel für Bauaufgaben dieser Art war. Vorbilder sind stattdessen die Architekturen des internationalen Stils und des Neuen Bauens, die während der Nazidiktatur verpönt

---

[1] Eine Zeit lang hatte es erfolglose Bestrebungen gegeben, das Gericht im wieder aufgebauten barocken Karlsruher Schloss unterzubringen.

waren und – wie Baumgartens eigene Praxis während des Dritten Reiches zeigt[2] – allenfalls im Industriebau einige Anwendung finden konnten. Der dort praktizierte „rationale" Umgang mit einer Entwurfsaufgabe setzt sich im Bau des Gerichts fort. Die übernommene Sachlichkeit der Sprache zeigt sich in der Zergliederung des Gerichtsgebäudes in fünf Pavillons unterschiedlicher, aber aufeinander bezogener Zweckbestimmung[3] – die von einer zentralen, etwa hundert Meter langen Erschließungsachse verbunden werden –, in der Sparsamkeit der gestalterischen Mittel, die jedes Zuviel tunlichst zu vermeiden sucht, und nicht zuletzt in der Verwendung der in den ästhetischen Adel erhobenen Materialien Stahl und Glas.

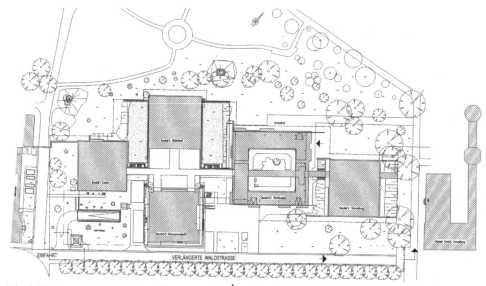

Schaubild 1: Lageplan des Bundesverfassungsgerichts[4]

Mit diesen Mitteln wehrte sich Baumgarten vor allem dagegen, von der klassizistischen Umgebung vereinnahmt zu werden. Die Unmöglichkeit sich an demselben Ort der städtebaulichen Ordnung zu fügen, hatte er bereits im Jahre 1960 anlässlich des Wettbewerbs zum Neubau des Badischen Staatstheaters ausgesprochen, wobei er hinsichtlich der formalen Negation der Umgebung allerdings noch deutlich weitergegangen war.[5] Fünf sich überschneidende und ineinander laufende Kreise (eigentlich der Kreisform angenäherte Polygone) wurden damals zu einer selbst bewussten „organischen" Grundrissfigur zusammengefasst, die in kurzen Wellen den Raum zwischen Schloss und Kunsthalle durchspannte. Man mag in der Gebäudegruppe des BVerfG daher lediglich die schlecht aufgekochte Version des Theaterent-

---

2   Weitere Angaben zur Person und zu den Bauten Baumgartens können dem Ausstellungskatalog: Paul Baumgarten. Bauten und Projekte 1924-1981. Schriftenreihe der Akademie der Künste, Band 19, Berlin 1988, entnommen werden.

3   Die Gebäudegruppe des BVerfG besteht aus dem Sitzungssaalgebäude, dem Richtergebäude, der Bibliothek, einem Verwaltungsgebäude und dem Casino, das mittlerweile allerdings umgebaut wurde, da weitere Büros benötigt wurden.

4   Die Abbildung des Lageplans wurde vom BVerG für die Publikation zur Verfügung gestellt.

5   Der Entwurf bekam den ersten Preis, das Gebäude wurde jedoch nie gebaut. Nachdem das BVerfG den Geländestreifen übernommen hatte und an anderem Ort ein neuer Wettbewerb für das Theater ausgeschrieben worden war, wurde Baumgarten direkt der Auftrag zur Planung des neuen Gerichtsgebäudes erteilt.

wurfs sehen[6], da die einzelnen Gebäude des Gerichts nun trotz der Aufteilung in verschiedene Pavillons und den dabei erzeugten Vor- und Rücksprüngen recht starr auf die Achse zwischen Schloss und Kunsthalle gespannt wurden.

Schaubild 2: Das Sitzungssaalgebäude auf der Seite des Schlossgartens[7]

Die gläserne Erschließungsachse, die Baumgarten auf das notwendigste ihrer Funktion reduzierte und die daher wie eine Bewegungsröhre zwischen und unter den Pavillons hindurchführte, verstärkt diesen Eindruck noch. Dazu macht das Sitzungssaalgebäude – der höchste und von der Stadt aus dominierende Pavillon – weitere Konzessionen an den Stadtgrundriss, indem es sich an die Flucht der Waldstraße, einer der „Strahlen" des vom Schlossturm ausgehenden barocken Straßenfächers, anlehnt. Wie um dieses Entgegenkommen noch zu un-

6   Vgl. Hoffmann-Axthelm, Dieter: Baumgarten und die Architektur der fünfziger Jahre. In: Paul Baumgarten. Bauten und Projekte 1924-1981, S. 44.
7   Dieses und alle nachfolgenden Fotos sind vom Verfasser.

19

terstreichen, wurden die unterhalb des ersten Obergeschosses umlaufenden Aluminiumguss-platten auf dieser Seite teilweise ausgespart und mit Geländern versehen. Dadurch ist eine Art Balkon entstanden, der – im Grunde ohne jegliche konkrete Funktion – den dahinter lie-genden Festsaal betont und somit den Eindruck eines piano nobile traditioneller Architektu-ren erzeugt. Offensichtlich hat Baumgarten die historische Repräsentationssymbolik bei die-ser Bauaufgabe also keineswegs aufgegeben, sondern neu interpretiert und umso intensiver in das Vokabular rationalen Bauens übersetzt.

Schaubild 3: Teile des Organismus: in der Mitte der transparente Verbindungsgang, links der Richterring, rechts das Verwaltungsgebäude

Das BVerfG mag daher nicht mehr die bewegte formale Freiheit und räumliche Offenheit des Theaterentwurfs besitzen. Stattdessen wurde es reich mit subtilen (räumlich-)symboli-schen Anspielungen versehen, die sich erst im Blick hinter die rationalistische Fassade er-schließen. In dieser Hinsicht ist bereits die städtebauliche Anordnung von bemerkenswerter Eigentümlichkeit, da vier der fünf Pavillons derart um die zentrale gläserne Achse angeord-net wurden, dass im Grundriss ein lateinisches Kreuz entstand. Indem Baumgarten diese ehr-würdige Figur aufgriff, nahm er für den Gerichtsbau eine historische Instanz in Anspruch, die nicht mit den Verwerfungen des Dritten Reiches untergegangen und ein Sinnbild zeitlo-ser Autorität war. Zugleich jedoch abstrahierte er die Grundrissfigur nahezu bis zur Unles-barkeit. Ihre Wahl bleibt daher schillernd wie ein unlösbares Rätsel.

Schaubild 4: Treppe und Balkon neben dem Sitzungssaal

2 Der transparente Organismus

2.1 Das „Raumschiff"

Vor Ort bleibt dem Betrachter die Sicht aus der Vogelperspektive natürlich verschlossen. Wieder zeigt sich der gläserne Verbindungsgang jedoch als das abstrakteste, da am meisten reduzierte Funktionselement der Gebäudegruppe. Nur über die beiden, am Schloss und an der Kunsthalle sich gegenüberliegenden Pavillons – dem Verwaltungsbau und dem ehemaligen Casino – wird er an seinen Enden auf dem Grund zwischen Schlossgarten und Botanischem Garten arretiert. Ansonsten schwebt er frei über das darunter durchlaufende Gelände hinweg. In der so entstandenen transparenten Röhre bewegt man sich daher wie in einer eigenen Welt, wie auf dem zentralen Kommunikationssteg eines „Raumschiffes", das mit seinen in Raumsektoren unterschiedenen Funktionsmodulen dort gelandet ist.[8] Das BVerfG erscheint dann wie eine große Maschine oder ein Organismus, der, sachlich, neutral und einer rationalen Staatsverfassung angemessen, seiner zentralen konstitutionellen Aufgabe nachkommt. Gerade die Maschinenmetapher wird noch durch die Treppeneinbauten und Balkone der oberen beiden – und von weither sichtbaren – Geschosse des Sitzungssaalgebäudes un-

---

8   Zu diesen und anderen Aspekten vgl. Bürklin, Thorsten: Mit einem Hauch von Internationalität und Modernität. In: Verein der Richter des Bundesverfassungsgerichts e. V. (Hg.): Das Bundesverfassungsgericht in Karlsruhe. Architektur und Rechtsprechung. Basel, Boston, Berlin 2004.

terstützt[9], da ihre formale Durchgestaltung durchaus an Arbeitsplattformen einer Industriehalle oder aber an maritime Vorbilder erinnert.[10]

Schaubild 5: Der transparente Verbindungsgang außen

Zugleich aber – und dem eben Erläuterten vermeintlich widersprüchlich – steigert der gläserne, seiner Umwelt erhabene Verbindungsgang die Erfahrung des unmittelbaren Kontaktes mit der Umgebung. Das Verständnis von Transparenz muss daher erweitert werden, will man der Gebäudegruppe des BVerfG in ihrer komplexen räumlichen Komposition und Symbolik gerecht werden. In der nur wenige Meter breiten, von beiden Seiten verglasten Röhre bewegt man sich – wen überrascht es – mitten im Garten, mitten im städtischen Umfeld. Im Grunde befindet man sich an einem ganz besonderen, der Umwelt enthobenen Ort und weiß sich doch im selben Moment in deren Mitte.

---

9   Die Aufteilung der Funktionsbereiche des Gerichts in freistehende Pavillons und der daraus resultierende „Organismus" sind der Grund dafür, warum der aus Platznot notwendig gewordene und sich gegenwärtig im Bau befindliche „Anbau" eine der typologisch ungünstigsten Erweiterungsmöglichkeiten bietet. Denn indem der Neubau die „äußeren" Gebäudekanten der Bibliothek und des ehemaligen Casinos aufnimmt, wird die aus diesen drei Gebäudeteilen bestehende Gruppe zu einem „Block" zusammengezogen. Das widerspricht diametral dem Charakter der Gebäudegruppe.

10 Anfang des 20. Jahrhunderts fehlte es nicht an Theorien, die das Wohnen, die Stadt, den Staat, ja auch die Lebenswelt wie eine Maschine oder aber wie einen Organismus organisiert sehen wollten, wobei sich in diesem Denken die Maschine durch ihren hohen Organisationsgrad und Effizienz auszeichnete. Man denke an die Charta von Athen, an die Wohnmaschinen Le Corbusiers, an die Schriften Marinettis u. a.

Schaubild 6: Der transparente Verbindungsgang innen

Allem Anschein nach ist Baumgartens Metaphorik daher weitaus raffinierter, als die oberflächlichen und medientauglichen Gleichsetzungen von optischer Transparenz und demokratischer Repräsentation suggerieren. Zum einen benutzt sie unterschiedliche Referenzsysteme, d. h. religiöse Bilder, Metaphern aus der Maschinen- und Lebenswelt sowie subtile Zitate der Vergangenheit. Zum anderen verwendet sie eine Sprache des Sowohl-als-auch. Durch die reduzierte Architektursprache und die städtebauliche Komposition erscheint das BVerfG als eine Institution ohne spezifischen Ort. Zugleich sind es jedoch gerade diese gestalterischen Eigenschaften, welche seine unmittelbare geistige und physische Präsenz im Zentrum des städtischen Lebens und also – in einem übertragenen Sinne – der politischen Gemeinschaft erleben lassen. Vor allem die beiden Hauptgebäude – das Sitzungssaalgebäude und das Richtergebäude – nutzen diese Themen zu eigenwilligen Inszenierungen.

2.2 Mönchische Zurückgezogenheit

Etwas stolz erhebt sich der zweigeschossige „Ring" des Richtergebäudes, in dem die beiden Senate des BVerfG – unten der Erste, oben der Zweite Senat – mit je acht Richtern residieren, auf blauen Stahlstützen über das Gelände. Dieses Mal wurden sowohl der obere als auch der untere Rand von, je nach Witterung glänzenden oder auch matt schimmernden, Aluminiumgussplatten gerahmt, sodass in der Tat eine ringartige Fassung entstand, was eine um das Gebäude herumlaufende „unendliche" Bewegung erzeugt. Vertikal über die Fassade laufende Vor- und Rücksprünge ordnen sich dieser Kreisbewegung unter, wirken wie die Zacken einer in sich geschlossenen Krone. Entsprechend besitzt der Richterring keine ausgezeichnete Fassadenfront, was ihn umso selbstgenügsamer und erhaben über dem Gelände schweben lässt. Zudem mag er sich – in seiner etwas zurückgezogenen Position – als einziger der Pavillons nicht recht an der alles verbindenden gläsernen Achse orientieren. Diese läuft derart unter dem Richterring hindurch, dass sie gerade um weniges – und dadurch umso eindringlicher – aus dessen Symmetrieachse verrückt ist, so als ob man dadurch die Unabhängigkeit und Überparteilichkeit der Richter noch mal geometrisch unterstreichen wollte.

Schaubild 7: Der Richterring

Im Inneren des Rings macht man eine ähnliche Erfahrung. Rund um den leeren Kern, den unerreichbaren Innenhof, wiederholen zwei übereinander liegende Galerien die äußere Kreisbewegung. Unterstützt wird dieses Motiv von den im Hintergrund reihum wiederkehrenden Türen, den dünnen, weißen Stäben des Handlaufs, dem Rhythmus der umlaufenden Fensterfront und vor allem durch das blaue Traggerüst, das, als innerste – außerhalb, vor den Fenstern liegende – Schicht, scheinbar spielerisch, wie ein Ornament, nur sich selbst und seiner rundum gehenden Bewegung dient. Zur daraus entstehenden Selbstbezogenheit gesellt sich schließlich ein mönchisches Rückzugsmotiv, so als ob sich in der Abgeschiedenheit des Kreuzganges die Ernsthaftigkeit und geistige Würde des Richteramtes sammeln würden. Ein Kreuzgang liegt nicht im Zentrum des alltäglichen, weltlichen Geschehens. Erneut möchte das Gebäude daher jeden konkreten Ort verneinen, was ihm auf den inneren Galerien des Richterringes eindringlich gelingt. Erst von ihren – über dem botanischen Garten und dem Schlossgarten schwebenden – Arbeitsräumen aus werden die Richter wieder einen distanzierten Blick auf die Umwelt werfen.

Schaubild 8: Der „Kreuzgang"

2.3 Nähe und Distanz

Das Sitzungssaalgebäude treibt das Sowohl-als-auch gestalterisch inszenierter Mehrdeutig-
keit, das sinnstiftende Schillern der Komposition auf eine subtile Spitze. Dort – am eigentlichen Ort der Rechtsprechung und der größten Öffentlichkeit – wird das Repertoire rationaler
Formen- und Raumsprachen, historischer Zitate und symbolischer Verweise noch einmal auf
eigenartige Weise entfaltet. Das Sitzungssaalgebäude „schaut" zur Stadt. Als der höchste
(d. h. viergeschossige) und dominanteste Pavillon nimmt es für sich in Anspruch, die Fünfer-
gruppe zu repräsentieren, ihr ein Gesicht zu geben für den Blick der Passanten. Dafür wurde
der großzügige, im Grundriss quadratische Glaskörper allseits durch vor die Fensterflächen
gestellte, die Attika nicht mehr ganz überragende Stahlstützen derart gegliedert, dass dabei
eine vertikale Teilung herauskam, die mit dem dominierenden Mittelfeld und den jeweils etwa halb so breiten Seitenfeldern an die Würde klassischer Fassadenkompositionen erinnert.[11]
Auf der Seite des Schlossgartens unterstützen der erwähnte Balkoneinschnitt und das damit
angedeutete „piano nobile" zusätzlich die Hinwendung zur Stadt.

Kaum jedoch kann man sich auf diese unsicheren Gesten verlassen. Denn schon im selben Moment bemerkt man, wie das Gebäude sich wieder in sich zurückzieht, was die freundlichen Erwartungen an ein weltoffenes, seinem Äußeren zugewandtes Gericht vorerst enttäu-
schen muss. Denn damit man seine Bedeutung ja nicht vergesse, wurde das Sitzungssaalge-

---

11 Ohne die überstehenden Balkone beträgt das Teilungsverhältnis in etwa 1:2:1. Die seitlichen Fensterbänder
    sind jedoch etwas breiter, wodurch der Auflösung der transparenten Ecken eine subtile Beharrlichkeit entge-
    gengesetzt wird.

bäude auf ein etwa kniehohes Podest aus grauem Bruchstein gestellt, das sich zwar recht un-auffällig aus dem Terrain wölbt, dem Pavillon damit aber eine wohl kalkulierte Distanz zu seiner Umgebung verleiht, die er einerseits zu suchen, andererseits zu scheuen scheint. Die-ser Eindruck wird durch die grau schimmernden Streifen der Aluminiumgussplatten noch gefördert, da diese, unter und über dem ersten Obergeschoss vor die umlaufenden Balkone geblendet, als Ringe um das quadratische Gebäude herumlaufen und ihm damit jede Rich-tung, jede Einordnung in das städtische Gefüge nehmen. Eine ähnliche Wirkung erzeugt die an allen vier Seiten sich wiederholende Fassadengliederung (in Bezug auf die Stützenstel-lung, die Fensteraufteilungen und die Attika aus eben denselben Aluminiumgussplatten). Wäre da nicht der sich bescheiden zurückhaltende Haupteingang mit den wenigen Stufen auf das Podest – schwerlich würde sich eine Front vor der anderen auszeichnen.

Schaubild 9: Das Ornament

Wie anders aber wirkt das Gebäude wieder im Inneren. Bereits im weiten, nach drei Seiten verglasten Entrée versteht man, dass dieser Pavillon gerade wegen seiner formalen Reduk-tion und scheinbaren Zurückgezogenheit umso mehr auf seine Umgebung – auf irgendeine Umgebung – angewiesen ist. Auf den Bodenplatten aus geschliffenem Treuchtlinger Mar-mor spiegeln sich – je nach Standpunkt – die Bäume des Schlossparks oder aber die nahe Kunsthalle. Zwischen dieser Spiegelfläche unter den Füßen und der nicht allzu weit entfern-ten Decke über dem Kopf befindet man sich in einer Art horizontal gelegtem Raumquader, der über die Glashaut hinweg bis weit in die Umgebung hineinreicht. Ähnlich wie auf dem Verbindungssteg ist man der Umwelt enthoben und steht zugleich mitten in ihr. Der Gang nach oben wird diese Erfahrung bestätigen. Lediglich das erste Obergeschoss (das „piano nobile") wirkt auf Grund der umlaufenden Balkonbrüstungen etwas verschlossener. Umso mehr überwältigt danach die ungehemmte Offenheit und Helligkeit der oberen beiden Ge-schosse, in deren Mitte sich der Sitzungssaal als verglaster „Innenhof" befindet. Um diesen herum führt – auf drei Seiten – eine lichte, luftige Raumschicht, die wie ein Polster zur äußeren Glashaut hin vermittelt. In ihr liegen die um den „Innenhof" führenden Treppen und Emporen. Darüber hinaus herrscht wiederum jene disziplinierte Zurückhaltung, eine inszenierte Leere, die aus dem sicheren Abstand heraus die Nähe der Umgebung geradezu sucht.

Schaubild 10:   Das Licht- und Luftpolster um den Sitzungssaal (I)

Der Sitzungssaal wiederholt diese Haltung mit Nachdruck. Außer dem Bundesadler und der Bundesfahne findet man dort wenig Schmuck, lässt man einmal die großen Furniertafeln hinter der Richterbank, die sie trennenden Schattenfugen, die Fensterrahmungen der seitlichen Begrenzungen, ja auch die roten Roben der Verfassungsrichter, insgesamt also eher sanfte, leise ornamentale Andeutungen beiseite. Man mag sich an die historischen Vorbilder erinnern, an verschlossene, vor der Außenwelt versteckte Schmuckkästen, deren Wände von geschichtlichen, politischen und juristischen Bildzitaten und Symbolen nur so strotzten. Nichts von alledem findet man hier oben in dieser klaren Weite. Die symbolische Bescheidenheit des architektonischen Ausdrucks ruht vielmehr gelassen in sich selbst und lenkt zugleich den Blick nach draußen, in Richtung Stadt und Kunsthalle, in Richtung Schloss. Der Sitzungssaal ist der Stadt durch seine Höhe weit enthoben und durch seine transparente Offenheit zugleich mitten bei ihr. Die rationale Reduktion der Architektur verlangt geradezu, alle Bedeutung, alle Sinngebung aus der Umgebung abzuleiten. Das Gericht ist nichts ohne seine Menschen und deren Geschichten, die in unaufdringlicher Distanz darum herum leben. Vielleicht ähnlich wie bei den ältesten Sitzungen unter freiem Himmel bei der Gerichtslaube befindet man sich wieder mitten unter ihnen und ist über das Geschehen doch zugleich erhaben und unabhängig. Eine Balance zwischen Nähe und Distanz, Verbundenheit und Unabhängigkeit zeichnet die Architektur dieses Gebäudes aus. Nach der Erfahrung des Dritten Reiches mag Baumgarten an dieser Aussage gelegen haben.

Schaubild 11:   Das Licht- und Luftpolster um den Sitzungssaal (II)

3   Transparenz und Demokratie (I)

Als die großzügigen Fensterflächen zu Beginn noch nicht an so vielen Stellen aus Sicher-
heitsgründen mit Vorhängen verhangen waren, bestach die Gebäudegruppe neben der klaren
funktionalen Gliederung weitaus mehr als heutzutage durch eine optische Transparenz, die
umso spürbarer zur Geltung kam bzw. kommt, als breite und alle Gebäude umlaufende, wol-
kig-graue Aluminiumgussplatten der Leichtigkeit der Erscheinung und dem flüchtigen Spiel
der Lichtreflexe auf den Scheiben mit ruhiger Schwere entgegenlasten. Man hat immer wieder darauf hingewiesen, dass die transparente Offenheit der Architektur ein Zeichen demokratischen Geistes und freiheitlicher Grundordnung sei.[12] Der Architekt mag Transparenz als
Sinnbild demokratischen Bauens sowie vor allem die rationale Schlichtheit des Baus und die
an den Tag gelegte symbolische Bescheidenheit als einen angemessenen Ausdruck des deutschen Neuanfangs verstanden haben. Mit Sicherheit lassen sich jedoch weder Gestaltungsprinzipien noch -elemente geradewegs irgendwelchen politischen Überzeugungen zuordnen,
so als ob der Einsatz großzügiger Ein- und Durchblicke und die ihm nachgesagte und beim
BVerfG tatsächlich erzeugte optische Transparenz per se Ausdruck einer demokratischen
Gesinnung wären. Das gleiche gilt für das rationale Arrangement einer Architektur.

---

12   Vgl. den Artikel „Bundesverfassungsgericht in Karlsruhe", in: Bauwelt 1969, Heft 48, S. 1714-1720. – Vgl.
     zudem die Webseite des BVerfG: www.BVerfG.de/text/gebaeude.html.

Schaubild 12: Der Sitzungssaal

Um sich das klarzumachen, muss man sich lediglich die von Giuseppe Terragni während der ersten Hälfte der dreißiger Jahre des vergangenen Jahrhunderts erbaute Casa del Fascio, das Gebäude der faschistischen Parteizentrale in Como vor Augen halten. Die Casa del Fascio sollte – so der damals vor dem Krieg noch überzeugte Faschist Terragni – ein Haus aus Glas werden, damit es, so meinte er, durchsichtig und rational strukturiert wie die faschistische Gesellschaft selbst sei.[13] Noch reduzierter als Baumgartens Sprache sind die zu diesem Zweck von Terragni mit – so könnte man sagen – intellektueller Leidenschaft eingesetzten gestalterischen Mittel. Im Grundriss ist das Gebäude ein Quadrat, der darüber aufragende Körper ein halber Würfel. Die elementare geometrische Form sollte auch an die archaische Größe des antiken Rom erinnern. Ein weites, verglastes Entrée lässt die Platzfläche imaginär und für den Besucher beim Durchschreiten nachvollziehbar bis an die Hinterseite des Gebäudes fortlaufen. Durch in den Obergeschossen aus dem Halbwürfel herausgearbeitete Loggien kann man die im städtischen Hintergrund liegenden Berge und deren Vegetation, wie in Rahmen gefasst, durch das Gebäude hindurch wahrnehmen. Die Casa del Fascio will inmitten ihrer Umgebung stehen, Teil derselben sein, auch wenn sie sich durch die reduzierte Architektursprache zunächst – scheinbar – davon abwendet.

---

13 Angaben zur Person Terragnis und seinen Bauten findet man in: Fonatti, Franco: Giuseppe Terragni. Poet des Razionalismo, Wien 1987, insb. S. 44/45.

Schaubild 13:   Blick aus dem Sitzungssaal

Einige für das Gebäude des BVerfG bedeutende Gestaltungsmerkmale bestimmten also bereits den Entwurf der Casa del Fascio. Man erzeugte Transparenz, holte das Äußere in das Innere der Gebäude, verwob durch mannigfache Durch- und Einblicke die Bauten mit ihrer Umgebung. Von einer Art Innenhof, wendet man sich sowohl bei der Casa del Fascio als auch beim Sitzungssaalgebäude, wie aus einem ideellen Zentrum, der Umgebung zu. Dazu kommen Parallelen in der klassizistisch motivierten Dreiteilung der Fassaden. Und schließlich ist nicht nur die faschistische Parteizentrale in Como als Halbwürfel konzipiert. Auch das Sitzungssaalgebäude besitzt mit etwa 32 Metern Seitenlänge (einschl. der umlaufenden Balkone) und etwa 16 Metern Höhe (einschl. des Sockels) die in ungefähr gleiche stereometrische Grundfigur.[14] Der kurze Vergleich zeigt also, dass demokratisch gesinntes Bauen sich zwar durchaus der Metapher optischer Transparenz und räumlicher Offenheit (sowie rationaler Einfachheit) bedient. Solche Bilder sind jedoch willkürlich gewählt, da Durch- und Einblicke, geradeso wie elementare geometrische Figuren für sich betrachtet für nichts stehen – wenigstens für kein politisches Programm. Der *internationale* Stil, von dem sich die rationale Architektur Baumgartens herleitet, war – das lag in seinem Begriff – keinesfalls auf Deutschland oder Frankreich beschränkt und ebenso wenig auf die Repräsentanz demokratischer Grundordnungen. Zu anderen (jedoch nicht allzu fernen) Zeiten und an anderen (nicht allzu fernen) Orten wurden die gleichen Bilder, die gleichen Gestaltungsprinzipien daher für geradezu gegenteilige Inhalte verwandt. Auch andere politische Systeme und Ideologien bedienten sich seiner, etwa in der Sowjetunion oder aber zeitweise im faschistischen Italien.

---

14   Zieht man die Balkone ab, hat das Gebäude eine Seitenlänge von ca. 28 Metern. Ohne den Sockel ist es noch knapp 15,50 Meter hoch.

Schaubild 14:   Die Casa del Fascio   Schaubild 15:   Blick aus dem Innenhof

4 Transparenz und Demokratie (II)

Architektur mag Bedeutungsträger sein, sie kann symbolische Funktion besitzen. Die Historie ist voll dieser Beispiele, angefangen von Kirchenbauten bis hin zu Staatsbauten, deren räumliche Komposition und Figurenschmuck nicht nur funktionalen Anforderungen sondern auch einer ideellen Sphäre, dem Glaubensbekenntnis, dem Machtanspruch usw. dienen sollen. Traditionen besitzen dabei die Eigenart einen Kanon zu entwickeln, der früher oder später als selbstverständlich hingenommen wird, dessen Legitimation man jedenfalls nicht mehr hinterfragt, so als sei alles immer schon so gewesen. Die mittelalterliche Architektur und Kunst mit ihren kanonisierten Gestalten und dazugehörigen Bedeutungen sind der augenscheinlichste Nachweis dessen, während sie doch ihrerseits nicht aus dem Nichts entstanden, hatten sie doch Vorgänger u. a. im jüdischen, griechischen, römischen Bauen, Bilden und Denken, die irgendwann zu einem Eigenen, Unverwechselbaren um- und eingearbeitet waren. Der ideologisch weitaus weniger bindende Klassizismus, der die wichtigen Bauten des Staates bis zum Zweiten Weltkrieg dominierte, lebte von ähnlichen stilistischen und symbolischen Übereinkünften. Man wusste, was man von dessen architektonischen Kompositions- und Stilelementen sowie von seinen Bildwerken auf Grund traditioneller Übereinkunft erwarten konnte.

Im Grunde ist man mit derselben Erwartungshaltung an das rationale Bauen und an das Gebäude des BVerfG im Besonderen herangetreten. Eine demokratische Grundordnung verlangte nach einer angemessenen Ausdrucksform. Da man nach der Nazidiktatur wieder durchschaubare politische und juridische Verhältnisse zu schaffen hatte, lag es nahe, das Schlagwort Transparenz zu bemühen und es schließlich in Architektur umzusetzen. Räumliche Einblicke, Durchblicke, durch weite Glasflächen ermöglicht, konnten als Sinnbild der neuen weltoffenen, demokratischen Haltung aus den Trümmern der jüngsten Vergangenheit auferstehen. Dienlich war dabei auf den ersten Blick die geistige Haltung, aus welcher der internationale Stil und das rationale Bauen hervorgegangen waren. Tatsächlich hatte man es sich anfänglich zur Aufgabe gemacht, die Welt und ihre Städte von veralteten, dem neuen Maschinen- und Automobilzeitalter hinderlichen Gewohnheiten zu entrümpeln. Das rationale Bauen galt deshalb bereits als „transparent", da es das vermeintlich irrationale Dickicht der alten Bürgerstädte ablehnte, um an deren Stelle überschaubare Räume zu setzen. Nach dem Regress des Dritten Reiches erschien es als hoffnungsvoll modern.[15]

Während der Nachkriegsjahre wünschte man sich eine Geste des Neuanfangs. Die relativ junge und damals noch unbelastete Architektur des internationalen Stils, das rationale Bauen und die Transparenz von Stahl- und Glasbauten konnten diesen Wunsch erfüllen. Vor allem waren sie in der Lage, auf Grund ihrer Neuheit unverdächtige Bedeutungen zu erzeugen, welche der demokratischen, noch so ungewohnten Realität bildhaft simpel und daher mediengerecht auf die Sprünge zu helfen vermochten. Beim BVerfG ist das gelungen. Auch die Bilder des Münchner Olympiastadions, dieser großzügigen Glasarchitektur mit dem weltoffenen und freundlichen Image, waren von immenser, populärer Überzeugungskraft. Die schiere Wiederholung mag Traditionen begründen. Bauen dient in diesem Falle als Praxis demokratischer Sinnstiftung. Wo dieselben Architekturstile und Gestaltungsmittel jedoch für ganz unterschiedliche Ideologien in Anspruch genommen wurden, wie das beim internationalen Stil und dem rationalen Bauen der Fall war, konnte jegliche damit in Verbindung gebrachte politische Symbolik nicht mehr als nachträgliche Applikation sein, die sich – gewiss – durch Nachahmung ins kollektive Bewusstsein einzuprägen vermag. Auf diese Weise haben die meisten unter uns das Gebäude des BVerfG als den symbolischen Ausdruck von Transparenz und Demokratie kennen gelernt. So etwas bleibt in guter Erinnerung. Und dennoch sollte man nicht vergessen, dass diese Bedeutung aus einer anfangs willkürlichen und noch unsicheren Setzung entstand. Vielleicht liegt darin aber der tiefste (wenn auch ungewollte) Bedeutungsgehalt des Gerichts: Der Hinweis darauf, dass alles auch hätte anders kommen können, dass Bedeutungszuweisungen sowie politische Symbole dem Wandel unterworfen sind – und vor allem aber, dass Transparenz und Demokratie immer wieder neu zu stiften sind.

---

15   Vgl. Hoffmann-Axthelm, a. a. O. (Fn. 5), S. 43: „Paul Baumgarten hat mit einem einzigen Bau, dem Konzertsaal der Hochschule für Musik, im Nachkriegs-Berlin das Licht wieder angemacht."

2 (Verfassungs-)theoretische und methodische Grundfragen

Peter Häberle

Verfassungsgerichtsbarkeit in der offenen Gesellschaft

Einleitung

Auf der heutigen Entwicklungsstufe des „Typus Verfassungsstaat" ist für das hier zu behandelnde Thema nur ein von vornherein *vergleichender* Ansatz ergiebig. Er wurde speziell für die Verfassungsgerichtsbarkeit in dem Beitrag des Verf. für die FS BVerfG 2001[1] unternommen: „Das BVerfG als Muster einer selbstständigen Gerichtsbarkeit". Bislang fehlt, soweit ersichtlich, eine Studie, die in ähnlicher Weise die *„offene Gesellschaft"* in verfassungsjuristisch-vergleichender Sicht erörtert. Dies sei im Folgenden besonders im Zusammenhang mit der Verfassungsgerichtsbarkeit gewagt. Beides, „offene Gesellschaft" und „Verfassungsgerichtsbarkeit", können nur in einem gedanklichen Zugleich behandelt werden. Dennoch widmet sich der folgende Erste Teil primär der „offenen Gesellschaft", der Zweite, zunächst getrennt, der „Verfassungsgerichtsbarkeit". Beide Themen sollen im Dritten Teil zusammengeführt werden, obwohl dies angesichts der selbst bei diesem „großen Thema" vorgegebenen Kürze allenfalls in Stichworten möglich ist. Nicht minder angemessen wäre ihm ein interdisziplinärer Ansatz, wie ihn dieser Band, freilich von je für sich arbeitenden Autoren, unternimmt. Ein zusammenfassender Überblick aller einzelwissenschaftlichen Ansätze aus der „Vogelperspektive" wäre am Ende Sache der Herausgeber – und der späteren Rezensenten.

Erster Teil: Offene Gesellschaft – Garantien verfassungsstaatlicher Offenheit nach „innen" und „außen"

1   Der Begriff

Die „offene Gesellschaft" ist das Idealbild von Sir *Popper*, als Gegenprogramm zu philosophischen Systemen eines *Platon* und *Hegel*, aber auch zum totalitären Faschismus und Kommunismus 1945 entworfen. Sie hat als Wort und Begriff eine beispiellose Erfolgsgeschichte hinter sich, zunächst in der westlichen Welt, nach 1989 mindestens gemäß den Verfassungstexten auch in Osteuropa; sie ist fast schon ein „Gemeinplatz" im guten Sinne des Wortes, findet sich sogar ausdrücklich in neueren Verfassungstexten (z. B. Präambel Verf. Peru von 1979 sowie in Osteuropa: Präambel Verf. Litauen von 1992: „Offene, gerechte, harmonische bürgerliche Gesellschaft") und ist in der Wissenschaft fast unangefochten[2]. *Verfassungsjuristisch* wurde sie bislang in grundsätzlich vergleichender Sicht kaum behan-

---

1   Badura, Peter / Dreier, Horst (Hg.): Festschrift 50 Jahre Bundesverfassungsgericht. 1. Band, Tübingen 2001, S. 311 ff. – Der theoretische Rahmen findet sich in dem Band des Verf.: Rechtsvergleichung im Kraftfeld des Verfassungsstaates, Berlin 1992.

2   Vgl. auch das KPD-Urteil des BVerfG E 5, 85, bes. S. 134 ff., 197 ff.

delt. Ansätze gab es in der These „Die Verfassung des Pluralismus" (1980), auch im Wort von der „pluralistischen Gesellschaft"[3]. Neuerdings rückt die sog. „Bürgergesellschaft" in den Vordergrund, auch verfassungstextlich[4]. Ihr Anliegen ist es, den *Bürger* zu stärken, ihn ins Zentrum des Verfassungsstaates bzw. seiner pluralistischen Gesellschaft zu rücken, z. T. auch gegenüber überstarken Staatlichkeitskompetenzen sowie der übermäßigen Herrschaft des „Marktes" und den sich nicht selten allzu selbstgefällig etablierenden politischen Parteien. Das Denken *vom Bürger* und *seiner* Gesellschaft her soll das traditionale „Denken vom Staat her" begrenzen bzw. korrigieren. Die Unionsbürgerschaft (Art. 17 ff. EG) leistet dazu ihren Beitrag. Erarbeitet man die Garantien verfassungsstaatlicher Offenheit mit den Methoden und Inhalten der vergleichenden Verfassungslehre, so lässt sich folgendes Bild skizzieren:

2   Offenheitsgarantien nach „innen"

Bei allen Vorbehalten gegen die Unterscheidung des „Außen" und „Innen" sind als konstituierende Elemente des offenen Verfassungsstaates zuvörderst die aus der Menschenwürde folgenden *Freiheits- und Gleichheitsrechte* zu nennen, sie garantieren die Offenheit der Ordnung und des politischen Prozesses vom *Bürger* her[5]. Zugleich geschieht dasselbe dank des auf der Menschenwürde beruhenden Demokratieprinzips: Freie, gleiche und geheime, faire, *regelmäßige Wahlen* („Herrschaft auf Zeit") bedingen die gesellschaftliche Offenheit. Sie verarbeiten den gesellschaftlichen Wandel im Horizont von „Zeit und Verfassung". Hierher gehört die spezifische Offenheit des Parteienrechts (keine übermäßigen Hürden für neue Bewerber: „Chancengleichheit der politischen Parteien"). Die Regelungen z. B. in Sachen 5 %- bzw. Sperrklausel variieren je nach nationalem Verfassungsstaat, doch gibt es Höchstgrenzen. Der immer wieder betonte Zusammenhang von „Demokratie und Öffentlichkeit"[6] deutet an, dass die „offene Gesellschaft" nur als öffentliche so möglich ist (bei allem unverzichtbarem Privatheitsschutz). Vergleicht man die einzelnen Verfassungen, so werden spezifische *Pluralismusgarantien* erkennbar. Allgemein: Präambel Verf. Moldau von 1994: Politischer Pluralismus als „höchstes Gut", s. auch Art. 1 Abs. 1 Verf. Spanien von 1978, bemerkenswert ebenfalls Art. 8 Abs. 1 Verf. Rumänien von 1991: „Der Pluralismus in der rumänischen Gesellschaft ist eine Bedingung und eine Gewähr der verfassungsmäßigen Demokratie"; Art. 15 Abs. 1 Verf. Ukraine von 1994 spricht von „politischer, wirtschaftlicher und ideologischer Vielfalt; Art. 1 Abs. 2 Verf. Äquatorial-Guinea von 1991: „Politischer Pluralismus", ebenso Präambel Verf. Tschad von 1996; Präambel Verf. Benin (1990) spricht von „pluralistischer Demokratie", ebenso Präambel Verf. Mali von 1990. Präambel Verf. Burundi 1991 beruft sich auf die „demokratische pluralistische Ordnung". Präambel Verf. Kongo 1992 will: „Einheit in kultureller Diversität". Spezielle Beispiele auch aus der Verfassungswirklichkeit sind insbesondere die Vielfalt der Medien, die Balancierung zwischen Gewerkschafts- und Arbeitgebermacht, die öffentlichen Freiheiten wie Demonstrations- und Versammlungsfreiheit, nicht zuletzt die Informations- und Pressefreiheit sowie die wirtschaftliche und die wissenschaftliche Freiheit. Von hier aus gewinnt die These von der Verfassung als öffentlicher Prozess (1969) an Evidenz.

---

3   BVerfGE 52, 223 (252).
4   Vgl. Präambel Verf. Tschechien von 1992: „Grundsätze der Bürgergesellschaft".
5   Konrad Hesses „Freiheit und Offenheit des politischen Prozesses" bzw. „Offenheit der verfassungsmäßigen Ordnung", 1966: Grundzüge des Verfassungsrechts der Bundesrepublik Deutschland, Heidelberg, 20. Aufl. 1995, S. 71 ff.
6   Gustav Heinemann: „Öffentlichkeit als Sauerstoff der Demokratie".

Die *Bürgergesellschaft*, statt der (bislang zu wenig untersuchten) „Parallelgesellschaften", braucht ihre verfassungsjuristischen Rahmenbedingungen – diese (z. B. in Paris und Berlin besonders im „Einwanderermilieu") spalten den alteuropäischen Begriff des „Bürgers" und nehmen der Offenheit buchstäblich ihren eigenen „Boden" und Wurzelgrund. Es bedarf eines „Humus", einer Basis, von der aus „Offenheit" gedacht und praktiziert werden kann. Es ist die Verfassung, die diese Vorgaben als Rahmenbedingungen enger oder weitmaschiger vorgibt. Garantien für auch multikulturelle Pluralgruppen wie „fremde" Religionsgesellschaften, etwa den Islam, sind auf diesem Hintergrund zu sehen. Die Nichtregierungsorganisationen als „Frühwarnsystem" haben das große Verdienst, *verfasste* Gesellschaften offener zu machen, häufig gerade dort, wo sie ideologisch „verkrustet", „blind" oder gar punktuell „geschlossen" sind. Aber sie müssen sich den Bedingungen des je konkreten Verfassungsstaates einordnen. Eine allgemeine Verfassungstheorie der offenen Gesellschaft ist heute ein Desiderat der Wissenschaft (ein Element bildet z. B. der erhoffte „gesellschaftliche Dialog": Präambel Verf. Polen von 1997). Die klassischen Gesellschaftsvertragstheorien müssten fortgeschrieben werden. Die bisher zitierten Texte neuerer Verfassungen weisen die Richtung und sind ein Beleg dafür, dass der Verfassungsstaat auf der heutigen Textstufenentwicklung die offene Gesellschaft neu und eigens thematisiert.

Ein spezieller Versuch, *Poppers* „Offene Gesellschaft" in die Verfassungsrechtswissenschaft umzusetzen, war und ist das Paradigma von der *„offenen Gesellschaft der Verfassungsinterpreten"*. 1975 entwickelt, jüngst auf die werdende Verfassung Europas übertragen[7], bezieht sie den Bürger, *jeden* Bürger in die Prozesse der Verfassungsinterpretation mit ein. Das Stichwort lautet: „Verfassung für alle" und „von allen". Jeder, der eine Verfassungsnorm lebt, interpretiert sie in einem weiteren, tieferen Sinne mit. Gemeint sind nicht nur die Grundrechtsbereiche, in denen der Grundrechtsträger über sein praktiziertes sog. „Selbstverständnis" wirkt bzw. „interpretiert", etwa die Religionsfreiheit[8] oder die Koalitions- und Kunstfreiheit[9]. Auch der Bürger, der eine Verfassungsbeschwerde erhebt, sich vor dem BVerfG äußert, ist ein Verfassungsinterpret in diesem weiteren Sinne. Das Wort von der „offenen Gesellschaft der Verfassungsinterpreten" (1975), ist ohne *Popper* ebensowenig zu denken wie – kulturwissenschaftlich – ohne das protestantische „Priestertum aller Gläubigen", es bleibt in Deutschland umstritten, aber auch vielzitiert[10]. Es erfährt derzeit vor allem in Lateinamerika, besonders in Brasilien, bis in Einzelfragen des Verfassungsprozessrechts hinein („amicus curiae briefs") eine ermutigende Anerkennung. Die offene Gesellschaft ist eine „verfasste", erkennbar z. B. in der Drittwirkung der Grundrechte. Sie ist Ausdruck des „status culturalis" des Einzelnen; der „status naturalis" ist eine – unverzichtbare – Fiktion. Es gibt keine „natürliche Freiheit", es gibt nur kulturelle Freiheit.

Die so verstandene „offene Gesellschaft der Verfassungsinterpreten" bedarf der *kulturellen Grundierung*, zumal angesichts der um sich greifenden totalen Ökonomisierung. Es geht um das, was einen Verfassungsstaat als verfasste Bürgergesellschaft letztlich „im Innersten" zusammenhält (sicherlich ist dies nicht primär der „Markt"). M. a. W. die These vom „offenen, pluralistischen Kulturkonzept" (1979) wird einschlägig. Eine „letzte Antwort" ist noch nicht gefunden. „Verfassungspatriotismus" (*D. Sternberger*), auch „Leitkultur" mögen Versuche sein, Offenheit und Grundkonsens miteinander zu verbinden. Aber sie dürften nicht das „letzte Wort" sein. Das GG als verbindliche „Leitkultur" ist, bei Betonung seiner Offen-

---

7 Häberle, Peter: Europäische Verfassungslehre, Baden-Baden, 4. Aufl. 2006, S. 268 ff.
8 Seit BVerfG 24, 236 (245 ff.); 99, 100 (125).
9 Vgl. auch BVerfGE 83, 130 (148); weiter verallgemeinernd: E 54, 148 (155 f.).
10 Zuletzt Fromme, F. K., in: FAZ vom 13. Oktober 2005, S. 37.

heit, eine mögliche Formel – aber auch nicht mehr. Der Passus in Art. 1 Satz 2 Verf. Slowenische Republik (1992): – sie „bindet sich an keine Ideologie oder Religion" – ist beachtlich und repräsentativ für den Typus Verfassungsstaat.

3   Offenheitsgarantien „nach außen"

Die Offenheit der Gesellschaft im Innern hat heute ihr Pendant in der Offenheit „nach außen". Dabei sei freilich bedacht, dass der klassische Souveränitätsbegriff längst relativiert ist und das Innen/Außen-Schema nur noch einen begrenzten Erkenntniswert besitzt. Stichworte sind „offene Staatlichkeit" (*K. Vogel*, 1964[11]) „kooperativer Verfassungsstaat" (*P. Häberle*, 1978[12]), sichtbar in Zusammenarbeits-Klauseln wie Art. 28 Abs. 2 Verf. Griechenland von 1975 und Präambel Verf. Spanien von 1978. Hilfreich ist das Wort vom „Kosmopolitischen Staatsrecht" (*D. Thürer*, 2005[13]), aber auch die Erkenntnis der „Konstitutionalisierung" des Völkerrechts insgesamt. Motoren dieser Konstitutionalisierung bleiben die je nationalen Verfassungsstaaten, die ihr staatenübergreifendes Miteinander von bloßer friedlicher Koexistenz in friedensgestaltende Kooperation wandeln. Einige Garantien dieser Offenheit sind: die offen erklärte Rezeption der universalen Menschenrechte, die viele neuere Verfassungen ausdrücklich vornehmen[14]; Stichwort ist auch die „Völkerrechtsfreundlichkeit" z. B. des GG[15] sowie die Öffnung der Märkte („Weltmarkt"), also die offene Weltgemeinschaft auf wirtschaftlichem Gebiet und das Internet, gegen das sich geschlossene Staaten wie China und Nordkorea nur mit Mühe wehren können. Menschenrechte werden zu „verfassungsstaatlichem Innenrecht" (s. auch Art. 1 Abs. 2 GG im Blick auf die EMRK). Hinzukommen Verantwortungsklauseln wie Art. 151 Verf. Guatemala von 1985, sodann die Konstituierung von *regionalen* Staaten- bzw. „Verfassungsverbünden" wie die EU dank ausdrücklicher Europa-Artikel (z. B. Art. 23 GG). Für die amerikanische Staatenwelt sei an die NAFTA erinnert. Einschlägig sind auch Artikel zur möglichen Übertragung von Hoheitsrechten[16], die Bereitschaft zu humanitärer Hilfe für notleidende Völker[17] sowie Erziehungsziele wie „Völkerversöhnung"[18], sodann Normen zur Verbesserung der Rechtsposition von Ausländern. Auffallend ist Präambel Verf. Rußland 1993, welche das Land als „einen Teil der Weltgemeinschaft" sieht[19]. Von der Seite der Wissenschaft her erreicht die Lehre von der Rechtsvergleichung als „*fünfter*" Auslegungsmethode (1989) eine spezifische Öffnung der Verfassungsstaaten im Verhältnis zueinander. Die beiden europäischen Verfassungsgerichte EuGH und EGMR sind hier besonders gefordert.

---

11   Vogel, Klaus: Die Verfassungsentscheidung des Grundgesetzes für eine internationale Zusammenarbeit. Tübingen, 1964.

12   Häberle, Peter: Verfassung als öffentlicher Prozeß. Materialien zu einer Verfassungstheorie der offenen Gesellschaft, Berlin 1978, 3. Aufl. 1996, S. 407 ff.

13   Thürer, Daniel: Kosmopolitisches Staatsrecht, Zürich 2005.

14   Beispiele: Art. 10 Abs. 2 Verf. Spanien von 1978, Art. 2 Abs. 3 Verf. Brandenburg von 1992, Art. 4 Verf. Moldau von 1994, Präambel Verf. Äquatorial-Guinea von 1991; Art. 10 Verf. Burundi von 1992.

15   BVerfGE 6, 303 (362); 18, 112 (121); 31, 58 (75 f.), 58, 1 (41); 60, 343 (379 f.); 111, 307 (324).

16   Vgl. Art. 24 GG, Art. 117 Verf. Mali von 1992, Art. 123 Abs. 1 Verf. Albanien.

17   Art. 54 Abs. 2 Verf. Bern von 1993.

18   Art. 148 WRV von 1919.

19   S. auch den Souveränitätsverzicht im Interesse der afrikanischen Einheit in Art. 122 Verf. Niger von 1996.

Zweiter Teil: „Verfassungsgerichtsbarkeit"

1 Historisch und weltweit vergleichend

Verfassungsgerichtsbarkeit „im" Verfassungsstaat hat heute eine fast weltweite große Erfolgsgeschichte. Zu unterscheiden sind die beiden „Modelle" der „unselbstständigen Verfassungsgerichtsbarkeit" nach Art des US-Supreme Court, 1803 hat es im Fall Marbury vs. Madison[20] begonnen (richterliches Prüfungsrecht), und die sog. „selbstständige Verfassungsgerichtsbarkeit" erstmals in Österreich in der sog. *Kelsen*-Verfassung von 1920 etabliert (der Weimarer Staatsgerichtshof (1919) war zu schwachbrüstig). Beide Modelle sind *gleichwertige* Typen von materieller Verfassungsgerichtsbarkeit, da sie beide das Postulat des „Vorrangs der Verfassung" praktisch einlösen bzw. das richterliche Prüfungsrecht in Anspruch nehmen. Schon hier und jetzt lässt sich sagen, dass beide eine die „offene Gesellschaft" auszeichnende, eine unabhängige echte Gerichtsbarkeit sind. Dabei ist die Offenheit ein Argument für jene, die heute in den USA das „life tenure" der Supreme Court-Richter abschaffen wollen.

2 Wahlen zum Verfassungsgericht

Hier sind Defizite im Blick auf die „offene Gesellschaft" unverkennbar. Das Postulat „gesellschaftlicher Repräsentanz" ist oft nicht erfüllt. Denn die politischen Parteien monopolisieren in vielen Verfassungsstaaten die Wahl der einzelnen Verfassungsrichter. Diese leisten zwar, einmal gewählt, meist parteiunabhängige „Pluralismusrechtsprechung", aber die Wahl ist nicht offen. Immerhin gibt es in den USA die Hearings für die Richterkandidaten vor dem Senat, wagt die Verfassung Brandenburg (1992) ebenfalls eine Anhörung (Art. 112 Abs. 4 S. 4); im Übrigen aber bleiben die Verfassungsrichterwahlen „geschlossen". Eine vorbildliche gewisse Auflockerung schuf Verf. Italien (1947): Der Staatspräsident beruft gemäß Art. 135 Abs. 1 Verf. Italien ein Drittel der Verfassungsrichter[21]. Vorbildlich verlangt Art. 112 Abs. 4 S. 2 Verf. Brandenburg: „Bei der Wahl ist anzustreben, dass die politischen Kräfte des Landes angemessen mit Vorschlägen vertreten sind".

3 Kompetenzen

Im Folgenden sei gefragt, ob und wie sich die „offene Gesellschaft" in den Kompetenzen von Verfassungsgerichten bemerkbar macht. Ganz sicher ist dies dort der Fall, wo wie im GG „jedermann" die Möglichkeit zur Verfassungsbeschwerde hat (sie fehlt leider noch z. B. in Italien und in der EU). Denn mit dieser Offenheit des Zugangs wird das Verfassungsgericht zum „Bürgergericht" par excellence. Die „Bürgergesellschaft" als neues Wort für die „offene Gesellschaft" verwirklicht sich auch in der Möglichkeit für die Pluralgruppen (z. B.

---

20 Kremp, W. (Hg.): 24. Februar 1803. Die Erfindung der Verfassungsgerichtsbarkeit und ihre Folgen, 2003. Ein Sammelband mit Klassikertexten: Häberle, Peter (Hg.): Verfassungsgerichtsbarkeit, Darmstadt 1982. Neue Lit.: Massing, Otwin: Politik als Recht – Recht als Politik. Studien zu einer Theorie der Verfassungsgerichtsbarkeit, Baden-Baden 2005.

21 S. auch Art. 140 Abs. 2 Verf. Rumänien von 1991; Art. 88 Abs. 2 S. 2 Verf. Georgien von 1995; Art. 107 Abs. 2 Verf. Madagaskar von 1995. – Aus der Lit.: Luther, Jörg: Die italienische Verfassungsgerichtsbarkeit, Baden-Baden 1990.

Verbände) sich Zugang zum Verfassungsgericht zu verschaffen. In Deutschland kommt die Organklage für die politischen Parteien hinzu (Art. 93 Abs. 1 Nr. 1 GG). In manchen Kompetenzen ist den Verfassungsgerichten die Offenheit der Gesellschaft sogar ganz spezifisch anvertraut: etwa dort, wo sich ein Verfassungsstaat für die „abwehrbereite", „wertgebundene" Demokratie gegen das Totalitäre entschieden hat (Verbot verfassungswidriger Parteien, Art. 21 GG, s. auch Art. 18 und 9 Abs. 2 GG). Jede Offenheit hat ihre *Grenzen*. Ein Verfassungsgericht kann sie „hüten", auch wenn es nicht der viel berufene „Hüter der Verfassung" ist. Im Ganzen dürfte das Optimum, nicht Maximum von Zuständigkeiten eine Garantie für die Offenheit der Verfassung bzw. ihrer Gesellschaft sein, also ein typisches Bündel an Zuständigkeiten haben: Verfassungsbeschwerden, Wahlprüfungssachen, bundesstaatliche bzw. regionalstaatliche Streitigkeiten, konkrete und ggf. abstrakte Normenkontrolle, Organklagen, Präsidenten- und Richteranklagen, mitunter Gutachtenkompetenzen. Hinter allem steht die Leitidee der Verhinderung von Machtmissbrauch, des Schutzes der Grundrechte und Minderheiten, die Arbeit am Grundkonsens, die Gewaltenbalance, die Garantie des Pluralismus bzw. der Offenheit der Gesellschaft.

4 Verfassungsprozessrecht als Pluralismus- und Partizipationsrecht

Das Verfassungsprozessrecht, sozusagen das „Grundgesetz" für die Verfassungsgerichtsbarkeit, erweist sich bei näherer Betrachtung als fundamental für jede offene Gesellschaft. Die Wissenschaft vom Verfassungsprozessrecht erfährt in Lateinamerika, besonders in Brasilien, Peru und Mexiko derzeit einen großen Aufschwung. Das ist kein Zufall. Junge Verfassungsstaaten erkennen, dass das Verfassungsprozessrecht spezifische Aufgaben und Möglichkeiten hat. M. E. liegen sie darin, besondere Pluralismus- und Partizipationsmöglichkeiten zu schaffen. Öffentlichkeit der Verhandlungen (in der Schweiz sogar der Beratungen!) gehört hierher. Das „Rechtsgespräch" (*A. Arndt*) muss vor dem Forum des Verfassungsgerichts Wirklichkeit werden (können). „Anhörungen" aller Art, in der Praxis des BVerfG z. T. vorbildlich durchgeführt[22], dienen diesem Ziel. In Brasilien hat sich der Supreme Court in einzelnen Entscheidungen jüngst ausdrücklich auf die „offene Gesellschaft der Verfassungsinterpreten" berufen, um das Institut des „amicus curiae briefs" zu rechtfertigen. Das Verfassungsprozessrecht wird so zu Pluralismus- und Partizipationsgarantie, so beschwerlich dies angesichts der Überlastung der meisten Gerichte oft sein mag. Das glücklichste Instrument zur Öffnung der Verfassungsgerichtsbarkeit zur offenen Gesellschaft hin aber ist das *Sondervotum*: von den USA entwickelt, in vielen Ländern praktiziert (z. B. Ukraine, Kroatien, Deutschland, Albanien), in Spanien sogar auf Verfassungsstufe normiert (Art. 164 Abs. 1 Verf. von 1978). Sie macht Verfassung zum „öffentlichen Prozess", sie trägt Offenheit der Gesellschaft in das Verfassungsgericht und von diesem zu jener zurück („Pluralismusrechtsprechung"). Und sie ist am konstitutionellen Gesellschaftsvertrag beteiligt.

5 Bindungwirkungen, „Folgen" der verfassungsgerichtlichen Entscheidungen

Der offenen Gesellschaft „kongenial" wird eine Verfassungsgerichtsbarkeit in der vielfältigen Ausgestaltung der unterschiedlichen Bindungswirkungen bzw. „Folgen" ihrer Entscheidungen[23]. Das BVerfG hat ein differenziertes Bündel geschaffen: von der Nichtigkeitserklä-

---

22 Z. B. BVerfGE 49, 304 (310 ff.); 57, 70 (80 ff.); 62, 117 (137 ff.); 63, 255 (276 ff.); 94, 241 (252 ff.).
23 § 31 BVerfGG, vgl. etwa BVerfGE 104, 191 (196 f.).

rung eines Gesetzes über die bloße Feststellung der Verfassungswidrigkeit bis zur „Appell-entscheidung", dem bloßen obiter Dictum, und die Richter haben die Möglichkeit des Son-dervotums. Verfassungsgerichte sind m. E. nicht „authentischer Verfassungsinterpret", wie dies manche Verfassungen sagen[24], sie sind nur *ein* Interpret in der offenen Gesellschaft der Verfassungsinterpreten, freilich ein besonders qualifizierter.

Dritter Teil: Verfassungsgerichtsbarkeit als Teil der offenen Gesellschaft, als gesellschaftliches Gericht eigener Art, als Beteiligter in der Fortschreibung des konstitutionellen Gesellschaftsvertrags

1 Die Ausgangsthesen von 1978[25]

1.1 Das BVerfG als „Verfassungsgericht" – als „gesellschaftliches Gericht" eigener Art

Das BVerfG hat formal betrachtet alle Eigenschaften eines – in seiner eigenen Terminologie gesprochen – „staatlichen" Gerichts[26], d. h. es beruht auf staatlichem Gesetz, und der Staat regelt bzw. beeinflusst die Richterbestellung. Es ist indes weit mehr: es ist *Verfassungs*ge-richt, d. h. kompetent für enumerativ aufgezählte materielle Verfassungsstreitigkeiten. Das volle Gewicht dieser Aussage erhellt erst aus einer Klärung des Verfassungsbegriffs. „Ver-fassung" ist rechtliche Grundordnung von Staat *und* Gesellschaft; sie ist nicht nur Beschrän-kung staatlicher Macht und sie ist Ermächtigung zu *staatlicher* Macht. Sie umgreift Staat *und* Gesellschaft. Verfassungsgerichtsbarkeit als politische Kraft wirkt von vornherein jen-seits des Trennungsdogmas Staat/Gesellschaft.

Dass das BVerfG „Verfassungsgericht" der *ganzen* res publica ist, hat sehr konkrete Auswirkungen in Detailfragen, z. B. bei der Richterablehnung; es hat überdies zur Folge, dass das Gericht sich nicht auf *eine* Theorie oder „Schule" festlegen darf, sondern sich um eine pragmatische Integration von Theorie*elementen* bemühen muss.

Dieser *materielle Verfassungsbezug* der Verfassungsgerichtsbarkeit hat materielle und prozessuale Implikationen: z. B. in ihrer Verpflichtung auf das Pluralismusmodell und in der Forderung nach Ausbau des Verfassungsprozessrechts im Blick auf pluralistische Informati-ons- und Partizipationsinstrumente, also die offene Gesellschaft.

Die wachsende pluralistische Informationsbeschaffungspolitik des BVerfG ist in diesem Zusammenhang zu sehen. Auch die Verfassungsrichterwahl, aus dem Spektrum der politi-schen Parteien und in Zukunft hoffentlich noch stärker über diese hinausgreifend, bezieht den Pluralismus *effektiv* in die Verfassungsverfahren ein (und wirkt auf ihn ein). Das ist Vor-aussetzung für eine Steuerung der Gesellschaft durch das Verfassungsgericht und „sein" Recht. Hier kommt es zu einer Wechselwirkung: Je mehr das BVerfG in die Prozesse der

---

24 Z. B. Verf. Albanien von 1998: Art. 124 Abs. 1: „endgültige Auslegung"; Art. 149 Abs. 1 Verf. Burundi von 1992: „der Interpret der Verfassung"; Art. 149 Abs. 1 Ziff. 1 Verf. Bulgarien: „bindende Interpretation der Ver-fassung. Eine vorbildliche neue Textstufe findet sich in Art. 11 Abs. 2 lit. a Verf. Malawi, 1994 (zit. nach JöR 47 (1999), S. 563): „a court of law shall promote the values which underlie an open and democratic society".

25 Häberle, Peter: Kommentierte Verfassungsrechtsprechung, Königstein/Ts. 1979, S. 425 ff. Tendenziell fol-gend: Schulze-Fielitz, Helmuth: Das BVerfG in der Krise des Zeitgeistes, in: AöR 122 (1997), S. 1 ff. Weitere Lit. des Verf.: Die Verfassungsgerichtsbarkeit auf der heutigen Entwicklungsstufe des Verfassungsstaates, in: EuGRZ 2004, S. 117 ff.

26 S. BVerfGE 18, 241; 22, 42; 26, 186; 48, 300 (315 ff.).

Steuerung der Gesellschaft eingreift, desto mehr wendet sich diese Gesellschaft ihm zu, will sie sich Gehör „in Karlsruhe" verschaffen. Wie sehr dies der Fall ist, zeigte sich in der Verhandlung in Sachen Mitbestimmung: Man spürte in den Tagen 1978 förmlich die Kraftlinien gesellschaftlicher Öffentlichkeit im Sitzungssaal.

Dieser Ansatz führt zu einer weiteren „Stufe". Das BVerfG ist in seinem intensiven Bezug zur *Gesamtgesellschaft* zu sehen: es ist ein *„gesellschaftliches Gericht" eigener Art* und im *weiteren Sinne*. Es öffnet sich durch seine Rechtsprechung für die Vielfalt von Ideen und Interessen – nimmt sie in sich auf –, umgekehrt steuert es die Gesellschaft. Angesichts der Richterwahl, der Handhabung seines Verfassungsprozessrechts und der materiellen Auslegungsergebnisse (z. B. in der Strukturierung von Teilaspekten der Gesellschaft über die „Drittwirkung" von Grundrechten) ist es mehr ein gesamtgesellschaftliches denn ein „staatliches" Gericht. Das hat Konsequenzen auf höherer Ebene, aber auch für die Alltagsarbeit des Gerichts!

Das BVerfG und sein Verfahrensrecht gewinnen eine einzigartige *Gesellschaftsbezogenheit*.

Seine – Staat und Gesellschaft umspannende – Tätigkeit folgt in einem allgemeinen Sinne daraus, dass es das Gericht für die Verfassung ist – und das GG regelt nicht nur den Staat, sondern in der *Grund*struktur auch die Gesellschaft, die es zur „verfassten Gesellschaft" macht. Das BVerfG wirkt überdies sehr speziell und gezielt, intensiv und weitreichend in spezifischer Weise in den Bereich der res publica zwischen „Staat" und „privat" hinein, den man die „Gesellschaft" oder den Bereich des – pluralistisch – Öffentlichen nennen kann. Das zeigt sich nicht nur in der Effektivierung der Grundrechte von der Verfahrensseite her[27], sondern auch in seiner Verfahrenspraxis, sich zunehmend der Informations- und Partizipationsinstrumente des Verfassungsprozessrechts zu bedienen. Es beschafft sich Informationen durch eine differenzierte Anhörungspraxis und *gestufte* Beteiligungsformen in Bezug auf pluralistische Gruppen, Organisationen wie den DGB, die Arbeitgeberverbände und die Kirchen etc. Damit „ragt" es in den gesellschaftlichen Bereich hinein, es nimmt Ideen und Interessen aus ihm auf, „hört" und verarbeitet sie im Wege seiner offenen Verfassungsinterpretation. Auf diesem Wege ist es von der Wissenschaft zu unterstützen. Das Verfassungsprozessrecht öffnet sich der offenen Gesellschaft der Verfassungsinterpreten, es wird ihr „Medium", zumal dort, wo das Parlament versagt hat.

So wie der Weg des parlamentarischen Gesetzes der Versuch einer „Umsetzung" des Gesellschaftlichen in das Staatliche war und ist, so zeigen sich jetzt – begrenzte – Parallelerscheinungen im verfassungsgerichtlichen Verfahren.

Anders formuliert: Das BVerfG nähert sich der Gesellschaft auf zweifache Weise: es steuert sie zunehmend durch seine ausladende Rechtsprechung (z. B. über die Drittwirkung und Objektivierung von Grundrechten), es strukturiert sie und macht sie auf seine Weise zu einem Stück „verfasster Gesellschaft". Eben wegen dieser „*Gesellschaftsbezogenheit*" sieht es sich veranlasst, in seinem Verfahrensrecht die Gesellschaft vor sein Forum zu bringen: nachweisbar in der pluralistischen Informations- und Partizipationspraxis vor allem in „großen Prozessen" (wie den NC-Verfahren), aber auch in kleineren Verfahren. Überspitzt formuliert: Das BVerfG gewinnt zu einem Gran den Charakter eines „(gesamt)*gesellschaftlichen Gerichts*" eigener Art. Es verliert an herkömmlicher Staatlichkeit in dem Maß, wie es ein Faktor im Vorgang des Verfassens der Gesellschaft wird. Es ist „Verfassungsgericht" jenseits der Trennung von Staat und Gesellschaft, von staatlichen und „gesellschaftlichen

---

27 Z. B. BVerfGE 46, 325 (333).

Gerichten". Das BVerfG macht mit der „offenen Gesellschaft der Verfassungsinterpreten" ernst – nicht nur verfahrensmäßig, d. h. verfassungsprozessrechtlich, sondern auch inhaltlich in seiner Verfassungsinterpretation, indem es Äußerungen der Bundesregierung, z. B. Regierungserklärungen, das Selbstverständnis von Kirchen[28], Argumente einer Vereinigung wie des Bundes „Freiheit der Wissenschaft" oder einer Institution wie des Wissenschaftsrats aufgreift[29].

1.2 Verfassungsgerichtsbarkeit „im" Gesellschaftsvertrag: Das BVerfG als Regulator in den kontinuierlichen Prozessen der Garantie und Fortschreibung der Verfassung als Gesellschaftsvertrag

1.2.1 Die These

Die *These* lautet: Das BVerfG hat eine spezifische *gesamthänderische* Verantwortung in der Garantie und Fortschreibung der *Verfassung als Gesellschaftsvertrag*; es steuert ihre kontinuierlichen Prozesse mit; es ist dabei dem Pluralismusprinzip verpflichtet.

Das Modell des Gesellschaftsvertrags – klassischer gemeineuropäischer Besitz – ist im hier gebrauchten Sinn ein *Denkmodell*, ein heuristisches Prinzip zum Zweck der Verbürgung *personaler Freiheit* und *öffentlicher Gerechtigkeit*. Es ist gewiss kein „Leisten", über den sich die ganze Wirklichkeit einer Verfassung als öffentlicher Prozess schlagen ließe; aber es kann Hilfestellung geben für die sachgerechte Bewältigung mancher politischer bzw. verfassungsrechtlicher Grundsatzfragen – frei von vereinseitigenden „Setzungsideologien". Seine Erstreckung auf das Verfassungsgericht mag manchen kühn erscheinen; sie ist – soweit ersichtlich – bislang nicht gewagt worden. So alt das Vertragsmodell ist, so relativ jung ist die Verfassungsgerichtsbarkeit. In Beziehung zueinander wurden beide (wohl eben darum) noch nicht gesetzt. Das kann eine Chance sein. Sie sollte genutzt werden. Die klassische Lehre vom Gesellschaftsvertrag hat im Gang der Geschichte in den verschiedensten Zusammenhängen als Erklärungs- und Rechtfertigungsmodell gedient (von *Locke* bis *Rosseau*, von *Kant* bis zur gegenwärtigen Diskussion um den Grundkonsens). Warum sollte sie heute nicht Aussagekraft für unsere Probleme, für Fragen der Verfassungsgerichtsbarkeit, für die Fortentwicklung der Verfassung entfalten können?

1.2.2 Beispielsmaterial

Positive Beispiele für die sachangemessene Bewältigung von Verfassungsfragen anhand des Modells vom Gesellschafts- bzw. Generationenvertrag liefert der *Lastenausgleich: die* große, schon historische Nachkriegsleistung. Sowohl der Bundesgesetzgeber und die Exekutive mit ihren zahlreichen Nachfolgeregelungen als auch die betroffene (Volks- und Betriebs-)Wirtschaft, ja jeder Bürger hat seinen Beitrag geleistet zum Gelingen dieses vorbildlichen Gemeinschaftswerkes; das BVerfG hat die verfassungsrechtlichen Wege geebnet. Man kann hier im besten Sinn von einer „konzertierten Aktion" aller Bürger und Gruppen sprechen: von einer geglückten Bewährung des Gesellschafts- bzw. Generationenvertrags, von einem Verbund aller mit allen.

Der Gesellschaftsvertrag hat heute aber auch eine spezifische Aktualität für die *ältere Generation*: greifbar im Stichwort „Rentenvertrag"! Weder dürfen „die Jungen" über Gebühr belastet, noch „die Alten" in ihrem Vertrauen auf die junge Generation als „Vertrags-

---

28   BVerfGE 42, 312 (331) bzw. 46, 73 (95).
29   Vgl. BVerfGE 47, 327 (384 f.).

partner" enttäuscht werden. Die junge Generation hat ihrerseits zu bedenken, was die Väter und Mütter in der republikanischen Aufbauzeit nach 1945 geleistet haben. Es geht um Gerechtigkeit der Leistung und Gegenleistung zwischen den Generationen[30].

Nicht weniger brisant ist das Modell des Gesellschaftsvertrages im Blick auf die drohende Überbelastung der jungen Generation durch die *Staatsverschuldung* oder die *Atomkraft*. Nicht nur die „Wirtschaft" darf auf die Grenzen ihrer Belastbarkeit *nicht* „getestet" werden; erst recht darf die humane Zukunft von Generationen nicht mit unberechenbaren Risiken überbelastet werden. Partner des Gesellschaftsvertrags sind also nicht nur die Lebenden, sondern auch die noch Ungeborenen! Zu ihren Gunsten besteht eine Treuhänderschaft. Vielleicht ist sie heute sogar *global* zu sehen, d. h. auf den ganzen Erdball unseres „blauen Planeten" zu erstrecken. Die Weltgesellschaft ist in einem „Weltvertrag" zu sehen; selbst wenn er faktisch nicht besteht, hat sie sich so zu verhalten, als bestünde er: zum Wohl der ganzen Menschheit. Die Menschenrechtspakte der UNO sind in dieser Hinsicht Perspektiven.

Im Einzelnen: Das Verfassungsgericht hat *Mit*verantwortung, *keine Allein*verantwortung für den konstitutionellen Gesellschafts-, insbesondere den Generationenvertrag. Es hat hier nur *neben* anderen, insbesondere neben dem demokratischen Gesetzgeber, einen *funktionell-rechtlich* spezifisch ihm zugewiesenen Platz. Das BVerfG dürfte z. B. keine Rentenregelung passieren lassen, welche die alte oder die neue Generation außer Verhältnis be- bzw. entlastet; „formell" lässt sich mit dem Sozialstaatsprinzip, der Menschenwürde, dem Vertrauensschutz und dem Wert der Arbeitskraft argumentieren, der Sache nach sollte man sich am Vertragsmodell orientieren.

Der Kreis der am Gesellschafts- bzw. Verfassungsvertrag Beteiligten muss also die *offene* Gesellschaft erfassen, er darf nicht die geschlossene etablieren: Randgruppen, Behinderte, Gruppen, die nicht oder nur schwer organisierbar sind (z. B. die Alten), gehören ebenso hierher wie religiöse Minderheiten. Der Zugang sollte möglichst offen bleiben, so wie umgekehrt als Ausscheiden die *Auswanderungsfreiheit als Menschenrecht* geschützt sein muss: nur totalitäre Gesellschaften versagen diese individuelle „Kündigung" des Gesellschaftsvertrags!

Bei einer *beweglichen* Sicht der Beteiligung des BVerfG an Bewahrung und Veränderung des Gesellschaftsvertrags (als Wirkfaktor), im Ganzen an seiner Bewährung, bei Anerkennung einer gesamthänderischen Verantwortung aller an diesem „Verfassungsvertrag" – die neuere Geschichte belegt, wie sehr Verfassungen entstehungsgeschichtlicher *Kompromiss* und nicht einseitige „Setzung" oder „Emanation" sind – ergibt sich für das BVerfG (und mutatis mutandis für die Verfassungsgerichtsbarkeit der Länder) Folgendes:

Im Wechselspiel von Tradition und Wandel, von Veränderung und Bewahrung prescht das BVerfG bald weiter vor, so im Minderheitenschutz (Zeugen Jehovas-Fälle), bald hält es sich stärker zurück, etwa im wirtschaftlichen Bereich. Es darf weder Generationen ganz oder überwiegend von den Prozessen der Fortentwicklung der Verfassung „aussperren", noch selbst vom *Senat* zum „*Seniorat*" werden, d. h. als Partner des Gesellschaftsvertrags allein die Alten und Lebenden sehen. Perioden des „judicial activism" und des „judicial restraint" dürfen im Lichte eines gesellschaftsvertraglichen Verständnisses des BVerfG einander ablösen – der US-Supreme Court vermittelt hier gutes Anschauungsmaterial. Es bleibt in Sonderheit der eigenständige Bereich des demokratischen Gesetzgebers als erste Gewalt.

---

30 Aus der späteren Lit. des Verf.: Ein Verfassungsrecht für künftige Generationen – die andere Form des Gesellschaftsvertrages, in: FS für H. F. Zacher, München 1998, S. 215 ff.

In diese *verfassungsvertragliche* Sicht fügt sich der – gestufte – *status activus processualis* pluralistischer Gruppen ebenso ein wie die gesamtgesellschaftliche Sicht des Verfassungsprozessrechts. Das BVerfG im weiteren Sinne als „gesellschaftliches Gericht" eigener Art jenseits des Trennungsdogmas von Staat und Gesellschaft zu sehen, erscheint nicht mehr utopisch. Der *status activus processualis constitutionis* gebührt an erster Stelle dem Bürger: die jedem – ohne Anwaltszwang – offenstehende Verfassungsbeschwerde ist sein genuines *Grund*recht von der Verfahrensseite her, sie ist ein Kernstück des status activus processualis constitutionis. Das spezifisch verfassungsrechtliche Verständnis des Verfassungsprozessrechts führt aber auch zu seiner Deutung als pluralistisches Informationsrecht und als Partizipationsrecht für pluralistische Gruppen; verwiesen sei auf die wachsende Praxis des Gerichts, Organisationen wie den DGB, Arbeitgeberverbände, andere Verbände und Gruppen in mehr oder weniger „großen" Verfassungsprozessen zu Wort kommen zu lassen. Dies ist Ausdruck eines *gesellschaftsbezogenen* Verständnisses der Funktion des BVerfG als Verfassungsgericht, d. h. als eines Staat *und* Gesellschaft umgreifenden Gerichts, das damit auch substantielle Qualitäten dieser Gesamtheit einschließt.

2 Variable Anwendung in Zeit und Raum

Rolle und Funktionen der miteinander verglichenen Verfassungsgerichte und ihre Aufgabe für die offene Gesellschaft entwickeln sich und variieren buchstäblich „im Laufe der Zeit", je nach Raum und Zeit. Sie sind *historisch* zu begreifen. Nicht einmal der abstrahierende „Typus" Verfassungsstaat erlaubt oder verlangt eine Aussage darüber zu treffen, welche Rolle heute ein nationales oder (übernational) „regionales" Verfassungsgericht wie der EuGH[31] oder EGMR sozusagen „absolut" zu spielen hat. Es mag ein seinerseits je nach Raum und Zeit nicht weiter minimierbares „Quantum" an Zuständigkeiten und Funktionen geben, auch ein „Maximum" und „Optimum", doch zeigen schon wenige Beispiele, wie sehr unsere Fragestellung zeitlich/räumlich bedingt ist. Der StGH der Weimarer Zeit (1919) war trotz seiner recht geringen Kompetenzen (z. B. keine Verfassungsbeschwerde!) durchaus ein Verfassungsgericht (wenngleich eher ein typischer „Staatsgerichtshof"). Das deutsche BVerfG mit seinen im weltweiten Vergleich betrachtet wohl größten Kompetenzvolumen ist gewiss ein echtes Verfassungsgericht, vielleicht sogar mehr als das (?), ebenso der US-Supreme-Court der USA. Die bewundernswerte Entwicklung des französischen Conseil Constitutionnel sei erwähnt. Ist die Spezialisierung zu schmal, etwa wie in Mexiko die Wahlprüfungsgerichtskompetenz einzelner Gerichte, so mag man Zweifel haben, sie aber letztlich doch zurückweisen („spezielle Verfassungsgerichte"). Das Wahlprüfungsrecht ist eine konstitutionelle Kompetenz von großer Bedeutung gerade für die offene Gesellschaft.

Besonderes gilt für große historische *Umbruch*situationen („Revolutionen") – wie in den osteuropäischen Reformstaaten nach ihrer Überwindung totalitärer Systeme nach 1989[32] oder in Lateinamerika nach dem Sturz der Militärregime (Respekt vor dem Obersten Gerichtshof Argentiniens, welches das „Schlusspunktgesetz" 2005 für verfassungswidrig erklärt hat!). Hier wuchs den Verfassungsgerichten die Rolle der partiellen Verfassung*gebung* für eine offene Gesellschaft zu, sie mussten das nationale Verfassungsrecht in Teilen – prak-

---

31 Aus der Lit.: Schwarze, Jürgen (Hg.): Verfassungsrecht und Verfassungsgerichtsbarkeit im Zeichen Europas, Baden-Baden 1998; Büdenbender, Martin: Das Verhältnis des Europäischen Gerichtshofs zum Bundesverfassungsgericht, Köln 2005.

32 Frowein Jochen A. u. a. (Hg.): Grundfragen der Verfassungsgerichtsbarkeit in Mittel- und Osteuropa, Heidelberg 1998.

tisch „erfinden", jedenfalls „entwickeln", die anderen Verfassungsorgane wie die Parlamente, die übrigen Gerichte, auch die öffentliche Meinung kannten und beherrschten noch nicht das „Geschäft" der Verfassungsinterpretation, trotz allen „Vorrangs der Verfassung" in den Urkunden. Hier ging es auch um „Verfassungspädagogik". In Ungarn sprach man von einer „unsichtbaren Verfassung" des Verfassungsgerichts. „Judicial activism" war gefragt. In einem System mit halbdirekter Demokratie wie etwa der kulturell und politisch gefestigten Schweiz kann sich dagegen die materielle Verfassungsrechtsprechung des Bundesgerichts eher zurückhalten (immerhin hat es nach und nach prätorisch „ungeschriebene Grundrechte" entwickelt, die die neue BV (1999) später rezipiert hat). M. a. W.: Erst eine ganzheitliche, auch die anderen Staatsfunktionen mit in den Blick nehmende Betrachtung vermag etwas zur Rolle der jeweiligen Verfassungsgerichtsbarkeit in der offenen Gesellschaft auszusagen. Das Verfassungsgericht in Südafrika dürfte 1993/96 in einer den osteuropäischen Ländern vergleichbaren Lage gewesen sein: Schöpferische Verfassungsgerichtsbarkeit war bzw. ist gefragt, gerade in den pluralistischen, langwierigen Prozessen von „Nation building and Constitution making". Bekannt ist das reiche Wechselspiel von „judicial activism" und „judicial restraint" im US-Supreme Court. Wann und wie sich ein Gericht stärker gestaltend betätigen oder mehr zurückhalten soll, ist eine „Gretchenfrage", die sich letztlich an den „Volksgeist" bzw. „Weltgeist" richtet! – vor allem aber an die offene Gesellschaft stellt.

Ausblick und Schluss

Als unverzichtbar hat sich die *Gesamt*betrachtung erwiesen: „Offene Gesellschaft" und „Verfassungsgerichtsbarkeit" gehören heute untrennbar zusammen. Die Verfassungsgerichtsbarkeit konstituiert heute in fast allen Ländern die offene Gesellschaft wesentlich mit (Ausnahme: Griechenland, in das aber die beiden Europäischen Verfassungsgerichte EGMR und EuGH wirken), und die Verfassungsgerichtsbarkeit lebt ihrerseits aus den Impulsen und Kräften, Innovationen, auch Irrungen der offenen Gesellschaft. Sie lebt nicht „aus sich" selbst, ihr *Gesellschafts*bezug ist offenkundig. Jeder Verfassungsstaat muss sich sensibel halten für neue Chancen und Gefährdungen, dabei kann die Verfassungsgerichtsbarkeit helfen. Sie mag ein Übermaß an Offenheit begrenzen und das politische Gemeinwesen festigen, sie muss aber auch (wie in Deutschland so erfolgreich bei Rundfunk und Fernsehen sowie im Parteienrecht) Offenheit (Pluralismus) anmahnen und durchsetzen („Pluralismusrechtsprechung"). Offenheit der Verfassungsgerichtsbarkeit als Teil der offenen Gesellschaft bedeutet auch Offenheit für neue Paradigmen der Wissenschaft. Das deutsche BVerfG hat diese Bereitschaft des Öfteren bewiesen: man denke an die Lehre von den Grundrechten als Verfahrensgarantien[33], oder das Schlüsselwort von der „praktischen Konkordanz" (*K. Hesse*)[34].

---

33   BVerfGE 53, 30 (65 f.), vor allem das Sondervotum ebd., S. 69 ff.
34   Z. B. BVerfGE 59, 360 (381); SV *Henschel* in: E 78, 38 (54, 56); sodann E 83, 130 (143, 147 f.); 93, 1 (21).

Ulrich Haltern

Mythos als Integration

Zur symbolischen Bedeutung des Bundesverfassungsgerichts

1 Einleitung und These

Vor zehn Jahren habe ich begonnen, mich mit der Legitimation und der gesellschaftlichen Funktion von Verfassungsgerichtsbarkeit zu beschäftigen.[1] In einem Aufsatz mit dem Titel „Integration als Mythos"[2] vertrat ich die Auffassung, dass das Bundesverfassungsgericht (BVerfG) mit der Erwartung eines integrierenden gesellschaftlichen Einflusses überfordert sei. Verfassungsgerichtsbarkeit könne weder einheits- noch integrationsstiftend wirken in einer Gesellschaft, die sich nur noch rein rhetorisch integriere und deren Pluralisierung alle Institutionen erreicht habe; der Staat, so habe ich in Anschluss an Luhmann formuliert, habe das Ende seiner Vertextung erreicht. Konsens ist eine knappe Ressource und formale oder wertgeladene Diskurse führen nur weiter in die Pluralisierung, der auch Werte oder Ideale nicht widerstehen können. Das BVerfG kann in dieser Situation nicht als läuterndes Substitut herhalten. Macht es sich dies zur Aufgabe, wird es überfordert sein und sich stetiger Kritik aussetzen.

Die Einladung der Herausgeber, mich an diesem Sammelband zu beteiligen, hat mir Gelegenheit gegeben, erneut über das Thema nachzudenken. Auch im Lichte neuerer Rechtsprechung des BVerfG und anderer Verfassungsgerichte sowie der neueren Literatur sehe ich keinen Grund, eine grundsätzliche Korrektur meiner Auffassung vorzunehmen. Es ist nach wie vor unzweifelhaft für mich, dass jede substantielle Integration durch verfassungsgerichtliche Rechtsprechung ausgeschlossen ist. Neben meinen damals genannten Argumenten spielen dabei insbesondere die folgenden Gesichtspunkte eine Rolle.

Erstens bezeichnen wir Verfassungsgerichte zwar als Letztentscheider, die als unabhängige Institutionen sogar demokratische Legislativentscheidungen aufheben können. Jedoch erleben wir in den seltensten Fällen den autoritativen Abschluss eines Verfassungsstreits durch ein Verfassungsgericht. Für den Augenblick ist eine Entscheidung herbeigeführt; doch wird das gerichtliche Urteil schnell zu einem weiteren Text, der für Anschlussinterpretationen offen ist. Ein „letztes Wort" kann es so kaum geben: Jeder Text gerät auch dann, wenn er vom BVerfG stammt, sogleich in den Sog der Auslegung.

Natürlich muss eine politische Gemeinschaft die Möglichkeit besitzen, Diskurs abzuschneiden, um handeln zu können. Dies wird durch die hierarchische Organisation von Gerichtszügen gewährleistet. Das BVerfG scheint in dieser Hierarchie die Spitzenposition ein-

---

1   Demokratische Verantwortlichkeit und Verfassungsgerichtsbarkeit. In: Der Staat 35 (1996), S. 541-580; Verfassungsgerichtsbarkeit, Demokratie und Misstrauen: Das Bundesverfassungsgericht in einer Verfassungstheorie zwischen Populismus und Progressivismus, Berlin 1998.

2   Integration als Mythos: Zur Überforderung des Bundesverfassungsgerichts. In: JöR N. F. Bd. 45 (1997), S. 31-88.

zunehmen. Jedoch – *zweitens* – ist das BVerfG lediglich einer unter mehreren Akteuren in einer juristischen, zunehmend staatsübergreifenden Interpretationsgemeinschaft, zu der neben nationalen Fachgerichten auch EuGH und EGMR gehören. Merkmal einer Interpretationsgemeinschaft ist interpretatorische Vielfalt; diese Vielfalt ist auch das Fenster, durch das wir die Bedeutung von Texten (auch von Verfassungstexten) wahrnehmen. Zugleich sind wir über die Grenzen unserer politischen Vergemeinschaftung verunsichert, was eine prekäre Hierarchie der Gerichte untereinander zur Folge hat.[3] Beide Aspekte gemeinsam führen dazu, dass Verfassungsgerichte in Europa Diskurse nicht beenden können. In besonderem Maße gilt dies für Staaten wie die Bundesrepublik Deutschland, die ein Staat des Redens und Auslegens ist, in der das Gespräch die Magie ersetzt hat und in der Diskurs, Diskussion, Rede, Wort und Text die unzugängliche Stelle des *corpus mysticum* besetzt haben.[4]

Das BVerfG ist unter diesen Bedingungen mit der Aufgabe einer substantiellen „Integration" von vornherein überfordert.

Die Reaktionen auf diese eigentlich selbstverständliche Feststellung haben mich freilich nachdenklich werden lassen. Insbesondere Juristen halten an ihrer Auffassung fest, dass „Karlsruhe locuta" Rechtsstreite beendet, Rechtsfragen endgültig klärt, Kompromisse vernünftig ausbalanciert und durch die Zeitverzögerung sowie die beruhigende Tatsache des „sober second thought" eine integrative Lösung herbeigeführt wird, die gesellschaftliche Risse in der Regel kittet. Nur im Ausnahmefall misslingt diese Integrativleistung; zumeist verknüpft sich mit dem Versagensvorwurf dann auch der Vorwurf, dass das Verfassungsgericht die Grenze zwischen Recht und Politik unzulässig überschritten habe.

Politikwissenschaftler sind ein wenig nüchterner.[5] Sie sehen Gerichte, und damit auch die Verfassungsgerichtsbarkeit, als eines von mehreren Foren zur Durchsetzung der Agenden von Interessengruppen, das einfach andere Vor- und Nachteile als die alternativen Foren (etwa das nationale Parlament, die Kommission der EU usw.) bietet. Diese Vor- und Nachteile kann man analysieren und gegeneinander abwägen (z. B.: Aus- und Einblendung bestimmter politischer Erwägungen und Argumente, Kostenfragen, Risikofragen, Zeithorizonte usw.). Der Gedanke, dass das Urteil eines Verfassungsgerichts automatisch Integrationsleistungen erbringe, ist dem Politikwissenschaftler aber fremd. Wenn er in der politikwissenschaftlichen Literatur überhaupt vorkommt, muss er sich, anders als in der juristischen Literatur, erhöhten Begründungsanforderungen stellen.[6]

---

3   Dies gilt nicht nur für das Verhältnis zwischen BVerfG und EGMR (etwa EGMR, von Hannover v. Germany, Entsch. v. 24.6.2004) und BVerfG und EuGH (etwa BVerfGE 89, 155 – Maastricht), sondern auch für das Verhältnis zwischen BVerfG und Fachgerichten (hergebracht: etwa EuGH, Rs. 106/77 – Simmenthal II, Slg. 1978, 629; neu etwa EuGH, Rs. C-224/01 – Köbler, Slg. 2003, I-10239; EuGH, Rs. C-129/00 – Kommission/Italien, Slg. 2003, I-14637). Vgl. dazu statt vieler nur Haltern, Ulrich: Verschiebungen im europäischen Rechtsschutzsystem. In: Verwaltungsarchiv 96 (2005), S. 311-347; ders.: Europarecht: Dogmatik im Kontext, Tübingen 2005, S. 342-360. Am Horizont dräut die Möglichkeit, dass letztinstanzliche und vielleicht sogar verfassungsgerichtliche Urteile vor erstinstanzlichen Fachgerichten, wohl mit Hilfe von Vorabentscheidungen des EuGH, als europarechtswidrig gebrandmarkt werden und Schadensersatz für judikatives Unrecht zugesprochen wird.

4   Ausf. Haltern, Ulrich: Unsere protestantische Menschenwürde. In: Bahr, Petra / Heinig, Hans Michael (Hg.), Menschenwürde und post-säkulare Verfassungsordnung, Tübingen 2006.

5   Den Unterschied zwischen Juristen und Politikwissenschaftlern, auch in der Behandlung meiner „Mindermeinung", sieht zuletzt auch Nocke, Joachim: Das Bundesverfassungsgericht als Konsensrunde? In: Albrecht, Stephan / Goldschmidt, Werner / Stuby, Gerhard (Hg.), Die Welt zwischen Recht und Gewalt, Hamburg 2003, S. 32-47.

6   Vgl. etwa Vorländer, Hans (Hg.): Integration durch Verfassung, Wiesbaden 2002; ders. (Hg.): Die Deutungsmacht der Verfassungsgerichtsbarkeit, Wiesbaden 2006; Brodocz, André: Die symbolische Dimension konstitutioneller Institutionen. Über kulturwissenschaftliche Ansätze in der Verfassungstheorie. In: Schwelling, Birgit (Hg.), Politikwissenschaft als Kulturwissenschaft, Wiesbaden 2004, S. 131-150; Schaal, Gary S.: Integrati-

Dieses Auseinanderfallen der Reaktionen ist bemerkenswert und bedarf einer tieferen Analyse (2.). Für meine eigene Position bedeutsam ist sie insofern, als ich mich fragen lassen muss, ob ich nicht eigentlich im politikwissenschaftlichen Bereich geschrieben habe. Meine Antwort ist Nein, denn die politikwissenschaftliche Sicht von Gerichten ist zwar für die Ausarbeitung einer „Dogmatik im Kontext"[7] äußerst bereichernd; sie vermag mich aber nicht vollständig zu überzeugen. Die Auffassung, Gerichte seien nichts anderes als Alternativforen, scheint mir das den Gerichten Eigene – und damit auch das Wesentliche der Verfassungsgerichtsbarkeit – nicht einfangen zu können. Hiermit beschäftige ich mich unter 3. und 4.

2 Gerichte, politikwissenschaftlich und juristisch

Politikwissenschaftler forschen vor dem Hintergrund eines Vorverständnisses, dessen Grundfrage diejenige nach der institutionellen Verteilung politischer Macht ist. Politikwissenschaftlich gesehen interagieren Gerichte mit anderen politischen Akteuren und produzieren gemeinsam mit ihnen politische Entscheidungen. Daher ist es aus der Sicht der Politikwissenschaft eine angemessene Forschungsperspektive, Gerichte aus dem Winkel jener politischen Entscheidungen zu betrachten, zu deren Produktion sie beitragen. Diese Perspektive besitzt wiederum zwei Seiten, nämlich eine innere und eine äußere Komponente.

Der innere Aspekt dieser Perspektive fragt danach, welche Strategien Gerichte anwenden, um für sich selbst eine politisch entscheidende Rolle sicherzustellen. Gerichte wollen erfolgreich sein, also diejenigen Maßnahmen ergreifen, die ihre eigene Position stärken und legitimieren. Die immer weitere Juridifizierung des Lebens mit der einhergehenden Macht der Gerichte kann man in dieser Perspektive ebenso gut analysieren wie die internen Strategien des juristischen Diskurses.

Der äußere Aspekt dieser Perspektive bezieht sich weniger auf das Eigeninteresse der Gerichte als auf die Möglichkeiten, die sich anderen Akteuren durch die Einschaltung von Gerichten bieten. Sie können ihre eigene Agenda ebenso befördern wie die Agenden anderer Akteure blockieren. Das gerichtliche Forum ist eines unter vielen Foren; Akteure werden es dann wählen, wenn sie sich hiervon einen Vorteil versprechen. Gerichte werden also dann erfolgreiche politische Akteure sein, wenn es ihnen gelingt, die Nachteile, die alternative Foren mit sich bringen – seien diese nun legislativer oder regulativer Natur –, auszugleichen.

Politikwissenschaftler nehmen an Gerichten nichts wahr, das nicht in Form einer normalen politik- oder sozialwissenschaftlichen Analyse eingefangen werden könnte. Zwar mögen Gerichte der Auffassung sein, eine völlig andere Aufgabe als der Gesetzgeber wahrzunehmen; sie sprechen etwa die Sprache des Rechts, nicht der Effizienz; der Rechte, nicht der Interessen; und der Verfassung, nicht des Wahlkampfes. Der Politikwissenschaftler aber weist nach, dass Gerichte nichts anderes als ein weiterer Ort für die Formulierung von politischen Entscheidungen sind. *Wie* vor Gericht derartige Entscheidungen getroffen werden, ist für die Politikwissenschaften weniger wichtig als die Tatsache, *dass* es geschieht. Im Hinblick auf die Methoden für ihre Untersuchungen unterscheiden sich selbstverständlich die politikwis-

---

on durch Verfassung und Verfassungsrechtsprechung? Über den Zusammenhang von Demokratie, Verfassung und Integration, Berlin 2000.

7   Näher hierzu Haltern, Europarecht, a. a. O. (Fn. 3), S. 6-26.

senschaftlichen Schulen voneinander. Doch am Ende stehen eben diese beiden Fragen: Wie gelingt es Gerichten, für sich selbst eine Rolle im *policy-making* zu sichern? Was zeichnet ihre Rolle im Verhältnis zu anderen Institutionen aus, und welchen Interessen verhelfen sie damit zur Durchsetzung?

Die Rechtswissenschaft hingegen widersetzt sich der These vom Zusammenbruch der Unterscheidung von Recht und Politik. Sie konstruiert das dem Recht Eigene gerade aus der Differenz zwischen Recht und Politik: Recht mag aus dem politischen Prozess hervorgehen, ist aber nicht einfach ein alternatives, durch Macht und Interessen angeleitetes Forum. Das hindert Juristen nicht, Maßstäbe außerhalb des Rechts – insbesondere die Vernunft – zu wählen, anhand derer das Recht auf seine Rationalität hin zu überprüfen und zu verbessern ist. Am Ende juristischer Analyse steht so gut wie immer der Reformvorschlag. Gerichte aber haben in rechtswissenschaftlicher Perspektive nicht die Aufgabe, ein alternatives Forum von Interessen zu sein oder ihre politische Macht zu erweitern. Sie repräsentieren Vernunft, Rechte, Prinzipien oder dauerhafte Werte.

Der tiefere Unterschied zwischen Politik- und Rechtswissenschaft liegt damit in der unterschiedlichen Beantwortung einer in der Tradition der Aufklärung immer wieder gestellten Frage, nämlich derjenigen nach der Verortung von Vernunft. Politikwissenschaftler verorten Vernunft in ihrer eigenen Wissenschaft; mit ihrer Hilfe beobachten sie einen Gegenstand, der auf Macht und Interessen reagiert. Politikwissenschaftliches Denken würde es als Kategorieverwechselung begreifen, Politik als Ausformung von Vernunft zu sehen, denn Vernunft ist das, was die Wissenschaft der Politik an das Politische heranträgt. Das Politische selbst – auch in seiner juridifizierten Form – ist lediglich ein Weg zur Befriedigung von Interessen. Wissenschaft ist danach eine vernunftgeleitete Form der Machtanalyse; die Vernunft ist im Besitz des Wissenschaftlers, besteht in Kategorisierungen, Verallgemeinerungen, Vorhersagen usw. und ist für politische Akteure weitgehend wertlos.

Die Rechtswissenschaft hingegen kann nicht akzeptieren, dass Vernunft außerhalb des Politischen angesiedelt ist und sein soll. Für die Rechtswissenschaft ist die Verfassung ein Mechanismus, das Politische einer höheren Vernunftnorm zu unterwerfen. Die Verfassung repräsentiert das Vernünftige im Politischen und im Staat. Dies ist ganz unabhängig von der Frage, ob bestimmte Partikularinteressen in die tatsächlich vorhandene Verfassung eingeflossen sind und dort perpetuiert werden. Jede gerichtliche Entscheidung ist ein Ausgreifen nach der verborgenen perfekten Verfassung; jede tatsächliche Deformation der realen Verfassung ist ein durch die Politik (nicht das Recht) begangener Fehler, der der Reform bedarf. Vernunft ist damit für den Rechtswissenschaftler bereits Teil des von ihm studierten Objekts. Sie ist bereits im Beobachteten vorhanden und muss nicht mehr an das Recht herangetragen werden; die Rolle des Wissenschaftlers beschränkt sich darauf, herauszuarbeiten, was die im Objekt enthaltene Vernunft im Einzelnen verlangt. Die Rule of Law ist die Rule of Reason. Reform ist daher nicht etwas, das von außen an das Recht herangetragen wird, sondern Teil der Entwicklung des Rechts selbst.

Beide Perspektiven – Politik- und Rechtswissenschaft – besitzen einen blinden Fleck. Die Rolle von Gerichten besteht weder in erster Linie darin, politische Ziele zu erreichen, noch darin, Rationalität hervorzubringen. Wichtiger ist, dass Gerichte Teil eines tiefen Glaubens an das Recht sind. Sie errichten ein Gemeinwesen – und uns, seine Bürger – als Ausdruck der Rule of Law. Gerichte stützen und stabilisieren ein kulturelles Gefüge. Als Bürger nimmt man die kollektive Identität seines Gemeinwesens in seine individuelle Identität auf; hierzu gehört die Verschränktheit mit dem Volkssouverän, der den Staat und sein Recht in ihre Existenz gesprochen hat. Individuelle Identität, kollektive Identität und Souveränität sind in der Geschichte des Nationalstaates komplexe Verbindungen eingegangen, die man weder durch Vernunft noch durch Interesse in den Blick bekommt. Funktionale Betrachtungen sind für ihre Analyse nicht ausreichend. Vielmehr gilt es, die Bedeutungsgewebe, die aus Kultur und Symbolen gesponnen sind, zu thematisieren und die symbolischen Formen, ästhetischen Verweise und imaginativen Tiefenstrukturen, die dem Recht zugrunde liegen, aufzudecken. Eine derartige Form der Rechtswissenschaft ist in Gestalt des kulturtheoretischen Ansatzes erst im Entstehen begriffen.

3 Recht, juristisch-kulturtheoretisch

Einerseits scheinen Juristen mit ihrer Anschauung von Gerichten und vom Recht eine Unlauterkeit in ihrer eigenen Perspektive zu erzeugen. Indem die Rechtswissenschaft den Platz der Vernunft im Politischen verteidigt und sich der Übermacht des Interesses erwehrt, legitimiert sie sich durch die Invisibilisierung von Interessen selbst. Gegenüber dieser Strategie mag man die Forschungsperspektive des Rechtsrealismus und seiner Nachfolgetheorien, der Kritischen Rechtsschule und der Ökonomischen Analyse des Rechts, einfordern. Beide halten das Recht für einen Schleier, der über die Realität der zugrunde liegenden Interessen gezogen wird; die „Wahrheit" des Rechts liegt nicht im Recht, sondern in den Interessen. Diese zu erforschen ist Aufgabe der Sozialwissenschaften. Die Kritische Rechtsschule besetzt die negative Seite dieser Ambition, indem sie die Widersprüchlichkeiten und Ungereimtheiten der rechtlichen Argumentationen und ihrer Grundlagen aufdeckt und zeigt, dass rechtliche Ergebnisse nicht durch juristische Argumentation, sondern durch Macht-, Klassen-, Rassen- oder Geschlechterinteressen determiniert sind. Die Ökonomische Analyse des Rechts besetzt die positive Seite dieser Ambition, indem sie Recht auf der Basis ökonomischen Gedankenguts rekonstruiert; Ökonomie als leitendes Paradigma spiegelt die Tatsache, dass die Wirtschaftswissenschaften das wissenschaftliche Ideal der Sozialwissenschaften heute am weitesten realisiert haben. Ökonomischer Analyse und Kritischer Rechtsschule ist gemeinsam, dass sie den Unabhängigkeitsanspruch des Rechts lediglich als falsche Metaphysik und den Neutralitätsanspruch des Rechts nur als Maske für Partikularinteressen begreifen. Sie wollen das Recht daher durch ein anderes Recht ersetzen, das für die außerrechtliche „Wahrheit" offen ist.

Andererseits hat die juristische Anschauung von Recht und Gerichten den Vorteil, sowohl mit idealistischen und fortschrittsfixierten als auch mit seit der Aufklärung tradierten Vorstellungen von Recht, Staat und Ordnung konform zu gehen. Im Zentrum unserer modernen, westlichen Vorstellung politischer Ordnung steht der feste Glaube an eine politische Fortschrittserzählung. Diese zeichnet sich durch drei wesentliche Elemente aus. *Erstens* gab es einen Übergang von personalisierten zu demokratischen Formen der Machtausübung, beispielsweise vom Fürsten zur Republik. *Zweitens* gab es einen Übergang von der Folter zum Strafprozess und vom Theater des Schafotts zur Wissenschaft der Kriminologie: Das Recht schützt auch diejenigen, die gegen es verstoßen. Dadurch wird die Herrschaft des Volkes zugleich zur Herrschaft des Rechts. *Drittens* gab es einen Übergang vom Krieg zum Recht. Blinde, blutige Gewalt wird durch Völkerrecht, insbesondere rechtsförmige Streitschlichtungsorgane und -prozesse, ersetzt; wo Gewalt unvermeidbar ist, wird sie humanisiert, etwa durch die Unterscheidung von Kombattanten und Nicht-Kombattanten oder das Verbot bestimmter Waffen. Alle drei Übergänge appellieren an das Recht, das zum Leitmotiv der gesamten Fortschrittserzählung wird. Es gibt keinen blinden Fleck des Rechts, ebenso wenig wie es unverrechtlichte politische Prozesse gibt. Das Politische und das Rechtliche erscheinen uns untrennbar miteinander verknüpft. Wir preisen dies als wünschenswert und fortschrittlich, denn Recht realisiert das Vernünftige innerhalb des Politischen. Das Vernünftige steht im Politischen für den Übergang von einer durch individuelle Interessen Weniger getriebenen Politik zu einer Politik der Gerechtigkeit für alle: Gerechtigkeit erscheint als normative Spezifizierung des Vernünftigen im Politischen. Die Fortschrittserzählung ist insofern eine Erzählung vom Fortschritt durch die Vernunft. Wir finden sie nicht nur im Politischen, sondern in allen denkbaren Bereichen. Die Natur wird gezähmt, die Wissenschaften von falschen Glaubenssätzen befreit, wirtschaftliche Produktion rationalisiert; der Mensch wird sowohl in der politischen Theorie als auch in der Psychoanalyse à la Freud unausgesetzt durch Rationalität, die den Willen zivilisiert, reformiert. Das Politische ist nur eine weitere Instanz des Fortschritts in der Vernunft. Das Recht ist das Mittel, Vernunft in die politische Ordnung zu injizieren und sich dort entwickeln zu lassen.

Diese Fortschrittserzählung spiegelt die unsere gegenwärtige Vorstellung vom säkularisierten Staat prägende Aufklärungsnarration der Trennung von Staat und Kirche. Konnte man zuvor, in der paulinischen Narration, etwas vom Göttlichen nur durch die Liebe wiedergewinnen, und war das Recht die Domäne des durch den Sündenfall gezeichneten Menschen – konnte man also den Zustand der Sünde nie im oder durch das Recht überwinden –, so wandelte sich diese Tragödien-Erzählung in der Aufklärung zu einer Triumph-Erzählung. Als vorpolitische Quelle menschlicher Gemeinschaft wurde der Sündenfall durch den Naturzustand ersetzt. Aus Sicht politischer Theorie bestand das Problem nun nicht länger darin, Erlösung durch Gottes Gnade zu erlangen, sondern darin, ungehemmten Leidenschaften durch disziplinierende Vernunft einen Riegel vorzuschieben. Politische Gemeinschaften konnten von nun an auf religiöse Inspiration oder göttliche Führung verzichten; sie waren allein das Produkt menschlicher Vernunft. Maßstab war nicht länger die Gemeinschaft sich selbst verleugnender Heiliger, sondern das Ideal einer Gemeinschaft sich selbst verwirklichender Einzelner, die erfolgreich soziale Kooperation hervorbrachten. Das Instrument, mit Hilfe dessen der Schritt vom Naturzustand zur politischen Ordnung vollzogen wurde, war der Gesellschaftsvertrag – eine säkulare Errungenschaft, deren Vervollkommnung sich seit Hobbes die gesamte politische Theorie widmet. Das Recht begegnet der Unordnung mit Ordnung, den Leidenschaften und Begierden mit Vernunft. Es handelt sich aber nicht um ein religiöses Problem: Aus Sicht politischer Theorie mündet ungehemmte Begierde nicht in Sünde, sondern in Ungerechtigkeit. Der Triumph des Rechts ist also verknüpft mit der säkularen Tradition des Liberalismus und des Sozialvertrags. Diese ist uns so selbstverständlich, dass wir uns eine andere Sicht kaum noch vorstellen können.

Doch es gibt nicht nur eine andere Sicht, sondern auch eine Tiefenstruktur der Phänomene – hier des Rechts –, deren Oberfläche wir so gut kennen, dass wir sie für das Phänomen an sich halten. Der Mensch lebt nämlich nicht nur in einem funktionalen, sondern auch in einem symbolischen Universum, in dem er die Welt durch die Vermittlung von Mythen und Symbolen erfährt. Dies ist die Welt der Bedeutungen, die im Zentrum der Arbeiten von Ernst Cassirer, Clifford Geertz oder Ernst Kantorowicz, aber auch von Michel Foucault steht. Genealogische Analysen zeigen, wie sehr diese Bedeutungen quer stehen zu unserem modernen Verständnis unserer Welt und unserer selbst. Doch bleiben tiefe Spuren – Trümmer und Überbleibsel – in der Struktur unseres Denkens und unserer politischen Begriffe. Diese verdichten sich zu einer Tiefenstruktur, die unter der liberalen Oberfläche des demokratischen Rechtsstaats schlummert und sich jederzeit aktualisieren kann. Diese Tiefenstruktur ist um religiöses und mythisches Denken herum organisiert. Im Zentrum steht der Glaube; um ihn herum ranken sich Mythen, Träume von Ewigkeit, Todesängste und Opferbereitschaft in oszillierenden Konstellationen.

Ich habe an anderen Stellen[8] ausführlich begründet, dass das Recht eine Tiefenstruktur aufweist, die durch Anderes gekennzeichnet ist als durch Vernunft und Gerechtigkeit. Recht besitzt eine reiche Textur kultureller Ressourcen, auf die es sich stützen kann. Es handelt sich um eine symbolische Form, die eine Welt präexistenter Regeln kreiert, auf welche sich wiederum Individuen beziehen können, um ihrem Leben Sinn und Struktur zu geben. Das Recht konstruiert dabei Bedeutungen durch Verlängerung vergangener Bedeutungen in die Zukunft, indem es sich auf Quellen beruft, die in der Geschichte der relevanten Normgemeinschaft Autorität besitzen. Der Schwerpunkt liegt mithin auf der Bewahrung etablierten Sinns. Viele der Bedeutungen nationalen Rechts entstammen anderen symbolischen Formen, die mit dem Recht in Wettbewerb stehen und deren wichtigste die Form der politischen Handlung sein dürfte. Die Grammatik politischer Handlung ist derjenigen des Rechts in vielerlei Hinsicht entgegengesetzt und konkurriert mit ihr. Durch die Verklammerung von Recht und politischer Handlung aber am Ursprung des Rechts (ohne politische Handlung kein Recht; ohne Recht kein Gedächtnis für politische Handlung) schreibt sich die Bedeutung der politischen Handlung unmittelbar in das Recht ein und lässt dieses dadurch zu dem authentisch „unsrigen" Recht werden. Hinzu kommt, dass die Tiefenstruktur des Rechts derjenigen der Religion ähnelt und mit jener das gemeinsame Kennzeichen von Glaubensgemeinschaften teilt: Eine Trennung von unsichtbarer Quelle (Gott / Volkssouverän) und sichtbarer Erscheinung (Hostie / Verfassung), der wir dadurch eine neue Bedeutung zumessen, dass wir durch sie hindurch auf die unsichtbare Quelle schauen. Der Wein etwa erscheint dem Gläubigen nicht als gegorener Alkohol, sondern als Blut Christi – nicht weil das Phänomen Wein in der Kirche anders aussieht, sondern weil der Gläubige durch den Wein hindurch auf Gott und Christus schaut. Die Verfassung ist nicht etwa irgendein unverbindlicher, mehr oder weniger gut formulierter und insgesamt ganz interessanter Text, sondern das verbindliche Grunddokument des Staates – nicht weil der Verfassungstext sich von anderen Texten grundlegend unterscheidet, sondern weil der Bürger durch den Text auf den Volkssouverän schaut, der diesen Text und damit diesen Staat (und damit „uns" als „Bürger") in die Existenz gebracht hat. Dadurch rücken Begriffe wie Offenbarung, Wille und Souverän in den Mittelpunkt des Rechts- und Staatsdenkens. Auch das Gemeinwesen muss sich um die Offenbarung des Willens gruppieren. Hierfür fand die politische Theorie den Begriff der Souveränität. Der Souverän wird zum symbolischen Punkt einer politischen Gemeinschaft, an dem sich der Wille sammelt und reifiziert. Die frühen Souveräne waren Thaumaturgen, die eine Erscheinung des Göttlichen darstellten. Die Basis des Staates war im Körper des Königs zusammengezogen; er verkörperte im eigentlichen Sinne des Wortes den *corpus mysticum* des Staates. Das Königtum überlebt die Säkularisierung und die Aufklärung nicht, wohl aber überleben das Konzept der Souveränität und damit die Metaphysik des Willens im Selbstverständnis einer politischen Gemeinschaft. Die Offenbarung wird zur Selbstoffenbarung des Volkssouveräns als Quelle der Staatsformung. Die Revolution hat bereits semantisch viel mit Offenbarung zu tun (*revelation / revolution*). Souveränität bleibt ein *mysterium*, das nun im Volk angesiedelt ist. Der Bürger kann das Mysterium der Volkssouveränität

---

8   Haltern, Ulrich: Europarecht und das Politische, Tübingen 2005; ders.: Unsere protestantische Menschenwürde, a. a. O. (Fn. 4); ders.: Tomuschats Traum. Zur Bedeutung von Souveränität im Völkerrecht. In: Dupuy, Pierre-Marie u. a. (Hg.), Festschrift für Christian Tomuschat, 2006; ders.: Recht als kulturelle Existenz. In: Jayme, Erik (Hg.), Kulturelle Identität und internationales Privatrecht, Heidelberg 2003, S. 15-50.

weder sehen noch anfassen, sondern muss daran glauben. Freilich kann er an diesem Geheimnis teilhaben, indem er den Souverän repräsentiert oder sich in Extremform in ihn transsubstantiiert. Da der Staat in diesem Sinne eine Glaubensgemeinschaft ist, kann er die Bürger zu Opfern aufrufen, die geleistet werden, solange die Glaubensbereitschaft anhält. So besehen ist die europäische Geschichte nicht eine der Säkularisierung, sondern der Sakralisierung staatlicher Autorität. Diese Tiefenstruktur des Staates und des Rechts unterscheidet sich grundlegend von dem, was wir als unumstritten akzeptieren.

4 Verfassungsgerichte, juristisch-kulturtheoretisch

Vor diesem Hintergrund können wir uns nun der Verfassungsgerichtsbarkeit zuwenden. Es gibt mir zu denken, dass Integration nach wie vor, entgegen aller politikwissenschaftlichen und soziologischen Evidenz, als Aufgabe und Funktion von Verfassungsgerichtsbarkeit postuliert wird. Integration ist ein Mythos – der sich aber hartnäckig hält. Worauf beruht diese Beharrlichkeit?

Wenn die obigen Gedanken zur Tiefenstruktur des Wesens von Recht und Staat zutreffen, müssen wir von einem Glaubenssystem Recht ausgehen. Dieser Gedanke – so fern er in Anbetracht der Hoffnungen von Objektivität, Rationalität und Logik, welche mit Recht assoziiert werden, zunächst liegt – ist bei näherem Hinsehen unmittelbar einsichtig. Warum sollten gerade Recht und Staat vor Bedeutungszuschreibungen immun sein? In allen Bereichen unseres Lebens determiniert der Glaube an bestimmte Dinge die Bedeutungen, die wir den Phänomenen zuschreiben. Dieser Glaube vermag unserem Leben Sinn zu geben und uns zu den wunderbarsten und schrecklichsten Taten zu drängen. Ausgerechnet der Staat, für den Menschen die wunderbarsten und schrecklichsten Dinge getan haben und noch tun, sollte so ganz anders funktionieren?

Wenn der Staat auf einer Glaubensstruktur aufruht, sind in seinem Kern nicht nur Gesellschaftsverträge, Vernunft, Gerechtigkeit und Interessen angelegt, sondern ebenso Narrationen, Mythen und das kollektive Gedächtnis einer politischen Gemeinschaft. Integration mag ein Mythos sein, doch wenn der Staat und seine Institutionen auch auf Mythen basieren, ist diese Erkenntnis kaum grundstürzender Natur. Es gilt den Zuschnitt des Mythos zu analysieren, der den Glauben an eine Integrationsleistung der Verfassungsgerichtsbarkeit stabilisiert – gegen die Erkenntnisse der Politikwissenschaften und Soziologie und in Ergänzung meiner eigenen Auffassung. Es ist gerade der Mythos, der integriert. „Integration als Mythos" trifft zu, doch man darf hier nicht stehen bleiben, sondern muss weiterfragen nach dem „Mythos als Integration".

4.1 Verfassungsgerichtsbarkeit als Repräsentation

Es ist sinnlos, Recht und Politik durch den Gedanken der Repräsentation voneinander unterscheiden zu wollen. Beide erheben erfolgreich Anspruch auf Repräsentation. Die Form der Repräsentation folgt allerdings unterschiedlichen Grammatiken. Im politischen System ist die Repräsentation im Wahlakt angelegt; sie wirkt damit unmittelbar. Allerdings muss der Politiker sie im Folgenden stets durch seine Handlungen bestätigen; hierbei kann er erfolgreich sein oder versagen. Im Recht ist ebenfalls Repräsentation angelegt. Recht macht die normative Basis der politischen Ordnung erst präsent und repräsentiert sie. Heute spielt das

Prinzip der Volkssouveränität eine fundamentale Rolle in der Selbstbeschreibung politischer Gemeinwesen. Damit muss das Recht das Volk repräsentieren: Es besitzt deshalb Autorität, weil es repräsentiert. In modernen, verfassungsförmig organisierten Demokratien bedeutet damit Herrschaft des Rechts (rule of law) zugleich Herrschaft des Volkes (rule of the people); Urteile werden „im Namen des Volkes" gefällt. Das moderne Recht gründet seinen repräsentativen Anspruch auf einen Akt der Autorisierung durch die Repräsentierten.

Freilich sind Gerichte nicht nur repräsentativ, sondern zugleich performativ. Auch Gerichte müssen ihren repräsentativen Charakter immer wieder bestätigen; auch sie können erfolgreich sein oder versagen. Jedoch geht es in der Rechtsrepräsentation nicht länger darum, den Ansprüchen der öffentlichen Meinung, der Mehrheit oder der Klientel gerecht zu werden. Die Bestätigung der Repräsentation findet vielmehr allein dadurch statt, dass Gerichte ihr Handeln als Recht ausgeben. Sie begründen ihre Urteile nicht mit Hinweisen auf die öffentliche Meinung, auf die Moral der Nation oder auf die positiven Auswirkungen, die ihr Handeln für die Repräsentation anderer politischer Organe besitzt; sie begründen sie vielmehr allein damit, dass sie das Recht anwenden.

Die Anwendung des Rechts führt zu repräsentativer Legitimität, weil das Recht „uns" repräsentiert. Alles Recht muss im Einklang mit dem normhierarchisch höchsten Text, der Verfassung, stehen; diese ist der Kern „unserer" rechtlichen Repräsentation. Die Kette der vom Richter in Anspruch genommen Repräsentation lautet also Richter – Gericht – Verfassung – Volk(ssouverän). Die Form der repräsentativen Bedeutung, die wir der Verfassung zuschreiben, ist erläuterungsbedürftig und muss den Begriff der Volkssouveränität miteinbeziehen. Der Hinweis auf einen „Grundkonsens", der in Verfassungen aufgeschrieben sein soll, erscheint mir als ganz leer und unzureichend.

In modernen Demokratien sind Verfassungen das Produkt des Volkssouveräns. Dieser hat die Verfassung, und damit auch den Staat und das Staatsvolk in ihrer Verfasstheit, in die Existenz gebracht und sich dann zurückgezogen. Die Verfassung ist eine „Erscheinung" des Volkssouveräns, durch die wir auf die unsichtbare „Quelle" blicken können; der Glaube an diese Quelle verleiht wiederum der „Erscheinung" eine besondere Bedeutung. Der Zusammenhang zwischen beiden geht noch weiter, da ohne Volkssouverän die Verfassung keine Verfassung im demokratischen Sinne wäre; umgekehrt ist die Verfassung dasjenige Artefakt, das den Volkssouverän unmittelbar erahnen lässt: Ohne Verfassung kein Volk.

Verfassungen können als Produkt des Volkssouveräns erscheinen, weil sie den Akt der volkssouveränen Willensoffenbarung speichern und der politischen Gemeinschaft damit ein kollektives Gedächtnis verleihen. Am Anfang jeder Verfassung steht politische Handlung, also eine andere, vom Recht stets bekämpfte Imagination des Politischen. Apotheose politischer Handlung ist die Revolution. Eine Revolution beendet die alte politische Ordnung und schöpft eine neue. In der Revolution schweigt das Recht. Der Souverän selbst zeigt sich, die Trennung von Quelle und Erscheinung ist aufgehoben, das Recht zählt nichts. Strukturell vergleichbar ist dies mit dem analogen Ereignis in der Religion: Zeigt sich Gott unmittelbar, schweigen alle religiösen Rituale und Gesetze. Politische Handlung muss daher vom Recht beständig als Möglichkeit politischer Imagination invisibilisiert werden; hierfür kennt das Recht eine Vielzahl von Strategien, etwa die Verbannung des Subjekts (und damit des Subjektiven) aus dem Rechtsdiskurs. Der „Anfang" des Rechts aber – sein mythischer Ursprung – kann genau dies nicht, denn ohne politische Handlung gäbe es kein Recht; ohne Recht fehlte es umgekehrt der politischen Handlung an Gedächtnis, sie bliebe eine Epiphanie. Die Speicherung dieser mythischen Ursprungshandlung macht eine Verfassung zur authentisch „unsrigen". Verfassungen sind keine Prinzipien der politischen Philosophie, sondern Erinnerungen. Anders als Prinzipien, aber wie Erinnerungen gehören sie jemandem, und nur für diese Gruppe besitzen sie Bedeutungen, die über das unmittelbar Sichtbare hinausgehen, und stellen normativen Sinn zur Verfügung.

Dieser Sinn ist kaum zu überschätzen. Die Verfassung ist kein Normkörper, der von außen auf einen Gesellschaftskörper einwirkt und diesen steuert. Sie ist vielmehr so in unsere Identität als Bürger eingewoben, dass wir unsere eigenen Ziele kaum noch von den Zielen der Verfassung unterscheiden können. Bevor die Verfassung dem Politischen eine Form gibt, gibt sie unserer Imagination des Politischen eine Form. Verfassung und (individuelles wie kollektives) Selbst stehen in einem nur schwer auflösbaren, oszillierenden Verhältnis zueinander. Deutlicher wird dies in Analogie zur Sprache. Es gibt für uns keine Existenz jenseits von Sprache, ebensowenig wie umgekehrt Sprache jenseits individueller Existenzen denkbar ist. Unser Verständnis von Sprache ist untrennbar verbunden mit dem Gebrauch von Sprache. Wir sind mit anderen Worten durch ein soziales Phänomen geprägt, welches wiederum von uns selbst abhängig ist, die wir ja gerade durch dieses Phänomen geformt werden. Man gibt sich selbst keine Sprache, sondern wird in sie hineingeboren; man gehört seiner Sprache mehr, als diese einem selbst gehört. Gleiches gilt für das Recht und die Verfassung. Niemand lebt hinter einem Schleier des Nichtwissens als ausfüllungsbedürftiger Platzhalter, sondern man registriert sich selbst zunächst als Bürger – auch Rechtsbürger – eines bestimmten Gemeinwesens. (Damit ist nicht ausgeschlossen, dann bestimmte, auch anders lautende, Entscheidungen zu treffen, etwa auszuwandern.) Das Recht konstituiert die Erfahrung des Selbst und des Anderen. Es ist Teil des kulturellen Bedeutungs- und Symbolgewebes, in das der Mensch verstrickt ist, und ist damit integraler Bestandteil dessen, was es regelt. Recht beeinflusst uns nicht von außen, sondern ist Teil unseres Selbstverständnisses. Wir beginnen uns zu sehen, wie das Recht uns sieht, indem wir an der Konstruktion von Bedeutungen teilnehmen, die das Recht vornimmt. Wir internalisieren die Repräsentationen, die das Recht von uns formt, und können unsere Einsichten nicht länger von ihnen trennen.

Recht ist daher insoweit repräsentativ, als es vom Volkssouverän stammt oder jedenfalls auf ihn rückführbar ist und wir – als politische Gemeinschaft – das Werk des Volkssouveräns in die Zukunft hinein verlängern, indem wir uns dem Recht unterwerfen. Hier liegen im Grunde die tiefsten Wurzeln der judäo-christlichen Tradition des abendländischen Verfassungsstaates. *Einerseits* haben wir die christliche, oder genauer: katholische Linie einer mystischen Einheit, in der wir durch Rituale und Riten einen Zipfel des Souveräns ergreifen können. Fahnen und Hymnen sind Überbleibsel dieser katholischen Form staatlicher Imagination; der Aufruf zum Opfer und das Versprechen von Unsterblichkeit in der Gemeinschaft sind weitere Überbleibsel, deren Nähe zu Gewalt gerade in Deutschland das Misstrauen vor politischer Theologie bestärken. *Andererseits* ist der abendländische Staat nicht nur mystische Einheit, sondern auch Rechtsstaat. Hier ist die jüdische Tradition des Bundes angelegt. Im jüdischen Souveränitätsverständnis ist das Recht das Produkt des souveränen Willens und tritt an die Stelle der Prophezeiung. Durch Rechtsbefolgung erhält sich die jüdische Nation den Kontakt mit den sakralen Wurzeln des heiligen Bundes. Recht definiert insofern die Gemeinschaft und die Identität. Im Judentum wird der Gläubige auch und gerade in der Diaspora durch Rechtsbefolgung physisch eins mit der Quelle, so dass konsequenterweise viel jüdisches Recht mit dem Körper beschäftigt ist (Beschneidung, Essen, Sex, Kleidung).

Dieses Modell kann freilich nur dann funktionieren, wenn feststeht, dass das Recht auch das „richtige" Recht ist, also dasjenige Recht, das im Einklang mit dem Willen des Volkssouveräns steht und „authentisch" unsere „wahre" Identität prägt. Hierzu bedarf es einer Institution, die eine Überprüfung vornehmen und notfalls eine Läuterung durchführen kann.

Dies ist die Verfassungsgerichtsbarkeit. Sie ist der Ort, auf den wir schauen, wenn wir an uns selbst als Volkssouverän glauben wollen. Hören wir das Verfassungsgericht sprechen, hören wir uns in einem idealen Sinne selbst.

4.2 Verfassungsgerichtsbarkeit, genealogisch

Verfassungsgerichtsbarkeit erscheint als Funktion der Verfassung: Die Tatsache, dass es eine mit Vorrang ausgestattete Verfassung gibt, führt zu der Möglichkeit, eventuell gar zur Notwendigkeit von Verfassungsgerichtsbarkeit, also der Überprüfung von Gesetzen und sonstigen Normen unterhalb von Verfassungsrang am Maßstab der Verfassung. Dies ist das, was man als „established truth" des juristischen Verfassungsverständnisses bezeichnen könnte.[9]

Freilich muss man hier Zweifel anmelden. Ein Objekt bestimmt nie die soziale Praxis. Die Bedeutung des Objekts ist vielmehr eine Funktion der sozialen Praxis, oder genauer: des Glaubens, der die soziale Praxis unterfüttert.[10] So ist es auch im Fall der Verfassungsgerichtsbarkeit.

Verfassungsgerichtsbarkeit kann dazu führen, dass ein Gesetz oder ein auf Gesetz beruhender Exekutivakt wegen Verstoßes gegen die Verfassung für nichtig erklärt wird. Was Recht zu sein schien, ist in Wirklichkeit kein Recht; der Mantel des Rechts wird heruntergerissen, darunter ist der König nackt. Das, was Recht zu sein vorgab, hat sich als falsche Erscheinung des Rechts herausgestellt. In Wirklichkeit war es Handlung in der Verkleidung des Rechts – „under color of law", wie der US-Supreme Court einmal formulierte.[11] Politische Handlung, die sich den Anstrich des Rechts gibt, ohne tatsächlich Recht zu sein, bleibt politische Handlung, die aus der Welt des Rechts exorziert werden muss. Die Welt des Rechts ist eine fehlerfreie Schöpfung des Volkssouveräns und Teil unserer eigenen Identität: Als Rechtsbürger sind wir, wer wir sind, im und durch das Recht. „Falsches" Recht ist nicht Teil des großen Projekts des Volkssouveräns, das wir alle fortführen. Es ist eine falsche Erscheinung des Souveräns.

Das Konzept der „falschen Erscheinung des Souveräns" kennen wir aus der politischen Theologie des Mittelalters. Ernst Kantorowicz hat in seinem wunderbaren Buch „Die zwei Körper des Königs" genau dieses Konzept beschrieben. Im Körper des Souveräns war der Staat im wahrsten Sinne des Wortes verkörpert: Der Monarchenkörper war der *corpus mysticum* des Staates. Die genealogische Analyse fokussiert nun auf Fehler des Monarchen und stößt auf das Problem, dass der Monarch keine Fehler machen konnte: „The King can do no wrong." Daher mussten Fehler als falsche Erscheinungen erklärt werden: Der irrende Monarch war nicht der wahre Monarch, sondern eine falsche Erscheinung des Monarchen. Die Doktrin der zwei Körper des Königs ließ diese Argumentation zu, indem sie die Wahrheit des Königs nicht in dessen physischer Erscheinung oder seinem Verhalten lokalisierte, sondern im idealen König. Der Untertan konnte nie sicher sein, den wahren König zu sehen, denn dieser hatte zwei Körper; was man sehen konnte, konnte immer ein potentiell ironisches Spiel mit der Wahrheit sein.[12] Die Folge dieses Auseinandertretens der Körper des

---

9   Statt aller Grimm, Dieter: Die Zukunft der Verfassung, Frankfurt a. M. 1994, S. 303, der die Verfassungsgerichtsbarkeit als organisatorische Ausformung des Geltungsanspruchs der Verfassung bezeichnet.
10   Kahn, Paul W.: The Cultural Study of Law: Restructuring Legal Scholarship. Chicago 1999.
11   US-Supreme Court, Ex Parte Young, 209 U.S. 123 (1908).
12   Ausführlich Morgan, Edmund S.: Inventing the People. The Rise of Popular Sovereignty in England and America, New York/London 1988, S. 17 ff.

Königs war die Eröffnung eines Interpretationsraumes mit der Folge, dass über die Bedeutung der Erscheinung gestritten werden konnte. Der Wille des Souveräns ist nicht mehr eins mit dem Willen des Monarchen. Es entsteht die paradoxe Situation, gegen die Person des Monarchen im Namen des wahren Monarchen opponieren zu können. Genau dies geschieht in der abendländischen Revolutionsgeschichte: Die drei großen Revolutionen der frühen Moderne beginnen als Rechtsbewahrungsprojekte, indem sie gegenüber dem natürlichen Monarchenkörper dessen Identität mit dem idealen Monarchenkörper bestreiten.[13] Der König hält sich immer an das Recht; tut er das nicht, entsteht eine falsche Erscheinung, so dass der Souverän als Person den eigentlichen Souverän nicht repräsentiert. Ein solcher König ist nur dem Namen nach ein König und darf im Namen wahrer Repräsentation abgesetzt werden. Zwei der drei Revolutionen beinhalten daher auch einen Akt des Königsmordes, der erst durch die Verdoppelung des Körpers denkbar wird: Es handelt sich nicht mehr, wie wohl am besten noch bei Shakespeare nachlesbar ist, um ein Sakrileg, sondern lediglich um die Entlarvung des falschen Körpers. Hier sind zudem die Bezüge zu Freuds Ursprungsmythos der Gesellschaft offensichtlich, der im Vatermord die psychoanalytischen Grundlagen sieht.[14] Die falsche Erscheinung des wahren Souveräns wird entlarvt und entfernt. Besonders deutlich wird dies in Frankreich, wo aus Ludwig XVI. nun der Bürger Louis Capet wird. Die wahre Repräsentation des Souveräns ist nun im Recht verkörpert. Ein Repräsentationsfehler erscheint als Rechtsverletzung. Die Revolutionen begannen mithin als ein Projekt der Aufrechterhaltung des Rechts gegenüber politischer Innovation, die als falsche Erscheinung angesehen wurde. Erst später kam revolutionäre Handlung im Sinne der Zerstörung der alten politischen Ordnung und der Errichtung neuer repräsentativer Institutionen hinzu.

Diese Teilung des Monarchen und die Entfernung des falschen Königskörpers sind die Vorläufer, oder genauer: die genealogischen Wurzeln der Strategie, zwischen dem wahren und dem nur scheinbaren Recht zu trennen und das nur scheinbare Recht als falsche Erscheinung aus dem Rechtskörper auszuscheiden, nämlich durch Nichtigerklärung. Die Verfassungsgerichtsbarkeit tritt in diese Tradition ein.

Dies kann nur dann erfolgreich gelingen, wenn es den Gerichten gelingt, ihr Handeln nicht als einen Akt politischer Handlung erscheinen zu lassen. Dies würde den Teufel mit dem Belzebub austreiben: Eine politische Handlung (under color of law) würde durch eine andere politische Handlung aus dem Rechtskörper ausgeschieden. Das Gericht muss seine Handlung als Beteuerung einer permanenten Herrschaft des Rechts konzipieren: als Bestätigung einer vorrangigen Verfassung als Ausdruck einer permanenten Rule of Law. Nur wenn es gelingt, diese Perspektive in die Bedeutung der Handlung des Gerichts einzuziehen, wird

---

13   In England etwa unterschied die Deklaration beider Häuser des Parlaments vom 27. Mai 1642 zwischen Amt und Person des Königs, wobei der König im politischen Körper beibehalten, der König im natürlichen Körper verabschiedet wurde: „Es wird anerkannt ..., dass der König die Quelle der Gerechtigkeit und des Schutzes ist, aber die Handlungen der Justiz und des Schutzes werden nicht von seiner Person ausgeübt und hängen nicht von seinem Gefallen ab, sondern von seinen Gerichten und Ministern, die hier ihre Pflicht tun müssen, auch wenn es ihnen der König in eigener Person verbieten sollte: und wenn sie gegen den Willen und persönlichen Befehl des Königs Urteile fällen, sind es immer noch die Urteile des Königs. Das Hohe Gericht des Parlaments ist nicht nur ein Gerichtshof der Rechtsprechung ..., sondern ebenso ein Rat ..., dessen Aufgabe es ist, den öffentlichen Frieden und die Sicherheit im Königreich zu erhalten und des Königs Willen in den dazu erforderlichen Dingen zu erklären, und was es hierbei tut, trägt den Stempel der königlichen Autorität, auch wenn Seine Majestät ... in eigener Person demselben widerspricht oder es verhindert...“ (zitiert nach Kantorowicz, Ernst H.: Die zwei Körper des Königs, Stuttgart 1992 [Orig. 1957], S. 42 f.).

14   Freud, Sigmund: Totem und Tabu (1912-13). In: ders.: Studienausgabe Bd. IX: Fragen der Gesellschaft / Ursprünge der Religion, Frankfurt a. M. 2000, S. 287 ff. (430 ff.).

das Gericht seiner Aufgabe gerecht werden können. Anders als etwa *Marbury v. Madison*[15] nahe legt, kreiert also nicht die Verfassung die Kompetenz zur *judicial review*, sondern umgekehrt kreiert die sich auf sehr alte ideengeschichtliche Traditionsbestände zurückbeziehende *judicial review* die Verfassung.

4.3 Verfassungsgerichtsbarkeit und politische Rhetorik

Wenn Verfassungsgerichtsbarkeit zum einen eine Tradition fortsetzt, die aus der Grammatik des Politischen seit langem bekannt ist, und zum anderen eine Semantik benutzt, die uns in eine uns selbstverständlich erscheinende Bedeutungsstruktur verstrickt, ist anzunehmen, dass Verfassungsgerichtsbarkeit viel über politische Identität zu sagen hat. Möglicherweise ist es dieser kulturtheoretische Zusammenhang, der als „integrativ" apostrophiert wird.

Die Verschraubung von Recht und Identität läuft über den Willen des Volkssouveräns. Souveränität und Recht sind in der Imagination eng verbunden: Das souveräne Volk regiert mit Hilfe der Herrschaft des Rechts; indem umgekehrt die Bürger unter dem Recht leben und Rechtsgehorsam üben, nehmen sie teil am zeitübergreifenden Projekt der Bewahrung des Willens des Volkssouveräns und werden Teil desselben. Recht ist nicht lediglich ein Nebenprodukt des modernen Staates. Es definiert den Staat als demokratisches Projekt, in dem die Bürger sich dergestalt mit dem Gemeinwesen identifizieren, dass ihre Normbefolgung ein Akt der Freiheit ist (oder mit Rousseau: Sie befolgen die Gesetze, die sie sich selbst geben). Recht wird damit beobachtbar als Erfahrung sozialer Praxis; die Verkoppelung des Rechtsgehorsams mit der politischen Identität der Bürger des Gemeinwesens findet statt durch die Kategorie der Souveränität. Recht ist in der Moderne nicht deshalb von so großer Wichtigkeit, weil es Ordnung in einer auf den Naturzustand rückführbaren Welt verspricht. Vielmehr ist es der greifbare Ausdruck eines Verständnisses des Politischen als Gemeinschaft von Freien, die sich deliberativ und aufgrund bewusster Entscheidung zusammenfinden.[16]

Der für den gegenwärtigen Zusammenhang wichtige Aspekt dieses Erklärungsmusters ist der Gedanke, dass die Verfassung Teil eines Projektes der politischen Identität ist. Dadurch muss die Verfassung einen persönlichen Charakter besitzen. Dieser äußert sich nach innen dahin, dass der Anspruch des Gemeinwesens – das sowohl Quelle als auch Produkt der Verfassung ist – auf „Opfer" als legitim anerkannt wird. Dies geschieht dadurch, dass sich der durch die Verfassung in Existenz gebrachte Staat als letzter Wert geriert und der Bürger dies akzeptiert. Für den Staat ist dies lebenswichtig, und auch für den Bürger kann es sich in Extremsituationen um eine Frage von Leben und Tod handeln. Nach außen dokumentiert sich der persönliche Charakter der Verfassung in der einfachen Tatsache, dass der Bürger Verletzungen des materiellen Inhaltes seiner politischen Identität vor die Verfassung und die zur

---

15 5 U.S. (1 Cranch) 137 (1803), S. 176 f.
16 Dies ist die Idee, die hinter den beiden großen Projekten der Staatsgründung in der Moderne stand – Revolution und Entkolonialisierung. Beide Projekte setzten einen Anfangspunkt durch die Formulierung einer Verfassung, in der sich die jeweiligen Normgemeinschaften als selbstgeformte Gemeinschaften definierten. Hier liegt auch eine der Erklärungen dafür, dass weder die ethnische Vielfalt innerhalb der Staatsgrenzen noch die zum großen Teil willkürlich gezogenen, von den Imperialmächten übernommenen Grenzen korrigiert wurden. Diese Aspekte waren zweitrangig gegenüber dem Projekt, einen Staat durch die Schaffung eines Rechtsregimes „in die Existenz zu schreiben". Sowohl in den entkolonialisierten Staaten als auch in der US-amerikanischen „Nation von Immigranten" bestand das verfolgte Projekt in einer Bürgerschaft „unter dem Recht" – das Recht, nicht Ethnie oder Herkunft, ist die Primärreferenz für politische Identität. Zu anderen, machtpolitisch orientierten Erklärungen vgl. Herbst, Jeffrey: States and Power in Africa. Comparative Lessons in Authority and Control, Princeton 2000.

Konfliktlösung bestellten Organe zu tragen befugt ist. Inhalt der politischen Identität ist der Inhalt dessen, was der Volkssouverän sagt, in modernen Demokratien regelmäßig Demokratie und Menschenrechtsschutz. Fühlt sich der Bürger im Hinblick auf das Versprechen der Gerechtigkeit verletzt, hat er die Möglichkeit, das, was im Gewand des Rechts daherkommt, ohne tatsächlich Recht zu sein, als falsche Erscheinung des Volkssouveräns zu enttarnen. Verfassung und Recht sind Phänomene, die uns als lesbare Erscheinungen des Volkssouveräns, der sich zurückgezogen hat, geblieben sind. Indem wir diese Erscheinungen lesen, schauen wir auf die Quelle und werden gewissermaßen zum Teil des mystischen Körpers des Staates. Sobald wir aber feststellen, dass die Erscheinung eine „falsche" Erscheinung sein muss, muss es die Möglichkeit geben, diesen falschen Teil unserer politischen Identität abzustoßen. Die institutionelle Verkörperung dieses imaginativen Vorgangs ist die (zentralisierte oder dezentralisierte) Verfassungsgerichtsbarkeit; die prozedurale Durchsetzung ist die Nichtigkeitsklage. Indem das Gericht die Erscheinung als falsche enttarnt oder als wahre bestätigt (die staatliche Maßnahme für nichtig oder für rechtmäßig erklärt), bekräftigt es den Willen der Quelle der Erscheinung. Man kann sagen, das Gericht läutert die Gegenwart vor der Folie der Vergangenheit, und läutert damit sich selbst und uns, die Bürger; zugleich erschafft es das Gemeinwesen im idealen historischen Sinne neu.

Dann liegt es nahe, dass Verfassungsgerichte – anders als Fachgerichte – manchmal die Semantik des Rechts durch politische Rhetorik ersetzen. Politische Rhetorik operiert in einer Dimension, die sich nicht auf Deduktion und Analogie reduzieren lässt. Da es ihr um die Realisierung der Idee des Staates im Körper des einzelnen Bürgers geht, greift sie auf die Sprache des Opfers zu. Politische Rhetorik evoziert körperliche Partizipation in einer zeitübergreifenden Gemeinschaft, die der *corpus mysticum* des Staates ist. Sie erinnert den Bürger daran, dass das Politische unter Umständen eine ernste, gar lebensbedrohliche Dimension annehmen kann, nämlich dann, wenn man einen politischen Feind identifiziert. Sie appelliert an den Bürger, die Bewahrung der etablierten Bedeutungen des Staates durch die Bereitschaft zur Investition zu stützen. Im Kern dieser Sprache steht das Projekt, eine Gemeinschaft als Glaubensgemeinschaft zu stabilisieren. Weder die Sprache des Interesses, die die Werte und Institutionen des Marktes stabilisieren soll, noch die Sprache der Vernunft, welche Gerechtigkeit stabilisieren soll, vermögen eine transtemporale Gemeinschaft herzustellen, deren Imagination das Opfer einschließt. Politische Rhetorik wendet sich an den Bürger in seiner Eigenschaft als Verkörperung der Idee der Nation. Sie appelliert an das Bewusstsein des Bürgers für das Generationsübergreifende, das sowohl Privileg als auch Bürde sein kann.

In den USA ist dies die Schnittmenge, in der sich Oliver Wendell Holmes und Abraham Lincoln treffen. Holmes lokalisierte einen Schimmer des Politischen, welches er wiederum in der Opferbereitschaft des Soldaten sah, im Recht: Jene letzten Bedeutungen, die das „Wunder" des Opfers im Soldaten hervorbrächten, seien auch in manchen Aspekten des Rechts vorhanden.[17] Lincoln sprach von einer Ersetzung des Verfassungstextes durch die Körper der vernarbten Kriegsveteranen; das Land sehe sich daher einer Krise gegenüber, wenn diese Körper durch Tod ganz verschwänden und nicht eine neue „politische Religion" der Rechtsunterwerfung den Platz der leidenden Körper einnehme.[18]

In diesem Licht kann es kaum verwundern, dass der US-Supreme Court in den USA eine der wichtigsten Quellen politischer Rhetorik darstellt. Rhetorik zur amerikanischen Nation

---

17 Holmes, Oliver Wendell: The Path of Law. In: Harvard Law Review 10 (1897), S. 457 ff. (478), der jedoch „das Letzte", das „Infinite" des Rechts nicht näher erklärt.

18 Lincoln, Abraham: His Speeches and Writings (hrsgg. v. Basler, Roy P.), Cleveland 1946, S. 76 ff.

und ihrem Souverän findet sich in ungezählten Entscheidungen des Obersten Gerichtshofes; der Bürger erfährt hier, wer er ist. Das politische Subjekt wird in Supreme Court-Urteilen, Seperate und Dissenting Opinions häufig schärfer umrissen als in Aussagen politischer Repräsentanten. Leicht nachzuvollziehen ist damit auch die Selbstverständlichkeit, mit welcher der Oberste Gerichtshof regelmäßig als politischer Akteur bezeichnet und wissenschaftlich beleuchtet wird. Bickels wichtiges Werk mit dem ironischen, auf den Federalist No. 78 anspielenden Titel „The Least Dangerous Branch" trug den Untertitel „The Supreme Court at the Bar of Politics". Ackerman nennt seine Theorie der Verfassung „We the People" und tritt für die Möglichkeit der Verfassungsänderung außerhalb des dafür vorgesehenen Art. V der US-amerikanischen Verfassung ein.

Obwohl die USA ein dankbares Beispiel für eine politische, körperbezogene Verfassung sind, stehen sie keineswegs allein. Zwar wird in modernen Demokratien der politische Verfassungsdiskurs im hier verstandenen Sinne eher vorsichtig verwendet, doch sind auch in der Bundesrepublik Deutschland entsprechende Anklänge bekannt. Gedacht ist dabei weniger an zwar plakative, aber deshalb nicht aussagelose Wendungen wie „wehrhafte Verfassung", „Verfassungsfeinde" und „Verfassungspatriotismus". Subtiler, aber in ihrer Wirkkraft wohl wichtiger ist die Institution der Verfassungsbeschwerde, die nach ganz herrschender Meinung in ihrer Funktion für die Herstellung und Stabilisierung von demokratischer Identität kaum zu überschätzen ist. Sie dürfte einer der Hauptgründe dafür sein, dass sich das Grundgesetz zu einem Vehikel partikularer politischer Identität entwickelt hat. Die entscheidende politische Frage, mit der Bürger und Parteien auf Gesetze oder Administrativmaßnahmen reagieren, ist die nach der Verfassungsmäßigkeit. Sie testet einfaches Recht auf ihre Vereinbarkeit mit unserer nationalen Identität, deren Vehikel das Grundgesetz ist. Fällt dieser Test negativ aus, muss das, was nur scheinbar Recht ist, aus dem politischen Körper entfernt werden. Das Verdikt der Verfassungsmäßigkeit oder der Verfassungswidrigkeit antwortet zwar auf eine Frage des Rechts, ist aber sehr eng mit dem Politischen und unserer politischen Identität verknüpft.

Institutionell ist diese Identität im Verfassungsgericht angesiedelt. Den Bürger prägt das Bewusstsein, gegen ein Gesetz oder eine administrative Maßnahme aufbegehren und den Widerstand notfalls bis zum Verfassungsgericht verfolgen zu können. Dieses Bewusstsein ist nur zum Teil rechtlicher Natur. Für die Rechtsargumente, die Formalia und die technischen Details, die dem Nichtjuristen fremd sind, werden Rechtsanwälte engagiert. Daneben aber bleibt die Intuition, dass es sich – vor allem bei der deutschen Verfassungsbeschwerde – um ein Element politischer Zugehörigkeit und damit um auch politische Mitwirkungsrechte handelt. Das Verfassungsgericht besitzt im gesellschaftlichen Bewusstsein die Kompetenz, die Letztentscheidung über politische Fragen des Gemeinwesens zu treffen, der auch die demokratisch direkt legitimierten Institutionen und die politischen Machtträger unterworfen sind. Es liegt nahe, dies als „Glaube" an die Verfassung und das Verfassungsgericht zu bezeichnen. Die Metapher passt auch deshalb gut, weil der christliche Glaube die Lehre vom „persönlichen Gott" einschließt, der „an jedem Leben partizipiert".[19] Ähnlich glaubt auch der Bürger daran, dass die Verfassung und ihr Gericht „persönlich" für ihn und seine Rechtsansprüche da sind. Sie formen eine ständig vorhandene, persönliche Hintergrundbedingung für das tägliche Leben in und unter einer Verfassung. Hierin liegt die unhintergehbare Voraussetzung dafür, dass politische Verfassungsrhetorik funktioniert und der Verfassungsstaat als „politische" Gemeinschaft operieren kann. Die Verfassung muss als persönliche erschei-

---

19   Tillich, Paul: Systematische Theologie I, Berlin 1987, S. 282 ff.

nen, um Sinn und Bedeutung für Individuen besitzen zu können. Politische Verfassungsrhetorik erhebt genau diesen Anspruch: Der Staat ist die Verfassung, die Verfassung ist die „unsrige". Dies gibt der politischen Verfassungsrhetorik die Möglichkeit, an „unsere" politische Identität zu appellieren. An anderer Stelle konnte gezeigt werden, wie Verfassungsgerichtsbarkeit eine Läuterungsfunktion erfüllt.[20] Dieser Läuterung politischer Entscheidungen und politischen Diskurses entspricht der Appell an ein „besseres", jedenfalls politisches Selbst des Bürgers.

4.4 Macht und Ohnmacht des Glaubens

Dadurch, dass so viel auf einem Sprung des Glaubens basiert, sind zugleich Stärken und Schwächen von Verfassungsgerichtsbarkeit benannt. Sie vermag auch ohne jeden Zwang und ohne Androhung von Zwang große Macht auszuüben – nichts anderes erwartet man von einer Institution, die Glauben verwaltet und stabilisiert. Zugleich muss sich Verfassungsgerichtsbarkeit aber immer wieder bewähren und innerhalb des durch den Glauben an die Rule of Law gesteckten Rahmens handeln. Überschreitet sie die rechtliche Glaubensbereitschaft, gerät sie in Legitimationsschwierigkeiten. Die Grenze zwischen Recht und Politik markiert hier den Rubikon; es lohnt freilich, daran zu erinnern, dass die Grenze selbst die Konsequenz des Glaubens an die Rule of Law und damit die Konsequenz der Selbstverständlichkeit unserer rechtlichen Perspektive ist.

Eine Analogie ist wiederum die Kirche. Sie ist ein Beispiel für die Möglichkeit, politische Ordnung auf der Basis der Erfahrung transzendenter oder letzter Bedeutung zu errichten. Dem der Kirche Fernstehenden erscheint sie als normale Institution politischer Macht. Als Historiker schaut man etwa auf die Phasen der Ausübung politischen Zwangs; als Politiker kann man die ironische Frage nach der Stärke der Divisionen des Papstes stellen. Äußerungen der Kirche gleichen Äußerungen anderer Interessengruppen. Für Mitglieder der kirchlichen Glaubensgemeinschaft hingegen verhält es sich anders, denn sie verstehen Kirche in ihrer symbolischen Dimension. Danach verleiht die Kirche einer Wahrheit historisches Leben, die sich von einer politischen Institution nie einfangen lässt. Die Autorität der Kirche erklärt sich daraus, dass sie diese Bedeutung für ihre Mitglieder präsent hält und repräsentiert. Die Institutionen, Riten und kirchlichen Lehren gießen die Unmittelbarkeit der Glaubenserfahrung in endliche historische Formen. Häufig sind v. a. inszenierte Riten so stark, dass sich auch Nichtgläubigen eine Ahnung von der Macht der Glaubenserfahrung mitteilt. Wenn kirchliche Autorität mit dem Glauben an die von der Kirche offerierte Bedeutung einhergeht, sind Herrschende und Beherrschte nicht durch Drohung oder Zwang vereint, sondern durch gemeinsamen Glauben. Das Christentum dürfte in der westlichen Tradition das wichtigste Modell für die politische Macht einer Ideologie sein. Es ist das beste Beispiel dafür, dass Reichweite und Einflussmöglichkeiten von Zwang oder Drohung im Vergleich zu denen eines gemeinsamen Glaubens vernachlässigenswert sind.

Einerseits ist die Kirche ein Beispiel für Macht und Möglichkeiten einer Politik, die auf Glauben beruht. Es scheint keine natürlichen Grenzen für eine Glaubensgemeinschaft zu geben. Geographisch reicht sie so weit, wie ihre ideologische Idee akzeptiert wird. Zeitlich reicht sie so weit, wie ihre Ideologie aufrechterhalten werden kann. Andererseits aber ist die Kirche zugleich ein Beispiel für die Schwächen einer politischen Ordnung, die sich auf Glauben gründet. Eine solche Ordnung kann nur so lange stabil sein, wie der Glaube selbst

---

20 Haltern, Verfassungsgerichtsbarkeit, Demokratie und Misstrauen, a. a. O. (Fn. 1).

aufrechterhalten werden kann. Dies erklärt die Anfälligkeit von Glaubens- oder Ideologiegemeinschaften für interne Kritik. Jede Glaubensgemeinschaft reagiert auf diese Möglichkeit durch die Entwicklung von Verteidigungsstrategien in Gestalt defensiver Dogmatik. Die Kirche etwa entwickelte als Defensivlehren eine esoterische Sprache und Riten, welche die Mitglieder der Glaubensgemeinschaft von der Priesterklasse abhängig machten. Eine wichtige Verteidigungsstrategie ist auch, Autorität selbst zu einem Element des Glaubens zu machen; in der Kirche geschah dies etwa in Gestalt der Doktrin von der Unfehlbarkeit des Papstes, der Vermittlungsfunktion der Priester und der Praxis von Beichte und Buße. Die Folge eines Verstoßes war Häresie. Es kann nicht verwundern, dass in der Reformation – ihrerseits die wirkungsmächtigste Form interner Kirchenkritik – diese kirchlichen Defensivlehren das erste Ziel heftiger Attacken waren. So werden die Gefahren einer glaubens- oder ideologiegestützten politischen Ordnung deutlich. Der Papst ist nur so lange unfehlbar, wie die Mitglieder der Kirche glauben, dass er unfehlbar ist. Fürsten sind nur so lange repräsentativ, wie die Mitglieder des Gemeinwesens ihrer Repräsentativität Glauben schenken.

Heute besitzen demokratische Institutionen wie das BVerfG nur so lange Autorität, wie wir an ihre Autorität glauben. Dies ist bei Gerichten nur so lange der Fall, wie sie mit der Stimme der Herrschaft des Rechts sprechen. Der Glaube daran kann auf unterschiedliche Weise unterminiert werden, etwa durch die Verletzung juristischer Sensibilitäten, „falsche" Methodik oder „ungerechte" Ergebnisse, oder durch die Wahrnehmung der Individuen hinter dem Spruchkörper. Besonders gefährdet ist der Glaube, wenn er mit anderen, konkurrierenden, möglicherweise widerstreitenden Glaubenssätzen kollidiert. Man kann daher einem Verfassungsgericht zu Zurückhaltung oder einem systematischen Rechtsprechungsminimalismus raten, wenn es um tiefe Fragen von Identität geht, die mit der bürgerlichen Identität nicht leicht in Einklang zu bringen sind.[21] Dies ist aber nur eine Daumenregel, sogar noch weniger als das. Es ist schwer vorherzusagen, wann warum ein Glaube erschüttert wird. Wichtig zu wissen ist allein, dass es sich um erschütterte Glaubenssätze handelt, nicht aber um „tatsächliche" Überschreitungen der Grenze von Recht und Politik durch Karlsruhe. Solange wir an die Grenze als solche glauben, können wir auch guten Gewissens von einer „integrativen" Leistung der Verfassungsgerichtsbarkeit sprechen.

---

21 Haltern, Ulrich: Kommunitarismus und Grundgesetz – Überlegungen zu neueren Entwicklungen in der deutschen Verfassungstheorie. In: KritV 83 (2000), S. 153-193.

Rüdiger Voigt

Das Bundesverfassungsgericht in rechtspolitologischer Sicht

Das Grundgesetz der Bundesrepublik Deutschland gilt seit nunmehr 57 Jahren[1]. Diese Stabilität verdankt das Grundgesetz nicht zuletzt dem Bundesverfassungsgericht (BVerfG), das Grundgesetznormen in einer Vielzahl von Entscheidungen interpretiert hat, deren wichtigste in der Amtlichen Entscheidungssammlung abgedruckt sind. Im Laufe seines fünfzigjährigen Bestehens hat das BVerfG als „Hüter der Verfassung" hohes Ansehen erworben[2]. Die besondere Aufmerksamkeit, die manchen Entscheidungen des BVerfG zuteil wird, hat seine Ursache nicht zuletzt darin, dass die Grundlage für diese Entscheidungen Verfassungsrecht und damit politisches Recht ist[3]. Es liegt auf der Hand, dass diese Tatsache Auswirkungen auf die Politik nicht nur im Bund, sondern auch in den Ländern hat. Vor allem die jeweilige Opposition im Bundestag – ganz gleich welcher Couleur –, aber auch die Landesregierungen haben daher häufig die Chance genutzt, eine ihnen nicht genehme Entscheidung der Bundestagsmehrheit auf diesem Wege zu ihren Gunsten zu verändern. Ein aktuelles Beispiel ist das Urteil des Ersten Senats vom 15. Februar 2006 zum Luftsicherheitsgesetz. Angesichts der akuten Gefahr terroristischer Angriffe aus der Luft wollte die Regierungsmehrheit die Möglichkeit zu Gegenmaßnahmen für die Bundeswehr schaffen. Das BVerfG hat jedoch entschieden, dass die „Ermächtigung von Streitkräften, [...] durch unmittelbare Waffengewalt ein Luftfahrzeug abzuschießen, das gegen das Leben von Menschen eingesetzt werden soll", mit dem Grundgesetz (Art. 2 Abs. 2 Satz 1 i. V. m. 1 Abs. 1) nicht vereinbar ist. Das BVerfG verfügt über keinerlei Durchsetzungsapparat im üblichen Sinne, dennoch werden seine Entscheidungen von den Politikern in der Regel widerspruchslos befolgt. Allerdings hat es unter dem Stichwort „Übergesetzgeber" immer wieder Kritik aus Wissenschaft und Politik am BVerfG gegeben[4]. Obgleich Funktion und Wirkung des BVerfG auf den ersten Blick als Domäne der Verfassungsrechtslehre, also eines Teilgebiets des Öffentlichen Rechts, erscheinen, hat auch die Politikwissenschaft ein genuines Interesse an dieser Thematik. In Gestalt der Rechtspolitologie befasst sie sich vor allem mit dem Wechselverhältnis von Politik und Recht, in deren Schnittpunkt das BVerfG agiert.

---

1 Damit hat das Grundgesetz die Reichsverfassung von 1871 (47 Jahre) längst hinter sich gelassen.

2 Der Begriff „Hüter der Verfassung" stammt ursprünglich von Paul Laband, der damit den Kaiser gemeint hatte, wurde dann aber von Carl Schmitt in der Weimarer Republik auf den Reichspräsidenten gemünzt; später wurde der Begriff immer wieder auf das BVerfG bezogen, auch vom Gericht selbst (BVerfGE 1, 144).

3 Wintrich, Josef M.: Aufgaben, Wesen und Grenzen der Verfassungsgerichtsbarkeit. In: Festschrift für Hans Nawiasky. München 1956, S. 191 ff. (200 f.).

4 Vgl. z. B. Massing, Otwin: Politik als Recht – Recht als Politik. Studien zu einer Theorie der Verfassungsgerichtsbarkeit. Baden-Baden 2005, S. 41-78.

1 Diskurs der Verfassungsinterpreten

Die Entscheidungen des BVerfG sind in erster Linie Gegenstand der (verfassungs-) rechtswissenschaftlichen Diskussion, die in Form von Kommentaren, Monografien sowie in Aufsätzen und Urteilsanmerkungen in Fachzeitschriften publiziert wird. Umgekehrt nehmen die Richter regelmäßig Bezug auf Mehrheitsmeinungen („herrschende Meinung, hM[5]) aus der juristischen Fachwelt. Dieser (mehr oder weniger) „offene Diskurs der Verfassungsinterpreten" (Peter Häberle[6]) trägt zur Verbreitung, Stabilisierung und Weiterentwicklung der Verfassungsrechtsprechung bei. An diesem Diskurs sind in erster Linie Verfassungsjuristen und – wenn auch auf jeweils anderen Ebenen – Politiker und Journalisten beteiligt. Von Fall zu Fall kommen auch Theologen (z. B. bei Fragen des § 218 StGB) und andere interessierte Kreise hinzu, die zu den Entscheidungen Stellung nehmen. Dieses Übergewicht der juristischen Diskussion hat seine Ursache in der deutschen Wissenschaftstradition, die in diesen Fragen eine deutliche Präferenz für die Jurisprudenz aufweist. Staat und Verfassung gelten traditionell als „Hausgut" der Staatsrechtslehrer, die in der Vereinigung der deutschen Staatsrechtslehrer (VDStRL) zusammengeschlossen sind.

Als nach dem Krieg – auf Betreiben der Besatzungsmächte – die ersten Lehrstühle für Politikwissenschaft an den westdeutschen Hochschulen geschaffen wurden, wurden diese eher den philosophischen als den juristischen Fakultäten zugeschlagen. Damit wurde eine – verhängnisvolle – Trennung von Öffentlichem Recht und Politikwissenschaft auf Dauer gestellt. Obgleich viele von diesen Politikwissenschaftlern selbst gelernte Juristen waren, erschienen sie den genuinen Rechtswissenschaftlern doch eher als Fremdkörper. Das BVerfG hat – durch seine Entscheidungen wie durch seine bloße Existenz – gravierende politische Auswirkungen. Für die Politikwissenschaft geht es dabei um die Interaktionen zwischen dem BVerfG und anderen Institutionen, insbesondere dem Gesetzgeber[7]. Die deutsche Politikwissenschaft hat sich damit aber eher beiläufig und abseits vom Mainstream befasst. Das hing auch mit dem Versuch der Politikwissenschaft zusammen, durch eine Abgrenzung von der Rechtswissenschaft Profil zu gewinnen. Ihre Nähe zur Soziologie und die stärkere Anlehnung an US-amerikanische Forschungsergebnisse taten ein Übriges, um den politikwissenschaftlichen Fokus auf Parteien-, Wahl- und Verbändeforschung zu legen. Das BVerfG spielte in diesem Zusammenhang nur eine untergeordnete Rolle[8].

---

5   Vgl. Wesel, Uwe: Aufklärung über Recht. Zehn Beiträge zur Entmythologisierung. Frankfurt a. M. 1981, S. 14-40.
6   Häberle, Peter: Die offene Gesellschaft der Verfassungsinterpreten. Ein Beitrag zur pluralistischen und „prozessualen" Verfassungsinterpretation. In: Juristenzeitung 1975, S. 279-305.
7   Vgl. Vandenberg, Georg: Verfassungsgerichtsbarkeit und Gesetzgebung: Zum politischen Spielraum des BVerfG. In: Ganghof, Steffen / Manow, Philip (Hg.), Mechanismen der Politik. Strategische Interaktion im deutschen Regierungssystem. Frankfurt a. M. / New York 2005, S. 183-213 (185).
8   Z. B. Laufer, Heinz: Verfassungsgerichtsbarkeit und politischer Prozess. Studien zum BVerfG der Bundesrepublik Deutschland. Tübingen 1968, Wildenmann, Rudolf: Die Rolle des Bundesverfassungsgerichts und der Deutschen Bundesbank in der politischen Willensbildung. Stuttgart 1969.

2 Rechtspolitologie

Erst Mitte der 1970er Jahre zeichnete sich mit der Gründung des Arbeitskreises „Politische Rechtstheorie" der Deutschen Vereinigung für Politische Wissenschaft (DVPW) ein Wandel ab, der Anfang der 1980er Jahre durch die Etablierung des Arbeitskreises „Regulative Politik" stärkere Konturen erhielt. 1985 wurde das erste Lehrbuch zur Rechtspolitologie vorgelegt[9] und eine eigene „Jahresschrift für Rechtspolitologie" gegründet[10]. Diese neue (Teil-) Disziplin trat freilich sogleich in Konkurrenz zu anderen Neugründungen dieser Zeit, die z. T. weit erfolgreicher in der Durchsetzung ihrer Interessen waren. Das gilt besonders für die Policy-Forschung, die vor allem von Politik- und Verwaltungswissenschaftlern betrieben wird, über eigene Professuren verfügt und großen Rückhalt in der starken Politikwissenschaft der USA hat. Demgegenüber hat die deutsche Gesetzgebungslehre, die von Rechtswissenschaftlern, praktischen Juristen und Parlamentariern bzw. Politikern ins Leben gerufen wurde, ihr „Widerlager" in der Legistik der Schweiz und Österreichs.

2.1 Rechtspolitologie im Reformprozess

Die Rechtspolitologie, die auch mit „politikwissenschaftlicher Analyse des Rechts" übersetzt werden kann, hat es sich zur Aufgabe gemacht, die Erkenntnismethoden der Politikwissenschaft auf das Rechtssystem als Ganzes bzw. auf seine einzelnen Strukturelemente anzuwenden[11]. Dass dabei die Justiz und insbesondere die Verfassungsgerichtsbarkeit, eine wichtige Rolle spielt, liegt auf der Hand. Dabei konnte auf Vorarbeiten aus der Weimarer Republik, etwa von Hermann Heller, Ernst Fraenkel, Otto Kirchheimer und Franz L. Neumann, aber auch auf Arbeiten aus der frühen Bundesrepublik, z. B. von Wolfgang Abendroth, Helmut Ridder und Otwin Massing[12], zurückgegriffen werden. Daraus sind zahlreiche Studien entstanden, die z. T. in der Schriftenreihe „Rechtspolitologie" erschienen sind[13]. Dabei stand und steht die Rechtspolitologie in Konkurrenz zu anderen Teildisziplinen, die das Recht aus unterschiedlicher Perspektive thematisieren: Rechtssoziologie, Politische Rechtstheorie und Systemtheorie des Rechts[14]. War die Rechtssoziologie in Deutschland anfangs erfolgreich in der Etablierung eigener Lehrstühle an den Juristischen Fakultäten, so ist das den übrigen Teildisziplinen einschließlich der Rechtspolitologie – trotz einigen Einflusses auf die Forschung – nicht gelungen[15]. Mit dem Ende der Reform der Juristenausbildung sind die Ansät-

---

9   Görlitz, Axel / Voigt, Rüdiger: Rechtspolitologie. Eine Einführung. Opladen 1985.

10 Görlitz, Axel / Voigt, Rüdiger (Hg.): Grenzen des Rechts (Jahresschrift für Rechtspolitologie, Bd. 3). Pfaffenweiler 1987.

11 Voigt Rüdiger: Politik und Recht. Beiträge zur Rechtspolitologie. 4. Aufl., Baden-Baden 2000, S. 35-61.

12 Massing, Otwin: Recht als Korrelat der Macht? Überlegungen zu Status und Funktion der Verfassungsgerichtsbarkeit (1969). In: Massing, a. a. O. (Fn. 4), S. 41-78.

13 Z. B. jüngst: Massing, a. a. O. (Fn. 4).

14 Luhmann, Niklas: Rechtssoziologie, 2 Bände, Reinbek 1972, Luhmann, Niklas: Das Recht der Gesellschaft, Frankfurt am Main 1993, Draht, Martin: Die Grenzen der Verfassungsgerichtsbarkeit. In: VVDStRL, H. 9, Berlin 1952, S. 17 ff.; di Fabio, Udo: Das Recht offener Staaten. Grundlinien einer Staats- und Rechtstheorie, Tübingen 1998.

15 Vgl. aber die Arbeitsgruppe Rechtstheorie, die Jürgen Habermas an der Universität Frankfurt a. M. eingerichtet hat.

ze zu einer Einbeziehung der Sozialwissenschaften[16] inzwischen fast überall wieder beseitigt worden[17].

2.2 Ausdifferenzierung des Politikbegriffs

Ausgehend von der Begriffstrias (Polity, Policy und Politics) der Politikwissenschaft befasst sich die Rechtspolitologie mit der Rolle des BVerfG im politischen System der Bundesrepublik Deutschland. Im nebenstehenden Schaubild werden daher zunächst Dimension, Erscheinungsformen und Merkmale dieser politikwissenschaftlichen Begriffe dargestellt.

Anschließend wird diese Systematik auf die Analyse von Recht übertragen, um daraus für die Rechtspolitologie typische Forschungsaspekte zu gewinnen.

Dimension	Erscheinungsformen	Merkmale	Bezeichnung
Form	Verfassung, Normen und Institutionen Gesetze	Kompetenzzuweisung Ordnung Verfahrensregeln	**Polity**
Inhalt	Aufgaben Probleme, Werte und Ziele	Aufgabenerfüllung Problemlösung Wert- und Zielorientierung	**Policy**
Prozess	Interessen Konflikt und Kampf	Akteure Macht und Durchsetzung	**Politics**

Schaubild: Politikwissenschaftliche Begriffstrias[18]

– Beim *Polity-Aspekt* geht es um die politischen Strukturen oder Formen von Recht.
– Der *Policy-Aspekt* kennzeichnet politische Funktionen und Inhalte von Recht.
– Beim *Politics-Aspekt* stehen die politischen Prozesse oder Abläufe der Rechtsentstehung, Rechtsanwendung, Rechtsinterpretation etc. im Vordergrund.

2.3 BVerfG als Forschungsgegenstand der Rechtspolitologie

Bezogen auf das Forschungsfeld Verfassungsgerichtsbarkeit ergibt sich daraus das folgende Schema:

– Beim *Polity-Aspekt* geht es um die „großen" Ordnungsentscheidungen der Verfassung, durch die das BVerfG für einen längeren Zeitraum Stabilität für das politische System gewährleistet. Dabei stehen das Wirtschaftssystem, das Verhältnis von Bund und Ländern oder die Übertragung von Kompetenzen an die Europäische Union im Mittelpunkt des Interesses. Dazu gehört aber auch die Rolle der Bundeswehr z. B. im Auslandseinsatz, der politischen Parteien und ihrer Finanzierung sowie – nicht zuletzt – von Religion und Kirchen in Deutschland. Bis zur Wiedervereinigung spielte auch das Verhältnis der Bundesrepublik alt zur DDR eine wichtige

---

16 Schwerpunkte gab es vor allem an den Universitäten Bremen, Hamburg und Hannover.
17 Auch die Lehrstühle für Rechtssoziologie fallen diesen Veränderungen zum Opfer.
18 Quelle: in Anlehnung an Böhret, Carl / Jann, Werner / Kronenwett, Eva: Innenpolitik und politische Theorie, Ein Studienbuch, 3. Aufl., Opladen 1988, S. 33.

Rolle. Und schließlich trägt das BVerfG in Form der Vergerichtlichung wesentlich zu der zunehmenden Verrechtlichung in Deutschland bei[19].

- Unter dem *Policy-Aspekt* werden politische Funktionen und Inhalte von Recht thematisiert. Die politikwissenschaftliche Dimension von Urteilen des BVerfG wird deutlich, wenn man Recht als Entscheidung zwischen politischen Alternativen definiert. Dabei treten die dynamische Wechselwirkungen von Politik und Recht ins Rampenlicht, etwa das Problem des BVerfG als „Über-Gesetzgeber" oder des „vorauseilenden Gehorsams" der Politiker gegenüber möglicherweise zu erwartenden Urteilen. Als Teilbereich der Rechtspolitik lässt sich auch ein um das BVerfG zentriertes Politikfeld abstecken[20], dessen Akteure teils offen, teils verdeckt agieren. Ein wesentlicher Einflussfaktor ist dabei die Bestellung der Bundesverfassungsrichter.
- Unter dem *Politics-Aspekt* geraten hingegen die politischen Prozesse in den Blick, die zu Recht in den unterschiedlichsten Erscheinungsformen (z. B. Gesetz, Verwaltungsakt, Gerichtsurteil) führen. Als „geronnene Politik" beruhigt und sediert Recht in Gesetzesform tagespolitische Konflikte, die andernfalls die Systemstabilität gefährden könnten, für einen bestimmten Zeitraum, indem eine Entscheidung (unter mehreren denkbaren Entscheidungen) für (vorläufig) verbindlich erklärt wird. Oft handelt es sich dabei lediglich um einen „dilatorischen Formelkompromiss" (Carl Schmitt), d. h. in Wirklichkeit haben sich die Kontrahenten inhaltlich nicht einigen können, durch die für alle akzeptable „Formel" wird lediglich der latente Konflikt verschoben, um später – in einer anderen Arena – wieder aufgenommen zu werden.

2.4 Das Arenenmodell

Um die Bedeutung von Rechtsentscheidungen im politischen Prozess zu veranschaulichen, kann das so genannte „Arenenmodell" herangezogen werden, das auf ein Konzept des US-amerikanischen Politikwissenschaftlers Theodor Lowi zurückgeht[21]. Damit lassen sich auch Standort und Bedeutung des BVerfG näher bestimmen. Auf die rechtspolitologische Fragestellung bezogen, kann man daraus drei Arenen entwickeln, nämlich die „Gesetzgebungsarena", die „Implementationsarena" und die „Rechtsprechungsarena"[22]. Da in einem Rechtsstaat das Ergebnis des politischen Prozesses in aller Regel rechtsförmig („positives Recht") sein muss, ergibt sich daraus, dass auch Rechtsentscheidungen – in einem neuen (rechtlich geregelten) Verfahren – jederzeit geändert werden können. Damit erweist sich die „Gesetzgebungsarena", in der Regierung, Parlament, Parteien, Verbandsvertreter und andere agieren, lediglich als Zwischenschritt in dem politischen Interessenaushandelungsprozess, mit der Konsequenz, dass dieser jederzeit wieder aufgenommen, aber auch auf eine andere (erfolgreicher erscheinende) Ebene verlagert werden kann. Das ist z. B. die „Implementationsarena", in der bei der Rechtsanwendung alte und neue Interessen ins Spiel kommen können. Als dritte Arena bietet sich die „Rechtsprechungsarena" an, in der es um die Interpretation von Recht geht, die wiederum im Zentrum der Interessenauseinandersetzung stehen kann.

---

19 Voigt, Rüdiger (Hg.): Verrechtlichung. Analysen zu Funktion und Wirkung von Parlamentarisierung, Bürokratisierung und Justizialisierung sozialer, politischer und ökonomischer Prozesse. Königstein / Ts. 1980; Voigt a. a. O. (Fn. 11), S. 139-181.
20 Vgl. Gusy, Christoph: „Verfassungspolitik" zwischen Verfassungsinterpretation und Rechtspolitik. Heidelberg 1983, S. 1, der die Verfassungspolitik als zentrales Anliegen der Staatsrechtswissenschaft ansieht.
21 Lowi, Theodore J.: American Business, Public Policy, Case studies, and Political Theory. In. World Politics, 1964, S. 673-715, S. 673-715.
22 Vgl. Voigt, a. a. O. (Fn. 11), S. 389 ff.

Rechtsprechungsarena

Auf den ersten Blick scheint für eine rechtspolitologische Analyse des BVerfG vor allem die Rechtsprechungsarena in Betracht zu kommen. Denn da dem BVerfG in Deutschland die Deutungsmacht über das Grundgesetz zugesprochen wird[23], kommt seinen Entscheidungen im politischen Meinungsstreit besondere Bedeutung zu. Auf der Basis der im Grundgesetz und im Gesetz über das BVerfG (BVerfGG) festgelegten Verfahrensregeln trifft das BVerfG Entscheidungen, die von den Antragstellern teils beantragt, teils weder von Antragstellern, noch Antragsgegnern in Erwägung gezogen worden sind („obiter dicta"). Soweit es sich dabei um politische Entscheidungen im engeren Sinne handelt, ergibt sich daraus die Frage, ob ein Gericht diese Funktion wahrnehmen kann und soll. Aus diesem Grunde kann der US-amerikanische Supreme Court in Anwendung der political question-Doktrin einen Streitfall als ‚politisch' ablehnen[24]. Eine solche Lösung kommt jedoch für die Richter des BVerfG nach eigenem Bekunden von vornherein nicht in Betracht[25].

Gesetzgebungsarena

Das BVerfG ist aber nicht nur ein Gericht, sondern es ist vor allem ein politischer Akteur in der Gesetzgebungsarena, dessen bloße Existenz bereits das Machtgleichgewicht zwischen Bund und Ländern, Regierung und Opposition, Parlament und Parteien nachhaltig verändert[26]. Mit seinen Entscheidungen nimmt es Einfluss auf die Gesetzgebung, indem es – auf Antrag – z. B. Normen für verfassungswidrig und damit für nichtig erklärt oder indem es in seinem Urteil durchblicken lässt, dass die gesetzgeberische Praxis inhaltlich oder zeitlich noch akzeptabel sei, dies sich aber demnächst ändern könne[27]. Frühere Entscheidungen – z. B. zur Fünf-Prozent-Klausel – haben sogar Prozentzahlen oder Quoten festgelegt. Hinzu kommt so etwas wie der „vorauseilende Gehorsam" oder die „Schere im Kopf" der Politiker, die – mögliche Verdikte des BVerfG antizipierend – bestimmte politische Initiativen bereits im Vorhinein als nicht „verfassungsgerichtsfest" verwerfen und daher gar nicht erst auf die politische Agenda bringen. Auf diese Weise kann die an sich durchaus positive Stabilisierungswirkung des BVerfG leicht zu politischer Immobilität führen. Eine besondere Variante stellt die Ausfertigung eines Gesetzes durch den Bundespräsidenten dar, wenn dieser damit den Ratschlag an die Bundesregierung verbindet, die Verfassungsmäßigkeit doch besser durch das BVerfG überprüfen zu lassen[28].

Implementationsarena

Gerichtsentscheidungen bedürfen freilich auch der Umsetzung, sie müssen implementiert werden, um Wirkung zu entfalten[29]. Insbesondere für Straf- und Verwaltungsgerichtsent-

---

23 Vgl. Vorländer, Hans (Hg.): Die Deutungsmacht der Verfassungsgerichtsbarkeit. Wiesbaden 2006; Massing, a. a. O. (Fn. 4), S. 41-79.

24 Vgl. Scharpf, Fritz W.: Grenzen der richterlichen Verantwortung. Die political-question-Doktrin in der Rechtsprechung des amerikanischen Supreme Court. Karlsruhe 1965.

25 Vgl. Landfried, Christine: BVerfG und Gesetzgeber. Wirkungen der Verfassungsrechtsprechung auf parlamentarische Willensbildung und soziale Realität. Baden-Baden 1984.

26 Vgl. Vandenberg, a. a. O. (Fn. 7), S. 183-213.

27 Vgl. Bryde, Brun-Otto: Verfassungsentwicklung. Stabilität und Dynamik im Verfassungsrecht der Bundesrepublik Deutschland. Baden-Baden 1982.

28 So Bundespräsident Rau im Falle des Zuwanderungsgesetzes.

29 Vgl. Raiser, Thomas / Voigt, Rüdiger (Hg.): Durchsetzung und Wirkung von Rechtsentscheidungen. Die Bedeutung der Implementations- und der Wirkungsforschung für die Rechtswissenschaft. Baden-Baden 1990.

scheidungen aber auch für zivilgerichtliche Urteile gibt es einen Vollstreckungsapparat[30]. Da das BVerfG nicht über einen eigenen Apparat zur Durchsetzung seiner Entscheidungen verfügt[31], kommt der Implementationsarena damit besondere Bedeutung zu. Hier geht es um die Akzeptanz der Entscheidungen durch die Politiker, die Bevölkerung und andere Betroffene. Dabei zeigt sich, dass vor allem Entscheidungen, die das religiöse Selbstverständnis betreffen, nicht kompromissfähig sind und daher häufig zumindest bei einer Partei auf Ablehnung stoßen. Akteure in dieser Arena sind neben Politikern auch Interessenfunktionäre, Kirchenvertreter und andere von der Entscheidung Betroffene. Diese Arena ist besonders von den „Gesetzmäßigkeiten" der Mediendemokratie geprägt, d. h. die Argumente für oder wider eine bestimmte Entscheidung werden regelmäßig auf dem „offenen Markt" ausgetragen[32].

3 Karlsruhisierung der Politik

Im Laufe der Jahrzehnte seines Bestehens ist es üblich geworden, dass im „Normalfall" Regierung und Opposition – nicht zuletzt wegen des hohen Vertrauens der Bevölkerung in dieses Gericht – geradezu darum wetteifern, sich und ihr politisches Handeln als besonders verfassungs(gerichts)treu darzustellen[33]. Man spricht dabei – in Anspielung auf den Ort des Gerichtssitzes – auch von „Karlsruhisierung der Politik". Das gilt bis zu einem gewissen Grad auch für die Landesregierungen, die sich ebenfalls nur ungern einen Verstoß gegen die Verfassung vorhalten lassen. In manchen Fällen ergibt sich die paradoxe Situation, dass alle Beteiligten – also auch die „Prozessgegner" – vorgeben, durch das Urteil in ihrer Politik bestätigt worden zu sein. Jede Seite führt dann als Beleg die Stellen in der Urteilsbegründung an, die ihrer Position entsprechen. Die gerade gefällte BVerfG-Entscheidung reklamieren also unter Umständen ganz unterschiedliche Akteure für sich. Vor allem Politiker der Regierung wie der Opposition neigen dazu, die eigene Position nicht nur als vereinbar, sondern geradezu als Quintessenz des Entscheidungstenors zu stilisieren.

3.1 BVerfG als Schiedsrichter

Das Verfassungsgericht wirkt allerdings nicht nur in diesen Fällen als „Schiedsrichter"[34], sondern es wird auch – von der Bundesregierung, von der Opposition im Bundestag, aber auch von den Ländern – in vielen anderen vor allem innenpolitischen Fragen als oberste Entscheidungsinstanz angerufen. Damit werden u. U. Weichen gestellt, die für die politische Zukunft Deutschlands von größter Bedeutung sind. Zudem ist das BVerfG auch föderative

---

30 Vgl. Blankenburg, Erhard / Voigt, Rüdiger (Hg.): Implementation von Gerichtsentscheidungen. Opladen 1987.

31 BVerfG-Präsident Benda wird die Äußerung zugeschrieben: „Wir haben eben keine Gerichtsvollzieher".

32 Vgl. Voigt, Rüdiger: Phönix aus der Asche. Die Geburt des Staates aus dem Geist der Politik. Baden-Baden 2003, S. 129-144.

33 Vgl. Simon, Helmut: Verfassungsgerichtsbarkeit. In: Benda, Ernst / Maihofer, Werner / Vogel, Hans-Jochen (Hg.), Handbuch des Verfassungsrechts der Bundesrepublik Deutschland. Berlin / New York, 1983, S. 1253-1289 (1269).

34 Zu den Grenzen: Schneider, Hans-Peter: Richter oder Schlichter? – Das BVerfG als Integrationsfaktor. In: Fürst, Walther / Herzog, Roman / Umbach, Dieter C. (Hg.), Festschrift für Wolfgang Zeidler. Band 1, Berlin / New York 1987, S. 293-314.

Schlichtungsinstanz bei verfassungsrechtlichen Streitigkeiten zwischen Bund und Ländern[35]. Wenn jedoch in allen großen und kleinen politischen Kontroversen das BVerfG – wenn auch lediglich auf Antrag – tätig wird, dann decken die von ihm getroffenen Entscheidungen im Laufe der jahrzehntelangen Spruchtätigkeit notwendigerweise so viele Themen ab, dass sich daraus eine „fortschreitende Einschränkung des gesetzgeberischen Handelns", und zwar sowohl im Bund wie in den Ländern, ergeben kann[36]. Beide, Bund und Länder, werden also peinlich genau darauf bedacht sein, dass diese Einschränkung nicht zu weit geht und notfalls wiederum das BVerfG anrufen, um auf eine Änderung dieser Rechtsprechung hinzuwirken. In wenigen – spektakulären – Fällen hat die Politik auch auf mehr oder weniger direktem Wege auf das Gericht Einfluss zu nehmen versucht. Dabei haben Regierung und Parlamentsmehrheit einen gewichtigen Trumpf in der Hand: Der Bundestag beschließt – mit einfacher Mehrheit – über mögliche Änderungen des BVerfGG und bestimmt damit z. B. über die Einzelheiten des Entscheidungsverfahrens, soweit diese nicht im Grundgesetz festgelegt sind[37]. Ein anderer Weg der – indirekten – Einflussnahme eröffnet sich durch die Befugnis von Bundestag und Bundesrat zur Wahl der Bundesverfassungsrichter. Allerdings steht nicht von vornherein fest, ob die einmal gewählten Richter später auch tatsächlich die in sie gesetzten Erwartungen erfüllen.

3.2 BVerfG als Integrationsfaktor

In einer pluralistischen Gesellschaft gibt es stets einen hohen Bedarf an Integration und Konfliktbegrenzung[38], und zwar sowohl bei Auseinandersetzungen zwischen politischen Parteien wie zwischen organisierten Interessengruppen oder zwischen beiden. Die Parteien streiten um die „richtige" Gestaltung der Politik und finden sich dabei schließlich als Regierungs- oder Oppositionsfraktionen im Parlament wieder, je nachdem wie die Wähler entschieden haben. Dieser Streit der politischen Gegner darf im Interesse einer funktionsfähigen Demokratie aber nicht zu einem Freund-Feind-Verhältnis entarten, wie es *Carl Schmitt* für die Weimarer Republik beschworen hatte. Es bedarf also einer Schlichtungsinstanz, die den gegnerischen Parteien einen Weg zum Kompromiss weist, der allen Beteiligten erlaubt, ihr „Gesicht zu wahren". In der Bundesrepublik Deutschland sind solche politischen Kontroversen von Anfang an zu einem großen Teil mit verfassungsrechtlichen Argumenten geführt worden[39]. Für die Austragung dieser Kontroversen bietet sich in besonderer Weise das BVerfG an, das als „Integrationsfaktor" für das Entstehen, das Bestehen und die Entfaltung der staatlichen Einheit wirken soll[40]. Dabei hat das Gericht eine doppelte Aufgabe zu erfüllen, nämlich einerseits die Verfassung zu stabilisieren, andererseits gegenüber den Bedürfnissen der

---

35 Fromme, Friedrich Karl: BVerfG. In: Weidenfeld, Werner / Korte, Karl-Rudolf (Hg.), 1996: Handbuch zur deutschen Einheit. Frankfurt a. M. 1996, S. 84-95 (84).

36 Laufer, a. a. O. (Fn. 8), S. 23.

37 Arndt, Claus: Parlamentarische Gesetzgebung und BVerfG. In: Vogel, Hans-Jochen / Simon, Helmut / Podlech, Adalbert (Hg.), Die Freiheit des Anderen. Festschrift für Martin Hirsch. Baden-Baden 1981, S. 423-436 (433).

38 Vgl. Schuppert, Gunnar F. / Bumke, Christian: Bundesverfassungsgericht und gesellschaftlicher Grundkonsens, Baden-Baden 2000.

39 Bryde, a. a. O. (Fn. 27), S. 43.

40 Wintrich, Josef M.: Die Verfassungsgerichtsbarkeit im Gesamtgefüge der Verfassung (Erstveröffentlichung: 1956 in den Bayerischen Verwaltungsblättern). In: Häberle, Peter (Hg.), Verfassungsgerichtsbarkeit. Darmstadt 1976, S. 214-223 (214).

Zeit dynamisch zu bleiben[41]. In diesem Sinne wirkt sich auch die Regelung aus, dass Sondervoten („dissenting votes") der in der Entscheidung unterlegenen Richter ebenfalls in der Amtlichen Entscheidungssammlung abgedruckt werden. Allerdings sind mit dieser großen Aufgabe der politischen Streitschlichtung auch hohe Anforderungen an die Neutralität und an die fachliche Kompetenz des BVerfG und seiner Richter verbunden. Vor allem an der parteipolitischen Neutralität der Verfassungsrichter wird jedoch immer wieder – mehr oder weniger verhalten – Kritik geübt.

4 Konflikte zwischen BVerfG und Bundesregierung

Während der Bundesgerichtshof, das Bundesverwaltungsgericht und andere lediglich oberste Bundesgerichte sind, ist das BVerfG zugleich auch ein oberstes Verfassungsorgan[42]. Diese herausgehobene Stellung des BVerfG gegenüber den anderen Gerichten, die vor allem auf seiner Befugnis zur verbindlichen Auslegung des Grundgesetzes beruht, zeigt sich z. B. in der Befugnis zur konkreten Normenkontrolle (Art. 100 GG). Hält ein Gericht ein „Gesetz, auf dessen Gültigkeit es bei der Entscheidung ankommt, für verfassungswidrig, so ist das Verfahren auszusetzen und die Entscheidung des BVerfG einzuholen". Die Neigung des BVerfG, sich als eine Art „Über-Gesetzgeber" zu gerieren, war häufig Anlass zu Auseinandersetzungen mit der Bundesregierung als Ganzer oder eines Koalitionspartners. Im Falle des Bundeswehreinsatzes außerhalb des NATO-Gebietes war es die an der unionsgeführten Bundesregierung beteiligte FDP-Fraktion im Bundestag, die zusammen mit der SPD-Fraktion Klage vor dem BVerfG erhob. Konflikte um die Macht im Staat gab es aber vor allem mit dem Bundeskanzler sowie mit dem Innenminister, der auch als „Verfassungsminister" bezeichnet wird[43]. Bereits Adenauer hatte versucht, die Macht des BVerfG soweit wie möglich zu reduzieren, wogegen sich der einflussreiche BVerfG-Präsident Leibholz mit einer Denkschrift an die obersten Bundesorgane wandte[44]. Zur Zeit der sozial-liberalen Koalition spitzte sich die Konfrontation noch einmal zu, als das BVerfG in den Verdacht geriet, die von der Regierungsmehrheit initiierten Reformen blockieren zu wollen. Kontrahenten waren hier vor allem Bundeskanzler Helmut Schmidt und BVerfG-Präsident Benda[45].

4.1 Zuständigkeitsbereich

Rechte und Pflichten des BVerfG sind in Art. 93 Abs. 1 GG sowie im BVerfGG geregelt[46]. Ordnet man nun die Zuständigkeiten des BVerfG nach ihrer Bedeutung für die Politik, dann kristallisieren sich vier Zuständigkeitsbereiche heraus. Diese Bedeutung drückt sich nicht zu-

---

41 Stein, Erwin: Verfassungsgerichtsbarkeit. In: Görlitz, Axel (Hg.), Handlexikon zur Rechtswissenschaft. München 1972, S. 485-493 (485).

42 Das heißt, dass es in Existenz, Status und Kompetenzen von der Verfassung unmittelbar konstituiert worden ist, vgl. BVerfGE 7, 1 (14) sowie die Denkschrift des BVerfG (sog. Status-Bericht).

43 Vgl. „Unselige Tradition". In: Der Spiegel Nr. 8 vom 20.2.2006, S. 36-37.

44 Die Denkschrift des BVerfG nebst Materialien ist abgedruckt in: Jahrbuch des öffentlichen Rechts, Bd. 6 (1957), S. 109-221.

45 Vgl. Massing, a. a. O. (Fn. 4), S. 157-164; Voigt, Rüdiger: Politik und Recht. Beiträge zur Rechtspolitologie. 3. Aufl., Bochum 1993, S. 225 ff.

46 Gesetz in der Fassung vom 11. August 1993 (BGBl. I S. 1473), vgl. hierzu: Umbach, Dieter C. / Clemens, Thomas (Hg.): BVerfGGesetz. Mitarbeiterkommentar und Handbuch. Heidelberg 1992.

letzt in der Quantität der Entscheidungen aus, auch wenn die Anzahl der Verfahren für sich genommen über die Bedeutung der verfassungsrechtlichen Streitfrage, die zur Entscheidung ansteht, sowie über die Auswirkungen des Urteils noch nichts aussagt. Die übrigen Zuständigkeitsbereiche fallen gegenüber den im Folgenden genannten nicht so stark ins Gewicht.

(1) Politisch brisant ist vor allem die *abstrakte Normenkontrolle* (Art. 93 Abs. 1 Ziff. 2, § 13 Ziff. 6 BVerfGG), denn hier geht es um die Machtverteilung im Staat. Das BVerfG entscheidet verbindlich über die Vereinbarkeit von Bundesrecht oder Landesrecht mit dem Grundgesetz. Jede Regierung hat daher bei ihren Initiativen stets mitzubedenken, ob diese in Gesetzesform vor dem BVerfG Bestand haben werden. Eine konservative Richterschaft kann dabei u. U. durchaus erfolgreich eine reformorientierte Regierung „ausbremsen".

(2) Auch der *Organstreit* (Art. 93 Abs. 1 Ziff. 3 § 13 Ziff. 7 BVerfGG) kann politische Bedeutung erlangen, z. B. dann, wenn die parteipolitischen Mehrheiten in Bund und Ländern stark differieren. Denn hier geht es um Meinungsverschiedenheiten über Rechte und Pflichten des Bundes und der Länder, insbesondere bei der Ausführung von Bundesrecht durch die Länder und bei der Ausübung der Bundesaufsicht.

(3) Das Instrument der *Verfassungsbeschwerde* (Art. 93 Abs. 1 Ziff. 4a, § 90 ff. BVerfGG)[47] wird besonders häufig genutzt und räumt dem BVerfG die Position eines „Höchstgerichts" ein, das auch dann noch eine Entscheidung treffen kann, wenn eigentlich „der Rechtsweg erschöpft" ist. Allerdings ist das Erheben einer Verfassungsbeschwerde an bestimmte Voraussetzungen geknüpft und wird durch das Vorschalten von so genannten Kammern, die aus drei Richtern bestehen, auf solche Fälle begrenzt, die eine gewisse Erfolgschance aufweisen.

(4) Mit der Entscheidung über die *Verfassungswidrigkeit von Parteien* (Art. 21 Abs. 2 GG, § 13 Ziff. 2 BVerfGG) ist weniger dem BVerfG als vielmehr den etablierten großen Parteien ein politisches Instrument in die Hand gegeben, das nur in Notfällen eingesetzt werden kann. Dabei ist vom Antragsteller (Bundesregierung, Bundestag, Bundesrat) bereits im Vorhinein abzuwägen, ob das Verbot einer verfassungsfeindlichen Partei nicht mehr schadet (Wühlarbeit im Untergrund) als nützt[48].

4.2 Das „magische Viereck" der Richterbestellung

Eine Vorentscheidung über den Wert der Verfassungsgerichtsbarkeit kann bereits mit der Art und der Auswahl der Verfassungsrichter getroffen werden. Der Parlamentarische Rat hat dieser Frage daher besondere Aufmerksamkeit geschenkt. Seine Mitglieder versuchten dieses Problem durch die Aufstellung von Kriterien zu lösen, die bei der Richterwahl von besonderer Bedeutung sind („Magisches Viereck der Richterbestellung"):

(1) demokratische Legitimierung der Richter,
(2) Ausschluss einseitiger Einflüsse bei der Richterwahl,
(3) hohe richterliche Qualifikation[49] und
(4) föderative Repräsentation[50].

---

47 Ziff. 4b konstituiert darüber hinaus das Recht der Gemeinden und Gemeindeverbände, eine Verfassungsbeschwerde wegen Verletzung des Rechts auf Selbstverwaltung nach Artikel 28 durch ein Gesetz zu erheben.

48 Zwar waren die Parteiverbotsverfahren gegen die SRP und die KPD Mitte der 1950er Jahre erfolgreich und ermöglichten in den Zeiten des Kalten Krieges die Abgrenzung nach rechts und links, das gescheiterte NPD-Verfahren zeigte jedoch, dass mit der Antragstellung ungeahnte Risiken verbunden sein können.

49 Die frühere Fassung des § 3 wurde allerdings 1961 gestrichen, in der Qualifikationen wie „besondere Kenntnisse im öffentlichen Recht" und „Erfahrung im öffentlichen Leben" genannt worden waren.

Das BVerfGG legt fest, dass die insgesamt 16 Richter der zwei Senate jeweils für zwölf Jahre je zur Hälfte von Bundestag und vom Bundesrat mit Zweidrittelmehrheit gewählt werden und – seit 1970 – nicht wiedergewählt werden dürfen. Damit sollen Gefälligkeitsentscheidungen der Richter vermieden werden. Präsident und Vizepräsident werden von Bundestag und Bundesrat im Wechsel gewählt. Im Bundestag wird anstelle des Plenums ein aus zwölf Bundestagsabgeordneten bestehender Wahlmännerausschuss tätig, der – nach dem Höchstzahlverfahren – der Fraktionsstärke entsprechend besetzt ist[51]. Offiziell gibt es keine Vorschläge für die Besetzung der Richterposten, die Bundesregierung, Landesregierungen und die Fraktionen des Bundestages benennen aber Personen ihrer Wahl, die in einer Liste des Bundesjustizministeriums geführt werden, eine zweite Liste enthält die Namen aller wählbaren Bundesrichter, denn drei Richter jedes Senats werden aus der Zahl der Richter an den obersten Gerichtshöfen des Bundes gewählt (§ 2 Abs. 3 BVerfGG). Wegen der erforderlichen Zweidrittelmehrheit – im Wahlmännerausschuss sind das acht Stimmen – müssen sich die Wahlberechtigten, vor allem natürlich die CDU/CSU auf der einen und die SPD auf der anderen Seite, arrangieren. Gelingt dies innerhalb von zwei Monaten nicht, sieht § 7a BVerfGG nunmehr ein Vorschlagsrecht des BVerfG selbst vor.

„Tickets" und „Paketlösungen"

Damit ist zumindest formal ein Maximum an demokratischer Legitimation erreicht, in einer Parteiendemokratie bedeutet das aber, dass der Weg der Legitimierung über die politischen Parteien, insbesondere die beiden großen Volksparteien, führt[52]. Es ist also unvermeidbar, dass die Parteien Einfluss auf die Richterbestellung nehmen, allerdings muss unter allen Umständen vermieden werden, dass die Kandidaten vorwiegend nach ihrer Loyalität gegenüber der vorschlagsberechtigten Partei ausgesucht werden[53]. Üblicherweise gibt es für bestimmte Richterpositionen ein parteipolitisches „Ticket"[54]. So wird im Allgemeinen der Vorsitzende des Ersten Senats von der CDU vorgeschlagen, der Vorsitzende des Zweiten Senats hingegen von der SPD[55]. Tatsächlich fällt die eigentliche Entscheidung über die Wahl einer bestimmten Person seit den Verfassungsrichterwahlen von 1971 in den sog. Findungskommissionen der CDU/CSU und der SPD, wobei jeweils der Koalitionspartner hinzugezogen wird[56]. Allerdings bedeutet das nicht, dass die „zuständige" Partei „ihre" Richterpositionen mit irgendeinem Kandidaten ihrer Wahl besetzen kann, sondern sie hat lediglich ein (ungeschriebenes) Vorschlags„recht". Wegen des Erfordernisses der Zweidrittelmehrheit für die Richterbestellung kommt anschließend ein Verfahren zur Anwendung, das man auch als

50 Hesselberger, Dieter: Das Grundgesetz. Kommentar für die politische Bildung. Neuwied / Frankfurt a. M. 1990, S. 280 f.

51 Vgl. zur Richterwahl: Billing, Werner: Das Problem der Richterwahl zum BVerfG. Ein Beitrag zum Thema „Politik und Verfassungsgerichtsbarkeit". Berlin 1969, insbes. 119 ff.

52 Vgl. Faller, Hans-Joachim: Die richterliche Unabhängigkeit im Spannungsfeld von Weltanschauung und öffentlicher Meinung. In: Fürst / Herzog / Umbach, 1987, a. a. O. (Fn. 34), S. 81-100.

53 Empirische Untersuchungen sind zu dem Ergebnis gekommen, dass sich die These von parteipolitisch determinierten Richtergruppen im BVerfG insgesamt nicht verifizieren lasse, Jäger, York: Entscheidungsverhalten und Hintergrundfaktoren der Bundesverfassungsrichter. In: Zeitschrift für Rechtspolitik, 20, 1987, S. 360-363 (363).

54 Zum Parteienproporz bei den Verfassungsrichtern im 1. und 2. Senat: siehe: Landfried, a. a. O. (Fn. 25), Tabellen S. 21 f.

55 Der erste Präsident des BVerfG Höpker-Aschoff gehörte der FDP an, der erste Vizepräsident Katz der SPD.

56 Billing, Werner: Bundesverfassungsgericht. In: Andersen, Uwe / Woyke, Wichard (Hg.), Handwörterbuch des politischen Systems der Bundesrepublik Deutschland. Opladen 1990, S. 92.

„Paketlösung" („Wählst Du meinen Kandidaten, unterstütze ich deinen Kandidaten") bezeichnet[57] und das am besten funktioniert, wenn zur gleichen Zeit mehrere Positionen zu besetzen sind. In einer informellen Absprache schnüren die Parteien dann gemeinsam ein „Paket" aus ihren Wahlvorschlägen, das im Regelfall nur als Ganzes angenommen oder – notfalls – abgelehnt werden kann. Die Parteien präsentieren allerdings nicht nur eigene Parteimitglieder, sie haben vielmehr in einer Vereinbarung festgelegt, dass (seit 1975) zwei Richter je Senat parteiungebunden sein müssen. Darüber hinaus wird auch darauf geachtet, dass der Regionalproporz sowie ein Gleichgewicht zwischen den Konfessionen gewahrt wird. Während es sich bei den von der SPD benannten Richtern überwiegend um Protestanten handelte, waren die meisten der CDU/CSU nahe stehenden Richter Katholiken, inzwischen sind Letztere jedoch leicht unterrepräsentiert[58].

Sachfremde Erwägungen

Dennoch liegt es auf der Hand, dass die Parteien mit der Nominierung bestimmter Kandidaten bzw. Kandidatinnen auch Erwartungen über deren künftiges Abstimmungsverhalten im Gerichtsverfahren verbinden. In diesen Erwartungen sind sie allerdings häufig enttäuscht worden, wie etwa die hochangesehenen Präsidenten des BVerfG Benda und Herzog gezeigt haben, die beide von der CDU vorgeschlagen worden waren und manche Entscheidung des Gerichts mitgetragen haben, die der Union missfallen hat[59]. In gewissem Umfang spiegelt sich die Grundhaltung eines einzelnen Richters in seinen Sondervoten wieder[60], die seit 1970 zumeist in der Amtlichen Entscheidungssammlung mit veröffentlicht werden. Es bleibt jedoch ein Missbehagen gegenüber der auf die beiden großen Parteien fixierten Richterauswahl. Beispielsweise wird kritisiert, dass in den „Paketlösungen" neben den zu besetzenden Positionen der Bundesverfassungsrichter aus Gründen politischer Opportunität auch noch andere Ämter und Posten mit einbezogen werden[61]. So ist etwa bei der Nachfolge von Vizepräsident Mahrenholz im Jahre 1994 – trotz ganz unterschiedlicher rechtlicher Regelungen – die Präsidentschaft des Bundesrechnungshofes und das Amt des Generalbundesanwalts mit ins Spiel gebracht worden[62]. In den Augen der Bürgerinnen und Bürger muss das so aussehen, als betrachteten die politischen Parteien alle Ämter und Posten im Staat als ihr Eigentum, das lediglich nach Proporz zu verteilen ist[63]. Unter diesem Gesichtspunkt ist auch der Entwurf der „Grünen" aus dem Jahre 1988 zur Änderung des BVerfGG zu sehen, der eine Wahl der Mitglieder des BVerfG durch das Plenum des Bundestages sowie ein vorgeschalte-

---

57 Sontheimer, Kurt / Bleek, Wilhelm: Grundzüge des politischen Systems der Bundesrepublik Deutschland. 9. Aufl., München/Zürich 1997, S. 366 ff.

58 Vgl. von Beyme, Klaus: Das politische System der Bundesrepublik Deutschland nach der Vereinigung. 6. Aufl., München / Zürich 1991, S. 373.

59 Umgekehrt stimmte der von der SPD nominierte Bundesverfassungsrichter Böckenförde gegen die von der SPD favorisierte Fristenlösung beim Schwangerschaftsabbruch, vgl. hierzu: Lamprecht, Rolf: Richter contra Richter. Abweichende Meinungen und ihre Bedeutung für die Rechtskultur. Baden-Baden 1992, S. 285 ff.

60 Simon, a. a. O. (Fn. 33), S. 1274; umfassend hierzu: Lamprecht, a. a. O. (Fn. 59); hierin: Aufstellung der BVerfG-Entscheidungen mit Sondervoten: S. 339-355.

61 Zuck, Rüdiger: Politische Sekundärtugenden: Über die Kunst, Pakete zu schnüren. In: Neue Juristische Wochenschrift, 1994, S. 497-498.

62 Für den Präsidenten des Bundesrechnungshofs (BRH) gilt § 51 BRHG: die Wahl erfolgt durch Bundestag und Bundesrat. Die Ernennung des Generalbundesanwalts erfolgt gemäß § 149 Gerichtsverfassungsgesetz durch den Bundespräsidenten auf Vorschlag des Bundesjustizministers, der Vorschlag bedarf der Zustimmung des Bundesrates.

63 Vgl. Voigt, Rüdiger: Ende der Innenpolitik? Politik und Recht im Zeichen der Globalisierung. In: Aus Politik und Zeitgeschichte, 1998, B 29-30 / 98, S. 3-8.

tes öffentliches Anhörungsverfahren der vorgeschlagenen Bewerber vor einem vom Bundestag gebildeten Wahlausschuss vorsah[64].

4.3 Legitimationskrise des BVerfG?

Zu einer Legitimationskrise des BVerfG kann der Streit freilich vor allem bei Urteilen eskalieren, die in die regional gewachsene Kultur der Religionsausübung eingreifen[65], sei es beim Schulgebet oder beim Kruzifix im Klassenzimmer[66]. Es liegt auf der Hand, dass Länder wie Bayern mit einer mehrheitlich katholischen Bevölkerung hierbei besonders sensibel reagieren. Das gilt besonders bei der Frage, ob ein Schwangerschaftsabbruch unter bestimmten Voraussetzungen erlaubt oder aber strikt verboten und unter Strafe gestellt sein soll. Denn hier geht es um einen Streit, der fundamentale Grundsätze betrifft und daher auch nicht durch einen Kompromiss gelöst werden kann[67]. Allerdings erscheint es als völlig unangemessen, vom „Untergang des Abendlandes" zu sprechen, wenn das BVerfG festlegt, „dass es dem Landesgesetzgeber von Verfassungs wegen verwehrt ist, das Aufhängen von Kruzifixen in den Klassenräumen öffentlicher Schulen zur Pflicht zu machen"[68]. Ungeachtet der damit verbundenen Probleme hat das BVerfG über diese Frage bereits mehrfach urteilen müssen.

5 Instrumentalisierung des BVerfG durch die Länder

Neben der Bundesregierung sind es vor allem die Landesregierungen, die das BVerfG auch für ihre eigenen Zwecke zu nutzen suchen. Ein politisch aktives Land hat vielerlei Möglichkeiten, mit Hilfe des BVerfG in die Bundespolitik einzugreifen. Sein Vorgehen wird allerdings nicht zuletzt davon abhängen, ob die Bundesregierung von der Partei dominiert wird, die auch die Landesregierung stellt, oder ob sich diese im Bundestag in der Opposition befindet. Im ersteren Fall bieten sich zahlreiche Gelegenheiten, in der Bundesregierung, z. B. durch die von der eigenen Partei nominierten Minister, und in der Mehrheitsfraktion, etwa mit Hilfe der jeweiligen Landesgruppe, direkten Einfluss auf die gesamtstaatliche Politik zu nehmen[69]. Die Felder der Politik, die beeinflusst werden sollen, können dabei ein breites Spektrum umfassen und über die üblichen Landesinteressen weit hinausgehen. Seit dem

---

64 Vgl. hierzu Preuß, Ulrich K.: Die Wahl der Mitglieder des BVerfG als verfassungsrechtliches und -politisches Problem. In: Zeitschrift für Rechtspolitik, 21, 1988, S. 389-395.

65 Zur katholischen Kirche und den gesellschaftlichen Anforderungen an sie vgl. Maier, Hans: Die Katholische Kirche in der Bundesrepublik Deutschland. In: Weidenfeld, Werner / Zimmermann, Hartmut (Hg.), Deutschland-Handbuch. Eine doppelte Bilanz 1949 – 1989. München 1989, S. 165-220, insbesondere S. 169.

66 BVerfGE 93, 1; vgl. Rux, Johannes: Positive und negative Bekenntnisfreiheit in der Schule. In: Der Staat, 35, 1996, S. 523-550.

67 Vgl. Pawlowski, Hans-Martin: Das Gesetz als Mittel der gesellschaftlichen Steuerung im pluralistischen Staat. In: Kaase, Max (Hg.), Politische Wissenschaft und politische Ordnung. Analysen zu Theorie und Empirie demokratischer Regierungsweise. Opladen 1986, S. 172-190.

68 Frankenberg, Günter: Die Verfassung der Republik. Autorität und Solidarität in der Zivilgesellschaft. Baden-Baden 1996, S. 223.

69 Allerdings sind hier durchaus Meinungsverschiedenheiten möglich, die aus dem Interessenkonflikt eines Bundesministers oder Bundestagsabgeordneten erwachsen können, der zugleich Vorsitzender oder sonstiger Funktionsträger der CSU ist; vgl. Laufer, Heinz / Münch, Ursula: Das föderative System der Bundesrepublik Deutschland. Bonn 1998.

Maastrichter Vertrag und der Neufassung des Art. 23 Grundgesetz[70] kommen auch europapolitische Fragen hinzu.

Besetzung von Richterstellen

Die Vorstellungen einer Partei über die Besetzung der Richterstellen am BVerfG dürften sich aus der Regierung heraus leichter durchsetzen lassen als aus der Opposition. Als Beispiel bieten sich die CSU und die von ihr gestellte Bayerische Staatsregierung an. Zu den Bundesverfassungsrichtern, die von der bayerischen Regierungspartei zur Ernennung vorgeschlagen wurden, gehörte zunächst der parteilose Leiter der Rechts- und Verfassungsabteilung in der Bayerischen Staatskanzlei Leusser, der sich durch seine Mitarbeit am Verfassungskonvent von Herrenchiemsee und in seiner Funktion als ,Offizieller Beauftragter der Bayerischen Staatsregierung' beim Parlamentarischen Rat die Wertschätzung des damaligen bayerischen Ministerpräsidenten Ehard (CSU) erworben hatte. Leusser wurde im September 1951 vom Bundesrat in den Zweiten Senat des BVerfG gewählt, schied aber bereits im Januar 1952 wegen seiner Ernennung zum Bevollmächtigten des Freistaats Bayern beim Bund wieder aus. Fast 24 Jahre lang gehörte Ritterspach, der vor seiner Wahl im Jahre 1951 in verschiedenen bayerischen Ministerien tätig gewesen war, dem BVerfG an. 1975 wurde auf Vorschlag der CSU Niebler, zuvor Leiter des Justizprüfungsamtes Bayern, in den Zweiten Senat berufen (bis 1987). Niebler gehörte ebenso wie Kruis (1987 bis 1998), der frühere Leiter der Rechtsabteilung in der Bayerischen Staatskanzlei, der CSU an. Aber gerade am Beispiel von Verfassungsrichter Kruis, dem „liberale Abweichungen von einer konservativen Linie" bescheinigt werden[71], zeigt sich erneut, dass die Zurechenbarkeit eines Richters zu einem parteipolitischen ,Ticket' während seiner Amtszeit nur in seltenen Fällen möglich ist. Ähnliches dürfte für den Münchner Staatsrechtler Papier gelten, der ebenfalls CSU-Mitglied ist[72]. Papier wurde zunächst im Februar 1998 vom Richterwahlausschuss des Bundestages zum Verfassungsrichter und nur wenige Wochen später vom Bundesrat zum Vorsitzenden des Ersten Senats und Vizepräsidenten des BVerfG gewählt. Gegenwärtig ist er Präsident des BVerfG.

Die Staatsregierung als Antragsteller

Abgesehen von diesen personalpolitischen Einflussmöglichkeiten auf das Gericht erweist sich die eigentliche aktive Rolle der Bayerischen Staatsregierung darin, dass sie in den bereits geschilderten Fällen als Antragsteller vor dem BVerfG – entweder allein oder im Verbund mit anderen Ländern, gegebenenfalls auch zusammen mit der Unionsfraktion im Bundestag – auftreten kann. Dies ist tatsächlich in vielen Fällen geschehen. Daneben hat Bayern auch die Möglichkeit der Einflussnahme auf die Zusammensetzung des entscheidenden Senats genutzt, indem beispielsweise ein Antrag auf Befangenheit eines Bundesverfassungs-

---

70 Art. 23 GG n. F. räumt den Ländern – über den Bundesrat und seine Europakammer – erhebliche Mitsprecherechte im europäischen Entscheidungsprozess ein.
71 Vgl. das Interview mit dem bisherigen Verfassungsrichter Kruis. In: Süddeutsche Zeitung vom 15.10.1998: Helmut Kerscher: „Den Rechtsstandard unseres Staates wahren. Der bisherige Verfassungsrichter Konrad Kruis beschwört den hohen Rang der Grundrechte".
72 Für eine Porträtierung von Papier vgl. Süddeutsche Zeitung vom 4.2.1998: „Im Profil: Hans-Jürgen Papier. Designierter Bundesverfassungsrichter"; vgl. auch Süddeutsche Zeitung vom 5.2.1998: „Papier zum neuen Verfassungsrichter gewählt".

richters gestellt wurde[73]. In Bezug auf das BVerfG findet sich Bayern allerdings nicht nur in der Rolle des aktiv Gestaltenden, sondern es kann u. U. auch durch eine Entscheidung des BVerfG erheblich betroffen sein, die dieses aufgrund einer Verfassungsbeschwerde oder der Vorlage eines Gerichts im Wege der konkreten Normenkontrolle gefällt hat. Dies ist besonders dann der Fall, wenn das angegriffene Gesetz bayerisches Landesrecht ist und durch das BVerfG als verfassungswidrig verworfen wird.

5.1 Länderrelevante Entscheidungen

In einigen Fällen, welche die Gemüter besonders erregt haben, hat Bayern das BVerfG angerufen, und zwar keineswegs nur bei Meinungsverschiedenheiten über Rechte und Pflichten des Bundes und der Länder oder bei verfassungsrechtlichen Streitigkeiten mit dem Bund, sondern durchaus auch in Fällen einer abstrakten Normenkontrolle. Dabei ist der Freistaat Bayern manchmal allein als Antragsteller aufgetreten, in anderen Fällen hat er sich im Verbund mit anderen Ländern zur Anrufung des BVerfG entschlossen[74].

Bundesstaatliche Grundsatzfragen

Von großer Wichtigkeit für die bundesstaatliche Ordnung und für den Stellenwert der Länder in der Europäischen Union (EU) war ein Bund-Länder-Streit, den die Bayerische Staatsregierung dem BVerfG im Jahr 1989 zur Entscheidung vorlegte[75] und der mit dem *EG-Fernsehrichtlinien*-Urteil vom 22. März 1995 endete[76]. In ihrer Klage gegen die Bundesregierung, der sich acht weitere Landesregierungen anschlossen, wollte die Bayerische Staatsregierung als Antragstellerin die Feststellung erreichen, dass die Entscheidung der Bundesregierung, der EWG-Rundfunkrichtlinie grundsätzlich zuzustimmen, den Freistaat Bayern (und die anderen Länder) in deren Kompetenz für die Regelung der Medien beeinträchtigt hatte[77]. Die Hoffnung Bayerns und seiner Mitstreiter, das Gericht werde dem bayerischen Antrag, die Nichtanwendbarkeit der Fernsehrichtlinie in Deutschland festzustellen, stattgeben, wurde aber schließlich enttäuscht. Das Urteil brachte aber zumindest wichtige Klarstellungen für das Spannungsgefüge Länder-Bund-Europa[78]. In den Fällen, in denen die EU eine Rechtsetzungskompetenz beansprucht, die nach dem Grundgesetz innerstaatlich dem Landesgesetzgeber vorbehalten ist, „vertritt der Bund gegenüber der Gemeinschaft als Sachwalter der Länder auch deren verfassungsmäßige Rechte". Aus dieser Verantwortlichkeit, so die Feststellung des BVerfG, erwachsen dem Bund „prozedurale Pflichten zu bundesstaatlicher Zusammenarbeit und Rücksichtnahme". Diese Position wurde schließlich in Art. 23 GG n. F. festgeschrieben, der den Ländern weit reichende Mitwirkungsmöglichkeiten eröffnet[79].

---

73 So stellte der Bayerische Justizminister Lang (CSU) am 9.7.1986 wegen dessen Äußerungen zur Sitzblockade einen Befangenheitsantrag gegen Bundesverfassungsrichter Simon, der jedoch vom BVerfG als unbegründet zurückgewiesen wurde; BVerfGE 73, 330 ff.

74 Zu den hier skizzierten Fällen siehe Säcker, Horst: Das Bundesverfassungsgericht. 4. Aufl., München 1989, S. 99 ff.

75 Ausgangspunkt war die am 3.10.1989 verabschiedete Richtlinie „Fernsehen ohne Grenzen" (89 / 552 / EWG).

76 BVerfGE 92, 203.

77 Vgl. Steinberger, Helmut: Die Europäische Union im Lichte der Entscheidung des Bundesverfassungsgerichts. Bonn 1994.

78 Vgl. Winkelmann, Ingo: Die Bundesregierung als Sachwalter von Länderrechten. Zugleich Anmerkung zum EG-Fernsehrichtlinien-Urteil des Bundesverfassungsgerichts. In: DÖV 49, 1991, S. 1-11.

79 Vgl. Voigt, a. a. O. (Fn. 32), S. 69-98.

Um eine bundesstaatliche Grundsatzfrage, nämlich um die Zustimmung des Bundesrates zur Änderung von Zustimmungsgesetzen, ging es auch in einem Verfahren[80], das schließlich mit der Entscheidung des BVerfG vom 25. Juni 1974 endete[81]. Die Bayerische Staatsregierung und die (unionsgeführte) Regierung des Landes Rheinland-Pfalz hielten das 4. Rentenversicherungsänderungsgesetz, welches das mit Zustimmung des Bundesrates ergangene Rentenreformgesetz änderte, für verfassungswidrig, weil es *ohne die Zustimmung des Bundesrates* erlassen worden war. Der Zweite Senat des BVerfG entschied mit fünf gegen drei Stimmen, dass nicht jedes Änderungsgesetz wiederum der Zustimmung des Bundesrates bedarf, denn gemäß Art. 77 Abs. 1 GG werden die Bundesgesetze vom Bundestag beschlossen. Der Bundesrat wirkt bei der Gesetzgebung lediglich mit.

Noch gravierender – wenn auch formal mit einer ähnlichen Problematik – war die Entscheidung des BVerfG im Fall *Zuwanderungsgesetz* vom 18. Dezember 2002. Wiederum ging es um die Zustimmung des Bundesrates. Diesmal stand aber ein Grundsatzstreit auf der Tagesordnung, der zugleich ein parteipolitischer Konflikt war. Der Ministerpräsident (SPD) des Landes Brandenburg, das durch eine Große Koalition aus SPD und CDU regiert wurde, hatte im Bundesrat mit „ja" gestimmt, der Innenminister (CDU) mit „nein". In dem Streit, ob der Ministerpräsident als „Staatschef" eine verbindliche Entscheidung für sein Land treffen kann, oder ob er lediglich einer von mehreren möglichen Bundesratsmitgliedern ist, die das Land – je nach Stimmenzahl – stellt, wurde zugunsten der letzteren Alternative entschieden. Widerspricht irgendein Bundesratsmitglied des betreffenden Landes der Stimmabgabe seines Ministerpräsidenten, so soll diese – entgegen Art. 51 Abs. 3 Satz 2 GG – als nicht einheitlich abgegeben gelten. So einleuchtend diese Lösung auf den ersten Blick auch scheint, ist damit doch (implizit) eine enorme Aufwertung der (etablierten) Parteien verbunden, da künftig auch der Bundesrat als parteipolitisch agierendes Verfassungsorgan angesehen werden muss. Da es kaum vorstellbar ist, dass etwa die Stimmabgabe des bayerischen Ministerpräsidenten, dem in der Bundesratssitzung ein „querulatorisches" Mitglied der Staatsregierung widerspricht, als uneinheitliche Stimmabgabe des Landes Bayern gewertet worden wäre, handelt es sich in Wahrheit um einen „Dammbruch". Mussten sich bisher die Bundesratsmitglieder bei parteipolitisch motivierten Voten (z. B. Opposition gegen die Regierungsmehrheit) zumindest in der Öffentlichkeit auf die Vertretung von „Landesinteressen" zurückziehen, kann jetzt ganz offen Parteipolitik im Bundesrat betrieben werden. Man könnte in diesem Zusammenhang also durchaus von einer „Gleichschaltung" des Bundesrates mit dem Bundestag sprechen.

Innenpolitische Grundsatzfragen

Um eine innenpolitische Grundsatzfrage, nämlich um das Verfahren zur Anerkennung als *Wehrdienstverweigerer*, ging es in dem Verfahren[82], das schließlich zum Urteil des Zweiten Senats des BVerfG vom 13. April 1978 führte. Nach dem Gesetz zur Änderung des Wehrpflichtgesetzes und des Zivildienstgesetzes[83] sollten noch nicht einberufene Wehrpflichtige die Möglichkeit erhalten, durch eine schriftliche Erklärung beim Kreiswehrersatzamt – sog. Postkartenregelung – den Wehrdienst zu verweigern und stattdessen Zivildienst zu leisten.

---

80 Siehe hierzu Säcker, a. a. O. (Fn. 74), Fall 11, S. 136 ff.
81 BVerfGE 37, 363.
82 Siehe hierzu Säcker, a. a. O. (Fn. 74), Fall 14, S. 148 ff.
83 Das Gesetz wurde am 27.5.1977 vom Bundestag gegen die Stimmen der CDU / CSU-Fraktion mit einer Mehrheit von 241 zu 226 Stimmen verabschiedet.

Die CDU/CSU-Opposition hielt die Abschaffung der Gewissensprüfung für verfassungsrechtlich höchst bedenklich, weil es der „ungeprüften Willkür des Einzelnen" überlassen bleibe, zwischen Wehrdienst und Zivildienst zu wählen. Antragsteller waren Kohl (CDU), Zimmermann (CSU) und 213 weitere Mitglieder des deutschen Bundestages, die Landesregierungen von Baden-Württemberg, Bayern und Rheinland-Pfalz. Das BVerfG erklärte mit dem Urteil das Wehrpflichtänderungsgesetz für verfassungswidrig. Hauptargument des Gerichts war, dass gesetzliche Regelungen es ausschließen müssen, „dass der wehrpflichtige Bürger den Wehrdienst nach Belieben verweigern kann"[84].

Gesellschaftspolitische Grundsatzfragen

Um eine wichtige gesellschaftspolitische Grundsatzfrage, nämlich um die sog. *Fristenlösung* beim Schwangerschaftsabbruch, ging es in dem Verfahren[85], das schließlich zu dem Urteil des Ersten Senats vom 25. Februar 1975 führte[86]. Antragsteller waren – neben 193 Mitgliedern des Deutschen Bundestages – die Landesregierungen von Baden-Württemberg, Bayern, Rheinland-Pfalz, Schleswig-Holstein und des Saarlandes. Hauptangriffspunkt war die in § 218a Strafgesetzbuch (StGB) vorgesehene Straflosigkeit des Schwangerschaftsabbruchs in den ersten zwölf Monaten (Fristenlösung)[87]. Zur verfassungsrechtlichen Prüfung stand das von der sozialliberalen Koalition im Bundestag mit Mehrheit verabschiedete Fünfte Gesetz zur Reform des Strafrechts vom 28. Juni 1974 an. Das BVerfG erklärte die entsprechenden Vorschriften für verfassungswidrig und damit nichtig. Dagegen legten die Verfassungsrichter Rupp von Brünneck und Simon in ihrem Sondervotum dar, dass die angegriffenen Regelungen durchaus mit dem Grundgesetz vereinbar seien.

Dieses Problem wurde durch die Wiedervereinigung sogar noch weiter verschärft, denn in der ehemaligen DDR galt die Fristenlösung[88], und Art. 31 Abs. 4 Einigungsvertrag sah zunächst ihre Weitergeltung im Beitrittsgebiet bis zum Inkrafttreten einer für ganz Deutschland geltenden Regelung vor. Eine gesamtdeutsche Regelung, die der Gesetzgeber bis zum 31. Dezember 1992 zu treffen hatte, musste jedoch die Maßstäbe zugrunde legen, die das BVerfG in früheren Urteilen zum § 218 StGB festgelegt hatte. Zugleich musste der veränderten Situation Rechnung getragen werden, dass sich durch den Beitritt der DDR das Verhältnis von Katholiken zu Nichtkatholiken signifikant verändert hatte. Kernpunkt des neuen Gesetzentwurfs war die Straflosigkeit eines Schwangerschaftsabbruchs dann, wenn dieser durch einen Arzt binnen zwölf Wochen seit der Empfängnis mit Einwilligung der schwangeren Frau vorgenommen wird, sofern die Frau sich mindestens drei Tage vor dem Eingriff durch eine anerkannte Beratungsstelle hat beraten lassen (§ 218a StGB). Bei der namentlichen Schlussabstimmung im Bundestag stimmten von 657 Abgeordneten 357 mit Ja und 284 mit Nein bei 16 Stimmenthaltungen. Der Bundesrat stimmte dem Gesetzesbeschluss gegen die Stimme Bayerns und bei Enthaltung von drei Ländern zu[89].

---

84 BVerfGE 48, 127.
85 Siehe hierzu: Säcker, a. a. O. (Fn. 74), Fall 12, S. 138 ff.
86 BVerfGE 39, 1.
87 Schriftsatz des Bayerischen Bevollmächtigten Ministerialdirigent Odersky vom 23.10.1974. abgedruckt in: Arndt, Claus / Erhard, Benno / Funcke, Liselotte (Hg.): Der § 218 StGB vor dem BVerfG. Dokumentation zum Normenkontrollverfahren wegen verfassungsrechtlicher Prüfung des Fünften Strafrechtsreformgesetzes (Fristenregelung). Karlsruhe 1979, S. 111-127.
88 Gesetz über die Unterbrechung der Schwangerschaft vom 9.3.1972 (GBl. DDR I, S. 89). Nach § 1 Abs. 2 des Gesetzes war die Schwangere berechtigt, die Schwangerschaft innerhalb von zwölf Wochen nach deren Beginn durch einen ärztlichen Eingriff in einer geburtshilflich-gynäkologischen Einrichtung unterbrechen zu lassen.
89 Baden-Württemberg, Mecklenburg-Vorpommern und Thüringen übten Stimmenthaltung aus.

Der Freistaat Bayern sowie 248 Bundestagsabgeordnete beantragten daraufhin die verfassungsrechtliche Überprüfung der in Frage stehenden Artikel im Wege der *abstrakten Normenkontrolle*. Dagegen machten die Bundesregierung und die Landesregierungen von Bremen, Hamburg, Hessen, Niedersachsen, Nordrhein-Westfalen, dem Saarland und Schleswig-Holstein geltend, dass sie den Antrag für unbegründet ansahen. An der mündlichen Verhandlung am 8. / 9. Dezember 1992 nahmen Vertreter aller Fraktionen des Bundestages sowie die Antragsteller und zahlreiche Sachverständige teil. In dem Urteil des Zweiten Senats vom 28. Mai 1993 wurde vor allem die allgemeine Fristenlösung (§ 218a Abs. 1 StGB) für insgesamt nichtig befunden. Die Richter Vizepräsident Mahrenholz und Sommer gelangten in ihrem gemeinsamen Sondervotum allerdings – ähnlich wie 1972 die Richter Rupp von Brünneck und Simon bei der damaligen Entscheidung des BVerfG – zu der gegenteiligen Ansicht.

Deutschlandpolitische Grundsatzfragen

Um eine wichtige deutschlandpolitische Grundsatzfrage, nämlich um den *Grundlagenvertrag* mit der DDR[90], ging es in dem Urteil des Zweiten Senats vom 31. Juli 1973[91]. Am 28. Mai 1973 hatte die Bayerische Staatsregierung gemäß Art. 93 Abs. 1 Nr. 2 GG i. V. m. mit § 13 Nr. 6 und § 76 Nr. 1 BVerfGG beim BVerfG beantragt festzustellen: „Das Gesetz zu dem Vertrag vom 21. Dezember 1972 zwischen der Bundesrepublik Deutschland und der Deutschen Demokratischen Republik über die Grundlagen der Beziehungen zwischen der Bundesrepublik Deutschland und der Deutschen Demokratischen Republik ist mit dem Grundgesetz nicht vereinbar und deshalb nichtig". Dieser Vertrag mit der DDR war in der Tat äußerst strittig zwischen der damaligen Bundesregierung, bestehend aus SPD und FDP, einerseits und der CDU/CSU-Bundestagsfraktion andererseits[92]. Ging man nämlich – wie die Opposition – von einem Fortbestand des Deutschen Reiches aus, zu dem beide deutschen Staaten gehörten, dann konnte auf keinen Fall ein völkerrechtlicher Vertrag im üblichen Sinne mit der DDR geschlossen werden[93]. Da das BVerfG den Grundlagenvertrag selbst nicht ohne weiteres hätte prüfen können, machte es das Zustimmungsgesetz, das nach Art. 59 Abs. 2 Grundgesetz notwendig war, zum Gegenstand des Normenkontrollverfahrens. Die Richter ließen den Grundlagenvertrag passieren, allerdings nur in einer – relativ engen – verfassungskonformen Auslegung. Die Bundesrepublik ist danach nicht lediglich Rechtsnachfolger, sondern (teil) identisch mit dem Deutschen Reich. Die damals geltende Präambel enthielt danach nicht nur eine politische Absichtserklärung, sondern das verfassungsrechtliche Gebot zur Wiedervereinigung. Es liegt auf der Hand, dass diese Auslegung des Grundgesetzes, die durch die Anrufung des BVerfG von Seiten der Bayerischen Staatsregierung ausgelöst worden war, bei der Wiedervereinigung im Jahre 1990 eine nicht unwesentliche Rolle spielte, etwa in Gestalt der erhalten gebliebenen gemeinsamen deutschen Staatsangehörigkeit, die den Beitritt der DDR zum Geltungsbereich des Grundgesetzes nach Art. 23 GG (alte Fassung) erleichterte.

---

90   Siehe hierzu: Säcker, a. a. O. (Fn. 74), Fall 10, S. 131 ff.

91   BVerfGE 36, 1.

92   Vgl. Voigt, Rüdiger: Des Staates neue Kleider. Emtwicklungslinien moderner Staatlichkeit. Baden-Baden 1996, S. 163-184.

93   Das BVerfG ging in dem Urteil von einem Doppelcharakter des Vertrages aus, einerseits als einem völkerrechtlichem Vertrag, andererseits als einem „Vertrag, der vor allem inter-se-Beziehungen regelt"; vgl. Voigt, a. a. O. (Fn. 92), S. 163 ff..

5.2 Widerstandsrecht gegen Intoleranz des BVerfG?

Religiöse Fragen verschließen sich zumeist der Kompromissfindung. Zumindest eine Seite ist davon überzeugt, im Besitz der „göttlichen Wahrheit" zu sein. Das zeigte sich bereits bei den Entscheidungen des BVerfG zum Schwangerschaftsabbruch, wurde aber noch deutlicher beim sog. *Kruzifix-Urteil*[94]. Welche Brisanz solche Fragen künftig in Deutschland gewinnen werden, macht der gegenwärtige Karikaturenstreit deutlich. Für gläubige Muslime tritt bei einer Verunglimpfung des Propheten der Schutz der Pressefreiheit in den Hintergrund. Aber auch gläubige Katholiken haben wenig Verständnis für die negative Religionsfreiheit anderer, wenn sie sich in ihrer Religionsausübung beschränkt fühlen. Um die Regelung, dass in den öffentlichen Volksschulen in jedem Klassenzimmer ein Kreuz anzubringen sei, ging es in dem Verfahren, das mit der Entscheidung des BVerfG vom 16. Mai 1995 vorläufig endete[95]. In einer Verfassungsbeschwerde hatten sich betroffene Eltern gegen die in § 13 Abs. 1 der Bayerischen Volksschulordnung (BayVSchO) enthaltene Regelung gewandt, dass in allen Klassenzimmern ein Kreuz anzubringen sei. Der Erste Senat hatte diesen Teil der Rechtsverordnung wegen Verstoßes gegen Art. 4 Abs. 1 GG („Die Freiheit des Glaubens, des Gewissens und die Freiheit des religiösen und weltanschaulichen Bekenntnisses sind unverletzlich") mit einer 5:3-Mehrheit für verfassungswidrig und nichtig erklärt. Damit folgte das BVerfG seiner eigenen Rechtsprechung insofern, als es bereits im Juli 1973 der Verfassungsbeschwerde eines jüdischen Rechtsanwalts stattgegeben hatte. Das Kruzifix musste damals aus Gründen der Glaubensfreiheit auch von Minderheiten aus einem Düsseldorfer Gerichtssaal entfernt werden.

Intoleranzedikt?

Diese Entscheidung stieß insbesondere bei den bayerischen Katholiken nicht nur auf Unverständnis, sondern führte auch zu aktivem Widerstand. Der Zorn gegen das Kruzifix-Urteil eskalierte so sehr[96], dass der Bayerische Ministerpräsident Stoiber (CSU) in einer öffentlichen Protestveranstaltung das Urteil als ‚Intoleranzedikt' verwarf[97]. Aber auch andere kritische Stimmen wurden laut[98]. So kritisierte zum Beispiel der Vorsitzende des Rechtsausschusses des Bundestages Eylmann (CDU) die Kruzifix-Entscheidung als „ein typisch deutsches, auf die Spitze getriebenes gleichmacherisches Urteil, ohne Gespür für die gewachsene religiöse Kultur"[99]. Und auch die damalige Präsidentin des BVerfG, Frau Limbach, stellte zwar klar, dass „das Gericht seine Entscheidung nicht von der jeweiligen Meinung in der

---

94   Vgl. Massing, a. a. O. (Fn. 4), S. 221-236.

95   BVerfGE 93, 1.

96   Zu den Reaktionen im einzelnen: „Das Kreuz ist der Nerv". In: Der Spiegel Nr. 33 vom 14.8.1995, S. 22-32; vgl. auch Lamprecht, Rolf: Zur Demontage des Bundesverfassungsgerichts. Beweissicherung und Bestandsaufnahme. Baden-Baden 1996, S. 39-51; Mishra, R.: Zulässigkeit und Grenzen der Urteilsschelte, o. O. 1997, S. 83 ff.; Schulze-Fielitz, Helmuth: Grundsatzkontroversen in der deutschen Staatsrechtslehre nach 50 Jahren Grundgesetz – in der Beleuchtung des Handbuchs des Staatsrechts. In: Die Verwaltung, 32, 1999, S. 241-282.

97   „Heiliger Edmund, bitt' für uns". In: Der Spiegel Nr. 40 vom 2.10.1995, S. 114 f.; Wesel, Uwe: Die Hüter der Verfassung. Das Bundesverfassungsgericht: seine Geschichte, seine Leistungen, seine Krisen. Frankfurt am Main 1996, S. 61 ff.

98   Vgl. Lamprecht, a. a. O. (Fn. 98).

99   In einer Emnid-Umfrage für Der Spiegel Nr. 32 vom 11.8.1995 gaben 77 % der Befragten an, dass sie es bei Einverständnis aller Beteiligten für sinnvoll hielten, Kreuze und Kruzifixe in Schulräumen anzubringen, vgl. Der Spiegel Nr. 33 vom 14.8.1995, S. 33.

Bevölkerung abhängig machen" kann. „Aber die Justiz muss natürlich auch auf das Denken und Handeln der Bevölkerung Rücksicht nehmen [...]"[100].

Das zweite Kapitel dieser Kontroverse wurde aufgeschlagen, als der Bayerische Landtag wenig später mehrheitlich das Gesetz über das Erziehungs- und Unterrichtswesen änderte[101], das nunmehr in § 7 Abs. 3 folgende Regelung enthält:

„Angesichts der geschichtlichen und kulturellen Prägung Bayerns wird in jedem Klassenzimmer ein Kreuz angebracht. Damit kommt der Wille zum Ausdruck, die obersten Bildungsziele der Verfassung auf der Grundlage christlicher und abendländischer Werte unter Wahrung der Glaubensfreiheit zu verwirklichen. Wird der Anbringung des Kreuzes aus ernsthaften und einsehbaren Gründen des Glaubens oder der Weltanschauung durch die Erziehungsberechtigten widersprochen, versucht der Schulleiter eine gütliche Einigung. Gelingt eine Einigung nicht, hat er nach Unterrichtung des Schulamtes für den Einzelfall eine Regelung zu treffen, welche die Glaubensfreiheit des Widersprechenden achtet und die religiösen und weltanschaulichen Überzeugungen aller in der Klasse Betroffenen zu einem gerechten Ausgleich bringt; dabei ist auch der Wille der Mehrheit soweit wie möglich zu berücksichtigen".

Normwiederholungsverbot

Es ist offensichtlich, dass damit der bayerische Gesetzgeber als unmittelbare Reaktion auf das Urteil eine gesetzliche Regelung erlassen hat, die in dem entscheidenden Punkt jener Rechtsverordnung ziemlich nahe zu kommen scheint, die vom BVerfG für verfassungswidrig erklärt wurde. Angesichts des verfassungsrechtlichen „Normwiederholungsverbots"[102] wird deshalb von manchen Beobachtern die Frage gestellt, ob die Entscheidungen des BVerfG auch in Bayern uneingeschränkt in ihrem Tenor gelten[103]. Dass diese Frage grundsätzlich natürlich zu bejahen ist, hat Ministerpräsident Stoiber deutlich erklärt. Im konkreten Fall, so die Auffassung von Staatsregierung und Landtagsmehrheit, sei ja auch nicht apodiktisch dekretiert worden, ein Kreuz unter allen Umständen anzubringen. In Anlehnung an eine beliebte Auslegungsspielart des BVerfG möchte man jedoch hinzufügen: Die Urteile gelten auch in Bayern, freilich nur in „landeskonformer Auslegung".

6 Schlussbemerkung

Abschließend bleibt festzuhalten, dass zwischen dem BVerfG und den Regierungen von Bund und Ländern ein ambivalentes Verhältnis besteht. Dies entspricht dem grundsätzlichen Spannungsverhältnis zwischen Recht und Politik. Zur Analyse der daraus erwachsenden Konflikte stellt die Rechtspolitologie ihr Instrumentarium zur Verfügung. Dies besteht zum einen aus der Ausdifferenzierung verschiedener Politikbegriffe (Polity, Policy, Politics), zum anderen in der Modellierung verschiedener Arenen, in denen sich der Interessenaushandelungsprozess abspielt. Das BVerfG spielt dabei nicht nur in der Rechtsprechungsarena eine Rolle, sondern vor allem auch in der Gesetzgebungsarena, seltener in der Implementationsa-

---

100 „Die Grenzen sind erreicht". In: Der Spiegel Nr. 35 vom 28.8.1995, S. 34-38.
101 Gesetz vom 23.12.1995 (Bay. GVBl., S. 859).
102 Vgl. Korinth, Stefan: Die Bindungswirkung normverwerfender Entscheidungen des BVerfG für den Gesetzgeber. In: Der Staat, 30, 1991, S. 549-571.
103 Detterbeck, Steffen: Gelten die Entscheidungen des BVerfG auch in Bayern? In: Neue Juristische Wochenschrift, 1996, S. 426-432; Frankenberg, a. a. O. (Fn. 68) bezeichnet den Gesetzesbeschluss des Bayerischen Landtags sogar als „maskierten Rechtsungehorsam".

rena. Da das BVerfG das Grundgesetz verbindlich auslegt, nimmt es nicht nur judikative, sondern auch legislative Funktionen wahr. Ausdruck dessen ist etwa § 31 Abs. 2 BVerfGG, der den Entscheidungen des BVerfG in bestimmten Fällen Gesetzeskraft verleiht. Der Konflikt mit der Regierungsmehrheit im Parlament ist damit gewissermaßen vorprogrammiert. Regierungen werden in parlamentarischen Demokratien von den politischen Parteien gestellt, die durch Art. 21 GG besonders privilegiert sind. Sie wirken nicht nur – gemäß dem Wortlaut des GG – an der politischen Willensbildung mit, sondern sie tendieren dazu, diese Willensbildung zu monopolisieren. Dabei können Entscheidungen eines unabhängigen BVerfG störend wirken. Um nicht dem Verdacht ausgesetzt zu sein, den „Boden des Grundgesetzes" verlassen zu wollen, pflegt die Regierung bei ihren Initiativen ein mögliches Urteil des BVerfG zu antizipieren. Politischer Immobilismus kann die Folge sein. Jede Partei versucht zudem mit legalen wie mit eher zweifelhaften Mitteln („Pakete"), möglichst viele ihr nahe stehende Richter im BVerfG zu platzieren. Das BVerfG seinerseits neigt dazu, mit der Absicht auf die jeweilige Bundesregierung einzuwirken, einen allzu ungestümen Reformdrang zu bremsen. Das kann sich die Opposition im Bundestag, aber auch ein Land – allein oder im Verbund mit anderen Ländern – zunutze machen und damit ggf. eigene Politik gestalten.

Hans Albrecht Hesse

Das Bundesverfassungsgericht in der Perspektive der Rechtssoziologie*

1 Schrifttumsübersicht

Das Bundesverfassungsgericht (BVerfG) ist kein bevorzugter Gegenstand rechtssoziologischer Forschung. Individuelle Beiträge zu partiellen Fragen und Themenstellungen dominieren die Literatur. Sie haben durchweg den Status der „Zeitschriftenwissenschaft"[1]. Entsprechend randständig ist die Behandlung des BVerfG in den rechtssoziologischen Lehrbüchern. Eins widmet dem BVerfG wenigstens einen besonderen Abschnitt[2]. Die anderen verzichten auf eine besondere Behandlung[3]. Sie behandeln das Gericht statt dessen von Fall zu Fall im Rahmen von übergreifenden Fragestellungen. Dabei bewegen sie sich überwiegend auf dem Niveau von „Zeitschriftenwissenschaft". Sie bildet auch die Grundlage für diesen Beitrag. Dabei zähle ich zur „rechtssoziologischen Zeitschriftenwissenschaft" nicht nur Beiträge aus Fachzeitschriften oder Sammelwerken (Festschriften u. ä.) der Rechtssoziologie oder der Soziologie, sondern auch solche aus juristischen oder aus politik- oder verwaltungswissenschaftlichen Zeitschriften und Sammelwerken, soweit sie in Fragestellungen, Methoden und Erkenntnissen an die rechtssoziologische Literatur anschließbar sind; die Grenzen sind fließend[4].

Eine erste Durchsicht der rechtssoziologischen Literatur zum BVerfG zeigt die Forschung mit einer Reihe von Teilaspekten „rechtstatsächlicher Natur" befasst wie etwa der Akzeptanz des Gerichts, der Praxis der Richterwahl oder der Vorhersagbarkeit seiner Entscheidungen. Besondere Aufmerksamkeit hat unter verschiedenen Gesichtspunkten die sog. *Urteilsverfassungsbeschwerde* gefunden – von früh an[5] bis zur Gegenwart[6]. Sie steht auch hier im Mittelpunkt.

---

* Mein herzlicher Dank für Hilfen bei der Literaturrecherche und für fruchtbare Diskussionen gilt Dr. Peter Kauffmann, RA.

1 „Zeitschriftenwissenschaft" ist eine analytische Kategorie aus einem Entwicklungsschema von Ludwik Fleck (Fleck, Ludwik: Entstehung und Entwicklung einer wissenschaftlichen Tatsache. Frankfurt 1980), in dem „populäres Wissen", „Zeitschriftenwissenschaft", „Handbuchwissenschaft" und „Lehrbuchwissenschaft" unterschieden werden. „Zeitschriftenwissenschaft" bringt den vorläufigen, individuellen, häufig auch widerspruchsvollen Charakter der „Forschung vor Ort" zum Ausdruck.

2 Raiser, Thomas: Das lebende Recht. Rechtssoziologie in Deutschland. 3. Aufl., Baden-Baden 1999, S. 325 ff.

3 Röhl, Klaus F.: Rechtssoziologie. Ein Lehrbuch. Köln usw. 1987; Rehbinder, Manfred: Rechtssoziologie. 5. Aufl., München 2003; Rottleuthner, Hubert. Einführung in die Rechtssoziologie. Darmstadt 1987; Luhmann, Niklas: Rechtssoziologie. 3. Aufl. Opladen 1987; Hesse, Hans Albrecht: Einführung in die Rechtssoziologie. Wiesbaden 2004.

4 Luhmann, Niklas: Das Recht der Gesellschaft. Frankfurt 1993. S. 9-37 u.passim. Zu den Schwierigkeiten der Identifizierung rechtssoziologischer Literatur vgl. auch die in Fn.8 nachgewiesene Literatur.

5 Blankenburg, Erhard / Treiber, Hubert: Interpretationsherrschaft über die Grundrechte als Konkurrenzproblem zwischen Rechts- und (empirisch orientierten) Sozialwissenschaftlern. In: Hassemer / Hoffmann-Riem / Limbach (Hg.): Grundrechte und soziale Wirklichkeit. Baden-Baden 1982, S. 9-37.

Ordnet man die Forschung den Schwerpunkten zu, in die sich die Rechtssoziologie schon seit längerem zerlegt hat[7], sodass sie je für sich mehr oder weniger gut etablierte Teilbereiche darstellen, dann ist die Beschäftigung mit dem Verfassungsgericht auf einige wenige konzentriert. Dazu gehören vor allem Position und Rolle des Richters, weit gefasst die *Richtersoziologie*. Ferner gehört alles dazu, was den – nicht nur richterlichen – Umgang mit dem Recht betrifft; weit gefasst *Norm-* oder auch *Entscheidungssoziologie*. Schließlich spielt die Behandlung des BVerfG dort eine größere Rolle, wo es um die *Trennung von Rechts- und politischem System* geht. Auf diese drei Teilbereiche sind im Wesentlichen auch die kürzlich erschienenen Beiträge von Bryde und von von Beyme konzentriert, die einen Überblick über die rechtssoziologische Behandlung des BVerfG geben und die Debatte zugleich weitertreiben[8].

Auch dieser Text ist auf die drei genannten Themenbereiche bezogen. Dabei stellt *der verfassungsrichterliche Umgang mit dem Recht* das eigentliche Oberthema dar, in das von Fall zu Fall die anderen Themen integriert werden. Am richterlichen, hier speziell am verfassungsrichterlichen Umgang mit dem Recht lassen sich Besonderheiten des Rechts der Gegenwart besonders gut beschreiben und erklären. Sie aus einer externen Position zu beobachten ist die eigentliche Aufgabe der Rechtssoziologie[9].

In etwas vergröbernder Diktion heißt das, dass der Beitrag das *„lebende Recht"* zum eigentlichen Bezugspunkt macht, insbesondere das *lebende Verfassungsrecht*. Das Interesse gilt der Frage, welchen spezifischen Beitrag das BVerfG für die als „Verlebendigung" verstandene Verwandlung von geschriebenem Recht (law in the books) in lebendes Recht (living law) leistet. Dabei wird das Konzept der Verlebendigung auf die richterliche Praxis beschränkt, in der sie sich in einer Entscheidung ereignet und sodann auf weitere Entscheidungen auswirkt. Bei einem weiter gesteckten Konzept von Verlebendigung wäre die externe Praxis einzubeziehen, aus der die vom Rechtssystem behandelten Problemfälle stammen und in die die rechtlichen Lösungen zurückgegeben werden. Die Forschung hat sich dieser erweiterten Fragestellung nach der Wirkung von Gerichtsentscheidungen in der davon betroffenen externen Praxis erst kürzlich unter dem Stichwort „Implementation von Gerichtsentscheidungen" zugewandt, ist aber über das Stadium erster tastender Versuche bisher nicht hinausgekommen[10]. Deshalb bleibt die erweiterte Fragestellung hier unbehandelt.

---

6 Kauffmann, Peter: Die Abschaffung der Urteilsverfassungsbeschwerde. In: RuP 1998, S. 29-39; Blankenburg, Erhard: Die Verfassungsbeschwerde. In: KJ 1998, S. 203-218; ders.: Unsinn und Sinn des Annahmeverfahrens bei Verfassungsbeschwerden. In: ZfRSoz. 1998, S. 37-60; Lübbe-Wolff, Gertrude: Substantiierung und Subsidiarität der Verfassungsbeschwerde. In: EuGRZ 2004. S. 669-682.

7 Am ausführlichsten dokumentiert von Röhl, Rechtssoziologie.

8 Bryde, Brun-Otto: Die Verfassungsgerichtsbarkeit in der Rechtssoziologie. In: Brand, Jürgen / Strempel, Dieter (Hg.): Soziologie des Rechts. Festschrift für Erhard Blankenburg zum 60. Geburtstag. Baden-Baden 1998, S. 491-504; von Beyme, Klaus: Das Bundesverfassungsgericht aus der Sicht der Politik- und Gesellschaftswissenschaften. In: Badura, Peter / Dreier, Horst (Hg.): Festschrift 50 Jahre Bundesverfassungsgericht. Bd. 1, Tübingen 2001, S. 493-505.

9 Luhmann, Recht, S. 9-37 u. passim.

10 Röhl, Rechtssoziologie, S. 307.

2 Die Verwandlung von Gesetzesrecht in lebendes Recht

2.1 Der „Gesetzesbefehl"

Bei der Rekonstruktion richterlicher Rechtsanwendung im Wege der Urteilsverfassungsbeschwerde handelt das BVerfG gelegentlich vom *Befehlscharakter* der Gesetze. Explizit tut es dies im Blick nicht auf sich selbst, sondern auf die anderen, die „Fachgerichte"[11], über deren Entscheidungen es von Fall zu Fall zu Gericht sitzt. Implizit trifft es damit, soweit es sich als Gericht begreift, auch die eigene Rolle; es begreift sich freilich nicht nur als Gericht. Schon im „Soraya-Beschluss" von 1973 spricht es im Blick auf die fachrichterlichen Adressaten kurz, lakonisch und wie selbstverständlich vom „Gesetzesbefehl"[12]. Erst kürzlich hat es das Recht in spezifischen, aber verallgemeinerungsfähigen Kontexten wiederum mit Hilfe der Befehlsmetapher charakterisiert[13].

Dem „Befehl" korrespondiert der „Gehorsam"[14]. Recht, als „Befehl" verstanden, wendet sich an die Angehörigen der staatlichen Stäbe und verlangt von ihnen „Befolgungsgehorsam". In der Perspektive der Befehlsmetapher werden Exekutive und Judikative gleichermaßen zu „Befehlsempfängern" der Legislative mit freilich erheblichen Differenzen in ihrer Binnenorganisation und im Gehorsamsverständnis.

Im Hinblick auf den „Gesetzesbefehl" haben die Bürger den Status *sekundärer* Adressaten. Sie interessieren in der überwiegend etatistisch orientierten Rechtssoziologie nur am Rande. Im Mittelpunkt des rechtssoziologischen Interesses an der Verlebendigung des Rechts stehen vielmehr die Adressaten der *primären* Ebene und hier vor allem die Fachrichter sowie die Richter des BVerfG[15].

In der *Darstellung* der Entscheidungen zu den *Urteilsverfassungsbeschwerden*, – sie stehen im Zentrum der Entscheidungspraxis des BVerfG[16] –, wird fachrichterliche Praxis vom BVerfG am Maßstab der Verfassung geprüft. Es geht also um Verlebendigung von einfachem Recht und von Verfassungsrecht zugleich. Wird die fachrichterliche Praxis bestätigt, kann von gelungener Verlebendigung der involvierten Rechtsnormen gesprochen werden. Wird sie verworfen, stellt die fachrichterliche Praxis den misslungenen Versuch einer Verlebendigung von Rechtsnormen dar, misslungen deshalb, weil im fachrichterlichen Umgang mit dem Recht ein fallrelevanter „Rechtsbefehl" überhaupt nicht beachtet oder weil er falsch verstanden worden sei oder weil das angewandte Recht vom Verfassungsgericht als verfassungswidrig betrachtet wird. Im letzten Fall verwandelt der Spruch des BVerfG geschriebenes Recht in totes Recht.

Für die Kernfrage der Richtersoziologie[17] nach dem Schicksal, das Recht erleidet, wenn es durch Richter angewandt wird, gibt die Vorstellung vom Befehlscharakter des Rechts einen ersten Anhalt. Bei genauem Hinsehen reduziert sich die Perspektive vom „Gesetzesbe-

---

11 Der Begriff soll in Literatur und Rechtsprechung dazu dienen, den Unterschied zwischen allen anderen Gerichten und dem BVerfG zu markieren. So wird er hier übernommen.

12 Beschluss v. 14.2.1973 – 1 BvR 112/65; BVerfGE 34, 269 (288).

13 Beschluss v. 21.12.1997 – 2 BvR 6/95; Beschluss v. 14.10.04 – 2 BvR 1481/04 (zitiert nach der homepage des BVerfG vom Okt. 05).

14 Rüthers spricht in seiner Rechtstheorie immerhin – in Anlehnung an Heck – vom *„denkenden Gehorsam"*: Rüthers, Bernd: Rechtstheorie. 2. Aufl., München 2005, S. 469 u. passim.

15 Zum Ebenenschema vgl. Hesse, Einführung, S. 36.

16 Mehr als 97 % der eingeleiteten Verfahren sind Verfassungsbeschwerden: Bundesministerium der Justiz: Entlastung des Bundesverfassungsgerichts. Bericht der Kommission. 1998. S. 22 u. 151 f.

17 Zur Richtersoziologie vgl. Hesse, Einführung, S. 119 ff.; Röhl, Rechtssoziologie, S. 343 ff.; 355 ff.

fehl", in der das BVerfG den fachrichterlichen Umgang mit dem Recht rekonstruiert, auf die Pflicht des Richters, eine „einschlägige" Rechtsnorm oder einen „einschlägigen" völkerrechtlichen Vertrag oder eine „einschlägige" höchstrichterliche Entscheidung, sei es des BVerfG, sei es eines internationalen Gerichts wie etwa des Europäischen Gerichtshofs für Menschenrechte, *als für seine Fallentscheidung einschlägig und relevant zu betrachten und dies auch darzustellen.* Dem „Gesetzesbefehl" entspricht mithin, in der Sprache der Relationstechnik gesprochen, die Pflicht zu sorgfältiger und vollständiger Obersatzbildung[18]. Sehr schön kommt dies Verständnis des „Gesetzesbefehls" in dem bereits erwähnten Beschluss des 2. Senats vom Oktober 2004 zum Sorgerechtsfall Görgülü[19] zum Ausdruck. In dieser Entscheidung wird aus der Bindung an Art. 20 Abs. 3 Grundgesetz (GG) die Pflicht des Richters zur „Berücksichtigung der Gewährleistungen der Konvention zum Schutze der Menschenrechte und Grundfreiheiten" hergeleitet. Zugleich wird als Rahmen für die „Berücksichtigung" bestimmt, dass das *„methodisch Vertretbare zu berücksichtigen"*[20] sei. Das „methodisch Vertretbare" ist inzwischen ein weites Feld.

Die Vorstellung vom Gesetzesbefehl sagt mithin, *dass* der Richter das für seine Entscheidung relevante Recht zu berücksichtigen hat und dass er dies in seiner Entscheidungsbegründung zu dokumentieren hat. Für das *Wie* der *Suche* nach dem Obersatz und des *Umgangs* damit gibt die Vorstellung nichts her. Das Wie der Normsuche wie der Normanwendung ist aber für die Verlebendigung das eigentlich Entscheidende. In den Verfahren der Urteilsverfassungsbeschwerde entscheidet darüber „letztinstanzlich" und bindend für künftige fachrichterliche Rechtsprechung das BVerfG. Sosehr sich das BVerfG in der Entscheidungsdarstellung um den Nachweis der fachlichen Rationalität dieser Entscheidung bemüht, sosehr bleibt sie eine gewillkürte Entscheidung, die auch anders hätte ausfallen können[21].

2.2 Das Wie der Gesetzesbefolgung

Dass das vom Gesetzgeber zumeist *in Steuerungsabsicht* erlassene Recht von Richtern *angewandt werden soll,* stiftet als generelles Postulat in der innerjuristischen Theorie keine Probleme – „Befehl" hin oder her. Das gilt auch, wenn das Postulat der richterlichen Gesetzesbindung (Art. 20 Abs. 3/Art. 97 Abs. 1 GG) mit dem der richterlichen Unabhängigkeit (Art. 97 Abs. 1 GG) in Beziehung gesetzt wird. In Einzelfällen, vor allem, wenn es um die Konkurrenz von nationalem und internationalem Recht oder von Gesetzes- und Richterrecht oder von nationalem und internationalem Richterrecht geht, kann das Postulat der Gesetzesbindung freilich erhebliche Probleme bereiten[22]. Die *eigentliche* Problematik der richterlichen Rechtsanwendung betrifft jedoch die Frage nach dem *Wie.* Das Befehl-Gehorsam-Modell klärt diese Frage nicht. In Rechtstheorie und Methodenlehre ebenso wie in den Begründungstexten der Fachgerichte sowie des BVerfG und in der darauf bezogenen Literatur kreist die juristische Profession um die vom Befehl-Gehorsam-Modell nicht berührte Frage, *wie*

---

18 Dazu immer noch aktuell Hartwieg, Oskar / Hesse, Hans Albrecht: Die Entscheidung im Zivilprozess. Königstein/Ts. 1981.

19 Beschluss v. 14.10.04 – 2BvR 1481/04 (vgl. Fn. 13).

20 Im Original nicht kursiv.

21 Die Kontingenz der Entscheidung wird besonders deutlich, wenn sie in Sondervoten, sei es zum Tenor, sei es zur Begründung, manifest wird. Latent ist sie als notwendige Folge der Offenheit der Normtexte, des Verlusts fachlich-methodischer Gewissheit und einer gewissen Pluralisierung der Profession immer gegeben.

22 Beispielhaft dafür in dem in Fn. 19/13 zitierten Beschluss des BVerfG zum Sorgerechtsfall Görgülü das Hin und Her zwischen dem OLG Naumburg, dem BVerfG und dem Europ. Gerichtshof für Menschenrechte.

das Gesetz *befolgt, wie* das Recht *angewandt, wie es verlebendigt werden soll.* Parallel dazu gilt das gesteigerte Interesse der Richtersoziologie der Frage, wie das Gesetz *tatsächlich befolgt,* wie das Recht *tatsächlich angewandt und verlebendigt wird.*

2.3 Das Wie der Gesetzesbefolgung in der Praxis des BVerfG

Im Verlauf einer mehr als fünfzigjährigen Praxis der Selbst- und Fremdaufklärung seit dem Ende des 2. Weltkriegs, teils auch schon davor in der kurzen demokratiegeneigten Phase bis 1933, sind der juristischen Profession viele Gewissheiten über die Verankerung ihres beruflichen Handelns in (deduktiver) Logik und Methodik sowie in einer als gesichert geltenden Dogmatik abhanden gekommen. Dazu ist alles Nötige oft schon gesagt worden. Verlangt man noch Belege dafür, so findet man in der Rechtsprechung des BVerfG eindrucksvolle Beispiele. Weniges muss hier genügen.

Die Soraya-Entscheidung[23] setzt früh entscheidende Akzente. Danach entspricht dem „Altern der Kodifikationen" geradezu „notwendig" „die Freiheit des Richters zu schöpferischer Rechtsauslegung". Sie darf sich, falls der Verfassung immanente „Wertvorstellungen" in Gesetzestexten nicht zum Ausdruck kommen, auch „in einem Akt des bewertenden Erkennens" äußern, „dem auch willenhafte Elemente nicht fehlen". Zivilrichterliche Rechtsanwendung kann danach, wenn es um den wirksamen Schutz eines Rechtsguts geht, das im Mittelpunkt des „Wertesystems" der Verfassung steht, von Verfassungs wegen solange nicht beanstandet werden, solange sie „auf einem zivilrechtlich zumindest diskutablen, jedenfalls den Regeln der Hermeneutik nicht offensichtlich widersprechenden Wege" vorgegangen ist. Damit wird für fachrichterliche Rechtsanwendung die ohnehin schwächer gewordene Relevanz der in den einzelnen Rechtsgebieten etablierten methodischen Regeln und Postulate sowie der tradierten Dogmatik zusätzlich relativiert. Erst recht befreit sich damit das BVerfG selbst von diesen Bindungen. Was in dieser Hinsicht an Anforderungen bleibt, ist das „Vermeiden von Willkür" und die Erwartung „rationaler Argumentation".

Im Soraya-Fall war „das Alter" der anzuwendenden Norm der Grund für die weitgehende Freigabe des richterlichen Vorgehens bei der Rechtsanwendung. In anderen Fällen gibt es andere Gründe, etwa die „Offenheit des Normtextes", die, sosehr sie schon für das einfache Gesetz gilt, mehr noch für die Verfassung gilt[24].

Vor allem die Auffassung von der Offenheit der Verfassungstexte schlägt in der verfassungsrichterlichen Überprüfung der fachrichterlichen Rechtsanwendung voll durch. Wenn die einfachrechtliche Rechtsanwendung vom BVerfG im Lichte der Verfassung rekonstruiert wird, müssen, da das BVerfG konstant darauf aus war und ist, die von ihm betonte Offenheit der Verfassungstexte im Wege ihrer Interpretation noch weiter auszuweiten statt sie zu verengen[25], die schwachen Konturen noch weiter verschwimmen. Mit den Konturen der Verfassungsbestimmungen verblassen und verschwimmen auch die Konturen der in ihrem Licht interpretierten Gesetzes- und Vertragsbestimmungen.

Sosehr das BVerfG die Aufweichung methodischer Standards und dogmatischer Gewissheiten in den jeweiligen fachinternen Kontexten bestätigt und selbst noch weiter forciert, sosehr beharrt es auf der Verbindlichkeit der „verfassungskonformen Auslegung" einfachen

---

23 S. Fn. 12.
24 BVerfGE 62, 1 (45).
25 Bryde, Verfassungsgerichtsbarkeit, S. 498 f.

Rechts[26] und im Hinblick auf die Verfassungsauslegung auf dem Grundsatz, diejenige Auslegung zu wählen, die „die juristische Wirkungskraft der Grundrechtsnorm am stärksten entfaltet"[27]. Die Möglichkeiten zur „Entfaltung" der „Wirkungskraft" von Grundrechtsnormen aber hat das Gericht dadurch, dass es in den Grundrechten eine „Werteordnung" sieht[28] und dass es sich selbst die Kompetenz zuspricht, „den spezifischen Wert, der sich in einem (im Original: diesem) Grundrecht ... verkörpert", auch den Fachgerichten gegenüber zur Geltung zu bringen[29], enorm gesteigert. Denn der „Wertehimmel" ist in der säkularen Gesellschaft der Gegenwart weit offener als der *immerhin durch Texte*, und seien sie noch so offen (!), konstituierte „juristische Normenhimmel"; mit guten Gründen kann man seit „dem Tode Gottes" argumentieren, er sei geradezu leer. Zumindest gilt bis heute im Hinblick auf die Besetzung des Wertehimmels Max Webers Einsicht aus dem Anfang des letzten Jahrhunderts, dass „die verschiedenen Werteordnungen der Welt in unlöslichem Kampf untereinander stehen"[30]. Wenn mithin heute das BVerfG bei der Verlebendigung der Verfassung in einem Grundrecht einen *Wert* verkörpert sieht, dann *setzt es diesen Wert,* und wenn es daraus im Wege einer den Wert konkretisierenden Interpretation Konsequenzen für die Auslegung einfachen Rechts und für die davon betroffenen Lebensgeschichten ableitet, dann *engagiert* es sich damit für *seine Präferenzen* im politischen und gesellschaftlichen und ideologischen Kampf[31]. Luhmann nuanciert diesen Zusammenhang nur unwesentlich anders mit der These, das Verfassungsgericht habe „die Grundrechte klassisch-liberalen Zuschnitts in allgemeine Wertprogramme uminterpretiert, um die juristische Kontrolle der Entwicklung zum zweckprogrammierten Wohlfahrtsstaat nicht zu verlieren"[32]. Das BVerfG kontrolliert die Entwicklung aber nicht nur; von Fall zu Fall *forciert* es sie auch!

Ein spezifischer Kampfzusammenhang ist für die Urteilsverfassungsbeschwerde anfänglich in Anspruch genommen worden, indem sie als *erzieherisches* Instrument gegenüber Richtern betrachtet wurde, die ihre Sozialisation in der NS-Zeit genossen hatten[33]. Inzwischen sind diese Richter nicht mehr im Dienst, aber um sie ging es auch nur vordergründig. Es waren die in der alten BRD alsbald nach ihrer Gründung teils offen, teils verdeckt ausbrechenden gesellschaftlichen und politischen und ideologischen Kämpfe, in die das BVerfG im Wege der Urteilsverfassungsbeschwerde einbezogen wurde und in die es sich mit seinen Entscheidungen als eigenständiger Akteur eingebracht hat. Es sind eben diese Kämpfe, in die es bis heute verwickelt ist.

Die These vom Kampfzusammenhang soll nicht für alle Entscheidungen gelten. Auch beim BVerfG ereignet sich der Kleinkram des juristischen Alltags. Aber wieder und wieder

---

26 BVerfGE 20, 150 (160 f.); E 69, 1 (55 f.).; E 87, 399 (407 ff.); E 93, 37 (81).
27 BVerfGE 32, 54 (71).
28 Grundlegend dafür die Lüth-Entscheidung: BVerfGE 7, 198 (205 ff.).
29 BVerfGE 7, 198 (209).
30 Weber, Max: Wissenschaft als Beruf. In: ders.: Gesammelte Aufsätze zur Wissenschaftslehre. Tübingen, 1922, S. 524 ff./545.
31 Sosehr die Auffassung der Grundrechte als „Werteordnung" in der innerjuristischen Debatte inzwischen konsentiert ist, so deutlich sind die Differenzen, wenn es darum geht, den Gehalt dieser Ordnung zu konkretisieren. Vgl. dazu etwa Di Fabio, Udo: Grundrechte als Werteordnung. In: JZ 2004. S. 1 ff. Dass die Differenzen nicht noch deutlicher sind, hat damit zu tun, dass die Verfassungsinterpretation Sache einer kleinen, inzwischen leicht pluralisierten, professionellen Minderheit ist und nicht etwa jener nur in der Literatur existierenden „offenen Gesellschaft der Verfassungsinterpreten" (Häberle).
32 Luhmann, Recht, S. 97.
33 Kauffmann, Peter, Die Abschaffung.

ragen Entscheidungen aus diesem Alltag heraus, mit denen das BVerfG im Rückgriff auf diesen oder jenen „Wert" in aktuelle Kämpfe eingreift[34].

Der hier benutzte Kampfbegriff ist frei von Konnotationen aus dem Zusammenhang der Klassenkampftheorie. Kampf meint die heute übliche Vielfalt von zumeist normativ regulierten und bislang noch mehr oder weniger begrenzten Gegensätzen und Auseinandersetzungen partikularer Interessenten[35], vom Gegensatz zwischen Kapital und Arbeit über die Auseinandersetzungen zwischen Ressourcennutzern und Ressourcenschützern, über die Differenzen zwischen Medieneignern/-betreibern und denen, die Objekte ihrer Berichterstattung werden, bis hin zu dem nie erlahmenden Gerangel um Anteile an staatlichen Wohltaten, an denen nahezu alle partizipieren wollen, mögen die Wohltaten nun aus ordentlichen Einnahmen finanziert werden oder auf Pump erfolgen. In diese Kämpfe werden die Gerichte, wird schließlich auch das BVerfG immer wieder hineingezogen. Die Entscheidungen sind Mittel des Kampfes, selbst wenn die Richter dies nicht wollten. Sie wollen es aber im Einzelfall durchaus. So werden in vielen Entscheidungen Akzente gesetzt, die Richter selbst in den Kampf tragen und mit denen sie sich im Kampf engagieren. Oft ereignet sich in den Entscheidungen ein geradezu *singuläres Engagement!*[36]

Selbst die Formeln, die das BVerfG benutzt, wenn es fachrichterliche Entscheidungen aufhebt, atmen einen gewissen Kampfgeist. Im schlichten Kontext methodisch-dogmatischer Streitigkeiten zwischen Gerichten ist es unüblich, ja, eher verpönt, dass ein Gericht einem anderen „Auslegungsfehler" vorhält, die auf einer „grundsätzlich unrichtigen Auffassung von der Bedeutung" dieser oder jener Norm beruhen[37]. Beim BVerfG, das bis heute an dieser Formel und ähnlichen Formeln festhält, kommt darin eine „überschießende Innentendenz" zum Ausdruck, die sich auch dem Engagement im Kampfzusammenhang verdankt.

Das BVerfG ist ein starker Akteur im Kampfzusammenhang. Stark ist das BVerfG, wenn es fachrichterliche Rechtsanwendung im Lichte der Verfassung prüft, weil es sich im Hinblick auf das Wie der Rechtsanwendung, also die Suche nach und den Umgang mit dem Obersatz, als mehr oder weniger *souverän* erweist. Ein hohes Maß an Souveränität nimmt es für sich in Anspruch, indem es für sich die Kompetenz zu *authentischer Interpretation* der Verfassung reklamiert[38]. Souveränität nimmt es in Anspruch, wenn es die Bindungswirkung seiner Entscheidungen auf die „tragenden Gründe" erstreckt[39], wenn es sich auch ohne

---

34 Uwe Wesel hat in seiner Entscheidungssammlung: Der Gang nach Karlsruhe. Das Bundesverfassungsgericht in der Geschichte der Bundesrepublik. München 2004, solche herausragenden Entscheidungen dokumentiert. Das Buch illustriert die These vom Kampfzusammenhang nicht zuletzt auch deshalb so vortrefflich, weil der Autor selbst mit einem gewissen kämpferischen Elan auftritt. Mit einem aufs juristische Lernen verkürzten didaktischen Eifer treten dagegen Dieter Grimm und Paul Kirchhof bei einer von ihnen herausgegebenen Entscheidungssammlung auf (BVerfGA, Bd. 1 u. 2, 2. Aufl. Tübingen 1997). Auf die Einbettung der dort versammelten Fälle in die rechtsexternen Zusammenhänge, aus denen sie stammen und in die die Lösungen zurückgegeben werden, wird verzichtet. So werden die „zum notwendigen Wissensbestand des Juristen" (aus der Einf. zur 1. Aufl.) stilisierten Texte (1.400 S.!) zum reinen rechtsdogmatischen Paukprogramm, und so entsprechen sie voll dem derzeit politisch gewünschten Stil der Juristenausbildung!

35 Beispielhaft für diesen Kampfbegriff Geiger, Theodor: Die Klassengesellschaft im Schmelztiegel. Köln / Hagen 1949.

36 Bryde, Verfassungsgerichtsbarkeit, führt als Beispiel dafür die Maastricht-Entscheidung (BVerfGE 89, 155) an, für deren euroskeptischen Tenor „der entschlossene Wille eines einzigen Gerichtsmitglieds" ausgereicht habe: Verfassungsgerichtsbarkeit, S. 499. Ähnlich hat sich „der entschlossene Wille" eines einzelnen Richters in der steuerrechtlichen Rechtsprechung der letzten Jahre ausgewirkt, ähnlich eines anderen in der materiellen Aufladung des Vertragsrechts.

37 Eine der Standardformeln des BVerfG zur Begründung der Aufhebung einer fachgerichtlichen Entscheidung.

38 BVerfGE 40, 88 (93). Schlaich, Klaus: Das Bundesverfassungsgericht. 4. Aufl. München 1997, S. 326 ff.

39 BVerfGE 1, 14 (37). Für weitere Nachweise Schlaich (wie Fn. 38).

Rechtsgrundlage die Kompetenz zuschreibt, Anordnungen zur Vollstreckung seiner Entscheidungen zu treffen[40], wenn es bei der Nichtigerklärung eines Gesetzes dem Gesetzgeber detaillierte Vorgaben für die Neufassung macht[41] oder wenn es seine Praxis der Annahme von Urteilsverfassungsbeschwerden mehr oder weniger freihändig selbst reguliert[42]. Das hohe Maß an Souveränität verdankt das Gericht zum Teil seinem Status als Gericht und Verfassungsorgan zugleich[43] sowie seinen rechtlich festgelegten Funktionsbestimmungen, die es ihm erlauben, einen Gesetzesbefehl in totes Recht zu verwandeln. Zu einem andern Teil verdankt es das hohe Maß an Souveränität den Interpretationsspielräumen, die es sich über das heute bei den Gerichten üblich gewordene hohe Maß hinaus selbst verschafft hat. Zum Dritten verdankt das BVerfG das hohe Maß seiner Souveränität gegenüber geltendem Recht der Tatsache, dass es Kontrolle über andere Gerichte ausübt, von anderen Gerichten selbst aber nicht kontrolliert wird. Freilich sind in jüngster Zeit Kontrollmöglichkeiten europäischer Gerichte deutlicher geworden. Darauf hat das BVerfG mit einer leicht gereizten Abwehrhaltung reagiert[44].

Als Gericht soll auch das BVerfG an das geltende Recht gebunden sein. Faktisch ist die Bindungswirkung gering. Die Bindungswirkung des einfachen Rechts ist von vornherein eine relative, weil sie abhängig ist von der Entscheidung des Gerichts über die Verfassungskonformität des einfachen Rechts. Aber auch die Bindungswirkung des Verfassungsrechts ist in der Praxis des BVerfG relativiert worden, weil das Gericht sich zur *Weiterentwicklung der Verfassung* berufen sieht und als „zur verbindlichen Verfassungsinterpretation berufenes Verfassungsorgan" im Hinblick auf die Verfassung in erheblichem Maße *selbst Recht – Richterrecht – setzt*[45]. So sind es am ehesten die eigenen Entscheidungen, an die sich das BVerfG gebunden fühlt. Aber auch davon vermag es sich von Fall zu Fall zu lösen[46].

Das Verhältnis des BVerfG zu den Grundrechten ist, seitdem diese als „Prinzipien" und als Ausdruck einer „Wertordnung" verstanden werden und schließlich zur Grundlage einer „Schutzpflichtlehre" gemacht worden sind[47], am besten als Wechselbeziehung zu verstehen: Wie das BVerfG unter der Herrschaft der Verfassung stehen soll, so steht faktisch die Verfassung unter der Herrschaft des BVerfG. Erst in der Auslegung, die ihm das BVerfG in seinen Entscheidungen gibt, wird das Grundgesetz zu lebendem Recht. Das Wie der Auslegung bestimmt das Gericht in der geschilderten Souveränität. Auch das frühe Bekenntnis zur „objektiven Auslegung"[48] und die Nutzung der vermuteten Entscheidungsfolgen als Entscheidungsgründe[49] führen zur Ausweitung der Spielräume. Der weite Rahmen der Verfassungs-

---

40   Schlaich, Bundesverfassungsgericht, S. 316 ff.
41   BVerfGE 93, 121.
42   Eindrucksvoll dazu Lübbe-Wolff, Gertrude, Substantiierung, passim.
43   BVerfGE 7, 377 (413).
44   Vgl. wiederum Fn. 19/13.
45   Steiner, Udo: Regieren Richter die Deutschen? In: AnwBl. 2004, S. 673 ff.; Kriele, Martin: § 218 StGB nach dem Urteil des BVerfG. In ZRP 1975, S. 74 ff.; Ramm, Thilo: Forum: Zwischen Verfassungspositivismus und Kadijustiz – was nun? In: JuS 1997, S. 392 ff.; Großfeld, Bernhard: Zur Stellung des Bundesverfassungsgerichts im Grundgesetz. In: Bogs, Harald (Hg.), Urteilsverfassungsbeschwerde zum Bundesverfassungsgericht. Baden-Baden 1999, S. 17 ff., Rüthers, Bernd: Geleugneter Richterstaat und vernebelte Richtermacht. In: NJW 2005, S. 2759 ff.
46   BVerfGE 20, 56 (87).
47   Hesse, Hans Albrecht: Der Schutzstaat. Baden-Baden 1994.
48   BVerfGE 62, 1 (45).
49   Grimm, Dieter: Entscheidungsfolgen als Rechtsgründe: Zur Argumentationspraxis des deutschen Bundesverfassungsgerichts. In: Teubner, Günther (Hg.), Folgenorientiertes Argumentieren in rechtsvergleichender Sicht. Baden-Baden 1995, S. 139 ff.

interpretation hat Folgen auch für die Art, wie das BVerfG „im Lichte der Verfassung" mit dem einfachen Recht umgeht, wenn es das Wie der Rechtsanwendung durch die Fachgerichte beurteilt. Auch hierfür spielen rechtstheoretisch-methodische Vorgaben eine untergeordnete Rolle. Entscheidend ist der Einfluss, den das Verfassungsrecht nach Auffassung des BVerfG auf das einfache Recht haben soll. Auch das ist nicht letztentscheidend. Letztentscheidend ist der Einfluss, den das BVerfG mit seiner Entscheidung auf die fachgerichtliche Praxis, auf die davon betroffenen Lebensgeschichten sowie auf die involvierten materiellen und ideellen Konfliktlagen nehmen will.

Der Befund spitzt sich zu im Hinblick auf die Urteilsverfassungsbeschwerde, die dem BVerfG zu einer spezifischen Rechtmäßigkeitskontrolle gegenüber aller fachrichterlichen Urteilspraxis verhilft, wenn es auf Antrag über die Verfassungsmäßigkeit als spezifischer Form der Rechtmäßigkeit einer fachrichterlichen Entscheidung entscheidet. Im *Darstellungskontext* geht es dann im Kern um die Frage der Richtigkeit der Rechtsanwendung im Spannungsverhältnis von Verfassungs- und Gesetzesrecht, wobei der Ton auf der Frage der Verfassungsmäßigkeit liegt. Wenn das BVerfG die Verfassungsmäßigkeit einer fachrichterlichen Entscheidung prüft, führt es seine eigene Praxis der Verfassungsbefolgung mit, behauptet diese als „richtige Praxis" und prüft daran die Richtigkeit der fachrichterlichen Entscheidung. Wird die Entscheidung verworfen, so wird ihr attestiert, dass sie Auslegungsfehler enthält, die „auf einer grundsätzlich unrichtigen Auffassung von der Bedeutung eines Grundrechts ... beruhen"[50]. Die dagegen gehaltene „Richtigkeit" der Auffassung des BVerfG lässt sich mit den aus Rechtstheorie und Methodenlehre überkommenen Modellen richterlicher Rechtsanwendung nicht erfassen und nicht nachvollziehen[51].

Für den Nachvollzug der verfassungsrechtlichen Rechtsprechung des BVerfG steht dem rechtssoziologisch orientierten Beobachter ein einfaches, in richtersoziologischen Zusammenhängen bewährtes Modell zu Verfügung. Er begreift die rechtsprechende Praxis des BVerfG als *soziales Handeln*[52]. Das gilt nicht nur für den *Darstellungs*-, sondern auch für den *Herstellungskontext*. Auch verfassungsrichterliche Praxis folgt allgemeinen Regeln sozialen Handelns, spezifiziert durch ein paar Besonderheiten, die der Sicherung der Eigenwelt der Verfassungsrechtsprechung dienen. Die Konsequenzen dieser Modellannahme können angesichts des knappen Raums, der für den Beitrag zur Verfügung steht, nicht näher ausgeführt werden. Sie werden statt dessen in thesenhaft verkürzter Form vorgestellt.

3 Die Verlebendigung des Rechts durch das BVerfG als soziales Handeln

3.1 Die Instrumentalisierung des Rechts im zweckrationalen Kalkül

Das positive Recht der Neuzeit, auch das Verfassungsrecht, verdankt seine *Herstellung* zweckrationalem politischen Kalkül. In seiner Verlebendigung durch Verfassungsrichter im

---

50 Bereits unter Fn. 37 erwähnte Standardformel seit mehr als vierzig Jahren, deren Tauglichkeit zur Identifizierung verfassungswidriger Entscheidungen ebenso lange diskutiert und mehrheitlich verneint wird. Sie bewährt sich als tragende Begründungsformel, nicht als analytisches Instrument.

51 „Wenn es hart auf hart geht, ist das Gericht ohne weiteres bereit, Urteile zu fällen, die man keinem Jurastudenten durchgehen ließe": Bryde, Verfassungsgerichtsbarkeit, S. 499.

52 So dezidiert bereits Morlock, Martin / Köbel, Ralf / Launhardt, Agnes: Recht als soziale Praxis. In: Rechtstheorie 2000. S. 15 ff.; näher, auch zum Folgenden, Hesse, Einführung. S. 119 ff.

Wege der Urteilsverfassungsbeschwerde – und nicht nur da! – bleibt es zweckrationalem Kalkül unterworfen. Durchgängig ist das Kalkül darauf gerichtet, das positive Recht für die, und sei es kurzfristige, Befriedung von Konflikten und das, und sei es kurzfristige, Management von Krisen – oder von Katastrophen gar! – zu nutzen. So wird es vom Verfassungs- und vom Gesetzgeber abstrakt gesetzt; so wird es vom BVerfG in der Darstellung konkretisiert und für die im Herstellungsprozess schließlich präferierte Lösung passend gemacht. Indem es von Fall zu Fall verlebendigt wird, wird Recht, immer noch als statische Ordnung gedacht, dynamisiert und verflüssigt. Als wesentliche Hilfsmittel haben sich dabei das Konzept der „Werteordnung", die Schutzpflichtlehre mit ihren ausufernden Schutzbereichen und ein methodisch ungesicherter Vorgang bewährt, der als „Abwägung" bezeichnet wird[53]. In der Tendenz folgt das BVerfG als politischer Akteur in judikativem Gewand den Linien, die von den Hauptakteuren des politischen Systems vorgezeichnet sind[54].

Daneben ist das verfassungsrichterliche Kalkül auf die Sicherung der richterlichen Eigenwelt bezogen. Das Gericht greift auch dann im Wege der Urteilsverfassungsbeschwerde zu, wenn „eine Entscheidung eines Fachgerichts schlicht eine Interpretation des Grundgesetzes bietet, die wir nicht für verfassungsgemäß halten"[55]. Dass das Gericht sich als „Hüter der Verfassung" sieht, führt notwendig dazu, dass es sich *erst recht* als „Hüter der Verfassungsrechtsdogmatik" begreift! Schließlich geht es bei der Sicherung der Eigenwelt schon seit langem und immer wieder um die Sicherung der Arbeitsfähigkeit des Gerichts. Dieses Dauerthema soll im Folgenden wenigstens kurz beleuchtet werden.

3.1.1 Die zweckrationale Schaffung von Richterrecht bei der Zulassung der Urteilsverfassungsbeschwerde

Die Urteilsverfassungsbeschwerde ist unter den Einfallstoren, durch die sich das BVerfG als Akteur in die aktuellen Kämpfe einbringt, das wichtigste. So wird sie auch von der Umwelt wahrgenommen. So wird das Gericht mit einer Flut von Urteilsverfassungsbeschwerden überschwemmt. Das erste Kalkül im Umgang mit den Urteilsverfassungsbeschwerden gilt dem prozessualen Umgang mit der Flut. Ließe man sie ungehindert in das Gericht eindringen, wäre seine Arbeitsfähigkeit alsbald infragegestellt. Infragegestellt wäre aber auch die Wirkung seiner Entscheidungen, wenn der Eindruck entstünde, das Gericht sei so etwas wie ein für alles und nichts zuständiger Reparaturbetrieb[56]. So hat das BVerfG alsbald ein hohes Interesse daran entwickelt, die Zulassung von Urteilsverfassungsbeschwerden eng und streng zu regulieren, und da es dafür im Verfahrensrecht keine hinreichende Grundlage findet, hat es sich wichtige Grundlagen freihändig selbst geschaffen. Den so geschaffenen „Reizschutz" passieren nur etwa 2,5 % der Eingaben[57]. Dass die Kriterien, an denen sich das BVerfG dabei abarbeitet, zur Entscheidungsfindung im Wege deduktiver Logik ungeeignet sind, wird allgemein konzediert[58]. Geeignet erscheinen sie aber bei aller Kritik immer noch, eine Entscheidung als begründet darzustellen, deren Herstellung sich den oben genannten Kalkülen verdankt: die Arbeitsfähigkeit des Gerichts zu erhalten, seine Rolle als „Hüter der

---

53 Luhmann, Recht, S. 479 f.; Hesse, Einführung, S. 191; 195.
54 So sieht Luhmann das Gericht im Einklang mit herrschenden wohlfahrtsstaatlichen Tendenzen Ausgaben diktieren, „wo Sparsamkeit angebracht wäre": Recht, S. 481.
55 Limbach, Jutta: Diskussionsbeitrag. In: Bogs, Urteilsverfassungsbeschwerde, S. 133.
56 Kenntner; Markus: Vom „Hüter der Verfassung" zum „Pannenhelfer der Nation"? In: DÖV 2005, S. 269 ff.
57 Wie jede statistische Aussage ist auch diese Zahl hoch-artifiziell. Zu Einzelheiten S. Lübbe-Wolff, Gertrude: Die erfolgreiche Verfassungsbeschwerde. In: AnwBl 2005, S. 509 ff.
58 Limbach, Diskussionsbeitrag. In: Bogs, Urteilsverfassungsbeschwerde, S. 132 f.

Verfassungsrechtsdogmatik" wahrzunehmen, seinen Rang als politischer Akteur zu sichern und dem Gericht die Möglichkeit zu bieten, in aktuellen Auseinandersetzungen diejenigen Akzente zu setzen, die es rechts- und gesellschaftspolitisch für geboten hält.

3.1.2 Die Ergebnisorientierung bei der Herstellung der Entscheidungen

Die Verfassungstexte und das von Fall zu Fall involvierte einfache Recht werden zu lebendem Recht in der Auslegung, die das Gericht ihnen gibt. Angesichts der geschilderten Auslegungsfreiheiten des Gerichts ist die Vorstellung absurd, die Entscheidungsfindung im Rahmen der *Normarbeit* – die *Sachverhaltsarbeit* lasse ich wegen Platzmangels beiseite, obwohl sie für die Entscheidungsfindung auch des BVerfG eine größere Bedeutung hat als allgemein angenommen! – verliefe in Etappen von der Normsuche über die Normauslegung zur Falllösung. Die umgekehrte Reihenfolge ist für den Regelfall anzunehmen: am Anfang steht der Ergebniswunsch. Er steuert die Normsuche und vor allem die Normauslegung[59].

Die Einsicht in die Ergebnisorientierung wird in rechtstheoretisch orientierten Beiträgen eher noch perhorresziert, ist aber angesichts der Finalisierung des Normprogramms, der schutz- und wohlfahrtsstaatlichen Dauerbesorgtheit *aller* Politik[60] und der zunehmenden Verschränkung von Recht und Politik, die sich ebenso als Verrechtlichung politischer Praxis wie als Politisierung juristischer Praxis äußert[61], unabweisbar. Immerhin wird sie inzwischen in internen Debatten von Verfassungsjuristen relativ offen angesprochen: „Verfassungsrichter mischen sich ein, wenn sie das Ergebnis einer ‚Vorinstanz' für falsch halten"[62]. „Man strukturiert nicht deduktiv; das wäre ein Bild, das nicht zutreffend ist"[63]. „Man denkt sich, dass das Geschehene schon ein dicker Hund ist. Da stößt sich die Zuständigkeit des Bundesverfassungsgerichts mit dem Gefühl, dass der Einzelne glücklicherweise, notwendigerweise hat für Gerechtigkeit. Und wenn er weiß, niemand kann mehr helfen, aber er kann helfen, dann überlegt er natürlich, wie er das machen kann"[64]. „Ich habe häufig das Gefühl, dass das Bundesverfassungsgericht dort zugreift ..., wo der Berichterstatter das Gefühl hat, ‚in der Sache müssen wir ran'. Das ‚in der Sache müssen wir ran' ist gewissermaßen das Vorverständnis, ..."[65].

3.2 Typische Veränderungen des Rechts im Prozess seiner Verlebendigung durch das BVerfG

Eine der zentralen Annahmen der Rechtssoziologie ist es, dass das Recht sich in der Zeit verändert[66]. Dabei ist es nicht die Zeit selbst, die die Änderung bewirkt. Der legislative und der judikative Umgang mit dem Recht verändern das Recht. Über Ausmaß und Richtung der Veränderung herrscht Streit in der Literatur. Konfrontiert man die verschiedenen Hypothe-

---

59 Hesse, Einführung, S.125; 132 f.; Schlaich, Bundesverfassungsgericht, S. 342 f.
60 Hesse, Hans Albrecht / Kauffmann, Peter: Die Schutzpflicht in der Privatrechtsprechung. In: JZ 1995, S. 219-223.
61 Luhmann, Recht, S. 407 ff.; 478 ff.; Grimm, Dieter: Die Verfassung und die Politik. München 2001; Bryde, Verfassungsgerichtsbarkeit, passim; Hesse, Einführung, S. 88 ff.; 191 ff
62 Jaeger, Renate im Interview mit Müller, Reinhard und Gerhard, Rudolf. In: FAZ v. 19.9.05.
63 Robbers, Gerhard: Diskussionsbeitrag. In: Bogs, Urteilsverfassungsbeschwerde, S. 126.
64 Benda, Ernst: Diskussionsbeitrag. In: Bogs, Urteilsverfassungsbeschwerde. S. 128.
65 Franßen, Everhardt: Diskussionsbeitrag. In: Bogs: Urteilsverfassungsbeschwerde. S. 131.
66 Carbonnier, Jean: Die großen Hypothesen der theoretischen Rechtssoziologie. In KZfSS; Sonderheft 1: Studien und Materialien zur Rechtssoziologie. 1967. S. 135-150.

sen mit der Rechtsprechung des BVerfG, so werden einige Hypothesen deutlich gestützt. Diese Hypothesen werden hier abschließend nur noch aufgeführt; auf ihre Diskussion muss verzichtet werden. Sie werden aber auch durch die Ausführungen zu 2.3 sowie zu 3.1 hinreichend belegt.

3.3 Hypothesen zur Veränderung des Rechts im Gefolge der Rechtsprechung des BVerfG

Deutlich gestützt wird die Hypothese von der zunehmenden Verdrängung des Gesetzesrechts durch Richterrecht.

Gestützt wird auch die Hypothese von der zunehmenden Orientierung der Rechtsprechung am Einzelfall und an dem, was als Einzelfallgerechtigkeit empfunden wird.

Deutlich gestützt wird die Hypothese von der zunehmenden Dynamisierung des Rechts.

Besonders deutlich gestützt wird die Hypothese von der Dominanz materialer und entsprechend vom Rückgang formaler Rechtsauffassung. Der Wandel ist im Zivilrecht besonders augenfällig. War es zu Beginn des letzten Jahrhunderts eine Domäne formaler Rechtskultur, so ist es seitdem zunehmend von materialen Prinzipien überformt worden. Der Trend ist speziell im Vertragsrecht in jüngster Zeit durch das BVerfG noch erheblich forciert worden. In einer Reihe von Entscheidungen – von der Handelsvertreterentscheidung[67] über die Bürgschaftsentscheidung[68] bis zur Entscheidung über die Eheverträge[69] – hat das BVerfG mit Hilfe der materialen Überformung des Vertragsrechts den Anspruch judikativer Kontrolle der privaten Lebensführung erheblich gesteigert[70]. Was immer es damit in den betroffenen Praxisfeldern angerichtet haben mag[71]: Jedenfalls ist die Funktion des Privatrechts, Erwartungen zu stabilisieren und die Zukunft zu binden[72], erheblich geschwächt worden[73].

Die mit diesen Hypothesen bezeichnete Veränderung, die das Verfassungsrecht in den letzten 50 Jahren im Wege seiner Verlebendigung erfahren hat, ist am *Schicksal der Grundrechte* besonders gut demonstrierbar. Verfasst im Jahre 1949 zum Zwecke *der Entstaatlichung* privater Lebensführung und sozialen Handelns und zur Stabilisierung von Eigenwelten[74] sind sie, auch mit Hilfe von Verfassungsänderungen, vor allem aber über ihre Verlebendigung durch das BVerfG zur verfassungsrechtlichen Grundlage für den *staatlichen Kontrollanspruch* gegenüber nahezu allen und für die *staatliche Einmischung* in nahezu alle Äußerungen der privaten Lebensführung und des sozialen Verkehrs geworden[75]. Die Entwicklung hat zu einer erheblichen Ausweitung der Staatsaufgaben wie der -ausgaben geführt[76]. Sie geht einher mit der anschwellenden Klage über Vollzugsdefizite[77].

---

67 BVerfGE 81, 242.
68 BVerfGE 89, 214.
69 BVerfGE 103, 89.
70 Hesse, Schutzstaat, S. 153 ff.; Hesse / Kauffmann (Fn. 60).
71 Die Frage der externen Verlebendigung habe ich bekanntlich ausgeklammert (oben 1 am Ende).
72 Zu dieser Funktion Luhmann, Recht, S. 557 ff.; Hesse, Einführung, S. 49 f.
73 Als instruktives Beispiel aus der anwaltlich-notariellen Beratungstätigkeit Everts, Arne: Vereinbarungen zur nachehelichen Namensführung. In: FamRZ 2005, S. 249-254. Den Hinweis auf diesen Beitrag verdanke ich meinem Kollegen Stephan Meder.
74 Luhmann, Niklas: Grundrechte als Institution. Berlin, 1965.
75 Hesse, Einführung, S. 100 ff.
76 Röhl, Rechtssoziologie, S. 550; Hesse, Einführung, S. 105 ff.; 115 ff.
77 Röhl, Rechtssoziologie, S. 300 ff.; Hesse, Einführung, S. 146; 184.

Robert Chr. van Ooyen

Der Streit um die Staatsgerichtsbarkeit in Weimar aus demokratietheoretischer Sicht: Triepel – Kelsen – Schmitt – Leibholz

Die Kritiken an der Verfassungsgerichtsbarkeit sind so alt wie die Idee der Verfassungsgerichtsbarkeit selbst:

„Sie hatten ihren Ahnherrn etwa in Hegel... oder in Bismarck, der sich 1863 vor dem Preußischen Landtag folgendermaßen äußerte: ‚Wenn ... ein Gericht berufen würde..., die Frage zu entscheiden: ist die Verfassung verletzt oder ist sie es nicht?, so würde damit dem Richter zugleich die Befugnis des Gesetzgebers zugewiesen...'. Meist wird dieser Gedanke in die auf den französischen Historiker und Politiker Guizot zurückgehende Formel von der Juridifizierung der Politik und der Politisierung der Justiz gekleidet, bei der beide nichts zu gewinnen, wohl aber alles zu verlieren hätten. In der Gegenwart sind es mehr die Volkssouveränität und das Demokratieprinzip, die mit der Behauptung ins Feld geführt werden, sie verböten, dass von einem Richterkollegium Mehrheitsentscheidungen korrigiert... werden können"[1].

In Weimar ist diese Kritik wohl am radikalsten und wirkmächtigsten von Carl Schmitt formuliert worden – und zwar gegen Hans Kelsens Herleitung institutionalisierter Verfassungsgerichtsbarkeit als ein Element pluralistischer Demokratie. Danach sei der Begriff der Verfassungsgerichtsbarkeit ein Widerspruch in sich selbst, unvereinbar mit der Gewaltenteilung und mit der politischen Konzeption der (Volks)souveränität. Wenn man natürlich mit Schmitt annimmt, dass die Verfassung gar kein Rechts-, sondern ein ausschließlich politischer Begriff sei – nämlich Ausdruck der „Freund-Feind-Entscheidung" der als souverän und homogen begriffenen politischen Einheit „Volk" – dann scheint eine gerichtsförmige Instanz als „Hüter der Verfassung" tatsächlich absurd. Häufig scheint jedoch völlig vergessen, dass diese Argumentationslinie von Kelsen widerlegt wurde – freilich unter der Voraussetzung, dass man mit Kelsen den Standpunkt einer pluralistischen Demokratie bejaht.

1 Vorspiel: „Hohe Politik" – Etatismus und Staatsgerichtsbarkeit bei Triepel

Die Kontroverse um den „Hüter der Verfassung" spitzte sich seit der Wiener Tagung der Staatsrechtslehrer von 1928 zu[2]: Kelsen entwarf hier als einer der beiden Referenten sein Programm einer modernen Verfassungsgerichtsbarkeit, die bei der rund zwanzig Jahre späte-

---

1   Stern, Klaus: Außenpolitischer Gestaltungsspielraum und verfassungsrechtliche Kontrolle, Reihe Juristische Gesellschaft Mittelfranken, Heft 4, Regensburg 1994; vgl. Fricke, Carsten: Zur Kritik an der Staats- und Verfassungsgerichtsbarkeit im verfassungsstaatlichen Deutschland, Frankfurt a. M. 1995.
2   Vgl. insgesamt Wendenburg, Helge: Die Debatte um die Verfassungsgerichtsbarkeit und der Methodenstreit der Staatsrechtslehre in der Weimarer Republik, Göttingen 1984.

ren Konzeption des Bundesverfassungsgerichts Pate gestanden hat[3]. Doch zuvor eröffnete Heinrich Triepel das Thema mit einer ambivalenten Haltung zur „Staatsgerichtsbarkeit", die repräsentativ für die tradierte deutsche Staatslehre gewesen ist. Triepel lehnte zwar im Gegensatz zu Schmitt als Staats*rechtler* die Verfassungsgerichtsbarkeit nicht grundsätzlich ab, doch als „*Staats*rechtler" befürwortete er sie auch nicht vorbehaltslos. In seinem Verständnis von Staat, Politik und Recht bleibt ein Rest von „hoher", „schöpferischer", „irrationaler" Politik im Sinne Hegels, sodass das „Wesen der Verfassung... bis zu gewissem Grade mit dem Wesen der Verfassungsgerichtsbarkeit in Widerspruch (steht)"[4]. Wahre, weil souveräne Politik ist damit der Justiziabilität entzogen. Triepels Position des rechtshegelianisch gewendeten „preußischen Etatismus" lässt sich dabei als Inbegriff von staatstheoretischen Konzepten bestimmen, die das „Politische" mit dem „Staatlichen" gleichsetzten, den Begriff des Staates von Bürger und Gesellschaft losgelöst als „souveräne" politische Einheit verstanden und damit nicht nur der rechtsstaatlichen Kontrolle, sondern vor allem auch der demokratischen Partizipation entzogen[5]. Passend fügt sich in dieses Bild, dass er kurz zuvor in seiner Berliner Rektoratsrede vom Sommer 1927 die für weite Teile der Staatslehre typische Ablehnung der Weimarer Parteiendemokratie formuliert hatte[6], indem er den „Parteienstaat" als Verfallserscheinung, als „Symptom einer Krankheit" und „Entartung" begriffen, schließlich die Parteien (= Partikularinteressen) mit dem Staat (= Gemeinwohl) für unvereinbar und „extrakonstitutionell" erklärt hat[7]. Triepels konservativer Etatismus lässt sich somit auch als Relikt einer in der theoretischen Diskussion zu dieser Zeit schon überholten Epoche begreifen, deren Staatslehre mit ihrem überkommenen Verständnis des 19. Jahrhunderts den politischen Neuerungen begrifflich hilflos gegenüberstand[8]. Anders nun im Falle von Kelsen und Schmitt: Denn Kelsen richtete u. a. hiergegen seine politische Theorie des demokratischen Verfassungsstaats ohne souveräne Macht, die in einer entontologisierten „Staatslehre ohne Staat"[9] gipfelte[10]; und Schmitt setzte genau deshalb dem Begriff des Staates seinen Begriff des Politischen *voraus*[11], den er dann in der „Souveränität des Volkes" völkisch totalisierte[12].

---

3   Kelsen, Hans: Wesen und Entwicklung der Staatsgerichtsbarkeit; in: VVDStRL, Bd. 5, Berlin – Leipzig 1929, S. 30 ff. Seine Konzeption gelangte wohl über Hans Nawiaskys Arbeitspapiere der Bayerischen Delegation des Herrenchiemseer Konvents an den Parlamentarischen Rat; vgl. Laufer, Heinz: Verfassungsgerichtsbarkeit und politischer Prozeß, Tübingen 1968, S. 38 f.

4   Triepel, Heinrich: Wesen und Entwicklung der Staatsgerichtsbarkeit; in: VVDStRL, Bd. 5, Berlin – Leipzig 1929, S. 7 bzw. S. 8; vgl. auch ders.: Staatsrecht und Politik, Berlin – Leipzig 1927.

5   Vgl. Lehnert, Detlef: „Staatslehre ohne Staat"?, Reihe IfS der Universität der Bundeswehr München, Nr. 6, Neubiberg 1998 S. 35; zur Einschätzung als antipluralistisches, etatistisches Politikverständnis bis hin zur „offenen Sympathie für die ‚nationale Revolution' " (S. 423) vgl. insgesamt Gassner, Ulrich M.: Heinrich Triepel, Berlin 1999.

6   Triepel: Die Staatsverfassung und die politischen Parteien, Berlin 1928, S. 29 f.; zur Rektoratsrede vgl. auch Friedrich, Manfred: Geschichte der deutschen Staatsrechtswissenschaft, Berlin 1997, S. 347.

7   Triepel, ebd., S. 35, 29 bzw. 36; vgl. hiergegen schon die Verteidigung der Parteiendemokratie und die Kritik an Triepel durch Kelsen in seiner demokratietheoretischen Schrift: Vom Wesen und Wert der Demokratie, 2. Neudr. der 2. Aufl. von 1929, Aalen 1981, S. 21 und 107 ff.

8   Im Übrigen zum Teil bis heute, wovon Begriffe wie „quasi-staatlich" oder „Staatenverbund" zeugen; vgl. van Ooyen: Der Begriff des Politischen des Bundesverfassungsgerichts, Berlin 2005; ders.: Staatliche, quasi-staatliche und nichtstaatliche Verfolgung?; in: ARSP 3/2003, S. 387 ff.

9   Kelsen: Der soziologische und der juristische Staatsbegriff, 2. Neudr. der 2. Aufl. 1928, Aalen 1981, S. 208.

10 Vgl. Kelsen: Das Problem der Souveränität und die Theorie des Völkerrechts, 2. Neudr. der 2. Aufl. 1928, Aalen 1981; ders.: Allgemeine Staatslehre, Nachdruck, Wien 1993.

11 Vgl. Schmitt, Carl: Der Begriff des Politischen, 6. Aufl., Berlin 1996, S. 20.

12 Zur politischen Theorie Kelsens und zur Kontroverse mit Schmitt vgl. insgesamt van Ooyen: Der Staat der Moderne, Berlin 2003; auch Hebeisen, Michael: Souveränität in Frage gestellt, Baden-Baden 1995; Diner, Dan

Und vor dem Hintergrund dieser staats- und demokratietheoretischen Positionen vollzog sich der Streit um den „Hüter der Verfassung".

2 Zwei Modelle des Hüters der Verfassung

2.1 Verfassungsgerichtsbarkeit als Hüter pluralistischer Demokratie: Kelsen

Als entscheidende Leistung zur Theorie der Verfassungsgerichtsbarkeit ist mit Merkl festzustellen, dass „Kelsens originelle Neuerungen auf diesem Gebiete... unzweifelhafter, bewusster Ausfluss der demokratischen Ideologie (sind)"[13]. Ein Verfassungsgericht nicht als Widerspruch, sondern vielmehr als Garanten der Demokratie zu begreifen, diese vollständig neue Sicht der Verbindung von pluralistischer Demokratie und Verfassungsgerichtsbarkeit findet ihren genuinen Ausdruck in der von Kelsen postulierten Kompetenz allgemeiner Normenkontrolle (s. u.). Bemerkenswert hieran ist, dass das Verfassungsgericht bei Kelsen zwar selbstverständlich ein „Hüter der Verfassung" ist, aber nicht im Verständnis der Entgegensetzung von Recht und Politik, sondern aus einem funktionalen Verständnis des Verfassungsbegriffs heraus. Weil Kelsen die Verfassung als Ausdruck der politischen Machtverhältnisse begreift, ist die Funktion der Verfassung in einer pluralistischen Gesellschaft die einer „Vereinssatzung"[14]. Diese lenkt den „Kampf" der politischen Gruppen durch die Festlegung von Spielregeln in „zivilisierte", d. h. „rationale", berechenbare Verfahrensabläufe. Hierüber vollzieht sich die Herstellung des „Gemeinwohls" als „Resultierende" des pluralistischen Kräftespiels – oder konkreter formuliert: der zwischen Mehrheit und Minderheit ausgehandelte Gesetzesbeschluss des Parlaments als dem primären Ort einer parteipolitisch organisierten pluralistischen Demokratie. Zugleich ist die Verfassung in der Festlegung dieser Regeln auch der Minimalkonsens, auf den sich die politischen Gruppen geeinigt haben. Denn den Habsburger „Vielvölkerstaat" vor Augen fragte Kelsen radikal danach, was die Menschen politisch miteinander überhaupt verbindet:

„'Angesichts des österreichischen Staates, der sich aus so vielen nach Rasse, Sprache, Religion und Geschichte verschiedenen Gruppen zusammensetzte, erwiesen sich Theorien, die die Einheit des Staates auf irgendeinen sozial-psychologischen oder sozial-biologischen Zusammenhang... zu gründen versuchten, ganz offenbar als Fiktionen. Insofern diese Staatstheorie ein wesentlicher Bestandteil der Reinen Rechtslehre ist, kann die Reine Rechtslehre als eine spezifisch österreichische Theorie gelten'"[15].

So wird erst durch die Verfassung die „Einheit" des „Staates" in einer pluralistischen Gesellschaft in einem bloß normativen Sinn begründet. Als die gegenüber dem einfachen Gesetz höherrangige Norm ist sie die Norm der Normerzeugung – also das Regelwerk, das die Re-

---

/ Stolleis, Michael (Hg.): Hans Kelsen and Carl Schmitt, Gerlingen 1999; Dyzenhaus, David: Legality and Legitimacy, Oxford 1997.

13 Merkl, Adolf: Hans Kelsen als Verfassungspolitiker; in: JurBl 1931, S. 385; vgl. auch Antoniolli, Walter: Hans Kelsens Einfluss auf die österreichische Verfassungsgerichtsbarkeit; in: Engel, Salo / Métall, Rudolf A. (Hg.): Law, State and International Legal Order, Knoxville 1964, S. 21 ff., S. 27 ff.; Haller, Herbert: Hans Kelsen – Schöpfer der verfassungsgerichtlichen Gesetzesprüfung?, Reihe Rechtswissenschaft der Wirtschaftsuniversität Wien, Bd. 4, Wien 1977.

14 Vgl. hierzu insgesamt van Ooyen: Der Staat der Moderne (Fn. 12).

15 Kelsen: „Autobiographie" (unv.); zitiert nach Metall: Hans Kelsen, Wien 1969, S. 42; vgl. auch Baldus, Manfred: Hapsburgian Multiethnicity and the „Unity of the State"; in: Diner / Stolleis (Fn. 12), S. 13 ff.

geln enthält, wie Regeln erzeugt werden[16]. Und aus dieser funktionalen Sicht der Verfassung bei Kelsen „hütet" das Verfassungsgericht nicht eine vermeintliche substanzialisierte politische Einheit „Staat" oder „Volk", sondern „nur",:

– dass der politische Prozess der Gruppen sich im Rahmen der vereinbarten „Spielregeln" (d. h. der Verfassung) vollzieht, also insbesondere aus Sicht der Minderheiten nicht der vereinbarte Satzungsrahmen für Mehrheitsbeschlüsse in formeller wie materieller Hinsicht gesprengt wird und
– dass nicht überhaupt eine Änderung einfach der Regeln vorgenommen wird, wie Regeln gesetzt werden, d. h. keine Änderung der Verfassung jenseits der zuvor festgelegten Bedingungen möglich ist – oder anders ausgedrückt, dass kein fundamentaler Eingriff in die existenziellen Rechte der Minderheiten ohne deren vorhergehende Zustimmung erfolgt[17].

Institutionalisierte Verfassungsgerichtsbarkeit eröffnet daher die Möglichkeit der gerichtlichen Kontrolle und Durchsetzung des von den politischen Gruppen im parlamentarischen Gesetzgebungsverfahren ausgehandelten „Gemeinwohls" (= Gesetz) im Hinblick auf Vereinbarkeit mit dem als Basis zwischen den Gruppen ausgehandelten Grundkonsens (= Verfassung) bei gleichzeitiger Gewähr, dass dieser Grundkonsens selbst von einer dominierenden Gruppe (= Mehrheit) nicht gegen alle anderen (= Opposition) einfach außer Kraft gesetzt werden kann. Wenn das Verfassungsgericht ein Instrument der Garantie der Verfassung ist, so bedeutet das aus dieser funktionalen Sicht dann nichts anderes als die Garantie der offenen, pluralistischen Struktur von Gesellschaft und politischem Prozess. Und weil hierbei überhaupt den Minderheiten eine zentrale Bedeutung zukommt, ist für Kelsen deren Schutz durch den Vorrang der Verfassung die Kernfunktion von Verfassungsgerichtsbarkeit:

„Die spezifische Verfassungsform, die im Wesentlichen darin zu bestehen pflegt, dass die Verfassungsänderung an eine erhöhte Majorität gebunden ist, bedeutet: dass gewisse fundamentale Fragen nur unter Mitwirkung der Minorität gelöst werden können... Die Verfassungsmäßigkeit der Gesetze ist daher ein eminentes Interesse der Minorität: gleichgültig, welcher Art diese Minorität ist, ob es sich um eine klassenmäßige, eine nationale oder religiöse Minorität handelt, deren Interessen durch die Verfassung in irgendeiner Weise geschützt sind... Wenn man das Wesen der Demokratie nicht in einer schrankenlosen Majoritätsherrschaft, sondern dem steten Kompromiss zwischen den im Parlament durch Majorität und Minorität vertretenen Volksgruppen erblickt, dann ist die Verfassungsgerichtsbarkeit ein besonders geeignetes Mittel, diese Idee zu verwirklichen"[18].

Verfassungsgerichtsbarkeit steht hier also nicht, wie häufig mit Schmittscher Diktion behauptet, im Gegensatz zur Demokratie, sondern ist so verstanden geradezu ihr spezifischer Ausdruck. Und deshalb ist die häufige Entgegensetzung „Hüter der Verfassung oder Ersatzgesetzgeber" tatsächlich unsinnig und muss vielmehr heißen: „Hüter der Verfassung" *durch*

---

16 Vgl. hier: Kelsen: Wesen und Entwicklung der Staatsgerichtsbarkeit (Fn. 3), S. 36.
17 Vgl. z. B. Art. 79 II GG, sodass die Regierungsmehrheit im Normalfall dies nicht allein herbeiführen kann.
18 Kelsen: Wesen und Entwicklung der Staatsgerichtsbarkeit (Fn. 3), S. 81; a. A. dagegen Maus, Ingeborg: Zur Transformation des Volkssouveränitätsprinzips in der Weimarer Republik; in: Nahamowitz, Peter / Breuer, Stefan (Hg.): Politik – Verfassung – Gesellschaft, Baden-Baden 1995, S. 113: „... daß Kelsen als einziger bekannter Rechtspositivist für eine verfassungsgerichtliche Überprüfung einfacher Gesetze eintritt – eine Position, die damals nur konservative Systemkritiker einnahmen, um den gerade demokratisierten Gesetzgeber in die Schranken zu weisen". Maus unterscheidet aber nicht zwischen der Kontroverse um das richterliche Prüfungsrecht und der um die institutionalisierte Verfassungsgerichtsbarkeit. Denn auch führende SPD-Juristen wie z. B. Radbruch forderten im Kampf gegen das konservativ instrumentalisierte richterliche Prüfungsrecht gerade die Einführung einer zentral institutionalisierten verfassungsgerichtlichen Normenkontrolle. Nur „linke" sozialdemokratische Juristen wie z. B. Neumann lehnten dagegen beides ab; vgl. m. w. N. Wendenburg (Fn. 2), S. 83 ff.

„Ersatzgesetzgeber" oder – wie Kelsen es selbst klarer formuliert – durch den „negativen Gesetzgeber"[19]. Denn nur wenn es eine Institution gibt, die die Kompetenz hat, im Rahmen einer Normenkontrolle Rechtsnormen – und zwar gerade Parlamentsgesetze – wegen Unvereinbarkeit mit der Verfassung zu kassieren, nur also mit einem solch „negativen Gesetzgeber" hat man ein wirksames Instrument zur Durchsetzung der Verfassung an der Hand. Daher erweist es sich für Kelsen als sinnvoll, die Kompetenz der Normenkontrolle auf ein besonderes, eigenständiges Verfassungsorgan zu übertragen, das gegenüber Parlament und Regierung mit richterlicher Unabhängigkeit ausgestattet ist[20]. Ob diese Einrichtung noch als Gericht und seine Tätigkeit noch als „echte Justiz" bezeichnet werden kann oder ob es sich nicht vielmehr um eine „politische" Einrichtung handelt, ist für ihn in dem funktionalen Kontext der Kontrolle von Macht zunächst einmal völlig[21] unerheblich[22]. Vor diesem Hintergrund jedenfalls kann die Normenkontrolle in einem weiten Begriffsverständnis als das „Herzstück" der Verfassungsgerichtsbarkeit bezeichnet werden. Mit ihr steht und fällt der verfassungsgerichtliche Schutz pluralistischer Demokratie. Und genau hier ordnet sich bei Kelsen das Verfahren der abstrakten Normenkontrolle ein: Wenn nun Verfassungsgerichtsbarkeit im Kern Normenkontrolle ist und wenn Verfassungsgerichtsbarkeit auf den Schutz der Minderheit zielt, dann folgt daraus, dass die Klagebefugnis zur abstrakten Normenkontrolle prinzipiell ein Recht der Minderheit sein muss. Dies gilt für ihn erst recht in einem parlamentarischen Regierungssystem, das Legislativ- und Exekutivfunktionen in der Verfügungsgewalt von Parlamentsmehrheit und Regierung miteinander[23] verschränkt[24]:

„Was speziell die Anfechtung von Gesetzen betrifft, wäre es von größter Wichtigkeit, sie auch einer – irgendwie qualifizierten – Minorität des Parlaments einzuräumen, das das verfassungswidrige Gesetz beschlossen hat. Dies umso mehr, als die Verfassungsgerichtsbarkeit... in den parlamentarischen Demokratien notwendig in den Dienst des Minoritätenschutzes treten muss"[25].

Kelsen ist sich dabei völlig bewusst, dass dem Gericht zwar eine Art „Schiedsrichterrolle" im Interessenstreit der politischen Gruppen in Parlament und sonstigen Verfassungsorganen

---

19 Kelsen: Wesen und Entwicklung der Staatsgerichtsbarkeit (Fn. 3), S. 56, in der Entgegensetzung zum Parlament als dem „positiven" Gesetzgeber.

20 Vgl. Kelsen: Wer soll Hüter der Verfassung sein? (1931); in: Klecatsky, Hans / Marcic, René / Schambeck, Herbert (Hg.): Die Wiener Rechtstheoretische Schule, 2 Bde, Wien u. a. 1968, S. 1873 ff.

21 Ebd., S. 1880.

22 Vgl. auch Grimm, Dieter: Zum Verhältnis von Interpretationslehre, Verfassungsgerichtsbarkeit und Demokratieprinzip bei Kelsen; in: Krawietz, Werner / Topitsch, Ernst / Koller, Peter (Hg.): Ideologiekritik und Demokratietheorie bei Hans Kelsen, Reihe Rechtstheorie, Beiheft 4, Berlin 1982, S. 153; Grimm betrachtet aber die Verfassungsgerichtsbarkeit allein vom rechtstheoretischen Kontext der Stufenlehre Kelsens, sodass er die politische Macht des Verfassungsgerichts bei Kelsen im Spannungsfeld zur Demokratie sieht, anstatt sie gerade als hierdurch intendiert zu begreifen, nämlich als demokratietheoretische Perspektive eines pluralistischen, d. h. ohne „Souverän" auskommenden Verständnisses von Verfassung und Gesellschaft.

23 Vgl. auch Art. 93 I 2 GG, wonach 1/3 der Mitglieder des Bundestags klagebefugt sind.

24 Daher ist die verbreitete Klage über den vermeintlichen Missbrauch der Normenkontrolle durch die Opposition demokratietheoretisch unsinnig. Nicht nur der empirische Befund zeigt, dass die Anzahl der Verfahren wenig dramatisch und über Jahrzehnte relativ konstant ist; vgl. Stüwe, Klaus: Die Opposition im Bundestag und das Bundesverfassungsgericht, Baden-Baden 1997. Gegenüber den nach wie vor dominierenden (Schmittschen) Missverständnissen ist zudem festzuhalten, dass „sich die Instrumentalisierung der Verfassungsgerichtsbarkeit durch die Opposition schon aus der institutionellen Logik des parlamentarischen Regierungssystems ergibt..." und es „von entscheidender Bedeutung für die Wirksamkeit dieser Kontrolle (ist), ob die Opposition an der institutionellen Ausgestaltung und an der Besetzung des Gerichts beteiligt ist"; S. 20; vgl. ders.: Das Bundesverfassungsgericht als verlängerter Arm der Opposition?; in: APuZ, 37-38 / 2001, S. 34 ff.

25 Kelsen, Wesen und Entwicklung der Staatsgerichtsbarkeit (Fn. 3), S. 75.

zukommt[26], es zugleich aber auch selbst notwendig Element des politischen Prozesses als Machtkampf zur Durchsetzung von Interessen ist. Ohne Zweifel ist das Verfassungsgericht ein „politisches" Organ[27], auf das Interessen einwirken und das zugleich über seine erhebliche Kompetenz der Normenkontrolle als „negativer Gesetzgeber" selbst solche Interessen formuliert, also Macht ausübt[28]. Denn eine über den politischen Partialinteressessen entrückt stehende Verfassungsgerichtsbarkeit erweist sich aus seiner Sicht des Politischen ebenso als „Staatstheologie", wie die unmögliche Annahme eines über dem Parteienstreit schwebenden Präsidenten. Für die Stellung des Verfassungsgerichts im Prozess der „Gewaltenteilung" folgt hieraus zweierlei:

1) Wenn man das Politische aus der Verfassungsgerichtsbarkeit gar nicht eliminieren kann, dann ist vielmehr aus dieser vermeintlichen „Not" bewusst eine „Tugend" zu machen. Die politischen Faktoren sind daher offen mit einzubeziehen, statt sie hinter juristischer Scheinobjektivität zu verstecken. Schon Kelsen plädiert daher für die Bestellung und Zusammensetzung des Gerichts aus (partei)pluralistischer Sicht mittels parlamentarischer Wahl[29], etwa „in der Weise, dass ein Teil der Stellen durch Wahl seitens des Parlamentes besetzt wird, und dass bei dieser Wahl die verhältnismäßige Stärke der Parteien zu berücksichtigen ist".[30]

2) Vor diesem Hintergrund erschließt sich überhaupt erst Begriff und Funktion der „Gewaltenteilung", die gar nicht unvereinbar ist mit der Tätigkeit eines Verfassungsgerichts. Im Gegenteil, aus der Erkenntnis, dass der „negative Gesetzgeber" Verfassungsgericht als „gerichtliche" Instanz nicht den „politischen" Verfassungsorganen wie Parlament, Präsident usw. entgegengesetzt, sondern als politische Instanz und daher als Teil des politischen Prozesses begriffen wird, folgt sogar eine Vertiefung der „Gewaltenteilung".

Kelsen sieht, dass dem tradierten Begriff der „Gewaltenteilung" der konstitutionellen Monarchie ein verkürztes Verständnis zu Grunde liegt, das ideologiekritisch betrachtet dem Monarchen im Kampf gegen die Demokratisierung die Exekutivgewalt als „eine vom Parlament unabhängige Stellung", als „ein Refugium sichern" sollte[31]. Die Funktion der Gewaltenteilung, durch Verhinderung von Machtmissbrauch die Freiheit zu sichern, ziele daher gerade nicht auf eine vollständige, dogmatische „Trennung", sondern impliziere eine Kontrolle durch *Teilung* von Macht im Sinne von „Gewaltenverschränkung" durch ein ausbalanciertes System gegenseitiger Eingriffsrechte:

„Es ist der Gedanke der Aufteilung der Macht auf verschiedene Organe, nicht so sehr zum Zwecke ihrer gegenseitigen Isolierung, als vielmehr zu dem ihrer gegenseitigen Kontrolle... Dann aber bedeutet

---

26 Zur Thematik vgl. auch Riecken, Jörg: Verfassungsgerichtsbarkeit und Demokratie, Berlin 2003.
27 So auch Grimm (Fn. 22), S. 156; Schild, Wolfgang: Das Problem eines Hüters der Verfassung; in: Guggenberger, Bernd / Würtenberger, Thomas (Hg.): Hüter der Verfassung oder Lenker der Politik?, Baden-Baden 1998, S. 40.
28 Das verstärkt sich bei Kelsen noch infolge seiner „Stufentheorie", da Rechtsprechung nicht bloßer juristischer Vollzug von Rechtsnormen wie bei einem „Rechtsautomaten" ist, sondern immer auch notwendig politische Rechtschöpfung, Verfassungsrechtsprechung also auch immer Verfassungsrechtschöpfung beinhalten muss; vgl. z. B. Kelsen. Wesen und Entwicklung der Staatsgerichtsbarkeit (Fn. 3), S. 31 ff.
29 Deshalb sind öffentliche Anhörungen bei der Bestellung wie etwa bei den Richtern am US-Supreme Court überfällig. Dann müssten, wie es sich für eine pluralistische Demokratie gehört, die Kandidaten „ihr ‚Vorverständnis' offenlegen"; Häberle, Peter: Bundesverfassungsrichter-Kandidaten auf dem Prüfstand?; in: Guggenberger, Bernd / Meier, Andreas (Hg.): Der Souverän auf der Nebenbühne, Opladen 1994, S. 132.
30 Kelsen: Wesen und Entwicklung der Staatsgerichtsbarkeit (Fn. 3), S. 57; vgl. Art. 94 GG.
31 Kelsen: Allgemeine Staatslehre (Fn. 10), S. 258 f.

die Institution der Verfassungsgerichtsbarkeit nicht nur keinen Widerspruch zum Prinzip der Trennung der Gewalten, sondern gerade im Gegenteil dessen Bestätigung"[32].

So gesehen „teilt" sich also ein Verfassungsgericht als „negativer Gesetzgeber" die Legislativgewalt mit dem Parlament – und zwar nicht anders als sich das Parlament etwa in Bundesstaaten diese Kompetenz regelmäßig auch mit einer zweiten gesetzgebenden Kammer oder bei der Möglichkeit von Plebisziten direkt mit den Bürgern/innen selbst zu teilen hat[33]. In diesem allgemeinen Funktionsverständnis kann die „Gewaltenteilung" als moderne Entsprechung der schon seit der Antike diskutierten Lehre der „gemischten Verfassung"[34] zur Mäßigung von Macht verstanden werden. Auch Kelsen sieht in „dem Prinzip politischer Mäßigung" die eigentliche Intention[35]. Und hieraus erklärt sich die Stellung des Verfassungsgerichts im politischen Prozess: Es ist für Kelsen gar nicht der „Hüter" der Verfassung. Sowenig in einer pluralistischen Gesellschaft ein „Souverän" existiere, so wenig könne es *den* Hüter der Verfassung geben. Insoweit, als negative Folie begriffen, erweist sich die Schmittsche Konzeption des Reichspräsidenten als „Hüter" der souveränen und homogenen politischen Einheit „Volk" hierzu tatsächlich als der konsequente Gegenentwurf. Bei Kelsen jedoch ist das Verfassungsgericht nur *ein* „Hüter" der Verfassung[36], der sich die Macht mit anderen politischen Mächten (und „Hütern") teilt. Diese stehen, wie es die amerikanische Verfassungstheorie – wenn auch vor einem anderem, nämlich stark gewaltentrennenden Hintergrund – formuliert, in einem wechselseitigen Verhältnis von „checks and balances". Sie garantieren insgesamt, dass kein Akteur des politischen Prozesses diese Struktur pluralistisch organisierter Machtzentren in Richtung monistischer Gewaltausübung verschieben oder gar aufheben kann.

2.2 Verfassungsgericht oder Präsident: Kelsen gegen Schmitt

Schmitts „Hüter der Verfassung" dagegen kann, da der Begriff der Verfassung bei ihm überhaupt gar kein Rechtsbegriff ist, keine „juristische", sondern nur eine „politische" Instanz sein – die von ihm vorgenommene Unterscheidung von Politik und Recht vorausgesetzt. Denn dieser „hütet" die „Demokratie", die homogene und souveräne Einheit des „Volkes" – und zwar als „Freund-Feind-Entscheidung"[37]. Damit scheidet ein Gericht, etwa der nach Art. 108 WRV errichtete Staatsgerichtshof beim Reichsgericht in Leipzig, als „Hüter" aus. Der Reichstag als politische Instanz ist dagegen für Schmitt infolge der pluralistischen Parteiendemokratie Ausdruck eines degenerierten Parlamentarismus, der ohnehin als „Kind" des Liberalismus nichts mit Demokratie zu tun habe. Bleibt also nur der Reichspräsident. Er ist für

---

32 Kelsen: Wesen und Entwicklung der Staatsgerichtsbarkeit (Fn. 3), S. 55. Für die Funktionsweise des parlamentarischen Regierungssystems mit seiner Durchbrechung der „Gewaltentrennung" ist das ganz selbstverständlich.

33 Vgl. z. B. Möllers, Martin H. W. / van Ooyen: Parlamentsbeschluss gegen Volksentscheid; in: ZfP 4/2000, S. 458 ff.

34 Vgl. allgemein Hesse, Konrad: Stufen der Entwicklung der deutschen Verfassungsgerichtsbarkeit; in: JBöR, Bd. 46, 1998, S. 11.

35 Kelsen: Allgemeine Staatslehre (Fn. 10), S. 256.

36 So schon Merkl in der Diskussion auf der Tagung der Staatsrechtslehrer in Wien 1928 (Fn. 3), S. 101.

37 Vgl. hierzu insgesamt Schmitt: Verfassungslehre, 8. Aufl., Berlin 1993; Der Begriff des Politischen (Fn. 11); Politische Theologie, 7. Aufl., Berlin 1996; Die geistesgeschichtliche Lage des heutigen Parlamentarismus, 8. Aufl., Berlin 1996.

Schmitt die „neutrale Gewalt im pluralistischen Parteienstaat"[38], in der Einheit der Person schon die politische Einheit symbolisierend und plebiszitär legitimiert. Gegen die von Kelsen auf der Staatsrechtslehrertagung von 1928 vorgetragene Konzeption der Verfassungsgerichtsbarkeit und die dahinter stehende entontologisierte Staats- und Verfassungslehre einer pluralistischen, an Verfahren ausgerichteten Demokratie gerichtet kritisiert Schmitt ausgehend von seiner „politischen Theorie" polemisch die „Neutralisierungen" der Substanz der politischen Einheit durch die pluralistischen „Wucherer"[39]:

„... die Verfassung selbst und die in ihrem Rahmen sich abspielende staatliche Willensbildung erscheint als Kompromiss der verschiedenen Träger des staatlichen Pluralismus und die nach dem Sachgebiet des Kompromisses... wechselnden Koalitionen dieser sozialen Machtorganisationen verwandeln mit ihren Verhandlungsmethoden den Staat selbst in ein pluralistisches Gebilde. In der theoretischen Literatur (hier: Kelsen, RvO) hat man bereits mit großer verfassungstheoretischer Unbekümmertheit die These proklamiert, dass der parlamentarische Staat überhaupt seinem Wesen nach ein Kompromiss sei. Damit ist... offen gesagt, dass der heutige Staat mitsamt seiner Verfassung das Kompromissobjekt der sozialen Größen ist, die am Kompromiss beteiligt sind"[40].

Und:

„Nur auf den Satz pacta sunt servanda lässt sich keine Einheit des Staates gründen, denn die einzelnen sozialen Gruppen als vertragsschließende Subjekte sind dann als solche die maßgebenden Größen, die sich des Vertrages bedienen und untereinander nur noch durch ein vertragliches Band gebunden sind. Sie stehen als selbstständige politische Größen einander gegenüber, und was es als Einheit gibt, ist nur das Resultat eines... kündbaren Bündnisses"[41].

Daraus folgt für Schmitt gegen Kelsen die Unmöglichkeit der Verfassungsgerichtsbarkeit:

„Solange ein Staat politische Einheit ist und nicht nur ein Kompromiss inner- oder gar außenpolitischer Faktoren, wird die Verfassung Staatsverfassung und nicht nur Gerichtsverfassung sein. Eine hemmungslose Expansion der Justiz würde nicht etwa den Staat in Gerichtsbarkeit, sondern umgekehrt die Gerichte in politische Instanzen verwandeln. Es würde nicht etwa die Politik juridifiziert, sondern die Justiz politisiert. Verfassungsjustiz wäre dann ein Widerspruch in sich"[42].

In seiner Replik verfolgt Kelsen hiergegen drei Argumentationsstränge: einen, der auf das Amt des Reichspräsidenten zielt, einen weiteren, der die Gegenüberstellung von Recht und Politik im Kontext der Gewaltenteilungslehre kritisiert und schließlich einen dritten, axiomatischen, der Schmitts „Hüter" zu Recht auf dessen Konzept einer ontologisierten, antipluralistischen politischen Einheit „Volk" zurückführt.

---

38 Schmitt: Der Hüter der Verfassung, 4. Aufl., Berlin 1996, Überschrift zu Kap. III. 2; vgl. auch ders.: Legalität und Legitimität, 5. Aufl., Berlin 1993, S. 85 ff.
39 Schmitt: Staatsethik und pluralistischer Staat; in: ders.:, Positionen und Begriffe im Kampf mit Weimar – Genf – Versailles 1923-1939, 3. Aufl., Berlin 1994, S. 164.
40 Schmitt: Der Hüter der Verfassung (Fn. 38), S. 63, mit ausführlichem Bezug auf diesen Kontext der Kelsenschen Verfassungs- und Demokratietheorie. Schmitt hat dabei ganz klar begriffen, dass Kelsens moderne „Staatstheorie" reinste Pluralismustheorie ist.
41 Schmitt: Staatsethik und pluralistischer Staat (Fn. 39), S. 164.
42 Schmitt: Das Reichsgericht als Hüter der Verfassung; in: ders.: Verfassungsrechtliche Aufsätze aus den Jahren 1924-1954, 4. Aufl., Berlin 2003, S. 98; hier mit direktem Bezug auf Triepels Referat. Vgl. auch Schmitt: Der Hüter der Verfassung (Fn. 38), schon die Überschrift des Kap. I 4 c): „Staats- und Verfassungsgerichtsbarkeit als Ausdruck der Tendenz, die Verfassung in einen Verfassungsvertrag (Kompromiß) zu verwandeln". Diese Schmittsche Argumentation der Unvereinbarkeit von „Politik" und „Justiz", die auf der Überhöhung des Staats / Volks als Ausdruck der politischen Einheit beruht – also auf einem Substanzbegriff –, findet sich bis heute bei Kritikern einer starken Verfassungsgerichtsbarkeit.

2.2.1 Der Reichspräsident – kein guter „Hüter"

Immanent kritisiert Kelsen, dass Schmitt mit dem Staatsoberhaupt als „Hüter" nach seinem eigenen Maßstab keine gute Wahl getroffen habe – dies nicht nur, weil er damit an die Lehre der obrigkeitsstaatlichen konstitutionellen Monarchie des 19. Jahrhunderts anknüpfe. Auch könne von einer „neutralen Instanz" kaum gesprochen werden, wenn man sich das „unter Hochdruck parteipolitischer Strömungen gewählte Staatsoberhaupt"[43] – das Amt des Reichspräsidenten in der Weimarer Republik – vor Augen führe. Für Kelsen macht es aber vor allem überhaupt aus der Funktion der Verfassung heraus betrachtet – und hier zeigt sich der fundamentale Unterschied zum Substanzbegriff bei Schmitt – zudem gar keinen Sinn, ausgerechnet eine solche Institution zum Schutz der Verfassung zu bestellen, von der man auf Grund der umfangreichen Kompetenzausstattung ja gerade am ehesten einen Verfassungsbruch erwarten müsse[44]. Die Funktion der Verfassung ist bei Kelsen die der Machtkontrolle und genau deshalb hieße es, den „Bock zum Gärtner" zu machen, überließe man dem Reichspräsidenten (oder auch dem machtvollen Parlament) die Kompetenz, mögliche verfassungsrechtliche Kompetenzüberschreitungen als Richter in eigener Sache selbst zu überprüfen[45].

2.2.2 Verfassungsgerichtsbarkeit – kein Widerspruch von „Politik" und „Justiz"

Mit dem funktionalen Verständnis von Verfassung ist für Kelsen folgerichtig das (bis heute diskutierte) Problem der „Judizialisierung der Politik" bzw. „Politisierung der Justiz" ein Scheinproblem. Denn dieses resultiert entweder aus dem hinsichtlich der Machtkontrolle verkürzten Verständnis der konstitutionellen Monarchie, die durch „strenge Gewaltenteilung" (im Sinne von „Trennung" der Gewalten) der Exekutive einen autonomen Bereich der Macht sichern sollte, der keiner demokratisch-parlamentarischen Kontrolle unterliegt[46]. Oder es zeigt sich als Folge eines Verständnisses von „hoher Politik", indem das Politische gegenüber dem Recht metaphysisch überhöht wird („Souveränität"), sodass sich Politik diesem als nicht „justiziabel" überhaupt entzieht – bzw. ergibt sich wie im Falle Schmitts aus beidem zusammen. Dass dann die Verfassung gar nicht mehr als Rechtsbegriff verstanden wird – und in der praktischen Konsequenz der Beruf des Staatsrechtlers und Verfassungsjuristen durch eine so artikulierte Ablehnung der Verfassungsgerichtsbarkeit sich selbst ad absurdum führt – hat Kelsen in der Diskussion der Staatsrechtslehrer zur Verfassungsgerichtsbarkeit in der direkten Auseinandersetzung mit Triepel daher ausdrücklich herausgestellt[47]. Gegen die Konstruktion des Dualismus von Politik und Justiz hält Kelsen mit Blick auf Schmitt fest:

„Sie gehen von der irrigen Voraussetzung aus, dass zwischen der Funktion der Justiz und politischen Funktionen ein Wesensgegensatz bestehe, dass insbesondere die Entscheidung über die Verfassungsmäßigkeit von Gesetzen... ein politischer Akt, ... dass solche Tätigkeit nicht mehr Justiz sei...
Erblickt man das Politische in der Entscheidung von Interessenkonflikten, in der Dezision – um in der Terminologie von C. S. zu sprechen –, dann steckt in jedem richterlichen Urteil bald mehr bald weniger ein Dezisionselement, ein Element der Machtausübung... Die Meinung, dass nur die Gesetzgebung, nicht aber die echte Justiz politisch sei, ist ebenso falsch wie die, dass nur die Gesetzgebung produktive

---

43 Kelsen: Wer soll Hüter der Verfassung sein? (Fn. 20), S. 1879.
44 Vgl. ebd., S. 1874. Aus der Sicht des Linksliberalen Kelsen war das Trauma der preußische Verfassungskonflikt von 1862, den Bismarck durch Verfassungsbruch „löste".
45 Vgl. Kelsen: Wesen und Entwicklung der Staatsgerichtsbarkeit (Fn. 3), S. 53; ders.: Wer soll Hüter der Verfassung sein? (Fn. 20), S. 1874.
46 Vgl. ebd.; daher ist auch eine „Stärkung der Gewaltenteilung" durch Einführung eines Präsidialsystems wenig überzeugend; vgl. van Ooyen: Präsidialsystem und Honoratiorenpolitiker?; in: RuP 3/2000, S. 165 ff.
47 Vgl. Kelsen: Diskussionsbeitrag; in: Wesen und Entwicklung der Staatsgerichtsbarkeit (Fn. 3), S. 118 f.

Rechtserzeugung, die Gerichtsbarkeit aber nur reproduktive Rechtsanwendung sei... Indem der Gesetzgeber den Richter ermächtigt, innerhalb gewisser Grenzen gegensätzliche Interessen gegeneinander abzuwägen und Konflikte zu Gunsten des einen oder des anderen zu entscheiden, überträgt er ihm eine Befugnis zur Rechtsschöpfung und damit Macht, die der richterlichen Funktion denselben politischen Charakter gibt, den die Gesetzgebung – wenn auch in höherem Maße – hat. Zwischen dem politischen Charakter der Gesetzgebung und dem der Justiz besteht nur eine quantitative, keine qualitative Differenz"[48].

Diese Sicht ergibt sich für Kelsen aus dem funktionalen Verständnis von Justiz als Verfahren der Streitentscheidung im pluralistischen Interessenskonflikt, weil für ihn das Recht als von Menschen „Gemachtes" (auch) immer Ausdruck des machtpolitischen Konflikts ist und natürlich die hieran beteiligten verschiedenen Interessen widerspiegelt. Wenn also insofern Recht und Macht nicht voneinander zu trennen sind – und d. h. nichts anderes, als dass das positive Recht einschließlich der Verfassung (macht)politisch bedingt ist – dann gilt genau die folgende Schlussfolgerung Kelsens in aller Radikalität:

„Jeder Rechtskonflikt ist doch ein Interessen- bzw. Machtkonflikt, jeder Rechtsstreit daher ein politischer Streit, und jeder Konflikt, der als Interessen-, Macht- oder politischer Konflikt bezeichnet wird, kann als Rechtsstreit entschieden werden"[49].

D. h.: Zwischen der justizförmigen Entscheidung von „hohen" politischen Streitigkeiten auf der Grundlage einer Verfassung im Sinne von satzungsmäßigem Regelwerk durch ein Verfassungsgericht und der einer „profanen" Streitangelegenheit, wie etwa zwischen Bauern in einem Erbstreit auf Grund eines einfachen Gesetzes durch ein einfaches Gericht, existiere daher gar kein prinzipieller Unterschied[50]. So ist es „der ‚Positivist' Kelsen, der den ‚Dezisionisten' Schmitt darüber belehren muss, dass jede Gerichtsentscheidung auch eine politische sei"[51]. Und daraus folgt, dass die

„...Verfassungsgerichtsbarkeit mit dem Wesen der Verfassung nicht mehr im Widerspruch steht als überhaupt Gerichtsbarkeit mit dem Wesen menschlicher Beziehungen, die durch das Recht geregelt und... der Streitentscheidung durch Gericht unterworfen werden"[52].

Kontrastiert man diese Schlussfolgerungen mit der Schmittschen Position, so entbehrt es nicht einer gewissen Ironie, dass ausgerechnet der „juristische" Denker Kelsen insofern viel „politischer" ist als so mancher seiner Kritiker. Denn Kelsens Rechts- und Staatstheorie, der ja politische Lebensferne, Formalismus, „juristisches Weltbild... aus den ausgeblasenen Eiern reiner Rechtsformen"[53] usw. vorgeworfen wird, ist genau hierdurch, über das positivistische Funktionsverständnis von Recht für eine radikal-pluralistische Sicht von Gesellschaft offen, da das Recht als Erzeugnis menschlicher Interessenkonflikte begriffen wird. Konkret in Bezug auf die Verfassungsgerichtsbarkeit bedeutet dies, dass die von Schmitt beschworene „Judizialisierung von Politik" bzw. „Politisierung der Justiz" für Kelsen gar keine Gefahr, sondern umgekehrt auf Grund der von ihm bestimmten Funktion der Machtkontrolle ganz

---

48 Kelsen: Wer soll Hüter der Verfassung sein? (Fn. 20), S. 1882 f.
49 Ebd., S. 1883.
50 Vgl. Kelsen: Schlusswort; in: Wesen und Entwicklung der Staatsgerichtsbarkeit (Fn. 3), S. 117 ff.
51 So Günther, Klaus: Hans Kelsen (1881-1973); in: KJ (Hg.): Streitbare Juristen, Baden-Baden 1988, S. 375; aus juristischer Sicht Paulson, Stanley: Richterliche Gesetzesprüfung; in: Carrino, Agostino / Winkler, Günther: Rechtserfahrung und Reine Rechtslehre, Wien – New York 1995, S. 57 und - mit Blick auf die Referate von Triepel und Kelsen auf der Tagung von 1928 - Wendenburg (Fn. 2), S. 77 ff.
52 Kelsen: Schlusswort (Fn. 50), S. 120.
53 So schon polemisch Heller, Hermann: Die Krisis der Staatslehre; in: ASuS, 1926, S. 301.

bewusst impliziert ist: Handelt es sich bei der Teilung von Macht als Kontrolle von Herrschaft ohne Zweifel um ein zentrales politisches Phänomen, dann ist für Kelsen ein Verfassungsgericht zu Recht eben genauso eine politische Institution wie Parlament, Regierung und Präsident; der aus dem Dualismus von Politik und Recht, „politische" Verfassung und „richterliche" Justiz abgeleitete vermeintliche Widerspruch des Begriffs „Verfassungsjustiz" löst sich als Spiegelfechterei auf.

2.2.3 Souveräne politische Einheit „Volk" als antipluralistischer Mythos

Schließlich benennt Kelsen den eingangs schon skizzierten, tieferen Grund, der Schmitt veranlasst, Parlamentarismus und Verfassungsgerichtsbarkeit als unvereinbar mit dem politischen Prinzip der Demokratie abzulehnen und den Reichspräsidenten zum „Hüter" zu bestimmen. Es ist das Verständnis von Staat und Verfassung als einer souveränen politischen Einheit des homogenen „Volkes", die Idee der Demokratie nicht als Verfahren und Institutionen des Ausgleichs pluralistischer Interessen, sondern als Gemeinschaft einer kollektiven Identität, die sich ohne die Einrichtungen des „liberalen Individualismus" wie Wahlen und Parlament in der „acclamatio" des „Volkes" gegenüber dem Herrscher plebiszitär offenbart[54]; es ist das seinem Verständnis von Demokratie diametral entgegengesetzte:

„Denn das ist der eigentliche Sinn der Lehre vom pouvoir neutre des Monarchen, die C. S. auf das republikanische Staatsoberhaupt überträgt, dass sie die effektiv vorhandene, radikale Interessengegensätzlichkeit verhüllen soll, die sich in der Tatsache der politischen Parteien... ausdrückt. In einer scheindemokratischen Fassung lautet die Formel dieser Fiktion etwa so: Das den Staat bildende Volk ist ein einheitliches homogenes Kollektiv, hat also ein einheitliches Kollektivinteresse, das sich in einem einheitlichen Kollektivwillen äußert. Diesen jenseits aller Interessengegensätze und sohin über den politischen Parteien stehenden Kollektivwillen – es ist der wahre Staatswille – erzeugt nicht das Parlament; dieses ist Schauplatz der Interessengegensätze, parteipolitischer – C. S. würde sagen pluralistischer – Zersplitterung"[55].

Die Schmittsche Annahme eines substanzhaften „Volkswillens" nimmt nach Kelsen „Ideologie für Realität"[56]:

„... und dass, wenn hier etwas als fiktiv bezeichnet werden kann, es eben jene Einheit des Volkes ist, die C. S. voraussetzt und zugleich das in Wirklichkeit vorhandene pluralistische System als aufgehoben behauptet, um als... Wiederhersteller dieser Einheit das Staatsoberhaupt erklären zu können"[57].

Kelsen sieht die totalitäre Implikation[58] im Schmittschen Denken ganz klar, sieht, dass Schmitts Denken letztlich auf die Totalität der politischen Einheit als Gegensatz zur pluralistischen Gesellschaft zielt[59]:

---

54 Vgl. Schmitt: Verfassungslehre (Fn. 37), S. 83 bzw. S. 243 ff.
55 Kelsen: Wer soll Hüter der Verfassung sein? (Fn. 20), S. 1909 f.; richtig daher auch bei Caldwell, Peter: Popular Sovereignty and the Crisis of German Constitutional Law, Durham – London 1997, S. 115 f.; Somek, Alexander: Politischer Monismus versus formalistische Aufklärung; in: Paulson, Stanley / Walter, Robert (Hg.): Untersuchungen zur Reinen Rechtslehre, Schriftenreihe Hans Kelsen-Institut, Bd. 11, Wien 1986, S. 122 ff.
56 Kelsen, ebd., S. 1909.
57 Ebd., S. 1909.
58 Ebd., S. 1897; vgl. hierzu Schmitt: Die Wendung zum totalen Staat; in: ders.: Positionen und Begriffe (Fn. 39), S. 166 ff.; dieser Aufsatz ist ja dann in den „Hüter der Verfassung" eingearbeitet; ders.: Weiterentwicklung des totalen Staats in Deutschland; in: ders.: Positionen und Begriffe (Fn. 39), S. 211 ff.
59 Vgl. auch Prisching, Manfred: Hans Kelsen und Carl Schmitt; in: Weinberger, Ota / Krawietz, Werner (Hg.): Reine Rechtslehre im Spiegel ihrer Fortsetzer und Kritiker, Wien – New York 1988, S. 104; Rasehorn, Theo:

„Es ist die typische Fiktion, deren man sich bedient, wenn man mit der Einheit des Staatswillens oder der Totalität des Kollektivums in einem anderen als bloß formalen Sinne operiert... Auf eine solche Darstellung laufen auch jene Ausführungen hinaus, in denen C. S. die Kategorie des totalen Staates im Gegensatz zum System des Pluralismus entwickelt"[60].

So wird bei Schmitt das Politische kollektivistisch begriffen infolge der „Freund-Feind-Entscheidung" der politischen Einheit „Volk". Das Politische – d. h. der „Souverän" – geht der Verfassung (im Sinne der Summe der Verfassungsgesetze) voraus; es kann als das „'formlos Formende'"[61] jederzeit, schöpferisch und sich selbst erschaffend wie ein irdischer Gott, deren Legalität im „Ausnahmezustand" suspendieren oder gar neu schöpfen. Insoweit löst das Politische bei Schmitt „souverän" die Verfassung als Rechtsbegriff permanent auf; und nicht von ungefähr bezeichnet Schmitt selbst seine Theorie als „Politische Theologie". Das ist – im Übrigen bis heute – der Mythos der Staats- und Volkssouveränität im Sinne ontischen I-dentitätsdenkens[62]. Konsequent folgt hieraus die rigorose Ablehnung der Verfassungsgerichtsbarkeit, weil über das „souveräne" Politische nicht justizförmig gerichtet werden kann. Kelsen entlarvt daher Schmitts Plädoyer für den Reichspräsidenten als „Hüter" jenseits von Recht und Justiziabilität zu Recht als Ausdruck eines nicht pluralistischen, totalitären Verständnisses von Volkssouveränität. Weil diesem die Annahme eines substanzhaften „Willens" des Kollektivums „Volk" als homogener politischer Einheit (= Souverän) zu Grunde liegt, bezeichnet er sie als juristisch verbrämte „Mythologie"[63]. Er fasst diesen fundamentalen Gegensatz zu Schmitt über die Begriffe von Einheit und Vielheit, Politik und Verfassung, Verfassungsgericht und Präsident noch einmal in seiner Replik wie folgt zusammen:

„Aus dem pluralistischen System... werden unversehens die staatsauflösenden Methoden des pluralistischen Parteienstaats, die verfassungszerstörenden Methoden des pluralistischen Systems und schließlich: der verfassungswidrige Pluralismus, gegen den Staat zu retten, die Aufgabe des Reichspräsidenten ist. Die Verfassung, das sind nicht die die Organe und das Verfahren der Gesetzgebung sowie die Stellung und Kompetenz der höchsten Vollzugsorgane regelnden Normen, das sind überhaupt keine Normen oder Gesetze. Verfassung: das ist ein Zustand, der Zustand der Einheit des deutschen Volkes. Worin diese Einheit... besteht, das wird nicht näher bestimmt... An Stelle des positivrechtlichen Verfassungsbegriffes schiebt sich die Einheit als ein naturrechtliches Wunschideal. Mit dessen Hilfe kann man das pluralistische System, dessen Schauplatz das Parlament ist, und damit die Funktion dieses Trägers der Verfassung, weil sie die – an Stelle der Verfassung getretene – Einheit zerstört oder gefährdet, als Bruch, die Funktion des Staatsoberhaupts, weil sie diese Einheit wieder herstellt oder verteidigt, als Hütung der Verfassung deuten"[64].

Insoweit hat Schmitt es schon richtig verstanden, dass bei Kelsen „alle zuständigen ‚Organe' gleichmäßig ‚Hüter der Rechtsordnung' sind"[65]. Kelsen und die Vertreter seiner Schule haben diese „polykratische" Struktur der „checks and balances" ja selbst ausdrücklich hervorgehoben. Verfassungsgerichtsbarkeit und Gewalten*teilung*, Verfassungsgerichtsbarkeit und Demokratie, Recht und Politik sind daher hier keine Gegensätze; sie gehören vielmehr zusammen: Normenkontrolle „erscheint geradezu als Resultante aus pluralistischem Demokra-

---

Carl Schmitt siegt über Hans Kelsen; in: APuZ, 48/1985, S. 8. Rasehorn beklagte seinerzeit zu Recht, dass Kelsen in Deutschland fast völlig vergessen ist.

60 Kelsen: Wer soll Hüter der Verfassung sein? (Fn. 20), S. 1897.
61 Schmitt: Verfassungslehre (Fn. 37), S. 81.
62 Vgl. hierzu m. w. N.: van Ooyen: Der Staat der Moderne (Fn. 12); Müller, Friedrich: Wer ist das Volk?, Berlin 1997.
63 Kelsen: Wer soll Hüter der Verfassung sein? (Fn. 20), S. 1921.
64 Ebd., S. 1920 (Seitenzahlen, die auf Texte von Schmitt verweisen, sind weggelassen).
65 Schmitt: Über die drei Arten des rechtswissenschaftlichen Denkens, 2. Aufl., Berlin 1993, S. 18.

tiekonzept, Vorrang der Verfassung und Gewaltenteilung"[66]. Es ist genau diese Idee, die Kelsen für eine institutionalisierte Verfassungsgerichtsbarkeit als Instrument der „Zivilisierung" der Interessenkonflikte einer pluralistischen Gesellschaft plädieren lässt.

3 Nachspiel: „Hohe Politik" und das „integrierte Ganze" von „Staat und Volk" im Statusbericht von Leibholz

Mit dem Grundgesetz war zwar in Abkehr von der schwachen Staatsgerichtsbarkeit in Weimar eine machtvolle Verfassungsgerichtsbarkeit im Sinne Kelsens geschaffen worden, die sich vor allem in der Kompetenz zur Normenkotrolle niederschlug. Doch vor dem Hintergrund der in Weimar geführten staatstheoretischen Kontroverse um die Vereinbarkeit von Verfassungsgerichtsbarkeit und Demokratie bzw. Gewaltenteilung erwies sich die Stellung des neuen Bundesverfassungsgerichts als unklar: War es ein „politisches" Organ, eigenständig und gleichberechtigt in seiner Position zu den anderen Verfassungsorganen, oder einfach nur ein Gericht, das wie die übrigen fünf obersten Bundesgerichte dem Justizministerium unterstellt bleiben sollte – und damit der politischen Steuerungsgewalt der Regierung etwa in Fragen der Organisationsgewalt, Personalhoheit und nicht zuletzt des Haushalts. Letzteres war zunächst der Fall und hatte schon bald zum Konflikt mit Justizminister Dehler geführt. Gerhard Leibholz erkannte zu Recht, dass die Konzeption einer starken Verfassungsgerichtsbarkeit mit einem hierarchischen Verhältnis von Justizministerium und Verfassungsgericht unvereinbar ist[67]. Wer im Rahmen der Normenkontrolle die Kompetenz eines „negativen Gesetzgebers" innehat, kann im Prozess von „checks and balances" sinnvoller Weise nicht gleichzeitig der Aufsicht der Regierung unterstellt sein. Der unter seiner Federführung formulierte „Statusbericht" des Bundesverfassungsgerichts[68] suchte daher in verfassungstheoretischer Perspektive die Stellung des Gerichts als gleichberechtigtes „Verfassungsorgan" zu begründen und damit aus der politischen Abhängigkeit des Justizministeriums herauszuführen. Doch griff Leibholz – und mit ihm das Gericht – hierbei gerade nicht auf die verfassungs- und demokratietheoretische Konzeption Kelsens zurück. Den Ausgangspunkt der Argumentation im Statusbericht bildete vielmehr wiederum die von Triepel und Schmitt formulierte Unvereinbarkeit von Recht und „hoher" Politik:

„... sicher ist, dass in der idealtypischen Struktur zwischen dem Wesen des Politischen und dem Wesen des Rechts ein innerer Widerspruch besteht, der sich nicht lösen lässt. Dieser lässt sich darauf zurückführen, dass das Politische seinem Wesen immer etwas Dynamisch-Irrationales... während umgekehrt das Recht seiner grundsätzlichen Wesensstruktur nach immer etwas Statisch-Rationales ist..."[69].

Aus dieser Sicht ergab sich ja schon in Weimar, dass der Begriff „Verfassungsgerichtsbarkeit" gar keinen Sinne mache, weil er Widersprüchliches, nämlich „Politik" und „Justiz" in sich vereine und so zu einer die Judikative auflösenden „Politisierung der Justiz" bzw. zu ei-

---

66   Gusy, Christoph: Parlamentarischer Gesetzgeber und Bundesverfassungsgericht, Berlin 1985, S. 32.
67   Vgl. Leibholz, Gerhard: Einleitung zum Status-Bericht des Bundesverfassungsgerichts; in: JBöR, Tübingen 1957, S. 110 ff.; zur Rezeption von Triepel, Smend, Schmitt und Leibholz vgl. insgesamt m. w. N. van Ooyen: Der Begriff des Politischen des Bundesverfassungsgerichts (Fn. 8).
68   Vgl. Bundesverfassungsgericht: Bericht des Berichterstatters an das Plenum des Bundesverfassungsgerichts zur „Status"-Frage (1952), mit Nachtrag; in: JBöR, Tübingen 1957, S. 120 ff.
69   Ebd., S. 121 f.

ner den politischen „Souverän" auflösenden „Judizialisierung der Politik" führe. Leibholz „löste" diese Problematik des im „politischen Recht" der Verfassungsgerichtsbarkeit aufbrechenden Spannungsverhältnisses von Recht und Politik nun nicht, indem er sich mit Kelsen von den tradierten Konzepten der Gewalten*trennung* und der Souveränität des Staates bzw. Volkes pluralismustheoretisch verabschiedete. Er griff vielmehr auf die Integrationslehre von Smend zurück, die er bloß um eine Integrationsfunktion des Verfassungsgerichts erweiterte[70]. Und so wird die Triepel-Schmittsche Kritik an der Verfassungsgerichtsbarkeit mit einer alles dominierenden Integrationsfunktion – scheinbar – einfach weggezaubert[71], um in amalgamierter Form dann doch wieder als „hohe Politik" und souveräne Einheit von „Volk" und „Staat" aufzutauchen: Denn das Verfassungsgericht ist bei Leibholz zwar zu Recht auch ein politisches Organ und daher den übrigen „politischen" Verfassungsorganen Parlament, Regierung usw. gleichgestellt. Dies aber nur, weil „berufen, über seine richterlichen Funktionen hinaus zugleich auch politisch integrierende Funktionen auszuüben"[72]. Diese „politische integrierende Funktion" vollzieht sich „innerhalb des Staats- und Volksganzen"[73], also bezogen auf die „Existenz des Ganzen"[74] im Sinne einer ontologisierten politischen Einheit. Das Politische, das dem Verfassungsgericht bei Kelsen als einem Organ der Machtkontrolle einfach selbstverständlich anhaftet, erweist sich so gesehen bei Leibholz nur dann nicht mehr als Makel eines Justizorgans, weil es auf die Funktion der staatlichen Einheit hin ausgerichtet, sozusagen „veredelt" wird. Nur so ist es nicht mehr Teil des „niederen" Politischen im Sinne des „Irrationalen", das im unvereinbaren Gegensatz zum Recht, zum „Rationalen", steht, sondern wird in Folge seiner „Verstaatlichung" sogar noch hierüber erhoben. Es ist, weil ein Stück „Staat", „wahre", in der Diktion Triepels „hohe" bzw. in der Schmitts „souveräne" Politik:

„Nur jene Organe sind Verfassungsorgane, deren spezifische Funktion und Wesensart einheitsbegründend oder – wie man auch gesagt hat – integrierend auf den Staat wirken... Gemeinsam ist aber allen Verfassungsorganen, dass sie entscheidend an der politischen Gesamtgestaltung des Staates teilhaben. Sie nehmen an dem teil, was eine mehr statische Betrachtungsweise die ‚oberste Gewalt' des Staates genannt hat. Jene Organe, deren Entstehen, Bestehen und verfassungsmäßige Tätigkeit recht eigentlich den Staat konstituieren und seine Einheit sichern, sind Verfassungsorgane"[75].

Umgekehrt folgt hieraus, dass das Gericht in den „niederen" Bereichen von Politik, die sich eben nicht auf die integrierende Funktion des Staates beziehen, „richterliche Selbstbeschränkung" üben soll. Hier muss es „neutral" bleiben und das („niedere") politische Tagesgeschäft den anderen Verfassungsorganen überlassen[76]. Mit dieser „Lehre" ließ sich in der Folgezeit daher jegliches „politisches" Ausgreifen durch verfassungspolitisch ambitionierte Richter beliebig legitimieren und jederzeit „juristisch" camouflieren[77]. Dieses etatistische Selbstverständnis hat das Gericht schon früh geprägt – und ist bis heute in weiteren Amalgamierungen

---

70 Das war die entscheidende Abweichung zu Smend, der „den Integrationsprozeß allein den originär dazu berufenen politischen Instanzen überantwortete und die Verfassungsgerichtsbarkeit als Integrationsfaktor zunächst ausgeschieden hatte"; Korioth, Stefan: Integration und Bundesstaat, Berlin 1990, S. 276.

71 Vgl. Bundesverfassungsgericht: Statusbericht (Fn. 68), S. 121.

72 Ebd., S. 134.

73 Ebd., S. 132.

74 Ebd., S. 129.

75 Bundesverfassungsgericht: Bemerkungen des Bundesverfassungsgerichts zu dem Rechtsgutachten von Professor Richard Thoma; in: JBöR, Tübingen 1957, S. 198.

76 Noch im Statusbericht (Fn. 68) wird auch diese Konsequenz von Leibholz thematisiert; vgl. S. 126 f.

77 Vgl. schon die seinerzeitige Kritik von Thoma, Richard: Rechtsgutachten, betreffend die Stellung des Bundesverfassungsgerichts, ebd., S. 171.

wirksam geblieben[78]. Indem Leibholz im Statusbericht die Integrationslehre Smends auf die Integrationsfunktion des Verfassungsgerichts übertrug, konnte zwar die eigenständige Position des Gerichts mit Hilfe des in der deutschen Staatslehre überhaupt so populären Konzepts des „Staats- und Volksganzes" behauptet und schließlich auch durchgesetzt werden – doch um den hohen Preis eines in der Tradition von Triepel und Schmitt stehenden mythisch verklärten, antipluralistischen und obrigkeitsstaatlichen Verständnisses von Politik: nämlich um den Preis – Hegel lässt grüßen – einer politischen Theologie von „Staat" und „Volk".

---

78 Vgl. insgesamt van Ooyen, Der Begriff des Politischen des Bundesverfassungsgerichts (Fn. 8).

3 Bundesverfassungsgericht im politischen Prozess I: historische Konfliktlagen

Karlheinz Niclauß

Der Parlamentarische Rat und das Bundesverfassungsgericht

1

Das Bundesverfassungsgericht (BVerfG) ist ein spätgeborenes Verfassungsorgan. Es trat erst im September 1951 ins Leben, nachdem der erste Deutsche Bundestag hierfür die gesetzliche Grundlage geschaffen hatte. Seine Vorgeschichte lässt sich bis auf die Paulskirchenverfassung der gescheiterten deutschen Revolution von 1848/49, auf den US-amerikanischen Supreme Court oder bis zum Reichskammergericht vor 1806 zurückverfolgen. Für die westdeutsche Diskussion über Verfassungsgerichtsbarkeit waren nach 1945 aber in erster Linie die Erfahrungen aus der Zeit der Weimarer Republik maßgebend, ergänzt durch einen Seitenblick auf den 1920 in Österreich begründeten Staatsgerichtshof[1].

Bei der Entstehungsgeschichte des BVerfG lassen sich drei Phasen unterscheiden: Der erste Abschnitt umfasst die Formulierung der frühen westdeutschen Landesverfassungen in den Jahren 1946/47 sowie die Beratungen des von den westdeutschen Ministerpräsidenten einberufenen vorbereitenden Verfassungskonvents, der vom 10. bis zum 23. August 1948 auf Herrenchiemsee tagte. Den zweiten Abschnitt bilden die Grundgesetzberatungen im Bonner Parlamentarischen Rat vom September 1948 bis zum Mai 1949. Als dritter und letzter Abschnitt der Entstehungsgeschichte folgten 1950/51 die Beratungen von Bundestag und Bundesrat über das Gesetz zum BVerfG sowie die Institutionalisierung des Gerichts in Karlsruhe im Herbst 1951.

Die Literatur zur Entstehung des BVerfG konzentriert sich allein aus praktischen Gründen auf die letzte Phase der Entstehung, denn diese bildete die Argumentationsgrundlage für die noch offenen Fragen zur Organisation und zur Rolle des Gerichts. An erster Stelle ist in diesem Zusammenhang die große Studie von Heinz Laufer zu nennen. Reinhard Schiffers legte eine ausführliche Dokumentation über die Beratungen zum Bundesverfassungsgerichtsgesetz (BVerfGG) vor, die auch Einblicke in die Grundgesetzberatungen vermittelt[2]. Die Beratungen des Parlamentarischen Rates über das BVerfG wurden erstmals von Michael Fronz untersucht[3]. In den allgemeinen Darstellungen und Dokumentationen der Grundgesetzberatungen wird die Verfassungsgerichtsbarkeit nur zusammenfassend berücksichtigt[4].

---

1   Wesel, Uwe: Der Gang nach Karlsruhe. Das Bundesverfassungsgericht in der Geschichte der Bundesrepublik, München 2004, S. 26-29.
2   Laufer, Heinz: Verfassungsgerichtsbarkeit und politischer Prozeß. Studien zum Bundesverfassungsgericht der Bundesrepublik Deutschland, Tübingen 1968, insbes. S. 278-315; Schiffers, Reinhard (Bearb.): Grundlegung der Verfassungsgerichtsbarkeit. Das Gesetz über das Bundesverfassungsgericht vom 12. März 1951, Düsseldorf 1984.
3   Fronz, Michael: Das Bundesverfassungsgericht im politischen System der BRD – eine Analyse der Beratungen im Parlamentarischen Rat, in: Sozialwissenschaftliches Jahrbuch für Politik Bd. 2, München-Wien 1971, S. 629-682.
4   Feldkamp, Michael F.: Der Parlamentarische Rat 1948-1949. Die Entstehung des Grundgesetzes, Göttingen 1998, S. 75 f.

Ein Überblick zur Entstehungsgeschichte zeigt, dass die organisatorischen Fragen vor allem vom ersten Deutschen Bundestag beraten und entschieden wurden. Die Grundsatzdebatte über Verfassungsgerichtsbarkeit und Justiz dagegen fand im Parlamentarischen Rat statt. Hier wurden die Konsequenzen aus der Weimarer Republik und der Zeit des Nationalsozialismus offen und kontrovers diskutiert. Obwohl der Parlamentarische Rat nur ein Zwischenschritt zur Konstituierung des Gerichts war, klärte er die Positionen und lehnte Alternativen zum BVerfG ab. Er stellte auf diese Weise die Weichen für die einvernehmliche Lösung zwischen Regierung und Opposition, die bei der Einrichtung des Gerichts in den Jahren 1950/51 gefunden wurde. Dass seine Diskussionen über Verfassungsgerichtsbarkeit in der Literatur eine vergleichsweise geringe Aufmerksamkeit finden, ist möglicherweise auch auf die Quellenlage zurückzuführen. Die Protokolle des Hauptausschusses, wo die Debatten stattfanden, liegen im Rahmen der Aktenpublikation zum Parlamentarischen Rat noch nicht vor.

Im Mittelpunkt dieses Beitrags steht dementsprechend nicht die Genesis der im Grundgesetz vorgesehenen Kompetenzen und Verfahrensweisen des BVerfG. Die Entstehungsgeschichte der einschlägigen Artikel des Grundgesetzes wurde bereits mehrfach ausführlich dokumentiert[5]. Die Frage dieses Beitrags gilt den politischen Zielvorstellungen, die sich mit der Aufnahme des BVerfG in das Grundgesetz verbanden. Von welchen Ideen über Demokratie und Gewaltenteilung ließen sich die Autoren des Grundgesetzes leiten? Welche Rolle sollte die oberste Rechtsprechung im neu zu errichtenden demokratischen Rechtsstaat spielen? Wie sollte die Justiz als „Dritte Gewalt" in das Gewaltenteilungssystem der zweiten deutschen Republik nach Weimar eingegliedert werden? Bei dem Versuch, diese Fragen zu beantworten, kann man nur selektiv vorgehen. Man muss Detailfragen und Diskussionssituationen auswählen, anhand derer die Vorstellungen und Motive der Nachkriegspolitiker deutlich werden.

2

Bei den Beratungen zum Grundgesetz konnten die Mitglieder des Parlamentarischen Rates auf die entsprechenden Bestimmungen der bereits bestehenden Landesverfassungen zurückgreifen. Die dort eingerichteten Staats- oder Verfassungsgerichtshöfe haben u. a. das Recht, auf Antrag der Gerichte Gesetze auf ihre Übereinstimmung mit der Landesverfassung zu überprüfen. Hiermit wurde bereits die unübersichtliche Rechtslage der Weimarer Republik geklärt. Das Reichsgericht hatte zwar 1925 die konkrete Normenkontrolle zugestanden, indem es jedem Richter das Recht zubilligte, auf die Anwendung eines Gesetzes zu verzichten, falls er es für verfassungswidrig hielt. Eine gesetzliche Regelung dieses Prüfungsrechts blieb jedoch in den juristischen und politischen Kontroversen stecken und kam bis zum Ende der Republik nicht mehr zu Stande[6]. Die frühen Landesverfassungsgerichte sind außerdem in der Regel für Anklagen gegen Regierungsmitglieder, für Parteiverbote sowie für die Wahlprüfung zuständig.

---

5   Jahrbuch des öffentlichen Rechts, neue Folge Bd. 1, Tübingen 1951 sowie die juristischen Kommentare.
6   Wehler, Wolfgang: Der Staatsgerichtshof für das deutsche Reich. Die politische Rolle der Verfassungsgerichtsbarkeit in der Zeit der Weimarer Republik (Diss. Bonn 1979), S. 100-124.

Die Vorschläge für eine westdeutsche Verfassung sahen ebenfalls die Errichtung eines Staats- oder Verfassungsgerichtshofes vor, der zusätzlich zu den genannten Aufgaben vor allem Streitigkeiten zwischen Bund und Ländern oder zwischen den Ländern entscheiden sollte. Besonders deutlich kommt das föderalistische Motiv für die Einrichtung des Verfassungsgerichts im Vorschlag des „Ellwanger Kreises" der CDU/CSU vom 13. April 1948 zum Ausdruck. Seine Grundsätze für eine deutsche Bundesverfassung erwähnen nur die Entscheidung der föderalen Streitigkeiten als Aufgabe des Gerichts. Die sozialdemokratischen „Richtlinien für den Aufbau der deutschen Republik" dagegen nennen die Bund-Länder-Problematik nicht explizit, sondern weisen dem zukünftigen Staatsgerichtshof alle Verfassungsstreitigkeiten und Ministeranklagen zu[7].

Organisationsformen und Kompetenzen bildeten jedoch nicht das Hauptthema der Diskussionen über Verfassungsgerichtsbarkeit in den ersten Nachkriegsjahren. Die Politiker und ihre Parteien standen vor dem Problem, wie die Justiz trotz ihrer Belastung durch ihre Rolle in der Weimarer Republik und im „Dritten Reich" in den demokratischen Wiederaufbau eingefügt werden konnte. Es ging um die Frage, ob man den Grundsatz der richterlichen Unabhängigkeit garantieren und gleichzeitig die Justiz auf ihre Demokratiefähigkeit hin kontrollieren kann. Eine Lösung dieses Problems, das der Quadratur des Kreises gleicht, glaubte man in der personellen Besetzung der Verfassungsgerichte gefunden zu haben.

Die Landesverfassungen sahen dementsprechend vor, dass die Berufsrichter in den Senaten gegenüber den „Laien" in der Minderheit blieben. In Bayern war das Verhältnis 9:10 oder 4:5, in Hessen 5:6, in Württemberg-Baden, Württemberg Hohenzollern und Rheinland-Pfalz 4:5. Lediglich das Land Baden in der französischen Besatzungszone richtete einen ausschließlich mit Berufsrichtern besetzten Staatsgerichtshof ein. Deutlich sichtbar war auch die Absicht, die nicht-richterlichen Mitglieder des Verfassungsgerichts in eine enge Verbindung zum Landtag und damit zu den politischen Parteien zu bringen. Sie konnten zwar nicht Landtagsabgeordnete sein, wurden aber zu Beginn jeder Wahlperiode neu gewählt. In der bayerischen Verfassung ist keine Inkompatibilität festgeschrieben, sodass zum Beispiel Wilhelm Laforet, der für die CSU in den Parlamentarischen Rat entsandt wurde, gleichzeitig Mitglied des Bayerischen Landtags und des Bayerischen Verfassungsgerichtshofes war. Die amerikanische Militärregierung sah sich allerdings während der bayerischen Verfassungsberatungen zur Intervention veranlasst und argumentierte, Mitglieder des Landtags dürften nicht im Verfassungsgericht über die Verfassungsmäßigkeit ihrer eigenen Gesetze entscheiden. Für die Normenkontrolle ist deshalb in Bayern ein ausschließlich mit Berufsrichtern besetzter Senat zuständig[8].

Mit der Einberufung eines vorbereitenden Verfassungskonvents durch die Ministerpräsidenten der Länder nahm die auf Westdeutschland beschränkte Verfassung konkrete Formen an. Der Konvent tagte vom 10. bis 23. August auf der Herreninsel im Chiemsee und schlug u. a. die Verfassungsbeschwerde einzelner Bürger an das BVerfG vor. Als Vorbild dienten ihm hierbei nicht nur die Paulskirchenverfassung von 1848, sondern auch die bayerische Verfassung von 1946. Im Bericht des Konvents heißt es aber einschränkend, die Einführung der Verfassungsbeschwerde werde „lediglich zur Erwägung gestellt". In der Diskussion des Konvents blieb sie umstritten, weil man Überschneidungen mit dem Verfahren der konkre-

---

7   Feldkamp, Michael F. (Hg.): Die Entstehung des Grundgesetzes für die Bundesrepublik Deutschland. Eine Dokumentation, Stuttgart 1999, S. 45-53.

8   Ministerpräsident Dr. Ehard, Bayerische Verfassungsgebende Landesversammlung, 10. Sitzung v. 26.10.1946; Hoegner, Wilhelm: Der schwierige Außenseiter, Hof 1975 (2. Aufl.), S. 257.

ten Normenkontrolle und mit Entscheidungen „anderer oberster Gerichte" befürchtete[9]. Was die Besetzung des geplanten BVerfG betrifft, legte der Konvent bereits in seinen ersten Entwürfen die Parität zwischen Bundestag und Bundesrat fest. Beide Verfassungsorgane sollten die gleiche Zahl von Richtern wählen, und auch die Senate sollten zu gleichen Teilen mit den vom Bundestag und vom Bundesrat Gewählten besetzt sein. Unbestritten war auch die Inkompatibilität zwischen dem Richteramt am Verfassungsgericht und der Mitgliedschaft bei anderen Verfassungsorganen des Bundes und der Länder.

Während die Beratungen hierüber im Stile eines Fachkongresses abliefen, kam es bei der Frage der Qualifikation der Richter zu einer politischen Kontroverse: Der zuständige Unterausschuss des Konvents sah vor, dass die Hälfte der Verfassungsrichter und der Vorsitzende Berufsrichter sein sollten. Bei den anschließenden Plenarberatungen beantragte Hans Berger – Richter am obersten Gericht der britischen Zone und eigentlich nur „Mitarbeiter" des Konvents – die zusätzliche Bedingung, dass auch die übrigen Mitglieder des Verfassungsgerichts die Fähigkeit zum Richteramt besitzen müssen. Er begründete dies mit dem Argument, im Verfassungsgericht dürften nur Juristen sitzen, „die Rechtsfragen entscheiden und sich nicht mit politischen Erwägungen belasten".

Diese Argumentation stieß jedoch auf Widerspruch: Josef Beyerle (CDU), Justizminister und Bevollmächtigter des Landes Württemberg-Baden, entgegnete, das Verfassungsgericht habe seine Entscheidungen nicht nur „vom staatsrechtlichen, juristischen Standpunkt aus", sondern auch unter Berücksichtigung der politischen Verhältnisse zu treffen. Als Beispiel hierfür führte er das Verbot von Parteien an. Deshalb halte er eine gemischte Besetzung mit Berufsrichtern und „nicht zum Richteramt befähigten geeigneten Persönlichkeiten" für richtig. Carlo Schmid (SPD), der als Bevollmächtigter Württemberg-Hohenzollerns am Konvent teilnahm, plädierte ebenfalls für das „Nichtfachrichterelement". Er warnte vor der juristischen „déformation professionnelle", die darin bestehe, „Dinge für Rechtsfragen zu halten, die in Wirklichkeit politische Fragen sind". Ein Verfassungsrichter habe auch die Aufgabe, „unter Wahrung des Rechts bei der Entscheidung einen gestaltenden Akt vorzunehmen". Die Mitwirkung „politischer Menschen" sei hierbei nur förderlich.

Der Verfassungskonvent verzichtete dementsprechend auf eine fachliche Qualifikation der Laienrichter. Hermann Brill (SPD), der Chef der hessischen Staatskanzlei, schlug vor, die Auswahl der Berufsrichter zu begrenzen, denn man könne nicht „den letzten Amtsrichter" ins Verfassungsgericht wählen. Die richterlichen Mitglieder des Verfassungsgerichts waren deshalb nach Vorstellung des Konvents aus dem Kreis der Richter an Obersten Bundesgerichten oder an entsprechenden Gerichten der Länder zu wählen. Mit seinem Vorschlag, die Hälfte der Verfassungsrichter sollten Berufsrichter sein, entfernte sich der Konvent allerdings von den Landesverfassungen, die in der Regel eine Mehrheit der Laienrichter vorsahen[10].

Der Herrenchiemseekonvent leistete in vielen Punkten Vorarbeit für die Beratungen zur Verfassungsgerichtsbarkeit im Parlamentarischen Rat. Die Organisation der obersten Gerichtsbarkeit blieb allerdings umstritten. Ob das Verfassungsgericht neben weiteren oberen Bundesgerichten stehen oder Teil eines einheitlichen Obersten Bundesgerichts sein sollte, war nach dem Entwurf des Konvents offen. Diese Frage und die Ergänzung des Zuständigkeitskatalogs wurden an den Parlamentarischen Rat weitergegeben. In einem gewissen Widerspruch hierzu stand die Behandlung des BVerfG in einem eigenen Abschnitt VIII des

---

9   Der Parlamentarische Rat 1948-1949. Akten und Protokolle Bd. 2, Boppard 1988, S. 516 u. 622 (im Folgenden zitiert: PR Akten und Protokolle).
10   A. a. O., S. 430-438.

Entwurfs, getrennt von der Rechtspflege, die erst im letzten Abschnitt XII folgte. Hierdurch sollte, wie der Konvent in seinem Bericht schrieb, die Gleichberechtigung dieses höchsten Organs der dritten Gewalt gegenüber den anderen Gewalten sichtbar werden[11].

3

Auf Herrenchiemsee wurden die politischen Auffassungen über die Rolle der Verfassungsgerichtsbarkeit nur angedeutet, weil sich die Teilnehmer an die Arbeitshypothese hielten, der Konvent sei ein Gremium von Sachverständigen. Als der Parlamentarische Rat am 1. September 1948 in Bonn zusammentrat, fiel diese Selbstbeschränkung weg. In den einleitenden Grundsatzreferaten kamen deshalb bereits die unterschiedlichen Konzeptionen vom zukünftigen Verfassungs- oder Staatsgerichtshof deutlich zum Ausdruck. Der CDU-Politiker Adolf Süsterhenn und der Sozialdemokrat Walter Menzel entwickelten vor dem Plenum des Parlamentarischen Rates unterschiedliche Varianten des Demokratie- und Gewaltenteilungsverständnisses, die den weiteren Verlauf der Beratungen über das BVerfG begleiten sollten.

Süsterhenn war zu jener Zeit Justiz- und Kultusminister in Rheinland-Pfalz und hatte als Bevollmächtigter seines Landes am Konvent von Herrenchiemsee teilgenommen. In seinem Referat auf der zweiten Plenarsitzung am 8. September 1948 forderte er eine „traditionelle Gewaltenteilung im Sinne Montesquieus" und darüber hinaus die Gewaltenteilung zwischen Bund und Ländern. Die Notwendigkeit eines Verfassungsgerichts ergab sich für Süsterhenn zunächst aus der föderalistischen Struktur. Der Staatsgerichtshof müsse als „Hüter der Verfassung" gegebenenfalls die Meinungsverschiedenheiten zwischen Bund und Ländern entscheiden. Seine zweite Hauptaufgabe bestehe in der Sicherung der Grund- und Menschenrechte, die Süsterhenn naturrechtlich begründete. Er betonte deshalb vor allem die Unabhängigkeit der Justiz. Das zukünftige Verfassungsgericht solle prüfen, ob die Gesetze den „naturrechtlichen, menschenrechtlichen Grundlagen" der Verfassung entsprechen. Ein antiparlamentarischer Unterton war in den Ausführungen Süsterhenns nicht zu überhören, denn er erklärte, „parlamentarische Diktaturen" hätten in der Kirchen- und Schulpolitik die Gewissensfreiheit in ähnlicher Weise verletzt wie „Einmanndiktaturen". Er zitierte hierzu auch Konrad Adenauer, der bei der Verfassungsdiskussion des Zonenbeirats der britischen Zone im November 1947 erklärt hatte: „Es gibt nicht nur eine Diktatur des Einzelnen, es kann auch eine Diktatur der parlamentarischen Mehrheit geben. Und davor wollen wir einen Schutz haben in der Form des Staatsgerichtshofes"[12].

Den Gegenpart zu Süsterhenn bestritt am folgenden Tag Walter Menzel (SPD). Er kritisierte die demokratiefeindliche Einstellung von Richtern in der Weimarer Republik und die Rolle der Justiz im „Dritten Reich". Er schilderte außerdem mehrere Urteile aus der Nachkriegszeit, die in einem demokratischen Rechtsstaat nicht akzeptabel seien, und verwies auf den hohen Prozentsatz (76 %) von ehemaligen NSDAP-Mitgliedern unter den Richtern und Staatsanwälten in der britischen Besatzungszone. Die Unabhängigkeit der Richter ergebe sich bereits aus dem Grundsatz der Gewaltenteilung. Man müsse allerdings Garantien ein-

---

11 A. a. O., S. 554 u. 620.
12 Akten zur Vorgeschichte der Bundesrepublik Deutschland Bd. 3, München-Wien 1982, S. 870.

richten, damit diese Unabhängigkeit nicht wieder missbraucht werde wie in der Zeit seit 1918[13].

Obwohl beide Redner die Einrichtung eines BVerfG begrüßten, war ihre Intention doch unterschiedlich: Für Süsterhenn und weitere Mitglieder des parlamentarischen Rates verkörperte dieses Gericht die Spitze der Judikative. Es sollte als „dritte Gewalt" die Regierung und vor allem das Parlament kontrollieren. Das Verfassungsgericht war aus dieser Sicht ein wichtiger Baustein im Machtgleichgewicht der „konstitutionellen Demokratie". Nach den Vorstellungen Walter Menzels hatte das Gericht neben seinen Kontrollaufgaben gegenüber anderen Staatsorganen auch Kontrollaufgaben innerhalb der Justiz. Diese Kontrolle sollte durch das Wahlverfahren der Richter und durch die Berufung von Laienrichtern erreicht werden. Das Verfassungsgericht sollte unabhängig sein und gleichzeitig vom Parlament und den in ihm vertretenen Parteien beaufsichtigt werden. Das Konzept eines politischen Verfassungsgerichts entsprach der „sozialen Mehrheitsdemokratie", die der Parlamentsmehrheit den Vorrang im Gewaltenteilungssystem einräumt[14].

Die unterschiedlichen Demokratie- und Verfassungsvorstellungen wurden im Parlamentarischen Rat bei den Beratungen über das BVerfG vor allem am Beispiel von drei Themenbereichen deutlich: Die *Organisation des Gerichts, seine Kompetenzen und seine Stellung in der oberen Bundesgerichtsbarkeit* bildeten das Hauptthema der Ausschussberatungen im Parlamentarischen Rat. Die Organisations- und Kompetenzfragen waren aber immer unlösbar verbunden mit dem zweiten Themenbereich, mit der Frage nach der *personellen Besetzung des Gerichts*. Als drittes kontroverses Thema kam später die Möglichkeit der *Richteranklage vor dem BVerfG* hinzu.

4

Die Beratungen im zuständigen „Ausschuss für Verfassungsgerichtsbarkeit und Rechtspflege" verliefen allerdings denkbar unglücklich. Dies hing zum Teil damit zusammen, dass sich dieser Fachausschuss erst am 12. Oktober 1948 konstituierte. Ab Mitte November trat dann noch eine dreiwöchige Beratungspause ein, weil die Mitglieder des Ausschusses mit den bereits vorliegenden Teilen des Grundgesetzes in ihren Fraktionen und im Hauptausschuss beschäftigt waren. Der Ausschuss beschäftigte sich außerdem viel zu ausführlich mit den weit reichenden Vorstellungen des Abgeordneten Walter Strauß (CDU) zur Neuorganisation der Gerichtsbarkeit. Nach dessen Entwurf präsentierte sich die Gerichtsbarkeit als eine große Pyramide, an deren Spitze das Oberste Bundesgericht die Rechtsprechung der Fach- und Landesgerichte zusammenführen sollte. Das BVerfG dagegen war nach den Vorstellungen von Strauß nicht Teil der Pyramide, weil es gemischt zusammengesetzt sei, d. h. sowohl aus Berufsrichtern als auch „aus Persönlichkeiten, die vom Parlament gewählt werden" bestehe. Ein solches Gericht werde „etwas in der Luft schweben" und selten zum Zuge kommen. Die subalterne Stellung des Verfassungsgerichts wurde hier mit seiner Zusammensetzung begründet. Das Laienelement, auf das man bei den Landesverfassungen noch großen Wert legte, diente als Argument zur Begrenzung seiner Kompetenzen. Vor allem der wichtige Be-

---

13   PR Akten und Protokolle Bd. 9, München 1996, S. 46-68.

14   Zu den verfassungspolitischen Grundlagen der beiden Demokratiekonzeptionen: Niclauß, Karlheinz: Der Weg zum Grundgesetz. Demokratiegründung in Westdeutschland 1945-1949, Paderborn u. a. 1998, S. 51-72 und 88-108.

reich der Normenkontrolle, d. h. die Überprüfung von Gesetzen auf ihre Übereinstimmung mit dem Grundgesetz, sollte nach Strauß ausschließlich dem mit Berufsrichtern besetzten Obersten Bundesgericht vorbehalten bleiben. Seine Konstruktion beruhte auf einer strikten Trennung der Bereiche Recht und Politik, die den zeitgeschichtlichen Kontext unberücksichtigt ließ. Mit der Judikative als einem freistehenden Bauwerk entsprach sie dem Verfassungskonzept der „konstitutionellen Demokratie".

Auf Bedenken stießen die Überlegungen von Strauß vor allem bei den sozialdemokratischen Mitgliedern des Ausschusses für Verfassungsgerichtsbarkeit und Rechtspflege. Der SPD-Abgeordnete Friedrich Wilhelm Wagner bemerkte, das Konzept laufe auf eine „große Justizreform" hinaus. Diese Aufgabe könne der Parlamentarische Rat aber allein aus zeitlichen Gründen nicht lösen. Auch den Vertretern der CDU/CSU schienen die Reformüberlegungen ihres Fraktionskollegen angesichts der damit verbundenen Beschränkung der Revisionsmöglichkeiten abenteuerlich zu sein. Ernst Wirmer (CDU) warf ein: „... wir machen ja eine Staatsverfassung und nicht eine Gerichtsverfassung"[15]. Das einzige Ergebnis der ausufernden Diskussion im Ausschuss waren zwei in sich widersprüchliche Entscheidungen: Am 10. November 1948 entschied man, das BVerfG in organisatorischer Hinsicht vom Obersten Bundesgericht zu trennen. Am 6. Dezember beschloss der Ausschuss, den Abschnitt „Das Bundesverfassungsgericht" des Herrenchiemsee-Entwurfs aufzulösen und in den Abschnitt „Gerichtsbarkeit und Rechtspflege" zu integrieren. Laufer weist in seiner Studie darauf hin, dass das BVerfG hiermit deutlich abgewertet wurde. Wenn die Autoren des Grundgesetzes dem Konvent von Herrenchiemsee gefolgt wären, hätten sie dem Gericht die späteren Auseinandersetzungen über seinen Status und seine Gleichberechtigung unter den Verfassungsorganen erspart[16].

Neue Impulse erhielten die Beratungen über das BVerfG erst Anfang Dezember auf Initiative des Allgemeinen Redaktionsausschusses. In der Besetzung mit August Zinn (SPD), Walter Strauß (CDU) und Thomas Dehler (FDP) legte dieser einen Formulierungsentwurf vor, der im Ausschuss für Verfassungsgerichtsbarkeit und Rechtspflege am 6. und 7. Dezember beraten wurde und anschließend an den Hauptausschuss des Parlamentarischen Rates ging. Hier fanden die entscheidenden Debatten über die Bestimmungen des Grundgesetzes zur Verfassungsgerichtsbarkeit statt. Im Mittelpunkt der Diskussion stand das Recht des BVerfG, Bundes- und Landesrecht sowie Regeln des Völkerrechts auf ihre Übereinstimmung mit dem Grundgesetz zu prüfen. Für dieses Prüfungsrecht beantragte Strauß namens der CDU /CSU-Fraktion die Zuständigkeit des geplanten Obersten Bundesgerichts. Seine Begründung folgte der bereits im Ausschuss vorgetragenen konstitutionell-demokratischen Argumentation: Das richtige Gericht zur Überprüfung von Normen sei ein aus Fachrichtern bestehendes Kollegium und nicht ein Gericht, das „gemischt zusammengesetzt" ist. Hierbei handele es sich um die unmittelbare Anwendung richterlicher Gewalt, über die in der „reinen Rechtssphäre" entschieden werden müsse.

August Zinn (SPD) entgegnete, hier gehe es um Rechtsfragen von ganz besonderer politischer Bedeutung nicht nur im Bereich der Innen-, sondern auch der Außenpolitik. Man werde deshalb nicht ohne die Mitwirkung von Beisitzern auskommen, die in der Lage sind, auch die politische Bedeutung entsprechender Entscheidungen beurteilen zu können. Die Anträge der CDU/CSU wurden anschließend abgelehnt – angesichts der im Protokoll angegebenen Zahlen offenbar auch von den Vertretern der FDP. Strauß wiederholte in der zweiten Lesung des

---

15 Vgl. die ausführliche Diskussion im Ausschuss am 20. und 22. Oktober 1948, in: PR Akten und Protokolle Bd. 13/II, München 2002, S. 1162-1216.

16 A. a. O., S. 1307 f. u. 1348 f. sowie Laufer, a. a. O. (Fn. 2), S. 57.

Hauptausschusses seine Anträge, die richterliche Prüfung von Gesetzen und Völkerrechts-normen dem Obersten Bundesgericht zu übertragen. Mit 14 zu 5 Stimmen fiel die Ableh-nung noch deutlicher aus als in der ersten Lesung. Der verspätete Versuch des CDU-Abgeordneten von Mangoldt, die Zuständigkeiten (Ziffer 3, 3a und 4 des Entwurfs) zu strei-chen und den oberen Bundesgerichten zu überlassen, kam nicht mehr zur Abstimmung[17].

Parallel zu dieser Zuständigkeitsentscheidung wurde auch eine Prestigefrage im Sinne des BVerfG entschieden. Bei der Aufzählung der Gerichte im späteren Art. 92 des Grundge-setzes stand lange Zeit das Oberste Bundesgericht an erster Stelle. Carlo Schmid (SPD) schlug bereits in der ersten Lesung des Hauptausschusses vergeblich vor, das BVerfG an erster Stelle zu nennen, weil ihm „eine höhere Dignität" zukomme als dem Oberen Bundes-gericht. Der Ausschuss für Verfassungsgerichtsbarkeit und Rechtspflege folgte diesem Vor-schlag am 11. Januar und stellte die Reihenfolge zu Gunsten des BVerfG um[18].

5

Die Frage nach der Besetzung des BVerfG stand im Parlamentarischen Rat lange Zeit im Schatten des Organisationsstreits. Ursprünglich herrschte im zuständigen Ausschuss die Vorstellung vor, die politischen Verfassungsfragen sollten von einem besonderen Senat des Obersten Bundesgerichts unter Mitwirkung von Laienrichtern entschieden werden. Mit der organisatorischen Trennung von Oberstem Bundesgericht und Verfassungsgericht kam die Personalfrage wieder auf die Tagesordnung des Parlamentarischen Rates, wurde aber nicht mit der gleichen Intensität diskutiert wie auf Herrenchiemsee. Bei der ersten Lesung im Hauptausschuss stellte Walter Strauß für die CDU/CSU den Antrag, die Beisitzer dürften die Zahl der Berufsrichter höchstens um einen überschreiten. Walter Menzel (SPD) stimmte zu-nächst zu und schlug ein Verhältnis von 4:5 zu Gunsten der nichtrichterlichen Mitglieder des Verfassungsgerichts vor. Der Ausschuss für Verfassungsgerichtsbarkeit und Rechtspflege hatte allerdings bereits zwei Tage vorher auf den Passus über die Zahl der Beisitzer verzich-tet und dies dem Ausführungsgesetz zum BVerfG überlassen[19]. Diese Lösung setzte sich bei den weiteren Beratungen ohne Diskussion durch. Das Grundgesetz unterscheidet sich in die-sem Punkt vom Entwurf von Herrenchiemsee, der vorsah, dass die Hälfte der Richter Be-rufsrichter sein sollten.

Die Beratungen über die Besetzung des BVerfG verliefen offenbar auch ohne größere Auseinandersetzung, weil der Parlamentarische Rat inzwischen eine andere Personalfrage heftig diskutierte. Bereits bei der einleitenden Generaldebatte des Plenums kündigten die So-zialdemokraten eine Verfassungsbestimmung an, die vom Konvent auf Herrenchiemsee noch nicht beraten wurde. Carlo Schmid sprach sich für die Gewaltenteilung aus, fügte aber ein-schränkend hinzu, man müsse auch mit der Möglichkeit rechnen, dass die richterliche Ge-walt wie zur Zeit der Weimarer Republik missbraucht werde. Walter Menzel zitierte mehrere

---

17   Parl. Rat – Hauptausschuß, 23. Sitzung am 8. Dezember 1948, S. 274 f. und 37. Sitzung am 13. Januar 1949, S. 461-463. Bei dieser Kontroverse ging es nicht nur um die Regeln des Völkerrechts, wie Laufer annimmt (Laufer, a. a. O. (Fn. 2), S. 74 f.).

18   Parl. Rat – Hauptausschuß, 23. Sitzung am 8. Dezember 1948, S. 269; PR Akten und Protokolle Bd. 13/II, München 2002, S. 1539.

19   Parl. Rat – Hauptausschuß, 23. Sitzung am 8. Dezember 1948, S. 278 f.; PR Akten und Protokolle Bd. 13/II, S. 1401 f.; Laufer, a. a. O. (Fn. 2), S. 64; Fronz, a. a. O. (Fn. 3), S. 659 f.

Urteile aus der Nachkriegszeit und konkretisierte die Überlegungen Schmids. Er schlug vor, Richter, die gegen den Geist der Verfassung verstoßen, vor dem Verfassungsgericht zur Verantwortung zu ziehen[20].

Die Überlegungen von Schmid und Menzel orientierten sich an Bestimmungen der damals gültigen Landesverfassungen über die Amtsenthebung von Richtern. In den inzwischen zu Baden-Württemberg vereinigten Ländern Württemberg-Baden und Baden war hierfür ein Dienststrafhof zuständig, der mehrheitlich aus Mitgliedern des Landtags bestand und jeweils zu Beginn der Legislaturperiode gewählt wurde. Die Möglichkeit einer Anklage war auch gegeben, falls ein Richter „außerdienstlich" gegen den Geist der Verfassung verstößt. In Hessen kann der Staatsgerichtshof einen Richter auf Antrag des Landtages in ein anderes Amt oder in den Ruhestand versetzen oder entlassen, falls er sein Richteramt nicht „im Geiste der Demokratie und des sozialen Verständnisses" ausübt. In Rheinland-Pfalz kann der Ministerpräsident den Generalstaatsanwalt anweisen, einen Richter, der innerhalb oder außerhalb seines Amtes gegen die Grundsätze des Verfassung verstößt, vor dem Verfassungsgericht anzuklagen[21].

Im Ausschuss für Verfassungsgerichtshof und Rechtspflege legte August Zinn (SPD), der gleichzeitig Justizminister in Hessen war, Anfang November 1948 einen Formulierungsentwurf vor, der dem Text der hessischen Verfassung entsprach. Er sah sowohl die Anklage von Bundesrichtern vor dem BVerfG als auch die von Landesrichtern vor den Landesverfassungsgerichten vor. Die Diskussion hierüber fand aber im Hauptausschuss des Parlamentarischen Rates statt. Für die Möglichkeit der Amtsenthebung traten hier vor allem die Sozialdemokraten Otto Heinrich Greve, Carlo Schmid und Elisabeth Selbert ein. Schmid argumentierte, neben der Unabhängigkeit der Richter müsse auch „der Schutz des Volkes gegenüber einem Missbrauch der Unabhängigkeit" gewährleistet sein. Es genüge nicht, dass ein Richter „formaldemokratisch urteilt". Sein Urteil müsse auch den „Wertmaßstäben, die den Kern der Demokratie ausmachen", entsprechen. Die Amtsenthebung (Versetzung, Pensionierung oder Entlassung) sei „weitgehend eine politische Entscheidung" und könne deshalb nur vom BVerfG ausgesprochen werden. Elisabeth Selbert betonte, bei diesem Verfahren handele es sich um eine Anklage „ohne strafrechtliche Normen". Es gehe vielmehr um die Einstellung des Richters zum demokratischen Staat sowie zu den Grundrechten der Menschenwürde und der Freiheit. Sie kenne Richter, die tadellose Juristen sind, aber „den Geist des neuen demokratischen Staates niemals verstehen werden und daher ohne Schuld unfähig sind, in diesem Geist Recht zu sprechen".

Die Begründung verdeutlichte, dass es sich bei dem Amtsenthebungsverfahren um eine politische Kontrollmaßnahme im Sinne der sozialen Mehrheitsdemokratie handelte. Sie sollte vom BVerfG ausgeübt werden, weil dieses Gericht vom Parlament (Bundestag und Bundesrat) zu wählen und zumindest zum Teil mit Politikern zu besetzen war. Die konstitutionell-demokratischen Gegenargumente wurden in drei Varianten vorgetragen: Der CSU-Abgeordnete Wilhelm Laforet wandte sich gegen die Einbeziehung der Landesrichter, weil der Parlamentarische Rat hiermit in die Justizhoheit der Länder eingreife. Die FDP-Vertreter Max Becker und Thomas Dehler wollten eine Richteranklage nur vor einem Disziplinargericht, nicht jedoch vor dem BVerfG zulassen, weil dieses teilweise „auf parteipolitischer Grundlage" zusammengesetzt sei. Sie forderten außerdem als Voraussetzung für Sanktionen, dass ein vorsätzlicher Verstoß des Richters gegen die Verfassung vorliegen müsse. Carlo

---

20 PR Akten und Protokolle Bd. 9, München 1966, S. 78 u. 80.
21 Württemberg-Baden Art. 88, Baden Art. 111, Hessen Art. 127, Rheinland-Pfalz Art. 132.

Schmid entgegnete, im Falle des Vorsatzes liege ohnehin schon Rechtsbeugung vor und ein Disziplinargericht sei abzulehnen, „weil hier der Richterstand allein über sich selber zu Gericht" sitze[22].

Der Hauptausschuss konnte in der kontroversen Frage der Richteranklage zu keiner Einigung kommen und überließ die Lösung, wie auch bei anderen wichtigen Verfassungsfragen, den interfraktionellen Gesprächen. Im „Fünferausschuss" kamen die Fraktionen des Parlamentarischen Rates zunächst überein, die Entlassung eines Bundesrichters nur bei einem „vorsätzlichen oder grobfahrlässigen Verstoß" zuzulassen. Für die Versetzung in den Ruhestand oder in ein anderes Amt sollte diese Einschränkung des Tatbestandes nicht gelten. Nachdem der Hauptausschuss dieser Fassung zugestimmt hatte, erhoben die Militärgouverneure in ihrem Memorandum vom 2. März 1949 Einwände gegen die Formulierung der Richteranklage. Sie hatten offenbar die Sorge, Regierungsmitglieder in Bund und Ländern könnten mit Hilfe der vom Bundesrat gewählten Mitglieder des BVerfG ein Amtsenthebungsverfahren gegen einen unbotmäßigen Richter betreiben. Der britische Verbindungsoffizier Chaput de Saintonge empfahl, eine „qualified majority" für die Verurteilung vorzuschreiben[23].

Der Fünferausschuss und der Allgemeine Redaktionsausschuss nahmen dementsprechend die Zweidrittelmehrheit in den Text auf und strichen das Antragsrecht des Bundesjustizministers. Das Amtsenthebungsverfahren kann nur noch vom Bundestag eingeleitet werden, und die Entlassung eines Richters ist an den Nachweis eines vorsätzlichen Verstoßes gegen die Verfassungsordnung gebunden. Ungeachtet dieser Änderungen im konstitutionell-demokratischen Sinn beantragte die FDP mehrfach die Streichung der Richteranklage. Bei den interfraktionellen Besprechungen vom 4. Mai 1949 warnte August Zinn (SPD), von dieser Frage könne seine Partei möglicherweise ihre Zustimmung zum Grundgesetz abhängig machen[24].

Da für die Versetzung oder Pensionierung eines Bundesrichters kein individueller Schuldnachweis vorgeschrieben wurde, entsprach die Kompromisslösung zur so genannten Richteranklage weitgehend der mehrheitsdemokratischen Zielsetzung. Die Amtsenthebung blieb weiterhin möglich, und der politische Charakter des Anklageverfahrens wurde damit gewahrt. Die Vorschrift der Zweidrittelmehrheit im BVerfG trug aber dazu bei, dass die Richteranklage eine theoretische Möglichkeit blieb. Ihre verbindliche Einführung in den Ländern scheiterte angesichts des föderalistischen Widerstands. Hierzu einigte man sich auf eine Kann-Bestimmung (Art. 98 Abs. 5 GG), die es den Ländern freistellt, für die Landesrichter eine entsprechende Regelung zu treffen. Auf Antrag von August Zinn (SPD) fügte der Hauptausschuss hinzu, dass das BVerfG auch für die Anklage gegen Landesrichter zuständig ist[25].

---

22 Parl. Rat – Hauptausschuß, 25. Sitzung am 9. Dezember 1948, S. 297-303 sowie 37. u. 38. Sitzung am 13. Januar 1949, S. 468-480; Niclauß, a. a. O. (Fn. 14), S. 243-249.
23 PR Akten und Protokolle Bd. 8, Boppard 1995, S. 138 f. u. 157.
24 PR Akten und Protokolle Bd. 11, München 1997, S. 120 u. 263 f.
25 Parl. Rat – Hauptausschuß, 58. Sitzung vom 6. Mai 1949, S. 768.

6

Die große Leistung des Parlamentarischen Rates bestand darin, die Autonomie der Verfassungsgerichtsbarkeit zu sichern. Während der Grundgesetzberatungen drohte die Gefahr, dass die Verfassungsgerichtsbarkeit vom geplanten Obersten Bundesgericht vereinnahmt wurde. Damit verbunden war eine Beschneidung ihrer Kompetenzen und eine „unpolitische" Besetzung der für Verfassungsfragen zuständigen Senate. Die Option des Parlamentarischen Rates für ein eigenständiges BVerfG war so deutlich, dass seine Mitglieder Otto Heinrich Greve (SPD) und Paul de Chapeaurouge (CDU) gegen Ende der Beratungen übereinstimmend erklärten, das Oberste Bundesgericht könne „als begraben angesehen werden". Man müsse von dem Gedanken an seine Einführung „im Augenblick ... Abschied nehmen"[26]. Ein zweites Resultat der Grundgesetzberatungen war das Offenhalten der Personalia des BVerfG. Vorgeschrieben wurde nur die paritätische Besetzung mit vom Bundestag und Bundesrat gewählten Richtern. Das Zahlenverhältnis von Berufsrichtern und „anderen Mitgliedern" blieb offen. Eine Qualifikation für die „anderen Mitglieder" wurde nicht festgelegt. Bemerkenswert ist, dass der Parlamentarische Rat die Einführung einer Verfassungsbeschwerde aus dem Entwurf von Herrenchiemsee nicht übernahm. Walter Strauß (CDU) legte zwar im November 1948 hierzu einen Formulierungsvorschlag vor, der aber zurückgestellt und später offenbar vergessen wurde[27].

Im Unterschied zu den Beratungen über die föderalistische Struktur des Grundgesetzes gab es im Bereich der Judikative keine Annäherung zwischen den Fraktionen der SPD und FDP. Für die Konstellation im Parlamentarischen Rat zu den Fragen der Richterwahl, der Richteranklage und der Besetzung des Verfassungsgerichts ist vielmehr bezeichnend, dass die konstitutionell-demokratische Konzeption in erster Linie von der FDP vertreten wurde. In der CDU/CSU-Fraktion, deren Haltung nicht immer einheitlich war, gab es Berührungspunkte mit der sozialdemokratischen Zielsetzung. Eine Kooperation kam jedoch nur im Bereich der Bundesgerichtsbarkeit zu Stande. Auch die hier nicht behandelte Diskussion über die Wahl der Richter an den Bundesgerichten zeigte, dass der Versuch, die Landesgerichtsbarkeit im Sinne mehrheitsdemokratischer Vorstellungen zu beeinflussen, erfolglos blieb[28].

Die Beratungen über das Gesetz zum BVerfG fanden 1950/51 unter veränderten Bedingungen statt. Das Diskussionsklima hatte sich im Vergleich zum Parlamentarischen Rat gewandelt. Die Auseinandersetzung mit der Rolle der Justiz in der Zeit vor 1945 war inzwischen in den Hintergrund getreten, und der politische Charakter der Verfassungsgerichtsbarkeit wurde von den Vertretern der sozialen Mehrheitsdemokratie nicht mehr so stark betont wie in den ersten Nachkriegsjahren. Die SPD hatte als größte Oppositionspartei an einer schnellen Einrichtung des BVerfG großes Interesse und legte zum Jahresende 1949 einen Gesetzentwurf vor. Trotzdem standen sich zu Beginn der Beratungen über das Gesetz zum Bundesverfassungsgericht die ursprünglichen Positionen gegenüber: Die Regierungsparteien traten zum Beispiel für eine paritätische Besetzung des Gerichts mit Bundesrichtern und „anderen Mitgliedern" ein. Letztere sollten zum Richteramt oder zum höheren Verwaltungsdienst befähigt sein. Die Sozialdemokraten lehnten diese Bedingung ab und schlugen außerdem die Wahl der nichtrichterlichen Mitglieder für die Dauer der Wahlperiode des Bundes-

---

26   PR Akten und Protokolle Bd. 13/II, S. 1520-1522.
27   A. a. O., S. 1318 sowie Laufer, a. a. O. (Fn. 2), S. 81 f.
28   Niclauß, a. a. O. (Fn. 14), S. 239-243 u. 246.

tages vor. Ein Teil der Bundesrichter sollte nach dem Regierungsvorschlag auf Lebenszeit ernannt werden. Die SPD strebte für alle Richter eine kürzere Amtszeit an.

Regierung und Opposition wollten allerdings ein „Majoritätsgesetz" zum BVerfG vermeiden. Die Fraktionen bildeten deshalb einen aus fünf Bundestagsabgeordneten bestehenden Unterausschuss. Hier gelang es nach intensiven Beratungen, die zahlreichen Meinungsverschiedenheiten zu einem Kompromiss zu verbinden. Der politische Charakter des BVerfG blieb auf Grund des Wahlverfahrens seiner Richter und der Mehrheit der nichtrichterlichen Mitglieder in den Senaten bestehen. Während die Regierungsfraktionen die juristische Ausbildung als Qualifikation für alle Mitglieder des Gerichts durchsetzten, erreichten die Sozialdemokraten, dass der Bundestag „seine" Richter durch einen Wahlmännerausschuss bestimmt. Die Verfassungsbeschwerde wurde auf Initiative der SPD in das Gesetz aufgenommen und durch ein Antragsrecht für Gemeinden ergänzt. Am 1. Februar 1951 beschloss der Deutsche Bundestag das Gesetz über das Bundesverfassungsgericht mit den Stimmen aller Fraktionen mit Ausnahme der KPD.

Frieder Günther

Wer beeinflusst hier wen? Die westdeutsche Staatsrechtslehre und das Bundesverfassungsgericht während der 1950er und 1960er Jahre

Am 26. September 1951, als das Bundesverfassungsgericht (BVerfG) in Karlsruhe feierlich eröffnet wurde, begann für die deutsche Staatsrechtslehre ein neues Zeitalter.[1] Sie galt bis dahin als oberste Autorität der Verfassungsinterpretation. Ausdruck ihres weit reichenden Wirkungsanspruchs war etwa der 1922 erfolgte Zusammenschluss zur „Vereinigung der Deutschen Staatsrechtslehrer" und die alljährliche Publikation ihrer wissenschaftlichen Verbandstagungen unter dem Titel „Veröffentlichungen der Vereinigung der Deutschen Staatsrechtslehrer". Die prominentesten Staatsrechtslehrer hatten zudem im Jahre 1932 auf spektakuläre Weise Einfluss auf die Zukunft der Weimarer Republik genommen, indem sie nach dem Preußenschlag im Prozess „Preußen contra Reich" vor dem Staatsgerichtshof als Gutachter oder Berater gewirkt hatten.[2] Im Jahre 1951 rückte die Staatsrechtslehre hingegen von einem Tag auf den nächsten in die zweite Reihe. Ein Gericht war nun berufen, nicht wie die Staatsrechtslehre informell, sondern autoritativ als Verfassungsorgan zu wirken und – im Vergleich zum Weimarer Staatsgerichtshof – mit erheblich erweiterten Kompetenzen Verfassungsstreitigkeit auf verbindliche Weise zu entscheiden.

Einige Staatsrechtslehrer hatten diese Entwicklung vorausgesehen und dem Bedeutungsverlust der eigenen Disziplin gegenzusteuern versucht, indem sie ihre eigene Kandidatur als Richter am BVerfG betrieben.[3] Tatsächlich hatten nur drei Personen, die zuvor als Professor für Öffentliches Recht gelehrt hatten, damit Erfolg: Gerhard Leibholz (1901-1982), der 1938 nach England emigriert war und seit 1947 wieder in Göttingen lehrte, Ernst Friesenhahn (1901-1974), der seit 1938 in Bonn als Professor tätig war und in deutlicher Distanz zum Nationalsozialismus gestanden hatte, und Martin Drath (1902-1976), der als Sozialdemokrat 1933 seine Dozentenstellung verloren hatte und 1949 an die Freie Universität Berlin berufen worden war.

An dieser Stelle soll gezeigt werden, dass die „Entthronung der Staatsrechtswissenschaft durch die Verfassungsgerichtsbarkeit"[4] aber nur die eine Seite der Medaille darstellte. Tat-

---

1 Vgl. zur bundesdeutschen Staatsrechtslehre allgemein: Lepsius, Oliver: Die Wiederentdeckung Weimars durch die bundesdeutsche Staatsrechtslehre. In: Gusy, Christoph (Hg.), Weimars lange Schatten – „Weimar" als Argument nach 1945, Baden-Baden 2003, S. 354-394; Stolleis, Michael: Die Staatsrechtslehre der fünfziger Jahre. In: Henne, Thomas / Riedlinger, Arne (Hg.), Das Lüth-Urteil aus (rechts-)historischer Sicht. Die Konflikte um Veit Harlan und die Grundrechtsjudikatur des Bundesverfassungsgerichts, Berlin 2005, S. 293-300; Günther, Frieder: Denken vom Staat her. Die bundesdeutsche Staatsrechtslehre zwischen Dezision und Integration 1949-1970. München 2004.
2 Vgl. zur Staatsrechtslehre der Weimarer Zeit an erster Stelle Stolleis, Michael: Geschichte des öffentlichen Rechts in Deutschland. 3. Band: Staats- und Verwaltungsrechtswissenschaft in Republik und Diktatur 1914-1945. München 1999, S. 74-245.
3 Vgl. z. B. Günther, a. a. O. (Fn. 1), S. 96.
4 Schlink, Bernhard: Die Entthronung der Staatsrechtswissenschaft durch die Verfassungsgerichtsbarkeit. In: Der Staat 28 (1989), S. 161-172.

sächlich verschwand die Staatsrechtslehre auch nach der Gründung des BVerfG nicht in der Bedeutungslosigkeit, sondern zwischen beiden Institutionen setzte ein befruchtender Transfer von Konzepten und Ideen ein. Von Anfang an griffen beide Seiten auf die Konzepte des jeweils anderen zurück. Während der 1950er Jahre verlief der weit größere Teil dieses Transfers allerdings einseitig in eine Richtung, indem primär das BVerfG über seine Rechtsprechung die Staatsrechtslehre beeinflusste und hier teilweise politisch-ideelle Grundhaltungen veränderte. Dies sollte sich in den 1960er Jahren ändern, nachdem in der Staatsrechtslehre ein tief greifender Wandlungsprozess eingesetzt hatte. Nun begann ein ausgeglichener Prozess der gegenseitigen Beeinflussung und Befruchtung, über den die Staatsrechtslehre wieder eine größere Wirkung auf das Verfassungssystem entfaltete. Dieser Prozess war alles andere als konfliktfrei, auf Dauer konnte sich ihm aber keine der beiden Seiten entziehen. Er soll im Folgenden so skizziert werden, dass die jeweils markanten Veränderungen hervortreten.

1 Die 1950er Jahre: Das BVerfG setzt neue Akzente

Die 1950er Jahre waren für die westdeutsche Staatsrechtslehre primär ein Jahrzehnt der Rückbesinnung auf die Weimarer Wissenschaftstradition. Aus dem Rückblick erschienen die 1920er Jahre, in denen der vielbeachtete staatsrechtliche Methodenstreit stattgefunden hatte, als eine Hochphase der eigenen Disziplin. Damals hatte man Recht und Politik als absolut unvereinbare, antagonistische Begriffe verstanden; im Sinne eines exekutivischen Staatsdenkens sollte ein unantastbarer Eigenbereich der Staatsführung vor Infragestellungen durch die Judikative und Legislative verteidigt werden. Bestätigung fand diese Haltung noch einmal in der Schlussphase der Weimarer Republik, als die politischen Parteien scheinbar verhindert hatten, dass die Reichsregierung dringend notwendige Entscheidungen fällen konnte.[5] Vor diesem Hintergrund beurteilte man später auch den Plan des Parlamentarischen Rates, ein BVerfG mit weit reichenden Kompetenzen zu errichten, überaus kritisch. Unbedachte und übereifrige Aktivitäten einer solchen Institution, die gegenüber allen staatlichen Instanzen den Vorrang der Verfassung durchsetzen konnte, mussten aus einer solchen Sicht in schwierigen Zeiten, mit denen im Jahre 1949 noch allenthalben fest gerechnet wurde, in die Staatskrise führen.

Bereits im Jahre 1950, als das BVerfG noch nicht errichtet war, hatte sich die „Vereinigung der Deutschen Staatsrechtslehrer" auf einer Tagung mit dem Thema „Die Grenzen der Verfassungsgerichtsbarkeit"[6] auseinander gesetzt und in ihrer Mehrheit eine klare Schranke verfassungsgerichtlicher Kompetenz errichtet. Das BVerfG sei für rein politische Fragen nicht zuständig. Entgegen dem rechtsstaatlichen Rigorismus des Grundgesetzes, welcher die Gefahr in sich berge, den Weg in den Justizstaat zu weisen, müsse das BVerfG weise Zurückhaltung üben. Die Frage war auf der Staatsrechtslehrertagung vor allem, ob die Grenzen verfassungsgerichtlicher Kompetenz im Sinne Carl Schmitts nur mit dem Begriff des Politi-

---

5   Vgl. hierzu neuerdings u. a. Blasius, Dirk: Weimars Ende. Bürgerkrieg und Politik 1930-1933. Göttingen 2005.
6   Kaufmann, Erich / Drath, Martin: Die Grenzen der Verfassungsgerichtsbarkeit. In: VVDStRL 9 (1952), S. 1-133 (mit Aussprache). Vgl. hierzu allgemein von Bülow, Birgit: Die Staatsrechtslehre der Nachkriegszeit (1945-1952). Berlin 1996, S. 62-80.

schen hinreichend begründet seien[7] oder ob es konkreterer Kriterien bedürfe, wie z. B. das eindeutige Fehlen rechtlicher Regelungen, das Vorhandensein einer Vielzahl von Interessengegensätzen oder das Vorliegen einer primär moralischen Frage[8]. Doch diese beiden Positionen unterschieden sich nur in Nuancen. Beiden ging es an erster Stelle darum, die Regierung und teilweise auch den Gesetzgeber als per se politische Instanzen in politischen Fragen vor der Überprüfung durch das BVerfG zu bewahren. Bei der breiten Mehrheit der Staatsrechtslehrer war es im Jahre 1950 also letztlich wie in der Weimarer Zeit die jeweilige Vorstellung vom Politischen, die als Grenze verfassungsgerichtlicher Kompetenz fungierte. Um diese einzuhalten, solle sich das BVerfG solcher Konzeptionen wie der „political question"-Doktrin, der „rule of reasonableness" oder der „judicial self restraint" bedienen, die der US-amerikanische Supreme Court in seiner Rechtsprechung entwickelt hatte, um den anderen Verfassungsorganen im politischen Prozess den Vorrang einzuräumen.

Mit diesem so einhellig und unmissverständlich vorgebrachten Votum hatte die Staatsrechtslehre die Machtfrage gestellt. Nachdem das BVerfG seine Arbeit aufgenommen hatte, machte es aber rasch deutlich, dass es sich in seiner Arbeit nicht einschüchtern lassen wollte und dass mit dem Begriff des Politischen kaum eine praktikable Kompetenzbegrenzung vorzunehmen war. Vor allem da die SPD Verfassungsklagen als legitimen Bestandteil ihrer Oppositionspolitik betrachtete, kam es immer wieder dazu, dass das BVerfG Fragen, die das westdeutsche Gemeinwesen auf existentielle Weise betrafen, juristisch zu entscheiden hatte, so beispielsweise den Streit um den Beitritt zur Europäischen Verteidigungsgemeinschaft bzw. um die Wiederbewaffnung in den Jahren 1952/53, um das Saar-Statut 1954/55, um das KPD-Verbot im Zeitraum von 1951 bis 1956 und um die „Deutschland-Fernseh-GmbH" 1960/61. Hierbei zeigte sich, dass das Gericht in der Praxis eine juristische Entscheidung zu fällen hatte, auch wenn ihm eine Frage mit primär politischem Charakter vorgelegt wurde, ob es nun wollte oder nicht. Im Streit zwischen dem BVerfG und der Bundesregierung im Jahre 1952, inwieweit dem Gericht der Charakter eines obersten Verfassungsorgans zukomme, beanspruchten folglich die Richter ausdrücklich, mit ihrer Rechtsprechung weitgehend in den Bereich des Politischen hinein zu wirken, auch wenn sie eine Juridizierung der Politik vermeiden wollten.[9]

Als die Staatsrechtslehre diese zwangsläufige Entwicklung in der Rechtsprechung des BVerfG erkannte, stimmte sie in der Auseinandersetzung rasch einen weniger scharfen Ton an. Man sah ein, dass das BVerfG im bundesdeutschen Gewaltenteilungssystem im Vergleich mit der deutschen Verfassungsgeschichte eine neuartige Stellung einnahm. Auch wenn an der Unterscheidung zwischen Recht und Politik weiterhin festgehalten wurde, setzte sich damit doch bei weiten Teilen der Staatsrechtslehre allmählich die Einsicht durch, dass mit Hilfe dieses Gegensatzes die Kompetenzen des BVerfG nicht hinreichend bestimmt wer-

---

7   So vor allem Schneider, Hans: Gerichtsfreie Hoheitsakte. Ein rechtsvergleichender Bericht über die richterliche Nachprüfbarkeit von Hoheitsakten. Tübingen 1951, S. 27-47; Krüger, Herbert: Der Regierungsakt vor den Gerichten. In: DÖV 3 (1950), S. 536-541.

8   So vor allem Grewe, Wilhelm. In: VVDStRL 9 (1952), S. 123 f.

9   Der Bericht des Berichterstatters an das Plenum des Bundesverfassungsgerichts zur „Status"-Frage vom 29.3.1952. In: Der Status des Bundesverfassungsgerichts. Material – Gutachten, Denkschriften und Stellungnahmen mit einer Einleitung von Gerhard Leibholz. In: JöR 6 (1957), S. 109-221, hier S. 120-137; Denkschrift des Bundesverfassungsgerichts vom 27.6.1952. In: Ebd., S. 144-148, hier S. 144 f. Vgl. zudem Wesel, Uwe: Der Gang nach Karlsruhe. Das Bundesverfassungsgericht in der Geschichte der Bundesrepublik. München 2004, S. 76-82.

den konnten.[10] Das Gericht hatte in dieser Auseinandersetzung also einen ersten Sieg errungen.

Ein weiterer Anlass, sich gegenüber dem BVerfG mit lautstarker Kritik zu Wort zu melden, war dessen „131er“-Entscheidung vom Dezember 1953[11]. Es ging hier um die brisante Frage der Verfassungsmäßigkeit des Ausführungsgesetzes zu Art. 131 GG, welches in einem langwierigen Gesetzgebungsverfahren entstanden war und das Schicksal von Personen regelte, die nach dem 8. Mai 1945 aus dem öffentlichen Dienst ausgeschieden waren. Betroffen waren Vertriebene, Flüchtlinge und andere frühere Beschäftige, die entweder auf Grund von Entnazifizierungsverfahren ihre Anstellung verloren hatten oder deren Dienststellen weggefallen waren. Der Gesetzgeber hatte – entsprechend den Forderungen der Beamten-, Verdrängten- und Vertriebenenverbände – von wenigen Ausnahmen abgesehen ihre Wiederverwendung bzw. Versorgung angeordnet und sich damit generell für die Wahrung der personellen Kontinuität des deutschen Beamtentums über den Bruch von 1945 entschieden. Trotz dieser auf Integration und sozialer Absicherung bedachten Gesetzgebung klagten Einzelne mit der Begründung, dass durch die Bestimmungen des „131er“-Gesetzes ihre fortbestehenden Beamtenrechte nicht angemessen berücksichtigt worden seien. In seiner Entscheidung erklärte das Gericht daraufhin, dass aus verfassungsrechtlicher Sicht im Moment der deutschen Kapitulation alle bis dahin bestehenden Beamtenverhältnisse erloschen seien und folglich das Ausführungsgesetz zu Art. 131 GG die Beamtenverhältnisse für die Nachkriegszeit auf konstitutive Weise regeln konnte. Der Gesetzgeber war also bei seiner Regelung nicht verpflichtet gewesen, auf die herkömmlichen Rechte des einzelnen Beamten Rücksicht zu nehmen.

Die Staatsrechtslehre reagierte hierauf mit regelrechten Entrüstungsstürmen. Das Gericht hatte sich nicht darauf beschränkt, eine juristisch-dogmatische Argumentation zu liefern, sondern dem Urteil historisch-politische Aussagen über den ideologisch korrumpierten Charakter des Beamtentums in der Zeit des Nationalsozialismus angefügt. Nachdem der Bundesgerichtshof bereits zuvor das „geschichtliche Werturteil“ des BVerfG mit deutlichen Worten als falsch kritisiert und diesem seine These vom unpolitischen Charakter des Beamtentums auch in der Zeit nach 1933 entgegengestellt hatte,[12] entschied der Vorstand der Staatsrechtslehrervereinigung, auf der Tagung von 1954 in Tübingen das Thema „Die Berufsbeamten und die Staatskrisen“[13] zu behandeln. Die große Mehrheit machte denn auch aus ihrer Ablehnung der Entscheidung des BVerfG keinen Hehl, ging es doch hier für viele

---

10 Vgl. z. B. Scheuner, Ulrich: Der Bereich der Regierung. In: Rechtsprobleme in Staat und Kirche. Festschrift für Rudolf Smend zum 70. Geburtstag, 15. Januar 1952, Göttingen 1952, S. 253-301, hier S. 275 f., 290-301; ders.: Probleme und Verantwortungen der Verfassungsgerichtsbarkeit in der Bundesrepublik. In: DVBl 67 (1952), S. 293-298; Bachof, Otto: Grundgesetz und Richtermacht. Tübingen 1959.

11 BVerfGE 3, 58. Vgl. zum Zustandekommen des „131er“-Gesetzes bzw. zur Entscheidung des Bundesverfassungsgerichts: Wengst, Udo: Beamtentum zwischen Reform und Tradition. Beamtengesetzgebung in der Gründungsphase der Bundesrepublik Deutschland 1948-1953. Düsseldorf 1988, S. 152-252; Graner, Curt: Der öffentliche Dienst in den 50er Jahren: Politische Weichenstellungen und ihre sozialgeschichtlichen Folgen. In: Schildt, Axel / Sywottek, Arnold (Hg.), Modernisierung im Wiederaufbau. Die westdeutsche Gesellschaft der 50er Jahre, Bonn 1993, S. 759-790, hier S. 769-778; Frei, Norbert: Vergangenheitspolitik. Die Anfänge der Bundesrepublik und die NS-Vergangenheit. München 1999, S. 69-100; Dreier, Horst: Verfassungsstaatliche Vergangenheitsbewältigung. In: Badura, Peter / Dreier (Hg.), Festschrift 50 Jahre Bundesverfassungsgericht. 1. Band, Tübingen 2001, S. 159-208, insbesondere S. 168-170; Wesel, a. a. O. (Fn. 9), S. 140-147; Menzel, Jörg: Vergangenheitsbewältigung in der frühen Judikatur des Bundesverfassungsgerichts: Beamten- und Gestapo-Urteil. In: Henne / Riedlinger, a. a. O. (Fn. 1), S. 225-235.

12 BGHZ 13, 265.

13 Naumann, Richard / Spanner, Hans: Die Berufsbeamten und die Staatskrisen. In: VVDStRL 13 (1955), S. 88-194 (mit Aussprache).

um ein Stück persönlicher Vergangenheitsbewältigung, da sie in der Zeit des Nationalsozialismus als Beamte an der Universität oder in einem anderen Bereich tätig gewesen waren. Auch wenn der Tenor des Urteils, dem allein rechtliche Verbindlichkeit zukomme, womöglich aus praktischen Erwägungen heraus zu billigen sei, habe das Gericht auf verfassungsrechtlich unzulässige Weise entschieden und seine richterlichen Kompetenzen bei weitem überschritten[14]. Die Beamten seien in der Zeit nach 1933 genauso wie heute eine parteipolitisch unabhängige und allein staatsbezogene Instanz gewesen. Auch von dem Gegenargument Ernst Friesenhahns[15] – selbst Richter in dem in dieser Sache unbeteiligten zweiten Senat des BVerfG –, dass das Gericht hier berechtigterweise eine historisch-soziologische Wertung vorgenommen habe, die dem Streitgegenstand allein gerecht werde, ließ sich die Mehrheit nicht umstimmen.

Dass das BVerfG auch in diesem Fall nicht bereit war, sich von der vehementen Kritik aus der Staatsrechtslehre beeindrucken oder gar einschüchtern zu lassen, zeigte es in seiner Gestapo-Entscheidung von 1957[16], in der es sich zwar ausführlich mit der Kritik an seiner früheren Entscheidung auseinander setzte, gleichzeitig aber seine Auffassung vom zwangsläufig nationalsozialistisch infiltrierten Beamtentum in der Zeit nach 1933 noch einmal bestätigte. Als Beispiel hierfür diente ausdrücklich die Professorenschaft, und es fehlte auch nicht ein Seitenhieb hinsichtlich personeller Kontinuitäten innerhalb der juristischen Fakultäten:

„Der an sich verständliche Wunsch einzelner Autoren, von ihren früheren, jetzt auch von ihnen selbst missbilligten Äußerungen abzurücken, darf nicht dazu führen, diese Äußerungen auch in ihrem *damaligen* Aussagewert zu verkleinern."[17]

Trotz des offenkundig politischen Charakters dieses Konfliktes zeigt sich also auch hier deutlich, dass das BVerfG bei der Auseinandersetzung um die Deutungshoheit in Verfassungsfragen im Vergleich zur Staatsrechtslehre nunmehr am längeren Hebel saß und sich kaum auf Grund eines anders lautenden Mehrheitsvotums der Staatsrechtslehre veranlasst sah, von seiner Rechtsprechung abzuweichen.

Maßgeblichen inhaltlichen Einfluss gewann das BVerfG gegenüber der Staatsrechtslehre aber vor allem auf dem Gebiet des Parteienrechts und der Grundrechte. So fand die Parteienstaatslehre des Verfassungsrichters Gerhard Leibholz durch die Rechtsprechung des BVerfG immer wieder eine wirkmächtige Verbreitung.[18] Aus Leibholz' Sicht hatte sich die traditionelle repräsentative Demokratie zum modernen Parteienstaat gewandelt; politische Parteien waren in die Sphären des Staates aufgerückt und stellten mittlerweile für das gesamte politische System die zentrale Institution dar. Trotz vereinzelter Kritik verstärkte dieser Ansatz in der Staatsrechtslehre doch die Überzeugung, dass die im Parlament vertretenen Parteien ein unverzichtbares Element der politischen Willensbildung darstellten, auch wenn diese Aussage meist mit den beiden Einschränkungen versehen wurde, dass sie sich zum einen am Gemeinwohl zu orientieren hätten und ihr Einfluss nicht überhand nehmen dürfe.[19] Auf diese

---

14 So speziell Forsthoff, Ernst. In: VVDStRL 13 (1955), S. 161 f.
15 Friesenhahn, Ernst. In: VVDStRL 13 (1955), S. 162-171.
16 BVerfGE 6, 132.
17 BVerfGE 6, 132 (176 f.) (Hervorhebung im Original).
18 Vgl. z. B. BVerfGE 1, 208 (225); 2, 1 (72-74); 4, 27 (30); 5, 85 (133 f.); 8, 51 (63); 12, 276 (280).
19 Vgl. Scheuner, Ulrich: Die institutionellen Garantien des Grundgesetzes. In: Wandersleb, Hermann (Hg.), Recht – Staat – Wirtschaft. Band 4, Düsseldorf 1953, S. 88-119, hier S. 102-106; Menger, Christian-Friedrich: Zur verfassungsrechtlichen Stellung der deutschen politischen Parteien. In: AöR 78 (1952/53), S. 149-162; Giese, Friedrich: Parteien als Staatsorgane. Bemerkungen zum Plenarbeschluß des Bundesverfassungsgerichts

Weise überwanden die bundesdeutschen Staatsrechtslehrer die für die Weimarer Zeit noch charakteristische Parteienskepsis und vollzogen den durch Art. 21 GG vorgenommenen Bruch mit der deutschen Verfassungstradition im Nachhinein mit. In ähnlicher Weise ist das fast einhellige Umschwenken der Staatsrechtslehrer bei der Interpretation des Rechtes auf freie Entfaltung der Persönlichkeit in Art. 2 Abs. 1 GG als rechtliche Gewährleistung der allgemeinen menschlichen Handlungsfreiheit oder bei der auf Heinrich Triepel und Gerhard Leibholz zurückgehenden Deutung des Gleichheitssatzes in Art. 3 Abs. 1 GG in Richtung eines Willkürverbotes zu erklären. Zwar gab es bereits zuvor in der staatsrechtlichen Literatur einzelne Stimmen, die entsprechende Interpretationsansätze, welche sich hier eng an die Rechtsprechung des US-amerikanischen Supreme Court anlehnten, propagierten, aber erst nach der Entscheidung des BVerfG[20] bildete sich die neue Ansicht in der Staatsrechtslehre als fast einhellige Meinung heraus.[21]

Nicht zuletzt kommt in diesem Zusammenhang der wertbezogenen Rechtsprechung des BVerfG eine entscheidende Bedeutung zu. Vor allem in seiner Lüth-Entscheidung leitete das Gericht aus dem Grundrechtsabschnitt eine objektive Wertordnung ab, die die Geltungskraft der Grundrechte grundsätzlich verstärkte, sodass diese für alle Bereiche des Rechts Wirkung entfalteten.[22] Zahlreiche Staatsrechtslehrer, die zuvor einem Naturrechtsansatz gefolgt waren, schwenkten in der zweiten Hälfte der fünfziger Jahre in die vom BVerfG durch die Lüth-Entscheidung vorgegebene Richtung um. Die Interpretation des Grundgesetzes als einer systematisch angelegten, objektiven Wertordnung entwickelte sich somit in der Staatsrechtslehre rasch zur herrschenden Lehre, sodass die Grundrechte eine erheblich erweiterte Wirkkraft erhielten.[23] Unterschiedliche Ansichten gab es lediglich zu den beiden Fragen, inwiefern erstens die Grundrechte tatsächlich als ein lückenloses Wertsystem zu verstehen seien, und zweitens, wie weit die aus dem Begriff der objektiven Wertordnung abgeleitete Ausstrahlungswirkung der Grundrechte wirklich ging und inwiefern diese – wie in der Lüth-

---

vom 20. Juli 1954. In: AöR 80 (1955/56), S. 377-379; Kaiser, Joseph H.: Die Repräsentation organisierter Interessen. Berlin 1956; von Mangoldt, Hermann: Das Bonner Grundgesetz. Berlin / Frankfurt/Main 1953, S. 144-148; von Mangoldt, Hermann / Klein, Friedrich: Das Bonner Grundgesetz. Band 1. 2. Aufl., Berlin / Frankfurt/Main 1957, S. 613-624; Henke, Wilhelm: Die Parteien im Staat des Bonner Grundgesetzes. Art. 21 und der Bericht der Parteienrechtskommission. In: DÖV 11 (1958), S. 646-651. Vgl. des Weiteren von Bülow, a. a. O. (Fn. 6), S. 35-61; Mintzel, Alf: Der akzeptierte Parteienstaat. In: Broszat, Martin (Hg.), Zäsuren nach 1945. Essays zur Periodisierung der deutschen Nachkriegsgeschichte, München 1990, S. 75-94, hier S. 78-80; Hecker, Jan: Die Parteienstaatslehre von Gerhard Leibholz in der wissenschaftlichen Diskussion. In: Der Staat 34 (1995), S. 287-311; Morlok, Martin: Entdeckung und Theorie des Parteienstaates. In: Gusy, a. a. O. (Fn. 1), S. 238-255.

20 BVerfGE 1, 14 (52); 6, 32 (36 f.).

21 Vgl. zu Art. 2 Abs. 1 GG: Scholz, Rupert: Das Grundrecht der freien Entfaltung der Persönlichkeit in der Rechtsprechung des Bundesverfassungsgerichts. In: AöR 100 (1975), S. 80-130, 265-290; Peters, Hans: Das Recht auf freie Entfaltung der Persönlichkeit in der höchstrichterlichen Rechtsprechung. In: Constantopoulos, D. S. / Wehberg, Hans (Hg.), Gegenwartsprobleme des internationalen Rechts und der Rechtsphilosophie. Festschrift für Rudolf Laun zu seinem siebzigsten Geburtstag, Hamburg 1953, S. 669-678. Vgl. zu Art. 3 Abs. 1 GG: Ipsen, Hans Peter: Gleichheit. In: Neumann, Franz L. / Nipperdey, Hans Carl / Scheuner, Ulrich (Hg.), Die Grundrechte. Handbuch der Theorie und Praxis der Grundrechte. Band 2: Die Freiheitsrechte in Deutschland, Berlin 1954, S. 111-198.

22 BVerfGE 7, 198 (205). Unter direkter Bezugnahme auf von Mangoldt / Klein, a. a. O. (Fn. 19), Band 1, S. 86-90, 93. Vgl. des Weiteren Henne / Riedlinger, a. a. O. (Fn. 1), hier vor allem den Beitrag von Henne, Thomas: „Von 0 auf Lüth in 6 ½ Jahren". Zu den prägenden Faktoren der Grundsatzentscheidung, S. 197-222. Zudem Jarass, Hans Dieter: Die Grundrechte: Abwehrrechte und objektive Grundsatznormen. Objektive Grundrechtsgehalte, insbes. Schutzpflichten und privatrechtsgestaltende Wirkung. In: Badura / Dreier, a. a. O. (Fn. 11), 2. Band, S. 35-53; Wesel, a. a. O. (Fn. 9), S. 162-176.

23 Vgl. Stern, Klaus: Das Staatsrecht der Bundesrepublik Deutschland. Band III/1. München 1988, S. 903 f.

Entscheidung angedeutet – auch auf dem Gebiet des Privatrechts eine Drittwirkung entfalteten[24]. Grundsätzliche Kritik äußerten zu diesem Zeitpunkt allein Staatsrechtslehrer aus dem Umkreis von Carl Schmitt (1888-1985), dem früheren „Kronjuristen des Dritten Reiches". Für sie führte die Herleitung einer systematischen Wertordnung zu einer verhängnisvollen weltanschaulichen Infiltrierung des gesamten Rechtssystems.[25]

Die Rechtsprechung des BVerfG übte also während der 1950er Jahre eine ungemeine Wirkung auf die Staatsrechtslehre aus. Das Gericht betrieb einen kritischen Umgang mit der nationalsozialistischen Vergangenheit, es förderte die Stellung politischer Parteien im Verfassungssystem und stärkte die Wirkkraft der Grundrechte. Auf Grund seiner zentralen Position zwang es die Staatsrechtslehre, sich mit seinen Argumenten auseinander zu setzen und förderte damit längerfristig Grundhaltungen, die gegenüber den Entscheidungen des Gerichts zumindest adaptionsfähig waren – schließlich konnte man sich nun auf höchstrichterliche Autorität berufen. Hier wirkte es sich aus, dass ins BVerfG 1951 bewusst Personen berufen worden waren, die der nationalsozialistischen Ideologie gegenüber von Anfang an kritisch eingestellt gewesen waren; mehrere Bundesverfassungsrichter der ersten Generation hatten nach 1933 ihren Beruf verloren und einzelne sahen sich sogar zur Emigration gezwungen.[26] Für sie stellte das parlamentarische Regierungssystem des Grundgesetzes nun schlichtweg die richtige Antwort auf die jüngste Vergangenheit dar. Gegenüber einer Staatsrechtslehre, deren breite Mehrheit nach 1933 zumindest als kooperierende Funktionselite gewirkt hatte und die dem neuen Grundgesetz zunächst vor allem Skepsis entgegenbrachte, entfaltete sie somit eine freiheitsfördernde, liberalisierende Wirkung. Das BVerfG beförderte in der Staatsrechtslehre während der 1950er Jahre eine Grundhaltung, die dem parlamentarisch-freiheitlichen Geist des Grundgesetzes angemessen war.

2 Die 1960er Jahre: Eine Staatsrechtswissenschaft im Wandel tut sich mit Kritik hervor

Seit Beginn der 1960er Jahre vollzog sich in der bundesdeutschen Staatsrechtslehre ein fundamentaler Umdenkprozess,[27] durch welchen der bereits in den 1950er Jahren eingeschlagene Weg fortgesetzt wurde. Es rückte eine jüngere Generation von Staatsrechtlern in Professorenstellen auf, die um das Jahr 1930 herum geboren war und die nun einen grundlegenden Wandel ihrer Disziplin erreichen wollte. Den Angehörigen dieser Generation erschien der herkömmliche Wissenschaftsbetrieb als harmonistisch und verstaubt. Sie strebten an, in einer rein wissenschaftlichen Auseinandersetzung die Dinge endlich beim Namen nennen zu können. Aus einem dynamischen und modernisierenden Impuls heraus wollten sie zeitgemäße Antworten auf aktuelle verfassungsrechtliche Problemstellungen finden. Von zentraler Bedeutung ist es in diesem Zusammenhang, dass manche der jüngeren Staatsrechtslehrer einen

---

24 Vgl. z. B. Dürig, Günter: Art. 1 Abs. III. In: Maunz, Theodor / Dürig, Günter, Grundgesetz. Kommentar, München 1958 ff. (Loseblattsammlung), Rdnr. 127-133 (Stand: 1958); Leisner, Walter: Grundrechte und Privatrecht. München 1960.

25 Z. B. Schmitt, Carl: Die Tyrannei der Werte. In: Säkularisation und Utopie. Ebracher Studien. Ernst Forsthoff zum 65. Geburtstag, Stuttgart u. a. 1967, S. 37-62; Forsthoff, Ernst: Moderne Wertverwirklichung. In: DÖV 18 (1965), S. 619 f.

26 Vgl. Ley, Richard: Die Erstbesetzung des Bundesverfassungsgerichts. In: ZParl 13 (1982), S. 521-541.

27 Vgl. Günther, a. a. O. (Fn. 1), S. 211-326.

längeren Studienaufenthalt im westlichen Ausland – zumeist in den USA – verbracht hatten und dort in direkten Kontakt mit dem dortigen Verfassungsdenken gekommen waren. Sie hatten vor Ort eine andere Rechtstradition kennen gelernt, die angesichts der aktuellen Problemlagen in Deutschland eine attraktive Alternative zur traditionellen deutschen verfassungsrechtlichen Dogmatik darstellte. Vor diesem Erfahrungshintergrund setzten sie sich nach ihrer Rückkehr besonders dafür ein, dass staatsrechtliche Konzepte in Umlauf kamen, die mit dem anglo-amerikanischen Denken zumindest kompatibel waren. In eine solche Richtung wies beispielsweise das materiale Rechtsstaatsverständnis, das Konzept des Pluralismus, wonach neben Parteien auch Interessenverbänden im Verfassungssystem eine zentrale Stellung zukommt, das Bestreben, den traditionellen Etatismus in den Hintergrund zu drängen und die herkömmliche Trennung von Staat und Gesellschaft zu überwinden, oder auch die Forderung, im Verwaltungsrecht endlich den Gesetzesvorbehalt vollständig durchzusetzen. Auf der Basis solcher innovativer, aus dem atlantischen Westen abgeleiteter Denkansätze erhielt auch die Kritik der Staatsrechtslehre an der Rechtsprechung des BVerfG einen neuen innovativen Schub, den auch das Gericht auf Dauer nicht ignorieren konnte. Selbstverständlich nahm man auch weiterhin die Karlsruher Entscheidungen zur Kenntnis und arbeitete mit ihnen. Doch allein hiermit gaben sich die Staatsrechtslehrer nicht länger zufrieden. Auf der Basis einer fundierten, auf westeuropäisch-atlantischen Einflüssen beruhenden Grundüberzeug wollte man auf die Verfassungsentwicklung nun einen möglichst breiten Einfluss gewinnen. Wer in den 1950er Jahren noch harsche Kritik am BVerfG geübt hatte, stand rasch im Verdacht, die Realitäten des Grundgesetzes und damit die Pfeiler des bundesdeutschen Staates schlecht reden zu wollen. Dies hatte sich nun geändert. Der verfassungsrechtliche Grundkonsens war soweit vorangeschritten, dass auch grundsätzlich ansetzende Kritik am BVerfG als etwas Konstruktives aufgefasst und zur Grundlage einer produktiven und dynamischen Debatte gemacht werden konnte.

Die Kritik der Staatsrechtslehre betraf an erster Stelle die wertbezogene, auf ein System zielende Grundrechtsdogmatik des BVerfG, die Ende der 1950er Jahre entwickelt worden war, um die Bedeutung der Grundrechte generell zu verstärken, und in der Staatsrechtslehre rasch Anklang gefunden hatte. Nun entstand unter den Staatsrechtslehrern allmählich ein Unbehagen, dass, wenn man auf der Grundlage der Grundrechte ein lückenloses und hierarchisch gegliedertes Anspruchsystem konstruierte, ihre Bedeutung überspannt und damit der Juridizierung aller Lebensbereiche Vorschub geleistet würde. Aus einem westeuropäisch-atlantischen Blickwinkel bestand die Herrschaft des Rechts, dennoch bezogen sich Menschenrechte traditionell nur auf besonders wichtige und besonders gefährdete Sachverhalte im Verhältnis zwischen Individuum und Staat. Erste kritische Stimmen äußerten sich schon im Jahre 1958 nach dem Apotheken-Urteil des BVerfG[28], da man die Freiheit des Gesetzgebers, Regelungen zu treffen, die diesem angemessen und sinnvoll erschienen, auf übertriebene Weise eingeschränkt sah.[29] Solche Einwände setzten sich fort. Speziell jüngere Staatsrechtslehrer aus dem Umkreis des Göttinger Staats- und Kirchenrechtlers Rudolf Smend (1882-1975) kritisierten von nun an immer wieder den vom BVerfG verwendeten Begriff

---

[28]   BVerfGE 7, 377. Das Bundesverfassungsgericht setzte in dieser Entscheidung dem Gesetzgeber bei Eingriffen in die Berufsausübungsfreiheit gemäß Art. 12 Abs. 1 GG enge Grenzen und erlaubte dementsprechend einem approbierten Apotheker, in Traunreut eine Apotheke zu eröffnen.

[29]   Z. B. Scheuner, Ulrich: Das Grundrecht der Berufsfreiheit. In: DVBl 73 (1958), S. 845-849; Lerche, Peter: Zum Apotheken-Urteil des Bundesverfassungsgerichts. In: BayVBl 4 (1958), S. 231-235; Bachof, Otto: Zum Apothekenurteil des Bundesverfassungsgerichts. In: JZ 13 (1958), S. 468-471; Forsthoff, Ernst: Zur Problematik der Verfassungsauslegung. Stuttgart 1961, S. 20 f.

des Wertsystems. Die Grundrechte waren für sie kein lückenloses Anspruchssystem, sondern sie waren als einzelne historisch garantierte Freiheitsverbürgungen Elemente einer zusammenhängenden, objektiven Ordnung, die als ethische Grundlage dem gesamten Gemeinwesen ihren Stempel aufdrückte, ohne damit die gesetzgeberische Freiheit übermäßig einzuschränken.[30] Angesichts solcher kontinuierlichen Kritik überrascht es nicht, dass das BVerfG mehr und mehr von den Begriffen „Wertsystem" und „objektive Wertordnung" abrückte und seit den 1970er Jahren stattdessen nur noch von den Grundrechten etwa als Elementen einer objektiven Ordnung sprach. Vermutlich äußerte sich hier auch der Einfluss des 1975 zum Bundesverfassungsrichter gewählten Konrad Hesse (1919-2005), eines früheren Schülers von Rudolf Smend, der von da an die Möglichkeit nutzte, – ähnlich wie vor ihm Gerhard Leibholz – seine als Staatsrechtslehrer entwickelten Konzepte in die Rechtsprechung des Gerichts direkt einfließen zu lassen.

Dass die Staatsrechtslehre auch in der Lage war, gegenüber Karlsruhe notfalls vehemente Gegenwehr zu leisten, wurde vor allem in ihrer Reaktion auf die Hessen-Entscheidung des BVerfG zur Frage der Parteienfinanzierung von 1966 deutlich. In den vergangenen Jahren war von einzelnen Staatsrechtslehrern verstärkt Kritik an der Parteienstaatslehre von Gerhard Leibholz geübt worden, der das BVerfG immer noch folgte. Politische Parteien, so die Kritik, besäßen zwar einen Öffentlichkeitscharakter, ihre Einfügung in die organisierte Staatlichkeit sei auf der Grundlage des Grundgesetzes aber ausgeschlossen.[31] Nun hatte die Landesregierung Hessen vor dem BVerfG gegen die direkte Finanzierung der im Bundestag vertretenen Parteien durch Zuteilung aus dem Bundeshaushaltsplan geklagt. In Abkehr von seiner bis dahin praktizierten, an die Parteinstaatslehre von Leibholz angelehnten Rechtsprechung, betonte das Gericht daraufhin den allein gesellschaftlichen bzw. staatsfreien Charakter politischer Parteien und erklärte dementsprechend – abgesehen von der Wahlkampfkostenerstattung – jegliche staatliche Parteienfinanzierung für unzulässig.[32] Einstimmig war der Protest der Staatsrechtslehrer, die sich nun auch hierauf zu Wort meldeten.[33] Das BVerfG sei einem unzeitgemäßen Trennungsdenken hinsichtlich der Bereiche Staat und Gesellschaft verhaftet. Beide Bereiche stünden heute nicht mehr isoliert nebeneinander, sondern seien auf

---

30 Ehmke, Horst: Prinzipien der Verfassungsinterpretation. In: VVDStRL 20 (1963), S. 53-102, hier S. 82-86, 89; Scheuner, Ulrich: Pressefreiheit. In: VVDStRL 22 (1965), S. 1-100, hier S. 37-40, 51 f., 204; Hesse, Konrad: Grundzüge des Verfassungsrechts der Bundesrepublik Deutschland. Karlsruhe 1967, S. 118-121; Bäumlin, Richard: Das Grundrecht der Gewissensfreiheit. In: VVDStRL 28 (1970), S. 3-32, hier S. 19; Müller, Friedrich: Normstruktur und Normativität. Zum Verständnis von Norm und Wirklichkeit in der juristischen Hermeneutik, entwickelt an Fragen der Verfassungsentwicklung. Berlin 1966, S. 126, 213. Vgl. z. B. auch die erheblich grundsätzlicher ansetzende Kritik: Böckenförde, Ernst-Wolfgang: Grundrechtstheorie und Grundrechtsinterpretation. In: NJW 27 (1974), S. 1529-1538, hier S. 1533 f.

31 Z. B. Rechtliche Ordnung des Parteiwesens. Probleme des Parteiengesetzes. Bericht der vom Bundesminister des Innern eingesetzten Parteinrechtskommission. 2. Aufl., Frankfurt/Main 1958; Hesse, Konrad: Die verfassungsrechtliche Stellung der politischen Parteien im modernen Staat. In: VVDStRL 17 (1959), S. 11-52; Henke, Wilhelm: Das Recht der politischen Parteien. Göttingen 1964.

32 BVerfGE 20, 56 (96-119).

33 Hesse, Grundzüge, a. a. O. (Fn. 30), S. 73 f.; Häberle, Peter: Unmittelbare staatliche Parteienfinanzierung unter dem Grundgesetz – BVerfGE 20, 56. In: JuS 7 (1967), S. 64-74; Tsatsos, Dimitris: Die Finanzierung politischer Parteien. In: ZaöRVR 26 (1966), S. 371-389, insbesondere S. 377-379, 383; Rauschning, Dietrich: Zur Methode der Entscheidung des Bundesverfassungsgerichts über die staatliche Parteienfinanzierung. In: JZ 22 (1967), S. 346-351, insbesondere S. 347 f.; Zwirner, Henning: Die Rechtsprechung des Bundesverfassungsgerichts zur Parteienfinanzierung. In: AöR 93 (1958), S. 81-135, insbesondere S. 109-132; Scheuner, Ulrich: Parteiengesetz und Verfassungsrecht. In: DÖV 21 (1968), S. 88-94, hier S. 90, Fn. 20; Randelzhofer, Albrecht: Probleme des Parteienrechts. Zum Urteil des Bundesverfassungsgerichts über die Vorschriften des Parteiengesetzes. In: JZ 24 (1969), S. 533-541, hier S. 533-535.

vielfältige Weise miteinander verflochten. So besäßen Parteien, wenn sie gemäß Art. 21 Abs. 1 Satz 1 GG beim offenen Prozess der politischen Willensbildung mitwirkten, einen öffentlichen Charakter und seien damit sowohl mit dem Staat als auch mit der Gesellschaft verbunden. Folglich sei eine staatliche Parteienfinanzierung nicht gänzlich ausgeschlossen. Angesichts dieser massiven und wohlbegründeten Kritik sah sich das BVerfG schon zwei Jahre später gezwungen, von seinen Grundsätzen aus dem Jahre 1966 abzurücken und nach Klagen verschiedener kleiner Parteien insbesondere gegen die Regelung der Wahlkampfkostenerstattung eine – allerdings stark reglementierte – staatliche Parteienfinanzierung entsprechend dem neuen Parteiengesetz wiederum für zulässig zu erklären.[34]

3 Fazit: Kein bloßer Bundesverfassungsgerichtspositivismus in der Staatsrechtslehre

Im Jahre 1989, also 40 Jahre nach Gründung der Bundesrepublik und nach Inkrafttreten des Grundgesetzes, war es Zeit, Bilanz zu ziehen. Damals erschien ein viel beachteter Aufsatz des Bonner Staatsrechtslehrers Bernhard Schlink (geb. 1944), in dem er scharfe Kritik am neuen Bundesverfassungsgerichtspositivismus in der Staatsrechtslehre übte, welcher sich seit 1951 herausgebildet habe. Die Staatsrechtslehrer hätten sich dazu degradieren lassen, nur noch Dezisionen des obersten Gerichts zu systematisieren und sie in eine kohärente Dogmatik einzubauen:

„Karlsruhe locuta, causa finita – das sprichwörtlich gewordene Aperçu bringt das Neu- und Andersartige in ein Bild, bei dem das BVerfG ex cathedra spricht und die Vertreter der entthronten Staatsrechtswissenschaft an seinen Stufen stehen."[35]

Es dürfte an dieser Stelle deutlich geworden sein, dass in den 1950er und 1960er Jahren zwar von einem Bedeutungsverlust, nicht aber von einem völligen Zurücktreten der Staatsrechtslehre gesprochen werden kann. Als sich in der Staatsrechtslehre zu Beginn der 1960er Jahre innovative Strömungen bemerkbar machten, die – trotz aller Traditionsverhaftung – tatsächlich einen weit reichenden Bruch mit der nach Bonn hinübergeretteten Weimarer Wissenschaftstradition vollzogen, entwickelte die Disziplin eine seit 1933 nicht mehr gekannte Breitenwirkung, der sich auch das BVerfG nicht entziehen konnte. Gerade jene Fragenkomplexe, in denen das BVerfG während der 1950er Jahre ein Umdenken angeregt hatte, griffen die Staatsrechtslehrer jetzt auf und setzten hier wiederum neue Akzente, die auch in Karlsruhe längerfristig Widerhall fanden.

Der Aufsatz von Schlink ist angesichts dieser Entwicklung also weniger als eine historische Analyse, sondern vielmehr als eine engagierte Gegenwartsbeschreibung der Staatsrechtslehre im Jahre 1989 zu verstehen, was natürlich seinen Wert nicht mindert. Für unsere aktuelle Situation kann damit aber eine optimistischere Perspektive formuliert werden: Wenn die Staatsrechtslehre über ein überzeugendes theoretisches Rüstzeug verfügt, ist sie nicht zum Bundesverfassungsgerichtspositivismus verdammt, sondern durchaus in der Lage, auch

---

34 BVerfGE 24, 300 (334-362).
35 Schlink, a. a. O. (Fn. 4), S. 168. Vgl. in diesem Zusammenhang auch die in eine ähnliche Richtung zielende Äußerung von Rudolf Smend aus dem Jahre 1961: „Das Grundgesetz gilt nunmehr praktisch so, wie das Bundesverfassungsgericht es auslegt, und die Literatur kommentiert es in diesem Sinne." In: Smend, Rudolf: Das Bundesverfassungsgericht. In: ders., Staatsrechtliche Abhandlungen und andere Aufsätze, 3. Aufl., Berlin 1994, S. 581-593, hier S. 582.

unter dem Grundgesetz auf die Verfassungsgerichtsbarkeit einen bedeutenden Einfluss aus-zuüben. Davon zeugen die 1960er Jahre.

Thomas Henne

„Smend oder Hennis" –
Bedeutung, Rezeption und Problematik der ‚Lüth-Entscheidung'
des Bundesverfassungsgerichts von 1958[1]

1

Es waren Worte wie Donnerhall, 1940-44 von Deutschlands Kinoleinwänden Millionen von Zuschauern entgegengeschleudert, während die Entrechtung, Exklusion und Ermordung der Juden ihre letzte Phase erreicht hatte. Es waren seit der Uraufführung 1940 rund 20 Millionen Kinozuschauer, die Veit Harlans antisemitischen NS-Propagandafilm „Jud Süß" und dessen Ende gesehen hatten. Und es war unter anderem die folgende melodramatisch und sadomasochistisch aufgeladene Schlussszene, die haften blieb:

Nachdem im Film Jud Süß Oppenheimer eine Frau vergewaltigt hat, wird er aufgrund eines (angeblichen) Reichskriminalgesetzes angeklagt: Das Gesetz laute, so der Film: „So aber ein Jude mit einer Christin sich fleischlich vermenget, soll er durch den Strang vom Leben zum Tode gebracht werden."[2] Nach der Hinrichtung aufgrund dieses Gesetzes erfolgt die Verkündung: „Für ganz Württemberg gilt hiermit der Judenbann. [...] Mögen unsere Nachfahren an diesem Gesetz ehern festhalten, auf daß ihnen viel Leid erspart bleibe an ihrem Gut und Leben und an dem Blut ihrer Kinder und Kindeskinder."[3]

Zur gleichen Zeit rollten die Deportationszüge nach Auschwitz.

2

Ging es nach 1945 um Harlan, ging es folglich immer auch um seinen Film ›Jud Süß‹: Nicht nur in den – erster Schritt – Strafverfahren der Nachkriegszeit, bei denen Harlan mehrfach

---

1   Der Aufsatz führt Überlegungen fort, die publiziert sind in Henne, Thomas / Riedlinger, Arne (Hg.), Das Lüth-Urteil in (rechts-)historischer Sicht. Die Konflikte um Veit Harlan und die Grundrechtsjudikatur des Bundesverfassungsgerichts, Berlin 2005 und bei Henne, Thomas: Der Umgang der Justiz mit Veit Harlans „Jud Süß" seit den 1950er Jahren: Prozesse, Legenden, Verdikte. Straf-, Zivil-, Verfassungs- und Urheberrecht im Einsatz gegen den kaum gezeigten Verdiktsfilm, in: Przyrembel, Alexandra / Schönert, Jörg (Hg.), „Jud Süß". Biographie, literarische Figur, antisemitisches Zerrbild, Frankfurt/M. 2006, S. 257 ff.

2   Zu dieser Klimax antisemitisch motivierter Geschichtsverfälschungen und zur angeführten, angeblichen Norm eines „Reichskriminalgesetzes": Schmauder, Stephan: Antisemitische Propaganda in Veit Harlans Historien-Film-Melodram Jud Süß (1940), in: Henne / Riedlinger, a. a. O. (Fn. 1), S. 79 ff. (95 ff.); ebd. S. 80 Fn. 4 auch ein Nachweis für die Zuschauerzahl.

3   Ein Protokoll des z. Zt. nur sehr selten aufgeführten Films ist zugänglich z. B. bei Knilli, Friedrich: „Jud Süß". Filmprotokoll, Programmheft und Einzelanalysen, Berlin 1983 und zuvor (gekürzt) bei Hollstein, Dorothea: „Jud Süß" und die Deutschen. Antisemitische Vorurteile im nationalsozialistischen Spielfilm, Frankfurt/M. 1983, S. 270 ff.

und auch letztlich einen Freispruch erreichen konnte. Es ging auch um den ›Jud Süß‹, als kurz danach Erich Lüth – zweiter Schritt – den Konflikt auf die Ebene der Ziviljustiz verlagerte: Sein Boykottaufruf war zwar unmittelbar gegen Harlans Nachkriegsfilme gerichtet, aber nicht wegen deren Inhalt, sondern es ging wiederum um den ›Jud Süß‹-Film. Als Harlans Filmfirmen mit ihrer Klage gegen Lüth auf Unterlassung vorläufig erfolgreich waren, folgte – dritter Schritt – die verfassungsrechtliche Auseinandersetzung, die 1958 mit einer Entscheidung zugunsten von Lüth endete – jenem Urteil, das heute als ‚Lüth-Urteil' bekannt ist.[4]

3

Spricht man über die Bedeutung dieses Lüth-Urteils, sind Superlative üblich[5] und auch angemessen: Es war eine „sanfte Revolution", wie Friedrich Kübler kürzlich im Rückblick festgestellt hat;[6] es war ein wichtiger früher Versuch der „Vergangenheitsbewältigung" in der Ära Adenauer,[7] zudem *der* Beitrag des BVerfG zur Liberalisierung der Bundesrepublik;[8] veränderte den zivilrechtlichen Ehrenschutz grundlegend und konkretisierte wichtige Fragen zur Dogmatik des Art. 5 GG (Meinungsfreiheit) – vor allem aber wurde das Urteil zur „Fundamentaltheorie über die Grundrechte".[9] Den Voraussetzungen für diese außerordentliche Wirkung soll im Folgenden nachgegangen werden – verbunden mit einem Blick auf jene heute kaum noch bekannte Entscheidungsalternative, vor der das Gericht stand: „Smend oder Hennis"?

4

Die Bedeutung dieser Weichenstellung kann kaum unterschätzt werden, hat doch der vom BVerfG im Lüth-Urteil präferierte Weg die fundamentale Drittwirkung der Grundrechte in der bundesdeutschen Rechtsordnung verankert. Auch wenn man Sonderwegstheorien nicht für weiterführend hält, ist mit der Stärke der Wertgebundenheit der bundesdeutschen Rechtsordnung und ihrer Verzahnung von Verfassungs- und einfachem Recht, verbunden mit den weit reichenden Instrumenten des BVerfG, ein Alleinstellungsmerkmal des deutschen Rechts jedenfalls in Europa beschrieben. Ausgangspunkt für all dies war eine im Lüth-Urteil voll-

4   BVerfGE 7, 198 ff. (Urteil des 1. Senats v. 15.1.1958); gekürzt abgedruckt in: NJW 1958, S. 257 ff.; DÖV 1958, S. 153 ff. (mit Anm. von Günter Dürig, S. 194 ff.), MDR 1958, S. 146; BayVBl 1958, S. 109, VerwRspr 10, S. 419 und JZ 58, S. 125 (mit Anm. Bernhard Wolff, S. 202 f.); die Urteilsanmerkung des Präsidenten des Bundesarbeitsgerichts, Hans C. Nipperdey, in: DVBl 1958, S. 445 ff. Eine ausführliche deskriptive Zusammenfassung bei Kogon, Eugen: Ein bemerkenswertes Urteil, in: Frankfurter Hefte, Jg. 13 (1958), S. 233 ff.

5   Einige Beispiele bei Henne / Riedlinger, a. a. O. (Fn. 1), S. 1 f.

6   Kübler, Friedrich: Lüth: eine sanfte Revolution, in: KritV 2000, S. 313 ff.

7   Dazu Miosga, Caren: Der Kampf des politischen Publizisten Erich Lüth gegen Veit Harlan: ein früher Versuch zur „Vergangenheitsbewältigung" in der Ära Adenauer, Magisterarbeit, Univ. Hamburg 1998.

8   Dazu jetzt umfassend Herbert, Ulrich (Hg.): Wandlungsprozesse in Westdeutschland. Belastung, Integration, Liberalisierung, Göttingen 2002.

9   Wahl, Rainer: Lüth und die Folgen. Ein Urteil als Weichenstellung für die Rechtsentwicklung, in: Henne / Riedlinger, a. a. O. (Fn. 1), S. 371 ff. (371).

endete *Neu*rezeption[10] von Rudolf Smends in der Weimarer Zeit entwickelter, damals anti-positivistischer Grundrechtstheorie.[11]

Der zeitgenössische Gegenentwurf stammte von Wilhelm Hennis, damals gerade bei Rudolf Smend zum Dr. jur. promoviert[12] und im Büro des SPD-„Kronjuristen" Adolf Arndt für die Bearbeitung der Verfassungsbeschwerde von Erich Lüth zuständig. Hennis hatte 1952 in einem maßgeblich von ihm verfassten Schriftsatz an das Karlsruher Gericht eine umfassend begründete Entscheidungsalternative angeboten.[13] Das Gericht folgte diesem Vorschlag jedoch gerade nicht, Hennis wechselte – wie damals nicht wenige junge sozialdemokratische Juristen – zur Politikwissenschaft, und Adolf Arndt war in einem späteren Schriftsatz (ohne Hennis' Beteiligung) taktisch versiert genug, auf die offenbar in einer mündlichen Verhandlung angekündigte spätere Linie des Lüth-Urteils einzuschwenken.[14] Hennis, heute Doyen der deutschen Politikwissenschaft, blieb aber bei seiner Linie und distanzierte sich noch 2003 „im Namen des ‚Büros Arndt'" von den Inhalten des Lüth-Urteils.[15]

Die Alternative „Smend oder Hennis" ist jedoch alles andere als überholt, denn jüngst hat ausgerechnet der Europäische Gerichtshof für Menschenrechte (EGMR)[16] die damalige Grundthese von Hennis zurück in die Diskussionen über bundesdeutsche Rechtsdogmatik gebracht – ohne Berufung auf Hennis, aber mit einer verblüffenden Ähnlichkeit. Es führt zwar kein Weg zurück zur entscheidungsoffenen Situation von 1958; einmal beschrittene Pfade können nicht zurückgegangen werden,[17] obwohl die Inhalte des Lüth-Urteils nach wie vor heftig angegriffen werden. Doch weil nun mit BVerfG und EGMR zwei heute teilweise konkurrierende Institutionen für „Smend oder Hennis" stehen, lohnt sich ein Blick auf die damalige Entstehung der Entscheidungsalternativen umso mehr.

---

10 Dass unter den – im Vergleich zur Weimarer Republik – strukturell grundsätzlich anderen Umständen der frühen Bundesrepublik (z. B. Verfassungsgericht, Grundrechte an der Spitze des Verfassungstextes, zeitgenössische Diskreditierung des staatsrechtlichen Positivismus und damit Fortfall der bislang dominierenden Lehre) keine Rezeption, sondern nur eine Neurezeption von Smend möglich war, wäre m. E. stärker zu akzentuieren bei der konzisen Analyse von van Ooyen, Robert Chr.: Der Begriff des Politischen des Bundesverfassungsgerichts, Berlin 2005, S. 138 f.

11 Zu Smends Grundrechtstheorie soweit ersichtlich erstmals ausführlich: Ruppert, Stefan: Geschlossene Wertordnung? Zur Grundrechtstheorie Rudolf Smends, in: Henne / Riedlinger, a. a. O. (Fn. 1), S. 327 ff. Dort ist die Literatur zu Smend umfassend nachgewiesen; außerdem jetzt Bickenbach, Christian: Rudolf Smend, in: JuS 2005, S. 588 ff.

12 Hennis' Dissertation ist jüngst im Druck erschienen: Das Problem der Souveränität. Ein Beitrag zur neueren Literaturgeschichte und gegenwärtigen Problematik der politischen Wissenschaften (1951), Tübingen 2003.

13 Abgedruckt bei Henne / Riedlinger, a. a. O. (Fn. 1), S. 493 ff.

14 Schriftsatz v. 15.11.1957, abgedruckt bei Henne / Riedlinger, a. a. O. (Fn. 1), S. 535 ff. (536): Es gibt „gewisse Dritt-Wirkungen der Grundrechtsbestimmungen, weil sie zugleich objektives [sic !] Recht sind, auch für das Verhalten innerhalb der privaten Sphäre." 1959, also nach dem Lüth-Urteil, war auch Arndt ein Kritiker des Lüth-Urteils, vgl. ders.: Grundfragen einer Reform der deutschen Justiz, in: ders., Gesammelte Juristische Schriften, München 1976, S. 343 ff. (350 f.).

15 Hennis, Wilhelm: Lüth – und anderes, in: Henne / Riedlinger, a. a. O. (Fn. 1), S. 187 ff. (193); ähnlich zuvor ders.: Integration durch Verfassung? Rudolf Smend und die Zugänge zum Verfassungsproblem nach 50 Jahren unter dem Grundgesetz, in: Vorländer, Hans (Hg.), Integration durch Verfassung, Wiesbaden 2002, S. 267 ff. (282 f.).

16 EGMR III. Sektion, Urteil v. 24.06.2004, in: NJW 2004, S. 2647 ff. = JZ 2004, S. 1015 = GRUR 2004, S. 1051 = DVBl 2004, S. 1091.

17 Dazu Wahl, Rainer: Lüth und die Folgen. Ein Urteil als Weichenstellung für die Rechtsentwicklung, in: Henne / Riedlinger, a. a. O. (Fn. 1), S. 371 ff.

Hennis' Entwurf war eine Reaktion auf die Entscheidung der Zivilgerichtsbarkeit im „Fall Lüth". 1950, der „Jud Süß"-Regisseur Veit Harlan war vom Vorwurf eines „Verbrechens gegen die Menschlichkeit" endgültig freigesprochen worden, hatte Erich Lüth zum Boykott eines Nachkriegsfilms von Veit Harlan aufgefordert. Der Publizist Lüth, Sozialdemokrat und Hamburger Senatsdirektor, war in der NS-Zeit einer, wie er selbst später schrieb, „biedermännischen und hausbackenen Arbeit"[18] nachgegangen.[19] Sein Schweigen in dieser Zeit empfand Lüth zeit seines Lebens als Schuld,[20] und an ihr hat er sich – als die 1950er Jahre vom Schweigegebot dominiert wurden – mit all seiner publizistischen Kraft abgearbeitet. Hier also nahm es ein Nicht-Täter, ein Nicht-Held auf sich, darüber nicht zu schweigen.

Wohl bewusst hatte Lüth mit dem Boykottaufruf seinen langjährigen Konflikt mit Veit Harlan auf die Ebene der *Zivil*justiz verlagert. Und schon in dem zivilrechtlichen Eilverfahren, mit dem Harlans Filmfirmen eine Unterlassungsverfügung gegen Lüth erreichen wollten, ging es vorrangig um die Einschätzung des ›Jud Süß‹-Films von Harlan. Lüths zivilrechtlichen Niederlagen folgte eine um so stärkere Solidarisierung in der Öffentlichkeit; die bereits große Resonanz auf Harlans Strafverfahren fand ihre Fortsetzung und führte unter anderem zu Demonstrationen gegen Harlan, Schlagstockeinsätzen gegen seine Gegner, Vortragsreisen von Harlan und anderem. Lüth und Harlan fochten für ihre je eigene Geschichtspolitik: Schuldannahme oder Schlussstrich.

Das Urteil im zivilrechtlichen Hauptsacheverfahren korrelierte hingegen mit einer dritten Möglichkeit: Jenem herrschenden Schweigekonsens, der individuelles Schweigen über die eigene NS-Vergangenheit mit Abgrenzung zum Nationalsozialismus in der öffentlichen Kommunikation verband.[21] Daher waren für die Hamburger Zivilrichter, von denen viele NS-Karrieren hinter sich hatten,[22] Boykottaufrufe im politischen Meinungskampf unzulässig: „Das Gericht ist seinem Wesen nach nicht dazu berufen, eine politische Entscheidung zu treffen."[23] Immerhin lagen die politisch motivierten Boykottaktionen ausgerechnet der Nazis gegen jüdische Geschäfte noch nicht lange zurück. Lüth müsse sich stattdessen zurückhalten, denn, so die Meinung der Ziviljustiz, „bei einer ruhigen, von politischer Leidenschaft freien Betrachtungsweise ist nicht einzusehen, warum das Wiederauftreten Harlans als Filmregisseur die Empfindungen der Angehörigen und Freunde der ermordeten Juden verletzen müßte."[24] Jedenfalls sei Lüths „eigenmächtige Beschränkung" von Harlans Grundrecht, als Filmregisseur zu arbeiten, ein Verstoß „gegen die guten Sitten".[25] Lüths Boykottaufruf war in dieser Sichtweise, um die heutige Diktion zu verwenden, nicht verhältnismäßig – er hatte

---

18 Kretschmann, Carsten: Schuld und Sühne. Annäherungen an Erich Lüth, in: Henne / Riedlinger, a. a. O. (Fn. 1), S. 47 ff. (51).

19 Offenbar autobiographische Züge trägt sein bislang kaum beachtetes Werk: Yvonne erobert Paris, Hamburg 1949.

20 Zum Umgang mit dieser Schuld vgl. Lüths Autobiographien: Viel Steine lagen am Weg. Ein Querkopf berichtet, Hamburg 1966 und ders.: Ein Hamburger schwimmt gegen den Strom, Hamburg 1981.

21 Hans Globke, NS-Rassegesetzkommentator und nach 1945 langjährig hoher Regierungsbeamter, verkörperte die Möglichkeiten bei Beachtung dieses Schweigekonsens vielleicht am eindringlichsten.

22 Dazu Henne / Riedlinger, a. a. O. (Fn. 1), S. 576 ff.

23 Die Hauptsache-Entscheidung des LG Hamburg v. 22.11.1951 (zeitgenössisch nicht publiziert) ist abgedruckt bei Henne / Riedlinger, a. a. O. (Fn. 1), S. 481 ff.; das Zitat ebd. S. 482.

24 Ebd. S. 484.

25 Ebd. S. 486.

nicht, wie der Sache nach (auch) damals von der Rechtsprechung verlangt („Constanze I")[26] und von den meisten öffentlichen Institutionen befolgt wurde, das mildeste Mittel gewählt.

Die Hamburger Gerichte verfügten bei ihren Entscheidungen gegen Lüth neben der Übereinstimmung mit der Rechtsprechung der obersten Zivilgerichte noch über einen weiteren Trumpf: Sie beriefen sich maßgeblich auf die Ausführungen im Standardkommentar zum „Gesetz gegen den unlauteren Wettbewerb" (UWG) in der Weimarer Zeit.[27] Dessen Autor, Rudolf Callmann, war nach 1933 wegen der antijüdischen Verfolgung in der NS-Zeit emigriert und nach 1945 als Präsidiumsmitglied des *Council of Jews from Germany* mit Wiedergutmachungsfragen befasst.[28] Diese Referenz verschafft den Hamburger Richtern zusätzliche Sicherheit bei ihrer Entscheidung, die Lüths Boykottaufruf für illegal erklärte.

6

„Das konnte doch wohl nicht wahr sein", konstatierte der damalige Assessor Dr. jur. Wilhelm Hennis,[29] nahm es mit den Hamburger Gerichten und auch mit dem Bundesgerichtshof auf und schrieb in seinem Schriftsatz[30] forsch, aber letztlich zutreffend:

„Für die Allgemeinheit und die Gesamtentwicklung einer rechtsstaatlichen Demokratie in Deutschland wird es von geschichtsbildender Bedeutung sein, ob Lüth sagen durfte, was er gesagt hat, oder ob ihm der Mund verboten werden konnte."[31]

Mit den Begründungsfiguren der BGH-Rechtsprechung, der aus heutiger Sicht „berühmt-berüchtigten" „Constanze I"-Entscheidung[32] und auch mit zivilrechtlichen Normen setzte sich Hennis daher nicht auseinander, sondern beurteilte den Boykottaufruf von Lüth *ausschließlich verfassungsrechtlich*. Jene heute so prägende Drittwirkung des Verfassungsrechts für das Zivilrecht war also bei Hennis' Ansatz gerade nicht vorhanden, genauso wenig jene zeitgenössische phänomenologische Wertphilosophie, die später Eingang in das Lüth-Urteil fand.[33] Erst recht blieb die vorrangig vom damaligen BGH-Präsidenten Hermann Weinkauff

---

26 Wer „in einen fremden Rechtskreis [...] störend eingreifen will, [hat] besonders sorgfältig zu prüfen, ob die Rechtsverletzung, die er begehen will, zur sachgemäßen Interessenwahrung nach Schwere und Ausmaß erforderlich ist." BGHZ, 3, 270 (273) = JZ 52, S. 227 ff. (229) (mit Anm. H. Kleine) = NJW 52, S. 660 (661) = MDR 52, S. 91 (92) – „Constanze I", Urteil des 1. Zivilsenats v. 26.10.1951 (als „Constanze II" wird heute BGHZ 14, 163 bezeichnet).

27 Vgl. die Urteilsabdrucke bei Henne / Riedlinger, a. a. O. (Fn. 1), S. 461 und 475.

28 Röder, Werner (Hg.): Biographisches Handbuch der deutschsprachigen Emigration nach 1933, Bd. 1, München 1980, S. 565.

29 So jedenfalls die Erinnerung von Hennis 1983, vgl. ders.: Lüth – und anderes, in: Henne / Riedlinger, a. a. O. (Fn. 1), S. 193.

30 An dem Schriftsatz von Lüths Anwalt Adolf Arndt v. 4.2.1952 war Hennis als damaliger Assistent Arndts maßgeblich beteiligt, sodass dieser Schriftsatz hier zur sprachlichen Vereinfachung als „sein" Werk bezeichnet wird. Auch in Politikwissenschaft als Beruf (in: Hennis, Regieren im modernen Staat, Tübingen 2000, S. 397 ff. [405]) schreibt Hennis: „diese Beschwerdeschrift habe ich, bis auf forensische Zutaten Arndts, ganz allein [...] ausgearbeitet." Der Schriftsatz ist abgedruckt bei Henne / Riedlinger, a. a. O. (Fn. 1), S. 493 ff.

31 Ebd., S. 501.

32 Zu dieser Entscheidung oben bei Fn. 26; die zitierte Einschätzung bei Münchener Kommentar-BGB / Wagner, 4. Aufl. 2004, § 823 BGB Rdnr. 196.

33 Vgl. dazu auch Günther, Frieder: Wer beeinflusst hier wen? Die westdeutsche Staatsrechtslehre und das Bundesverfassungsgericht während der 1950er und 1960er Jahre, in diesem Band S. 129 ff.

verfochtene und viel diskutierte katholisch-neuthomistische Naturrechtsrenaissance[34] außen vor.

Hennis' zentrale These lautete stattdessen: In der *öffentlichen* Sphäre muss die Rechtsordnung mehr und anderes erlauben als in der *privaten*. Einerseits ist, so Hennis „die öffentliche Meinung [...] der Atem der Demokratie, ohne den sie als Government *by public opinion* nicht bestehen kann", andererseits gebe es ein „privates Dasein und irgendeine Art des Broterwerbs".[35] In dieser Sicht ist die grundgesetzlich geschützte Meinungsfreiheit, so der Schlusssatz von Hennis' Schriftsatz,

„die Freiheit des geistigen Handelns in der Demokratie und die zulässige Mitgestaltung der öffentlichen [sic !] Meinung"[36]

Ein faszinierender Vorschlag zur juristischen Zweiteilung von Privatheit und Öffentlichkeit, zur rechtsdogmatischen Differenzierung von „geistigem Handeln in der Demokratie" und zweitklassigem Handeln in einer (vagen) zweiten Kategorie, die für Lüths Boykottaufruf allerdings auch ohne genauere Grenzziehung evident nicht einschlägig war.

All dies war aber nicht in offenem Gegensatz zu Smend entwickelt worden; vielmehr hatte Hennis offensiv eine Übereinstimmung mit Rudolf Smend belegt – jedoch unter auffälliger Nichtberücksichtigung der gemeinschafts- und gruppenbezogenen Ausführungen Smends. Hier zeigt sich besonders die Auswirkung der *Neu*rezeption Smends: In der Weimarer Republik war die Integrationslehre Smends noch gegen die herrschende positivistische, durchgängig wertrelativistische Staatsrechtslehre formuliert und von dieser Opposition geprägt. Nachdem die Weimarer Positivisten nach 1945 und zum Zeitpunkt von Hennis' Schriftsatz noch nahezu unwidersprochen diskreditiert waren, weil angeblich der Positivismus die Juristen in der NS-Zeit wehrlos gemacht habe,[37] gab es nach 1945 so gut wie keinen Anschluss an den in der Weimarer Zeit noch dominanten staatsrechtlichen Positivismus. In Hennis' Lesart bestand also keine Notwendigkeit, die zur Abwehr des Wertrelativismus formulierte materiale Offenheit und Gemeinschaftsbezogenheit von Smends Integrationslehre zu rezipieren.

Jedenfalls im Ergebnis, also der Falllösung unter Zurückdrängung des Zivilrechts,[38] deckte sich dieser Ansatz übrigens mit den zeitgenössisch ebenfalls viel diskutierten Vor-

---

34 Dazu u. a. (allerdings weitestgehend ohne Einbeziehung der Reaktion des BVerfG): Kaufmann, Arthur: Die Naturrechtsrenaissance der ersten Nachkriegsjahre – und was daraus geworden ist, in: Stolleis, Michael (Hg.), Die Bedeutung der Wörter, München 1991, S. 105 ff. (zuvor ders. zu diesem Thema u. a. im Art. „Rechtsphilosophie", in: Görres-Gesellschaft (Hg.), Staatslexikon, Bd. 4, 7. Aufl., Freiburg 1988 und in Einführung in Rechtsphilosophie und Rechtstheorie der Gegenwart, 4. Aufl. 1985); Kühl, Kristian: Rückblick auf die Renaissance des Naturrechts nach dem 2. Weltkrieg, in: Köbler, Gerhard u. a. (Hg.), Geschichtliche Rechtswissenschaft [...]. Freundesgabe für Alfred Söllner [...], Gießen 1990, S. 331 ff.; Neumann, Ulfrid: Rechtsphilosophie in Deutschland seit 1945, in: Simon, Dieter (Hg.), Rechtswissenschaft in der Bonner Republik, Frankfurt/M. 1994, S. 145 ff.; Mohnhaupt, Heinz: Zur „Neugründung" des Naturrechts nach 1945, in: Schröder, Horst u. a. (Hg.), Rechtsgeschichtswissenschaft in Deutschland 1945 bis 1952, Frankfurt/M. 2001, S. 97 ff.; Wieacker, Franz: Privatrechtsgeschichte der Neuzeit, 2. Aufl., Göttingen 1967, S. 601 ff.

35 Schriftsatz von Hennis (Fn. 30), S. 509 bzw. 510.

36 Ebd., S. 512.

37 Diese apologetische Legende begann erst zu zerfallen mit Rüthers, Bernd: Die unbegrenzte Auslegung, 1. Aufl., Tübingen 1968.

38 In Hennis' Worten: Es kann „die Frage nach der Zulässigkeit der Äußerungen des Beschwerdeführers einzig und allein nach Art. 5 GG entschieden" werden (ebd., S. 501).

schlägen des Bundesarbeitsgerichts (BAG), das unter seinem Präsidenten Hans-Carl Nipperdey eine sog. „unmittelbare Drittwirkung" des Verfassungsrechts verfochte.[39]

Anfang 1952 formuliert, ruhten Hennis' Ausführungen aber für lange Jahre im BVerfG. Die Demonstrationen gegen Harlan flauten ab, Hennis verabschiedete sich in Richtung Politikwissenschaft,[40] und das BVerfG kam wegen einer zu hohen Geschäftslast[41] erst 1958 zu einer Entscheidung. Diese musste schon deshalb symbolisch sein, weil inzwischen eine Wiederholung des ursprünglichen Boykottaufrufs evident entfiel – Harlans damaliger Nachkriegsfilm war längst in die Archive gewandert.[42] Noch wichtiger für die steigende symbolische Bedeutung war, dass 1958 jene Epoche begann, in der sich der geschichtspolitische Kontext wesentlich änderte[43] und die Verfolgung von NS-Tätern eine neue Dimension erreichte; die Gründung der Ludwigsburger Zentralstelle und der Ulmer Einsatzgruppenprozess seien als Stichworte erwähnt. Harlans strafrechtlicher Freispruch, obwohl prozessrechtlich nicht Verfahrensgegenstand, musste unter diesen Umständen zu einer Stellungnahme herausfordern. Und schließlich hatte kurz vor dem Lüth-Urteil des BVerfG ein Steuerschuldner mit Billigung der zuständigen Behörde versucht, eine Kopie des ›Jud Süß‹-Films just in Karlsruhe just an einen jüdischen Kaufmann zu veräußern, was für einen Skandal gesorgt hatte.[44] Es ging, politisch gesehen, im Fall des Erich Lüth vorrangig noch immer um Harlans Film; es war in dieser (verfassungsprozessrechtlich nicht ganz korrekten[45]) Perspektive der „Lüth-Harlan-Fall", wie der Verfassungsrechtler Christian Starck 1968 titelte.[46]

---

39 Es gibt eine „unmittelbare privatrechtliche Wirkung der grundrechtlichen Bestimmungen, die für den Verkehr der Rechtsgenossen in einer freiheitlichen und sozialen Gemeinschaft unentbehrlich sind", so das „Zölibats-Urteil", Urteil des 1. Senats v. 10.5.1957, BAG, in: NJW 1957, S. 1688 ff. (1689 linke Spalte oben) = BAG 6, 274; AP Nr. 1 zu Art. 6 GG Ehe und Familie. Ausführlich dazu Henne, Thomas: Die neue Wertordnung im Zivilrecht, speziell im Familien- und Arbeitsrecht (Vortrag auf dem Rechtshistorikertag 2004), in: Stolleis, Michael (Hg.), Die Bonner Republik. Älteres Recht und neues Grundgesetz, Berlin 2006 (im Druck).

40 „Anfang Juni [1952] brach ich meine Zelte im ‚Büro Arndt' ab [...] An der ganzen weiteren Entwicklung des Verfahrens habe ich keinen Anteil." Hennis, Lüth (Fn. 29), S. 193.

41 Zur Kritik an Ernst-Wolfgang Böckenfördes anderer Einschätzung vgl. Henne, Thomas: Von 0 auf ‚Lüth' in 6 ½ Jahren, in: Henne / Riedlinger, a. a. O. (Fn. 1), S. 197 ff. (217).

42 Oder eben gerade nicht; offenbar sind aufgrund des zeitgenössisch großen Erfolges des Films in Deutschland die Filmrollen der „Unsterblichen Geliebten" nicht überliefert; der Film ist auch – anders als andere Harlan-Filme der 1950er Jahre – nicht bei einschlägigen Händlern erhältlich. Leichter zugänglich ist nur eine Version mit niederländischen Untertiteln.

43 Die Bedeutung dieses Epochenwechsels wird häufig eher unterschätzt: »Ich bin eigentlich ein 58er«, gibt der in den 1960er Jahren führende SDS-Aktivist und meist als ›68er‹ bekannte Christian Semler an (Interview, abgedruckt in: Cohn-Bendit, Daniel, Wir haben sie so geliebt, die Revolution, 2. Aufl., Berlin 2001, S. 108). Umfassend zu diesem rechtspolitischen Umbruch (und im Anschluss an Norbert Frei) jetzt von Miquel, Marc von: Ahnden oder amnestieren? Westdeutsche Justiz und Vergangenheitspolitik in den sechziger Jahren, Göttingen 2004.

44 Dazu ausführlich Henne, Der Umgang der Justiz (Fn. 1), S. 273 ff.

45 „Gegenstand [des Verfassungsbeschwerdeverfahrens] ist ein Fall Lüth, kein Fall Harlan", schrieb schon 1952 Lüths Anwalt Arndt (Schriftsatz v. 30.7.1952, abgedruckt bei Henne / Riedlinger, a. a. O. (Fn. 1), S. 517 ff. [517]). Harlan war am Verfahren nicht beteiligt und erhielt nur Gelegenheit zur Äußerung, damals § 94 Abs. 3 BVerfGG.

46 Starck, Christian: Verfassungsrecht in Fällen, Bd. 2: Meinungs- und Pressefreiheit, Baden-Baden 1968, S. 3.

7

Also mit Smend und einer materialen, wertorientierten Grundrechtstheorie für Erich Lüth und gegen Hennis. Das BVerfG vollendete im Lüth-Urteil die bereits in früheren Urteilen begonnene[47] antitotalitaristische, anti-naturrechtliche Konstituierung einer materialen, gemeinschaftsbezogenen Grundwerte-Ordnung. An Smend anknüpfend,[48] wurde dessen Verständnis von Meinungsfreiheit und dessen Ansatz einer Integrationswirkung der Verfassung übernommen, diese Werte aber vor allem mit dem zeitgenössischen Antitotalitarismus aufgefüllt. Die genuin antiliberale, antiparlamentarische Position Smends der 1920er Jahre mutierte bei dieser Neurezeption zur Grundlegung einer liberalen, parlamentarischen Demokratie.

Das Ziel des Boykottaufrufs wurde daher auf der wertbeladenen Ebene des „deutschen Ansehens" diskutiert,[49] die Regietätigkeit Harlans als „verbleibende moralische Problematik" kaum verhüllt in Widerspruch zu den Grundwerten gesehen.[50] Vom „grundrechtlichen Wertsystem", Regelung „für das Zusammenleben in einer großen Gemeinschaft"[51] unter dem „Grundgesetz, das keine wertneutrale Ordnung sein will", und anderen Wortkombinationen mit „Wert-" ist nicht weniger als 36 Mal in dem Urteil die Rede. Die seitdem vielzitierten Festlegungen zur Drittwirkung[52] vollendeten diese Wertdurchdringung der Rechtsordnung.

Später wenig beachtet, versuchte aber das Karlsruher Gericht sofort die Grenzen seines Lüth-Urteils aufzuzeigen, nämlich just an einem ebenfalls von Arndt vertretenen, ebenfalls aus Hamburg stammenden Fall. Ein Mieter, der an der Außenwand ein „Wahlpropagandaplakat in der Größe 86 x 120 cm" angebracht hatte, musste das Plakat aufgrund einer Unterlassungsklage des Vermieters entfernen, denn derartige Wahlwerbung sei in einer Wohngegend „nicht Sitte".[53] Doch waren nicht die eigentumsrechtlichen Beeinträchtigungen des Vermieters wesentlich geringer als jene, die Harlan aufgrund des Boykottaufrufs in seiner Berufsfreiheit erleiden sollte? Und zielte nicht gerade Lüths Verhalten auf einen Grundrechtseingriff, während der plakatierende Mieter nur unvermeidbarerweise in die Grundrechte des Vermieters eingriff? Das BVerfG verzichtete auf derartige Vergleiche; die fehlende antitotalitaristische Ausrichtung des Falles schloss die materiale Aufladung aus. Der bloße Bezug des Hamburger Mieters zur parlamentarischen Demokratie reichte nicht.

8

Wo blieb Hennis' Ansatz? Einige (heute wenig zitierte) Textstellen im Lüth-Urteil belegen zwar eine hohe Übereinstimmung von Feststellungen des BVerfG mit Hennis' oben vorge-

---

47   Dazu Henne, Von 0 auf ‚Lüth' in 6 ½ Jahren (Fn. 41).

48   Und zugleich an den jungen Tübinger Verfassungsrechtler Günter Dürig, aber das ist ein anderes, bislang leider aus neuerer Sicht kaum bearbeitetes Thema.

49   „Dem deutschen Ansehen hat nichts so geschadet wie die grausame Verfolgung der Juden durch den Nationalsozialismus. [...] Der Beschwerdeführer konnte also in dem Wiederauftreten Harlans einen im Interesse [...] des deutschen Ansehens in der Welt zu beklagenden Vorgang sehen." (BVerfGE 7, 198 [216]).

50   Ebd.

51   Beide Zitate ebd. S. 220.

52   „Keine bürgerlich-rechtliche Vorschrift darf in Widerspruch zu [dem grundrechtlichen Wertsystem stehen, wobei die Generalklauseln] die ,Einbruchstellen' der Grundrechte in das bürgerliche Recht" sind (ebd., S. 205 f.).

53   BVerfGE 7, 231 ff., Entscheidung des 1. Senats v. 15.1.1958 (also vom Tag des Lüth-Urteils).

stellter Unterscheidung zwischen Meinungsäußerungen zu Gemeinwohl- und zu privaten Fragen.[54] Durch die Hinzufügung der Drittwirkung der Grundrechte und die materiale Aufladung auch des Grundrechts auf Meinungsfreiheit war Hennis' Weg jedoch gerade nicht beschritten worden. Fast 50 Jahre lang.

9

Dann revitalisierte der Europäische Gerichtshof für Menschenrechte (EGMR) die Thesen von Hennis für die deutsche Rechtsdogmatik. Prinzessin Caroline von Monaco, durch ihre Gerichtsverfahren seit vielen Jahren Antreiberin der Rechtsfortbildung im Deliktsrecht, hatte 2004 nach einer Niederlage beim BVerfG Erfolg beim EGMR. Die Veröffentlichung von etlichen Privatphotos von Caroline war, so ein heftig angefeindetes Urteil von 2004, rechtswidrig.

Um den Schutz vor Pressephotographen zu bestimmen, lehnte der EGMR die langjährig angewandte Unterscheidung im deutschen Recht zwischen „absoluten" und „relativen Personen der Zeitgeschichte" ab. Die Differenzierung erfolgte stattdessen vom Verletzer her: Die Presse hat, so das Straßburger Gericht, „Informationen und Ideen über alle Fragen von öffentlichem Interesse zu vermitteln", doch muss, um den Schutz der Meinungsfreiheit zu genießen, zu „einer öffentlichen Diskussion über eine Frage allgemeinen Interesses" beigetragen werden.[55] „Meinungsäußerung […] ist staatsbildende Teilnahme am öffentlichen Leben durch geistiges Wirken zu dem Ziel, das Volk zu überzeugen und zu einem bestimmten Verhalten zu veranlassen" – das hätte der Folgesatz des EGMR sein können, stammt aber aus Hennis' erwähntem Schriftsatz aus den 1950er Jahren.[56] Damit inhaltlich übereinstimmend formulierte das Straßburger Gericht aber: Es ist also „grundsätzlich zu unterscheiden zwischen einer Berichterstattung über Tatsachen – auch umstrittene –, die einen Beitrag zu einer Diskussion in einer demokratischen Gesellschaft leisten und Personen des politischen Lebens zum Beispiel bei Wahrnehmung ihrer Amtsgeschäfte betreffen, und einer Berichterstattung über Einzelheiten des Privatlebens einer Person, die zudem, wie hier, keine solchen Aufgaben hat."[57]

Hennis' konkludente Herabstufung von Äußerungen, die nicht zur politischen Willensbildung beitragen, war im Lüth-Fall unproblematisch und ohne Auswirkung geblieben. Beim Fall von Prinzessin Caroline war aber nun jene zweite Kategorie der nicht-demokratiebezogenen Äußerungen einschlägig, die von Hennis und dem EGMR nahezu übereinstimmend mit Bezug auf öffentliches Leben und Demokratie formuliert worden war. Die alternative Begründung zum Lüth-Urteil, die Hennis formuliert hatte, war über das Straßburger Gericht fünfzig Jahre später doch noch in die deutsche Dogmatik eingebracht worden.

---

54 Es gibt einen „Wert, den das Grundrecht der freien Meinungsäußerung für die freiheitliche Demokratie gerade dadurch besitzt, daß es die öffentliche Diskussion über Gegenstände von allgemeiner Bedeutung und ernstem Gehalt gewährleistet […] Wenn es darum geht, daß sich in einer für das Gemeinwohl wichtigen Frage eine öffentliche Meinung bildet, müssen private und namentlich wirtschaftliche Interessen einzelner grundsätzlich zurücktreten. Diese Interessen sind darum nicht schutzlos; denn der Wert des Grundrechts zeigt sich gerade auch darin, daß jeder von ihm Gebrauch machen kann." Hätte das BVerfG deshalb nicht den erwähnten Vermieter darauf verweisen müssen, ebenfalls Plakate aus seinem Fenster zu hängen ?

55 EGMR, in: NJW 2004, S. 2649 (Nr. 58 bzw. 60). Weitere Publikationsnachweise zu diesem Urteil oben Fn. 16.

56 Hennis, Schriftsatz (Fn. 30), S. 508 f.

57 EGMR, in: NJW 2004, S. 2649 (Nr. 63).

Mehr noch: Die bundesdeutsche Justiz hat die wesentlichen Straßburger Vorgaben inzwischen übernommen. „Dies ist nicht einfach", monierte zwar das Berliner Kammergericht Ende 2004 und wies darauf hin, dass nach der bisherigen Rechtsprechung die Publikation eines Photos, das die Begleiterin eines bekannten Musikers zeigt, rechtmäßig war.[58] Doch wegen der „Völkerrechtsfreundlichkeit der Verfassung" ist jetzt auch vor deutschen Gerichten maßgeblich, ob ein „Beitrag zu einer Debatte von allgemeinem Interesse" vorliegt – oder eben nicht, wie bei Photos zur Begleiterin eines Musikers.[59]

10

Wenn das Lüth-Urteil mit Hilfe rechtshistorischer Analysen historisiert wird, ist damit die Frage seiner Richtigkeit nicht entschieden. Doch Historisierung verschiebt die Darlegungslast: Wer sich heute auf das Urteil beruft, muss – nach der Historisierung des Lüth-Urteils – begründen, warum er oder sie die Thesen noch immer für richtig hält, obwohl das Urteil einem weitestgehend überwundenen historischen Kontext entstammt, obwohl es auf einer genuin antiliberalen und antiparlamentarischen „Integrationslehre" aufbaut, einer problematischen Demokratietheorie verpflichtet ist und obwohl es zutiefst von der entsetzten Reaktion auf die in den Straf- und Zivilurteilen so spürbare, aber heute nur noch historisch bedeutsame Selbstexkulpation von NS-Tätern geprägt ist.

Und mit dem Blick auf „Hennis oder Smend" wird nunmehr auch deutlich, dass schon zur Zeit des Lüth-Verfahrens eine alternative Begründung für eine Entscheidung zugunsten von Erich Lüth bestand. Just diese Begründung ist nunmehr über den EGMR, wenn auch ohne Berufung auf Hennis, in die deutsche Rechtsdogmatik eingebracht und wird seit neuestem allgemein befolgt. Also ein wesentliches Argument mehr gegen die Begründung des Lüth-Urteils.

---

58 KG, in: GRUR 2005, S. 79 ff., Urteil v. 29.10.2004 („Lebenspartnerin v. Herbert Grönemeyer II"); das Zitat S. 80. Das Urteil ist auch publiziert in: NJW 2005, S. 605 ff.
59 Die Zitate in KG, in: GRUR 2005, S. 80 bzw. 81.

Oliver Lembcke

Das Bundesverfassungsgericht und die Regierung Adenauer – vom Streit um den Status zur Anerkennung der Autorität

1 „Karlsruhe"

Nur wenige Menschen sind heute noch der Meinung, die „ehemalige Residenzstadt" sei ein Ort „dörflicher Einsamkeit". Aber just der erste Präsident des Bundesverfassungsgerichts (BVerfG), Hermann Höpker Aschoff, sah sich zu Beginn seiner Amtszeit dorthin „verbannt", wie er an den Bundesjustizminister schrieb, mit dem er freundschaftlich verbunden war.[1] Über die Jahre ist die Stadt zum Begriff geworden;[2] nicht so sehr zum Inbegriff einer badischen Metropole, sondern als Synonym der Verfassungsgerichtsbarkeit.

Institutionen haben ihren Ort und ihre eigene Ordnung; sie erfüllen nicht nur spezifische Funktionen, sie stellen auch einen Wert dar, einen „Selbstwert im Dasein" (Arnold Gehlen). Diese Formulierung erinnert daran, dass man Institutionen nicht beliebig organisieren oder reformieren kann, ohne sie als Institution in Frage zu stellen. Mit der Bezeichnung „Karlsruhe" wird jenes Moment der institutionellen Eigenart zum Ausdruck gebracht, das über den Bereich des Organisatorischen hinausgeht (s. 2). Die Eigenart der Institution BVerfG lässt sich dabei besonders anschaulich an seiner Anfangsphase studieren. Es ist verschiedentlich versucht worden, die Geschichte des Gerichts in Phasen einzuteilen, zumeist orientiert an den unterschiedlichen Krisenzeiten des Verfassungsgerichts. Der Konflikt mit der Adenauer-Regierung nimmt aber insofern eine Sonderstellung innerhalb seiner „Streitgeschichte"[3] ein, als es sich gleich zu Beginn mit der Herausforderung konfrontiert sah, in den anstehenden Entscheidungen seine gerichtliche Unabhängigkeit beweisen und jeden Anschein der Parteilichkeit vermeiden zu müssen (s. 3). Hierin liegt ein Schlüssel zum Verständnis des Konflikts, denn es waren – aus der Warte der Verfassungsrichter betrachtet – Auseinandersetzungen um Anerkennung, die im Ergebnis maßgeblich zur Autorität des Gerichts beigetragen haben (s. 4).

1 Der Status des Bundesverfassungsgerichts. Material – Gutachten, Denkschriften und Stellungnahmen mit einer Einleitung von Gerhard Leibholz (= „Status"). In: JöR 6/1957, S. 149-156, hier S. 156. Den weiteren Ausführungen liegt die folgende Arbeit zugrunde – Lembcke, Oliver: Hüter der Verfassung. Eine institutionentheoretische Studie zur Autorität des Bundesverfassungsgerichts, Tübingen 2006 (i. E.).

2 Siehe zum Synonym Karlsruhe für das BVerfG Roellecke, Gerd: „Karlsruhe". In: Etienne, François / Schulze, Hagen (Hg.), Deutsche Erinnerungsorte, München 2001, S. 549-564.

3 Häußler, Richard: Der Konflikt zwischen Bundesverfassungsgericht und politischer Führung. Ein Beitrag zu Geschichte und Rechtsstellung des Bundesverfassungsgerichts, Berlin 1994, S. 22-74.

2 Selbsterfindung des Verfassungsgerichts

Es liegt auf der Hand, dass eine Regierung gleich welcher Couleur an einer starken Verfassungsgerichtsbarkeit, zumindest im praktischen Tagesgeschäft der Regierungsarbeit, kein Interesse hat. Zu den institutionellen Interessen der Verfassungsgerichtsbarkeit zählt hingegen vor allem die Fähigkeit, sobald wie möglich ihre Unabhängigkeit von den „Schöpfern" der eigenen Institution unter Beweis zu stellen und die Idee der Verfassungsgerichtsbarkeit „zum Leben" zu bringen. Was darunter im Falle des BVerfG konkret zu verstehen war, zeigte sich, als vom Präsidenten Höpker Aschoff am 27. Juni 1952 die so genannte Statusdenkschrift an die obersten Bundesorgane übersandt wurde.

2.1 Anliegen der Statusdenkschrift

Vordergründig bestand das Anliegen dieser Denkschrift darin, die „verfassungswidrige Staatspraxis" der anderen Verfassungsorgane im Umgang mit dem Verfassungsgericht zu beenden, die sich in einer Reihe von Technika offenbarte. Dahinter stand jedoch die Schlüsselfrage, ob und in welcher Weise sich das BVerfG von anderen Gerichten unterscheidet und welche Bedeutung dieser Unterschied für seinen Rang unter den „höchsten Verfassungsorganen" besitzt. Die Denkschrift war daher eine Kampfansage an jene, die sich einem machtvollen Hüter der Verfassung in den Weg stellen wollten. Sie war aber darüber hinaus eine Absage an die Tradition des Weimarer Reichs- und Staatsgerichtshofs. Das BVerfG kennt als Institution „kein Vorbild", so hieß es bereits programmatisch in der Ansprache des Präsidenten Höpker Aschoff bei seiner Amtseinführung am 28. September 1951.[4]

Ihrem Anspruch nach folgerichtig beginnt die Statusdenkschrift mit der Feststellung, dass das BVerfG „oberster Hüter der Verfassung" ist – und versteht darunter ein „mit höchster Autorität ausgestattetes Verfassungsorgan".[5] Diesem Postulat gewinnt das Gericht eine Reihe von Forderungen ab, deren Leitgedanken sich in drei Punkten zusammenfassen lassen: Erstens ist mit dem Status eines Verfassungsorgans irgendeine Form der organisatorischen Abhängigkeit von einem anderen Verfassungsorgan unvereinbar, wie sie die Behandlung als eine Bundesbehörde zur Folge hätte. Das betrifft auch die Aufsicht über die Justizverwaltung des BVerfG, welche durch das Verfassungsgericht und nicht durch das Ministerium wahrgenommen werden muss. Zweitens ist das Verfassungsgericht selbständig in seiner Bewirtschaftung, weswegen auch ein eigener Haushalt als Einzelplan in den Gesamtetat einzustellen ist. Drittens schließen sich das Amt der Verfassungsrichter und der Beamtenstatus wechselseitig aus. Verfassungsrichter haben keinen Dienstvorgesetzten, sind dementsprechend auch keiner Disziplinargewalt unterworfen und nur dem Gewissen, der Geschäftsordnung sowie der Praxis, wie sie sich am Verfassungsgericht herausgebildet hat, verpflichtet. Richter, so die Denkschrift, sind die Verfassungsrichter nur der Funktion nach, dem Status nach sind sie Träger eines Verfassungsorgans – im Gegensatz zur abgeleiteten Stellung anderer Richter.

Mit dieser „Mängelliste" korrespondiert nach Auffassung des BVerfG die Verpflichtung des Gesetzgebers und der Regierung, für Abhilfe zu sorgen; um nur einige Aspekte zu nennen: Haushalt als eigener Einzelplan im Haushaltsplan des Bundes nebst eigener Bewirtschaftung der veranschlagten Haushaltsmittel; Einweisung der gewählten Richter in die

---

4   Das Bundesverfassungsgericht, Karlsruhe 1963, S. 1-4.
5   Vgl. Status, a. a. O. (Fn. 1), S. 144 sowie die folgende Zusammenfassung ebd., S. 145-147.

Planstellen durch den Präsidenten; Ernennung und Entlassung der Beamten des BVerfG sowie Abschluss der Dienstverträge durch den Präsidenten etc.[6]

Für sich betrachtet scheinen die einzelnen Punkte kaum den Aufwand – und die politischen Kosten – einer Denkschrift zu rechtfertigen. Aber eine solche Betrachtung übersieht, dass es sich eben nicht allein um einen Forderungskatalog handelte. Es ging dem Verfassungsgericht um seinen Status, genauer um die faktische Anerkennung des Status' auf Seiten der anderen Verfassungsorgane, vor allem der Bundesregierung. Dafür wollte das Gericht streiten – und dafür hat es den für ein Gericht sehr ungewöhnlichen Weg gewählt, nämlich ein Gutachten in eigener Sache zu verfassen, um damit ohne Anstoß von außen eine Rechtsfrage zu entscheiden. Vor allem auf den zweiten Gesichtspunkt kam es den Richtern an: Denn genau betrachtet war man gar nicht an einer Auseinandersetzung über die einzelnen Rechtsfragen interessiert; aus ihrer Sicht waren sämtliche Rechtsfragen bereits entschieden – eben dadurch, dass das Verfassungsgericht seine Auffassung dazu mitteilte.

2.2 Zwei Bilder der Verfassungsgerichtsbarkeit

Die Regierung Adenauer hat den vom Verfassungsgericht beanspruchten Status von Anfang an bestritten. Bereits der Umstand, dass ein Rechtsgutachten im Auftrage des Bundesjustizministeriums die Denkschrift des Verfassungsgerichts einer näheren Prüfung unterziehen sollte, stellt einen kaum verhüllten Versuch dar, dem Gericht seinen Status streitig zu machen. Das Gutachten wurde von dem renommierten Staatsrechtslehrer Richard Thoma erstellt und am 15. März 1953 vorgelegt:[7] Thoma verneint darin kurz und bündig die vom Verfassungsgericht behauptete verfassungswidrige Staatspraxis, um dann ausführlich die „Reformvorschläge" des Verfassungsgerichts auf ihre Tauglichkeit zu prüfen und anhand von eigenen Reformvorschlägen dem Verfassungsgericht wie der (Fach-)Öffentlichkeit vorzuführen, dass die „Reformvorschläge" des Verfassungsgerichts angesichts der eigentlichen Probleme der Verfassungsgerichtsbarkeit unter dem Grundgesetz Kleinigkeiten seien.[8]

Thomas Argumentation blieb ganz wesentlich der traditionellen Sicht auf die deutsche Rechtsstaatlichkeit verpflichtet und versuchte, aus dieser Warte den Rang und die Organisation des Verfassungsgerichts zu bestimmten, während sich die Verfassungsrichter als Repräsentanten einer bisher in Deutschland nicht verwirklichten Verfassungsstaatlichkeit verstanden wissen wollten. In dem Statusstreit setzten sich mithin jene Auseinandersetzungen über den Charakter der deutschen Verfassungsgerichtsbarkeit fort, die in den vorangegangenen Beratungen über das Grundgesetz nicht zu einem tragfähigen Abschluss geführt werden konnten.[9] Im Wesentlichen standen sich zwei Verständnisse der Verfassungsgerichtsbarkeit gegenüber: Auf der einen Seite befanden sich diejenigen, welche die Verfassungsgerichtsbarkeit als einen Zweig innerhalb der gesamten Gerichtsbarkeit verstanden wissen wollten. Für sie war das Verfassungsgericht ein *Fachgericht* für Verfassungsstreitigkeiten, vergleichbar den anderen Fachgerichten und im Rang *neben* ihnen stehend. Einer der prominentesten Vertreter war Walter Strauss, Mitglied im Ausschuss für Fragen der Verfassungsgerichts-

---

6   Vgl. Status, a. a. O. (Fn. 1), S. 148.
7   Vgl. Status, a. a. O. (Fn. 1), S. 161-194 (Rechtsgutachten Thoma). Siehe außerdem Schiffers, Reinhard: Grundlegung der Verfassungsgerichtsbarkeit. Das Gesetz über das Bundesverfassungsgericht vom 12. März 1951, Düsseldorf 1984, S. 467-486.
8   Vgl. Status, a. a. O. (Fn. 1), S. 182 f.
9   Vgl. hierzu ausführlich Laufer, Heinz: Verfassungsgerichtsbarkeit und politischer Prozeß. Studien zum Bundesverfassungsgericht der Bundesrepublik Deutschland, Tübingen 1968, S. 35-93.

barkeit und Rechtspflege und späterer Staatssekretär im Bundesjustizministerium unter Dehler.[10] Das Interesse der anderen Seite bestand vor allem darin, eine möglichst starke Verfassungsgerichtsbarkeit zu errichten, die nicht nur mit weit reichenden Kompetenzen zur umfassenden Kontrolle des politischen Prozesses ausgestattet ist, sondern auch den nach dieser Auffassung angemessenen Rang erhält, nämlich als Verfassungsorgan *hervorgehoben* aus der übrigen Gerichtsbarkeit. Für sie verkörperte das Verfassungsgericht, anders als das Oberste Bundesgericht, die Überwindung des Unrechtsregimes sowie den Neubeginn eines politischen Gemeinwesens und hatte daher an der „Dignität" des Grundgesetzes teil, wie Carlo Schmid es einmal ausdrückte.[11]

2.3 Status der Statusdenkschrift

Dass sich letztlich das BVerfG mit seiner Sichtweise gegenüber der ablehnenden Haltung der Bundesregierung – samt der sie stützenden Parlamentsmehrheit – durchsetzen konnte, dürfte vor allem mit der eigentümlichen Selbstreferenz institutioneller Macht zusammenhängen: Denn im Grunde genommen war es das Verfassungsgericht selbst, das den Unterschied zu den vorangegangenen Streitigkeiten während der Grundgesetzberatungen über den Rang der Verfassungsgerichtsbarkeit markierte. Nachdem eine Institution zur Interpretation der Verfassung etabliert worden war, lässt sich nur noch über Interpretationen, aber nicht mehr über die Interpretationsmacht streiten.

Ganz in diesem Sinne lautete die Entgegnung des Verfassungsgerichts in den „Bemerkungen" vom 3. Juni 1953 zum Rechtsgutachten von Thoma, dass es sich um ein „entscheidendes Mißverständnis"[12] handele, wollte man in der Statusdenkschrift unverbindliche Vorschläge zur Reform der Verfassungsgerichtsbarkeit sehen. Vielmehr hat ein Hüter der Verfassung „mit letzter Verbindlichkeit für Volk und Staat die ihm durch das Grundgesetz zur Beurteilung zugewiesenen Streitigkeiten und Meinungsverschiedenheiten zu entscheiden."[13] Soll heißen: Der Status des Verfassungsgerichts entscheidet über den Status der Denkschrift. Entsprechend unduldsam heißt es in der Denkschrift: Der verfassungswidrige Zustand „muß daher so bald als möglich aufhören."[14]

Adenauer und Dehler fanden ab Mitte 1953 für ihre Politik gegenüber dem Verfassungsgericht im Parlament keine Mehrheiten mehr. Stattdessen vollzog der Gesetzgeber Schritt für Schritt nach, was das Verfassungsgericht ihm gegen die „reparaturbedürftigen" Verfassungswidrigkeiten vorgeschrieben hatte.[15] Dieses Ende im Statusstreit war weder zwingend noch zufällig, aber es war entscheidend für das neue Bild vom Hüter der Verfassung, neben dem jenes von Adenauer und Dehler „alt" aussah, wie die Restauration einer überholten Vorstellung der Weimarer Staatsgerichtsbarkeit.

---

10 Aufschlussreich in diesem Zusammenhang ist für den Parlamentarischen Rat gedachte Vorlage, die von Strauss erstellt und später mit dem Titel „Die oberste Bundesgerichtsbarkeit" (Heidelberg 1949) publiziert wurde.

11 PR-Drs. 340 (Carlo Schmid).

12 Status, a. a. O. (Fn. 1), S. 194.

13 Status, a. a. O. (Fn. 1), S. 198.

14 Status, a. a. O. (Fn. 1), S. 148.

15 Vgl. z. B. Status, a. a. O. (Fn. 1), S. 211 f. u. 217. Zu den einzelnen Änderungen siehe Leibholz, Gerhard: Der Status des Bundesverfassungsgerichts. In: Das Bundesverfassungsgericht, Karlsruhe 1971, S. 31-58, S. 50-57.

3 Anerkennungskämpfe

Der Statusstreit bildete den Auftakt, nicht das Ende der Auseinandersetzungen zwischen der Adenauer-Regierung und dem BVerfG. Dass das Verfassungsgericht seine Rolle als Hüter der Verfassung beanspruchte, hieß nicht, dass der Kanzler bereit war, diesen Anspruch auch in praxi anzuerkennen, um so weniger in genuin politischen Fragen wie der Wiederbewaffnung Deutschlands. Für Adenauer hing daran das Schicksal der Nation,[16] es ging mithin um eine genuin politische Angelegenheit, die sich seiner Auffassung nach der verfassungsgerichtlichen Überprüfung weitgehend entzog. Zeitlich eng mit der Statusfrage verknüpft, stellte diese Kontroverse eine der größten Herausforderungen für die Autorität des Verfassungsgerichts dar, denn das Verfassungsgericht musste klug zu Werke gehen, um nicht zwischen die parteipolitischen Fronten zu geraten (3.1). Nur auf diese Weise konnte es gelingen, seine Position als Hüter der Verfassung in der andauernden Reformdebatte zu behaupten (3.3) und ein Prestigeprojekt der Regierung wie das Deutschland-Fernsehen in die verfassungsrechtlichen Schranken zu weisen (3.2).

3.1 Streit um die Wiederbewaffnung

Der Normenkontrollantrag der Opposition, gestellt am 31. Januar 1951,[17] richtete sich „vorbeugend" gegen die Zustimmungsgesetze zu den EVG-Verträgen und kleidete den politischen Widerstand in die verfassungsrechtliche These, dass das Grundgesetz keine Streitkräfte vorsehe und die Wiederbewaffnung Deutschlands daher verfassungswidrig sei (BVerfGE 1, 281 und E 1, 396). Darüber hinaus handele es sich bei der Wiederbewaffnung um einen so erheblichen Vorgang, dass er grundgesetzändernden Charakter habe und daher der Zustimmung einer Zweidrittelmehrheit im Parlament bedürfe.[18] Ein halbes Jahr später wurde diese Normenkontrolle zwar zurückgewiesen, weil nach Auffassung des Verfassungsgerichts Gesetzesentwürfe nicht Gegenstand einer Normenkontrolle sein könnten.

Da der Antrag aufgrund der mangelnden Zulässigkeit, nicht jedoch aus inhaltlichen Gründen vom Verfassungsgericht abgewiesen wurde, war nach Lage der Dinge klar, dass die SPD nach Karlsruhe für einen zweiten Versuch zurückkehren würde, sobald dafür die Voraussetzungen vorlägen.[19] Daher bestand in den Augen der Regierung die Gefahr, dass die so entscheidende Frage der Wiederbewaffnung vor dem „falschen" Senat erneut verhandelt werden würde. Unter Zugzwang wurde von Adenauer und Dehler zunächst die Idee entwickelt, einen Gutachtenantrag durch den Bundespräsidenten Heuß stellen zu lassen, der vor dem Plenum – und nicht allein vom Ersten Senat – verhandelt werden müsste.

Im Dezember gewann dann jedoch der Kampf um den „richtigen" Senat eine weitere Dimension, als sich die Regierung kurzerhand entschloss, mit einem zusätzlichen Antrag ein Organstreitverfahren zu betreiben (BVerfGE 2, 143).[20] Im Herbst 1952 kursierten Gerüchte über das Anfang Dezember anstehende Verfahren. Denn es hatte im Vorfeld der Entschei-

---

16 Vgl. Adenauers „Schicksals"-Rede vor dem Deutschen Bundestag am 3. Dezember 1952; BT-Prot. I, S. 240.
17 Zu den verschiedenen Anträgen und ihren Abänderungen siehe von der Heydte, Karl August (Hg.): Der Kampf um den Wehrbeitrag, 3 Bde., München 1952, 1953 und 1958.
18 Vgl. Heydte, a. a. O. (Fn. 17), Bd. 1, S. 11-14.
19 Zu den neuerlichen Anträgen vgl. Heydte, a. a. O. (Fn. 17), Bd. 2, S. 144-165, Bd. 3, S. 166 ff.
20 Siehe hierzu Laufer, a. a. O. (Fn. 9), S. 473 f.

dung mindestens zwei Hinweise auf die zu erwartenden – und für die Regierung enttäuschenden – Abstimmungsergebnisse im Plenum gegeben. Diese Hinweise haben auf Seiten der Regierung dazu beigetragen, das Verfassungsgericht als politisch gespalten anzusehen und mit einem verfassungsgerichtlichen Veto gegenüber dem Ziel der Wiederbewaffnung zu rechnen.[21] Gefangen in der Angst vor den „roten" Richtern, von denen man doch gehofft hatte, sie mehrheitlich in dem angeblich weniger bedeutsamen Ersten Senat versammelt zu haben, fügten sich die folgenden Versuche auf Regierungsseite ganz in die Logik der antizipierten Reaktion: Man hoffte, durch Drohungen das Verfassungsgericht und vor allem die vom „Geist des Sozialismus"[22] beseelten Verfassungsrichter einzuschüchtern und ihnen dadurch die politischen Grenzen aufzuzeigen.[23]

Zu dieser Strategie gehörte u. a. auch die Idee, einen zweiten Gang nach Karlsruhe anzutreten und durch ein Organstreitverfahren über die Frage der Verfassungsmäßigkeit der EVG-Verträge die politische Frage der Wiederbewaffnung in den Zweiten Senat zu bringen, von dem sich die Regierung eine für sie günstigere Entscheidung versprach. Ihren rein taktischen Charakter konnte diese Vorgehensweise jedoch kaum verbergen: Denn bei Lichte besehen, begehrte die Bundesregierung kaum etwas anderes, als das Recht der Mehrheit, sich mit den Stimmen der Mehrheit durchzusetzen. Sie musste sich aber vom BVerfG darüber belehren lassen, dass Mehrheit und Minderheit für sich genommen keine antragsbefugten Organteile sind – nicht zuletzt, weil sie sich in einem dynamischen Willensbildungsprozess erst bilden müssen.[24] Diese Entscheidung bedeutete zwar noch nicht das Ende der Verfahren über die Wiederbewaffnung in Karlsruhe, aber sie zog doch zunächst einen Schlussstrich unter die akute Kontroverse zwischen dem Verfassungsgericht und der Regierung.

Im Vergleich dazu war jedoch die Verhandlung über das Plenargutachten des Bundespräsidenten noch grundlegender für die Autorität des Gerichts (BVerfGE 2, 79). Denn die Senate drohten zum „Spielball" der jeweiligen Lager zu werden. Das Gericht wollte aber „nicht im Spiele der Zuständigkeiten seine Autorität verlieren" und sah sich deswegen gezwungen, „grundsätzliche Verfahrensregeln auf[zu]stellen, die sich aus dem Grundgedanken des Gesetzes über das Bundesverfassungsgericht ergeben" (E 2, 86). Das hieß vor allem, sich auf § 16 Abs. 1 BVerfGG zu stützen, der die Voraussetzungen für das Anrufen des Plenums regelt und die Einheitlichkeit der Rechtsprechung garantieren soll. Danach darf ein Senat nicht von der Rechtsauffassung eines anderen Senats abweichen, sofern diese Frage bereits von einem anderen Senat entschieden worden ist. Mit einem schlichten *argumentum a fortiori* stellten die Verfassungsrichter klar, dass ein Senat „erst recht" nicht gegenüber der Rechtsauffassung des Plenums abweichen darf (E 2, 90). Die Entscheidung wurde vom Plenum des BVerfG mit deutlicher Mehrheit von zwanzig zu zwei Stimmen gefällt; sie fand in der Literatur weniger aufgrund ihrer luziden juristischen Begründung Zustimmung, sondern weil sie vor allem geeignet war, sich aus der politischen „Umklammerung" zu befreien.[25]

Auf der Grundlage dieser Entscheidung sollte das Verfahren fortgeführt werden. Aber Adenauer, besorgt in Karlsruhe gänzlich zu scheitern, überzeugte den Bundespräsidenten

---

21 Zu den Hintergründen s. Baring, Arnulf: Außenpolitik in Adenauers Kanzlerdemokratie. Bonns Beitrag zur Europäischen Verteidigungsgemeinschaft, München / Wien 1969, S. 234-240.

22 So Dehler im Oktober 1952 auf dem Parteitag der FDP, zitiert nach Baring, a. a. O. (Fn. 21), S. 251.

23 Vgl. Dehlers Bemerkungen über „das Ende der deutschen Verfassungsjustiz" im Bulletin Nr. 185 vom 26. November 1952.

24 Vgl. bereits die Leitsätze 3, 10-12 von BVerfGE 2, 143.

25 Vgl. die Kommentare von Häußler, a. a. O. (Fn. 3), S. 35 und Wild, Michael: BVerfGE 2, 79 – Wiederbewaffnung III. Das BVerfG und „Hohe Politik". In: Menzel, Jörg (Hg.), Verfassungsrechtsprechung, Tübingen 2000, S. 65-69, S. 68 f.

davon, den Gutachtenauftrag zurückzuziehen. In der Öffentlichkeit wurde dieser Rückzug überwiegend als Beweis des Misstrauens gegenüber dem Verfassungsgericht bewertet – nicht ohne Grund, wie Dehlers bekannt gewordene Bemerkung, die Entscheidung sei ein „Nullum", deutlich machte.[26] Ein Fehler von Dehler mit Folgen, da die schlechte Presse Adenauer nötigte, nach einem klärenden Gespräch mit Höpker Aschoff eine Ehrenerklärung zugunsten des BVerfG abzugeben.[27]

Der Burgfrieden hielt jedoch nicht lang. Nachdem im Mai der Zweite Senat die Organklage der Bundesregierung zurückgewiesen hatte, ließ sich Dehler zu neuerlichen Invektiven hinreißen. Sein Anspruch, als Bundesjustizminister Wächter des BVerfG zu sein, brachte ihm nicht nur öffentliche Kritik von seinen Gegnern ein, auch seine Parteifreunde äußerten Zweifel an seiner Amtsführung. Als besonders bitter dürfte es Dehler empfunden haben, dass Höpker Aschoff – sein alter Weggefährte – effektive Schritte zur Verteidigung seines Gerichts unternahm: Zunächst wies der Präsident in einer Rundfunkrede den Justizminister zurecht, dass ihm keine Wächterrolle gegenüber dem Verfassungsgericht zukomme.[28] Dann machte er hinter verschlossenen Türen klar, dass eine neuerliche Berufung Dehlers ins Kabinett, seinen, Höpker Aschoffs, Rücktritt zur Folge hätte – statt dessen kam es nicht mehr zum neuerlichen Amtsantritt Dehlers.[29]

3.2 Fernsehstreit

Das Verhältnis zwischen Regierung und Verfassungsgericht blieb nach dem Statusstreit und der Kritik an den Entscheidungen zur Wiederbewaffnung gespannt, im Grunde bis zum Ende der Ära Adenauer; dies zeigte sich u. a. in den Verhandlungen über das Reichskonkordat (BVerfGE 6, 309) und die Parteienfinanzierung (E 8, 51) sowie in den Reaktionen auf die verfassungsgerichtlichen Entscheidungen. Den Höhepunkt – und zugleich einen gewissen Abschluss – erreichten die Spannungen mit der Urteilsschelte der Regierung an dem Urteil zum Deutschland-Fernsehen.[30] Bekannt geworden ist Adenauers Bemerkung während der Haushaltsdebatte vom 8. März 1961, das Kabinett sei sich „darin einig, daß das Urteil falsch ist, meine Damen und Herren".[31]

In der Sache ging es darum, ob die Bundesregierung ihr Interesse, den direkten Einfluss auf den Rundfunk zu vergrößern, gegen den Widerstand der Bundesländer durchsetzen konnte: Im September 1959 hatte das Bundeskabinett den Entwurf eines Gesetzes über den Rundfunk verabschiedet, der neben der Gründung der „Deutschen Welle" und des „Deutschlandfunks" auch ein zweites deutsches Fernsehprogramm vorsah, das so genannte Deutschland-Fernsehen. Mangels Beteiligung von Länderseite blieb die Bundesrepublik Alleingesellschafter der eigens dafür ins Leben gerufenen GmbH, deren verfassungsgemäße Einrichtung zuerst von Hamburg und dann auch von Bremen, Hessen und Niedersachsen vor dem BVerfG bezweifelt wurde.[32] Nach Auffassung dieser Länder hat die Bundesregierung damit sowohl gegen die Organisationsgrundsätze in Art. 5 Abs. 1 S. 2 GG und die Regelungen des

---

26 Baring, a. a. O. (Fn. 21), S. 250.
27 „Nach den Unterredungen Höpker Aschoffs". In: FAZ v. 22. Dez. 1952.
28 „Höpker Aschoff weist die Kritik Dehlers zurück". In: FAZ v. 16. März 1953, S. 1.
29 Häußler, a. a. O. (Fn. 3), S. 37.
30 Zur Dokumentation dieser Auseinandersetzung siehe Zehner, Günther: Der Fernsehstreit vor dem Bundesverfassungsgericht. Eine Dokumentation des Prozeßmaterials, 2 Bde., Karlsruhe 1964.
31 BT-Prot. III, S. 8308.
32 Vgl. hierzu Laufer, a. a. O. (Fn. 9), S. 448 ff.

Art. 30 GG als auch gegen den Grundsatz des bundesfreundlichen Verhaltens verstoßen, während diese ihr Vorgehen u. a. durch Art. 73 Nr. 7 GG gedeckt sah und darüber hinaus argumentierte, Rundfunk sei im Grunde keine Frage der öffentlichen Verwaltung und zudem gehöre diese Aufgabe kraft Natur der Sache zur Kompetenz des Bundes.[33]

Das BVerfG schloss sich der Ländermeinung an und untermauerte diese Auffassung mit Argumenten, die bis heute zu den Grundsätzen der Rundfunkordnung zählen.[34] Den Nerv der Regierung dürfte das Verfassungsgericht dabei aber nicht allein durch den für Adenauer enttäuschenden Ausgang des Fernstreits getroffen haben. Zur Urteilsschelte trug sicher auch die Begründung bei, mit der das Verfassungsgericht das Vorgehen Adenauers, insbesondere die Verletzung des bundesfreundlichen Verhaltens „verurteilte". Aber gerade weil das Verfassungsgericht – nota bene der Zweite Senat – die Kraft fand, den Plänen Adenauers kompromisslos einen Strich durch die Rechnung zu machen und dabei auch Grundsätzliches zur Rundfunkordnung sowie zur föderativen Ordnung zu sagen, ging es unbeschadet und im Ergebnis gestärkt aus dieser Auseinandersetzung hervor.[35] Bezeichnenderweise wurde der Schlusspunkt vom damaligen Verfassungsgerichtspräsidenten Gebhard Müller gesetzt, als dieser in einer öffentlichen Erklärung die Regeln für eine in Form und Inhalt angemessene Kritik am Verfassungsgericht aufstellte, an die sich die Kritiker fürderhin zu halten haben.[36]

3.3 Reformquerelen

Müller war es auch, der – damals noch in seiner Funktion als Ministerpräsident Baden-Württembergs – mit seinem Vorschlag die Hängepartie in der Reformdebatte um das BVerfG beendete. Während das Verfassungsgericht in einigen Punkten eine Entlastung von seiner Arbeitsbelastung anstrebte,[37] ging es Adenauer hauptsächlich darum, den Einfluss auf die Besetzung des Gerichts und damit letztlich auch auf die Rechtsprechung zu vergrößern.[38] Daher wurde die Reformdiskussion bald zu einer Wahlrechtsdiskussion mit dem Ziel, die beiden Senate nach amerikanischem Vorbild zusammenzulegen, auf neun Richter zu verringern (und dabei den Anteil an Berufsrichtern zu erhöhen) sowie die Richterwahl mit einfacher Mehrheit einzuführen.

Vor allem der letzte Aspekt spielte eine wesentliche Rolle in den nachfolgenden Auseinandersetzungen zwischen Regierung und Opposition. Denn diese fürchtete ihren Einfluss bei der Auswahl der Verfassungsrichter gänzlich einzubüßen, jene hingegen wollte zumindest erreichen, dass die relative Mehrheit nach dem ersten Wahlgang über die Auswahl der Richter entscheide,[39] im Zweifel auch über den Umweg eines Beirates.[40] Für das Verfassungsgericht stand sein Ansehen als unabhängiges Gericht auf dem Spiel; Leibholz sprach

---

33   Vgl. BVerfGE 12, 205 (216 ff.).

34   Für eine kurze Würdigung siehe Müller-Terpitz, Ralf: BVerfGE 12, 205 – Deutschland-Fernsehen. In: Menzel, Jörg (Hg.), Verfassungsrechtsprechung, 2000, S. 122-128.

35   Vgl. hierzu die Studie von Lembcke, Oliver: Über das Ansehen des Bundesverfassungsgerichts. Ansichten und Meinungen der öffentlichen Meinung 1951-2001, Berlin 2006.

36   Vgl. Häußler, a. a. O. (Fn. 3), S. 52.

37   Siehe hierzu Geiger, Willi: Zur Reform des Bundesverfassungsgerichts. In: Maunz, Theodor (Hg.), Vom Bonner Grundgesetz zur gesamtdeutschen Verfassung. FS Hans Nawiasky, München 1956, S. 211-236.

38   Vgl. etwa Gotto, Klaus / Kleinmann, Hans-Otto / Schreiner, Reinhard (Hg.): Im Zentrum der Macht. Das Tagebuch von Staatssekretär Lenz, 1951-1953, Düsseldorf 1989, S. 279, 293, auf den auch Häußler, a. a. O. (Fn. 3), S. 40 (m. w. N.) verweist.

39   Vgl. Laufer, a. a. O. (Fn. 9), S. 176-180.

40   Zur Idee eines Beirates vgl. Häußler, a. a. O. (Fn. 3), S. 44 f.

gar von der Gefahr eines „Regierungsgerichts".[41] Das Problem pendelte in den zuständigen Ausschüssen von Bundestag und Bundesrat rund ein Jahr bis zum erwähnten Kompromissvorschlag des späteren Präsidenten des BVerfG vom Juli 1956: Sein Vorschlag hatte im Wesentlichen eine Verkleinerung des Gerichts von zwölf auf zehn (und perspektivisch acht) Verfassungsrichtern je Senat und eine Absenkung des Wahlquorums auf zwei Drittel der Stimmen im Bundestag – respektive im zuständigen Wahl(männer)ausschuss – zum Inhalt; anstelle des Beirates, einst als Machtinstrument der Regierung gedacht, erhielt das BVerfG ein unverbindliches Vorschlagsrecht.

Diese Lösung hält bis heute. Sie hat damals der Regierung eine leichte Verschiebung zu ihren Gunsten bei den anstehenden Richterwahlen eingebracht – legt man die Parteizugehörigkeit oder die Parteinähe der Verfassungsrichter zugrunde. Aber diese Vorteile konnten die herben Enttäuschungen nicht verhindern, die nicht nur die Adenauer-Regierung mit „ihrem" Senat des BVerfG machen musste. Der Streit um die Wiederbewaffnung und das Deutschland-Fernsehen sind hierfür nur zwei Beispiele für eine Geschichte, die sich auch in der Ära nach Adenauer fortsetzte und in der das Verfassungsgericht gerade in der Auseinandersetzung mit der Regierung seine Autorität bilden konnte.

4 Autorität von Institutionen

Institutionen entstehen und entwickeln sich im Banne einer richtungweisenden Idee, einer „idée directrice", wie der französische Rechtslehrer Maurice Hauriou im Anschluss an Claude Bernard formulierte.[42] Diese Leitidee liegt den Institutionen zugrunde, und auf ihre Verwirklichung bleiben sie ausgerichtet in dem Bestreben, über den formalen Status ihrer Gründung hinauszugelangen und das zu werden, was sie ihrer Leitidee nach sein sollen. Ob ihnen dies gelingt, erweist sich erst in den Handlungen, mit denen die Institution ihre Leitidee zur Geltung bringt und auf diese Weise ihre ursprüngliche soziale Resonanz lebendig hält.[43] Was heißt das für die Verfassungsgerichtsbarkeit?

Einer Verfassung ist ihr Anspruch auf normative Geltung eingeschrieben, und zwar unabhängig davon, um welche Verfassung es sich handelt. Gleichwohl zeigt das Verhältnis von Anspruch und Wirklichkeit, dass die Normativität von Verfassungen prekär ist. Eben aus diesem Grund entsteht die Idee des Vorrangs der Verfassung und ihrer Institutionalisierung.[44] Die Institution umfasst Geltung, Verbindlichkeit und Wirksamkeit als drei Momente der Verfassung – und verkörpert deren Einheit in der Praxis des gesellschaftlichen Zusammenlebens: die Normativität der Verfassung als Maßstab der verbindlichen Entscheidungen des Verfassungsgerichts, mit denen die Vorgaben der Verfassung sozial wirksam werden und sich gerade auch im politischen Bereich durchsetzen können. Neben dieser im Grundsatz eher funktionalen Perspektive erweist sich der institutionelle Eigenwert der Verfassungsgerichtsbarkeit unmittelbar daran, dass sich die Entscheidungen des Gerichts nicht als

41 „Bedenken aus Karlsruhe". In: FAZ v. 18. Juni 1955, S. 4.
42 Hauriou, Maurice: Die Theorie der Institution und zwei andere Aufsätze von Maurice Hauriou, (Hg. von Roman Schnur), Berlin 1967, S. 27-66, v. a. S. 34-36 u. 47. Im Folgenden geht es nur um die von Hauriou so bezeichneten Personeninstitutionen (S. 34) im Unterschied zu den Sachinstitutionen (S. 35).
43 Hauriou, a. a. O. (Fn. 42), S. 49.
44 Zum Vorrang der Verfassung siehe u. a. Wahl, Rainer: Der Vorrang der Verfassung. In: Der Staat 20/1981, S. 485-516.

eine bloße Ableitung aus der Verfassung verstehen lassen. Ins Allgemeine gewendet: Die Institution kann nicht durch die praktische Vernunft ersetzt werden, da diese nicht ihrerseits dafür Sorge tragen kann, dass die allgemein als richtig erkannten Vorgaben in der Praxis auch ihre entsprechende Umsetzung erfahren. Institutionen wie die der Verfassungsgerichtsbarkeit lassen sich mithin selbst als eine Forderung der praktischen Vernunft verstehen.[45]

Vor diesem Hintergrund wird deutlich, dass sich Verfassungsgerichte nicht auf ihre Kontrolltätigkeit beschränken lassen. Ihre Existenz im Institutionengefüge bedeutet den Einzug einer höheren Ebene in die Rechtsordnung, ohne dafür auf das Naturrechtsdenken zurückgreifen zu müssen. Entsprechend der Idee vom Verfassungsvorrang lässt sich die Verfassung mit Luhmann als ein „autologischer" Text bezeichnen: Sie „sagt ich zu sich selbst"[46] – und nur die Verfassungsrichter wissen „letztgültig", was die Verfassung will und was nicht. Dieser geltungstheoretisch komplexe Befund ist auch in praktischer Hinsicht nicht ohne Tücken: Denn es stellt sich die Frage, wie dieser Anspruch auf „vorrangiges" Wissen in tatsächliche Interpretationsmacht verwandelt werden kann, ohne „eigenmächtig" zu handeln oder so zumindest zu erscheinen. Ob Durchsetzungswille oder Wille zum gemeinschaftlichen Handeln, beides kann einer Institution nicht gerecht werden, deren Aufgabe darin besteht, das Handeln anderer Akteure an Maßstäben zu messen – auch wenn diese nicht unmittelbar zur Hand sind, sondern der kreativen Entwicklung bedürfen. Aber eben hierin besteht der Ausgangspunkt für die spezifische Interpretationsmacht der Verfassungsgerichtsbarkeit: In Fragen der Verfassung muss es das Verfassungsgericht besser wissen als andere Institutionen oder Akteure, darin liegt seine eigentliche Aufgabe. Und diejenige Form der Macht, die sich mit einem Wissen verbindet, das sich durch überlegenen Umgang mit einer Sache auszeichnet, heißt Autorität.[47]

Autorität muss erworben werden, nicht jedoch durch gemeinsames Handeln, sondern durch Unterordnung. Der Andere erkennt die Überlegenheit der Autorität freiwillig durch Unterordnung an – andernfalls hat Autorität keinen Bestand.[48] Denn Gewalt einzusetzen oder anzudrohen, ist mit dem Begriff der Autorität unvereinbar, weil dadurch das Moment der Freiwilligkeit zerstört würde. Die Anerkennung erspart somit der Autorität, Zwangsmittel anwenden zu müssen; sie ist das Proprium wahrer Autorität. Aber die Autorität wäre keine, wenn man sie nicht als eine Repräsentantin von Normen und Werten ansähe. Die Überlegenheit im Umgang mit einer Sache fällt nur dann ins Gewicht, wenn die Sache einen Wert darstellt – und dieser Wert für den Anerkennenden auch eine Bedeutung hat. Aus der Verbindung von Normen und Werten einerseits und dem richtigen Umgang mit ihnen andererseits resultiert die „Wertschätzung" der Autorität.[49] Sie erscheint als Garant für die angemessene Beurteilung von Dingen, die einem wichtig sind, weshalb man sich ihrem Urteil (gern) anschließt. In diesem Sinne lässt sich auch ein Verfassungsgericht als eine Autorität verstehen.

Konflikte zwischen der Politik und der Verfassungsgerichtsbarkeit sind nichts Außergewöhnliches, wie sich vergleichenden Analysen entnehmen lässt, sie können aber gerade zu

---

45   Vgl. Wieland, Wolfgang: Aporien der praktischen Vernunft, Frankfurt a. M. 1989, S. 36.

46   Luhmann, Niklas: Verfassung als evolutionäre Errungenschaft. In: Rechtshistorisches Journal 9/1990, S. 176-220, hier S. 187.

47   Siehe zur Begriffsgeschichte vor allem Arendt, Hannah: Was ist Autorität? In: Dies.: Zwischen Vergangenheit und Zukunft. Übungen im politischen Denken I, (Hg. von Ursula Ludz), München / Zürich 1994, S. 159-200.

48   Vgl. Gadamer, Hans-Georg: Wahrheit und Methode, (Gesammelte Werke, Taschenbuchausgabe, Bd. 1: Hermeneutik I), Tübingen 1999, S. 284.

49   Sofsky, Wolfgang / Paris, Rainer (1994): Figurationen sozialer Macht. Autorität – Stellvertretung – Koalition, Frankfurt a. M. 1994, S. 26 f.

Beginn einer solchen Institution einen quasi existentiellen Charakter annehmen. Das BVerfG musste sich in dieser Auseinandersetzung mit der Regierung Adenauer behaupten, und gerade deswegen ist es ihm gelungen, als Autorität angesehen zu werden. Dieser Prozess der Autoritätsbildung, der sich als prägend für die heutige Rolle des Verfassungsgerichts im politischen System der Bundesrepublik erweisen sollte, ist jedoch von den Verfassungsrichtern der ersten Generation selbst in Gang gebracht worden, als sie ihren Anspruch, Hüter der Verfassung zu sein, erstmalig formulierten und die anderen Akteure im politischen System mit diesem Anspruch konfrontierten – eine Konfrontation, die im Kern ein politischer Kampf um Anerkennung war.

Klaus Joachim Grigoleit

Bundesverfassungsgericht und sozialliberale Koalition unter Willy Brandt

Der Streit um den Grundvertrag

1 Einführung

Der „Konflikt zwischen Bundesverfassungsgericht und politischer Führung"[1] ist in der Kontrollfunktion der Verfassungsgerichtsbarkeit programmiert. Er manifestierte sich im resignierenden Adenauerwort „dat ham wir uns so nicht vorjestellt",[2] in einer Bombendrohung des Justizministers Dehler[3] und in vergleichsweise zurückhaltender Gefolgschaftsverweigerung der Bayerischen Staatsregierung im Kruzifixstreit.[4] Nur in der Ära der sozialliberalen Reformpolitik drohte der Konflikt ernsthaft zu eskalieren, der berühmte Ausspruch über die „acht Arschlöcher in Karlsruhe",[5] hatte einen durchaus ernsten Hintergrund.

In die Regierungszeit von Bundeskanzler *Brandt* fiel 1971 der Wechsel im Präsidentenamt von *Gebhard Müller* zu *Ernst Benda* und die Wahl von *Martin Hirsch* als Nachfolger für *Gerhard Leibholz* im Zweiten Senat durch den Bundestag. Mit der Wahl des ehemaligen Innenministers Benda zum Präsidenten erkaufte sich die Regierung mit der Wahl des SPD-Politikers Hirsch eine politische Machtverschiebung im Zweiten Senat, die eine Annäherung an die neuen politischen Mehrheitsverhältnisse herstellte und deren Bedeutung angesichts der absehbaren Auseinandersetzungen vor dem Senat den Beteiligten durchaus bewusst war.[6] Weitere personelle Veränderungen fielen in die Kompetenz des Bundesrats.

Während die gerichtliche Auseinandersetzung um die innenpolitischen Reformen der sozialliberalen Koalition weitgehend erst in die Regierungszeit von *Helmut Schmidt* fielen[7] und dort mit dem Streitgespräch zwischen dem Bundeskanzler und dem Gerichtspräsidenten *Benda* 1978[8] einen medialen Höhepunkt fanden,[9] wurde der „Streit um den Grundvertrag",[10]

---

1 Häußler, Richard: Der Konflikt zwischen Bundesverfassungsgericht und politischer Führung, 1994.
2 Lamprecht, Rolf: Zur Demontage des Bundesverfassungsgerichts, 1996, S. 126.
3 Vgl. zur Drohung Dehlers, er werde das Gericht „eigenhändig in die Luft sprengen": Hoffmann, Dirk: Das Bundesverfassungsgericht im politischen Kräftefeld der frühen Bundesrepublik., HistJb 120 (2000), S. 227/253.
4 Vgl. dazu skandalisierend: Lamprecht, a. a. O. (Fn. 3), S. 39 ff.; Wahl, Rainer: Quo vadis – Bundesverfassungsgericht?, in: Guggenberger/Würtenberger (Hg.), Hüter der Verfassung oder Lenker der Politik, 1998, S. 81/84 f.; zu Recht relativierend: Limbach, Jutta: Die Akzeptanz verfassungsgerichtlicher Entscheidungen, 1997, S. 6 f.
5 Dazu Lamprecht, a. a. O. (Fn. 3), S. 128 ff.
6 Vgl. Dopatka, Friedrich-Wilhelm: Das Bundesverfassungsgericht und seine Umwelt, 1982, S. 45 f.; Häußler, a. a. O. (Fn. 1), S. 52 f., jeweils m. w. N.
7 Nur das „Hochschulurteil" vom 29.5.1973, BVerfGE 35, 79, erging in der Amtszeit von Willy Brandt; vgl. dazu Biehler, Gerhard: Sozialliberale Reformgesetzgebung und Bundesverfassungsgericht, 1990, S. 91 ff.
8 Vgl. Häussler, a. a. O. (Fn. 1), S. 72 ff.

in dessen Zusammenhang die Verbalinjurie gefallen sein soll, und damit um das Kernstück der „neuen Ostpolitik" in der Regierungszeit von Bundeskanzler Brandt geführt. Der Streit zog sich über mehrere Eskalationsstufen hin und brachte die Republik an den Rand ihrer bislang wohl einzigen Verfassungskrise. Weder zuvor noch danach stellte sich im ausbalancierten Regierungssystem unter dem Grundgesetz so unverhüllt die Machtfrage. Nachfolgend sollen die verfassungsgerichtlichen Entscheidungen vor dem Hintergrund des äußeren Geschehensablaufs analysiert und auf ihre Aussagekraft für die Rolle des Bundesverfassungsgerichts (BVerfG) im politischen System untersucht werden.[11]

2 Der Streit um den Grundvertrag

2.1 Historische Ausgangspunkte

Mit der Konsolidierung der beiden deutschen Staaten 1954/55 entstand ein Status quo, der der bisher konfrontativen Blockpolitik die Grundlage entzog.[12] Die entspannende Ausgestaltung des Status quo wurde zum Grundmotiv der internationalen Politik. Spätestens seit „Sputnik-Schock" 1957[13] und Mauerbau 1961 fand eine „aggressive" Wiedervereinigungspolitik auch im westlichen Bündnis keine Rückendeckung mehr.[14] Ersten Anzeichen einer Öffnung unter *Adenauer*[15] folgten in der Großen Koalition unter *Kiesinger* das Ende der „Hallsteinzeit"[16] und erste Kontakte zur DDR-Führung auf Regierungsebene. Ob eine CDU-geführte Regierung wirklich bereit war, den Politikwechsel zu vollziehen, erscheint jedoch zweifelhaft.[17] Erst die nach der Bundestagswahl 1969 gebildete sozialliberale Koalition vollzog die unvermeidliche Richtungsänderung.

Den Dreh- und Angelpunkt der „neuen Ostpolitik" bildete die Situation in Berlin schon deshalb, weil das am 3. September 1971 unterschriebene Viermächte-Abkommen über Ber-

---

9   Vgl. zum Vorwurf eines unzulässigen „judicial activism" gegen die Reformpolitik etwa Schueler, H.: Die Konterkapitäne von Karlsruhe; wird Bonn von den Verfassungsrichtern regiert?, Die Zeit Nr. 9, 1978, S. 9 f.; Vogel, Hans-Jochen: Videant judices! Zur aktuellen Kritik am Bundesverfassungsgericht, DÖV 1978, S. 665; von Beyme, Klaus: Das politische System der Bundesrepublik Deutschland, 8. Aufl. 1996, S. 367 f.; Bieler, a. a. O. (Fn. 6), S. 196 ff. (passim); Dopatka, Friedrich-Wilhelm: Zur Bedeutung des Bundesverfassungsgerichts in der politischen und gesellschaftlichen Entwicklung der Bundesrepublik 1951-1978, in: Däubler/Küsel (Hg.), Verfassungsgerichtsbarkeit und Politik, 1979, S. 31/44 ff.; Zusammenfassung der Auseinandersetzungen bei Häussler, a. a. O. (Fn. 1), S. 64 ff.

10 Umfassend dokumentiert in: Cieslar, Eve / Hampel, Johannes / Zeitler, Franz-Christoph (Hg.): Der Streit um den Grundvertrag. Eine Dokumentation, 1973.

11 Ausführlicher zum Ganzen: Grigoleit, Klaus Joachim: Bundesverfassungsgericht und Deutsche Frage, 2004, S. 255 ff.

12 Vgl. Görtemaker, Manfred: Geschichte der Bundesrepublik Deutschland, 1999, S. 333.

13 Görtemaker, a. a. O. (Fn. 10), S. 355.

14 Vgl. Wenger, Andreas: Der lange Weg zur Stabilität, VfZ 46 (1998), S. 69; Conze, Eckart: Konfrontation und Détente, VfZ 46 (1998), S. 269.

15 Vgl. zur Diskussion um Adenauers Versuche, die deutschlandpolitische Stagnation zu überwinden: Morsey, Rudolf: Die Bundesrepublik Deutschland, 4. Aufl. 2000, S. 58 f., 179 ff. (m. w. N.).

16 Wiederaufnahme der Beziehungen zu Jugoslawien 1967; dazu Winkler, Heinrich-August: Der lange Weg nach Westen, Bd. II, 2000.

17 Baring, Arnulf: Machtwechsel, Die Ära Brandt-Scheel, 1983, zit. nach der Taschenbuch-Ausgabe, 1998, S. 237; Bender, Peter: Episode oder Epoche, Zur Geschichte des geteilten Deutschland, 3. Aufl. 1997, S. 172 f.; abweichend Hildebrand, Klaus: Von Erhard zur Großen Koalition, 1984, S. 323 ff.

lin,[18] erst in Kraft treten konnte, nachdem die Bundesrepublik durch den Abschluss von Gewaltverzichtsabkommen ihren ernsthaften Willen zur Entspannung demonstriert hatte. Die Bundesrepublik sollte sich mit der Verschiebung der deutschen Ostgrenze auf die Oder-Neiße Linie und mit der Koexistenz der beiden deutschen Staaten abfinden.

Schon die zur Erfüllung des ersten Teils geschlossenen „Ostverträge"[19] führten trotz deutschlandpolitischer Vorbehalte im Bundestag zu heftigen Auseinandersetzungen, die letztlich zum gescheiterten Misstrauensvotum gegen Bundeskanzler *Brandt* vom 27. April 1972 führten.[20] Parallel zu den Verhandlungen um die Ostverträge nahm die Bundesregierung auf der Grundlage der Regierungserklärung vom 28. Oktober 1969[21] Sondierungsgespräche mit der DDR auf, um die Beziehungen „besonderer Art" der beiden Staaten in Deutschland zu regeln. Diese führten zunächst zu einem Verkehrsabkommen, das ohne Gegenstimmen bei nur neun Enthaltungen am 22. September 1972 im Bundestag ratifiziert wurde.[22] Der damit scheinbar erzielte deutschlandpolitische Grundkonsens zerfiel aber sogleich wieder, als am 8. November 1972 der „Vertrag über die Grundlagen der Beziehungen zwischen der Bundesrepublik Deutschland und der Deutschen Demokratischen Republik" paraphiert und veröffentlicht wurde.[23] Der nach seiner Präambel „unbeschadet der unterschiedlichen Auffassungen der Bundesrepublik Deutschland und der Deutschen Demokratischen Republik zu grundsätzlichen Fragen, darunter zur nationalen Frage" geschlossene Vertrag sah die Entwicklung „gutnachbarliche(r) Beziehungen auf der Grundlage der Gleichberechtigung" vor und bekräftigte die „Unverletzlichkeit" der innerdeutschen Grenze. Dem Vertrag beigefügt war der „Brief zur Deutschen Einheit".

Unter dem Eindruck der Auseinandersetzungen wurde die Bundestagswahl 1972 als Plebiszit für den Grundvertrag gewertet,[24] Die deutschlandpolitisch zerrissene Opposition im Bundestag[25] hatte nach dem Wahlergebnis deshalb beschlossen, den Kampf nicht durch einen „Gang nach Karlsruhe" fortsetzen zu wollen.[26] Hinter der bayerischen Staatsregierung sammelte sich jedoch das Lager derer, die den Kampf gegen den Machtwechsel nicht aufga-

---

18 Vgl. zum Vier-Mächte-Abkommen (abgedruckt in: von Münch [Hg.], Dokumente des geteilten Deutschlands, Bd. 2, 1974, S. 94) ausführlich: Schiedermair, Hartmut: Der völkerrechtliche Status Berlins nach dem Viermächte-Abkommen vom 3. September 1971, 1975; zu seiner Einbindung in die Ostpolitik: Schöllgen, Gregor: Die Außenpolitik der Bundesrepublik Deutschland, 2. Aufl. 2001, S. 112 ff.

19 Vertrag zwischen der Bundesrepublik Deutschland und der Union der Sozialistischen Sowjetrepubliken v. 12. August 1970 (BGBl. II S. 353) und Vertrag zwischen der Bundesrepublik Deutschland und der Volksrepublik Polen v. 7. Dezember 1970 (BGBl. II S. 1127).

20 Vgl. zu den Umständen des Scheiterns bereits Baring, a. a. O. (Fn. 17), S. 473 ff.; Winkler, Der Lange Weg, a. a. O. (Fn. 16), S. 298 f.; Schöllgen, Gregor: Willy Brandt, 2001, S. 194 f.

21 Abgedruckt in: von Münch, Dokumente, a. a. O. (Fn. 18), S. 167 (Auszug); vgl. hierzu Baring, a. a. O. (Fn. 17), S. 290 ff.; Schöllgen, Willy Brandt, a. a. O. (Fn. 20), S. 171.; Hillgruber, Andreas: Deutsche Geschichte 1945-1986, Die „deutsche Frage" in der Weltpolitik, 8. Aufl. 1986, S. 109 f.; Stern, Klaus: Staatsrecht der Bundesrepublik Deutschland, Bd. V, 2000, S. 1486.

22 Vertrag zwischen der Bundesrepublik Deutschland und der Deutschen Demokratischen Republik über Fragen des Verkehrs v. 26. Mai 1972; mit Anlagen abgedruckt in: von Münch (Hg.), Dokumente, a. a. O. (Fn. 18), S. 246 ff.

23 Mit allen Anlagen abgedruckt in: von Münch (Hg.), Dokumente, a. a. O. (Fn. 18), S. 301 ff.; zu den vorausgegangenen Vertragsverhandlungen ausführlich: Baring, a. a. O. (Fn. 17), S. 548 ff.; zur Bewertung des Vertrags etwa Bracher, Karl Dietrich / Jäger, Wolfgang / Link, Werner: Republik im Wandel, 1969-1974. Die Ära Brandt, 1986, S. 224.

24 Görtemaker, a. a. O. (Fn. 11), S. 562 f.

25 Vgl. Winkler, Der lange Weg, a. a. O. (Fn. 16), S. 312 f.

26 Vgl. Kriele, Martin: Recht und Politik in der Verfassungsrechtsprechung, NJW 1976, S. 777/779.

ben, sondern die Entscheidung durch das BVerfG suchten.[27] Auf der anderen Seite war die Bundesregierung, durch den Wahlerfolg wie die internationale Anerkennung der Ostpolitik bestärkt, entschlossen, diese nun zügig umzusetzen.

2.2 Die Entscheidungen des BVerfG zum Grundvertrag

2.2.1 Die Entscheidungen im Vorfeld

Die Polarisierung spiegelte sich im Vorfeld der Hauptsacheentscheidung bereits in den Entscheidungen über je zwei Anträge auf Ablehnung des Richters *Rottmann* wegen Befangenheit sowie auf Erlass einer einstweiligen Anordnung gegen die Ratifizierung des Grundvertrages. Wenige Tage vor der ersten Entscheidung des Zweiten Senats des BVerfG über eine Aussetzung des weiteren Ratifizierungsverfahrens beantragte die Bayerische Staatsregierung den Ausschluss des Richters *Rottmann* wegen Befangenheit, weil dieser zustimmend über die Ostpolitik der Bundesregierung referiert habe. Das BVerfG wies den Antrag im Ergebnis einstimmig zurück, weil ein Vortrag zu tagespolitischen Themen ohne unmittelbaren Bezug zum Streitgegenstand nicht ausreiche, um die besonderen Voraussetzungen für die Befangenheit von Verfassungsrichtern zu begründen.[28]

Dass der dadurch abgewehrten Veränderung der Mehrheitsverhältnisse im Senat ausschlaggebende Bedeutung zukommen konnte, erwies der Beschluss über den ersten Aussetzungsantrag vom 4. Juni 1973:[29] Nach Auffassung von vier Senatsmitgliedern wäre der Antrag der Bayerischen Staatsregierung wegen offensichtlicher Unbegründetheit[30] oder jedenfalls geringer Erfolgsaussichten abzuweisen gewesen. Die übrigen vier Richter hielten die Frage der Verfassungsmäßigkeit des Grundvertrags für „noch offen", die Erforderlichkeit seiner „verfassungskonformen Auslegung" aber für „noch offener".[31] Das Ratifizierungsverfahren müsse deshalb gestoppt werden, weil andernfalls vollendete Tatsachen die Kompetenzen des BVerfG irreparabel überspielen würden.[32] Zu der Skepsis gegenüber dem Vertrag trat also entscheidend der verfassungsrichterliche Selbstbehauptungswillen gegenüber dem als unangemessen empfundenen Druck der Bundesregierung. Im Hinblick auf noch ausstehende Ratifikationsschritte beließ der Senat es aber einstimmig bei einem kaum verklausulierten Appell an die Bundesregierung, der Entscheidung in der Hauptsache nicht vorzugreifen.[33]

Mit der zügigen Fortsetzung des Ratifikationsverfahrens machte die Bundesregierung jedoch deutlich, dass sie weder auf die Gegner des Vertrags, noch auf die Befindlichkeiten der

---

27 Vgl. zur Diskussion in der CDU Haftendorn, Helga: Sicherheit und Entspannung, Zur Außenpolitik der Bundesrepublik Deutschland 1955-1982, 1986, S. 393 ff.; Stüwe, Klaus: Die Opposition im Bundestag und das Bundesverfassungsgericht, 1997, S. 227 ff.; Häussler, a. a. O. (Fn. 1), S. 55.

28 BVerfGE 35, 171; darin abweichende Meinung Wand (175 ff.), der im Ergebnis zwar zustimmt, aber Besonderheiten des Befangenheitsrechts für Verfassungsrichter nicht anerkennt; vgl. dazu Geck, Wilhelm Karl: Wahl und Amtsrecht der Bundesverfassungsrichter, 1986, S. 79 ff.; Pestalozza, Christian: Verfassungsprozeßrecht, 3. Aufl. 1991; § 2 Rdnr. 48; Heusch, Andreas, in: Umbach, Dieter C. / Clemens, Thomas / Dollinger, Franz-Wilhelm (Hg.), BVerfGG, Mitarbeiterkommentar, 2. Aufl. 2005, § 19 Rdnr. 10 ff.

29 BVerfGE 35, 193.

30 BVerfGE 35, 193 (195); kritisch dazu Tomuschat, Christian: Auswärtige Gewalt und verfassungsgerichtliche Kontrolle, DÖV 1973, S. 801/802; Friesenhahn, Ernst: Hüter der Verfassung?, ZRP 1973, S. 188 (190 f.

31 BVerfGE 35, 193 (199).

32 BVerfGE 35, 193 (198 ff.).

33 Ebd., 200 f.

Verfassungsrichter irgendwelche Rücksicht zu nehmen gewillt war.[34] Nur aus Presseerklärungen wurde bekannt, dass der Notenaustausch bereits am 20. Juni erfolgen sollte. Damit war genau die Situation eingetreten, für die die Meinungsdifferenz im Zweiten Senat ausschlaggebende Bedeutung erlangen musste.

In dieser Situation gab der Senat mit vier gegen drei Stimmen einem erneuten Ablehnungsantrag gegen den Richter Rottmann statt.[35] Dieser hatte in einem privaten Brief, der gezielt in die Öffentlichkeit lanciert worden war, geäußert, er sehe die These vom Fortbestand des Reichs für illusionär und von der Wirklichkeit widerlegt an. Mit der Entscheidung hatte sich die Spaltung des Senats also vorverlagert und der Antragstellerin war es scheinbar gelungen, die Mehrheitsverhältnisse rechtzeitig vor der am 18. Juni 1973 ergangenen zweiten Aussetzungsentscheidung[36] zu kippen.

Allerdings war durch das namentlich zu zeichnende Minderheitsvotum zum Befangenheitsantrag die Spaltung des Gerichts entlang der Grenzen der parteipolitischen Zugehörigkeit erstmalig in der Geschichte „amtlich" bekannt geworden.[37] Eine nachfolgende Sachentscheidung entlang der durch die Ausschließung veränderten parteipolitischen Mehrheitsfronten hätte die manipulative Wirkung des Ausschließungsverfahrens offenbart und die institutionelle Glaubwürdigkeit des Gerichts in Frage gestellt. Eine Aussetzungsentscheidung mit vier zu drei Richterstimmen hätte kaum judikative Autorität beanspruchen können, sondern wäre als politisch motivierte Wiederholung des gescheiterten Misstrauensvotums von 1972 unter ähnlich dubiosen Begleitumständen und vor dem Hintergrund der noch frischen Ergebnisse der Bundestagswahl geradezu als „legaler Putsch" stigmatisiert gewesen. Angesichts der demonstrativen Entschlossenheit der Bundesregierung war das Risiko der Verfassungskrise evident.

Schon aus Gründen des institutionellen Selbstschutzes war die Notwendigkeit senatsinterner Kompromissbildung unabweisbar. Nur eine Entscheidung über die senatsinternen Parteigrenzen hinweg konnte als Richterspruch und damit als Ausübung legitimer judikativer Gewalt Gefolgschaft erwarten. Angesichts der überaus klaren Positionierung der in die Minderheit geratenen Senatsmitglieder im ersten Aussetzungsbeschluss blieb dafür aber wenig Spielraum. Der einvernehmliche Ärger des Senats über den mangelnden Respekt der Bundesregierung vor dem Gericht konnte als kleinster gemeinsamer Nenner ohne Unterfütterung in der Sache kaum eine Stattgabe rechtfertigen. Jedenfalls im Ergebnis musste die neue Senatsmehrheit deshalb den „geordneten Rückzug" antreten.[38]

Der Antrag auf Erlass einer einstweiligen Anordnung wurde einstimmig zurückgewiesen. Die Senatsmehrheit durfte ihre inhaltliche Skepsis zwar der Begründung, nicht aber dem Er-

---

34   In diesem Zusammenhang dürfte der zuerst von Reißmüller in der F.A.Z. v. 27.6.1973, S. 1 kolportierte Ausspruch von den „acht Arschlöchern in Karlsruhe" die Position der Bundesregierung treffend charakterisieren, unabhängig davon, ob er tatsächlich gefallen ist oder von der F.A.Z. böswillig als bloßes Gerücht verbreitet wurde (so die bei Lamprecht, a. a. O. (Fn. 2), S. 128 ff., geäußerte Vermutung); zu den daraus entstandenen Verwicklungen: Häussler, a. a. O. (Fn. 1), S. 62 f.

35   BVerfGE 35, 246; zum ungewöhnlich scharfen Minderheitsvotum (ebd., 257) vgl. Geck, a. a. O. (Fn. 28), S. 83; Heusch, in Umbach / Clemens / Dollinger, a. a. O. (Fn. 28), Rdnr. 12 m. w. N.

36   BVerfGE 35, 257.

37   Vgl. Jäger, York: Entscheidungsverhalten und Hintergrundfaktoren der Bundesverfassungsrichter, ZRP 1987, S. 360, nach dessen Erhebung der Rottmann-Beschluss seit der Einführung des Minderheitsvotums 1970 das erste Beispiel für die „vollständige Differenzierung eines Senats in Fraktionsblöcke" war und bis zum Ende des Erhebungszeitraumes (1986) das einzige blieb; s. auch Landfried, Christine: Bundesverfassungsgericht und Gesetzgeber, 2. Aufl. 1996, S. 16.

38   Schoch, Friedrich / Wahl, Rainer: Die einstweilige Anordnung des Bundesverfassungsgerichts in außenpolitischen Angelegenheiten, FS Benda, 1995, S. 265/285.

gebnis zugrundelegen. Zur „goldenen Brücke" wurde der von der Bundesregierung herausgestellte Zusammenhang zwischen dem Grundvertrag und der gleichzeitigen Aufnahme beider deutscher Staaten in die Vereinten Nationen:[39] Die Aufrechterhaltung dieses Zusammenhanges sei, so der Senat, „von elementarer Bedeutung für die von der Bundesrepublik und der Bundesregierung unaufgebbare Rechtsposition, daß zwischen den beiden deutschen Staaten ein näheres und besonderes Verhältnis zueinander besteht."[40] Bei einer Aussetzung der Ratifikation könnte die Aufnahme der DDR in die Vereinten Nationen ohne begleitende innerdeutsche Vereinbarung nicht ausgeschlossen werden. Dies gelte es um den Preis vollendeter Tatsachen zu vermeiden.

Mit dieser sachlich kaum tragfähigen Begründung[41] waren die Würfel auch für die Hauptsache gefallen. Der Grundvertrag trat mit allen völkerrechtlichen Wirkungen uneingeschränkt in Kraft. Das BVerfG selbst ging davon aus, dass der Hauptsacheentscheidung nur noch „eine für die innerstaatliche Ordnung und für die Rechtsposition der Bundesregierung bei den Verhandlungen über die Folgeverträge maßgebliche Bedeutung" zukomme.[42]

2.2.2 Das Grundvertragsurteil

Der politischen Polarisierung, der manifesten Spaltung des Senats und der völkerrechtlichen Wirkungslosigkeit seiner Entscheidung hatte auch das sechs Wochen später ergangene Urteil in der Hauptsache Rechnung zu tragen. Die gemeinsame Begründung des Grundvertragsurteils dient ersichtlich dem Ziel, keine der hergebrachten deutschlandpolitischen Grundsätze aufzugeben, andererseits aber aus keinem dieser Grundsätze Rechtsfolgen abzuleiten, die dem Grundvertrag und der neuen Ostpolitik entgegenstanden.[43]

Dies spiegelt sich insbesondere in der zentralen „deutschlandtheoretischen" These von der „Teilidentität" der Bundesrepublik mit dem Deutschen Reich.[44] Diese „bemerkenswerte Interpretation der historisch-politischen Wirklichkeit"[45] machte zwar aus den verschiedenen Deutschlandtheoremen einen „unbekömmlichen Brei".[46] Sie ermöglichte aber in der Rechtsfolge, einerseits darauf zu beharren, die DDR nicht als Ausland anzusehen, sie aber andererseits als gleichberechtigten Staat und Völkerrechtssubjekt anzuerkennen und damit „das Abschließen des Vertrags" als „faktische Anerkennung besonderer Art" zu verstehen.[47] Das Wiedervereinigungsgebot aus der Verfassung wurde zwar bestätigt und konkretisiert,[48] der

---

39 Nach der DDR (12. Juni) hatte die Bundesregierung am 15. Juni, also am Tag vor der mündlichen Verhandlung über die Aussetzungsentscheidung die Aufnahme in die Vereinten Nationen beantragt; der Bundesjustizminister hatte dem Gericht mitgeteilt, dass das Beitrittsverfahren nicht weiter aufgehalten werden könne; vgl. Cieslar / Hampel / Zeitler (Hg.), Der Streit um den Grundvertrag, a. a. O. (Fn. 10), S. 90 ff.

40 BVerfGE 35, 257 (262 f.).

41 Vgl. Häußler, a. a. O. (Fn. 1), , S. 60 f.; Kriele, Martin: Unabhängige Entscheidung, ZRP 1973, S. 193.

42 BVerfGE 35, 257 (263); Karl Friedrich Fromme sprach sogar davon, dass die Entscheidung in der Hauptsache zu einer wirkungslosen „Seminararbeit" degradiert worden sei, zit. nach Friesenhahn, Ernst: Hüter der Verfassung?, ZRP 1973, S. 188/189.

43 Vgl. Kewenig, Wilhelm A.: Auf der Suche nach einer Deutschlandtheorie, DÖV 1973, S. 797.

44 BVerfGE 36, 1 (16).

45 So Schöllgen, Außenpolitik, a. a. O. (Fn. 18), S. 123.

46 So Scheuner, Ulrich: Die staatsrechtliche Stellung der Bundesrepublik, DÖV 1973, S. 581/583; vgl. zur Kritik etwa Kewenig, a. a. O. (Fn. 43), S. 799 ff.; Bernhardt, Rudolf: Deutschland nach 30 Jahren Grundgesetz, VVDStRL 38 (1980), S. 12; Lewald, Walter: Die verfassungsrechtliche Lage Deutschlands, NJW 1973, S. 2265; Oppermann, Thomas: „Deutschland als Ganzes", in: FS Berber, 1973, S. 377/388.

47 BVerfGE 36, 1 (17, 22 f.).

48 Ebd., 17 ff.

Grundvertrag aber nicht als „Teilungsvertrag", sondern als „erster Schritt in Richtung auf die Reorganisation Deutschlands" interpretiert.[49]

Das Gericht stellte sich damit der Ostpolitik der sozialliberalen Koalition in ihrem Kern nicht entgegen. Das Festhalten an der „kunstvoll mumifizierten Rechtsperson Gesamtdeutschland (Deutsches Reich)" mit „schneewittchengleicher Existenz" mochte als „Flucht vor Geschichte und Wirklichkeit" kritikwürdig erscheinen.[50] Entscheidend war aber, dass das Gericht diese Mumie zwar weiter präparierte und vorführte, sie aber nicht zum Leben erweckte und gegen die Ostpolitik in Stellung brachte.

In der Würdigung des Vertrags wich das Urteil von einer insoweit durchaus konzilianten Linie insbesondere im Hinblick auf die innerdeutsche Grenze ab, indem es diese Grenze als eine „staatsrechtliche Grenze (...) ähnlich denen, die zwischen den Ländern der Bundesrepublik verlaufen", einstufte. Nur in dieser Qualifizierung sei die Grenzanerkennung verfassungskonform. Diese Parallelisierung war rechtlich wie tatsächlich geradezu absurd.[51] Das Gericht hätte es dabei belassen können, die unbestrittene und angesichts des Grenzregimes unbestreitbare Besonderheit der Grenze als solche ebenso zu konstatieren, wie es die Besonderheit der Beziehungen zwischen den beiden deutschen Staaten konstatiert hatte. Mit der gezielten Provokation wollte das Gericht offenbar klarstellen, dass der Grundvertrag unter keinen Umständen als Anerkennung des durch Mauer, Stacheldraht und Schießbefehl gekennzeichneten Grenzregimes der DDR verstanden werden konnte, sondern im Gegenteil dieses Grenzregime mit dem Grundvertrag „schlechthin unvereinbar" war, der Vertrag also geradezu einen Titel dafür abgab, „diese unmenschlichen Verhältnisse zu ändern."[52] Da die Entschärfung des Grenzregimes selbstverständlich ein zentrales Anliegen aller Deutschlandpolitik war, richtete sich die Provokation also nicht gegen die Ostpolitik und war insoweit im Senat konsensfähig.

Für das Grundvertragsurteil kennzeichnend wurden jedoch die Begründungspassagen, die über die Vertragswürdigung selbst hinausgehend perspektivische Vorgaben für die weitere Entwicklung der innerdeutschen Beziehungen, insbesondere im Hinblick auf die Staatsbürgerschaft und die im Grundvertrag vorgesehenen Folgeverträge entwickelten.

Im Hinblick auf die Frage der Staatsangehörigkeit stellte sich das Gericht ungeachtet der Protokollerklärung der Bundesrepublik, derzufolge Staatsangehörigkeitsfragen „durch den Vertrag nicht geregelt worden" seien, auf den Standpunkt, es sei dadurch „die Frage nicht ausgeräumt", „ob der Vertrag nicht *Auswirkungen* auf die Staatsangehörigkeit" habe und „welche dieser Auswirkungen im Widerspruch (...) mit grundgesetzlichen Vorschriften" stünden.[53] Durch die Unterscheidung von Regelung und „Auswirkung" konstruierte das Gericht einen unklaren Zusammenhang, der die Grenze zwischen Urteilsbegründung und obiter dictum verwischte.[54] Dieser unklare Zusammenhang steht in auffälligem Missverhältnis zu der Tatsache, dass das Gericht gerade hinsichtlich der Staatsbürgerschaftsfrage den Eindruck erweckte, der Vertrag bedürfe einer verfassungskonform einschränkenden Auslegung. Ohne

---

49 Ebd., 17 ff., 25 f.

50 Vgl. Tomuschat, Christian: Auswärtige Gewalt und verfassungsgerichtliche Kontrolle. Einige Bemerkungen zum Verfahren über den Grundvertrag, DÖV 1973, S. 801/804.

51 Besonders kritisch gegenüber der Realitätsferne der Entscheidung, die gerade in diesem Punkt „schockierend" sei: Zweigert, Konrad: Einige rechtsvergleichende und kritische Bemerkungen zur Verfassungsgerichtsbarkeit, in: FG 25 Jahre Bundesverfassungsgericht, 1976, Bd. 1, S. 74.

52 BVerfGE 36, 1 (35).

53 BVerfGE 36, 1 (30) (Hervorhebung im Original).

54 Vgl. Rupp-von Brünneck, Wiltraut: Wie weit reicht die Bindungswirkung des Grundvertragsurteils des Bundesverfassungsgerichts?, in: von Münch u. a. (Hg.), Finis Germaniae, 1977, S. 62/69 f.

Bezugnahme auf einzelne Vertragspassagen erklärte es pauschal und hypothetisch jedes Vertragsverständnis, das den staatsbürgerlichen Status der Bürger der DDR verkürzte, für „eindeutig im Widerspruch zum Grundgesetz". Der Vertrag bedürfe „daher, um verfassungskonform zu sein, der Auslegung, (...) daß – unbeschadet jeder Regelung des Staatsangehörigkeitsrechts in der Deutschen Demokratischen Republik – die Bundesrepublik Deutschland jeden Bürger der Deutschen Demokratischen Republik, der in den Schutzbereich der Bundesrepublik und ihrer Verfassung gerät, gemäß Art. 116 Abs. 1 und 16 GG als Deutschen wie jeden Bürger der Bundesrepublik behandelt."[55]

Diese rein vorsorgliche verfassungskonforme Gesamtauslegung[56] verdeutlicht zum einen das Misstrauen jedenfalls der Senatsmehrheit gegenüber der politischen Ernstlichkeit des Protokollvorbehalts. Zum anderen verweist die Zuspitzung darauf, dass auch für die Senatsminderheit das Festhalten an der gesamtdeutschen Staatsangehörigkeit die unübersteigbare Essentiale aller zukünftigen Deutschlandpolitik zu bleiben hatte.

Bezeichnenderweise unterlegte das Gericht die Bedeutung der deutschen Staatsangehörigkeit jedoch nicht deutschlandpolitisch, etwa als verbliebene Grundlage deutscher Gesamtstaatlichkeit oder als Vorleistung auf eine Wiedervereinigung,[57] sondern grundrechtlich. Ihre Bedeutung ergab sich für das Gericht „insbesondere" daraus, „dass ein Deutscher, wann immer er in den Schutzbereich der staatlichen Ordnung der Bundesrepublik Deutschland gelangt, (...) einen Anspruch darauf hat, nach dem Recht der Bundesrepublik Deutschland vor deren Gerichten sein Recht zu suchen." Er genieße „den vollen Schutz der Gerichte der Bundesrepublik und alle Garantien der Grundrechte des Grundgesetzes. (...) Jede Verkürzung des verfassungsrechtlichen Schutzes, den das Grundgesetz gewährt durch den Vertrag oder eine Vereinbarung zur Ausfüllung des Vertrags, wäre grundgesetzwidrig."[58]

Der Senat bemühte sich damit unverkennbar um eine Abgrenzung der Sphären. Indem er die Staatsangehörigkeit als Anknüpfungspunkt des grundrechtlichen Rechtsschutzes behandelte, legitimierte der Senat den eigenen Zugriff und beschränkte den der politischen Organe. Die verfassungskonforme Auslegung des Grundvertrages wurde als notwendig dargestellt, um einen drohenden Eingriff der Bundesregierung in die grundrechtsschützenden Kompetenzen des BVerfG abzuwehren. Letztlich durfte die Bundesregierung also die DDR als Staat anerkennen, sie durfte die „anderen Deutschen" jedoch nicht der schützenden Jurisdiktion des BVerfG entziehen.

Im Zusammenhang der politischen Zuspitzung des Verfahrens stellt die Staatsangehörigkeitspassage den letztlich gelungenen Befreiungsschlag dar. Paradoxerweise befreite gerade die Tatsache, dass die Staatsangehörigkeit im Grundvertrag gar nicht geregelt worden war, das Gericht aus der Ohnmacht, zu der es durch das entschlossene Vorgehen der Bundesregierung und durch die Unabweislichkeit der zweiten Aussetzungsentscheidung verurteilt war. Indem es die grundrechtsschützende Bedeutung der Staatsangehörigkeit in den Vordergrund stellte, entzog es sich dem deutschlandpolitischen Streit und überwand zugleich seine innere Spaltung. Damit waren in der Staatsangehörigkeitsfrage die Grundlagen hergestellt, auf denen das Gericht legitimen Eigenstand gegenüber der Regierung demonstrieren konnte. Die rechtlich mit keinem Wort begründete und mit der Anerkennung des Protokollvorbehalts

---

55 BVerfGE 36, 1 (30 f.).
56 Kritisch zu Recht Rupp-v.Brünneck, Diskussionsbeitrag, in: von Münch u. a. (Hg.), Finis Germaniae, a. a. O. (Fn. 54), S. 76 f.; Schuppert, Gunnar-Folke: Verfassungsgerichtsbarkeit und Politik, ZRP 1973, S. 257/260, der darauf hinweist, dass nur die gesetzgeberische Auslegung auf ihre Verfassungskonformität zu prüfen war.
57 So noch etwa BVerfGE 2, 266 (277 f.) in Bezug auf den Schutzbereich des Art. 11 GG.
58 BVerfGE 36, 1 (30 f.).

kollidierende Behauptung, der Grundvertrag bedürfe hinsichtlich seiner „Auswirkungen" auf Fragen der Staatsangehörigkeit einer verfassungskonformen Auslegung, ist danach in allererster Linie als Akt verfassungsgerichtlicher Selbstbehauptung zu verstehen.

Diese Bewertung wird durch die Ausführungen zu möglichen Inhalten von Folgevereinbarungen[59] gestützt. Auch diese Passagen mögen ein gewisses Misstrauen gegen die Entschlossenheit der Bundesregierung bezeugen, der Diktatur im anderen Teil Deutschlands mit der gebotenen Entschiedenheit entgegenzutreten.[60] Ihr rechtlicher Gehalt beschränkt sich aber im Wesentlichen darauf klarzustellen, dass die Geltung der Grundrechte nicht zur Verhandlungsmasse deutsch-deutscher Entspannungsbemühungen gehöre: So dürfe das vorgesehene Post- und Fernmeldeabkommen keine Verkürzung der Garantien aus Art. 10 und 5 GG enthalten und weder die Rundfunkfreiheit noch die Vereinigungsfreiheit könne unter Verweis auf den Geist des Grundvertrages deshalb eingeschränkt werden, weil ihre Ausübung von der DDR als Einmischung in ihre inneren Angelegenheit verstanden werde.[61]

Mit dem ausdrücklich vom Gericht in Anspruch genommenen Grundsatz des „judicial self-restraint" war es kaum vereinbar, zukünftig allenfalls vorstellbares Verhalten der Vertragsparteien auf seine Verfassungskonformität zu überprüfen, nur weil sie sich zur Begründung möglicherweise auf den verfahrensgegenständlichen Vertrag berufen könnten.[62] Auch ist nicht erkennbar, dass das Gericht konkreten Anlass zu den genannten Feststellungen gehabt hätte, also einen sich bereits ankündigenden Verfassungsstreit vorbeugend befrieden wollte. Vielmehr erscheint hier – wie in der Frage der Staatsangehörigkeit – offensichtlich, dass das Gericht seine Relevanz demonstrieren wollte. Die thematisierten „Folgewirkungen" des Vertrages waren nicht durch die Ratifikation bereits verbindlich präjudiziert und standen also wirksamer „Kontrolle" offen. Der Senat war handlungsfähig, weil die Festlegung der Minderheit sich nicht auf denkbare Folgewirkungen des Vertrags bezog und weil sich der Grundrechtsmaßstab dem deutschlandpolitischen Streit entzog.

Die besonders kritischen Passagen des Grundlagenurteils, auf die sich in erster Linie der Eindruck stützen lässt, das BVerfG habe sich – trotz der Antragsabweisung im Ergebnis – der Regierung entgegengestellt, verdeutlichen damit geradezu paradigmatisch Macht und Ohnmacht des Gerichts. In der politisch zugespitzten Auseinandersetzung um Grundfragen der Deutschlandpolitik wurde das Gericht politisch in die Zange genommen und unter starken Druck gesetzt. Dies führte zu einer Spaltung innerhalb des Spruchkörpers und zur Erosion seiner juridischen Legitimationsgrundlagen. Es geriet – nicht zuletzt durch das eigene Verhalten in den Vorfeldentscheidungen – in den Verdacht, sich politisch instrumentalisieren zu lassen und wurde konsequent von einer in besonderem Maße demokratisch legitimiert und entschlossen handelnden Regierung politisch überrollt. Auf diese Demonstration seiner Ohnmacht reagierte das Gericht mit einem Akt der vergewissernden Selbstbehauptung. Es

---

59 BVerfGE 36, 1 (33 ff.).

60 Besonders deutlich wird dies, wenn das Gericht die „verfassungsmäßige Pflicht" der Bundesregierung behauptet, „das öffentliche Bewußtsein nicht nur für die bestehenden Gemeinsamkeiten, sondern auch dafür wachzuhalten, welche weltanschaulichen, politischen und sozialen Unterschiede" zwischen den beiden deutschen Staaten bestehen; vgl. ebd., 34; Blumenwitz, Dieter: Die Bedeutung des Bundesverfassungsgericht-Urteils zum Grundvertrag, in: Deutscher Bundestag (Hg.), Materialien der Enquête-Kommission, Bd. V/1, 1995, S. 522/529, sieht hierin eine „klare Absage" an die Formel „Wandel durch Annäherung".

61 BVerfGE 36, 1 (33 f.).

62 Zutreffend bezeichnet Bothe, Michael: Bundesverfassungsgericht und Außenpolitik, in: FS Bernhardt, 1995, S. 755/761, den gerichtlichen Hinweis auf den self-restraint als „Euphemismus"; kritisch insoweit auch Rupp-von Brünneck, a. a. O. (Fn. 54), S. 65; Schuppert, a. a. O. (Fn. 56), S. 260; Kriele, Martin: Recht und Politik in der Verfassungsrechtsprechung, NJW 1976, S. 777/780.

zog sich grollend aus der politischen Arena in die unangegriffene Bastion der Grundrechte zurück und kündete deren entschlossene Verteidigung an.

Dieser institutionellen Selbstbehauptung diente auch die vielfach kritisierte Schlusssentenz des Urteils, derzufolge sich die Bindungswirkungen aus § 31 Abs. 1 BVerfGG auf „(a)lle Ausführungen der Urteilsbegründung" erstrecken sollte.[63] Es lässt sich durchaus daran zweifeln, ob das Gericht damit wirklich eine Kompetenz-Kompetenz zur Bestimmung der Reichweite der Bindungswirkungen aus § 31 Abs. 1 BVerfGG in Anspruch nahm.[64] Viel plausibler erscheint, dass das Gericht dadurch die Bedeutung des Vertrags „auch als Rahmen für die künftigen Folgeverträge" würdigte und deshalb gerade den Passagen über die weitere Entwicklung der innerdeutschen Beziehungen und deren im Urteil gesetzte grundrechtlichen Grenzen tragende Bedeutung zusprechen wollte[65] und damit die Relevanz seiner Beteiligung abzusichern suchte. Diesem Versuch der Gewinnung staatsrechtlicher Relevanz entspricht der unmittelbar anschließende Versuch, die eigene Auslegung des Vertrags trotz dessen vorhergegangener Ratifikation und nicht ohne Widerspruch zu den gegenläufigen Erkenntnissen der beiden Aussetzungsentscheidungen[66] auch für die DDR völkerrechtliche Verbindlichkeit zu verschaffen.[67]

3 Bewertung

In der Staatsrechtslehre ist das Urteil weit verbreitet,[68] das BVerfG habe durch das Grundvertragsurteil in „staatsmännischer Weitsicht" [69] gegen den politischen Prozess und insbesondere gegen die Ostpolitik der sozialliberalen Koalition unter *Willy Brandt* das „Wiedervereinigungsziel tatsächlich offengehalten" und damit maßgeblich zu der Entwicklung beigetragen, die letztlich zur Überwindung der Teilung und zur Wiedervereinigung der deutschen Staaten führte. Der Streit um den Grundvertrag gehört danach zu den politischen Grundsatzentscheidungen, durch die sich das Gericht als „maßgeblichen Faktor in der politisch-geschichtlichen Entwicklung" und als „machtvoller Teilnehmer am politischen Prozess"[70] qualifiziert. Diese Bewertung ist letztlich wenig plausibel.

Sicher trifft es zu, dass das BVerfG im Verfahren über den Grundvertrag wie in keinem Verfahren zuvor oder danach in den Mittelpunkt einer extrem polarisierten politischen Auseinandersetzung geriet und mit unabschätzbarer Folgewirkung über die Zulässigkeit einer

---

63   BVerfGE 36, 1 (36).

64   So etwa Rupp-von Brünneck, a. a. O. (Fn. 54), S. 62; Kriele, a. a. O. (Fn. 62), S. 779.

65   Wie hier: Bahlmann, Kai: Fünf Jahre Grundvertragsurteil, in: Zieger (Hg.), Fünf Jahre Grundvertragsurteil des Bundesverfassungsgerichts, 1979, S. 33 f.

66   BVerfGE 35, 193 (198 ff.; 257/263); zu diesem Widerspruch auch Häussler, a. a. O. (Fn. 1), S. 60 m. Fn. 123.

67   BVerfGE 36, 1 (36); kennzeichnend insoweit die postwendende Zurückweisung durch DDR-Staatssekretär Michael Kohl: „Für uns ist ein Urteil eines Gerichts der BRD irrelevant", zit. nach Hacker, Jens: Diskussionsbeitrag, in: Zieger (Hg.), Fünf Jahre Grundvertragsurteil, a. a. O. (Fn. 65), S. 51/54 und dessen Einlassung: „Auch wenn Kohl insoweit zuzustimmen ist, (...) hätte man ein wenig Respekt vor dem höchsten deutschen Gericht (...) erwarten können.

68   Vgl. Stern, a. a. O. (Fn. 21), S. 1505, 1841 f.

69   So insbesondere auch Blumenwitz, a. a. O. (Fn. 60), S. 522; Oppermann, Thomas: Von der Bonner zu einer Berliner Republik, in: Heckel (Hg.), Die innere Einheit Deutschlands inmitten der europäischen Einigung, 1995, S. 53/69 f. (Zitat: S. 70).

70   Vgl. Schulze-Fielitz, Helmut: Wirkung und Befolgung verfassungsgerichtlicher Entscheidungen, FS 50 Jahre Bundesverfassungsgericht, Bd. 1, S. 385/400, 408.

der wichtigsten politischen Richtungswechsel in der Geschichte der Republik zu entscheiden hatte. Die Fokussierung der rechtswissenschaftlichen Beschäftigung auf die Entscheidung beruht darüber hinaus auch darauf, dass in der Auseinandersetzung um den Grundvertrag die Steuerungsfähigkeit der von der Staats- und Völkerrechtslehre entwickelten und entfalteten und bis in die 60er Jahre hinein der operativen Politik instrumentell zugrunde gelegten Theorien zur Rechtslage Deutschlands in Frage stand, die *Willy Brandt* mehrfach abschätzig als „Formelkram" abgetan hatte, mit dem Zusatz, der Kreml sei nun einmal kein Amtsgericht.[71] Es ging also auch um Macht- und Ansehensverlust der Staatsrechtslehre in der Politik. Gerade die daraus resultierende „Eigenbeteiligung" stand und steht aber offenbar einer distanzierten und deshalb unvoreingenommen ausgewogenen Bewertung der Entscheidung erschwerend entgegen.[72]

Diese Besonderheiten lassen aber gerade keinen Rückschluss auf eine besondere, die Politik der sozialliberalen Koalition korrigierend bestimmende Bedeutung der Grundvertragsentscheidung zu, sondern standen ihr geradezu im Wege. Die durch die vielschichtige Verflechtung von staatsrechtlicher Konstruktion und Deutschlandpolitik entstandene und unter dem Druck der politischen Konfrontation im Vorfeld der Hauptsacheentscheidung evident zu Tage getretene Prädisposition des Gerichts bewirkte einen Verlust legitimierenden juridischen Eigenstandes, der die Möglichkeit wirksamer verfassungsgerichtlicher Einflussnahme von vornherein eng begrenzte. Im Ergebnis stand eine Entscheidung, die einerseits unter erheblichen Defiziten juridischer Überzeugungskraft an hergebrachten Grundsatzpositionen festhielt, auf dieser Grundlage aber die Ergebnisse des politischen Prozesses weder umfassend legitimieren wollte noch wirksam korrigieren konnte. Andererseits versuchte das Gericht die durch Prädisposition und politischen Druck entstandene Blockade zu umgehen und durch einen Rückzug auf seine grundrechtsschützende Funktion Eigenstand zu gewinnen und Relevanz zu demonstrieren. Die auf dieser Grundlage formulierte Kritik lief aber der Sache nach ins Leere: Jedenfalls aus historischer Perspektive gibt es keinerlei Anhaltspunkte dafür, die sozialliberale Ostpolitik einer freiheitsgefährdenden Kollaboration mit den Staaten des Ostblocks zu verdächtigen.[73] Insofern hat das Grundvertragsurteil weder die sozialdemokratischen Bundeskanzler *Brandt* und *Schmidt*, noch danach die Bundesregierung unter *Kohl* daran gehindert, die Politik gegenüber der DDR zu treiben, die sie für richtig hielten.[74] Wenn gleichwohl insbesondere von Kritikern der „neuen Ostpolitik" die integrative Wir-

---

71 Zit. nach Baring, a. a. O. (Fn. 17), S. 335.

72 Dies gilt natürlich erst recht und evident für unmittelbar am Verfahren Beteiligte, vgl. etwa Blumenwitz, Fünf Jahre Grundvertragsurteil des Bundesverfassungsgerichts, in: Zieger (Hg.), a. a. O. (Fn. 65), S. 7; ders., a. a. O. (Fn. 60), S. 522.

73 Dass auch die SPD ganz im Gegenteil auf demonstrative Abgrenzung Wert legte und dadurch – und nicht etwa durch eine ideologische Annäherung – tatsächlich Freiheitsbeschränkungen entstanden, war bei vorurteilsloser Betrachtung schon der Mitwirkung an dem sog. „Radikalenerlass" und dem von Richard Löwenthal erarbeiteten und von der Parteiführung verabschiedeten „Abgrenzungsbeschluss" in aller Deutlichkeit zu entnehmen; vgl. dazu Baring, a. a. O. (Fn. 17), S. 426 ff. (Abgrenzungsbeschluss) und 465 ff. (Radikalenerlass); Schöllgen, Willy Brandt, a. a. O. (Fn. 20), S. 167 (Radikalenerlass); Winkler, a. a. O. (Fn. 16), S. 302 f. (Abgrenzungsbeschluss). Unzulässig ist es demgegenüber, die insoweit teilweise fragwürdige Entwicklung der Partei in den 80er Jahren auf die Ostpolitik zurückzuprojizieren. Dass die Regierungspolitik von solcher „Unzuverlässigkeit" frei blieb, dafür hat – ohne jedes Zutun des Bundesverfassungsgerichts – das Wahlvolk wirksam gesorgt.

74 So zutreffend: Wewer, Göttrik: Das Bundesverfassungsgericht – eine Gegenregierung? Argumente zur Revision einer überkommenen Denkfigur, in: Blanke, Bernhard / Wollmann, Hellmut (Hg.), Die alte Bundesrepublik. Kontinuität und Wandel, Leviathan, Sonderheft 12/1991, S. 310/325; unbelegt dagegen die Einschätzung von Bothe, a. a. O. (Fn. 62), S. 763, das Urteil habe der bundesdeutschen Politik „jede Flexibilität genommen".

kung der Grundvertragsentscheidung hervorgehoben wurde,[75] so verweist dies auf die tief greifenden Ressentiments, die der Politik der sozialliberalen Koalition insgesamt und ihrer Ostpolitik insbesondere teilweise entgegengebracht wurden und sich offensichtlich in der verfassungsgerichtlichen Kritik artikuliert sahen.

Der Streit um den Grundvertrag machte damit die Grenzen deutlich, die dem BVerfG und seinem vielfach proklamierten Anspruch auf Teilhabe an der Staatsleitung[76] gezogen sind. Die Spaltung des Zweiten Senats entlang der Parteigrenzen im Vorfeld der Grundvertragsentscheidung und die manipulative Wirkung, die unter diesen Umständen der Ausschließung eines Richters zukommen musste, offenbarte die politische Kodierung der gerichtlichen Auseinandersetzung. Damit war aber die juridische Legitimationsgrundlage erodiert, auf die allein das Gericht die Autorität seiner Entscheidungen stützen kann. Dem drastisch formulierten politischen Machtanspruch einer durch Neuwahlen demokratisch legitimierten Bundesregierung hatte das Gericht unter diesen Voraussetzungen nichts entgegenzusetzen. Mit seinem Rückzug in die unangegriffene Festung der Grundrechte vermied das BVerfG eine Verfassungskrise mit unabsehbarem Ausgang. Darin lag die eigentliche „staatsmännische Weitsicht" des Grundvertragsurteils. Darüber hinaus konnten die mit einigem Schlachtenlärm geführten Rückzugsgefechte als Teilerfolg der politischen Opposition integrative Wirkung beanspruchen und trugen möglicherweise zum späteren „ostpolitischen Godesberg" der CDU bei.[77]

Der Streit um den Grundvertrag in der Ära der sozialliberalen Koalition unter Willy Brandt zeigt exemplarisch, dass das BVerfG nur sehr begrenzt als „Player" im politischen Prozess oder gar als „Gegenregierung" taugt. Gerade die „politische" Besetzung des Gerichts verhindert wirkungsvoll seine Politisierung. Wo die juridische Überzeugungskraft verfassungsgerichtlicher Entscheidungen endet und das Abstimmungsverhalten der Richter erkennbar durch ihre parteipolitische Zugehörigkeit geleitet ist, verlässt das Gericht seine in der Verfassung verankerte Legitimationsbasis. Gegen eine machtbewusste, demokratisch legitimierte Regierung kann das Gericht unter diesen Umständen einen offenen Konflikt kaum durchstehen.

---

75 Vgl. etwa Hacker, Jens: Die Deutschlandpolitik der SPD/FDP-Koalition 1969-1982, in: Deutscher Bundestag (Hg.), Materialien der Enquêtekommission, Bd. V 2, 1489/1534; ders., Diskussionsbeitrag, in: Zieger (Hg.), Fünf Jahre Grundvertragsurteil, a. a. O. (Fn. 54) S. 51/52; Bahlmann, Kai, a. a. O., S. 23/26.

76 Vgl. statt vieler Papier, Hans-Jürgen: Teilhabe an der Staatsleitung, F.A.Z. v. 23.5.2000, S. 15; Benda, Ernst / Klein, Eckart: Verfassungsprozeßrecht, 2. Aufl. 2001, Rdnr. 63; Herzog, Roman: Teilung und Ballung von Macht im Grundgesetz, in: Kirchhof / Commers (Hg.), Deutschland und sein Grundgesetz, 1993, S. 435; Starck, Christian: Das Bundesverfassungsgericht in der Verfassungsordnung und im politischen Prozeß, FS 50 Jahre Bundesverfassungsgericht, 2001, S. 1/4 f.; Scholz, Rupert: Fünfzig Jahre Bundesverfassungsgericht, Aus Politik und Zeitgeschichte, B 37-38/2001, S. 6; Herdegen, Matthias: Informalisierung und Entparlamentisierung politischer Entscheidungen, VVDStRL 62 (2003), S. 7/25.

77 Vgl. zur Kontinuität der Deutschlandpolitik unter Kanzler Kohl Bender, Peter: Die „neue Ostpolitik", 4. Aufl. 1996, S. 217 ff.; Görtemaker, a. a. O. (Fn. 11), S. 708; Schöllgen, Außenpolitik, a. a. O. (Fn. 18) S. 122, 128 f.

Gary S. Schaal

Crisis! What Crisis?
Der „Kruzifix-Beschluss" und seine Folgen

1 Fragestellung[1]

Das Bundesverfassungsgericht (BVerfG) geriet Mitte der 1990er Jahre in das Kreuzfeuer der öffentlichen Kritik.[2] Anlass hierfür waren die „Soldaten sind Mörder"-Entscheidung sowie insbesondere der „Kruzifix"-Beschluss.[3] Eine intensive, über Monate andauernde Debatte wurde über letzteren in den Massenmedien ausgetragen und mehrere Großkundgebungen und Demonstrationen fanden in München statt. Darüber hinaus – und einmalig in der Geschichte des BVerfG – riefen führende Bayrische Politiker, so u. a. Hans Maier, „die Schulen des Freistaates dazu auf, den Spruch zu ignorieren"[4]. Am Tag der Urteilsverkündung bekräftigte Edmund Stoiber, dass es auch in Zukunft die Möglichkeit geben werde, Kreuze in Klassenzimmern aufzuhängen.[5] Die Kritik wurde so vehement artikuliert, dass Jutta Limbach davon sprach, dass die Grenzen des Erträglichen erreicht seien.[6] Etliche Kommentatoren diagnostizierten die schwerste Krise des BVerfG seit seiner Gründung – eine Krise, von der befürchtet wurde, dass sie bleibende Schäden nicht nur bei der Institution BVerfG, sondern auch bei der politischen Kultur der Bundesrepublik hinterlassen würde. Diese Einschätzung vertrat u. a. der ehemalige Verfassungsrichter Böckenförde knapp ein Jahr nach dem Beginn des Kruzifix-Konflikts: „Das Bundesverfassungsgericht ist heute nicht mehr das, was es bis zum 10. August war".[7]

Im Folgenden soll vor dem Hintergrund, dass diese Diagnosen deutlich von dem damaligen, emotional sehr aufgewühlten, Zeitgeschehen beeinflusst waren, mit 10 Jahren Distanz eine sachliche Bestandsaufnahme vorgenommen werden: Worin genau bestand die „Krise" des BVerfG, die im Anschluss an die Veröffentlichung des Kruzifix-Beschlusses diagnostiziert wurde? Hat sie wirklich jene fatalen Konsequenzen ausgelöst, die von Böckenförde beschrieben wurden? Um diese Fragen beantworten zu können, werden im Folgenden ausgewählte Ergebnisse einer Diskursanalyse der massenmedialen Berichterstattung zum Kruzifix-Beschluss präsentiert. Die Interpretation der Daten erfolgt im Kontext einer kulturwissenschaftlichen Institutionentheorie in Anschluss an Hans Vorländer und Jürgen Gebhardt.

Im ersten Schritt werden die theoretischen, methodischen und sachlichen Grundlagen der Analyse präsentiert (1). Eine zentrale Einsicht der empirischen Diskursanalyse ist, dass nicht

---

1   Einen herzlichen Dank an Dieter Fuchs und Roxana Kath für konstruktive Anmerkungen zu einer ersten Fassung des Beitrages.
2   Vgl. Wesel, Uwe: Der Gang nach Karlsruhe: Das Bundesverfassungsgericht in der Geschichte der Bundesrepublik. München 2004. Wesel, Uwe: Die zweite Krise. In: Die Zeit, 29.09.1995, S. 13-15.
3   BVerfGE (1993,1) vom 16.5.1995, veröffentlicht am 10.08.1995.
4   Der Tagesspiegel, 14.08.1995.
5   Ursula Knapp. In: Frankfurter Rundschau, 11.08.1995.
6   Limbach, Jutta: Die Grenzen sind erreicht (Interview). In: Der Spiegel 35/1995, S. 34.
7   Böckenförde, zitiert nach Süddeutsche Zeitung, 17.05.1996.

ein Diskurs über den Kruzifix-Beschluss geführt wurde, sondern *drei* thematisch sehr unterschiedliche. Die Konfiguration dieser Diskurse wird im zweiten Schritt präsentiert. Der Fokus dieses Beitrages liegt jedoch auf der Rekonstruktion der Debatte über konstitutionelle Leitideen (2). Abschließend erfolgt unter ergänzendem Rekurs auf empirische Daten zum Vertrauen der Bürger in das BVerfG eine tentative Einschätzung der Folgen des Kruzifix-Konfliktes für das BVerfG. Konkret wird die These vertreten, dass die Krisenrhetorik aus Anlass des Kruzifix-Beschlusses aufgrund der institutionellen Stellung des Gerichts unangemessen war (3).

2 Grundlagen der Analyse

2.1 *Instrumentelle und symbolische Geltungsdimension des BVerfG*

Ein angemessenes Verständnis der *Krise* des BVerfG ergibt sich aus einer institutionentheoretischen Bestimmung seiner Aufgaben.[8] Institutionen besitzen in dieser Theorieperspektive zwei Geltungsdimensionen: eine instrumentelle und eine symbolische. Auf der instrumentellen Ebene besteht die zentrale Aufgabe des BVerfG in der autoritativen und letztverbindlichen Entscheidung über rivalisierende Deutungen des Grundgesetzes und damit in der Herstellung von Erwartungsstabilität bei den Rechtsunterworfenen. Als letztverbindlicher Interpret der Verfassung sichert das Gericht daher in instrumenteller Perspektive die normative *Geltung* und die faktische *Gültigkeit* des Grundgesetzes. In symbolischer Perspektive bringt das BVerfG die konstitutionellen Leitideen des Grundgesetzes im Zuge seiner Verfassungsrechtsprechung symbolisch zur Darstellung. Damit leistet das Gericht einen wichtigen Beitrag zur Integration des politischen Gemeinwesens, da es die zentralen politischen Werte und Normen, auf denen die Gesellschaft ruht, verdeutlicht.[9] Dies setzt jedoch nicht notwendigerweise eine homogene Gesellschaft voraus, die einmütig und einstimmig die so symbolisch repräsentierten Leitideen als „die ihren" wahrnimmt. Vielmehr kann auch eine konflikthafte Aneignung erfolgen. In Diskursen über umstrittene Deutungen der Verfassung erarbeiten sich die Bürger diskursiv ihr Verständnis der konstitutionellen Grundlagen.[10] Die instrumentelle und die symbolische Dimension sind nicht unabhängig voneinander zu analysieren – gleichwohl können sie in ihrem Geltungserfolg auseinander fallen. So kann – wie im Fall des Kruzifix-Beschlusses – auf der formal-rechtlichen Ebene eine Entscheidung des Gerichts von den entsprechenden Institutionen des Staates befolgt werden, ohne jedoch als authentischer Ausdruck der politischen Identität des Gemeinwesens auf der symbolischen Ebene

---

8 Vgl. Vorländer, Hans: Die Verfassung. Idee und Geschichte. München 2004; Gebhardt, Jürgen: Die Idee der Verfassung: Instrument und Symbol. In: Kimmel, Adolf (Hg.), Verfassungen als Fundament und Instrument der Politik, Baden-Baden 1995, S. 9-24; Brodocz, André: Die symbolische Dimension der Verfassung: ein Beitrag zur Institutionentheorie. Wiesbaden 2003.

9 Vgl. Frankenberg, Günter: Zur Rolle der Verfassung im Prozess der Integration. In: Schuppert, Gunnar Folke / Bumke, Christian (Hg.), Bundesverfassungsgericht und gesellschaftlicher Grundkonsens, Baden-Baden 2000, S. 31-58; Vorländer, Hans (Hg.), Integration durch Verfassung. Wiesbaden 2002; Schaal, Gary S. / Friedel, Sabine / Endler, Andreas: Die Karlsruher Republik. Der Beitrag des Bundesverfassungsgerichts zur Entwicklung der Demokratie und zur Integration der bundesdeutschen Gesellschaft. Bonn 2000; Limbach, Jutta: Die Integrationskraft des Bundesverfassungsgerichts. In: dieselbe: Im Namen des Volkes. Macht und Verantwortung der Richter. Stuttgart 1999, S. 148-164.

10 Vgl. Schaal, Gary S.: Vier normative Konzeptionen von Integration qua Verfassung. In: Vorländer, Integration, a. a. O. (Fn. 9), S. 71-99.

Akzeptanz zu finden. Die relevante Frage lautet, welche Konsequenzen ein punktuelles oder dauerhaftes Auseinanderfallen von instrumenteller und symbolischer Geltungsdimension besitzt, denn genau dieser Fall liegt beim Kruzifix-Beschluss vor.[11]

2.2 Der empirische Ansatz

Im Kern des Kruzifix-Konfliktes stehen *Geltungsbehauptungen* – rivalisierende Deutungen des Grundgesetzes, die für sich selbst jeweils in Anspruch nehmen, die instrumentell-juristisch Richtige und die symbolisch-identitär Zutreffende zu sein. Die *autoritative* Deutung legt das BVerfG in der Urteilsbegründung vor. Die rivalisierenden Deutungen manifestieren sich im öffentlichen, politischen und massenmedialen Diskurs über die Entscheidung.

Die Geltung und Akzeptanz des Kruzifix-Beschlusses kann entweder auf der individuellen Ebene oder der Ebene der „öffentlichen Meinung" analysiert werden. Obwohl beide in einem systematischen Zusammenhang stehen, müssen sie analytisch getrennt werden. Der Beitrag fokussiert die Analyse der öffentlichen Meinung. Die öffentliche Meinung wird durch massenmedial vermittelte Diskurse folgenreich beeinflusst, nicht aber determiniert.[12] Daher stehen im weitesten Sinne die *Argumente* im Zentrum der Analyse, da sich v. a. über sie die Geltung und Akzeptanz des Deutungsangebotes des BVerfG erschließen lässt. Um eine Debatte zu analysieren, ist es notwendig, die an ihr beteiligten Akteure in den Blick zu nehmen: Welche Akteure haben wann welche Argumente vertreten, und wie wurden diese Argumente in der Diskussion aufgegriffen und bewertet? Besitzt die Debatte einen „Gravitationspunkt", so dass empirisch fundiert diagnostiziert werden kann, dass sich ein Deutungsangebot durchsetzen konnte.

Die Analyse der Krise des Bundesverfassungsgerichts im Kontext des Kruzifix-Beschlusses muss daher die Form einer Diskursanalyse annehmen.[13] Hierzu erfolgte eine Analyse aller in der *Süddeutschen Zeitung* publizierten Artikel und Leserbriefe in der Zeit vom 10. August 1995 bis zum 10. November 1995 (N=463).[14] Codiert wurden alle in der Debatte publizierten *Argumente,* die *Begründungen* für die Argumente sowie die *Bewertung* der Argumente. Mit dieser sehr differenzierten Form der Analyse kann beschrieben werden, welche Argumente in der Diskussion sind und welcher Akteur in welcher Form auf sie Bezug ge-

---

11   In der hier gebotenen Kürze kann weder der Krisenbegriff genauer ausgeführt noch die empirischen Indikatoren dafür näher spezifiziert werden. Daher muss hier der Hinweis ausreichen, dass als Krisenindikatoren erstens das dauerhafte Auseinanderfallen der symbolischen und instrumentellen Geltungsdimension und zweitens das dauerhafte Sinken des Vertrauens der Bürger in das Bundesverfassungsgericht verstanden werden.

12   Vgl. Neidhardt, Friedhelm: Öffentlichkeit, öffentliche Meinung, soziale Bewegungen. In: Neidhardt, Friedhelm (Hg.), Öffentlichkeit, öffentliche Meinung, soziale Bewegungen. KZfSS Sonderheft 34, Opladen 1994, S. 7-41, hier: S. 25-26.

13   Alle im Folgenden präsentierten empirischen Daten entstammen einer Diskursanalyse der Berichterstattung in der FAZ und der SZ, die vom Teilprojekt I „Verfassung als institutionelle Ordnung des Politischen" (Leitung: Prof. Dr. Hans Vorländer) des Dresdner Sonderforschungsbereiches 537 „Institutionalität und Geschichtlichkeit" durchgeführt wurden. Die Darstellung der Forschungsmethodik würde den Rahmen dieses Aufsatzes sprengen (vgl. dafür Schaal, Gary S.: Diskursanalyse des Kruzifix-Beschlusses. Ein Methodenbericht. Dresdner Beiträge zur Politischen Theorie und Ideengeschichte, 8/1999). Eine ausführlichere Darstellung der Forschungsergebnisse erfolgt in Vorländer, Hans / Schaal, Gary S.: Das Bundesverfassungsgericht. Wiesbaden 2007 (i. V.).

14   Ergänzend hierzu wird partiell auf die Ergebnisse einer quantitativen Analyse der Berichterstattung über den Kruzifix-Beschluss in der FAZ zurückgegriffen.

nommen hat.[15] Darüber hinaus wurde codiert, für welche Handlungsoption (Kreuze hängen lassen, Einzelfallentscheidung, Kreuze abnehmen) welcher Akteur votierte.

2.3 Der Kruzifix-Beschluss

Das Gericht entschied im Kruzifix-Beschluss mit einer Mehrheit von fünf zu drei Stimmen, dass die staatlich verordnete Anbringung von Kreuzen in einer staatlichen Pflichtschule gegen Art. 4. Abs. 1 GG verstößt und somit § 13 Abs. 1 Satz 3 der Schulordnung für die Volksschulen in Bayern in der Fassung vom 21. Juni 1983 nichtig ist.[16] Es begründete seine Entscheidung (unter C II) mit der in Art. 4 Abs. 1 GG garantierten Glaubensfreiheit, die sowohl die positive – d. h. die Ausübung von Religion – als auch die negative, d. h. die Möglichkeit, gerade *nicht* an „kultischen Handlungen eines nicht geteilten Glaubens" teilnehmen zu müssen, umschließt.[17] Im Angesicht einer Pluralität religiöser Weltanschauungen innerhalb der Bevölkerung kann der Staat „die friedliche Koexistenz nur gewährleisten, wenn er selber in Glaubensfragen Neutralität bewahrt" (16).[18] Unter Rekurs auf einschlägige Kirchenlexika argumentiert das Gericht, dass das Kreuz nicht Symbol einer christlich geprägten Abendländischen Kultur ist, sondern spezifischer christlich-religiöser Überzeugungen. Die staatlich verordnete Anbringung von Kreuzen verletzt daher die staatliche Neutralität in weltanschaulichen Fragen, bekennt sich der Staat doch damit affirmativ zu *einer* Religion. Gleichwohl reflektiert das Gericht auch auf die kulturelle Dimension der christlichen Religion und konstatiert, dass „die kulturell vermittelten und historisch verwurzelten Wertüberzeugungen und Einstellungen nicht abzustreifen [sind], auf denen der gesellschaftliche Zusammenhang beruht und von denen auch die Erfüllung seiner eigenen Aufgaben abhängt. Der christliche Glaube und die christlichen Kirchen sind dabei (...) von überragender Prägekraft gewesen. Die darauf zurückgehenden Denktraditionen, Sinnerfahrungen und Verhaltensmuster können dem Staat nicht gleichgültig sein" (22). Er darf sich jedoch nicht affirmativ zu ihnen *in einem religiösen Sinne* verhalten. Zusammenfassend basiert die Entscheidung des BVerfG damit auf zwei Hauptargumentationslinien. Zum einen der Leitidee der religiösweltanschaulichen Neutralität des Staates und zum anderen der grundgesetzlichen Garantie der (negativen) Religionsfreiheit.

---

15 So kann z. B. beschrieben werden, dass Akteur X das Argument des BVerfG, wonach in pluralen Gesellschaften nur die Neutralität des Staates die friedliche Koexistenz der Bürger garantieren kann, aufgegriffen hat, ihm jedoch vehement widersprach, da Deutschland ein christlich fundiertes Gemeinwesen ist.

16 „Die Schule unterstützt die Erziehungsberechtigten bei der religiösen Erziehung der Kinder. Schulgebet, Schulgottesdienst und Schulandacht sind Möglichkeiten dieser Unterstützung. In jedem Klassenzimmer ist ein Kreuz anzubringen. Lehrer und Schüler sind verpflichtet, die religiösen Empfindungen aller zu achten." (VSO, § 13 Abs. 1 Satz 3).

17 Vgl. für eine ausführlichere Darstellung des Streitgegenstandes und der Urteilsbegründung Czermak, Gerhard: Zur Unzulässigkeit des Kreuzes in der Schule aus verfassungsrechtlicher Sicht. In: Brugger, Winfried / Huster, Stefan (Hg.), Der Streit um das Kreuz in der Schule. Zur religiös-weltanschaulichen Neutralität des Staates. Baden-Baden 1998, S. 13-40.

18 Daher interpretierten etliche Autoren die Entscheidung als Ausdruck eines liberalen Demokratieverständnisses. Vgl. hierzu Brugger, Winfried: Zum Verhältnis von Neutralitätsliberalismus und liberalem Kommunitarismus. Dargestellt am Streit über das Kreuz in der Schule. In: Brugger / Huster, a. a. O. (Fn. 17), S. 109-154; Huster, Stefan: Die religiös-weltanschauliche Neutralität des Staates. Das Kreuz in der Schule aus liberaler Sicht. In: Brugger / Huster, a. a. O. (Fn. 17), S. 69-108 und Schaal, Gary S.: Die Integrationsleistung ethisch neutraler Verfassungen. In: Vorgänge, 38/1999, Heft 2, S. 24-32.

2.4 Neutralität als konstitutionelle Leitidee

Die Entfaltung der konstitutionellen Ordnungsvorstellung „Neutralität des Staates in religiösen Fragen" erfolgte in der Rechtsprechung des BVerfG in mehreren Entscheidungen.[19] Sie beginnt 1965 mit den staatskirchenrechtlichen Entscheidungen und stabilisiert sich spätestens 1972.[20] Im Jahr der Kruzifix-Entscheidung hat Konrad Hesse die Neutralität in den Rang eines Verfassungsprinzips gehoben: „Als Grundelement objektiver demokratischer und rechtsstaatlicher Ordnung bekundet die Glaubens-, Bekenntnis-, und Kultusfreiheit die religiöse und weltanschauliche Neutralität des Staates als Voraussetzung eines freien politischen Prozesses und als Grundlage heutiger Rechtsstaatlichkeit".[21] Nolte fasst die herrschende Meinung fünf Jahre später folgendermaßen zusammen: „Damit trägt es [das Neutralitätsprinzip] in gleicher Weise wie die übrigen in Art. 20 GG niedergelegten Grundsätze wie das Demokratieprinzip, des Bundesstaatsprinzip, das Rechtsstaatsprinzip und das Sozialstaatsprinzip den Rechtsstaat des Grundgesetzes. Ebenfalls unter den Schutz der Ewigkeitsgarantie des Art. 79 Abs. 3 GG gestellt, steht es als gleichwertiges Staatsprinzip mit Verfassungsrang neben den anderen".[22] Der Kruzifix-Beschluss befindet sich damit in der Tradition der stehenden Rechtsprechung des BVerfG.

3   Eine Diskursanalyse der Kruzifix-Debatte

Die Kruzifixdebatte war selbst für das Konflikte gewöhnte BVerfG eine bemerkenswert konfliktive Debatte. Dies zeigt sich bereits am Umfang der Berichterstattung in den Massenmedien. Während die durchschnittliche publizistische Aufmerksamkeitsspanne in einer der fünf überregionalen Qualitätszeitungen von einem Artikel für unkontroverse Entscheidungen bis zu 15 Artikeln innerhalb einer Zeitspanne von maximal zwei Wochen für konfliktive Entscheidung reicht[23], erschienen sowohl in der SZ als auch der FAZ jeweils fast 100 redaktionelle Artikel zum Kruzifixbeschluss – und ein Vielfaches davon an Leserbriefen. Bemerkenswert ist darüber hinaus die Zyklizität der Diskussion. So flammte die Diskussion um den 19.8.95 und den 12.10.95 wieder auf, obwohl sie zuvor bereits beendet schien. Dies ist aus publizistischer Perspektive sehr ungewöhnlich. Erklärt werden kann dieser Verlauf einerseits mit der *inneren Logik* der unterschiedlichen Diskurse, die inhaltlich aufeinander aufbauen. Andererseits existieren externe Faktoren, die der Debatte immer wieder neue Energie zuführen, so u. a. der Parteitag der CSU am 8./9. Sep. 1995.

---

19   Vgl. für den Aufstieg von Neutralität zu einem Verfassungsprinzip Nolte, Achim: Das Kreuz mit dem Kreuz. In: Jahrbuch des öffentlichen Rechts der Gegenwart, 48/2000, S. 87-116, hier S. 109-113.

20   Vgl. Schlaich, Klaus: Neutralität als verfassungsrechtliches Prinzip, Tübingen 1972.

21   Hesse, Konrad: Grundzüge des Verfassungsrechts der Bundesrepublik Deutschland. Heidelberg 1995, S. 159.

22   Nolte, a. a. O. (Fn. 19), S. 111.

23   Vgl. Vorländer, Hans / Schaal, Gary S.: Integration durch Verfassungsrechtsprechung? Das Bundesverfassungsgericht und die Akzeptanz seiner Rechtsprechung. In: Vorländer, Integration, a. a. O. (Fn. 9), S. 343-374.

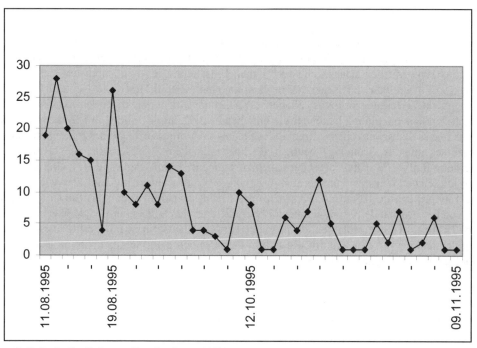

Quelle: Dresdner Kruzifix-Datensatz. Eigene Berechnungen. N=286

Abbildung 1: Publizierte Argumente über die Zeit in FAZ und SZ (nur redaktioneller Teil)[24]

Wie bereits angedeutet wurde, wäre es falsch, von *einer* Debatte zu sprechen. Eine Diskurs-analyse der Berichterstattung zum Kruzifix-Beschluss kann vielmehr zeigen, dass drei dis-tinkte Diskurse geführt wurden. Erstens ein Diskurs über die Geltung und Gültigkeit der konstitutionellen Leitidee „Neutralität des Staates in religiösen Fragen", zweitens ein Dis-kurs über die Institution BVerfG und drittens ein Meta-Diskurs über die Konsequenzen der ersten beiden Diskurse für die politische Kultur der Bundesrepublik Deutschland. Die drei Diskurse wurden jedoch nicht mit gleicher Intensität geführt.

Diskurs über konstitutionelle Leitideen	Diskurs über die Institution	Meta-Diskurs politische Kultur
52 %	26 %	22 %

Quelle: Dresdner Kruzifix-Datensatz. Eigene Berechnungen. N=280

Tabelle 1: Quantitatives Verhältnis der drei Diskurse in der SZ[25]

Die meisten Argumente wurden im Leitidee-Diskurs vertreten. Der Leitidee-Diskurs umfasst einerseits alle Argumente und deren Begründungen, die das BVerfG in seiner Entscheidung selbst geliefert hat. Andererseits wurden jene Argumente berücksichtigt, welche die Geltung der Leitidee „staatliche Neutralität" in Frage stellen und die christliche Fundierung des deut-schen oder des bayerischen Gemeinwesens betonen. Innerhalb weniger Tage erfolgte eine

---

24 Codiereinheit ist das Argument, nicht der Artikel. Die Tabelle weist die Anzahl der kumulierten Argumente pro Tag für beide Zeitungen aus.

25 Die Tabelle weist das Verhältnis der Argumente aus, die in der SZ zu den drei Diskursen publiziert wurden. Aufgenommen wurden nur redaktionelle Beiträge, keine Leserbriefe.

Ausweitung des Diskursthemas. Die Institution BVerfG sowie die juristische Qualifikation seiner Richter stand im Mittelpunkt des zweiten Diskurses. Kritiker der Entscheidung, prominent vor allem Waigel, warfen öffentlich die Frage auf, wie eine so weit reichende Entscheidung mit einer so knappen Mehrheit getroffen werden konnte. Im Zuge dieser Kritik wurde, wenn auch eher zwischen den Zeilen, Kritik am Modus der Richterwahl artikuliert.[26] Die Kritik am Modus der Richterwahl zielte letztlich darauf ab, dass bei der Wahl der Richter mehr Wert darauf gelegt werden sollte, dass die Wertvorstellungen zwischen dem zu wählenden Richter und der Bevölkerungsmehrheit nicht zu divergent sein sollen. Die Kritik am Modus der Richterwahl wurde auch von den Befürwortern des Kruzifixbeschlusses in die öffentliche Diskussion gebracht. So forderten die Rechtspolitiker der SPD und der FDP Schily und Hirsch am 23. August 1995, dass der Bundestag die Richter des BVerfG mit einer Zweidrittelmehrheit wählen sollte, um so „politische Kungelei"[27] zu verhindern und damit insgesamt „mehr Transparenz" zu erzeugen – auch in der Hoffnung, umstrittene Entscheidungen auf diese Weise näher an die Lebenswirklichkeit der Bevölkerung heranzuholen. Diese Diskussion führte nicht nur zu einer Richter- und Institutionenschelte, sondern stellte vereinzelt die Kompetenz und die exzeptionelle Stellung des Gerichts im institutionellen Gefüge Deutschlands grundsätzlich in Frage. Die institutionelle Radikalität dieses Diskurses führte zum dritten Diskursfeld – einem Meta-Diskurs über die Konsequenzen der ersten beiden Debatten für die politische Kultur Deutschlands. Die Debatte wurde mit diesem Diskurs gleichsam selbst-reflexiv – sie fragte, welche dauerhaften Schäden diese hoch-konfliktive Form der Thematisierung des Gerichts und seiner Entscheidung für seine Stellung im institutionellen Gefüge und für seine Anerkennung seitens der Bürger haben würde. Prototypisch hierfür ist die Einschätzung Massings, wonach die Akzeptanzkrise des BVerfG 1995 „(...) die legitimatorischen Grundlagen des bundesrepublikanischen Demokratie-Systems längerfristig durchaus in Frage stellen könnte"[28].

Vor diesem Hintergrund ist es nicht verwunderlich, dass dem Kruzifixbeschluss auch innerhalb der juristischen und politikwissenschaftlichen Fachöffentlichkeit große Aufmerksamkeit zuteil wurde. Die fachjuristische Diskussion kreiste maßgeblich um Fragen der juristischen Korrektheit des Urteils[29], der Kontinuität bzw. Diskontinuität der Verfassungsrechtsprechung im Bereich der staatlichen Neutralität[30], partiell auch um die Frage, ob das BVerfG als *juristische* Institution die Kompetenz besitzt, den *religiösen* Bedeutungsgehalt des Kreuzes zu bestimmen.[31]

---

26 Dies lag nahe, da die katholischen Richter sich für die Verfassungskonformität von Kreuzen in Schulen in einem Minderheitenvotum ausgesprochen hatten.

27 SZ, 24.08.1995, S. 1.

28 Massing, Otwin: Anmerkungen zu einigen Voraussetzungen und (nichtintendierten) Folgen der Kruzifix-Entscheidung des Bundesverfassungsgerichts. In: PVS 4/1995, S. 719-731, hier S. 721.

29 Vgl. für eine der wenigen zustimmenden Positionen Czermak, a. a. O. (Fn. 17), sowie für die mehrheitlich ablehnenden Stellungnahmen Isensee, Josef: Religionsfreiheit vor dem Kreuz – Der Kruzifix-Beschluss des Bundesverfassungsgerichts und die Regeln der Grundrechtsauslegung. In: PoStu, Sonderheft 46 2/1995, S. 19-31; Geis, Max-Emanuel: Zur Zulässigkeit des Kreuzes in der Schule aus verfassungsrechtlicher Sicht. In: Brugger / Huster a. a. O. (Fn. 17), S. 41-58 und Hufen, Friedhelm: Anbringen von Kreuzen in staatlichen Pflichtschulen als Verstoß gegen Art. 4 Abs. 1 GG. In: Guggenberger, Bernd / Würtenberger, Thomas (Hg.), Hüter der Verfassung oder Lenker der Politik? Das Bundesverfassungsgericht im Widerstreit. Baden-Baden 1998, S. 161-172, jeweils mit weiteren Literaturnachweisen.

30 Vgl. Lerche, Peter: Die Kreuz-Entscheidung – Kontinuität oder Bruch bisheriger Entscheidungslinien des Bundesverfassungsgerichts? In: PoStu, Sonderheft 46, 2/1995, S. 32-39.

31 Diese Frage wird v. a. von Religionswissenschaftlern gestellt. Vgl. Berger, Klaus: Das Kreuz als öffentliches Symbol. In: Brugger / Huster a. a. O. (Fn. 17), S. 165-172 und Maier, Hans: Leidlose Welt? Zwölf Thesen aus katholischer Sicht zu Kreuz, Konfession und Schule. In: Brugger / Huster a. a. O. (Fn. 17), S.173-178.

Der erste Diskussionsstrang kreist um zwei rivalisierende politische Ordnungsvorstellungen. Einerseits das autoritative Deutungsangebot des BVerfG, wonach der Staat in religiösen Fragen neutral sein soll, andererseits die von den Gegnern des Beschlusses vertretene Position, dass das bundesrepublikanische Gemeinwesen ein christliches sei, und sich der Staat daher nicht neutral verhalten dürfe. Diese Einschätzung wird auch durch eine Meinungsumfrage nahe gelegt, die Allensbach kurz nach der Veröffentlichung des Beschlusses, gleichsam in der „heißen Phase" der Kruzifix-Debatte, durchgeführt hatte:

Richtig	Falsch	Unentschieden
22 %	54 %	24 %

Quelle: Allensbacher Archiv, IfD-Umfrage 6019

Tabelle 2: Einstellung zum Kruzifixbeschluss

Gleichwohl ist Vorsicht geboten, die Daten *at face value* zu nehmen. Dies folgt aus Ungenauigkeiten im *Wording* der Frage – so wurden Einstellungen zur *generellen* Anbringung von Kruzifixen und nicht zur staatlich verordneten abgefragt. Auch liegen Ergebnisse einer Studie von Forsa vor, in denen sich in den neuen Bundesländern nur 7 % und in den alten 33 % der Befragten für religiöse Symbole in der Schule aussprachen.[32]

Eine prominente Kritik innerhalb dieses Debattenstranges fokussiert auf die Frage, ob das Gericht das Grundgesetz richtig interpretiert hat – mithin, ob überhaupt eine Leitidee „Neutralität" im Grundgesetz zu finden sei. Diese Position wird von Busche, Redakteur bei der SZ, prototypisch artikuliert: „Das Unfassliche an diesem Urteil ist der Mangel an formaler Bildung, der bei diesen Juristen erkennbar wird. (...) Doch auch wenn man die Richter für überfordert hält, Operationen schon der einfachen Denkschule zu bewältigen (...), so wäre doch hier schon durch bloßes Starren auf das Grundgesetz der Fall anders zu entscheiden gewesen" (Busche in SZ vom 11.Aug. 1995, S. 4) und zwar mit dem Blick auf die Präambel, da dort bereits Gott angerufen werde. Diese Anrufung umfasst den gesamten Staat – und damit auch die Schulen. Der sichtbare Ausdruck hiervon sind die als verfassungswidrig eingestuften Kruzifixe in den Klassenzimmern.

Eine weitere Kritik setzt an den gesellschaftlichen Folgen dieser Entscheidung an. Die normative Idee hinter dieser Kritik artikuliert Stoiber, wenn er beanstandet, dass die Verfassungsrichter die „Friedensstiftung vernachlässigen"[33]. Hierbei handelt es sich um ein zentrales und wiederkehrendes Motiv der Kritiker auf der Ebene der Entscheidung: Die Verfassungsrichter sollen nicht nur Recht sprechen, sondern den gesellschaftlichen Frieden sichern und so zur *Integration* der Bundesrepublik beitragen. Integration wird in der Diskussion jedoch dominant als *werthafte* Integration, d. h. über einen substanziellen Konsens hinsichtlich zentraler, kollektiv geteilter Werte und Normen verstanden. Die Vorstellung, dass Gesellschaften sich prozedural und über die Betonung von liberalen Grund- und Abwehrrechten integrieren – wie das BVerfG es *partiell* auch macht – ist in diesem Diskurs nicht dominant geworden.

In der Literatur wird mehrheitlich die Einschätzung vertreten, dass das autoritative Deutungsangebot des BVerfG gescheitert sei, d. h., dass auf der *symbolischen Ebene* ein normativer Geltungsanspruch nicht in faktische Gültigkeit überführt werden konnte.[34] Diese Einschätzung wird durch die Ergebnisse der Diskursanalyse mehrheitlich gestützt und substanziiert. Festzuhalten ist zunächst, dass in dem Diskurs über konstitutionelle Ordnungsvorstel-

---

32 Siehe Frankfurter Rundschau vom 19.08.1995.
33 Stoiber in der Süddeutschen Zeitung vom 14. Aug. 1995, S. 2.
34 Vgl. hierfür Vorländer, Hans: Verfassung und politische Kultur. Anmerkungen aus aktuellem Anlass. In: Gebhardt, Jürgen (Hg.), Verfassung und politische Kultur, Baden-Baden 1999, S. 75-84.

lungen nur 21 % aller artikulierten Argumente Bezug auf die Begründungen des Kruzifix-Beschlusses nahmen, während die überwältigende Mehrheit, nämlich 79 %, das Argument adressierten, dass Deutschland ein christlich fundiertes Gemeinwesen sei. Der Diskurs wurde also nicht auf dem argumentativen Grund der Entscheidung des BVerfG geführt (denn auch die negative Adressierung der Idee der Neutralität würde ja ein Bezug zur Gerichtsentscheidung darstellen), sondern losgelöst davon. Angesichts der *Auctoritas* des Gerichts und seiner Entscheidungen kann dies durchaus als Indiz dafür gewertet werden, dass das Deutungsangebot auf der symbolischen Ebene gescheitert ist.

Daher ist interessant, den Fokus zu verändern und danach zu fragen, ob überhaupt eine diskursive Situation vorlag. Dass die Massenmedien den anspruchsvollen normativen Anforderungen eines habermasianischen Öffentlichkeitskonzepts nicht gerecht werden kann, ist für die Bundesrepublik bereits mehrfach empirisch gezeigt worden.[35] Eine Annäherung an ein realitätskompatibleres Diskurskonzept besteht darin, dass minimal die Argumente des „Diskursgegners" aufgegriffen werden müssen. Nur dann entsteht ein Diskurs – anderenfalls werden nur die eigenen Positionen öffentlich proklamiert. Das empirische Projekt hat daher zwischen den Argumenten selbst und der Bewertung von Argumenten systematisch unterschieden. Die folgende Tabelle dokumentiert, wie die konstitutionelle Leitidee „Neutralität" und die politische Ordnungsvorstellung „christliche Fundierung des Gemeinwesens" im Diskurs bewertet werden.

Intensive Zustimmung	Zustimmung	Neutral	Ablehnung	Intensive Anlehnung
		Neutralität		
58 %	6 %	6 %	9 %	21 %
		Christliche Fundierung		
66 %	16 %	3 %	8 %	8 %

Quelle: Dresdner Kruzifix-Datensatz. Eigene Berechnungen. N=105

Tabelle 3: Haltungen zu den Leitideen „Neutralität" und „Christliche Fundierung"

Deutlich wird zunächst, dass die beiden Diskurse unterschiedliche deliberative Qualitäten besitzen. Der Neutralitäts-Diskurs zeichnet sich durch eine relative größere argumentative Ausgewogenheit aus, d. h. dass auch Gegner der Neutralität diese Leitidee adressierten und deren Geltung mit Argumenten in Frage stellten. Anders beim zweiten Diskurs: Dieser scheint vor allem von Befürwortern der Idee der christlichen Fundierung des Gemeinwesens geführt worden zu sein. Kritiker – also Verfechter der Neutralitätsidee – haben sich an diesem Diskurs so gut wie gar nicht beteiligt. Die differenziertere Analyse des Diskurses zeigt, dass ein Drittel aller Argumente, die die Neutralität als konstitutionelle Ordnungsvorstellung überhaupt adressieren, darin *keine* konstitutionelle Leitidee erkannten. Die Position des Gerichtes war im massenmedialen Diskurs eine eindeutige Minderheitenposition und das Deutungsangebot des BVerfG kann mithin auf der symbolischen Geltungsdimension als gescheitert angesehen werden: Die Bürger und die am Diskurs beteiligten Eliten bestritten, dass es sich bei der Neutralität um eine konstitutionelle Leitidee „ihres" politischen Gemeinwesens handelt.

---

35 Vgl. Gerhards, Jürgen / Neidhardt, Friedhelm / Rucht, Dieter: Zwischen Palaver und Diskurs. Strukturen öffentlicher Meinungsbildung am Beispiel der deutschen Diskussion zur Abtreibung. Opladen 1998; Gerhards, Jürgen: Diskursive versus liberale Öffentlichkeit. Eine empirische Auseinandersetzung mit Jürgen Habermas. In: KZfSS 1/1997, S. 1-34.

„Die Aufgabe des Verfassungsgerichts besteht nicht in der Friedensstiftung, sondern in der Durchsetzung der Verfassung. Wenn seine Entscheidungen den gesellschaftlichen Frieden wiederherstellen, ist das ein beglückendes Ereignis, über das man froh sein darf"[36]. Mit dieser Einschätzung steht Grimm, seines Zeichens selbst ehemaliger Verfassungsrichter, jedoch eher allein. Es gehört zum *common sense* innerhalb der Politik- und der Rechtswissenschaft, dass das BVerfG einen Beitrag zur Integration der bundesdeutschen Gesellschaft leisten soll, ja das auf dem Gericht sogar die letzten großen Integrationshoffnungen ruhen.[37] Vor dem Hintergrund dieser Erwartungshaltung ist es nicht verwunderlich, wenn die Entscheidungen des BVerfG auf der symbolischen Ebene bewertet werden. Vor dieser Folie wurde auch der Kruzifix-Beschluss bewertet. Nicht nur, dass er keinen aktiven Beitrag zur Integration geleistet habe, viel schlimmer: Er treibe die Gesellschaft sogar noch auseinander, da er die vitalen Ressourcen des Gemeinwesens in Form seiner christlichen Traditionen unterminiere.[38]

Trotz der konstitutiven Verbindung von symbolischer und instrumenteller Geltungsdimension resultieren aus nicht eingelösten Geltungsbehauptungen auf der instrumentellen Ebene weitaus ernsthaftere Probleme für die Institution BVerfG als auf der symbolischen Ebene. Auf der instrumentellen Ebene ist die Aussage des Kruzifix-Beschlusses eindeutig: Die staatlich verordnete Anbringung von Kruzifixen in staatlichen Pflichtschulen ist verfassungswidrig. Die institutionelle Autorität, ja seine Stellung im institutionellen Gefüge hängt davon ab, dass auf der instrumentellen Ebene Geltungsbehauptungen in Gültigkeit überführt werden. Es wurde bereits darauf hingewiesen, dass einige bayrische Politiker öffentlich bekundeten, dem Beschluss nicht Folge zu leisten. Dies stellte ein absolutes Novum in der bundesdeutschen Geschichte dar und war auch Anlass zur Sorge ob der politischen Kultur. Die entscheidende Frage lautet: War der Aufruf zum Entscheidungsboykott singulär oder fand er Anhänger? Die Ergebnisse der Diskursanalyse verdeutlichen, dass es zu einem – aus der Geltungsperspektive des BVerfG – gefährlichen Spillover von der Kritik auf der symbolischen zur Kritik auf der instrumentellen Geltungsdimension gekommen ist.

Kreuzen abhängen	Einzelfall-entscheidung	Hängen lassen
60 %	19 %	21 %

Quelle: Dresdner Kruzifix-Datensatz. Eigene Berechnungen. N=96

Tabelle 4: Handlungsoptionen[39]

Beunruhigend ist, dass 40 % aller publizierten Handlungsoptionen dazu tendierten, den Beschluss des Gerichts nicht zu respektieren – sei es in der moderaten Variante einer „Einzelfallentscheidung" oder in der hoch-konfliktiven Variante des Aufrufes zum Boykott der Entscheidung. Die Auseinandersetzung auf der symbolischen Geltungsebene gehört zur diskursiven Kultur der Bundesrepublik – sie tritt auf und bietet doch, zumindest wenn daraus kein Dauerzustand wird, keinen Anlass zur Sorge. Der Boykottaufruf auf der instrumentellen Ebene überschreitet jedoch eine sehr sensible Grenze.

---

36 Grimm, zitiert nach Limbach, a. a. O. (Fn. 9), S. 157.
37 Vgl. Schaal, Gary S.: Integration durch Verfassung und Verfassungsrechtsprechung? Berlin 2000.
38 Isensee, a. a. O. (Fn. 29).
39 Ausgewiesen sind alle im Beobachtungszeitraum in der SZ publizierten Argumente (inkl. Leserbriefe).

4 Crisis! What Crisis?

Abschließend soll der Frage nachgegangen werden, ob der Kruzifix-Konflikt in einem sinnvollen Verständnis des Konzepts als Krise des Verfassungsgerichts angesehen werden kann. Die Frage nach der Krise impliziert jene nach sinnvollen empirischen Indikatoren für ihre Identifikation. Im Folgenden werden die im Beitrag diskutierten Phänomene als Komponenten eines *aggregativen Krisenbegriffs* zusammengefasst.

Ausgangspunkt vieler Krisendiagnosen des BVerfG ist die kontroverse Berichterstattung über eine Entscheidung sowie die sich daran anschließende konfliktive Diskussion in der massenmedial vermittelten Öffentlichkeit. Die konfliktive Thematisierung ist jedoch allein nicht ausreichend, um eine Krise anzuzeigen. Folgt man der Differenzierung in eine symbolische und eine instrumentelle Geltungsdimension von Entscheidungen, so besteht ein weiterer Baustein einer Krisendiagnose in der Unfähigkeit des Gerichtes, seine Geltungsbehauptungen in Gültigkeit zu überführen. Dies trifft dabei für die instrumentelle Dimension in höherer Dringlichkeit zu als für die symbolische. Die Krise zeigt sich auf der Ebene der Geltung der Institution als Ganzes jedoch erst in einer temporalen Dimension: Wenn die instrumentelle und die symbolische Geltungsdimension dauerhaft auseinander treten oder sogar beide dauerhaft oder lang anhaltend nicht mehr in Gültigkeit überführt werden, liegt zweifellos eine Krise vor. Diese Krise zeigt sich jedoch nicht nur – und sicherlich noch nicht einmal maßgeblich – auf der Ebene der öffentlichen Diskurse, sondern findet seine Entsprechung einerseits in den Einstellungen der Bürger zum BVerfG sowie andererseits im Umgang der politischen Eliten mit dem Gericht.

Im Rückgriff auf diesen aggregativen Krisenbegriff erscheint es mit Blick auf einen größeren Beobachtungszeitraum nicht nur hinsichtlich des Kruzifix-Konfliktes, sondern generell problematisch, von einer Krise des BVerfG zu sprechen. Zu inflationär war die Verwendung „Krise" für das BVerfG. Dies lässt sich anhand der Kruzifix-Kontroverse besonders deutlich zeigen. Da vielfach die Auffassung vertreten wird, dass das BVerfG 1995 seine größte Krise durchlebte, gilt im Umkehrschluss, dass wenn es in diesem Fall unberechtigt war, von einer Krise zu sprechen, dies auch für viele – wenn auch nicht alle – andere „Krisensituationen" zutrifft. Die Beweisführung für dieses Argument kann aufgrund mangelnder empirischer Daten nur indirekt erfolgen.

Das Auseinanderfallen von Geltung und Gültigkeit würde sich erstens in einer kontinuierlichen, hoch-konfliktiven Thematisierung von Entscheidungen des Gerichts zeigen. Dies ist nicht der Fall. Vielmehr herrscht wieder ein kritisch-respektvoller Ton in der Berichterstattung über das Gericht. Ebenso sind auf der instrumentellen Geltungsdimension nach dem Kruzifix-Konflikt keine ernsthaften politischen Boykottaufrufe artikuliert worden. Insofern waren die Befürchtungen, dass das Gericht an Auctoritas verloren hat und damit das institutionelle Gefüge in Deutschland in eine Schieflage gerät, unbegründet.[40]

Auf einer anderen Ebene jedoch schien – zumindest aus der Perspektive der Zeitzeugen – wirklich eine Krise vorzuliegen. Die Einstellungen der Bürger zum BVerfG hatten sich zum Ende des Jahres 1995 deutlich verändert. Die Institution, die zuvor von allen politischen und juristischen Institutionen das größte Vertrauen genoss, fiel auf das Niveau anderer Institutionen zurück.

---

40 Vgl. Vorländer, Hans: Der Interpret als Souverän: Die Macht des Bundesverfassungsgerichts beruht auf einem Vertrauensvorschuss, der anderen Institutionen fehlt. In: Frankfurter Allgemeine Zeitung vom 17.4.2001, S. 14.

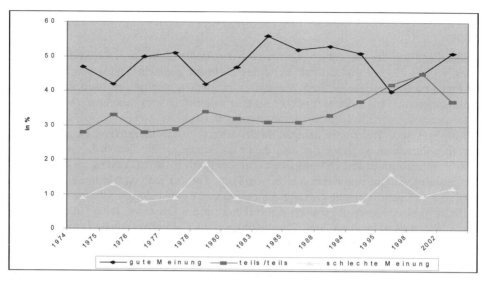

Abbildung 2: Entwicklung der Meinung über das Bundesverfassungsgericht 1974-2002

Doch zeigt sich auch hier, dass es sich nur um einen *kurzfristigen* Einbruch der „guten Meinung" über das BVerfG handelt. Bereits 1998 haben sich die Vertrauenswerte wieder erholt und 2002 befindet sich das Gericht wieder auf einem Vertrauensniveau, das auf dem hohen Stand der 1980er Jahre ist. Zudem kann nicht allein das Sinken der „guten Meinung" als Krisenindikator gewertet werden. Sinnvoll erscheint es vielmehr, hierfür die „Schlechte Meinung" heranzuziehen – und diese hatten 1995 nur ca. 15 % der Befragten. Daher kann von einer *dauerhaften* Krise des Gerichts im Anschluss an den Kruzifix-Konflikt nicht gesprochen werden.

Mehr noch: Die Entwicklung der Einstellungen der Bürger zum BVerfG verdeutlicht die *Zyklizität* des Verhältnisses der Bürger zum Gericht. Analoge Einbrüche in den Vertrauenswerten lassen sich auch 1975 und 1978 finden, jeweils als Reaktion auf die kritische massenmediale Thematisierung von Entscheidungen des Gerichts. Doch zeigt sich auch, wie schnell sich das Vertrauensverhältnis regeneriert hatte. Diese Tatsache verweist auf die Notwendigkeit, die Krisendiagnose in Verhältnis mit dem *Aufgabenprofil* des Gerichts zu setzen. Aufgrund seiner institutionellen Stellung ist das BVerfG dazu *prädestiniert*, in den kritischen Fokus des öffentlichen Interesses gerückt zu werden. Die empirische Vertrauensforschung konnte wiederholt zeigen, dass die *parteipolitisch* inspirierte Thematisierung von Entscheidungen des Gerichts zur Reduktion des Vertrauens führte, die jedoch nur für die Dauer der entsprechenden Thematisierung anhält. Die kritische Thematisierung von Entscheidungen ist daher *kein* Krisensymptom, sondern Resultat des Aufgabenprofils des Gerichtes. Der Vertrauensvorschuss, den die Bürger dem Gericht gewähren, wird es höchstwahrscheinlich auch in Zukunft davor bewahren, dauerhaften Schaden bei Entscheidungskonflikten zu nehmen.

4 Bundesverfassungsgericht im politischen Prozess II: Akteure und Funktionen

Hans Vorländer

Die Deutungsmacht des Bundesverfassungsgerichts

1 Hat das Bundesverfassungsgericht Macht?

Ungewöhnlich ist es, nach der Macht der Verfassungsgerichtsbarkeit zu fragen. Verfassungsgerichte, so die orthodoxe Auffassung, sagen das, was in der Verfassung steht, allenfalls legen sie die in der Verfassung enthaltenen Rechtsnormen aus. Auch ist es so, dass Verfassungsgerichte in der Regel nicht selbst tätig werden können, sie werden von Klägern oder Beschwerdeführern angerufen. Das Grundgesetz der Bundesrepublik Deutschland sieht hierfür eine Reihe von Verfahren vor, von der individuellen Verfassungsbeschwerde über die abstrakte und konkrete Normenkontrolle bis zu verfassungsgerichtlichen Verfahren, Streitigkeiten zwischen dem Bund und den Ländern, aber auch zwischen den Ländern, zu entscheiden. *Prima facie* also kommt der Tätigkeit der Verfassungsgerichtsbarkeit zwar Bedeutung, aber kaum Macht im eigentlichen Sinne des Wortes zu.

Dieser erste Eindruck wird durchaus von den Annahmen und Aussagen gedeckt, die sich in der Geschichte des politischen Denkens und in der Auseinandersetzung mit der rechtsprechenden Gewalt finden und die das Bild der Judikative bis auf den heutigen Tag geprägt haben. Da ist zum einen das berühmte Diktum von Montesquieu, nach dem Richter nichts anderes als der „Mund des Gesetzes" sind. Richter sagen, was in den Gesetzen steht, die Gesetze aber selbst werden vom Gesetzgeber, von der legislativen Macht, gegeben. Montesquieu geht indes noch einen Schritt weiter und bezeichnet die Macht der Judikative als „en quelque façon nulle".[1] Denn, so seine Überlegung, die Judikative besitzt auch keine ausführende Gewalt, ihre Judikate bedürfen, um durchgesetzt zu werden, des langen exekutiven Armes. Dieser Argumentation folgend, befand Alexander Hamilton in den *Federalist Papers* apodiktisch, dass die Judikative nicht auf die Ressourcen von „Schwert" und „Börse" zurückgreifen könne,[2] also, anders als Exekutive und Legislative, weder Zwangsgewalt anwenden noch mittels der Budgetgewalt Einfluss nehmen und Handeln verwehren könne. Eine Durchsetzungs- oder Verfügungsmacht, eine Verteilungs- oder Verhinderungsmacht, wie sie exekutive oder legislative Gewalten besitzen, kann der Verfassungsgerichtsbarkeit folglich kaum zugesprochen werden. Und doch scheint der Verfassungsgerichtsbarkeit eine spezifische Macht zu Eigen zu sein, die zumindest Effekte erzeugt, die der exekutiven oder legislativen Verfügungs- oder Vetomacht nahe kommen.[3]

---

1   Montesquieu: De l'esprit des lois, in: Œuvres complètes. Paris 1964 [1748], S. 588 f. (L.XI, ch VI).
2   Federalist Paper Nr. 78. In: Hamilton, Alexander / Madison, James / Jay, John: The Federalist Papers, herausgegeben von Clinton Rossiter. New York 1961, S. 465.
3   Hierzu und zum Folgenden umfassend Vorländer, Hans: Deutungsmacht – Die Macht der Verfassungsgerichtsbarkeit. In: ders. (Hg.), Die Deutungsmacht der Verfassungsgerichtsbarkeit. Wiesbaden 2006, S. 9-34.

2 Ein Machtfaktor im politischen System

Schon eine kurze episodische Geschichte des Bundesverfassungsgerichts (BVerfG) lässt die „machtvolle" Stellung des BVerfG in ihrer historischen Genese deutlich werden. Das BVerfG, 1951 eingerichtet, erklärte sich in der so genannten Status-Denkschrift, die 1952 von Gerhard Leibholz verfasst, dann an die politischen Verfassungsorgane gerichtet und 1953 veröffentlicht worden war, selber zum „Verfassungsorgan".[4] Offensichtlich war es der Verfassungsgerichtsbarkeit wichtig, auf einer Stufe mit den anderen Gewalten zu stehen und zugleich die besondere Aufgabe, nämlich die Verfassung auszulegen und anzuwenden, im Status eines „Verfassungsorgans" ausüben zu können. Erstaunlich war und bleibt, dass sich nur anfänglich schwacher politischer Protest erhob, der aber die „Selbstermächtigung" des BVerfG zum Verfassungsorgan nicht in Frage stellte, sie hingegen im Zuge späterer Novellen des Bundesverfassungsgerichtsgesetzes und des Grundgesetzes ratifizieren sollte.[5] War damit die Machtstellung einer „Institution ohne Tradition"[6] behauptet und anerkannt worden, so konnte das BVerfG auch früh, in dem berühmten „Lüth"-Urteil von 1958[7], nicht nur einen prägenden Einfluss auf die Ausgestaltung der Grundrechte im Verhältnis zwischen Bürger und Staat gewinnen, sondern zugleich auch seine Suprematie gegenüber der ordentlichen (Fach-)Gerichtsbarkeit dokumentieren.

Anfang der 1960er Jahre scheiterte das Adenauersche Projekt eines regierungsnahen Fernsehsenders in Karlsruhe. Das BVerfG hatte festgestellt, dass die Rundfunkgesetzgebung Sache der Länder sei und dass damit dem Bund die Kompetenz für die Gründung eines „Regierungsfernsehens" fehlte. Obwohl Bundeskanzler Adenauer erklärt hatte, das Kabinett habe einstimmig beschlossen, das Urteil des BVerfG sei „falsch", konnte sich das Verfassungsgericht des Angriffs der Bundesexekutive erwehren, indem der Präsident des BVerfG, Gebhard Müller, festhielt, dass kein Verfassungsorgan befugt sei zu beschließen, ein Spruch des BVerfG entspreche nicht dem Verfassungsrecht.[8] Das BVerfG konnte seine Stellung behaupten, und das galt auch in der „Verfassungskrise" der 1970er Jahre, als das Karlsruher Verfassungsgericht Reformprojekte der sozialliberalen Mehrheit des Deutschen Bundestages stoppte.[9] Die Wehrdienstnovelle, die Reform des Abtreibungsparagrafen des Strafgesetzbu-

---

4 Denkschrift des Bundesverfassungsgerichts (27.6.1952). Die Stellung des Bundesverfassungsgerichts. Gerichtet an Bundespräsident, Präsidenten von Bundestag und Bundesrat sowie Bundesregierung, veröffentlicht am 19.1.1953, in: Juristenzeitung 8, 5 (1953), S. 157-158 (wiederabgedr. in Journal des Öffentlichen Rechts N. F. 6 (1957), S. 144-148). Herrmann, Dietrich: Akte der Selbstautorisierung als Grundstock institutioneller Macht von Verfassungsgerichten. In: Vorländer, Hans (Hg.), Die Deutungsmacht der Verfassungsgerichtsbarkeit. Wiesbaden 2006, S. 141-173; Laufer, Heinz: Verfassungsgerichtsbarkeit und politischer Prozeß. Studien zum Bundesverfassungsgericht der Bundesrepublik Deutschland. Tübingen 1968, S. 254-334.

5 Verankerung der Verfassungsbeschwerden im Grundgesetz. Neunzehntes Gesetz zur Änderung des Grundgesetzes, 29.1.1969 (Änderung der Art. 93 u. 94 GG).

6 Limbach, Jutta: Das Bundesverfassungsgericht. München 2001, S. 11, 14.

7 BVerfGE 7, 198 – Lüth (15.1.1958).

8 BVerfGE 12, 205 – Deutschland-Fernsehen (28.2.1961); Adenauer vor dem Bundestag, 8.3.1961, Bundestagsprotokolle, 3. Wahlperiode, S. 8308; Entgegnung Müllers vom 15.3.1961 bei Laufer: Verfassungsgerichtsbarkeit und politischer Prozeß, a. a. O. (Fn. 4), S. 473.

9 BVerfGE 39, 1 – Schwangerschaftsabbruch I (25.2.1975), BVerfGE 35, 79 – Hochschul-Urteil (29.5.1973), BVerfGE 36, 1 – Grundlagenvertrag (31.7.1973), BVerfGE 40, 296 – Abgeordnetendiäten (5.11.1975), BVerfGE 44, 125 – Öffentlichkeitsarbeit (2.3.1977), BVerfGE 45, 1 – Haushaltsüberschreitung (25.5.1977), BVerfGE 44, 249 – Beamtenkinder (30.3.1977), BVerfGE 48, 127 – Wehrpflichtnovelle (13.4.1978). Vgl. dazu auch Vogel, Hans-Jochen: Videant Judices! Zur aktuellen Kritik am Bundesverfassungsgericht. In: Die Öffentliche Verwaltung 31 (1978), 18, S. 665-668; und Vorländer, Hans: Verfassung und Konsens. Der Streit um

ches, die Hochschulmitbestimmung, der Grundlagenvertrag – diese und andere Entscheidungen setzten das BVerfG den Vorwürfen des „Obergesetzgebers", der „Konterkapitäne von Karlsruhe", der „Usurpation von evidenten Aufgaben des Gesetzgebers" und der „Entmächtigung des Parlaments" aus.[10] Hier war es nicht der Konflikt mit der Exekutive, sondern der mit dem Gestaltungswillen des Bundesgesetzgebers, der die institutionelle Stellung des BVerfG herausforderte. Erst die Entscheidung zur Unternehmensmitbestimmung von 1979[11] befriedete das Verhältnis zwischen Politik und BVerfG wieder. Rückblickend betrachtet, ging das BVerfG als Sieger aus dem Machtkampf hervor.[12] Dass das BVerfG im Laufe seiner Geschichte eine überragende Bedeutung in der politischen Auseinandersetzung gewonnen hatte, machten schließlich jene Entscheidungen in den 1990er Jahren deutlich, die auf ein sehr geteiltes Echo in der veröffentlichten und öffentlichen Meinung stießen. Der Erste Senat löste durch die Sitzblockadenentscheidung, die Soldaten-sind-Mörder-Beschlüsse und durch den Kruzifix-Beschluss in weiten Bevölkerungskreisen erheblichen Unmut aus.[13] Hier waren es also nicht Exekutive und Legislative, sondern große Teile der politischen Öffentlichkeit, die die bundesdeutsche Verfassungsgerichtsbarkeit kritisierten.

Diese episodischen Beispiele zeigen, dass das BVerfG ein Machtfaktor im politischen System geworden ist. Es ist nicht nur, wie die Verfassung es gebietet, Streitschlichter und Schiedsrichter im politischen Machtkampf[14], es ist auch zu einem politischen Akteur geworden. Es gestaltet, indirekt zwar nur, aber doch auch nachhaltig, ganze Politikbereiche mit: Steuerpolitik, Familienpolitik, Sozialpolitik, Rentenpolitik, Hochschulpolitik.[15] Hier ist das Verfassungsgericht ein *policymaker* und als solches in den politischen Machtkampf verstrickt.[16] Damit wäre die herausragende Stellung der deutschen Verfassungsgerichtsbarkeit aber noch unzureichend umschrieben. Ebenso bedeutend ist die Rolle, die die Verfassungs-

---

die Verfassung in der Grundlagen- und Grundgesetz-Diskussion der Bundesrepublik Deutschland. Untersuchungen zu Konsensfunktion und Konsenschance der Verfassung der pluralistischen und sozialstaatlichen Demokratie. Berlin 1981.

10 Schueler, Hans: Die Konterkapitäne von Karlsruhe. Wird Bonn von den Verfassungsrichtern regiert? In: Die Zeit 24.2.1978, S. 9-11; Leicht, Robert: Die Obergesetzgeber von Karlsruhe. In: Süddeutsche Zeitung 17.4. 1978, S. 4; Zweigert, Konrad: Einige rechtsvergleichende und kritische Bemerkungen zur Verfassungsgerichtsbarkeit. In: Starck, Christian (Hg.), Bundesverfassungsgericht und Grundgesetz. Tübingen 1976. Band I, S. 74; Ministerpräsident Holger Börner in einer Rede vor dem rechtspolitischen Kongress der SPD in Kassel 21.5. 1978, wiedergegeben in der Aktuellen Stunde des Hessischen Landtages vom 31.5.1978, Sten. Protokolle des Hess. Landtags, 8. WP, 78. Sitzung, S. 4743.

11 BVerfGE 50, 290.

12 Nach der einstweiligen Anordnung zur Volkszählung (BVerfGE 64, 67 vom 13.4.1983) titelte der Spiegel, indem er zugleich den Präsidenten des BVerfG, Ernst Benda, machtvoll ins Bild rückte: „Der Spruch von Karlsruhe: Bonn ausgezählt." DER SPIEGEL 37, 16 (18.4.1983).

13 BVerfG 1 BvR 1423/92 „Soldaten sind Mörder" (25.8.1994), BVerfGE 92, 1 – Sitzblockaden II (10.1.1995), BVerfGE 93, 1 – Kruzifix (16.5.1995), BVerfGE 93, 266 – „Soldaten sind Mörder" II (10.10.1995).

14 Schneider, Hans-Peter: Richter oder Schlichter? Das Bundesverfassungsgericht als Integrationsfaktor. In: Aus Politik und Zeitgeschichte Nr. 16 (16. April 1999), S. 9-19. Lhotta, Roland: Vermitteln statt Richten: Das Bundesverfassungsgericht als judizieller Mediator und Agenda-Setter im LER-Verfahren. In: Zeitschrift für Politikwissenschaft 12, 3 (2002), S. 1073-1098.

15 BVerfGE 93, 121 – Vermögensteuer (22.6.1995), BVerfGE 99, 216 – Familienlastenausgleich II (10.11.1998), BVerfGE 100, 1 – Rentenüberleitung I (28.4.1999), BVerfGE 106, 62 – Altenpflege (24.10.2002), BVerfGE 111, 226 – Juniorprofessur (27.7.2004).

16 Dahl, Robert A.: Decision-Making in a Democracy: The Supreme Court as a National Policy-Maker. In: Journal of Public Law 6 (1957), 2, S. 279-295; Limbach, Jutta: Das Bundesverfassungsgericht als politischer Machtfaktor. In: dies., Im Namen des Volkes. Stuttgart 1999, S. 127-147; Lhotta, Roland: Das Bundesverfassungsgericht als politischer Akteur: Plädoyer für eine neo-institutionalistische Ergänzung der Forschung. In: Swiss Political Science Review 9, 3 (2003), S. 142-153.

gerichtsbarkeit für die konkrete Ausgestaltung, auch die verändernde Fortschreibung der Grundlagen politischer Ordnung, also die eigentliche *polity*, spielt. Zum einen übernimmt sie hier die Aufgabe eines Hüters der konstitutionellen Kompetenz- und Verfahrensordnung. Zum anderen bestimmt das deutsche BVerfG ganz wesentlich über die Interpretation und Anwendung der Grund- und Bürgerrechte die Räume öffentlicher Freiheit und politischer Beteiligung, die Grenzen öffentlicher Macht und die Sphäre privater Freiheit der Bürger. In nicht wenigen Fällen hat das BVerfG über Entscheidungen zur Meinungs- und Pressefreiheit, über die Urteile zur Stellung von Medien und Parteien und über die Rechtsprechung zu konfligierenden Grundrechtskonkretisierungen eine konstitutive Bedeutung für die Grundlagen der bundesdeutschen Demokratie gewonnen. Gerade in diesen Bereichen manifestiert sich eine überragende, „machtvolle" Stellung der Verfassungsgerichtsbarkeit, nicht zuletzt in einer Rolle, die ihre ehemalige Präsidentin, Jutta Limbach, als „Bürgergericht"[17] charakterisierte.

Die Macht des BVerfG erklärt sich nur zu einem Teil aus den formalen Kompetenzen des Artikels 93 des Grundgesetzes. Entscheidend ist der herausgehobene institutionelle Rang, der auch den Unterschied zwischen Verfassungsgerichtsbarkeit und der ordentlichen Gerichtsbarkeit markiert. Beide interpretieren und wenden Rechtsnormen und Gesetze an, die Verfassungsgerichtsbarkeit aber ist, soweit Verfassungsfragen berührt sind, den obersten Fachgerichten vorgeordnet. Doch erschöpft sich darin der besondere institutionelle Charakter des BVerfG keineswegs. Hinzu kommt die Vorrangstellung gegenüber den politischen Institutionen. Im Konfliktfall gehen die Judikate des BVerfG vor, weshalb sich Exekutive und Legislative den höchstrichterlichen Entscheidungen fügen müssen. Nun ist damit aber keineswegs garantiert, dass sie dies auch tun. Denn wenn die Verfassungsgerichtsbarkeit nicht über die notwendigen Sanktionsmittel verfügt, um ihre Entscheidung tatsächlich auch durchsetzen zu können, wäre es Exekutive und Legislative theoretisch unbenommen, die Entscheidungen und Urteile zu ignorieren oder, wie der bayerische Ministerpräsident feinsinnig die Kruzifix-Entscheidung kommentierte, „sie zu respektieren, aber inhaltlich nicht zu akzeptieren".[18] Hier stellt sich also die Machtfrage, und die Macht des BVerfG würde sich empirisch dann genau darin zeigen, dass die politischen wie auch die judikativen Institutionen den Entscheidungen des BVerfG folgen und sich den Entscheidungen in ihrem faktischen Verhalten auch fügen. Da aber das BVerfG keine unmittelbare Sanktionsfähigkeit mit der Befugnis besitzt, die Folgebereitschaft zu erzwingen, muss die Macht der Verfassungsgerichtsbarkeit letztlich auf anderen Voraussetzungen beruhen.

3 Was ist Deutungsmacht?

Das BVerfG deutet die Verfassung. Es verleiht den grundlegenden Ordnungsvorstellungen des politischen Gemeinwesens Ausdruck. Diese Deutungsvorstellungen sind in den Rechtsnormen der Verfassung kodiert. Sie bedürfen aber einer Ausdeutung und Anwendung im Konfliktfall. So kann eine jede Entscheidung des Verfassungsgerichts als Deutungsangebot verstanden werden, das, nicht zuletzt mittels der tragenden Entscheidungsgründe, um Aner-

---

17 Limbach, Jutta: Arbeit im Bundesverfassungsgericht, in: Das Bundesverfassungsgericht in Karlsruhe. Architektur und Rechtsprechung, hrsg. vom Verein der Richter des Bundesverfassungsgerichts e. V. Basel / Boston / Berlin 2004, S. 61.
18 Süddeutsche Zeitung, 9.9.1995.

kennung der Streitparteien und Befolgung durch Gesellschaft und Politik wirbt. Prinzipiell besteht eine institutionelle Konkurrenz von Verfassungsgerichtsbarkeit und den politischen Institutionen von Gesetzgebung und Exekutive um die Deutung der Verfassung. Im Wege der Gesetzgebung können Aufträge, die der Verfassunggeber der einfachen Gesetzgebung auferlegt hat, eingelöst werden. Auch lassen sich Gesetzgebung und deren administrative Umsetzung als Ausgestaltung der in der Verfassung nur als Rahmen rechtlich normierten Ordnung verstehen, weshalb legislatives und exekutives Handeln immer konkretisierende Verfassungsinterpretation *in praxi* ist. Damit besitzen die politischen Institutionen einen Interpretationsvorsprung, der indes im Konfliktfall in den Interpretationsvorrang der Verfassungsgerichtsbarkeit mündet. Das BVerfG ist von seiner Aufgabe und Funktion der autoritative, letztverbindliche Interpret der Verfassung und stellt deshalb mit seinen Entscheidungen immer auch den Anspruch auf die Hoheit über die verbindliche Deutung.[19]

Wenn folglich das Deutungsangebot der Verfassungsrichter in einem konkreten Fall Zustimmung von den politischen Institutionen und der Öffentlichkeit erhält, dann kann von der Akzeptanz einer Entscheidung gesprochen werden. Über eine Folge von zustimmungsfähigen Entscheidungen baut sich so ein generalisiertes Vertrauen in die Institution der Verfassungsgerichtsbarkeit auf, das nicht mehr allein von der konkreten Spruchpraxis abhängig ist.[20] Auf diese Weise etabliert sich verfassungsrichterliche Deutungsmacht, die, will sie wirksam bleiben, sowohl das Vermögen des Gerichts, im Einzelfall überzeugen zu können, wie auch den Glauben des Publikums, die verfassungsdeutende Institution sei legitim, voraussetzt. Bei dieser Deutungsmacht handelt es sich folglich um eine „weiche" Form der Ausübung von Macht, die gleichwohl in der Lage ist, nachhaltig zu wirken. Sie ist eine Macht mit Veto-, Verhinderungs- und auch Konformitäts*effekten*. So kann die Drohung, „nach Karlsruhe zu gehen", ausreichen, um verfassungswidriges Tun zu unterlassen oder verfassungsgemäßes Handeln zu initiieren.

Die Deutungsmacht des BVerfG beruht damit vor allem auf der Autorität der Verfassungsgerichtsbarkeit als autoritativem Verfassungsinterpreten.[21] Hat damit das Verfassungsgericht ein starkes Argument auf seiner Seite, nämlich „für" die Verfassung zu sprechen, so ist doch die tatsächliche Deutungsmacht in vielen Hinsichten konditioniert. Zum einen ist die Deutungsmacht des BVerfG von der Wirkungsmächtigkeit der Verfassung selbst abhängig. So ist das BVerfG immer darauf angewiesen, dass der von ihr gedeuteten Verfassung jener hohe symbolische Gehalt zugeschrieben wird, durch den sich die Deutung der Verfassung zu einem Akt von Macht, von Deutungsmacht, steigert. Erst wenn das Grundgesetz integrativ wirkt[22] und ihm ein hohes Maß an Zustimmung entgegengebracht wird, transformiert sich die kommunikative Macht der gedeuteten Verfassung in die Deutungsmacht ihres Interpre-

---

19 Vgl. ausführlich zu diesen Zusammenhängen: Vorländer, Hans: Die Suprematie der Verfassung. Über das Spannungsverhältnis von Demokratie und Konstitutionalismus. In: Leidhold, Wolfgang (Hg.), Politik und Politeia. Formen und Probleme politischer Ordnung, Würzburg 2000, S. 373-383 und Vorländer, Hans: Der Interpret als Souverän. Die Macht des Bundesverfassungsgerichts beruht auf einem Vertrauensvorschuß, der anderen Institutionen fehlt. In: Frankfurter Allgemeine Zeitung, 17.4.2001, S. 14.

20 Vgl. dazu die seit den 1950er Jahren unregelmäßig erscheinenden Allensbacher Jahrbücher der Demoskopie, herausgegeben von Elisabeth Noelle und Renate Köcher; sowie Vorländer, Hans / Schaal, Gary: Integration durch Institutionenvertrauen? Das Bundesverfassungsgericht und die Akzeptanz seiner Rechtsprechung. In: Vorländer, Hans (Hg.), Integration durch Verfassung. Wiesbaden 2002, S. 343-374.

21 Vgl. hierzu Vorländer, Hans: Gründung und Geltung. Die Konstitution der Ordnung und die Legitimität der Konstitution. In: Melville, Gert / Vorländer, Hans (Hg.), Geltungsgeschichten. Über die Stabilisierung und Legitimierung institutioneller Ordnungen. Köln / Weimar / Wien 2002, S. 243-263.

22 Vgl. Vorländer, Hans: Integration durch Verfassung? Die symbolische Bedeutung der Verfassung im politischen Prozeß. In: ders. (Hg.), Integration durch Verfassung, Wiesbaden 2002, S. 9-40.

ten. Zum zweiten ist ja auch der Interpret der Verfassung immer darauf angewiesen, dass der Adressat der Interpretation seine Autorität anerkennt. Gerade weil die Verfassungsgerichtsbarkeit nicht auf dem Mittel physischer Zwangsgewalt wie die Exekutive, auch nicht auf die Mittel monetärer Verteilungsgewalt wie die Legislative rekurrieren kann, muss der autoritative Status der verfassungsdeutenden Institution im Machtfeld konkurrierender Institutionen erst etabliert und dann stetig behauptet werden. Deshalb beruht die Anerkennung des Interpreten durch den Adressaten wie auch die Erzeugung von Deutungsmacht vor allem auf den institutionellen Praktiken zwischen Verfassungsgericht und den – im engeren Sinne – politischen Institutionen, zwischen Verfassungsgericht und ordentlicher Gerichtsbarkeit sowie zwischen Verfassungsgericht und Öffentlichkeit. Daraus folgt drittens, dass das Verfassungsgericht zwar nur sehr bedingt die Prozesse der Erzeugung eigener Deutungsmacht beeinflussen kann. Gleichwohl kann es jedoch jenseits des eigenen Vermögens, im einzelnen Entscheidungsfall überzeugen zu können und Akzeptanz zu finden, institutionelle Praktiken der Rechtsprechung und Strategien der Eigendarstellung und Selbstlegitimierung entwickeln, die ihr helfen, Deutungsmacht zu gewinnen und zu erhalten.

4 Wie die Deutungsmacht des Bundesverfassungsgerichts entstanden ist

In empirischer Hinsicht liegt der Deutungsmacht und ihren Ressourcen ein komplexes Zusammenspiel von symbolisch-kommunikativen Voraussetzungen, instrumentellen Rahmenbedingungen und praktischen Auswirkungen zugrunde, das Anerkennung verfassungsgerichtlicher Autorität gewähren, aber auch verwehren kann. So musste auch das BVerfG seine Deutungsmacht vor allem in den Beziehungen zu den gewählten Institutionen, der Legislative und Exekutive, aber auch zu den Institutionen der rechtsprechenden Gewalt und schließlich zur Öffentlichkeit etablieren und behaupten.[23]

Wie ein Paukenschlag musste es in der Frühphase der Bundesrepublik Deutschland gewertet werden, dass das BVerfG in seiner Status-Denkschrift die Gleichrangigkeit als Verfassungsorgan für sich reklamierte und dabei auf die Logik des Grundgesetzes, das den interpretativen Vorrang bereits enthielt, verweisen konnte. Die Machtprobe mit der Bundesregierung, vor allem mit Justizminister Dehler, konnte das BVerfG für sich entscheiden, weil Bundestag und Bundesrat die Feststellung des Statusberichts akzeptierten. Auch konnte sich das BVerfG in seiner Etablierungsphase auf die Fachöffentlichkeit verlassen, die zum einen den Statusbericht positiv aufnahm, zum anderen eine Stärkung der Verfassungsgerichtsbarkeit befürwortete. Auch die Opposition im Bund hatte ein großes Interesse an einer starken Verfassungsgerichtsbarkeit, sah sie doch in ihr ein Unterpfand für die verfassungsrechtliche Auseinandersetzung um die Wiederbewaffnung, genauso wie die Ministerpräsidenten der Länder, die im BVerfG eine Gewähr gegen eine zu starke Zentralregierung sahen. Ende der 1950er Jahre schien der Status des BVerfG kaum noch ernsthaft bestritten zu werden.[24]

Das galt im Übrigen auch für das Verhältnis zu den Obersten Bundesgerichten. In der Einrichtungsphase des BVerfG war zunächst die Hierarchiefrage nicht geklärt, in Streitfällen, bei denen Fachgerichte Gesetze und Verordnungen wegen Zweifeln an ihrer Verfas-

---

23   Vgl. hierzu die Beiträge in: Vorländer, Deutungsmacht der Verfassungsgerichtsbarkeit, a. a. O. (Fn. 4).
24   Laufer: Verfassungsgerichtsbarkeit und politischer Prozeß, a. a. O. (Fn. 4), S. 254-334; Wesel, Uwe: Der Gang nach Karlsruhe. Das Bundesverfassungsgericht in der Geschichte der Bundesrepublik. München 2004, S. 76-82; Herrmann: Akte der Selbstautorisierung, a. a. O. (Fn. 4), S. 141-173.

sungsmäßigkeit beim BVerfG vorlegten, wurden vom jeweils zuständigen Bundesgericht Gutachten erstellt und diese Gutachten oftmals auch veröffentlicht. Dadurch war der Entscheidungsspielraum des BVerfG erheblich eingeengt. Zudem hatte sich das BVerfG in jener Phase auch mit mehreren Bundesgerichten in einem inhaltlichen Dissens befunden. Auch hier wurde das BVerfG „eigenmächtig" tätig, indem der Erste Senat 1955 ein Ende der für die Gerichte „wesensfremden" Gutachten beschloss. Der Protest der Präsidenten der Oberen Bundesgerichte lief leer, weil es dem BVerfG gelang, den Bundesgesetzgeber für sein Anliegen zu gewinnen, woraufhin die Novelle des Bundesverfassungsgerichtsgesetzes die Gutachten abschaffte. Die Autorität des BVerfG gegenüber den rechtsprechenden Instanzen war somit eindeutig institutionell und prozedural gestärkt worden.

Nach dieser Etablierungsphase verfassungsgerichtlicher Deutungsmacht musste das BVerfG seine Autorität in der öffentlichen Auseinandersetzung mit den anderen Gewalten zu behaupten suchen. Vor allem die 1970er Jahre sahen eine Reihe von politischen, auch institutionellen Konflikten im Zusammenhang mit der kritischen Verfassungsrechtsprechung gegenüber Legislative und Exekutive. Dabei wurde sehr wohl die Deutungsmacht der Verfassungsgerichtsbarkeit, vor allem ihre Interpretationsprärogative bestritten. Nicht selten fanden in dieser Konfliktphase Versuche der politischen Institutionen statt, das BVerfG zu instrumentalisieren, indem, in diesen Zeiten starker politischer Polarisierung zwischen Parteien sowie zwischen Regierung und parlamentarischer Opposition, das BVerfG angerufen wurde, um den politischen Gegner auf dem Feld des Verfassungsrechts eine Niederlage zuzufügen, die sich auf dem Feld der politischen oder gesellschaftlichen Auseinandersetzung nicht erreichen ließ. In dieser Periode fanden jene wechselseitigen Schuldzuweisungen der „Politisierung der Verfassungsjustiz" und der „Verrechtlichung der Politik" statt.[25] Paradoxerweise aber, so zeigt die historische Bilanz, stärkte der Konflikt um die Judikatur die Deutungsmacht des BVerfG. Dies liegt vor allem darin begründet, dass zum einen gerade die politische Anrufung die Rolle der Verfassungsgerichtsbarkeit verdeutlicht und zum anderen die Verfassungsgerichtsbarkeit sich selbst zum Schiedsrichter und Schlichter im politischen Konflikt zu inszenieren versteht. Aus dieser Konfliktphase der 1970er Jahre ging also das BVerfG gestärkt hervor, weshalb in der Folge die Deutungsmacht nicht mehr prinzipiell in Frage gestellt wurde.

Hinzu tritt, dass das BVerfG selber im Laufe der Zeit eine institutionelle Praxis ausgebildet hat, die ihre Stellung als Interpret der Verfassung zu befestigen und Deutungsmacht zu beweisen vermochte. Dabei kommt es dem BVerfG schließlich – wie allen starken Verfassungsgerichtsbarkeiten – zugute, als Repräsentant des ursprünglichen Verfassungsgebers wie auch als Sprecher der Verfassung auftreten zu können. Das BVerfG „verkörpert" die Verfassung, ihren Wandel und ihre fortdauernde Interpretationsnotwendigkeit. Insofern ist das BVerfG wie eine jede Verfassungsgerichtsbarkeit das Scharnier zwischen der Ursprungsverfassung und der jeweilig geltenden Verfassung. Als autoritativer Interpret ist das BVerfG die entscheidende Institution, die Verfassung auf Dauer zu halten. Allerdings läuft eine jede Verfassungsgerichtsbarkeit auch Gefahr, ihre Sonderstellung bei der Interpretation der Verfassung zu überziehen und in der Öffentlichkeit den Eindruck hervorzurufen, dass sie sich selbst an die Stelle der Verfassung setzt. Insofern ist hier die Bewahrung verfassungsgerichtlicher Deutungsmacht auch immer ein Balanceakt, die Differenz zwischen Ursprungsverfassung und Verfassungstext und die selbstständige verfassungsauslegende und verfassungs-

---

25   Vgl. hierzu Vorländer: Verfassung und Konsens, a. a. O. (Fn. 9); Grimm, Dieter: Verfassungsrechtlicher Konsens und politische Polarisierung in der Bundesrepublik Deutschland. In: Haungs, Peter (Hg.), Verfassung und politisches System, Stuttgart 1984, S. 35-42.

fortbildende Tätigkeit nicht allzu deutlich hervortreten zu lassen. Verfassungsgerichte, so auch das BVerfG, disziplinieren sich selbst, nach innen hin versuchen sie, durch ihre Interpretationsmethoden, die Rechtsprechungskohärenz, die Herausstellung von Präjudizien und, daraus folgend, die Herausbildung einer institutionellen Eigengeschichte die schriftlichen Begründungen anerkennungswürdig zu halten und die institutionelle Sonderdarstellung zu demonstrieren. Das BVerfG ist auch bemüht, eine besondere Form der institutionellen Eigendarstellung zu pflegen. Wenn Entscheidungen „im Namen des Volkes" ergehen, so versucht das BVerfG immer deutlich zu machen, dass hier allein die Verfassung ausgelegt, also allein dem Willen des Verfassungsgebers oder des die Verfassung ändernden Gesetzgebers Rechnung getragen wird. Wenn „Karlsruhe gesprochen" hat, dann entkleidet sich verfassungsrichterliche Entscheidungspraxis hier, wo sie zugleich hinter der Verfassung zurücktritt, der eigenen Körperlichkeit. Die Interpretation wird nicht schon am einzelnen Verfassungsrichter, sondern in entpersonalisierter, in entsubjektivierter Form verkündet. Das gilt nicht für alle Verfassungskulturen, in der legalistischen Kultur der Bundesrepublik Deutschland, die der Objektivitätsbehauptung des Rechts zu folgen bereit ist, lebt auch das BVerfG vom Charisma des Amtes, weniger, wie in den USA, vom personalen Charisma des einzelnen Verfassungsrichters.[26]

Der öffentlichen Zurückhaltung, die vom Verfassungsgericht und seinen Richtern erwartet wird, entspricht auch die Restriktion der Öffentlichkeit im und beim BVerfG selbst. Erst seit kurzem darf beim deutschen Verfassungsgericht auch massenmedial durch das Fernsehen berichtet werden, aber nur dann, wenn eine Entscheidung des Verfassungsgerichts öffentlich verkündet wird. Der Zugang der Medienöffentlichkeit bleibt somit auf einen kleinen Kreis interessierter und zumeist sachkundiger Medienvertreter beschränkt. Zur weitergehenden Invisibilisierung gehört auch, dass das BVerfG im Grundsatz keine Öffentlichkeitsarbeit betreibt. Erst seit den öffentlichen Auseinandersetzungen um die so genannte Kruzifix-Entscheidung und die Entscheidung „Soldaten sind Mörder" hat sich das BVerfG zur Einstellung einer Pressesprecherin verstanden.

Wird hier die Tätigkeit des interpretierenden Verfassungsrichters nur ausschnittweise sichtbar – für den Bürger spielt sie im Arkanum des Rechts –, so findet auf der anderen Seite eine demonstrativ sichtbare Inszenierung des kollektiven richterlichen Spruchkörpers statt. Die Rituale des Einzugs des Hohen Gerichts in den großen Saal des BVerfG, die Respektbezeugung von Parteien und Publikum, die Verkündungspose sind Mechanismen verfassungsgerichtlicher Selbstinszenierung, die die Autorität des Verfassungsgerichts und der von ihr autoritativ gedeuteten Verfassung sicht- und spürbar werden lassen. Von dieser Auratisierung der Rechtssphäre und ihrer fallweisen Verkörperung durch die in würdevoller Distanz zur Politik agierenden, in roter Robe die Entscheidungen verkündenden Richterschaft profitiert ganz ohne Frage die Institution der Verfassungsgerichtsbarkeit. Auf diese Weise inszeniert sich verfassungsrichterliche Deutungsmacht, die, will sie wirksam bleiben, den Glauben des Publikums, die verfassungsdeutende Institution spreche als Stellvertreterin der Verfassung, voraussetzt.

---

26 Vorländer, Hans: Hinter dem Schleier des Nichtpolitischen. Das unsichtbare Verfassungsgericht. In: Melville, Gert (Hg.): Das Sichtbare und das Unsichtbare der Macht. Institutionelle Prozesse in Antike, Mittelalter und Neuzeit. Köln / Weimar / Wien 2005, S. 113-127.

5 Das Vertrauen der Öffentlichkeit als Machtressource des Bundesverfassungsgerichts

Für die Beziehung des BVerfG zur Öffentlichkeit stellt sich die Frage nach den Ressourcen der Deutungsmacht als Frage nach dem Institutionenvertrauen, das ihm entgegengebracht wird. Es lässt sich zeigen, dass das BVerfG ein hohes generalisiertes Institutionenvertrauen genießt (Abb. 1), das momentane Erschütterungen und Akzeptanzverweigerungen bei Einzelentscheidungen zu absorbieren vermag. Konkrete Entscheidungen, ihre Akzeptanz oder ihre Ablehnung schlagen kaum auf das hohe generelle Vertrauen durch (Abb. 2, nächste Seite).

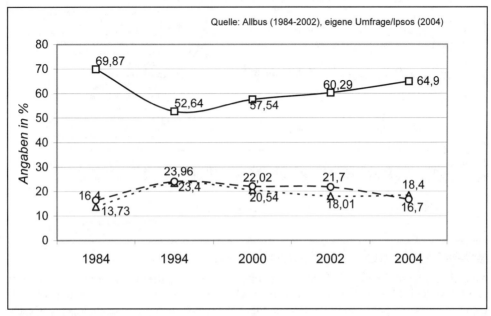

Abbildung 1: Vertrauen in das BVerfG 1984-2004

Nun zeigt die bisherige Praxis, dass nicht alle Entscheidungen zu Konflikten führen; genau genommen handelt es sich nur um eine kleine Minderheit. Darüber hinaus werden keineswegs alle Entscheidungen, gerade einmal die Hälfte, überhaupt in der Öffentlichkeit wahrgenommen. Wie umstritten eine Entscheidung ist, liegt keineswegs an der Entscheidungsmaterie selbst, sondern hängt von der öffentlichen Debatte ab, vor allem von der Berichterstattung der Massenmedien. Dabei lassen sich verschiedene Gattungen umstrittener Entscheidungen identifizieren.[27]

Eine Tendenz zur Konflikthaftigkeit scheinen jene Entscheidungen zu besitzen, die eine soziomoralische Konfliktlinie berühren. Bei solchen Entscheidungsmaterien kann nicht davon ausgegangen werden, dass sie auf unbestrittene Akzeptanz stoßen. Beispiele sind hier die Entscheidung zum Schwangerschaftsabbruch oder der Kruzifix-Beschluss. Sie zeigen zu-

---

27 Vorländer, Der Interpret als Souverän, a. a. O. (Fn. 19); Vorländer / Schaal, Integration durch Institutionenvertrauen?, a. a. O. (Fn. 20).

gleich die Grenzen der Interpretationsmacht der Bundesverfassungsrichter auf. Trifft – wie in der Kruzifix-Entscheidung – das Verfassungsgericht die soziokulturelle, religiöse Vorstellungswelt des – bayerischen – Adressaten nicht, läuft das Interpretationsangebot leer. Die Akzeptanz eines verfassungsrichterlichen Deutungsangebotes ist also in pluralistischen Gesellschaften nicht von selbst gegeben, weshalb prinzipiell ein Spannungsverhältnis zwischen der autoritativen Deutungsmacht des BVerfG und der gesellschaftlichen Akzeptanz konkreter Entscheidungen besteht.

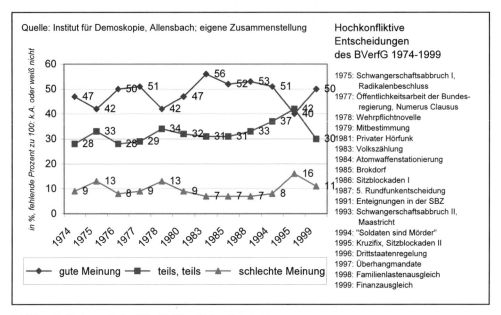

Abbildung 2: Vertrauen in das BVerfG / Konfliktive Entscheidungen

Ähnliches scheint für Entscheidungen zu gelten, die in ein parteipolitisch polarisiertes Umfeld fallen. Konflikte sind immer dort vorgezeichnet, wo sich gesellschaftliche und politische Lager um brisante politische Themen gebildet haben, wo eine im parlamentarischen Gesetzgebungsprozess unterlegene Gruppe das BVerfG anruft. Die Auseinandersetzung um die Reformgesetze der sozialliberalen Regierungskoalition in den 1970er Jahren, von der Ostpolitik über die Gesellschafts- und Bildungspolitik bis hin zur Wehrpolitik, haben dies deutlich gezeigt. In beiden Kontexten, dem soziomoralischen und dem parteipolitisch polarisierten Umfeld, kann die Entscheidungspraxis des BVerfG nicht immer befriedend oder streitschlichtend, sondern sehr wohl auch konfliktverlängernd wirken.

Von einem eher niedrigen Grad der Konflikthaftigkeit sind solche Entscheidungen, die im „technischen" Bereich des Staatsorganisationsrechtes anzusiedeln sind. Von hoher Aufmerksamkeit und öffentlicher Wahrnehmung begleitet, jedoch von ebenfalls niedriger Konflikthaftigkeit sind Entscheidungen, die das Verfassungsgericht als Anwalt des Bürgers, zum Teil auch gegen das politische System und seine Akteure, auszeichnen. Das Beispiel ist hier die Entscheidung zur Volkszählung, die ein Gesetz, das mit fast einstimmiger Mehrheit des Deutschen Bundestages verabschiedet worden war, im Interesse der vom Datenschutz gebotenen „informationellen Selbstbestimmung" des Bürgers für verfassungswidrig erklärte. Ähnlich verhält es sich dort, wo das BVerfG zum Ausfallbürgen für die Politik wird und der

Untätigkeit der Legislative durch eigene Entscheidungen abhilft, wie es im Familien- und Steuerrecht geschehen ist.

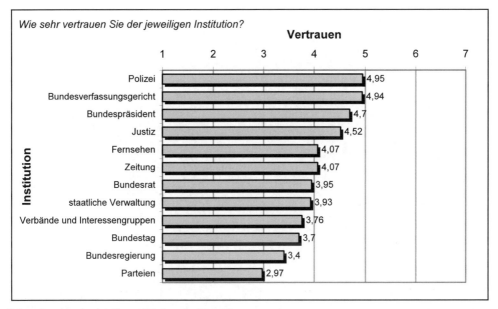

Skala von 1 = „ganz und gar kein Vertrauen" bis 7 = „volles Vertrauen"

Abbildung 3: Institutionenvertrauen (Quelle: Eigene Grundlage / IPSOS 2004)

Das hohe generalisierte Institutionenvertrauen zeigt sich demnach als eine Machtressource, die bislang nicht nachhaltig durch Konflikte um einzelne Entscheidungen des Gerichts beschädigt oder verbraucht worden ist. Im Gegenteil: von den maßgeblichen Verfassungsorganen der grundgesetzlichen Ordnung genießt das Verfassungsgericht, in Ost- wie Westdeutschland, einen Vertrauensvorsprung vor den anderen, im engeren Sinne politischen Institutionen wie der Gesetzgebung, der Exekutive oder den politischen Parteien (Abb. 3).[28] Das generalisierte Vertrauen gegenüber der Institution der Verfassungsgerichtsbarkeit ist die entscheidende, den Mangel an Zwangsgewalt kompensierende Machtressource des BVerfG.

---

28 Eigene Ergebnisse einer repräsentativen Bevölkerungsumfrage zu Vertrauen, Performanz, Responsivität und symbolischer Selbstdarstellung von Bundestag und Bundesverfassungsgericht, im Auftrag des Dresdner Sonderforschungsbereichs 537 „Institutionalität und Geschichtlichkeit" durchgeführt von der IPSOS GmbH Mölln Okt./Nov. 2004. Siehe hierzu Vorländer, Hans / Brodocz, André: Das Vertrauen in das Bundesverfassungsgericht. Ergebnisse einer repräsentativen Bevölkerungsumfrage. In: Vorländer, Hans (Hg.), Die Deutungsmacht der Verfassungsgerichtsbarkeit, Wiesbaden 2006, S. 259-296.

Christoph Gusy

Die Verfassungsbeschwerde

Am Anfang der Diskussion um die Verfassungsbeschwerde standen ursprünglich überwiegend rechtsstaatlich-grundrechtssichernde Funktionen. Längst sind aber weitere auch politische, namentlich demokratisch-partizipatorische Züge hinzugekommen.[1]

1 Das Bundesverfassungsgericht und die Verfassungsbeschwerden: Vom Kampf um den eigenen Status zum Kampf um die eigene Funktionsfähigkeit

Das Bundesverfassungsgericht (BVerfG) kam unter den Verfassungsorganen als letztes. Es nahm seine Rechtsprechung zu einem Zeitpunkt auf, an welchem diejenigen Organe, deren Handeln das Gericht auf seine Verfassungsmäßigkeit kontrollieren sollte, bereits in Tätigkeit waren. Verfahren, Routinen und Kooperationen hatten sich bereits herausgebildet. Deshalb kam den Auseinandersetzungen um den Status des neuen Gerichts vergleichsweise große Bedeutung zu. Es ging um nicht mehr und nicht weniger, als dass das BVerfG seinen Kontrollanspruch auch wirksam durchsetzen konnte. Deshalb kam der Tatsache besondere Bedeutung zu, dass das Gericht seine Kompetenzen weit definieren konnte und dafür auch – ungeachtet mancher Krisen – hinreichend Akzeptanz unter den anderen Staatsorganen fand; ein Ergebnis das freilich seinerzeit im Verhältnis von Recht, Politik und öffentlicher Meinung erst erkämpft werden musste.[2] Hier hat die Verfassungsbeschwerde ein eigenes Kapitel in der Erfolgsgeschichte des Gerichts geschrieben.

Die Verfassungsbeschwerde war nie unumstritten.[3] Der Parlamentarische Rat hat ihre Einführung abgelehnt. Zuvor hatte Art. 98 Nr. 8 HChE eine Zuständigkeit des BVerfG für Entscheidungen „über Beschwerden wegen Verletzung der durch dieses Grundgesetz gewährleisteten Grundrechte" vorgeschlagen, um so „den Grundrechten ihren vollen Charakter

---

1 Der Beitrag nimmt Gedanken auf, die ich bei Badura, Peter / Dreier, Horst: Festschrift 50 Jahre Bundesverfassungsgericht, Bd. I, Tübingen 2001, S. 641, entwickelt habe. Für Unterstützung bei dieser Abhandlung danke ich Herrn wiss. Mit. M. Klein, Bielefeld.

2 Dazu historisch Baldus, Manfred: Frühe Machtkämpfe – Zu den historischen Gründen der Autorität des Bundesverfassungsgerichts in: Henne, Thomas / Riedlinger, Arne (Hg.), Das Lüth-Urteil aus (rechts-)historischer Sicht, Berlin 2005, S. 237; politikwissenschaftlich von Beyme, Klaus: Das Bundesverfassungsgericht aus der Sicht der Politik- und Gesellschaftswissenschaften. In: Badura / Dreier (Hg.), FS BVerfG a. a. O., S. 493; in größerem Kontext Massing, Otwin: Politik als Recht – Recht als Politik, Baden-Baden 2005.

3 Frühere, historisch nicht stets einfach vergleichbare „Vorläufer" beschreiben Boulanger, W.: Die geschichtlichen Grundlagen der heutigen Verfassungsbeschwerde, Diss. 1954; Schmidt-Bleibtreu, in: Maunz, Theodor / Schmidt-Bleibtreu, Bruno / Klein, Franz / Ulsamer, Gerhard u. a., Bundesverfassungsgerichtsgesetz, Loseblattwerk, Stand: Januar, München 2004, § 90 Rdnr. 1 ff.; Zuck, Rüdiger: Das Recht der Verfassungsbeschwerde, 2. Aufl., München 1988, Rdnr. 107 ff.; rechtsvergleichend Schmidt-Bleibtreu ebd., Rdnr. 11 ff.; Zuck ebd., Rdnr. 134 ff.; zum Recht der Bundesländer Schmidt-Bleibtreu ebd., Rdnr. 8b ff.; Zuck ebd., Rdnr. 174 ff.

als subjektive Rechte zu geben".[4] In einer offenbar eher von Hektik als von planvoller Entscheidungsvorbereitung geprägten Atmosphäre sah die Mehrheit damals den Rechtsschutz durch die Fachgerichte – bis hin zum geplanten Obersten Bundesgericht – als ausreichend an und warnte vor „Überjuridifizierung" und Überlastung des BVerfG. Dagegen argumentierte die Minderheit schon seinerzeit mit „rechtsstaatlichen Gründen", der Subsidiarität der Verfassungsbeschwerde und der Möglichkeit, das neue Instrument auf Grundrechtsklagen gegen Gesetze zu beschränken.

Unterblieb so die Aufnahme der Verfassungsbeschwerde in das Grundgesetz, so war jene Entscheidung kaum mehr als eine Vertagung des Problems, da zugleich der Gesetzgeber ermächtigt wurde, dem BVerfG weitere Aufgaben zuzuweisen (Art. 93 Abs. 2 GG). Dementsprechend setzte sich der Streit bei den Beratungen des § 90 BVerfGG fort. Hier standen sich die grundsätzlich ablehnende Haltung auf der Grundlage der Argumente des Parlamentarischen Rates einerseits und die – von Sachverständigen unterstützte – befürwortende Haltung namentlich der Bundesregierung, A. Arndts und zahlreicher Abgeordneter der CDU/ CSU und der FDP gegenüber.[5] Dagegen fand der Kompromissvorschlag einer bloßen *Grundrechtsklage gegen Gesetze* außerhalb des Bundesrates kaum Zustimmung. Umstritten war namentlich die *Erstreckung der Verfassungsbeschwerde auf Maßnahmen von Exekutive und Justiz.* Hierfür wurden erneut die Bedeutung der Grundrechte und rechtsstaatliche Argumente herangezogen. Bei den Fachgerichten sei die Grundrechtsfrage nur eine unter mehreren Rechtsfragen. Hier biete ein verselbstständigtes Verfahren vor einer verselbstständigten Instanz eine erhöhte Durchsetzungschance. Auch sei der gerichtliche Rechtsschutz noch lückenhaft. Daneben wurden aber auch schon demokratische Argumente herangezogen. Sie betrafen zunächst die Mobilisierung der Bürger für eine aktive Teilnahme am Verfassungsleben, dann aber auch die legitimierende Wirkung abweisender Entscheidungen im Verfassungsbeschwerdeverfahren. Am Ende wurde auf eine Anrufung des Vermittlungsausschusses nicht zuletzt deshalb verzichtet, um die Errichtung des BVerfG nicht zu verzögern.

Seitdem trat das neue Instrument – namentlich in der Form der Urteilsverfassungsbeschwerde – seinen Siegeszug an. Am Anfang war der dafür zuständige 1. Senat stark belastet, während der für alle anderen Verfahrensarten zuständige 2. Senat nur wenige Streitigkeiten zu erledigen hatte.[6] Unter den 152.128 Anträgen, die bis zum 31.12.2004 eingegangen sind, waren 146.457 (= 96,27 %) Verfassungsbeschwerden. Dieser Trend ist bis in die jüngste Zeit ungebrochen. Dabei konzentrierten sich die Eingänge auf die von Anfang an umstrittenen Beschwerden gegen Gerichtsentscheidungen. Die als Alternative erwogene „Grundrechtsklage" unmittelbar gegen Gesetze ist die Ausnahme geblieben.

---

4   S. dazu Bericht in: JöR 1, 669 ff.; Säcker, Horst: Die Verfassungsgerichtsbarkeit im Konvent von Herrenchiemsee. In: Festschrift für Wolfgang Zeidler, Bd. 1, Berlin 1987, S. 265 (zum Konvent von Herrenchiemsee); Laufer, Karl: Verfassungsgerichtsbarkeit und politischer Prozeß, Tübingen 1968, S. 81 f. (zum Parlamentarischen Rat).

5   Entwürfe: BT-Drs. 1/788 (Bundesregierung), 1/328 (SPD); BR-Drs. 189/50 (Bundesrat). Zum Gesetzgebungsverfahren Geiger, Willi: Gesetz über das BVerfG, Berlin 1952, S. 272 ff.; Schmidt-Bleibtreu a. a. O., § 90 Rdnr. 8 ff.; Zuck, Verfassungsbeschwerde a. a. O., Rdnr. 121; Roemer, Walter: Das Gesetz über das Bundesverfassungsgericht, in: JZ 1951, S. 193; Hain, Sabine: Die Individualverfassungsbeschwerde nach Bundesrecht. Von den Vorarbeiten zu einer deutschen Verfassung bis zur Aufnahme der Verfassungsbeschwerde ins Grundgesetz, Berlin 2002.

6   Einzelheiten nach: BVerfG, Jahresstatistik 2004.

Jahr	1995	1996	1997	1998	1999	2000	2001	2002	2003	2004
Verfassungsbeschwerden insgesamt	5.766	5.117	4.962	4.676	4.729	4.705	4.483	4.523	5.055	5.434
Verfassungsbeschwerden gg. Gerichtsentscheidungen	5.432	4.929	4.675	4.415	4.446	4.419	4.160	4.235	4.716	5.109

Der offenkundige „Siegeszug" der Verfassungsbeschwerde gefährdet aber zugleich die Grundlagen des eigenen Erfolges. Das gilt zunächst für das Verfahren selbst. Der hohen Zahl gestellter Anträge kontrastiert eine auffallend geringe Erfolgsquote von insgesamt (1951-2004) 2,5 %. Auch in den Jahren seit 1995 lag der Anteil stattgebender Entscheidungen nie über 3 %. Zudem liegt die Dauer der Erledigung solcher Anträge, die in den Senaten Erfolg hatten, regelmäßig erheblich über der durchschnittlichen Verfahrensdauer im Verfassungsbeschwerdeverfahren. Daraus resultiert das *Enttäuschungsargument*: Die Erfolgsquoten seien derart niedrig, dass die Bürger beim BVerfG höchstens dem Anspruch nach wirksamen Grundrechtsschutz, real hingegen ganz überwiegend die Erfolglosigkeit ihrer Bemühungen und damit Enttäuschungserlebnisse erführen. So werde das Verfahren seinem eigenen hohen Anspruch nicht gerecht. Noch weiter reicht ein anderer Aspekt: *Die Flut der Verfassungsbeschwerden gefährde die Verfassungsgerichtsbarkeit insgesamt*. Durch die Vielzahl der Eingänge würden die Richter mit einer großen Zahl von Einzelfragen oft geringerer Bedeutung für das Verfassungsrecht konfrontiert und in ihrer Arbeitskapazität derart in Anspruch genommen, dass für andere, wichtigere Aufgaben nicht hinreichend Zeit bleibe.[7] Dadurch stiegen die durchschnittliche Verfahrensdauer und der Zeitdruck auch bei grundlegenden Entscheidungen zu Lasten der Qualität und damit der Legitimation des Gerichts insgesamt. Das so beschriebene *Dilemma des Verfassungsbeschwerdeverfahrens* begründet Forderungen nach Einschränkung, wenn nicht gar Abschaffung des Rechtsbehelfs.[8] Nach wie vor gefährdet die Antragsflut die Basis des eigenen Erfolges, nämlich die Funktionsfähigkeit des Gerichts und die Effektivität des Verfahrens. Dieses Dilemma, welches bereits bei der Schaffung des Instituts der Sache nach diskutiert worden ist, ist also geblieben. Damit stellen sich die dahinter stehenden Grundfragen des Verfassungs(prozess)rechts stets neu.

2 Funktionen der Verfassungsbeschwerde

Die zentralen Funktionen der Verfassungsbeschwerde wurden bereits in den Debatten um ihre Einführung angesprochen. Sie sind in der Folgezeit von Rechtsprechung und Rechtswissenschaft weiterentwickelt worden.

---

7   So die Bilanz von Böckenförde, Ernst-Wolfgang: Die Überlastung des BVerfG, in: ZRP 1996, S. 281-284.
8   Überblick in: Bundesministerium der Justiz (Hg.): Entlastung des Bundesverfassungsgerichts, 1998, S. 32 ff.; dazu Benda, Ernst: Entlastung des Bundesverfassungsgerichts – Vorschläge der Entlastungskommission, Baden-Baden 1998. S. a. Voßkuhle, in: von Mangoldt, Hermann / Klein, Friedrich / Starck, Christian (Hg.): Kommentar zum Grundgesetz in 3 Bänden, Bd. 3, 4. Aufl., 2001, Art. 93 Rdnr. 166; Kauffmann, Peter: Die Abschaffung der Urteilsverfassungsbeschwerde, in: RuP 1998, S. 31 ff.; Pestalozza, Christian: Verfassungsprozeßrecht. Die Verfassungsgerichtsbarkeit des Bundes und der Länder mit einem Anhang zum Internationalen Rechtsschutz, 3. Aufl., München 1991, § 12 Rdnr. 7; Zuck, Verfassungsbeschwerde a. a. O., Rdnr. 263; s. a. Thoma, Richard: Rechtsgutachten betreffend die Stellung des Bundesverfassungsgerichts, in: JöR 1956, S. 161, 184 f.; Kloepfer, Michael: Ist die Verfassungsbeschwerde unentbehrlich? In: DVBl 2004, S. 676-680.

2.1 Rechtsschutzfunktion

Die ursprüngliche Funktion der Verfassungsbeschwerde lag und liegt in der Wahrung und prozessualen Geltendmachung der Grundrechte als subjektive Rechte. Diese Rechtsschutzfunktion beschreibt zentral *Individualrechtsschutz*, also nicht den Schutz der objektiven Rechtsordnung, sondern denjenigen der Rechte der Menschen. Jene Intention wird bereits in der Formulierung des Art. 93 Abs. 1 Nr. 4a GG deutlich, wenn dort die Notwendigkeit der Geltendmachung einer Verletzung eigener Rechte als Voraussetzung der Statthaftigkeit des Antrags genannt wird.[9] Die Menschen sind demnach nicht nur Berechtigte materieller Garantien, sondern auch Träger formeller Rechte zu deren Durchsetzung und Verwirklichung. In diesem Sinne ist die Verfassungsbeschwerde der formelle Schlussstein zur Durchsetzung materieller Grundrechte. Dadurch unterscheidet sich das Verfahren nach §§ 90 ff. BVerfGG von nahezu allen anderen Verfahren vor dem BVerfG, welche zwar die Integrität der Verfassungsordnung allgemein, nicht aber speziell den Schutz der Rechte von Menschen und Bürgern bezwecken. Ganz in diesem Sinne hat das Gericht den Rechtsschutzcharakter dieses Verfahrens nahezu lückenlos ausgebaut. Das gilt zunächst für die *Verfassungsbeschwerdefähigkeit*.[10] Hier erscheint die Verfassungsbeschwerde als „spezifischer Rechtsbehelf des Bürgers gegen den Staat".[11] Jene Formulierung ist aber nicht in allen Punkten strikt wörtlich zu verstehen: „Bürger" im genannten Sinne sind danach alle Grundrechtsträger. Da es hierzu an einer einheitlichen Regelung fehlt, richtet sich diese nach der Auslegung des konkreten Grundrechts. Es konstituiert eine – ggf. relative – *Grundrechtsfähigkeit* natürlicher Personen. Im Regelfall gilt ein Grundrecht als Menschenrecht, begründungsbedürftige Ausnahme ist hingegen der Charakter eines auf Deutsche beschränkten „Deutschen-" bzw. „Bürger-" Rechts.[12] Auch hinsichtlich juristischer Personen des Privatrechts wird die Grundrechtsfähigkeit in weitem Umfang bejaht.[13] Anderes gilt hingegen für juristische Personen des öffentlichen Rechts,[14] sofern hier nicht das Grundgesetz ausnahmsweise besondere rechtliche Zuweisungen enthalte[15] oder aber die öffentlich-rechtliche Organisation der juristischen Per-

---

9   S. etwa BVerfGE 21, 362, 367; 39, 302, 312; 79, 203, 209; s. a. BVerfGE 108, 251.
10   Dazu näher Kley / Rühmann, in: Umbach, Dieter C. / Clemens, Thomas (Hg.), Bundesverfassungsgerichtsgesetz, Heidelberg 1992, § 90 Rdnr. 8 ff.; Lechner, Hans / Zuck, Rüdiger: Bundesverfassungsgerichtsgesetz Kommentar, 4. Aufl., 1996, Art. 90 Rdnr. 11 ff.; Zuck, Verfassungsbeschwerde a. a. O., Rdnr. 512 ff.; Gusy, Christoph: Die Verfassungsbeschwerde, Heidelberg 1988, Rdnr. 43.
11   BVerfGE 4, 27, 30; 6, 445, 448; 96, 231, 239.
12   S. a. BVerfGE 83, 37, 51 f.
13   Ausdrücklich z. B. BVerfGE 3, 383, 391; 6, 273, 277; 15, 256, 261.
14   BVerfGE 15, 298, 302: Die Verfassungsbeschwerde ist „kein Mittel zur Austragung von Meinungsverschiedenheiten zwischen Staatsorganen, sondern sie ist nur dem Einzelnen zur Verfolgung seiner Rechte gegen den Staat gegeben." Grundsätzlich BVerfGE 61, 100 ff. u. ö.; krit. dagegen etwa Bethge, Herbert: Grundrechtsträgerschaft juristischer Personen – Zur Rechtsprechung des Bundesverfassungsgerichts (I), in: AöR 1979, S. 54, 94 ff.; Broß, Siegfried: Zur Grundrechtsfähigkeit juristischer Personen des öffentlichen Rechts, in: VerwArch 1986, S. 65, 72 ff.; Dreier, Ralf: Zur Grundrechtssubjektivität juristischer Personen des öffentlichen Rechts, in: Achterberg, Norbert (Hg.), Öffentliches Recht und Politik. Festschrift für Hans Ulrich Scupin zum 70. Geburtstag, Berlin 1973, S. 86 ff.; von Mutius, Albert: in: Jura 1983, 30, 39; Pieroth, Bodo / Schlink, Bernhard: Grundrechte Staatsrecht II, 21. Aufl., Heidelberg 2005, Rdnr. 154 ff.; Stern, Klaus: Das Staatsrecht der Bundesrepublik Deutschland, Bd. III/1, München 1988, S. 1149 ff.
15   BVerfGE 15, 256, 262, für Universitäten und Fakultäten; 31, 314, 322, für Rundfunkanstalten; zu den Grenzen BVerfGE 59, 231, 259; 77, 65, 72. S. a. BVerfGE 6, 49 f.; 13, 139 f., für Art. 101 Abs. 1 S. 2; 103 Abs. 1 GG.

son nur der Form nach bestehe, aber keine rechtliche Sonderstellung und damit eine anderen Grundrechtsträgern vergleichbare „grundrechtstypische Gefährdungslage" begründe.[16]

Demgegenüber zeigt die Entscheidungspraxis zur *Antragsbefugnis* ein ambivalentes Bild. Einerseits lässt § 90 BVerfGG die Verfassungsbeschwerde ausschließlich zur Geltendmachung bestimmter, enumerativ aufgezählter subjektiver Rechte mit Verfassungsrang zu. Dazu zählen nicht nur die traditionellen Grundrechte, welche Freiheit und Gleichheit des Einzelnen schützen, sondern auch im Grundgesetz gewährleistete politische Rechte des Aktiv-Status.[17] Dadurch betont gerade das BVerfG den Charakter der Verfassungsbeschwerde als Rechtsschutzverfahren. Diese Einschätzung wird noch verstärkt durch die Anforderungen an die Geltendmachung jener Rechte. Die Geltendmachung der Selbstbetroffenheit soll vor allem die Geltendmachung der Rechte anderer,[18] insbesondere Verbandsklagen,[19] ausschließen. Auch das Erfordernis der „Gegenwärtigkeit" der Betroffenheit[20] betont den Charakter des Verfahrens als Instrument zur Abwendung aktueller Verletzungen subjektiver Rechte und nicht zur Durchsetzung des objektiven Verfassungsrechts.

Doch zeigt umgekehrt die Auslegung der Antragsbefugnis auch Unterschiede zwischen dem Verfassungsbeschwerdeverfahren und der allgemeinen Rechtsschutzgarantie (Art. 19 Abs. 4 GG). Letztere bezieht sich auf Schutz und Durchsetzung sämtlicher subjektiven Rechte unabhängig davon, welchen Rang sie in der Rechtsordnung einnehmen.[21] Dahinter bleibt § 90 BVerfGG zurück. Er begründet ein spezifisches Verfahren gerade zur Verwirklichung und Durchsetzung der Grundrechte des GG. Genau darin liegt der schon bei Schaffung des BVerfGG diskutierte Hauptzweck des Verfahrens, während derselbe Zweck bei den anderen Gerichten eben nur ein Anliegen unter mehreren sei. Insoweit ist das BVerfG tatsächlich als Fachgericht in Verfassungs- bzw. Grundrechtsfragen konzipiert.

Jener Unterschied zeigt sich augenfällig bei der Zurückhaltung einer Einbeziehung anderer als grundgesetzlicher Menschenrechtsgarantien in das Verfassungsbeschwerdeverfahren. Trotz der Erkenntnis von der zunehmenden Bedeutung etwa der EMRK wurden deren Garantien früher gar nicht und später nur äußerst zögernd und ergänzend herangezogen.[22] Im Unterschied zur Rechtsweggarantie begründet § 90 BVerfGG eben *kein allgemeines Rechtsschutzverfahren, sondern ein spezifisches Grundrechtsschutzverfahren.*

Noch deutlicher werden die Unterschiede bei der Konkretisierung des Gegenstands des Verfassungsbeschwerdeverfahrens. Trotz identischer Terminologie des Grundgesetzes („öffentliche Gewalt") dominieren jedenfalls in der Rechtsprechung die Unterschiede, nicht die Gemeinsamkeiten. Hier wird Art. 19 Abs. 4 S. 1 GG als Rechtsweggarantie nahezu ausschließlich gegen Maßnahmen der Exekutive, nicht hingegen solche der Legislative[23] und

---

16   BVerfGE 70, 1, 15 ff.; s. a. BVerfG, NVwZ 1994, S. 262; NJW 1996, S. 1588. Zwischen beiden Polen bewegt sich die Entscheidungspraxis zur Grundrechtsträgerschaft öffentlicher Unternehmen; s. BVerfGE 45, 63, 80; BVerfG, NJW 1990, S. 1783.

17   Dazu grundlegend BVerfGE 4, 27, 30; 6, 445, 448; 96, 231, 239.

18   BVerfGE 25, 256, 263; 72, 122, 131; krit. Cornils, Matthias: Prozeßstandschaft im Verfassungsbeschwerdeverfahren, in: AöR 2000, S. 45-69.

19   BVerfGE 27, 326, 333; 31, 275, 280; 35, 348, 352; 79, 1, 19; vorsichtiger BVerfGE 77, 263, 269.

20   S. gegen zukünftige Beeinträchtigungen BVerfGE 1, 9, 102; 60, 360, 37; gegen vergangene Beeinträchtigungen BVerfGE 47, 327, 365; 87, 181, 194 f.

21   BVerfGE 78, 214, 226; 96, 100, 114 f.

22   Ablehnend BVerfGE 4, 110, 111; 6,. 389, 440; 10, 271, 274; 84, 384, 395; 41, 149; 64, 157; 74, 128. Ergänzend zieht allerdings BVerfGE 74, 358, 370, die EMRK heran.

23   BVerfGE 24, 33, 49 ff.; 367, 401; 25, 352, 365; 45, 297, 334; 75, 108, 165. Krit. etwa Schenke, in: Dolzer, Rudolf / Vogel, Klaus / Graßhof, Karin (Hg.), Bonner Kommentar zum Grundgesetz (BK). Loseblattwerk, Heidelberg, Stand: 2005, Art. 19 Abs. 4 Rdnr. 249 ff.; Schmidt-Aßmann, in: Maunz, Theodor / Dürig, Günter

der Justiz konzipiert.[24] Hingegen wird derselbe Begriff im Verfassungsbeschwerdeverfahren weit verstanden und auf nahezu sämtliche Akte der deutschen „Staatsgewalt" i. d. S. Art. 20 Abs. 2 GG bezogen. Insbesondere soll es nicht darauf ankommen, welcher Zweig der Staatsgewalt die Maßnahme erlassen hat. Damit können Verfassungsbeschwerden grundsätzlich gegen alle Handlungen und Unterlassungen von Gesetzgebung, vollziehender Gewalt und Rechtsprechung eingelegt werden.[25] Doch bleiben die Überschneidungen vordergründig: Infolge der Subsidiaritätsklauseln des Art. 94 Abs. 2 S. 2 GG, § 90 Abs. 2 BVerfGG ist es gerade die Existenz des Art. 19 Abs. 4 GG, welche beide Verfahren auseinanderrückt. Da gegen Maßnahmen der Exekutive, welche in Rechte Dritter eingreifen können, wegen der Rechtsschutzgarantie umfassender Rechtsschutz vor den Fachgerichten besteht, sind Verfassungsbeschwerden unmittelbar gegen die Zweite Gewalt praktisch stets unzulässig.[26] Im Ergebnis stellt sich somit die Rechtsweggarantie als Rechtsschutzinstrument gegen die Exekutive, die Verfassungsbeschwerde hingegen als außerordentlicher Rechtsbehelf gegen Legislative („*Rechtsnormverfassungsbeschwerde*") und Justiz (*„Urteilsverfassungsbeschwerde"*) dar.

Diese gesetzlich angeordnete Arbeitsteilung ist geeignet, das Verfassungsbeschwerdeverfahren einerseits und die Rechtsschutzgarantie andererseits als ein Verhältnis wechselseitiger Ergänzung zu qualifizieren. Sie ist geeignet, die Funktion der Verfassungsbeschwerde als subjektives Rechtsschutzverfahren zu illustrieren. Hier zeigt sich eine gewisse Nähe zu Art. 19 Abs. 4 GG. Doch betont gerade die Rechtsprechung des BVerfG ungeachtet der grundsätzlichen Erkenntnis jener Nähe die Besonderheiten des „außerordentlichen Rechtsbehelfs" und damit zugleich die Distanz zwischen beiden Verfahren. Dies illustriert auch die Ausgestaltung der Verfassungsbeschwerde gegen Gerichtsentscheidungen: Hier ist das verfassungsgerichtliche Verfahren mehr und anderes als die Fortsetzung des fachgerichtlichen Rechtsschutzes durch eine zusätzliche Instanz.

Größere Eigenständigkeit im Hinblick auf den Rechtsschutzzweck zeigt die Handhabung des Verfassungsprozessrechts in der Praxis. Ungeachtet des Streits um die „Verfahrensautonomie des Gerichts",[27] die „Eigenständigkeit des Verfassungsprozessrechts"[28] oder die „Eigenart des verfassungsgerichtlichen Verfahrens"[29] werden die zahlreichen Lücken des

---

u. a.: Grundgesetz, Loseblatt-Kommentar, München, Stand: 2005, Art. 19 Abs. 4 Rdnr. 90, 93 ff.; Krebs, in: von Münch, Ingo / Kunig, Philip (Hg.), Grundgesetz-Kommentar, Bd. 1, 5. Aufl., München 2000, Art. 19 Abs. 4 Rdnr. 56; Schulze-Fielitz, in: Dreier, Horst (Hg.), Grundgesetz-Kommentar, Bd. 1, Art. 1-19, 2. Aufl., Tübingen 2004, Art. 19 Abs. 4 Rdnr. 36.

24 BVerfGE 11, 263, 265; 49, 329, 340; 75, 76, 90; 76, 93, 98; krit. etwa Lorenz, Dieter: Der Rechtsschutz des Bürgers und die Rechtsweggarantie, München 1973, S. 241 ff.; Voßkuhle, Andreas: Rechtsschutz gegen den Richter, München 1993, S. 147 ff., 255 ff.

25 Einzelheiten bei Kley / Rühmann a. a. O., Rdnr. 30 ff.; Schmidt-Bleibtreu a. a. O., Rdnr. 67 ff.; Zuck, Verfassungsbeschwerde a. a. O., Rdnr. 390 ff.; Gusy a. a. O., Rdnr. 18 ff.

26 Paradigmatisch BVerfGE 98, 218, 219, wo sich die Verfassungsbeschwerde in der Sache gegen eine Maßnahme der Exekutive richtete, aber formal gegen die Beschlüsse der Gerichte im einstweilen Rechtsschutzverfahren gerichtet werden musste. Die Verfassungsbeschwerde kann sich im Regelfall allenfalls gegen die gerichtliche Bestätigung einer Maßnahme der Verwaltung richten; s. BVerfGE 3, 379; 6, 388; 20, 267. Unmittelbar gegen Maßnahmen der vollziehenden Gewalt sind demnach Verfassungsbeschwerden nur in Fällen zulässig, in denen die Justiz ihre Nachprüfungskompetenz (rechtswidrig) verneint; s. etwa BVerfGE 25, 352, 361; 30, 108, 110.

27 Dazu Zembsch, Günther: Verfahrenautonomie des Bundesverfassungsgerichts, Köln 1971; einschränkend Engelmann, Klaus: Prozeßgrundsätze im Verfassungsprozeßrecht, Berlin 1977.

28 Dazu Häberle, Peter: Die Eigenständigkeit des Verfassungsprozeßrechts, in: JZ 1973, S. 451-455.

29 BVerfGE 32, 288, 291; s. a. BVerfGE 88, 382, 383: „Besonderheiten des verfassungsgerichtlichen Verfahrens"; Schlaich a. a. O., Rdnr. 54.

BVerfGG in der Praxis nicht durch eine eindimensionale Übernahme von Regeln geschlossen, welche etwa dem Art. 19 Abs. 4 GG oder aber den Prozessordnungen der Fachgerichtsbarkeiten entnommen sind. Vielmehr werden hier aus der Formel vom „außerordentlichen Rechtsbehelf" durchaus konkrete Folgerungen hergeleitet, welche Unterschiede zwischen dem Verfassungsbeschwerdeverfahren einerseits und den fachgerichtlichen Rechtsschutzverfahren andererseits erkennbar werden lassen. Die bekanntesten Beispiele sind der *fehlende Suspensiveffekt*[30] und der *fehlende Devolutiveffekt*[31] der Anrufung des BVerfG. Auch die ältere Rechtsprechung, welche die Wiedereinsetzung bei Fristversäumnis grundsätzlich ablehnte, berief sich auf den „besonderen Charakter der Verfassungsbeschwerde".[32] Grundsätzliche Unterschiede zwischen dem fachgerichtlichen Rechtsweg und der Nachprüfung durch das BVerfG werden auch dort diskutiert, wo letzterer der Charakter als „Superrevisionsinstanz" abgesprochen wird.[33] Schließlich wird auch der viel diskutierte, aber trotz aller Bemühungen noch nicht eindeutig geklärte Gedanke der „Subsidiarität" der Verfassungsbeschwerde jedenfalls dort, wo diese nicht ausdrücklich auf eine Gesetzesnorm zurückgeführt werden kann, auch auf die Idee vom „außerordentlichen Rechtsbehelf" gestützt.[34]

Die Diskussion um die Rechtsschutzfunktion der Verfassungsbeschwerde zeigt: Rechtsprechung und Rechtswissenschaft sind sich der Nähe jener Funktion zur allgemeinen Rechtsweggarantie des Art. 19 Abs. 4 GG bewusst.[35] Zwar zeigen sich durchaus Parallelen, doch scheinen umgekehrt auch zahlreiche Besonderheiten des Verfassungsbeschwerdeverfahrens aufzutreten. Im Überschneidungsfall geht der Rechtsschutzeffekt beim BVerfG nahezu niemals über denjenigen der Fachgerichte hinaus, bleibt aber umgekehrt in vielen Details hinter ihm zurück. Die Besonderheiten der Verfassungsbeschwerde liegen weniger darin, dem Betroffenen „eine Instanz mehr" zu gewähren,[36] auch wenn sich solche Effekte häufen, sofern das BVerfG im Wege der „Pannenhilfe" ausnahmsweise fehlende Rechtswege ersetzt. Jene Besonderheiten liegen vielmehr darin, Rechtsschutz gerade als spezifischen Grundrechtsschutz zu gewährleisten. Doch berührt sich hier die Rechtsschutzfunktion bereits mit den anderen Funktionen.

2.2 Fortbildung des Verfassungsrechts

Neben die Rechtsschutzfunktion der Verfassungsbeschwerde tritt selbstständig ihre Funktion als Verfahren zur Fortbildung des Verfassungsrechts. Diese Dimension knüpft an die Rechtsprechung zu den Grundrechten an. Danach erschöpft sich der Gehalt der Freiheits- und Gleichheitsrechte nicht in ihrer Bedeutung als Abwehrrechte der Bürger gegen den Staat. Vielmehr werden sie darüber hinaus – wie das gesamte übrige Verfassungsrecht auch – als

---

30   S. etwa Zuck, Verfassungsbeschwerde a. a. O., Rdnr. 24 ff.; Gusy a. a. O., Rdnr. 308.
31   S. etwa Schmidt-Bleibtreu a. a. O., Rdnr. 17; Zuck, Verfassungsbeschwerde a. a. O., Rdnr. 27.
32   Dazu etwa noch BVerfGE 4, 309, 313 (Zitat S. 314); 9, 104, 115; 28, 256 ff.; 50, 381, 384. Zum jüngeren, zulassenden § 93 Abs. 2 BVerfGG Schmidt-Bleibtreu a. a. O., § 93 Rdnr. 41a.
33   Auf diesen Gedanken weist namentlich Zuck, Verfassungsbeschwerde a. a. O., Rdnr. 28 (Nachw.), hin.
34   Darauf weist zu Recht Voßkuhle a. a. O., Rdnr. 169, hin.
35   Aus der Sicht des Europarats ist das BVerfG Teil des deutschen Rechtsschutzsystems gegen den Staat; s. Frowein, Jochen A. / Peukert, Wolfgang: Europäische Menschenrechtskonvention. Kommentar, 2. Aufl., Kehl 1996, Art. 26 Rdnr. 25, 29 ff.
36   Sehr weitgehend BVerfGE 94, 166, 212 ff.; dagegen zu Recht abw. Votum, in: BVerfGE 94, 223, 224 ff. Zur Kontrolldichte Kenntner, Markus: Vom „Hüter der Verfassung" zum „Pannenhelfer der Nation"? Zur Kontrolldichte im Verfahren der Urteilsverfassungsbeschwerde, in: DÖV 2005, S. 269-280.

objektiv-rechtliche Elemente der grundgesetzlichen Ordnung qualifiziert.[37] Dementsprechend betont das BVerfG die Funktion der Verfassungsbeschwerde, „das objektive Verfassungsrecht zu wahren sowie seiner Auslegung und Fortbildung zu dienen".[38] Diese Bedeutung ist keine bloße Folgewirkung des subjektiven Rechtsschutzes. Gewiss gilt: Wer Grundrechte als Individualrechte schützen will und hierzu ein besonderes, gerichtliches Verfahren schafft, bewirkt dadurch notwendig die Folge einer konkretisierenden und rechtsfortbildenden Funktion des Verfassungsrechts. Die Bedeutung der „Verfassungsbeschwerde als spezifisches Rechtsschutzmittel des objektiven Verfassungsrechts"[39] ist darüber hinaus zumindest geeignet, die Ausgestaltung des Rechtsschutzziels wie auch des Verfahrensrechts zu prägen. Sie ist also nicht bloßes Akzidenz oder Folge des Rechtsschutzzwecks, sondern daneben zugleich ein zusätzliches Element, welches das Verfahren mitkonstituiert und -prägt. Jene objektive Funktion der Verfassungsbeschwerde zeigte sich schon in der Entscheidung für die Schaffung eines eigenständigen BVerfG. Die *organisatorische und personelle Verselbstständigung der Verfassungsgerichtsbarkeit* war im Parlamentarischen Rat umstritten gewesen. In der Diskussion war es insbesondere um die Frage gegangen, ob Rechtsschutz gegen den Staat bei dem damals geplanten Obersten Bundesgericht konzentriert werden oder aber zwischen diesem und dem zu schaffenden Verfassungsgericht geteilt werden sollte[40]. Befürworter und Gegner einte schon damals die Auffassung, dass die Antwort auf jene Frage weitreichende inhaltliche und methodische Konsequenzen mit sich bringen würde. Insbesondere würde die Verfassungsgerichtsbarkeit voraussichtlich in höherem Maße von politischen Aspekten geprägt sein als das Oberste Gericht. Auch sollte das BVerfG – im Gegensatz zum StGH der Weimarer Republik[41] – keine bloße Nebenfunktion der sonstigen Gerichtsbarkeit sein und deshalb auch nicht ausschließlich oder überwiegend mit Richtern anderer Gerichte gleichsam als Nebenfunktion besetzt werden.[42] In diesem Sinne war die Entscheidung für eine eigenständige, institutionell (Art. 92 GG)[43] und personell mehrheitlich von der tradierten Justiz gesonderte Verfassungsgerichtsbarkeit (s. § 4 BVerfGG a. F.; § 2 Abs. 3 BVerfGG n. F.) identisch mit der Vorentscheidung für eine inhaltliche und methodische Verselbstständigung der Verfassungsrechtsprechung. Diese verselbstständigte Verfassungsinterpretation prägte seit der Schaffung des Gerichts auch seine Entscheidungen im neuen Verfassungsbeschwerdeverfahren. Alsbald kam es zu einer Reihe wegweisender Entscheidungen, welche nicht nur der Verfassungsinterpretation neue Wege aufzeigten, sondern zugleich die Bindung der gesamten Staatsgewalt und damit auch der Gerichte an die neue Verfassung einforderte und hierfür zugleich inhaltliche Leitlinien wies. Hier seien nur einige, markante Beispiele angeführt. Dazu zählte etwa die Erstreckung der Nachprüfungskompetenz im Verfassungsbeschwerdeverfahren über die unmittelbare Grundrechtsprüfung hinaus auf sonstigen Verfassungsnormen,[44] die Inanspruchnahme der eigenen Nachprüfungskompetenz auch für Entscheidungen der ordentlichen Gerichte am Maßstab der Grundrechte

---

37 Seit BVerfGE 7, 198, 205.

38 S. z. B. BVerfGE 79, 365, 367; 85, 109, 113; 98, 218, 243.

39 BVerfGE 33, 247, 258 f.; 45, 63, 74; 81, 278, 290.

40 Diskussion in: JöR 1, 669 ff.; s. schon oben 1.

41 Dazu Gusy, Christoph: Die Weimarer Reichsverfassung, Tübingen 1997, S. 209 ff.

42 Das Weimarer Konzept hatte dazu geführt, dass die Methoden des StGH bei aller Einsicht in die Besonderheiten einer Verfassungsrechtsprechung stark an diejenigen der Fachgerichte angenähert blieb. Dazu Gusy, WRV a. a. O., S. 215 f.

43 Zur Entscheidung des GG für die Verselbständigung des BVerfG Stern, in: BK, Art. 93 Rdnr. 2 ff.; zur Richtersoziologie v. Beyme a. a. O., S. 497 ff.

44 BVerfGE 6, 32, 37 ff.

als Elemente eines „objektiven Wertesystems",[45] schließlich aber auch das Beharren auf dem Gestaltungsanspruch und dem Primat des Grundgesetzes gegenüber altem, als politisch alternativlos qualifiziertem Recht und einer auf seinem Boden stehenden Rechtsprechung.[46] Hier und in anderen Fällen prägte die Entscheidung für die Verselbstständigung von Verfassungsgericht und Verfassungsinterpretation zugleich die Verselbstständigung der Funktion auch der neuen Verfassungsbeschwerde.

Die explizite gesetzliche Anerkennung der objektiven Funktion der Verfassungsbeschwerde erfolgte spätestens mit der Einführung des Annahmeverfahrens, als die „Klärung einer verfassungsrechtlichen Frage" als ein selbstständiger Annahmetatbestand neben den erkennbar vom Rechtsschutzgedanken geprägten Zweck der Vermeidung eines „schweren und unabwendbaren Nachteils" trat.[47] Jene Gesetzesfassung lag auch der verfassungsrechtlichen Anerkennung des Annahmeverfahrens durch Art. 94 Abs. 2 S. 2 GG zu Grunde. In der Folgezeit wurde der objektive Verfahrenszweck durch den zwingenden Annahmetatbestand der „grundsätzlichen verfassungsrechtlichen Bedeutung" (§ 93a Abs. 2 Nr. 1 BVerfGG) noch stärker hervorgehoben und präzisiert. Die von Anfang an erkennbar am Gedanken der Entlastung des BVerfG orientierten Bestimmungen lassen den objektiven Zweck nicht mehr bloß als externe Grenze der Verwirklichung des Rechtsschutzzwecks erscheinen. Vielmehr werden sie zugleich als interne, konstituierende Elemente des Verfassungsbeschwerdeverfahrens gedeutet. Sie markieren demnach nicht bloß die Grenzen des Art. 93 Abs. 1 Nr. 4a GG, sondern prägen zugleich dessen Inhalt mit. In diesem Sinne gehen sie teilweise über die Rechtsschutzfunktion hinaus, teilweise sind sie aber auch geeignet, diese einzuschränken. Das gilt zunächst für die Sachentscheidungsvoraussetzungen, welche nicht allein von Rechtsschutzelementen, sondern auch von darüber hinausgehenden objektiv-rechtlichen Anforderungen geprägt sind. Einschränkend wirkt hier das *Annahmeverfahren*,[48] welches gem. § 93 Abs. 2a BVerfGG die Entscheidung über die Verfassungsbeschwerde auch von objektiv-rechtlichen Voraussetzungen abhängig macht.[49] Das Annahmeverfahren kombiniert so subjektiv-rechtliche und objektiv-rechtliche Entscheidungsvoraussetzungen und stellt damit eine verfahrensrechtliche Restriktion des Rechtsschutzzwecks dar. Eine ganz umgekehrte Funktion kommt dem objektiv-rechtlichen Merkmal der „allgemeinen Bedeutung" in § 90 Abs. 2 BVerfGG zu. Es durchbricht die *Subsidiarität der Verfassungsbeschwerde* und erweitert dadurch auf Grund objektiv-rechtlicher Kriterien die Entscheidungskompetenzen des Gerichts. Eine Überlagerung der Rechtsschutzelemente im Verfassungsbeschwerdeverfahren durch objektive Funktionen findet sich auch bei der Rechtsprechung zur Dispositionsbefugnis des Beschwerdeführers[50] und zur Erledigung des Verfahrens.[51] Schließlich werden objektiv-rechtliche Überlagerungen aber auch aus den Regelungen über die Entscheidungstenorierung, namentlich des § 95 Abs. 1 S. 2, Abs. 3 S. 2 BVerfGG. Sie gehen über die Ver-

---

45   BVerfGE 7, 198.
46   BVerfGE 10, 59, 66 ff.
47   § 91a BVerfGG i. d. F. des BundesG v. 21.7.1956, BGBl I 662. Zur Gesetzesgeschichte Graßhoff, in: Maunz / Schmidt-Bleibtreu a. a. O., § 93a Rdnr. 3 ff.
48   Dazu Uerpmann, in: Badura / Dreier a. a. O., S. 673.
49   Diese Anforderung ist durch Art. 94 Abs. 2 S. 2 GG gerechtfertigt; s. Stern, Klaus: Das Staatsrecht der Bundesrepublik Deutschland, Bd. III/2, München 1994, S. 1284; Meyer, in: von Münch, Ingo / Kunig, Philip (Hg.), Grundgesetz-Kommentar, Bd. 2, 5. Aufl., München 2003, Art. 94, Rdnr. 35.
50   Dazu näher BVerfGE 98, 218, 242 f.; Schmidt-Bleibtreu a. a. O., § 90 Rdnr. 93a.
51   Grundlegend Fröhlinger, Margot: Die Erledigung der Verfassungsbeschwerde. Zugleich ein Beitrag zum Verhältnis des Verfassungsprozeßrechts zum sonstigen Prozeßrecht, Baden-Baden 1982, S. 206 ff.

wirklichung des Rechtsschutzzwecks des einzelnen Verfahrens durchaus hinaus.[52] Eine Überlagerung subjektiv-rechtlicher durch objektiv-rechtliche Funktionen findet sich auch in neueren Kammerentscheidungen. Sie gehen bisweilen dazu über, stattgebende Entscheidungen nach § 93c BVerfGG in Fällen eines fehlenden oder zweifelhaften „besonders schweren Nachteils" für den Beschwerdeführer zu vermeiden. Statt dessen finden sich in Begründungen ablehnender Entscheidungen nach § 93b BVerfGG Rechtsausführungen, welche jedenfalls Wiederholungen der angegriffenen Maßnahme möglichst ausschließen sollen.[53] Auf diese Weise wird dem subjektiven Rechtsschutzbegehren des Beschwerdeführers nicht entsprochen, wohl aber darüber hinausgehend dem objektiv-rechtlichen Ziel einer Fortentwicklung und Durchsetzung des Verfassungsrechts Rechnung getragen.

Die viel diskutierte *Frage nach dem Verhältnis der subjektiven und der objektiven Funktion des Verfahrens* zueinander stellt sich demnach nicht primär als Problem von Inhalt und Grenze, sondern vielmehr als Auslegungs- und Abwägungsproblem bei der Beurteilung der Zulässigkeit und der Annahmefähigkeit eines Rechtsschutzantrages. Dabei dominiert die Suche nach Konkordanz der Art. 93 Abs. 1 Nr. 4a GG und 94 Abs. 2 Nr. 2 GG sowie der in ihnen geschützten Rechtsgüter sowie nach Kohärenz der Grundsätze für ihre Zuordnung. Hier sind die verfassungsrechtlichen und die gesetzlichen Maßstäbe durchaus offen. Das BVerfG geht eher pragmatisch vor: So finden sich Fälle, in welchen der Vorrang der objektiven Verfahrenszwecke betont wird.[54] Auf der Grundlage dieser Praxis besteht Einmütigkeit, dass das Gericht auch die Annahme zulässiger und begründeter Verfassungsbeschwerden ablehnen darf.[55] Umgekehrt zeigen zahlreiche Fälle verfassungsgerichtlicher „Pannenhilfe", dass das Gericht auch bei Anträgen ohne grundsätzliche verfassungsrechtliche Bedeutung Abhilfe zu schaffen bereit ist. Hier hat nicht zuletzt die Schaffung des § 93c BVerfGG[56] das Gericht auf pragmatische Weise der Notwendigkeit enthoben, eine grundsätzliche Zuordnung subjektiver und objektiver Verfahrenszwecke zu versuchen.

2.3 Mobilisierung der Bürger für die Durchsetzung des Verfassungsrechts

Neben die beiden genannten tritt zunehmend eine weitere Funktion: *Die Mobilisierung der Bürger für die Durchsetzung des Verfassungsrechts.*[57] Sie war bereits in den Beratungen zur Einführung der Verfassungsbeschwerde jedenfalls thematisiert. Danach sollte dem neuen Institut eine mehrfache Funktion zukommen. Dort sollte sie der „wirksamen Verteidigung" und dem „unverbrüchlichen Schutz" der Grundrechte als „Kernstück einer freiheitlichen Verfassung" dienen. Dadurch war zentral die Rechtsschutzfunktion angesprochen, andere Funktionen aber jedenfalls nicht ausgeschlossen. Darüber hinaus sollte das neue Verfahren aber auch die „aktive Teilnahme des Bürgers" an der Verwirklichung der Demokratie fördern. Dem Einzelnen solle „das Bewusstsein und die Möglichkeit" gegeben werden, als Subjekt und Verteidiger eines der Demokratie wesentlichen Elementes dem Staat gegenübertreten zu können. Als dieses wesentliche Element wurde ausdrücklich die grundrechtlich ge-

---

52 Eingehend hierzu Zuck, Verfassungsbeschwerde a. a. O., Rdnr. 70 f., der ähnliches ebd., Rdnr. 72 ff., auch für § 31 Abs. 2 BVerfGG annimmt.

53 S. etwa BVerfG, NJW 2000, S. 2413, 2414 f.

54 Etwa BVerfGE 98, 218, 242; s. ähnlich BVerfGE 79, 365, 367 ff.; 85, 109, 113.

55 Zum Meinungsstand Zuck, Verfassungsbeschwerde a. a. O., Rdnr. 781.

56 Zur Entstehung Graßhoff a. a. O., § 93c Rdnr. 1 ff.; Clemens / Umbach, in: dies. a. a. O., § 93c Rdnr. 1 ff.

57 Grundlegend zu dieser Funktion Masing, Johannes: Die Mobilisierung des Bürgers für die Durchsetzung des Rechts. Europäische Impulse für eine Revision der Lehre vom subjektiv-öffentlichen Recht, Berlin 1997.

schützte „persönliche Freiheit" bezeichnet.[58] Demnach sollte die Verfassungsbeschwerde auch ein Instrument der Teilnahme der Bürger am Staat darstellen. Darin deutete sich schon damals eine mehrfache Zweckrichtung des neuen Verfahrens an: Zunächst sollte es durchaus traditionell zur Verwirklichung des Individualrechtsschutzes, also subjektiver Rechte von natürlichen und juristischen Personen auf ihren eigenen Antrag hin, bestimmt sein. Neben jenem, gleichsam egoistischen Verfahrenszweck stand von Anfang an aber auch ein weiterer, gleichsam altruistischer Verfahrenszweck: Die Antragsteller sollten daran mitwirken, das Grundgesetz im Staat zu verwirklichen. Schon bei der Schaffung des BVerfG wurde auch der *edukatorische Effekt* einer Stärkung des „Bemühens der Staatsorgane um die Wahrung der Grundrechte" angesprochen.[59] Spätere Deutungen waren geeignet, die Eigenständigkeit der neuen Verfahrensfunktion stärker herauszuarbeiten. Das Grundgesetz ist – etwa in der Formulierung von der „Verfassung als öffentlicher Prozess" – längst nicht mehr bloß eine Angelegenheit des Staates und seines „Staats-Rechts". Vielmehr reicht sie – namentlich mit ihren Grundrechten – in traditionell als Sphäre der „Gesellschaft" beschriebene Bereiche hinein und erscheint so als eine normative Grundordnung des gesamten Gemeinwesens. In diesem Sinne kann sie nur wirksam werden, wenn nicht nur der Staat, sondern auch die Bürger sie mit Leben erfüllen und in die Realität umsetzen.[60] Namentlich Freiheit und Demokratie können nur existieren, wenn sie von den Berechtigten gelebt werden. Die normative Verankerung einer freiheitlichen Demokratie in einer Verfassung ist so überaus voraussetzungsvoll. Eine solche Ordnung lebt von Leistungen, welche vom Verfassungsrecht vorausgesetzt, aber in ihr selbst nicht zum Thema gemacht werden. Nur wenn die Bürger freiwillig jene Handlungen vornehmen, welche erforderlich sind, einen freien, offenen, kommunikativen, organisierten demokratischen Prozess hervorzubringen, kann eine staatliche Ordnung funktionieren, welche das Grundgesetz organisieren und garantieren soll.[61]

In diesem Prozess kommt der Verfassungsbeschwerde eine wichtige Rolle zu: Sie öffnet das demokratische Verfahren der Teilhabe der Bürger am Verfassungsleben in verfahrensrechtlicher Hinsicht. Bei dem höchsten Gericht zur Wahrung und Durchsetzung des Grundgesetzes, dem BVerfG, sollen die obersten Staatsorgane nicht als Verfahrensbeteiligte unter sich bleiben.[62] Vielmehr sollen hier auch die Grundrechtsträger – ohne Rücksicht auf ihre Rolle als „Bürger" oder als Träger von Menschenrechten – Zugang zum Prozess justizieller Verfassungsverwirklichung erhalten. Die hier genannte Funktion der Verfassungsbeschwerde ist geeignet, rechtsstaatliche und demokratische Gedanken miteinander zu verbinden. Die Berufung auf eigene Grundrechte ist nach wie vor notwendige Zugangsvoraussetzung zum verfassungsgerichtlichen Verfahren mit den geschilderten subjektiven und objektiven Funktionen. Doch längst beschränkt sich das so eröffnete Verfahren keineswegs ausschließlich auf Durchsetzung und Schutz jener Rechte. Vielmehr geht es darüber weit hinaus. Schon ganz prinzipiell öffnet die Verfassungsbeschwerde verfahrensrechtlich den Bürgern einen

---

58   Zitate nach Geiger: BVerfGG a. a. O., S. 273, 274.

59   Dazu Geiger: BVerfGG a. a. O., S. 273, 274. In den Erörterungen wurde die besondere Bedeutung des Verfassungsrechts ebenso hervorgehoben wie die Wirkung verfassungsgerichtlicher Entscheidungen über den Einzelfall hinaus.

60   Grundlegend etwa Häberle, Peter: Die offene Gesellschaft der Verfassungsinterpreten. Ein Beitrag zur pluralistischen und „prozessualen" Verfassungsinterpretation, in: JZ 1975, S. 297-305; ders.: in: ZfP 1969, S. 273; ders., in: Häberle, Peter (Hg.), Verfassung als offener Prozeß, 3. Aufl., Berlin 1998, S. 121.

61   Näher hierzu Müller, Friedrich: Wer ist das Volk? Die Grundfrage der Demokratie – Elemente einer Verfassungstheorie, Berlin 1997.

62   S. etwa Voßkuhle a. a. O., Art. 93 Rdnr. 164; vergleichend Häberle, Peter: Die Verfassungsbeschwerde im System der bundesdeutschen Verfassungsgerichtsbarkeit, in: JöR 1997, S. 91, 107 ff.

Weg zur Initiierung der institutionell und damit auch inhaltlich verselbstständigten Verfassungsinterpretation durch das BVerfG. Ein Anknüpfungspunkt hierfür ist die Nachprüfung der Rechtmäßigkeit von Grundrechtseingriffen. Da hier nicht nur die Grundrechte, sondern auch objektiv-rechtliche Verfassungsnormen wie etwa Kompetenz- oder Verfahrensregeln als Prüfungsmaßstab herangezogen werden können,[63] reicht so die Nachprüfungskompetenz im Verfahren über die Durchsetzung der Beachtung subjektiver Individualrechte weit hinaus. Dieser bisweilen kritisierte Effekt[64] muss nicht notwendig als Ausuferung des Individualrechtsschutzes qualifiziert werden, sondern kann auch als eine Grundlage der hier beschriebenen zusätzlichen Funktion der Verfassungsbeschwerde angesehen werden. Ähnliches gilt, wenn das BVerfG auf dem Umweg über die Nachprüfung zivilgerichtlicher Urteile und die „Wertordnung des GG" die Grundrechte nicht nur als Grundregeln des Staat-Bürger-Verhältnisses, sondern jedenfalls auch als Organisationsnormen der Gesellschaft qualifiziert, welche die Voraussetzungen freien – genauer: staatsfreien – sozialen und politischen Handelns im Gemeinwesen mitbestimmen.[65] Auch hier geht verfassungsgerichtliche Grundrechtsverwirklichung über den Schutz subjektiver Individualrechte gegen staatliche Eingriffe weit hinaus. Das gilt letztlich aber auch dort, wo die Grundrechte zugleich als Verfahrensregeln für staatliches Handeln gedeutet werden, welche den Input politischer Willensbildung vom Volk zum Staat garantieren.[66]

Die insgesamt noch wenig ausgelotete Mobilisierungsfunktion der Verfassungsbeschwerde zeigt: Das tradierte Bild eines Gegeneinander von demokratischer Mehrheitsentscheidung und justiziellem Minderheitenschutz löst sich allmählich auf. Beide Verfahren stehen eher in einem Komplementärverhältnis. Ebenso wie Petitionen[67] können Verfassungsbeschwerden zu einem Instrument der Partizipation der Menschen am politischen Leben werden. Ihre Informationsfunktion, ihre Indikatorwirkung für Akzeptanzdefizite und ihre Initiativwirkung für partiell weitreichende Gestaltungsaufträge namentlich an den Gesetzgeber sind weitere Ausprägungen dieser eigenständigen Funktion.[68]

3 Die Zukunft der Verfassungsbeschwerde

Die Zukunft der Verfassungsbeschwerde ist ungewiss: Nicht selten ertönt die Forderung nach ihrer Abschaffung. Die Diskussion bezieht allerdings zumeist nur einzelne Aspekte ein. Sie darf sich jedenfalls nicht einseitig auf die Frage beschränken, ob Fachgerichte oder supranationale Menschenrechtsinstanzen wie etwa der Europäische Gerichtshof für Menschen-

---

63 Seit BVerfGE 6, 32, 37 ff.

64 Prominente Kritik bei Hesse, Konrad: Grundzüge des Verfassungsrechts der Bundesrepublik Deutschland, 20. Aufl., Heidelberg 1995, Rdnr. 427.

65 S. etwa 7, 198, 204 ff.; 25, 256, 263 ff.; 35, 2102, 2119; 42, 163, 168; 61, 1, 6, 11 ff.; 73, 261, 268 f.; 84, 192, 195; 98, 365, 395.

66 So schon früh BVerfGE 4, 27, 30.

67 Dazu Graf Vitzthum, Wolfgang: Petitionsrecht und Volksvertretung. Zu Inhalt und Schranken des parlamentarischen Petitionsbehandlungsrechts, Rheinbreitbach 1985, S. 45 ff.; Rühl, Ulli F. H.: Der Umfang der Begründungspflicht von Petitionsbescheiden, in: DVBl 1993, S. 14, 16 ff.; Masing a. a. O., S. 166 ff.

68 Weitere verwaltungsprozessrechtliche Erwägungen bei Wegener, Bernhard W.: Rechtsschutz für gesetzlich geschützte Gemeinwohlbelange als Forderung des Demokratieprinzips?, in: Demokratie und Freiheit 1999, S. 19 ff., 38 f.

rechte[69] dem Bürger nicht bereits hinreichenden Rechtsschutz gewähren. Und sie darf sich auch nicht allein darauf beziehen, ob nicht auch andere Verfahrensarten beim BVerfG für die Fortentwicklung der Verfassungsrechts ausreichend seien. Zu berücksichtigen ist vielmehr auch die Mobilisierungsdiskussion: Soll das Verfassungsgericht ausschließlich eine Instanz sein, welche in der Tradition älterer Staatsgerichtshöfe allein Staatsorganen und Körperschaften des öffentlichen Rechts offen steht? Und soll das Grundgesetz ausschließlich auf Initiative derart exklusiver Zirkel ausgebaut und konkretisiert werden? Wer das nicht will, muss für die grundsätzliche Beibehaltung des Verfassungsbeschwerdeverfahrens eintreten.

---

69 Näher Grewe, Constance / Gusy, Christoph (Hg.): Menschenrechte in der Bewährung. Die Rezeption der Europäischen Menschenrechtskonvention in Frankreich und Deutschland im Vergleich, Baden-Baden 2005.

Klaus Stüwe

Bundesverfassungsgericht und Opposition

1 Einleitung

„Es gibt nicht nur eine Diktatur des Einzelnen, es kann auch eine Diktatur der parlamentarischen Mehrheit geben, und davor wollen wir einen Schutz haben in der Form des Staatsgerichtshofs."[1] Als sich Konrad Adenauer im Jahr 1948 bei den Vorberatungen über eine künftige westdeutsche Verfassung für die Schaffung einer starken Verfassungsgerichtsbarkeit aussprach, ahnte er nicht, dass das Bundesverfassungsgericht (BVerfG) schon wenige Jahre später der mächtigste institutionelle Vetospieler[2] gegenüber einer von ihm geführten Bundesregierung werden würde – ein Vetospieler, der die Machtverteilung zwischen der Regierung und ihrem parlamentarischen Widersacher, der Opposition, nachhaltig verändern sollte. Zwar hat sich das BVerfG vor allem als Instrument des Grundrechtsschutzes und als Garant der verfassungsrechtlichen Ordnung bewährt. Daneben erlangte das Gericht aber vom Beginn seiner Tätigkeit an auch Bedeutung als Mittel im politischen Kampf[3]. Insbesondere die Opposition versucht immer wieder, mit Hilfe des BVerfG ihre aus der Minderheitsposition resultierende Schwäche zu überwinden. Da ihr das Verfassungsprozessrecht eine Reihe von Zugangsmöglichkeiten zum Karlsruher Gericht eröffnet, ist die Opposition in die Lage versetzt, das verfassungsgerichtliche Verfahren als Kontrollinstrument gegen die Regierung und die sie tragende Bundestagsmehrheit einzusetzen.

So sah sich die Regierung Adenauer schon wenige Tage nach der Eröffnung des Gerichts mit einer Reihe von Verfassungsklagen konfrontiert, mittels derer die damalige SPD-Opposition versuchte, parlamentarische Niederlagen nachträglich noch in verfassungsgerichtliche Siege umzuwandeln. In einigen Fällen war die Opposition dabei sogar erfolgreich, was Konrad Adenauer zu dem Stoßseufzer veranlasst haben soll: "Dat ham wir uns so nich vorjestellt"[4].

Den nachfolgenden Bundesregierungen erging es nicht anders. Mit Ausnahme der Regierung der ersten Großen Koalition (1966-1969) wurde bisher noch jede Bundesregierung bei großen politischen Kontroversen von der Opposition vor die Schranken des Karlsruher Gerichts gebracht. Ähnlich wie der Bundesrat entwickelte sich das BVerfG zu einem Vetospieler, dessen Funktionalisierung zur Strategie jeder im politischen Prozess unterlegenen Oppositionspartei gehört. Der „Gang nach Karlsruhe"[5] ist zu einem üblichen Mittel der Opposition in der Auseinandersetzung mit der Regierung geworden. Die *ex post*-Kontrolle via BVerfG ist für die Opposition besonders dann attraktiv, wenn sie – z. B. in der Gesetzge-

1   Zonenbeirat (Hg.): Der Zonenbeirat zur Verfassungspolitik. Hamburg 1948 (als Manuskript gedruckt), S. 35.
2   Tsebelis, George: Veto Players. How Political Institutions Work. Princeton, N. J. 2002.
3   Vgl. Stüwe, Klaus: Recht und Politik beim Bundesverfassungsgericht, in: Breit, Gotthart (Hg.), Recht und Politik. Schwalbach / Ts. 2005, S. 41 ff.
4   Zitiert bei Geiger, Willi: Verfassungsentwicklung und Verfassungsgerichtsbarkeit. Düsseldorf 1965, S. 19.
5   Vgl. Wesel, Uwe: Der Gang nach Karlsruhe. Das Bundesverfassungsgericht in der Geschichte der Bundesrepublik. München 2004.

bung – *ex ante* keinen Einfluss gegenüber der Regierung bzw. der parlamentarischen Mehrheit gehabt hatte. Mit anderen Worten: Die verfassungsgerichtliche Option wird vor allem dann relevant, wenn die Opposition auch im Bundesrat keine Mehrheit besitzt und deshalb nach anderen Kontrollmöglichkeiten suchen muss. Der Begriff Opposition ist hier allerdings in einem weiteren Sinn zu verstehen. Als Antragsteller solcher Verfahren traten bisher nicht nur die Minderheitsfraktionen des Bundestags auf, sondern auch einzelne Abgeordnete, oppositionelle Parteien sowie „oppositionelle" Landesregierungen.

Vom BVerfG selbst wurde seine Funktionalisierung durch die Opposition bereits 1953 im Urteil zum EVG-Vertrag ausdrücklich anerkannt: „Das parlamentarische System beruht auf dem Kampf der freien Meinungen, die sowohl über die politische als auch über die rechtliche Seite vorgetragen werden können"[6]. Mehr noch: Nach der Rechtsprechung des BVerfG ist es nicht nur das Recht der Opposition, außer ihren politischen auch ihre verfassungsrechtlichen Bedenken geltend zu machen, „sondern im parlamentarisch-demokratischen Staat geradezu ihre Pflicht". Dabei ging das Gericht eindeutig davon aus, dass „die zwischen Regierungskoalition und Opposition streitigen Verfassungsfragen vor dem Bundesverfassungsgericht ausgetragen werden können". Es dreht sich also nur noch um die Frage „wann und in welcher Verfahrensart."[7]. Dies soll im zweiten Abschnitt dieses Beitrags geklärt werden. Der dritte Abschnitt soll deutlich machen, dass die Existenz einer starken Verfassungsgerichtsbarkeit auch Vorwirkungen entfaltet, die in erster Linie der Opposition zugute kommen, bevor abschließend nach Chancen und Grenzen einer Funktionalisierung des BVerfG durch die Opposition gefragt wird.

2 Antragsmöglichkeiten der Opposition

Ohne Zweifel ist das BVerfG eines der mächtigsten Gerichte der Welt[8]. Allerdings darf es als Gericht nur auf Antrag tätig werden. Wer soll das verfassungsgerichtliche Verfahren in Gang setzen können? Die Träger politischer Macht – die Regierung und die Parlamentsmehrheit – sind normalerweise nicht an verfassungsgerichtlicher Kontrolle interessiert. Wer regiert, will nicht kontrollieren, sondern gestalten. Anders verhält es sich mit der Opposition, die von der politischen Macht ausgeschlossen ist. Sie will kontrollieren, sie muss die Regierung kontrollieren, wenn sie ihr ultimatives Ziel, den Machtwechsel, erreichen will. So liegt das politische Interesse, auch die verfassungsrechtlichen Grenzen der regierenden Mehrheit zu kontrollieren, vornehmlich bei der Opposition. Von daher ist es für die Wirksamkeit verfassungsgerichtlicher Kontrolle von entscheidender Bedeutung, dass nicht nur der Regierung, sondern auch der Opposition Antragswege im Verfassungsprozessrecht offen stehen.

Aus guten Gründen ermöglicht deshalb die Ordnung des Grundgesetzes der Opposition eine Reihe von Antragschancen beim BVerfG. Da die Opposition als solche im Verfassungsrecht der Bundesrepublik nicht institutionalisiert ist, sieht das Verfassungsprozessrecht zwar kein Antragsrecht „der Opposition" vor dem Verfassungsgericht vor, dennoch können oppositionelle Antragsteller eine Reihe von Antragsmöglichkeiten nutzen.

---

6   BVerfGE 2, 143 (172).
7   BVerfGE 2, 178.
8   Vgl. Kommers, Donald: The Federal Constitutional Court in the German Political System, in: Comparative Politial Studies 26 (1994), S. 470.

2.1 Organstreit

Eine erste Möglichkeit sind Anträge im Organstreitverfahren nach Art. 94 Abs. 1 Nr. 1 GG. Das BVerfG entscheidet hier über die Auslegung des Grundgesetzes „aus Anlass von Streitigkeiten über den Umfang der Rechte und Pflichten eines obersten Bundesorgans oder anderer Beteiligter, die durch dieses Grundgesetz oder in der Geschäftsordnung eines obersten Bundesorgans mit eigenen Rechten ausgestattet sind". Zu den Antragsberechtigten gehören die obersten Bundesorgane sowie Teile dieser Organe, wie z. B. Ausschüsse des Bundestags, einzelne Abgeordnete, Fraktionen und Gruppen des Bundestags. Nach ständiger Rechtsprechung[9] des BVerfG sind darüber hinaus auch politische Parteien antragsberechtigt. Diese stellen „andere Beteiligte" im Sinne des Art. 93 Abs. 1 Nr. 1 GG dar, allerdings nur „wenn und soweit sie um Rechte kämpfen, die sich aus ihrem besonderen verfassungsrechtlichen Status ergeben"[10].

An sich sind Organstreitigkeiten in zahlreichen Kombinationen von Beteiligten möglich[11]. In der politischen Praxis hat sich jedoch gezeigt, dass das Organstreitverfahren nicht von den Inhabern staatlicher Macht zur Verteidigung ihrer Kompetenzen genutzt wird, sondern primär von denjenigen Beteiligten, die von der Macht ausgeschlossen sind. Das Organstreitverfahren erlangt deshalb vor allem Bedeutung, wenn Fragen der Chancengleichheit der Parteien und des Minderheitenschutzes berührt sind oder wenn die politischen Mitwirkungschancen vor allem auch der parlamentarischen Opposition beeinträchtigt scheinen. Letzteres hat das BVerfG selbst in mehreren Entscheidungen anerkannt, indem es den Organstreit als „Schutz der Parlamentsminderheit"[12] bezeichnete, der „dem parlamentarischen Gegenspieler der Regierungsmehrheit den Rechtsweg zum Bundesverfassungsgericht eröffne (...)"[13].

Die Verfahrensstatistik des BVerfG zeigt, dass fast alle Organstreitverfahren von oppositionellen Antragstellern initiiert werden: Von den 72 zwischen 1951 und 2005 dokumentierten Organklagen[14] waren 55 (76 %) von Antragstellern eingereicht worden, die sich in irgendeiner Form im politischen Gegensatz zur jeweiligen Regierungskoalition befanden. Dazu gehörten vor allem Antragsteller, die den Parteien der parlamentarischen Minderheit angehörten (34 Anträge), aber auch oppositionelle Parteien, die im Bundestag nicht vertreten waren (19). Lediglich 7 der bisher entschiedenen Organklagen wurden von Antragstellern eingereicht, die parteipolitisch in der Nähe der Regierungskoalition standen[15], ein Verfahren wurde vom Bundesrat initiiert[16]. Angesichts dieses Befundes ist die These, das Organstreitverfahren sei ein „ausgesprochen oppositionelles Instrument"[17] durchaus berechtigt.

Drei Typen oppositioneller Organklagen sind zu unterscheiden. Der *erste Typ* sind Organklagen einzelner Abgeordneter des Deutschen Bundestags. Die meisten solcher Anträge richteten sich gegen Maßnahmen, durch welche die Antragsteller ihre Rechte als Abgeordne-

---

9   BVerfGE 44, 125 (136 f.); 60, 53 (61 ff.); 73, 1 (27 ff.); 73, 40 (65 ff.); 74, 44 (48 ff.).

10   BVerfGE 44, 125 (137).

11   Aufstellung bei Maunz-Dürig-Herzog-Scholz: Grundgesetz. Kommentar, Art. 93, Rdnr. 11.

12   BVerfGE 68, 1 (77); vgl. auch BVerfGE 45, 1 (29), zuletzt BVerfGE 90, 286 (344).

13   BVerfGE 90, 286 (344).

14   Gezählt wurden die in der Entscheidungssammlung des BVerfG bis einschließlich Bd. 110 (2005) als erledigt aufgeführten Verfahrenseingänge.

15   Dabei handelte es sich um folgende Eingänge: 2 BvE 4 / 52 (EVG-Vertrag); 2 BvE 1 / 53 (Rechte des Bundesrats); 2 BvE 1,2,3,4 / 83 (Auflösung des Bundestags); 2 BvE 2 / 90 (Einigungsvertrag); 2 BvE 5 / 93 (AWACS-Einsatz).

16   2 BvE 2 / 66 (Ansprüche nach dem Haager Abkommen).

17   So Stern, Klaus: Art. 93, Rdnr. 76, in: Abraham, Hans Jürgen u. a. (Hg.), Kommentar zum Bonner Grundgesetz. Heidelberg 1990.

te verletzt oder gefährdet sehen konnten: es ging z. B. um die Beschränkung des Rederechts der Abgeordneten (BVerfGE 10, 4), um die Beteiligungsrechte fraktionsloser Abgeordneter (BVerfGE 80, 188; 87, 207) oder um die Überprüfung von Abgeordneten auf eine Tätigkeit für den Staatssicherheitsdienst der DDR (BVerfGE 94, 351).

Der *zweite Typ* oppositioneller Organklagen erfolgt über das Klagerecht der Fraktionen und Gruppen. Diese sind zum einen befugt, im eigenen Namen Rechte, die dem Bundestag als Ganzem gegenüber einem Antragsgegner zustehen können, geltend zu machen. Sie handeln insofern in Prozessstandschaft[18] für das Gesamtparlament. Dazu gehörten z. B. 1951 die Klage der SPD-Fraktion zum Abschluss des Petersberger Abkommens ohne Gesetz[19], der CDU/CSU-Fraktion zur Notkompetenz des Bundesfinanzministers[20] (1974), der Grünen-Fraktion zur Aufstellung der Pershing-II-Raketen ohne Gesetz[21] (1983), der Fraktionen von SPD und FDP zum AWACS- und Somalia-Einsatz der Bundeswehr (1992/93)[22] oder der PDS wegen der Zustimmung der Bundesregierung zum neuen strategischen Konzept der NATO[23] (1999).

Zum anderen sind die Fraktionen und Gruppen aber auch Träger eigener Rechte, die ihnen vom Grundgesetz und der Geschäftsordnung des Bundestags eingeräumt sind. Zur Geltendmachung dieser Rechte steht ihnen ebenfalls die Organklage offen. So klagte z. B. 1951 die SPD-Fraktion wegen des von der Regierungsmehrheit beschlossenen § 96 GOBT[24], 1984 stritt die Grünen-Fraktion um ihre Mitwirkung an der Beratung des Etats der Nachrichtendienste[25], 1991 machte die Gruppe PDS/LL ihr Recht auf eine geschäftsordnungsgemäße Ausstattung geltend[26] und 2002 klagte die CDU/CSU-Bundestagsfraktion wegen der Zusammensetzung des Vermittlungsausschusses[27].

Der *dritte Typ* oppositioneller Verfahrensinitiativen im Organstreit entfällt auf die politischen Parteien. Der Rechtsschutz durch das Organstreitverfahren erstreckt sich allerdings nur auf die vorparlamentarische Phase, in der die Parteien durch den Wahlkampf und die Listenaufstellung bei der politischen Willensbildung mitwirken. „Typische" Organklagen politischer Parteien richten sich deswegen meistens gegen Sperrklauseln und Unterschriftenquoren. Die meisten Verfahren wurden dabei von Parteien beantragt, die zum Zeitpunkt des Antrags nicht im Bundestag vertreten waren, sondern sich entweder auf Landesparlamente beschränkten oder lediglich kleinere Splitterparteien darstellten. Aber auch Parteien der Bundestagsopposition traten als Antragsteller auf: Im Jahr 1976 klagte erstmals die CDU gegen einen „Eingriff der Bundesregierung in den Bundestagswahlkampf"[28]. Die Grünen nutzten in den 1980er Jahren das Antragsrecht politischer Parteien, um in mehreren Anträgen die gesetzlichen Regelungen zur Parteienfinanzierung[29] anzugreifen. Im Jahr 1990 klagten sie auf

---

18 Vgl. BVerfGE 2, 143 (160); 45, 1 (28 f.); 76, 100 (125); 68, 1 (65); 70, 324 (351); 90, 286 (343 f.). Wie das BVerfG in seiner Entscheidung BVerfGE 84, 304 klargestellt hat, sind Gruppen strukturell den Fraktionen ähnlich, so dass die folgenden Ausführungen zu den Fraktionen auch für die Gruppen gelten.
19 2 BvE 3 / 51 – BVerfGE 1, 351.
20 2 BvE 1 / 74 – BVerfGE 45, 1.
21 2 BvE 13 / 83 – BVerfGE 68, 1.
22 2 BvE 3 / 92, 5.7.8 / 93 – BVerfGE 90, 286.
23 2 BvE 6 / 99 – BVerfGE 104, 151.
24 BVerfGE 1, 144 – Behandlung der Finanzvorlagen.
25 BVerfGE 70, 324.
26 BVerfGE 84, 304.
27 BVerfGE 106, 253.
28 2 BvE 1 / 76 – BVerfGE 44, 125.
29 2 BvE 5 / 83 – BVerfGE 73, 1; 2 BvE 2 / 84 – BVerfGE 73, 40; 2 BvE 2 / 89 – BVerfGE 85, 264; eine Organklage von B90 / GR (2 BvE 4 / 94) wurde von den Antragstellern zurückgenommen.

dem gleichen Wege gegen die 5 %-Sperrklausel zur ersten gesamtdeutschen Bundestags-wahl[30]. Die PDS versuchte im Jahr 1991, die Unterstellung ihres Vermögens unter die Verwaltung der Treuhandanstalt zu verhindern[31].

2.2 Abstrakte Normenkontrolle

Im Gegensatz zum Organklageverfahren handelt es sich bei der abstrakten Normenkontrolle eigentlich nicht um ein kontradiktorisches Verfahren. Bei der abstrakten Normenkontrolle geht es um die Gültigkeit einer Norm, um die „Klärung der verfassungsrechtlichen Lage"[32]. In Gang gesetzt werden kann das Verfahren von den in Art. 93 Abs. 1 Nr. 2 GG genannten Antragsberechtigten, wenn diese „Meinungsverschiedenheiten oder Zweifel" über die Verfassungsmäßigkeit einer Norm geltend machen. Die angezweifelte Norm muss rechtlich existent sein, was eine präventive Normenkontrolle – „an der jede Opposition in erster Linie interessiert sei dürfte"[33] – ausschließt[34].

Als bloßes objektives Verfahren, das nicht das subjektive Rechtsschutzinteresse des Antragstellers, sondern nur die Norm als solche bzw. deren Vereinbarkeit mit dem Grundgesetz zum Gegenstand hat, kennt das Verfahren formal keine Prozessparteien und keinen Antragsgegner. In der Verfassungspraxis aber erweisen sich viele Verhandlungen in abstrakten Normenkontrollverfahren trotzdem als höchst streitig und kontrovers. Insbesondere die mündlichen Verhandlungen lassen genügend Raum, den Verfassungskonflikt gewissermaßen in den Rollen von Antragsteller und Antragsgegner auszutragen. Und nicht anders als bei den Organklagen werden die Urteile mitunter als Sieg oder Niederlage des einen oder anderen politischen Lagers gehandelt.

Diese auch in der Öffentlichkeit gängige Interpretation der abstrakten Normenkontrolle als verfassungsgerichtliches Streitverfahren folgt aus der Konzeption des Verfahrens. Die Befugnis des BVerfG, über die Geltung von Normen zu entscheiden, ist nämlich nicht nur von Bedeutung für die Sicherung der verfassungsmäßigen Rechtsordnung. Sie ist unbestreitbar auch von höchst politischem Gewicht, geht es doch um die Frage, ob eine im Gesetzgebungsverfahren getroffene Entscheidung vor dem Grundgesetz Bestand hat. Da das Parlament seine Gesetzgebungstätigkeit auf der Grundlage von Mehrheitsbeschlüssen ausübt, können die vom Grundgesetz zugelassenen Antragsteller parlamentarischen Mehrheitsentscheidungen entgegentreten. Die abstrakte Normenkontrolle bewirkt insofern eine erhebliche Beeinträchtigung des demokratischen Mehrheitsprinzips[35]. Diese Tatsache hat bekanntlich von jeher Kritik bei den Gegnern der Verfassungsgerichtsbarkeit hervorgerufen.

Daraus ergibt sich auch, dass de facto nicht das Parlament als Ganzes Adressat des Verfahrens ist, sondern – als die eigentlichen Entscheidungsträger im Gesetzgebungsverfahren – die Regierungsmehrheit bzw. die Regierung. Diese werden nicht an einer verfassungsgerichtlichen Kontrolle ihrer Entscheidungen interessiert sein – die Regierung wird wohl kaum

---

30   2 BvE 3 / 90 – BVerfGE 82, 322.

31   2 BvE 3 / 91 – BVerfGE 84, 290.

32   BVerfGE 1, 396 (413).

33   Schneider, Hans-Peter: Die parlamentarische Opposition im Verfassungsrecht der Bundesrepublik Deutschland. Frankfurt 1974, S. 221 f.

34   Vgl. schon BVerfGE 1, 396 (405 ff.).

35   Genau dagegen wenden sich die Gegner der Normenkontrolle mit der Begründung, sie beschneide die Souveränität des Parlaments und usurpiere die gesetzgeberische Gewalt. Vgl. statt anderer z. B. Schmitt, Carl: Der Hüter der Verfassung. Berlin 1931.

die Überprüfung eines von „ihrer" parlamentarischen Mehrheit beschlossenen Gesetzes anstoßen, und sie wird sich auf der anderen Seite gegen dementsprechende Versuche anderer Antragsteller wehren. Regierung und Regierungsmehrheit sind also gewissermaßen natürliche Antragsgegner im Normenkontrollverfahren.

Dies macht die Frage nach der Antragsberechtigung zu einem wichtigen Thema, erhält der potentielle Antragsteller dadurch doch die Chance, legislative Aktivitäten der Parlamentsmehrheit verfassungsgerichtlich kontrollieren und möglicherweise sogar rückgängig machen zu lassen. Der Umkehrschluss der Feststellung, dass die Regierung und Regierungsmehrheit „natürliche Antragsgegner" darstellen, führt zu der These, dass die abstrakte Normenkontrolle von ihrer Konzeption her ein ausgesprochen oppositionelles Instrument sein muss[36].

Die Auswertung der amtlichen Entscheidungssammlung des Karlsruher Gerichts bestätigt diese These. Geht man von der parteipolitischen Bindung der Antragsteller aus, dann wurde bis 2005 eine deutliche Mehrzahl – 78 von 119 – der in der Entscheidungssammlung des BVerfG dokumentierten Anträge zur abstrakten Normenkontrolle von oppositionellen Antragstellern eingereicht. In einigen Fällen waren die Antragsteller zwar parteipolitisch identisch oder teilidentisch mit den Bundesregierungsparteien. Diese Verfahren betrafen jedoch überwiegend Landesrecht, vorkonstitutionelles Recht und Satzungen, richteten sich also meistens nicht gegen Bundesgesetze.

Dieser Befund führt zu der Frage, auf welchem Wege die Opposition die abstrakte Normenkontrolle in Gang setzen kann. Im Gegensatz zum Organstreit ist der Kreis der potentiellen Antragsteller bei der abstrakten Normenkontrolle genau festgeschrieben und limitiert: Es gibt nur bestimmte, abschließend aufgezählte[37], Antragsbefugte. Antragsberechtigt sind nach Art. 93 Abs. 1 Nr. 2 GG nur die Bundesregierung, eine Landesregierung oder ein Drittel der gesetzlichen Mitgliederzahl des Bundestags. Der Kreis der Antragsbefugten ist nicht – wie bei der Organklage – im Wege der Interpretation erweiterungsfähig.

Einem potentiellen oppositionellen Antragsteller stehen zwei Wege offen, die abstrakte Normenkontrolle anzustoßen: auf der parlamentarischen Ebene als ein Drittel der Mitglieder des Bundestags oder auf der föderativen Ebene als „oppositionelle" Landesregierung. Statistisch betrachtet, fällt die erste Möglichkeit kaum ins Gewicht. Lediglich 20 Anträge in der abstrakten Normenkontrolle wurden bis 2005 aus der Mitte des Bundestags eingereicht, und selbst davon waren nur zwölf Anträge der parlamentarischen Opposition. Die übrigen gingen von Mehrheitsfraktionen aus und richteten sich gegen Landesgesetze[38] sowie gegen ein ohne Fraktionszwang verabschiedetes Gesetz[39]; ein Antrag wurde von allen Fraktionen gemeinsam eingereicht[40]. Die parlamentarische Opposition ist demnach gerade einmal in 9 % aller Anträge als Antragstellerin in der abstrakten Normenkontrolle aufgetreten. Aus diesem quantitativen Befund zu folgern, Normenkontrollanträge aus den Reihen der parlamentarischen Opposition hätten in der Geschichte der Bundesrepublik nur wenig Bedeutung gehabt, wäre jedoch verfehlt. Viele aufgrund solcher Anträge ergangene Entscheidungen – erinnert sei hier nur an die Urteile zum Saarstatut[41], zur Neuregelung des Paragraphen 218[42] und zur

---

36 Vgl. Stüwe, Klaus: Die Opposition im Bundestag und das Bundesverfassungsgericht. Baden-Baden 1997, S. 77 ff.

37 BVerfGE 21, 52 (53).

38 2 BvF 2 / 89 – BVerfGE 83, 37; 2 BvF 3 / 89 – BVerfGE 83, 60; 1 BvF 1 / 85, 1 / 88 – BVerfGE 83, 238; 1 BvF 1 / 96 – BVerfGE 104, 305.

39 2 BvF 5 / 92 – BVerfGE 88, 205 (Neuregelung des § 218).

40 1 BvF 1 / 61 – BVerfGE 20, 150 (Sammlungsgesetz von 1934).

41 BVerfGE 4, 157.

Wehrpflichtnovelle[43] – führten zu wichtigen, für den Ausbau der Verfassungsordnung maßgeblichen, Entscheidungen.

Mit Ausnahme zweier Anträge, bei denen Landesgesetze betroffen waren, richteten sich alle Oppositionsanträge gegen Bundesgesetze, bei deren Verabschiedung die jeweilige Opposition im Bundestag eine parlamentarische Niederlage erlitten hatte[44]. Und bei fast allen Verfahren ging es um Themen, die für die antragstellende Oppositionspartei von beträchtlichem Symbolwert waren, weil sie die Grundorientierung ihrer Partei in bestimmten Politikbereichen betrafen – z. B. in der Außenpolitik, bei der Abtreibungsfrage und bei der Regelung der Kriegsdienstverweigerung. Die Vermutung, dass der Ursprung solcher abstrakter Normenkontrollanträge vor allem politisch motiviert sei[45], ist deshalb nicht ohne weiteres von der Hand zu weisen. Angesichts der geringen Zahl oppositioneller Verfahrensinitiativen kann indessen auch von einem ständigen Missbrauch nicht die Rede sein[46].

Dass die Zuerkennung eines Antragsrechts für eine qualifizierte Minderheit des Bundestags die Kontrollmöglichkeiten der parlamentarischen Opposition gegenüber der Regierung erweitert, ist offensichtlich. Zugleich aber hat die Festlegung der Antragsbefugnis auf ein Drittel der Mitglieder des Bundestags auch eine einschränkende Wirkung: Parlamentarischen Minderheiten von geringerer Zahl ist ein Normenkontrollantrag verwehrt. So war z. B. während der Großen Koalition 1966-1969 die FDP-Opposition mit nur 50 Abgeordneten weit davon entfernt, die für die Antragsbefugnis erforderliche Zahl von Abgeordneten (172) hinter sich zu vereinigen. Auch in der 16. Legislaturperiode des Deutschen Bundestags (seit 2005) bringen die Oppositionsfraktionen von FDP, Bündnis90/Die Grünen und Die Linke mit zusammen 166 Sitzen nicht das erforderliche Quorum von 205 Abgeordnetenmandaten auf[47].

In Zeiten einer Großen Koalition versagt somit die abstrakte Normenkontrolle als Kontrollinstrument der Opposition. Das Antragsrecht von Landesregierungen ändert daran nichts, denn angesichts der parteipolitischen Mehrheitsverhältnisse in den Bundesländern kann selbst dann, wenn eine Oppositionspartei des Bundes in einer Landesregierung den Juniorpartner einer Koalition bildet (wie die FDP in Rheinland-Pfalz oder die Linkspartei/PDS in Mecklenburg-Vorpommern), nicht ernsthaft von einem politischen Kontrollinteresse dieser Landesregierung die Rede sein.

Der bei weitem größte Anteil an Verfahrensinitiativen in der abstrakten Normenkontrolle entfällt in der Tat auf „oppositionelle" Landesregierungen. Bis auf wenige Ausnahmen richteten sich die meisten dieser Anträge gegen von der jeweiligen Bundestagsmehrheit beschlossene Bundesgesetze. Dabei ging es in einer Reihe von Verfahren eigentlich um föderative Interessen. Dazu gehören z. B. der Antrag zweier Landesregierungen zur Zustimmungs-

---

42 BVerfGE 39, 1.

43 BVerfGE 48, 127.

44 Im Verfahren gegen den EVG-Vertrag war das Vertragsgesetz zum Zeitpunkt des Antrags noch nicht verabschiedet. Der Antrag wurde deshalb für unzulässig erklärt.

45 So z. B. Starck, Christian: Das Bundesverfassungsgericht im politischen Prozeß der Bundesrepublik. Tübingen 1976, S. 15.

46 Vgl. Stüwe, Klaus: Der Gang nach Karlsruhe. Die Opposition im Bundestag als Antragstellerin vor dem Bundesverfassungsgericht, in: Zeitschrift für Parlamentsfragen 4 (1997), S. 557.

47 Die Große Koalition von CDU / CSU und SPD verfügt im 16. Deutschen Bundestag über 448 von insgesamt 614 Sitzen.

bedürftigkeit eines Gesetzes[48] oder die Anträge mehrerer Landesregierungen zum Sozialhilfegesetz[49] und zum Länderfinanzausgleich[50].

Bei einigen Anträgen von „Oppositionsländern" kann man jedoch vermuten, dass sie stellvertretend für die Bundestagsopposition eingebracht wurden, die wegen ihrer geringen zahlenmäßigen Stärke keine Aktivlegitimation besaß. Ein Nachweis fällt hier allerdings sehr schwer, da sich die Verfahrensbeteiligten in dieser Frage meist äußerst bedeckt halten. Einer der wenigen Hinweise auf die Praxis findet sich im Sitzungsprotokoll der SPD-Fraktion im Bundestag vom 22.03.1955. Die Fraktion beschloss damals, einen Normenkontrollantrag wegen des Saarstatuts einzureichen. „Falls das erforderliche Drittel der Mitglieder des Bundestages zur Unterzeichnung der Klage nicht zustande käme, sollte die Klage von einer sozialdemokratischen Landesregierung eingebracht werden (...)"[51].

In anderen Fällen reichten, möglicherweise um die Rechtsauffassung der Opposition mit massiverer Präsenz vor Gericht und damit mit größerem Nachdruck vertreten zu können, die parlamentarische Opposition und einige „Oppositionsländer" parallele, gleichgerichtete Anträge in Karlsruhe ein[52]. Bei den großen Parteien gibt es demnach Abstimmungsprozesse zwischen Parteileitung und/oder Bundestagsfraktion auf der einen und Landesregierungen auf der anderen Seite darüber, ob und in welcher Form Normenkontrollanträge gestellt werden sollten. Anders ausgedrückt: die Antragsbefugnis der Landesregierungen erweitert die verfassungsgerichtlichen Kontrollchancen derjenigen Oppositionsparteien, die in mindestens einem Bundesland die Regierung führen.

2.3 Bund-Länder-Streit

Nach Art. 93 Abs. 1 GG entscheidet das BVerfG auch bei „Meinungsverschiedenheiten über Rechte und Pflichten des Bundes und der Länder" (Nr. 3) sowie „in anderen öffentlich-rechtlichen Streitigkeiten zwischen dem Bunde und den Ländern (...) soweit nicht ein anderer Rechtsweg gegeben ist" (Nr. 4). In beiden Fällen ist der Bund-Länder-Streit als kontradiktorisches Verfahren ausgestaltet, in welchem sich der Bund und ein Land gegenüberstehen. Antragsteller und Antragsgegner sind gemäß § 68 BVerfGG für den Bund die Bundesregierung und für ein Land die jeweilige Landesregierung. Anträge aus der Mitte des Bundestags heraus sind demnach ausgeschlossen.

In der Judikatur des BVerfG spielen die föderativen Streitigkeiten nur eine geringe Rolle. Seit 1951 hat das Gericht lediglich 17 Entscheidungen nach Art. 93 Abs. 1 Nr. 3 GG gefällt[53]. Im selben Zeitraum wurden „andere öffentlich-rechtliche Streitigkeiten" nach Nr. 4 nur zwischen Ländern, nicht aber zwischen Bund und Ländern entschieden[54]. Dennoch hat

---

48 BVerfGE 37, 363.

49 BVerfGE 22, 180.

50 BVerfGE 72, 330; 86, 148.

51 Weber, Petra (Bearb.): Die SPD-Fraktion im Deutschen Bundestag. Sitzungsprotokolle 1949-1057. Zweiter Halbband, 1993, S. 173 (Anm. 20).

52 Im Verfahren zum § 218 StGB, BVerfGE 39, 1 (Mitglieder der CDU/CSU-Fraktion und 5 Landesregierungen); zur Wehrpflichtnovelle, BVerfGE 46, 337 (Mitglieder der CDU/CSU-Fraktion und 3 Bundesländer); zur Kriegsdienstverweigerung BVerfGE 69, 1 (Mitglieder der SPD-Fraktion und 4 Landesregierungen).

53 BVerfGE 1, 14; 4, 115; 6, 309; 8, 122; 11, 6; 12, 205; 13, 54; 21, 312; 41, 291; 81, 310; 84, 25; 85, 164; 92, 203; 94, 297; 95, 250; 99, 361; 102, 167.

54 Sieht man von der Entscheidung BVerfGE 1, 299 ab, die heute wegen der Zuständigkeit des Bundesverwaltungsgerichts nicht mehr ergehen könnte; vgl. dazu Leisner, W.: Bund-Länder-Streit, in: Starck, a. a. O. (Fn. 45), S. 261.

die Beobachtung, dass der Bund-Länder-Streit zum Austrag von Konflikten zwischen Bundesregierung und Opposition herangezogen werden kann[55], theoretisch ihre Berechtigung. Aufgrund der Ausgestaltung des Verfahrens als kontradiktorische Streitigkeit und aufgrund der Antragsbefugnis von Landesregierungen ist denkbar, dass nicht nur rein rechtlich-föderale Konflikte, sondern auch die zwischen Bundesregierung und Opposition politisch streitigen Verfassungskontroversen vor dem BVerfG ausgetragen werden.

In der Praxis wird der Bund-Länder-Streit allerdings kaum als Kontrollinstrument der Opposition genutzt. Die Verfahrensstatistik allein ist in diesem Zusammenhang nicht sehr aussagekräftig. Von den 17 bisher erledigten Bund-Länder-Streitverfahren wurden zwar 9 von „oppositionellen" Landesregierungen initiiert, also von solchen, die parteipolitisch mit der Bundesregierung nicht identisch waren. Bei der Mehrzahl dieser Verfahren handelte es sich jedoch offensichtlich um Streitigkeiten, bei denen parteipolitische Gegensätze im Bund – wenn überhaupt – keine dominante Rolle spielten. Die meisten Anträge richteten sich nicht gegen die Bundesregierung als Exponentin einer politischen Richtung, sondern gegen Maßnahmen der Bundesverwaltung.

Nur in zwei Fällen haben Oppositionsländer mehr oder weniger eindeutig versucht – im Abstand von fast 30 Jahren – echte parteipolitische Konflikte mit der Bundesregierung mittels des Bund-Länder-Streitverfahrens auszutragen. Der erste Versuch wurde im Jahr 1960 von SPD-Ländern gegen die Pläne der Regierung Adenauer unternommen, eine bundeseigene „Deutschland-Fernsehen-GmbH" zu gründen[56]. Das zweite von einem „Oppositionsland" initiierte Bund-Länder-Streitverfahren, das sich ganz offensichtlich am parteipolitischen Gegensatz zwischen Regierungskoalition und Opposition entzündete, war im Jahr 1988 der Streit zwischen dem SPD-regierten Nordrhein-Westfalen und der christlich-liberalen Bundesregierung um eine Teilgenehmigung für das Kernkraftwerk des Typs „Schneller Brüter" in Kalkar[57].

2.4 Verfassungsbeschwerde

Das BVerfG hat schon mehrmals klargestellt, dass die Verfassungsbeschwerde nach Art. 93 Abs. 1 Nr. 4a GG „kein Mittel zur Austragung von Meinungsverschiedenheiten zwischen den Staatsorganen, sondern (...) nur dem Einzelnen zur Verfolgung seiner Rechte gegen den Staat gegeben [ist]"[58]. Die Verfassungsbeschwerde soll ein Instrument des Individualrechtsschutzes sein. Dementsprechend macht es das Verfassungsprozessrecht der parlamentarischen Opposition sehr schwer, die Verfassungsbeschwerde für den Austrag politischer Konflikte zu funktionalisieren. Da eine Oppositionsfraktion oder -gruppe als solche nicht Trägerin von Grundrechten sein kann, besitzt sie selbst ohnehin keine Beschwerdebefugnis. Ebensowenig ist ihr eine Prozessstandschaft zur Geltendmachung fremder Rechte möglich. Im Falle einer Verletzung ihrer verfassungsmäßigen Rechte könnten allenfalls politische Parteien eine Verfassungsbeschwerde beantragen. Die Erfordernis der unmittelbaren und gegenwärtigen Betroffenheit und die Beschränkung auf das Geltendmachen eigener Grundrechte der Parteien setzen diesem Weg jedoch sehr enge Grenzen. Das Antragsrecht der Parteien bei der Verfassungsbeschwerde wurde deshalb bisher höchst selten und nur von kleinen

---

55 So Schneider, Hans-Peter: Die parlamentarische Opposition im Verfassungsrecht der Bundesrepublik Deutschland. Frankfurt 1974, S. 225.
56 BVerfGE 12, 205.
57 BVerfGE 84, 25.
58 BVerfGE 15, 298 (302); 43, 142 (148).

Splitterparteien wahrgenommen[59], denen es hauptsächlich um die Wettbewerbsgleichheit der Parteien ging.

Trotzdem kann im Prinzip auch die Verfassungsbeschwerde als oppositionelles Kontrollinstrument genutzt werden. Obwohl der Opposition selbst eine Beschwerdebefugnis verwehrt ist, „(...) wird in jede durchdachte Oppositionsstrategie die Frage gehören, ob (...) die Unterstützung einer Verfassungsbeschwerde erfolgversprechend sein kann"[60]. Tatsächlich ist es verfassungsrechtlich zulässig, dass eine Oppositionspartei einen oder mehrere antragsberechtige Personen bei ihren Verfassungsklagen unterstützt. Die Grünen unterstützten beispielsweise im Jahr 1983 mehrere Verfassungsbeschwerden gegen den Beschluss der Regierung Kohl, amerikanische Mittelstreckenraketen auf dem Gebiet der Bundesrepublik zu stationieren[61].

Dennoch ist die Verfassungsbeschwerde für die verfassungsgerichtlichen Kontrollaktivitäten der Opposition nur von geringer Bedeutung. Denn auf diesem Wege können nur Grundrechtsverletzungen, nicht aber mögliche andere Verfassungsverstöße angegriffen werden. Die Verfassungsbeschwerde kann darüber hinaus in der Regel erst dann eingelegt werden, wenn der bei den anderen Gerichten offenstehende Rechtsweg bis zur letzten Instanz voll ausgeschöpft wurde. Der Einsatz des Verfassungsgerichts ist dann nicht mehr kalkulierbar, und die meisten Verfahren gelangen mit erheblicher zeitlicher Verzögerung nach Karlsruhe. Die Urteile kommen folglich von dort oft viel zu spät, um noch für die Auseinandersetzung mit der Regierung instrumentalisiert werden zu können.

3 Vorwirkungen

Die Tätigkeit des BVerfG begründet ihre Wirksamkeit nicht erst *ex post*. Das Vorhandensein einer verfassungsgerichtlichen Kontrollinstanz hat vielmehr auch Vorwirkungen, die sich entfalten, ohne dass das Gericht überhaupt in Aktion treten müsste. So wird das Risiko verfassungsgerichtlicher Kontrolle oft von vornherein in das politische Spannungsfeld miteinbezogen. Die umfassende Prüfungskompetenz des BVerfG – und damit zugleich die Möglichkeit oppositioneller Verfahrensinitiativen – wird im politischen Prozess antizipiert.

Insbesondere bei der Vorbereitung eines Gesetzesvorhabens wird der Prüfung der Vereinbarkeit der geplanten Norm mit der Verfassung ein besonderes Augenmerk geschenkt. Schon um eine nachträgliche Entwertung des eigenen Handelns zu vermeiden, orientieren sich Regierung und Mehrheitsfraktionen an früheren und zu erwartenden Entscheidungen des BVerfG und ziehen die mögliche Verfassungswidrigkeit eines Vorhabens ins Kalkül.

Dies hat natürlich Konsequenzen für die verfassungsgerichtlichen Kontrollchancen der Opposition. Zum einen wird es der Opposition in den meisten Fällen sehr schwer fallen, der Regierung einen eindeutigen Verfassungsbruch vorwerfen zu können. Dies wird ihr umso schwerer gelingen, je behutsamer die Regierungen bei ihren Aktionen vorgeht (und umso leichter, je reformfreudiger eine Regierung sich zeigt). Jede Opposition wird aber den Weg nach Karlsruhe normalerweise nur beschreiten, wenn ihre Rechtszweifel Aussicht auf verfassungsgerichtliche Bestätigung haben.

---

59   Z. B. BVerfGE 3, 384 (GB/BHE, Landesverband Nordrhein-Westfalen); 47, 198 (KPD/ML, KBW, KPD).
60   Dopatka, Friedrich-Wilhelm: Das Bundesverfassungsgericht und seine Umwelt. Berlin 1982, S. 90 f.
61   BVerfGE 66, 39.

Zum anderen kann die Antizipation der verfassungsgerichtlichen Kontrolle manchmal dazu führen, dass die Regierung bei wichtigen Vorhaben vorsorglich die Vorstellungen des potentiellen Klägers – etwa der stärksten Oppositionspartei – berücksichtigt oder sich von vornherein zu einem Kompromiss bereiterklärt. So bezog z. B. die sozialliberale Koalition, deren Reformpolitik in den 1970er Jahren wiederholt vom BVerfG gebremst worden war, bei der Ausarbeitung des Mitbestimmungsgesetzes von 1976 die CDU/CSU-Opposition ausdrücklich mit ein.

Eine weitere Vorwirkung der Verfassungsgerichtsbarkeit ist die oppositionelle Drohung. Hans Kelsen hatte bereits im Jahr 1929 erkannt, dass oft schon die Drohung mit der Anrufung des Verfassungsgerichts genügt, um verfassungsrechtlich bedenkliche Vorhaben der Regierung zu verhindern: „In der Hand der Minorität kann schon die bloße Drohung mit der Anfechtung vor dem Verfassungsgericht ein geeignetes Instrument sein, verfassungswidrige Interessenverletzungen durch die Majorität (...) zu verhindern"[62]. Beispiele für solche oppositionellen Drohungen finden sich bei vielen umstrittenen Politikvorhaben. Im Streit der Regierung Kohl mit der SPD-Opposition um den Einsatz der Bundeswehr außerhalb des NATO-Bündnisgebietes (1992/93) betonte etwa SPD-Fraktionschef Hans-Ulrich Klose in einer Rede im Bundestag: „Wenn es nicht anders möglich ist, muss das Bundesverfassungsgericht in dieser Frage Klarheit schaffen"[63].

Je eindringlicher und lauter die Drohungen vorgebracht werden, desto größer sind die Chancen, dass die Regierung vor riskanten Projekten zurückschreckt oder sie nicht weiter verfolgt. Insbesondere bei Fragen, in denen die verfassungsrechtliche Lage noch ungeklärt ist oder bei denen sich die Judikatur der Verfassungsrichter schlecht prognostizieren lässt, wird die Regierung das Wagnis einer verfassungsgerichtlichen Kontrolle vermeiden. Die bloße Klagedrohung kann somit zu einer Verengung des politischen Handlungsspielraums der Regierung, in manchen Fällen sogar zu einer gewissen Lähmung der Politik führen. Denkbar ist aber auch, dass es auch hier zur Aushandlung von Kompromissen kommt: Die Regierungsmehrheit weicht dann vor der Drohung mit dem „Gang nach Karlsruhe" zurück und berücksichtigt die Vorstellungen der Opposition, und im Gegenzug verzichtet diese auf die Anrufung des Gerichts.

4 Chancen und Grenzen

Da im parlamentarischen Regierungssystem die Regierung und die mit ihr in einer Aktions- und Funktionseinheit verbundene parlamentarische Mehrheit die eigentliche politische Gestaltungsmacht darstellen, muss die Kontrolle der staatlichen Macht vornehmlich eine Kontrolle der Regierung und der Regierungsmehrheit sein. Als an der Regierung nicht beteiligte Parlamentsminderheit soll diese Aufgabe vor allem die parlamentarische Opposition übernehmen, die der Regierungsmehrheit kritisch entgegentritt und zugleich alternative und innovative Konzepte in den politischen Prozess einbringt. Wegen ihrer Minderheitsposition ist die Kontrolltätigkeit der Opposition jedoch nie mit einer unmittelbaren Sanktion verbunden. Will sie Handlungen der Regierung bzw. der Parlamentsmehrheit verhindern oder rückgän-

---

62 Kelsen, Hans: Wesen und Entwicklung der Staatsgerichtsbarkeit, in: VVDStRL 5 (1929), S. 104; vgl. dazu auch Vanberg, Georg: The Politics of Constitutional Review in Germany. New York 2005, S. 90.

63 Deutscher Bundestag, Stenographischer Bericht 8/2173 C.

gig machen, ist sie auf die Einschaltung eines Mitkontrolleurs angewiesen. Dies kann – aufgrund verschiedener Zugangsmöglichkeiten der Opposition zum verfassungsgerichtlichen Verfahren – das BVerfG sein. Da das BVerfG kontrollierend tätig werden soll und die Opposition zugleich ein Kontrollinteresse gegenüber Regierung und Parlamentsmehrheit besitzt, ist die Opposition gleichsam eine „natürliche Antragstellerin" im verfassungsgerichtlichen Prozess.

Dies ist nicht nur systemlogisch und legitim, sondern auch von Vorteil für die Sicherung der Verfassungsordnung. Die Einhaltung verfassungsrechtlicher Normen wird am besten gewährleistet, wenn sich ein politisches Interesse mit ihnen verbindet. In der parlamentarischen Demokratie liegt das politische Interesse, die verfassungsrechtlichen Grenzen der regierenden Mehrheit zu kontrollieren, vornehmlich bei der Opposition. Dass sie das Instrument der verfassungsgerichtlichen Klage auch als Mittel im politischen Kampf einsetzt, schließt nicht aus, dass im Ergebnis die normative Kraft der Verfassung gestärkt wird. Ein parlamentarisches Regierungssystem, das sich – im Gegensatz zum Westminster-Modell – zum Vorrang der Verfassung bekennt und dem durch die Errichtung eines Verfassungsgerichts institutionellen Ausdruck verleiht, muss sich deshalb auch zu Klagemöglichkeiten der Opposition vor diesem Verfassungsgericht bekennen.

Entgegen dem Eindruck, der mitunter in der Öffentlichkeit entstehen mag, ist die Zahl der von der Opposition initiierten verfassungsgerichtlichen Verfahren freilich relativ klein. Rund 98 % der Entscheidungen des BVerfG ergehen aufgrund von Verfassungsbeschwerden einzelner Bürger und aufgrund von Richtervorlagen[64]. Auch die Erfolgsbilanz oppositioneller Verfahrensinitiativen vor dem BVerfG ist nicht besonders groß[65]. Verfahrensanträge parlamentarischer Minderheiten führten in der Vergangenheit meistens zu einer verfassungsgerichtlichen Niederlage der Opposition, Klagen ‚oppositioneller' Landesregierungen hatten dagegen eine knappe positive Erfolgsbilanz. Dieser rein quantitative Befund macht freilich keine Aussagen über die rechtliche und politische Bedeutung der einzelnen verfassungsgerichtlichen Entscheidungen. Denn offensichtlich haben einige von der Opposition initiierte Verfahren entscheidend zum Ausbau der Verfassungsordnung beigetragen. Zudem konnten auch die als unbegründet zurückgewiesenen Oppositionsklagen vielfach eine Klarstellung verfassungsrechtlicher Zweifelsfragen herbeiführen.

Aber auch wenn die statistische Erfolgsquote oppositioneller Klagen insgesamt eher niedrig ist – im Prinzip kann die Opposition immer hoffen, Mehrheitsentscheidungen mit Hilfe des BVerfG zu stoppen. Und umgekehrt ist das BVerfG, das nicht von sich aus tätig werden kann, auf den Widerspruchsgeist der Opposition angewiesen. Die Aktionsmöglichkeiten der Opposition vor dem BVerfG sollten deshalb nicht geschwächt oder beseitigt werden, etwa durch die Einschränkung der Antragsberechtigung oder durch die Streichung einzelner Verfahrensarten. Abzulehnen ist insbesondere die immer wieder geforderte Abschaffung der abstrakten Normenkontrolle. Zum einen zeigt der empirische Befund, dass angesichts der wenigen von der parlamentarischen Opposition initiierten Verfahren bisher kaum von einem ständigen „Missbrauch" der abstrakten Normenkontrolle gesprochen werden kann. Die Abschaffung oder die Erschwerung des Zugangs zur abstrakten Normenkontrolle

---

64 Nach der Jahresstatistik 2004 des BVerfG waren zwischen 1951 und 2005 96,3 % der Verfahrenseingänge Verfassungsbeschwerden (Art. 93 Abs. 1 Nr. 4a und 4b GG) und 2,1 % Normenkontrollen auf Vorlage der Gerichte (Art. 100 Abs. 1 GG).

65 Dazu ausführlich Stüwe, Klaus: Der Veto-Spieler in Karlsruhe. Der Erfolg oppositioneller Klagen vor dem Bundesverfassungsgericht 1951-2000, in: Oberreuter, Heinrich / Kranenpohl, Uwe / Sebaldt, Martin (Hg.), Der Deutsche Bundestag im Wandel. Ergebnisse neuerer Parlamentarismusforschung. Wiesbaden 2001, S. 145 ff.

nähme der Opposition zum anderen die wirksamste rechtliche Kontrollmöglichkeit gegenüber der Regierungsmehrheit. Dies würde zu einer weiteren Schwächung der Kontrollfähigkeit der parlamentarischen Minderheit führen und möglicherweise zur Folge haben, dass das Klima zwischen Regierung und Opposition „neurotisiert und hysterisiert" würde[66].

Aber auch die in Zeiten der Großen Koalition erhobene Forderung nach einer Erweiterung des Antragsrechts, z. B. durch eine Herabsetzung der Festlegung auf ein Drittel der Mitglieder des Bundestages auf ein Viertel (so der Vorschlag des FDP-Vorsitzenden Guido Westerwelle Ende 2005), erscheint wenig sinnvoll. Große Koalitionen sind in Deutschland bislang keine Dauereinrichtung, sodass eine allzu eilige Verfassungsänderung nicht geboten ist. Außerdem dürfte eine derartige Erweiterung des Antragsrechts schon insofern unwahrscheinlich sein, als eine entsprechende Verfassungsänderung ebenfalls beträchtliche Stimmen aus den Reihen der Großen Koalition erfordern würde.

Die Funktionalisierung des BVerfG durch die Opposition hat indessen unzweifelhaft auch ihre Grenzen. Die Opposition ist durch die Verfassungsgerichtsbarkeit zwar in die Lage versetzt, ihre schwache Position als Minderheit im Bundestag zu kompensieren. Dies gelingt ihr aber, ohne vom Wähler zur Mehrheit gemacht worden zu sein[67]. Die Opposition besitzt für die Instrumentalisierung des BVerfG wohl eine rechtsstaatliche, aber keine demokratische Legitimation. Diese besitzt jedoch die parlamentarische Mehrheit, die vom Wähler beauftragt ist, ihre politischen Ziele und Gesetzgebungsprojekte zu realisieren. Die Bedeutung des Ausgangs von Wahlen nimmt ab, wenn die Opposition das Handeln und die Gesetzgebungsvorhaben der demokratisch legitimierten Mehrheit ständig der politischen Diskussion entzieht und durch fortwährende Verfassungsklagen das Verfassungsgericht zum eigentlichen Entscheidungsorgan macht. Eine permanente Instrumentalisierung des Gerichts im politischen Kampf könnte zu einer Schwächung der parlamentarischen Demokratie führen.

Wenn die Opposition die Auseinandersetzung mit der Regierungsmehrheit ausschließlich mit verfassungsgerichtlichen Argumenten führte und das Parlament dadurch gezwungen wäre, Politik nur noch „mit Blick nach Karlsruhe"[68] zu machen, bestünde nicht zuletzt die Gefahr der Verrechtlichung der Politik. Zwar ist es nicht von Nachteil für den Bestand der Verfassungsordnung, wenn politische Entscheidungen schon frühzeitig auf ihre Verfassungskonformität hin überprüft werden. Dies darf jedoch nicht dazu führen, dass die politischen Organe statt einer eigenen Beurteilung der verfassungsrechtlichen Lage nur noch nach Regelungen suchen, die in der Rechtsprechung des BVerfG vorgezeichnet erscheinen. Ein Immobilismus der Politik wäre die Folge.

Zudem könnte die Verfassungsgerichtsbarkeit Schaden nehmen, wenn sie aufgrund oppositioneller Initiativen in die Rolle eines ständigen Ersatzgesetzgebers oder einer permanenten Nebenregierung gedrängt würde. Im Gegensatz zum Supreme Court der USA muss sich das BVerfG auch zu Rechtsfragen mit hochpolitischem Charakter äußern. Vor allem die in einem solchen Verfahren Unterlegenen neigen dann oft dazu, dem BVerfG vorzuwerfen, es habe seine Kompetenzen entweder in unzulässiger Weise ausgedehnt oder aber aus politischer Rücksicht nicht voll ausgeschöpft. Das BVerfG kann dem nicht entgehen. Mit der Zahl der Verfassungsprozesse nimmt immer auch die Kritik am Gericht selbst zu. Das verfassungsgerichtliche Verfahren kann deshalb kein Mittel sein, dessen sich die Opposition im

---

66 So Rasehorn, Thomas: Aus einer kleinen Residenz. Zum Selbstverständnis des Bundesverfassungsgerichts, in: Däubler, Wolfgang / Küsel, Gudrun (Hg.): Verfassungsgericht und Politik. Reinbek 1979, S. 167.

67 Darauf verweist auch Schlaich, Klaus: Das Bundesverfassungsgericht. Stellung, Verfahren, Entscheidungen. München, 4. Aufl., 1994, S. 316.

68 Geiger, Willi: Zwischen Recht und Politik, in: Die politische Meinung, Mai / Juni 1979, S. 51.

politischen Alltag bedient. Vor der Verfassungsklage müssen die politischen Kontrollinstrumente ausgenutzt werden. Der „Gang nach Karlsruhe" bleibt als ultima ratio.

Christine Landfried

Die Wahl der Bundesverfassungsrichter und ihre Folgen für die Legitimität der Verfassungsgerichtsbarkeit

1 Einleitung: Fragestellung und Hypothese

Der weitreichende Einfluss des Bundesverfassungsgerichtes (BVerfG) auf die politische Willensbildung und Entscheidungsfindung in Deutschland ist wissenschaftlich gut belegt.[1] Es wurde insbesondere untersucht, welche Mechanismen im Verhältnis von BVerfG und Bundestag zu einer für die repräsentative Demokratie unangemessenen Verrechtlichung von Politik führen. Vergleichende Analysen zur Verfassungsgerichtsbarkeit in westlichen Demokratien[2] und zur globalen Ausbreitung der Richtermacht liegen vor.[3] Nur selten hingegen haben sich Politik- und Rechtswissenschaftler mit der Wahl und noch seltener mit der Auswahl der Verfassungsrichter beschäftigt.

Es gibt zwei Gründe für dieses Defizit in der Forschung. Zum einen kommen wenig Informationen über die konkreten Umstände der Auswahl und Wahl der Mitglieder des BVerfG an das Licht der Öffentlichkeit. Zum anderen ist es herrschende Meinung, dass die Art und Weise der Wahl der Richter keine Folgen für die inhaltliche Arbeit in den Senaten des BVerfG habe. Zwar dominierten die beiden großen Parteien die Wahl der Verfassungsrichter nach dem Prinzip des „do ut des",[4] und der Proporz der beiden großen Parteien CDU und SPD werde in der Regel bei der Besetzung der Richterstühle eingehalten. Doch nach der Wahl sei die parteipolitische Orientierung der Richter für die Willensbildung und Entscheidungsfindung nicht mehr ausschlaggebend.[5] Warum sollte man sich für die Wahl der Richter interessieren, wenn diese Wahl ohnehin keine große Bedeutung für die spätere Arbeit der Richter am BVerfG besitzt?

Im folgenden Beitrag gehe ich von der *Prämisse* aus, dass die Art und Weise der Wahl der Bundesverfassungsrichter die Rechtsprechung stärker beeinflusst als dies nach der herr-

1   Kommers, Donald: The Constitutional Jurisprudence of the Federal Republic of Germany, Durham: Duke University Press 2. Aufl. 1997; Landfried, Christine: Bundesverfassungsgericht und Gesetzgeber, Baden-Baden: Nomos 2. Aufl.1996.
2   Stone Sweet, Alec: Governing with Judges, Oxford: Oxford University Press 2000; v. Brünneck, Alexander: Verfassungsgerichtsbarkeit in den westlichen Demokratien. Ein systematischer Verfassungsvergleich, Baden-Baden: Nomos 1992.
3   Tate, C. Neal / Vallinder, Torbjörn (Hg.): The Global Expansion of Judicial Power, New York/London: New York University Press 1995.
4   Häberle, Peter: Das Bundesverfassungsgericht als Muster einer selbständigen Verfassungsgerichtsbarkeit. In: Badura, Peter / Dreier, Horst (Hg.), Festschrift 50 Jahre Bundesverfassungsgericht, Tübingen: Mohr Siebeck 2001, S. 325.
5   Helms, Ludger: Entwicklungslinien der Verfassungsgerichtsbarkeit in der parlamentarischen Demokratie der Bundesrepublik Deutschland. In: Jesse, Eckhard / Löw, Konrad (Hg.), 50 Jahre Bundesrepublik Deutschland, Berlin: Duncker & Humblot 1999, S. 148: „Die Mehrheit der relevanten Beobachter geht davon aus, daß die Parteimitgliedschaft von Bewerbern bzw. deren spezifischer Nominierungshintergrund keinen entscheidenden Einfluß auf die spätere Spruchpraxis von Richtern hatte."

schenden Meinung angenommen wird.[6] Eine Analyse der Richterwahl ist daher für das Verständnis der Rolle der Verfassungsgerichtsbarkeit in einer repräsentativen Demokratie sehr wohl von Interesse.[7] Es stellt sich die Frage, weshalb die politischen Parteien bei der Richterwahl derart großen Wert auf den Parteienproporz legen, wenn die parteipolitische Orientierung der Richter für die Rechtsprechung so gar keine Rolle spielt.

Es ist freilich nicht hinreichend, bei einer Analyse der Richterwahl allein die Parteipolitik im Blick zu haben.[8] Denn ein politischer und damit auch parteipolitischer Einfluss bei den Richterwahlen ist legitim, solange dieser Einfluss „in einer der Verfassung gemäßen Weise domestiziert" ist.[9] Wenn wir das politische Moment als die „spezifische Rationalität der Verfassungsgerichtsbarkeit"[10] anerkennen, dann kommt es in einer repräsentativen Demokratie in erster Linie darauf an, dass der parteipolitische Einfluss auf die Wahl der Verfassungsrichter in einen demokratischen und transparenten Auswahl- und Wahlprozess eingebunden ist.

Die *theoretische Frage* meines Beitrages lautet also: Welches sind die Bedingungen der Möglichkeit einer demokratischen Prinzipien entsprechenden Verfassungsrichterwahl? Die *empirische Frage* lautet: Erfüllen die Modalitäten der Wahl der Verfassungsrichter diese Bedingungen? Die empirische Frage bezieht sich dabei sowohl auf die rechtlichen Regelungen als auch auf die Umsetzung dieser Regelungen.

Der heuristische Zugriff, um zu klären, welche Struktur für die Wahl der Verfassungsrichter in einer Demokratie angemessen ist, liegt in dem vorausgesetzten *Zusammenhang zwischen der Richterwahl und der Legitimität der Verfassungsrechtsprechung*. Je demokratischer, transparenter und offener für Differenz die Wahlverfahren sind, desto höher ist die Legitimität, über die die Richter *qua Wahl* in ihrer Arbeit verfügen. Mögliche Folgen des parteipolitischen Einflusses bei der Wahl der Verfassungsrichter für die Inhalte der Verfassungsrechtsprechung sind also nur ein Aspekt im Rahmen eines komplexen Zusammenhanges zwischen Richterwahl und Legitimität der Verfassungsgerichtsbarkeit. Es ist die *Hypothese* des Beitrages, dass die gegenwärtigen Modalitäten der Wahl der Richter des BVerfG die Bedingungen für eine Verfassungsgerichtsbarkeit, die demokratische Legitimität besitzt, nicht in hinreichendem Maße erfüllen.

In einem ersten Schritt der Argumentation werden die Bedingungen genannt, die es ermöglichen, dass die Wahl der Verfassungsrichter die demokratische Legitimität der Verfassungsgerichtsbarkeit begründete. In einem zweiten Schritt werden die empirischen Befunde zur Auswahl und Wahl der Verfassungsrichter dargestellt und am Maßstab der genannten Bedingungen beurteilt. Abschließend werden in einem dritten Schritt Vorschläge entwickelt, die geeignet scheinen, die legitimitätserzeugende Kraft der Wahl der Bundesverfassungsrichter zu erhöhen.

---

6   So auch Mary L. Volcansek für den italienischen Corte Costituzionale: Political Power and Judicial Review in Italy. In: Comparative Political Studies 26 (1994), S. 494.

7   Vgl. Landfried, Christine: The Selection Process of Constitutional Court Judges in Germany. In: Malleson, Kate / Russell, Peter H. (Hg.), Appointing Judges in an Age of Judicial Power. Critical Perspectives from around the World, Toronto, Buffalo, London: University of Toronto Press 2006, S. 196-210.

8   von Beyme, Klaus: Das Bundesverfassungsgericht aus der Sicht der Politik- und Gesellschaftswissenschaften. In: Badura / Dreier, a. a. O. (Fn. 4), S. 498.

9   Preuß, Ulrich K.: Die Wahl der Mitglieder des BVerfG als verfassungsrechtliches und –politisches Problem. In: Zeitschrift für Rechtspolitik 1998, Nr. 10, S. 389. Vgl. v. Brünneck, Verfassungsgerichtsbarkeit in den westlichen Demokratien, a. a. O. (Fn. 2), S. 34.

10   Preuß, Die Wahl der Mitglieder des BVerfG als verfassungsrechtliches und –politisches Problem, a. a. O. (Fn. 9), S. 389.

2 Theoretische Annahmen: Die Bedingungen für die Legitimität der Verfassungsgerichtsbarkeit

Die Richter des BVerfG sprechen das letzte Wort in Streitfragen über die Interpretation des Grundgesetzes. Diese „authentische Verfassungsinterpretation"[11] verleiht den Richtern eine beträchtliche Macht in der politischen Gestaltung.[12] Daraus folgt, dass die Wahlverfahren geeignet sein müssen, die weitreichende politische Macht der Richter demokratisch zu legitimieren. Nach Artikel 20 Absatz 2 Grundgesetz bedarf alle öffentliche Gewalt der Rückbindung an den Willen des Volkes. „Das gilt auch für die öffentliche Gewalt des BVerfG."[13]

Demokratische Verfahren wiederum sind ohne Transparenz nicht denkbar. Diese Transparenz ist sowohl für die Wahl der Verfassungsrichter als auch für die Auswahl der Kandidaten zu gewährleisten. Die erste Bedingung für die Gewinnung von Legitimität qua Wahl der Verfassungsrichter ist die Transparenz des Auswahlprozesses. Die zweite Bedingung ist ein demokratisches Verfahren der Richterwahl selbst. Die dritte Bedingung für ein hohes Maß an demokratischer Legitimität der Verfassungsgerichtsbarkeit ist die Beachtung von sozialer, beruflicher und parteipolitischer Differenz bei der Auswahl und Wahl der Verfassungsrichter. Auch wenn die demokratische Legitimität der Verfassungsgerichtsbarkeit nicht voraussetzt, dass alle gesellschaftlichen Interessen im BVerfG repräsentiert sind, so ist es für die Urteilsfindung im Bereich der vielfältigen verfassungsrechtlichen Fragen sinnvoll, wenn die Richter ein breites Spektrum in der sozialen Herkunft, der beruflichen Erfahrung und der politischen Orientierung repräsentieren.[14]

Die vierte Bedingung für ein hohes Maß an demokratischer Legitimität der Verfassungsgerichtsbarkeit ist die Beachtung der Differenz zwischen politischer und rechtlicher Entscheidungsfindung im Bewusstsein der politischen Rolle des Verfassungsgerichtes. Das BVerfG ist ein politisches Leitungsorgan und zugleich ein Gericht.[15] Die Willensbildung und Entscheidungsfindung im BVerfG muss sich daher von der Willensbildung und Entscheidungsfindung im Bereich der Politik unterscheiden. Für die Aufgabe des Verfassungsgerichtes, die Verfassung authentisch zu interpretieren, ist es von Nachteil, wenn sich Richter wie Politiker und Politiker wie Richter verhalten. Die Verfassungsgerichtsbarkeit bedarf also der Unabhängigkeit und einer spezifischen Arbeitsweise, die sich von Politik unterscheidet.[16]

---

11   Böckenförde, Ernst-Wolfgang: Die Methoden der Verfassungsinterpretation – Bestandsaufnahme und Kritik. In: NJW 29 (1976), S. 2099.

12   Massing, Otwin: Politik als Recht – Recht als Politik, Baden-Baden: Nomos 2005, S. 49.

13   Preuß, Die Wahl der Mitglieder des BVerfG als verfassungsrechtliches und –politisches Problem, a. a. O. (Fn. 9), S. 392.

14   Die These Otwin Massings in einem jetzt wieder veröffentlichten Aufsatz aus dem Jahre 1970, die „Einheitlichkeit des Interessenstandpunktes" der Verfassungsrichter, die auf ihrer sozialen Herkunft und einer systemadäquaten Ausbildung beruhe, mache deutlich, dass mit dem Verfassungsgericht „das alte Gespenst einer Klassenjustiz in neuartiger Verkleidung auftaucht", halte ich für übertrieben. Vgl. Massing, Politik als Recht – Recht als Politik, a. a. O. (Fn. 12), S. 126.

15   Preuß, Die Wahl der Mitglieder des BVerfG als verfassungsrechtliches und –politisches Problem, a. a. O. (Fn. 9), S. 390.

16   Preuß, Ulrich K.: Politik aus dem Geiste des Konsenses. Zur Rechtsprechung des Bundesverfassungsgerichts. In: Merkur 41 (1987), S. 6 beschreibt die paradoxe Situation des Gerichtes: „seine Macht beruht auf der Akzeptanz seiner Entscheidungen durch jene, die es kontrollieren soll. Es ist daher nur formal Gericht, insofern es die Bindung an einen Text und die Interpretation eines Textes gleichsam inszeniert; aber sein entscheidendes Charakteristikum liegt darin, daß es sich die Autorität für seine Entscheidungen selbst beschaffen muß." Um sich diese Autorität zu beschaffen, bedarf es nach Preuß der „Distanz zum rein politischen Diskurs." Inwieweit diese Distanz gleichwohl dazu führt, dass die Entscheidungen des Gerichtes, so Preuß, „stets um die reale ge-

Gerade durch die Differenz zwischen Politik und Verfassungsgerichtsbarkeit wird die Rationalität der politischen Entscheidungen in einer repräsentativen Demokratie erhöht. Der Trend zu einer Verrechtlichung der Politik bringt die notwendige Differenz zwischen politischer und verfassungsgerichtlicher Arbeitsweise zum Verschwinden.[17] Es konnte gezeigt werden, dass Abgeordnete im Gesetzgebungsprozess zunehmend wie Verfassungsrechtler argumentieren. Am Ende bedeute das Regieren mit Richtern auch ein Regieren wie Richter.[18] Auf diese Weise wird die Chance, durch ein Verfassungsgericht und rechtliche Verfahren die Problemlösungskapazität in einer Demokratie zu erhöhen, verschenkt.

Die fünfte Bedingung für eine legitime Verfassungsrechtsprechung ist eine der politischen Ordnung des Grundgesetzes gemäße Kompetenzverteilung zwischen Parlament und Verfassungsgericht. Kompetenzüberschreitungen der Verfassungsrichter gefährden die repräsentative Demokratie ebenso wie der ständige Gang der Abgeordneten „nach Karlsruhe" und die Vorwirkung möglicher späterer Urteile im Gesetzgebungsprozess. Die Kriterien, die das Grundgesetz für die Aufgabenteilung zwischen Parlament und Verfassungsgericht vorgibt, lassen sich mit den Funktionen beider Institutionen verknüpfen. Entscheiden Verfassungsrichter über die Verfassungsmäßigkeit politischer Prozesse, dann sind die Kompetenzen des Gerichtes groß und die Kompetenzverteilung verschiebt sich zugunsten des Verfassungsgerichtes.[19] Entscheiden Verfassungsrichter über die Verfassungsmäßigkeit politischer Inhalte, dann ist der Gesetzgeber am Zuge und die Kompetenzverteilung verschiebt sich zugunsten des Parlamentes. Es ist also die Differenz zwischen Prozessen und Inhalten der Politik, die als Kriterium für die Arbeitsteilung zwischen Parlament und Verfassungsgericht gelten kann.

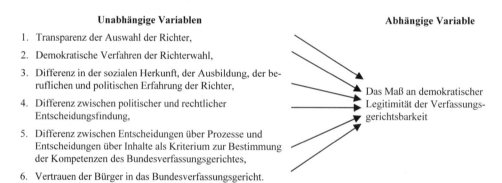

Unabhängige Variablen

1. Transparenz der Auswahl der Richter,
2. Demokratische Verfahren der Richterwahl,
3. Differenz in der sozialen Herkunft, der Ausbildung, der beruflichen und politischen Erfahrung der Richter,
4. Differenz zwischen politischer und rechtlicher Entscheidungsfindung,
5. Differenz zwischen Entscheidungen über Prozesse und Entscheidungen über Inhalte als Kriterium zur Bestimmung der Kompetenzen des Bundesverfassungsgerichtes,
6. Vertrauen der Bürger in das Bundesverfassungsgericht.

Abhängige Variable

Das Maß an demokratischer Legitimität der Verfassungsgerichtsbarkeit

Tabelle 1:   Bedingungen für die Legitimität der Verfassungsgerichtsbarkeit

Die sechste Bedingung für eine legitime Verfassungsrechtsprechung ist das Vertrauen der Bürger in das BVerfG. Werden die Bürger nach ihrem Vertrauen in Institutionen befragt, dann schneidet das BVerfG sehr viel besser ab als der Bundestag, der Bundesrat, die Bun-

---

sellschaftliche und politische Macht oszillieren"(S. 12) oder inwieweit die Distanz zur Politik auch „Gegenmacht" des Gerichtes ermöglicht, ist nur empirisch zu beantworten.

17   Shapiro, Martin / Stone Sweet, Alec: The New Constitutional Politics of Europe. In: Comparative Political Studies 26 (1994), S. 403 sprechen von „judicialized legislative deliberation."

18   Stone Sweet, Governing with Judges, a. a. O. (Fn. 2), S. 204.

19   Ely, John H.: Democracy and Distrust. A Theory of Judicial Review, Cambridge: Harvard University Press, 4. Aufl. 1982, S. 74.

desregierung oder die politischen Parteien.[20] Um so wichtiger ist es, dass sich die Parteien- und Politikerverdrossenheit nicht über intransparente und undemokratische Wahlen der Verfassungsrichter auf das Verfassungsgericht überträgt.

Die ersten drei unabhängigen Variablen, die das Maß an Legitimität der Verfassungsgerichtsbarkeit beeinflussen – Transparenz der Auswahl der Richter, demokratische Verfahren der Wahl der Richter und Beachtung der Differenz in Sozialprofil, beruflicher und politischer Erfahrung – betreffen das hier zu behandelnde Thema der Auswahl und Wahl der Verfassungsrichter. Wie sieht es in der Realität mit diesen Faktoren aus?

3 Empirische Befunde: Auswahl und Wahl der Bundesverfassungsrichter

Das Verfahren für die Auswahl und Wahl der Verfassungsrichter wird in Artikel 94 des Grundgesetzes und den Paragraphen 3 bis 10 des Bundesverfassungsgerichtsgesetzes festgelegt. Nach der Verfassung wird die Hälfte der 16 Richter durch den Bundestag und die andere Hälfte durch den Bundesrat mit einer 2/3 Mehrheit für eine einmalige Amtszeit von 12 Jahren gewählt. Die Kandidaten müssen die Befähigung zum Richteramt besitzen und mindestens 40 Jahre alt sein. Wer diese Voraussetzungen erfüllt und sich schriftlich bereit erklärt, Mitglied des BVerfG zu werden, wird in die Vorschlagsliste des Justizministeriums aufgenommen (§ 8 Abs. 1 BVerfGG). Neben dieser Liste gibt es eine weitere Liste für Kandidaten, die von einer Bundestagsfraktion, der Bundesregierung oder einer Landesregierung für das Amt eines Verfassungsrichters vorgeschlagen werden (§ 8 Abs. 2 BVerfGG). In den zwei Senaten des „Zwillingsgerichtes" müssen jeweils drei Mitglieder wenigstens drei Jahre an einem obersten Gerichtshof des Bundes gearbeitet haben (§ 2 Abs. 3 BVerfGG).

Über die Realität der Richterwahl schreibt einer der besten Kenner des Verfassungsgerichtes: „Der Weg der Richter nach Karlsruhe ist geheimnisumwittert. Ihre Auslese ist streng vertraulich, ihre Biographie der Öffentlichkeit oft unbekannt, ihre Wahl wird in kleinem Kreise abgesprochen: Wenn die höchsten Richter der Republik neu zu bestimmen sind, wird..., wie manche Kritiker meinen, die Verfassung vorübergehend außer Kraft gesetzt."[21]

Es widerspricht in der Tat dem Grundgesetz, dass der Bundestag, der die Hälfte der Verfassungsrichter wählen soll, diese wichtige Aufgabe an einen Ausschuss delegiert hat.[22] Die demokratisch gewählten Abgeordneten des Bundestages „repräsentieren in ihrer Gesamtheit das Volk, nur diese Gesamtheit ist Volksvertretung."[23] Wichtige Aufgaben wie die Wahl der Verfassungsrichter kann der Bundestag daher auch nur in seiner Gesamtheit erfüllen und nicht an einen Ausschuss delegieren. Somit findet die Wahl der Hälfte der Verfassungsrichter auf verfassungswidrige Weise statt.

Doch auch die Mitglieder des Bundestagswahlausschusses bilden nicht das Entscheidungszentrum für die Wahl der Verfassungsrichter. Ausschlaggebend sind wenige Politiker der beiden großen Parteien, die in der Regel gar nicht dem Wahlausschuss angehören. Der

---

20 Vorländer, Hans / Brodocz, André: Das Vertrauen in das Bundesverfassungsgericht. In: Vorländer, Hans (Hg.), Die Deutungsmacht der Verfassungsgerichtsbarkeit, Wiesbaden: VS Verlag für Sozialwissenschaften 2006, S. 261.

21 Lamprecht, Rolf: Vom Mythos der Unabhängigkeit. Über das Dasein und Sosein der deutschen Richter, Baden-Baden: Nomos 2. Aufl. 1996, S. 72.

22 Dies wurde schon oft von Wissenschaftlern und Journalisten kritisiert. Die Kritik blieb jedoch folgenlos.

23 Preuß, Die Wahl der Mitglieder des BVerfG als verfassungsrechtliches und –politisches Problem, a. a. O. (Fn. 9), S. 390.

Wahlausschuss beschließt dann mit 2/3 Mehrheit, „was zwischen Spitzenfunktionären von CDU/CSU und SPD vorher ausgehandelt wurde."[24] Die Mitglieder des Wahlausschusses sind „zur Verschwiegenheit über die ihnen durch ihre Tätigkeit im Wahlausschuß bekanntgewordenen persönlichen Verhältnisse der Bewerber sowie über die hierzu im Wahlausschuß gepflogenen Erörterungen und über die Abstimmung verpflichtet." (§ 6 Abs. 4 BVerfGG).

Das Ergebnis dieses wenig demokratischen und völlig intransparenten Verfahrens ist der strikt durchgehaltene Proporz der beiden großen Parteien bei der Wahl der Verfassungsrichter. „Die Devise heißt: zwei links, zwei rechts."[25] Regieren die beiden großen Parteien mit einem kleineren Koalitionspartner, dann kann es sein, dass zugunsten des kleineren Partners auf einen Richterstuhl verzichtet wird (vgl. Tabellen 2-5).

a)

1951	1954	1955	1956	1959	1962	1963	1965	1967
Höpker-Aschoff (FDP)	Wintrich (CDU)			Müller (CDU)				
Kurt Zweigert (CDU)	Heck (CDU)							
Heiland (SPD)					Haager (SPD)			
Scholtissek (CDU)								Brox (CDU)
Wessel (SPD)					Berger (SPD)			Zeidler (SPD)
Scheffler						Rupp von Brünneck (SPD)		
Stein (CDU)								
Ritterspach (CDU)								
Drath (SPD)								
Lehmann (SPD)								
Konrad Zweigert (SPD)								
Ellinghaus (SPD)		Kutscher (SPD)						

Tabelle 2:   Bundesverfassungsrichter und Parteizugehörigkeit 1951-1983 – *Erster Senat*

Der Parteienproporz ist ein Indiz für das Anliegen der Politik, Richter der eigenen gesellschaftspolitischen Grundeinstellung für das Gericht auszuwählen. Ein Indiz für den tatsächlichen Einfluss der Parteipolitik auf die Inhalte der Rechtsprechung ist damit noch nicht gewonnen. Dieser Einfluss lässt sich nur durch eine Analyse konkreter Urteile belegen.[26]

---

24   Starck, Christian: Das Bundesverfassungsgericht in der Verfassungsordnung und im politischen Prozeß. In: Badura / Dreier, a. a. O. (Fn. 4), S. 32.

25   Lamprecht, Vom Mythos der Unabhängigkeit, a. a. O. (Fn. 21), S. 70.

26   Brun-Otto Bryde ist zuzustimmen, dass Generalisierungen zur Korrelation zwischen Parteinähe der Richter und den Ergebnissen der Rechtsprechung schwer möglich sind. Die Verfassungsgerichtsbarkeit in der Rechtssoziologie. In: Brand, Jürgen / Strempel, Dieter (Hg.), Soziologie des Rechts. Festschrift für Erhard Blankenburg zum 60. Geburtstag, Baden-Baden: Nomos 1998, S. 496.

Am Beispiel der Rechtsprechung zur Parteienfinanzierung lässt sich zeigen, dass es in diesem Politikfeld Hinweise für einen Zusammenhang zwischen der parteipolitischen Zusammensetzung des BVerfG und der Verfassungsrechtsprechung gibt. Ein entscheidender Wandel der Rechtsprechung fand mit der Entscheidung des Gerichtes zur Parteienfinanzierung vom 9. April 1992 statt. Mit dieser Entscheidung legten die Richter des Zweiten Senates des BVerfG ein Veto gegen die steuerliche Privilegierung der Großspender ein. Während der Zweite Senat des BVerfG am 14. Juli 1986 noch urteilte, es sei verfassungsgemäß, Spenden an politische Parteien bis zu einer Höhe von 100.000 DM steuerlich zu berücksichtigen,[27] waren die Richter sechs Jahre später einstimmig der Meinung, dieses Steuerprivileg für Großspender sei mit dem Gebot der gleichen Teilhabe der Bürger an der politischen Willensbildung nicht vereinbar.[28]

b)

1968	1970	1971	1972	1975	1977	1979	1983
Müller (CDU)		Benda (CDU)					Benda (Präsident seit 1971 – CDU)
Böhmer (nominiert durch CDU/CSU)							Böhmer (nominiert durch CDU/CSU)
Haager (SPD)						Heußner (SPD)	Heußner (SPD)
Brox (CDU)				Katzenstein (CDU)			Katzenstein (CDU)
Zeidler (SPD)	Simon (SPD)						Simon (SPD)
Rupp von Brünneck (SPD)					Niemeyer (SPD)		Niemeyer (SPD)
Stein (CDU)		Faller (CDU)					Faller (CDU)
Ritterspach (CDU)				Hesse (nominiert durch SPD/FDP)			Hesse (nominiert durch SPD/FDP)

Im Gegensatz zu früheren Änderungen seiner Rechtsprechung zur Parteienfinanzierung hat der Zweite Senat des BVerfG den Wandel deutlich gekennzeichnet. Diese Fähigkeit zur Selbstkorrektur lässt sich auf einen Personalwechsel des Senates zurückführen.[29] An der Entscheidung von 1992 wirkten nur noch 3 Richter mit, die auch schon 1986 Mitglieder des Zweiten Senates waren. Von diesen drei Richtern hatte wiederum nur ein Richter das Mehrheitsvotum von 1986 mitgetragen, während zwei Richter abweichender Meinung waren.

Der Personalwechsel hatte darüber hinaus zu einer leichten Stärkung der sozialdemokratischen Kräfte im Senat geführt. Im Juli 1986 gehörten 5 Richter des Zweiten Senates der CDU und CSU an oder waren von der CDU/CSU nominiert. Nur 3 Richter waren Mitglied der SPD. Im April 1992 hingegen hielten sich die Kräfte zwischen CDU/CSU und SPD mit 4 zu 4 die Waage. Es lässt sich argumentieren, dass sozialdemokratische Richter eher als konservative Richter eine steuerliche Privilegierung von Großspendern ablehnen. Der Personalwechsel in Verbindung mit einer Stärkung des linken Lagers im Zweiten Senat hat den Wandel der Rechtsprechung zur Parteienfinanzierung von einer Privilegierung der Großspender zu einer strikten Beachtung des formalen Gleichheitssatzes bei der steuerlichen Be-

---

27 BVerfGE 73, 40.
28 BVerfGE 85, 264.
29 Landfried, Christine: Parteienfinanzierung: Das Urteil des Bundesverfassungsgerichtes vom 9. April 1992. In: Zeitschrift für Parlamentsfragen 23 (1992), S. 446.

rücksichtigung von Parteispenden ermöglicht. Der Einfluss der parteipolitischen Orientierung der Richter auf die Inhalte der Rechtsprechung lässt sich freilich nur mit Argumenten der Plausibilität und nicht kausal begründen.

a)

1951	1952	1956	1961	1963	1965	1967
Katz (SPD)			Wagner (SPD)			Seuffert (SPD)
Hennecka						
Wolff		Kutscher (SPD)				
Klaas (SPD)				Geller (CDU)		
Leibholz						
Federer						von Schlabrendorff (CDU)
Rupp (SPD)						
Geiger (CDU)						
Leusser (CDU)	Schunck (CDU)					
Friesenhahn						
Fröhlich						
Roediger (DP)						

Tabelle 3:   Bundesverfassungsrichter und Parteizugehörigkeit 1951-1983 – *Zweiter Senat*

b)

1968	1970	1971	1975	1977	1981	1983
Seuffert (SPD)			Zeidler (SPD)			Zeidler (Vizepräsident seit 1975 – SPD)
Rinck (nominiert durch CDU/CSU)						Rinck (nominiert durch CDU/CSU)
Kutscher (SPD)	Wand (CDU)					Wand (CDU)
Geller (CDU)		Rottmann (FDP)				Rottmann (FDP)
Leibholz		Hirsch (SPD)				Mahrenholz (SPD, Richter seit 1981)
v. Schlabrendorff (CDU)			Niebler (CSU)			Niebler (CSU)
Rupp (SPD)			Steinberger (nominiert durch CDU/CSU)			Steinberger (nominiert durch CDU/CSU)
Geiger (CDU)				Träger (CDU)		Träger (CDU)

a)

1983	1986	1987	1989	1991	1994
Benda – Herzog (CDU) – (CDU)					Haas (CDU)
Böhmer – Niedermaier (beide nominiert durch CDU/CSU	Seidl (nominiert durch CSU)				
Heußner (SPD)			Kühling (SPD)		
Katzenstein (CDU)			Söllner (CDU)		
Simon (SPD)			Dieterich (SPD)		Jäger (SPD)
Niemeyer (SPD)			Seibert (SPD)		
Faller – Henschel (CDU) (FDP)					
Hesse (nominiert durch SPD/FDP)		Grimm (nominiert durch SPD)			

Tabelle 4:   Bundesverfassungsrichter und Parteizugehörigkeit 1983-2006 – *Erster Senat*

b)

1995	1998	1999	2001	2002	2004	2006
Haas (CDU)						Haas (CDU)
Seidl (nominiert durch CSU)	Papier (CSU)					Papier (Präsident seit 2002 – CSU)
Kühling (SPD)			Bryde (nominiert durch die Grünen)			Bryde (nominiert durch die Grünen)
Steiner (CDU)						Steiner (CDU)
Jäger (SPD)					Gaier (SPD)	Gaier (SPD)
Seibert (SPD)		Hohmann-Dennhardt (SPD)				Hohmann-Dennhardt (SPD)
Hömig (nominiert durch FDP)						Hömig (nominiert durch FDP)
Grimm (nominiert durch SPD)		Hoffmann-Riem (nominiert durch SPD)				Hoffmann-Riem (nominiert durch SPD)

237

a)

1983	1986	1987	1989	1991	1994
Zeidler (SPD)		Franßen (SPD)		Sommer (SPD)	
Rinck (nominiert durch CDU/CSU)	Graßhof (nominiert durch SPD)				
Wand (CDU) – Klein (CDU)					
Rottmann (FDP) – Böckenförde (SPD)					
Mahrenholz (SPD)					Limbach (SPD)
Niebler (CSU)		Kruis (CSU)			
Steinberger (nominiert durch CDU/CSU)		Kirchhof (nominiert durch CDU)			
Träger (CDU)			Winter (CDU)		

Tabelle 5: Bundesverfassungsrichter und Parteizugehörigkeit 1983-2006 – *Zweiter Senat*

b)

1996	1998	1999	2001	2002	2005	2006
Sommer (SPD)				Gerhardt (nominiert durch SPD)		Gerhardt (nominiert durch SPD)
Graßhof (nominiert durch SPD)	Osterloh (SPD)					Osterloh (SPD)
Jentsch (CDU)					Landau (CDU)	Landau (CDU)
Hassemer (SPD)						Hassemer (Vizepräsident seit 2002 – SPD)
Limbach (Präsidentin seit 1994 – SPD)				Lübbe-Wolff (SPD)		Lübbe-Wolff (SPD)
Kruis (CSU)	Broß (CDU)					Broß (CDU)
Kirchhof (nominiert durch CDU)		di Fabio (nominiert durch CDU)				di Fabio (nominiert durch CDU)
Winter (CDU)			Mellinghoff (CDU)			Mellinghoff (CDU)

Für den Zusammenhang zwischen der Wahl der Verfassungsrichter und dem Maß an demokratischer Legitimität der Verfassungsrechtsprechung ist neben der parteipolitischen Orientierung die berufliche Erfahrung der Richter relevant. Die Berufserfahrung der ersten Generation der Verfassungsrichter war ausgesprochen vielseitig. 1951 waren unter den damals 24 Verfassungsrichtern 10 ehemalige Rechtsanwälte und 6 Verfassungsrichter, die berufliche Erfahrung in der Wirtschaft bzw. in Verbänden vorzuweisen hatten. 5 Richter besaßen politische Erfahrung in Parlamenten und zusätzlich in exekutiven Ämtern, zwei Richter hatten vor ihrer Zeit in Karlsruhe exekutive Ämter inne, und ein Richter war Mitglied in der Verfassungsgebenden Versammlung von Württemberg-Hohenzollern. 1983 waren unter den nun 16 Verfassungsrichtern nur noch zwei ehemalige Rechtsanwälte. Berufliche Erfahrung in der Wirtschaft oder in Verbänden hatte kein im Jahr 1983 amtierender Verfassungsrichter. Vor ihrer Wahl zum Bundesverfassungsrichter hatten 2 Richter politische Erfahrung in Exekutive und Legislative, und ein Richter hatte exekutive Funktionen wahrgenommen. Hatte die Vielfalt an beruflicher Erfahrung der Verfassungsrichter im Zeitraum von 1951 bis 1983 schon abgenommen,[30] so hat sich dieser Trend seitdem noch verstärkt. 2006 gibt es unter den amtierenden Verfassungsrichtern nur noch einen ehemaligen Rechtsanwalt. Kein Verfassungsrichter hat berufliche Erfahrung in der Wirtschaft oder in Verbänden. 3 Richter haben Erfahrung in exekutiven Ämtern (vgl. Tabellen 6 und 7).

Name	Berufliche Tätigkeit zum Zeitpunkt der Wahl	Zusätzlich Politische Betätigung in Exekutive und/ oder Legislative	Zusätzlich Berufliche Erfahrung in der Justiz und/oder der Verwaltung	Zusätzlich Berufliche Erfahrung als Anwalt und/ oder Notar	Zusätzlich Berufliche Erfahrung in der Lehre bzw. der Forschung
Hans-Jürgen *Papier* (Präsident)	Professor für öffentliches Recht		Richter im Nebenamt am Oberverwaltungsgericht NW		Studienleiter der Verwaltungsakademie Ostwestfalen-Lippe
Evelyn *Haas*	Richterin am Bundesverwaltungsgericht		Referatsleiterin in der niedersächsischen Staatskanzlei		
Dieter *Hömig*	Richter am Bundesverwaltungsgericht		Beamter im Innenministerium		
Udo *Steiner*	Professor für öffentliches Recht		Richter im Nebenamt am Oberverwaltungsgericht NW		
Christine *Hohmann-Dennhardt*	Ministerin für Wissenschaft und Kunst in Hessen	Justizministerin in Hessen	Richterin an Sozialgerichten		Lehrauftrag an der Universität Frankfurt/Main
Wolfgang *Hoffmann-Riem*	Professor für öffentliches Recht	Justizsenator der Freien und Hansestadt Hamburg		Rechtsanwalt	
Brun-Otto *Bryde*	Professor für öffentliches Recht und Politische Wissenschaft				
Reinhard *Gaier*	Richter am Bundesgerichtshof				

Tabelle 6:   Berufliche und politische Erfahrung der im Jahre 2006 amtierenden Bundesverfassungsrichter (Erster Senat)

Während die Zahl der Richter mit beruflicher Erfahrung in einer Anwaltskanzlei, in der Wirtschaft und in Parlamenten abgenommen hat, stieg die Zahl der Richter mit einer Justiz-, Verwaltungs-und Hochschulkarriere.[31] Parallelen zwischen der „Bürokratisierung des Gerichts"[32] und einer Verengung der politischen Erfahrung der Verfassungsrichter auf den exekutiven Bereich einerseits und einer wachsenden Bedeutung der Exekutive im politischen System der Bundesrepublik andererseits sind zu erkennen.[33]

Der empirische Befund lässt sich auf den Nenner bringen: Auswahl und Wahl der Bundesverfassungsrichter zeigen Defizite an Transparenz, an demokratischer Legitimität und an Differenz der beruflichen und politischen Erfahrung. Die Transparenz wird durch die Beteiligung nur weniger Personen bei der Kandidatenauswahl und die geringe Information der

---

30   Landfried, Bundesverfassungsgericht und Gesetzgeber, a. a. O. (Fn. 1), Tabellen I.5 bis I.8.

31   Landfried, Bundesverfassungsgericht und Gesetzgeber, a. a. O. (Fn. 1), S. 29.

32   Bryde, Brun-Otto: Verfassungsentwicklung, Stabilität und Dynamik im Verfassungsrecht der Bundesrepublik Deutschland, Baden-Baden: Nomos 1982, S. 153.

33   Vgl. zu dem Wandel hinsichtlich der geschlechtsbezogenen Zusammensetzung des Gerichtes Helms, Entwicklungslinien der Verfassungsgerichtsbarkeit in der parlamentarischen Demokratie der Bundesrepublik Deutschland, a. a. O. (Fn. 5), S. 151.

Öffentlichkeit über die Kandidaten beeinträchtigt. Die indirekte demokratische Legitimität derjenigen Richter, die durch den Bundestag zu wählen sind, ist durch die Delegation dieser wichtigen Aufgabe an einen Ausschuss eingeschränkt. Die Differenz der politischen und beruflichen Erfahrung der Bundesverfassungsrichter wird durch den strikten Proporz der beiden großen Parteien bei der Wahl und durch die abnehmende Vielfalt der beruflichen Erfahrung der Richter verkürzt. Jutta Limbach, ehemalige Präsidentin des BVerfG, stellte die rhetorische Frage: „Ist nicht die Chance, daß alle Meinungen und Interessen Gehör finden, und das Erfahrungsaufgebot am größten, wenn Menschen unterschiedlicher Herkunft, Glaubens und Weltanschauung, nicht zu vergessen Geschlechts an einem Richtertisch beieinander sitzen?"[34]

Name	Berufliche Tätigkeit zum Zeitpunkt der Wahl	Zusätzlich Politische Betätigung in Exekutive und/ oder Legislative	Zusätzlich Berufliche Erfahrung in der Justiz und/oder der Verwaltung	Zusätzlich Berufliche Erfahrung als Anwalt und/ oder Notar	Zusätzlich Berufliche Erfahrung in der Lehre bzw. der Forschung
Winfried Hassemer (Vizepräsident)	Hessischer Datenschutzbeauftragter				Professor für öffentliches Recht
Siegfried Broß	Richter am Bundesgerichtshof		Rechtsabteilung der Bayerischen Staatskanzlei		Lehrtätigkeit in Speyer
Lerke Osterloh	Professorin für öffentliches Recht		Beamtin im Innenministerium		
Udo di Fabio	Professor für öffentliches Recht		Beamter in der Kommunalverwaltung		
Rudolf Mellinghoff	Richter am Bundesfinanzhof		Referatsleiter im Justizministerium MV		
Gertrude Lübbe-Wolff	Professorin für öffentliches Recht		Leiterin des Umweltamtes Bielefeld		
Michael Gerhardt	Richter am Bundesverwaltungsgericht		Bayerisches Staatsministerium des Inneren		
Herbert Landau	Staatssekretär im Hessischen Justizministerium	Persönlicher Referent des hessischen Justizministers	Richter am Bundesgerichtshof		

Tabelle 7: Berufliche und politische Erfahrung der im Jahre 2006 amtierenden Bundesverfassungsrichter (Zweiter Senat)

4 Überlegungen zu einer Reform der Wahl der Verfassungsrichter

Der Weg zu einer demokratischen, transparenten und Differenz achtenden Wahl der Mitglieder des BVerfG ist nicht in einer „möglichst parteineutralen und apolitischen Richterauswahl" zu suchen.[35] Wie eingangs betont, ist es gerade die spezifische Rationalität der Verfassungsgerichtsbarkeit, sowohl Gerichtshof als auch Verfassungsorgan zu sein.[36] Worum es geht, ist eine Wahl der Bundesverfassungsrichter, die durch ihre Gestaltung die de-

---

34 Limbach, Jutta: Die Akzeptanz verfassungsgerichtlicher Entscheidungen. In: Brand / Strempel, a. a. O. (Fn. 26), S. 219.
35 Ebd.
36 Preuß, Die Wahl der Mitglieder des BVerfG als verfassungsrechtliches und –politisches Problem, a. a. O. (Fn. 9), S. 390.

mokratische Legitimität der Verfassungsgerichtsbarkeit begründet. Die Wahl der Verfassungsrichter durch Bundestag und Bundesrat hat eine nur indirekte demokratische Legitimation der Richter zur Folge. Aus diesem Grund wäre es geboten, dass die Verfassungsrichter, die vom Bundestag gewählt werden, unmittelbar vom Plenum und nicht ein weiteres Mal „indirekt" von einem Ausschuss des Bundestages gewählt werden.

Sodann müsste sehr viel mehr Transparenz bei der Auswahl und Wahl der Verfassungsrichter gewährleistet sein. Mehr Transparenz hätte das Ziel, eine öffentliche Debatte über die wichtige Wahl der Verfassungsrichter zu ermöglichen. Die Notwendigkeit der Publizität der Auswahl und Wahl der Verfassungsrichter ergibt sich aus Artikel 94 Grundgesetz: Verfassungsrichter werden nicht berufen, sondern je zur Hälfte vom Bundestag und vom Bundesrat gewählt. Die demokratische Verantwortlichkeit der Richter verlangt die „Publizität des der Wahlentscheidung vorausgehenden Auswahlverfahrens, in dem die Kandidaten Auskunft über sich zu geben haben."[37] Es wurde daher vorgeschlagen, eine öffentliche Anhörung der Kandidatinnen und Kandidaten vor einem Ausschuss des Bundestages durchzuführen. Der Ausschuss würde auf der Basis der Anhörungen mit einer 2/3 Mehrheit eine Vorschlagsliste für die zu wählenden Verfassungsrichter verabschieden. Es wäre dann die Aufgabe des Plenums des Bundestages, aus der Vorschlagsliste die Mitglieder des BVerfG zu wählen.[38]

Warum aber sollte man nicht gleich das Plenum des Bundestages zum Ort der Anhörung der Kandidaten für das Amt einer Verfassungsrichterin oder eines Verfassungsrichters machen? Es wird befürchtet, eine Anhörung im Plenum führe lediglich zu einer Inszenierung von Öffentlichkeit und nehme der Öffentlichkeit ihr kritisches Potential.[39] Diese Gefahr besteht aber auch bei einer Anhörung im Ausschuss. Die Bedeutung der Wahl der Verfassungsrichter für die Legitimität der Verfassungsrechtsprechung legte es nahe, dass die Anhörung der Kandidaten und die Wahl gleichermaßen im Plenum des Bundestages stattfinden. Für die vom Bundesrat zu wählenden Verfassungsrichter sollte es ebenfalls eine öffentliche Anhörung der Kandidaten geben. Die Öffentlichkeit käme durch solche Anhörungen im Bundestag und im Bundesrat am ehesten zu ihrem Recht, die Wahlen der Verfassungsrichter informiert zu kritisieren und zu kontrollieren.

Die Realität der Wahlen der Mitglieder des BVerfG ist jedoch von der Möglichkeit, die Öffentlichkeit in den Prozess der Richterwahlen einzubeziehen, weit entfernt. „Verschwiegenheit" heißt die Devise des Wahlverfahrens im Bundestag nach § 6 des Bundesverfassungsgerichtsgesetzes. „Offenheit und Öffentlichkeit" müsste die Devise lauten, wenn die Wahl der Verfassungsrichter als Quelle demokratischer Legitimität geeignet sein sollte.

---

37 Ebd., S. 394.
38 Ebd.
39 Ebd.

André Brodocz / Steven Schäller

Fernsehen, Demokratie und Verfassungsgerichtsbarkeit

In der Geschichte des deutschen Fernsehens erhält das Bundesverfassungsgericht (BVerfG) häufig nur eine Nebenrolle.[1] Dabei wird jedoch übersehen, dass unser Fernsehen ohne das BVerfG heute vermutlich ganz anders aussähe. Denn das Fernsehen ist konstitutiver Bestandteil unserer Rundfunkordnung,[2] die in erheblichem Maße durch die Rechtsprechung des BVerfG geprägt wurde. Möglich wurde dieser Einfluss des BVerfG nicht zuletzt deshalb, weil es an eindeutigen Formulierungen im Grundgesetz zum Fernsehen mangelt. Die in diesen Konflikten zu klärenden Fragen bezogen sich im Hinblick auf die Rundfunkordnung vor allem auf fünf Aspekte: den Charakter des Grundrechts auf freie Berichterstattung, die föderale Regelung der Gesetzgebungskompetenz zwischen Bund und Ländern, die Staatsfreiheit, das duale Rundfunksystem und die Finanzierung der öffentlich-rechtlichen Anstalten. Durch bislang acht Rundfunkentscheidungen hat das BVerfG die aktuelle Verfassung des Fernsehens in Deutschland mitgestaltet. Die ersten beiden Entscheidungen von 1961 und 1971 klärten zunächst, wer in welchem Maße für die Rundfunkgesetzgebung zuständig ist. Bei den vier folgenden Entscheidungen zwischen 1981 und 1991 standen dann landesgesetzliche Regelungen im Zusammenhang mit privaten Rundfunkanbietern und deren Verhältnis zu den öffentlich-rechtlichen Rundfunkanstalten auf dem Prüfstand. Schließlich befassten sich die bislang letzten beiden Entscheidungen von 1992 und 1994 mit der Finanzierungsgrundlage der öffentlich-rechtlichen Rundfunkanstalten. Darüber hinaus hat sich das BVerfG 1994 und 2001 in zwei Entscheidungen damit beschäftigt, ob das Fernsehen mit Ton- und Filmaufnahmen aus Gerichtssälen berichten darf.

Im Folgenden wird rekonstruiert, wie das BVerfG an unserem heutigen Bild vom Fernsehen beteiligt war. Zuerst werden wir darlegen, wie aus dem Grundrecht auf freie Berichterstattung ein implizites Grundrecht auf Fernsehen entwickelt worden ist (1). Dessen Verwirklichung muss der Staat garantieren. Zwar hat das BVerfG dem Bundesgesetzgeber die Hoheit über die öffentlich-rechtlichen Sendeanstalten zugunsten der Bundesländer entzogen (2), doch bleiben die Sendeanstalten aufgrund der „Staatsfreiheit" auch den Ländern gegenüber unabhängig (3). Trotz dieser Unabhängigkeit vom Staat sind private Fernsehanbieter dem BVerfG zufolge nicht grundsätzlich ausgeschlossen (4). Doch verlieren die öffentlich-rechtlichen Sender wegen deren Existenz auch nicht ihren Anspruch auf eine staatliche Unterstützung in Form von Fernsehgebühren (5). Obwohl das BVerfG damit die organisatorischen Strukturen und ihre inhaltliche Ausfüllung insgesamt gesehen stetig liberalisiert hat, hat es die eigenen Türen für eine Berichterstattung aus Gerichtssälen eher geschlossen gehal-

---

1   So etwa bei Hickethier, Knut: Phasenbildung in der Fernsehgeschichte. Ein Diskussionsvorschlag, in: Kreuzer, Helmut / Schanze, Helmut (Hg.), Fernsehen in der Bundesrepublik Deutschland: Perioden – Zäsuren – Epochen. Heidelberg 1991, S. 11-37.

2   Vgl. für eine kurze Einführung in das Thema Rundfunk Mathes, Rainer / Donsbach, Wolfgang: Rundfunk, in: Noelle-Neumann, Elisabeth / Schulz, Winfried / Wilke, Jürgen (Hg.), Publizistik, Massenkommunikation. Frankfurt/M. 2004, S. 546-596. Das Verhältnis von Rundfunk und Staatsrecht beleuchtet einführend Ricker, Reinhart: Medienrecht, in: Noelle-Neumann / Schulz / Wilke, a. a. O., S. 241-264.

ten (6), was abschließend die Frage aufwirft, warum sich das BVerfG quasi ein Persönlichkeitsrecht auf das eigene Bild vorbehält (7).

1 Das implizite Grundrecht auf freies Fernsehen

Dass sich das Grundrecht aus Art. 5 Abs. 1 Satz 2 GG von anderen Grundrechten unterscheidet, hat das BVerfG bereits in der 1. Rundfunkentscheidung, dem Urteil zu Adenauers Deutschland-Fernsehen,[3] festgestellt. Mit der so genannten „Sondersituation" begründet das BVerfG den Unterschied zu anderen Grundrechten, die sich durch ihren individuellen subjektiv-rechtlichen Gehalt auszeichnen. Die „Sondersituation" des Rundfunk- und Fernsehmarktes ist durch technisch knappe Frequenzen sowie durch einen hohen finanziellen Aufwand gekennzeichnet.[4] Da Hörfunk und Fernsehen eine herausragende Stellung für den demokratietheoretisch so bedeutsamen Prozess der öffentlichen Kommunikation einnehmen, ergeben sich aus der Sondersituation zwei Konsequenzen, die das BVerfG in nachfolgenden Entscheidungen aufgegriffen, spezifiziert und weiterentwickelt hat. Die erste Konsequenz ist die vom BVerfG formulierte Aufgabe für den Staat, in diesen Markt ordnend einzugreifen. Die zweite – und für den Charakter des Grundrechts sehr viel bedeutendere – Konsequenz ist die Ausweitung des Grundrechts auf die Rundfunk- und Fernsehanstalten sowie die Konstruktion der Rundfunkfreiheit als „dienendes" Grundrecht. Damit wird es seines primär subjektiv-rechtlichen Gehalts entkleidet und für die „unmittelbar dem durch die Grundrechte geschützten Lebensbereich"[5] zugeordneten Sendeanstalten geöffnet. Diese erhalten dadurch das Recht, vor dem BVerfG Verfassungsbeschwerde einzulegen.[6] Der dienende Charakter der Rundfunkfreiheit kommt in ihrer grundlegenden Bedeutung für die freiheitliche und pluralistische Demokratie zum Ausdruck.[7] Die Bürger haben danach quasi ein implizites Grundrecht auf freie Rundfunk- und Fernsehsender. Denn diese sind eine Grundvoraussetzung für den Prozess der öffentlichen Kommunikation, der Meinungsbildung der Staatsbürger und der Selbstverständigung einer demokratischen Gesellschaft. Die Freiheit von Rundfunk und Fernsehen zu gewährleisten, ist die Aufgabe des demokratischen Staates.

2 Die Gesetzgebungskompetenz der Länder über das Fernsehen

Die Kompetenz zur Gesetzgebung im Rundfunkbereich war in der Bundesrepublik zunächst nicht umstritten. Die Besatzungsmächte hatten in ihren Zonen unabhängige Rundfunkanstal-

---

3   BVerfGE 12, 205. Vgl. dazu Müller-Terpitz, Ralf: BVerfGE 12, 205 – Deutschland-Fernsehen. Ein Backenstreich für Adenauer!, in: Menzel, Jörg (Hg.), Verfassungsrechtsprechung. Hundert Entscheidungen des Bundesverfassungsgerichts in Retrospektive. Tübingen 2000, S. 122-128.

4   BVerfGE 12, 205 (261), BVerfGE 57, 295 (322-324).

5   BVerfGE 31, 314 (322).

6   Vgl. Wilhelmi, Martin: Verfassungsrechtliche Probleme des öffentlich-rechtlichen Rundfunks in den neuen Bundesländern. Lokale Grundversorgung, Staatsfreiheit, Finanzierung. Berlin 1995, 30-32. Vgl. auch zu dem Charakter der Rundfunkanstalten als Sachwalter einer öffentlich-rechtlichen Aufgabe Ricker, Reinhart: Kommunikationspolitisch relevante Urteile des Bundesverfassungsgerichts seit 1967, in: Publizistik 21 (1976), S. 411-434 (hier: S. 425-426).

7   BVerfGE 57, 295 (319-322), BVerfGE 73, 118 (152).

ten errichtet, die sich im Kompetenzbereich der Länder befanden.[8] Daraus war jedoch zunächst nicht zu schließen, dass der Bund keine Gesetzgebungskompetenz im Rundfunkbereich besäße. Erst in der Auseinandersetzung um Adenauers Pläne eines vom Bund veranstalteten Fernsehprogramms wurde diese Frage verfassungsrechtlich akut. Die Regierung Adenauer berief sich im Streit mit den Ländern auf den Art. 73 Nr. 7 GG. Diese Norm gab dem Bund ausschließliche Gesetzgebungskompetenzen im Bereich Post- und Fernmeldewesen. Daraus leitete die Regierung Adenauer das verfassungsmäßige Recht ab, eine Rundfunk- und Fernsehanstalt auf der Basis von Bundesgesetzen ins Leben rufen zu können. Der konkrete Streit entzündete sich am eigenmächtigen Vorgehen Adenauers. Dieser wollte nicht nur die Front der Länder parteipolitisch spalten, sondern auch die Grundlagen für einen Fernsehsender schaffen, der nur noch eine geringe Unabhängigkeit von der Bundesregierung aufwies. Man befürchtete deshalb einen regierungseigenen Sender, der die Bevölkerung mit der „offiziellen Sichtweise" der Bundesregierung vertraut machen sollte.[9] Dies wäre nicht zuletzt für die Entwicklung der noch jungen bundesdeutschen Demokratie höchst bedenklich gewesen. Das BVerfG lehnte den Anspruch der Zuständigkeit des Bundes für die Rundfunkgesetzgebung ab. Denn die Kompetenzen des Bundesgesetzgebers beziehen sich gemäß Art. 73 Nr. 7 GG allein auf die technische, nicht aber auf die inhaltliche Seite von Rundfunk und Fernsehen.[10] Da das Grundgesetz keine weitere Regelung getroffen habe, fallen die Kompetenzen zur gesetzlichen Regelung naturgemäß den Ländern zu. Diese wiederum seien verpflichtet, unter den Bedingungen der „Sondersituation" gesetzgeberisch aktiv zu werden, um die Rundfunkfreiheit zu gewährleisten. Die Gesetzgebungskompetenz für den Rundfunk und das Fernsehen liegt also bei den Ländern und wurde vom BVerfG zugleich mit einem Auftrag zum gestaltenden Eingriff in deren Ordnung verbunden.[11]

3 Die Freiheit der Fernsehanstalten

Die Freiheit der Fernseh- und Rundfunkanstalten zeigt sich für das BVerfG in ihrer Freiheit vom Staat. Mit dieser sogenannten „Staatsfreiheit" verbindet das BVerfG bestimmte Annahmen über die Grundlagen einer freiheitlichen Demokratie. Dazu gehört der Prozess der öffentlichen Kommunikation, der die Grundlage von Information, Meinungsbildung und Selbstverständigung eines demokratischen Gemeinwesens bildet. Dieser Prozess soll unabhängig vom Staat und ohne Kontrolle durch staatliche Organe ablaufen.[12] Wird also auf Grund der Sondersituation das Eingreifen des Staates notwendig, so darf dies nur geschehen, um den Prozess der öffentlichen Kommunikation zu schützen.[13] Schon in der 1. Rundfunkentscheidung hatte das BVerfG die mangelnde Unabhängigkeit der Deutschland Fernsehen

---

8   BVerfGE 12, 205 (210-212).
9   Vgl. Laufer, Heinz: Verfassungsgerichtsbarkeit und politischer Prozeß. Tübingen 1968 (hier: S. 447-478) und Müller-Terpitz, BVerfGE 12, 205 – Deutschland-Fernsehen (Fn. 3).
10   BVerfGE 12, 205 (225-230).
11   Vgl. dazu auch Schumacher, Birgit: Kommunikationspolitisch relevante Urteile des Bundesverfassungsgerichts seit 1976, in: Publizistik 32 (1987), S. 405-421 (hier: S. 413-415).
12   BVerfGE 31, 314 (329-330).
13   Zunächst sah das Bundesverfassungsgericht nur die Freiheit der Berichterstattung mit der Gründung der Deutschland Fernsehen GmbH durch den Staat gefährdet (vgl. BVerfGE 12, 205 [262]). In späteren Entscheidungen rückte dann der Prozess der öffentlichen Kommunikation insgesamt als ein schützenswertes öffentliches Gut in den Mittelpunkt des gesetzlichen Gestaltungsauftrages (vgl. BVerfGE 57, 295 [320]).

GmbH von staatlichen Organen kritisiert.[14] Der Staat hat zwar die Aufgabe, gesetzliche Regelungen zur Organisation der Rundfunk- und Fernsehsender zu erlassen. Diese gesetzlichen Regelungen sind aber wiederum an bestimmte verfassungsrechtliche Kriterien gebunden. Unter diesen Kriterien ist zu allererst die Staatsfreiheit zu nennen.

Jedoch endet das Gebot der Staatsfreiheit nicht schon bei den Organisationsstatuten der Rundfunk- und Fernsehsender. Denn wie sich in der Praxis zeigte, konnte sich der Versuch staatlicher Einflussnahme auch auf andere Bereiche ausdehnen. Dazu gehörte beispielsweise die Vergabepraxis von Rundfunklizenzen an private Anbieter durch staatliche Behörden. So war in der 3. Rundfunkentscheidung eine Norm des saarländischen Rundfunkgesetzes zur Vergabe von Rundfunklizenzen an private Anbieter strittig. Das BVerfG erklärte diese Norm für unvereinbar mit dem Grundgesetz, weil der staatlichen Behörde ein Ermessensspielraum bei der Vergabe der Lizenzen eingeräumt wurde. Dieser Ermessensspielraum könne dazu führen, dass sich Rundfunkanbieter, die sich um eine Lizenz bewerben, durch vorauseilenden Gehorsam dem politischen Willen der Entscheidungsträger anpassen. Deswegen müsse der Ermessensspielraum bei der Vergabe von Lizenzen nicht nur sehr gering gehalten werden. Es seien auch sachfremde Erwägungen aus diesem Ermessensspielraum auszuschalten. So dürften beispielsweise nur solche Erwägungen einfließen, die sich an den Erfordernissen der Rundfunkfreiheit orientieren. Die gesetzlichen Regelungen, die das Saarland dazu getroffen hatte, gaben der Landesregierung einen zu großen Spielraum. Durch das in Frage stehende Gesetz wurden zwar Bedingungen aufgestellt, die ein Bewerber zu erfüllen hatte. Der Gesetzgeber hatte aber, so das BVerfG, „jegliche Regelung der Frage unterlassen, was zu geschehen habe, wenn der Bewerber jenen Bedingungen genügt".[15] Im vorliegenden Streitfall erfüllte der Bewerber die Bedingungen, jedoch erteilte ihm die Landesregierung dennoch nicht die gewünschte Lizenz. Dieser Ermessensspielraum war nicht mit dem Grundgesetz vereinbar, da er den Grundsatz der Staatsfreiheit und damit die verfassungsrechtlich vorgeschriebene Freiheit von Rundfunk- und Fernsehsendern verletzt.[16]

4 Das private und öffentliche Fernsehen

Mit dem Begriff des „dualen Rundfunksystems" reagierte das BVerfG 1987 auf neue Entwicklungen im bundesdeutschen Rundfunk- und Fernsehmarkt. Zwar führte der aus der Sondersituation resultierende gesetzliche Gestaltungsauftrag zu einem Monopol der öffentlich-rechtlichen Rundfunkanstalten. Jedoch hat das BVerfG schon in seiner 1. Rundfunkentscheidung deutlich gemacht, dass private Anbieter auf dem Rundfunk- und Fernsehmarkt zu-

---

14 „Die Gesellschaft [die Deutschland Fernsehen GmbH, AB/StS] ist also völlig in der Hand des Staates. Sie ist ein Instrument des Bundes, sie wird Kraft der verfassungsmäßigen Kompetenzen der Bundesregierung und des Bundeskanzlers von diesen beherrscht" (BVerfGE 12, 205 [263]).

15 BVerfGE 57, 295 (328).

16 In der 4. Rundfunkentscheidung hatte das BVerfG sich erneut dem verfassungsrechtlichen Problem einer Landesbehörde zu stellen, die durch Gesetz dazu bestimmt war, Sendeerlaubnisse auszustellen. Das BVerfG stellte nochmals klar, dass der Gesetzgeber grundsätzlich dazu befugt ist, eine Landesbehörde mit dieser Aufgabe zu bestellen. Allerdings müssen die Entscheidungen der Behörde an gesetzliche Bestimmungen gebunden sein, ihre Handlungs- und Wertungsspielräume sind zu minimieren und sachfremde Erwägungen auszuschalten. Vgl. dazu auch Schumacher, Kommunikationspolitisch relevante Urteile des Bundesverfassungsgerichts seit 1976 (Fn. 11), S. 417.

lässig sind.[17] Es brauchte dann allerdings noch einmal etwa zwanzig Jahre bis sich technischer Fortschritt, politischer Wille und die wirtschaftliche Situation zu der neuen Konstellation auf dem Rundfunkmarkt verdichteten: die Konkurrenz von öffentlichen-rechtlichen mit privaten Fernsehsendern. Das BVerfG hat sich in vier Rundfunkentscheidungen – von der 3. bis zur 6. Rundfunkentscheidung – mit entsprechenden landesgesetzlichen Regelungen beschäftigt. Strittig waren dabei die Regelungen zur Zulassung privater Anbieter, das Verhältnis zwischen öffentlich-rechtlichen Anstalten und privaten Anbietern sowie die staatliche Gewährleistungspflicht der Rundfunkfreiheit, die in einer „Führsorgepflicht" für die öffentlich-rechtlichen Rundfunk- und Fernsehanstalten mündet.

Mit der Zulassung privater Anbieter stellte sich die Frage nach der Daseinsberechtigung der öffentlich-rechtlichen Anstalten neu. Wenn die neuen technischen Möglichkeiten eine Vielzahl von Veranstaltern zulassen, warum sollten dann noch die öffentlich-rechtlichen Anstalten als vom Staat unabhängige Träger der Rundfunkfreiheit existieren? So bedeutete doch gerade die Freisetzung der Potentiale eines privat betriebenen Rundfunks und Fernsehens eine zusätzliche Informations-, Meinungsbildungs- und Unterhaltungsvielfalt. Das BVerfG gab auf dieses Legitimationsproblem der öffentlich-rechtlichen Sendeanstalten zwei Antworten: Zum einen war es der Ansicht, dass die Sondersituation nicht schon allein wegen der fallenden technischen Beschränkungen obsolet wird.[18] Unter dem Aspekt der finanziellen Hürden sei eine Sicherung der Meinungsvielfalt nicht gegeben. Nur finanzstarke Betreiber seien in der Lage, den hohen Aufwand für die Veranstaltung eines Fernsehsenders zu sichern. Der Prozess der öffentlichen Kommunikation habe sich als so bedeutsam für eine freiheitliche Demokratie erwiesen, dass öffentlich-rechtliche Rundfunk- und Fernsehanstalten in ihrem Bestand weiterhin geschützt werden müssen.[19] Allein aus seinem Charakter ergäbe sich, dass ein privater Fernsehanbieter nicht in der Lage ist, die hohen verfassungsrechtlichen Ansprüche an den öffentlichen Kommunikationsprozess einzulösen. Es entspräche vielmehr den Marktgesetzen, dass private Anbieter ein massenattraktives Programm gestalten, mit dem hohe Zuschauerzahlen gewonnen werden, um entsprechende Werbeeinnahmen zu erzielen. Demgegenüber besäßen die öffentlich-rechtlichen Anstalten einen Programmauftrag, der den verfassungsrechtlichen Ansprüchen an den öffentlichen Kommunikationsprozess entspricht.[20]

Auf dieser Gegenüberstellung der Leistungen der öffentlich-rechtlichen Anstalten im Vergleich zu den privaten Anbietern gründet das BVerfG zum anderen den Begriff der „Grundversorgung".[21] Die Grundversorgung ist eine wichtige Voraussetzung für das Gelingen des öffentlichen Kommunikationsprozesses. Der Begriff der Grundversorgung beinhaltet drei Elemente: Erstens muss eine Übertragungstechnik bereitgestellt werden, die den Empfang von Rundfunk- und Fernsehprogrammen allen Bürgern gleichermaßen ermöglicht. Zweitens müssen dazu auch inhaltliche Programmstandards implementiert werden, die dem Programmauftrag in vollem Maße entsprechen. Und drittens müssen schließlich organisato-

---

17 Vgl. die bis dahin wenig beachtete Passage aus der 1. Rundfunkentscheidung (BVerfGE 12, 205 [262]).

18 BVerfGE 57, 295 (322-324).

19 BVerfGE 73, 118 (158).

20 Vgl. zur demokratietheoretischen Rechtfertigung eines demokratisch kontrollierten Fernsehens auch Sunstein, Cass R.: Das Fernsehen und die Öffentlichkeit, in: Wingert, Lutz / Günther, Klaus (Hg.), Die Öffentlichkeit der Vernunft und die Vernunft der Öffentlichkeit. Festschrift für Jürgen Habermas. Frankfurt a. M. 2001, S. 678-701.

21 BVerfGE 73, 118 (157). Vgl. zum Begriff der Grundversorgung auch Schumacher, Kommunikationspolitisch relevante Urteile des Bundesverfassungsgerichts seit 1976 (Fn. 11), S. 419.

rische und verfahrensrechtliche Vorkehrungen getroffen werden, die die bestehende Meinungsvielfalt angemessen widerspiegeln und sichern.[22]

Offensichtlich werden diesem Begriff der Grundversorgung private Anbieter nicht gerecht. Für sie gelten dementsprechend geringere Standards: der sogenannte „Grundstandard".[23] Die Grundversorgung dagegen ist Angelegenheit der öffentlich-rechtlichen Anstalten. Das bedeutet, dass Rundfunk und Fernsehen in ihrer Gesamtheit ein Garant für die umfassende individuelle und öffentliche Meinungsbildung sind. Solange allein die privaten Anbieter die individuelle und öffentliche Meinungsbildung in ihrer Vielfalt nicht gewährleisten können, bleibt die Grundversorgung Aufgabe der öffentlich-rechtlichen Sendeanstalten. Für die Arbeit der privaten Anbieter ist der Umkehrschluss aus dieser Regel aber viel bedeutender: Solange die öffentlich-rechtlichen Sender die Grundversorgung abdecken, ist der hohe Maßstab der Grundversorgung nicht an die privaten Anbieter anzulegen.[24]

Aus dem Maßstab der Grundversorgung ergeben sich für das so getaufte „duale Rundfunksystem"[25] programmatische, organisatorische und finanzielle Konsequenzen. Für die Organisation der öffentlich-rechtlichen Sender und die Ausgestaltung ihres Programms gilt Binnenpluralismus. Dies bezieht sich zum einen auf die Organisationsstatuten, die in angemessener Weise die Vertretung der gesellschaftlichen Interessengruppen gewährleisten sollen. Zum anderen hat dies für ihr Programm zur Konsequenz, dass es in seiner Gesamtheit ausgewogen sein muss.[26] Für die öffentlich-rechtlichen Rundfunkanstalten ergeben sich zudem aus dem dualen Rundfunksystem bestimmte Vorrechte gegenüber den privaten Anbietern. So haben sie eine Bestandsgarantie, die es ihnen ermöglicht, für zukünftige technologische Entwicklungen im Rundfunkbereich offen zu sein und in der Ausdehnung der Aufgaben auf diese Bereiche geschützt zu werden.[27] Schließlich ist als letzter aber sehr wichtiger Vorteil gegenüber den Privaten die Finanzierung der öffentlich-rechtlichen Sendeanstalten zu nennen. Ihre finanziellen Bedürfnisse müssen von staatlicher Seite gesichert werden.[28]

5 Die Fernsehgebühren

Die bislang letzten beiden Rundfunkentscheidungen des BVerfG beschäftigten sich mit der Finanzierung des öffentlich-rechtlichen Rundfunks und Fernsehens – und damit indirekt auch mit der Gewährleistungs- und Fürsorgepflicht des Staates (unmittelbar für den öffentlichen Kommunikationsprozess und damit mittelbar) für die öffentlich-rechtlichen Sender. In der 7. Rundfunkentscheidung stellt das BVerfG fest, dass die Finanzierung der öffentlich-rechtlichen Sender primär auf den Einnahmen der Gebühren für Rundfunk und Fernsehen basiert. Darüber hinaus gehörten dazu in einem sehr viel geringeren Maße aber auch Werbeeinnahmen. Jedoch sei der Gesetzgeber nicht verpflichtet, die Einnahmen der öffentlich-rechtlichen Sender auch durch Werbung zu sichern. Zwar würden Werbeeinnahmen eine

---

22   BVerfGE 74, 297 (326).
23   BVerfGE 73, 118 (160).
24   BVerfGE 73, 118 (159, 168-169).
25   BVerfGE 74, 297 (335).
26   BVerfGE 73, 118 (169-171).
27   BVerfGE 83, 238 (298). Vgl. dazu auch Müller-Terpitz: BVerfGE 83, 238 – 6. Rundfunkurteil, a. a. O. (Fn. 3), S. 456-461. Ab 2007 verlangen die öffentlich-rechtlichen Sender mit diesem Argument des BVerfG auch Gebühren von Bürgern, die via Internet Zugang zu ihren Inhalten haben.
28   BVerfGE 73, 118 (158).

größere Unabhängigkeit von der Politik und deren Einflussnahme bedeuten. Dennoch lasse sich das Recht auf Werbeeinnahmen für öffentlich-rechtliche Anstalten nicht aus dem Grundgesetz ableiten. Aus dem Grundgesetz sei lediglich der Anspruch herzuleiten, dass die Tätigkeit der öffentlich-rechtlichen Sender vom Gesetzgeber hinreichend gesichert sein muss.[29] Maßgeblich sei hierbei das „Erforderlichkeitskriterium":[30] Unter dieses Kriterium fällt der Finanzbedarf für jene Programme, die zur Erfüllung der „spezifischen Funktionen des öffentlich-rechtlichen Rundfunks erforderlich sind".[31] Dazu gehören zunächst die Aufgaben, die sich für die öffentlich-rechtlichen Anstalten aus dem Grundversorgungsauftrag ergeben. Darüber hinaus aber haben sie auf der Grundlage ihrer Programmautonomie das Recht, selbständig festzulegen, welche Aufgaben die Grundversorgung übersteigen und dennoch zu ihren unerlässlichen spezifischen Funktionen gehören.[32]

In dieser vom BVerfG getroffenen Regelung steckten erhebliche Unklarheiten, die auch zur 8., bislang letzten Rundfunkentscheidung führten. Strittig war das Verfahren zur Gebührenfestsetzung, dessen Vereinbarkeit mit dem Grundgesetz vom Bayerischen Verwaltungsgerichtshof in Frage gestellt wurde. Zwar ist das Verfahren zur Festsetzung der Gebühren, so wie es praktiziert wurde, in Form einer staatsvertraglichen Vereinbarung mit anschließender Umsetzung in Landesrecht verfassungsgemäß. Dennoch machte das BVerfG wichtige Einschränkungen. Es schlug ein dreistufiges Verfahren vor, das dann später durch einen Staatsvertrag auch umgesetzt wurde. Danach melden in einem ersten Schritt die öffentlich-rechtlichen Sender ihren Finanzbedarf an. Dieser Finanzbedarf wird im zweiten Schritt von einer auf gesetzlicher Grundlage arbeitenden unabhängigen Kommission geprüft. Kriterien dieser Prüfung sind die Erforderlichkeit und die Wirtschaftlichkeit der von den öffentlich-rechtlichen Anstalten geplanten Programmmaßnahmen. Im dritten Schritt schließlich entscheidet der Gesetzgeber über die Gebührenhöhe. Er kann dabei nur vom angemeldeten Finanzbedarf abweichen, wenn er nachprüfbare Gründe für seine Entscheidungen angibt. Dafür kommen aber nur „Gründe in Betracht, die vor der Rundfunkfreiheit Bestand haben. Programmliche und medienpolitische Zwecke scheiden (...) in diesem Zusammenhang aus".[33]

6 Das Gerichtsfernsehen

Die für die Demokratie konstitutive Freiheit der Rundfunk- und Fernsehberichterstattung stößt ausgerechnet im Gericht an ihre Grenzen. Auch daran war das BVerfG maßgeblich beteiligt. Relevant für dieses Problem sind zwei Entscheidungen des BVerfG zu Fernsehaufnahmen im Gerichtssaal[34] sowie die Neufassung des § 17a BVerfGG, die zeitlich zwischen beiden Entscheidungen liegt. In beiden Fällen hatten Fernsehanstalten gegen sitzungspolizei-

---

29 BVerfGE 74, 297 (342).

30 BVerfGE 87, 181 (202-203).

31 Wilhelmi, Verfassungsrechtliche Probleme des öffentlich-rechtlichen Rundfunks (Fn. 6), S. 38.

32 Vgl. Schwarz, Mathias: Überblick über die seit 1987 vom Bundesverfassungsgericht erlassenen kommunikationspolitisch bedeutsamen Entscheidungen, in: Publizistik 44 (1999), S. 1-34 (hier: S. 19-21).

33 BVerfGE 90, 60 (103-104). Im 8. Rundfunkänderungsstaatsvertrag weicht der Gesetzgeber von den Empfehlungen der Kommission ab. Statt der empfohlenen 1,09 € erhöht er die Rundfunkgebühren nur um 0,88 €. Die ARD hat dagegen im November 2005 Verfassungsbeschwerde erhoben. Die 9. Rundfunkentscheidung steht demnach bevor.

34 Im Einzelnen handelt es sich dabei um BVerfGE 91, 125 (Fernsehaufnahmen im Gerichtssaal I) und um BVerfGE 103, 44 (Fernsehaufnahmen im Gerichtssaal II).

liche Beschlüsse der Strafkammern des Landgerichts Berlin Verfassungsbeschwerde einge-
legt, weil diese ihnen auf der Grundlage des Gerichtsverfassungsgesetzes (§ 169 Satz 2
GVG) Fernsehaufnahmen im Zusammenhang mit Strafgerichtsprozessen gegen ehemalige
Mitglieder der politischen Führung der DDR untersagt hatten. Strittig war in beiden Verfah-
ren, ob das gesetzliche Verbot von Fernsehkameras im Gerichtssaal während mündlicher
Verhandlungen und Urteilsverkündigungen mit der grundgesetzlich garantierten Freiheit der
Berichterstattung vereinbar ist. In den beiden Verfahren um die Verfassungsmäßigkeit von
Fernsehaufnahmen im Gerichtssaal hat das BVerfG implizit damit auch seine eigene Rolle
(mit)verhandelt.

Um die beiden Streitfälle zu entscheiden, musste das BVerfG einerseits eine Rechtsgü-
terabwägung für die Freiheit der Berichterstattung „unter der Beachtung verfassungsrechtlicher Vorgaben wie insbesondere des Rechtsstaats- und Demokratieprinzips und des Schutzes
der Persönlichkeit"[35] vornehmen. Andererseits hatte es festzustellen, ob sich die – durch Einfügung von § 169 Satz 2 GVG schon 1964 erlassene – Begrenzung der Öffentlichkeit auf die
sogenannte „Saalöffentlichkeit"[36] sich innerhalb des verfassungsmäßigen Entscheidungs-
spielraums des Gesetzgebers bewegte. Nach diesen beiden Entscheidungen des Verfassungsgerichts sind Aufnahmen in Bild und Ton auch weiterhin gemäß des § 169 GVG ausgeschlossen, und die demokratische Öffentlichkeit bleibt in einem Gerichtssaal auf die Saalöffentlichkeit beschränkt.[37]

Allerdings hatte das BVerfG in der ersten Entscheidung zu Fernsehaufnahmen im Gerichtssaal festgestellt, dass eine Lösung zulässig sei, die zwei Anforderungen gerecht wird:
Einerseits muss ein sehr hohes öffentliches Interesse an der Gerichtsverhandlung existieren,
andererseits dürfen die Persönlichkeitsrechte der vor Gericht auftretenden Personen nicht
verletzt und der ordnungsgemäße Ablauf des Verfahrens nicht gefährdet werden.[38] Eine solche Lösung ist die sogenannte Pool-Lösung für Fernsehaufnahmen aus dem Gerichtssaal unmittelbar *vor* einer mündlichen Verhandlung.[39] Dabei einigen sich die Journalisten auf ein
Team, das Ton- und Filmaufnahmen in begrenztem Umfang herstellt und diese allen anderen
Journalisten kostenlos zur Verfügung stellt. Damit wäre sowohl ein großes Interesse der Öffentlichkeit befriedigt als auch der ordnungsgemäße Ablauf des Verfahrens nicht gefährdet.

Der 2. Senat des BVerfG hat daraufhin im Mai 1993 dementsprechend einstweilige Rah-
menbedingungen erlassen. Seit Juli 1995 durfte zudem das Verkünden der Urteilsgründe in
Fernsehen und Rundfunk gesendet werden. Erst 1998 hat jedoch der Gesetzgeber auch das
BVerfGG dieser bis dahin vom Gerichtsverfassungsgesetz abweichenden Praxis angepasst.
Seitdem sind Ton- und Filmaufnahmen im BVerfG vor der mündlichen Verhandlung bis zur
Feststellung der Anwesenheit der Verfahrensbeteiligten und zur Urteilsverkündung zugelas-

---

35 BVerfGE 103, 44 (61).
36 BVerfGE 103, 44 (65).
37 Siehe zu den Einschränkungen der Rundfunkfreiheit im Bereich der Judikative auch Pernice, Ina Maria: Öf-
    fentlichkeit und Medienöffentlichkeit. Die Fernsehberichterstattung über öffentliche staatliche Sitzungen am
    Beispiel von Bundestag und Bundesrat, Gerichten und Gemeinderäten. Berlin 2000, S. 131-163; Kuss, Matthi-
    as: Öffentlichkeitsmaxime der Judikative und das Verbot von Fernsehaufnahmen im Gerichtssaal. Berlin 1999.
    Vgl. für einen Vergleich der verschiedenen nationalstaatlichen Regelungen Braun, Yvonne: Journalistische
    Kultur auf der Anklagebank Rahmenbedingungen für Court-TV in Großbritannien, USA und Deutschland, in:
    Machill, Marcel (Hg.), Journalistische Kultur. Rahmenbedingungen im internationalen Vergleich. Opladen
    1997, S. 25-52.
38 BVerfGE 91, 125 (137-139).
39 Vgl. zur praktischen Umsetzung dieser Pool-Lösung Brodocz, André / Schäller, Steven: Hinter der Blende der
    Richterbank. Über den Tag der offenen Tür am Bundesverfassungsgericht, in: Vorländer, Hans (Hg.), Die Deu-
    tungsmacht der Verfassungsgerichtsbarkeit. Wiesbaden 2006, S. 235-258 (hier: S. 239 f.).

sen. Zwar betrachtete die Bundesregierung bei ihrer Stellungnahme im Verfahren zu „Fernsehaufnahmen im Gerichtssaal II" die Regelung des § 17a BVerfGG als einen ersten Schritt, „um Erfahrungen mit einer erweiterten Medienöffentlichkeit der Gerichtsverhandlung zu gewinnen".[40] Doch widersprach das BVerfG dieser Ansicht in seiner Entscheidung entschieden. Es beharrt auf einer „Sonderreglung",[41] die nicht ohne weiteres auf die einfache Gerichtsbarkeit übertragbar sei, weil sich das BVerfG als Verfassungsorgan an der Schnittstelle zwischen Politik und Recht befinde. Aus dieser besonderen Position heraus und auf Grund des ganz anders gestalteten verfassungsgerichtlichen Verfahrens sei ausnahmsweise eine begrenzte Öffnung hin zu einer Fernsehberichterstattung möglich.

An dieser Stelle wird deutlich, dass sich das BVerfG einerseits selbst als einen Sonderfall innerhalb des Justizwesens ansieht. Andererseits pocht es auf die Grenzen der bisherigen Verfassungsrechtsprechung zur Fernsehöffentlichkeit im Gerichtssaal, die auch der demokratische Gesetzgeber nicht ohne weiteres übergehen darf. Denn auch wenn es in „Fernsehaufnahmen im Gerichtssaal I" den Zutritt zum Gerichtssaal im Rahmen einer Pool-Lösung für Fernsehjournalisten ermöglichen wollte, so nahm es die Einschränkung des hohen Rechtsguts des Persönlichkeitsschutzes nur als Ausnahme und aufgrund der besonders hohen zeitgeschichtlichen Bedeutung in Kauf. Für übliche und alltägliche Gerichtsverfahren können solche Gründe nicht geltend gemacht werden, da der Schutz der Persönlichkeit bedeutend schwerer wiegt.

8 Schluss: Warum nimmt sich das BVerfG ein Recht auf das eigene Bild?

Explizit formuliert das Grundgesetz kein Grundrecht auf Fernsehen, dennoch verfügen wir zumindest implizit über ein solches. Ausdrücklich enthält das Grundgesetz auch keine Freiheit für Fernsehanstalten, dennoch wird sie ihnen zugesichert. Ebenso wenig schreibt das Grundgesetz Privatfernsehen und Fernsehgebühren wortwörtlich vor, dennoch darf beides nicht verboten werden. Das Grundgesetz stellt einzig und allein fest, dass „die Pressefreiheit und die Freiheit der Berichterstattung durch Rundfunk und Film [...] gewährleistet [werden]" (Art. 5 Abs. 1 Satz 2 GG). Die Rechtsprechung des BVerfG zum Fernsehen zeigt auf diese Weise sehr anschaulich, wie eine an sich starre Rechtsordnung im Angesicht des sozialen Wandels durch Interpretation, d. h. durch Richterrecht, flexibel gehalten und somit kontinuiert werden kann.[42] Gesetzeslücken werden durch Analogie geschlossen, vorhandene Rechtssätze lassen sich systematisch und teleologisch fortbilden. Zumindest im Verfassungsrecht ist das Richterrecht allerdings ambivalent. Es eröffnet nicht nur rechtliche Handlungsweisen im Fall von Konflikten, für die es keine eigenen Regeln gibt. Zugleich besteht die Gefahr, dass es dadurch die Handlungsfähigkeit des demokratischen Gesetzgebers über den Verfassungstext hinaus einschränkt. So kennen wir nämlich auch kein explizit grundgesetzliches Verbot des Gerichtsfernsehens, trotzdem sind Kameras im Gerichtssaal verboten. Deutlich werden hier die politischen Auswirkungen der Deutungsmacht des BVerfG für die Hand-

---

40 BVerfGE 103, 44 (57).
41 BVerfGE 103, 44 (70).
42 Vgl. dazu auch Schäller, Steven: Gute Erfahrungen – schlechte Erfahrungen. Präsumtive Präjudizienbindung im gewaltenteiligen Rechtsstaat, in: Brodocz, André (Hg.), Erfahrung als Argument. Baden-Baden (i. E.).

lungsfähigkeit des demokratischen Gesetzgebers.[43] Während das BVerfG andernorts die Öffentlichkeit als demokratische Grundvoraussetzung verteidigt, sperrt sie das BVerfG im eigenen Fall im Gerichtsaal ein. Nur wer einer mündlichen Verhandlung persönlich beiwohnt, erhält die Gelegenheit, sich selbst ein *Bild* von der Urteils*findung* zu machen.[44] Paradoxerweise scheint es so, als ob sich die Richter ein Persönlichkeitsrecht auf das eigene Bild vorbehalten, obwohl doch gerade die richterliche Amtsausübung unabhängig von den Personen sein soll, die dieses Amt besetzen.[45] Institutionell grenzt sich das BVerfG auf diese Weise von der Politik ab. Denn: „Die audiovisuelle Präsenz von Verfassungsrichtern in der politischen Arena ist nicht nur nicht erwünscht, sie scheint auch die Überschreitung einer Grenze darzustellen, die das System der Politik vom System des Rechts trennt."[46]

---

43 Siehe zur Macht des BVerfG auch Brodocz, André: Lüth und die Deutungsmacht des Bundesverfassungsgerichts, in: Henne, Thomas / Riedlinger, Arne (Hg.), Das Lüth-Urteil aus (rechts-)historischer Sicht. Die Konflikte um Veit Harlan und die Grundrechtsjudikatur des Bundesverfassungsgerichts. Berlin, 2005, S. 271-289; sowie die Beiträge in Vorländer, Hans (Hg.), Die Deutungsmacht der Verfassungsgerichtsbarkeit. Wiesbaden 2006.

44 Vgl. für den konkreten Ablauf einer mündlichen Verhandlung bereits ausführlich Brodocz / Schäller, Hinter der Blende der Richterbank (Fn. 39), S. 237-247.

45 Siehe für eine institutionentheoretische Diskussion der daraus resultierenden Folgen für das institutionelle Gedächtnis des BVerfG Brodocz, André: Warum darf Karl-Dieter Möller nicht live aus der Arena des Bundesverfassungsgerichts berichten?, in: Frankenberg, Günter / Niesen, Peter (Hg.), Bilderverbot. Recht, Ethik und Ästhetik der öffentlichen Darstellung. Münster 2004, S. 121-136.

46 Vorländer, Hans: Hinter dem Schleier des Nichtpolitischen. Das unsichtbare Verfassungsgericht, in: Melville, Gert (Hg.), Das Sichtbare und das Unsichtbare der Macht. Institutionelle Prozesse in Antike, Mittelalter und Neuzeit. Köln / Weimar / Wien 2005, S. 113-127 (hier: S. 115).

Christine Hohmann-Dennhardt

Das Bundesverfassungsgericht und die Frauen

1 Gleichberechtigung, der gemeinsame Nenner

Ein „und" allein ist unvollkommen, ihm fehlt der Sinn. Doch setzt es sich zwischen zwei Begriffe, dann kann es Welten zusammenfügen, die sonst getrennt betrachtet werden, kann Verbindungen herstellen, die Neugierde wecken, worin solch Allianz begründet liegt. So ergeht es auch dem Bundesverfassungsgericht (BVerfG), wenn es mit einem „und" die Frauen an seine Seite gestellt erhält. Was hat das BVerfG mit den Frauen zu tun, was haben die Frauen mit diesem Gericht gemein, stellt sich damit die Frage. Nicht allzu lange muss man hier suchen, um beide auf einen gemeinsamen Nenner zu bringen: die Gleichberechtigung. Sie ist das Banner, unter dem Frauen einst antraten und sich auch heute noch vereinen, um für sich gleiche Rechte und Positionen in Staat, Familie und Beruf zu reklamieren, sie war der Schlüssel, der ihnen die Tore ins Berufsleben und zum Studium öffnete, und sie machte ihnen damit auch den Weg zum Richteramt bis hin zum BVerfG frei, sodass einige von ihnen dort Platz nehmen konnten. Dem BVerfG wiederum ist die Gleichberechtigung vom Grundgesetz als verfassungsrechtlicher Maßstab in die Hand gegeben worden, anhand dessen es im Laufe seiner Rechtsprechung viele, dem Gesetzgeber richtungweisende Entscheidungen getroffen hat. Dabei kann man mit Fug und Recht von einem Wechselspiel zwischen dem BVerfG und den Frauen reden: ohne Frauen gäbe es nicht das Gleichberechtigungsgebot in unserer Verfassung, ohne dieses hätte das BVerfG den Frauen nicht zu ihren Rechten verhelfen können, und Frauen wiederum haben in diesem Gericht das Ihre dazu beigetragen, der Gleichberechtigung Nachdruck zu verleihen.

2 Wechselseitige Impulsgebung

Diesen Prozess wechselseitiger Impulsgebung in puncto Gleichberechtigung gilt es zunächst in seinem Verlauf und seinen wesentlichen Ergebnissen nachzuzeichnen.

Es waren, wie schon angedeutet, Frauen, die bei Entstehen der Bundesrepublik den ersten Anstoß dafür gaben. Allen voran ist hier die Rechtsanwältin für Familienrecht und Politikerin Elisabeth Selbert zu nennen, die als eines der vier weiblichen Mitglieder des vierundsechzigköpfigen Parlamentarischen Rates in dieser verfassungsgebenden Versammlung den Antrag stellte, die Gleichberechtigung von Männern und Frauen im Grundgesetz zu verankern. Doch bei der Mehrheit des Rates stieß diese Forderung zunächst auf wenig Gegenliebe. Gewarnt wurde vor den unabsehbaren Folgen eines mit Verfassungsrang ausgestatteten Gleichberechtigungsgebotes insbesondere für das damals bestehende Ehe- und Familienrecht[1] – eine aus vornehmlich männlicher Sicht erklärliche und durchaus richtige Befürchtung, wie sich später zeigte. Streiterprobt in Sachen Emanzipation brachte dies Elisabeth Selbert in Aktion. Sie zog alle taktischen Register, um in dieser Frage einen Stimmungswechsel herbeizuführen. So mahnte sie nicht nur laut und auch außerhalb des Parlamentarischen Rates vernehmlich an, dass die Frau, die während der Kriegsjahre auf den Trümmern gestanden und den Mann an der Arbeitsstelle ersetzt habe, einen moralischen Anspruch darauf habe, auf allen Rechtsgebieten dem Manne gleichgestellt und wie der Mann bewertet zu werden[2]. Sie appellierte zudem an die Frauensolidarität und rief öffentlich zum Protest auf, der nicht ausblieb, die verfassungsgebende Versammlung waschkörbevoll mit Petitionen zudeckte und starken Eindruck bei deren Mitgliedern hinterließ[3]. Und schließlich war es auch der Kompromissvorschlag, den Elisabeth Selbert in die Debatte einführte, der überzeugte und mit dazu beitrug, dass das Gleichberechtigungsgebot schließlich doch Eingang in Art. 3 Abs. 2 des Grundgesetzes fand. Es war Art. 117 GG, den sie zusammen mit der späteren Verfassungsrichterin Wiltraud Rupp-von Brünneck, die damals Georg August Zinn bei seiner Arbeit im Parlamentarischen Rat assistierte, kreiert hatte[4], der dann Art. 3 Abs. 2 GG als Übergangsvorschrift zur Seite gestellt wurde und bestimmte, dass der Gleichberechtigung entgegenstehendes Recht noch bis Ende März 1953 weitergelten konnte. Damit war der Grundstein für den Bau eines Rechts und einer Wirklichkeit gelegt, in denen Männer und Frauen sich als Gleiche begegnen können. Denn seitdem ist der Gesetzgeber von Verfassungs wegen gehalten, Recht zu schaffen, das der Gleichberechtigung nicht zuwiderläuft, und Sorge dafür zu tragen, dass gleiches Recht nicht diskriminierend wirkt, wo es auf ungleiche Realitäten trifft. Und aufgrund von Art. 92 bis 94 GG wurde das BVerfG etabliert, das seitdem über die Einhaltung der Verfassung und damit auch des Gleichberechtigungsgebotes zu wachen hat.

Wiederum war es dort eine Frau, die das Heft der Gleichberechtigung in die Hand nahm und es mit ihrer Handschrift füllte: Erna Scheffler, eine der ersten Frauen, denen man 1928 ein Richteramt anvertraut hatte, die 1933 als Halbjüdin aus diesem Amt entlassen worden war und nach dem Krieg wiederum zu den ersten Richterinnen der neuen Republik gehört hatte[5]. Sie war die erste und lange Zeit einzige Frau unter damals noch dreiundzwanzig Verfassungsrichtern, die 1951 bei Konstituierung des BVerfG in dessen Ersten Senat einzog und dort die Zuständigkeit für das Ehe- und Familienrecht erhielt, auf dessem Felde in den Folgejahren der Streit um die Gleichberechtigung in besonderem Maße ausgetragen wurde. Man mag spekulieren, ob ihre Wahl nicht ein gutes Stück Alibifunktion hatte, um wenigstens an einem Beispiel die Unvoreingenommenheit gegenüber Frauen unter Beweis zu stellen. Man mag sich fragen, ob die Zuweisung gerade dieses familienrechtlichen Dezernats an Erna Scheffler der herkömmlichen Meinung geschuldet war, von Familie verstehe eine Frau am meisten, weil dort ihr eigentlicher Platz sei[6]. Gewiss ist aber, dass Erna Scheffler selbst keine Einwände dagegen erhoben hat, im Gegenteil zufrieden damit gewesen ist, und gewiss ist

---

1   Parlamentarischer Rat: Verhandlungen des Hauptausschusses Bonn 1948/49 (1950), 17. Sitzung vom 3.12. 1948, S. 206 f.

2   Parlamentarischer Rat, a. a. O. (Fn. 1), S. 206.

3   Parlamentarischer Rat, a. a. O. (Fn. 1), 42. Sitzung vom 18.1.1949, S. 539.

4   Siehe: Böttger, Barbara: Das Recht auf Gleichheit und Differenz, Elisabeth Selbert und der Kampf der Frauen um Art. 3 II Grundgesetz, Münster 1990, S. 165.

5   Jaeger, Renate: Erna Scheffler, in: Deutscher Juristinnenbund (Hg.), Juristinnen in Deutschland, Die Zeit von 1900 bis 2003, 4.Aufl., Baden-Baden 2003, S. 197 ff.

6   Vgl.zum Frauenbild der damaligen Zeit: Vaupel, Heike: Die Familienrechtsreform in den fünfziger Jahren im Zeichen widerstreitender Weltanschauungen, Baden-Baden 1999, S. 112 ff.

ebenso, dass man gewusst hatte, mit ihrer Wahl eine engagiert für die Rechte der Frauen eintretende Richterin an den Senatstisch gesetzt zu haben, hatte sie doch kurze Zeit zuvor 1950 auf dem Juristentag eine flammende Rede gehalten, in der sie aufgelistet hatte, was es alles im Recht zu ändern galt, um der Gleichberechtigung von Mann und Frau genüge zu tun[7]. Nun konnte sie von der Richterbank aus dem Gesetzgeber bei der Erledigung dieser verfassungsrechtlichen Hausaufgabe auf die Finger schauen. Und das tat sie mit wachem akribischem Blick.

3 Die Rechtsprechung des Gerichts zur Gleichberechtigung

Doch zunächst geschah erst einmal nichts. Der Gesetzgeber ließ die ihm mit Art. 117 GG gesetzte Frist zur Überarbeitung des noch vom Patriarchat geprägten Ehe- und Familienrechts des Bürgerlichen Gesetzbuchs verstreichen, sodass das OLG Frankfurt dem BVerfG die Frage stellte, ob es denn angehen könne, dass nunmehr das dem Gleichberechtigungsgrundsatz entgegenstehende Familienrecht ohne ein entsprechendes Anpassungsgesetz außer Kraft gesetzt sei. Bei ihrer darauf antwortenden ersten Grundsatzentscheidung fanden die Verfassungsrichter mit Hilfe von Erna Scheffler als Berichterstatterin deutliche Worte. Sie stellten klar, dass diese Verfassungsnorm nicht nur Programmsatz, sondern unmittelbar wirkende Rechtsnorm sei, die Mann und Frau auch im Familienrecht gleichberechtigt stelle. Damit rückten sie zurecht, was in den parlamentarischen Debatten zuvor von vielen bestritten worden war, und erklärten: „Ob der Geschlechtsunterschied heute noch als rechtlich erheblich anzusehen ist, kann nicht mehr gefragt werden. Diese Frage stellen hieße die vom Grundgesetz getroffene politische Entscheidung in die Hände des Gesetzgebers zurückspielen und Art. 3 Abs. 2 GG seiner rechtlichen Bedeutung entkleiden"[8].

Dies setzte Zeichen und war Auftakt für viele dann folgende Entscheidungen, mit denen das Gericht Frauen diskriminierendes Recht aufhob, den Gesetzgeber korrigierte und ihm bei zögerlichem Vorangehen in Sachen Gleichberechtigung Beine machte. So erklärte es das vom Gesetzgeber auch bei der ersten Überarbeitung des Familienrechts noch belassene Alleinvertretungsrecht des Vaters gegenüber den ehelichen Kindern für unvereinbar mit dem Gleichberechtigungsgebot[9], forderte die Reform des Kindschaftsrechts mit gleichberechtigter Elternverantwortung zum Wohle des Kindes ein[10], untersagte die steuerliche Zusammenveranlagung von Ehegatten[11], setzte die bäuerliche Erbfolge mit ihrem Vorrang des männlichen Geschlechts außer Kraft[12], beschrieb die verfassungsrechtlich geschützte Ehe als gleichberechtigte Partnerschaft von Mann und Frau bei gleicher Teilhabe am gemeinsam Erwirtschafteten[13], und veranlasste den Gesetzgeber mehrfach, das Namensrecht so zu gestalten, dass auch Frauen sich in ihrem Namen wiederfinden, ihren Namen im Falle der Heirat behalten und ihn an ihre Kinder weitergeben können[14]. Und es forderte im Verlaufe seiner Recht-

---

7   Scheffler, Erna: Verhandlungen des 38. DJT (1950), S. B4.
8   BVerfGE 3, 225, (239 f.).
9   BVerfGE 10, 59.
10   BVerfGE 35, 382 (408).
11   BVerfGE 6, 55.
12   BVerfGE 15, 337.
13   BVerfGE 57, 361; 105, 1.
14   BVerfGE 84, 9;104, 373.

sprechung die Gleichberechtigung auch im Erwerbsleben ein, erklärte hier rechtliche Einschränkungen oder Zugangsbarrieren für unvereinbar mit Art. 3 Abs. 2 GG[15] und betonte, dass es bei dieser Grundrechtsnorm auch darum ginge, die Lebensverhältnisse von Männern und Frauen anzugleichen, überkommene Rollenverteilungen, die zu Nachteilen für Frauen führten, nicht durch staatliche Maßnahmen zu verfestigen sowie faktische Benachteiligungen von Frauen rechtlich zu berücksichtigen und durch begünstigende Regelungen auszugleichen[16].

Insofern war die 1994 erfolgende Ergänzung von Art. 3 Abs. 2 GG um den Satz: „Der Staat fördert die tatsächliche Durchsetzung der Gleichberechtigung von Frauen und Männern und wirkt auf die Beseitigung bestehender Nachteile hin" nur eine verfassungsrechtliche Fixierung dessen, was das BVerfG schon vorher als Gebot der Gleichberechtigung aus dieser Grundrechtsnorm interpretiert hatte. Auch diese verfassungsrechtliche Bekräftigung der Rechtsprechung des BVerfG ging wiederum auf eine Initiative von Frauen in der Gemeinsamen Verfassungskommission von Bund und Ländern zurück, die nach der Wiedervereinigung mit dem Auftrag geschaffen worden war, Vorschläge für die Transformation des Grundgesetzes in eine gesamtdeutsche Verfassung zu erarbeiten. Zu ihnen gehörten u. a. die spätere Präsidentin des BVerfG Jutta Limbach und ich[17]. Und wieder einmal konnte der zunächst in der Kommission bestehende Widerstand der Mehrheit gegen eine verfassungsrechtliche Klarstellung, dass das Gleichberechtigungsgebot den Abbau nicht nur rechtlicher, sondern auch faktischer Diskriminierung fordert und erlaubt, Frauen gezielt zu fördern, um bestehende Nachteile auszugleichen, nur durch die Beharrlichkeit der Initiatorinnen und eine bundesweite Kampagne gebrochen werden, in der auch diesmal Frauen und ihre Verbände nun die Gemeinsame Verfassungskommission massenhaft mit der Forderung nach einer entsprechenden Ergänzung von Art. 3 Abs. 2 GG eindeckten. Die hierzu erfolgten Eingaben beeindruckten die Kommissionsmitglieder ersichtlich, führten die Gegner einer solchen Verfassungsergänzung in Rechtfertigungsnöte und schließlich zu der dann gefundenen Kompromissformulierung, wie sie in Art. 3 Abs. 2 GG Eingang gefunden hat[18]. Diesen Ball des Verfassungsgesetzgebers fing das BVerfG sogleich in seiner Rechtsprechung auf und warf ihn dem Gesetzgeber in Folge mehrfach mit der Ermahnung zurück, das Gleichberechtigungsgebot erstrecke sich nach nunmehr ausdrücklicher Klarstellung durch die Novellierung von Art. 3 Abs. 2 GG auch auf die gesellschaftliche Wirklichkeit. Faktische Nachteile, die hier vorfindbar typischerweise Frauen treffen, sei der Gesetzgeber berechtigt, durch begünstigende Regelungen auszugleichen[19]. Und es wies schließlich darauf hin, dass schützende Regelungen zugunsten von Frauen durchaus auch diese benachteiligende Effekte haben können. Der Gesetzgeber habe solch möglichen, faktischen Diskriminierungen, die von Schutzgesetzen zugunsten von Frauen ausgehen können, zu begegnen und sie so weit wie möglich durch geeignete Regelungsmechanismen auszugleichen. Eine solche faktische Diskriminierung hat das Gericht in der durch die finanzielle Belastung des einzelnen Arbeitgebers mit den Kosten des Mutterschaftsgeldes bewirkten Skepsis und Zurückhaltung von Arbeitgebern gesehen, Frauen im gebärfähigen Alter einzustellen, und hat deshalb den Gesetzgeber verpflichtet, die

---

15   BVerfGE 92, 91.
16   BVerfGE 85, 191.
17   Zum Beratungsverlauf: Bremers, Markus: Die Gemeinsame Verfassungskommission. Vorgabe, Diskussion, Ergebnisse und Einschätzung, Bonn 1994, S. 92 ff.
18   Die Kommission erreichten zu Art. 3 Abs. 2 107.589 Eingaben, siehe Deutscher Bundestag (Hg.), Bericht der Gemeinsamen Verfassungskommission, Zur Sache 5/93, Bonn 1993, S. 96 ff., 246.
19   BVerfGE 92, 91.

Kostentragungslast für diesen notwendigen Schutz von Frauen so zu regeln, dass sie nicht mehr Einstellungshemmnis für Frauen ist[20].

Betrachtet man insgesamt die in den nun 55 Jahren des Bestehens des BVerfG zurückgelegte Wegstrecke in Richtung Gleichberechtigung, so kann man in der Rechtsprechung des Gerichts entlang des jeweiligen gesellschaftlichen Diskursstandes zu diesem Thema mehrere Phasen ausmachen, in denen fortentwickelt wurde, was das Gleichberechtigungsgebot fordert. Verstand man es zu Beginn zunächst insbesondere als Gebot der Verhinderung von Benachteiligungen, die aus der Andersartigkeit von Mann und Frau herrühren, legte man später seinen Schwerpunkt auf die Notwendigkeit, rechtlichen Differenzierungen auf Grund des Geschlechts entgegenzuwirken, um schließlich auch die sozialen Unterschiede der Geschlechter in den Blick zu nehmen und zum Ansatzpunkt für eine nach Art. 3 Abs. 2 GG gebotene Angleichung der Lebenslagen durch gesetzgeberische Interventionen zu machen[21]. Dabei ist für jeden dieser Entwicklungsschritte zu konstatieren, dass das Gericht, anders als bei anderen Grundrechten, gerade beim Gleichberechtigungsgebot häufig die Rolle des den Gesetzgeber wie die Gesellschaft treibenden Motors eingenommen hat, oft weit dem Zeitgeist mit seinen vielfach noch in alten Rollenbildern von Mann und Frau verhafteten Einstellungen vorauseilend. Damit hat es maßgeblich mit dafür gesorgt, dass nicht nur unmittelbar geschlechtsdiskriminierendes Recht mittlerweile fast gänzlich beseitigt ist, sondern es hat auch das gesellschaftliche Bewusstsein dafür geschärft, dass Gleichberechtigung herzustellen auch im Faktischen eine permanente Aufgabe ist, bei der mit rechtlichen Instrumenten immer wieder justiert werden muss, um die Gleichheit von Mann und Frau an der gesellschaftlichen Realität auszuloten.

4 Die Vorreiterrolle des Gerichts und ihre Gründe

Wie aber lässt sich diese Vorreiterrolle des BVerfG in puncto Gleichberechtigung erklären? Betrachtet man seine Zusammensetzung, trifft man über Jahre hin mit einer Ausnahme auf Männer, die hier Recht gesprochen haben. Waren diese etwa besonders fortschrittliche Geister, die, anders als viele ihrer jeweiligen Zeit- und Geschlechtsgenossen auf der politischen Bühne, aus eigener Einsicht in die verfassungsrechtliche Notwendigkeit der Gleichberechtigung mit Nachdruck rechtliche und gesellschaftliche Bahnen geebnet haben? Oder ist es möglich, dass schon eine einzige Richterin in ihren Reihen eine Bewusstseinsschärfung für das berechtigte Anliegen von Frauen nach gleichen Rechten hat bewirken können?

Sicherlich erhöht die Fokussierung des Blicks von Verfassungsrichtern auf die ausschließlich für ihre Entscheidungsfindung maßgeblichen Maßstäbe der Verfassung die Sensibilität, Verletzungen von Grundrechten zu erkennen und diese dann der zugewiesenen Aufgabe gemäß jenseits sonstiger politischer Erwägungen für unvereinbar mit der Verfassung zu erklären. Dies gilt umso mehr, wenn Verfassungsverstöße recht offenkundig ins Auge springen, wie dies nach Aufnahme des Gleichberechtigungsgebots in das Grundgesetz zunächst bei vielen Rechtsnormen der Fall war. Aber auch als es darum ging, mittelbaren Diskriminierungen auf die Spur zu kommen, war das Auge der männlichen Verfassungsrichter wachsam, wie viele Entscheidungen unter Beweis stellen. Hätte deshalb die Rechtspre-

---

20   BVerfGE 109, 64.
21   Siehe Sacksofsky, Ute: Das Grundrecht auf Gleichberechtigung, Baden-Baden 1991, S. 95 ff.

chung des BVerfG zur Gleichberechtigung vielleicht den gleichen Lauf auch ohne Richterinnen genommen? Ebenso wie diese Frage müßig ist, weil sie nur mit Spekulationen beantwortet werden kann, wäre es vermessen zu behaupten, der besondere Sensus des Richterkollegiums für das Anliegen der Gleichberechtigung sei allein auf die Überzeugungskraft der jeweiligen Richterinnen zurückzuführen, auch wenn sie noch so sehr bestechend gewesen sein mag, wie dies nicht nur Erna Scheffler, sondern den meisten ihrer Nachfolgerinnen nachgesagt wurde. Solch schlichte Zusammenführung von Ursache und Wirkung schmeichelte zwar den Richterinnen, bricht sich aber schon an ihrer Zahl und darüber hinaus an dem Umstand, dass auch ihren männlichen Kollegen die Kunstfertigkeit des Argumentierens nicht abgesprochen werden kann. So gab es bis weit in die achtziger Jahre im ganzen Gericht nur einen Richtersessel im Ersten Senat, der mit einer Frau besetzt war. Allerdings ist an diesem Sessel bemerkenswert, dass auf ihm bis auf den heutigen Tag nach Erna Scheffler mit Wiltraud Rupp-von Brüneck, Gisela Niemeyer, Helga Seibert und nun mir in ununterbrochener Reihenfolge Richterinnen Platz genommen haben, die für das Familienrecht und die Einhaltung von Art. 6 GG zuständig waren, also für ein Feld, auf dem in besonderem Maße der Gleichberechtigung der Weg geräumt werden musste. Erst 1986 zog dann mit Karin Graßhof die erste Richterin auch in den Zweiten Senat ein, sodass nun etwas spöttisch das Wort von den Schneewittchensenaten die Runde machte[22]. Und es dauerte weitere acht Jahre, bis schließlich 1994 mit Jutta Limbach eine zweite Richterin auf der Richterbank des Zweiten Senats Platz nahm, die kurz danach erste Präsidentin des Gerichts wurde, und der Erste Senat mit Helga Seibert, Renate Jaeger und Evelyn Haas ab dieser Zeit sogar drei Richterinnen in seinen Reihen zählte. Dieser Frauenanteil von immerhin über 30 Prozent hat sich inzwischen wieder auf 25 Prozent reduziert. Zum jetzigen Zeitpunkt gibt es in jedem der zwei achtköpfigen Senate zwei Richterinnen, im Ersten Evelyn Haas und mich, im Zweiten Lerke Osterloh und Gertrude Lübbe-Wolff.

5 Die Frage nach dem Einfluss der Richterinnen auf die Rechtsprechung

Woran lässt sich überhaupt ermessen, welchen Einfluss die Richterinnen in Sachen Gleichberechtigung auf die Rechtsprechung des BVerfG ausgeübt, welche Rolle sie im Senat gespielt und mit welchem Selbstverständnis sie ihr Amt ausgefüllt haben? Dies zu ergründen ist schon deshalb schwierig, weil den einzelnen Entscheidungen die Urheberschaft ihres Inhalts nicht entnommen werden kann. Sie sind ein Gemeinschaftswerk, bei dem das Beratungsgeheimnis den Verlauf der jeweiligen Entstehung verhüllt und damit auch nicht preisgibt, welche Mitglieder des Senats mit welchen Argumenten zur Entscheidungsfindung beigetragen oder gar die Entscheidung maßgeblich geprägt haben. Auch kann der Inhalt einer Entscheidung nicht auf die Person des Berichterstatters oder der Berichterstatterin zurückgeführt und ihm oder ihr zugute gehalten werden. Zwar hat der Berichterstatter über die Auswahl der Fälle, die er in den Senat einbringt, einen durchaus gewichtigen Einfluss auf das, worüber der Senat entscheidet. Deshalb war und ist es für die Frage der Gleichberechtigung nicht unbedeutend, dass für das Gebiet des Familienrechts stets Richterinnen zuständig gewesen sind. Und der Berichterstatter hat auch insoweit die Vorhand, als er dem Kollegium mit dem zumeist sehr umfangreichen Votum einen Entscheidungsvorschlag unterbreitet und

---

22   Der Begriff wird einem Mitglied der Karlsruher Justizpressekonferenz zugeschrieben.

damit Argumente vorgibt, mit denen sich die anderen auseinandersetzen müssen. Doch hieraus lässt sich keineswegs schließen, welchen Verlauf dann die Beratung nimmt, welche Richtung sie durch wessen Argumentation einschlägt und auf wessen Beiträge schließlich die Entscheidung fußt. Zu der Unergründlichkeit, was sich hinter den Türen der Beratungszimmer abspielt, gesellt sich als weitere Schwierigkeit, dass es nur wenig Material gibt, das Rückschlüsse auf den Einfluss der einzelnen Richterinnen im Senatsgefüge ziehen lässt. Und schließlich bringt auch die eigene Betroffenheit Erklärungsnöte mit sich. Wer als Verfassungsrichterin seine Vorgängerinnen sowie ehemalige und derzeitige Kolleginnen betrachtet, macht dies durch eine persönlich gefärbte Brille und tut gut daran, mit seinen Innensichten und subjektiven Wertungen Zurückhaltung zu üben. Dennoch will ich versuchen, eine Antwort auf die Frage zu geben, was die Richterinnen im BVerfG gerade im Hinblick auf die Gleichberechtigung bewirkt haben.

Dabei bedarf es zunächst der Rechtfertigung, über Frauen als „spezifische Wesen" in diesem Gericht zu reflektieren, könnten sie dabei doch allzu leicht in eine Schublade gesteckt werden, auf der das Schild „typisch weiblich" steht. Das erinnerte fatal an die Einschätzung, Frauen seien weitestgehend Gefühlseinflüssen unterworfen, was ihre sachliche Auffassungsgabe beeinträchtige, mit der ihnen einstmals der Weg zum Richteramt versperrt werden sollte[23], und widerspräche zum einen ihrer Verschiedenheit, zum anderen ihrer erkämpften Gleichheit mit dem Manne. Aber es gibt nicht nur den kleinen Unterschied zwischen den Geschlechtern, sondern auch und noch immer Besonderheiten, die die Stellung der Frau im Beruflichen wie Familiären kennzeichnen und sie zugleich prägen. Das gilt auch für das BVerfG.

6 Besonderheiten und Gemeinsamkeiten

Will man diesen Besonderheiten nachspüren und betrachtet unter diesem Vorzeichen die bisherigen Richterinnen des BVerfG, dann lassen sie sich gewiss nicht über einen Kamm scheren, doch kann man bei aller Unterschiedlichkeit einige interessante Gemeinsamkeiten entdecken, die durchaus mit dem Thema Gleichberechtigung zu tun haben.

Allerdings darf nicht übersehen werden, dass sie aus mehreren Generationen mit jeweils anderem gesellschaftlichem Hintergrund stammen, der nicht ohne Einfluss auf ihren beruflichen Werdegang und ihre Einstellung gewesen ist. So begann Erna Scheffler, die den Reigen der Richterinnen eröffnete, ihr juristisches Studium sieben Jahre, nachdem zum ersten Mal überhaupt eine Frau an einer Hochschule zum Studium zugelassen worden war, und schloss es kurz vor dem ersten Weltkrieg mit einer Promotion ab, weil zur damaligen Zeit Frauen noch keinen Zugang zum Juristischen Staatsexamen hatten, während Gertrude Lübbe-Wolff, derzeit (dienst)jüngste Richterin des BVerfG, nicht nur Rechtsprofessorin ist, sondern davon berichten kann, mit welcher Selbstverständlichkeit ihr wissenschaftliches Umfeld reagiert hat, als sie während des Erklimmens der wissenschaftlichen Karriere ihre Kinder bekam und gemeinsam mit ihrem Mann Beruf und Familie unter einen Hut bringen musste[24]. Zwischen diesen beiden Erfahrungswelten liegen die nicht zu übersehenden Fortschritte in Sachen

---

23 von Hasseln, Sigrun: Die Zulassung der Frau zum Richteramt – Thema des 4. Richtertages 1921, in: Deutsche Richterzeitung 1984, S. 12.
24 Lübbe-Wolff, Gertrude: Wie kriegen Sie das bloß hin? in: Biller-Andorno, Nikola / Jakovljevic, Anna-Karina / Landfester, Katharina / Lee-Kirsch, Min Ae: Karriere und Kind, Frankfurt / New York 2005, S. 218 (221).

Gleichberechtigung, die dazu geführt haben, dass Frauen heute über ihr Leben selbst entscheiden können, ohne zuvor noch rechtliche Barrieren aus ihrem Weg räumen zu müssen. Gleichberechtigung ist mittlerweile salonfähig geworden, hat den Blick von Frauen geweitet und ihr Selbstbewusstsein gestärkt. Doch obwohl sie längst in der Qualifizierung mit den Männern gleichgezogen haben, schaffen es immer noch nur wenige Frauen, die Spitzenplätze in Wissenschaft, Staat und Wirtschaft zu erklimmen[25]. Die Gründe dafür liegen zum einen in der weiterhin bestehenden Skepsis, die ihnen entgegenschlägt, Investitionen in sie könnten fehlschlagen, falls sich bei ihnen Kinder einstellen, zum anderen in dem Umstand, dass ihnen immer noch zumeist allein die familiäre Verantwortung für Kinder aufgebürdet wird, die sie beim beruflichen Aufstieg mit Männern oft nicht mithalten lässt[26].

Mit diesen Vorbehalten und Handikaps sehen sich alle Frauen konfrontiert, auch die, die erfolgreich dagegen angekämpft haben und es nach oben geschafft haben. Solche Erfahrung aber prägt Sichtweisen und zwingt dazu, sich mit seiner Rolle als Frau auseinanderzusetzen, sich ins Verhältnis zu Männern zu setzen, denen Frau umso öfter allein oder in deutlicher Minderheit gegenüber steht, je höher die Etage ist, die sie erreicht. Deshalb ist nicht verwunderlich, dass eins auffällt, lässt man den Reigen der Richterinnen des BVerfG Revue passieren. Sie stammen zwar aus verschiedenen Generationen und Berufsfeldern und weisen eine breite Palette von Rechtsgebieten als ihr Spezialwissen aus, doch fast alle haben sich in Abhandlungen mit dem Thema Gleichberechtigung auseinandergesetzt oder über das eigene Selbstverständnis als Frau und Richterin reflektiert, wenn auch in unterschiedlich starken lilanen Schattierungen.

7 Die Richterinnen und die Gleichberechtigung

Von Erna Scheffler, die nach dem Krieg ihre richterliche Tätigkeit wieder aufnehmen konnte, zunächst in der Zivilgerichtsbarkeit, von der sie jedoch nach ihrer Eheschließung mit Georg Scheffler, der Richter am Oberlandesgericht Düsseldorf wurde, in die Verwaltungsgerichtsbarkeit wechseln musste, wissen wir nicht nur aus ihrem Vortrag auf dem Juristentag 1950 in Frankfurt, sondern auch aus einer langen Liste von Aufsätzen und Vorträgen sowie ihrem Engagement in zahlreichen Frauenverbänden so auch den Soroptimistinnen, deren Karlsruher Gruppe sie mitgründete[27], dass sie sich Zeit ihres Lebens für die Gleichberechtigung der Geschlechter stark gemacht hat. In einem bemerkenswerten Vortrag ging sie, um nur einen als Beispiel anzuführen, im Jahre 1969 historisch rückblickend auf das Thema „Zum Verhältnis von Frau und Politik" ein, um den Gründen nachzuspüren, warum Frauen trotz der von ihnen erkämpften Rechte noch immer so wenig in der Politik präsentiert sind. Drei Momente machte sie als Grund dafür aus: das Leitbild, Image, das der Gesellschaft und der Frau selbst vorschwebe und mit „Frau Saubermann" umschrieben werden könne, die mangelnde Zeit, die der Frau angesichts ihrer ewigen Doppelrolle in Familie und Beruf zur Verfügung stehe, und schließlich die Abhängigkeit weiblicher Karrieren von der Mehrheitsposition der Männer, bei der Frauen für den Erfolg noch immer ein paar Punkte mehr auf-

25 Statistisches Bundesamt: Pressemitteilung vom 22.März 2005: Frauen stellen 21 % der Positionen mit umfassenden Führungsaufgaben wie Geschäftsführer.

26 Siehe: BMFSFJ (Hg.): Wo bleibt die Zeit? Bonn 2003, S. 25.

27 Deutscher Juristinnenbund (Hg.), Röwekamp, Marion: Juristinnen – Lexikon zu Leben und Werk, 1. Aufl. Baden-Baden 2005, S. 350.

weisen müssten als ihre männlichen Konkurrenten. Ihre Schlussfolgerung daraus lautete, über Erziehung müsse ein neues Leitbild für Frauen geschaffen werden, Mütter bedürften institutioneller Hilfe durch Kindergärten und Tagesschulen, müssten ihre Hausmacht stärken und überall und immer Propaganda, Propaganda und nochmals Propaganda für das als notwendig erkannte Neue machen[28].

Wiltraud Rupp-von Brünneck, deren berufliche Karriere nach dem Krieg mit einer Einstellung als Referentin im Hessischen Justizministerium unter Georg August Zinn begann, der bald Ministerpräsident wurde und dem sie als Leiterin der Abteilung für Bundesratsangelegenheiten in die Staatskanzlei folgte, bis sie 1963 in das BVerfG gewählt wurde, hat sich neben ihrer Zuständigkeit für das Familienrecht einem breiten Spektrum von Themen, insbesondere auch der Bedeutung des Sozialstaatsgebotes gewidmet[29]. Auch für sie aber war das Thema Gleichberechtigung Kontinuum, bei dem sie ebenfalls neben den notwendigen rechtlichen Korrekturen vor allem die tatsächliche Gleichberechtigung einforderte, dabei die listigen Praktiken anprangerte, durch entsprechende Tarifgestaltungen die Lohngleichheit zu sabotieren, und staatliche wie gesellschaftliche Vorkehrungen einforderte, um die unzumutbare Doppelbelastung der Frau durch Beruf und Haushalt und die sich daraus ergebenden Frustrationen zu verhindern. Dabei wies sie auch auf die Unterrepräsentanz von Frauen auf Leitungsebene hin und beklagte, dass in zahllosen Gremien mit bedeutsamer Funktion überhaupt keine oder nur eine sog. „Konzessionsfrau" zu finden sei[30]. Unvergesslich bleibt in diesem Zusammenhang auch ihr mit Helmut Simon verfasstes Dissenting zur Fristenlösung beim Schwangerschaftsabbruch. Hierin hat sie nicht nur kritisiert, dass die Senatsmehrheit aus einer objektiven Wertentscheidung des Grundgesetzes die Pflicht des Gesetzgebers zum Erlass von Strafnormen hergeleitet hatte. Sie hat auch auf die Besonderheit hingewiesen, dass in der Person der Schwangeren eine singuläre Einheit von Täter und Opfer vorliege. Der Schwangeren werde weit mehr abverlangt als nur ein Unterlassen. Sie solle nicht nur die mit dem Austragen der Leibesfrucht verbundenen tief greifenden Veränderungen ihrer Gesundheit und ihres Wohlbefindens hinnehmen, sondern besonders auch die mütterliche Verantwortung für die weitere Entwicklung des Kindes tragen. Die Weigerung der Schwangeren, die Menschwerdung ihrer Leibesfrucht in ihrem Körper zuzulassen, sei deshalb nicht allein nur nach dem natürlichen Empfinden der Frau, sondern auch rechtlich etwas wesentlich anderes als die Vernichtung selbständig existenten Lebens[31]. Damit gab sie dem Anliegen all der Frauen, die sich zu dieser Zeit unter dem Motto „Mein Bauch gehört mir" formierten, eine verfassungsrechtliche Begründung und ein Musterbeispiel für die Synthese von weiblicher Vernunft und juristischer Logik, wie es Eva Maria von Münch ausgedrückt hat[32].

Gisela Niemeyer, die vor ihrer Ernennung zur Verfassungsrichterin Präsidentin des Finanzgerichts in Düsseldorf gewesen war, hat sich dem ihr dann als Berichterstatterin anvertrauten Familienrecht mit enormem Einsatz in vielen Senatssachen, etwa zur Eherechtsreform mit dem Übergang vom Verschuldens- auf das Zerrüttungsprinzip und zum Versorgungsausgleich, ebenso wie in zahlreichen Abhandlungen gewidmet. Dabei hat sie durchaus kritische Anmerkungen zu feministischen Ansätzen formuliert, weil diese mit der Hervorhebung der Besonderheit der Frau die historische Errungenschaft der rechtlichen Gleichheit in

---

28 Scheffler, Erna: Zum Verhältnis von Frau und Politik, in: Informationen für die Frau, 18. Jg. Nr. 7/8 Juli/August 1969, S. 6 (9 ff.).
29 Siehe nur das Dissenting von Wiltraud Rupp-von Brünneck, in: BVerfGE 36, 247 ff.
30 Rupp-von Brünneck, Wiltraud: Qualität des Lebens in verfassungsrechtlicher Sicht, 1974, S. 139 (159).
31 BVerfGE 39, 68 (79 f.).
32 von Münch, Eva Maria: Ein bißchen Alibi-Frau, in: Die Zeit vom 11. April 1980.

Frage stellten[33], und hat sich distanzierend zu Wünschen nach einem generellen Antidiskriminierungsgesetz geäußert, allerdings auch ihre besondere Rolle im BVerfG reflektiert und über ihre mögliche Alibifunktion gemutmaßt, wäre sie keine Frau, so wäre sie wahrscheinlich nie Verfassungsrichterin geworden[34]. Dass sie wohl auch taktisch mit ihrer fraulichen Außenseiterposition umgegangen ist, wird an den Worten deutlich, mit denen Roman Herzog sie bei ihrer Verabschiedung charakterisiert hat: als Repräsentantin des Menschlichen, bei der er sich nie ganz sicher gewesen sei, ob die große Bewunderung, die sie vor den Meistern großer verfassungsrechtlicher Schlachtgemälde an den Tag gelegt habe, immer ganz echt gewesen sei[35].

Karin Graßhof, promoviert mit einer familienrechtlichen Arbeit und auch später vornehmlich auf diesem Felde publizierend, hatte ebenfalls eine richterliche Laufbahn hinter sich, bei der sie einem Familiensenat des OLG Köln angehörte und zuletzt Richterin am BGH war, bevor sie 1989 als erste Richterin in den Zweiten Senat des BVerfG gewählt wurde, was damals durchaus als frauenpolitisches Signal gemeint war. Umso mehr ist sie kritisch betrachtet worden, als sie sich bei der zweiten Schwangerschaftsabbruchentscheidung des Jahres 1993 insbesondere hinsichtlich der Frage, ob die Kosten für einen Schwangerschaftsabbruch von den gesetzlichen Krankenversicherungen getragen werden dürfen, nicht den Dissentings von drei Kollegen anschloss, die dies bejahten, weil sie keinen zwingenden verfassungsrechtlichen Hinderungsgrund dafür sahen[36]. Damit erschien sie als weibliches Zünglein an der Waage, das die Aufhebung dieser gesetzlichen Regelung bewirkte[37]. Demgegenüber hat Karin Graßhof später angedeutet, sie habe in die Beratung durchaus Gesichtspunkte aus Sicht der Frauen eingebracht und damit wohl bewirkt, dass der dann gefundene Kompromiss, trotz mangelnder Feststellung der Rechtmäßigkeit einer Abtreibung diese straffrei zuzulassen, überhaupt möglich geworden sei[38]. Und noch einmal hatte sie sich am Ende ihrer verfassungsrichterlichen Tätigkeit mit dem Thema Schwangerenhilfe zu befassen, diesmal in der interessanten Konstellation zusammen mit zwei weiteren Richterinnen im Ersten Senat, dem sie wegen Befangenheit eines dortigen Richters zugelost worden war. Hierbei ist deutlich zutage getreten, dass Frauen auch bei einem solchen Thema durchaus unterschiedlicher Auffassung sein können. Während sie und Evelyn Haas zusammen mit Hans-Jürgen Papier in einem Dissenting die Senatsmehrheit nicht nur für ihre kompetenzrechtlichen Ausführungen zur Unzuständigkeit des bayerischen Landesgesetzgebers für ergänzende Regelungen zum bundesgesetzlichen Schwangerschaftskonfliktgesetz kritisierten, sondern in einer bundesrechtlichen Anordnung, Spezialkliniken keine besonderen Auflagen zu erteilen, auch eine Verletzung des Untermaßverbotes betreffend den Schutz des werdenden Lebens sahen[39], setzte Renate Jaeger zusammen mit Jürgen Kühling in ihrem Dissenting dazu den Kontrapunkt. Sie hielten den Landesgesetzgeber in keinerlei Hinsicht für kompetent, auf diesem Gebiet Regelungen zu treffen und sahen in dem Erlaubnisvorbehalt, unter den

33 Niemeyer, Gisela: Bedarf es einer Änderung des Art. 1 Abs. 1 GG? in: FuR 3/92, S. 145 (146).
34 von Münch, Eva Maria, a. a. O. (Fn. 32).
35 Herzog, Roman: Ansprache in der Feierstunde des Bundesverfassungsgerichts am 18. Dezember 1989, Karlsruhe, S. 8.
36 BVerfGE 88, 338 ff. und 359 ff.
37 Langen, Heike: Karin Graßhof, in: Großfeld, Bernhardt / Roth, Herbert (Hg.), Verfassungsrichter, Münster, Hamburg 1995, S. 297 (306).
38 Graßhof, Karin: Harte Positionen bis zum Ende, Interview in: focus 45/1998, S. 66 f.
39 BVerfGE 98, 329 ff.

das bayerische Gesetz den ärztlichen Abbruch gestellt hatte, einen nicht zu rechtfertigenden Eingriff in die ärztliche Berufsfreiheit[40].

Helga Seibert, die 1989 Gisela Niemeyer auf den familienrechtlichen Richterstuhl des Ersten Senates nachfolgte, hatte zuvor in der SPD-Bundestagsfraktion, als wissenschaftliche Mitarbeiterin bei dem Verfassungsrichter Martin Hirsch und langjährig im Bundesjustizministerium gewirkt, in dem sie zuletzt mit der Leitung des Grundsatzreferats betraut war. Sie kennzeichneten ihr rechtspolitisches Engagement, ihre glänzenden Fremdsprachenkenntnisse, ihr bescheidenes Auftreten wie ihre umfassenden Kenntnisse der verfassungsgerichtlichen, nicht nur deutschen, sondern insbesondere auch amerikanischen Rechtsprechung[41]. Als bei ihrer Wahl das Stichwort „Quotenfrau" fiel, empfand sie dies nicht als verletzend, sondern hielt es im Gegenteil für legitim und besonders wichtig, bei der Besetzung des BVerfG eine gewisse Frauenquote zu erreichen, um damit gravierende Missverhältnisse bei der Besetzung der Richterpositionen zu korrigieren[42]. Nun zuständig für das Familienrecht, zeigte sie sich als Verfechterin der Gleichberechtigung, auch als es um die Aufwertung der Rechtsstellung von Vätern nichtehelicher Kinder ging, und zog in einigen Aufsätzen rechtspolitische Linien, die nicht nur der Gesetzgeber aufgriff, sondern die sich auch so in Entscheidungen des Senats wiederfanden, dass Dieter Schwab davon sprach, sie habe diese Entscheidungen inspiriert[43].

Renate Jaeger hatte längst die richterliche Karriereleiter in der Sozialgerichtsbarkeit bis hin zum Bundessozialgericht erklommen und sich dort einen Namen gemacht, als sie in den Ersten Senat gewählt wurde und dort zuständig gewesen ist für das Recht der freien Berufe. Aus ihrem frauenpolitischen Engagement hat sie Zeit ihres Lebens keinen Hehl gemacht. Das beweisen zahlreiche Vorträge und Aufsätze sowie ihr Engagement im Deutschen Juristinnenbund. Als Beispiel dafür sei nur ihr Beitrag „Frauen verändern die Justiz – verändern Frauen die Justiz?" benannt[44]. Hierin hat sie den Voraussetzungen für eine Einflussnahme von Frauen auf Entscheidungsfindungen nachgespürt, auch das Verhalten von Frauen kritisch betrachtet und als Erfolgsrezept für das Durchsetzen aus einer Minderheitenposition angegeben, Frau müsse den Eindruck von Sicherheit und Überzeugtheit machen und so Kompetenz ausstrahlen, neben einem rigiden Verhaltensstil einen flexiblen Verhandlungsstil vertreten, um den Eindruck von Arroganz und Dogmatismus zu vermeiden, müsse die eigene Position fremdnützig vertreten, weil bei Minderheiten hohes Eigeninteresse vermutet werde, und hilfreich sei schließlich auch gelegentlich, auf externe Autoritäten Bezug zu nehmen oder Aussagen von Männern zu zitieren. Ich glaube, ich verrate kein Beratungsgeheimnis, dass sie sich selbst stets mit großem Erfolg an dieses Rezept gehalten hat und deshalb wegen ihrer Durchsetzungskraft gelobt wie auch manchmal gefürchtet worden ist. Ich jedenfalls habe das geistige Florettspiel mit ihr genossen.

Jutta Limbachs Parteinahme für die Gleichberechtigung und ihren Einfluss nicht nur im Gericht muss man nicht lang beschreiben, weil beides der Öffentlichkeit jenseits ihrer zahlreichen Veröffentlichungen zu diesem Thema allein schon durch die Art ihres Auftretens als erste Präsidentin des BVerfG deutlich sichtbar geworden ist. Sie hat dreierlei in dieses Amt mitgebracht: ihre umfassenden und fundierten rechtlichen und soziologischen Kenntnisse über das Themenfeld Familie und Frauen als Professorin, ihre Erfahrungen aus der Politik

---

40 BVerfGE 98, 359 ff.

41 Limbach, Jutta: Helga Seibert: in: NJW 1999, S. 1840.

42 Muth, Susanne: Helga Seibert, in: Großfeld / Roth a. a. O. (Fn. 37), S. 425 (433).

43 Schwab, Dieter: Helga Seibert zum Gedenken, in: FamRZ 1999, S. 909.

44 Jaeger, Renate: Frauen verändern die Justiz – verändern Frauen die Justiz? in: Streit 1/98, S. 3 ff.

und ihre immense Ausstrahlung. Und sie hat dieses Amt betont als Frau ausgeübt, hat lächelnd in so charmanter Weise erklärt, sie sei Feministin, dass sie diejenigen Lügen gestraft hat, die bei diesem Stichwort an verbissene, die Fahne der Frauen schwenkende und Barrikaden stürmende Emanzen denken[45], und hat ihr frauenpolitisches Engagement in so einleuchtende, oft auch selbstironische Begründungen gepackt[46], dass sie viele damit hat überzeugen können. Mit der hohen Akzeptanz, die sie als Persönlichkeit in der Bevölkerung gefunden hat, hat sie zugleich vortrefflich unter Beweis gestellt, dass auch eine Frau ein solch hohes Amt souverän ausüben kann, und damit nicht nur der Gleichberechtigung gewaltigen Vorschub geliefert, sondern auch Frauen Mut gemacht wie Ansporn gegeben und Männern Respekt abgezollt. Und von ihrer Durchsetzungskraft wie Autorität im Gericht, ihrem Stil, Dinge voranzutreiben und zur Entscheidung zu führen, zeugen die beiden Beschlüsse, die die Senate ihr zu Ehren in Trauer um ihr Ausscheiden getroffen haben[47].

Der noch kleine Reigen der insgesamt 11 Verfassungsrichterinnen gegenüber bisher 80 Richtern endet mit den vieren, die derzeit dem Gericht angehören und über die Näheres auszuführen ich mich in Zurückhaltung übe, weil kollegiale Nähe die nötige Beobachtungsdistanz vermissen lässt, man dabei allzu leicht in Gefahr gerät, ein Stück Beratungsgeheimnis preiszugeben, und über sich selbst zu schreiben ins subjektive Dilemma führt.

Deshalb sei nur angemerkt, dass Evelyn Haas, die vor ihrer Wahl zur Verfassungsrichterin die Stufenleiter der Verwaltungsgerichtsbarkeit bis zum Richteramt beim Bundesverwaltungsgericht hochgeklommen und einige Zeit in der niedersächsischen Staatskanzlei als Referatsleiterin tätig gewesen ist, zwar im Gericht für das Steuerrecht und weite Teile des öffentlichen Bau-, Boden- und Raumplanungsrecht zuständig ist, aber ebenfalls gerade für das Familienrecht und seinen von der Gleichberechtigung gesetzten Vorgaben besonderes Interesse zeigt und ihre Meinung zum Schutz der Ehe in einem Dissenting zum Ausdruck gebracht hat[48].

Mich selber führte der berufliche Weg von einer Tätigkeit im wissenschaftlichen Bereich zunächst etliche Jahre auf verschiedene Positionen in der Sozialgerichtsbarkeit und dann in die Politik, in der ich auf kommunaler Ebene als Dezernentin der Stadt Frankfurt für Soziales, Jugend und Wohnungswesen und später auf Landesebene als Justizministerin und danach als Ministerin für Wissenschaft und Kunst agierte, bevor ich zur Bundesverfassungsrichterin gewählt wurde. Meine Berührung mit dem Thema Gleichberechtigung geschah im Faktischen zu Beginn meines Jurastudiums, als mir die damals noch herrschende Skepsis gegenüber der Tauglichkeit von Frauen für dieses Fach entgegenschlug und ich mich oftmals nur von männlichen Kommilitonen und ausschließlich männlichen Professoren umgeben sah. Die rechtliche Auseinandersetzung begann dann 1979, als ich einen Gutachtenauftrag vom Bundesinnenministerium erhielt, rechtsvergleichend der Frage nachzugehen, ob Anti-Diskriminierungsgesetze mit dem Grundgesetz vereinbar seien[49]. Dem folgten bis heute etliche weitere Beiträge, zuletzt die Festrede für den Kongress des Deutschen Juristinnenbundes

---

45 Limbach, Jutta: Frauenprobleme fordern zur Solidarität heraus, Jutta Limbach über modernen Feminismus, Interview in: Stuttgarter Zeitung vom 4. Februar 1995.

46 Vgl.nur: Limbach, Jutta: Juristinnen im Wissenschaftsbetrieb – Feminisierung der Jurisprudenz?, in: Rust, Ursula (Hg.), Juristinnen an den Hochschulen – Frauenrecht in Lehr und Forschung, Baden-Baden 1997, S. 15 ff.

47 Fölster, Uta / Stresemann, Christina (Hg.): Recht so, Jutta Limbach, Baden-Baden 2002, S. 13 ff. und 23 ff.

48 BVerfGE 105, 359 ff.

49 Hohmann-Dennhardt, Christine / Mallmann-Döll, Hannelore: Funktion und Bedeutung einer Kommission zur Überwachung des Gleichheitsgrundsatzes im Arbeitsleben, Rechtsvergleichende Studie zur Frage der Einführung einer solchen Kommission in der Bundesrepublik unter besonderer Berücksichtigung der bisherigen Erfahrungen in Großbritannien, den USA und in den skandinavischen Ländern, Frankfurt 1977.

2005 zum Thema „Gleichberechtigung im Familienrecht"[50]. Ansonsten lässt sich meine Einstellung zum Thema unschwer aus diesem Beitrag ablesen.

Und den langen Veröffentlichungslisten der beiden Staatsrechtslehrerinnen im Zweiten Senat, Lerke Osterloh und Gertrude Lübbe-Wolff kann man entnehmen, dass auch sie das Thema Gleichberechtigung zu ihrem gemacht haben.

Dabei richtet Lerke Osterloh ihr analytisches Auge gern auf die dogmatische Festigung und Fortentwicklung dieser Grundrechtsnorm, wobei sie offenlegt und Position bezieht, wo sich derzeit in der verfassungsrechtlichen Debatte die Geister scheiden: in der Bewertung der verfassungsrechtlichen Relevanz tatsächlicher defizitärer Lagen, die immer noch vermehrt bei Frauen anzutreffen sind. Als letztlich entscheidend für die Gleichberechtigung sieht sie aber die Entwicklung einer die Gleichberechtigung schützenden Infrastruktur an, die mangels originärer subjektiver Leistungsansprüche verfassungsrechtlich nicht einklagbar seien, sondern politisch durchgesetzt werden müssten[51]. Außerdem ist sie bekannt dafür, mit kritischem Blick und Ironie, zuweilen auch Sarkasmus die subtilen Mechanismen zu analysieren und aufzudecken, mit denen Männer sich die Dominanz zu erhalten versuchen, wenn sie Argumenten von Frauen aus dem Weg gehen wollen.

Gertrude Lübbe-Woff wiederum hat zum Thema auch sehr persönliche Anmerkungen gemacht. So hat sie in dem Aufsatz „Wie kriegen Sie das bloß hin?"[52] ihren eigenen beruflichen Werdegang mit seinen Tücken wie Überraschungen und seinen Auswirkungen auf ihren Familienalltag mit ihrem Mann und schließlich vier Kindern geschildert. Dabei hat auch sie in bescheidener Hintanstellung ihrer hohen intellektuellen Fähigkeiten zugestanden, dass für ihre Karriere die Tatsache eine wichtige Rolle gespielt habe, dass inzwischen ein gewisser Anteil an Frauen auch in wichtigen Positionen als wünschenswert gilt und darin eine Kompensation von Berücksichtigungsnachteilen anderer Art gesehen[53]. Und die sich selbst gestellte Frage „Was ist weiblich?" hat sie anhand des Beispiels beantwortet, auf einer Tagung einmal auf männliches Erstaunen gestoßen zu sein, als sie dem Argument, autofreie Wohngebiete schränkten die Mobilität ein, entgegenhielt, auch Autoverkehr führe zu Mobilitätseinschränkungen, nämlich von Kindern. Und sie hat resümiert, jede Gesellschaft profitiere davon, wenn ihre Mitglieder fähig sind, sich in Perspektiven hineinzuversetzen, die nicht unmittelbar die eigenen sind. Vielen gelte diese Fähigkeit als weiblich. Sie hielte es da mit Hegel. Für den wäre sie ein wesentliches Element dessen, was Bildung ausmacht. Als bildungsfähig dürften wohl auch Männer gelten. Nur wüssten viele von ihnen noch nicht, dass auch Kinderhüten bilde. Und von denen, die es wüssten, zeigten viele an diesem Punkt ausgeprägten Mut zur Bildungslücke[54].

---

50   Hohmann-Dennhardt, Christine: Gleichberechtigung im Familienrecht, in: Forum Familienrecht, Heft 1/2 2006, S. 15 ff.

51   Osterloh, Lerke: Der Gleichberechtigungsauftrag des Grundgesetzes (Art. 3 Abs. 2 GG) und seine Verwirklichung – zur Rechtsprechung des Bundesverfassungsgerichts, in: de Boor, Wolfgang / Haffke, Bernhard / Rode, Irmgard Antiona (Hg.), Schriftenreihe des Instituts für Konfliktforschung, Heft 23, Die Gleichberechtigung der Frau in einer sich wandelnden Gesellschaft – Chancen und Risiken, Köln 2002, S. 13 ff.

52   Lübbe-Wolff, Gertrude: Wie kriegen Sie das bloß hin?, a. a. O. (Fn. 24), S. 218 ff.

53   Lübbe-Wolff, Gertrude, a. a. O. (Fn. 24), S. 224.

54   Lübbe-Wolff, Gertrude: Was ist weiblich?, in: Die Zeit vom 3. März 2005.

8 Fazit

Ich zitiere diesen Beitrag meiner Kollegin, weil er uns mit seiner schönen Illustration eines Blickwechsels hinführt zu einer Antwort auf die Frage, welchen Einfluss die Richterinnen auf die Rechtsprechung des BVerfG zur Gleichberechtigung genommen haben.

Gewiss ist, dass bisher alle Richterinnen sich nicht nur durch besondere Kenntnisse und Fähigkeiten ausgezeichnet, sondern auch über eine besondere Durchsetzungskraft verfügt haben, sonst hätten sie auch gar nicht den langen beruflichen Weg bis hinauf zum Gipfel des BVerfG geschafft. Das wird nicht nur eindrucksvoll durch ihre Biographien unterstrichen, sondern hat stets auch spätestens bei ihrem Ausscheiden aus dem Gericht in den auf sie gehaltenen Abschiedsreden seinen anerkennenden Ausdruck gefunden. Und gewiss ist auch, dass sie alle es im Laufe ihrer beruflichen Karriere, die sie von Stufe zu Stufe in immer größere Minderheitenposition gebracht hat, gelernt haben, eine solche Situation durch geschicktes Taktieren und gekonntes Ausspielen ihrer Fähigkeiten zu meistern. Doch all dies unterscheidet sie noch nicht allzu sehr von ihren männlichen Kollegen, die solche Talente für den beruflichen Aufstieg ebenfalls benötigen, auch wenn sie sie weniger deutlich unter Beweis stellen müssen, um Anerkennung zu finden und selbstverständlicher davon ausgehen, sie zu besitzen.

Das Besondere, das die Richterinnen mitgebracht haben und das sie unterscheidet von ihren männlichen Kollegen, sind vielmehr ihre Sichtweisen aus der Perspektive weiblicher Erfahrungen, die sie auf ihrem beruflichen wie familiären Lebensweg gewonnen haben. Diese Erfahrungen beruhen auf ihrer Sozialisation, dem spezifischen Umgang mit ihnen als Frau, auf der Skepsis, mit der ihnen gerade als Frau mit Karrierewünschen noch häufig begegnet wird, beruhen auf der Notwendigkeit, sich als Frau immer noch damit auseinandersetzen und entscheiden zu müssen, welche Rolle in Beruf und Familie frau einnehmen will oder wie sie beides, berufliches Fortkommen und ggf. Kinder, für sich vereinbaren kann, was Männern noch wie selbstverständlich vorgezeichnet ist, steht ihnen doch der Wunsch nach beruflichem Erfolg schon in die Wiege geschrieben, ohne Zweifel hegen zu müssen, diesen bei Gründung einer Familie möglicherweise hintanstellen zu müssen, Und sie beruhen schließlich, zumindest bei der Mehrzahl der Richterinnen, auf der alltäglichen Bewältigung des Spagats zwischen Kindern und Karriere, aber auch auf der Bereicherung mit Einsichten und Erkenntnissen, die sie beim Zusammenleben mit Kindern erfahren. So sind alle, ob gewollt oder zwangsläufig, mit dem Thema Gleichberechtigung aus eigenem Erleben vertraut, wurden durch Betroffenheit dafür sensibilisiert und haben Position dazu beziehen müssen. In solchermaßen anders geprägter „Sichtweise" der Dinge liegt das Besondere, mit dem die Richterinnen Einfluss auf die Rechtsprechung genommen haben und nehmen. Denn sie stellen diese andere Perspektive, in Argumente umgemünzt, zur Debatte, bereichern damit die Diskussion mit neuen, ihren männlichen Kollegen unvertrauten Aspekten, mit denen diese sich auseinandersetzen müssen. Dies zwingt zur Reflexion über eigene Sichtweisen, weitet den Blick des gesamten Senats, eröffnet neue Möglichkeiten, eingefahrene Argumentationsmuster zu hinterfragen und verbreitert so die Palette der Erkenntnisse, auf die eine Entscheidung bauen kann. Schon allein dies verändert den Diskussionsverlauf und nimmt Einfluss auf die Entscheidung. Und gesellt sich dazu noch eine gute Portion fraulicher Überzeugungsfähigkeit, kann durchaus gelingen, mit Argumenten aus weiblicher Sicht die Entscheidung maßgeblich zu prägen. In diesem, durch die Richterinnen erweiterten Blickhorizont und in der Offenheit der Richter gegenüber den daraus erwachsenden Erkenntnissen liegt meines Erachtens der Grund und das Erfolgsrezept dafür, dass das BVerfG der Gleichberechtigung so konsequent den Weg geebnet hat.

So zeigt sich, dass vom Wechselspiel zwischen dem BVerfG und den Frauen beide profitiert haben: es hat nicht nur die Emanzipation der Frauen außer- und innerhalb des Gerichts befördert, sondern auch die des Gerichts von Standpunkten, die nur die männliche Seite des Lebens abbilden. Das erst lässt Vielfalt erkennen und so mit Gleichheit paaren, dass Gleichberechtigung daraus erwachsen kann. Wünschen wir dem Gericht und den Frauen deshalb eine Fortsetzung dieser erfolgreichen Liaison und dafür viele Frauen in seinen Reihen.

Hans J. Lietzmann

Kontingenz und Geheimnis

Die Veröffentlichung der Sondervoten beim Bundesverfassungsgericht

Die Einführung und die Praxis der „Sondervoten" beim Bundesverfassungsgericht (BVerfG) verdeutlichen dessen politischen und gesellschaftlichen Charakter: das BVerfG ist eine Institution der „politischen Gesellschaft".

Bei den „Sondervoten" zu den Entscheidungen des BVerfG handelt es sich bekanntlich um die Stellungnahmen der bei der Abstimmung über das Urteil unterlegenen Richter/innen. Diese „Sondervoten umfassen jene Urteilsbegründungen, die in dem Urteil selbst keine Berücksichtigung gefunden haben und sie sind für die konkrete Entscheidung ohne Belang. Die „Sondervoten" aber dienen der Dokumentation der innergerichtlichen Opposition.

Die überstimmten Richter wenden sich in ihren „Sondervoten" meist gegen das gesamte Urteil ihrer Kollegen, also sowohl gegen den Urteils-Tenor als auch gegen dessen genauere Begründung (Dissenting Vote); bisweilen opponieren sie aber auch nur gegen die von der Mehrheit durchgesetzte Begründung der Entscheidung (Concurring Oppinion). In beiden Fällen können die überstimmten Mitglieder des Gerichtes ihre oppositionelle Meinung schriftlich dokumentieren und mit dem Mehrheitsurteil gemeinsam in der offiziellen Entscheidungssammlung veröffentlichen. Aber auch nur dann, wenn sie dies wirklich tun, erfährt die Öffentlichkeit von diesen „Abweichenden Meinungen" und damit von dem Dissens innerhalb des Verfassungsgerichtes; verzichtet die Richter-Opposition hingegen auf ihr Recht der schriftlichen Dokumentation oder wird das gesamte Urteil gar nicht erst in den Entscheidungsbänden veröffentlicht, so bleibt auch der innergerichtliche Streit vor den Augen des Publikums verborgen. Die „Sondervoten" werden dann nicht Gegenstand der institutionell-politischen Debatte, werden nicht zum Argument in der politischen Auseinandersetzung um das höchstrichterliche Urteil und sie gehen nicht in die staats- bzw. verfassungsrechtliche Fachdebatte ein.

Wenn von „Sondervoten" die Rede ist, so sind also immer nur die *veröffentlichten* Sondervoten gemeint. Insofern geht und ging es in dem politischen Streit um die „Sondervoten" nie um die *Zulassung* von „Sondervoten" beim Verfassungsgericht – die gab es als intern archivierte Dokumente von Anbeginn an und unbestritten immer[1] –, sondern es ging um die Frage ihrer *Veröffentlichung*. Es handelte sich damit immer schon um eine Frage von Geheimnis und Öffentlichkeit[2] in der verfassungsgerichtlichen Politik. Ihre Einführung im Jahre 1971 war eine solche Gradwanderung zwischen Geheimnis und Öffentlichkeit.

---

1   Anonymus.: Das Votum im Panzerschrank. In: Die Dritte Gewalt, 11. Jg., Nr. 10/1.5.1960, 2 ff.
2   Hölscher, Lucian: Öffentlichkeit und Geheimnis. Eine begriffsgeschichtliche Untersuchung zur Entstehung der Öffentlichkeit in der frühen Neuzeit. Stuttgart 1979.

1 Verfassungsgericht und „politische Gesellschaft"

Was daran kennzeichnet das Gericht nun als eine Institution der *„politischen Gesellschaft"*[3] und als Organ des „politischen Konstitutionalismus"[4]?

Als *„politisch"* tritt das Verfassungsgericht mittels der „Sondervoten" hervor, weil es den „politischen", d. h. den strittigen und legitimationsbedürftigen Entscheidungsprozess offen legt, in dem es seine Urteile bildet: es verdeutlicht in den Dissenting Votes, dass das Urteil (und zwar z. T. „um ein Haar") auch ganz anders hätte ausfallen können. Es zeigt, dass es als das höchste Gericht auch ganz anders hätte entscheiden können; es hebt die Kontingenz seines Urteils hervor und es dokumentiert diese Kontingenz für das politische Gedächtnis.

Das BVerfG legt damit die Aura vorpolitischer Wahrheitsfindung ab. Es dementiert damit zugleich jeden Ewigkeitscharakter und jede Eindeutigkeit der Verfassung. Es holt die Verfassung hinein in den politischen Entscheidungsprozess und es zerstört die traditonalistische Erwartung eines quasi-monarchischen Zentrums in der Mitte der Republik, die mit seiner Errichtung verbunden war.

Als *„gesellschaftlich"* hingegen erweist sich das Verfassungsgericht darin, dass in den „Sondervoten" unterschiedliche, pluralistische und gleichermaßen legitime Sichtweisen auf einen Streitfall zur Darstellung gelangen. Es bringt damit die gesellschaftliche Vielfalt möglicher Sichtweisen zum sinnbildlichen und schriftlichen Ausdruck. Das BVerfG legt so den Habitus eines den gesellschaftlichen Konflikten entzogenen „Staats"-Organs ab und repräsentiert nicht mehr – wie es von konservativer staatsrechtlicher Seite von ihm verlangt wurde[5] – eine übergesellschaftliche Rationalität; es ist nun nicht mehr das „von aller unreinen Subjektivität gereinigte", „über uns allen stehende Objektive" (Erich Kaufmann), sondern es gibt sich in der innergerichtlichen Opposition seiner „Sondervoten" als Teil der pluralen Gesellschaft und ihrer konkreten Diskurse und Divergenzen zu erkennen.

Politisch zeigt sich das Verfassungsgericht also, weil es den Charakter seiner Urteile als aktive Entscheidungen und als wertende Unterscheidungen verdeutlicht; *gesellschaftlich* wird sein Gestus dadurch, dass sich die Kriterien dieser wertenden Unterscheidungen (zwischen verfassungsgemäß und verfassungswidrig) nolens volens aus dem Repertoire der gesellschaftlich gängigen Pluralität speisen.

Mit der nachträglichen und umstrittenen Einführung der „Sondervoten" war ein existentieller Wandel des gerichtlichen Erscheinungsbildes, auch ein Wandel der Selbst-Inszenierung des Gerichtes verbunden. Es war dies ein Wandel der politischen und sozialen Praxis des Gerichtes als politischer Institution, der begleitet wurde von einem sich schleichend verändernden Verständnis auch der Mehrheit seiner Richter. Diese waren (und sind) die politischen Akteure in dieser Arena; sie treiben den institutionellen Wandel voran (oder hemmen ihn). In der Frage der von ihnen mehrheitlich befürworteten „Sondervoten" geben sie sich Ende der 60er Jahre als gegenüber der Öffentlichkeit legitimationspflichtig zu erkennen, – ihre Urteile erscheinen nach aussen (objektiv) als rechtfertigungsbedürftig: sie werden (das

---

3   Greven, Michael Th.: Die politische Gesellschaft. Kontingenz und Dezision als Probleme des Regierens und der Demokratie. Opladen 1999.

4   Lietzmann, Hans J.: Politik und Verfassung: Politischer Konstitutionalismus. In: Ders. (Hg.), Moderne Politik. Politikverständnisse im 20. Jahrhundert. Opladen 2001, 237-262.; Ders.: Das Bundesverfassungsgericht. Eine sozialwissenschaftliche Studie über Wertordnung, Dissenting Votes und funktionale Genese. Opladen 1988.

5   Vgl. Lietzmann, Das Bundesverfassungsgericht, a. a. O. (Fn. 4), S. 13 ff., 19 ff.

ist für sie als Richter in der deutschen Nachkriegszeit historisch neu) zu Personen der *politischen* Zeitgeschichte.

Aber auch innergerichtlich und subjektiv veränderte sich ihre politische und symbolische Rolle. Sie werden auch selbst als politisch-individuell Handelnde erkennbar. Sie haben juristisch und moralisch für ihre Urteile einzustehen. Sie erkennen das und handeln danach. Sie sind nun nicht mehr Teil eines anonym handelnden gerichtlichen Spruch-„Körpers", sondern ihre richterliche Praxis bekommt einen neuen, einen zurechenbaren und *gesellschaftlichen* Sinn. Das ändert über die handelnden Akteure auch die Ausdrucksform der Urteilspraxis insgesamt und seiner gerichtlichen Symbolik[6].

2 Geheimnis und Öffentlichkeit

Seit dem 4. Änderungsgesetz zum Bundesverfassungsgerichtsgesetz (BVerfGG) im Jahr 1970 regelt der dort eingefügte 2. Absatz des § 30 BVerfGG, dass Richter ihre abweichenden Meinungen zu einem Urteil und/oder zu seiner Begründung „in einem Sondervotum niederlegen (können)"; „das Sondervotum ist der Entscheidung (bei ihrer Veröffentlichung, HJL) anzuschließen". Davon noch einmal unabhängig können die einzelnen, urteilenden Senate „das Stimmenverhältnis mitteilen", mit dem das Urteil beschlossen wurde. In einer Geschäftsordnung des Gerichtes werden dann die weiteren Feinheiten des Procederes geregelt (§ 56 GOBVerfG).

Auch in diesem Regelungskomplex geht es also nicht um die sachliche Frage einer generellen Zulässigkeit der „Sondervoten", sondern um das Geheimnis, das um sie gemacht wird bzw. um den konkreten Modus seiner endgäultigen Aufdeckung. Es geht um Geheimnis oder Öffentlichkeit verfassungsgerichtlicher Rechtsprechung; es geht um den Habitus des Gerichtes, um die öffentliche Wirkung, die es erzielen möchte und erzielen darf. Und es geht dabei zugleich um den inner-verfassungsgerichtlichen Diskurs und um sein öffentliches Erscheinungsbild. Und es geht darum, welche Mittel zur Gestaltung der öffentlichen Inszenierung des Gerichtes jeweils eingesetzt werden: So wurde geregelt, dass es keiner Mehrheit des gesamten Senates mehr bedürfe, um die Sondervoten der Minderheit zur Veröffentlichung zuzulassen (das klingt abenteuerlich, war aber die Praxis in einem Teil der Landsverfassungsgerichte); aber es wurde bestimmt, dass es doch einer zusätzlichen Mehrheit bedurfte, um das genaue Stimmenverhältnis und damit die Relationen innerhalb des Gerichtes zu offenbaren[7]. Das alles sind – wie so oft in Geschäftsordnungen – eben keine Kleinigkeiten.

Seit jeher, und nicht nur von unverbesserlichen Traditionalisten, wird – wie schon erwähnt – für das BVerfG ein Status reklamiert, eine „eigene, den politischen Auseinandersetzungen entrückte und unabhängige Instanz" zu sein[8]. Bestätigend wird hierfür der institutionelle Grundsatz des BVerfGG bemüht: „Das Bundesverfassungsgericht ist ein den anderen Verfassungsorganen gegenüber selbständiger und unabhängiger Gerichtshof" (§ 1 Abs. 1

---

6 Abélès, Marc: Mises en scène et rituels: un approche critique / Politische Inszenierungen und Rituale in kritischer Sicht. In: Ders. / Rossade, W. (Hg.), Politique Symbolique en Europe, Berlin 1993, S. 35-78; Lietzmann, Hans J.: Alltagsmythen in der Rechtsprechung des BVerfG. In: Raiser, Th. / Voigt, R., Durchsetzung und Wirkung von Rechtsentscheidungen. Baden-Baden 1990, S. 219-226.

7 Lietzmann, Das Bundesverfassungsgericht, a. a. O. (Fn. 4).

8 So Grimm, Dieter: Verfassungsrechtlicher Konsens und politische Polarisierung in der Bundesrepublik Deutschland. In: Ders., Die Zukunft der Verfassung, Frankfurt/M. 1991, S. 298-312 (303).

BVerfGG[9]). Neben der formellen und der programmatisch-normativen Unabhängigkeit – der unabhängigen „Teilhabe an der Staatsleitung"[10] – wird dabei (gegen alle politikwissenschaftliche Evidenz sowie gegen jede pragmatische Alltagsklugheit) regelmäßig auch dessen tatsächliche Unabhängigkeit behauptet[11]. Insofern bestand und besteht ein fortwährendes Anliegen darin, der behaupteten verfassungsgerichtlichen Autonomie – wenn schon nicht nachholend zur Realität – so doch wenigstens zum *Ausdruck* zu verhelfen. D. h. aber diese „regulative Fiktion" des Gerichts bedarf der beständigen institutionellen oder semantischen Pflege[12].

Dieser fiktiven Vorstellung eines politisch unabhängigen Gerichtshofes und dem Anliegen, diese Fiktion performativ zum Ausdruck zu bringen, entsprach schon traditionell ein Anspruch auf die Reservierung eines gegenüber der Öffentlichkeit abgeschirmten „Arkan"-Bereiches, – also einer abgeschlossenen, der öffentlichen Wahrnehmung nicht zugänglichen Zone richterlich-politischen Entscheidens. Der „Schutz des Beratungsgeheimnisses" und die Abgeschlossenheit des richterlichen Verhandlungs- und Abwägungsprozesses sowie das Geheimnis um die innergerichtlichen Argumentationen, Konkurrenzen, Alternativen und Kontroversen machen dieses „arcanum imperii" aus. Es entspringt aber nicht allein einem rein funktionalistischen Impuls politischer Herrschaft (auch wenn dies über lange Zeit in der politischen Soziologie vorwiegend so interpretiert wurde; meine frühere Analyse folgt streckenweise diesem damaligem mainstream[13]), sondern es dient auch der Inszenierung des Selbstbildes durch die politischen Akteure, – die Rechtspolitiker und Richter. Die Rituale richterlicher Arkanpolitik helfen auch, die interne „Verzauberung" des verfassungsgerichtlichen Praxis vor dem eigenen Selbstbild aufrecht zu erhalten, ohne die die gewissermaßen „naive", rechtsdogmatische Ausübung dieser politischen Rolle kaum möglich wäre. Das Wissen um die Brüchigkeit der richtlichen Entschiedenheit in den politischen Streitfragen und die Wahrnehmung der Pluralität und der Alternanz des politischen Arguments gebiert auch bei den Akteuren den Wunsch nach der Geheimhaltung der Diskurse. Dieser Wunsch wird in dem Ritual traditionellen „richterlichen Beratungsgeheimnisses" mystifiziert; es gehört zu den gängigen Inszenierungen politischer Herrschaft[14]. Dieses Geheimnis ist ein vormodernes Ritual in einer modernen Gesellschaft; es dient aber wie viele Rituale nicht nur vormodernen Zwecken. Denn z. B. gäbe es auch in modernen Gesellschaften „ohne Kultus und Rituale ... keinen (politischen, HJL) Glauben und keine republikanische Tugend mehr"; es herrschte ein entzaubertes Regime, in dem der Gesellschaftsvertrag sich angesichts funktionaler Notwendigkeiten verflüchtigt(e)"[15]. So leistet jede traditionelle Inszenierung und jedes überlieferte politische Ritual dennoch auf die eine oder andere Weise seinen Tribut an die Gesellschaften seiner Zeit.

Das Privileg des geschützten Beratens nimmt die Rechtsprechung seit der frühen Neuzeit, als die vormals öffentlichen Gerichtsverfahren der mittelalterlich-germanischen Traditi-

9   Starck, Christian: Das Bundesverfassungsgericht in der Verfassungsordnung und im politischen Prozeß. In: Badura, P. / Dreier, H. (Hg.), Festschrift 50 Jahre Bundesverfassungsgericht Bd.1, Tübingen 2001, S. 1-32; Wesel, Uwe: Die Hüter der Verfassung. Frankfurt/M 1996.

10   Starck, Das Bundesverfassungsgericht in der Verfassungsordnung und im politischen Prozess, a. a. O. (Fn. 9), S. 5.

11   Lietzmann, Alltagsmythen, a. a. O. (Fn. 6).

12   Frank, Thomas / Koschorke, Albrecht / Lüdmann, Susanne / de Mazza, Ethel Matala: Des Kaisers neue Kleider. Über das Imaginäre politischer Herrschaft. Frankfurt/M 2002, S. 73 ff.

13   Lietzmann, Das Bundesverfassungsgericht, a. a. O. (Fn. 4).

14   Abélès, Mises en scène et rituels, a. a. O. (Fn. 6).

15   Prost zitiert bei Abélès, Mises en scène et rituels, a. a. O. (Fn. 6), S. 75.

on abgeschafft wurden, für sich in Anspruch. Die Volksöffentlichkeit der gerichtlichen Entscheidungen erwies sich damals angesichts der territorialen Ausweitung der Herrschaft als nicht mehr beherrschbar; die Fürsten setzten anstelle dessen professionelle und bürokratisch rekrutierte Richter als Beauftragte ein, die freilich auf keine unmittelbare herrschaftliche Autorität mehr bauen konnten. Das Regime löst sich aus seiner Personalität und wird zu institutioneller Herrschaft und aus den öffentlichen Verfahren der „Dorfversammlungen" entwickeln sich zu jener Zeit peu á peu Verfahren, die in den verschlossenen „Kammern" oder „Kabinetten" von den Beratern der Fürsten („geheimen Räten") und von Geheimnisträgern der Herrschaft („Sekretarii") unter sich ausgemacht und anschließend vom Herrscher selbst oder (später) von einem amtlichen Richter verkündet wurden. Die Entpolitisierung und die Anonymisierung der Richter und der Urteile war der (gar nicht so geheime) politische Strukturplan dieses Introvertierungsunternehmens[16]. Gleichzeitig war dies ein soziokultureller Prozess der juristischen Professionalisierung des Verfahrens, einer Übertragung der richterlichen Aufgaben von den Laien auf Fachleute, der sich schließlich in der Reichskammergerichtsordnung von 1495 und weiteren landestypischen Verfahrensordnungen niederschlug[17].

Schon rein äußerlich setzte dieser Prozess darin Zeichen, dass er den individuell erkennbaren und sozial identifizierbaren Richter der Maskerade der Talare vereinheitlichend unterwarf. Zugleich aber erschuf er in diesen Ritualen eine neue sozio-politische Praxis, die äußerlich von höherer Objektivität getragen schien und die intern größere Fairnis als die personale Fürstenherrschaft symbolisch in Aussicht stellte. Sie wirkte nicht ohne Grund vertrauenswürdiger und war deshalb auch gesellschaftlich ganz unumstritten; personelle Herrschaft – das ist der sozio-kulturelle Hintergrund – geriet ihr gegenüber in Misskredit. Aus der Perspektive politischer Herrschaft erwies sich diese bürokratisierte Gerichts-Praxis zudem als „flexibler", „innovationsfähiger" und von größerer „Problemverarbeitungskapazität" (was ihre autoritative Attraktivität bis in den gegenwärtigen Verfassungsdiskurs sichert[18]).

Die traditionellen Gerichtsverfahren der germanischen Tradition waren noch an einen eng begrenzten öffentlichen Diskurs gebunden gewesen[19]. Deren Urteile ergingen gleichsam als von einem „Teil des Volkes" gefällt und mehrheitlich. Sie benötigten daher keine weitere Begründung, denn die augenfällige Mehrheit war der Grund (wie in jedem anglo-amerikanischen Geschworenenprozess...). Die neuzeitlichen „Kammergerichte" mitsamt ihren „arcana imperii" konnten sich auf eine solche selbst-evidente Schlüssigkeit und Legitimation nicht mehr berufen; sie waren auf den Ausweis einer legitimen, d. h. in sich selbst schlüssigen, rationalen und nachvollziehbaren Begründung angewiesen.

Erst mit diesem politischen und sozio-kulturellen Umbruch überhaupt erscheinen Gerichtsentscheidungen als begründungspflichtig: Es ist deshalb das 16. und 17. Jahrhundert, in dem es zugleich zu einer Auflösung der öffentlichen Gerichtsverfahren, zu einer entpersonalisierten politischen Symbolik sowie gleichzeitig zur Herausbildung der Kabinettspolitik und damit auch der geheim gehaltenen Gerichtsverfahren kommt. Der haupsächliche Anlass dieser Anonymisierung politischer Herrschaft lag freilich weniger in dem strikten Geheimhaltungswillen (den gab es auch!) als vielmehr in dem Erfordernis territorial ausgreifender Herrschaftsorganisation. Mit der territorialen Ausweitung der Regime konnte die politische

---

16 Foucault, Michel: Wahnsinn und Gesellschaft. Frankfurt/M. 1973, S. 136; Foucault, Michel: In Verteidigung der Gesellschaft. Frankfurt/M. 1999.

17 Hölscher, Öffentlichkeit und Geheimnis, a. a. O. (Fn. 2), S. 19.

18 Roellecke, Gerd: Sondervoten. In: Badura, P. / Dreier, H. (Hg.), Festschrift 50 Jahre Bundesverfassungsgericht Bd.1, Tübingen 2001, S. 363-384 (374).

19 Vgl. Foucault, In Verteidigung der Gesellschaft, a. a. O. (Fn. 16), S. 133.

Herrschaft nicht mehr überall unmittelbar und persönlich präsentiert und ausgeübt werden; mit ihr ging daher notwendigerweise eine Welle der Beauftragung, der Bürokratisierung und der Entpersönlichung politischer Entscheidungen einher. Kaum wurde dieser Prozess durch Misstrauen oder Missbilligung auf Seiten der Untertanen begleitet; „Publizität", „Transparenz" oder „Öffentlichkeit" betreten sowohl als Begriffe und als auch als soziale Bedürfnisse und politische Forderungen erst erheblich später, im 18. Jahrhundert und mit dem Beginn der Demokratieansprüche, die politische Bühne[20].

3 Kontingenz und Kalkül

Das politische Bedürfnis nach einem richterlichen Beratungsgeheimnis steht in dem gleichen Zusammenhang, der auch dazu führt, dass über politische Raffinesse und Strategie, über Täuschung und Überredungskunst in der Politik in vielfältiger Weise nachgedacht und geschrieben wird: Lag doch schon in dem frühneuzeitlichen Ruf nach dem Ende der personalistischen „Dramatisierung" und nach größerer Mittelbarkeit politischer Herrschaft, z. B. nach der Bindung auch der Herrscher an ein sie zügelndes Naturrecht, eine erste Bekundung von Misstrauen durch die Untertanen. Die Herrschaft begegnete diesem Ansinnen mit ausgeklügelten neuen Strategien der Geheimhaltung und der Intransparenz: sie entwickelte zum ersten Mal auch innenpolitisch eine „diffizile Kunst des politischen Kalküls"[21]. Sie reagierte auf den gegen sie gerichteten Argwohn mit der richtigen Annahme, alleine mittels der unverstellten Wahrheit politisch nicht mehr reüssieren zu können. Mit Hilfe einer Institutionalisierung der „Kammern", der „Kammergerichte" und der „Kabinette" wurde deshalb (durchaus auch mit der Absicht einer aristotelisch „guten", den Menschen dienlichen, „Politik" zum Durchbruch zu verhelfen) die Geheimhaltung eingeführt. Die politische Vernunft der obrigkeitlichen politischen Akteure, die „Staatsraison" nahm für sich in Anspruch, sich vor der Unvernunft der Gesellschaften zu schützen: sie wahrt ihr Entscheidungsmonopol und organisiert ihren politischem Gestaltungswillen. Das ist die Klugheitsregel des 16. Jahrhunderts. Darin lag freilich auch eine Sicherung und Introvertierung des unmittelbaren Machtinteresses, das voraussetzungslos annimmt, selbst die besten und richtigsten Erkenntnisse zu besitzen. Denn Eines war fundamental neu: Der politische Prozess wurde als kontingent erfahren; ihn zu steuern, erforderte vermeintlichen Fernblick, Erfahrung und auch Klugheit. Politik war neuerdings mit Risiken besetzt. Es konnten Fehler gemacht werden und es war nicht mehr alles durch göttliche Vorsehung unabänderlich bestimmt. Dieses neue historische „Wissen", diese neue Sichtweise war das „Neue" an der frühen Neuzeit[22]:

„De futuribus contingentibus non est determinata veritas" (Guiccardini, Ricordi[23]).

---

20 Hölscher, Öffentlichkeit und Geheimnis, a. a. O. (Fn. 2); Ders.: Neue Annalistik. Umrisse einer Theorie der Geschichte. Göttingen 2003; Koselleck, Reinhard: Vergangene Zukunft der frühen Neuzeit. In: Ders., Vergangene Zukunft. Frankfurt/M 1989, S. 17-37.
21 Koselleck, Vergangene Zukunft der frühen Neuzeit, a. a. O. (Fn. 20).
22 Koselleck, Vergangene Zukunft der frühen Neuzeit, a. a. O. (Fn. 20); Koselleck, Reinhard: „Erfahrungsraum" und „Erwartungshorizont" – zwei historische Kategorien. In: Ders., Vergangene Zukunft. Zur Semantik geschichtlicher Zeiten, Frankfurt/M 1979, S. 349-375; Hölscher, Öffentlichkeit und Geheimnis, a. a. O. (Fn. 2).
23 Zitiert bei Koselleck, Vergangene Zukunft der frühen Neuzeit, a. a. O. (Fn. 20), S. 28.

Das angestrengte Bemühen um das „politische Kalkül" und auch die Neueinrichtung jener dem politischen Kalkulieren gewidmeten Institutionen geschah aber nicht aus sich selbst heraus. Die Gesellschaften empfanden sich vielmehr auf neue Weise auf das Kalkulieren der politischen Abläufe angewiesen. Die politischen Entscheidungen zeigten sich abhängig von dem kunstvollen, diffizielen und gelehrten politischen Kalkül. Der naive Glaube auf Gottes ausgleichenden Willen, der die Welt – so oder so – lenkte und zusammenhielt, löste sich auf und es kam – durchaus als Bedrohung wahrgenommen – zunehmend und neuerdings darauf an, was politisch durch die Berater entschieden und von umsichtigen Herrschern durchgesetzt wurde. Die Zeit der „Fürstenspiegel" und der herrschaftlichen Beratungsliteratur brach an. Um in dem politischen „Labyrinth der Bewegung" (wie Lorenz von Stein diese Perspektive später einmal treffend umschrieb[24]), als das die politische Umwelt neu erfahren wurde, nicht die Orientierung zu verlieren, glaubte man sich angewiesen auf eine „kühne Mischung aus Politik und Prophetie"[25]; zumindest aber schien es ausgemacht, sich auf die tradierte Erfahrung, auf Alltagsklugheit und auf naives politisches Weltverstehen nicht länger mehr verlassen zu wollen. In dem Maße, wie man das Ungewohnte, das Unseriöse und das Umweghafte denken und entscheiden zu müssen glaubte, verbarg man die inhaltliche Planung und die materiellen Richtungsentscheidungen nicht nur vor dem politischen Gegner, sondern auch vor der skeptischen, für unaufgeklärt gehaltenen Öffentlichkeit.

Es galt daher als Teil der neuzeitlichen Klugkeitsregel, sich von den äußeren Bedingungen, auch den gesellschaftlichen Konventionen und Moden, unabhängig zu machen und einen autonomen Handlungsraum zu bewahren. Dies umso deutlicher und umso strikter, je mehr die politischen Umwelten Anspruch auf Teilhabe an den politischen Entscheidungen einforderten. Es liegt in der Konsequenz dieser Erwicklung, dass mit dem Beginn der Demokratisierung sich diese Anstrengungen noch einmal verstärkten. Die Herausbildung von gegenüber der Demokratisierung autonomen und in sich abgeschlossenen Institutionen hat hierin ihre innere genealogische Geschichte. D. h. neben dem unmittelbaren, äußeren Aspekt der Herrschaftssicherung, setzt sie politisch-sozial an dieser integralen Tradition und diesen inneren politisch-strategischen Besorgnissen der Regime und (!) der Gesellschaften an: beiden Seiten kam es darauf an, gegenüber den kontingenten Zeitläufen abgeschirmte, möglichst autonome politische Akteure als Bewahrer und Regulateure der „Welt", d. h. der Kernelemente eines kontinuierlichen status quo, zu institutionalisieren. Die Tatsache, dass beide Seiten, Herrschaft und Untertanen bis weit in das 20. Jahrhundert hinein diese Besorgnis teilten, sicherte die Zustimmung der Gesellschaften zu den sich erneuernden Formen der Herrschaftssicherung, auch obwohl diese und soweit diese auf die Kosten ihrer eigenen Partizipation an den politischen Entscheidungen gingen.

Hierin liegt das gesellschaftlich geteilte Kalkül, dass sich hinter der Rede vom „Hirten des Seins"[26] oder dem „Hüter der Verfassung"[27], auch dem Wunsch nach politischer „Führerschaft" verbirgt (zumal bei Carl Schmitts „Hüter der Verfassung", die „Verfassung" ganz ausdrücklich als normative Grund- und Seinsordnung und nicht als verfassungsgesetzlicher Textkorpus verstanden wird[28]). Politische Institutionen und deren politische Hauptaufgabe

---

24 von Stein, Lorenz: Geschichte der sozialen Bewegung in Frankreich von 1789 bis zum heutigen Tage. 3 Bände, 1850. Nachgedruckt: Darmstadt 1959, Bd. I, S. 65.

25 Koselleck, Vergangene Zukunft der frühen Neuzeit, a. a. O. (Fn. 20), S. 33; Ders.: Über die Verfügbarkeit der Geschichte. In: Ders., Vergangene Zukunft. Frankfurt/M 1989, S. 260-277.

26 Heidegger, Martin: Über den Humanismus. Frankfurt/M. 1949, S. 29.

27 Schmitt, Carl: Das Reichsgericht als Hüter der Verfassung. In: Die Reichgerichtspraxis im dt. Rechtsleben. Bd. 1, Berlin 1929, S. 154-178.

28 Schmitt, Carl: Verfassungslehre. Berlin 1928.

werden dadurch bestimmt, dass es ihnen gelingt, das grundsätzlich aufrecht zu erhalten und mittelfristig zu garantieren, was ich schon früher (Toni Negri abwandelnd) als *grundlegende Konvention der Gesellschaft* bezeichnet habe: „die Gewißheit der Zukunft ... derzufolge die Wirkungen (politischen Handelns, HJL) den Erwartungen entsprechen" sowie die Instrumente und Prozesse, solche Gewissheit herzustellen[29] (Günter Frankenberg hat diesen Begriff und sein Verständnis sympathischer Weise, wenn auch leider ohne sich die Mühe des Zitats zu machen (sic!), zu einer zentralen These seiner Habilitation werden lassen[30] und dafür hohe Anerkennung im Fach bekommen[31]). Gerade hinter der Schaffung einer verschriftlichten Verfassung, d. h. einer *staatsrechtlichen* Verschriftlichung der normativ gedachten „Verfassung" oder Grundordnung, stand nämlich als Kalkül der Versuch einer *politischen* Kontingenzbewältigung. Durch die Formulierung einer entpolitisierten und enthistorisierten rechtlichen Ordnung (eines „Politischen Konstitutionalismus"[32]) mochte die Stabilität und Gleichmäßigkeit der politischen Entwicklung gegen alle Wirrungen und Befürchtungen (das „Labyrinth der Bewegung", L. v. Stein) gewährleistet werden.

Diese Genealogie bildet schließlich auch noch den (Hinter-)Grund für das politische Kalkül oder die sozio-kulturelle politische Rationalität, der noch das BVerfG nach 1945 seine Entstehung verdankte. Es sollte in den Augen der Verfassungsväter in der chaotischen, politischen Umbruchsituation nach dem Ende des 2. Weltkrieges und des Nationalsozialismus die Stabilität und die Kontinuität der neuerlichen Republikgründung gewährleisten[33]. Dass sich die Kontingenz des politischen Prozesses dabei aus der Angst bereits vor der souveränen Gesetzgebung des erst noch zu bildenden Bundestages und vor allem den noch sich gründenden Parteien speiste, ist der zeittypische Aspekt.

Das, was sich damals als die „Lehre aus Weimar" und als volkspädagogische Skepsis gegenüber der jungen Demokratie inszenierte, war zugleich auch als antidemokratischer Affekt der damaligen politischen Elite durchaus erkennbar. Dem demokratischen Wildwuchs der repräsentativen Demokratie sollten durch das Verfassungsgericht die wuchernden Triebe herausgeschnitten werden: aus den Debatten des parlamentarischen Rates trat dieses politische Kalkül einer „gesellschaftssanitären Funktion" des BVerfG in aller Klarheit hervor. Damit es selbst diesem Kalkül möglichst gerecht würde, gab man dem Gericht von Anbeginn an einen möglichst vorpolitischen Habitus und positionierte es möglichst weit am Rande des politischen Diskurses und suggerierte, es sei „der politischen Auseinandersetzung entrückt"[34]; als Bedrohung gespensterte die Politisierung des Gerichts dennoch durch die gesamte Debatte um die grundgesetzlichen Institutionen[35].

Eine der ganz wesentlichen Voraussetzungen, die dem Verfassungsgericht im Sinne dieses politischen Kalküls bereits 1949 mit auf den Weg gegeben wurden, war das Geheimnis der richterlichen Beratung, die Anonymität der gerichtlichen Abstimmung und – sogar – die

---

29 Vgl. Lietzmann, Das Bundesverfassungsgericht, a. a. O. (Fn. 4), S. 65.
30 Frankenberg, Günter: Die Verfassung der Republik. Autorität und Solidarität in der Zivilgesellschaft. Baden-Baden 1996, S. 231 und passim.
31 Preuß, Ulrich K.: Rezension v. G. Frankenberg, Verfassung der Republik. In: Kritische Justiz, 29. Jg., 1996, S. 552-555 (553, 555).
32 Lietzmann, Politik und Verfassung, a. a. O. (Fn. 4).
33 Lietzmann, Hans J.: Vater der Verfassungsväter? Carl Schmitt und die Verfassungsgründung in der Bundesrepublik Deutschland. In: Ders. / Hansen, K., Carl Schmitt und die Liberalismuskritik. Opladen 1988, S. 107-119; Ders., Das Bundesverfassungsgericht, a. a. O. (Fn. 4); zur Stabilitätssicherung durch Verfassungsgericht in Umbruchsituationen der 90er Jahre vgl. Hesse, Joachim Jens / Schupert, Gunnar Folke / Harms, Katharina (Hg.), Verfassungsrecht und Verfassungspolitik in Umbruchsituationen. Baden-Baden 1999.
34 Grimm, Verfassungsrechtlicher Konsens und politische Polarisierung, a. a. O. (Fn. 8).
35 Vgl. Lietzmann, Das Bundesverfassungsgericht, a. a. O. (Fn. 4).

Anonymisierung der an dem Urteil beteiligten Richter und Richterinnen: das BVerfG veröffentlichte seine Urteile in den ersten Jahren ohne jede Personalie und alleine mit den sog. „tragenden", d. h. den mehrheitlich formulierten, Gründen[36]. So wähnte es sich selbst außerhalb des politischen Prozesses, – wie ein Kind, das, nur weil es sich die Augen zuhält, glaubt, es würde nicht mehr gesehen... . Und so wollte es der „Abgründigkeit des Politischen", wie mancher das noch heute in romantischer Emphase nennt, „zivilisierend" beikommen[37].

Das BVerfG stellt sich der Herausforderung, den populär-politischen Überschuss und die Kontingenz politischer Prozesse, d. h. das politische Risiko moderner Gesellschaften, verfassungspolitisch zu kompensieren. Das war und ist sein politisches Kalkül. Niemand freilich konnte versprechen, dass dies gelingt! War das Gericht wohl überrascht, sich plötzlich selbst inmitten und als Teil dieses kontingenten politischen Getümmels des 20. Jahrhunderts zu erleben?

4 Die Veröffentlichung der Sondervoten

Als der ehemalige Verfassungsrichter Konrad Zweigert 1968 vor dem Juristentag für die Veröffentlichung der Sondervoten am BVerfG eintrat, tat er dies unter der reformerischen Parole, dass sich „Publizität und Geheimhaltung in der Demokratie ... zueinander wie Regel und Ausnahme" verhielten. Er traf damit den Ton der Zeit („mehr Demokratie wagen...") und setzte – anders als R. Lamprecht in seiner flott geschriebenen, aber wissenschaftlich eher ärgerlichen Dissertation nahe legt[38] – einen deutlichen Kontrapunkt zu dem bis dahin prägenden Selbstbewusstsein und der 17-jährigen Praxis des BVerfG. Das hatte sich bis dato ja fast ausschließlich darauf konzentriert, die „Autorität der Entscheidung" und das Pathos der Endgültigkeit und Eindeutigkeit seiner Urteile zu pflegen.

Sowohl bei der Beratung des Verfassungsgerichtsgesetzes 1951 als auch bei der Debatte um die Veröffentlichung der Sondervoten bei der Reform des Richtergesetzes 1961 hatte es ja erfolglose Ansätze zu einer Reform bereits gegeben. In diesen Debatten war (auch von Verfassungsrichtern) wiederholt hervorgehoben worden, dass die politische Wirksamkeit des BVerfG eben gerade nicht in der „überwältigenden Argumentation" seiner Urteile, sondern in der „autoritäre(n) Beseitigung des Zweifels" liege[39]. Bestärkt wurde diese Haltung durch ein grundsätzliches und striktes Misstrauen sowohl gegenüber der Mehrzahl der Bevölkerung, der pauschal „Unreife und Unverständnis" unterstellt wurde, als auch speziell gegenüber der Presse, von der keine faire und abwägende Berichterstattung erwartet wurde.

Beides mündete auf Seiten des Gerichtes in einer Selbststilisierung, in der es sich als die Institutionalisierung einer idealisierten, reinen Staatlichkeit im Hegelschen Sinne – als die überindividuelle „Wirklichkeit der sittlichen Idee" – verstand. Der fehlerhaften Politik und

---

36 Heyde, Wolfgang: Das Minderheitenvotum des überstimmten Richters. Bielefeld 1966; Lietzmann, Das Bundesverfassungsgericht, a. a. O. (Fn. 4); Roellecke, Sondervoten, a. a. O. (Fn. 18).

37 Preuß, Ulrich K.: Verfassungsrechtliche Steuerung der politischen Führung? In: Hesse / Schupert / Harms (Hg.), Verfassungsrecht und Verfassungspolitik in Umbruchsituationen. Baden-Baden 1999, S. 283-296 (294); Ders., Der Begriff der Verfassung und ihre Beziehung zur Politik. In: Ders. (Hg.), Zum Begriff der Verfassung. Die Ordnung des Politischen. Frankfurt/M 1994, S. 7-37 (27).

38 Lamprecht, Rolf: Richter contra Richter. Abweichende Meinungen und ihre Bedeutung für die Rechtskultur. Baden-Baden 1992, S. 25.

39 Lietzmann, Das Bundesverfassungsgericht, a. a. O. (Fn. 4), S. 54 ff.

der kurzsichtigen Gesellschaft setzte es einen „myth of immaculate truth" (March/Olson[40]) entgegen, mit dem es den substanziellen Verfassungskern zu wahren beanspruchte. In seinem Weltbild formulierte es die „Gegenüberstellung einer weitgehend durch Utilitarismus und Egoismus geprägten Gesellschaft ... und eines tugendhaften, deliberativen und weisen (Gerichtes, das) die populären Energien filtert, managt und läutert"[41].

Allerdings bekam dieses Selbstbild auch schon früh erste Risse, die erkennen ließen, dass das gesamte Sujet, aus dem es sich speiste, brüchig war: Unterstellte dieses Selbstbild doch, dass immer dann, wenn kein innergerichtliches Abstimmungsergebnis veröffentlicht werde, die uninformiert und naiv gehaltene Öffentlichkeit wie selbstverständlich davon ausgehen werde, das BVerfG werde wohl einstimmig das Urteil tragen. Oder anders: Das BVerfG ging davon aus, ein Urteil werde gerade dann/dadurch als eindeutig und autoritativ rezipiert, dass niemand erfahre, wie es genau zustande gekommen sei. Die politische Realität der Gesellschaft folgte allerdings dieser Mythenbildung nicht, sondern funktionierte schon in der unmittelbaren Nachkriegszeit bisweilen gerade anders herum: Bereits bei der frühen heftigen politischen Auseinandersetzung zwischen dem Gericht und der Bundesregierung um die Zulässigkeit der Wiederbewaffnung der Bundesrepublik 1952, als das Gericht die Bundesregierung trotz der aufgeheizten Stimmung des Korea-Krieges deutlich in die Schranken verwies (Kanzler Adenauer: „Dat ham wir uns so nich vorjestellt!" Justizminister Dehler: „Dieser Beschluß ist ein Nullum!"[42]), lag für die Öffentlichkeit jede andere Annahme näher, als dass das Gericht die CDU/FDP-Regierung *einmütig* zur „Staatsraison" gerufen hätte. Dass der entsprechende Plenumsbeschluss aber tatsächlich fast einstimmig (20:2) ergangen war, dass erschien nun gerade dem Verfassungsgericht in dieser Situation wichtig und mitteilenswert[43]. Es stärkte seine Autorität durch Veröffentlichung des deutlichen Abstimmungsergebnisses, – die politische Realität hatte das politische Kalkül korrigiert!

Das Gleiche ereignete sich kurz darauf in einem harten Konflikt zwischen dem Verfassungsgericht einerseits und dem Bundesgerichtshof sowie der Beamtenlobby andererseits, als um die Behandlung und die Privilegien der ehemaligen Reichs- und NS-Beamtenschaft in der neuen Republik gestritten wurde. Auch in diesem Institutionenstreit (um das „G 131", das Ausführungsgesetz zu Art. 131 GG, das die Beamtenrechte regelte) stärkte das BVerfG seine Autorität dadurch, dass es das einstimmige Abstimmungsergebnis durchsickern ließ. So wurde auch hier das politische Kalkül der Intransparenz von der Wirklichkeit der konkreten – d. h. gesellschaftlichen – Konflikte überholt und korrigiert.

Es ging aber nicht immer nur um die öffentliche Hervorhebung einer politisch eher unerwarteten Einigkeit. In einer ganzen Reihe weiterer Verfahren ließ das Gericht – auf unterschiedlichste Weise und bisweilen nur für Eingeweihte erkennbar – in Formulierung, Form und Varianz seiner Urteile deutlich, dass es innerhalb des Gerichts heftige Auseinandersetzungen und stark divergierende Abstimmungen gegeben hatte. Dabei ging es immer auch um das Ausmaß, in dem die Richterschaft gespalten war; besonders jene Verfahren, in denen nach der Geschäftsordnung bei Stimmengleichheit (4:4) die Verfassungsbeschwerden abgelehnt werden mussten, erwiesen sich hier als Katalysatoren neuer Praktiken und Strategien.

---

40 Zitiert bei Haltern, Ulrich: Integraton als Mythos. Zur Überforderung des Bundesverfassungsgerichts. In: Jahrbuch für Öffentliches Recht (n. F.), 45. Jg. 1997, S. 32-88, S. 72.

41 Haltern, Integraton als Mythos, a. a. O. (Fn. 40), S. 39.

42 Vgl. Lamprecht, Rolf / Malanowski, Wolfgang: Richter machen Politik. Auftrag und Anspruch des Bundesverfassungsgerichts. Frankfurt/M 1979, S. 14 ff.

43 Lietzmann, Das Bundesverfassungsgericht, a. a. O. (Fn. 4), S. 101 ff.; Heyde, Das Minderheitenvotum des überstimmten Richters, a. a. O. (Fn. 36), S. 110 ff.

Als der 1. Senat des Verfassungsgerichtes 1966 in der Frage der Durchsuchung der Redaktionsräume des „Spiegel" wegen eines Berichts über korrupte Praktiken des Verteidigungsministers Franz-Josef Strauss wieder einmal politisch und juristisch in zwei Hälften gespalten war, zerbrach der gerichtliche Habitus endgültig: das Gericht veröffentlichte beide Begründungen gleichberechtigt nebeneinander und erklärte die eine nurmehr *formell* zu der die Ablehnung der Verfassungsbeschwerde tragenden Urteilsformel[44]. Der Damm, der das politische Kalkül der Nichtöffentlichkeit innerhalb des Gerichtes schützte, war damit für immer gebrochen und das Plenum des Verfassungsgerichtes befürwortete 1967 in einer internen Abstimmung einen Appell an den Bundesgesetzgeber, die Abfassung und Veröffentlichung von Sondervoten für das BVerfG endgültig zuzulassen. Die Mitglieder des Gerichtes zogen damit die Konsequenz daraus, dass sie als politisch Handelnde, d. h. als unmittelbar in den politischen Prozess einbezogene Akteure, nicht länger die Fiktion eines oberhalb des gesellschaftlichen Pluralismus angesiedelten Entscheidungs"körpers" aufrecht erhalten konnten und wollten. Der fiktive, in sich geschlossene „Körper" zerfiel in seine pluralistischen Einzelteile; er zeigte sich in seiner pluralistischen Realität. Und die Richter *wollten* sich auch in ihrer Pluralität zu erkennen geben.

Es ist dies der Moment, in dem die „soziale Magie" (Bourdieu) des Gerichtes als eines autoritativen und monolithischen Spruchkörpers seine gesellschaftliche Glaubwürdigkeit endgültig verloren und aufgegeben hatte; das politische Kalkül hatte sein institutionelles Medium verloren. Dass dies in den späten 60er Jahren geschah, als die gesamte westdeutsche Republik ihren Charakter, ihre Werte und Orientierungen neu sortierte und ausrichtete, ist nicht besonders überraschend. Man sollte aber das eine *nicht* für eine *kausale* Folge des anderen halten; vielmehr entwickelte sich beides in dem gemeinsamen Prozess und mittels der Dynamik einer sich insgesamt politisierenden und pluralisierenden Gesellschaft. Beides geschah im Zuge der sich sukzessive weiter herausbildenden „politischen Gesellschaft", in der auch das „Geheimnis", die „Publizität" und „Transparenz" sowie die „Staatlichkeit" und ihr politisches Kalkül neu geordnet werden. Erklärungsbedürftig ist allerdings, ob es einen spezifischen Anlass gab, dass sich der Wandel *dieses* politischen Kalküls gerade in *diesem* Moment vollzog.

Eine der ganz wesentlichen politikwissenschaftlichen Erklärungen findet sich darin, dass auch die bisherigen Verteidiger des verfassungsgerichtlichen „arcanums" und die Apologeten seiner abgeschirmten, verfassungsjuristischen „Staatlichkeit" sich mit dem Gedanken der Veröffentlichung der Sondervoten aus sehr spezifischen Gründen anzufreunden begannen. Waren sie doch bisher diejenigen gewesen, die in den Senaten des Verfassungsgerichts sowohl personell, als auch inhaltlich die Mehrheit stellten und deshalb von deren Geheimhaltung am meisten profitiert hatten; selbst dort, wo sie nicht den ganzen Senat hatten überzeugen können, wurde doch „das Gericht" als Spruch"körper" mit ihrer Meinung in der Öffentlichkeit identifiziert. Diese Perspektive aber veränderte sich mit dem Ende der 60er Jahre! In der Verfassungspolitik – wie überall – wurde der Konservatismus zu einer Meinung unter anderen. Das Feld des politischen Prozesses pluralisierte sich. Und auch die Konservativen selbst pluralisierten sich im Zuge dieser Entwicklung in divergente und konkurrierende Branchen; es erging dem Konservatismus nun wie den Liberalen, den Sozialisten und anderen politischen Richtungen auch. So kam es, dass gerade die konservativen Justizpolitiker der Bundesrepublik gegen Ende der 60er Jahre sich auch der spezifischen *Chance*, die in der

---

44 Lietzmann, Das Bundesverfassungsgericht, a. a. O. (Fn. 4); Lamprecht, Richter contra Richter, a. a. O. (Fn. 38), S. 106.

Möglichkeit des Sondervotums und seiner Veröffentlichung lag, neu bewusst wurden. Aus ihren Reihen vernahm man nun die sich ganz auf den Zeitgeist und seine Herausforderungen beziehenden Argumentationen, dass die Veröffentlichung der Sondervoten „ein Gebot der Klugheit" und ein „Gebot der Stunde" sei. Diese böte die Möglichkeit, „in Zeiten der Gefahr einer Gerichtsmehrheit, die sich von den Pressionen der öffentlichen Meinung oder lautstarker Gruppen beeinflussen (lasse, dieser) mit echtem Mut entgegen zu treten". Es wurde also den unterschiedlichen politischen Lagern offenbar, dass auch das Gericht und die Richter sich nicht mehr länger außerhalb des politischen Prozesses bewegten; dass sie längst in diesen vollständig eingebunden waren. Auch, dass die Mehrheit innerhalb des Gerichtes durchaus wechselhaft sein werde. Man könnte sagen: Die populare „Unreife" und das „Unverständnis" in der äußerlichen Gesellschaft, die allgemeine, öffentliche Meinungsbildung und deren politischer Pluralismus, drohte auf die Interna des Gerichtes erkennbar durchzuschlagen; die Richter waren sich untereinander zu dem geworden, vor dem sie sich gemeinsam hatten abschirmen wollen[45]. Sie waren Teil der politischen Gesellschaft und sie teilten deren Risiken.

Jenseits einer vielleicht vordergründigen politischen Strategie setzt sich in jenen Jahren aber auch eine Sichtweise durch, die das ursprüngliche politische Kalkül in besonderer Weise und radikal in Frage stellte. Denn statt eines angestrebten „myth of immaculate truth" (March/Olson), statt einer „sozialen Magie" der Einmütigkeit (Bourdieu), die das Gericht zu einem ewigen Korrektiv politischer Fehler der gesellschaftlichen Dynamik sollte werden lassen, geriet die Irrtumsanfälligkeit, die objektive Fallibilität auch der höchstrichterlichen Urteile in den Fokus der Debatte; deren Kurzsichtigkeit, deren möglicher politischer Opportunismus und – vor allem – die offensichtliche Tatsache, dass in den meisten politischen Streitfragen, die vor Gericht landen, eine eindeutig richtige Entscheidung ohnehin kaum zu finden ist. Die Verfassungsrechtsprechung verließ also auch aus ihrem Selbstverständnis heraus den Arkanbereich ihres idealisierten Himmels der sittlichen Wirklichkeit und säkularisierte sich politisch: sie erkannte sich als „Menschenwerk ... und als solches belastet mit menschlichen Unzulänglichkeiten"[46].

Die Kontingenz politischen Handelns greift in dieser Auseinandersetzung nach dem Selbstbewusstsein des Verfassungsgerichtes; sein vorpolitischer und den politischen Prozessen enthobener status schwindet. Auch scheint es nunmehr für die Richter anerkennenswert und legitimationsfördernd, „ihre Zweifel in aller Offenheit darzulegen"[47]. Das Gericht beansprucht also Teilhabe an einem allgemeinen, sozio-kulturellen Wandel, der die Kontingenz und Unabsehbarkeit politischer Planungen, Entscheidungen und Prozesse zunehmend unterstellt. Hatte es zuvor seinen Habitus auf die „autoritative Beseitigung des Zweifels" gegründet, befallen es diese Zweifel nun selbst in einem solchen Maße, dass es sich diese alte Rolle nicht mehr wirklich zutraut. Hatte es zuvor seine Anerkennung aus einen Legitimationsglauben, den es „eher undemokratischen Traditionen verdankte"[48], so ist das Anerkenntnis der Fallibilität zwar keine Anerkenntnis der Demokratie, doch eine realistische Anrechnung der Kontingenz moderner politischer Gesellschaften und auch ein realistisches Eingeständnis der

---

45 Lietzmann, Das Bundesverfassungsgericht, a. a. O. (Fn. 4)

46 Zweigert, zitiert bei Lietzmann, Das Bundesverfassungsgericht, a. a. O. (Fn. 4), S. 21.

47 Zweigert, ebd.

48 Bryde, Brun-Otto: Integration durch Verfassungsgerichtsbarkeit und ihre Grenzen. In: Vorländer, H. (Hg.), Integration durch Verfassung. Wiesbaden 2002, 329-342 (340); ähnlich Vorländer, Hans: Der Interpret als Souverän. Die Macht des Bundesverfassungsgerichts beruht auf einem Vertrauensvorschuß, der anderen Institutionen fehlt. In: Frankfurter Allgemeine Zeitung v. 17.4.2001.

beschränkten Prognose- und Handlungsmacht dieser Institution[49]. Zurecht spricht daher Guggenberger von einer in den vergangenen zwanzig Jahren sich sukzessive vollziehenden, „nachholenden Politisierung" des BVerfG[50]; zwar war auch das ursprüngliche Kalkül der „Geheimhaltung" politisch motiviert, doch wird der Anspruch des Gerichtes, vorpolitisch zu wirken, in diesem Prozess seitdem einer fortschreitenden Erosion unterworfen. Sein Habitus wird politisiert. In ihm werden sowohl das politische Kalkül selbst, als auch das politische Eigenverständnis des Gerichtes als Institution wie seiner einzelnen Richter beständig neu justiert.

Auch wenn das Gericht durch diesen Anerkennens- und Wandlungsprozess nicht zu einer genuin demokratischen Institution zu werden vermag, so bleibt doch jede weitere, schrittweise Öffnung hin zur Gesellschaft (wie vor den Sondervoten bereits die nachträgliche Einführung der Verfassungsbeschwerde an dem als „Staatsgerichtshof" konzipierten BVerfG[51]) vermutlich unwiederuflich. Auch zeigt die Politisierung des Gerichtes seitdem eine ganze Reihe weiterer Phänomene. Vor allem schreitet aber der Auflösungsprozess der ehemaligen Arkanbereiche und die Inkorporierung des Gerichtes in die Gesellschaft unaufhaltsam fort[52].

An der Entwicklung der Sondervoten lässt sich dieser Prozess besonders markant erkennen. War nämlich in der Zeit von 1971 bis 2000 im Durchschnitt nur 6,3 % der Urteilsveröffentlichungen ein Sondervotum beigefügt, so hat sich dieser Prozentsatz in den fünf seitdem vergangenen Jahren auf 16,8 % mehr als verdoppelt[53]. Diese Quote hat sich damit auch (anders als noch kürzlich beschwichtigend behauptet[54]) deutlich in den zweistelligen Prozentbereich hineingearbeitet: von den 145 Entscheidungen wurden alleine 20 mit einem Sondervotum versehen. Wenn man darüber hinaus in Rechnung stellt, dass bei wichtigen, strukturbildenden „Schlüsselentscheidungen" in einem noch viel größerem Maße von den Sondervoten Gebrauch gemacht wird[55], erhöht sich die Quote um ein Vielfaches. Gegenläufig zeigt sich allerdings auch, dass das Gericht sein politisches Kalkül insofern neu definiert, als es scheinbar wieder dazu übergeht, sein konkretes Abstimmungsergebnis der Öffentlichkeit vorenthalten zu wollen; so, als ob mittels der neuerlichen Intransparenz wieder eine heimliche Eindeutigkeit des Urteilsprozesses und damit eine Wiederbelebung des traditionellen Kalküls suggeriert werden sollte[56].

Zugleich ist aber doch der Drang des Gerichtes, seine Argumentation, seine Vorgehensweise und seine Urteilskriterien der Öffentlichkeit kund und verständlich zu machen, an vielen Einzelheiten (die fast alle ihre Einführung in der Amtsperiode der Präsidentin Jutta Limbach hatten) erkennbar: besonders auffallend war dort neben der Schaffung einer Pressespre-

---

49 Lietzmann, Hans J.: Reflexiver Konstitutionalismus und Demokratie. Die moderne Gesellschaft überholt die Verfassungsrechtsprechung. In: Guggenberger, B. / Würtenberger, Th. (Hg.), Hüter der Verfassung oder Lenker der Politik? Das Bundesverfassungsgericht im Widerstreit. Baden-Baden 1998, S. 233-261.

50 Guggenberger, Bernd: Zwischen Konsens und Konflikt: Das Bundesverfassungsgericht und die Zukunftsfähigkeit der Gesellschaft. In: Ders. / Würtenberger, Th. (Hg.), Hüter der Verfassung oder Lenker der Politik? Das Bundesverfassungsgericht im Widerstreit. Baden-Baden 1998, S. 202-232 (211).

51 Lietzmann, Das Bundesverfassungsgericht, a. a. O. (Fn. 4)

52 Lietzmann, Reflexiver Konstitutionalismus und Demokratie, a. a. O. (Fn. 49).

53 www.bundesverfassungsgericht.de/text/statistik_2000 (März 2006).

54 Helms, Ludger: Ursprünge und Wandlungen der Verfassungsgerichtsbarkeit in den konsolidierten liberalen Demokratien. In: Zschr. für Politik 53. Jg 2006, H. 1, S. 50-73 (65).

55 von Beyme, Klaus: Der Gesetzgeber. Der Bundestag als Entscheidungszentrum. Opladen 1997; Ders.: Das Bundesverfassungsgericht aus der Sicht der Politik- und Gesellschaftswissenschaften. In: Badura, P. / Dreier, H. (Hg.), Festschrift 50 Jahre Bundesverfassungsgericht Bd.1, Tübingen 2001, S. 493-505.

56 Roellecke, Sondervoten, a. a. O. (Fn. 18), S. 364.

cherin die Öffnung der mündlichen Verhandlung für die Öffentlichkeit wie auch die Fernsehübertragung immer größerer Arbeitssequenzen des Gerichtes bis hin zur Live-Übertragung von Urteilsbegründungen auf dem öffentlich-rechtlichen Fernsehkanal „Phoenix". All dies scheint sich aber nicht wirklich stilbildend auf den Habitus des Gerichtes und auf seine Akzeptanz in der Öffentlichkeit ausgewirkt zu haben[57].

Doch die Politisierung des BVerfG und die Vergesellschaftung seiner politischen Wahrnehmung schreiten unvermindert fort[58]. Und dies nicht erst seit die Hysterie um das umstrittene Kruzifix-Urteil und die mit ihm einher gehenden Aufrufe zum „Widerstand" durch die üblicherweise staatstragenden Vertreter des bayerische Katholizismus. So sind mittlerweile besorgte Appelle von den Karlsruher Richtern und ihrem derzeitigen Präsidenten Papier zu hören, die weniger auf die Inszenierung und Neuordnung des eigenen Habitus abstellen, als vielmehr darauf insistieren, das Gericht von Seiten der übrigen politischen Institutionen, vorwiegend dem Parlament und der Regierung, nicht länger mit politischen Gestaltungs- und Korrekturaufgaben zu überfordern. Insofern scheint an die Stelle der Gestaltung des eigenen politischen Kalküls (in der Ära Limbach) der Aufruf getreten zu sein, das Gericht – zumindest ein wenig – aus der üblich gewordenen Verantwortung zu entlassen. Denn auch innerhalb des Gerichts wird wahrgenommen, dass die Kritik an dem Gericht zunehmend „schriller" wird[59]. Es sieht deutlich so aus, als habe auch das Verfassungsgericht – selbst wenn „keine andere Institution in Sicht ist, die die Integrationsleistungen des Bundesverfassungsgerichts ... übertreffen könnte"[60] – die Grenzen seiner Integrationsfähigkeit weitgehend erreicht. Es wäre durchaus nicht ausgeschlossen, dass sich die politisch soziale Praxis moderner Demokratien, dass sich die „politische Gesellschaft" und das BVerfG schon mittelfristig als imkompatibel, ihr Zusammenleben zumindest als unproduktiv erweisen könnte. Insofern delegitimiert nicht nur der demokratische *Anspruch* der Moderne das politische Kalkül des autoritativen BVerfG[61]; sondern es kommen sich auch die *Praxis* einer modernen Gesellschaft, die – als „politische Gesellschaft" – alle Verteilungsfragen der Gegenwart einer kontroversen und legitimationsbedürftigen politischen Unterscheidung unterwirft, und die Praxis eines Verfassungsgerichts, das nach Wegen einer vorpolitischen und verfassungsjuristischen Streitschlichtung sucht, substanziell in die Quere.

---

57 Limbach, Jutta: Die Akzeptanz verfassungsgerichtlicher Entscheidungen. In: Brand, J. / Strempel, D. (Hg.), Soziologie des Rechts. Baden-Baden 1998, S. 207-221.

58 Limbach, Jutta: Missbrauch des Bundesverfassungsgerichtes durch die Politik? In: Gegenwartskunde 48. Jg. 1995, S. 11-23; Schulze-Fielitz, Helmut: Das Bundesverfassungsgericht in der Krise des Zeitgeistes. Archiv des öffentl. Rechts, 122. Jg. 1997, S. 1-26; Ders.: Das Verfassungsgericht und die öffentliche Meinung. In: Schuppert, G. F. / Bumke, Chr. (Hg.), Bundesverfassungsgericht und gesellschaftlicher Grundkonsens. Baden-Baden 2000, S. 111-144.

59 Papier, Hans-Jürgen: Teilhabe an der Staatsleitung. Verfassungsgerichtsbarkeit und Politik. In: Frankfurter Allgemeine Zeitung v. 23.5.2000.

60 Neidhardt, Friedhelm: Formen und Funktionen gesellschaftlichen Grundkonsenses. In: Schuppert, G. F. / Bumke, Chr. (Hg.), Bundesverfassungsgericht und gesellschaftlicher Grundkonsens. Baden-Baden 2000, S. 15-30.

61 Lietzmann, Reflexiver Konstitutionalismus und Demokratie, a. a. O. (Fn. 49).

Rüdiger Zuck

Die Wissenschaftlichen Mitarbeiter des Bundesverfassungsgerichts

1 Das Bundesverfassungsgericht als Kammer-Gericht

Das BVerfG hat Autorität. Ihm wird Respekt entgegengebracht. Sein Ansehen gilt als unangefochten[1]. Die Erwartung, das BVerfG sei in Deutschland der endgültige Hüter der Gerechtigkeit ist völlig ungebrochen und wird durch die gelegentlich aufschäumenden Diskussionen um Schwangerschaftsabbruch, Soldaten sind Mörder, Kruzifix oder die Rechtschreibreform nicht geschmälert[2]. Der Ausbau der deutschen Verfassungsgerichtsbarkeit hat auch international Vorbildcharakter. Und die Grundrechtsrechtsprechung des BVerfG wirkt unverändert maßstabbildend auf die sich entwickelnden europäischen Grundrechte und die Auslegung und Anwendung der EMRK. Weithin sichtbar steht das BVerfG im Licht. Aber das BVerfG ist janusköpfig. Es gibt noch ein anderes BVerfG. Es liegt weitgehend im Dunkeln. Es ist dies das eigentliche BVerfG[3]. Seine Arbeitskraft wird durch rund 5.000 Verfassungsbeschwerden p. a. gebunden. Es entscheidet darüber nicht selbst, d. h. in den zwei Senaten, sondern in sechs Kammern. Diese sind zwar auch „Das BVerfG[4]", aber ihre Entscheidungen erwachsen (außerhalb der wenigen Entscheidungen nach § 93c BVerfGG) weder in materieller Rechtskraft noch binden sie. Die Kammerrechtsprechung ist, bezogen auf die einzelnen Kammern, in ihrer Entwicklung nicht konstant. Die Kammern entscheiden zudem auch untereinander unterschiedlich. Diese Kammer-Tätigkeit macht das wahre BVerfG aus. Es ist ein Kammer-Gericht. Von den rund 5.000 Verfassungsbeschwerde hatten im Jahr 2004 2,14 % Erfolg gehabt[5]. 70 % aller Verfassungsbeschwerden werden gem. § 93d BVerfGG

---

1   Das beruht auf Umfragen in der Bevölkerung. Die schätzt Sportidole und Medienstars immer höher ein als, sagen wir, den Papst, Einstein oder Goethe. Der tägliche Umgang mit Verfassungsbeschwerden zeigt, dass der Durchschnittsbürger von der Existenz des BVerfG wenig oder nichts weiß, von den europäischen Gerichten ganz zu schweigen: Selbst Anwälte verwechseln EuGH und EGMR.

2   Auch das ist nicht überraschend. Die Beteiligten am – häufig genug kanalisierten – Volkszorn sind nicht identisch mit den Verfassungsbeschwerdeführern, die sich für ihren Fall selbstverständlich ein anderes BVerfG wünschen.

3   Das Gericht selbst beschreibt als seine eigentliche Aufgabe, von der es, wie es sagt, durch unprofessionelle Verfassungsbeschwerden ferngehalten werde, „grundsätzliche Verfassungsfragen" zu entscheiden, siehe dazu die Nachweise bei Graßhof, in: Maunz, Theodor / Schmidt-Bleibtreu, Bruno / Klein, Franz / Ulsamer, Gerhard u. a., Bundesverfassungsgerichtsgesetz, Loseblattwerk, München, Stand: 2004, Rdnr. 26 zu § 34 BVerfGG. § 90 Abs. 1 Satz 1 BVerfG ist das Gegenteil zu entnehmen: Das BVerfG soll sich mit den Jedermann-Verfassungsbeschwerden beschäftigen, und zwar mit dem anwaltsfreien Jedermann.

4   Dollinger, in: Umbach, Dieter C. / Clemens, Thomas / Dollinger, Franz-Wilhelm (Hg.), Bundesverfassungsgerichtsgesetz (BVerfGG), 2. Aufl. 2005, Rdnr. 6 zu § 15a BVerfGG n. w. N.

5   Lübbe-Wolff, Gertrude: Die erfolgreiche Verfassungsbeschwerde: Wie man das Unwahrscheinliche wahrscheinlicher macht, in: AnwBl 2005, S. 509-517. Man muss sich fragen, ob ein individuelles Rechtsschutzmittel, das über Jahrzehnte hinweg mit einer Erfolgsquote von 2 bis 3 % arbeitet, ein wirkliches individuelles Rechtsschutzmittel ist. Notwendig bleibt es nur, wenn man es als Anstoßfaktor für die Aktualisierung und Fortbildung des objektiven Verfassungsrechts versteht.

ohne jede Begründung nicht zur Entscheidung angenommen[6]. Das kann zudem jahrelang dauern. Man kann eine solche Entscheidung allerdings durch einen Antrag auf Erlass einer einstweiligen Anordnung (§ 32 BVerfGG) oder durch einen PKH-Antrag erheblich beschleunigen. Was nicht unter die 70 %-Quote fällt, wird gelegentlich sehr ausführlich begründet, sonst wechseln zwei Techniken. Ohrfeigen-Charakter hat die Begründung der 3. Kammer des Ersten Senats: „Die Verfassungsbeschwerde wird nicht zur Entscheidung angenommen, weil sie unzulässig ist."

Der Mandant fragt dann, ob sein Anwalt die Unterschrift unter der Verfassungsbeschwerde vergessen oder vielleicht die Frist versäumt hat. In allen Kammern gibt es aber auch noch eine höflichere Variante. Sie besteht aus vier Sätzen, die ohne jeden Bezug zum Fall sind und deren Kernaussage lautet, der Beschwerdeführer habe seine Grundrechtsrüge nicht „hinreichend deutlich" gemacht. Der Mandant meint dazu, hätte man nur ihn selbst die Verfassungsbeschwerde machen lassen, hätte er sich sicherlich hinreichend deutlich ausgedrückt. Die Tätigkeit des BVerfG bleibt in diesem Verfahren völlig intransparent. Der Beschwerdeführer weiß nicht, in welcher Kammer seine Sache ist, und er kennt auch den Namen des Berichterstatters nicht. Zwar gibt es einen Geschäftsverteilungsplan, aber wegen des „Überlaufverfahrens" ist er nur bedingt aussagekräftig. Dabei wäre es wichtig, etwas über den Berichterstatter zu wissen, denn sein Einfluss im Kammer-Umlaufverfahren ist, was jedenfalls die Grundtendenzen angeht, nicht zu unterschätzen[7]. Es ist doch nicht zu erwarten, dass etwa Richter Di Fabio in seinem Dezernat von den Grundaussagen abweichen wird, wie sie seiner „Kultur der Freiheit" zu entnehmen sind, auch soweit diese Grundaussagen im Senat nicht mehrheitsfähig sein sollten. Und wer weiß, dass er bei Richter Broß landen wird, wird sich auf dessen restriktive Haltung zu Art. 2 Abs. 1 GG einstellen müssen[8]. Selbst wenn die Verfassungsbeschwerde zugestellt wird, weiß der Beschwerdeführer nicht, ob sie anschließend noch in der Kammer oder schon im Senat ist. Nun hat Präsident Papier im Rahmen einer öffentlichen Verlautbarung erklärt, es werde beim BVerfG durchaus akzeptiert, wenn sich ein Beschwerdeführer nach dem Stand seines Verfahrens erkundige. Ich wünschte dem Präsidenten, er möge, verkleidet als ein moderner Harun al Raschid, einmal beim BVerfG anrufen. Die Telefonzentrale wird ihm sagen, mit dem Berichterstatter könne er nicht verbunden werden. Der Wissenschaftliche Mitarbeiter (WiMi) sei nicht am Platz. Seine Durchwahlnummer könne nicht herausgegeben werden. Vielleicht dringt der Präsident zur Senatsgeschäftsstelle durch. Ich habe einmal versucht, in einer abgeschlossenen Sache den Berichterstatter/WiMi zu erreichen. „In abgeschlossenen Sachen verbinden wir nicht weiter" – das entscheidet die Geschäftsstelle. Den Berichterstatter bekommt man (außerhalb eines Großverfahrens) ohnehin nicht. Es hätte auch nicht viel Sinn, denn wie soll er wissen, wie der Bearbeitungsstand in einem Alltagsfall ist. Den WiMi erreicht man immer. Er sagt aber pflichtgemäß, Auskünfte zum Sachstand dürfe er nicht geben. Soviel zur Transparenz. Aber selbst für denjenigen, dem aufgrund glücklicher Umstände die Verfahrenszuständigkeiten und die konkreten Abläufe bekannt sind, bleibt ein zweites Problem, nämlich das der Prognoseunmöglichkeit in der Sache. Mag man die für den Jedermann und seinen Anwalt schon unüberwindbare Hürde genommen haben, nämlich zu wissen, dass das Übergehen von In-

---

6 Siehe dazu Zuck, Rüdiger: Vom Winde verweht: § 93d BVerfGG und menschliche Schicksale, in: NJW 1997, S. 29-30.

7 Das leugnet Kischel, Uwe: Amt, Unbefangenheit und Wahl der Bundesverfassungsrichter, in: Isensee, Josef / Kirchhof, Paul (Hg.), Handbuch des Staatsrechts der Bundesrepublik Deutschland, Band III (Demokratie – Bundesorgane), Heidelberg 2005, § 69, Rdnr. 88 zu unrecht.

8 Broß, Siegfried: Das Bundesverfassungsgericht und die Fachgerichte, BayVBl 2000, S. 513-518.

stanzvortrag oder die nach Auffassung des Beschwerdeführers fehlerhafte Würdigung dieses Vortrags eben – und allenfalls – nur das sind, nämlich eine fehlerhafte Würdigung und kein Verstoß gegen Art. 103 Abs. 1 GG und dass die nach Auffassung des Beschwerdeführers eklatant verfassungswidrige Entscheidung des Instanzgerichts eben nicht gegen das Willkürverbot des Art. 3 Abs. 1 GG verstößt, weil es immerhin einen „denkbaren" Grund für die Entscheidung des Gerichts gegeben hat, so bleibt die Verfassungsbeschwerde immer noch ein rational nicht steuerbares Vorhaben. Das resultiert aus der Rechtsprechung der Kammern zu den Substantiierungspflichten des Beschwerdeführers und zur Anwendung des Subsidiaritätsgrundsatzes. Was Richterin Lübbe-Wolff uns dazu sagt, nämlich dass diese Rechtsprechung nicht Hilfen bereit stellt, sondern Stolpersteine in den Weg wirft, dergestalt, dass auch Ordinarien und spezialisierte Anwälte sie (häufig) nicht überwinden können[9], ist Realität. Die damit verbundenen Rechtsunsicherheiten machen das gesamte Recht der Verfassungsbeschwerde zu einem unbekannten Land. Das dunkle, uneinsehbare und weitgehend unkalkulierbare BVerfG, das wahre und eigentliche BVerfG, in dem das reale Verfassungsrecht stattfindet[10], ist das Gericht der WiMi, die, 60 Mann stark[11], das Kammer-Gericht funktionsfähig halten und damit das Versprechen des § 90 Abs. 1 Satz 1 BVerfGG einlösen.

2 Historie

Der Einsatz wissenschaftlicher Hilfskräfte in der Gerichtsbarkeit, insbesondere bei den obersten Bundesgerichten ist nichts Besonderes[12]. So war die Beschäftigung von WiMis beim BVerfG zunächst überhaupt kein Thema, weil es ursprünglich nur *einen* WiMi gab, im Jahr 1952 dann sechs und, weil damals nur der Erste Senat für Verfassungsbeschwerden zuständig war, nur bei diesem. Als im Jahr 1956 auch der Zweite Senat auf Grund des 1. ÄndG zum BVerfGG[13] für Verfassungsbeschwerden zuständig wurde, erhöhte sich die Zahl der WiMis ständig. Im Jahr 1971 gab es 21 WiMis[14], 1984 30[15], im Jahr 1993 schon 48[16], 1995

---

9 Lübbe-Wolff, Gertrude: Substantiierung und Subsidiarität der Verfassungsbeschwerde, in: EuGRZ 2004, S. 669 ff.; Lübbe-Wolff, a. a. O. (Fn. 5), S. 509.

10 Kirchberg, Christian / Zuck, Rüdiger: Die Nobody-Organklagen gegen die Bundestagsauflösung – ein Erfahrungsbericht, in: NJW 2005, S. 3401.

11 40 % der WiMis sind Frauen. Aus Gründen leichterer Lesbarkeit bleibe ich bei Genus statt Sexus, vgl. Zuck, Rüdiger: Die RechtsanwältIn: Genus oder Sexus?, in: NJW 1994, S. 2808 f.; ebenso verfahre ich beim Begriff des Bundesverfassungsrichters.

12 Zum „juristischen Hilfsarbeiter" siehe früher schon Bichelmaier, Der juristische Mitarbeiter an den obersten Deutschen Gerichten, 1970 und etwa Stelkens in: Schoch, Friedrich / Schmidt-Aßmann, Eberhard / Pietzner, Rainer (Hg.), Verwaltungsgerichtsordnung (VwGO), München, Stand 2005, Rdnr. 5 zu § 10 VwGO; Kissel, Otto R. / Mayer, Herbert: Gerichtsverfassungsgesetz, Kommentar, 4. Aufl. München 2005, Rdnr. 3 zu § 124 GVG; Rdnr. 26 zu § 193 GVG.

13 Vom 21.07.1956, BGBl I 662.

14 Meine erste Auflage zum Recht der Verfassungsbeschwerde aus dem Jahr 1973 (nunmehr 3. Aufl., München 2006) gönnt ihnen gerade einen Halbsatz (S. 96). In DÖV 1974, S. 305 war der „3. Senat" jedoch schon ein eigenständiger Gegenstand (s. Zuck, Rüdiger: Der „3. Senat" am Bundesverfassungsgericht, in: DÖV 1974, S. 305-307).

15 Klein, Hans H.: Der Dritte Senat am Bundesverfassungsgericht, in: Umbach, Dieter C. / Urban, Richard / Fritz, Roland u. a. (Hg.), Das wahre Verfassungsrecht. Zwischen Lust und Leistung, Gedächtnisschrift für F. G. Nagelmann, Baden-Baden 1984, S. 377 ff. (383), davon drei Frauen.

16 Gehle, in: Umbach / Clemens / Dollinger, a. a. O. (Fn. 4), Rdnr. 20 vor §§ 93a ff. BVerfGG.

dann 50[17], jetzt[18] sind es 65, und da es einige Halbtagsstellen gibt, als 62 Vollkräfte gezählt. Die 62 WiMis verteilen sich gleichermaßen auf die Dezernate. Am Ersten Senat haben sieben Richter vier WiMis und ein Richter – auf ausdrücklichen Wunsch – drei WiMis. Im Zweiten Senat hat jeder Richter drei WiMis, zuzüglich zehn Monate je einen weiteren WiMi. Technisch werden die „fehlenden" zwei Monate dann geschlossen, wenn eine Stelle frei wird. In einem Jahr erfolgte „Einsparungen" müssen in den Folgejahren zusätzlich erbracht werden. Die zahlenmäßige Entwicklung entspricht dem Verfassungsbeschwerdeeingang[19]

Jahr	bis 1956	1968	ab 1976	ab 1978	1991	ab 1993
Anzahl der Verfassungsbeschwerden	800	1.600	2.500	z. T. deutlich über 3.000	4.000	z. T. deutlich über 5.000

seither zwischen 4.600 und 5.500 schwankend.

3 Rechtsstatus der Wissenschaftlichen Mitarbeiter

Die – eigentlich dürftigen – Fakten sind bekannt[20]. Ich fasse sie hier nur zusammen: Das Gesetz schweigt. § 13 Abs. 1 GO[21] sagt: „Die Wissenschaftlichen Mitarbeiter unterstützen die Richter, denen sie zugewiesen sind, bei deren dienstlicher Tätigkeit. Sie sind dabei an die Weisungen des Richters gebunden." Im Bundeshaushalt werden für die Bezahlung der WiMis in Kapitel 19 unter Titel 42202 (Bezüge und Nebenleistungen der beamteten Hilfskräfte) und bei Titel 42709 (Vergütungen und Löhne für Arbeitskräfte mit befristeten Verträgen) die entsprechenden Mittel ausgewiesen. Die Kalkulation der Haushaltsmittel erfolgt auf der Basis der feststehenden Anzahl der WiMis durch eine geschätzte Mischkalkulation der in Betracht kommenden Besoldungs- und Vergütungsgruppen anhand der Personalkostensätze des Bundesministeriums der Finanzen. Gemäß § 13 Abs. 2 GO ist jeder Richter berechtigt, seine WiMis selbst auszuwählen. Das geschieht auch so, teils auf Grund persönlicher Kontakte, teils auf Grund von Empfehlungen der Landesjustizverwaltungen oder auf Anfrage bei Hochschulen/Wissenschaftlichen Instituten. Neu hinzutretende Richter übernehmen den vorhandenen Bestand der WiMis. Grundvoraussetzung für die Tätigkeit als WiMi sind das zweite Staatsexamen und – in der Regel – hervorragende Examensnoten[22]. Das Gros der WiMis kommt aus der Verwaltungsgerichtsbarkeit und der ordentlichen Gerichtsbarkeit. Richter, Staatsanwälte und Beamte werden zeitlich befristet an das BVerfG abgeordnet. Sie erhalten ihre Bezüge aus ihrem statusmäßig fortbestehenden Dienstverhältnis. Der Bund ist erstattungspflichtig (§ 27 Abs. 4 BBG). WiMis an Universitäten (dort in der Regel mit einem

---

17 Zuck, Rüdiger: WiMis – Die Gesetzlosen, in: NJW 1996, S. 1656.

18 März 2005 lt. Mitteilung der Direktorin des BVerfG, Frau Dr. Barnstedt; ihr sei gedankt.

19 Siehe dazu die Jahresstatistik 2004. Ich beziehe mich auf die Gesamteingangszahlen.

20 Wieland, Joachim: Der Beitrag der Wissenschaftlichen Mitarbeiter im Entscheidungsprozess des Bundesverfassungsgerichts (BVerfG), in: Ellermann, Rolf (Hg.), Verfassungsgerichte im Vergleich, Gummersbach 1988, S. 258 ff.; Graßhof, in: Maunz / Schmidt-Bleibtreu / Klein / Ulsamer, a. a. O. (Fn. 3), Rdnr. 11 ff. zu § 93b BVerfGG; Gehle, in: Umbach / Clemens / Dollinger, a. a. O. (Fn. 4), Rdnr. 19 ff. vor §§ 93a ff. BVerfGG.

21 Zu ihrer Rechtsqualität siehe Schmidt, Thorsten Ingo: Die Geschäftsordnungen der Verfassungsorgane als individuell-abstrakte Regelungen des Innenrechts, in: AöR 2003, S. 608.

22 Siehe dazu weiter Wieland, a. a. O. (Fn. 20), S. 258 (S. 260 ff.); Gehle, in: Umbach / Clemens / Dollinger, a. a. O. (Fn. 4), Rdnr. 21 vor §§ 93a ff. BVerfGG.

Zeitvertrag nach BAT 2a) erhalten für ihre Tätigkeit beim BVerfG einen zeitlich befristeten Arbeitsvertrag (nach BAT 2b)[23]. Richter, Beamte und Staatsanwälte können während ihrer Zeit bei BVerfG im Rahmen ihres fortbestehenden Dienstverhältnisses befördert werden. Einige Länder behandeln die Zeit beim BVerfG als Erprobungszeit (im Sinne einer Abordnung zum OLG). Universitätsangehörige haben im Allgemeinen eine Rückkehrzusage.

Die Tätigkeiten innerhalb des jeweiligen Dezernats werden vom zuständigen Richter im Rahmen seiner dienstlichen Aufgaben (§ 13 Abs. 1 GO) bestimmt. Auch wenn die Bearbeitung von Verfassungsbeschwerden die Hauptbeschäftigung der WiMis darstellt: Selbstverständlich werden sie bei Bedarf von ihrem Richter auch in allen anderen Tätigkeitsbereichen eingesetzt, also z. B. bei der Vorbereitung von Senatsentscheidungen, der Stellungnahme zu vorliegenden Voten oder in den übrigen Bereichen verfassungsgerichtlicher Zuständigkeit. Auch die Binnenorganisation ist von Dezernat zu Dezernat verschieden. Üblich ist die Aufteilung nach (einfach-)rechtlichen Sachgebieten. Es bilden sich aber unabhängig davon Herrschaftsstrukturen heraus, mit dienstältesten WiMi bis hin zu einer Art Vorsitzenden der „Wissenschaftlichen Mitarbeiter-Kammer". Ich habe einmal – in Abwesenheit des Berichterstatters – mit einem WiMi ein einstweiliges Anordnungsverfahren abgewickelt, das vor allem daran litt, dass der „Kammer-Vorsitzende" in Urlaub war und der einfach-rechtliche Sachverhalt nicht in den Zuständigkeitsbereich des dann – lediglich hilfsweise – zuständigen WiMis fiel. Weil das von der Rechtsordnung so nicht vorgesehen ist, wird ein solcher Sachverhalt nie bestätigt werden. Auch über die Tätigkeit des WiMis nach außen entscheidet sein Richter. Insbesondere im organisatorischen Bereich geschieht das (auch mit eigener Unterschrift des WiMis) zur Vorbereitung einer Entscheidung nach § 93c BVerfGG oder einer mündlichen Verhandlung nicht selten. Diese ausführende Tätigkeit ist so unproblematisch wie die von Justizangestellten, die i. A. gerichtliche Mitteilungen in der Instanzgerichtsbarkeit unterschreiben. Zum Ende der Tätigkeit des WiMis erstellt der zuständige Richter eine dienstliche Beurteilung (§ 13 Abs. 3 GO). Die Tätigkeit beim BVerfG ist durchweg karrierefördernd[24].

4 Funktion und Bedeutung der Wissenschaftlichen Mitarbeiter

4.1

a. Wir wissen nicht viel über die Tätigkeit der WiMis[25]. Sie bewegen sich im Arkanum des Kammer-Gerichts. Amtierende Bundesverfassungsrichter haben wenig Interesse, die wahre Rolle der WiMis darzustellen, schmälerten sie doch dadurch ihr eigenes Machtverständnis[26].

---

23 Nach dem TVöD hat das ab 01.10.2005 zu einer Zuordnung in die Vergütungsgruppen 13 oder 14 geführt (vgl. Anlage 2 TVÜ-Bund).

24 Böttcher, Hans-Ernst: Einige sozio-biographische Anmerkungen zur Herkunft und zum Verbleib der Mitglieder des Dritten Senats, in: Umbach / Urban / Fritz, a. a. O. (Fn. 15), S. 357 ff.; neuere Untersuchungen fehlen. Geändert hat sich nichts.

25 Siehe dazu Massing, Otwin: Zur Rolle und Funktion der Wissenschaftlichen Mitarbeiter im Entscheidungsprozess des Bundesverfassungsgerichts (BVerfG) oder: Eine juristische „black box" als Forschungsgegenstand, in: Ellermann, a. a. O. (Fn. 20), S. 276 ff.

26 Ausgeschiedene Bundesverfassungsrichter sind deutlicher, vgl. Böckenförde, Ernst-Wolfgang: Die Überlastung des BVerfG, in: ZRP 1996, S. 281-284.

WiMis dienen ihrem Herrn innerhalb des asymmetrischen Stab-Linie-Verhältnisses[27]. Anderes als Apologetisches kann man von ihnen nicht erwarten[28]. Natürlich hat sich bei ihnen Korpsgeist entwickelt. Er schlägt sich in einem Sprecher/einer Sprecherin der WiMis nieder, in einer Vielzahl gemeinsamer Veranstaltungen, in der – gelegentlich etwas albernen – Anrufung des legendären „Ersten Wissenschaftlichen Mitarbeiters F. G. Nagelmann[29], in Kommentaren[30] und in der Belletristik[31] nieder. Dass diese Gruppe von 60 Personen „Das (reale) BVerfG" darstellt, lässt sich aus ihrer Außenwirkung dennoch nicht erschließen.

b. Zwei Dinge stehen außer Frage.
Die Parallelität von Verfassungsbeschwerde-Eingangszahlen und der Zahl der WiMis belegt zwingend deren zentrale Aufgabe, die Jedermann-Verfassungsbeschwerde zu gewährleisten. Es hat niemand bisher auch nur den Versuch unternommen, die weitgehend deckungsgleichen Zahlen, die Böckenförde[32], ich[33] und Lamprecht[34] vorgelegt haben, zu widerlegen. Etwas mehr als 300 Verfassungsbeschwerden je Berichterstatter und 600 weitere vom Berichterstatter mit zu verantwortende Verfassungsbeschwerden machen es denknotwendig unmöglich, das in eigener Leistung zu erbringen: Es bleiben je Verfassungsbeschwerde nur Minuten. Die übliche Antwort lautet deshalb, der Richter behalte die Verantwortung für jede einzelne Verfassungsbeschwerde[35]: Das ist gänzlich unbestritten, denn der Richter unterschreibt die Entscheidung. Der Umstand, dass er die Verantwortung trägt, ändert aber nichts daran, dass er etwas unterschreibt, was er – ich sage das so vorsichtig wie möglich – in einer Reihe von Fällen nicht kennt. Was er kennt, ist das Votum des WiMis. Es ist undenkbar, dass er die Fülle der häufig umfangreichen, ungegliederten und vor allem gänzlich unbehelflichen Verfassungsbeschwerden gelesen hat (und alle dazugehörigen Gerichtsentscheidungen und sonstigen Unterlagen)[36]. Mit anderen Worten: Die richterliche Verantwortung muss blanko übernommen werden. Dem formalen Verfassungsrecht ist damit Genüge getan. Das reale Verfassungsrecht bleibt außerhalb des GG.

c. Man kann auch etwas anderes einräumen: Wenigstens 95 % aller Verfassungsbeschwerden sind entweder unzulässig oder offensichtlich unbegründet[37]. Um diese Verfassungsbeschwerden zu erledigen, muss man nicht Richter sein, erst recht nicht, wenn – der offiziellen Version folgend – nur über die Annahme zur Entscheidung entschieden wird. Die raschen,

---

27 Massing, a. a. O. (Fn. 25), S. 282.
28 Das zeigt schon die Gedächtnisschrift für F. G. Nagelmann: Umbach / Urban / Fritz, a. a. O. (Fn. 15), S. 345 ff.
29 Z. B. in Umbach / Clemens / Dollinger, a. a. O. (Fn. 4), Anm. zu § 99 BVerfGG.
30 Umbach, Dieter C. / Clemens, Thomas (Hg.): Grundgesetz, Mitarbeiterkommentar, Bd. 1 u. 2, Heidelberg 2002; Umbach / Clemens / Dollinger, s. o. Fn. 4.
31 Vgl. z. B. (Henschel-Mitarbeiter) Hiwi, Hendrik: Leichen im Keller des Bundesverfassungsgerichts. Kriminalroman. Baden-Baden 1997 und ders.: Verfassungslyrik. Baden-Baden 2001.
32 a. a. O. (Fn. 26), S. 281.
33 a. a. O. (Fn. 17), S. 1656.
34 Lamprecht, Rolf: Ist das BVerfG noch gesetzlicher Richter?, in: NJW 2001, S. 419.
35 Graßhof, a. a. O. (Fn. 3), Rdnr. 11 zu § 93b BVerfGG.
36 Auf den gängigen Hinweis, das könne ein Außenstehender nicht wissen, merke ich an, dass ich allein für die Lektüre der maßgeblichen Unterlagen (von der einfach-rechtlichen und verfassungsrechtlichen Rechtslage ganz zu schweigen) bis zu einem halben Tag brauche.
37 Ich gehe davon aus, dass der Sachverhalt dem der Menschenrechtsbeschwerde vergleichbar ist, siehe dazu Jaeger, Renate: Menschenrechtsschutz im Herzen Europas – zur Kooperation des Bundesverfassungsgerichts mit dem Europäischen Gerichtshof für Menschenrechte und dem Gerichtshof der Europäischen Gemeinschaften, in: EuGRZ 2005, S. 193-204 (201).

häufig umfangreichen und stets sachkundigen Belehrungsschreiben der Präsidialräte[38] zeigen, dass das möglich ist. Das Argument lautet deshalb, wenn, um die Alltagsbehelligung durch unvernünftige Beschwerdeführer zu bewältigen, WiMis eingesetzt würden, entstehe daraus kein wesentlicher Nachteil, selbst wenn der Richter nur eine Pro-forma-Unterschrift leiste. Per Saldo stimmt das sicherlich. Die Verfassungsbeschwerde ist aber immer noch ein Mittel des Individual-Rechtsschutzes[39]. Wenn uns der Rechtsstaat noch eine Verpflichtung sein soll, darf nicht eine einzige (eigentlich zur Entscheidung anzunehmende) Verfassungsbeschwerde einem per Saldo-Denken zum Opfer fallen.

d. In diesem Zusammenhang stellt sich die Frage nach der Leistungsfähigkeit der WiMis. Man kann zwar davon ausgehen, dass die Interessenlage der Bundesverfassungsrichter und die allgemeinen Auswahlkriterien dafür sorgen, dass nur qualifizierte Juristen als WiMis tätig werden. Dafür dient zumindest ihre häufig herausgehobene Tätigkeit nach Beendigung ihres Wirkens in Karlsruhe als Beleg. Dennoch bleiben Zweifel, soweit es um die Bewältigung der konkreten Aufgaben eines WiMis geht. Hervorgehoben worden ist, dass für die Auswahl eines WiMis vor allem seine Fachkenntnisse im einfachen Recht eine Rolle spielen[40]. Nun zeigt allerdings der Geschäftsverteilungsplan, dass die Palette des einfachen Rechts in jedem Dezernat sehr weit reicht. Es wird sich als unvermeidlich erweisen, dass der WiMi bezogen auf seine mitgebrachte Sachkunde im einfachen Recht, „fachfremd" arbeiten muss. Da das BVerfG keine einfach-rechtlichen Streitigkeiten zu Ende führt, sondern Grundrechtsrügen behandelt, liegt der Schwerpunkt der Arbeit eines WiMis im Verfassungsrecht. Hier bringt der WiMi, wenn er nicht als wissenschaftlicher Assistent eines Verfassungsrechtlers an das BVerfG gewechselt hat, gar nichts mit. Selbst in dieser Konstellation ist aber das als Fallrecht ausgestaltete Verfassungsprozessrecht für ihn notwendigerweise ein Buch mit sieben Siegeln[41]. Was aber kann in drei Jahren geleistet werden? In der juristischen Außenwelt geht man davon aus, dass ein junger Jurist durchschnittlich zwei Jahre braucht, bis er das Handwerkszeug seiner konkreten Berufsausübung soweit beherrscht, dass man ihn einigermaßen sorgenfrei allein arbeiten lassen kann. Zuzugeben ist, dass die WiMis keine Berufsanfänger sind. Aber nicht alle kommen aus der Richterschaft, und niemand war als Verfassungsrichter tätig. Selbst wenn man die Tätigkeit eines WiMis mit der vertrauensvollen Situation vergleicht, die für den wissenschaftlichen Assistenten eines Professors oder des persönlichen Referenten eines Ministers gegeben ist, sich also darauf zurückzieht, dass der WiMi auch gar nicht als Richter tätig wird, ändert das nichts daran, dass er wie ein Verfassungsrichter arbeiten muss. Um das zu lernen, geht viel Zeit von den drei Jahren verloren und es gibt viel Leerlauf. Gerade tüchtige, aber unerfahrene junge Leute neigen dazu, einen Fall in all seinen Feinheiten aufzuschlüsseln (das kann man an manchen § 93c-Entscheidungen und ihrem Pendant, den ausführlich begründeten Nicht-Annahmeentscheidungen wegen

---

38 Diese leisten ebenso unverzichtbare wie bewundernswerte Arbeit. Auch hier ist allerdings das reale Verfassungsrecht weit entfernt, vgl. dazu Lechner, Hans / Zuck, Rüdiger: Bundesverfassungsgerichtsgesetz, Kommentar, 5. Aufl., München 2006, Rdnr. 9 vor § 93a BVerfGG. Die Beschwerdeführer wissen nicht, was ein Präsidialrat ist. Sie erscheinen beim Verfassungsbeschwerdeanwalt mit dem Hinweis, ihre Verfassungsbeschwerde sei angenommen worden (vgl. Schreiben des Präsidialrats), es müsse lediglich noch ein wenig nachgebessert werden.

39 Statt aller: Bethge, in: Maunz / Schmidt-Bleibtreu / Klein / Ulsamer, a. a. O. (Fn. 3), Rdnr. 8 zu § 90 BVerfGG.

40 Wieland, a. a. O. (Fn. 20), S. 262; Kischel, a. a. O. (Fn. 7), § 69, Rdnr. 85.

41 Folgt man Lübbe-Wolff, a. a. O. (Fn. 5), S. 509 wird es das auch bleiben, denn was Ordinarien und professionelle Verfassungsbeschwerdeanwälte ihr Leben lang nicht schaffen können, nämlich mit den Verästelungen der Kammerrechtsprechung fertig zu werden, wird in drei Jahren auch keinem WiMi gelingen.

Unbegründetheit der Verfassungsbeschwerde sehen), obwohl es im Rahmen des § 93a BVerfGG in den meisten Fällen durchaus genügen würde, den gordischen Knoten durchzuhauen. Die WiMis produzieren infolgedessen einen Teil der Mehrarbeit selbst, zu deren Bewältigung sie gedacht sind.

4.2

a. Die Bedeutung der WiMis steht außer Frage. Sie konkretisieren in der Realität den wahren und wichtigsten Tätigkeitsbereich des BVerfG, Kammer-Gericht in Verfassungsbeschwerdesachen zu sein. Ohne WiMis liefe § 90 Abs. 1 Satz 1 BVerfGG leer. Auch wenn die Verfassungsbeschwerde als individuelles Rechtsschutzmittel nur noch geringe praktische Bedeutung hat: Damit wird sichergestellt, dass die Verfassungsbeschwerde die gesamte jeweils anstehende verfassungsrechtliche Problematik zum BVerfG transportiert[42].

b. Wir sollten auch nicht unterschätzen, dass die große Zahl der WiMis für frischen Wind in der Dogmatik des Verfassungsrechts und des Verfassungsprozessrechts sorgt. Das zeigen nicht nur die beiden Mitarbeiterkommentare zum Grundgesetz[43] und zum BVerfGG[44], sondern auch die vielen wissenschaftlichen Beiträge ehemaliger WiMis[45], von den am BVerfG tätigen Habilitanden ganz zu schweigen.

c. Wenig beachtet worden ist bislang ein weiterer Aspekt, der sich aus der Rückkehr der WiMis in ihre frühere Tätigkeit ergibt. Das BVerfG wird nicht müde zu betonen, dass die Instanzgerichte die primären Hüter der Grundrechte sind[46] und das darf man zwanglos, auch wenn die praktische Bedeutung wegen § 90 Abs. 2 BVerfGG gering ist, auf Staatsanwälte und Beamte übertragen. Die meisten Instanzgerichtsbarkeiten haben jedoch nur geringe Neigung, sich mit Grundrechten zu beschäftigen. Die Anwälte, denen insgesamt das Verfassungsrecht fern liegt, fördern diese Neigung in der Regel auch nicht. Und wenn das doch geschieht, ist das Bestreben des Instanzrichters unverkennbar, die Problematik einer Verfassungsbeschwerde gegen die Endentscheidung zu überlassen[47]. Je mehr Fachleute auf dem Gebiet des Verfassungsrechts in die Basisfunktionen der Rechtsanwendung integriert sind, desto mehr wird das Verständnis für die Bedeutung des Verfassungsrechts wachsen.

---

42 Weil das so ist, ist die stereotype Bemerkung, das BVerfG werde doch nur auf Antrag tätig, so richtig sie formal ist, völlig realitätsblind. Das BVerfG hat jeden verfassungsrechtlichen Sachverhalt auf dem Tisch. Es muss nur auswählen, und das tut das Gericht auch ganz unbefangen, insbesondere dort, wo es einen Fall entscheiden will, obwohl die prozessualen Voraussetzungen und/oder der Vortrag des Beschwerdeführers dafür eigentlich zu dürftig sind.

43 Umbach / Clemens, s. Fn. 30.

44 Umbach / Clemens / Dollinger, s. Fn. 4.

45 Aktuelle Beispiele: Kenntner, Markus: Das BVerfG als subsidiärer Superrevisor?, in: NJW 2005, S. 785-789; Schorkopf, Frank: Die prozessuale Steuerung des Verfassungsrechtsschutzes, in: AöR 2005, S. 465 ff.

46 St. Rspr., vgl. etwa BVerfGE 107, 395 (413) – Plenum.

47 Die konkrete Normenkontrolle hat das BVerfG inzwischen erfolgreich beseitigt. Es gab 2004 gerade noch 40 anhängige Verfahren beim Ersten Senat, mit einem Neuzugang im Jahr 2004 von 12 Verfahren. Beim Zweiten Senat waren zum selben Zeitpunkt 26 Verfahren anhängig mit einem Neuzugang 2004 von 13 Verfahren. Kein Instanzrichter kann angesichts seiner Arbeitsbelastung die wirklich horrenden Zulässigkeitsvoraussetzungen für konkrete Normenkontrolle erfüllen, vgl. dazu Lechner / Zuck, a. a. O. (Fn. 38), Rdnr. 10 v. § 80 BVerfGG.

5 Kritik

5.1

Die Kritik an der Intransparenz des Systems und des praktizierten Rückzugs hinter eine Verfahrenslogik, die sich auf eine verantwortende Unterschrift des Richters bezieht, verweist auf eine Metaebene: Es ist ausgeschlossen, ein System mit Argumenten in Frage zu stellen, wenn es für eine solche Kritik keine organisierten Interessen gibt. Die Abgeordneten finden in ihren Verfahren immer genügend Aufmerksamkeit und sie finden auch immer ihren Berichterstatter. Die Professoren von Rang und Namen, in Verfassungsbeschwerdesachen durchweg so selten erfolgreich wie alle anderen auch, profitieren vom Ordinarienquorum des BVerfG. Auch sie haben regelmäßig Zugang zum Berichterstatter. Die Anwaltschaft ist – aufs Ganze gesehen – nach dem Zufallsprinzip beim BVerfG tätig. Angesichts der geringen Zahl von 5.000 Verfassungsbeschwerden auf 135.000 Anwälte ist der Zugang zum BVerfG berufspolitisch bedeutungslos. Und die Beschwerdeführer selbst setzen sich begrifflich aus der Summe je einzelner Beschwerdeführer zusammen. Wer soll sich ihrer annehmen? Also bleibt alles wie es ist. Hätten wir 10.000 Verfassungsbeschwerden im Jahr, hätten wir 120 WiMis, selbstverständlich in alleiniger Verantwortung der 16 Richter.

5.2

a. Mir geht es unverändert um zwei Punkte. Die Verfassungsbeschwerde ist zu wichtig, um sie im Dunkeln zu lassen. Das kann sich das Bürgergericht[48] nicht leisten. Das passt auch nicht zum sog. Edukationseffekt der Verfassungsbeschwerde[49], und vor allem: Es wird dem Jedermann-Versprechen des § 90 Abs. 1 Satz 1 BVerfGG nicht gerecht. Eine offene Gesellschaft verdient eine offene Verfassungsgerichtsbarkeit. Das Kammer-Gericht sollte die nach Eingang der Verfassungsbeschwerde zuständige Kammer ebenso offen legen, wie den zuständigen Berichterstatter. So gut der Beschwerdeführer später den Namen des zuständigen WiMis erfährt, so gut könnte man ihm auch diesen zusammen mit dem Aktenzeichen mitteilen. Die tatsächliche Verantwortung der WiMis ließe sich in eine rechtliche Verantwortung verwandeln. Schließlich wird im Regelfall nur über die Nicht-Annahme zur Entscheidung, also nicht in der Sache selbst entschieden. Es ist nicht zwingend geboten, dass diese Entscheidung von einem Bundesverfassungsrichter getroffen wird (zumal sie auch jetzt nicht von einem Bundesverfassungsrichter getroffen wird)[50]. Man könnte die Behandlung der Annahme/Nicht-Annahme der Verfassungsbeschwerde zur Entscheidung einer Kammer aus drei Juristen (je Dezernat) überlassen. Gibt es für die Nicht-Annahme kein einhelliges Votum, wird der Bundesverfassungsrichter zuständig. Er hat dann immer noch einen WiMi, der ihm zuarbeitet. Bei einer Erfolgsquote von knapp über 2 % kann eine solche § 93a-Kammer nicht viele Fehler machen.

---

48 Häberle, Peter: Die Verfassungsbeschwerde im System der bundesdeutschen Verfassungsgerichtsbarkeit, in: JöR 1997, S. 89-135 (114); Graf Vitzthum, Wolfgang: Annahme nach Ermessen bei Verfassungsbeschwerden?, in: JöR 2005, S. 319 ff. (329).
49 Besser: Diskursfunktion, vgl. Lechner / Zuck, a. a. O. (Fn. 38), Rdnr. 12a zu § 90 BVerfGG.
50 Selbstverständlich gilt das nicht in jedem Fall. Abgesehen von den Verfassungsbeschwerden „von Interesse", gibt es auch Bundesverfassungsrichter, die gerade die offenkundig aussichtslosen Verfassungsbeschwerden selbst und ohne WiMi bearbeiten, weil sie – zurecht – der Auffassung sind, das gehe einfacher und schneller.

b. Das Alles wird es nicht geben, in erster Linie deshalb nicht, weil das BVerfG für solche Lösungen nicht gewonnen werden kann. Aber etwas könnte man wirklich tun, nämlich die Grauzonentätigkeit derjenigen, die das BVerfG als Kammer-Gericht überhaupt erst funktionsfähig machen, im BVerfGG zu regeln[51].

---

51 So unverändert wie schon in NJW 1996, 1656 (s. Fn. 17) und jetzt Lechner / Zuck, a. a. O. (Fn. 38), Rdnr. 16 vor § 93a BVerfGG.

Michael Piazolo

„Ein politisch Lied! Pfui! Ein garstig Lied?"

Das Bundesverfassungsgericht und die Behandlung von *politischen* Fragen

1 Acht an der Macht? – Zur Einführung

Einmalig in der deutschen Geschichte und einmalig im internationalen Vergleich ist das Bundesverfassungsgericht (BVerfG) funktional nicht nur Zwitter zwischen Gericht und Verfassungsorgan, als Zwitter zwischen Menschenrechtsinstanz und Staatsgerichtshof[1] bewegt es sich auch inhaltlich im Spannungsfeld von Recht, Politik und Ethik. Hüter der Verfassung und Lenker der Politik, die Karlsruher Richter scheinen beides zu sein.[2] Das wird nicht immer nur positiv gesehen, und so sind sie von harten Worten nicht verschont geblieben. Da ist vom *Ersatz-* und *Übergesetzgeber*[3] oder gar von einer *Oligarchie in Karlsruhe* die Rede gewesen.[4] Oftmals heißt es auch nur einfach, das BVerfG hätte „*mal wieder Politik gemacht*"[5]. Dieser Rolle hat der Verfassungsjurist Hans-Peter Schneider unter der Überschrift *Acht an der Macht! Das Bundesverfassungsgericht als Reparaturbetrieb des Parlamentarismus?* ein spöttisch-ironisches Gedicht gewidmet:

> „Wie ist's zu Bonn doch wohl seitdem
> mit „Heinzelrichtern" (und –richterinnen aus Karlsruhe) so bequem;
> sie sorgen und borgen (sich Macht),
> sich schaffen und bluffen (die verwunderte Öffentlichkeit),
> sie wägen und sägen (am Ast der Politik),
> rupfen und zupfen (am geltenden Steuerrecht),
> sie interpretieren und intervenieren (in den Bundeshaushalt);
> und eh' die Regierung noch erwacht,
> ist das (politische) Tagwerk schon vollbracht."[6]

---

1 Leicht, Robert: Wer Streit schlichtet, wird Streit ernten, in: Guggenberger, Bernd / Würtenberger, Thomas (Hg.), Hüter der Verfassung oder Lenker der Politik? Das Bundesverfassungsgericht im Widerstreit, Baden-Baden 1998, S. 303-308, hier: S. 306.

2 Wesel, Uwe: Der Gang nach Karlsruhe. Das Bundesverfassungsgericht in der Geschichte der Bundesrepublik, München 2004, S. 219.

3 So Scholz, Rupert: Das Bundesverfassungsgericht, Hüter der Verfassung oder Ersatzgesetzgeber? In: Aus Politik und Zeitgeschichte 1999, B 16, S. 3 ff.

4 Das härteste Urteil wird von Herbert Wehner kolportiert, der nach den Urteilen des BVerfG zur damaligen Ostpolitik im vertraulichen Kreis äußerte, die Bundesregierung lasse sich ihre Politik nicht von „den acht Arschlöchern aus Karlsruhe" kaputtmachen. Siehe dazu die Frankfurter Allgemeine vom 27. Juni 1973. Aber auch spätere, in die Politik stark hineinwirkende Urteile wie das „Kruzifix-Urteil" – BVerfGE 93, 1 – oder der Beschluss zu „Soldaten sind Mörder" – BVerfGE 93, 266 – riefen heftige Kritik hervor.

5 So zitiert von Limbach, Jutta: Das Bundesverfassungsgericht als politischer Machtfaktor, in: Speyer Vorträge, Heft 30, Speyer 1995, S. 11. Diese Kritik an der Verfassungsgerichtsbarkeit ist so alt wie die Idee selbst. Vgl. dazu van Ooyen, Robert Chr.: Der Begriff des Politischen des Bundesverfassungsgerichts, Berlin 2005.

6 Schneider, Hans-Peter: Acht an der Macht! Das Bundesverfassungsgericht als „Reparaturbetrieb" des Parlamentarismus, in: NJW 1999, 1303 ff., hier: S. 1303.

In der Tat, das BVerfG macht Politik, wie es auch seine Aufgabe ist, denn es spricht Recht im Namen des Grundgesetzes und wirkt so in den Bereich des Politischen hinein.[7] Daher gibt es kaum ein Problemfeld der nationalen und internationalen Politik, für dessen Lösung nicht auch das BVerfG durch entsprechende Klageerhebung ins Gespräch gebracht worden ist. Was auf den ersten Blick *politische* Frage oder gesellschaftspolitische Thematik zu sein scheint und daher erst mal in die Kompetenz der politischen Verfassungsorgane Parlament und Regierung fällt, soll von Karlsruhe aus (mit)entschieden werden. Die inzwischen über 100 Bände der Verfassungsrechtsprechung lesen sich wie eine komplette Agenda der bundesdeutschen Innen- und Außenpolitik, beinahe wie ein Geschichtsbuch der Nachkriegszeit.[8] Als Stichworte lassen sich in nicht repräsentativer Aufzählung u. a. nennen: Abtreibungsfrage, Auflösung des Bundestages, Berufsverbot, Demonstrationsrecht, Glaubensfreiheit, Gleichstellung von Frauen und Männern, Hochschulreform, Medienordnung, Meinungsfreiheit, Mitbestimmung, Parteienfinanzierung, Volkszählung oder Wehrdienstverweigerung.[9] Das BVerfG verfügt also, trotz einer relativ schwachen rechtlichen Ausgangslage über eine beachtliche politische Stellung.[10] Ob die Richter dies selbst immer so wahr haben wollen und diese Rolle offensiv annehmen, erscheint manchmal fraglich. Teilweise entsteht der Eindruck, dass sie immer wieder darum ringen, den *Makel des Politischen* loszuwerden.[11] Die Verfassungsgerichtsbarkeit ist jedenfalls zum Paradebeispiel geworden für den beeindruckenden, beinahe beängstigenden Erfolg des Rechts im politischen System der Bundesrepublik Deutschland.[12]

Muss, darf, soll das auch so sein? Folgende Fragentrias soll in der gebotenen Kürze gestatten, dem Versuch einer Beantwortung zugeführt zu werden.

- – Wie lassen sich *politische* Fragen definieren?
- – Wie weit reichen die durch die Gewaltenteilung abgesteckten Kompetenzen des BVerfG als *mächtigstem* Gericht der Welt hinein in die Politik? Ist eine Übernahme der sog. *political question*-Doktrin, welche die Entscheidungsgewalt der Gerichtsbarkeit einschränkt, aus dem amerikanischen Verfassungsraum sinnvoll?
- – Darf das BVerfG über *politische* Fragen entscheiden?

Zum Einstieg erscheint es hilfreich, die Dichotomie von Recht und Politik – den Raum, in dem sich die *political question* Thematik bewegt – schlaglichtartig zu beleuchten.

2 Recht und Politik – Zwei Spielfelder des Bundesverfassungsgerichts?

Unter einer *politischen* Frage werden gebräuchlicher Weise alle Sachverhalte verstanden, die sich auf den Wesenskern der politischen Macht in der Demokratie, auf die innere und äußere

---

7 Limbach: Das Bundesverfassungsgericht als politischer Machtfaktor, a. a. O. (Fn. 5), S. 12.
8 So Leicht: Wer Streit schlichtet, wird Streit ernten, a. a. O. (Fn. 1), S. 306.
9 Vgl. zu einer Aufzählung zentraler Bundesverfassungsgerichtsurteile mit beachtlicher politischer Wirkung Wesel: Der Gang nach Karlsruhe, a. a. O. (Fn. 2), S. 366 ff.
10 So Häußler, Richard: Der Konflikt zwischen Bundesverfassungsgericht und politischer Führung. Ein Beitrag zu Geschichte und Rechtsstellung des Bundesverfassungsgerichts, Berlin 1994, S. 269.
11 Zu dieser Einschätzung kommt van Ooyen: Der Begriff des Politischen des Bundesverfassungsgerichts, a. a. O. (Fn. 5), S. 12 ff. mit weiteren Verweisen.
12 So Maier, Hans: Recht und Politik, Geschichte und Wissenschaft im Unterricht, 1989, S. 65-76, hier: S. 68.

Souveränität und auf die Art und Weise der Regierungsführung beziehen.[13] Denkbare Konsequenz könnte sein, dass ein Verfassungsgericht sich bei der Behandlung solcher Themen zurückhält bzw. diese überhaupt nicht entscheidet. Voraussetzung für ein solches Verständnis der Behandlung von *political questions* wäre, dass sich rechtliche von politischen Fragestellungen eindeutig unterscheiden ließen, dass eine klare Trennung von Politik und Recht möglich ist und dass beide auf der gleichen Bedeutungsstufe stehen.

Grundsätzlich besteht zwischen dem Wesen des Politischen und dem Wesen des Rechts ein innerer Widerspruch, der sich nicht auflösen lässt.[14] Dieser lässt sich u. a. darauf zurückführen, dass dem Politischen seinem Wesen nach immer etwas Dynamisch-Irrationales innewohnt, das sich den dauernd verändernden Lebensverhältnissen anzupassen versucht, während umgekehrt das Recht seiner grundsätzlichen Wesensstruktur nach immer etwas Statisch-Rationales ist, das die vitalen Kräfte zu bändigen sucht.[15] Andererseits ist Recht „das im parlamentarischen Prozess gefilterte und legitimierte Substrat von Politik"[16], stellt nichts anderes dar, als gleichsam „eingefrorene" Politik, die eine allgemeine Verbindlichkeit erhält.[17] Idealtypisch gedacht, ist Rechtserkenntnis Sache der Rechtsprechung, Rechtsgestaltung dagegen Aufgabe der Politik. *Richten heißt erkennen, nicht gestalten*, wird daher immer noch gern trotz gegensätzlicher Einsichten und Erfahrungen postuliert.[18] Die Schnittstelle von Rechtsanwendung und Rechtsgestaltung lässt sich aber gerade im Verfassungsrecht nicht eindeutig markieren, Rechtsprechung nicht auf Textexegese reduzieren.

Eine strikte Trennung von Politik und Recht lässt sich im Verfassungsrecht jedenfalls nicht vornehmen, denn Verfassungsrecht ist im spezifischen Sinn des Wortes politisches Recht; das Politische selbst wird hier inhaltlich zum Gegenstand rechtlicher Normierung gemacht.[19] Verfassungsgerichtsbarkeit beinhaltet immer ein erhebliches Stück politischer Gestaltungsfreiheit.[20] Sehr bildhaft hat dieses Verhältnis Klaus Stern beschrieben: „So wie Politik ohne Recht eine Seefahrt ohne Kompass ist, gleicht Staatsrecht ohne Politik einer Navigation ohne Wasser"[21]. Dieses Verständnis prägt entscheidend die Stellung des BVerfG als Hüter der Verfassung. So apostrophiert René Marcic auch die rechtliche Kontrolle des politischen Geschehens durch die dritte Gewalt als „Königsgedanken des modernen demokratischen Staates".[22] Dieses „Hineinragen"[23] der Verfassungsgerichtsbarkeit in den Bereich des Politischen grenzt es gerade zu den anderen Gerichtszweigen, wie der Zivil-, Straf- oder Verwaltungsgerichtsbarkeit ab. Es übt hiernach eine doppelte Funktion aus, nämlich neben

---

13 Definition in Löwenstein, Karl: Verfassungsrecht und Verfassungspraxis der Vereinigten Staaten, Berlin / Göttingen 1959, S. 433.

14 Dazu auch Triepel, Heinrich: Wesen und Entwicklung der Staatsgerichtsbarkeit, VVDStRL Bd. 5 (1928), S. 6.

15 So definiert der Statusbericht des BVerfG von 1957 die Antinomie von Recht und Politik. Vgl. Leipholz, Gerhard: Einleitung, in: Der Status des Bundesverfassungsgerichts, JÖR N. F. 6 (1957), S. 120 ff., hier: S. 121.

16 Benda, Ernst: Das Bundesverfassungsgericht im Spannungsfeld von Recht und Politik, in: Zeitschrift für Rechtspolitik, 1977, S. 1 ff., hier: S. 2.

17 Durch den Akt der Gesetzgebung wird der politische Wille gewissermaßen in einen anderen „*Aggregatzustand*" transportiert. Benda, Das Bundesverfassungsgericht im Spannungsfeld von Recht und Politik, a. a. O. (Fn. 16), S. 2.

18 Limbach: Das Bundesverfassungsgericht als politischer Machtfaktor, a. a. O. (Fn. 5), S. 15.

19 Statusbericht des Bundesverfassungsgerichts, a. a. O. (Fn. 15), S. 121.

20 Van Ooyen: Der Begriff des Politischen des Bundesverfassungsgerichts, a. a. O. (Fn. 5), S. 202.

21 Stern, Klaus: Das Staatsrecht der Bundesrepublik Deutschland, Bd. I, München 1977, S. 16.

22 Marcic, René: Vom Gesetzesstaat zum Richterstaat, Wien 1957, S. 343.

23 Statusbericht des Bundesverfassungsgerichts, a. a. O. (Fn. 15), S. 121.

der rechtsprechenden auch eine politische insofern, als seine Rechtsentscheidungen zugleich der politischen Integration des Ganzen dienen.[24]

Das BVerfG schafft dem gemäß aber nicht nur politisches Recht, seine Entscheidungen zeitigen auch politische Folgen, insbesondere dadurch, dass die politischen Organe an die höchstrichterliche Rechtsprechung gebunden sind.[25] Diese grundsätzliche Verzahnung von rechtlicher Ordnung und politischer Gestaltung sollte aber in der Verfassungsgerichtsbarkeit zurückhaltend ausgeübt werden, da sie – wie erläutert – im Grundsatz nicht agieren, sondern reagieren, nicht streiten, sondern schlichten soll.[26]

Das bedeutet: Eine *politische* Frage, die nicht zur Entscheidung angenommen werden kann, ist jedenfalls nicht dann schon gegeben, wenn dem BVerfG Fragen politischen Inhalts vorliegen. *Politische* Fragen sind nicht alle Fragen, die in das Politische hineinragen, weil in der Verfassungsgerichtsbarkeit dieses Kriterium auf sehr viele Fallvarianten zutrifft. Entscheidend ist, ob ein Fall justiziabel, d. h. rechtlichen Prüfungsmaßstäben zugänglich ist. Denn dem politischen Willensbildungsprozess mit seinen zulässigen, auch von taktischen und strategischen Motiven geprägten Verhaltensweisen und Rücksichtnahmen darf in Fragen der politischen Einschätzung durch die Verfassungsgerichtsbarkeit nicht mit einer nach vollem Beweis strebenden gerichtlichen Sachverhaltsaufklärung Schaden zugefügt werden. Ansonsten wäre die vom Grundgesetz gewollte Balance zwischen der effektiven rechtlichen Bindung der öffentlichen Gewalt und der Ermöglichung wirksamer politischer Handlungsfreiheit verletzt.[27]

Auf die genannte Justiziabilität, wenn auch in einem sehr eng verstandenen Sinn, konzentriert sich Gerhard Leipholz im Statusbericht zum BVerfG in einem Erklärungsversuch zur Behandlung *politischer* Fragen Nach ihm muss als Voraussetzung für ein Tätigwerden des BVerfG immer eine Bestimmung nachweisbar sein, die inhaltlich einer näheren rechtlichen Auslegung fähig ist und er fährt fort: „Politische Streitigkeiten sind im Gegensatz zu den politischen Rechtsstreitigkeiten Streitigkeiten, die nach Rechtsregeln nicht entschieden werden können, weil es sich bei ihnen um Streit um Schaffung neuen oder Aufrechterhaltung alten Rechts, also um Streit *um* das Recht, und nicht *nach* dem Recht handelt“[28].

Der Statusbericht scheint, soweit er bei der Einordnung von *politischen* Fragen ausschließlich auf das Kriterium der Justiziabilität im engeren Sinn abstellt, die Problematik etwas zu verkürzen und nur auf einen, wenn auch zugegebenermaßen wichtigen, Teilaspekt zu beschränken. Die Aufgaben des BVerfG lassen sich allerdings wohl nur aus einer Gesamtschau aus Funktion, Kompetenz und Methodik gewinnen.[29] Diese Notwendigkeit folgt in einem gewaltenteilenden System nahezu zwangsläufig. Ein Verfassungsgericht muss, ehe es sich auf die Methodik bei der Auslegung von Verfassungsnormen besinnt, sich seiner Grenzen innerhalb der Gewaltenteilung bewusst sein und die Gestaltungsfreiheit des Gesetzgebers und die Ermessensfreiheit der vollziehenden Gewalt respektieren.[30] Darüber hinaus ist

---

24 Leibholz, Gerhard: Das Bundesverfassungsgericht im Schnittpunkt von Politik und Recht, DVBl. 1974, 396 ff., hier: S. 396.

25 Siehe insb. § 31 BVerfGG.

26 Merten, Detlef: Demokratischer Rechtsstaat und Verfassungsgerichtsbarkeit, DVBl. 1980, 773 ff., hier: S. 776.

27 BVerfG, Urteil vom 25.8.2005, in: NJW 2005, 2669 ff., hier: S. 2672 f.

28 Statusbericht des Bundesverfassungsgerichts, a. a. O. (Fn. 15), S. 125.

29 Vgl. dazu auch Laufer, Heinz: Verfassungsgerichtsbarkeit und politischer Prozess, Tübingen 1968, S. 369 ff.

30 Wittig, Peter: Politische Rücksichten in der Rechtsprechung des Bundesverfassungsgerichts, in: Der Staat, Bd. 8 (1969), S. 137 ff., hier: S. 146.

auch die Funktion der Verfassungsrechtsprechung im verfassungsmäßigen Gesamtsystem zu beachten.[31] Diese ist eher eine bewahrende, rechtsfindende, weniger eine rechtsschöpfende.[32]

Die Untersuchung, ob eine *politische* Frage vorliegt, die nicht in die Entscheidungsgewalt der Verfassungsgerichtsbarkeit fällt, hat sich daher mit dreierlei zu beschäftigen:

– Erstens dem Prinzip der Gewaltenteilung. Es geht darum, ob das BVerfG funktionell zuständig ist, über das in Frage stehende Problemfeld zu entscheiden.[33]

– Zweitens der Justiziabilität im engeren Sinn. Zu prüfen ist hier, ob es für die Lösung des anstehenden Problems eine Norm gibt, die rechtlichen Auslegungsmaßstäben zugänglich ist.

– Drittens der Methodenwahl. Hier ist zu fragen, ob nach den Interpretationsmethoden des BVerfG der konkrete Fall einer materiell-rechtlichen Entscheidung zugeführt werden kann. Dabei ist zu klären, welche Rechtsfiguren das deutsche Recht kennt, um die Kompetenzen des BVerfG im Bereich der *politischen* Fragestellungen zu begrenzen.

Durch diese drei Faktoren wird der Handlungsspielraum des BVerfG im Kräfteparallelogramm der Verfassungsorgane ausgewiesen und damit immanent beschränkt.

3 Die Rolle des Bundesverfassungsgerichts in der bundesdeutschen Gewaltenteilung

Aus dem Text des Grundgesetzes lässt sich die Gewalten- und Kompetenzverteilung der Verfassungsorgane nicht für alle möglichen Problemfälle trennscharf bestimmen. Gerade das BVerfG – Justizorgan und Machtorgan in einem – ist eine widerspruchsvolle Instanz, der Schlussstein des Verfassungsgebäudes gewissermaßen, und manchmal ein Fremdkörper in ihrem politischen System.[34] Das Grundgesetz räumt der Verfassungsgerichtsbarkeit jedenfalls eine starke Stellung ein; im internationalen Vergleich sind die Kompetenzen des BVerfG weit bemessen.[35] Es ist aktiv in das Balancierungs- und Kontrollsystem des Gewaltenteilungsprinzips eingebunden und hat als „Hüter der Verfassung" die Aufgabe, den Inhalt der Verfassungsnormen im Streitfall autoritativ festzustellen und so das Verfassungsrecht zu konkretisieren und fortzubilden.[36] Dies ist ein zentrales Kennzeichen der deutschen, freiheitlichen Nachkriegsordnung geworden. Insbesondere bei der Kontrolle der Gesetzgebung und ihres Vollzugs nimmt das BVerfG als wichtigster staatlicher Kontrollfaktor eine exponierte Stellung ein, denn im parlamentarischen Regierungssystem deutscher Prägung sind Exekuti-

---

31 Dort, S. 157.

32 Ein weitergehendes Verständnis von der Funktion eines Verfassungsgerichts äußert Laufer: Verfassungsgerichtsbarkeit und politischer Prozess, a. a. O. (Fn. 29), S. 586, wenn er die Richter des Bundesverfassungsgerichts im Sinne des amerikanischen Verfassungsjuristen Taylor Cole als „constitutional draftsmen and architects" bezeichnet.

33 In dieser funktionell-rechtlichen Denkweise wird nach den unterschiedlichen Funktionen und Fähigkeiten der Staatsorgane gefragt, mithin nach der sachgemäßen Rollenverteilung zwischen den Verfassungsorganen. So Schlaich, Klaus: Das Bundesverfassungsgericht. Stellung, Verfahren, Entscheidungen, 4. Aufl., München 1997, Rdnr. 471.

34 So Leicht: Wer Streit schlichtet, wird Streit ernten, a. a. O. (Fn. 1), S. 304.

35 Vgl. dazu Tomuschat, Christian: Das Bundesverfassungsgericht im Kreise anderer nationaler Verfassungsgerichte, in: Badura, Peter / Dreier, Horst (Hg.), Festschrift 50 Jahre Bundesverfassungsgericht, Bd. 1, Tübingen 2001, S. 245 ff.

36 Katz, Alfred: Staatsrecht, 15. Aufl., Heidelberg 2002, S. 258; Franke, Siegfried F.: Einführung in das Staats- und Verfassungsrecht der Bundesrepublik Deutschland, Heidelberg 1990, S. 145.

ve und Legislative stark miteinander verflochten,[37] wodurch eine gegenseitige Kontrolle erschwert wird.

Gleichwohl hat das Grundgesetz nur die Kontrolle politischer Herrschaft gewollt und nicht die Verrechtlichung des politischen Prozesses. Dem Grundgesetz geht es um die angemessene Teilung der Verantwortung. Jedes Verfassungsorgan übernimmt eine eigene Aufgabe, die Verfassung mit Leben zu erfüllen und fortzuentwickeln. Dem BVerfG kommt dabei als dazu eigens eingerichtetem Verfassungsorgan zwar eine besondere Rolle zu, es kontrolliert als ein Gericht letztverbindlich. Es muss aber den anderen Verfassungsorganen den vom Grundgesetz garantierten Raum freier politischer Gestaltung und Verantwortung offen halten.[38] Das Grundgesetz geht gerade im Verhältnis der Obersten Verfassungsorgane von je eigenen, kompetenzrechtlich abgesteckten Verantwortungsbereichen aus, denen die Rechtsordnung in Form von Gestaltungs-, Beurteilungs- und Ermessensspielräumen Rechnung tragen soll.[39] Diesem Gedanken ist das BVerfG – nach Rechtsgebieten differenzierend – in seiner Rechtsprechung auch stets nachgekommen.

In erster Linie ist das BVerfG also ein Organ des Rechts, dessen Tätigkeit sich vom Handeln der politischen Organe in mehrfacher Hinsicht unterscheidet.[40] Erstens kann es seine Funktionen nicht von sich aus ausüben, sondern stets nur auf Antrag tätig werden. Ihm fehlt also jenes Element, das für politisch Handelnde charakteristisch ist: die freie, schöpferische Gestaltung. Zweitens ist es aufgrund seiner Struktur gar nicht in der Lage, politische Zielvorstellungen in den politischen Prozess einzubringen und insbesondere umzusetzen. Drittens haben die Verfassungsrichter nur einen sehr begrenzten Beurteilungsspielraum. Sie dürfen Akte der öffentlichen Gewalt nur an dem Grundgesetz als normativer Grundordnung messen. Aus all dem ergibt sich, dass die Funktion des BVerfG im Wesentlichen nicht rechtsschöpfend oder politisch gestaltend ist, sondern rechtsanwendend sowie rechtsfindend.[41]

4 Die differenzierte Behandlung *politischer* Fragen in der Rechtsprechung des Bundesverfassungsgerichts – Ein Überblick

4.1 Auswärtige Angelegenheiten

Gerade in seiner Spruchpraxis zu auswärtigen Angelegenheiten und zum Völkerrecht hat das BVerfG zwei Bereiche herausgearbeitet, in denen es eine verfassungsgerichtliche Überprüfung grundsätzlich nicht für möglich erachtet. Schon im sog. Saar-Urteil legte es dar, dass sowohl die gegenwärtige als auch die zukünftige Einschätzung von politischen Wertungen und Entwicklungen die ureigene Aufgabe der politischen Verfassungsorgane sei und von den Gerichten nicht überprüfbar sei, solange kein evidenter Verstoß gegen die Grundgesetz-

---

37 Vgl. dazu auch Häußler: Der Konflikt zwischen Bundesverfassungsgericht und politischer Führung, a. a. O. (Fn. 10), S. 153.

38 BVerfG, Urteil vom 25.8.2005, in: NJW 2005, 2669 ff., hier: S. 2673. BVerfGE 36, 1 (14 f.).

39 BVerfGE 62, 1 (51). Siehe zu diesem Thema auch Starck, Christian: Das Bundesverfassungsgericht in der Verfassungsordnung und im politischen Prozess, in: Badura, Peter / Dreier, Horst (Hg.), Festschrift 50 Jahre Bundesverfassungsgericht, Bd. 1, Tübingen 2001, S. 1 ff.

40 So und im Folgenden: Stüwe, Klaus: Recht und Politik beim Bundesverfassungsgericht, in: Breit, Gotthard (Hg.), Recht und Politik, Politische Bildung, Jg. 38, 2005, S. 24 ff., hier: S. 26 f.

41 Stüwe: Recht und Politik beim Bundesverfassungsgericht, a. a. O. (Fn. 40), S. 26.

ordnung erkennbar sei.[42] Die spätere Rechtsprechung setzte diese Prüfungslinie fort. So erklärte das BVerfG z. B. im Grundlagenvertragsurteil, dass bei der Verfassungsmäßigkeitsprüfung der „Spielraum für die politische Gestaltung nicht außer Betracht bleiben darf"[43].

Die Durchsicht der weiteren Entscheidungen mit außenpolitischem Bezug – insbesondere auch das Urteil zum Vertrag von Maastricht[44] – macht deutlich, dass der Verfassungsrichter wegen des Bezogenseins seiner Entscheidungen auf die politische Wirklichkeit sowohl die Eigengesetzlichkeit des zu beurteilenden Gegenstandes als auch die Folgen seiner Entscheidung zu berücksichtigen hat.[45] Das BVerfG liefert auch die Begründung für sein zurückhaltendes Verhalten: „Der Behauptung des eigenen Rechtsstandpunktes durch einen Staat kommt ... auf internationaler Ebene eine viel größere Tragweite zu als in einer innerstaatlichen Rechtsordnung. ... Angesichts dieser Sachlage ist es für die Wahrung der Interessen der Bundesrepublik Deutschland von erheblicher Bedeutung, dass sie auf internationaler Ebene mit einer Stimme auftritt, wahrgenommen von den zuständigen Organen der Auswärtigen Gewalt. Es ist nicht Sache der Gerichte, ihre Einschätzung möglicher Wirkungen solcher Schritte auf internationaler Ebene an die Stelle der Einschätzung durch die Organe der Auswärtigen Gewalt zu setzen."[46]

4.2 Innere Verfassungsstruktur und Grundrechte

Etwas anders stellt sich die Sachlage bezüglich der inneren Struktur Deutschlands dar. Hier steht nicht die Sorge eines einheitlichen Auftretens im Vordergrund. Aber auch insoweit kann das BVerfG leicht ins Spannungsfeld politischer Machtverteilung zwischen Regierung und Opposition, Regierung und Parteiinteressen oder Regierung und Parlament geraten. Grundsätzlich hat das BVerfG hier als „Hüter der Verfassung" die volle Jurisdiktion wahrgenommen, allerdings in „politisch" brisanten Fallkonstellationen wie z. B. im Beschluss zu Kalkar[47] oder den Entscheidungen zur Auflösung des Bundestages gewisse Zurückhaltung an den Tag gelegt.[48] Jedoch sind solche Urteile in diesem Bereich die Ausnahme.

Das Gericht entschied aber, dass in gewissen Situationen Gesetzgeber und Regierung in Erfüllung ihrer politischen Verantwortung zur Entscheidung der anstehenden Fragen aufgerufen seien und dass es nicht Aufgabe der Gerichte sei, mit ihrer Einschätzung an die Stelle der berufenen Organe zu treten.[49] In diesen Urteilen kommt mehrmals der zentrale Gedanke der *political question*-Doktrin, dass bestimmte Fragen vorrangig im Wege der politischen Auseinandersetzung entschieden werden müssen, zum Ausdruck.[50] Gerade dem Gesetzgeber räumt das BVerfG bei politischen Prognosen einen gewissen Entscheidungsspielraum ein.

---

42 Vgl. BVerfGE 4, 157 (174 f.).
43 BVerfGE 36, 1 (14).
44 BVerfGE 89, 155.
45 Schuppert, Folke: Die verfassungsgerichtliche Kontrolle der Auswärtigen Gewalt, Baden-Baden 1973, S. 158. Zu einer anderen Einschätzung gelangt Robert van Ooyen aber in Bezug auf das Urteil über die Einsätze der Bundeswehr außerhalb des NATO-Bündnisgebiets – BVerfGE 90, 286. Vgl. dazu van Ooyen: Der Begriff des Politischen des Bundesverfassungsgerichts, a. a. O. (Fn. 5), S. 203 ff.; sein Urteil lautet, dass trotz der Lehre vom judicial self restraint, das BVerfG gerade dann, wenn Parlament und Regierung nicht willens sind, Entscheidungen zu treffen, sich politisch nicht zurückhält, sondern selbst entscheidet.
46 BVerfGE 55, 349 (368).
47 BVerfGE 49, 98.
48 BVerfGE 62, 1.
49 BVerfGE 49, 89 (131).
50 So auch Landfried, Christine: Bundesverfassungsgericht und Gesetzgeber, Baden-Baden 1984, S. 154.

Diese Einschätzungsprärogative reicht allerdings unterschiedlich weit und richtet sich nach den Möglichkeiten rationaler Vorhersage, nach der Bedeutung der auf dem Spiel stehenden Rechtsgüter und nach der Eigenart des in Rede stehenden Sachbereichs. Die Kontrolle erfolgt dementsprechend in drei Stufen. Sie reicht von einer Evidenz- über eine Vertretbarkeitskontrolle bis hin zu einer intensivierten inhaltlichen Überprüfung.[51]

Verschiedentlich wird hier von einem starken *judicial activism* gesprochen, wenn das BVerfG Detailanweisungen an die Politik, insbesondere an den Gesetzgeber, gibt. Dieser Verlockung konnten die Verfassungsrichter am wenigsten im weiten Feld der Sozialpolitik widerstehen.[52] Im Zusammenhang mit der Entscheidung über die steuerliche Berücksichtigung von Kinderbetreuungskosten und die Gewährung eines Haushaltsfreibetrages[53] – in der Konsequenz handelt es sich immerhin um ein Gesamtvolumen von ca. 10 Mrd. € – spricht Hans-Peter Schneider sogar von einer *Juridifizierung der Politik* bzw. von *extrakonstitutionellem Verfassungsrichterrecht.*[54] Das BVerfG hat aber stets bei der verfassungsrechtlichen Argumentation zu verbleiben. Es ist nicht seine Aufgabe, außerrechtliche politische Wertungen vorzunehmen, etwa in Fragen der Zweckmäßigkeit oder der Notwendigkeit politischen Handelns.[55]

Noch klarer übt die Verfassungsgerichtsbarkeit ihre Jurisdiktion in Bezug auf die Grundrechte aus. Hier hat das BVerfG von Anfang an klar gemacht, dass es den Schutz des Bürgers vor Eingriffen des Staates und insbesondere die Gewährleistung der grundgesetzlich verankerten Grundrechte als ureigene Aufgabe ansehe und daher extensiv wahrnehmen werde. Dies wurde noch verstärkt durch die Auslegung der Grundrechte nicht nur als subjektive Rechtspositionen des Einzelnen, sondern auch als objektive Grundsatznormen und Wertentscheidungen, die für alle Bereiche des Rechts Geltung haben.[56] Ein gewisses Maß an *judicial self restraint* legt sich das Gericht aber z. B. bei der Überprüfung der materiellen Gleichheit auf. Hier wird nur untersucht, ob die öffentliche Gewalt sich nicht eines Verstoßes gegen das Willkürverbot schuldig gemacht hat. Insgesamt ist das Maß richterlicher Zurückhaltung bei der Überprüfung von Grundrechtsverletzungen allerdings äußerst gering.[57]

4.3 Der Sonderfall des Art. 68 GG

Einen besonders weiten Ermessensspielraum gewährt das BVerfG dagegen bei der Entscheidung über die Auflösung des Bundestages gemäß Art. 68 GG. Da das Grundgesetz, anders als die Weimarer Verfassung, die Entscheidung über die Auflösung des Bundestages nicht einem Verfassungsorgan allein in die Hand gab, sondern sie auf drei Verfassungsorgane verteilte und diesen dabei jeweils eigene Verantwortungsbereiche zuwies,[58] prüft das BVerfG

---

51 Siehe dazu auch Schlaich: Das Bundesverfassungsgericht, a. a. O. (Fn. 33), Rdnr. 499 ff.
52 Vgl. dazu u. a. die Urteile zur Bestimmung des Existenzminimums – BVerfGE 82, 60 –, zum Familienausgleich – BVerfGE 99, 216 – und zur Rentenbesteuerung – BVerfGE 105, 73.
53 BVerfGE 99, 246.
54 Schneider: Acht an der Macht!, a. a. O. (Fn. 6), S. 1305.
55 Stüwe: Recht und Politik beim Bundesverfassungsgericht, a. a. O. (Fn. 40), S. 36.
56 Erstmals so entschieden im sog. Lüth-Urteil, BVerfGE 7, 198.
57 Es soll an dieser Stelle darauf hingewiesen werden, dass wir die Begriffe judicial self restraint, richterliche Zurückhaltung sowie richterliche Selbstbeschränkung synonym verwenden, obwohl dazu in der rechtswissenschaftlichen Literatur zum Teil jeweils unterschiedliche Bedeutungsinhalte kursieren.
58 So schon dargestellt in BVerfGE 62, 1 (51).

die zweckentsprechende Anwendung des Art. 68 GG nur in dem von der Verfassung vorge-sehenen eingeschränktem Umfang.[59]

Doch lassen wir das BVerfG selbst ausführlicher zu Wort kommen: „Wegen des dreistu-figen Entscheidungsprozesses sind die Überprüfungsmöglichkeiten des Bundesverfassungs-gerichts im Rahmen des Art. 68 GG weiter zurückgenommen als in den Bereichen von Rechtsetzung und Normvollzug. Das Grundgesetz vertraut insoweit in erster Linie auf das in Art. 68 GG angelegte System der gegenseitigen politischen Kontrolle und des politischen Ausgleichs zwischen den beteiligten obersten Verfassungsorganen. Allein dort, wo verfas-sungsrechtliche Maßstäbe für politisches Verhalten normiert sind, kann das Bundesverfas-sungsgericht ihrer Verletzung entgegentreten"[60].

Dieser für die Auflösung des Bundestages nach Art. 68 GG geltende anspruchsvolle Me-chanismus der Gewaltenteilung mag sich also nur sinnvoll entfalten, wenn das BVerfG die politische Einschätzung der Lage durch die zuvor tätigen Verfassungsorgane respektiert.[61] Das heißt nicht, dass das BVerfG zur verfassungsrechtlichen Prüfung in diesen Organstreit-verfahren nicht verpflichtet wäre; seine Prüfungskompetenz und Prüfungspflicht ist durch den zu respektierenden Einschätzungsspielraum nur eingeschränkt, aber nicht beseitigt.[62] Ei-ne solche Einschätzungs- und Beurteilungskompetenz steht auch dem Bundeskanzler bei der Auflösung des Bundestages zu und deshalb wird die gerichtliche Kontrolldichte hier abge-senkt. „Der Einschätzungsspielraum des Kanzlers wird nur dann in verfassungsrechtlich ge-fordertem Umfang geachtet, wenn bei der Rechtsprüfung gefragt wird, ob eine andere Ein-schätzung der politischen Lage auf Grund von Tatsachen eindeutig vorzuziehen ist"[63]. Daher führt das BVerfG auch aus: „Die Einschätzung des Bundeskanzlers, er sei für seine künftige Politik nicht mehr ausreichend handlungsfähig, ist eine Wertung, die durch das Bundesver-fassungsgericht schon praktisch nicht eindeutig und nicht vollständig überprüft werden kann und ohne Beschädigung des politischen Handlungssystems auch nicht den üblichen prozes-sualen Erkenntnismitteln zugänglich ist. Selbst wenn man eine Beweisaufnahme für möglich oder geboten hielte, bliebe dem Kanzler ein eigener Einschätzungsspielraum in Bezug auf die festgestellten Tatsachen, insbesondere in Bezug auf deren Bedeutung für die künftige Entwicklung. Zu dem vom Bundeskanzler behaupteten Verlust seiner parlamentarischen Mehrheit lassen sich mit den in einem verfassungsgerichtlichen Verfahren verfügbaren Er-kenntnismittel keine sicheren Feststellungen treffen, ohne die politische Handlungsfähigkeit unangemessen zu beschränken"[64].

Einschätzungen über die politische Handlungsfähigkeit einer Regierung im Rahmen der Vertrauensfrage nach Art. 68 GG sind an höchstpersönliche Wahrnehmungen und abwägen-de Lagebeurteilungen gebunden, haben einen besonderen Prognosecharakter, weswegen der Prüfungsspielraum für das BVerfG besonders eng ist.

---

59   BVerfG, Urteil vom 25.8.2005, in: NJW 2005, 2669 ff.

60   Dort, S. 2673. BVerfGE 62,1 (51).

61   Dort, S. 2673 unter Bezugnahme auf BVerfGE 62, 1 (51).

62   Dort, S. 2673.

63   Dort, S. 2674. Zu einer etwas anderen Einschätzung kommt Bundesverfassungsrichter Jentsch in seiner Abwei-chenden Meinung, wenn er ausführt: „Ein dergestalt weiter Entscheidungsspielraum des Bundeskanzlers steht auch im Widerspruch zur bisherigen Rechtsprechung. Denn er bedeutet de facto die Preisgabe der materiellen Voraussetzungen, die das BVerfG in seiner Leitentscheidung vom 16.2.1983 als ungeschriebenes Tatbestands-merkmal des Art. 68 I 1 festgestellt hat" (Vgl. dort Ls. 6). BVerfG, Urteil vom 25.8.2005, in: NJW 2005, 2669 ff., hier: S. 2677.

64   Dort, S. 2672 f.

5 Methodenwahl und mögliche Übernahme der *political question*-Doktrin

Das BVerfG nimmt also je nach Sachbereich eine abgestufte Kontrolle vor.[65] Darüber hinaus hat das deutsche Recht verschiedene Rechtsfiguren herausgebildet, welche die höchstrichterliche Prüfungsbefugnis gegenüber den anderen Verfassungsorganen einschränken. Hervorzuheben sind die Gestaltungsfreiheit des Gesetzgebers, der Beurteilungs- und Ermessensspielraum der Verwaltung sowie die Möglichkeit der „schöpferischen" Rechtsfindung der Gerichtsbarkeit.

Zum *judicial selfrestraint* gehört es auch, von der Kompetenz zur Verwerfung von Gesetzen erst dann Gebrauch zu machen, wenn ihre Verfassungswidrigkeit klar zutage tritt. Lässt eine Rechtsvorschrift mehrere Auslegungen zu, von denen eine verfassungswidrig, die andere aber verfassungsgemäß ist, so erklärt das BVerfG nach der sog. *verfassungskonformen Auslegung* letztere für gültig.[66]

Vor der direkten Übernahme der sog. *political question*-Doktrin als weitere Methode zur Begrenzung der Verfassungsrechtsprechung in politischen Fragestellungen ist aus mehreren Gründen zu warnen. Diese ist ein Kind des amerikanischen Rechts. Dort hat sie einen festen Platz in Rechtsprechung und Lehre erhalten. Im Gegensatz dazu ist sie im deutschen Rechtskreis geradezu unbekannt und kann mit dem deutschen Verfassungsrecht kaum in Einklang gebracht werden.[67] Die *political question*-Doktrin, wie sie der US-amerikanische Supreme Court entwickelt hat, kann auch kaum als einheitliche Theorie verstanden werden. Sie lässt schwerlich eine einheitliche Linie erkennen und beruht im Wesentlichen aus rechtspraktischen Erwägungen und politischer Handhabung.[68] Sie setzt sich aus verschiedenen Fallkategorien zusammen, die sich unterschiedlich systematisieren lassen. Danach kann der Supreme Court grundsätzlich Fragen zurückweisen, weil sie ihm zu politisch sind.[69] Der Schwerpunkt der nicht behandelten Fälle liegt im Bereich der auswärtigen Angelegenheiten.

Die Ordnungsaufgabe und der Zuständigkeitsbereich des BVerfG sind jedoch nicht ohne weiteres mit dem der US-amerikanischen Verfassungsgerichtsbarkeit vergleichbar.[70] Das liegt sicherlich auch an der unterschiedlichen Rolle der beiden Gerichte. Der Supreme Court ist anders als das BVerfG ein reines Revisionsgericht. Er beschäftigt sich ausschließlich mit Rechtsfragen. Das BVerfG muss hingegen die Sachlage selbst klären und notfalls durch eigene Beweiserhebung die Tatsachen feststellen.[71] Zudem ist das BVerfG an einen präzisen Zuständigkeitskatalog gebunden. Sobald ein Antrag zulässig ist, muss über ihn entschieden werden. Gerade auch aus der Rechtsweggarantie des Art. 19 Abs. 4 GG, mit dem der Rechtsweg gegenüber Staatseingriffen eröffnet worden ist, ist die Bundesrepublik Deutschland nicht nur ein Rechtsstaat im überlieferten Sinn, sondern wurde mit der inneren Konsequenz Justizstaat, ja Rechtswegestaat.[72] Richterliche Zurückhaltung wird natürlich weiter

---

65   Siehe dazu u. a. BVerfGE 50, 290 (331 ff.).

66   Dort. Nicht vergessen sollte man auch die Appellentscheidung als allgemeinwirksames Mittel einer verfassungsrichterlichen Selbstbeschränkung.

67   Stern, Klaus: Verfassungsgerichtsbarkeit zwischen Recht und Politik, Opladen 1980, S. 32.

68   Dort, S. 31.

69   Vgl. dazu ausführlich Piazolo, Michael: Verfassungsgerichtsbarkeit und politische Fragen. Die political question-Doktrin im Verfahren vor dem Bundesverfassungsgericht und dem Supreme Court der USA, München 1994.

70   Limbach: Das Bundesverfassungsgericht als politischer Machtfaktor, a. a. O. (Fn. 5), S. 20.

71   So Häußler: Der Konflikt zwischen Bundesverfassungsgericht und politischer Führung, a. a. O. (Fn. 10), S. 199.

72   Maier: Recht und Politik, a. a. O. (Fn. 12), S. 68.

ausgeübt werden. Diese darf sich aber nicht in einer Totalverweigerung einer Entscheidung konkretisieren, denn es ist die Aufgabe des BVerfG, anhand rechtlicher Maßstäbe darüber zu entscheiden, ob bei der Ausübung staatlicher Gewalt, die Verfassung beachtet worden ist „und sei es auch in hochpolitischen Angelegenheiten"[73].

Das BVerfG hat mit seinen differenzierten Methoden *politischen* Fragen zu begegnen, ein fein zieliertes System unterschiedlicher Prüfungsmaßstäbe entwickelt. Im Gegensatz zur klassischen amerikanischen *politicalquestion*-Doktrin wird so nicht die Justiziabilität als solche ausgeschlossen, sondern es wird nur die Prüfungsintensität je nach Fallgestaltung gesenkt.

6 Kurzes Resümee

Insgesamt gibt es keinen Bedarf für eine Übernahme der *political question*-Doktrin wie sie das amerikanische Recht kennt, denn der Großteil des dort in verschiedenen Fallvarianten festgelegten Anwendungsbereichs ist obsolet, da er von Prüfungsmaßstäben erfasst wird, die das BVerfG entwickelt hat. So kennt – wie erwähnt – das BVerfG bei Entscheidungen im Bereich der auswärtigen Gewalt, den sog. favor conventionis, wonach bei der Wertung politischer Entscheidungen und bei Prognoseentscheidungen den politischen Verfassungsorganen ein weiter Entscheidungsspielraum eingeräumt wird. Auch in der inneren Politik, besonders im Spannungsfeld der funktionellen Zuständigkeiten, hält sich das Oberste Gericht zum Teil zurück.

Diese gewisse richterliche Zurückhaltung in *politischen* Fragen, die sich nicht nach dem Recht lösen lassen, steht auch nicht im Widerspruch zur Rechtsweggarantie des Art. 19 Abs. 4 GG. Dieser gewährt zwar einen möglichst lückenlosen Rechtsschutz, nicht aber lückenlosen Rechtsschutz überhaupt.[74] Die Vorschrift meint keine totale Kontrolle der anderen Gewalten, sondern Kontrolle am Maßstab und mit den Methoden des Rechts.[75] Somit ist es dem BVerfG prinzipiell nicht verwehrt, den Art. 19 Abs. 4 GG einschränkend dahingehend auszulegen, dass verfassungsrechtliche Eigenräume der Exekutive und der Legislative entstehen.[76]

Einer Tatsache sollte man aber stets gedenken: In der Verfassungsgerichtsbarkeit geht es auch um die zentrale Frage, was in einem Staat Vorrang hat: Machtpolitik oder Recht. In der Geschichte der Staaten – und die Bundesrepublik Deutschland ist da beileibe keine Ausnahme – war es stets schwieriger Macht dem Recht zu beugen als Recht der Macht.[77] Insofern stellt es kein Unglück, sondern eine Notwendigkeit dar, wenn manche politische Entscheidung den Regeln des Rechts entsprechend auf ihre Verfassungsmäßigkeit überprüft wird.

---

73   BVerfGE 68, 1 (77 f.).
74   So dargelegt in BVerfGE 8, 274 (326); 51, 176 (185); 54, 39 (41).
75   Schmidt-Aßmann, in: Maunz, Theodor / Dürig, Günter u. a.: Grundgesetz Kommentar, München 1986 ff., Art. 19 Abs. 4, Rdnr. 12.
76   So Dolzer, Rudolf: Verfassungskonkretisierung durch das Bundesverfassungsgericht und durch die politischen Verfassungsorgane, Heidelberg 1982, S. 32.
77   Stern: Verfassungsgerichtsbarkeit zwischen Recht und Politik, a. a. O. (Fn. 67), S. 34.

5 Rechtsprechung des Bundesverfassungsgerichts zu Verfassungsprinzipien und Politikfeldern

Andreas Anter

Ordnungsdenken in der Rechtsprechung des Bundesverfassungsgerichts

Wertordnung, Ordnungsmacht und Menschenbild des Grundgesetzes

Die Rolle des Hüters der Ordnung wird dem Bundesverfassungsgericht (BVerfG) weder in der Verfassungstheorie noch in der Verfassungspraxis streitig gemacht, auch wenn es in der Literatur heute zum guten Ton gehört, ein Zuviel an richterlicher Ordnungsmacht zu beklagen. Von einem Hüter der Ordnung darf man annehmen, dass er eigene Vorstellungen von der Ordnung hegt, zumal die Verfassungsrichter naturgemäß von bestimmten dogmatischen und ordnungspolitischen Traditionen geprägt sind.[1] So kommt es nicht von ungefähr, wenn in den Entscheidungen des BVerfG auch spezifische Ordnungsvorstellungen zu erkennen sind, zu denen etwa Postulate der Gerechtigkeit, Freiheit und Selbstbestimmung gehören, aber auch die Formeln von der „Wertordnung" und dem „Menschenbild des Grundgesetzes". In einigen Fällen bezieht sich das Gericht auf positive Verfassungsnormen, in anderen Fällen auf Maximen ungeschriebenen Verfassungsrechts oder überpositiven Rechts, die als Ordnungsprinzipien herangezogen werden.

Die folgenden Überlegungen behandeln vier zentrale Formeln, die das Gericht als Ordnungsfiguren verwendet: das „Menschenbild des Grundgesetzes" (1), das ungeschriebene Verfassungsrecht (2), die „Wertordnung des Grundgesetzes" (3) und die „Ordnungsmacht" des Staates (4). Dabei stehen folgende Fragestellungen im Vordergrund: Wie werden diese Formeln in der Rechtsprechung begründet? In welchem Verhältnis stehen sie zueinander? Inwieweit kann man von einem „Ordnungsdenken" des Gerichts sprechen? Und inwieweit ist dieses Denken entscheidungsrelevant?

1 Das „Menschenbild des Grundgesetzes"

Jedes Ordnungsdenken ist an irgendeinem Punkt anthropologisch grundiert und enthält Aussagen über die menschliche Natur. Dies zeigt sich auch in den Entscheidungen des BVerfG, die mit dem „Menschenbild des Grundgesetzes" argumentieren.[2] Auch wenn dort nur vom Menschenbild des *Grundgesetzes* die Rede ist, handelt es sich um Interpretationen, die Rückschlüsse auf das eigene Denken zulassen. Worin aber besteht dieses Menschenbild, und welche Ordnungsvorstellungen verbinden sich mit ihm? Aufschlussreich ist in dieser Hin-

---

1   Vgl. Böckenförde, Ernst-Wolfgang: Verfassungsgerichtsbarkeit. Strukturfragen, Organisation, Legitimation. In: NJW 52 (1999), S. 9-17, 10.

2   BVerfGE 4, 7 (15 f.); 12, 45 (51); 24, 119 (144); 27, 1 (6); 28, 175 (189); 30, 1 (20); 30, 173 (193); 32, 98 (107); 33, 1 (10 f.); 35, 202 (225); 50, 166 (175); 50, 290 (353); 56, 363 (384); 83, 130 (143); 109, 133 (151). Vgl. auch 109, 279 (391).

sicht bereits jene Entscheidung, in der die Formel zum ersten Mal auftaucht. In ihrer dogmatischen Klarheit scheint sie keine Fragen offenzulassen: „Das Menschenbild des Grundgesetzes ist nicht das eines isolierten souveränen Individuums; das Grundgesetz hat vielmehr die Spannung Individuum - Gemeinschaft im Sinne der Gemeinschaftsbezogenheit und Gemeinschaftsgebundenheit der Person entschieden".[3]

Vor allem in der frühen Spruchpraxis ist der Hang des Gerichts zu erkennen, große Worte gelassen auszusprechen. Im zitierten Urteil wird nichts anderes gesagt, als dass eines der Kernprobleme der Gesellschaftstheorie, das Spannungsverhältnis von Individuum und Gemeinschaft, unter dem Grundgesetz „entschieden", also gelöst sei. Wenn das Gericht den Menschen als Gemeinschaftswesen definiert, greift es zu einem klassischen Topos des politischen Denkens, mit dem noch eine weitere Implikation verbunden ist: dass die Freiheit des Einzelnen, wie es in einer späteren Entscheidung heißt, nicht „prinzipiell unbegrenzt" sei.[4] Auch damit folgt das Gericht scheinbar einer grundlegenden Prämisse des Ordnungsdenkens: dass Ordnung nämlich nur durch Einschränkung der Freiheit möglich sei.[5]

Die Menschenbildformel, die sich ab dem zitierten Investitionshilfeurteil über Jahrzehnte durch die Spruchpraxis zieht und im Mitbestimmungsurteil schließlich zur ständigen Rechtsprechung erklärt wird,[6] war rezeptionsgeschichtlich gesehen ein Schlag ins Kontor. Sie provozierte eine anschwellende Flut von Literatur, die sich bis heute um ihre Deutung bemüht.[7] Kaum ein Grundgesetzkommentar verzichtet auf eine klärende Auseinandersetzung, obwohl die Formel im Grundgesetz nicht einmal vorkommt.[8] So wurde sie zu einem feststehenden Begriff in der Literatur, ja zu einem „festen Bestandteil der Verfassungsinterpretation".[9] Ist aber das Menschenbild, das vom BVerfG postuliert wird, auch wirklich das Menschenbild des Grundgesetzes? Mit Blick auf diese Frage bietet sich ein interessanter philologischer Befund. Denn das Gericht übernahm in seinem Urteil fast wörtlich eine Formulierung aus einer Publikation seines Mitglieds Josef Wintrich. Dabei handelte es sich allerdings um eine Formulierung aus einem Aufsatz über das Menschenbild der Bayerischen Landesverfassung:

---

3   BVerfGE 4, 7 (15 f.).
4   BVerfGE 45, 187 (227).
5   Vgl. nur Horkheimer, Max: Bedrohungen der Freiheit. In: ders. u. a., Über die Freiheit, Stuttgart / Berlin 1965, S. 7-26, 13.
6   BVerfGE 50, 290 (353).
7   Vgl. allein aus der Literatur der letzten zehn Jahre: Häberle, Peter: Das Menschenbild im Verfassungsstaat, 3. Aufl., Berlin 2005; Schmidt-Preuß, Matthias: Menschenwürde und „Menschenbild" des Grundgesetzes. In: de Wall, Heinrich / Germann, Michael (Hg.), Bürgerliche Freiheit und Christliche Verantwortung. FS für Christoph Link zum 70. Geb., Tübingen 2003, S. 921-942, 930 ff.; Schünemann, Bernd: Das „Menschenbild des Grundgesetzes" in der Falle der Postmoderne und seine überfällige Ersetzung durch den „homo oecologicus". In: ders. u. a. (Hg.), Das Menschenbild im weltweiten Wandel der Grundrechte, Berlin 2002, S. 3-31; Schmitt Glaeser, Walter: Dauer und Wandel des freiheitlichen Menschenbildes. In: Geis, Max-Emanuel / Lorenz, Dieter (Hg.), Staat, Kirche, Verwaltung. FS für Hartmut Maurer zum 70. Geb., München 2001, S. 1213-1227; Brenner, Michael: Rahmenbedingungen des Menschenbildes im Gemeinschaftsrecht. In: Isensee, Josef / Lecheler, Helmut (Hg.), Freiheit und Eigentum. FS für Walter Leisner zum 70. Geb., Berlin 1999, S. 19-37; Enders, Christoph: Die Menschenwürde in der Verfassungsordnung, Tübingen 1997, S. 17 ff., 45 ff.; Becker, Ulrich: Das ‚Menschenbild des Grundgesetzes' in der Rechtsprechung des Bundesverfassungsgerichts, Berlin 1996; Benda, Ernst: Menschenwürde und Persönlichkeitsrecht. In: ders. u. a. (Hg.), Handbuch des Verfassungsrechts der Bundesrepublik Deutschland, 2. Aufl. Berlin / New York 1995, S. 161-190, 163 ff.
8   Vgl. v. Münch, Ingo: Vorb. Art. 1-19. In: v. Münch / Kunig, Grundgesetz-Kommentar, Bd. 1, 5. Aufl., München 2005, Rdnr. 55; Dreier, Horst: Art. 1. In: ders., Grundgesetz-Kommentar, Bd. 1, 2. Aufl., Tübingen 2004, Rdnr. 168; Sachs, Michael: Vor Art. 1. In: ders., Grundgesetzkommentar, 3. Aufl., 2003, Rdnr. 61; Dürig, Günter: Art. 1. In: Maunz / Dürig, Grundgesetz-Kommentar, Bd. 1, München 1994, Rdnr. 46; Denninger, Erhard: Art. 19 Abs. 2. In: AK-GG, Bd. 1, 2. Aufl., Neuwied 1989, Rdnr. 14.
9   Enders: Die Menschenwürde in der Verfassungsordnung, S. 18.

„Die Freiheit des einzelnen ist nicht ‚prinzipiell unbegrenzt', weil der Mensch nicht ‚isoliertes' Einzelwesen, sondern ... gemeinschaftsgebunden ist."[10]

Die Quelle der Formel zeigt zunächst, dass das vom Gericht apostrophierte „Menschenbild des Grundgesetzes" in Wahrheit auf einer Interpretation der Bayerischen Landesverfassung beruht. Philologisch nicht weniger interessant sind zudem die Formulierungen, die bei Wintrich und in der Urteilsbegründung in Anführungszeichen stehen: „prinzipiell unbegrenzt" und „isoliertes" Einzelwesen. Hier handelt es sich um Zitate, und zwar um Zitate von Carl Schmitt. Mit der Übernahme von Wintrichs Formulierung fanden sie Eingang in das Urteil des BVerfG – ohne dort allerdings ausgewiesen zu sein. Dass sie dort nicht angeführt wurden, ist weder verwunderlich noch ungewöhnlich, mit Blick auf eine Zeit, in der es nicht sonderlich opportun war, Carl Schmitt zu zitieren. Im Falle Wintrichs handelte es sich um eine denkbar ambivalente Adaption. Vordergründig wendet er sich hier gegen Schmitts Beschreibung des für den bürgerlichen Rechtsstaat konstitutiven Grundrechtsgedankens, dass „die Freiheitssphäre des Einzelnen prinzipiell *unbegrenzt*" sei. Da die Grundrechte zudem für jedermann ohne Rücksicht auf die Staatsangehörigkeit gelten, sind sie für Schmitt die „Rechte des isolierten Einzelmenschen".[11] Wenn man aber in Betracht zieht, dass Schmitt alles andere als ein Apologet der „prinzipiell unbegrenzten" Freiheit ist, dann wird klar, dass Wintrich sich hier keineswegs von ihm distanziert: Er will den „isolierten Einzelmenschen" wieder in die Gemeinschaft führen und die „Freiheitssphäre des Einzelnen" begrenzen.

Betrachtet man die Genealogie der Menschenbildformel, dann ist sie also erstens bayerisch inspiriert und zweitens auf Schmitts kritische Grundrechtsdeutung bezogen. Gleichwohl konnte sie sich wirkungsvoll in der geistesgeschichtlichen Lage der frühen Bundesrepublik entfalten. Mit Blick auf ihre ideengeschichtlichen Wurzeln ist aber noch ein dritter Topos aus dem Urteil signifikant: die Formel von der „Spannung Individuum - Gemeinschaft". Auch bei dieser Formel handelt es sich um ein Zitat, das via Josef Wintrich Eingang in das Urteil fand, in diesem Fall um ein Zitat von Dietrich Schindler, der die Spannung „Individuum - Gemeinschaft" als den Kern des Ordnungsproblems bezeichnete.[12] Das BVerfG stimmte dem Zürcher Denker jedoch nur insoweit zu, als es diese Spannung für ein gesellschaftliches Kernproblem hielt. Im Übrigen aber hielt das Gericht sie unter dem Grundgesetz für „entschieden", und zwar im Sinne der Gemeinschaftlichkeit des Menschen.

Wie wenig sie indes unter dem Grundgesetz gelöst ist, zeigt nicht nur die Vielzahl der Streitverfahren, die sich an ihr entzünden, sondern auch die Vielfalt der Auslegungen. So blieb auch die Menschenbildformel des Gerichts in einer steten „Spannung" verhaftet. Ein konsistentes Menschenbild lässt sich jedenfalls aus der Judikatur nicht ablesen – allzu inkongruent sind die verschiedenen Konkretisierungen,[13] die sich zwischen den Polen der Ge-

---

10 Wintrich, Josef: Über Eigenart und Methode verfassungsgerichtlicher Rechtsprechung. In: Verfassung und Verwaltung in Theorie und Wirklichkeit. FS für Wilhelm Laforet zum 75. Geburtstag, München 1952, S. 227-249, 235. – Wintrich, seit 1947 Mitglied des Bayerischen Verfassungsgerichtshofs, war von 1954 bis zu seinem Tod 1958 Präsident des Bundesverfassungsgerichts. Zu Werk und Person vgl. Maunz, Theodor: Ringen um ein wertgebundenes Recht: Der Präsident des Bundesverfassungsgerichts Dr. Josef Marquard Wintrich. In: JöR 33 (1984), S. 167-174. Zur Herkunft der Formel siehe Becker, a. a. O. (Fn. 7), S. 47 ff.

11 Schmitt, Carl: Verfassungslehre, München / Leipzig 1928, S. 158 u. 164.

12 Schindler, Dietrich: Verfassungsrecht und soziale Struktur, 2. Aufl., Zürich 1944, S. 30. – Schindler selbst wiederum stützt sich auf Rudolf Smend, die spätere Ikone des Bundesverfassungsgerichts, womit sich der Kreis wieder schließt.

13 Dazu Becker, a. a. O. (Fn. 7), S. 44 f. – Horst Dreier moniert eine „gewisse Beliebigkeit beim Rekurs auf das Menschenbild"; dazu gehöre der „irrlichternde Charakter" der Formel (Grundgesetzkommentar, Art. 1, Rdnr. 168).

meinschaftsbezogenheit[14] und der freien Persönlichkeitsentfaltung[15] bewegen: Neben dem Gemeinschaftsaspekt betont das Gericht stets mit gleicher Entschiedenheit die Eigenverantwortlichkeit des Menschen.

Gewiss: jedes Menschenbild ist eine Konstruktion. Weder aus dem Grundgesetz noch aus der Rechtsprechung würde sich ein Menschenbild destillieren lassen, das ein widerspruchsfreies, kohärentes Ganzes bildete. Aus dieser Not kann man allerdings eine Tugend machen, wenn man die Offenheit des Menschenbildes als großen Vorzug von Judikatur und Verfassung preist. Diese Strategie verfolgt insbesondere Peter Häberle, der die Existenz verschiedener Menschenbilder im Grundgesetz konstatiert und die Flexibilität und „Pluralität der Menschenbilder" als große Errungenschaft von Verfassung und Rechtsprechung sieht.[16] Auch Erhard Denninger hält die „Elastizität und Offenheit" der Formel für vorteilhaft, da sie „eine der jeweiligen Konfliktlösungsrichtung angepaßte Akzentsetzung" der Rechtsprechung ermögliche.[17]

Von Pluralität und Flexibilität zu sprechen, zumal in Verfassungsdingen, macht sich immer gut. Monismus und Inflexibilität hingegen stehen ohnehin nicht hoch im Kurs. Zwar würde niemand sagen, dem Grundgesetz liege ein monistisches Menschenbild zugrunde, aber man muss sich klar machen, welche Implikationen mit der Annahme einer Menschenbildvielzahl in der Verfassung verbunden sind. Wenn es lauter verschiedene Menschenbilder im Grundgesetz gibt, wird die Menschenbildformel als Argument letztlich obsolet. Die Pluralisierung des Begriffs macht ihn letztlich überflüssig. Es steht zwar außer Frage, dass jedem Recht „eine Vorstellung vom Menschen zugrunde" liegt,[18] aber im Falle des Grundgesetzes sind es erkennbar verschiedene Vorstellungen. Dies ist bereits evident, wenn man an den Prozess der Verfassungsgebung denkt. Es ist unwahrscheinlich, dass die Mitglieder des Parlamentarischen Rates ein einheitliches Menschenbild vor Augen hatten und dieses anschließend im Grundgesetz fixierten. Vielmehr muss man davon ausgehen, dass hier heterogene Vorstellungen aufeinander prallten. Deren kleinster gemeinsamer Nenner aber dürfte wohl in der Tat darin gelegen haben, dass der Mensch ein *animal sociale* ist – ein klassischer Topos des politischen Denkens.[19]

Auch wenn es im Parlamentarischen Rat wohl einen anthropologischen Minimalkonsens gab, bleibt das Problem der inkonsistenten Spruchpraxis des BVerfG. Selbst zu diesem Problem aber bietet die Verfassungslehre eine harmonisierende Lösung an: eine „mittlere Linie",[20] eine *„Balance"* von Individualismus und Gemeinschaftsbezogenheit.[21] Die Wahrheit liegt zwar meistens in der Mitte, aber in diesem Fall muss man sich fragen, wie aussagekräftig eine solche Wahrheit sein kann. Angesichts ihres geringen Aussagewerts kann man die

---

14   BVerfGE 12, 45 (51); 28, 175 (189); 33, 1 (10 f.); 109, 133 (151).

15   BVerfGE 7, 198 (205); 21, 362 (372); 30, 173 (193); 32, 98 (107); 52, 131 (168 f.).

16   Häberle, a. a. O. (Fn. 7), S. 62. Pluralistisch auch Dreier, a. a. O. (Fn. 8), Art. 1, Rdnr. 168. – Polemisch Helmut Ridder, der die Formel als Staatsreligion verspottet („Das Menschenbild des Grundgesetzes". Zur Staatsreligion der Bundesrepublik Deutschland. In: Demokratie und Recht 7 [1979], S. 123-134).

17   Denninger: AK-GG, Art. 19 Abs. 2, Rdnr. 14.

18   Schmitt Glaeser, a. a. O. (Fn. 7), S. 1214.

19   Entsprechend sind in der Literatur Äquivalente wie die des *zoon politikón* oder des *homo politicus* sehr verbreitet; vgl. Schmidt-Preuß, a. a. O. (Fn. 7), S. 935; Becker, a. a. O. (Fn. 7), S. 41; Kopp, Ferdinand: Das Menschenbild im Recht und in der Rechtswissenschaft. In: Bartlsperger, Richard u. a. (Hg.), Rechtsstaat, Kirche, Sinnverantwortung. FS für Klaus Obermayer zum 70. Geb., München 1986, S. 53-64, 62; Geiger, Willi: Menschenrecht und Menschenbild in der Verfassung der Bundesrepublik Deutschland. In: Zeidler, Wolfgang u. a. (Hg.), FS Hans Joachim Faller, München 1984, S. 3-15, 13.

20   Benda, a. a. O. (Fn. 7), S. 164.

21   Schmidt-Preuß, a. a. O. (Fn. 7), S. 934.

Formel nur als Verfassungsfolklore bewerten. Es spricht einiges dafür, sie in der Rechtsprechung besser zu vermeiden,[22] und sie wird in der Tat nur noch selten vom BVerfG verwendet. Diese Zurückhaltung aber steht in einem erstaunlichen Kontrast zu ihrer anhaltenden Prominenz in der Literatur. Ihre Präsenz spricht dafür, dass sie ein Kernproblem des Verfassungsrechts berührt, das nach wie vor aktuell ist: die Frage der überpositiven Kriterien des Rechts.

2 Ungeschriebenes Verfassungsrecht und überpositives Recht

Vor allem in seiner Frühzeit hat das Gericht keinen Zweifel an seiner Überzeugung von der Existenz überpositiven Rechts gelassen. Schon in einer der ersten Entscheidungen bekannte es sich emphatisch zur „Existenz überpositiven, auch den Verfassungsgesetzgeber bindenden Rechts", das auch für die Verfassungsinterpretation relevant sei.[23] Mit dieser antipositivistischen Haltung korrespondiert ein Ordnungsdenken, das sich zugleich am Gesichtspunkt der „Natur der Sache"[24] und am Kriterium der Gerechtigkeit[25] orientiert. Das überpositive Recht hat demnach die Funktion, dem Gesetzgeber Grenzen zu setzen, so dass Recht nicht zu Unrecht wird und die Prinzipien der Gerechtigkeit gewahrt bleiben. Folgt man der Karlsruher Spruchpraxis, dann kann überpositives Verfassungsrecht gegebenenfalls sogar über einer positiven Verfassungsnorm stehen: „Die Norm einer Verfassung kann dann nichtig sein, wenn sie grundlegende Gerechtigkeitspostulate, die zu den Grundentscheidungen dieser Verfassung selbst gehören, in schlechthin unerträglichem Maße mißachtet."[26]

Entsprechend hat das Gericht gelegentlich mit Ordnungsformeln argumentiert, bei denen naturrechtliche Anklänge nicht zu überhören sind, etwa wenn es heißt, der Gesetzgeber dürfe bei seinen Entscheidungen die „allgemeinen Gerechtigkeitsvorstellungen der Gemeinschaft nicht mißachten".[27] Auch in diesem Fall wird das Recht an Ordnungsvorstellungen gebunden, die in der Gemeinschaft allgemein akzeptiert werden. Der Richter ist daher bei gewandelten Verhältnissen gegebenenfalls nicht mehr an eine überholte gesetzliche Norm gebunden: Eine Gesetzesnorm stehe im Kontext der „gesellschaftlich-politischen Anschauungen" und müsse sich „mit ihnen wandeln"; bei einem „Konflikt der Norm mit den materiellen Gerechtigkeitsvorstellungen einer gewandelten Gesellschaft kann sich der Richter nicht mit dem Hinweis auf den unverändert gebliebenen Gesetzeswortlaut entziehen".[28] Trotz der anfänglich freimütigen Bekenntnisse zur Existenz überpositiven Rechts mied das Gericht indes den Begriff des Naturrechts, ja distanzierte sich sogar von ihm: Schon allein angesichts der

---

22 So Dreier, a. a. O. (Fn. 8), Art. 1, Rdnr. 168.

23 BVerfGE 1, 14 (18). Zurückhaltender schon 1, 208 (233); 2, 237 (265); 3, 288 (321).

24 Dazu Anter, Andreas: Die „Natur der Sache" und der Hüter der Verfassung. Tradition und Verfassungspraxis einer rechtspolitischen Formel. In: ZfP 51 (2004), S. 277-294.

25 Zu dessen normbegründendem Charakter siehe Robbers, Gerhard: Gerechtigkeit als Rechtsprinzip. Über den Begriff der Gerechtigkeit in der Rechtsprechung des Bundesverfassungsgerichts, Baden-Baden 1980, S. 51 ff.

26 BVerfGE 3, 225.

27 BVerfGE 9, 338 (349); gleichlautend 13, 225 (228); 24, 104 (109); 28, 324 (347); 32, 260 (268); 34, 269 (287); 37, 67 (81); 42, 64 (72).

28 BVerfGE 34, 269 (288 f.). Ein ähnliches Bild geben die Ausführungen zum Begriff der öffentlichen Ordnung, der auf „ungeschriebene Regeln" verweise, „deren Befolgung nach den jeweils herrschenden ... sozialen und ethischen Anschauungen als unerlässliche Voraussetzung eines geordneten menschlichen Zusammenlebens" gesehen wird (BVerfGE 111, 147 [156]).

„Vielfalt der Naturrechtslehren" sei es nicht möglich, die Rechtsprechung an naturrechtlichen Vorstellungen zu orientieren.[29] Damit zog sich das Gericht auf eine sichere Position zurück, zumal auch das Grundgesetz nichts darüber sagt, ob es ein Naturrecht überhaupt gibt.

In einer deutlichen Analogie zur Frage des überpositiven Rechts stehen die Aussagen zur Figur des ungeschriebenen Verfassungsrechts. Das Gericht stellt bereits in einer seiner ersten Entscheidungen klar, „daß das Verfassungsrecht nicht nur aus den einzelnen Sätzen der geschriebenen Verfassung besteht, sondern auch aus gewissen sie verbindenden, innerlich zusammenhaltenden allgemeinen Grundsätzen und Leitideen, die der Verfassungsgesetzgeber ... nicht in einem besonderen Rechtssatz konkretisiert hat".[30] Ähnlich wie beim „Menschenbild des Grundgesetzes" handelt es sich nicht um eine positive Norm, sondern um eine „Leitidee", die sich aus der Ordnung des Ganzen ergibt.

Hier wird die Existenz ungeschriebenen Verfassungsrechts betont und als Kriterium der Rechtsprechung legitimiert. Auch in späteren Entscheidungen hat das Gericht seine Überzeugung von der Existenz eines solchen Rechts bekräftigt[31] und vor allem dessen Bedeutung als notwendiges Korrektiv und Ordnungsleitlinie hervorgehoben: „Das Recht ist nicht mit der Gesamtheit der geschriebenen Gesetze identisch. Gegenüber den positiven Satzungen der Staatsgewalt kann unter Umständen ein Mehr an Recht bestehen, das ... dem geschriebenen Gesetz gegenüber als Korrektiv zu wirken vermag".[32] Diese Position gehört zu den Formeln, mit denen das Gericht in den ersten Jahrzehnten eine durchaus antipositivistische Haltung vertreten hat. Wenn das Gericht allerdings einschränkend sagt, der Richter müsse sich bei der Heranziehung ungeschriebenen Rechts „von Willkür freihalten" und seine Entscheidungen mit „rationaler Argumentation" begründen,[33] dann wird der schmale Grat deutlich, auf dem man sich hier bewegt. Der Begriff des „ungeschriebenen Verfassungsrechts" ist in der Literatur denn auch bis heute unklar geblieben,[34] nicht zuletzt, weil er die Frage offen lässt, wer dieses Recht verbindlich definiert und wie latente Kollisionen zwischen einzelnen Prinzipien zu lösen sind.

3 Die „Wertordnung des Grundgesetzes"

Die Formel des „ungeschriebenen Verfassungsrechts" hat eine Lückenfüllerfunktion, denn sie wird in Anschlag gebracht, wenn es an einer positiven Norm fehlt. Ähnlich verhält es sich mit der Formel der „Wertordnung des Grundgesetzes", die das Gericht häufig verwandt und in ständiger Rechtsprechung vertreten hat.[35] Entsprechend reichhaltig wird sie in der Literatur kommentiert.[36] Hinter dieser Formel steht die Vorstellung, dass die positiven Normen

---

29 BVerfGE 10, 59 (81).
30 BVerfGE 2, 380 (403).
31 BVerfGE 6, 309 (328); 41, 1 (12); 51, 222 (234); 60, 162 (167); 67, 369 (377); 80, 244 (255).
32 BVerfGE 34, 269 (287).
33 BVerfGE 34, 269 (287).
34 So das Resümee von Wolff, Heinrich Amadeus: Ungeschriebenes Verfassungsrecht unter dem Grundgesetz, Tübingen 2002, S. 177 ff., hier 187.
35 Vgl. BVerfGE 2, 1 (12); 6, 32 (41); 7, 198 (205); 10, 59 (81); 12, 45 (51); 21, 362 (372); 24, 119 (124); 27, 1 (6); 27, 253 (283); 30, 173 (193); 33, 303 (330); 34, 269 (281); 47, 327 (369); 49, 24 (56); 52, 131 (168); 52, 223 (247); 81, 242 (254).
36 Vgl. Rüthers, Bernd: Rechtstheorie, 2. Aufl. München 2005, S. 477 f.; Dreier, a. a. O. (Fn. 8), Vorbemerkungen, Rdnr. 82; Sachs, a. a. O. (Fn. 8), vor Art. 1, Rdnr. 66 u. 123; Starck, Christian: Zur Notwendigkeit einer

und das ungeschriebene Verfassungsrecht eine „Wertordnung" bilden, die zugleich eine Wert*rang*ordnung ist. Dies betrifft nicht nur die innere Struktur des Grundgesetzes, sondern auch alle weiteren Rechtsbereiche, denn für das Gericht ist die gesamte Rechtsordnung ein Wertsystem, an dessen Spitze die Verfassung steht. Vor allem in der Karlsruher Frühzeit wurden die „Werte", mit Friedrich Gottl zu reden, zum „Wort der Worte".[37] Worin aber besteht die Wertordnung des Grundgesetzes? Das Gericht hat sie bereits zu Beginn seiner Tätigkeit präzisiert und konstatiert, ihr liege „die Vorstellung zugrunde, daß der Mensch in der Schöpfungsordnung einen eigenen selbständigen Wert besitzt und Freiheit und Gleichheit dauernde Grundwerte der staatlichen Einheit sind. Daher ist die Grundordnung eine wertgebundene Ordnung."[38]

Das Grundgesetz ist in der Tat keine wertneutrale Ordnung. Die Mitglieder des Parlamentarischen Rates waren Vertreter bestimmter – wenn auch keineswegs einheitlicher – Werthaltungen und Ordnungsvorstellungen, die in der Verfassung ihren Niederschlag fanden. Entsprechend ist auch die Rechtsprechung von politischen, sozialen und religiösen Ordnungs- und Wertvorstellungen geprägt.[39] Die Legitimität des Werturteils ist allerdings in der Jurisprudenz ebenso wie in anderen Wissenschaften umstritten. Die Gegenreaktionen auf die Wertordnungslehre ließen nicht lange auf sich warten; sie korrespondierten nicht zuletzt mit dem Anti-Wert-Affekt, den Carl Schmitt und Teile seiner Schule kultivierten.[40] In Verfassungslehre und Rechtstheorie wird bis heute moniert, die wertende Betrachtung sei subjektivistisch, verdunkle die Verfassungsinterpretation oder liefere diese gar einer undurchschaubaren Wertlehre aus;[41] man fährt schweres Geschütz gegen den „juristisch entbehrlichen, philosophiegeschichtlich belasteten und im übrigen begrifflich unscharfen" Wertbegriff auf, der als „subjektiv-irrationaler" Begriff nichts in der Rechtswissenschaft zu suchen habe.[42]

Wertbegründung des Rechts, in: ders., Freiheit und Institutionen, Tübingen 2002, S. 9-28; Müller, Friedrich / Christensen, Ralph: Juristische Methodik, Bd. 1, 8. Aufl., Berlin 2002, S. 69 ff.; Sprenger, Gerhard: Recht und Werte. Reflexionen über eine philosophische Verlegenheit. In: Der Staat 39 (2000), S. 1-22; Hesse, Konrad: Grundzüge des Verfassungsrechts der Bundesrepublik Deutschland, 20. Aufl., Heidelberg 1999, Rdnr. 299 ff.; Di Fabio, Udo: Das Recht offener Staaten, Tübingen 1998, S. 75 ff.; Alexy, Robert: Theorie der juristischen Argumentation, 2. Aufl., Frankfurt/M. 1991, S. 22 ff.; Böckenförde, Ernst-Wolfgang: Zur Kritik der Wertbegründung des Rechts. In: ders., Recht, Staat, Freiheit, Frankfurt/M. 1991, S. 67-91, 81 ff.; ders.: Geschichtliche Entwicklung und Bedeutungswandel der Verfassung (1984). In: ders., Staat, Verfassung, Demokratie, Frankfurt/M. 1991, S. 29-52, 47 ff.; ders.: Grundrechtstheorie und Grundrechtsinterpretation (1974), ebd., S. 115-145, 129 ff.; Chryssogonos, Kostas: Verfassungsgerichtsbarkeit und Gesetzgebung, Berlin 1987, S. 153 ff.; Goerlich, Helmut: Wertordnung und Grundgesetz. Kritik einer Argumentationsfigur des Bundesverfassungsgerichts, Baden-Baden 1973.

37 Gottl, Friedrich: Die Herrschaft des Wortes. Untersuchungen zur Kritik des nationalökonomischen Denkens, Jena 1901, S. 87.

38 BVerfGE 2, 1 (12).

39 Dies kommt auch im oben zitierten Begriff der „Schöpfungsordnung" zum Ausdruck, der wie kaum ein anderer für die Vorstellung guter und vollkommener Ordnung steht. Er ist allerdings auf die Frühzeit des Gerichts begrenzt. Erst zwanzig Jahre später greift es noch einmal auf ihn zurück (BVerfGE 39, 1 [67]). Ein Pendant findet er, wenn der Staat als „eine von Gott gestiftete Erhaltungsordnung" bezeichnet wird, allerdings nur in einem Minderheitenvotum (BVerfGE 33, 23 [37], abweichende Meinung des Richters v. Schlabrendorff).

40 Vgl. Schmitt, Carl: Die Tyrannei der Werte, Plettenberg 1960 (Privatdruck); abgedr. in: Schmitt, Carl / Jüngel, Eberhard / Schelz, Sepp, Die Tyrannei der Werte, Hamburg 1979, S. 9-43.

41 Vgl. Müller / Christensen, a. a. O. (Fn. 36), S. 69 ff.; Böckenförde, Zur Kritik der Wertbegründung, a. a. O. (Fn. 36), S. 81 ff.; ders., Grundrechtstheorie, a. a. O. (Fn. 36), S. 131 ff.; Chryssogonos, a. a. O. (Fn. 36), S. 154 ff.; Goerlich, a. a. O. (Fn. 36), S. 133 ff.; Podlech, Adalbert: Wertungen und Werte im Recht. In: AöR 95 (1970), S. 185-223.

42 Müller / Christensen, a. a. O. (Fn. 36), S. 70.

Ist es aber überhaupt möglich, die Werte aus der Rechtswissenschaft zu exkommunizieren? Schließlich hat die Disziplin elementar mit Wertungen zu tun. Ihr Gegenstand, das Recht, ist ein Produkt von Wertsetzungen, seine Auslegung ist immer zugleich eine Wertentscheidung, und selbst der geschichtliche Sinn von Rechtsnormen wird erst im Blick auf die ihnen zugrundeliegenden Werte deutlich.[43] Jede Rechtsordnung beruht auf bestimmten Wertsetzungen, jedes Recht auf einem Werturteil des Gesetzgebers.[44] Da weder Rechtsetzung noch Rechtsprechung ohne Wertentscheidungen überhaupt möglich sind, kann man auch nicht so tun, als ob die juristische Arbeit völlig wertfrei sein könnte.

Wer aber von Werten spricht, darf von Wertkollisionen nicht schweigen. Ideengeschichtlich trat das Problem der Werte überhaupt erst mit der Erfahrung und dem Bewusstsein von Wertkollisionen auf den Plan, wie an der Entstehung der Wertphilosophie in den ersten Jahrzehnten des 20. Jahrhunderts abzulesen ist.[45] Es wäre zwar abwegig, die Wertordnungslehre des BVerfG mit den Bemühungen der materialen Wertphilosophie gleichzusetzen, aber es besteht zumindest insofern eine Analogie, als es dem Gericht darum ging, mögliche Kollisionen zwischen einzelnen Verfassungswerten zu begegnen. Die anfängliche Attraktivität der Wertordnungslehre hatte nicht zuletzt damit zu tun, dass man sich von ihr eine Rationalisierung, wenn nicht eine Lösung jenes Problems versprach. So wie Nietzsche gefordert hatte, die Philosophie habe die „Rangordnung der Werte" zu bestimmen,[46] arbeitete sich das Gericht in den ersten Jahrzehnten an der Aufgabe ab, die selbstpostulierte Wertordnung des Grundgesetzes zu präzisieren.

Werte sind handlungsleitende Standards, die die Entscheidung zwischen Handlungsalternativen erleichtern sollen; sie sind Orientierungspunkte, die dazu dienen, sich zurechtzufinden. Insofern haben sie elementar mit dem Wesen des Rechts zu tun. Es ist jedoch zu bezweifeln, ob sie sich zu einer Wertordnung – die ja nach dem Verständnis des Gerichts zugleich eine Rangordnung ist – hierarchisieren lassen. So kann Ernst-Wolfgang Böckenförde keine Lösung des Kollisionsproblems erblicken, da es bisher nicht gelungen sei, eine rational plausible Rangordnung der Werte zu entwickeln.[47] Auch die Kommentarliteratur bleibt überwiegend skeptisch; lakonisch heißt es, das Gericht habe eine solche Wertordnung „bislang nicht nachzuweisen vermocht, jedenfalls nicht im Sinne einer Wert*rang*ordnung".[48] Daher kommt es nicht von ungefähr, wenn das Gericht inzwischen lieber mit neutraleren Ausdrücken wie dem der verfassungsrechtlichen Grundentscheidung argumentiert, auch wenn es sich hier letztlich nur um Äquivalente handelt.

---

43 Vgl. Starck, a. a. O. (Fn. 36), S. 13.
44 Vgl. Rüthers, a. a. O. (Fn. 36), S. 617. Dazu auch Sprenger, a. a. O. (Fn. 36), S. 1 ff.; Alexy, a. a. O. (Fn. 36), S. 22 ff.; Starck, a. a. O. (Fn. 36), S. 9 ff.; Rüthers, Bernd: Rechtsordnung und Wertordnung. Zur Ethik und Ideologie im Recht, Konstanz 1986; Winkler, Günther: Wertbetrachtung im Recht und ihre Grenzen, Wien / New York 1969, S. 40 ff.
45 Vgl. Scheler, Max: Der Formalismus in der Ethik und die materiale Wertethik (1913 / 16). Gesammelte Werke, Bd. 2, Bern / München 1954; Hartmann, Nicolai: Ethik, Berlin / Leipzig 1926.
46 Nietzsche, Friedrich: Zur Genealogie der Moral (1887). In: ders., Werke in drei Bänden, hg. v. Karl Schlechta, Bd. II, München 1982, S. 761-900, 798.
47 Böckenförde, Grundrechtstheorie, a. a. O. (Fn. 36), S. 132. Er steht den Werten im Recht allerdings ohnehin ablehnend gegenüber. Die Wertordnungslehre ist für ihn nur eine „Verhüllungsformel für richterlichen bzw. interpretatorischen Dezisionismus" (ebd., S. 135). Er stützt sich auf Goerlich, a. a. O. (Fn. 36), S. 133 ff.; Podlech, a. a. O. (Fn. 41).
48 Sachs, a. a. O. (Fn. 8), vor Art. 1, Rdnr. 66; skeptisch auch Dreier, a. a. O. (Fn. 8), Vorbemerkung, Rdnr. 82.

Die Wertordnungsformel, die begriffsgeschichtlich auf Rudolf Smend rekurriert,[49] diente in der Frühzeit des Gerichts nicht zuletzt der selbstbewussten Legitimation der demokratischen Ordnung und der Abgrenzung von totalitären Systemen. Nicht von ungefähr wird sie zum ersten Mal im Verbotsurteil gegen die nazistische SRP verwandt.[50] So wie es zum Wesen jeder Ordnung gehört, die eigene Existenz behaupten zu wollen, liegt auch der „Wertordnung des Grundgesetzes" ein elementarer Selbstbehauptungswille zugrunde. Es geht darum, die eigene Existenzbedingung zu sichern, zu der nicht zuletzt die Garantie des politischen Wettbewerbs gehört; denn Demokratie bedeutet, wenn irgend etwas, dann das „Offenhalten von Möglichkeiten zukünftiger Wahl".[51] Dies ist auch ein entscheidender Punkt in der Begründung des KPD-Verbotsurteils, das den Aspekt der Legitimität in den Vordergrund stellt. Gegenüber den Apologeten des damals feindlichen Systems argumentiert das Gericht apodiktisch: „Die Ordnung in der Bundesrepublik ist legitim", weil sie „auf demokratische Weise zustande gekommen und seit ihrem Bestehen immer wieder in freien Wahlen vom Volke bestätigt worden" sei; zudem beruhe sie auf der Tradition, die „von den großen Staatsphilosophen der Aufklärung über die bürgerliche Revolution zu der liberal-rechtsstaatlichen Entwicklung des 19. und 20. Jahrhunderts geführt ... hat. Die sich hieraus ergebenden Wertsetzungen werden von der übergroßen Mehrheit des deutschen Volkes aus voller Überzeugung bejaht. Hieraus erwächst dieser Ordnung die innere Verbindlichkeit, die das Wesen der Legitimität ausmacht."[52]

Wenn hier die Bejahung der Wertsetzungen als Legitimitätsgrundlage verstanden wird, rückt die Wertordnungsformel in einen unmittelbaren Zusammenhang mit der Legitimitätsfrage. Das Gericht hat sich mit ihr seit der frühen Rechtsprechung beschäftigt. Da eine Verfassung nur dann Bestand haben kann, wenn sie akzeptiert wird, kann sie auch nur diejenigen Werte setzen, die allgemein für legitim gehalten werden. Mit Blick auf Wertkonflikte hat das Gericht schon früh eine salomonische Formel gefunden: Das Grundgesetz „nimmt aus dem Pluralismus von Zielen und Wertungen ... gewisse Grundprinzipien der Staatsgestaltung heraus, die, wenn sie einmal auf demokratische Weise gebilligt sind, als absolute Werte anerkannt" sind.[53] Dies ist zugleich der Versuch einer Synthese von Wertepluralismus und Werteabsolutismus.

4 Wertordnung und staatliche „Ordnungsmacht"

Was aber geschieht, wenn einzelne Verfassungswerte miteinander kollidieren? Seit seinen ersten Entscheidungen hat sich das Gericht mit diesem Problem auseinandergesetzt, einem Problem, das insbesondere den Staat tangiert. Das Wesen des Staates kollidiert potentiell mit dem Wesen der Grundrechte, wie das Gericht ausdrücklich betont: Die Grundrechte „sind Abwehrrechte des Bürgers gegen den Staat. Das ergibt sich aus der geistesgeschichtlichen

---

49 Vgl. Smend, Rudolf: Verfassung und Verfassungsrecht (1928). In: ders., Staatsrechtliche Abhandlungen und andere Aufsätze, 3. Aufl., Berlin 1994, S. 265. – Dazu auch Günther, Frieder: Denken vom Staat her. Die bundesdeutsche Staatsrechtslehre zwischen Dezision und Integration, München 2004, S. 193 ff.

50 BVerfGE 2, 1 (12).

51 Luhmann, Niklas: Die Zukunft der Demokratie. In: Der Traum der Vernunft. Vom Elend der Aufklärung. Zweite Folge, Darmstadt / Neuwied 1986, S. 207-217, 207.

52 BVerfGE 5, 85 (379).

53 BVerfGE 5, 85 (139); vgl. auch 2, 1 (12).

Entwicklung der Grundrechtsidee ... Diesen Sinn haben auch die Grundrechte des Grundgesetzes, das mit der Voranstellung des Grundrechtsabschnitts den Vorrang des Menschen und seiner Würde gegenüber der Macht des Staates betonen wollte."[54] Bei einem Konflikt zwischen den Forderungen des Staates und dem Gewissen des Einzelnen räume die Verfassung, wie das Gericht in einem anderen Urteil unterstreicht, „dem Schutz des freien Einzelgewissens in bemerkenswert weitgehender Weise den Vorrang ein".[55] Von entscheidender Bedeutung ist in dieser Hinsicht die Selbstbegrenzung des Staates, die in einer Reihe von Entscheidungen eine gewichtige Rolle spielt, zumal sie als Teil der Wertordnung definiert wird. Das Grundgesetz sei eine „wertgebundene Ordnung", welche „die öffentliche Gewalt begrenzt. Durch diese Ordnung soll die Eigenständigkeit, die Selbstverantwortlichkeit und die Würde des Menschen in der staatlichen Gemeinschaft gesichert werden".[56] Staatliche Macht ist demnach *per definitionem* eine sich selbst begrenzende Macht, ein Topos, der seit Georg Jellineks Selbstbindungslehre zum kanonischen Bestand der Staatslehre zählt.[57]

Das aber ist nur eine Seite der Medaille. Denn nach Ansicht des Gerichts ist es dem Staat nicht schlechthin verwehrt, „verfassungsrechtlich geschützte Rechtsgüter auf Kosten anderer Güter" zu bewahren; vielmehr sei eine verfassungsrechtliche Abwägung immer dann „unausweichlich, wenn sonst die staatlichen Organe die ihnen nach dem Grundgesetz ... obliegenden Aufgaben nicht mehr sachgerecht wahrnehmen können. Dabei ist nach der ständigen Rechtsprechung des Bundesverfassungsgerichts davon auszugehen, daß die verfassungsmäßige Ordnung ein Sinnganzes bildet, ein Widerstreit zwischen verfassungsrechtlich geschützten Belangen mithin nach Maßgabe der grundgesetzlichen Wertordnung ... zu lösen ist."[58] Das Gericht führt hier die Wertordnungsformel ins Feld, um das Selbsterhaltungsrecht der Ordnung zu betonen. Wenn die Funktionsfähigkeit staatlicher Organe bedroht ist, dann haben die staatlichen Belange den Vorrang. Dies scheint ein Prinzip zu sein, das für jede Art von Ordnung gilt: Steht die Existenz auf dem Spiel, dann entscheidet man sich zugunsten der Existenzerhaltung, denn man kann von einer Ordnung nicht verlangen, dass sie sich um den Preis der Verteidigung ihrer Prinzipien selbst aufgibt.

Das generelle Problem aber bleibt im demokratischen Verfassungsstaat immer virulent, da dieser sich ja durch die Garantie jener Prinzipien legitimiert. Entsprechend bleibt auch der prinzipielle Widerspruch in der Argumentation des Gerichts bestehen. Denn zum einen postuliert es die Begrenzung der Staatsgewalt und den Vorrang der Grundrechte gegenüber der Staatsmacht;[59] zum anderen fordert es die Fügungsbereitschaft des Einzelnen gegenüber dem Staat, der nicht von ungefähr als „Ordnungsmacht"[60] definiert wird.

Das Grundgesetz ist allerdings keine Bibel, der man eine widerspruchsfreie Botschaft entnehmen könnte – nicht einmal die Bibel selbst enthält eine solche. So wie die Theologie seit jeher Exegese betreibt, hat auch das Gericht versucht, die dogmatisch komplizierten

54 BVerfGE 7, 198 (204 f.).
55 BVerfGE 12, 45 (54). In diesem Kontext geht es zwar in erster Linie um Art. 4 Abs. 3 GG, aber die Urteilsbegründung lässt auch generelle Schlüsse zu.
56 BVerfGE 6, 32 (40); mit Verweis auf BVerfGE 2, 1 (12 f.); 5, 85 (204 f.).
57 Die „Selbstbeschränkung des Staates gegenüber dem einzelnen" gehört für ihn zum Wesen der modernen Staatlichkeit (Jellinek: Allgemeine Staatslehre [1900], 3. Aufl., Berlin 1922, S. 326). Dazu auch Kersten, Jens: Georg Jellinek und die klassische Staatslehre, Tübingen 2000, S. 409 ff.; Möllers, Christoph: Skizzen zur Aktualität Georg Jellineks. In: Paulson, Stanley L. / Schulte, Martin (Hg.), Georg Jellinek, Tübingen 2000, S. 155-171, 163 ff.; Anter, Andreas: Modernität und Ambivalenz in Georg Jellineks Staatsdenken. In: ders. (Hg.), Die normative Kraft des Faktischen, Baden-Baden 2004, S. 37-59, 47 ff.
58 BVerfGE 49, 24 (55 f.), mit Verweis auf BVerfGE 28, 243 (261); 30, 1 (19); 30, 173 (193); 34, 269 (287).
59 BVerfGE 7, 198 (205).
60 BVerfGE 49, 24 (56 f.).

Verhältnisse zu glätten. Dies spiegelt sich etwa in der fast skrupulös formulierten Legitimation des Staates: „Weil er der *freien Selbstbestimmung aller* unter Gewährleistung von Frieden und Ordnung einen institutionellen Rahmen verbürgt, kommt dem Staat Hoheitsgewalt, d. h. die Macht zu, Akte zu setzen, die für alle verbindlich sind".[61] Wenn das Gericht hier die Legitimität staatlicher Herrschaft aus der Fähigkeit ableitet, Frieden und Ordnung zu garantieren, argumentiert es in der klassischen Tradition neuzeitlichen politischen Denkens. Von Hobbes unterscheidet sie sich nur insofern, als der Philosoph von Malmesbury mit der „freien Selbstbestimmung aller" wenig im Sinn hatte. Das Grundproblem aber bleibt zwangsläufig bestehen, nämlich einen Ausgleich zwischen der Freiheit des Einzelnen und der Ordnung des Staates zu finden.[62] Erst relativ spät hat das Gericht das Verhältnis von Grundrechten und Staat als einen kausalen Zusammenhang formuliert und den Staat als *conditio sine qua non* der Grundrechte definiert: Ein „geordnetes menschliches Zusammenleben" setzt „eine funktionierende staatliche Ordnung voraus, welche die Effektivität des Grundrechtsschutzes überhaupt erst sicherstellt".[63] Wenn der Staat aber die Bedingung der Möglichkeit der Grundrechtsgarantie ist, kommt ihm letztlich der Primat zu.

5 Die Anatomie der Ordnungsmacht

Im Ordnungsdenken des Gerichts spielt der Staat eine zentrale Rolle. Vor allem die frühe Rechtsprechung lässt gelegentlich den Eindruck entstehen, als ob man sich in einem staatstheoretischen Seminar befände. Bis in die Gegenwart ist die Judikatur von allgemeinen Positionen zu Wesen und Charakter des modernen Staates durchzogen,[64] Positionen, die weit über den Rahmen des jeweils konkreten Falls hinausreichen. Hier wird oft genug deutlich, welche unmittelbare Relevanz die Staatstheorie für die Rechtsprechung haben kann, denn von den Parteiverboten über das Maastricht-Urteil bis heute haben die Entscheidungen die ordnungspolitische Verfasstheit der Bundesrepublik maßgeblich beeinflusst.

Dabei war die Rechtsprechung über Jahrzehnte von der Vorstellung geprägt, der Staat zeichne sich vor allem durch die Trinität von Staatsgebiet, Staatsvolk und Staatsgewalt aus.[65] Hier folgte das Gericht der Drei-Elemente-Lehre Georg Jellineks, die über ein Jahrhundert lang die deutsche Staatswissenschaft beherrschte.[66] Das Problem dieser Lehre besteht allerdings darin, dass sie zwar die Elemente benennt, aus denen der Staat besteht, aber nichts über seine Natur oder seine Eigenschaften sagt. In späteren Urteilen hat das Gericht daher die Eigenschaften genauer benannt und den Staat als einen „Entscheidungs- und Verantwortungszusammenhang" definiert, durch den „sich das Volk nach der Idee der Selbstbestimmung aller in Freiheit und unter der Anforderung der Gerechtigkeit seine Ordnung" set-

---

61 BVerfGE 44, 125 (142).
62 Vgl. die klare Sicht in BVerfGE 33, 23 (41).
63 BVerfGE 81, 278 (292).
64 Vgl. van Ooyen, Robert Chr.: Der Begriff des Politischen des Bundesverfassungsgerichts, Berlin 2005, S. 14 ff.; Alshut, Jörg: Der Staat in der Rechtsprechung des Bundesverfassungsgerichts, Berlin 1999.
65 Repräsentativ BVerfGE 2, 266 (277); 36, 1 (16); 77, 137 (150).
66 Jellinek, a. a. O. (Fn. 57), S. 394 ff.; dazu Kersten, Jens: Warum Georg Jellinek? Georg Jellinek und die Staats- und Europarechtslehre der Gegenwart. In: Anter, Andreas (Hg.), Die normative Kraft des Faktischen, S. 175-199, 187 ff.; Kettler, Dietmar: Die Drei-Elemente-Lehre. Ein Beitrag zu Jellineks Staatsbegriff, seiner Fortführung und Kritik, Diss. jur., Münster 1995.

ze und deshalb „Hoheitsmacht" beanspruchen könne.[67] Nimmt man die einzelnen Elemente dieser Definition genauer in den Blick, dann treten vier Elemente hervor, die den Staat legitimieren: Selbstbestimmung, Freiheit, Gerechtigkeit und Ordnung; dazu tritt noch das Merkmal, welches sein Wesen ausmacht: die „Hoheitsmacht".

Während das Gericht hier noch der Terminologie der älteren Staatslehre verpflichtet ist und von „Hoheitsmacht" spricht, hat es sich wenige Jahre später einer eher staatssoziologischen Begrifflichkeit angeschlossen und den Staat als Inhaber des Gewaltmonopols definiert.[68] Auf dieser Basis kommt das Gericht nicht nur zu historischen Ausführungen über das Wesen des Gewaltmonopols, sondern argumentiert auch hinsichtlich des Verbots nichtstaatlicher Gewalt kompromisslos: Eine „Rechtsordnung, die nach Überwindung des mittelalterlichen Faustrechts die Ausübung von Gewalt nicht zuletzt im Interesse schwächerer Minderheiten beim Staat monopolisiert hat", müsse auf dem Gewaltverbot „strikt bestehen".[69] Hinter diese Position geht das Gericht nicht mehr zurück. Selbst bei Entscheidungen, die nur am Rande mit dem Staat zu tun haben, argumentiert es nun mit dem Kern moderner Staatlichkeit, nämlich einer monopolisierten Gewalt, die jeden konkurrierenden Gewaltanspruch zu unterbinden vermag.

Wird dieser Anspruch dauerhaft in Frage gestellt, steht zwangsläufig die staatliche Existenz auf dem Spiel. Einen solchen Fall beobachtet das Gericht in Bürgerkriegslagen, wenn das staatliche Gewaltmonopol fortschreitend ausgehöhlt wird, bis hin zu dem Punkt, an welchem die staatliche Ordnung „prinzipiell aufgehoben" ist: „Eine solche Situation liegt etwa dort vor, wo sich terroristische Angriffe verbreiten und wiederholt gegen die staatlichen Sicherheitskräfte und ... gegen die eigene Bevölkerungsgruppe richten und diese Angriffe den Staat in der Weise überfordern, daß der Staat vielmehr mit militärisch-kriegerischen Mitteln reagieren muß und dabei auf absehbare Zeit außerstande ist, Leben, Freiheit und Eigentum seiner Bürger verläßlich zu schützen. Wo eine derartige Krisensituation gegeben ist, gerät der Staat ... in eine dem offenen Bürgerkrieg vergleichbare Lage: Er verliert zunehmend das Gesetz des Handelns als übergreifende und effektive Ordnungsmacht."[70]

Das entscheidende Stichwort ist hier die „Ordnungsmacht". Plastisch beschreibt das Gericht den Zerfall von Staatlichkeit, wie er sich in vielen Ländern Afrikas und Asiens kontinuierlich vollzieht und sich vor nicht langer Zeit auch in Europa auf dem Balkan abgespielt hat. Diese Entwicklung hat im späten 20. Jahrhundert auch in Teilen der Sozialwissenschaft zu einer Neubewertung der Staatlichkeit geführt. Denn nicht die staatliche, sondern die nichtstaatliche Gewalt macht „den Großteil der ‚barbarischen' Phänomene aus, die uns heute beunruhigen. Ungezügelte ... Gewaltsamkeit ist zunächst das Kennzeichen von Konfliktformen, die sich nicht in intakten Staaten zutragen, sondern in den zeitgenössischen Ruinen von Staatlichkeit."[71]

Der springende Punkt, auf den auch das Gericht immer wieder zurückkommt, ist die staatliche Ordnungsgarantie. Dabei ist klar, dass es selbst in befriedeten Gesellschaften keine absolute Gewaltfreiheit geben kann. So betont das Gericht, „daß es keiner staatlichen Ordnungsmacht möglich ist, einen lückenlosen Schutz vor Unrecht und Gewalt ... zu garantie-

67   BVerfGE 44, 125 (142).
68   BVerfGE 61, 126 (136).
69   BVerfGE 69, 315 (360).
70   BVerfGE 80, 315 (341).
71   Offe, Claus: Moderne „Barbarei": Der Naturzustand im Kleinformat? In: Miller, Max / Soeffner, Hans-Georg (Hg.), Modernität und Barbarei, Frankfurt/M. 1996, 258-289, 271.

ren".[72] Die anhaltende Präsenz staatstheoretischer Reflexionen in der Rechtsprechung zeigt auch die folgende, fast lehrbuchartige Formulierung: „Staaten stellen in sich befriedete Einheiten dar, die nach innen alle Gegensätze, Konflikte und Auseinandersetzungen durch eine übergreifende Ordnung in der Weise relativieren, daß diese unterhalb der Stufe der Gewaltsamkeit verbleiben und die Existenzmöglichkeiten des Einzelnen nicht in Frage stellen."[73] Hier werden zwei Kriterien der Staatlichkeit formuliert: die Ordnungsgarantie und das Gewaltverbot. Im Laufe der Jahrzehnte hat sich das Gericht immer stärker auf diese beiden Kriterien des Staates konzentriert. Dabei ist zu beobachten, wie sich die Rechtsprechung in den achtziger Jahren von einer juristisch geprägten Staatsauffassung löst und sich einer historisch-empirischen Betrachtungsweise zuwendet, die letztlich an Max Webers Perspektive anknüpft.[74]

Nicht zuletzt unter dem Eindruck der prekären Entwicklung der Staatlichkeit in der sog. Dritten Welt rückt bereits in den siebziger Jahren die Fragilität von Sicherheit und Ordnung in das Blickfeld des Gerichts. Die Legitimität des modernen Staates, der historisch als Sicherheitsagent entstand, stützt sich in erster Linie darauf, Sicherheit und Ordnung dauerhaft garantieren zu können.[75] So macht auch das BVerfG deutlich, dass der Staat seine Legitimität verliert, wenn er nicht mehr für die Sicherheit der Bürger und die öffentliche Ordnung sorgen kann: „Die Sicherheit des Staates als verfaßter Friedens- und Ordnungsmacht und die von ihm zu gewährleistende Sicherheit seiner Bevölkerung sind Verfassungswerte, die mit anderen im gleichen Rang stehen und unverzichtbar sind, weil die Institution Staat von ihnen die eigentliche und letzte Rechtfertigung herleitet."[76] Damit wird die Sicherheit nicht nur als die entscheidende Legitimitätsquelle, sondern auch als die Existenzgrundlage des Staates definiert. Diese Sichtweise ist in der heutigen Staats- und Verfassungslehre wie auch in der Ideengeschichte des neuzeitlichen politischen Denkens einigermaßen unstrittig. Schon Hobbes erklärte, dass man „nicht mehr von einem Staat sprechen" könne, wenn dieser keine Sicherheit mehr garantiere.[77]

Die Rechtsprechung des BVerfG wartet nicht mit spektakulären staatstheoretischen Positionen auf, sondern folgt weitgehend der herrschenden Meinung in der Staats- und Verfassungslehre. Dies ist hier nicht zu kritisieren: Der Preis für die relativ hohe Akzeptanz der richterlichen Urteile ist der Griff zu Begründungsformeln, die wissenschaftliches Allgemeingut sind. Angesichts der Orientierung des Gerichts am staatstheoretischen Konsens ist allerdings die These von der „Entthronung der Staatsrechtswissenschaft durch die Verfassungsgerichtsbarkeit"[78] zu relativieren. Denn die Verfassungsgerichtsbarkeit folgt ziemlich treu dem aktuellen theoretischen Stand in der Staatsrechtswissenschaft.

---

72 BVerfGE 81, 58 (66); gleichlautend 83, 216 (236 f.).

73 BVerfGE 80, 315 (334).

74 Vgl. Weber, Max: Wirtschaft und Gesellschaft, 5. Aufl. Tübingen 1985, S. 29 f.; dazu Anter, Andreas: Max Webers Theorie des modernen Staates, 2. Aufl. Berlin 1996, S. 35 ff.

75 Dazu Anter, Andreas: Die Macht der Ordnung, Tübingen 2004, S. 100 ff.; Stoll, Peter Tobias: Sicherheit als Aufgabe von Staat und Gesellschaft, Tübingen 2003; Glaeßner, Gert-Joachim: Sicherheit und Ordnung. In: Berliner Journal für Soziologie 11 (2001), S. 337-358; Bauman, Zygmunt: Die Krise der Politik, Hamburg 2000, S. 29 ff.

76 BVerfGE 49, 24 (56 f.).

77 Hobbes, Thomas: Vom Bürger (1658). In: ders., Vom Menschen / Vom Bürger, hg. v. Gawlick, Günter, Hamburg 1959, S. 152.

78 Schlink, Bernhard: Die Entthronung der Staatsrechtswissenschaft durch die Verfassungsgerichtsbarkeit. In: Der Staat 28 (1989), S. 161-172, 168 ff.

6 Abschließende Bemerkung

Verfolgt man die Entwicklung der Menschenbild- und der Wertordnungsformel wie auch die des ungeschriebenen Verfassungsrechts, dann zeigt sich eine gemeinsame Tendenz: Sie befinden sich auf einem lang anhaltenden Rückzug. Dafür sehe ich insbesondere bei der Wertordnungsformel[79] zwei Gründe. Zum einen war sie zu einem vieldiskutierten Reizwort avanciert, mit dem sich das Gericht offenbar dogmatisch nicht mehr beschweren wollte; zum anderen hatte sie ihre politische Mission erfüllt. Nachdem die Verfassungsordnung des Grundgesetzes politisch und normativ-faktisch etabliert war, war es kaum noch notwendig, die Formel legitimierend ins Feld zu führen. Entsprechend griff das Gericht immer seltener auf sie zurück. Das wiederum bedeutet nicht, dass sich die Wertfrage erledigt hätte, denn jede Verfassungsinterpretation beinhaltet zwangsläufig eine Wertentscheidung.

Die Judikatur des BVerfG ist zweifellos ein Teil der Selbstbeschreibung des politischen Systems. In den Karlsruher Entscheidungen kommt deutlich das Selbstbild einer Gesellschaft zum Ausdruck, die sich als liberal und pluralistisch versteht, wie sich nicht zuletzt in der Distanzierung von autoritärem Staatshandeln zeigt.[80] Wenn in der Rechtsprechung von Ordnungs- und Wertvorstellungen die Rede ist, dann sind sie zumeist historisch kontextualisiert. Das Gericht hebt zwar invariante Verfassungswerte wie die Menschenwürde und die Freiheit hervor, nimmt aber ansonsten davon Abstand, fixe oder ein für allemal feststehende Ordnungsprinzipen zu postulieren. Vielmehr betont es stets die Historizität und Wandelbarkeit von Ordnungsvorstellungen. Daher gibt es eigentlich keine Anhaltspunkte für die These, dass das BVerfG „grundlegende Mythen über die Gestalt der sozialen Ordnung" formuliere.[81] Vielmehr werden die Ordnungsinhalte durch die historisierende Sichtweise des Gerichts eher relativiert. Was indes um so deutlicher bekräftigt wird, ist die Unverzichtbarkeit des Staates als konstitutive „Ordnungsmacht". Mit Anschütz zu reden: Der Pluralismus hört hier auf.

---

79 Dazu Vorländer, Hans: Integration durch Verfassung? Die symbolische Dimension der Verfassung im politischen Integrationsprozeß. In: ders. (Hg.), Integration durch Verfassung, Wiesbaden 2002, S. 9-40, 29; Starck, a. a. O. (Fn. 36), S. 27; Hesse, a. a. O. (Fn. 36), S. 4; Chryssogonos, a. a. O. (Fn. 36), S. 156.
80 BVerfGE 65, 1 (50).
81 So Blankenagel, Alexander: Tradition und Verfassung. Neue Verfassung und alte Geschichte in der Rechtsprechung des Bundesverfassungsgerichts, Baden-Baden 1987, S. 158. Seine eigene materialreiche Studie lässt diese These letztlich nicht zu.

Brun-Otto Bryde

Der Beitrag des Bundesverfassungsgerichts zur Demokratisierung der Bundesrepublik

1 Verfassungsgericht und Demokratie

Wenn die Themen Verfassungsgerichtsbarkeit und Demokratie in Beziehung gesetzt werden wie im Titel dieses Beitrags, geschieht dies traditionell eher mit der kritischen Frage nach der Vereinbarkeit von gerichtlicher Politikkontrolle mit den Prinzipien der Demokratie. Dieser, in Weimar noch leidenschaftlich geführte Disput[1], hatte in der Bundesrepublik nie dieselbe Bedeutung wie im Ausland.[2] Jedenfalls die Position einer grundsätzlichen Unvereinbarkeit von Verfassungsstaat und Demokratie[3] spielt in der Bundesrepublik keine wichtige Rolle. Die Kritik an einem zu großen Übergreifen des Bundesverfassungsgerichts (BVerfG) in den politischen Prozess hat zwar seine Geschichte begleitet[4], ist aber eher schwächer geworden. Das vor kurzem erschienene Loblied auf das BVerfG eines kritischen Juristen wie Uwe Wesel[5] ist dafür ein gutes Indiz.[6] Als Verfassungsrichter sieht man sich jedenfalls zurzeit häufiger wegen zu großer Zurückhaltung als wegen zu starkem Eingreifen kritisiert.[7]

In der internationalen Diskussion ist die Position einer grundsätzlichen Unvereinbarkeit des richterlichen Prüfungsrechts mit dem Demokratieprinzip zwar wichtiger[8], aber auch

---

1 Apelt, Willibalt: Geschichte der Weimarer Reichsverfassung, 1946, S. 300, 343 f.; Neumann, Franz: Gegen ein Gesetz über die Nachprüfung der Verfassungsmäßigkeit von Reichsgesetzen, Die Gesellschaft 6 (1929), S. 517 ff. Anliegen gerade auch der verfassungsloyalen Minderheit der Staatsrechtler war es, den Spielraum des neuen republikanischen Gesetzgebers nicht gegenüber dem des monarchischen zu verkleinern.

2 Vgl. den Überblick bei Fricke, Carsten: Zur Kritik an der Staats- und Verfassungsgerichtsbarkeit, Frankfurt/M. 1995, S. 158 ff.

3 Lietzmann, Hans. J.: „Reflexiver Konstitutionalismus" und Demokratie. In: Guggenberger, Bernd / Würtenberger, Thomas (Hg.), Hüter der Verfassung oder Lenker der Politik? Das Bundesverfassungsgericht im Widerstreit. Baden-Baden 1998, S. 233 ff.

4 Repräsentativ für die Kritik in den 70er Jahren, vor allem angesichts der Konfrontation des Gerichts mit sozial-liberalen Reformgesetzen: Lamprecht, Rolf / Malanowski, Wolfgang: Richter machen Politik. Auftrag und Anspruch des Bundesverfassungsgerichts. Frankfurt/M. 1979, und die Beiträge in Däubler, Wolfgang / Küsel, Gudrun, Verfassungsgericht und Politik, Reinbek 1979; zur – anders gelagerten – Kritik in den 90er Jahren den Band von Guggenberger / Würtenberger, a. a. O. (Fn. 3); zuletzt Ooyen, Robert Chr. van: Der Begriff des Politischen des Bundesverfassungsgerichts, Berlin 2005, S. 180 ff.

5 Wesel, Uwe: Der Gang nach Karlsruhe. Das Bundesverfassungsgericht in der Geschichte der Bundesrepublik, München 2004.

6 Auch Klaus von Beymes Beitrag, Das Bundesverfassungsgericht aus der Sicht der Politik- und Gesellschaftswissenschaften. In: Badura, Peter / Dreier, Horst (Hg.): Festschrift 50 Jahre Bundesverfassungsgericht. Bd. 1, Tübingen 2001, S. 493-505, ist eher milde gestimmt.

7 Auch das hat, wie Fricke, a. a. O. (Fn. 2), zeigt, Tradition.

8 Eine logisch stringente Grundsatzkritik des richterlichen Prüfungsrechts aus demokratietheoretischer Perspektive findet sich bei Dahl, Robert A.: Democracy and its Critics, New Haven/London 1989, S. 187 ff.; Aus neue-

nicht mehr so bedeutend wie früher. Obwohl die Achtung vor dem demokratischen Gesetzgeber in der Theorie noch immer als Argument gegen ein richterliches Prüfungsrecht thematisiert wird[9], hat in der Verfassungspraxis die richterliche Politikkontrolle einen weltweiten Siegeszug angetreten.[10]

Das hat gute Gründe. Vor allem die Entwicklung der Menschenrechtsidee nach dem 2. Weltkrieg hat zu einer konstitutionalistischen Wende der Demokratietheorie geführt, bei der die Menschenrechte und ihr Schutz durch unabhängige Gerichte nicht mehr als Hindernis für die Durchsetzung von Mehrheitsentscheidungen sondern als konstitutives Element einer verfassungsstaatlichen Demokratie gesehen werden.[11] Die Verfassung als Grundordnung des Gemeinwesens legt fest, wie Gemeinschaftsentscheidungen zu Stande kommen und bestimmt den Bereich, in dem sich die Bürgerinnen keiner Mehrheitsentscheidung zu unterwerfen brauchen. Das verlangt, dass die vereinbarten Verfahren auch eingehalten werden, Staatsorgane sich im Rahmen ihrer Zuständigkeiten und Befugnisse halten und Grundrechte nicht verletzen. Das lässt sich mit Hilfe von unabhängiger richterlicher Kontrolle gut institutionalisieren. Zwar lassen sich Verfassungsstaat und gerichtliche Politikkontrolle nicht einfach identifizieren. Funktionierende demokratische Verfassungsstaaten wie Großbritannien, Neuseeland, die Schweiz, die Niederlande und skandinavische Staaten haben bewiesen, dass eine Verfassung auch ohne richterliche Kontrolle einen stabilen Rahmen des politischen Prozesses bilden kann. Aber in diesen Fällen ist die Verfassung durch eine stabile demokratische politische Kultur, Traditionen und Konventionen abgesichert, die sich nicht ohne weiteres transferieren lassen. Für viele Staaten müsste die Frage, ob die normative Kraft der Verfassung auch ohne effektive und unabhängige Kontrollinstanz gesichert wäre, eher skeptisch beantwortet werden.

2 Bundesverfassungsgericht und Demokratiegründung in Westdeutschland

Das gilt insbesondere in verfassungsrechtlichen Umbruchsituationen, in denen eine verfassungsstaatliche Demokratie an die Stelle einer vordemokratischen Herrschaftsordnung tritt. In einer solchen Situation muss sich die neue Verfassung gegen eine Rechts- und politische Kultur durchsetzen, die noch tief von der vorhergehenden Ordnung geprägt ist. Dass sich in dieser Situation traditionelle Orientierungen der Eliten in Justiz und Verwaltung gegen die neue Verfassung wenden und diese von der alten Rechtskultur überwältigt wird, ist nicht

---

rer Zeit die viel beachtete Kampfschrift von Tushnet, Mark: Taking The Constitution Away From The Courts, Princeton, NJ 1999.

9   Vgl. die Nachweise zur internationalen Diskussion bei Kälin, Walter: Verfassungsgerichtsbarkeit in der Demokratie, Bern 1987, S. 77; Klug, Heinz: Constituting Democracy, Law, Globalism and South Africa's Political Reconstruction, Cambridge 2000, S. 18 ff.; Laurence H. Tribe: American Constitutional Law, New York 2000, S. 24 ff.; zu Skandinavien: Mors, Wolff-Michael: Verfassungsgerichtsbarkeit in Dänemark, Baden-Baden 2002; zur niederländischen Reformdiskussion: Alkema, Evert A.: Constitutional Law, in: Chorus et. al. (ed.), Introduction to Dutch Law, The Hague 1999, S. 323.

10 Bryde, Brun-Otto: Constitutional Courts, in: International Encyclopedia of the Social and Behavioral Sciences, Amsterdam u. a. (Elservier), 2001, Vol. 4. S. 2637 ff.

11 Zum Zusammenhang der internationalen Entwicklung und der Verfassungsentwicklung vgl. Bryde, Brun-Otto: Konstitutionalisierung des Völkerrechts und Internationalisierung des Verfassungsrechts, in: Der Staat 42 (2003), S. 61 ff.

ausgeschlossen, rechtssoziologisch sogar eher wahrscheinlich.[12] In Deutschland ist die Weimarer Republik ein gutes Lehrbeispiel.[13] In Weimar ist es nie gelungen, die Verfassung gegen die überkommenen Rechtstraditionen durchzusetzen. Oft zitiert wird der selbstbewusste Satz des Verwaltungsrechtlers Otto Meyer „Verfassungsrecht vergeht, Verwaltungsrecht besteht".[14] Die Vorstellung, das Recht einer obrigkeitsstaatlichen Monarchie brauche sich in einer demokratischen Republik nicht zu ändern, haben die meisten Vertreter anderer Rechtsdisziplinen für ihr Fach entsprechend geteilt. Soweit erfolgreich versucht wurde, die Grundrechte trotz der herrschenden Lehre von der nur programmatischen Bindung des Gesetzgebers gegen den Gesetzgeber in Stellung zu bringen, geschah dies nicht im Dienst der neuen Verfassung, sondern zum Beispiel mit der Lehre von der Institutsgarantie ganz im Gegenteil im Interesse des überkommenen einfachen Rechts, das in die Verfassung hineingelesen und als Schranke für den demokratischen Gesetzgeber aufgebaut wurde. Dass sich dieser Vorgang in der Bundesrepublik wiederholen würde, war nicht ausgeschlossen.

Aus der Sicht von heute macht man sich vielleicht nicht hinreichend klar, wie wenig sicher der Erfolg des zweiten (oder dritten, wenn man 1848 mitzählt) Anlaufs zur Demokratie war. Demokratische Traditionen waren verschüttet, die Weimarer Republik war gescheitert, eine ganze Generation war nationalsozialistisch indoktriniert worden. Die Anfänge empirischer Forschung über die politische Kultur in Deutschland zeigen eine sehr autoritäre, deutlich anti-pluralistische Haltung. Der Nationalsozialismus war zwar erledigt, aber undemokratische, autoritäre und anti-pluralistische Traditionen sind in Deutschland älter als 1933. Die Gefahr für die deutsche Demokratie lag daher nach 1949 auch nicht in einer Rückkehr des Faschismus (die extreme Rechte blieb angesichts des politischen und moralischen Totalbankrotts des NS-Regimes sogar auf Dauer schwächer als in anderen europäischen Staaten), als in einer Kontinuität des Obrigkeitsstaates.

Dass es anders kam, hat viele Gründe, aber auch das BVerfG hatte seinen Anteil, der nicht überschätzt werden sollte, aber auch nicht unterschätzt werden darf. Eine autoritätsgläubige politische Kultur verträgt sich nämlich mit einem mächtigen Verfassungsgericht. Nach dem Zusammenbruch von Diktaturen ist häufig nicht nur die alte Politik, sondern Politik überhaupt delegitimiert, nach dem Ende einer Einheitspartei drängt es die Bürger nicht besonders zum demokratischen Engagement in einem Parteienstaat. Als neutral empfundene Experten für die neue Ordnung haben in dieser Situation eine potentiell starke Stellung. Das bedeutete für das BVerfG bei der Neugründung der deutschen Demokratie eine einzigartige Position: es konnte mit einer Autorität, die ihm teilweise aus undemokratischen Traditionen zugewachsen war, am Aufbau der jungen Demokratie mitwirken. Juristische und administrative Eliten wären möglicherweise wie in Weimar wiederum geneigt gewesen, den Anspruch der neuen Verfassung im Sinne obrigkeitsstaatlicher Traditionen zu verharmlosen. Adolf Arndts Schrift vom „nicht erfüllten Grundgesetz" illustriert das mit heute kaum noch nachvollziehbaren Beispielen[15], und rechtssoziologische Untersuchungen über die deutsche Justiz aus diesen Jahren[16] liefern Erklärungen. Das BVerfG stand damals sehr viel stärker als heute in deutlicher Distanz zur normalen Justiz. Für die erste Richtergeneration galt das be-

---

12 Bryde, Brun-Otto: Die Verfassungsgerichtsbarkeit in der Rechtssoziologie, in: Brand, Jürgen / Strempel, Dieter (Hg.), Soziologie des Rechts. Festschrift für Erhard Blankenburg zum 60. Geburtstag, Baden-Baden: Nomos 1998, S. 491 ff. (503).

13 Sontheimer, Kurt: Antidemokratisches Denken in der Weimarer Republik, München 1978, S. 63 ff.

14 Meyer, Otto: Deutsches Verwaltungsrecht, I. Band, Vorwort zur dritten Auflage (1924), Berlin 1969.

15 Arndt, Adolf: Das nicht erfüllte Grundgesetz, Tübingen 1960.

16 Dahrendorf, Ralf: Bemerkungen zur sozialen Herkunft und Stellung der Richter an Oberlandesgerichten, in: Hamburger Jb. für Wirtschafts- und Gesellschaftspolitik 5 (1960), S. 260 ff.

sonders deshalb, weil bei ihrer Auswahl stärker als bei allen anderen Staatsorganen auf eine unbelastete Vergangenheit geachtet wurde, während die personelle Kontinuität in den Fachgerichtsbarkeiten groß war. Bewusste NS-Gegner waren prominent vertreten, einschließlich von Vertretern der Emigration wie Leibholz, die in anderen Zweigen der Staatsgewalt keine große Rolle spielten.[17] Die Entschlossenheit, es diesmal besser zu machen, einer demokratischen und pluralistischen Verfassung Gewicht zu geben, sie gegen obrigkeitsstaatliche Traditionen durchzusetzen, eine westliche Demokratie zu begründen, waren Erna Scheffler[18] und ihre Kollegen fest entschlossen.

Das ist ihnen auf bemerkenswerte Weise gelungen.

Mit dem Lüth-Urteil[19] hat das Gericht in deutlichem Gegensatz zu Weimar die Grundrechte zu „Richtlinien und Impulsen" für die gesamte Rechtsordnung erhoben und damit eine erneute Überwältigung der Verfassung durch die überkommenen Traditionen des einfachen Rechts verhindert und die Konstitutionalisierung des Rechtssystems, seinen Umbau nach Maßgabe der Verfassungsprinzipien eingeleitet.[20]

Auch wenn man die Leibholz'schen Parteienstaatsjudikatur[21] für überzogen hält, muss man anerkennen, welche symbolische Bedeutung sie in einer Gesellschaft hatte, die Parteien eher als Bedrohung der Einheit des Volkes ansah. Weder die Bedeutung von Meinungsfreiheit gegenüber traditionellen Strafrechts- und Zivilrechtslehren noch die rechtsstaatliche Durchdringung besonderer Gewaltverhältnisse wären in vergleichbarer Weise durchgesetzt worden, wenn es Sache von Justiz und Verwaltung allein gewesen wäre, und nicht das BVerfG nachdrücklich die Werte der Verfassung gegen obrigkeitsstaatliche und vormoderne Traditionen gestellt hätte, die noch tief verwurzelt waren.

In dieser Rolle in der Verfassungstransformation wirkte das BVerfG auch international als Vorbild. Es ist daher auch kein Zufall, dass bei der Demokratieneugründung in Portugal und Spanien und den Reformstaaten Mittel- und Osteuropas die Verfassungsgerichtsbarkeit ebenso eine zentrale Rolle in der Durchsetzung der neuen Verfassung spielte, wie in Südafrika nach Ende der Apartheid[22] (und dass in allen diesen Fällen das Karlsruher Beispiel einflussreich war).

3 Sicherung des demokratischen Prozesses

Das majoritäre Dilemma bleibt dem Thema Demokratie und Verfassungsgerichtsbarkeit trotzdem erhalten. Die Rechtfertigung der demokratischen Mehrheitsregel, nach der in einer

---

17 Kommers, Donald P.: Judicial Politics in West Germany, Beverly Hills 1976, S. 194; Bryde, Brun-Otto: Verfassungsentwicklung, Stabilität und Dynamik im Verfassungsrecht der Bundesrepublik Deutschland, Baden-Baden 1982, S. 153.

18 Zu ihr Hohmann-Dennhardt, Christine in diesem Band.

19 BVerfGE 7, 198; vgl. dazu auch Henne, Thomas / Riedlinger, Arne (Hg.), Das Lüth-Urteil aus (rechts-)historischer Sicht. Die Konflikte um Veit Harlan und die Grundrechtsjudikatur des Bundesverfassungsgerichts. Berlin 2005.

20 Bryde, Brun-Otto: Programmatik und Normativität der Grundrechte, in: Handbuch der Grundrechte, Bd. 1, Heidelberg 2004, S. 697 ff.

21 Grundlegend gleich im ersten Band BVerfGE 1, 208.

22 Bryde, Brun-Otto: Die Rolle der Verfassungerichtsbakeit in Umbruchsituationen, in: Hesse, Joachim Jens / Schupert, Gunnar Folke / Harms, Katharina (Hg.), Verfassungsrecht und Verfassungspolitik in Umbruchsituationen. Zur Rolle des Rechts in staatlichen Transformationsprozessen in Europa, Baden Baden 1999, S. 197 ff.

Herrschaftsordnung von Gleichen die Präferenzen von 51 mehr wiegen als die von 49[23], ist auf der Ebene logischer Deduktion mit einem richterlichen Prüfungsrecht nicht bruchlos zur Übereinstimmung zu bringen. Auf der Ebene politischer Praxis und historischer Erfahrung gelingt das hingegen durchaus. Wirklich zwingend gilt die Mehrheitsregel nämlich nur in homogenen Systemen, in denen sich die Interessen der 51 %, die die Mehrheit bilden, nicht wesentlich von denen der Überstimmten unterscheiden. Verfassungsstaatliche Schranken parlamentarischer Mehrheitsherrschaft ziehen die Konsequenzen daraus, dass diese Voraussetzung anders als in Rousseaus idealtypischer Lokaldemokratie tatsächlich nirgends gegeben ist, und Minderheiten – einschließlich der „minority of one" des Individuums – des Schutzes gegen Mehrheitsentscheidungen bedürfen.

Noch größerer Konsens als über die Rechtfertigung des richterlichen Prüfungsrechts durch den Grundrechtsschutz besteht über dessen Aufgabe, den demokratischen Prozess selbst zu schützen. Schon gleich zu Beginn der Diskussion über „judicial restraint" schrieb Justice Stone in der berühmten Footnote 4 in US v. Carolene Products[24]: bei grundsätzlicher Pflicht zu „judicial restraint" sollte eine verschärfte Prüfung erfolgen von „legislation which restricts those political processes which can ordinarily be expected to bring about repeal of undesirable legislation". Knapper hat es ein amerikanischer Politologe formuliert :„The ballot box is the cure for ills that can be cured by voting. The Court, however, must act to preserve the ballot box".[25]

Diese Aufgabe hat das Gericht in der Geschichte immer wieder vor Herausforderungen gestellt; überwiegend ist es ihnen gerecht geworden.

3.1 Sicherung des formalen demokratischen Willensbildungsprozesses

Dabei sind allerdings gerade im Kern des formalen demokratischen Willensbildungsprozesses, dem Wahlrecht, seiner Kontrollkompetenz durch die Grundentscheidung des Parlamentarischen Rates in Art. 38 Abs. 3 GG Grenzen gezogen, das Wahlrecht dem einfachen Gesetzgeber zu überlassen, und zwar nicht nur – sinnvollerweise – die technischen Einzelheiten, sondern auch – sehr viel problematischer – die grundlegenden Systementscheidungen.[26]

Das Verfassungsgericht könnte daher, entgegen Forderungen der Literatur, nicht dem Gebot der Wahlrechtsgleichheit ein Verbot des Mehrheitswahlrechts entnehmen, dem Gebot der unmittelbaren Wahl ein Verbot starrer Listen und wohl auch nicht dem Gebot der Geheimheit ein Verbot der Briefwahl.

Dagegen hat es immer wieder Verstöße gegen die Wahlrechtsgleichheit und die Chancengleichheit korrigiert und zwar in den Situationen, in denen der politische Prozess zur Ausnutzung von Mehrheiten verführt, zum Beispiel die Bevorzugung von Parteien gegen freie Wählervereinigungen[27], der Parlamentsparteien gegen die Außenseiter[28] oder Unabhängige[29], der Parteien der alten Bundesrepublik gegen die Nachfolgepartei der SED.[30]

23 Dahl, a. a. O. (Fn. 5).
24 304 US 144 (1938).
25 Krislov, Samuel: The Supreme Court in the Political Process, New York 1965, S. 114.
26 BVerfGE 6, 104 (111); vgl zur Entstehungsgeschichte: von Doemming, Klaus-Berto / Füsslein, Rudolf Werner / Matz, Werner: Entstehungsgeschichte der Artikel des Grundgesetzes, JöR N.F. 1 (1951), S. 1, 351 f.; kritisch Meyer, Hans, in: Isensee, Josef / Kirchhof, Paul (Hg.), Handbuch des Staatsrechts, Band II, 2. Aufl., Heidelberg 1998, § 37 Rdnr. 31 ff.
27 BVerfGE 11, 351.
28 BVerfGE 24, 300.
29 BVerfGE 41, 399.

Zwei wichtige Einschränkungen der Wahlrechtsgleichheit hat es allerdings nicht beanstandet.

Zum einen die 5 %-Sperrklausel. Im Parlamentarischen Rat war man noch der Meinung, dass eine solche Hürde nur durch die Verfassung eingeführt werden könnte.[31] Das mit den Stimmen von SPD und kleinen Parteien im Parlamentarischen Rat verabschiedete Wahlgesetz sah demgemäß auch keine Sperrklausel vor. Sie wurde erst durch die von den Militärgouverneuren mit der Überarbeitung beauftragten Ministerpräsidenten eingefügt.[32] Das BVerfG hat das gebilligt[33], und die durch die 5 %-Klausel geförderte Konzentrierung des Parteiensystems wird häufig als wesentlicher Beitrag zur Stabilität der deutschen Demokratie angesehen. Allerdings hat das Gericht den in Sperrklauseln liegenden Verstoß gegen die Wahlrechtsgleichheit, zu dessen Rechtfertigung es eines „zwingenden" Grundes bedürfe, nur unter Verweis auf die Weimarer Republik aus staatspolitischen Notwendigkeiten gerechtfertigt. Das verlangt die ständige Überprüfung, ob diese ausnahmsweise wegen zwingender staatspolitischer Erfordernisse zulässige Durchbrechung der Wahlrechtsgleichheit noch notwendig ist. Statt dessen hat sich die Anerkennung der Zulässigkeit der 5 %-Klausel verselbständigt und das BVerfG hat die Sperrklausel auch für Wahlen bestätigt, für die die ursprüngliche Rechtfertigung kaum trägt (Kommunalwahlen[34], Europawahlen[35]).

Eine andere aktuell wichtige – und vom BVerfG zugelassene[36] – Durchbrechung der Wahlrechtsgleichheit ist die Zulassung von Überhangmandaten. Waren Überhangmandate in der alten Bundesrepublik eher ein Randproblem, so hat sie die Wahlgeographie nach der Wiedervereinigung bei den drei letzten Wahlen zu einer sehr schwerwiegenden Verzerrung des Erfolgswertes gemacht.

Auch wenn das BVerfG daher nicht alle problematischen Aspekte des deutschen Wahlrechts beseitigen konnte oder wollte, hat es insgesamt zu einer Situation beigetragen, in der eine korrekte Abhaltung von Wahlen in Deutschland nicht gefährdet ist. Die Wahlurne in Deutschland ist sicher.

3.2 Grundrechtsschutz für Demokratie

Viel wichtiger und grundlegender als die Rechtsprechung zum Wahlrecht und anderen Aspekten des formalen Regierungssystems ist aber der Beitrag des BVerfG zur Sicherung eines robusten demokratischen Willensbildungsprozesses. Freiheit der Wahl ist nur gewährleistet, wenn die Wähler ihr Urteil in einem freien, offenen Prozess der Meinungsbildung gewinnen und fällen können.[37] Die formal korrekte Abhaltung von Wahlen ist nicht frei, wenn die Minderheit keine Chance hat, Mehrheit zu werden, weil Medien und öffentlicher Meinungsbildungsprozess von den Herrschenden dominiert werden.

---

30 BVerfGE 82, 322.
31 JöR N.F. 1 (Fn. 5), S. 351 ff.
32 Lange, Erhard H. M.: Wahlrecht und Innenpolitik: Entstehungsgeschichte und Analyse der Wahlgesetzgebung und Wahlrechtsdiskussion im westlichen Nachkriegsdeutschland 1945-1956, Meisenheim 1975, S. 397 ff.
33 BVerfGE 1, 208 (248, 256 ff.), st. Rspr.
34 BVerfGE 6, 104 (114 ff.) gut begründet; a. A.: VerfGBerlin, JR 1998, S. 147; VerfGH NRW, DVBl 1999, S. 1271.
35 BVerfGE 51, 222 (249).
36 Wenn auch nur mit Stimmengleichheit: BVerfGE 95, 335.
37 BVerfGE 44, 125 (139).

Die Grundlage für ein grundrechtliches, nicht auf formale Legitimationsstränge beschränktes Demokratieverständnis hat das Gericht schon im KPD-Urteil[38] gelegt. Die Aufnahme dieser Entscheidung in einen Bericht über den Beitrag des Gerichts zur Demokratisierung ist nicht unproblematisch. Durch das Verbot der KPD wurde eine wichtige Position aus dem politischen Spektrum in der Frühzeit der Bundesrepublik verbannt. Dass Kommunisten nunmehr polizeilich und nicht politisch bekämpft wurden[39], hat die Demokratisierung der bundesdeutschen Gesellschaft nicht gefördert. Hier wie auch in anderen Entscheidungen[40] war auch das BVerfG nicht immun gegen den Zeitgeist im Kalten Krieg. Aber die in diesem Urteil entwickelte Demokratietheorie war trotzdem zukunftsweisend und dies vielleicht gerade wegen des Prüfungsauftrags im konkreten Fall. Das Gericht hatte sich nämlich mit dem Vortrag der Kommunisten auseinanderzusetzen, dass sie ihr Ziel auf streng legalen Weg mittels Wahlen erreichen wollten, und dass die „Diktatur des Proletariats" als demokratische Herrschaft der Mehrheit, die soziologisch damals ja noch aus Arbeitern und Bauern bestand, über die Ausbeuter zu verstehen sei. Demgegenüber definiert das Gericht Demokratie von den Menschen her als Selbstbestimmung aller.

„Vielmehr gestalten die Menschen selbst ihre Entwicklung durch Gemeinschaftsentscheidungen, die immer nur in größter Freiheit zu treffen sind. Das ermöglicht und erfordert aber, daß jedes Glied der Gemeinschaft freier Mitgestalter bei den Gemeinschaftsentscheidungen ist. Freiheit der Mitbestimmung ist nur möglich, wenn die Gemeinschaftsentscheidungen – praktisch Mehrheitsentscheidungen – inhaltlich jedem das größtmögliche Maß an Freiheit lassen, mindestens aber ihm stets zumutbar bleiben.
Aber der Mehrheitsentscheidung geht die Anmeldung der Forderungen der Minderheit und die freie Diskussion voraus, zu der die freiheitliche demokratische Ordnung vielfältige Möglichkeiten gibt, die sie selbst wünscht und fördert, und deshalb auch für den Vertreter von Minderheitsmeinungen möglichst risikolos gestaltet. Da die Mehrheit immer wechseln kann, haben auch Minderheitsmeinungen die reale Chance, zur Geltung zu kommen.
Weil Unzufriedenheit und Kritik mannigfache, selbst drastische Ausdrucksmöglichkeiten besitzen, zwingt die Einsicht in die Labilität ihrer Position die Mehrheit selbst, die Interessen der Minderheit grundsätzlich zu berücksichtigen.
Daß diese Ordnung funktionieren, daß sie das Gesamtwohl schließlich in einer für alle zumutbaren Weise verwirklichen könne, wird durch ein System rechtlich gesetzter oder vorausgesetzter Spielregeln sichergestellt, die sich auf Grund der geschilderten Prinzipien in einer langen historischen Entwicklung ergeben haben. Die mannigfach gesicherte politische Meinungs- und Diskussionsfreiheit und die Vereinigungsfreiheit führen zum Mehrparteiensystem und zum Recht auf organisierte politische Opposition."[41]

Bemerkenswert – und richtig – an diesen Ausführungen ist insbesondere die starke Verbindung von Grundrechten und Demokratie: Demokratie ist nicht nur ein organisatorisches Legitimationsmodell, ein System von Wahlen und Abstimmungen, sondern vor allem ein lebendiger Prozess, an dem idealtypisch alle beteiligt sind. Die jeweilige Mehrheit herrscht, aber die Minderheit kann, auch während sie Minderheit ist, Mitwirkung beanspruchen. Das hat die spätere Rechtsprechung des Senats zu den Kommunikationsgrundrechten tief ge-

---

38 BVerfGE 5, 85.
39 von Brünneck, Alexander: Politische Justiz gegen Kommunisten in Deutschland, Frankfurt/M. 1978.
40 Z. B. der berühmten Elfes-Entscheidung (BVerfGE 6, 32), die zwar für die Grundrechtsdogmatik grundlegend ist, den konkreten Fall hingegen mit der Bestätigung eines Ausreiseverbots gegen einen pazifistischen Gegner der Wiederbewaffnung völlig falsch entscheidet. Damals gab es noch keine dissenting opinion, der Verfasser weiß aber, dass das Ergebnis im Gericht umstritten war.
41 BVerfGE 5, 85 (198 f.).

prägt, das Wort von den „drastischen Ausdrucksmöglichkeiten" weist bereits auf spätere Entscheidungen, z. B. die Brokdorf-Entscheidung[42] hin. Gegenüber diesem zukunftsweisenden pluralistischen und menschenrechtlichen Demokratieverständnis ist die spätere Verengung von Demokratie zur Herrschaft eines Staatsvolkes durch den 2. Senat[43] ein Rückschritt, der die Bewältigung heutiger Herausforderungen der Demokratie nicht erleichtert.

3.2.1 Meinungs- und Versammlungsfreiheit

Dieser Zusammenhang zwischen Demokratie und Kommunikationsgrundrechten ist für die Rechtsprechung des Gerichts grundlegend geblieben.

Im Lüth-Urteil, dass in seiner Bedeutung für die Konstitutionalisierung der deutschen Rechtsordnung schon erwähnt wurde, das aber auch ein emphatisches Bekenntnis des Gerichts zur „grundlegenden Bedeutung der Meinungsäußerungsfreiheit für den freiheitlich-demokratischen Staat" enthält, heißt es:

„Das Grundrecht auf freie Meinungsäußerung ist als unmittelbarster Ausdruck der menschlichen Persönlichkeit in der Gesellschaft eines der vornehmsten Menschenrechte überhaupt (un des droits les plus précieux de l'homme nach Artikel 11 der Erklärung der Menschen- und Bürgerrechte von 1789). Für eine freiheitlich-demokratische Staatsordnung ist es schlechthin konstituierend, denn es ermöglicht erst die ständige geistige Auseinandersetzung, den Kampf der Meinungen, der ihr Lebenselement ist (BVerfGE 5, 85 [205]). Es ist in gewissem Sinn die Grundlage jeder Freiheit überhaupt, ,the matrix, the indispensable condition of nearly every other form of freedom' (Cardozo)."[44]

Das BVerfG hat an dieser Wertung nicht nur in Fällen festgehalten, in denen es – wie im Konflikt des Nazi-Opfers Lüth mit dem Nazistar Harlan – offenkundige Sympathie mit dem Beschwerdeführer hatte, sondern – viel kritisiert – auch wenn es um Meinungen am Rande des politischen Spektrums ging.[45]

Ebenso bemerkenswert für eine eher auf Ruhe und Ordnung fixierte deutsche Tradition ist die Fürsorge des Gerichts für so unordentliche Dinge wie Demonstrationen. In der Brokdorf-Entscheidung wird die Bedeutung der Versammlungsfreiheit für die Demokratie als Recht, „das auch und vor allem andersdenkenden Minderheiten zugute kommt", herausgestellt und ausdrücklich auf „beunruhigende" Formen erstreckt: „Es gehören auch solche mit Demonstrationscharakter dazu, bei denen die Versammlungsfreiheit zum Zwecke plakativer oder aufsehenerregender Meinungskundgabe in Anspruch genommen wird."[46] Das wird in den Entscheidungen zu Blockadeaktionen[47] spektakulär – und nicht unbedingt in Übereinstimmung mit der öffentlichen Meinung – bestätigt. Und auch hier erstreckt das Gericht – gegen viel Kritik – den Schutz des Grundrechts auf rechtsradikale Außenseiter.[48]

---

42 BVerfGE 69, 315.

43 BVerfGE 83, 37; 83, 60 – Ausländerwahlrecht; 93, 37 – Personalvertretung SH; differenzierter BVerfGE 107, 59 – Wasserverbände; zur Kritik Bryde, Brun-Otto: Die bundesrepublikanische Volksdemokratie als Irrweg der Demokratietheorie, in: StaatsWissStaatsPrax 1994, S. 305 ff.; Beiträge in Kritische Justiz (Hg), Demokratie und Grundgesetz, 2000; van Ooyen, a. a. O. (Fn. 4), S. 90 ff.

44 BVerfGE 7, 198 (208).

45 BVerfGE 67, 213 – anachronistischer Zug, zuletzt etwa BVerfGE 113, 63 „Junge Freiheit".

46 BVerfGE 69, 315 (343).

47 BVerfGE 92, 1; 104, 92.

48 BVerfGE 111, 147.

3.2.2 Medienordnung

Vielleicht noch bemerkenswerter – und im internationalen Vergleich origineller – war, wie früh das Gericht den Zusammenhang von Medienordnung und Demokratie erkannte. Der demokratische Prozess ist in westlichen Demokratien nicht nur und nicht mehr in erster Linie durch die Staatsmacht gefährdet. Größere Gefahren drohen, wenn durch die Zusammenballung und den politisch einseitigen Einsatz privater Medienmacht die notwendige pluralistische Meinungsvielfalt gefährdet wird.

Verfassungsrechtlich stellen sich private Einflussnahmen im Unterschied zu staatlichen Beeinflussungsversuchen allerdings zunächst einmal als Grundrechtsausübung dar. Auch der Einsatz von Medienmacht im politischen Prozess ist grundrechtlich durch Art. 5 GG geschützt. Die Pressefreiheit erlaubt auch die einseitige, demagogische und unfaire Pressekampagne. Die Logik der demokratischen Grundrechtsordnung verlässt sich darauf, dass im pluralistischen Markt der Meinungen alle zu Wort kommen, Unsachlichkeiten und Einseitigkeiten sich damit gegenseitig ausgleichen. Aber je mehr im Zuge von Konzentrationsprozessen Monopole entstehen, ist diese Logik gefährdet.

Der – hellsichtige – Ansatz des BVerfG im Fernsehurteil[49] war es, jedenfalls für das Medium Rundfunk und Fernsehen, dem Grundrecht des Art. 5 GG objektivrechtliche Prinzipien für die Gewährleistung von Meinungspluralismus zu entnehmen. Auch eine pluralistische Ausgestaltung der Presselandschaft ist für eine Verwirklichung der Funktion der Pressefreiheit in der Demokratie unerlässlich. Anders als für den Rundfunk sollen hier bisher – auch grundrechtsdogmatisch – die Marktkräfte den Pluralismus garantieren, was zumindest die Bekämpfung übermäßiger Pressekonzentration mithilfe des Wettbewerbsrechts verlangt.[50] Ob das ausreicht, inhaltlichen Pluralismus zu garantieren, ist allerdings nicht sicher. Die Diskussion der Forderungen einer demokratisch-funktionalen Auslegung des Art. 5 GG auch für die Pressefreiheit bleibt daher auf der Tagesordnung.

4 Minderheitenschutz

Verfassungsgerichtsbarkeit muss Minderheiten nicht nur gegen Grundrechtsverletzungen der Mehrheit schützen, in der Demokratie muss sie diesen viel grundlegender auch die Teilhabe am politischen Prozess sichern. Auch diese Aufgabe verträgt keinen „judicial restraint". Wiederum hat Justice Stone in Carolene Products den Weg gewiesen und lehnt richterliche Zurückhaltung ab bei „statutes directed at particular religous ... national ... or racial minorities"... „prejudice against discrete and insular minorities may be a special condition, which tends seriously to curtail the operation of those political processes ordinarily to be relied upon to protect minorities, and which may call for correspondingly more searching judicial inquiry".

Die wichtigste derartige Minderheit sind in der Bundesrepublik heute die Einwanderer (vor allem – um die Sache beim Namen zu nennen – türkische Einwanderer muslimischen Glaubens). Nicht nur, dass die Politik sich ihrer Belange nicht annimmt, sie kann vielmehr sicher sein, dass sie für jede Aktion gegen sie Beifall bei den Wählern der Mehrheitsgesell-

---

49 BVerfGE 12, 205 (260 ff.); das Urteil hatte auch wegen seiner Bereitschaft, sich mit der mächtigen Adenauer-Regierung anzulegen, für die Statur des Gerichts im neuen Staat besondere Bedeutung.

50 BVerfGE 20, 162 (176).

schaft bekommt. Bei der Inklusion dieser Minderheit in den demokratischen Prozess war das BVerfG mit seinen Entscheidungen zum Ausländerwahlrecht[51] nicht sehr hilfreich. Das gilt nicht einmal so sehr wegen des Ergebnisses – darüber, ob ein Ausländerwahlrecht ohne Verfassungsänderung möglich war, konnte man mit guten Gründe streiten.[52] Für die Demokratie der Bundesrepublik problematisch war, dass den Befürwortern eine Verletzung des Demokratieprinzips vorgehalten wurde, obwohl es deren Ziel war, ein Demokratiedefizit zu beseitigen. Es sollte nämlich eigentlich nicht streitig sein, dass der Ausschluss dieser Minderheit die deutsche Demokratie schädigt. Nach den Zahlen des Statistischen Bundesamtes hatten im Jahre 2002 8,9 % der Einwohner der Bundesrepublik keine deutsche Staatsangehörigkeit, in sechs Bundesländern sind es mehr als 10 %, in einigen Gemeinden über 25 %, und es geht um Menschen, die überwiegend schon in der zweiten oder dritten Generation in Deutschland leben. Ein politisches System, in dem annähernd ein Zehntel, für die gemeindliche Demokratie ein Viertel, in manchen Stadtteilen die Mehrheit der von politischen Entscheidungen Betroffenen, auf deren Zustandekommen keinen Einfluss haben, widerspricht dem Ideal der freien Selbstbestimmung aller grundlegend.

Das BVerfG hat das durchaus gesehen und festgestellt, dass die Auffassung der Verteidiger des Ausländerwahlrechts, die demokratische Idee verlange „Kongruenz zwischen den Inhabern demokratischer politischer Rechte und den dauerhaft einer bestimmten staatlichen Herrschaft Unterworfenen", im Ansatz zutreffend sei.[53] Wegen der vom Gericht angenommenen notwendigen Verbindung von Staatsangehörigkeit und Wahlrecht muss diese Kongruenz aber über das Staatsangehörigkeitsrecht erreicht werden.

Leider ist diese implizite Aufforderung des Gerichts, das Auseinanderfallen von Wahlberechtigten und Herrschaftsunterworfenen durch Reform des Staatsangehörigkeitsrechts zu beseitigen, bis heute nicht erfüllt. Bis vor kurzem durfte man die Lösung auch bei den Einwanderern selbst sehen, die sich um die deutsche Staatsangehörigkeit bemühen müssen. Noch vor zwei Jahren habe ich in diesem Zusammenhang geschrieben, dass das deutsche Staatsangehörigkeitsrecht zwar nicht optimal reformiert, aber auch nicht mehr so einbürgerungsfeindlich sei, wie es das in der deutschen Tradition einmal war[54], und dass die meisten Menschen, die auf Dauer eingewandert sind, die deutsche Staatsangehörigkeit erlangen könnten, wenn sie denn wollten.[55] Dabei habe ich aber nicht mit dem Erfindungsreichtum deutscher Politiker gerechnet. Fragebögen und Gesprächsleitfaden haben nur einen einzigen Zweck: Einbürgerungen zu verhindern. Die Diskussion um die Berechtigung dieser oder jener Frage geht daher am Thema vorbei. Es geht nicht um neue Zuwanderer, von denen man alles Mögliche verlangen könnte. Es geht darum, das vom BVerfG konstatierte Demokratiedefizit zu beseitigen, das keine „Kongruenz zwischen den Inhabern demokratischer politi-

---

51 BVerfGE 83, 37; 83, 60.

52 Ich selbst habe damals als Prozessvertreter des Schleswig-Holsteinischen Landtages (zusammen mit Edzard Schmidt-Jortzig für die schleswig-holsteinische Landesregierung, Hartmut Rittstieg für die hamburgische Bürgerschaft und Hans-Peter Schneider für den Hamburger Senat) für die Zulässigkeit gestritten. Die Gegenposition wurde von Josef Isensee (für die CDU/CSU Bundestagsfraktion) und Hans-Jürgen Papier (für die Bundesregierung) vertreten. Dokumentiert sind die Stellungnahmen – mit umfassendem Nachweis des damaligen Literaturstandes – in: Isensee, Josef / Schmidt-Jortzig, Edzard (Hg.), Das Ausländerwahlrecht vor dem Bundesverfassungsgericht, Heidelberg 1993.

53 BVerfGE 83, 37 (52).

54 Zur Entwicklung des Staatsangehörigkeitsrechts: Wallrabenstein, Astrid: Untertan, Bürger oder Volkszugehöriger?, in: Der Staat 38 (1999), S. 260 ff.

55 Bryde, Brun-Otto: Mehr Demokratie wagen. Überlegungen zu einer Optimierung der Wahlrechtsgrundsätze, in: Brink, Stefan / Wolff, Heinrich Amadeus (Hg.), Gemeinwohl und Verantwortung. Festschrift für Hans Herbert von Arnim zum 65. Geburtstag, Berlin 2004, S. 683.

scher Rechte und den dauerhaft einer bestimmten staatlichen Herrschaft Unterworfenen" besteht. Dieser Missstand lässt sich nach inzwischen drei Generationen nur noch durch großzügige Einbürgerung beheben, die Arbeiter nicht ausschließt, die keine drei deutschen Philosophen nennen können, und auch nicht die analphabetischen Mütter der hier aufgewachsenen Kinder.

5 Demokratie von Oben?

Die Herausgeber hatten mir für diesen Beitrag den Titel „Demokratie von Oben?" vorgeschlagen. Ich habe ihn nicht gewählt, sondern mich auf den von ihnen als Untertitel vorgeschlagenen Bericht über einen Beitrag des Bundesverfassungsgerichts zur Demokratisierung beschränkt. Demokratie von oben kann es nämlich nicht wirklich geben. Die guten Absichten der Demokraten im neu errichteten BVerfG wären als verordnete Demokratie wirkungslos geblieben. Ihren Beitrag haben sie geleistet, indem sie geholfen haben, einen pluralistischen demokratischen politischen Prozess frei zu setzen und Denkbarrieren aus einer obrigkeitsstaatlichen deutschen Tradition aus dem Weg zu räumen. Aber eine lebendige Demokratie schaffen können nur die Bürgerinnen und Bürger selbst.

Robert Chr. van Ooyen

Die Parteiverbotsverfahren vor dem Bundesverfassungsgericht

1 „Wehrhafte Demokratie"

Es gibt gute Gründe für und wider die „wehrhafte Demokratie", deren schärfste Waffe sicherlich das Verbot einer Partei nach Art. 21 GG ist. Befürworter sprechen von der spezifisch deutschen „Lehre aus Weimar". So wurden mit dem Vereinsverbot (Art. 9 Abs. 2 GG), der Grundrechtsverwirkung (Art. 18), vor allem aber mit dem Parteiverbot Vorkehrungen getroffen, dass der zweite Versuch einer demokratischen Republik nicht am politischen Extremismus scheitert – zumindest soweit es die verfassungsrechtlichen Vorgaben betrifft. Demokratie ist schließlich kein „Selbstmordkommando". Kritiker wenden dagegen nicht nur ein, dass die „Wehrlosigkeit" Weimars eher ein – wohl konservativer – Mythos sei[1]. Und dass es überdies nach gut fünfzig Jahren stabiler demokratischer Tradition längst an der Zeit sei, diesen deutschen „Sonderweg" zu verlassen. Denn gefestigte liberal-demokratische Gesellschaften kennen zumeist nur den strafrechtlichen Schutz der rechtsstaatlichen Demokratie. Gegenüber dem politischen Extremismus setzen sie auf die politische Auseinandersetzung und vertrauen auf die „Selbstreinigungskräfte" einer offenen Gesellschaft. Richtig ist, so hat es schon der Staats- und Demokratietheoretiker Hans Kelsen formuliert, dass das Konzept der „wehrhaften Demokratie" mit einem massiven Eingriff in die pluralistische Gesellschaft verbunden, wenn nicht sogar zu ihr im Widerspruch steht[2]. Zwar geht es auf Überlegungen zurück, die demokratische deutsche Politikwissenschaftler und Verfassungsrechtler wie Karl Loewenstein gerade angesichts des Scheitern Weimars formulierten[3]. Doch etwas weiter zurückverfolgt erinnert es an die „Freund-Feind-Konzeption" des Politischen eines Carl Schmitt[4] oder überhaupt an ein Instrumentarium, wie es eher für Diktaturen typisch scheint[5]. Jedenfalls tun sich liberal-pluralistische Positionen damit schwer angesichts einer

---

1 Vgl. z. B. Gusy, Christoph: Weimar – die wehrlose Republik?, Tübingen 1991; zur Thematik auch Grünthaler, Matthias: Parteiverbote in der Weimarer Republik, Frankfurt u. a. 1995; Stein, Katrin: Parteiverbote in der Weimarer Republik, Berlin 1999.

2 Vgl. Kelsen, Hans: Verteidigung der Demokratie (1932); jetzt in: Ders.: Demokratie und Sozialismus, Wien 1967, S. 60 ff.; zur Demokratietheorie Kelsens vgl. van Ooyen: Der Staat der Moderne, Berlin 2003.

3 Vgl. Loewenstein, Karl: Militant Democracy and Fundamental Rights; in: APSR, 1937, S. 417 ff. und S. 638 ff.; Loewenstein: Legislative Control of Political Extremism in European Democracies; in: Columbia Law Review, 1938, S. 591 ff. und S. 725 ff.; einführend van Ooyen: Ein moderner Klassiker der Verfassungstheorie: Karl Loewenstein; in: ZfP, 2004, S. 68 ff.

4 Vgl. Schmitt, Carl: Der Begriff des Politischen, 6. Aufl., Berlin 1996; zur „Wehrhaftigkeit" vgl. die einschlägige Stelle bei Schmitt: Legalität und Legitimität, 5. Aufl., Berlin 1993, S. 46 f. (hier gegen den Positivismus von Anschütz); vgl. auch Schmitt: Weiterentwicklung des totalen Staates in Deutschland (1933); jetzt in: Ders.: Positionen und Begriffe im Kampf mit Weimar - Genf - Versailles 1923-1939, 3. Aufl., Berlin 1993, S. 212 f.

5 Als Schüler des „Positivisten" Max Weber und als Radikaldemokrat verfolgte Loewenstein jedoch ein Konzept „militanter Demokratie", das längst nicht so weit ging wie das der „wehrhaften" des Grundgesetzes.

deutschen geschichtlichen Tradition, die unter Bismarck vom Katholiken bis zum Sozialdemokraten so ziemlich alles zum „Staatsfeind" deklarierte, was in Opposition stand[6]. Und gerade die NS-Diktatur bediente sich ja nach dem „Freund-Feind-Muster" der Parteiverbote als eines ihrer ersten Mittel, um die totalitäre Macht zu festigen. So mag man die Tatsache, dass es nach den beiden Parteiverboten der 50er Jahre zunächst über Jahrzehnte keine weiteren Verfahren mehr gegeben hat, auch als Ausdruck der „Normalisierung" bundesdeutscher Demokratie begreifen – und den Rückgriff hierauf seit den 90er Jahren für den einer neuerlichen „Verunsicherung" in der deutschen politischen Kultur[7]. Die Rechtsprechung des BVerfG weist in diesem Kontext kein einheitliches Muster auf. Zu groß ist die Zeitspanne, zu unterschiedlich sind die bei den jeweiligen Verfahren konkret aufgeworfenen und diskutierten Fragen. Eines jedoch lässt sich jenseits dieser gewissen „Unberechenbarkeit" eines fast jeden Verfahrens generalisieren: Das Gericht ist gerade in den Parteiverbotsverfahren ein im pluralistischen politischen Prozess mit Mitteln des Rechts und der staatstheoretischen Vorverständnisse wie selbstverständlich politisch agierendes Verfassungsorgan. Dabei hat es die verfassungsrechtlichen Maßstäbe situativ differenziert und sogar neu kreiert, die Hürden für ein Parteiverbot zugleich – auch in Richtung des Vereinsverbots – nach unten verschoben – und ist selbst wie zuletzt beim internen Streit um das NPD-Verfahren deutlich auch nach außen sichtbar vom pluralistischen Prozess erfasst worden.

2 Begriff der fdGO und Parteienstaatslehre von Leibholz: SRP-Verbot (1952)

„1. Die SRP als politische Partei missachtet... die wesentlichen Menschenrechte, besonders die Würde des Menschen... Vor allem die von ihr betriebene Wiederbelebung des Antisemitismus belegt das nachdrücklich.
2. ... Sie bekämpft... das für die freiheitliche Demokratie wesentliche Mehrparteiprinzip.
3. Die innere Organisation der SRP... ist von oben nach unten im Geiste des Führerprinzips aufgebaut...
4. Die SRP ist in ihrem Programm, ihrer Vorstellungswelt und ihrem Gesamtstil der früheren NSDAP wesensverwandt... Daß die SRP sich selbst als Nachfolgeorganisation der NSDAP fühlt, zeigt sich in der personellen Zusammensetzung der Führungsschicht... und in der unverhohlenen Glorifizierung Hitlers"[8].

Angesichts dieses eindeutigen Befunds ergab sich die Begründung des Verbots der Sozialistischen Reichspartei relativ gesehen ohne größere Mühe und juristische Komplikationen, zumal dem BVerfG infolge von Beschlagnahmungen reichlich belastendes, internes Material von Partei und Funktionären zur Verfügung stand. Im Unterschied zu dem kurz darauf von der Bundesregierung „symmetrisch" und parallel eingeleiteten KPD-Verfahren[9], das schließ-

---

6   Vgl. einführend z. B. Stein, Katrin: Parteiverbote in der deutschen Verfassungsgeschichte vom Vormärz bis zum Ende der Weimarer Republik; in: ZParl, 2001, S. 536 ff.; kritisch zum Konzept der „wehrhaften Demokratie" vgl. Meier, Horst: Parteiverbote und demokratische Republik, Baden-Baden 1993; Leggewie, Claus / Meier, Horst: Republikschutz, Reinbek 1995.

7   In diesem Kontext daher interessant der Vorschlag einer „flexible Response", der die Feststellung durch das BVerfG von der Folge des Verbots trennt; vgl. Scherb, Armin: Feststellung der Verfassungswidrigkeit ohne Parteiverbot!; in: RuP, 2002, S. 173 ff.

8   BVerfGE 2,1 – SRP-Verbot (68 ff.).

9   Beide Anträge der Bundesregierung erfolgten im November 1951; die SRP-Entscheidung erging am 23.10.1952, die gegen die KPD dagegen erst am 17.08.1956.

lich fast fünf Jahre dauern und zu einer opulenten Begründung führen sollte, war das gegen die SRP binnen Jahresfrist erledigt und der von Adenauer befürchtete außenpolitische Schaden begrenzt worden[10]. Abgesehen davon, dass sich das Gericht kurz mit einigen formellen Einwänden der SRP auseinander zu setzen hatte[11], liest sich daher die Entscheidung in weiten Teilen als bloße Dokumentation, in der zwecks Beweisführung aus den einschlägigen SRP-Quellen zitiert wird. Gleichwohl ist die Entscheidung in dreifacher Perspektive bis heute von Interesse:

Zum ersten Mal findet sich hier das Verständnis des Grundgesetzes als „wertgebundene Ordnung"[12]. Dieser „Wertordnungsgedanke", in der KPD-Entscheidung wieder aufgenommen, wird zum „Schlüsselbegriff in der Judikatur" des BVerfG[13], beeinflusst im weiteren Verlauf vor allem die Dogmatik in der Grundrecht-Rechtsprechung und bleibt bis heute in seiner etatistischen „Schlagseite" umstritten[14]. Inwieweit sich in dieser ideengeschichtlichen Spur sogar Parallelen zum „Verwaltungsstaatskonzept" der „Daseinsvorsorge" ziehen lassen, das der Schmitt-Schüler Ernst Forsthoff in den 30er entwickelte[15], oder dann doch eher über den Smend-Schüler und Verfassungsrichter Gerhard Leibholz[16] Smendsche Positionen Pate gestanden haben, mag hier offen bleiben[17]; in beiden Fällen ergeben sich jedoch Rezeptionslinien zu einem konservativ-paternalistischen Verständnis von Staat und Verfassung[18].

Von dieser „Wertordnung" ausgehend führte das Verfassungsgericht zweitens den in Art. 21 Abs. 2 GG bestimmten Prüfungsmaßstab für die Verfassungswidrigkeit von Parteien einer begrifflichen Klärung zu. So ergab sich die bis heute rechtlich maßgebliche Definition der „freiheitlichen demokratischen Grundordnung" als Summe der in der Verfassung konkretisierten Kernelemente von Rechtsstaats- und Demokratieprinzip; oder, in der etwas umständlichen Diktion des Gerichts als

„... eine Ordnung..., die unter Ausschluß jeglicher Gewalt- und Willkürherrschaft eine rechtsstaatliche Herrschaftsordnung auf der Grundlage der Selbstbestimmung des Volkes nach dem Willen der jeweiligen Mehrheit und der Freiheit und Gleichheit darstellt. Zu den grundlegenden Prinzipien dieser Ordnung sind mindestens zu rechnen: die Achtung vor den im Grundgesetz konkretisierten Menschenrechten, vor allem vor dem Recht der Persönlichkeit auf Leben und freie Entfaltung, die Volkssouveränität, die Gewaltenteilung, die Verantwortlichkeit der Regierung, die Gesetzmäßigkeit der Verwaltung, die

---

10 Vgl. Schwarz, Hans-Peter: Adenauer. Der Aufstieg: 1876-1952, 2. Aufl., Stuttgart 1986, S. 844; Rensmann, Thilo: BVerfGE 2,1 – SRP; BVerfGE 5, 85 – KPD; in: Menzel, Jörg (Hg.): Verfassungsrechtsprechung, Tübingen 2000, S. 56 f.

11 Mit dem Versuch der SRP, durch Selbstauflösung das Verfahren zu unterlaufen, mit der Frage einer nicht fristgerechten Verfassungsrichterwahl und der unmittelbaren Anwendbarkeit von Art. 21 GG infolge des erst Jahre später verabschiedeten Parteiengesetzes nach Art. 21 Abs. 3 (vgl. hierzu auch die Leitsätze 1, 4 und 6 der Entscheidung).

12 BVerfGE 2, 1 (12).

13 Rensmann (Fn. 10), S. 63.

14 Vgl. aktuell aus liberaler Sicht Ladeur, Karl-Heinz: Kritik der Abwägung in der Grundrechtsdogmatik, Tübingen 2004.

15 Ebd., S. 25 f.

16 Zu Leibholz vgl. ausführlich Wiegandt, Manfred H.: Norm und Wirklichkeit, Baden-Baden 1995.

17 Vgl. allgemein: Henne, Thomas / Riedlinger, Arne (Hg.): Das Lüth-Urteil aus (rechts-)historischer Sicht, Berlin 2005; hier ins. Ruppert, Stefan: Geschlossene Wertordnung?, S. 327 ff.; Günther, Frieder: Denken vom Staat her, München 2004.

18 Zu den staatstheoretischen Rezeptionslinien bis in die aktuelle Rechtsprechung hinein vgl. van Ooyen: Der Begriff des Politischen des Bundesverfassungsgerichts, Berlin 2005, mit Bezug zu Smend / Leibholz hier S. 44 ff. und S. 133 ff.; van Ooyen: Die Staatstheorie des Bundesverfassungsgerichts und Europa, Baden-Baden 2006.

Unabhängigkeit der Gerichte, das Mehrparteienprinzip und die Chancengleichheit für alle politischen Parteien mit dem Recht auf verfassungsmäßige Bildung und Ausübung einer Opposition"[19].

Dabei, so stellt Thomas Henne zu Recht heraus, betrieb das BVerfG entgegen der Argumentationslinie der Bundesregierung, die SRP einfach als Nachfolgeorganisation der NSDAP zu verbieten, einen insgesamt nicht notwendigen Begründungsaufwand. In der oben zitierten Definition griff es außerdem auf eine „zuvor bereits bestehende strafrechtliche Norm" zurück: Ohne hierauf überhaupt hinzuweisen, wurde diese nahezu wörtlich übernommen, „faktisch zu Verfassungsrecht erhöht" und „so zugleich die Definitionskompetenz für die verfassungsrechtlichen Grundentscheidungen von Bonn nach Karlsruhe zurückgeholt"[20]. Vor dem Hintergrund des „Status-Streits" schimmern hier offensichtlich die machtpolitischen Ambitionen des Gerichts durch, sich im „Kräftefeld" von Regierung und Parlament, aber auch gegen die „Konkurrenz" der naturrechtlich orientierten Rechtsprechung des BGH zu positionieren[21]. Dieser hatte z. B. im Streit um die sog. „131", der im weiteren Verlauf noch zwischen BGH und BVerfG eskalieren sollte, auch mit „metaphysisch-naturrechtlich begründeten" Argumenten die Fortgeltung der Beamtenverhältnisse trotz NS-Diktatur postuliert[22].

Schließlich dokumentiert die Entscheidung schon früh den immer wieder nachweisbaren Einfluss herausragender und politisch ambitionierter Richterpersönlichkeiten auf einzelne Entscheidungen oder gar ganze Materien der Verfassungsrechtsprechung[23]: Leibholz, so Wilhelm Hennis, „war ein Mann von großem persönlichen Zauber, er verfügte über Charisma"[24]. Während seiner zwanzigjährigen Richtertätigkeit zählte Leibholz zu denen, die „der Karlsruher Institution ihren Stempel aufdrücken konnten"[25] und bis zu seinem spektakulären Ausschluss wegen Befangenheit aus einem Verfahren zur Zulässigkeit staatlicher Parteienfinanzierung Mitte der 60er Jahre war das BVerfG seiner noch in der Weimarer Zeit entwickelten Parteienstaatslehre gefolgt[26]. Im Zweiten Senat war er zuständig für die Materien des Parlaments-, Parteien- und Wahlrechts[27]. Wenngleich das SRP-Verfahren beim Ersten Senat anhängig war, so trug es doch seine Handschrift:

„'Berichterstatter war damals unter anderem auch Herr Zweigert. Und ich erinnere mich eines gemeinsamen Zusammenseins bei Höpker-Aschoff – das war damals der Präsident des Gerichts –, wo dieser sagte: ‚Wir sind in einer heiklen Lage, wir wollen eigentlich gern die Partei verbieten, wir haben aber noch nicht den richtigen Dreh, wie wir diese Entscheidung sachgerecht begründen können.' Und da habe ich zu Höpker-Aschoff gesagt: ‚Ich glaube, Ihnen eine Begründung dafür liefern zu können.' Und

---

19 BVerfGE 2, 1 (12 f.); so dann auch der 2. Leitsatz der Entscheidung.

20 Henne, Thomas: „Von 0 auf Lüth in 6 ½ Jahren"; in: Henne / Riedlinger (Fn. 17), S. 208 f.

21 Vgl. auch Menzel, Jörg: Vergangenheitsbewältigung in der frühen Judikatur des Bundesverfassungsgerichts; Baldus, Manfred: Frühe Machtkämpfe; beide in: Henne / Riedlinger (Fn. 17), S. 225 ff. bzw. S. 237 ff.; zu den politischen Hintergründen bei den Verfahren um den EVG-Vertrag und zum eskalierenden Konflikt mit Justizminister Dehler vgl. schon Baring, Arnulf: Außenpolitik in Adenauers Kanzlerdemokratie, München - Wien 1969, S. 221 ff.

22 Menzel, Jörg: BVerfGE 3, 58 – Beamtenurteil; in: Ders. (Fn. 10), S. 71; zum zeitgeschichtlichen Hintergrund vgl. Frei, Norbert: Vergangenheitspolitik, 2. Aufl., München 1997, S. 54 ff.

23 Zum Einfluss z. B. von Ernst-Wolfgang Böckenförde – und damit auch von Carl Schmitt – auf die neuere Rechtsprechung zum Demokratieprinzip vgl. van Ooyen: Der Begriff... (Fn. 18), S. 90 ff.; van Ooyen: „Volksdemokratie" und „Präsidialisierung" – Schmitt-Rezeption im liberal-konservativen Etatismus; in: Voigt, Rüdiger (Hg.): Carl Schmitt heute, Baden-Baden, i. E.

24 Hennis, Wilhelm: Der „Parteienstaat" des Grundgesetzes; in: Ders.: Auf dem Weg in den Parteienstaat, Stuttgart 1998, S. 117.

25 Wiegandt (Fn. 16), S. 73.

26 Ebd., S. 185.

27 Vgl. ebd., S. 66.

ich habe mich dann mit Zweigert zurückgezogen und habe Zweigert die Gründe im einzelnen versucht darzulegen, die nach meiner Meinung die Verfassungswidrigkeitserklärung dieser Sozialistischen Reichspartei begründen sollten..."[28].

In einem Punkt war dabei die Entscheidung des Zweiten Senats noch konsequenter als ursprünglich von Leibholz vertreten, nämlich in der Frage der Behandlung der parlamentarischen Mandate verfassungswidriger Parteien[29]. Die SRP saß ab 1950 mit zwei Abgeordneten im Deutschen Bundestag und war auf Landesebene in Niedersachsen und Bremen seit 1951 vertreten[30]. In der SRP-Entscheidung kam das BVerfG nun zu der Auffassung, dass die Mandate auf Bundes- und Landtagsebene fortfallen[31] – eine Schlussfolgerung, die sich aus der konsequenten Anwendung der „Parteienstaatslehre" von Leibholz eigentlich automatisch ergibt, setzt man mit dieser voraus, dass die „parteienstaatliche Massendemokratie... das Surrogat der unmittelbaren Demokratie im Flächenstaat" ist[32]. Denn, so Leibholz schon 1929:

„Der heutige Parteienstaat ist bei Lichte besehen eine Escheinung der unmittelbaren Demokratie. Es besteht kein Unterschied, ob die Aktivbürgerschaft selbst... oder eine unmittelbar von... den Parteiorganisationen abhängige Volksvertretung die maßgeblichen politischen Entscheidung trifft"[33].

Vor diesem Hintergrund der Parteiendemokratie als „rationalisierte Erscheinungsform der plebiszitären Demokratie"[34] kann es dann sinnvoller Weise kein freies Mandat mehr im Sinne des Art. 38 Abs. 1 GG geben. Im Wortlaut ging die SRP-Entscheidung zwar nicht soweit. Die These der Identität von „Volk", „Parteien" und „Staat", die bei Leibholz zugrunde liegt, wurde jedoch bei der Auslegung von Art. 21 GG implizit übernommen. Dabei zeigte sich das Gericht zugleich wenig zimperlich, dies auch gegen den ausdrücklichen Willen des Gesetzgebers anzuordnen:

„Mit dieser Auslegung des Art. 21 GG verliert Art. 38 GG nicht seine eigene Bedeutung. Richtig verstanden bestätigt er vielmehr diese Auslegung insofern, als der Abgeordnete einer verfassungswidrigen Partei nicht ‚Vertreter des ganzen Volkes' sein kann"[35].
Und: „Das Bundesverfassungsgericht verkennt nicht, dass das Problem des Mandatsverlustes bei den Vorarbeiten zu dem Gesetz über das Bundesverfassungsgericht gesehen und erörtert worden ist; das Schweigen des Gesetzes hierzu kann wohl so gedeutet werden, daß man diese Folge nicht hat ziehen wollen. Da wie erörtert, der Mandatsverlust sich unmittelbar aus Art. 21 GG ergibt, können diese Erwägungen des Gesetzgebers mit Rücksicht auf den Vorrang der Verfassung keine Rolle spielen"[36].

Das mag vom verfolgten Zweck der Bekämpfung der nazistischen SRP und daher vom Ergebnis her betrachtet zwar befriedigen. Auch ist es ohne Zweifel ein Verdienst von Leibholz gewesen, angesichts der Parteienfeindlichkeit der Weimarer Staatslehre der bedeutsamen Rolle der Parteien für die Massendemokratie im Bereich der Verfassungsrechtsprechung

---

28   Leibholz in einem Interview des NDR vom 17.03.1982; zitiert nach Wiegandt (Fn. 16), S. 269.
29   Wiegandt, ebd., S. 212, verweist darauf, dass Leibholz wohl im Laufe der „Formulierung" der Entscheidung seine Meinung geändert haben muss.
30   Die Bundestagsmandate ergaben sich aufgrund des Wechsels zweier Abgeordneten der „Deutschen Konservativen Partei – Deutschen Reichspartei"; in Bremen hatte die SRP 7,7 %, in Niedersachsen sogar 11 % errungen.
31   Vgl. BVerfGE 2, 1 Leitsatz 7 der Entscheidung; vgl. bis heute § 46 BWahlG.
32   Leibholz, Gerhard: Die Grundlagen des modernen Wahlrechts (urspr. 1932); in: Ders.: Strukturprobleme der modernen Demokratie, Neuausgabe der 3. Aufl., Frankfurt a.M. 1974, S. 23.
33   Leibholz: Das Wesen der Repräsentation und der Gestaltwandel der Demokratie im 20. Jahrhundert, 3. Aufl., Berlin 1966, S. 118.
34   Leibholz, Strukturprobleme (Fn. 32), S. 93.
35   BVerfGE 2, 1 (74).
36   Ebd. (75); Stelle mit etwas anderer Bewertung auch bei Wesel, Uwe: Der Gang nach Karlsruhe, München 2004, S. 88.

zum Durchbruch verholfen zu haben. Doch geschieht dies – ähnlich wie bei seinem „Status-bericht" zum BVerfG – mit einer „falschen" Dogmatik: nämlich um den Preis der „Verstaat-lichung"[37] der Parteien infolge seiner höchst problematischen „identitären Demokratietheo-rie" in der Spur von Rousseau und Carl Schmitt[38]. Und so hat seine „Parteienstaatslehre" „die Rechtsprechung des Bundesverfassungsgerichts bis zum heutigen Tag... belastet"[39].

3 Marxismus und Wiedervereinigung: KPD-Verbot (1956)

In der zweiten Entscheidung wurde diese Linie zum Verständnis der Parteien auf der Grund-lage der fdGO als „Wertsystem" „absoluter Werte"[40] fortgeführt. Als neue Problematik kam nun jedoch hinzu, dass die KPD vor allem drei folgenden Argumente gegen die rechtliche Zulässigkeit eines Verbots in Stellung brachte:

– Der Marxismus-Leninismus wäre nicht einfach eine politische Meinung, sondern eine objektiv bewiesene, wissenschaftliche Theorie,
– ein Verbot würde dem verfassungsrechtlichen Auftrag der Wiedervereinigung widersprechen und
– schließlich würde man sich ja zur Legalität der fdGO bekennen, da die proletarische Revoluti-on und Diktatur auf einen Zeitpunkt nach der Wiedervereinigung „vertagt" worden wäre.

In diesem Zusammenhang behauptete die KPD zudem, dass ihre aktuellen Sozialisierungs-forderungen nicht über das hinaus gingen, was sich selbst in bürgerlichen Parteiprogrammen („Ahlener Programm" der CDU von 1947) widerspiegelte und sogar im Grundgesetz (Art. 15) bzw. auf Landesebene (insb. Art. 41 Hessische Landesverfassung) verfassungs-rechtlich verankert war. Dabei konnte sie auch aus der Sicht des BVerfG über ein bloßes „Lippenbekenntnis" hinaus eine gewisse „Ehrlichkeit" für ihr Bekenntnis zur fdGO rekla-mieren, das sich so gesehen „objektiv" aus der marxistischen Lehre selbst ergab:

„Denn ihre nur scheinbar doppeldeutige Haltung... folgt zwingend aus ihrer gesamten politischen Leh-re. Danach liegt es in der Dialektik der Geschichte, dass im Schoße einer in sich widersprüchlichen Ge-sellschaft... die Kräfte wachsen, die zur Überwindung der Gesellschaft selbst führen, dass also ihre ei-gene innere ‚antagonistische' Widersprüchlichkeit über sie selbst hinausführt zu einer höheren Gesell-schaftsform – zum Sozialismus-Kommunismus... Das kann auch in Wahlen zur Volksvertretung ge-schehen... So sind also grundsätzliche Feindschaft gegen die bestehende Ordnung und gleichzeitiger Gebrauch dieser Ordnung kein Widerspruch im Verhalten der KPD, sondern durch die Dialektik der Geschichte nach kommunistischer Doktrin selbst gefordert.[41]"

Zeigte sich hier ein wesentlicher Unterschied zur Strategie der „legalen Machtergreifung" der NSDAP, an die sich die Richter wohl erinnert fühlten, so resultierte doch genau hieraus auch, dass für das Verfassungsgericht zwischen aktuellem Bekenntnis zur fdGO und Herbei-führen einer kommunistischen Gesellschaftsordnung nach der Wiedervereinigung und damit

---

37 Vgl. BVerfGE 2, 1 (73).
38 Vgl. van Ooyen: Kritik der Parteienstaatslehre von Gerhard Leibholz; in: Ders.: Politik und Verfassung, Wies-baden 2006, S. 56 ff.
39 Hennis (Fn. 24), S. 123 f.
40 BVerfGE 5, 85 (139).
41 Ebd. (333).

nach der Geltungsdauer des Grundgesetzes kein Trennstrich gezogen werden konnte. Damit erwies sich das Bekenntnis als Teil des Kampfes gegen die fdGO:

„Deshalb stehen alle Erklärungen der KPD, sie wolle das Grundgesetz im Interesse der Werktätigen benutzen, sie wolle es ausschöpfen, ja verteidigen... , sie wolle nur eine im Rahmen der freiheitlichen demokratischen Grundordnung mögliche, bessere Demokratie verwirklichen..., der Tatsache nicht entgegen, dass sie zugleich die freiheitliche demokratische Grundordnung mindest zu beeinträchtigen strebt. Diese Ordnung hat für die KPD lediglich den Wert eines Instruments, um sie letzten Endes selbst zu beseitigen.[42]"

Vor diesem Hintergrund ergab sich auch die zur Opulenz ausufernde Begründung. Denn nun wurde der Nachweis geführt, dass letztlich die Lehren von Marx, Engels, Lenin und Stalin nicht mit dem Konzept des demokratischen Rechtsstaats im Sinne des Grundgesetzes kompatibel sind, dass die KPD hieran festhielt und dass sie, einschließlich ihrer Wiedervereinigungspolitik (s. u.), schon jetzt eine am „Klassenkampf" ausgerichtete, mit der fdGO unvereinbare Politik betrieb. In weiten Teilen liest sich daher die Begründung wie aus einem politikwissenschaftlichen Hauptseminar mir ausführlicher Textexegese marxistischer Schriften und kommunistischer Parteiquellen[43]. Dieser Nachweis gelang dem Verfassungsgericht bei der stalinistisch ausgerichteten KPD trotz vereinzeltem Durchscheinen des autoritären „Zeitgeistes" der 50er Jahre[44] auch aus heutiger Sicht durchaus überzeugend. Daher – soweit man Parteiverbote im Rahmen des Konzepts der „wehrhaften Demokratie" nicht aus radikaldemokratischer oder auch praktischer Sicht überhaupt ablehnt – kann man über das viel zitierte „Kopfschütteln" beim Verbot der KPD nur den Kopf[45] schütteln[46]. Fraglich bleibt aber, ob das Verbot angesichts der schon mit der Bundestagswahl von 1953 zu beobachtenden sinkenden Bedeutung der KPD[47] aus heutiger Sicht noch dem Maßstab der Verhältnismäßigkeit standhalten würde, der als Verfassungsgrundsatz jedoch erst später in der Rechtsprechung des BVerfG ausformuliert wurde.

Dem Argument vom Marxismus als wissenschaftlicher Theorie, die sich mit dem rechtlichen Maßstab nach Art. 21 Abs. 2 GG gar nicht prüfen ließe, räumte das Gericht dagegen recht schnell beiseite:

„Soweit es sich hierbei... um Wissenschaft im Sinne des Art. 5 Abs. 3 GG handelt, ist diese Wissenschaft als solche selbstverständlich frei, sie kann vorgetragen, gelehrt, weiterentwickelt, allerdings auch diskutiert und bekämpft werden. Sie ist nicht Gegenstand dieses Verfahrens... Sie kann... als solche niemals gegen die freiheitliche demokratische Grundordnung verstoßen"[48].

Da diese Lehren auf der anderen Seite „zu planmäßiger Bekämpfung" der fdGO führen könnten, soweit sie sich „in praktischem Handeln niederschlagen" sollten[49], sah man sich

---

42 Ebd. (333 f.); vgl. ebd. (336 ff.); vgl. auch die Leitsätze 8 und 9; und zwar einschließlich des von der KPD bemühten „Widerstandsrechts"; vgl. ebd. (358 ff.) und Leitsatz 10.

43 Vgl. auch Rensmann (Fn. 10), S. 61.

44 So etwa, wenn die starke Betonung der außerparlamentarischen Aktivitäten seitens der KPD schon als Ablehnung der fdGO gedeutet wurde; vgl. BVerfGE 5, 85 (231 f.).

45 Dabei unterließ die KPD nicht einmal während des Prozesses ihre haarsträubende „Agitprop"; vgl. Bundesregierung (Hg.): Verfahren gegen die KPD vor dem Bundesverfassungsgericht, Teile I und II, o. J.

46 Das gilt freilich nicht für eine Reihe anderer Maßnahmen des Kampfes gegen den Kommunismus; vgl. z. B.: Justizministerium des Landes NW (Hg.): Politische Strafjustiz 1951-1968, Reihe Juristische Zeitgeschichte, Bd. 7, o. O. 1998.

47 Hier erreichte die KPD nur noch 2,2 % gegenüber 5,7 % bei der 1. Bundestagswahl; auf Landesebene war sie Mitte der 50er Jahre bloß noch in Bremen und Niedersachsen parlamentarisch vertreten.

48 BVerfGE 5, 85 (145 f.).

49 Ebd. (146).

hierdurch auch vor die Schwierigkeit gestellt, zwischen kommunistischer politischer Agitation gegen die fdGO und der Verbreitung einer wissenschaftlichen Lehre abzugrenzen[50]. Zugleich wollte man angesichts der Strategie der KPD den Prüfungsmaßstab hinsichtlich der in Art. 21 Abs. 2 GG genannten Begriffe „beeinträchtigen" / „beseitigen" genauer bestimmen. Gegenüber der SRP-Entscheidung führte das Gericht daher einen – bis heute gültigen – weiteren Prüfungsmaßstab ein: die „aktiv kämpferische, aggressive Haltung", die zur Ablehnung der FdGO hinzutreten muss, jedoch andererseits nicht erst – wie der Begriff auf den ersten Blick suggerieren mag – erfüllt ist, wenn schon durch ein „konkretes Unternehmen" Strafgesetze verletzt worden sind bzw. Militanz vorliegt[51]. Damit verlagerte das Verfassungsgericht insgesamt die „Eingriffsschwelle weit in den Bereich der Gefahrenvorsorge"[52].

Auch in zeitlicher Hinsicht uferte das Verfahren aus und schien vom Verfassungsgericht sogar verschleppt zu werden, da einige Richter des Ersten Senates „Zweifel an der politischen Opportunität" des KPD-Verbots hatten[53]. Inwieweit „das Gericht im Hinblick auf die Anfang der fünfziger Jahre gelegentlich vorscheinende Perspektive gesamtdeutscher Wahlen zunächst im stillschweigenden Einverständnis mit der Bundesregierung den zeitlichen Ablauf des Verfahrens ,feinsteuerte'", bliebe noch genauer zu prüfen[54]:

„Dass aber der Beginn der mündlichen Verhandlung trotz des ungewöhnlichen Drängens der Bundesregierung erst angesetzt wurde, nachdem Adenauer von seiner Moskaureise zurückgekehrt und nachdem der Senatspräsident Wintrich sich bei Adenauer persönlich versichern ließ, dass die Bundesregierung am Verbotsantrag festhalten wolle, spricht dafür, dass jedenfalls das BVerfG die aus dem Verbotsverfahren resultierende Gefahr einer politischen Verschärfung des Ost-West-Konflikts sah und nach Möglichkeit vermeiden wollte"[55].

So gesehen lassen sich die ersten beiden Leitsätze der Entscheidung dann als deutliche Warnung an Adenauer interpretieren, in der das Gericht mit der „normativen Verankerung des Wiedervereinigungsgebotes... der nun als zu einseitig empfundenen Regierungspolitik Grenzen aufzuzeigen versuchte[56]". Und Adenauer, der die sowjetische Initiative hinsichtlich einer Wiedervereinigung für einen bloßen Trick Stalins hielt[57], hatte andererseits nach Ablehnung der Klagerücknahme den politischen Druck auf das Gericht noch erheblich verschärft: Mit seiner parlamentarischen Mehrheit ließ er durch Änderung des Bundesverfassungsgerichtsgesetzes die Zuständigkeit für Parteiverbotsverfahren einfach auf den Zweiten Senat übertragen und setzte auch noch für das laufende Verfahren dem Ersten Senat eine Frist. Dieser ließ sich das Heft nicht aus der Hand nehmen und entschied das Verfahren kurz vor Ablauf dieser Frist durch das Verbot der KPD. Erst nach über zehn Jahren wurde 1968 mit der Gro-

---

50 Und deren Einfluss auf den Wissenschaftsbegriff der Sozialwissenschaften zugleich unübersehbar war und zum Teil bis in die Staatsrechtslehre selbst hinein reichte. Man denke etwa an die klassische Arbeit von Beard, Charles A.: Eine ökonomische Interpretation der amerikanischen Verfassung (1913), Frankfurt a.M. 1974; in Deutschland an Wolfgang Abendroth; vgl. hierzu Hüttig, Christoph / Raphael, Lutz: Die „Marburger Schule(n)" im Umfeld der westdeutschen Politikwissenschaft 1951-1975; in: Bleek, Wilhelm / Lietzmann, Hans J. (Hg.): Schulen in der deutschen Politikwissenschaft, Opladen 1999, S. 293 ff.; aber auch: Fraenkel, Ernst: Zur Soziologie der Klassenjustiz (1927); in: ders.: Gesammelte Schriften, Bd. 1, Baden-Baden 1999, S. 177 ff.
51 BVerfGE 5, 85 Leitsatz 5; vgl. auch 5, 85 (141 ff.) sowie die Leitsätze 6 und 7.
52 Rensmann (Fn. 10), S. 61.
53 Ebd.
54 Ebd., mit Verweis auf die Auffassung von Hans-Peter Schwarz.
55 Grigoleit, Klaus J.: Bundesverfassungsgericht und deutsche Frage, Tübingen 2004, S. 242.
56 Ebd., S. 246.
57 Hier insb. die „Stalin-Note" vom 10. März 1952; vgl. Schwarz, Hans-Peter (Hg.): Die Legende von der verpassten Gelegenheit, Stuttgart-Zürich 1982; in die Zeit des Verfahrens fällt auch die Aushandlung des sowjetischen Truppenabzugs unter der Bedingung der dauernden Neutralität Österreichs 1955.

ßen Koalition im Rahmen eines Treffens zwischen Justizminister Heinemann und kommunistischen Vertretern der Weg frei für die „Neugründung" in Form der DKP, die nicht unter das mit der Entscheidung ausgesprochene Verbot einer Ersatzorganisation fallen sollte[58]. Inzwischen hatte sich nicht nur der „Zeitgeist" geändert, sondern man wollte angesichts der erstarkenden NPD aus „Symmetriegründen" auch nicht mehr am Verbot festhalten[59].

Rechtlich dagegen war das Argument der KPD, ein Verbot würde die Wiedervereinigung insbesondere im Hinblick auf die Durchführung gesamtdeutscher Wahlen verhindern, vom Verfassungsgericht einschließlich der völkerrechtlichen Bezüge des Potsdamer Abkommens wiederum relativ schnell abgehandelt. Wenngleich angesichts der vom Gericht artikulierten eigenen Bedenken wenig überzeugend, führte es sophistisch aus, dass das alles gar nicht von juristischem Belang wäre:

„Nach dem derzeitigen Stand... ist nicht damit zu rechnen, dass die Wiedervereinigung ohne eine völkerrechtliche Vereinbarung zwischen den bisherigen Besatzungsmächten erreicht werden kann... Da die Besatzungsmächte in diesen Fragen kraft ihrer... übergeordneten Besatzungsgewalt handeln würden, könnte keine Maßnahme, die sie zur Wiedervereinigung Deutschlands für geboten halten und demgemäß unter sich vereinbaren, von einem Urteil, dass die Verfassungswidrigkeit der KPD feststellt, behindert werden..."[60].

Und: „Ein Urteil des Bundesverfassungsgerichts würde vielmehr nur für den vom Grundgesetz zeitlich und sachlich beherrschten Raum wirken"[61].

Daher: „Ein Verbot der Kommunistischen Partei Deutschlands steht der Wiederzulassung einer kommunistischen Partei im Falle gesamtdeutscher Wahlen rechtlich nicht entgegen"[62].

Das war entweder „naiv" oder „unehrlich": Überzeugender wäre es gewesen, entweder einzuräumen, dass hier ein untrennbarer Zusammenhang bestehen würde[63] oder aber überhaupt – wie Adenauer – offen davon auszugehen, dass Chancen einer freien Wiedervereinigung unter diesen Bedingungen des Ost-West-Konfliktes völlig unrealistisch wären.

4 „Kaltes Parteiverbot"[64] und Begriff der „Scheinpartei" bei Scholz: FAP- und NL-Beschluss (1994)

Während die Verbote von KPD und SRP im öffentlichen Diskurs immer noch präsent sind, scheinen die Verfahren gegen die „Nationale Liste" (NL) und gegen die „Freiheitliche Deutsche Arbeiterpartei" (FAP) selbst während des NPD-Verfahrens völlig vergessen – obwohl

---

58 Wenn nicht der Erste Senat bis zum 31.08.1956 entschieden hätte; vgl. Rensmann (Fn. 10), S. 58 f. bzw. m. w. N. S. 62.

59 Vgl. Flemming, Lars: Das NPD-Verbotsverfahren, Baden-Baden 2005, S. 38; zu den Erwägungen der Bundesregierung bzgl. eines weiteren Verfahrens gegen die Deutsche Reichspartei (DRP) 1953 und 1959/60 sowie gegen die NPD 1968/69 vgl. ebd. S. 40 bzw. S. 90 ff.

60 BVerfGE 5, 85 (130 f.).

61 Ebd. (131).

62 Ebd., Leitsatz 3.

63 Oder glaubte man etwa selbst angesichts der eigenen „Bauchschmerzen" beim KPD-Verbot im Hinblick auf eine vermeintlich realistische Chance der Wiedervereinigung die UdSSR würde trotzdem einfach die Zustimmung geben?

64 Vgl. van Ooyen: „Kaltes Parteiverbot" – das NPD-Verfahren im rechtspolitischen Rückblick des FAP-Beschlusses; in: Ders. / Möllers (Hg.): Die Öffentliche Sicherheit auf dem Prüfstand, Frankfurt a.M. 2002, S. 121 ff.

sie in der Begründung und rechtspolitischen Implikation bemerkenswert sind. Denn das Verfassungsgericht beschloss in überraschender Weise, dass NL und FAP gar keine Parteien waren. Ohne die Verfassungswidrigkeit überhaupt zu prüfen, scheiterte daher das Verfahren schon an der Zulässigkeit. Doch vom Ergebnis her schienen auch die verblüfften Antragsteller zufrieden: Da NL und FAP nun gar keine Parteien im Rechtssinne waren, fielen sie nicht mehr unter den mit Art. 21 Abs. 2 GG verbundenen privilegierten Status. So konnte der jeweils zuständige Innenminister diese einfach über das Vereinsverbot nach Art. 9 Abs. 2 GG direkt selbst auflösen. Und das Verfassungsgericht seinerseits schien zufrieden, weil man die heikle Klippe der begrifflichen Abgrenzung von Partei und Verein – und damit von Parteiverbotsverfahren nach Art. 21 Abs. 2 oder Vereinsverbot nach Art. 9 Abs. 2 GG – in einer Weise umschifft hatte, die es den mit Beginn der 90er Jahre aufkommenden rechtsextremistischen Vereinigungen in Zukunft nicht erlauben würde, sich unter den Schutz des Parteienprivilegs zu begeben, um hierüber ein drohendes Vereinsverbot durch den Innenminister auszuhebeln[65]. Gleichwohl fragt es sich, ob die Entscheidungen des Gerichts nicht doch eher als problematisch zu bewerten sind:

Im September 1993 reichten der Hamburger Senat sowie Bundesregierung und Bundesrat Anträge zur Feststellung der Verfassungswidrigkeit der NL bzw. der FAP im Sinne von Art. 21 Abs. 2 GG ein[66]. Im Vergleich zu der auf den Raum Hamburg beschränkten NL war die FAP eine „bundesweit" tätige und die größere Organisation. Die nachfolgenden Ausführungen rekurrieren daher nur auf den FAP-Beschluss des Verfassungsgerichts, zumal die Ausführungen zur NL analog und in der Begründung sogar noch etwas kürzer ausfielen[67].

Die FAP, im März 1979 in Baden-Württemberg gegründet, hatte seitdem an Wahlen auf Bundes- und Landesebene teilgenommen – wenn auch mit dem äußerst geringen Erfolg von 0,00-0,07 % Stimmenanteil[68]. Sie war eindeutig rechtsextremistisch mit starker, schon in den Symbolen ausgedrückter Affinität zum Nationalsozialismus[69]. Die Antragsteller führten daher in ihrer Argumentation in Anlehnung an die vom BVerfG aufgestellten Prüfungsmaßstäbe aus, die FAP wäre als Partei verfassungswidrig[70], weil die fdGO ablehnend und sogar wesensverwandt mit der NSDAP, dies schließlich in einer aktiv kämpferischen und aggressiven Weise, die bis zur Militanz reichte. Die FAP dagegen bestritt ihrerseits nicht nur die Verfassungswidrigkeit, weil man sich längst von nationalsozialistischen Traditionssträngen in der Partei getrennt und sich zum Grundgesetz bekannt hätte. Sie argumentierte darüber hinaus, dass sie wegen ihres nur marginalen Einflusses auf die politische Willensbildung weder bisher noch in absehbarer Zukunft überhaupt eine Gefahr für die fdGO darstellte, sodass ein Verbot gegen den Grundsatz der Verhältnismäßigkeit verstoßen würde. Wer den NPD-Verbotsantrag der Bundesregierung studiert, stellt fest, dass man über die Maßstäbe aus den beiden ersten Parteiverbotsurteilen hinaus, hier den Nachweis zu erbringen suchte, dass ein Verbot wegen der Gefährlichkeit der NPD auch angemessen wäre. Der Verhältnismäßig-

---

65   Vgl. z. B. Vereinsverbote nach Art. 9 Abs. 2 GG durch den BMI in 1992 gegen die „Nationalistische Front", „Deutsche Alternative" und „Nationale Offensive".

66   Nach § 43 Abs. 2 BVerfGG ist eine Landesregierung klagebefugt, wenn sich die Organisation auf das Gebiet ihres Landes beschränkt. Zuvor war es 1991, 1992 und 1993 zu massiven rechtsextremistischen / fremdenfeindlichen Gewalttaten gekommen („Hoyerswerda" - „Rostock-Lichtenhagen" - „Mölln" - „Solingen").

67   Vgl. BVerfGE 91, 262 (Parteienbegriff I / NL-Beschluss).

68   An der Bundestagswahl 1987 und an den Landtagswahlen in Baden-Württemberg (1980, 1984, 1988), Bremen (1987), Hamburg (1986) und Nordrhein-Westfalen (1985, 1990).

69   So z. B. die Parteiflagge: weißer Kreis auf rotem Rechteck; statt des Hakenkreuzes ein schwarzer Zahnradkranz; zur Einschätzung vgl. z. B. BMI (Hg.): Verfassungsschutzbericht 1993, Bonn 1994, S. 106 ff.

70   Vgl. auch zum folgenden BVerfGE 91, 276 (Parteienbegriff II / FAP-Beschluss).

keitsgrundsatz steht zwar nicht ausdrücklich in der Verfassung, ist jedoch nach ständiger Rechtsprechung des Verfassungsgerichts ein Kernelement des in Art. 20, 28 GG allgemein verankerten Rechtsstaatsprinzips:

„Den ungeschriebenen Grundsatz der Verhältnismäßigkeit hat das Bundesverfassungsgericht erst nach den beiden stattgebenden Entscheidungen zum Parteiverbot umfassend auf alles staatliche Eingriffshandeln erstreckt. Insofern ist die verfassungsrechtliche Lage nicht mehr die gleiche wie in den 50er Jahren. Heute ist daher... in Rechnung zu stellen, dass das Bundesverfassungsgericht ähnlich wie bei Eingriffen in die Freiheitssphäre der Bürger auch bei dem schwerwiegenden Instrument des Parteiverbots den Verfassungsgrundsatz der Verhältnismäßigkeit zur Geltung bringen könnte"[71].

Verfassungswidrigkeit, aktiv kämpferische aggressive Haltung und Verhältnismäßigkeit eines Verbots – all dies interessierte das BVerfG in seiner damaligen FAP-Entscheidung vom November 1994 jedoch in keiner Weise. Insoweit ist es richtig, wenn festgestellt wird, dass sich aus den Beschlüssen zu FAP und NL keine „neue(n) Erkenntnisse für die juristischen Anforderungen an Parteiverbote... gewinnen (ließen)"[72].

Das Gericht problematisierte aber die Frage, ob die FAP die Voraussetzungen erfüllte, um überhaupt als Partei gelten zu können. Der Zweite Senat begnügte sich daher mit dem Nachweis, dass aus Wahlbeteiligung der FAP auf Bundes- und Landesebene allein nicht schon die Parteiqualität folgte – auch wenn hinsichtlich des Begriffs der Partei zunächst festgestellt wurde:

„Der Parteibegriff wird demnach maßgeblich geprägt durch die den Parteien von Verfassungs wegen zukommende Aufgabe der Mitwirkung an der politischen Willensbildung des Volkes, eine Funktion, die – zielend auf die Teilnahme an Parlamentswahlen auf der Ebene des Bundes oder eines Landes – das Wesentliche der Parteien ausmacht und ihre verfassungsrechtliche Sonderstellung gegenüber sonstigen politischen Vereinigungen erklärt"[73].

Denn der Prüfungsmaßstab war nach Meinung des Gerichts letztendlich die einfache gesetzliche Regelung des § 2 Parteiengesetzes, der „den Parteienbegriff des Art. 21 Abs. 1 GG durch diese Legaldefinition in verfassungsmäßiger Weise konkretisiert hat", zugleich „allerdings im Lichte des Art. 21 Abs. 1 GG ausgelegt und angewendet werden (muss)"[74].

Die Legaldefinition des Parteiengesetzes definiert jedoch die Wahlbeteiligung nur als notwendig, nicht als hinreichend. So geht die Parteieigenschaft bei einer Organisation verloren, wenn sie „sechs Jahre weder an einer Bundestagswahl noch an einer Landtagswahl mit eigenen Wahlvorschlägen teilgenommen hat"[75]. Darüber hinaus bestimmt das Gesetz:

„Parteien sind Vereinigungen von Bürgern, die dauernd oder für längere Zeit für den Bereich des Bundes oder eines Landes auf die politische Willensbildung Einfluß nehmen und an der Vertretung des Volkes im Deutschen Bundestag oder einem Landtag mitwirken wollen, wenn sie nach dem Gesamtbild der tatsächlichen Verhältnisse, insbesondere nach Umfang und Festigkeit ihrer Organisation, nach der Zahl ihrer Mitglieder und nach ihrem Hervortreten in der Öffentlichkeit eine ausreichende Gewähr für die Ernsthaftigkeit dieser Zielsetzung bieten"[76].

---

71 Verfassungswidrigkeit der NPD – Begründung des Antrags; abgedr. in: van Ooyen / Möllers (Fn. 64), S. 336.
72 So Lovens, Sebastian: Parteiverbote in der Bundesrepublik Deutschland; in: ZParl, 2001, S. 563.
73 BVerfGE 91, 276 (284); bloße Beteiligung an Kommunalwahlen („Rathausparteien") reicht daher nicht aus.
74 Ebd.
75 § 2 Abs. 2 PartG.
76 Ebd., Abs. 1.

Man mag darüber streiten, ob die vom Gesetzgeber gewählte Ballung unbestimmter Rechtsbegriffe nicht eher Verwirrung stiftet als zur Klärung des Parteienbegriffs beiträgt[77]. Der Gesetzgeber hat damit Tür und Tor für die Möglichkeit eines „kalten Parteiverbots" geöffnet, da sich angesichts dieser vagen Begrifflichkeit vor allem bei kleinen politischen Organisationen recht einfach die Parteieigenschaft bestreiten lässt. Und das Verfassungsgericht war dem Gesetzgeber beim FAP-Beschluss auf dieses „Glatteis" gefolgt, indem es – wie oben zitiert – die gegenüber Art. 21 GG ja rangniedrigere Legaldefinition des Parteiengesetzes als Verfassungskonkretisierung interpretierte. So stellte das Gericht im Sinne des „Gesamtbilds" der nach § 2 PartG vorgegebenen Kriterien denn auch eher lapidar fest:

„Gemessen an diesem Maßstab ist die Antragsgegnerin keine Partei. Zwar handelt es sich bei der FAP um eine Vereinigung von Bürgern, die – nach ihrer Satzung und ihrem Programm – auf die politische Willensbildung Einfluß nehmen und an der Vertretung des Volkes in den Parlamenten mitwirken will. Jedoch bietet die Antragsgegnerin nach dem Gesamtbild ihrer tatsächlichen Verhältnisse, wie es sich nach dem Vortrag der Verfahrensbeteiligten und dem vorliegenden Tatsachenmaterial darstellt, insbesondere nach Umfang und Festigkeit ihrer Organisation, nach der Zahl ihrer Mitglieder und nach ihrem Hervortreten in der Öffentlichkeit keine ausreichende Gewähr für die Ernsthaftigkeit dieser Zielsetzung"[78].

Das Verfassungsgericht führte zur Begründung insbesondere aus[79], dass es der FAP an Handlungs- und Aktionsfähigkeit fehlen, sie sich auf bloß interne Vereinsarbeit außerhalb der politischen Öffentlichkeit beschränken und an Unterstützung in der Bevölkerung mangeln würde. Dabei kehrte es das von der FAP mit Blick auf die Verhältnismäßigkeit selbst vorgetragene Argument der eigenen Bedeutungslosigkeit in recht eleganter Weise um: Nunmehr war die FAP sogar so bedeutungslos, dass sie noch nicht einmal eine Partei sein konnte. Denn bei diesem

„... Zustand absoluter Bedeutungslosigkeit... erweist sich der bekundete Wille zur politischen Einflussnahme und zur Mitwirkung an der Vertretung des Volkes in den Parlamenten als ein bloß vorgeblicher, mithin als Maskerade"[80].
Daher findet das „... besondere, wegen der herausgehobenen Stellung der politischen Parteien beim Bundesverfassungsgericht monopolisierte, vom allgemeinen Vereinsrecht abweichende Verbotsverfahren... auf sie keine Anwendung"[81].

Die FAP wurde dann durch den Bundesminister des Innern am 24.02.1995 als Verein, der sich gegen die verfassungsmäßige Ordnung richtet, verboten und aufgelöst[82].
Faktisch hat das Gericht in seinem Beschluss jedoch einen neuen „Rechtsbegriff" geschaffen, der nun neben die Begriffe „Verein" und „Partei" tritt: nämlich den einer Vereinigung als „Scheinpartei", die sich mangels „Ernsthaftigkeit" den privilegierten Parteistatus

---

77 Denn wie will man z. B. das „Gesamtbild" der „tatsächlichen Verhältnisse" ermitteln? Hat man sich dabei aufwendige politikwissenschaftliche Studien mit den Methoden empirischer Sozialforschung vorzustellen? Ganz zu schweigen von der Vorgabe der „Ernsthaftigkeit". Nach welchem Maßstab lässt sich dies festlegen – und zwar im Sinne einer „ausreichenden Gewähr"? Gilt überdies eine solche Feststellung nur für den Augenblick einer aktuellen Momentaufnahme oder müssen die letzten zwei, drei, vier usw. Jahre unter Einbezug einer kurz- mittel- oder gar langfristigen Prognose (!) berücksichtigt werden?
78 BVerfGE 91, 276 (290).
79 Vgl. ebd. (290 ff.); z. B.: Schriftverkehr bloß über Postfächer; keine jährliche öffentliche Rechenschaftslegung; keine ausreichende Finanz- und Personaldecke.
80 BVerfGE, 91, 276 (293).
81 Ebd. (294).
82 Vgl. BMI: Verfassungsschutzbericht 1994, Bonn 1995; am selben Tag erfolgte auch das Verbot der NL durch den Hamburger Innensenator.

nur erschleicht. Diese „Sophistik" mag angesichts zahlreicher weiterer rechtsextremistischer Vereinigungen, „tricky" gewesen sein. So wie man auf dieser Seite die „Lücke" geschlossen hat, öffnet sie sich dann aber in umgekehrter Richtung für die Möglichkeit von „Parteiverboten" durch die Exekutive. Genau das kann jedoch wohl kaum im Sinne des Art. 21 GG sein, sodass es vom Standpunkt der „wehrhaften Demokratie" besser gewesen wäre, das Verfahren gegen die FAP durchzuziehen.

Verfolgt man diese Argumentation zurück auf ihre Urheberschaft und ihren ursprünglichen Kontext[83], so tritt die mit ihr verbundene problematische Ambivalenz noch deutlicher hervor: In die verfassungsrechtliche Diskussion ist sie einschließlich des Begriffs der „Pseudopartei"[84] rund zehn Jahre zuvor vom konservativen Staatsrechtler Rupert Scholz eingeführt worden – und zwar mit Bezug zu den „Grünen". Eine explizite Bezugnahme auf Scholz findet sich in der Gerichtsentscheidung zwar nicht. Scholz nimmt aber genau dieses Muster eines „kalten Parteiverbots" vorweg, indem er zu zeigen versuchte, dass die Grünen erstens als eine rein ökologische Ein-Punkt-Bewegung und wegen sonstiger mangelnder parlamentarischer „Ernsthaftigkeit" gar keine Partei wären:

„Die Frage der Parteieigenschaft ist also primär und auch verfassungspolitisch zentral. Für alle anderen, nicht unter den Parteibegriff des Art. 21 GG fallenden Vereinigungen gilt allein der Verfassungsvorbehalt des Art. 9 Abs. 2 GG"[85].

„Die Grünen/Alternativen deklarieren sich... gern als politische ‚Bewegung'... ‚Bewegungen' in diesem Sinne sind jedoch keine – oder noch keine – politischen Parteien. Denn der Begriff der politischen Partei fordert mehr als ein ‚politisches Bewegtsein'. Der Begriff der politischen Partei fordert vielmehr – neben der Teilnahme an der politischen Willensbildung des Volkes allgemein – definitiv die ernsthaft und auf Dauer angelegte Bereitschaft, gesamtstaatliche Verantwortung vor allem auf der Grundlage der parlamentarischen Demokratie zu übernehmen"[86].

Dabei postulierte Scholz, dass selbst eine parlamentarische Vertretung für den Status als Partei gar nicht ausreichen würde:

„Eine politische Organisation, die selbst ein in Wahlen erobertes parlamentarisches Mandat nicht selbst ernst nimmt, die dieses als bloßes ‚Spielbein' oder als bloßes Instrument zur Konterkarierung der parlamentarischen Demokratie begreift, verkörpert keine politische Partei im Sinne des Art. 21 GG..."[87].

Und zweitens wären die „Grünen" als bloße politische Vereinigung u. a. wegen der Ablehnung des „freien Mandats" als Kernelement der Demokratie durch die Praxis des „Rotationsprinzips" zudem auch noch verfassungswidrig[88], sodass genau dieser Weg eines Verbots über Art. 9 Abs. 2 GG frei würde[89].

---

83 Vgl. van Ooyen: „Vereinsverbote" gegen „Scheinparteien"?; in: RuP, 2004, S. 172 ff.
84 Scholz, Rupert: Krise der parteienstaatlichen Demokratie? „Grüne" und „Alternative" im Parlament, Schriftenreihe der Juristischen Gesellschaft Berlin, Heft 80, Berlin - New York 1983, S. 14.
85 Ebd., S. 36; allgemein vgl. auch S. 30.
86 Ebd. S. 28 f.; vgl. auch S. 32.
87 Ebd., S. 42.
88 Vgl. ebd., S. 35 ff.
89 Vgl. ebd., S. 35 f.; Der Trick bei Scholz ist die Behauptung, dass die Akzeptanz der repräsentativen Demokratie (hier: des freien Mandats) nicht nur Merkmal sei im Hinblick auf die Verfassungswidrigkeit einer Partei nach Art. 21 Abs. 2 GG, sondern zugleich auch wesentliches Merkmal für die Parteieigenschaft selbst. Dem ist entgegenzuhalten, dass dies nur Merkmal einer demokratischen Partei ist. Denn aus der Argumentation von Scholz würde ja folgen, dass alle extremistischen Partei, die in typischer Weise die repräsentative Demokratie ablehnen, gar keine Parteien mehr im Rechtsinne wären und als bloß politische, verfassungswidrige Vereinigungen unter Art. 9 Abs. 2 fielen. Dann aber hätte sich der Verfassungsgeber Art. 21 Abs. 2 GG überhaupt sparen können.

5 „Staatsfreiheitsgebot" und Verfassungsschutz: NPD-Beschluss (2003)

„Von einer ‚Sachentscheidung' des Bundesverfassungsgerichts auf einen Parteiverbots-Antrag wurde eine Verfeinerung der Dogmatik des Parteiverbots erwartet. Dazu konnte es nun nicht kommen"[90]. Das von Bundesregierung, Bundestag und Bundesrat Anfang 2001 – unter hohem öffentlichen Handlungsdruck – eingeleitete Verfahren[91] gegen die NPD ist eingestellt worden[92], „weil der Einstellungsantrag der Ag (d. h. der NPD, RvO) nicht die für eine Ablehnung erforderliche qualifizierte Zweidrittelmehrheit gefunden hat"[93], die das Gesetz über das BVerfG vorschreibt[94]. Vor dem Hintergrund der „V-Mann-Problematik", war eine „Sperrminderheit" von drei Richtern hinsichtlich des rechtsstaatlichen Gebots eines fairen Verfahrens „der Auffassung, dass ein nicht behebbares Verfahrenshindernis vorliegt"[95]. Obgleich der „Bruch im Zweiten Senat... tief sein" musste[96] – angesichts der Kritik der vier Richter, die für ein Fortfahren plädiert hatten[97] – war der Zweite Senat insgesamt „verärgert und fühlte sich von den Antragstellern getäuscht"[98]. Denn hierüber war man eher beiläufig und erst kurz vor der mündlichen Verhandlung durch einen Telefonanruf eines hohen Ministerialbeamten überhaupt informiert worden. Dieser Beamte des BMI teilte mit, dass eine der vom Gericht zur Anhörung geladenen Personen eine Aussagegenehmigung einer Verfassungsschutzbehörde vorlegen[99] würde[100]. Hierauf setzte das BVerfG im Januar 2002 die für

---

90 Fromme, Friedrich K.: Bestätigte Skepsis; in: RuP, 2003, S. 183; zur vorangehenden Kontroverse um das Verbot vgl. z. B. Meier, Horst / Leggewie, Claus (Hg.): Verbot der NPD oder mit Rechtsradikalen leben?, Frankfurt a.M. 2002.

91 Zu den Details und zur „Eigendynamik" im weiteren Verlauf der öffentlichen Debatte, die in der Breitenwirkung ihren Ausgangspunkt in einer Forderung des Bayerischen Innenministers Beckstein im Anschluss an den „Düsseldorfer Bombenanschlag" vom 27.07.2000 auf eine Gruppe russisch-jüdischer Immigranten nahm, vgl. Flemming (Fn. 59), S. 97 ff. Auf der Ebene des Vereinsverbot wurden 2000 u. a. die Gruppen „Blood & Honour", „White Youth" und „Skinheads Sächsische Schweiz" verboten.

92 Zur unmittelbaren Wirkung auf die NPD vgl. Fleming, Lars: Die NPD nach dem Verbotsverfahren; in: Backes, Uwe / Jesse, Eckhard (Hg.): JBED, Baden-Baden 2004, S. 144 ff.; zu den Ursachen des späteren Wahlerfolgs in Sachsen vgl. Steglich, Henrik: Die NPD in Sachsen, Göttingen 2005.

93 BVerfG: Pressemitteilung Nr. 22/2003 vom 18. März 2003.

94 Vgl. § 15 BVerfGG.

95 BVerfGE 107, 339 (356) – NPD-Verbotsverfahren; nämlich die Richter Hassemer, Broß und die Richterin Osterloh (360).

96 So Hans-Peter Bull, einer der Prozessbevollmächtigten der Bundesregierung: Verfehltes Verfahren, Niederlage der Demokratie oder Sieg der Toleranz?; in: Möllers / van Ooyen (Hg.): JBÖS 2002/2003, Frankfurt am Main 2003, S. 197.

97 Nämlich die Richter Sommer, Jentsch, Di Fabio und Mellinghoff; vgl. BVerfGE 107, 339 (378).

98 Bull (Fn. 96), S. 201.

99 Zu den Einzelheiten der „V-Mann-Affäre", in deren Verlauf dann noch weitere „U-Boote" auftauchten, über die das Verfassungsgericht nur „scheibchenweise" informiert wurde, vgl. Flemming (Fn. 59), S. 185 ff.; aus Sicht der Antragsteller vgl. Bull (Fn. 96), S. 197 ff., vgl. auch BVerfGE 107, 339 (346 ff.).

100 Schon zuvor hatte die NPD einen „Teilerfolg" erringen können; zum Beschluss des BVerfG vom Juni 2001 bzgl. der Durchsuchung und Beschlagnahme im Rahmen eines parallel laufenden strafrechtlichen Ermittlungsverfahrens der Berliner Justiz gegen Horst Mahler, zugleich einer der beiden Prozessvertreter der NPD, wegen Volksverhetzung vgl. BVerfGE 104, 38 ff. Dagegen wurde der Antrag Mahlers auf ein Vorabentscheidungsverfahren vor dem EuGH abgewiesen (vgl. BVerfGE 104, 214). Darüber hinaus reklamierte Mahler – wie schon 1957 die KPD – einen Verstoß gegen die EMRK. Zu dieser Problematik insb. bzgl. Art 11 EMRK (Versammlungs- und Vereinigungsfreiheit) vgl. Kugelmann, Dieter: Parteiverbote und EMRK; in: Grewe, Constance / Gusy, Christoph (Hg.): Menschenrechte in der Bewährung, Baden-Baden 2005, S. 244 ff. Zur Person Mahlers, der in seinen Stellungnahmen vor Gericht sich immer wieder zu abstrusen Verschwörungstheorien verstieg, die er auch über sein „Deutsches Kolleg" verbreitete, vgl. Jesse, Eckhard: Biographisches Porträt: Horst Mahler; in: Backes / Jesse (Hg.): JBED, Baden-Baden 2001, S. 183 ff.

den Februar geplanten Termine der mündlichen Verhandlung ab. Inwieweit diese frühe Einstellung des Verfahrens schon damit zusammenhing, dass wegen der tiefen Meinungsverschiedenheiten im Senat ein Scheitern des Verfahrens wegen der nicht erreichbaren 2/3-Mehrheit ohnehin drohte, kann nur gemutmaßt werden[101].

Für die Entscheidung spielte der Grundsatz des „Staatsfreiheitsgebots" eine wesentliche Rolle.

„Die Beziehungen zwischen den Staatsorganen und den politischen Parteien stehen unter dem Verfassungsgebot der grundsätzlich staatsfreien und offenen Meinungs- und Willensbildung vom Volk zu den Staatsorganen... Art. 21 GG hat die Parteien als verfassungsrechtlich notwendige Instrumente für die politische Willensbildung des Volkes anerkannt und sie in den Rang einer verfassungsrechtlichen Institution erhoben... Gleichwohl gehören die Parteien nicht zu den Staatsorganen..."[102].
Und: „Vor diesem Hintergrund gebieten die rechtsstaatlichen Anforderungen an das Parteiverbotsverfahren... strikte Staatsfreiheit im Sinne unbeobachteter selbstbestimmter Willensbildung und Selbstdarstellung der Partei vor dem Bundesverfassungsgericht. Das verfassungsgerichtliche Parteiverbot, die schärfste und überdies zweischneidige Waffe des demokratischen Rechtsstaats gegen seine organisierten Feinde, braucht ein Höchstmaß an Rechtssicherheit, Transparenz, Berechenbarkeit und Verlässlichkeit des Verfahrens"[103].

Von hier aus führte die „Sperrminderheit" der drei Richter angesichts der Tätigkeit von V-Leuten bis über den Zeitpunkt der Antragstellung hinaus unmissverständlich aus:

„Die Beobachtung einer politischen Partei durch V-Leute staatlicher Behörden, die als Mitglieder des Bundesvorstandes oder eines Landesvorstandes fungieren, unmittelbar vor und während der Durchführung eines Verfahrens vor dem Bundesverfassungsgericht... ist in der Regel unvereinbar mit den Anforderungen an ein rechtsstaatliches Verfahren..."[104].
„... darf eine intensivere Beobachtung politischer Parteien mit nachrichtendienstlichen Mitteln jedenfalls nicht dazu führen, dass etwa eingeschleuste Bedienstete staatlicher Behörden gezielt und wirkungsvoll Einfluss auf die Willensbildung der Vorstände einer politischen Partei auf Bundes- oder Landesebene nehmen, so dass der Sache nach von einer Veranstaltung des Staates gesprochen und der Partei demgemäß ihr Status als Partei abgesprochen werden müsste"[105].
Und: „Nach allem kann von Staatsfreiheit der Führungsebenen der Antragsgegnerin nach Einleitung des Verbotsverfahrens keine Rede sein"[106].

Demgegenüber wies die unterliegende „Mehrheitsmeinung" dies im Prinzip als Verletzung der Justizgewährpflicht zurück, da Verfahrenshindernisse nur ausnahmsweise geltend gemacht werden sollten, nämlich nur „wenn eine angemessene Berücksichtigung des Verstoßes bei umfassender Gesamtwürdigung nicht mehr möglich ist"[107]. Hierfür aber hätte das Verfahren gar nicht beendet werden dürfen, sondern das Gericht hätte durch Sachaufklärung und Beweisaufnahme sich überhaupt selbst erst ein konkretes Bild machen und dann eine solche abwägende „Gesamtwürdigung" vornehmen müssen[108]. Und während der Standpunkt der

---

101 So u. a. die Kritik von Bull (Fn. 96), S. 207.
102 BVerfGE 107, 339 (361).
103 Ebd. (369).
104 Ebd. (365); es sei denn zur „Abwehr akuter Gefahren... in extremen Ausnahmefällen" (370).
105 Ebd. (366).
106 Ebd. (375); hinzu kam, dass aus Sicht dieser Richter eine klare Zuordnung des von den Verfassungsschutzbehörden gesammelten Materials durch den „Quellenschutz" unmöglich, eine nachträgliche Offenlegung unter Ausschluss der NPD aber als rechtsstaatlich unzulässig abgelehnt wurde (vgl. 371 und 375 f.).
107 Ebd. (380, auch 386 ff.).
108 Hier gestützt auf eine „Pflicht" zur Beweiserhebung nach § 26 BVerfGG und u. a auf die in den §§ 47 und 38 BVerfGG i. V. m. §§ 94 ff. StPO bereit gestellten Mittel der Beschlagnahme und Durchsuchung, um neue Be-

„Sperrminderheit" schon fast auf die Alternative „beobachten" oder „verbieten" hinaus läuft, reklamierte demgegenüber die „Mehrheit", dass der Einsatz von V-Leuten auch in Führungsetagen solcher Parteien unumgänglich wäre – und zwar auch noch über den Zeitpunkt der Antragsstellung hinaus. Denn typischerweise verschleierten solche Parteien ihre wahren Absichten und nicht nur der staatliche Schutzauftrag könnte eine permanente Beobachtung erfordern, sondern schon allein die Tatsache, dass eine vorherige Einstellung die Ermittlung des aktuellen Bildes dieser Partei je nach Dauer des verfassungsgerichtlichen Verfahrens unmöglich machte. Inwieweit sich hier eine „mittlere" Lösung findet lässt zwischen dem von der Minderheit artikulierten liberalen Unbehagen „ausufernder" jahrzehntelanger Beobachtung, ja womöglich staatlicher Durchdringung von Parteien und den praktischen Notwendigkeiten, für ein Verfahren einfach ausreichend einschlägiges Material zu sammeln, bleibt weiter zu[109] diskutieren[110]. Unabhängig von diesem Streit innerhalb des Gerichts über das richtige Maß überrascht jedoch ein anderer Aspekt der Entscheidung, nämlich die Frage, inwieweit durch die Verletzung des „Staatsfreiheitsgebots" die Parteigenschaft selbst betroffen würde. Während die „Sperrminderheit" im Senat von der Verletzung des Staatsfreiheitsgebots auf die Unmöglichkeit einer Weiterführung des Verfahrens schloss, kam die „Mehrheit", ebenfalls vom „Staatsfreiheitsgebot" ausgehend, zu einem Ergebnis, das unmittelbar an die Überlegungen zum Parteienbegriff aus den Verfahren gegen die FAP und NL anknüpfte. Nach Auffassung der „Mehrheit" eröffneten sich nun nur zwei Möglichkeiten: Entweder wäre der staatliche Einfluss auf die NPD durch den Verfassungsschutz gar nicht so erheblich, dass das Verfahren nicht trotzdem weitergeführt werden könnte. Diese Variante war dann auch die Einschätzung, der man im konkreten Fall der NPD tatsächlich folgte:

„Eine staatliche Fremdsteuerung der Antragsgegnerin ist nicht ansatzweise erkennbar. Insbesondere ergeben sich aus der bekannt gewordenen Zusammenarbeit staatlicher Stellen mit Mitgliedern des Bundesvorstandes und der Landesvorstände der Antragsgegnerin keine Anhaltspunkte dafür, dass das politische Erscheinungsbild der Antragsgegnerin nicht mehr das Ergebnis eines offenen gesellschaftlichen Willensbildungsprozesses ist"[111].

Oder aber – und in der rechtspolitischen Konsequenz viel bemerkenswerter – der Einfluss wäre so groß, dass infolge der staatlichen „Steuerung" im Falle der NPD gar nicht mehr von einer „staatsfreien" Partei gesprochen werden könnte. Weil aber der Grundsatz der „Staatsfreiheit" hiernach eine notwendige Bedingung für die Parteiqualität ist, würde es sich dann bei der NPD gar nicht mehr um eine Partei handeln. Und genau das wurde von der „Mehrheitsmeinung" postuliert:

„Überschreiten die Verfassungsschutzbehörden des Bundes und der Länder ihre legitimen Aufgaben und erreicht eine nachrichtendienstliche Beobachtung das Ausmaß einer maßgeblichen Steuerung des Parteiwillens in seiner Gesamttendenz, so kann es bereits an den Merkmalen einer Partei (vgl. § 2

---

weismittel zu erheben, sowie die Möglichkeit, sich nach §§ 26 und 28 BVerfGG über den Geheimschutz hinwegzusetzen; vgl. ebd. (389).

109 Faktisch habe sich hiermit das Bundesverfassungsgericht aus den Parteiverbotsverfahren verabschiedet und damit Art. 21 Abs. 2 GG obsolet gemacht, da die von der Minderheitsmeinung geforderten Standards die Arbeit des Verfassungsschutzes im Hinblick auf zukünftige Verbotsverfahren unmöglich machten, so die Kritik von Bull (Fn. 96), S. 211, der sich zudem fragt, ob dies nicht mittelfristig sogar zum umgekehrten Effekt einer vollständigen Verlagerung der Extremismusbekämpfung auf die Exekutivbehörden führen könnte (S. 213 ff.).

110 Vgl. z. B. Michaelis, Lars O.: Politische Parteien unter der Beobachtung des Verfassungsschutzes, Baden-Baden 2000; in diesem Kontext vgl. auch noch einmal den Vorschlag von Scherb (Fn. 7).

111 BVerfGE 107, 339 (381).

PartG) fehlen und damit an einem möglichen Antragsgegner eines Verbotsverfahrens, weil Parteien grundsätzlich staatsfreie gesellschaftliche Zusammenschlüsse sind..."[112].

Daher, gewendet gegen das oben zitierte Argument der „Sperrminderheit" und unter explizitem Bezug zu den beiden „Parteibegriffs-Entscheidungen" von NL und FAP, ergab sich:

„Selbst dann jedoch, wenn von einer inhaltlichen und programmatischen Fremdsteuerung der Antragsgegnerin auszugehen wäre, so folgte daraus kein Verfahrenshindernis; die Antragsgegnerin verlöre in diesem Fall als fremdgesteuerte Organisation ihre Parteiqualität. Der Verbotsantrag wäre deshalb in einer Entscheidung zur Sache als unzulässig zurückzuweisen (vgl. BVerfGE 91, 262 (266); 91, 276 (283))"[113].

So wäre dann wie schon beim „kalten Parteiverbot" der beiden Verfahren aus den 90er Jahren der Weg frei, die NPD als verfassungswidrige, aber bloße politische Vereinigung einfach nach Art. 9 Abs. 2 GG durch den Bundesinnenminister aufzulösen[114]. Radikal zu Ende gedacht bedeutet das jedoch nichts anderes, als sich überhaupt von Parteiverbotsverfahren zugunsten des schnell exekutierbaren Vereinsverbots zu verabschieden.

---

112 Ebd.
113 Ebd.
114 Aus dieser Sicht der „Mehrheit" ist demnach – polemisch formuliert – das Verfahren gegen die NPD nicht gescheitert wegen der vielen, sondern im Gegenteil gerade wegen der noch zu geringen Zahl an V-Leuten in führenden Funktionärspositionen!

Martin H. W. Möllers

Paradigmenwechsel im Bereich der Menschenwürde? Der Einfluss der Staatsrechtslehre auf die Rechtsprechung des Bundesverfassungsgerichts

1 Einleitung

„Rechtsprechung und Literatur" ist in der Rechtswissenschaft ein feststehender Begriff, mit dem deutlich gemacht wird, dass herrschende Meinungen in der „Rechtsprechung" – insbesondere der Bundesgerichte – nicht zwingend mit denen in der wissenschaftlichen „Literatur" übereinstimmen müssen. Andererseits ist aber nicht von der Hand zu weisen, dass beide Bereiche sich gegenseitig beeinflussen. Vor allem beim Bundesverfassungsgericht (BVerfG) ergibt sich eine deutliche Schnittstelle: Denn sehr viele Richter rekrutieren sich aus Lehrstuhlinhabern. Von den derzeit 16 Richterinnen und Richter beider Senate des BVerfG sind 11 Professoren[1]. Auch in Zukunft wird davon auszugehen sein, dass Lehrstuhlinhaber ins BVerfG einziehen werden. Wenn es Unterschiede zwischen der „Rechtsprechung" und der „Literatur" gibt, dann vor allem, weil die Forschung nicht zuletzt infolge gesellschaftlicher Entwicklungen nach neuen Wegen sucht.

Die seit dem 11. September 2001 immer bedrohlicher erscheinende weltweite Sicherheitslage führt dazu, dass sich auch in Deutschland Sicherheitsängste entwickeln, welche viele Bürgerinnen und Bürger bereit machen, zu Gunsten einer vermuteten höheren öffentlichen Sicherheit ihre eigenen Menschenrechte herzugeben[2]. Forderungen nach „hartem Durchgreifen", denen die politischen Akteure mit „Anti-Terror-Paketen"[3] und Diskussionen um Fahndungsausweitungen (z. B. Einbindung von DNA-Probennahmen schon bei jeder erkennungsdienstlichen Behandlung[4]) nachkommen, beeindruckt offensichtlich auch die Wissenschaft in ihrer Abwägung von mehr „Freiheit" oder (noch) mehr „Sicherheit"[5].

---

1   Angaben des BVerfG auf der Website unter: http://www.bundesverfassungsgericht.de/cgi-bin/link.pl?richter (20.6.2005).

2   Z. B. in der Gesprächsrunde bei Sabine Christiansen in der ARD am Sonntag, den 21.11. 2004, applaudierte das Studiopublikum, als gefordert wurde, dass die Polizei in bestimmten Situationen foltern dürfen sollte. Zur Folterdiskussion vgl. Gintzel, Kurt: Die »unlösbare« Pflichtenkollision – ein Beitrag zur »Folterdiskussion« und zugleich eine Abgrenzung von Verwaltungszwang und Aussageerpressung. In: Die Polizei 2004, S. 249-280.

3   In den „Anti-Terror-Paketen" wurden allein im ersten Jahr seit den Anschlägen vom 11. September u. a. folgende Maßnahmen beschlossen: die Aufhebung des Religionsprivilegs im Vereinsgesetz (19.9.2001), die Erweiterung des „Anti-Terrorismus-Paragrafen" § 129a StGB (24.9.2001), Sicherheitsüberprüfungen auf Flughäfen, bei denen Erkenntnisse von BND, MAD und Verfassungsschutz genutzt werden dürfen, Ausweitung der Inhalte und der Nutzungsberechtigten des Ausländerzentralregisters (11.1.2002), sowie die Erfassung aller deutschen Bankkonten in einem Zentralregister, um den Terroristen die finanziellen Mittel zu sperren: vgl. dazu http://www.cilip.de/terror/gesetze.htm und http://online.wdr.de/online/news2/katastrophe_worldtradecenter/ anti_terror_paket.phtml.

4   Das ZDF meldete am 17.1.2005 auf seiner Website (http://www.zdf.de/ZDFheute/inhalt/2/0,3672,2250210,00. html): „Nach der Aufklärung des Mordes an Rudolph Moshammer ist der Ruf nach einer Ausweitung der

351

Das subjektive Sicherheitsempfinden beeinflusst die akademische Argumentationsweise in Rechtsprechung und Literatur nicht erst heute und bewegt das „Begründungspendel" immer weiter auf den Pol „Sicherheit"[6]: Ende der 1970er Jahre – zur Hochzeit des RAF-Terrorismus – sah das BVerfG die „Sicherheit des Staates als verfasster Friedens- und Ordnungsmacht und die von ihm zu gewährleistende Sicherheit seiner Bevölkerung" als „Verfassungswerte, die mit anderen im gleichen Rang stehen und unverzichtbar sind, weil die Institution Staat von ihnen die eigentliche und letzte Rechtfertigung herleitet.[7]" Und in den 1980er Jahren wurde im Zusammenhang mit Linksterrorismus und organisierter Kriminalität von einem „Grundrecht auf Sicherheit" gesprochen[8], das in Wettstreit mit den Freiheitsrechten tritt[9]. Ausgelöst durch einen Fall von polizeilicher Drohung mit Folter gegenüber einem Geiselnehmer im Jahre 2003[10] entbrannte eine „wissenschaftliche" Diskussion um ein staatliches „Recht auf Folter" – euphemistisch auch als „lebensrettende Aussageerzwingung[11]" bezeichnet –, an der sich neben Politiker auch die Wissenschaft beteiligte.

Es stellt sich daher die Frage, welche Bedeutung der in Art. 1 Abs. 1 Satz 1 GG normierten *Unantastbarkeit der Menschenwürde* heute noch beigemessen wird. Ursprünglich hatte staatliches Unrecht und politisch motivierte Gewalt nach der nationalsozialistischen Herrschaft zum verfassungsrechtlichen Schutz der Menschenwürde im Grundgesetz und zum politischen Konsens über bestimmte Menschenwürdestandards geführt[12].

Deshalb soll einerseits untersucht werden, welche neueren Entwicklungen in der Literatur bezüglich der Menschenwürdestandards zu finden sind. Andererseits ist an Hand jüngster Rechtsprechung des BVerfG festzustellen, welchen Stellenwert die Verfassungsrichterinnen und -richter der Unantastbarkeit der Menschenwürde heute (noch) einräumen.

DNA-Analyse wieder lauter geworden. Politiker von Union und SPD forderten ihre häufigere Anwendung ebenso wie der BDK und die GdP. Die Grünen und die FDP lehnen dies mit Hinweis auf die Bürgerrechte ab."

5   Zum Thema vgl. z. B.: Denninger, Erhard: Fünf Thesen zur »Sicherheitsarchitektur«, insbesondere nach dem 11. September 2001. In: Möllers, Martin H. W. / van Ooyen, Robert Chr. (Hg.), JBÖS 2002/2003, Frankfurt am Main 2003, S. 253-264; Baldus, Manfred: Freiheit und Sicherheit nach dem 11. September 2001 – Versuch einer Zwischenbilanz. In: BDVR-Rundschreiben 02/2004, S. 61-65; Bull, Hans Peter: Freiheit und Sicherheit angesichts terroristischer Bedrohung – Bemerkungen zur rechtspolitischen Diskussion. In: Möllers / van Ooyen, JBÖS 2002/2003, S. 265-281; Brugger, a. a. O. (Fn. 11).

6   So in seiner zweiten These Hassemer, Winfried: Zum Spannungsverhältnis von Freiheit und Sicherheit – Drei Thesen. In: vorgänge Nr. 159, 2002, S. 10 f.

7   BVerfGE 49, 24, hier S. 56 f. unter Bezugnahme auf BVerwGE 49, 202 (209).

8   1982 forderte Josef Isensee ein solches Grundrecht in einem vor der Berliner Juristischen Gesellschaft am 24. November 1982 gehalten Vortrag, den er in einer erweiterten Fassung veröffentlichte: „Das Grundrecht auf Sicherheit. Zu den Schutzpflichten des freiheitlichen Verfassungsstaates", Berlin 1983. Gerhard Robbers propagierte das „Grundrecht auf Sicherheit" in seinem Beitrag „Sicherheit als Menschenrecht. Aspekte der Geschichte, Begründung und Wirkung einer Grundrechtsfunktion", Baden-Baden 1987.

9   So zumindest die Argumentation der Gegner eines „Grundrechts auf Sicherheit", z. B. Denninger, Erhard: Der gebändigte Leviathan, Baden-Baden 1990, S. 33, 47, 377; Kniesel, Michael: »Innere Sicherheit« und Grundgesetz. In: ZRP 1996, S. 482-489; Gusy, Christoph: Polizeirecht, 5. Aufl., Tübingen 2003, Rdnr. 74.

10 Im Mittelpunkt stand ein Vermerk des inzwischen verurteilten Polizei-Vizepräsidenten von Frankfurt am Main, in dem dieser angeordnet haben soll, den Kindesentführer „nach vorheriger Androhung, unter ärztlicher Aufsicht, durch Zufügen von Schmerzen, (keine Verletzungen) erneut zu befragen": S. dazu Pätzold, André: Ex-Polizeichef: Prozess wegen Folterdrohung. In: Die Welt.de, http://www.welt.de/data/2004/06/22/295059.html vom 24.6.2004.

11 Vgl. z. B. Kap. „VIII. Das Beispiel lebensrettende Aussageerzwingung" bei Brugger, Winfried: Freiheit und Sicherheit. Eine staatstheoretische Skizze mit praktischen Beispielen, Baden-Baden 2004, S. 56.

12 S. dazu genauer den ausgezeichneten Beitrag von Lembcke, Oliver: Menschenwürde: Subjektivität als objektives Prinzip. Verfassungstheoretische Bemerkungen zur gegenwärtigen Dogmatik der Menschenwürde im Grundgesetz. In: Härle, Wilfried / Preul, Reiner (Hg.), Marburger Jahrbuch Theologie XVII, Marburg 2005, S. 49-77.

2 Die Unantastbarkeit der Menschenwürde in Grundgesetzkommentierungen

Bis zur Neukommentierung des Art. 1 Abs. 1 GG durch Matthias Herdegen im Jahre 2003 im von Theodor Maunz und Günter Dürig 1958 begründeten Grundgesetzkommentar bildete die 45 Jahre lang von Dürig entwickelte Idee der positivrechtlichen Festlegung der Unantastbarkeit der Menschenwürde, wie sie wörtlich im ersten Satz des GG festgeschrieben ist, die nachhaltige Grundlage für Rechtsprechung und Literatur. Nach Dürig sollte der aus der Menschenwürde fließende Wert- und Achtungsanspruch sowie das von der Menschenwürde ausgehende Schutzgebot unantastbare Leitlinie für alles staatliche Handeln sein[13]. Dabei ging er bei der inhaltlichen Bestimmung des Begriffs der Menschenwürde von einem christlichen Verständnis aus[14]. Herdegen scheint diese unantastbare Leitlinie der Menschenwürde aufzulösen, wenn er schreibt, dass „Art und Maß des Würdeschutzes für Differenzierungen durchaus offen[15]" sind. Beide Auffassungen zur Unantastbarkeit der Menschenwürde sind daher zunächst zu sichten:

2.1 Die Unantastbarkeit der Menschenwürde nach Dürig

Die Menschenwürde wurde von Dürig im Unterschied zu den im Grundgesetz nachfolgenden subjektiven Grundrechten zur objektivrechtlichen Norm qualifiziert. Im Gegensatz zu allen Grundrechten sollte die Menschenwürde keiner verfassungsimmanenten Schranke unterliegen. Insbesondere für staatliches Handeln bildete die Menschenwürde vielmehr eine *absolute* staatliche Schranke, die weder ein hohes Strafverfolgungsinteresse noch die Aufrechterhaltung von öffentlicher Sicherheit oder Ordnung aushebeln konnte[16]. Der Staat wird in Art. 1 Abs. 1 Satz 2 1. Alt. GG dazu verpflichtet, die Menschenwürde zu achten.

„Alle Staatsgewalt hat den Menschen in seinem Eigenwert, seiner Eigenständigkeit zu achten und zu schützen. Er darf nicht ‚unpersönlich', nicht wie ein Gegenstand behandelt werden, auch wenn es nicht aus Missachtung des Personenwertes, sondern ‚in guter Absicht' geschieht.[17]"

---

13 Vgl. Böckenförde, Ernst-Wolfgang: Die Würde des Menschen war unantastbar. Abschied von den Verfassungsvätern: Die Neukommentierung von Artikel 1 des Grundgesetzes markiert einen Epochenbruch. In: Deutscher Hochschulverband (Hg.), Glanzlichter der Wissenschaft. Ein Almanach, Saarbrücken 2003, S. 25-31, hier S. 26.

14 S. dazu Dürig, Günter: Die Menschenwürdeauffassung des Grundgesetzes. In: JR 1952, S. 259, 260 f.; vgl. dazu auch Will, Rosemarie: Christus oder Kant. Der Glaubenskrieg um die Menschenwürde. In: Blätter 10/2004, S. 1228-1241, hier S. 1230 f.; vgl. auch Starck, Christian, in: von Mangoldt, Hermann / Klein, Friedrich / Starck, Christian, Kommentar zum Grundgesetz, Band 1: Präambel, Artikel 1 bis 19, 5. Aufl., München 2005, Art. 1 Abs. 1 GG, Rdnr. 5. Ob christlich, philosophisch oder ethisch: Schon Theodor Heuss wies eine bestimmte Ideologie, Weltanschauung oder Religion zur Bestimmung der Menschenwürde ab; vgl. dazu Lembcke, a. a. O. (Fn. 12), S. 51.

15 Herdegen, Matthias: Art. 1 Abs. 1 GG, Rdnr. 50. In: Maunz, Theodor / Dürig, Günter u. a., Grundgesetz, Kommentar, Loseblatt, 43. Ergänzungslieferung, München 2004.

16 Vgl. dazu BVerfGE 32, 98 (108) (Gesundbeter); 50, 166 (175) (Ausweisung eines straffälligen Ausländers); 54, 341 (357) (Asylgewährung). Vgl. auch BVerfG NJW 2004, S. 739 (Sicherungsverwahrung); Benda, Ernst: Verständigungsversuche über die Würde des Menschen. In: NJW 2001, S. 2147 f.; Sendler, Horst: Menschenwüde, PID und Schwangerschaftsabbruch. In: NJW 2001, S. 2148-2150; Bremer, Xenia: Tote im Zelt – Plastination versus Bestattungszwang? In: NVwZ 2001, S. 167, hier S. 168 f.; Hintz, Elke / Winterberg, Michael: „Big Brother": Die modernen Superstars als „Reformer" der Verfassung. In: ZRP 2001, S. 293-197.

17 BVerfGE 30, 1 (40): Abweichendes Votum von drei der sieben Richter (Geller, Rupp und von Schlabrendorff) zum Urteil des Zweiten Senats vom 15.12.1970, welche die Ergänzung des Satzes 2 zu Art. 10 Abs. 2 GG für verfassungswidrig hielten, aber gegen die vier anderen Richter.

Basis für Dürigs Interpretation ist die Annahme, dass Menschenwürde und Menschenrechte vor-positives Fundament der Verfassung sind. Tatsächlich hat der Begriff der Menschenwürde europäisch-geistesgeschichtlich betrachtet nicht nur eine antike und eine christlich-religiöse Wurzel, sondern erfährt seine besondere Bedeutung auch im Zeitalter der Aufklärung[18]. Danach ergibt sich die – gleiche – Würde aller Menschen auf Grund ihrer Kreatürlichkeit und basiert entweder auf ihrer Vernunft als natürlicher Eigenschaft und/oder der sittlichen Autonomie des Individuums. Die Menschenwürde ist somit untrennbar mit dem Menschsein verbunden. Daraus folgt, dass sie aller staatlichen Gewalt voraus geht und diese zugleich begrenzt[19]. Dürig formuliert dies so:

„Jeder Mensch ist Mensch kraft seines Geistes, der ihn abhebt von der unpersönlichen Natur und ihn aus eigener Entscheidung dazu befähigt, seiner selbst bewusst zu werden, sich selbst zu bestimmen und sich und die Umwelt zu gestalten.[20]"

Auch die Verfassung selbst, welche die Menschenwürde des Art. 1 Abs. 1 GG über Art. 79 Abs. 3 GG als unabänderlichen Verfassungsgrundsatz verankert und die Wertgebundenheit des Grundgesetzes in bewusster Abkehr von der sog. „Wertneutralität" der Weimarer Reichsverfassung festschreibt sowie damit zugleich auf die völlige Missachtung der Menschenwürde während des Nationalsozialismus reagiert[21], geht von diesem vor-positiven Fundament der Menschenwürde und Menschenrechte aus, denn Art. 1 Abs. 2 GG lautet:

„Das Deutsche Volk bekennt sich darum zu unverletzlichen und unveräußerlichen Menschenrechten als Grundlage jeder menschlichen Gemeinschaft, des Friedens und der Gerechtigkeit in der Welt."

Weil die Menschenwürde unantastbar ist, „darum" bekennt sich das Deutsche Volk zu den Menschenrechten. Aus der Formulierung „bekennt sich" ist grundsätzlich das vor-positive Recht abzuleiten, denn bekennen kann man sich nur zu etwas, was es schon gibt.

„Die praktische positiv-rechtliche Bedeutung der Menschenwürdegarantie liegt mithin darin, dass sie einen verbindlichen Maßstab für alles staatliche Handeln aufstellt, Staatszweck und Staatsaufgabe einerseits bestimmt und andererseits begrenzt. Sie verpflichtet, nicht nur im Staat-Bürger-Verhältnis die Menschenwürde zu achten und zu schützen, sondern darüber hinaus die Gesamtrechtsordnung so zu gestalten, dass auch von außerstaatlichen Kräften ... eine Verletzung der Menschenwürde rechtlich nicht stattfinden darf.[22]"

Die faktische Umsetzung dieser Unantastbarkeit verankert Dürig in der so genannten Objektformel, wonach die Menschenwürde immer dann verletzt ist,

„wenn der konkrete Mensch zum Objekt, zu einem bloßen Mittel, zur vertretbaren Größe herabgewürdigt wird"[23].

18 1673 eingeführt in Deutschland durch die Naturrechtslehre von Pufendorfs. Vgl. die letzte zu Lebzeiten des Autors erschienene Ausgabe: von Pufendorf, Samuel: De officio hominis et civis juxta legem naturalem libri duo. Editio quinta emendatior. Holmiae & Hamburgi. Stockholm und Hamburg 1693.
19 Vgl. dazu van Ooyen, Robert Chr.: „Menschenwürde" In: Möllers, Martin H. W. (Hg.), Wörterbuch der Polizei, München 2001, S. 1025 f. mit weiterführender Literatur.
20 Dürig, Günter, in: Maunz, Theodor / Dürig, Günter u. a., Grundgesetz, Kommentar, Loseblatt, München, Stand: 2002, Art. 1 Abs. 1 GG, Rdnr. 1.
21 Vgl. dazu Will, a. a. O. (Fn. 14), S. 1233.
22 Böckenförde, Ernst-Wolfgang: Bleibt die Menschenwürde unantastbar? In: Blätter 10/2004, S. 1216-1227, hier S. 1217.
23 Dürig, a. a. O. (Fn. 20), Rdnr. 28, zitiert auch bei Herdegen, a. a. O., (Fn. 14), Art. 1 Abs. 1 GG, Rdnr. 33; s. a. Lembcke, a. a. O. (Fn. 12), S. 53 m. w. N.; vgl. auch (eingeschränkt) zustimmend Böckenförde, a. a. O. (Fn. 12), S. 27.

Diese Objektformel wurde aber schon 1971 vom BVerfG in seinem Abhörurteil relativiert:

„Was den in Art. 1 GG genannten Grundsatz der Unantastbarkeit der Menschenwürde anlangt, der nach Art. 79 Abs. 3 GG durch eine Verfassungsänderung nicht berührt werden darf, so hängt alles von der Festlegung ab, unter welchen Umständen die Menschenwürde verletzt sein kann. Offenbar lässt sich das nicht generell sagen, sondern immer nur in Ansehung des konkreten Falles. Allgemeine Formeln wie die, der Mensch dürfe nicht zum bloßen Objekt der Staatsgewalt herabgewürdigt werden, können lediglich die Richtung andeuten, in der Fälle der Verletzung der Menschenwürde gefunden werden können.[24]“

Daraus ergibt sich, dass auch die auf Kants Sittenlehre[25] zurückzuführende Objektformel, die Dürig seit 1958 nicht mehr überarbeitet hat und daher bis 2003 als Standard im GG-Kommentar von Maunz/Dürig festgeschrieben blieb, im Einzelfall zu konkretisieren ist[26] und daher faktisch einer Interpretation, also einer Abwägung bedarf. Insbesondere vor dem Hintergrund, dass Voraussetzung der Menschenwürde die nur dem Menschen inne wohnende Autonomie ist, also das Ich-Bewusstsein, die Vernunft und die Fähigkeit zur Selbstbestimmung[27], werden Fragen zum konkreten Inhalt der (unantastbaren) Menschenwürde immer dann gestellt, wenn es gerade an dieser Autonomie – wie z. B. bei Embryonen – fehlt. In diesen Fällen hat auch weder das BVerfG noch die Legislative den Schutz der Menschenwürde des Embryos konsequent durchgehalten[28].

Die Konkretisierungsbedürftigkeit der Objektformel relativiert damit Dürigs Auffassung von der Unantastbarkeit der Menschenwürde. Dürig selbst hat diese Zweifel an der Unantastbarkeit der Menschenwürde nicht eindeutig aufgelöst. Es genügt ihm die Ansicht, dass der Begriff der Menschenwürde positivrechtlich ausgefüllt werden könne, indem im Konsenswege festzustellen sei, was gegen das Menschenwürdeprinzip verstößt[29].

2.2 Die Unantastbarkeit der Menschenwürde nach Herdegen

Für die staatsrechtliche Betrachtung des Begriffs Menschenwürde stellt Matthias Herdegen weniger auf das naturrechtliche, vorstaatliche Fundament der Menschenwürde als vielmehr auf die Stellung in der Verfassung ab und begreift die Menschenwürde des Art. 1 Abs. 1 GG als positives Recht:

„Für die staatsrechtliche Betrachtung sind jedoch allein die (unantastbare) Verankerung im Verfassungstext und die Exegese der Menschenwürde als *Begriff des positiven Rechts* maßgeblich.[30]“

Die Menschenwürdegarantie wird dadurch nicht mehr als objektivrechtliche Norm betrachtet, nach der sich alles staatliche Handeln zu richten hat, sondern ebenfalls den verfassungsimmanenten Schranken unterworfen mit der Konsequenz, dass die Menschenwürdegarantie „beweglich und anpassungsfähig" wird[31].

---

24 BVerfGE 30, 1-33, (25).
25 Vgl. dazu Ziegeler, Ernst: Kants Sittenlehre in gemeinverständlicher Darstellung. Leipzig 1919.
26 Vgl. dazu die Ausführungen bei Will, a. a. O. (Fn. 14), S. 1239.
27 Vgl. Dreier, Horst: Art. 1 GG, Rdnr. 69, in: ders. (Hg.), Grundgesetz-Kommentar, Band 1, Art. 1-19, 2. Aufl., Tübingen 2004.
28 So Will, a. a. O. (Fn. 14), S. 1237.
29 Dürig, Günter: Zur Bedeutung und Tragweite des Art. 79 Abs. III des Grundgesetzes. in: Spanner, Hans / Lerche, Peter u. a. (Hg.), Festgabe für Theodor Maunz zum 70. Geburtstag am 1. September 1971. München 1971, S. 41 ff.
30 Herdegen, a. a. O., (Fn. 15), Art. 1 Abs. 1 GG, Rdnr. 17; Hervorhebung auch im Original.
31 Böckenförde, a. a. O. (Fn. 22), S. 1218; vgl. auch ders., a. a. O. (Fn. 13), S. 28.

Herdegen benennt zwar diese Schwächen der Objektformel, hält aber ausdrücklich an ihr fest, weil er der Ansicht ist, dass es keinen überlegenen Interpretationsansatz gibt[32]. Als Lösung der Konkretisierungsbedürftigkeit der Objektformel sieht er aber eine „wertend-bilanzierende Konkretisierung" des Begriffs der Menschenwürde. Auch wenn Herdegen einräumt, dass „die kategorische Ächtung bestimmter Formen des staatlichen Terrors das Verfassungsverständnis[33]" prägt und dieses Verständnis „sich gegen die Öffnung des Würdegehalts und einer Diagnose der Würdeverletzung für irgendwelche Abwägungen[34]" sperrt, sieht er in der Berücksichtigung der „Finalität der Maßnahme" und der „Zweck-Mittel-Relation" eine Wertungs- und Abwägungsoffenheit bei Würdeanspruch und Verletzungsurteil[35]. Diese Abwägungsoffenheit relativiert Herdegen, indem er zunächst beispielhaft feststellt:

„Der Schutz vor der Zufügung willensbeugenden Leides gehört zu den wenigen modal definierten Misshandlungen, die nach einem traditionellen Konsens ohne jeden Vorbehalt als Würdeverletzung gedeutet werden.[36]"

Dennoch gibt Herdegen mit seiner Wertungs- und Abwägungsoffenheit die Überzeugung auf, dass staatliche Handlungen, die unmittelbar darauf abzielen, die Autonomie eines Menschen, also seinen Willen, zu brechen, generell eine Verletzung der Menschenwürde darstellen, indem er weiter fortsetzt:

„Jedoch zerbricht dieser Konsens leicht bei jedem konkreten Szenario, an dem sich ein abwägungsfreier Würdeschutz der Rettung von Menschenleben in den Weg zu stellen scheint."

Damit rechtfertigt er zwar nicht Auffassungen, die – wie bei Folter – eine Menschenwürdeverletzung als gerechtfertigt ansehen, wenn dadurch Leben anderer gerettet werden, sondern er vertritt die Auffassung, dass auf Grund bestimmter Umstände keine Menschenwürdeverletzung vorliege[37].

Herdegen relativiert mit dieser juristischen Interpretation das absolute Folterverbot nach Art. 1 Abs. 1 und Art. 104 Abs. 1 Satz 2 GG und andere Formen des staatlichen Terrors, die bereits seit den Beratungen des Parlamentarischen Rates wegen Verstoßes gegen die Unantastbarkeit der Menschenwürde im gesellschaftlichen Konsens als absolut verboten gelten. In Herdegens Interpretation ist somit die Aufgabe von bereits errungenen Menschenwürdestandards verankert. Aber gerade bei Art. 1 GG kommt es darauf an, den Konsens darüber, was im Umgang mit uns selbst erlaubt ist, nicht zu durchkreuzen[38].

In der Quintessenz ist festzustellen, dass die Konkretisierungsbedürftigkeit der Objektformel auch bei Günter Dürig keine absolute Unantastbarkeit der Menschenwürde bestehen lässt. Allerdings lässt diese Interpretation des Art. 1 Abs. 1 GG Menschenwürdestandards zu, die einem staatlichen Handeln Grenzen aufzeigt. Nach Matthias Herdegens Wertungs- und Abwägungsoffenheit würden sich dagegen solche Menschenwürdestandards, die es schon gibt, mindestens relativieren, wahrscheinlich aber auf Dauer gänzlich auflösen; neue hätten gar nicht erst die Chance zu entstehen. Denn wenn ausnahmslos alles staatliche Handeln wertungsoffen und abwägungsoffen sein soll, gibt es auch keine Maßnahmengrenzen mehr. Was

---

32 Herdegen, a. a. O., (Fn. 15), Art. 1 Abs. 1 GG, Rdnr. 33.
33 Herdegen, a. a. O., (Fn. 15), Art. 1 Abs. 1 GG, Rdnr. 43.
34 Herdegen, ebd.
35 Herdegen, a. a. O., (Fn. 15), Art. 1 Abs. 1 GG, Rdnr. 44.
36 Herdegen, a. a. O., (Fn. 15), Art. 1 Abs. 1 GG, Rdnr. 45.
37 Vgl. dazu ebenso Will, a. a. O. (Fn. 14), S. 1240.
38 Will, a. a. O. (Fn. 14), S. 1241.

dies praktisch bedeutet, soll an der „Folterdiskussion" kurz erläutert werden. Denn gerade hier macht sich unter den Grundgesetzkommentatoren zunehmend die Auffassung breit, dass zumindest „Folter aus Präventionsgründen" verfassungskonform sei. Christian Starck formuliert dies so:

„Präventiv-polizeiliche Folter zur Gefahrenabwehr ist anders zu beurteilen als strafprozessuale Folter, die ausnahmslos verboten ist. ...[39]"

Zur Begründung ihrer Auffassungen bilden die Vertreter der „präventiven Folter" regelmäßig Fallkonstellationen, bei denen es um die Erzwingung von Aussagen mittels Misshandlung oder ihrer Androhung geht.

2.3 Wertungs- und Abwägungsoffenheit bei der Menschenwürdeunantastbarkeit im Zusammenhang mit Misshandlungen zur Aussageerzwingung bei der Polizei

In den juristisch-theoretischen Diskussionen um die Möglichkeit der Misshandlung von Festgenommenen bei der Polizei wird ausnahmslos unter Bildung entsprechender Beispiele vorausgesetzt, dass „die Polizei sich sicher" ist, mit der Androhung oder Durchführung von Folter Menschenleben retten zu können. Einen solchen konstruierten Fall gibt es in der Praxis tatsächlich aber nicht!

Muss denn noch gefoltert werden, wenn die Sachlage sicher ist, oder soll nicht vielmehr die letzte Unsicherheit durch Folter beseitigt werden? Gilt die rechtsstaatliche Unschuldsvermutung nicht mehr? Die Anordnung von Folter wird in allen Zukunftsfällen ausnahmslos nur auf Hypothesen beruhen, die mal mehr mal weniger wahrscheinlich sind[40]. Selbst bei einem mutmaßlichen Straftäter, der ein Geständnis abgelegt hat und behauptet, das Versteck der Geisel zu kennen, aber nicht preis zu geben, steht noch nicht fest, ob dieser sich doch nur wichtig machen will. Wie weit würde ein Folterer in diesem Fall gehen, der mit seinem Tun eigene moralische Grenzen überschreitet und nun unter seinen Misshandlungen die Beteuerungen zu hören bekommt, dass der Tatverdächtige sich nur wichtig machen wollte?

Würde ein von der Polizei erwischter Täter wirklich eine Geisel elend in einem Erdloch verrecken lassen und damit riskieren, wegen besonderer Schwere der Schuld wahrscheinlich gar nicht mehr das Gefängnis verlassen zu können? Ist es nicht wahrscheinlicher, dass die Nichtpreisgabe des Aufenthaltsorts den Grund hat, dass die Geisel bereits tot ist und der Täter diese vollendete Katastrophe zu vertuschen sucht? Sicher in der Angelegenheit ist nur, dass in allen bisher bekannten Fällen zwar die Aufklärung des Sachverhalts durch verfassungswidrige Folterandrohung beschleunigt, ein Menschenleben aber in keinem einzigen Fall gerettet wurde.

In diesem Zusammenhang muss auch die Frage gestellt werden, ob es Polizeibeamten wirklich hilft, wenn die Gesellschaft anerkennt, dass in Einzelfällen staatliche Folter zulässig ist. Dann müssten die Polizisten in ihren Handlungen immer die Folter als legitimes Mittel einbeziehen. Denn die Ausübung einer unter bestimmten Voraussetzungen erlaubten Maßnahme ist ja nicht nur „Recht" des Staates, von dem er nach eigenem Ermessen Gebrauch macht oder nicht, sondern auch – bei entsprechenden Situationen – „Pflicht". Eine solche polizeiliche Kompetenzerweiterung hätte daher auch die Konsequenz, dass Angehörige von

---

39 Starck, a. a. O. (Fn. 14), Rdnr. 79.
40 Auch im Fall Daschner wurde nur angenommen, mittels Folterandrohung könnte ein Leben gerettet werden. Tatsächlich war das entführte Kind bereits tot.

Geiseln per vorläufigem Rechtsschutz gerichtlich Folter durchsetzen könnten. Auch müsste ihnen die rechtliche Möglichkeit eingeräumt werden, bei Tod der Geisel Schadensersatz zu fordern, weil die Polizei nicht gefoltert hat. Ein klares absolutes Folterverbot hilft daher den Polizisten in ihrer täglichen Arbeit viel mehr[41].

Weil „der Staat" kein objektives Etwas ist, sondern seine Maßnahmen und Grundrechtseingriffe von Menschen gemacht werden, die individuelle ethisch-moralische Grundsätze haben, müssen dem Staat im gesellschaftlichen Konsens Grenzen gesetzt werden. Denn „der Staat" darf nicht im Affekt, sondern muss wohlüberlegt handeln. Eine solche Grenze ist das absolute Folterverbot. Wenn ein einzelner Mensch im Namen des Volkes eine emotionale – objektiv falsche – Entscheidung getroffen hat, dann wird strafrechtlich per Gerichtsbeschluss festgestellt, ob ihn eine Schuld trifft. Das menschliche Verständnis für ein solches einzelnes Verhalten darf aber keinesfalls so weit gehen, dieses Verhalten als Normmaß für alle Zukunft dadurch zu rechtfertigen, indem eine Wertungs- und Abwägungsoffenheit verlangt wird. Sehr schnell ist damit die Tür zu staatlicher Willkür geöffnet. Denn wer soll zum Beispiel entscheiden, wann die Voraussetzungen vorliegen, dass entgegen Art. 104 Abs. 1 Satz 2 GG seelische oder körperliche Misshandlungen von festgehaltenen Personen verfassungsgemäß und insgesamt rechtens sind?

Festzuhalten bleibt, dass in der Staatsrechtslehre auf Grund von Einzelfällen Menschenwürdestandards zumindest bei der körperlichen oder seelischen Misshandlung von festgehaltenen Personen – entgegen Art. 104 Abs. 1 Satz 2 GG – aufgeben worden sind, sodass die Menschenwürde in diesen Fällen für antastbar gehalten wird.

Das BVerfG hat 2004 und 2005 ausführlich Stellung zur Menschenwürde genommen[42]. Die Entscheidungen betrafen allerdings nicht Fälle von „Folter", sondern von repressiven und präventiven „Lauschangriffen"[43].

---

41 Welche Blüten die Abwägungsoffenheit der Menschenwürde gerade in Polizeikreisen treibt, ließ sich aus der Sendung von Sabine Christiansen „Frankfurter Folterprozess: Wie weit darf man gehen, um Leben zu retten?" am 21.11.2004 in der ARD miterleben: Rolf Jaeger, gelernter Polizist und Stellv. Bundesvorsitzender des Bunds deutscher Kriminalbeamter sowie Dieter Langendörfer, 1996 Chefermittler im Entführungsfall Reemtsma, fassten ihre Meinungen zum Folterverbot bei der Polizei jeweils in einem gewichtigen Satz zusammen, der auch noch einen Tag später im Internet nachzulesen war: „Eine professionelle Kriminalpolizei darf kein zahnloser Tiger sein" (Jaeger), „Daschner hatte kaum Möglichkeiten, anderes zu tun, wenn er als Polizist noch weiter in den Spiegel schauen wollte." (Langendörfer). Heißt das, dass die Polizei ohne Folter zum zahnlosen Tiger wird? Und Polizisten, die nicht foltern, können nicht mehr weiter in den Spiegel schauen, also mit einem guten Gewissen sich selbst gegenübertreten? Auch der teilnehmende Wolfgang Bosbach, Stellv. Fraktionschef der CDU/CSU und als Volljurist Fachmann für rechts- und innenpolitische Fragen, meinte Bedenken gegen die Zulässigkeit von Folter bei der Polizei mit seiner These wegwischen zu können, „die Polizei habe doch einen guten Ruf!"

42 Die subjektiven Auffassungen der Richterinnen und Richter des BVerfG lassen sich nachlesen bei van Ooyen, Robert Chr.: Der Begriff des Politischen des Bundesverfassungsgerichts, Berlin 2005.

43 S. dazu Vormbaum, Thomas (Hg.) unter Mitarbeit von Asholt, Martin: Der Große Lauschangriff vor dem Bundesverfassungsgericht. Verfahren, Nachspiel und Presse-Echo, Münster 2005.

3 Zum Verhältnis Menschenwürde und „Lauschangriff" in Rechtsprechung und Lehre

Um das Verhältnis von Menschenwürde und „Lauschangriff" in der Rechtsprechung aufzuspüren, sind zunächst die Entscheidungen des BVerfG danach zu untersuchen.

3.1 Menschenwürde und Abhörmaßnahmen in Entscheidungen des BVerfG

Der Zusammenhang der Unverletzlichkeit der Wohnung in der EMRK[44] mit dem „Privat- und Familienleben" sowie dem privaten „Briefverkehr" weist auf die besondere Bedeutung dieses Grundrechts hin[45], das unverletzlich ist und deshalb in unmittelbarem Sinn- und Konkretisierungszusammenhang mit der Menschenwürde des Art. 1 Abs. 1 Satz 1 GG steht[46]. Ein menschenwürdiges Leben ist nämlich nur dann gewährleistet, wenn dem Menschen ein unantastbarer Persönlichkeitsbereich verbleibt, in dem er sich selbst besitzt und in Ruhe gelassen wird. Dies hatte das BVerfG schon 1969 in seinem „Mikrozensus-Urteil" festgestellt, in dem es ausführte, dass jeder Mensch „ein Recht auf Einsamkeit genießt"[47]. Eine entsprechende Verbindung der Menschenwürde zum Allgemeinen Persönlichkeitsrecht des Art. 2 Abs. 1 GG wurde vom BVerfG im sog. „Volkszählungs-Urteil" bestätigt[48]. Insofern ist das Urteil des Ersten Senats des BVerfG vom 3.3.2004[49] und vom 27.7.2005[50] nur konsequent, wenn es fordert:

„Zur Unantastbarkeit der Menschenwürde gemäß Art. 1 Abs. 1 GG gehört die Anerkennung eines absolut geschützten Kernbereichs privater Lebensgestaltung. In diesen Bereich darf die akustische Überwachung von Wohnraum zu Zwecken der Strafverfolgung (Art. 13 Abs. 3 GG) nicht eingreifen. Eine Abwägung nach Maßgabe des Verhältnismäßigkeitsgrundsatzes zwischen der Unverletzlichkeit der Wohnung (Art. 13 Abs. 1 i. V. m. Art. 1 Abs. 1 GG) und dem Strafverfolgungsinteresse findet insoweit nicht statt.[51]"

„Auf Grund des besonders engen Bezugs dieses Grundrechts zur Menschenwürde gewährt Art. 13 GG einen absoluten Schutz des Verhaltens in den Wohnräumen, soweit es sich als individuelle Entfaltung im Kernbereich privater Lebensgestaltung darstellt (vgl. BVerfGE 109, 279 <313 f.>). Für sie benötigt jeder Mensch ein räumliches Substrat, in dem er für sich sein und sich nach selbst gesetzten Maßstäben frei entfalten, also die Wohnung bei Bedarf als „letztes Refugium" zur Wahrung seiner Menschenwürde nutzen kann (vgl. BVerfGE 109, 279 <314>).[52]"

---

44 Text bei Randelzhofer, Albrecht (Hg.): Völkerrechtliche Verträge (Texte), 8. Aufl., Berlin 1998, S. 138.
45 Allgemein dazu Papier, Hans-Jürgen, in: Maunz, Theodor / Dürig, Günter u. a., Grundgesetz, Kommentar, Loseblatt, München, Stand: 2004, Art. 13; vgl. auch van Ooyen, Robert Chr.: In neuer Verfassung? Der Wandel des Grundgesetzes seit 1992. In: Abromeit, Heidrun / Nieland, Jörg-Uwe / Schierl, Thomas (Hg.), Politik, Medien, Technik. Festschrift für Heribert Schatz, Wiesbaden 2001, S. 139-159.
46 van Ooyen, a. a. O. (Fn. 45), S. 148.
47 BVerfGE 27, 1 (6).
48 Einführend Peilert, Andreas: BVerfGE 65, 1 – Volkszählung. Das Recht auf informationelle Selbstbestimmung als Konkretisierung des allgemeinen Persönlichkeitsrechts. In: Menzel, Jörg (Hg.), Verfassungsrechtsprechung. Hundert Entscheidungen des Bundesverfassungsgerichts in Retrospektive, Tübingen 2000, S. 344-350.
49 BVerfG, 1 BvR 2378/98 vom 3.3.2004, Absatz-Nr. 1-373. Aus: http://www.bverfg.de/entscheidungen/rs2004 0303_1bvr237898.html.
50 BVerfG, 1 BvR 668/04 vom 27.7.2005, Absatz-Nr. 1-166. Aus http://www.bverfg.de/entscheidungen/rs2005 0727_1bvr066804.html.
51 Zweiter Leitsatz des Urteils.
52 BVerfG, Urteil vom 27.7.2005 (Fn. 50), Absatz-Nr. 161.

Der Schutzbereich der Unverletzlichkeit der Wohnung ist nach herrschender Auffassung umfassend: Wohnung im Sinne von Art. 13 Abs. 1 GG ist jeder nicht allgemein zugängliche feststehende, fahrende oder schwimmende Raum, der zur Stätte des Aufenthalts oder des Wirkens von Menschen gemacht wird[53]. Grundsätzlich werden daher unter den Wohnungs- begriff des Grundrechts auch Arbeits-, Betriebs- und Geschäftsräume subsumiert sowie Pri- vaträume von der Villa bis zum Zelt, Wohnmobile, Wochenendhäuser und Hausboote vom Schutzbereich erfasst[54]. Art. 13 Abs. 1 GG schützt die räumliche Privatsphäre. Bewohner sollen das Recht haben, in ihren Räumlichkeiten, die sie der allgemeinen Zugänglichkeit ent- ziehen und unabhängig davon, ob sich darin stets und ausschließlich Privates ereignet[55], in Ruhe gelassen zu werden[56].

Durch „große" und „kleine" Lauschangriffe wird jedoch erheblich in die Funktion der Wohnung als *Zufluchtsort vor dem Zugriff anderer*, insbesondere bei Maßnahmen des Staa- tes, eingegriffen. Terminologisch ist ein „*Großer* Lauschangriff" das Abhören und Auf- zeichnen des in Wohnungen nicht öffentlich gesprochenen Wortes mittels technischer Mittel durch die Strafverfolgungsbehörden, also zu repressiven Zwecken. Dagegen handelt es sich um einen „*Kleinen* Lauschangriff", wenn diese genannten Maßnahmen von einem in der Wohnung anwesenden, verdeckt ermittelnden Beamten durchgeführt werden[57].

Bei der Grundgesetzänderung des Art. 13 GG von 1998, die nunmehr das BVerfG ent- schieden hat[58], ging es daher vor allem um die Frage, ob die Einfügung des „Großen Lausch- angriffs" einen in Verbindung mit Art. 79 Abs. 3 GG unzulässigen Eingriff in die Men- schenwürde vornimmt, die sich im „Kern" dieses Grundrechts konkretisiert. Auf Länderebe- ne war das Abhören und Aufzeichnen des in Wohnungen nicht öffentlich gesprochenen Wortes mittels technischer Mittel für den Fall der Prävention bereits Anfang der 1990er Jah- re in den Polizeigesetzen eingeführt und als verfassungskonform betrachtet worden. Eine Ausdehnung dieser Abhörmaßnahmen auch zum Zweck der Verfolgung schon begangener Straftaten galt jedoch nach allgemeiner Ansicht als durch Art. 13 GG alter Fassung nicht ge- deckt[59]. Dies wurde insbesondere in der politischen Diskussion bis zur Gesetzesänderung deutlich.

---

53 Papier, a. a. O. (Fn. 45), Art. 13, Rdnr. 10; Kunig, in: von Münch, Ingo / Kunig, Philip (Hg.), Grundgesetz- Kommentar, Band 1 (Präambel bis Art. 19), 5. Aufl., München, 2000, Art. 13, Rdnr. 1 ff.; anerkannt ist der weite Wohnungsbegriff auch im Strafverfahren: vgl. Weil, Stephan: Verdeckte Ermittlungen im Strafverfahren und die Unverletzlichkeit der Wohnung, ZRP 1992, S. 243-247, hier S. 244; Eisenberg, Ulrich: Straf(verfah- rens-)rechtliche Maßnahmen gegenüber „Organisiertem Verbrechen", NJW 1993, S. 1033-1039, hier S. 1037.

54 Hofe, Gerhard: Abschied vom weiten Wohnungsbegriff des Art. 13 GG?, in: ZRP 1995, S. 169-171, hier S. 170.

55 BVerfGE 32, 54 (72) = NJW 1971, S. 2291 (2299); vgl. Weil, a. a. O. (Fn. 53), S. 244; Hund, Horst: Der Ein- satz technischer Mittel in Wohnungen. Versuch einer verfassungskonformen Lösung, in: ZRP 1995, S. 334- 338, hier S. 335.

56 BVerfGE 75, 318 (328); vgl. Kunig, a. a. O. (Fn. 53), Art. 13, Rdnr. 1.

57 Zur Terminologie vgl. Bockemühl, Jan: Zur Verwertbarkeit von präventiv-polizeilichen Erkenntnissen aus „Lauschangriffen" in Strafverfahren. „Von hinten durch die Brust ins Auge" – Die Legalisierung des „Großen Lauschangriffs" durch die Rechtsprechung des BGH?, in: JA 1996, S. 695-700, hier S. 697. Zur Herkunft des Begriffs „Lauschangriff" s. Kutscha, Martin: Der Lauschangriff im Polizeirecht der Länder, in: NJW 1994, S. 85-88.

58 BVerfG, Urteil vom 3.3.2004 (Fn. 50).

59 Vgl. Schmidt-Bleibtreu, in: Schmidt-Bleibtreu, Bruno / Klein, Franz: Kommentar zum Grundgesetz für die Bundesrepublik Deutschland, 10. Aufl., Neuwied 2004, Art. 13, Rdnr. 2; Hömig, in: Seifert, Karl-Heinz / Hö- mig, Dieter (Hg.): Grundgesetz für die Bundesrepublik Deutschland. Taschenkommentar, 7. Aufl., Baden- Baden 2003, Art. 13, Rdnr. 13; vgl. auch Papier, a. a. O. (Fn. 45), Art. 13, Rdnr. 71.

3.2 Menschenwürde und Abhörmaßnahmen in der politischen Diskussion bis zur Gesetzesänderung

Noch vor den Terroranschlägen vom 11. September 2001 in den USA und vom 4. September 2004 in Russland[60], die heute emotionsgeladene Auseinandersetzungen um grundrechtsbeschränkende Maßnahmen zu Gunsten der öffentlichen Sicherheit hervorrufen, gab es Ende der 1990er Jahre eine ebenfalls heftige Debatte[61]. Sie stand im Zusammenhang mit der damals als besonders bedrohlich empfundenen sog. „Organisierten Kriminalität" (OK), durch die sich politische Forderungen nach Schaffung weiterer polizeilicher Eingriffsbefugnisse etablierten[62]. Das Bedürfnis nach repressiven Abhörmaßnahmen wurde außerdem verstärkt, weil es eine uneinheitliche Länderpraxis im Bereich präventiv motivierter Lauschangriffe gab. Einige Länder nutzten z. B. den Umstand, dass jede Strafverfolgung gerade im Bereich der OK auch als Prävention begriffen werden kann. Teilweise wurde deshalb wegen der nicht exakten Trennung von Prävention und Repression der „Große Lauschangriff" durch die „Hintertür" eingeführt bzw. drohte, wenigstens teilweise eingeführt zu werden[63].

Den Befürwortern des „Großen Lauschangriffs" und ihren Argumentationen standen Verfassungsänderungsgegner[64] gegenüber, die aus dem Blickwinkel von Menschen- und Bürgerrechten nachweisen wollten, dass das Abhören von Wohnungen genau in den Bereich unantastbarer privater Rückzugsmöglichkeit eingreife[65]. Ihnen hielten die Befürworter einerseits die vergleichbaren Regelungen anderer Rechtsstaaten[66] sowie andererseits den Missbrauch des Grundrechts durch Kriminelle entgegen, bei denen herkömmliche Mittel der Verbrechensbekämpfung völlig versagten[67]. Außerdem warfen sie den Kritikern vor, „Freiheit" und „Sicherheit" des Bürgers in ideologisierter Weise gegeneinander auszuspielen[68]. Darüber hinaus erfolge die Einführung des „Großen Lauschangriffs" nicht nur durch Gesetz, sondern durch eine zulässige Verfassungsänderung[69].

Im Wege einer von den Fraktionen der CDU/CSU, FDP und SPD gefundenen Kompromisslösung wurden im Grundrecht der Unverletzlichkeit der Wohnung nach Art. 13 GG die

---

60 Geiselnahme in Beslan in Nord-Ossetien im Kaukasus, die mit Hunderten Toten (vor allem Kinder) endete.

61 S. Lange, Hans-Jürgen u. a.: Memorandum zur Entwicklung der Inneren Sicherheit in der Bundesrepublik Deutschland, Regensburg 1998, S. 46.

62 S. van Ooyen, a. a. O. (Fn. 45), S. 148.

63 Vgl. Kiefer, Thomas: Der landesrechtliche Lauschangriff auf dem verfassungsrechtlichen Prüfstand. In: Heesen, Dietrich / Lison, Hans-Georg / Möllers, Martin H. W. (Hg.), Der Bundesgrenzschutz im Spannungsfeld gesellschaftlicher Entwicklungen (Arbeiten zu Studium und Praxis im BGS, Band 2), Lübeck 1997, S. 71-78, hier S. 73 ff.

64 Allen voran die damalige Bundesjustizministerin Sabine Leutheusser-Schnarrenberger; sie war schließlich aus Protest gegen die Pläne zum „Großen Lauschangriff" 1996 zurückgetreten und gehörte zum Kreis der Kläger in diesem Verfahren vor dem BVerfG.

65 Vgl. z. B. Leutheusser-Schnarrenberger, Sabine: Der „große Lauschangriff" – Sicherheit statt Freiheit. In: ZRP 1998, S. 87-91; Momsen, Carsten: Der „große Lauschangriff". Eine kritische Würdigung der neuen Vorschriften zur „elektronischen Wohnraumüberwachung". In: ZRP 1998, S. 459-463.

66 Die optische und akustische Überwachung von Räumen zur Strafverfolgung von organisierter Kriminalität wird z. B. in Belgien, Dänemark, Frankreich, zum großen Teil in Großbritannien (England und Wales), Italien, Luxemburg, Niederlande, Österreich, Schweiz und Spanien sowie in den USA angewandt: Schmidt-Bleibtreu, a. a. O. (Fn. 59), Art. 13, Rdnr. 1 am Ende.

67 Vgl. z. B. Lorenz, Frank Lucien: Aktionismus, Populismus? – Symbolismus! Zur strafprozessualen akustisch-/optischen Überwachung von Wohnungen. In: GA 1997, S. 51-71; vgl. auch Papier, a. a. O. (Fn. 45), Art. 13, Rdnr. 60.

68 S. van Ooyen, a. a. O. (Fn. 45), S. 148.

69 Vgl. z. B. Stümper, Alfred: Rechtspolitische Nachlese zum „Großen Lauschangriff". In: ZRP 1998, S. 463-465; Schily, Otto: Nachbesserungsbedarf bei der Wohnraumüberwachung? In: ZRP 1999, S. 129-132.

Abs. 3-6 eingeführt; textlich unverändert wurde der frühere Abs. 3 zu Abs. 7. Inhaltlich ist hervorzuheben, dass neben den hier enthaltenen Schranken grundsätzlicher richterlicher Anordnung mit der Berichtspflicht der Bundesregierung in Art. 13 Abs. 6 GG eine besondere parlamentarische Kontrolle verfassungsrechtlich abgesichert wurde, die analog auch auf Landesebene zu erfolgen hat[70]. Umstritten blieb bis zur Entscheidung des BVerfG in 2004, „ob die Einfügungen in Art. 13 die Grenzen wahren oder überschritten haben, welche Art. 79 III der Zulässigkeit von Verfassungsänderungen zieht[71]".

Abgesehen von dem in den Medien mobilisierten Widerstand gegen den Entwurf des Gesetzes zur Verbesserung der Bekämpfung der organisierten Kriminalität, der sich formierte, weil das Zeugnisverweigerungsrecht in dem Gesetzentwurf zum „Großen Lauschangriff" unberücksichtigt war[72] und schließlich im Vermittlungsausschuss zur Nachbesserung führte[73], wurden die verfassungsrechtlichen und gesetzlichen Änderungen „... nahezu ohne öffentliche Proteste vollzogen"[74]. Dies zeigt deutlich, dass ein hoch sensibilisiertes Bedürfnis des Bürgers nach „Sicherheit" besteht, das sich angesichts des internationalen Terrorismus' eher verstärkt. Tatsächlich aber steht dieses Sicherheitsbedürfnis in einem auffallenden Kontrast zu dem empirischen Befund der Entwicklung der „inneren Sicherheit", deren hochverflochtene Sicherheitsapparate während der letzten Jahrzehnte umfassend ausgebaut wurden[75]. Mit Spannung wurde daher die Entscheidung des BVerfG zum „Großen Lauschangriff" erwartet.

4 Die Entscheidung des BVerfG zum „Großen Lauschangriff"

Der Erste Senat des BVerfG hat zwar mit Urteil vom 3.3.2004 entschieden, dass die in Art. 13 Abs. 3 GG im Jahr 1998 vorgenommene Verfassungsänderung nicht ihrerseits verfassungswidrig, sondern mit Art. 79 Abs. 3 GG vereinbar ist[76], sodass die bis dahin umstrittene Einführung der Abs. 3-6 in Art. 13 GG nunmehr als mit der Ewigkeitsklausel vereinbar gilt. Dieses Ergebnis wird von fünf der sieben beteiligten Richter vertreten. In Bezug auf Art. 13 Abs. 3 GG, der akustische Abhörmaßnahmen zur Überwachung von Wohnraum aus Gründen der Strafverfolgung[77] regelt, kommen die beiden abweichenden Richterinnen[78] zur Rechtsauffassung, dass schon Art. 13 Abs. 3 GG verfassungswidrig sei. Zur Begründung geben sie an, dass sie der von der Senatsmehrheit angenommenen Möglichkeit, die Verfassungsmäßigkeit einer verfassungsändernden Norm durch deren verfassungskonforme Ausle-

---

70 Vgl. van Ooyen, a. a. O. (Fn. 45), S. 148 f.
71 Kunig, a. a. O. (Fn. 53), Art. 13, Rdnr. 6.
72 Sodass das Abhören gerade auch der traditionell in der StPO geschützten Berufsgruppen (hier insb. Anwälte und Journalisten) ermöglicht schien.
73 Dazu van Ooyen, a. a. O. (Fn. 45), S. 149.
74 Dose, Nicolai: Der deutsche Rechtsstaat. In: Ellwein, Thomas / Holtmann, Everhard (Hg.), 50 Jahre Bundesrepublik Deutschland, in: PVS Sonderheft, Nr. 30, Wiesbaden 1999, S. 118-132.
75 Vgl. Lange, Hans-Jürgen: Innere Sicherheit im Politischen System der Bundesrepublik Deutschland, Opladen 1999, S. 422.
76 BVerfG, Urteil vom 3.3.2004 (Fn. 50), erster Leitsatz des Urteils.
77 Zur präventiven Wohnraumüberwachung vgl. Baldus, Manfred: Präventive Wohnraumüberwachungen durch Verfassungsschutzbehörden der Länder. Ein gesetzestechnisch unausgegorenes und verfassungsrechtlich zweifelhaftes Mittel zur Terrorismusbekämpfung?, in: NVwZ 11/2003, S. 1289-1296.
78 Jaeger und Hohmann-Dennhardt.

gung herzustellen, den Geltungsbereich des Art. 79 Abs. 3 GG in unzulässiger Weise einschränke[79].

Aber einhellige Meinung bestand zwischen Mehrheit und Minderheit, eine Reihe von Vorschriften der Strafprozessordnung (StPO) zur Durchführung der akustischen Überwachung von Wohnraum zu Zwecken der Strafverfolgung für verfassungswidrig zu erklären[80]. Der Gesetzgeber wurde in dem Urteil verpflichtet, einen verfassungsgemäßen Rechtszustand bis spätestens zum 30.6.2005 herzustellen.

„Bis zu diesem Termin können die beanstandeten Normen nach Maßgabe der Gründe weiterhin angewandt werden, wenn gesichert ist, dass bei der Durchführung der Überwachung der Schutz der Menschenwürde gewahrt und der Grundsatz der Verhältnismäßigkeit eingehalten wird.[81]"

Die Entscheidung des Ersten Senats betrifft im Wesentlichen den Schutz der Intimsphäre vor heimlichen akustischen Ausforschungen durch den Staat. In ihrem Urteil definieren die drei Richterinnen[82] und fünf Richter[83] einen Kernbereich der Unverletzlichkeit der Wohnung, der ausnahmslos dem staatlichen Zugriff entzogen ist. Das Gericht setzt mit dem Urteil dem Staat also eine absolute Grenze bei seinen Abhörmaßnahmen, die der Gesetzgeber so nicht vorgesehen hatte. Denn in den für verfassungswidrig erklärten Rechtsnormen der StPO waren weder Vorkehrungen getroffen worden, die dem Schutz der Intimsphäre dienen sollte, noch wurden die Abhörmaßnahmen auf besonders schwerwiegende Straftaten beschränkt[84]. Nunmehr stellte das Gericht aber fest, dass auch schwerwiegende Belange der Allgemeinheit Eingriffe in diesen engeren Bereich der Privatsphäre, die für eine „ausschließlich private – eine ‚höchstpersönliche' – Entfaltung[85]" dient, nicht rechtfertigen könnten[86]. Diese Entscheidung spiegelt sich mit Bezug auf Art. 10 Abs. 1 GG auch im Urteil v. 27.7.2005 wider:

„Die nach Art. 1 Abs. 1 GG stets garantierte Unantastbarkeit der Menschenwürde fordert auch im Gewährleistungsbereich des Art. 10 Abs. 1 GG Vorkehrungen zum Schutz individueller Entfaltung im Kernbereich privater Lebensgestaltung. Bestehen im konkreten Fall tatsächliche Anhaltspunkte für die Annahme, dass eine Telekommunikationsüberwachung Inhalte erfasst, die zu diesem Kernbereich zählen, ist sie nicht zu rechtfertigen und muss unterbleiben.[87]"

Bei seiner Entscheidung, ob auch der 1998 neu eingefügte Art. 13 Abs. 3 GG verfassungskonform ist, legte das BVerfG wiederum die Objektformel zu Grunde und erklärte:

---

79 BVerfG, Urteil vom 3.3.2004 (Fn. 50), Absatz-Nr. 370.
80 Zur Thematik des Urteils vgl. die Ausführungen bei Sonnen, Bernd-Rüdegar: Der große Lauschangriff – teilweise verfassungswidrig. In: NKP 2/2004, S. 76-77; Sachs, Michael: Öffentliches Recht – Staatsorganisationsrecht. Grenzen der Verfassungsänderung – Grundrechte – „Großer Lauschangriff". In: JuS 6/2004, S. 522-527; Gusy, Christoph: Lauschangriff und Grundgesetz. In: JuS 6/2004, S. 457-462; Vahle, Jürgen: Zur (überwiegenden) Verfassungswidrigkeit des so genannten großen Lauschangriffs. In: DVP 8/2004, S. 342-343; Geis, Ivo: Angriff auf drei Ebenen: Verfassung, Strafprozessordnung und Überwachungspraxis. Die Entscheidung des BVerfG zum großen Lauschangriff und ihre Folgen für die Strafverfolgungspraxis. In: CR 5/2004, S. 338-343.
81 Pressemitteilung Nr. 22/2004 des Bundesverfassungsgerichts vom 3.3.2004: http://www.bundesverfassungsger icht.de/bverfg_cgi/pressemitteilungen/frames/bvg04-022.
82 Jaeger, Haas, Hohmann-Dennhardt.
83 Präsident Papier, Hömig, Steiner, Hoffmann-Riem, Bryde.
84 Vgl. dazu Roggan, Fredrik: Handbuch zum Recht der Inneren Sicherheit, Bonn 2003, S. 35-57.
85 BVerfG, Urteil vom 3.3.2004 (Fn. 50), Absatz-Nr. 118.
86 Vgl. Roggan, Fredrik: Unerhört?! – Große Lauschangriffe nach dem Verfassungsgerichtsurteil. In: CILIP 1/2004, S. 65-70, hier S. 65.
87 BVerfG, Urteil vom 27.7.2005 (Fn. 50), Absatz-Nr. 162.

„So darf ein Straftäter nicht unter Verletzung seines verfassungsrechtlich geschützten sozialen Wert- und Achtungsanspruchs behandelt und dadurch zum bloßen Objekt der Verbrechensbekämpfung und Strafvollstreckung gemacht werden ...[88]"

Gleichzeitig wurde in Fortsetzung bisheriger Entscheidungen festgestellt, dass der Leistungkraft der Objektformel auch Grenzen gesetzt sind[89]. Die Verfassungsgemäßheit von Art. 13 Abs. 3 GG wurde u. a. dadurch begründet, dass die Vorschrift mit der Menschenwürdegarantie des Art. 1 Abs. 1 GG vereinbar ist[90] und die akustische Wohnraumüberwachung zu Strafverfolgungszwecken nur dann gegen die Menschenwürde verstößt, „wenn der Kernbereich privater Lebensgestaltung nicht respektiert wird[91]". Im Einzelnen gibt es vor[92]: Die Intimsphäre ist absolut geschützt. Die Anforderungen an die Rechtmäßigkeit der Wohnraumüberwachung steigt daher mit der Wahrscheinlichkeit, dass es zu höchstpersönlichen Gesprächen mit engsten Familienangehörigen, sonstigen engsten Vertrauten und einzelnen Berufsgeheimnisträgern kommt[93]. Als Konsequenz sieht das Gericht daher, dass die in Betriebs- und Geschäftsräumen geführten Gespräche nicht unter einer generellen Vermutung der Vertraulichkeit stehen. Der bisher weit verstandene Wohnungsbegriff wird somit in Bezug auf den Schutz des Art. 13 GG differenziert[94]. Im Unterschied zu Betriebs- oder Geschäftsräumen geht das BVerfG bei Privatwohnungen aber davon aus, dass ihnen typischerweise die Funktion als Rückzugsbereich der privaten Lebensgestaltung zukommt. Es kann daher von vornherein vermutet werden, dass der Menschenwürdegehalt des Wohnungsgrundrechts betroffen ist.

Deshalb müssen in diesen Fällen bereits Vorermittlungen ergeben haben, dass mit Wahrscheinlichkeit strafverfahrensrelevante Inhalte durch die Abhörmaßnahme registriert werden. Um aber den Menschenwürdegehalt des Wohnungsgrundrechts nicht zu verletzen, darf bei Privatwohnungen keine nur automatische Aufzeichnung der Gespräche durchgeführt werden. Denn sobald ein registriertes Gespräch den Charakter einer privaten bzw. intimen Kommunikation annehme, ist der absolut geschützte Kernbereich betroffen. Dies kommt nach Auffassung des Gerichts auch bei der Anwesenheit von engen Freunden in Betracht. In solchen Fällen von durch Privates bzw. Intimes »vergiftete Informationen« ist die Abhörmaßnahme ausnahmslos rechtswidrig und muss folglich abgebrochen werden[95].

Die akustische Wohnraumüberwachung ist generell unzulässig bei Straftatbeständen, die den mittleren Kriminalitätsbereich nicht deutlich übersteigen[96]. Diesen sieht das BVerfG nur bei Straftaten, die als Höchststrafe mehr als fünf Jahre vorsehen[97]. Deshalb kommen Abhörmaßnahmen nach dem Urteil des BVerfG nicht mehr in Betracht, bei denen es vorher aber gesetzlich vorgesehen war, z. B. beim Verdacht der Geldwäsche, der Bestechlichkeit oder Bestechung, der Bildung einer kriminellen Vereinigung, selbst im besonders schweren Falle, oder bei der Unterstützung einer terroristischen Vereinigung[98].

---

88 BVerfG, Urteil vom 3.3.2004 (Fn. 50), Absatz-Nr. 115.
89 BVerfG, Urteil vom 3.3.2004 (Fn. 50), Absatz-Nr. 116 mit Hinweisen auf frühere Entscheidungen.
90 BVerfG, Urteil vom 3.3.2004 (Fn. 50), Absatz-Nr. 112.
91 BVerfG, Urteil vom 3.3.2004 (Fn. 50), Absatz-Nr. 121.
92 Weitere Ausführungen bei Roggan, Fredrik: Lauschen im Rechtsstaat. Zu den Konsequenzen des Urteils des Bundesverfassungsgerichtes zum großen Lauschangriff – Gedächtnisschrift für Hans Lisken. Berlin 2004.
93 BVerfG, Urteil vom 3.3.2004 (Fn. 50), Absatz-Nr. 171.
94 Vgl. dazu auch Roggan, a. a. O. (Fn. 86), S. 66.
95 BVerfG, Urteil vom 3.3.2004 (Fn. 50), Absatz-Nr. 246, 258.
96 BVerfG, Urteil vom 3.3.2004 (Fn. 50), Absatz-Nr. 228.
97 BVerfG, Urteil vom 3.3.2004 (Fn. 50), Absatz-Nr. 240.
98 Vgl. dazu Roggan, a. a. O. (Fn. 86), S. 66.

Schließlich werden durch das Urteil des BVerfG hohe Anforderungen an den Gesetzgeber bezüglich ggf. rechtswidrig erlangter Informationen aus derartigen Abhörmaßnahmen gestellt. Das Gericht verlangt umfassende Verwertungsverbote: Die erlangten Erkenntnisse, die gegen den Kernbereich des Wohnungsgrundrechts verstoßen, müssen nicht nur unverzüglich gelöscht, sondern dürfen auch nicht mittelbar verwertet werden[99].

Indem das BVerfG die Intimsphäre zum Menschenwürdestandard erklärt, der in keinem Fall wert- und abwägungsoffen gehandhabt werden kann und daher nicht der Rechtsauffassung von Matthias Herdegen folgt, setzt es mit seiner Entscheidung dem Staat absolute Grenzen in Bezug auf die Möglichkeiten akustischer Wohnraumüberwachung zu Strafverfolgungszwecken. Es drängt sich dabei die Frage auf, welche Auswirkungen diese Grenzsetzung in der Praxis haben wird, d. h. wie viele Fälle möglicherweise künftig nicht mehr aufgeklärt werden können, weil die zunächst gesetzgeberisch eingeführte Kompetenzerweiterung durch das Urteil drastisch beschnitten wird:

Beim Grundsatz der Verhältnismäßigkeit ist im Zusammenhang mit der teilweisen Rücknahme der Kompetenzerweiterung für die Strafverfolgungsorgane, insbesondere für die Polizei, zu prüfen, ob diese – wie gerade aus Polizeikreisen in solchen Zusammenhängen immer wieder betont – dadurch nicht „zum zahnlosen Tiger werden[100]", weil sie nunmehr auf herkömmliche Mittel der Verbrechensbekämpfung zurückgreifen müssen[101]. Von 1998 bis 2001 wurden in 87 Strafverfahren Wohnungen abgehört. Davon waren insgesamt 50 Abhörmaßnahmen – also fast 60 % (!) – ohne Relevanz für das weitere Ermittlungsverfahren. Verteilt man diese 87 Fälle von Anordnungen zur akustischen Raumüberwachung zu Strafverfolgungszwecken auf 17 Polizeien des Bundes und der Länder über den Zeitraum von 4 Jahren, hat im Durchschnitt jede Polizei pro Jahr knapp 1,3 richterliche Anordnungen zur akustischen Überwachung veranlasst[102]. Die Begrenzung von staatlichen Abhörmaßnahmen durch das BVerfG betrifft faktisch also einen – unerwartet – seltenen Einsatz der akustischen Wohnraumüberwachung, der schon auf Grund des hohen personellen und finanziellen Aufwands sowie wegen technischer Probleme nicht häufiger durchgeführt wird[103].

Dennoch: Schon 1971 befürchteten die vom Votum der Relativierung der Objektformel im Abhörurteil abweichenden Richter[104], dass

„unter bestimmten Voraussetzungen Hausdurchsuchungen ohne Zuziehung des Wohnungsinhabers und dritter Personen vorgenommen und dabei auch Geheimmikrofone unter Ausschluss des Rechtsweges angebracht werden dürften[105]".

Sie haben Recht behalten: Inzwischen verbreitet sich in der Gesellschaft immer mehr die Ansicht, „dass mit den mittlerweile entwickelten technischen Möglichkeiten auch deren grenzenloser Einsatz hinzunehmen ist[106]" – insbesondere, wenn es um das Sicherheitsbedürf-

---

99 BVerfG, Urteil vom 3.3.2004 (Fn. 50), Absatz-Nr. 328 ff.
100 So der Stellv. Bundesvorsitzende des Bunds deutscher Kriminalbeamter Rolf Jaeger in der ARD-Sendung Sabine Christiansens v. 21.11.2004: „Frankfurter Folterprozess: Wie weit darf man gehen, um Leben zu retten?".
101 Vgl. z. B. Lorenz, Frank Lucien: Aktionismus, Populismus? – Symbolismus! Zur strafprozessualen akustisch-/optischen Überwachung von Wohnungen. In: GA 1997, S. 51-71; vgl. auch Papier, a. a. O. (Fn. 45), Art. 13, Rdnr. 60.
102 Zahlen nach BVerfG, Urteil vom 3.3.2004 (Fn. 50), Absatz-Nr. 203.
103 BVerfG, Urteil vom 3.3.2004 (Fn. 50), Absatz-Nr. 204.
104 S. oben Fn. 17.
105 BVerfGE 30, 1, Abweichende Meinung S. 46 f.
106 BVerfG, Urteil vom 3.3.2004 (Fn. 50), Abweichende Meinung, Absatz-Nr. 372.

nis der Bevölkerung geht (ein beredtes Beispiel ist auch die Diskussion um die Ausweitung von DNA-Analysen)[107].

Die beiden Urteile des Ersten Senats des BVerfG über den „Großen Lauschangriff" zeigen, dass das BVerfG der Menschenwürde noch einen hohen Stellenwert einräumt und einem weiteren Abbau von Menschenwürdestandards aktuell nicht zustimmt.

Zu bedenken ist aber, dass auch in Zukunft Lehrstuhlinhaber ins BVerfG einziehen werden. Einige ihrer Auffassungen geben schon jetzt den Anstoß für populistische Diskussionen in den allabendlichen Talk-Runden des Fernsehens. Unter dem Eindruck des internationalen Terrorismus wird nicht nur der Ruf nach mehr Sicherheit immer lauter. Vielmehr ist darüber hinaus zu befürchten, dass die Abkehr von der Toleranz von Lebensformen anderer Menschen und die schwindende Akzeptanz pluralistischer Verschiedenheit auch vor den Richterinnen und Richtern des BVerfG nicht halt machen wird[108].

Für zukünftige Urteile des BVerfG ist zu erwarten, dass Menschenwürdestandards, welche die Grundlage gesellschaftlicher Freiheit bilden, verloren gehen, wenn die in der Lehre propagierte Wertungs- und Abwägungsoffenheit für alle Menschenwürdestandards Einzug in die Entscheidungen des BVerfG gehalten hat.

---

107 Vgl. Schoch, Friedrich: Abschied vom Polizeirecht des liberalen Rechtsstaats? Vom Kreuzberg-Urteil des Preussischen Oberverwaltungsgerichts zu den Terrorismusbekämpfungsgesetzen unserer Tage, in: Staat 3/ 2004, S. 347-369; Kötter, Matthias: Subjektive Sicherheit, Autonomie und Kontrolle. Eine Analyse der jüngeren Diskurse des Sicherheitsrechts, in: Staat, 3/2004, S. 371-398; vgl. auch Baldus, Manfred: Freiheit und Sicherheit nach dem 11. September 2001. In: BDVR-Rundschreiben 02/2004, S. 61-65.

108 Zum Teil scheint sie schon eingetroffen: Vgl. dazu folgendes Zitat aus Di Fabio, Udo (Professor für Öffentliches Recht und seit 1999 Richter am BVerfG): Die Kultur der Freiheit. München 2005, S. 242 f.: „Ist es ein Menschenrechtsverstoß, wenn ein Staat Probleme darin sieht, jemanden zum Beamten zu ernennen, der kompromisslos vor Schulkindern ein Kopftuch tragen will ... ?".

Martin H. W. Möllers / Robert Chr. van Ooyen

Bürgerfreiheit, Menschenrechte und Staatsräson – ausgewählte Grundrecht-Rechtsprechung im Bereich „Innere Sicherheit"

1 Liberal-etatistsche Tradition

In der Rechtsprechung des Bundesverfassungsgerichts (BVerfG) werden die Grundrechte bis heute, angelehnt an Georg Jellinek[1], als auf den Staat bezogene subjektiv-öffentliche „Abwehrrechte" von Bürgerinnen und Bürgern begriffen. Allenfalls können sie als sog. Elemente objektiver Wertordnung auch im „nichtstaatlichen", zivilrechtlichen Bereich eine – jedoch nur mittelbare – Wirkung zwischen „Privatrechtssubjekten" entfalten, zumeist über die sog. Generalklauseln des BGB, die im Lichte der Grundrechte auszulegen sind[2]. Das ist seit dem Lüth-Urteil[3] ständige Rechtsprechung des BVerfG, zuletzt z. B. im Kammerbeschluss des Ersten Senats vom 30.7.2003 zur Frage der Zulässigkeit der Kündigung einer Kaufhausangestellten, die am Arbeitsplatz ihrem religiösen Glauben durch das Tragen eines Kopftuchs Ausdruck verlieh[4]. Diese systematische Konzeption der Grundrechte wirft nicht nur erhebliche dogmatische Schwierigkeiten auf, etwa hinsichtlich der Frage, wie ein öffentlich-rechtlicher Rundfunksender als Teil des öffentlichen Bereichs zugleich Träger des Grundrechts der Rundfunkfreiheit sein kann; wird doch hier die unsinnige Schlussfolgerung nahe gelegt, dass der „Staat" sich seiner selbst erwehren müsste. Bemerkenswerter jedoch ist die Tatsache, dass durch ein staatsbezogenes Grundrechtsverständnis der Grundrechtsschutz eine „liberal-etatistische" Ambivalenz enthält: Auf der einen Seite lässt sich in der Rechtsprechung des BVerfG immer wieder „echte" Liberalität nachweisen, die sowohl den Konflikt mit den höchstrichterlichen Fachgerichten nicht scheut als auch den aktuellen Versuchungen des „Zeitgeistes" – in der Regel – widersteht, die Menschen- und Bürgerrechte angesichts angespannter Sicherheitslagen einfach drastisch einzuschränken. Andererseits verhält sich dieses Verständnis auf den Staat bezogener Abwehrrechte blind gegenüber allen „nichtstaatlichen" Formen von politischer Macht, sodass der Grundrechtsschutz hier leer läuft. Dabei zeigt sich zugleich eine Traditionslinie der Grundrechtsinterpretation, die dem BVerfG nicht nur einen erheblichen Entscheidungsspielraum eröffnet, sondern seine Entscheidungen bisweilen ganz erheblich zulasten der individuellen Freiheit „staatsräsonistisch" kippen lässt[5]. Diese Ambivalenz des „liberalen Etatismus" lässt sich nachfolgend exemplarisch an der Rechtsprechung zur Demonstrations- und Versammlungsfreiheit bzw. zum Grundrecht auf Asyl darstellen.

---

1   Vgl. Jellinek, Georg: System der subjektiven öffentlichen Rechte, 2. Aufl., Tübingen 1919, unv. Nachdr., Darmstadt 1963.

2   Vgl. Classen, Claus Dieter: Die Drittwirkung der Grundrechte in der Rechtsprechung des Bundesverfassungsgerichts; in: AöR 1997, S. 65 ff.

3   Vgl. BVerfGE 7, 198 – Lüth (1958).

4   Vgl. BVerfG, 1 BvR 792/03 vom 30.7.2003, Rdnr. 14; http://www.bverfg.de/entscheidungen/rk20030730_1bvr079203.html.

5   Vgl. z. B. Ladeur, Karl-Heinz: Meinungsfreiheit in der Rechtsprechung des Bundesverfassungsgerichts; in: Däubler, Wolfgang / Küsel, Gudrun (Hg.): Verfassungsgericht und Politik, Reinbek 1979, S. 102.

2 Die Rechtsprechung zur Demonstrations- und Versammlungsfreiheit

Die Versammlungsfreiheit nach Art. 8 GG hat heterogene Traditionen und Funktionen[6]. Im Vormärz fanden die bürgerlichen Mitwirkungsansprüche im Staat nur zögernd Anerkennung[7], sodass die frühkonstitutionellen Verfassungen keine Versammlungsfreiheit kannten[8]. Erst die Paulskirchenverfassung[9] garantierte mit Art. VIII § 161 die Versammlungsfreiheit in der Öffentlichkeit unter freiem Himmel[10]. Die kurzfristig gewonnene Bürgerfreiheit wurde aber bereits seit der Reaktionsphase 1849 und im folgenden Kaiserreich erheblich beschränkt: Einerseits wurde sie nur noch als reines Abwehrrecht (status negativus) und nicht mehr auch als Freiheitsrecht begriffen, das eine Orientierung des Bürgers zum Staat hin (status activus[11]) einstuft. Andererseits wurde das Versammlungsrecht aus dem Staatsrecht heraus und in das Polizeirecht übergeführt[12].

Art. 123 WRV knüpfte hingegen wieder an die Paulskirche an, wobei sich die Grundrechtsinterpretation „überwiegend in den Bahnen liberalen Rechtsstaatsdenkens[13]" bewegte. Denn auch in der WRV galt die Versammlungsfreiheit als polizeifest[14]. Es kam aber nicht zu einer Neubestimmung der Versammlungsfreiheit nach demokratischem Recht, wenn insbesondere Art. 123 Abs. 2 WRV bestimmte: „Versammlungen unter freiem Himmel können durch Reichsgesetz anmeldepflichtig gemacht und bei unmittelbarer Gefahr für die öffentliche Sicherheit verboten werden." Ab 1930 auf Grund der Notverordnungsvorschrift des Art. 48 Abs. 2 WRV[15] und während der gesamten Zeit des Nationalsozialismus gab es praktisch keine Versammlungsfreiheit[16].

Der Parlamentarische Rat war sich zwar über die politische Bedeutung von Versammlungen und ihrer Freiheit einig, es lassen sich aber kaum Erwägungen zu ihrer Bedeutung in der repräsentativen Demokratie ausmachen. Vielmehr wurden die Eingriffsermächtigungen für Versammlungen unter freiem Himmel nach Art. 8 Abs. 2 GG ausgeweitet[17]. Bis zur ersten Grundsatzentscheidung des BVerfG zur Versammlungsfreiheit als demokratisches Mitgestaltungsrecht lässt sich – auch auf Grund der kurz dargelegten heterogenen Traditionen – kein einheitliches Bild bei der Interpretation der Versammlungsfreiheit festmachen. Es reicht

---

6   Zur historischen Entwicklung vgl. Quilisch, Martin: Die demokratische Versammlung, Berlin 1970.

7   Vgl. Müller, Friedrich: Korporation und Assoziation, Diss., Berlin 1965, S. 86 ff. sowie 220 ff.

8   S. Gusy, in: von Mangoldt, Hermann / Klein, Friedrich / Starck, Christian (Hg.): Kommentar zum Grundgesetz in 3 Bänden, Band 1, Präambel, Art. 1-19, 5. Aufl., München 2005, Art. 8, Rdnr. 2.

9   Ihr war das „Hambacher Fest" vom Mai 1832 voraus gegangen, das zu Recht als Meilenstein des Kampfes um mehr Demokratie in Deutschland gilt: Kurz zuvor hatte die bayerische Regierung noch das Fest mit der Begründung verboten, es handele sich um einen „Konvent deutscher Demagogen" und bereits die in der Einladung enthaltene Forderung nach „Abschüttelung innerer und äußerer Gewalt" besäße aufrührerischen Charakter. Vgl. dazu Kutscha, Martin: Demonstrationsfreiheit – historische Dimension und aktuelle Pläne zur Beschneidung eines unbequemen Grundrechts, in: http://www.vdj.de/Kriegsstaat/2002_kutscha_Demorecht.html vom 21.01.2006.

10 Zur Entwicklung vgl. Quilisch, a. a. O. (Fn. 6), S. 49.

11 Zu den klassischen Funktionen der Grundrechte vgl. schon Jellinek, a. a. O. (Fn. 1), S. 87, 94 ff.; s. auch Möllers, Martin H. W.: Polizei und Grundrechte. Alternatives Grundrechte-Lehrbuch für die Polizei auf rechtswissenschaftlicher und rechtspolitischer Basis, Frankfurt am Main 2006, S. 21.

12 Vgl. Gusy, a. a. O. (Fn. 8), Art. 8, Rdnr. 3.

13 Gusy, a. a. O. (Fn. 8), Art. 8, Rdnr. 4.

14 Vgl. Anschütz, Gerhard: Die Verfassung des Deutschen Reichs vom 11. August 1919, 14. Aufl., Berlin 1933, unv. Nachdr., Bad Homburg vor der Höhe 1960, Art. 123 Nr. 4. f), S. 571.

15 S. Anschütz, a. a. O. (Fn. 14), Vorbemerkung zu Art. 123, 124, S. 565.

16 S. Gusy, a. a. O. (Fn. 8), Art. 8, Rdnr. 4 am Ende.

17 Gusy, a. a. O. (Fn. 8), Art. 8, Rdnr. 5.

von der „Angst vor Exzessen", die nicht zuletzt in den studentischen Massendemonstrationen Ende der 1960er Jahre wurzelte, bis hin zu „liberaloptimistischem Vertrauen"[18], das in der Versammlungsfreiheit institutionelle Garantien wähnte[19].

Die erste Grundsatzentscheidung des BVerfG zu Art. 8 GG ist der sog. „Brokdorf-Beschluss" vom 14. Mai 1985[20]. Danach folgten noch eine Reihe weiterer Entscheidungen[21], von denen hier insbesondere die Entscheidungen zum Versammlungsrecht vom 1. Dezember 1992 sowie zu den Sitzblockaden aus den Jahren 1986, 1995 und 2001 einer näheren Erörterung unterzogen werden. Dabei ist aber anzumerken, dass die Sitzblockaden-Entscheidungen nicht in erster Linie die Versammlungsfreiheit nach Art. 8 GG, sondern das Verbot rückwirkender Strafgesetze nach Art. 103 Abs. 2 GG betreffen.

2.1 Der Brokdorf-Beschluss[22]

Nach Art. 8 Abs. 1 GG haben alle Deutschen „das Recht, sich ohne Anmeldung oder Erlaubnis friedlich und ohne Waffen zu versammeln". Dennoch wurde allgemein bis zur Grundsatzentscheidung des BVerfG 1985 überwiegend in der Bevölkerung davon ausgegangen, dass Versammlungen unter freiem Himmel einer Genehmigung des Staatsapparats bedürfen. Wenn in den 1960er Jahren Studentinnen und Studenten in der Absicht auf die Straßen gingen, friedlich ihren Protest gegen bestimmte Zustände zu formulieren, wähnte die Mehrheit der übrigen Bevölkerung in diesem Tun Aufruhr und Anarchie. Auch noch 20 Jahre später zu den Hochzeiten der Friedens- und Umweltbewegung hatten noch nicht alle Bevölkerungsteile die Versammlungsfreiheit als demokratisches Grundrecht verinnerlicht. Sie stand in der verfassungsgerichtlichen Rechtsprechung damit im Gegensatz zur Meinungsfreiheit, die schon viel länger als unentbehrliches und grundlegendes Funktionselement eines demokratischen Gemeinwesens anerkannt war[23]:

„Sie gilt als unmittelbarer Ausdruck der menschlichen Persönlichkeit und als eines der vornehmsten Menschenrechte überhaupt, welches für eine freiheitliche demokratische Staatsordnung konstituierend ist; denn sie erst ermöglicht die ständige geistige Auseinandersetzung und den Kampf der Meinungen als Lebenselement dieser Staatsform"[24].

Dass die Versammlungsfreiheit als Bürgerrecht für die rechtsstaatliche Demokratie noch keine Anerkennung gefunden hatte, stand im Zusammenhang mit der falschen Annahme, dass

---

18 Vgl. dazu Kunig, in: von Münch, Ingo / Kunig, Philip (Hg.): Grundgesetz-Kommentar, Band 1 (Präambel bis Art. 20), 5. Aufl., München 2000 (mit Nachtrag 2003), Art. 8 Rdnr. 1.

19 Vgl. dazu Herzog, in Maunz, Theodor / Dürig, Günter u. a.: Grundgesetz, Loseblatt-Kommentar in 6 Leinenordnern, 45. Ergänzungslieferung, München 2005, Art. 8 Rdnr. 4. Herzogs Kommentierung erfolgte unmittelbar nach dem „Brokdorf-Beschluss" in der 26. Ergänzungslieferung Ende der 1980er Jahre und ist seitdem noch nicht wieder überarbeitet worden.

20 BVerfGE 65, 315-372 (- 1 BvR 233, 341/81 -).

21 BVerfGE 73, 206 ff. (Sitzblockaden I – Mutlangen), E 82, 236 ff. (Startbahn-West), E 84, 399 ff. (Versammlungsstörer), E 85, 69 ff. (Eilversammlung), E 87, 399 ff. (Versammlungsrecht), E 92, 1 ff. (Sitzblockaden II), E 104, 92 ff. (Sitzblockaden III). Darüber hinaus sind weitere Entscheidungen – im Rahmen von Verfassungsbeschwerden – ergangen, die zumeist gescheitert sind. Die derzeit letzte „erfolgreiche" Entscheidung betrifft den Beschluss gegen freiheitsentziehende Maßnahmen nach einer Castor-Sitzblockade vom 13. Dezember 2005 (- 2 BvR 447/05 -).

22 Die Entscheidung des BVerfG im Brokdorf-Beschluss betraf Demonstrationen gegen das Kernkraftwerk Brokdorf, die der damalige Innenminister Uwe Barschel mit allen Mitteln zu bekämpfen suchte.

23 Vgl. BVerfGE 7, 198 (208); 12, 113 (125); 20, 56 (97); 42, 163 (169).

24 BVerfGE 69, 315 (344 f.).

Versammlungen unter freiem Himmel einer staatlichen Genehmigung oder Erlaubnis bedürfen. Diese Annahme ist nicht einfach nur mit dem in Deutschland noch überkommenen obrigkeitsstaatlichen Denken zu erklären[25]. Vielmehr hängt sie auch mit dem qualifizierten Vorbehalt in Art. 8 Abs. 2 GG zusammen, dass „für Versammlungen unter freiem Himmel ... dieses Recht durch Gesetz oder auf Grund eines Gesetzes beschränkt werden" kann. Denn der Gesetzesvorbehalt weist auf das bundesweit geltende Versammlungsgesetz (VersG) hin, das zwar in § 14 auch nur eine Anmelde- und keine Genehmigungspflicht für Versammlungen und Aufzüge unter freiem Himmel festschreibt, das aber gleichzeitig in § 15 VersG vorsieht, dass nicht angemeldete Versammlungen oder Aufzüge aufgelöst werden können und dass nach § 26 VersG Veranstaltern oder Leitern solcher nicht angemeldeten, aber durchgeführten Versammlungen sogar Freiheitsstrafe droht.

Von diesen gesetzlich eingeräumten Möglichkeiten restriktiver Handhabung des Versammlungsrechts wurde insbesondere dann Gebrauch gemacht, wenn die in öffentlichen Versammlungen vorgebrachten „Anliegen" im Widerspruch zur Regierungslinie standen. Auch in dem der Grundsatzentscheidung zu Grunde liegenden Sachverhalt hatte der zuständige Landrat, als zahlreiche Bürgerinitiativen zu einer Großdemonstration am 28. Februar 1981 gegen den Bau des Kernkraftwerks in Brokdorf aufriefen, noch *vor Anmeldung* der Versammlung ein generelles Versammlungsverbot mittels Allgemeinverfügung für das Baugelände auf einer Fläche von etwa 210 qkm im Umkreis erlassen und dessen Sofortvollzug angeordnet[26]. Es war also überfällig, die Versammlungsfreiheit als unentbehrliches und grundlegendes Funktionselement der Demokratie herauszustellen.

2.1.1 Die Versammlungsfreiheit als demokratisches Teilhaberecht

Tatsächlich nutzte der Erste Senat des BVerfG die herangetragene Verfassungsbeschwerde, im Rahmen der Überprüfung der entsprechenden Vorschriften des VersG ausführlich die Bedeutung, Funktion und den Umfang der Versammlungsfreiheit zu erörtern[27]. Das rief in der Literatur die Kritik hervor, die Ausführungen seien nicht wie eine Gerichtsentscheidung, sondern eher wie eine Kommentierung zu lesen[28] und daher obiter dicta[29].

Die Anerkennung der Versammlungsfreiheit als demokratisches Teilhaberecht wurde durch das Gericht gleich im 1. Leitsatz festgeschrieben:

---

25 Vgl. dazu Zoll, Ralf (Hg.): Vom Obrigkeitsstaat zur entgrenzten Politik. Politische Einstellungen und politisches Verhalten in der Bundesrepublik seit den sechziger Jahren, Opladen 1999.

26 „Diese Verfügung wurde mit polizeilichen Erkenntnissen begründet, aus denen sich ergeben habe, dass sich unter den erwarteten ca. 50.000 Demonstrationsteilnehmern eine erhebliche Zahl gewaltbereiter Personen befänden, die eine gewaltsame Besetzung und Zerstörung des Baugeländes und weitere Gewalttaten beabsichtigten.": Grimm, Dieter / Kirchhof, Michael (Hg.): Entscheidungen des Bundesverfassungsgerichts. Studienauswahl in 2 Bänden. Bearbeitet von Michael Eichberger, 2. Aufl., Tübingen 1997, Band 2, S. 48.

27 Pabel, Katharina: BVerfGE 69, 315 – Brokdorf. Zum Grundrecht der Versammlungsfreiheit, in: Menze, Jörg (Hg.), Verfassungsrechtsprechung. Hundert Entscheidungen des Bundesverfassungsgerichts in Retrospektive, Tübingen 2000, S. 272-379, hier S. 373.

28 Vgl. dazu Gusy, Christoph: Lehrbuch der Versammlungsfreiheit, in: JuS 1986, S. 608-614; Schenke, Wolf-Rüdiger: Anmerkung zu: BVerfG, B. v. 14.05.1985 - 1 BvR 233/81, 341/81 -, in: JZ 1986, S. 35-37.

29 Vgl. allgemein Schlüter, Wilfried: Das Obiter dictum, München 1973; Wimmer, Ulrich: obiter dictum: Rechtswahlrecht, in: DRiZ 11/2004, S. 327; ders.: obiter dictum: Anonymisierung, in: DRiZ 2/2005, S. 63. Zur Funktion von obiter dicta vgl. Pestalozza, Christian: Verfassungsprozeßrecht. Die Verfassungsgerichtsbarkeit des Bundes und der Länder mit einem Anhang zum Internationalen Rechtsschutz, 3. Aufl., München 1991, § 20 Rdnr. 31 ff.

„Das Recht des Bürgers, durch Ausübung der Versammlungsfreiheit aktiv am politischen Meinungs- und Willensbildungsprozess teilzunehmen, gehört zu den unentbehrlichen Funktionselementen eines demokratischen Gemeinwesens. Diese grundlegende Bedeutung des Freiheitsrechts ist vom Gesetzgeber beim Erlass grundrechtsbeschränkender Vorschriften sowie bei deren Auslegung und Anwendung durch Behörden und Gerichte zu beachten.[30]"

Damit übernahm das BVerfG Auffassungen in der Literatur, in der bereits anerkannt war, dass Versammlungen wesentliches Element demokratischer Offenheit sind und die Möglichkeit zur öffentlichen Einflussnahme auf den politischen Prozess bieten. Nach Konrad Hesse z. B. enthalten Versammlungen ein Stück ursprünglich-ungebändigter unmittelbarer Demokratie, das geeignet ist, den politischen Betrieb vor Erstarrung in geschäftiger Routine zu bewahren[31]. Das BVerfG ging in seiner Entscheidung aber noch weiter und stufte das Grundrecht der Versammlungsfreiheit nicht nur als Mittel der politischen Einflussnahme ein, sondern etablierte es als Ausdruck von unmittelbarer Demokratie und begründet dies so:

„...in einer Demokratie müsse die Willensbildung vom Volk zu den Staatsorganen und nicht umgekehrt verlaufen; das Recht des Bürgers auf Teilhabe an der politischen Willensbildung äußere sich nicht nur in der Stimmabgabe bei Wahlen, sondern auch in der Einflußnahme auf den ständigen Prozeß der politischen Meinungsbildung, die sich in einem demokratischen Staatswesen frei, offen, unreglementiert und grundsätzlich ‚staatsfrei'[32] vollziehen müsse... Große Verbände, finanzstarke Geldgeber oder Massenmedien können beträchtliche Einflüsse ausüben, während sich der Staatsbürger eher als ohnmächtig erlebt. In einer Gesellschaft, in welcher der direkte Zugang zu den Medien und die Chance, sich durch sie zu äußern, auf wenige beschränkt ist, verbleibt dem Einzelnen neben seiner organisierten Mitwirkung in Parteien und Verbänden im allgemeinen nur eine kollektive Einflußnahme durch Inanspruchnahme der Versammlungsfreiheit für Demonstrationen.[33]"

Entsprechend dieser Auffassung, die aber keineswegs ungeteilte Zustimmung hervorrief, weil vor allem bezweifelt wurde, dass durch das Veranstalten von Demonstrationen Staatsgewalt ausgeübt werde[34], wurde der Versammlungsfreiheit einen besonderen Rang als Freiheit zur kollektiven Meinungskundgabe zugebilligt (S. 345) und sie gleichzeitig als Element des Minderheitenschutzes im parlamentarischen Repräsentativsystem (S. 347) eingeräumt. Entsprechend wurde das Selbstbestimmungsrecht des Veranstalters über Ort, Zeitpunkt, Art und Inhalt der Veranstaltung festgeschrieben:

„Als Abwehrrecht, das auch und vor allem andersdenkenden Minderheiten zugute kommt, gewährleistet Art. 8 GG den Grundrechtsträgern das Selbstbestimmungsrecht über Ort, Zeitpunkt, Art und Inhalt der Veranstaltung und untersagt zugleich staatlichen Zwang, an einer öffentlichen Veranstaltung teilzunehmen oder ihr fernzubleiben.[35]"

Die demokratische Bedeutung des Grundrechts der Versammlungsfreiheit wurde mit entsprechenden Regelungen über die verfassungsmäßigen Anforderungen an Beschränkung, Verbot und Auflösung einer Versammlung flankiert.

---

30   BVerfGE 69, 315.

31   Hesse, Konrad: Grundzüge des Verfassungsrechts der Bundesrepublik Deutschland, 20. Aufl., Heidelberg 1995.

32   Zum Begriff der Staatsfreiheit des demokratischen Willensbildungsprozesses siehe das Parteienfinanzierungsurteil vom 9. April 1992 (BVerfGE 85, 264-328).

33   BVerfGE 69, 315 (346 f.).

34   Vgl. Pabel, a. a. O. (Fn. 27), S. 375, Götz, Volkmar: Versammlungsfreiheit und Versammlungsrecht im Brokdorf-Beschluß des Bundesverfassungsgerichts, in: DVBl. 24/1985, S. 1347-1352.

35   BVerfGE 69, 315 (343).

2.1.2 Verfassungsrechtliche Anforderungen an Beschränkung, Verbot und Auflösung einer Versammlung

Weil das Grundrecht der Versammlungsfreiheit auch im Zusammenhang mit der freien Entfaltung der Persönlichkeit (Art. 2 Abs. 1 GG) steht, das gemeinsam mit der Vereinigungsfreiheit (Art. 9 GG) die Persönlichkeitsentfaltung in Gruppenform gewährleisten soll[36], legte sich das BVerfG im Brokdorf-Beschluss auf einen weiten Versammlungsbegriff fest:

Die Versammlungsfreiheit schützt „Versammlungen und Aufzüge – im Unterschied zu bloßen Ansammlungen oder Volksbelustigungen – als Ausdruck gemeinschaftlicher, auf Kommunikation angelegter Entfaltung". „Dieser Schutz ist nicht auf Veranstaltungen beschränkt, auf denen argumentiert und gestritten wird, sondern umfaßt vielfältige Formen gemeinsamen Verhaltens bis hin zu nicht verbalen Ausdrucksformen. Es gehören auch solche mit Demonstrationscharakter dazu, bei denen die Versammlungsfreiheit zum Zwecke plakativer oder aufsehenerregender Meinungskundgabe in Anspruch genommen wird.[37]"

Die strengen Anforderungen an Verbot und Auflösung einer Versammlung übertrug das BVerfG aber bereits auf die Beschränkungen der Versammlungsfreiheit mit dem Ziel, staatliche Eingriffe in das Grundrecht abzuwehren. Ausgangspunkt dafür war die Bestimmung, die Wechselwirkungslehre auch im Bereich der Versammlungsfreiheit anzuwenden:

„Bei allen begrenzenden Regelungen hat der Gesetzgeber die erörterte, in Art. 8 GG verkörperte verfassungsrechtliche Grundentscheidung zu beachten; er darf die Ausübung der Versammlungsfreiheit nur zum Schutz gleichwertiger anderer Rechtsgüter unter strikter Wahrung des Grundsatzes der Verhältnismäßigkeit begrenzen.[38]"

Unter diesen Voraussetzungen hielt das Gericht behördliche Maßnahmen mit dem Grundrecht für unvereinbar, wenn der Zugang zu einer Demonstration durch Behinderung von Anfahrten und schleppende vorbeugende Kontrollen unzumutbar erschwert oder ihren staatsfreien unreglementierten Charakter durch exzessive Observationen und Registrierungen[39] verändert. Damit verbot das BVerfG exzessive Polizeikontrollen im Vorfeld von Versammlungen.

Die in § 14 Abs. 1 VersG geregelte Anmeldepflicht für Versammlungen unter freiem Himmel war schon in Art. 123 Abs. 2 WRV (s. o. S. 368) ausdrücklich als zulässige Beschränkung der Versammlungsfreiheit festgeschrieben. Hintergrund ist, dass Versammlungen unter freiem Himmel Außenwirkungen entfalten und dadurch vielfach besondere Vorkehrungen – z. B. Verkehrsregelungen – erfordern[40]. Nach Meinung des Bundesverwaltungsgerichts (BVerwG) schränkt eine solche Vorschrift die Versammlungsfreiheit im Regelfall daher nur unerheblich ein[41]. Der Bundesgerichtshof (BGH)[42] und ebenso die ganz herrschende Literaturmeinung halten die Regelung ebenfalls für verfassungsgemäß. Das BVerfG relativiert jedoch diese Auffassung, indem es ergänzt:

---

36 Herzog, a. a. O. (Fn. 19), Art. 8 GG, Rdnr. 13.
37 BVerfGE 69, 315 (343).
38 BVerfGE 69, 315 (348 f.).
39 vgl. dazu schon das „Volkszählungsurteil" BVerfGE 65, 1 (43).
40 Vgl. BTDrucks. 8/1845, S. 10.
41 BVerwGE 26, 135 (137 f.).
42 Vgl. BGHSt 23, 46 (58 f.).

„Dem ist zuzustimmen, wenn dabei berücksichtigt wird, dass die Anmeldepflicht nicht ausnahmslos eingreift und dass ihre Verletzung nicht schon schematisch zum Verbot oder zur Auflösung einer Veranstaltung berechtigt.[43]"

Das BVerfG bestätigt (S. 350) deshalb die herrschende Ansicht, dass bei Spontandemonstrationen, die sich aus aktuellem Anlass augenblicklich bilden, die Pflicht zur rechtzeitigen Anmeldung entfällt[44]. Da das Grundrecht und nicht das Versammlungsgesetz die Zulässigkeit von Versammlungen und Aufzügen verbürge, kann das VersG lediglich Beschränkungen vorsehen, die erforderlich sind. Deshalb kann eine Verletzung der Anmeldepflicht nicht schon automatisch zum Verbot oder zur Auflösung einer Veranstaltung führen[45]. Vielmehr müsse nach den zur Zeit des Erlasses der Verfügung erkennbaren Umständen die öffentliche Sicherheit oder Ordnung bei Durchführung der Versammlung oder des Aufzuges unmittelbar gefährdet sein, wie es auch § 15 Abs. 1 VersG bestimmt. Gleichzeitig definierte das Gericht die Begriffe „öffentliche Sicherheit" und „öffentliche Ordnung" (S. 352). Allerdings führte das BVerfG auch aus, dass diese Begriffserklärungen allein noch keine verfassungskonforme Gesetzesanwendung sicherstellen:

„Für die verfassungsrechtliche Beurteilung bedeutsam sind zwei Einschränkungen, die im Gesetz selbst angelegt sind und die zur Folge haben, dass Verbote und Auflösungen im wesentlichen nur zum Schutz elementarer Rechtsgüter in Betracht kommen können, während eine bloße Gefährdung der öffentlichen Ordnung im allgemeinen nicht genügen wird."

Verbot oder Auflösung setzen nämlich zum einen als ultima ratio voraus, dass das mildere Mittel der Auflagenerteilung ausgeschöpft ist, andererseits ergibt sich aus dem Grundsatz der Verhältnismäßigkeit, dass die zuständigen Behörden nicht nur bei ihrem Ermessen in der Auswahl der Mittel, sondern ebenso beim Entschließungsermessen begrenzt sind:

„Die grundrechtlich geschützte Versammlungsfreiheit hat nur dann zurückzutreten, wenn eine Güterabwägung unter Berücksichtigung der Bedeutung des Freiheitsrechts ergibt, dass dies zum Schutz anderer gleichwertiger Rechtsgüter notwendig ist. Demgemäß rechtfertigt keinesfalls jedes beliebige Interesse eine Einschränkung dieses Freiheitsrechts; Belästigungen, die sich zwangsläufig aus der Massenhaftigkeit der Grundrechtsausübung ergeben und sich ohne Nachteile für den Veranstaltungszweck nicht vermeiden lassen, werden Dritte im allgemeinen ertragen müssen. Aus bloßen verkehrstechnischen Gründen werden Versammlungsverbote um so weniger in Betracht kommen, als in aller Regel ein Nebeneinander der Straßenbenutzung durch Demonstranten und fließenden Verkehr durch Auflagen erreichbar ist.[46]"

Deshalb dürften Behörden insbesondere bei Erlass eines vorbeugenden Verbotes keine zu geringen Anforderungen an die Gefahrenprognose stellen, zumal ihr bei irriger Einschätzung noch die Möglichkeit einer späteren Auflösung verbleibe (S. 354). Ferner stellte das Gericht fest, dass das unfriedliche Verhalten einzelner Versammlungsteilnehmer nicht schon zur Auflösung einer Demonstration führen kann, denn:

---

43   BVerfGE 69, 315 (350).
44   Vgl. etwa BVerwGE 26, 135 (138); Bay ObLG, in: NJW 1970, S. 479; Dietel, Alfred / Gintzel, Kurt / Kniesel, Michael: Demonstrations- und Versammlungsfreiheit. Kommentar zum Gesetz über Versammlungen und Aufzüge vom 24. Juli 1953. 14. Aufl., Köln 2005, § 14 VersG Rdnr. 18 ff., insb. 21 f. m. w. N.
45   BVerfGE 69, 315 (351).
46   BVerfGE 69, 315 (353); zustimmend auch der EuGH mit Urteil vom 12.06.2003 (Rechtssache C-112/00), zit. nach Kutscha, Martin: Marktfreiheiten contra Grundrechte. Ein Urteil des Europäischen Gerichtshofs stärkt ide Versammlungsfreiheit, in: Müller-Heidelberg, Till u. a. (Hg.), Grundrechte-Report 2004. Zur Lage der Bürger- und Menschenrechte in Deutschland. Frankfurt am Main 2004, S. 93-96.

„Würde unfriedliches Verhalten Einzelner für die gesamte Veranstaltung und nicht nur für die Täter zum Fortfall des Grundrechtsschutzes führen, hätten diese es in der Hand, Demonstrationen ‚umzu-funktionieren' und entgegen dem Willen der anderen Teilnehmer rechtswidrig werden zu lassen"[47].

Die Polizei habe den friedlichen Teil der Versammlung zu schützen, Provokationen und Aggressionsanreize zu unterlassen und mit dem Veranstalter der jeweiligen Versammlung zu kooperieren.

2.1.3 Kritische Würdigung des Brokdorf-Beschlusses

An der Entscheidung selbst ist zu bemängeln, dass das BVerfG sich hier scheute, dem Gesetzgeber aufzugeben, seine Rechtsvorschriften zu ändern oder zu ergänzen. Dies erscheint aber insbesondere im Zusammenhang mit der Anmeldeverpflichtung nach § 14 Abs. 1 VersG notwendig zu sein. Das BVerfG begnügt sich damit, § 14 Abs. 1 VersG verfassungs-konform auszulegen statt dem Gesetzgeber – bürgerfreundlich – aufzugeben, ihn für Fälle von Spontan- und Eilversammlungen zu ergänzen. Denn in einer späteren Entscheidung[48] hat das BVerfG auch für Eilversammlungen, die im Unterschied zu Spontanversammlungen zwar noch angemeldet werden, bei denen aber die Frist von 48 Stunden nicht eingehalten werden kann, bestimmt, dass die Anmeldepflicht des § 14 Abs. 1 VersG nicht gilt. Abgesehen davon, dass schon rechtsdogmatische Auslegungsprobleme auftreten[49], ist zu bezwei-feln, dass redliche Bürger, die eine entsprechende Versammlung planen, mal eben die Rechtsvorschrift im VersG verfassungskonform auslegen können, wenn sie – wie die meis-ten – kein rechtswissenschaftliches Hochschulstudium absolviert haben. Diese Bürger wür-den wohl eher auf die Ausübung ihres Grundrechts der Versammlungsfreiheit verzichten.

Inzwischen hat das BVerfG den im Brokdorf-Beschluss vertretenen *weiten* Versamm-lungsbegriff wieder verengt und den Zweck auf die Teilhabe an der öffentlichen Meinungs-bildung beschränkt[50].

Positiv hervorzuheben ist, dass die liberale Brokdorf-Entscheidung auf die Rechtspre-chung der Verwaltungsgerichte und letztlich damit auch auf die polizeilichen Maßnahmen erheblichen Einfluss genommen hat. Gab es noch in den ersten 1980er Jahren die berüchtig-ten „Kessel"[51], die einher gingen mit weiträumigen Absperrungen und Kontrollen sowie massenhafter Ingewahrsamnahme, ist inzwischen vermehrt das Prinzip der Deeskalation bei der Polizei eingetreten[52].

Allerdings führte diese und spätere versammlungsfreundlichen Grundentscheidungen des BVerfG dazu, dass auch Versammlungen und Aufmärsche von Rechtsextremisten durchge-führt werden konnten[53], weil sie die Billigung der zuständigen Verwaltungsgerichte erhiel-

---

47 BVerfGE 69, 315 (361).
48 BVerfGE 85, 69 (76).
49 Vgl. dazu Pabel, a. a. O. (Fn. 27), S. 375 m. w. N.
50 BVerfGE 104, 92 (104); kritisch dazu Tschentscher, Axel: Versammlungsfreiheit und Eventkultur. Unterhal-tungsveranstaltungen im Schutzbereich des Art. 8 I GG (Anmerkung zu: BVerfG, B. v. 12.07.2001 - 1 BvQ 30/01 -), in: NVwZ 11/2001, S. 1243-1246; vgl. auch Dietel / Gintzel / Kniesel, a. a. O. (Fn. 44), § 1 VersG Rdnr. 8; Pieroth, Bodo / Schlink, Bernhard: Grundrechte Staatsrecht II, 21. Aufl., Heidelberg 2005, Rdnr. 693.
51 Bekannt geworden sind z. B. der „Hamburger Kessel", der „Mainzer Kessel" und der „Berliner Kessel": vgl. dazu Hofmann-Hoeppel, Jochen: Die Entwicklung der versammlungsrechtlichen Rechtsprechung seit den Ur-teilen von VG und LG Hamburg zum „Hamburger Kessel", in: DÖV 1992, S. 867-875.
52 Zu den Entwicklungen der polizeilichen Maßnahmen nach der Brokdorf-Entscheidung vgl. insb. Pabel, a. a. O. (Fn. 27), S. 377-378.
53 Vgl. dazu Röger, Ralf: Demonstrationsfreiheit für Neonazis? Analyse des Streits zwischen BVerfG und OVG NW und Versuch einer Aktivierung des § 15 VersG als ehrenschützende Norm, Berlin 2004, S. 12.

ten[54]. Nur mit Auflagen versehen gab es z. B. einen Marsch von mit Reichskriegsflaggen ausgerüsteten[55] Neonazis durch das Brandenburger Tor am 29. Januar 2000. Damit lag der Aufmarsch zwischen dem Holocaust-Gedenktag[56] und der Machtübernahme Hitlers 1933[57]. Am Jahrestag des deutschen Einmarsches in Österreich (12. März 1938), fand – ebenfalls 2000 – eine weitere Demonstration der NPD vor dem Brandenburger Tor statt. Die zuvor in beiden Fällen ausgesprochenen Versammlungsverbote des Berliner Polizeipräsidenten waren letztlich durch das Oberverwaltungsgericht Berlin aufgehoben worden[58].

Diese Gerichtsbeschlüsse, allen voran die Rechtsprechung des BVerfG, deren Entscheidungen zur Versammlungsfreiheit nicht mit dem Brokdorf-Beschluss vom 14. Mai 1985 zu Ende gegangen sind, sondern immer wieder maßgebende Entscheiden zum Versammlungsrecht getroffen hat[59], die bis ins Jahr 2006 reichen, führten sogar zu einem „Schlagabtausch" zwischen der 1. Kammer des Ersten Senats des BVerfG und dem seit 1. Januar 2001 für Versammlungsrecht zuständigen 5. Senat des Oberverwaltungsgerichts für das Land Nordrhein-Westfalen, der schließlich in der Öffentlichkeit ausgetragen wurde[60].

Nicht zuletzt die Realität öffentlicher Auftritte von Rechtsextremisten, in deren Gefolge gewaltbereite Autonome nicht weit sind, entfalteten politische Aktivitäten, das VersG von Grund auf zu überarbeiten und neu zu fassen. Problematisch war dabei aber vor allem die von der Föderalismuskommission vorgeschlagene Übertragung der Kompetenz zur Versammlungsgesetzgebung an die Bundesländer, da sie erhebliche Bedenken auslöste, ob – insbesondere bei Versammlungen und Aufzügen, bei denen die Landesgrenzen überschritten werden, – Rechtssicherheit und Rechtsanwendungsgleichheit (vgl. Art. 72 Abs. 2 GG) überhaupt noch gewahrt werden kann. So gedieh zwar das Vorhaben bis zu einem Referentenentwurf, blieb aber schließlich dort hängen. – Wie so oft kam es nur zu einer kleinen Lösung, die sich im Wesentlichen in einer Erweiterung des § 15 VersG sowie Ergänzungen des Strafgesetzbuchs erschöpften.

---

54 Einen Überblick über den exekutiven Umgang mit Versammlungen von Rechtsextremisten zu Beginn der 1990er Jahre gibt Höllein, Hans-Joachim: Das Verbot rechtsextremistischer Veranstaltungen, in: NVwZ 1994, S. 635.

55 Das Mitführen von Landsknechtstrommeln war vom Gericht verboten worden.

56 Das ist der 27. Januar, der Tag der Befreiung des Konzentrationslagers Auschwitz durch die Alliierten 1945. Der Holocaust-Gedenktag war 1996 durch Bundespräsident Roman Herzog zum nationalen Gedenktag in Deutschland erklärt worden.

57 Das ist der 30. Januar.

58 OVG Berlin, Beschluss vom 29.1.2000, – OVG 1 SN 10.00 – (unveröffentlicht, Angaben bei Seidel, Gerd: Das Versammlungsrecht auf dem Prüfstand, in: DÖV 2002, S. 283 ff., hier Fn. 47 auf S. 288) und OVG Berlin, Beschluss vom 11.3.2000, – OVG 1 SN 20 / 00, 1 S 3 / 00 –, in: NVwZ 2000, S. 1201.

59 Die vorletzte Entscheidung betrifft eine erfolgreiche Verfassungsbeschwerde gegen freiheitsentziehende Maßnahmen nach einer Castor-Sitzblockade (Beschluss vom 13. Dezember 2005 – 2 BvR 447/05 –), die letzte schließlich den Antrag auf Erlass einer einstweiligen Anordnung bezüglich einer behördlich angeordneten sofortigen Vollziehung eines Versammlungsverbots (Beschluss vom 26. Januar 2006 – 1 BvQ 3/06 –). Davor vgl. z. B. BVerfGE 85, 69 ff. vom 23. Oktober 1991 Beschluss zur Eilversammlung, E 92, 1 ff. vom 10. Januar 1995 Beschluss zu Sitzblockaden und BVerfG, NJW 2001, S. 1409 ff. Beschluss zum Holocaust-Gedenktag vom 26. Januar 2001.

60 Hoffmann-Riem, Wolfgang (Mitglied der 1. Kammer des Ersten Senats): Die Luftröhre der Demokratie. Der Rechtsstaat ist stark genug, um auch die Demonstrationsfreiheit für Neonazis auszuhalten, in: Frankfurter Rundschau vom 11.07.2002, S. 14; Bertrams, Michael (Präsident des OVG NW): Demonstrationsfreiheit für Neonazis? Zur Kontroverse zwischen dem Oberverwaltungsgericht NW und der 1. Kammer des Ersten Senats des Bundesverfassungsgerichts, in: Kraske, Bernd M. (Hg.), Pflicht und Verantwortung, FS zum 75. Geburtstag von Claus Arndt, Baden-Baden 2002, S. 19 ff.; zum Streit zwischen BVerfG und OVG NW vgl. Röger, a. a. O. (Fn. 53), S. 9 f.; zur fehlenden Bindungswirkung verfassungsgerichtlicher Kammerentscheidungen S. 18 ff.

Aber auch die im Frühjahr 2005 verabschiedete „kleine Lösung" hält erhebliche Veränderungen bereit: Zum einen erleichtert die gesetzliche Novellierung die Erteilung von Auflagen bei der Wahl eines Veranstaltungstags, dem „ein in der Gesellschaft eindeutiger Sinngehalt mit gewichtiger Symbolkraft zukommt, der bei der Durchführung eines Aufzugs an diesem Tag in einer Weise angegriffen wird, dass dadurch zugleich grundlegende soziale oder ethische Anschauungen in erheblicher Weise verletzt werden"[61]. Andererseits werden bei der Versammlungsgesetzgebung auch die Bundesländer mit einbezogen: Sie können nun bestimmen, welche Orte in ihrem Land als „Gedenkstätte von historisch herausragender, überregionaler Bedeutung an die Opfer der menschenunwürdigen Behandlung unter der nationalsozialistischen Gewalt- und Willkürherrschaft" erinnern (§ 15 Abs. 2 Nr. 1. VersG)[62].

2.2 Die Sitzblockaden-Entscheidungen

Die ersten beiden Sitzblockaden-Entscheidungen des BVerfG betrafen Versammlungen, die zu Beginn der 1980er Jahre als Protestaktionen der Friedensbewegung gegen den sog. NATO-Doppelbeschluss von 1979 sowie die darauf folgende militärische Nachrüstung gerichtet waren. Die Sitzdemonstrationen zielten darauf, Zufahrten zu Militäreinrichtungen für ca. 10 bis 30 Minuten zu versperren. Die Teilnehmer leisteten keinen aktiven physischen Widerstand, sondern ließen sich von der Polizei wegtragen. Diejenigen, die später die Verfassungsbeschwerde einreichten, wurden in der ersten Instanz wegen Nötigung der Fahrzeugführer nach § 240 Abs. 1 StGB zu Geldstrafen verurteilt[63]. Während der Erste Senat des BVerfG im Beschluss vom 11. November 1986 alle bis auf eine zurückwies, weil es zu einer Pattsituation (4:4) bei der Urteilsfindung gekommen war, hob der personell anders zusammengesetzte[64] Erste Senat in der Entscheidung vom 10. Januar 1995 die vorinstanzlichen Urteile mit 5:3 Stimmen auf und verpflichtete die Bundesrepublik Deutschland und das Land Baden-Württemberg, den Beschwerdeführern ihre notwendigen Auslagen je zur Hälfte zu erstatten.

2.2.1 Die Auslegung des Gewaltbegriffs bei BVerfG und BGH

Nach Art. 103 Abs. 2 GG kann eine Tat „nur bestraft werden, wenn die Strafbarkeit gesetzlich bestimmt war, bevor die Tat begangen wurde." Die Bedeutung von Art. 103 Abs. 2 GG hat das BVerfG bereits in mehreren Verfahren dargelegt[65]:

---

61 BVerfG, NJW 2001, S. 1409, 1410.

62 Vgl. dazu entsprechende Anträge der Fraktionen der SPD z. B. im Landtag von Baden-Württemberg vom 15. März 2005 (Drucks. 13/4144) sowie in der Hamburger Bürgerschaft vom 14. April 2005 (Drucks. 18/2018).

63 Zum Sachverhalt vgl. Stuckenberg, Carl-Friedrich: BVerfGE 92, 1 – Sitzblockade (mit E 73, 206 – Mutlangen). Die erweiternde Auslegung des Gewaltbegriffs in § 240 I StGB verstößt im Zusammenhang mit Sitzdemonstrationen gegen Art. 103 II GG, in: Menze, Jörg (Hg.), Verfassungsrechtsprechung. Hundert Entscheidungen des Bundesverfassungsgerichts in Retrospektive, Tübingen 2000, S. 556-560, hier S. 556.

64 Dem Ersten Senat der Entscheidung von 1986 gehörten an: Johann Friedrich Henschel, Roman Herzog, Konrad Hesse, Hermann Heußner, Dietrich Katzenstein, Franz Niedermaier, Gisela Niedermaier, Helmut Simon; dem Ersten Senat der Entscheidung von 1995 gehörten an: Dieter Grimm, Evelyn Haas, Dieter Hömig, Renate Jaeger, Jürgen Kühling, Helga Seibert, Otto Seidl, Alfred Söllner. Zusammenstellung nach Wild, Michael: Biografische Hinweise zu den Bundesverfassungsrichtern von 1951-2000, in: Menze, Jörg (Hg.), Verfassungsrechtsprechung. Hundert Entscheidungen des Bundesverfassungsgerichts in Retrospektive, Tübingen 2000, S. 665-673.

65 Vgl. dazu auch BVerfGE 71, 108 (114 ff.); 73, 206 (234 ff.).

„Danach enthält diese Regelung nicht nur ein Rückwirkungsverbot für Strafvorschriften. Sie verpflichtet den Gesetzgeber vielmehr auch, die Voraussetzungen der Strafbarkeit so konkret zu umschreiben, daß Anwendungsbereich und Tragweite der Straftatbestände sich aus dem Wortlaut ergeben oder jedenfalls durch Auslegung ermitteln lassen. Diese Verpflichtung dient einem doppelten Zweck. Sie soll einerseits sicherstellen, daß die Normadressaten vorhersehen können, welches Verhalten verboten und mit Strafe bedroht ist. Sie soll andererseits gewährleisten, daß die Entscheidung über strafwürdiges Verhalten im voraus vom Gesetzgeber und nicht erst nachträglich von der vollziehenden oder der rechtsprechenden Gewalt gefällt wird. Insoweit enthält Art. 103 Abs. 2 GG einen strengen Gesetzesvorbehalt, der die Strafgerichte auf die Rechtsanwendung beschränkt.[66]"

Im Mittelpunkt der Entscheidungen stand also auch 1995, ob eine demonstrative Sitzblockade „Gewalt" im Sinne des Tatbestands der Nötigung nach § 240 StGB darstellt und daher strafbar ist. Um innerhalb der Gesamtheit denkbarer Nötigungen die strafwürdigen einzugrenzen, stellte das BVerfG zunächst fest, dass der Begriff der „Gewalt" nicht mit dem des „Zwangs" zusammenfallen kann, sondern über diesen hinausgehen muss. Denn ansonsten würde das Tatbestandsmerkmal der Gewalt in einer Weise entgrenzt, dass es die ihm vom Gesetzgeber zugedachte Funktion, unter den notwendigen, unvermeidlichen oder alltäglichen Zwangseinwirkungen auf die Willensfreiheit Dritter die strafwürdigen zu bestimmen, weitgehend verliert[67]. Deshalb erklärte der Erste Senat in der Entscheidung von 1995 die Auslegung des Gewaltbegriffs der Nötigung als nicht mit Art. 103 Abs. 2 GG vereinbar. Denn:

„Es lässt sich nicht mehr mit ausreichender Sicherheit vorhersehen, welches körperliche Verhalten, das andere psychisch an der Durchsetzung ihres Willens hindert, verboten sein soll und welches nicht. In demjenigen Bereich, in dem die Gewalt lediglich in körperlicher Anwesenheit besteht und die Zwangswirkung auf den Genötigten nur psychischer Natur ist, wird die Strafbarkeit nicht mehr vor der Tat generell und abstrakt vom Gesetzgeber, sondern nach der Tat im konkreten Fall vom Richter auf Grund seiner Überzeugung von der Strafwürdigkeit eines Tuns bestimmt. Das eröffnet beträchtliche Spielräume bei der Strafverfolgung von Nötigungen.[68]"

Deshalb genüge es auch nicht, dass an der höchstrichterlichen Rechtsprechung des BGH, der seit Jahren den Gewaltbegriff erweiternd ausgelegt hatte, sodass Sitzblockierer wegen Nötigung bestraft werden konnten[69], das Risiko der Bestrafung erkennbar sei. Die Vermeidung von Strafbarkeitslücken durch Ausweitung des Gewaltbegriffs sei somit unzulässig. Solche Strafbarkeitslücken auszufüllen sei allein Aufgabe der Legislative und nicht etwa der Judikative oder gar der Exekutive.

2.2.2 Die erweiternde Auslegung des Gewaltbegriffs beim BGH im Nachgang zur BVerfG-Entscheidung

Die Entscheidung des BVerfG erregte öffentliches Aufsehen und geriet teilweise unter den Juristen zur Grundsatzfrage. Vorschläge aus konservativen Kreisen[70], Sitzblockaden ausdrücklich unter Strafe zu stellen, oder den Begriff „Gewalt" gesetzlich zu definieren, blieben aber erfolglos[71].

---

66 BVerfGE 92, 1 (11 f.).

67 BVerfGE 92, 1 (17).

68 BVerfGE 92, 1 (18).

69 Zuletzt in der beim BVerfG verhandelten Sache: BGHSt 35, 270.

70 Vgl. den Vorschlag Bayerns in der Bundesrat-Drucks. 247/95; Scholz, Rupert: Sitzblockade und Verfassung. Zur neuen Entscheidung des BVerfG, in: NStZ 1995, S. 417-424.

71 Stuckenberg, a. a. O. (Fn. 63), S. 559.

Dass das BVerfG die jahrzehntelange Praxis der ordentlichen Gerichte, vor allem des BGH[72] mit seiner Sitzblockade-Entscheidung von 1995 konterkarierte, führte im juristischen Schrifttum zu heftigen verbalen Attacken[73]. Die Richter des BGH wollten den Beschluss des BVerfG auch nicht akzeptieren und kreierten nur ein halbes Jahr später am 20. Juli 1995 ihre – bis heute in der Polizeipraxis geltende – sog. „Zweite-Reihe-Entscheidung". Darin traten sie schon im Leitsatz der zunächst verbreiteten Meinung entgegen, § 240 StGB sei bei Sitzdemonstrationen insgesamt nicht mehr anwendbar:

„Haben die Teilnehmer an einer Straßenblockade dadurch, daß sie sich auf die Fahrbahn begeben, Kraftfahrer an der Weiterfahrt gehindert und deren Fahrzeuge bewußt dazu benutzt, die Durchfahrt für weitere Kraftfahrer tatsächlich zu versperren, so kann diesen gegenüber im Herbeiführen eines solchen physischen Hindernisses eine strafbare Nötigung liegen.[74]"

Mit diesem Urteil des BGH wurde die Entscheidung des BVerfG relativiert. Im Wesentlichen kommt der BGH zu dem Ergebnis, dass die von einer demonstrativen Blockade ausgehende rein psychische, den Gewaltbegriff der Nötigung nicht tangierende Zwangswirkung nur dann besteht, wenn die Möglichkeit der Durchbrechung der Blockade gegeben ist. Dies sei aber immer nur dann der Fall, wenn nur *ein einziger* Fahrzeugführer an der Weiterfahrt gehindert wird, nicht aber, wenn ein weiteres oder mehrere nachfolgende Fahrzeuge durch das Anhalten des ersten Fahrzeugs an der Weiterfahrt *physisch* behindert und zum Anhalten genötigt würden. In diesen Fällen würden „die durch psychischen Zwang angehaltenen (ersten) Fahrzeuge als ‚Mittel zur Bildung einer Barriere' benutzt[75]" und die Fahrer der erstblockierten Fahrzeuge „Werkzeug zur tatsächlichen Behinderung der Nachfolgenden"[76].

2.2.3 Kritische Würdigung der Sitzblockaden-Entscheidungen

In seiner nachfolgenden Sitzblockade-Entscheidung aus dem Jahre 2001[77] in der das BVerfG eine Blockade mit Fahrzeugen sowie durch Anketten als Zwangswirkung physischer Natur – und damit Gewalt im Sinne der Nötigung – anerkannt hat, sind die Richter nicht auf die „Zweite-Reihe-Rechtsprechung" des BGH eingegangen.

Damit bleibt festzuhalten, dass im Ergebnis der liberale Beschluss aus 1995 weithin ohne praktische Bedeutung geblieben ist. Die Rechtslage ist durch die Entscheidungen der beiden obersten Gerichte unübersichtlicher geworden[78]. Kritischer ist aber das Urteil des BGH zu sehen, durch das nunmehr der Exekutive das Recht eingeräumt wird, eine unveränderte Verhaltensweise von Sitzblockierern bewusst in eine strafbare Handlung verwandeln zu können, indem dafür Sorge getragen wird, dass mindestens ein zweites Fahrzeug hinter dem psychisch zum Anhalten gebrachten Fahrzeug her fährt. Dem BVerfG, dass von obiter dicta sonst auch Gebrauch macht, ist vorzuwerfen, die „Zweite-Reihe-Rechtsprechung" des BGH unkommentiert gelassen zu haben.

---

72 Zuletzt in der beim BVerfG verhandelten Sache: BGHSt 35, 270.
73 Eine kleine Auswahl führt Stuckenberg, a. a. O. (Fn. 63), in Fn. 9 auf S. 559 auf.
74 BGHSt 41, 181 ff. = NStZ 1995, S. 541 ff. = NJW 1995, 2643 ff.
75 Dietel / Gintzel / Kniesel, a. a. O. (Fn. 44), § 15 VersG Rdnr. 199.
76 BGH, NStZ 1995, S. 542.
77 BVerfGE 104, 92 ff.
78 So auch Stuckenberg, a. a. O. (Fn. 63), S. 560.

3 Die Rechtsprechung zum Asylrecht

3.1 *Lapidares Ende eines Menschenrechts*[79]

3.1.1 Asylkompromiss-Beschluss

Das BVerfG hat in seinen Urteilen von 1996[80] zur verfassungsrechtlichen Neuregelung des Asylrechts in Art. 16a GG von 1993 seinerzeit nicht nur geprüft, ob die Verfassungsänderung, die das bis dahin geltende Asylrecht vor allem durch die Regelungen zu den „sicheren Drittstaaten" und „sicheren Herkunftsländern" sowie zur Verkürzung des effektiven Rechtsschutzes erheblich restriktiver gestaltete, mit der Verfassung vereinbar ist. Die Feststellung der Verfassungskonformität ergibt sich im Urteil vielmehr als bloße Schlussfolgerung vor dem Hintergrund der übergeordneten und damit viel radikaleren Fragestellung, ob das Asylrecht überhaupt der verfassungsändernden Gewalt zur Disposition stehe[81]. In früheren Urteilen hatte das Gericht das Asylrecht grundsätzlich zur Menschenwürde des Art. 1 Abs. 1 GG in Beziehung gesetzt, die als höchster Rechtswert die gesamte Rechtsordnung durchdringt[82]:

„Voraussetzungen und Umfang des politischen Asyls sind wesentlich bestimmt von der Unverletzlichkeit der Menschenwürde, die als oberstes Verfassungsprinzip nach der geschichtlichen Entwicklung des Asylrechts die Verankerung eines weitreichenden Asylanspruchs im Grundgesetz entscheidend beeinflußt hat... Soweit nicht eine unmittelbare Gefahr für Leib, Leben oder persönliche Freiheit besteht, können Beeinträchtigungen... allerdings ein Asylrecht nur dann begründen, wenn sie nach ihrer Intensität und Schwere die Menschenwürde verletzen..."[83].

In der Entscheidung von 1996 vollzieht das BVerfG dann eine völlige Abkehr von der bisher vertretenen Auslegung:

„Allerdings hat das Bundesverfassungsgericht zur Bestimmung des Begriffs der politisch Verfolgten... ausgeführt, dem Asylrecht liege die von der Achtung der Unverletzlichkeit der Menschenwürde bestimmte Überzeugung zugrunde, kein Staat habe das Recht, Leib, Leben oder persönliche Freiheit aus Gründen zu gefährden oder zu verletzen, die allein in der politischen Überzeugung... lägen... Daraus läßt sich indes nicht der Schluß ziehen, daß das Asylgrundrecht zum Gewährleistungsinhalt von Art. 1 Abs. 1 GG gehört"[84].

Im Gegenteil, das Gericht hält als Schlussfolgerung jetzt darüber hinaus vielmehr fest:

„Ist mithin der verfassungsändernde Gesetzgeber nicht gehindert, das Asylrecht als solches aufzuheben, ergibt sich ohne weiteres, daß die Regelung des Art. 16 a GG... sich innerhalb der Grenzen einer zulässigen Verfassungsänderung hält"[85].

---

79   Vgl. auch m. w. N.: van Ooyen: Staatliche, quasi-staatliche und nichtstaatliche Verfolgung?; in: ARSP 2003, S. 387 ff.; ders.: Der Begriff des Politischen des Bundesverfassungsgerichts, Berlin 2003, S. 23 ff.

80   Vgl. BVerfGE 94, 49 („Sichere Drittstaaten"), E 94, 115 („Sichere Herkunftsländer") und E 94, 166 („Flughafenverfahren"); einführend und m. w. N.: Menzel, Jörg: BVerfGE 94, 49/115/166 – Asylnovelle; in: Ders. (Hg.), Verfassungsrechtsprechung, Tübingen 2000, S. 599 ff.

81   Eine Verfassungsänderung unterliegt ja der Möglichkeit der Prüfung am Maßstab der „Ewigkeitsklausel" von Art. 79 Abs. 3 GG („verfassungswidriges Verfassungsrecht").

82   Vgl. BVerfGE 6, 32.

83   BVerfGE 54, 341 (356 ff.); vgl. auch: BVerfGE 76, 143 (158); BVerfGE 80, 315 (333).

84   BVerfGE 94, 49 (104); so dann auch in den Leitsätzen: „Das Asylgrundrecht gehört nicht zum Gewährleistungsinhalt von Art. 1 Abs. 1 GG".

85   Ebd.

Anstatt also den Umfang der verfassungsgerichtlichen Prüfung auf die eigentliche und damit engere Frage – nämlich nach Konformität der Verschärfung des Asylrechts – im Lichte seiner bisherigen Urteile zu beschränken, löste das Gericht damit ohne Not den Begriff des Asyls von dem der Menschenwürde ab. Dies ist erstens äußerst merkwürdig angesichts einer beispielhaften Judikatur zu den Grundrechten, die in einer Vielzahl von Entscheidungen einen bis in das Detail reichenden „lückenlosen" Menschenrechtsschutz entwickelt hat und die das Gericht z. B. noch jüngst ausführlich prüfen ließ, ob das Anbringen von Kreuzen in staatlichen, bekenntnisfreien Schulen – immerhin nicht mit der Gefahr für Leib und Leben verbunden – ein Verstoß gegen das Menschenrecht der Glaubensfreiheit darstellte[86]. Und es ist zweitens um so merkwürdiger, wie lapidar und ohne Mühe von Begründung das Asylrecht mit einem Federstrich der verfassungsändernden Gewalt zur ersatzlosen Streichung freigegeben worden ist – ohne eine ausführliche Argumentation[87], die etwa zu der begrifflichen Einheit von Freiheit, Widerstand gegen Tyrannei, Flucht und Asyl Position zu beziehen hätte.

3.1.2 Staatsräson im „Menschenbild"

Diese Verwunderung löst sich allerdings auf, wenn man die Entscheidung in den Zusammenhang mit einem bestimmten Konzept der Verfassungsinterpretation stellt, das in der Rechtsprechung des BVerfG immer wieder eine zentrale Rolle spielt. Dann zeigt sich, dass die lapidare Streichung des Asylrechts als Menschenrecht unter vollständigem Verzicht einer Begründung nur Folge aus einem schon früh zugrunde gelegten Interpretationsmaßstab ist, nämlich der „Menschenbildformel". Ulrich Becker hat dabei nicht nur nachgewiesen[88], dass sie „als eine Rechtsschöpfung des höchsten deutschen Gerichts, die nicht auf die Verfassung gestützt werden kann"[89], sozusagen von „außen" dem Grundgesetz aufgedrückt worden ist. Er hat darüber hinaus gezeigt, dass sie auf die verfassungsrechtlichen Arbeiten des früheren Verfassungsrichters Wintrich[90] zurückgeführt werden kann, dessen „Menschenbildformel" durch eine etatistische „Schlagseite" gekennzeichnet ist. Wintrichs Verständnis – und mit ihm das des Verfassungsgerichts – folgt nur mit Einschränkung der berühmten „Objektformel" Kants[91]:

„Das charakteristische Element von Wintrichs Menschenbild ist jedoch nicht diese negative Kompetenzbeschreibung des Staates, sondern die positive Verbindung und Entsprechung, die das Verhältnis von Staat und Individuum in Wintrichs Augen kennzeichnet... sowohl dem einzelnen Menschen wie auch der Gemeinschaft, dem Staat (kommt) ein Eigenwert zu... Diese Eigenart von Wintrichs Sichtweise des Menschen lässt sich nicht mit einem Rekurs auf Kant erklären"[92].

„Freiheit ist gemeinschaftlich, staatlich verfasste und gesicherte, insofern aber auch begrenzte Freiheit... Darin liegt die Kernaussage von Wintrichs Menschenbildformel. Es liegt in der Konsequenz die-

---

86   Vgl. BVerfGE 93, 121 („Kruzifix"). Sie erging ein Jahr vor der Asylrechtsentscheidung. Es ließen sich weitere Beispiele nennen, um dieses Missverhältnis zu illustrieren.
87   Vgl. auch Menzel (Fn. 80), S. 601.
88   Vgl. m. w. N. insgesamt Becker, Ulrich: Das ‚Menschenbild des Grundgesetzes' in der Rechtsprechung des Bundesverfassungsgerichts, Berlin 1996; auch Geddert-Steinacher, Tatjana: Menschenwürde als Verfassungsbegriff, Berlin 1990.
89   Becker, ebd., S. 99.
90   Josef M. Wintrich (1891-1958), 1954-1958 Präsident des BVerfG.
91   Vgl. Kant, Immanuel: Grundlegung zur Metaphysik der Sitten, unv. Nachdr. der 3. Aufl. (1965), Hamburg o. J. (Meiner), S. 50 (Rdnr. 428).
92   Becker (Fn. 89), S. 59.

ses Freiheitsverständnisses, wenn Wintrich davon spricht, dass dem Recht, die den Freiheitsverbürgungen zugrundeliegenden Werte der Freiheit zu verwirklichen, die vorstaatliche Grundpflicht für jedermann entspreche, seine körperlichen und geistigen Kräfte so zu betätigen, wie es das Wohl der Gesamtheit erfordere. In Wintrichs Menschenbild korrespondieren vorstaatliche Grundrechte mit vorstaatlichen Grundpflichten"[93].

Über die auch vom Gericht rezipierte „Objektformel"[94] hinaus wird mit dieser staatsfixierten Sicht das liberale Prinzip geradezu konterkariert: Es werden zugleich auf verfassungsrechtlicher Ebene immanente Pflichten gegenüber dem als Eigenwert überhöhten Staat konstituiert und das freiheitssichernde Prinzip der Grundrechte droht zugunsten der Rechtfertigung staatlicher Eingriffe überhaupt umzukippen[95]. Nicht mehr der Eingriff in die Freiheit ist die zu rechtfertigende Ausnahme, sondern die Freiheit gegenüber den zum Regelprinzip erhobenen „Staatspflichten" des Bürgers. Leicht ergibt sich hieraus sogar die Betätigung staatlicher Macht als „Tugendwächter", der die „Grundpflichten" inhaltlich definiert und ihre peinliche Einhaltung durch die „Untertanen" kontrolliert, bis hin zur Möglichkeit, Grundrechte bloß in Abhängigkeit der Erfüllung und Vorleistung der Pflichten zu *gewähren*. Ganz bewusst hat das Grundgesetz jedoch prinzipiell auf einschlägige Formulierungen über „Grundpflichten" verzichtet[96]. Mit der Rezeption der zwischen den beiden Polen „Individuum" und „Gemeinschaft" oszillierenden „Menschenbildformel" hat das BVerfG aber in ständiger Rechtsprechung seit der „Investitionshilfe-Entscheidung" durch „die Übernahme der Formulierung Wintrichs... die Betonung der Begrenzung bzw. Begrenzbarkeit menschlicher Freiheit" übernommen[97]. Dabei ist weiter herauszustellen, dass es die dialektische, inhaltlich völlig unscharfe „Menschenbildformel" dazu benutzt, um die konkret zu beurteilenden Sachverhalte ohne weitere Mühe juristischer Begründung in die eine oder die andere Richtung zu subsumieren, also je nach Belieben mal freiheitssichernd zugunsten des Individuums, häufiger aber – freiheitsbeschränkend[98] – zugunsten der „Staatsräson":

„Bedenklich an diesem argumentativen Einsatz des Menschenbildes ist der Umstand, dass die unterschiedliche Formulierung und Akzentuierung des ‚Menschenbildes des Grundgesetzes' nicht als Abwägungsvorgang in der Entscheidung offen gelegt wird, sondern außerhalb bzw. vor der Urteilsbegründung erfolgt. In der jeweiligen Variante des ‚Menschenbildes des Grundgesetzes' spiegelt sich mithin ein Stück nicht offengelegten Vorverständnisses wider... Die menschenbildbezogene Argumentation erhält auf diese Weise arbiträre Züge, die den rechtsstaatlichen Begründungserfordernissen der Berechenbarkeit, Kontrollierbarkeit und Nachvollziehbarkeit widersprechen"[99].

In Verbindung mit dem typischen Staatsverständnis als einer politischen Einheit von eigener Substanz ergibt sich so:

---

93 Ebd., S. 71; Becker nennt drei Einflüsse, die wiederum Wintrich geprägt haben: Dietrich Schindler, die katholische Soziallehre und Art. 117 BayVerf, mit dessen Auslegung er sich als Mitglied des Bayerischen Verfassungsgerichtshofs beschäftigte.

94 Vgl. z. B. BVerfGE 27, 1 (7) „Mikrozensus"; BVerfGE 45, 187 (227) „lebenslange Freiheitsstrafe".

95 Kant aber begriff als „normativer Staatstheoretiker" den Staat allein über das Recht: „Ein Staat (civitas) ist die Vereinigung einer Menge von Menschen unter Rechtsgesetzen"; Die Metaphysik der Sitten, Stuttgart 1997 (Reclam), S. 169 (§ 45). Hieraus lassen sich auf die „Gemeinschaft" bezogene Gehorsamspflichten nur gegenüber der Verfassung und den Gesetzen postulieren. Seine „Pflichtstrenge" resultiert dagegen aus inneren – d. h. aber rechtlich nicht erzwingbaren – Geboten, die gerade deshalb Ausdruck der (vernünftigen) Autonomie des Individuums sind.

96 Vgl. WRV: „Grundrechte und Grundpflichten der Deutschen"; eine mit einem Grundrecht korrespondierende Grundpflicht findet sich aber nach wie vor im Art. 6 Abs. 2 GG.

97 Becker (Fn. 89), S. 86.

98 Vgl. m. w. N. und zu einzelnen Urteilen Becker (Fn. 89), S. 101 ff. und S. 114 f.

99 Ebd., S. 126.

„Das Bundesverfassungsgericht rechtfertigt... die Macht des Staates gegenüber dem Einzelnen, indem es die Gesamtheit der Einzelnen personifiziert denkt, ein Gemeinwesen beschwört, dem der Einzelne um der Existenz des Gemeinwesens willen nachrangig sein muß... Letzen Endes ist also – trotz des Bekenntnisses der Verfassung zu bestimmten Werten... – im Staat nicht der Mensch freier Herr seiner selbst, sondern die Einheit sein absoluter Herr"[100].

Vor diesem Hintergrund erhellt sich nun die erstaunliche Entscheidung des BVerfG gegen seine eigene bisherige Auffassung das Asylrecht als Menschenrecht mit einem Federstrich zu beseitigen. Offenbar liegt auch ihr das „staatsräsonistische" Vorverständnis zugrunde, das so dem rationalen Diskurs in Form rechtswissenschaftlicher Argumentation einfach entzogen wird – und dem Gericht zugleich gegen den von ihm selbst unterstützten Mythos richterlicher Zurückhaltung einen erheblichen Entscheidungsspielraum eröffnet, den es flexibel bei einer Änderung der politischen „Großwetterlage" nutzt.

3.2 Politische Verfolgung als bloß staatliche Verfolgung

In seiner „Afghanistan-Entscheidung" hat das BVerfG durch Kammerbeschluss vom 10. August 2000[101] den Verfassungsbeschwerden afghanischer Staatsangehöriger stattgegeben und Urteile des BVerwG von 1997[102] und 1998[103] aufgehoben, die diesen das Asyl nach Art. 16a GG wegen fehlender „staatlicher/quasi-staatlicher" Verfolgung verweigerten. Damit nähert es sich zwar der Sichtweise, dass der Begriff der politischen Verfolgung in Art. 16a GG nicht auf den der „staatlichen" Verfolgung reduziert werden kann. Dies gilt jedoch allenfalls, wenn man das Urteil vom Ergebnis her betrachtet – und auch hier schon nur mit Einschränkung: So wird nach wie vor kategorisch zwischen „staatlicher" und „nichtstaatlicher" Verfolgung unterschieden. In („staats")theoretischer Perspektive hält das BVerfG daher eisern an einer Begrifflichkeit fest, die das Politische mit dem „Staatlichen" identisch setzt – und zwar in einer Weise der Auslegung des Verfassungstextes, die diesen völlig verdreht. Denn im Grundgesetz ist ja von „staatlicher" Verfolgung überhaupt nicht die Rede. Sowohl in der alten Fassung des Art. 16 GG als auch in der nach der Asylrechtsänderung, die in den 1990er Jahren zur Einführung des geltenden Art. 16a führte, heißt es nun einmal: *Politisch Verfolgte genießen Asylrecht*".

3.2.1 Tamilen-Beschluss

Für die Aufhebung der Urteile des BVerwG durch den Kammerbeschluss vom August 2000 bildet die sog. „Tamilen-Entscheidung" vom 10. Juli 1989 zunächst die maßgebliche Grundlage. Das BVerfG hatte seinerzeit in dem Beschluss des Zweiten Senats sich nicht nur zur Frage der sog. „inländischen Fluchtalternative", sondern auch noch einmal prinzipiell zum Begriff der politischen Verfolgung geäußert und den Verfassungsbeschwerden srilankischer Staatsangehöriger schließlich stattgegeben, denen als Angehörige der verfolgten tamilischen Minderheit das Asyl nach Art. 16 GG a. F. verwehrt worden war[104]. Zum Begriff des Politischen führt das Gericht hier im Rückgriff auf frühere Urteile aus:

---

100 Alshut, Jörg: Der Staat in der Rechtsprechung des Bundesverfassungsgerichts, Berlin 1999, S. 84 f.
101 Vgl. BVerfGE 2, BvR 260/98.
102 Vgl. BVerwG - 9 C 34.96 - vom 4.11.1997.
103 Vgl. BVerwG - 9 C 5.98 - vom 19.5.1998.
104 Vgl. BVerfGE 80, 315 (Zitation nach www.uni-wuerzburg.de/dfr/bv080315.html).

„Eine notwendige Voraussetzung dafür, daß eine Verfolgung sich als eine politische darstellt, liegt darin, daß sie im Zusammenhang mit der Auseinandersetzung um die Gestaltung und Eigenart der allgemeinen Ordnung des Zusammenlebens von Menschen und Menschengruppen steht, also – im Unterschied etwa zu einer privaten Verfolgung – einen öffentlichen Bezug hat, und von einem Träger überlegener, in der Regel hoheitlicher Macht ausgeht, der der Verletzte unterworfen ist. Politische Verfolgung ist somit grundsätzlich staatliche Verfolgung (st. Rspr.: vgl. BVerfGE 9, 174 (180)...“[105].

Bemerkenswert ist, dass das Gericht zwar einerseits ganz offensichtlich erkennt, dass das „Politische" mit Herrschaft von Menschen über Menschen – anders ausgedrückt: mit Freiheit, Ordnung und Macht – zu tun hat. Warum es jedoch auf der anderen Seite in einem Atemzug dies selbst dann wieder auf den Bereich der Macht im Sinne der staatlichen Ordnung verengt, bleibt unklar, weil ohne jegliche Begründung.

Dabei nimmt das Verfassungsgericht an dieser Stelle sogar zwei Reduktionen des Begriffs des Politischen vor: Man mag dabei die erste Verengung des „Politischen" auf das Phänomen der Macht im Sinne physischer Gewaltsamkeit insbesondere aus juristischer Sicht befremdlich finden – wird doch hier die Dimension eines normativen Politikbegriffes von vorneherein abgeschnitten, der gerade dem Grundgesetz in seinen zentralen Wertentscheidungen von Menschenwürde und Grundrechten zugrunde liegt. Doch während sich dieses „realistische" Verständnis von Politik in der Tradition eines Max Weber sogar durchaus mit dem immer noch vorherrschenden politikwissenschaftlichen Verständnis bestens verträgt, muss die zugleich vorgenommene zweite Reduktion des Politischen im Sinne der Gleichung Politik = Macht = staatliche Macht dagegen sehr befremden. Sie resultiert aus der Gegenüberstellung von Staat und Gesellschaft, die spätestens seit Hegel zum Traditionsbestand der deutschen Staatslehre oder – wie es der Ideologiekritiker Hans Kelsen formuliert hat – zur „Staatstheologie" zählt[106]. Werfen wir daher zunächst einen kurzen Blick auf Hegels Staatsbegriff – und den Leviathan von Thomas Hobbes. In einem zweiten Schritt wird dann die Rezeption dieses Verständnisses exemplarisch aufgezeigt an Georg Jellinek, dem „Altmeister" der liberalen Staatslehre des ausgehenden 19. Jahrhunderts, um dann schließlich noch einmal auf die Asyl-Rechtsprechung des BVerfG Bezug zu nehmen.

3.2.2 Staatstheologie bei Hegel und Hobbes – Rezeption in der liberalen Staatslehre Jellineks

Über den Staat heißt es in Hegels Rechtsphilosophie in der für ihn eigentümlichen Diktion:

„Der Staat ist als die Wirklichkeit des substantiellen Willens, die er in dem zu seiner Allgemeinheit erhobenen besonderen Selbstbewußtsein hat, das an für sich Vernünftige. Diese absolute Einheit ist absoluter unbewegter Selbstzweck, in welchem die Freiheit zu ihrem höchsten Recht kommt, sowie dieser Endzweck das höchste Recht gegen die Einzelnen hat, deren höchste Pflicht es ist, Mitglieder des Staats zu sein"[107].

„Der Staat ist göttlicher Wille als gegenwärtiger, sich zur wirklichen Gestalt und Organisation einer Welt entfaltender Geist"[108].

Hegels „politische Theologie" in der Form der Überhöhung des Staats als „Gang Gottes in der Welt[109]" hat den Begriff des Staats vollständig von dem die Gesellschaft prägenden

---

105 BVerfGE 80, 315, Rdnr. 39 f.
106 So die Kritik an der Integrationslehre Smends; Kelsen, Hans: Der Staat als Integration, Wien 1930, S. 33.
107 Hegel, Georg W. F.: Grundlinien der Philosophie des Rechts, Hamburg 1995 (Meiner), S. 208 (§ 258).
108 Ebd. S. 222 (§ 270).
109 Ebd., § 258 (Zusatz).

Menschen abgelöst und ontologisiert. Denn mit eigener Substanz ausgestattet (so auch heute noch: „Staatswille") ist der Staat als Ausdruck des Weltgeistes „unbewegter Selbstzweck", hat also nach der tradierten philosophischen / theologischen Terminologie die Qualität einer prima causa. Fast unnötig zu sagen, dass dann die politische Existenz des Einzelnen im Staat als höherer Einheit aufgeht und das verpflichtete „Staatsmitglied" schon glücklich sein muss, als bloßer Untertan am wunderbaren Sein, nämlich am „Staatsganzen" teilzuhaben. Hier liegt der Kulminationspunkt eines Verständnisses von Politik, das Politik und Staat als identisch ineinander fallen lässt. Ein Begriff des Politischen, der demgegenüber seinen Fixpunkt vom Menschen als Individuum her bestimmt, wird durch diese Sicht völlig unmöglich. Denn außerhalb des Staats gibt es gar keinen politischen Raum, vielmehr ist der Staat Ursprung und Inbegriff aller Politik und daher auch allen Rechts – er ist, so heißt es dann, „souverän". Insoweit konsequent vertrat Hegel dann radikal etwa die These, dass das ganze Völkerrecht als bloßer Ausfluss absoluter staatlicher Souveränität lediglich „äußeres Staatsrecht" wäre[110].

Ideologiegeschichtlich betrachtet ist der Begriff der Souveränität des Staates in Deutschland zugleich Ausdruck einer gescheiterten Demokratisierung. Während sich in Frankreich der – zweifellos ebenfalls problematische[111] – Begriff der Volkssouveränität mit der Revolution von 1789 Bahn bricht, ist es in Deutschland der Begriff der Staatssouveränität, der es als Ausweg erlaubt, den infolge ausbleibender Demokratisierung offenen Konflikt zwischen „Fürstensouveränität" und „Volkssouveränität" zugunsten eines noch „höheren" Dritten, nämlich zugunsten des Staats, zu „lösen". So gefielen sich selbst preußische Könige in der verklärten Rolle eines bloß „ersten Diener" des Staats.

Gegen diese Verkürzung des Politischen auf den Bereich der staatlichen Ordnung gegenüber der „unpolitischen" und „anarchistischen" Unordnung der Gesellschaft ist die gesamte Pluralismustheorie des 20. Jahrhunderts Sturm gelaufen[112] – in Deutschland allerdings mit nur mäßigem Erfolg. Denn es ist nicht nur ein Traditionsbestand des konservativen Politikverständnisses. Selbst die infolge des Scheiterns der „Paulskirche" nur schwache Tradition des deutschen Liberalismus wurde durch die Auseinandersetzung mit dieser, in Hegel ihren Kulminationspunkt findenden „Staatstheologie" entscheidend geprägt – und zwar bis heute, bis in die liberal-konservativ geprägte Rechtsprechung des BVerfG hinein. Dies zeigt sich zugleich auch daran, dass das Gericht seine „Tamilen-Entscheidung" an vielen Stellen in einer an Hobbes erinnernden Weise formuliert. Dessen Politikbegriff wird bestimmt durch den ungeheuerlichen, den anarchistischen Bürgerkrieg der „Wolfsgesellschaft" in der Form staatlicher Einheit beendenden „souveränen" Leviathan. Daher muss auch Hobbes politische Philosophie als „politische Theologie" bezeichnet werden[113]: Denn wie Hegel, der den Staat als „göttliche(n) Willen" begreift, sieht ja auch Hobbes in seinem „Leviathan" einen – wenn auch sterblichen – Gott:

„So entsteht der große Leviathan oder, wenn man lieber will, der sterbliche Gott, dem wir unter dem ewigen Gott allein Frieden und Schutz zu verdanken haben. Dieses von allen und jedem übertragene Recht bringt eine so große Macht und Gewalt hervor, daß durch sie die Gemüter aller zum Frieden un-

---

110 Vgl. dagegen schon Kelsen: Das Problem der Souveränität und die Theorie des Völkerrechts, 2. Aufl. 1928, Neudruck Aalen 1981.

111 Vgl. z. B. Müller, Friedrich: Wer ist das Volk?, Berlin 1997; Möllers / van Ooyen: Parlamentsbeschluss gegen Volksentscheid; in: ZfP, 2000, S. 458 ff.

112 Vgl. m. w. N. van Ooyen: Der Staat der Moderne, Berlin 2003.

113 Vgl. schon Voegelin, Eric: Die politischen Religionen (1938), 2. Aufl., München 1996, S. 43 ff.

ter sich gern geneigt gemacht und zur Verbindung gegen auswärtige Feinde leicht bewogen werden. Dies macht das Wesen eines Staates aus..."[114].

Analog heißt es zum Begriff und Zweck des Staates in der „Tamilen-Entscheidung" des BVerfG:

„Staaten stellen in sich befriedete Einheiten dar, die nach innen alle Gegensätze, Konflikte und Auseinandersetzungen durch eine übergreifende Ordnung in der Weise relativieren, daß diese unterhalb der Stufe der Gewaltsamkeit verbleiben und die Existenzmöglichkeit des Einzelnen nicht in Frage stellen, insgesamt also die Friedensordnung nicht aufheben... Dazu dient die staatliche Macht. Die Macht, zu schützen, schließt indes die Macht, zu verfolgen, mit ein"[115].

Daher sei eine „politische" Verfolgung durch private, nichtstaatliche Akteure überhaupt nur dann von asylrechtlicher Relevanz, wenn diese dem Staat zugerechnet werden muss, hingegen ausgeschlossen, wenn es sich um „anarchische" Prozessen der „Entstaatlichung" handle:

„Nach der Rechtsprechung des Bundesverfassungsgerichts kommen auch Verfolgungsmaßnahmen Dritter als politische Verfolgung... in Betracht. Dies setzt allerdings voraus, daß sie dem jeweiligen Staat zuzurechnen sind... Es begründet die Zurechnung, wenn der Staat zur Schutzgewährung entweder nicht bereit ist oder wenn er sich nicht in der Lage sieht, die ihm an sich verfügbaren Mittel im konkreten Fall gegenüber Verfolgungsmaßnahmen bestimmter Dritter... einzusetzen... Anders liegt es, wenn die Schutzgewährung die Kräfte eines konkreten Staates übersteigt; ... so liegt darin als Kehrseite beschlossen, daß der Schutz vor den Folgen anarchischer Zustände oder Auflösung der Staatsgewalt nicht durch Art. 16 Abs. 2 Satz 2 GG versprochen ist"[116].

Im vierten Leitsatz der Entscheidung fasst das Gericht seine grundsätzliche Schlussfolgerung hieraus zusammen:

„Voraussetzung für eine vom Staat ausgehende oder ihm zurechenbare Verfolgung ist die effektive Gebietsgewalt des Staates im Sinne wirksamer hoheitlicher Überlegenheit. Daher fehlt es an der Möglichkeit politischer Verfolgung, solange der Staat bei offenem Bürgerkrieg im umkämpften Gebiet faktisch nurmehr die Rolle einer militärisch kämpfenden Bürgerkriegspartei einnimmt, als übergreifende effektive Ordnungsmacht aber nicht mehr besteht"[117].

Wie bei Hegel und Hobbes konstituiert sich das Politische für das BVerfG also erst mit dem souveränen Staat. Das Politische wird vom Menschen als Individuum abgelöst und in dieser überindividuellen politischen Einheit mit eigener Substanz versehen. Denn solange der „Staat" selbst bloß Bürgerkriegspartei ist und als Einheit nicht allumfassend herrscht, solange herrscht nur anarchistischer „Naturzustand" (von Mord und Totschlag), der zwar menschlich ist – aber danach eben nicht politisch.

Um dieses bis in die Traditionslinien des Liberalismus reichende Politikverständnis noch ein wenig deutlicher hervortreten zu lassen, gibt es wohl kaum ein besseres Beispiel als den Liberalen Georg Jellinek, an dessen berühmter Staatslehre ganze Generationen von Staatsrechtlern bis weit in das 20. Jahrhundert geschult wurden und dessen Definition des Staats zweifellos zu den einflussreichsten zählt. Jellinek hatte in seiner „Zwei-Seiten-Lehre" Staatsrechtslehre und Soziallehre des Staates gegenübergestellt, den „Staat" gleichzeitig als juristische Person und als soziales Phänomen begriffen. In seiner „Staatslehre" finden sich daher zwei Definitionen, die sich im Wortlaut nur geringfügig voneinander unterscheiden – näm-

---

114 Hobbes, Leviathan, 17. Kap., Stuttgart 1998 (Reclam), S. 155.
115 BVerfGE 80, 315; Rdnr. 41.
116 Ebd., Rdnr. 46 f.
117 BVerfGE 80, 315.

lich einmal in der juristischen Wendung des Staats als einer Körperschaft und andererseits in der soziologischen als der eines Verbands:

„Der Staat ist die mit ursprünglicher Herrschermacht ausgerüstete Verbandseinheit seßhafter Menschen". bzw.

„Als Rechtsbegriff ist der Staat demnach die mit ursprünglicher Herrschermacht ausgerüstete Körperschaft eines seßhaften Volkes oder... die mit ursprünglicher Herrschermacht ausgestattete Gebietskörperschaft"[118].

Auffallend an dieser berühmten sog. „Dreielementenlehre" („Gewalt", „Volk", Gebiet") ist, dass noch nicht einmal in der juristischen Definition auf die sittliche Qualität der Herrschaft Bezug genommen, sondern der Begriff des Staats allein über die Faktizität, also über Macht definiert wird. Aus der Sicht Jellineks wird das plausibel, wenn man bedenkt, dass bei ihm die soziale Staatslehre mit der juristischen über die „normative Kraft des Faktischen" verbunden ist[119]. Denn noch im hegelianisch geprägten Fortschrittsglauben gefangen[120] schien es für Jellinek überhaupt kein Problem, dass der eigentliche Geltungsgrund von Recht die tatsächlichen gesellschaftlichen (Macht)verhältnisse sind, die durch dauerhafte Gewöhnung als rechtmäßig empfunden werden[121]. Doch in einem Punkt ist die Staatsdefinition Jellineks noch „hegelianischer", nämlich in dem Merkmal ihrer Qualität als einer prima causa. Denn Jellinek spricht vom Staat ganz selbstverständlich als einer „ursprünglichen Herrschermacht". „Ursprüngliche", d. h. nicht abgeleitete Macht gibt es jedoch nur in der Theologie als eine Eigenschaft Gottes – schöpferisch und sich selbst erschaffend – nicht aber im Bereich der von Menschen eingesetzten Institutionen zur Regelung des politischen Lebens. So zeigt sich selbst bei Jellinek an dieser Stelle das Erbe der „Staatsvergottung", der „politischen Theologie" Hegels: Die Überhöhung des Staates als einer von der Gesellschaft – also von den Menschen – losgelösten Substanz, die den Menschen als souveräne Macht gegenübertritt. Als Liberaler offensichtlich erschrocken über diese Omnipotenz des souveränen Staats sucht Jellinek dann durch den Kunstgriff seiner „Selbstverpflichtungslehre"[122] diesen „Leviathan" wieder einzufangen, sucht ihn schließlich in seiner bis heute prägenden Grundrechtslehre von den „subjektiv öffentlichen" (Abwehr)rechten des Bürgers gegenüber dem Staat zu bändigen[123] – ohne jedoch an die Wurzel zu gehen und die aus der Substanzialisisierung als „ursprünglicher" Macht folgende Souveränität überhaupt in Frage zu stellen[124].

3.2.3 „Quasi-staatliche Verfolgung"? – Afghanistan-Kammerbeschluss

In diesen kurz dargelegten ideengeschichtlichen Hintergrund muss daher die Rechtsprechung des BVerfG hinsichtlich der Definition des Begriffs „politisch" im Art. 16a GG einge-

---

118 Jellinek: Allgemeine Staatslehre, 3. Aufl., Berlin 1914, S. 180 f. bzw. S. 183.
119 Vgl. ebd., S. 338 ff.; hier S. 342.
120 Vgl. auch Herwig, Hedda: Georg Jellinek, in: Sattler, Martin J. (Hg.), Staat und Recht, München 1972, S. 72 ff.
121 Das normative Sollen aus dem gesellschaftlichen Sein vollständig abzuleiten, setzt allerdings die Hegelsche „Identitätsthese" („Was vernünftig ist, das ist wirklich; und was wirklich ist, das ist vernünftig"; Hegel [Fn. 107], S. 14) voraus – oder spöttisch formuliert, setzt voraus, dass man mit Hegel darauf hoffen darf, der „Weltgeist" als Ausdruck der Vernunft werde die Geschichte, d. h. also hier die sozialen Machtverhältnisse, im Laufe der Zeit durchdringen.
122 Vgl. Jellinek (Fn. 118), Kap. „Die Bindung des Staates an sein Recht", S. 367 ff.
123 Vgl. Jellinek (Fn. 1).
124 Es ist wohl erst die radikaldemokratische Rechts- und Staatstheorie des in der deutschen Staatslehre im Unterschied zu Schmitt und Smend wenig rezipierten Rechtspositivisten Hans Kelsen gewesen, der mit dem ontologischen Staatsbegriff ideologiekritisch aufräumte; vgl. m. w. N. van Ooyen: Der Staat der Moderne (Fn. 112).

ordnet werden. So entpuppt sich die hier vorgenommene Gleichsetzung von Politik mit Staat und der damit einhergehende Dualismus von Staat (= öffentlich) und Gesellschaft (= privat) als Erblast obrigkeitsstaatlicher Ideologie selbst in einer liberalen Rechtsprechungspraxis – und zwar mit erheblichen Konsequenzen für die um Asyl nachsuchenden Betroffenen. Denn wird „politisch" mit „staatlich" in der hegelianischen Tradition des Dualismus von Staat und Gesellschaft identisch gesetzt, so kann es außerhalb des „Staates" nichts „Politisches" geben. Schon in der „Tamilen-Entscheidung" hatte das Gericht daher aus seiner oben zitierten Gleichsetzung der politischen Verfolgung als überhaupt nur staatlicher Verfolgung im Umkehrschluss prinzipiell gefolgert: Existiert kein Staat – nun dann eben auch keine politische Verfolgung. Damit wird das „Politische" – also selbst in dem reduzierten „realistischen" Verständnis als das Problem der Ausübung von Macht von Menschen über Menschen – einfach weggezaubert. In der Folge hat das zu einer restriktiven Anerkennungspraxis geführt, abgestützt durch die im Instanzenzug zuständige höchstrichterliche Spruchpraxis des BVerwG, die das Asyl im Fall von Bürgerkriegen als rein „nichtstaatliche" – oder auch in der Formulierung des Verfassungsgerichts als bloß „private"[125] – Verfolgung dagegen nahezu ausschlossen. Vor diesem Hintergrund der Rechtsprechung des BVerwG fielen daher die „Bürgerkriegsflüchtlinge" (z. B. bei politischer Verfolgung in Somalia, Algerien, Afghanistan) in eine von Menschenrechtsorganisationen beklagte „Schutzlücke"[126]. Die Rechtsprechung des BVerwG setzte sich dabei in Widerspruch zur Auslegungspraxis von Art. 3 EMRK in der Spruchpraxis des EGMR[127]. Dieser hatte nämlich schon in seiner Entscheidung „Ahmed vs. Österreich" vom 17.12.1996 den Abschiebungsschutz eines somalischen Bürgers auch angesichts überhaupt fehlender staatlicher Strukturen in Somalia aus der absoluten Geltung von Art. 3 EMRK abgeleitet. In zwei weiteren Fällen gegen Frankreich und Großbritannien des Jahres 1997 bestätigte der EGMR daher seine Auffassung eines Schutzes durch die Konvention auch im Falle „nichtstaatlicher" Verfolgung.

Inzwischen hat das BVerfG in der „Afghanistan-Entscheidung" vom August 2000 den Verfassungsbeschwerden afghanischer Staatsangehöriger stattgegeben und die Urteile des BVerwG von 1997 und 1998 aufgehoben, die diesen das Asyl nach Art. 16a GG wegen fehlender politischer Verfolgung verweigerten. Zwar geht das Verfassungsgericht in seinem eingangs zitierten Kammerbeschluss nicht soweit wie der EGMR; es hält auch weiterhin an der Unterscheidung „staatlich" - „nichtstaatlich" fest, nähert sich aber immerhin in der praktischen Wirkung hier dessen Spruchpraxis an, indem es die viel zu enge Auslegung durch das BVerwG als verfassungswidrig rügt. In theoretischer Perspektive ist aber dabei die Kreation eines Begriffs durch die Gerichte entscheidend, der den ganzen Widerspruch hegelianischer „juristischer" Reduktion von „politischer" Verfolgung auf „staatliche" Verfolgung nun in aller Deutlichkeit erst recht offenbart. Denn jetzt tritt zwischen die bisherigen Kategorien von „staatlicher" und „nichtstaatlicher" nämlich noch die der „quasi-staatlichen" Verfolgung. Anstatt angesichts zunehmender Bürgerkriegssituationen und Prozesse der „Entstaatlichungen" also den bisherigen Begriff des Politischen überhaupt zu überdenken und ausgehend vom Wortlaut des Grundgesetzes neu zu formulieren, bedient man sich so einer vermit-

---

125 Vgl. BVerfGE 80, 315 Rdnr. 39.

126 Zwar sind „Bürgerkriegsflüchtlinge" im Sinne bloß „nichtstaatlicher" Verfolgung nicht völlig schutzlos. Doch der hier als Auffangregelung greifende § 53 Abs. 6 des Ausländergesetzes, der diese vor Abschiebung schützt, ist lediglich eine einfachgesetzlich abgesicherte „Kann-Vorschrift", die in der Verwaltungspraxis entsprechend restriktiv gehandhabt wird.

127 Vgl. Buß, Thomas: Grenzen der dynamischen Vertragsauslegung im Rahmen der EMRK; in: DÖV 1998, S. 323 ff.

telnden Kategorie, die den bisherigen, fragwürdigen Definitionsrahmen auch noch sprengt. Denn vor dem Hintergrund der „Tamilen-Entscheidung" des Verfassungsgerichts hatte das BVerwG im Falle der Afghanen seinerzeit geprüft, ob – wenn schon keine „staatliche" Verfolgung vorläge – den Betroffenen nicht immerhin durch eine „staatsähnliche (quasistaatliche) Herrschaftsmacht"[128] Verfolgung drohte. Während die unteren Verwaltungsgerichtsinstanzen dies als gegeben sahen und Asyl gewährten, wurde das Vorliegen „quasi-staatlicher" Gewalt aber gerade im Falle Afghanistans durch das BVerwG verneint. Und zwar mit der Begründung, dass die auch für eine „quasi-staatliche", sich im Bürgerkrieg befindende Macht erforderliche „Souveränität" (hier nach außen) fehlte. In seinem Kammerbeschluss, der nun wiederum die Entscheidung des BVerwG aufhob, nahm das BVerfG genau hierzu Stellung und rügte seinerseits die „zu eng gefasste(n) Begrifflichkeit für die Erscheinungsform der quasi-staatlichen Verfolgung"[129]. Ganz so viel Souveränität nach Hegel und Hobbes – Beendigung des Bürgerkriegs nach innen und Schutz nach außen – wie es das Verwaltungsgericht forderte, sollte es beim Verfassungsgericht dann doch nicht sein:

„Nach Ansicht des Bundesverwaltungsgerichts ist eine Herrschaftsorganisation nur dann staatsähnlich und damit politischer Verfolgung fähig, wenn sie auf einer organisierten, effektiven und nach innen und außen stabilisierten territorialen Herrschermacht beruht. Eine solche Gebietsherrschaft könne sich in einem andauernden Bürgerkrieg nicht etablieren, solange jederzeit und überall mit dem Ausbruch bewaffneter Auseinandersetzung gerechnet werden müsse, die die Herrschaftsgewalt regionaler Macht grundlegend in Frage stellten. Mit diesem Ansatz misst das Bundesverwaltungsgericht dem Erfordernis einer nach außen dauerhaft stabilisierten (regionalen) Herrschermacht ein Gewicht bei, das ihm verfassungsrechtlich nicht zukommt"[130].

Das Verfassungsgericht hatte damit beim Urteil des Verwaltungsgerichts genau die Problematik richtig benannt, über die es letztendlich in der eigenen Interpretation hinwegsah – wenn auch in einer für die betroffenen Asylbewerber großzügigeren Weise. Denn es warf dem BVerwG vor, die Prüflatte für die Kategorie „quasi-staatliche" Verfolgung so hoch anzulegen, dass sie in der praktischen Anwendung auf den Sachverhalt mit der „staatlichen" Verfolgung zusammenfallen musste. Dadurch wird schließlich die Tatsache von politischer Verfolgung in nicht gefestigten Bürgerkriegssituationen weggezaubert – und zwar genau in derselben Weise, wie es das Verfassungsgericht im Falle der bloß „nichtstaatlichen", in dieser nach wie vor gegebenen Kategorie der „privaten Verfolgung"[131], selbst macht. Und nur im Hinblick auf die Kritik am BVerwG gelingt ihm die erfrischende politisch-philosophische Erkenntnis, die sich unmittelbar an das obige Zitat anschließt:

„Das Element der ‚Staatlichkeit' oder ‚Quasi-Staatlichkeit' von Verfolgung darf nicht losgelöst vom verfassungsrechtlichen Tatbestandsmerkmal des ‚politisch' Verfolgten betrachtet und nach abstrakten staatstheoretischen Begriffsmerkmalen geprüft werden. Es muss vielmehr in Beziehung gesetzt bleiben zu der Frage, ob eine Maßnahme den Charakter einer politischen Verfolgung im Sinne von Art. 16a Abs. 1 GG aufweist, vor der dem Betroffenen Schutz gewährt werden soll"[132].

Daher, so weiter das Gericht, verfehle die enge Auslegung durch das BVerwG den Punkt auf den es eigentlich mit Blick auf Art. 16a GG nur ankäme, nämlich auf die „maßgebliche Fra-

---

128 „Quasistaatliche Verfolgung in Afghanistan?", Presseerklärung BVerwG 9/2001 vom 20.02.2001.
129 BVerfGE 2, BvR 260/98 vom 10.8.2000 (Rdnr. folgend zitiert nach www.bundesverfassungsgericht.de/entscheidungen/frames/2000/8/10).
130 Ebd., Rdnr. 16; zum Staatsverständnis des BVerfG vgl. auch Alshut (Fn. 100), S. 16 ff.; S. 55 ff.
131 BVerfGE, ebd., Rdnr. 12.
132 Ebd., Rdnr. 17.

ge der Beschaffenheit des Herrschaftsgefüges im Innern des beherrschten Gebietes zwischen dem verfolgenden Machthaber und den ihm unterworfenen Verfolgten"[133].

Wohl wahr und dem ist eigentlich dann auch nichts mehr hinzuzufügen. Fragt sich nur, warum das Verfassungsgericht dann an der merkwürdigen Unterscheidung von staatlich = politisch, nichtstaatlich = nichtpolitisch und quasi-staatlich = quasi-politisch (?) überhaupt noch länger festhält? Denn noch einmal: Das Politische wird nicht durch den Staat konstituiert, sondern durch den Menschen. Sobald also Menschen zusammenkommen, wird auch das Politische mitkonstituiert, weil das Leben der Menschen in Gesellschaft immer sofort mit den Fragen von Freiheit und Gleichheit, guter Ordnung und Macht verbunden ist. Aristoteles hat das vor über 2000 Jahren beschrieben. Während also die „neuere" Politikwissenschaft seit Max Weber immerhin „realistisch" ständig „neue" Formen politischer Macht „wiederentdeckt" – erst die organisierten Gruppen in Form der Parteien und zuletzt das früher als ausschließlich privat betrachtete Herrschaftsverhältnis der Geschlechter – verharrt das BVerfG so im Politikverständnis des (liberalen) Etatismus des 19. Jahrhunderts. Freilich, die sogenannte „geschlechtsspezifische" Verfolgung – besser: die politische Verfolgung von Frauen durch Männer – wird man unter dieser („staats")theoretischen Prämisse in all ihrer Variationsbreite (z. B. die Verfolgung durch weibliche Genitalverstümmelung) dogmatisch stringent kaum subsumieren können. Vielmehr muss dann die „nichtstaatliche" Verfolgung weiterhin genauso als „extrakonstitutionelles", weil „außerstaatliches" und daher „unpolitisches" Phänomen erklärt werden, wie es seinerzeit Heinrich Triepel schon für die Parteien formulierte[134] – und zwar als typischer Ausdruck antipluralistischer, etatistischer Staatstheorie in der Weimarer Republik.

---

133 Ebd., Rdnr. 18.
134 Vgl. Triepel, Heinrich: Die Staatsverfassung und die politischen Parteien, Berlin 1928, S. 29 f.

Stefan Korioth

Die Rechtsprechung des Bundesverfassungsgerichts zum Bundesstaat

1 Die Angewiesenheit des Bundesstaates auf Verfassungsgerichtsbarkeit

Es sind die Grundrechtsjudikatur, die Überprüfung von Gesetzen in den verschiedenen Verfahrensarten der Normenkontrolle und die Konfliktschlichtung zwischen Verfassungsorganen im Organstreitverfahren, die das Erscheinungsbild der Rechtsprechung des Bundesverfassungsgerichts (BVerfG) heute wesentlich prägen. In der Verfahrensstatistik und in der öffentlichen Diskussion spielen echte föderative Konflikte eine erheblich geringere Rolle, wenngleich Normenkontrollen und Verfassungsbeschwerden häufig Fragen der föderalen Machtverteilung aufwerfen. In der praktischen Bedeutung und Aufmerksamkeit ist kaum mehr bewusst, dass die deutsche Verfassungsgerichtsbarkeit ihre wichtigste historische Wurzel[1] und traditionell ihre größte Bedeutung bei der Entscheidung föderativer Konflikte hatte:

„Wenn irgendwo, so besteht hier das Bedürfnis nach einer objektiven Instanz, die diese Kämpfe auf friedlichem Wege schlichtet, nach einem Forum, vor dem diese Streitigkeiten als Rechtsfragen aufgeworfen und als solche entschieden werden. Es ist nichts anderes als ein Verfassungsgericht. Denn jede Verletzung der Kompetenz des Bundes durch einen Gliedstaat, des Gliedstaates durch den Bund ist eine Verfassungsverletzung, eine Verletzung der Bund und Länder, Reich und Gliedstaaten zu einem *Ganzen* zusammenfassenden Bundesverfassung."[2]

Kelsen meinte sogar, und dies völlig zu Recht, die politische Idee und rechtliche Form des Bundesstaates werde erst mit der Einrichtung einer Verfassungsgerichtsbarkeit vollendet[3]. Der Bundesstaat, über den sich allgemein nur sagen lässt, dass er aus der Verbindung eines territorial umfassenden Zentralstaates mit regional begrenzten Gliedstaaten besteht und die Staatsgewalt auf beide Ebenen verteilt[4], beruht ausschließlich auf Recht, auf der rechtlich geordneten Koexistenz der zwei gebietskörperschaftlichen Ebenen – mit Bereichen ihrer rechtlich geschützten Unabhängigkeit und Freiheit, der rechtlich angeordneten Gleichheit oder Ungleichheit der Gliedstaaten und den Bereichen der gegenseitigen Abhängigkeit von Bund und Ländern, aber auch der Länder untereinander. Kein Bundesstaat ohne Recht[5] – das

---

1 Scheuner, Ulrich: Die Überlieferung der deutschen Staatsgerichtsbarkeit im 19. und 20. Jahrhundert, in: Starck, Christian (Hg.), Bundesverfassungsgericht und Grundgesetz. Festgabe aus Anlass des 25jährigen Bestehens des Bundesverfassungsgerichts, Bd. I, Tübingen 1976, S. 1 ff., 9 ff.

2 Kelsen, Hans: Wesen und Entwicklung der Verfassungsgerichtsbarkeit, in: VVDStRL 5 (1929), S. 30 ff., 82.

3 Kelsen, a. a. O. (Fn. 2), S. 81. Dagegen etwa Roellecke, Gerd: Roma locuta – zum 50jährigen Bestehen des BVerfG, in: NJW 2001, S. 2924 ff., 2925 f.

4 Herzog, Roman: Bundes- und Landesstaatsgewalt im demokratischen Bundesstaat, in: DÖV 1962, S. 81 ff., 81: „Herrschende Lehre ist heute, daß sich der Bundesstaat aus mehreren Gliedern zusammensetzt, wobei sowohl das Ganze wie auch die Glieder zur Ausübung unmittelbarer Hoheitsgewalt gegenüber den Staatsbürgern befugt sind."

5 Oder anders: „Der Bundesstaat ist ein Rechtsbegriff", Frenkel, Max: Föderalismus und Bundesstaat, Bd. 1, Bern 1984, S. 92.

bedeutet, dass es im Konfliktfall einer neutralen Schlichtungsinstanz bedarf, denn, in den Worten des BVerfG, „das Verhältnis von Bund und Ländern kann im Bundesstaat rechtlich nicht im Ungewissen bleiben" [6]. Die streitschlichtende Instanz kann ein politisches Organ sein[7], es bietet sich aber an, die Entscheidung über bundesstaatliche Rechte und Pflichten einem unabhängigen Gericht zuzuweisen. Das geschah in Deutschland erstmals unter der Weimarer Verfassung; der begrenzte Rechtsprechungsbereich des Staatsgerichtshofes für das Deutsche Reich (vgl. Art. 13, 19, 108 WRV) umfasste im wesentlichen föderative Materien. Von den umfassenden Kompetenzen des BVerfG stehen mehrere ausdrücklich im Dienst der Wahrung der bundesstaatlichen Ordnung, insbesondere das Verfahren des Bund-Länder-Streits nach Art. 93 Abs. 1 Nr. 3 GG[8]. Für föderativ veranlasste Normenkontrollen, die neben der Verteilung der Gesetzgebungskompetenzen zwischen Bund und Ländern auch Streitigkeiten über die inhaltliche Verfassungsmäßigkeit von Bundes- oder Landesrecht betreffen können, stehen die Verfahren der abstrakten und konkreten Normenkontrolle zur Verfügung (Art. 93 Abs. 1 Nr. 2 und 2a GG, Art. 100 Abs. 1 GG).

Die Rechtsprechung des BVerfG zum Bundesstaat soll im folgenden nicht nach Sachbereichen, sondern chronologisch dargestellt und gewürdigt werden. Diese historisierende Herangehensweise, die nur die wichtigsten Stationen der Rechtsprechung kurz aufgreifen kann, trägt einer Besonderheit Rechnung: Jeder durch eine Verfassung erst geschaffene Bundesstaat, als Staatsform die wichtigste rechtliche Prägung der politischen Idee des Föderalismus[9], ist einzigartig, zeigt besondere Beweglichkeit und Entwicklungsoffenheit, unterliegt der beständigen Entwicklung des Rechts und ist auf Verhaltens- und Verhandlungsmuster angewiesen, die in der politischen Praxis entwickelt werden, im „ständig wechselnden Kräftespiel im Bundesstaat"[10]. Das wirft die Frage auf, inwieweit die Rechtsprechung, gerade in ihrer zeitlichen Entwicklung, die bundesstaatliche Dynamik widerspiegelt und ihrerseits prägt. Dazu kommt ein Weiteres. Es ist üblich geworden, die mehr als 50jährige Geschichte des grundgesetzlichen Bundesstaates in drei Phasen zu unterteilen: Einer betont föderalistischen Frühphase, in der die Unabhängigkeit und Selbständigkeit des Bundes und der Länder prägende Merkmale eines „separativen" Bundesstaates gewesen seien, sei die Entdeckung des unitarischen Bundesstaates[11] und die verfassungsrechtliche Inthronisierung des kooperativen Föderalismus seit Mitte der 1960er Jahre gefolgt. Seit 1990 habe es Anzeichen einer Reföderalisierung, aber auch der Herausbildung einer neuen Ungleichheit zwischen den Ländern gegeben, nach wie vor prägend sei aber der kooperative Bundesstaat[12]. Diese

---

6   BVerfGE 11, 6 (13).
7   So hatte der Bundesrat nach der Reichsverfassung von 1871, die keine Verfassungsgerichtsbarkeit kannte, Streitigkeiten zwischen den Gliedstaaten zu schlichten (Art. 76 RV). Eine späte Nachwirkung findet sich in der Befugnis des heutigen Bundesrates, auf Grund der Beanstandung der Bundesregierung oder eines Landes zu entscheiden, ob ein Land bei der Ausführung von Bundesgesetzen das Recht verletzt hat (Art. 84 Abs. 4 S. 1 GG). Dieses Verfahren ist jedoch lediglich der Entscheidung des BVerfG vorgelagert (Art. 84 Abs. 4 S. 2 GG).
8   Dazu und zu den weiteren föderativen Streitigkeiten Schlaich, Klaus / Korioth, Stefan: Das Bundesverfassungsgericht, 6. Auflage, München 2004, Rdnr. 98 ff.
9   Maier, Hans: Der Föderalismus – Ursprung und Wandlungen, in: AöR 115 (1990), S. 213 ff.
10   BVerfGE 55, 274 (320). Scheuner, Ulrich: Struktur und Aufgabe des Bundesstaates in der Gegenwart, in: DÖV 1962, S. 641 ff., 648: „Weniger als andere Staatstypen kann ein föderaler Staatsaufbau durch Beharren für lange Dauer auf einem bestimmten Stande gehalten werden."
11   Vgl. Hesse, Konrad: Der unitarische Bundesstaat, Karlsruhe 1962.
12   Schmidt-Jortzig, Edzard: Herausforderungen für den Föderalismus in Deutschland, in: DÖV 1998, S. 746 ff.; Schuppert, Gunnar Folke: Verwaltungswissenschaft, Baden-Baden 2000, S. 944 ff.; Nettesheim, Martin: Wettbewerbsföderalismus und Grundgesetz, in: Brenner, Michael / Huber, Peter M. / Möstl, Markus (Hg.), Der Staat des Grundgesetzes – Kontinuität und Wandel, FS Peter Badura, Tübingen 2004, S. 363 ff.

nur zum Teil zutreffende Version der Entwicklungsgeschichte wird heute zumeist als Verfallsgeschichte gedeutet. Der kooperative Föderalismus habe in die Politikverflechtungsfalle geführt und lähme die Entscheidungsfähigkeit des gesamten politischen Systems; er müsse in Richtung eines Konkurrenz-, Trennungs- oder Wettbewerbsföderalismus verändert werden[13]. Der Blick auf die Rechtsprechung des BVerfG kann helfen, einige Verzeichnungen der Entwicklung und manche kaum hilfreiche Wertungen kritischer zu sehen. Die Entgegensetzung von separativem und kooperativem Föderalismus ist wenig geeignet, die Besonderheiten des grundgesetzlichen Bundesstaates zu erfassen. Während die historische Funktion des Bundesstaates bei seinem Entstehen im Jahre 1871 darin lag, regionale Vielfalt mit der erforderlichen Einheit zu verbinden, war das gesamte 20. Jahrhundert von zunehmendem Zentralismus gekennzeichnet. Seither liegt der Kern des Föderalismus in der vertikalen Gewaltenteilung: in der Berücksichtigung und Vermittlung vielfältiger Interessen auf unterschiedlichen Ebenen, vor allem aber bei der Ausübung der Staatsgewalt des Bundes. Bundesstaatlichkeit bedeutet vorrangig Mitsprache der Länder auf der Bundesebene durch den Bundesrat – dieser bringt Bundesinteressen, Länderinteressen und parteipolitische Interessen zum Ausdruck[14]. Die Rechtsprechung zum Bundesstaat liefert in ihrer ersten Phase bis etwa 1965 (dazu Kap. 2) Belege dafür, dass bereits 1949 die damit einhergehenden Elemente des kooperativen Föderalismus beträchtlich waren. Das zeigt sich daran, dass das Gericht von Beginn an in seiner föderativen Rechtsprechung nicht vorrangig klassische Fragen der sachbereichsbezogenen vertikalen Kompetenzabgrenzung zu entscheiden hatte, sondern Konflikte im kooperativen und solidarischen Miteinander von Bund und Ländern, eingeschlossen Versuche der Länder, auf die Bundespolitik einzuwirken, oder umgekehrt des Bundes, seine Vorstellungen auch in den Ländern zur Geltung zu bringen. Hier geht es um klassische Probleme vertikaler Gewaltenteilung. Die Aufgabenwahrnehmung des Bundes ist nicht nur horizontal auf die verschiedenen Staatsgewalten verteilt, sondern muss die Einflussnahmen der Länder in Rechnung stellen. Die beiden nachfolgenden Phasen der Rechtsprechung seit Mitte der 1960er Jahre (dazu Kap. 3 und 4), die Fragen des zunehmend verrechtlichten kooperativen Föderalismus, des Hereinwachsens des deutschen Bundesstaates in die Europäische Gemeinschaft/Union sowie der deutschen Einigung zu bewältigen hatten, stehen in Kontinuität zu den in der ersten Phase entwickelten Grundlinien. Insgesamt ist es dem BVerfG gelungen, zwischen Zentralismus und Föderalismus[15] sowie Selbständigkeit und Kooperation im Bundesstaat angemessen zu vermitteln. Die Bedeutung des Gerichts für die Weiterentwicklung des dynamischen Systems Bundesstaat ist hoch zu veranschlagen.

---

13 Sachverständigenrat zur Begutachtung der gesamtwirtschaftlichen Entwicklung, Jahresgutachten 2003/2004 vom 14. November 2003, BT-Drs. 15/2000, S. 304: „Die politischen Entscheidungsprozesse in Deutschland sind seit geraumer Zeit langsam, undurchsichtig und unberechenbar. [...] Eine wichtige Ursache für dieses Politikversagen sind die föderalen Entscheidungsstrukturen." Vgl. ferner Abromeit, Heidrun: Der verkappte Einheitsstaat, Wiesbaden 1992, S. 131: Der deutsche Bundesstaat sei ein „ziemlich verkorkstes System"; Arndt, Hans-Wolfgang: Zehn Vorschläge zur Reform des deutschen Föderalismus, in: ZRP 2000, S. 201 ff.

14 Daraus ergibt sich die Möglichkeit von Abstimmungskonflikten der Mitglieder eines Landes im Bundesrat, wenn sie unterschiedlichen parteipolitischen Loyalitäten verpflichtet sind, vgl. BVerfGE 106, 310.

15 Im bundesstaatlichen Sinne, dazu Šarcevic, Edin: Das Bundesstaatsprinzip, Tübingen 2000, S. 6 ff.

2 Die erste Phase der bundesstaatlichen Rechtsprechung: Orientierung und Grundlegung im Schatten Weimars

Bereits einen Monat, nachdem das BVerfG seine Arbeit aufgenommen hatte, erging am 23. Oktober 1951 seine erste große Entscheidung. Das Südweststaats-Urteil[16] statuierte neben vielen anderen auch elementare Grundsätze des bundesstaatlichen Verfassungsrechts. Um eine Länderneugliederung im Südwesten der Bundesrepublik auf der Grundlage des Art. 118 GG vorzubereiten, hatte der Bund ein Gesetz beschlossen, mit dem die Wahlperioden in zwei der drei betroffenen Länder bis zum Außerkrafttreten der Landesverfassungen verlängert wurden. Diesen erstaunlichen Übergriff des Bundes in die Sphäre der Länder erklärte das BVerfG unter Hinweis auf das demokratische und bundesstaatliche Prinzip für verfassungswidrig. Zu den bundesstaatlichen Aspekten führte es aus:

„Eine weitere Grundlage der Verfassung ist das *bundesstaatliche* Prinzip (Art. 20, 28, 30 GG). Die Länder sind als Glieder des Bundes Staaten mit eigener – wenn auch gegenständlich beschränkter – nicht vom Bund abgeleiteter, sondern von ihm anerkannter staatlicher Hoheitsmacht. In ihren Bereich gehört die Gestaltung der verfassungsmäßigen Ordnung im Lande, solange sie sich im Rahmen des Art. 28 Abs. 1 GG hält. Insbesondere ist die Bestimmung der Regeln, nach denen sich die Bildung der Landesverfassungsorgane, ihre Funktionen und ihre Kompetenzen bemessen, ausschließlich Sache des Landes. [...] Solange die Länder bestehen und ihre verfassungsmäßige Ordnung sich im Rahmen des Art. 28 Abs. 1 GG hält, kann der Bund ohne Verletzung des im Grundgesetz garantierten bundesstaatlichen Prinzips in ihre Verfassungsordnung nicht eingreifen.“[17]

Diese Passage umfasst einen selbstverständlichen und einen angreifbaren Teil. Notwendig war die Anerkennung der Staatsqualität der Länder[18]. Ohne sie gibt es keinen aus Staaten zusammengesetzten Bundesstaat. Vor allem der den Politikern und Juristen der beginnenden Bundesrepublik geläufige Hintergrund der Weimarer bundesstaatlichen Ordnung erklärt, warum das BVerfG an diese Selbstverständlichkeit und die daraus folgende Unzulässigkeit zentralstaatlicher Eingriffe in das Regierungssystem der Länder erinnern musste. Die Weimarer Verfassung hatte die stark föderalistische Ordnung des Kaiserreiches völlig umgestaltet. Zwar war es Hugo Preuß nicht gelungen, die Länder in höchstpotenzierte Selbstverwaltungskörperschaften umzuwandeln[19], aber die Länder hatten in Weimar eine insgesamt schwache Stellung. Die Verfassungsrechtslehre stellte teilweise ihre Staatsqualität in Frage[20]. Solchen Umdeutungen in die Ordnung eines dezentralen Einheitsstaates wollte das Grundgesetz entgehen, das, nicht zuletzt auf Grund alliierter Einwirkungen, wieder stärker föderalistisch gestaltet war[21]. Art. 79 Abs. 3 GG entzieht die Gliederung des Bundes in Länder und deren grundsätzliche Mitwirkung an der Gesetzgebung der Verfassungsänderung. Dem entsprach das Diktum des BVerfG. Es beendete zugleich den für den Beginn eines Bundesstaa-

---

16 BVerfGE 1, 14.
17 BVerfGE 1, 14 (34).
18 In der späteren Rechtsprechung etwa BVerfGE 36, 342 (360 f.); 72, 330 (388).
19 Vgl. dazu Preuß, Hugo: Denkschrift zum Entwurf des allgemeinen Teils der Reichsverfassung vom 3. Januar 1919, in: ders., Staat, Recht und Freiheit, Tübingen 1926, S. 368 ff., 374 ff., 379, 382; Anschütz, Gerhard: Der Aufbau der obersten Gewalten im Entwurf der deutschen Reichsverfassung, in: DJZ 1919, Sp. 199 ff.
20 Zur Diskussion etwa Anschütz, Gerhard: Der deutsche Föderalismus in Vergangenheit, Gegenwart und Zukunft, in: VVDStRL 1 (1924), S. 11 ff. Ablehnend zur Länderstaatlichkeit: Heller, Hermann: Die Souveränität, Berlin 1927, S. 110 ff.; Kelsen, Hans: Allgemeine Staatslehre, Berlin 1925, S. 194.
21 Deshalb sprach das BVerfG von einem „betont föderativ gestalteten Bundesstaat“, BVerfGE 4, 178 (189); 60, 175 (209); 64, 301 (317).

tes durchaus typischen Versuch der beiden Ebenen, im konkreten Fall des Bundes, ihre Kompetenzen auch über das Zulässige hinaus auszudehnen.

Der nicht selbstverständliche Teil der zitierten Passage betrifft die „Unabgeleitetheit" der Länderstaatsgewalt von der Hoheitsgewalt des Bundes. Für den durch das Recht in Gestalt der zentralstaatlichen Verfassung begründeten Bundesstaat ist es konstruktiv möglich, die begrenzte Staatsgewalt der Länder aus eben dieser Bundesverfassung abzuleiten. Warum das BVerfG ohne weitere Begründung dennoch die Unabgeleitetheit postulierte (und an dieser Sicht bis heute festhält[22]), kann nur vermutet werden. Dem Gericht ging es erkennbar von vornherein um den besonderen Schutz der Länder. Diese sind in allen Bundesstaaten durch die Übermacht der zentralstaatlichen Ebene bedroht. Alle Bundesstaaten zeigen im Zeitverlauf eine Tendenz der Aufgabenwanderung nach oben und zu sich verstärkender Abhängigkeit der Gliedstaaten vom Bund, insbesondere in finanzieller Hinsicht. Ein herausragender Kenner des Weimarer Föderalismus prägte hierfür den Begriff der Anziehungskraft des größten Etats[23]. Vielleicht spielte schließlich auch die klassische Vorstellung vorrechtlicher Staatsgewalt, die durch die Verfassung in Form gebracht wird, eine Rolle für die besondere Auszeichnung der Länderstaatlichkeit.

Das Diktum der Unabgeleitetheit führte in Teilen der Lehre zu Folgerungen, die das Gericht später mit Recht zurückwies. Das Konkordatsurteil (1956) lehnte die Auffassung ab, die zeitliche Priorität der Länder vor dem Bund verleihe ihnen ein natürliches Übergewicht oder zwinge dazu, die Bundesrepublik als Gründung der Länder anzusehen[24]. Der grundgesetzliche Bundesstaat ist kein bündischer, der durch Vereinbarung der Länder entstanden wäre. Es gibt keine Gleichordnung von Bund und Ländern, die Länder sind nicht Hüter der Gesamtverfassung. Zu Beginn der 1960er Jahre distanzierte sich das Gericht von der Vorstellung eines dreigliedrigen Bundesstaates, der aus Bund, Ländern und dem Gesamtstaat bestehe.

„Es gibt nicht neben dem Bundesstaat als Gesamtstaat noch einen besonderen Zentralstaat, sondern nur eine zentrale Organisation, die zusammen mit den gliedstaatlichen Organisationen im Geltungsbereich des Grundgesetzes als Bundesstaat alle die staatlichen Aufgaben erfüllt, die im Einheitsstaat einer einheitlichen staatlichen Organisation zufallen."[25]

Während das Südweststaats-Urteil gegenüber zentralstaatlicher Anmaßung das bundesstaatliche essentiale der wechselseitigen Autonomie betonte, befassten sich zwei weitere Entscheidungen aus der Frühzeit des BVerfG mit den beiden anderen föderalen Grundpfeilern, der Gleichheit der Länder und der horizontalen und vertikalen Solidarität aller Gebietskörperschaften untereinander.

---

22 BVerfGE 6, 309 (346 f.); 13, 54 (74 f.); 14, 221 (234); 34, 9 (19); 36, 342 (360 f.); 60, 175 (207 f.); 72, 330 (383); 81, 310 (334); 87, 181 (196); 96, 345 (366). Seit BVerfGE 4, 178 (189) spricht das Gericht auch von der Selbständigkeit der „Verfassungsräume" von Bund und Ländern.

23 Popitz, Johannes: Der Finanzausgleich, in: Handbuch der Finanzwissenschaft, Band 2, 1. Auflage, Tübingen 1927, S. 346 ff.

24 BVerfGE 6, 309 (360). Vgl. auch BayVerfGH, BayVBl. 1991, 561, 562: „Die Bundesrepublik Deutschland wurde im Jahr 1949 nicht als neuer Staat durch einen Staatsvertrag der westdeutschen Länder gebildet. Das Grundgesetz geht davon aus, daß das Deutsche Reich den Zusammenbruch von 1945 überdauert hat. Mit der Errichtung der Bundesrepublik Deutschland wurde nicht ein neuer Staat gegründet, sondern ein Teil Deutschlands neu organisiert".

25 BVerfGE 13, 54 (77); offengelassen noch in BVerfGE 6, 309 (340, 364). Dazu Frowein, Jochen A.: Die Konstruktion des Bundesstaates, in: Probleme des Föderalismus, Tübingen 1985, S. 47 ff., 53 f.; Wiederin, Ewald: Bundesrecht und Landesrecht, Wien 1995, S. 43 ff. Eine praktische Bedeutung hat die Unterscheidung zwischen zwei- und dreigliedrigem Bundesstaat nicht.

Das erste Finanzausgleichs-Urteil vom 20. Februar 1952[26] lotete Grund und Grenzen bundesstaatlicher Solidarität aus. Es wird heute häufig übersehen, obwohl es für die Entwicklung der rechtlichen Grundlagen der Finanzbeziehungen von Bund und Ländern von nicht zu überschätzender Bedeutung war. Zugleich enthält es, wiederum vor dem Weimarer Hintergrund, ein Lehrstück zur Frühgeschichte des grundgesetzlichen Bundesstaates. Es ging um einen damals wie heute fiskalisch nicht übermäßig bedeutsamen, für das Verhältnis der Länder untereinander aber prägenden Teil der Finanzordnung. Erstmals in der deutschen Verfassungsentwicklung ordnete Art. 106 Abs. 4 GG (i. d. F. von 1949, heute, nach Änderungen, Art. 107 Abs. 2 GG) einen Ausgleich der Länderfinanzkraft durch horizontale Finanzumverteilungen zwischen den Ländern an. Dieser horizontale Finanzausgleich wirft besondere Probleme im Vergleich zu dem etwa in den USA und der Schweiz, aber auch in der Weimarer Finanzordnung praktizierten umverteilenden Finanzausgleich durch vertikale Zuweisungen des Zentralstaates auf. Das gegenteilige Verhältnis von Geben und Nehmen stellt an die Verständigungsbereitschaft der Länder hohe Anforderungen. bereits gegen das Finanzausgleichsgesetz für das Jahr 1950 wandte sich das Land Württemberg-Hohenzollern: Der horizontale umverteilende Finanzausgleich verstoße nicht nur in seiner konkreten gesetzlichen Ausgestaltung, sondern prinzipiell gegen das Bundesstaatsprinzip, das die Selbständigkeit der Länder garantiere. Das BVerfG hielt dem folgendes entgegen:

„Zwar ist richtig, daß nach Art. 20 Abs. 1 GG die Bundesrepublik ein Bundesstaat ist, dass Art. 79 GG die Gliederung des Bundes in Länder auch gegen eine Verfassungsänderung sichert und daß Art. 109 GG die Selbständigkeit der Haushaltswirtschaft den Ländern noch besonders gewährleistet. Der Schluß, den die Antragsteller aus diesen grundgesetzlichen Vorschriften ziehen, ist jedoch einseitig. Das bundesstaatliche Prinzip begründet seinem Wesen nach nicht nur Rechte, sondern auch Pflichten. Eine dieser Pflichten besteht darin, daß die finanzstärkeren Länder den schwächeren Ländern in gewissen Grenzen Hilfe zu leisten haben. Diese Pflichtbeziehung führt nach der Natur der Sache zu einer gewissen Beschränkung der finanziellen Selbständigkeit der Länder." Ein Verstoß gegen das bundesstaatliche Prinzip könnte nur in Betracht kommen, wenn der Finanzkraftausgleich „die Leistungsfähigkeit der gebenden Länder entscheidend schwächte oder zu einer Nivellierung der Länderfinanzen führte."[27]

Diese Sätze hatten Gewicht. Sie leiteten – das Autonomieprinzip begrenzend – aus dem Bundesstaatsprinzip die Grundpflicht des Einstehens füreinander ab. Die Zulässigkeit einer finanziellen Umverteilung unter den Ländern steht seither außer Zweifel. Der Dauerstreit um den Länderfinanzausgleich seit dem Ende der 1970er Jahre betrifft die Einzelheiten und das Ausmaß der bundesstaatlichen Abgabepflicht. Vor allem aber verdeutlichte das Gericht, dass der Bundesstaat aus den konkreten verfassungsrechtlichen Festlegungen besteht, die nicht gegen ein – historisch, rechtsvergleichend oder staatstheoretisch entwickeltes – Modell des Bundesstaates ausgespielt werden können, wie dies in den Argumenten der Antragsteller angeklungen war.

Eine weitere Entscheidung aus dem Jahre 1952 komplettierte die frühe bundesstaatliche Trias. Neben die föderale Autonomie und Solidarität der beteiligten Staaten trat die verfassungsrechtlich geschützte Gleichheit der Länder, entwickelt am Streit zwischen Bund und Ländern um die Verteilung von Bundesmitteln für die Wohnungsbauförderung durch die Länder.

---

26   BVerfGE 1, 117.
27   BVerfGE 1, 117 (131).

„Die Mitwirkung der Länder bei der Verteilung der Bundesmittel ist Ausdruck des föderalistischen Prinzips, das – neben anderen Grundsätzen – der Verfassung der Bundesrepublik Deutschland das Gepräge gibt. Als Glieder des Bundes besitzen die Länder, soweit positive verfassungsrechtliche Bestimmungen nicht entgegenstehen, den gleichen Status; sie stehen einzeln und gleichberechtigt nebeneinander; unter ihnen gilt nicht die im Geltungsbereich des demokratischen Prinzips beheimatete Regel, daß die Mehrheit entscheidet, sondern der Grundsatz der Einstimmigkeit, d. h. daß kein Land durch die übrigen Länder überstimmt werden kann. Dagegen kann nicht eingewandt werden, dies führe zur Herrschaft der Minderheit. Dem bundesstaatlichen Prinzip entspricht vielmehr die verfassungsrechtliche Pflicht, daß die Glieder des Bundes sowohl einander als auch dem größeren Ganzen und der Bund den Gliedern die Treue halten und sich verständigen. Der im Bundesstaat geltende verfassungsrechtliche Grundsatz des Föderalismus enthält deshalb die Rechtspflicht des Bundes und aller seiner Glieder zu ‚bundesfreundlichem Verhalten‘; d. h. alle an dem verfassungsrechtlichen ‚Bündnis‘ Beteiligten sind gehalten, dem Wesen dieses Bündnisses entsprechend zusammenzuwirken und zu seiner Festigung und zur Wahrung seiner und der wohlverstandenen Belange seiner Glieder beizutragen (so schon R. Smend, Ungeschriebenes Verfassungsrecht im monarchischen Bundesstaat, in der Festgabe für Otto Mayer, 1916, S. 247 ff., 261). Der in dieser Rechtspflicht liegende Zwang zur Verständigung wirkt zwar nicht so automatisch wie das demokratische Mehrheitsprinzip. Er ist jedoch stark genug, um die notwendigen gemeinsamen Entscheidungen sachgerecht herbeizuführen. Er ist es vor allem, der auch der Übermacht des Gesamtstaates im Interesse der Glieder feste Schranken zieht.“[28]

Auch diese Ausführungen zerfallen wiederum in einen selbstverständlichen, in der Frühzeit der Bundesrepublik aber offenbar nachhaltig zu bekräftigenden Teil, und in einen stärker begründungsbedürftigen Teil. Unproblematisch ist die Betonung der Ländergleichheit. Diese muss keine formale sein; die Verfassungsordnung kann materielle Abstufungen vorsehen, wie dies etwa in der gewichteten Stimmenzahl der Länder im Bundesrat (Art. 52 Abs. 2 GG) zum Ausdruck kommt. Die Gleichheit der Länder ist eine modal wirkende Rechtsposition, die in allen Sachbereichen zum Tragen kommen und sowohl autonomiestärkend als auch -eingrenzend wirken kann. Sie verpflichtet insbesondere den Bund[29]. Problematisch war dagegen die verfassungsrechtliche Anknüpfung an die im monarchischen Bundesstaat, dem Sprachgebrauch Bismarcks folgend, entwickelte Bundestreue. Diese Rechtsfigur transportierte einen schon im Kaiserreich ungeschriebenen und strittigen Rechtssatz – Kritiker sahen hier allenfalls eine politische Pflicht oder einen Handlungsstil – aus einem bündischen, durch Zusammenschluss zuvor souveräner Staaten entstandenen Bundesstaat mit einer fragmentarischen und betont länderfreundlichen Verfassungsordnung in einen republikanischen, verfassungsrechtlich detailliert geordneten Bundesstaat[30]. Die Gründe für die Rezeption lagen indes auf der Hand: Die Bundestreue – die spätere Rechtsprechung bevorzugt die Wendung „Rechtspflicht zu bundesfreundlichem Verhalten“ – ist ein vielseitig verwendbarer Blankettbegriff mit nur schwacher rechtlicher Determinationskraft, der als bewegliches Regulativ eingesetzt werden kann, um Kompetenzmissbräuche zu verhindern. Übertrieben dürfte allerdings die Kritik sein, der Gedanke der Bundestreue könne „je nach bundesstaatlicher Prämisse zur Begründung völlig entgegengesetzter Ergebnisse verwendet werden“[31].

---

28 BVerfGE 1, 293 (314 f.)

29 Vgl. BVerfGE 72, 330 (404): „Aus dem Bundesstaatsprinzip und dem allgemeinen Gleichheitssatz folgt [...] ein föderatives Gleichbehandlungsgebot für den Bund im Verhältnis zu den Ländern.“

30 Ausführlich zur Entwicklung und Begründung der Bundestreue Bauer, Hartmut: Die Bundestreue, Tübingen 1992; Oeter, Stefan: Integration und Subsidiarität im deutschen Bundesstaatsrecht, Tübingen 1998, S. 83 ff.; Korioth, Stefan: Integration und Bundesstaat. Ein Beitrag zur Staats- und Verfassungslehre Rudolf Smends, Berlin 1990, S. 152 ff., 245 ff.

31 Oeter, a. a. O. (Fn. 30), S. 481.

Das BVerfG verwendet die Bundestreue nicht als selbständigen Rechtssatz[32], sondern akzessorisch, angelehnt an die aus der geschriebenen Verfassung jeweils entwickelten Elemente der Freiheit, Gleichheit und Solidarität der Staaten im Bundesstaat, um deren Anwendung im Einzelfall abmildern zu können[33]. Unter dem Grundgesetz, das die Kompetenzen von Bund und Ländern detailliert regelt, ist kein Platz für eine „föderalistische Generalklausel, die als ungeschriebene originäre Superrechtsquelle selbständige Rechtspflichten erzeugt."[34]

Die drei genannten Entscheidungen legten bereits in den Jahren 1951/52 die Eckpunkte der föderalen Rechtsprechung des BVerfG fest. Die bis zum Ende der 1960er Jahre folgenden Entscheidungen füllten den so gezogenen Rahmen und entfalteten insbesondere die Bundestreue. Einerseits wurden den Länderkompetenzen Grenzen gezogen, so bei der Ausübung von Gesetzgebungsbefugnissen:

„Bleiben die Auswirkungen einer gesetzlichen Regelung nicht auf den Raum eines Landes begrenzt, so muß der Landesgesetzgeber Rücksicht auf die Interessen des Bundes und der übrigen Länder nehmen."[35]

Eine weitere Grenzziehung betraf die Pflicht der Länder, im Wege der Kommunalaufsicht gegen Gemeinden einzuschreiten, die durch ihre Maßnahmen eine ausschließliche Bundeskompetenz berührten[36]. Im Fernsehurteil von 1961 ging es andererseits um Eingriffe des Bundes in die Kulturhoheit der Länder durch Gründung einer „Deutschland-Fernsehen-GmbH" und den Versuch, dies im Wege politischer Spaltung der Länder durchzusetzen. Dies erklärte das Gericht für unzulässig:

„Auch das procedere und der Stil der Verhandlungen, die zwischen dem Bund und seinen Gliedern und zwischen den Ländern im Verfassungsleben erforderlich werden, stehen unter dem Gebot bundesfreundlichen Verhaltens. In der Bundesrepublik Deutschland haben alle Länder den gleichen verfassungsrechtlichen Status; sie sind Staaten, die im Verkehr mit dem Bund Anspruch auf gleiche Behandlung haben. Wo immer der Bund sich in einer Frage des Verfassungslebens, an der alle Länder interessiert und beteiligt sind, um eine verfassungsrechtlich relevante Vereinbarung bemüht, verbietet ihm jene Pflicht zu bundesfreundlichem Verhalten, nach dem Grundsatz divide et impera zu handeln, d. h. auf die Spaltung der Länder auszugehen, nur mit einigen eine Vereinbarung zu suchen und die anderen vor den Zwang des Beitritts zu stellen. Jener Grundsatz verbietet es auch, daß die Bundesregierung bei Verhandlungen, die *alle* Länder angehen, die Landesregierungen je nach ihrer parteipolitischen Richtung verschieden behandelt, insbesondere zu den politisch entscheidenden Beratungen nur Vertreter der ihr parteipolitisch nahestehenden Landesregierungen zuzieht und die der Opposition im Bunde nahestehenden Landesregierungen davon ausschließt."[37]

Die frühen Entscheidungen des BVerfG sind auch deshalb aufschlussreich, weil sie häufig Fallkonstellationen betrafen, die erst später unter dem Begriff des kooperativen Föderalis-

---

32 Ausnahme: BVerfGE 12, 205 (255).
33 BVerfGE 8, 122 (138): Die Pflicht zu bundesfreundlichem Verhalten ziehe „dem Bund und den Ländern in erster Linie eine Schranke beim Gebrauchmachen von ihren Zuständigkeiten", zugleich mit dem fragwürdigen Zusatz, die Bundestreue folge „aus dem Wesen des Bundesstaates".
34 Bethge, Herbert: Artikel „Bundesstaat", in: Staatslexikon der Görres-Gesellschaft, 7. Auflage 1985, Bd. 1, Sp. 993 ff., 995.
35 BVerfGE 4, 115 (140). Vgl. ferner BVerfGE 6, 309 (328, 361 f.) – Konkordatsurteil: Pflicht der Länder zur Beachtung völkerrechtlicher Verträge des Bundes.
36 BVerfGE 8, 122 (138 ff.) – gemeindliche Volksbefragungen zur Wiederbewaffnung.
37 BVerfGE 12, 205 (255 f.). Vgl. auch BVerfGE 61, 149 (205): „Der das gesamte verfassungsrechtliche Verhältnis zwischen Bund und Ländern beherrschende Grundsatz der wechselseitigen Pflicht des Bundes und der Länder zu bundesfreundlichem Verhalten verlangt gegenseitige Rücksichtnahme und schließt eine mißbräuchliche Interessenwahrnehmung aus".

mus zusammengefasst wurden. Sie belegen, dass bereits im ursprünglichen Grundgesetz von 1949 nicht das Prinzip der Autonomie und Trennung der Kompetenzbereiche von Bund und Ländern vorherrschte, sondern, der deutschen bundesstaatlichen Tradition seit 1871 folgend, Elemente des Zusammenwirkens und der Solidarität. Diese haben schon deshalb in Deutschland einen gleichsam natürlichen Standort, weil der deutsche Bundesstaat, anders als etwa in der Schweiz oder den USA, auf einer vertikalen Kompetenzverteilung nach Staatsfunktionen, nicht nach Sachbereichen beruht. Während die Gesetzgebung weitgehend Sache des Bundes (Reiches) war und ist und damit einer Gleichmäßigkeit der Lebensverhältnisse Vorschub gibt, fällt die Verwaltung in den Bereich der Länder. Diese funktionale Gewaltenteilung schafft besonderen Kooperationsbedarf, aber auch gegenseitige Abhängigkeiten. Diesen hat das BVerfG schon in der ersten, besonders aber der zweiten Phase seiner Rechtsprechung gegenzusteuern versucht, mit einer Ausnahme von allerdings erheblichem Gewicht: Zur Mitwirkung des Bundesrates bei Bundesgesetzen entschied das Gericht bereits recht früh, dass ein Bundesgesetz bereits dann der Zustimmung des Bundesrates bedürfe (vgl. Art. 77 Abs. 2a GG), wenn es nur eine einzige zustimmungsbedürftige Norm enthält[38]. Dies vergrößerte den Bereich erforderlicher Kompromisse zwischen Bund und Ländern. Es ist zunächst folgerichtig, weil es die Stellung der Länder im System der funktionalen vertikalen Gewaltenteilung unterstreicht. Das hat das BVerfG am Beispiel der Zustimmungsbedürftigkeit nach Art. 84 Abs. 1 GG im Jahre 1980 ausgeführt:[39]

„Das Grundgesetz hat es dem Bundesgesetzgeber nicht freigestellt, ob und in welcher Weise er die Länder an der Ausführung der Bundesgesetze beteiligen will. [...] Die in Rede stehende Kompetenzaufteilung [scil. Art. 83 ff. GG] ist eine wichtige Ausformung des bundesstaatlichen Prinzips im Grundgesetz und zugleich ein Element zusätzlicher funktionaler Gewaltenteilung. Sie verteilt politische Macht und setzt ihrer Ausübung einen verfassungsrechtlichen Rahmen, der diese Machtverteilung aufrecht erhalten und ein Zusammenwirken der verschiedenen Kräfte sowie einen Ausgleich widerstrebender Belange ermöglichen soll. Um die Länder vor einem Eindringen des Bundes in den ihnen vorbehaltenen Bereich der Verwaltung zu schützen, macht Art. 84 Abs. 1 GG das Zustandekommen von Bundesgesetzen, die Vorschriften über das Verwaltungsverfahren enthalten, von der Zustimmung des Bundesrates abhängig. Dieses Zustimmungserfordernis soll die Grundentscheidung der Verfassung zugunsten des föderalistischen Staatsaufbaus mit absichern und verhindern, daß ‚Systemverschiebungen‘ im bundesstaatlichen Gefüge im Wege der einfachen Gesetzgebung herbeigeführt werden [...]. Zustimmungsbedürftig ist nicht die einzelne Vorschrift über das Verwaltungsverfahren, sondern das Gesetz als Ganzes [...]. Damit wird den Ländern über den Bundesrat eine verstärkte Einflußnahme auch auf den materiell-rechtlichen Teil des Gesetzes ermöglicht.“

Genau im letzteren liegt indes auch die problematische Seite. Es verstärkt die Angewiesenheit des Bundes auf die Länder[40].

---

38 BVerfGE 8, 274 (294 f.); 55, 274 (319); offengelassen jetzt von BVerfGE 105, 313 (339); kritisch zu Recht etwa Antoni, Michael: Zustimmungsvorbehalte des Bundesrates zu Rechtsetzungsakten des Bundes, in: AöR 108 (1988), S. 329 ff., 347 f.; Schweitzer, Michael: Die Zustimmung des Bundesrates zu Gesetzen, in: Der Staat 15 (1976), S. 169 ff., 173 ff.
39 BVerfGE 55, 274 (318 f.).
40 Dieser hat das Gericht allerdings auch Grenzen gezogen. BVerfGE 37, 363 (383): „Wäre die Auffassung des Bundesrates richtig [scil. Zustimmungsbedürftigkeit aller Gesetze, die ein Zustimmungsgesetz ändern, ohne selbst neue zustimmungsbedürftige Normen zu enthalten], so müßte eine erhebliche Verschiebung der Gewichte zwischen dem die Interessen vertretenden Bundesrat einerseits und dem Bundestag und der Bundesregierung andererseits im Bereich des Gesetzgebungsverfahrens insofern die Folge sein, als das Zustimmungsgesetz dann die Regel wäre und das Einspruchsgesetz die Ausnahme. [...] Dies aber widerspräche der Gesamtkonzeption des Grundgesetzes, die von einer Gleichgewichtigkeit zwischen allen am Gesetzgebungsverfahren beteiligten Verfassungsorganen ausgeht.“

3 Die zweite Phase: Die Verrechtlichung des kooperativen Föderalismus

Die bundesstaatliche Ordnung bedarf detaillierter Verfassungsregelungen, die aber gerade wegen ihrer Dichte häufig geändert werden müssen, um der Dynamik des Bundesstaates gerecht zu werden. Von den 43 Änderungen des Grundgesetzes bis 1997 betrafen mindestens 35 den bundesstaatlichen Aufbau[41]. Die gravierendsten Änderungen brachte die Finanzreform von 1967/69. Sie waren von der Überzeugung getragen, der moderne Bundesstaat könne nur ein kooperativer Bundesstaat sein. Die Untergliederungen des Staates (daneben auch die gesellschaftlichen Gruppen) sollten unter zentraler Lenkung und Planung koordiniert und „konzertiert" werden, um eine effektive Struktur-, Infrastruktur- und Konjunkturpolitik zu ermöglichen und den deshalb steigenden staatlichen Finanzbedarf wirkungsvoller Steuerung zu unterstellen. In Vertiefung der bereits zuvor angelegten Eigenschaften der bundesstaatlichen Ordnung, insbesondere der Finanzverfassung, bedeutete dies: Zentralisierung, Unitarisierung und Koordinierung der Kompetenzen durch formelle und informelle Gremien und Koordinierungen von Bund und Ländern, vor allem aber durch eine weiter ausgebaute einheitliche Steuergesetzgebung des Bundes (Art. 105 GG), einen erweiterten Steuerverbund zwischen Bund und Ländern (Art. 106 Abs. 3 GG), differenzierte ergänzende Umverteilungsmechanismen (Art. 107 Abs. 2 GG, Länderfinanzausgleich und Bundesergänzungszuweisungen), Ermöglichung und Disziplinierung von Mischfinanzierungen (Art. 91a und 91b, Art. 104a Abs. 4 GG), Verpflichtung der Gebietskörperschaften auf eine antizyklische und konjunkturgerechte Finanzpolitik (Art. 109 Abs. 2 bis 4 GG)[42].

Die Rechtsprechung zum Bundesstaat erhielt folgerichtig einen neuen Schwerpunkt in der Finanzverfassung. Zunächst ging es um den 1969 eingeführten Art. 104a Abs. 4 GG, wonach der Bund den Ländern zweckgebundene Finanzhilfen außerhalb des eigentlichen Finanzausgleichs (Art. 106 und 107 GG) für besonders wichtige Investitionen gewähren kann. Die Vorschrift hat den Zweck, das vor 1969 ungeregelte Dotationswesen, das die Länder an die „goldenen Zügel" des Bundes band, zwar grundsätzlich zu legalisieren, aber auf bestimmte Fallgruppen zu begrenzen. In dieser Weise, zugleich um einen Ausgleich zwischen zentraler Steuerung und gliedstaatlicher Autonomie bemüht, entfaltete das BVerfG 1975 die Vorschrift:

„Die Verfassung des Bundesstaates bedarf einer stabilen Verteilung der öffentlichen Einkünfte, insbesondere des Steueraufkommens auf Bund und Länder. Denn Mittel aus dem Bundeshaushalt an die Länder für Landesaufgaben bringen die Länder in Abhängigkeit vom Bund und rühren damit an die Eigenständigkeit der Länder. Eine bundesstaatliche Ordnung muß deshalb prinzipiell sicherstellen, daß Finanzhilfen aus dem Bundeshaushalt an die Länder die Ausnahme bleiben und ihre Gewährung rechtlich so geregelt wird, daß sie nicht zum Mittel der Einflußnahme auf die Entscheidungsfreiheit der Gliedstaaten bei der Erfüllung der ihnen obliegenden Aufgaben werden. Diese Gefahr besteht vor allem, wenn der Gesamtstaat allein das Ob und Wie seiner Finanzhilfe bestimmt, die Länder auf die Bundesmittel angewiesen sind und die Entscheidung darüber zugleich wesentliche Teile der Haushaltsmittel der Länder festlegt, weil von ihrer finanziellen Beteiligung die Gewährung der Finanzhilfe des Bundes abhängt. Der Streit um die Regelung des Art. 104a Abs. 4 GG betrifft demnach ein zentrales Problem der bundesstaatlichen Ordnung. [...] Die Staatlichkeit des Bundes und der Länder kann sich nur dann wirksam entfalten, wenn sowohl der Gesamtstaat als auch die Gliedstaaten im Rahmen ihrer grundsätzlich selbständigen und voneinander unabhängigen Haushaltswirtschaften (Art. 109 Abs. 1

---

41 Bauer, Angelika / Jestaedt, Matthias: Das Grundgesetz im Wortlaut, Heidelberg 1997, S. 34.
42 Prägend hierfür war das die große Finanzreform vorbereitende Gutachten der Troegerkommission (1966). Dazu Kewenig, Wilhelm: Kooperativer Föderalismus und bundesstaatliche Ordnung, in: AöR 93 (1968), S. 433 ff.

GG) über hinreichende Anteile am Steueraufkommen verfügen und damit nicht von Zahlungen der anderen Seite abhängig sind."[43]

Von diesem Randbereich der Finanzordnung gelangte dann das BVerfG seit 1980 in das Zentrum der Finanzverfassung[44]. 1986 erging das zweite Finanzausgleichsurteil, 1992 das dritte[45]. Beide betrafen Ausgleichsprobleme im Gefüge der alten Bundesrepublik und spiegelten die seit Beginn der 1980er Jahre erheblich konfliktträchtiger gewordene Verteilung der Finanzmittel wider. Obwohl praktisch alle Elemente und Zuteilungsfolgen des Länderfinanzausgleichs und der Bundesergänzungszuweisungen (Art. 107 Abs. 2 GG) strittig waren, hat das Gericht in beiden Entscheidungen der Versuchung widerstanden, aus den weitgefassten Vorgaben des Art. 107 Abs. 2 GG (danach hat der Länderfinanzausgleich die Finanzkraft der Länder angemessen auszugleichen; der Bund kann durch ergänzende Zuweisungen aus seinen Mitteln leistungsschwache Länder unterstützen) ein dichtes Netz verfassungsrechtlicher Vorgaben zu knüpfen. Das Gericht bezeichnete die Vorgaben des Art. 107 Abs. 2 GG als Rahmen, der als solcher unbedingt zu beachten sei, dem Gesetzgeber aber auch Gestaltungsspielräume eröffnen wolle[46]. In der Sache führte das Gericht die seit 1951 beständig verfeinerten Schemata weiter, die konkrete föderale Rechtsfrage in die Koordinaten von Freiheit, Gleichheit und Solidarität einzuordnen und eine vermittelnde Lösung zu finden. Die Grundfunktion der Finanzverfassung bestimmte es dahin, dass sie allen Gebietskörperschaften eine aufgabenangemessene Finanzausstattung zu verschaffen habe[47]. Insbesondere für die Entfaltung der Länderstaatlichkeit sei dies unabdingbar. Der Länderfinanzausgleich als nachrangiges Instrument zur Korrektur der primären Steuerverteilung teile

„die dem Bundesstaatsprinzip innewohnende Spannungslage, die richtige Mitte zu finden zwischen der Selbständigkeit, Eigenverantwortlichkeit und Bewahrung der Individualität der Länder auf der einen und der solidargemeinschaftlichen Mitverantwortung für die Existenz und Eigenständigkeit der Bundesgenossen auf der anderen Seite."[48]

Die Hilfeleistungspflicht der finanzstarken Länder sei gerechtfertigt, um die Selbständigkeit der finanzschwachen zu unterstützen, sie dürfe aber nicht dazu führen, „die Leistungsfähigkeit der gebenden Länder entscheidend" zu schwächen oder die Länderfinanzen zu nivellieren[49]. Ausgeschlossen ist es danach, unmittelbar aus der Verfassung in Zahlen oder Quoten gefasste finanzielle Mindestausstattungen oder Grenzen der Abgabpflichten abzuleiten; sie muss der Gesetzgeber innerhalb des ihm gezogenen Rahmens bestimmen. Einzelne Regelungen des Länderfinanzausgleichs beanstandete das BVerfG 1986 und 1992 nicht deshalb, weil sie eine zu geringe oder zu starke Umverteilung bewirkten, sondern weil sie in sich nicht folgerichtig waren und deshalb gegen die bundesstaatliche Pflicht zur Gleichbehandlung verstießen.

Die beiden großen Finanzausgleichsurteile von 1986 und 1992 reflektieren den Gipfel-, vielleicht den Scheitelpunkt des kooperativen Föderalismus unter dem Grundgesetz. Sie be-

---

43 BVerfGE 39, 96 (107 f.); ergänzend BVerfGE 41, 291.
44 Auch bundesstaatlich bedeutsam war zunächst BVerfGE 55, 274 – Sonderabgaben, weil das Gericht die Bedeutung der Finanzen und des Finanzverfassungsrechts für die Funktionsweise des Bundesstaates hervorhob (a. a. O., S. 300 f.).
45 BVerfGE 72, 330; 86, 148.
46 BVerfGE 72, 330 (388-390).
47 BVerfGE 55, 274 (300 f.); 72, 330 (383, 388); 86, 148 (264).
48 BVerfGE 72, 330 (398).
49 BVerfGE 72, 330 (398) in ausdrücklicher Wiederaufnahme von BVerfGE 1, 112 (131); BVerfGE 86, 148 (214): „Das bündische Prinzip ist zugleich Grundlage und Grenze der Hilfeleistungspflichten."

stätigten auf dem Gebiet der Finanzen die föderativen Grundtendenzen zur Vereinheitlichung der Lebensverhältnisse, zur Unitarisierung, zur breiten Streuung der föderalen Entscheidungsfindung und zur Verantwortungsteilung. Die Nebenfolgen und Funktionsschwächen dieses kooperativen Verbundföderalismus aber waren zu dieser Zeit längst in die Kritik geraten. Eine einflussreiche Diagnose lautete, das hochverflochtene Regelwerk des grundgesetzlichen Bundesstaates habe in eine Politikverflechtungsfalle geführt, „die aus ihrer institutionellen Logik heraus systematisch [...] ineffiziente und problemunangemessene Entscheidungen erzeugt, und die zugleich unfähig ist, die institutionellen Bedingungen ihrer Entscheidungen zu verändern."[50] Die beiden Finanzausgleichsurteile des BVerfG bestätigen und widerlegen diese Einschätzung zugleich. Sie zeigen, dass im Verteilungskampf um knapper werdende Mittel die auf Konsens und Einheitlichkeit angewiesenen politischen Mechanismen des Bundesstaates an ihre Grenzen stoßen. Sie widerlegen die Einschätzung, weil es der Politik gelang, im Anschluss an die Klarstellungen des Gerichts, dass der Finanzausgleich einerseits kein Gegenstand freien Aushandelns sein dürfe, sondern regelgebunden verlaufen müsse, wobei andererseits aber Gestaltungsspielräume offenstehen, neue Lösungen durch „pragmatische, die laufende Tätigkeit begleitende, flexible Gestaltung"[51] zu finden. Auch konsensorientierte Verhandlungen können brauchbare Lösungen hervorbringen[52]. Immerhin hat das BVerfG in allen seinen Entscheidungen zum Finanzausgleich den wesentlichen Inhalt der von ihm geprüften Finanzausgleichsgesetze als verfassungskonform bestätigt und nur Einzelpunkte beanstandet. Insgesamt zeigte sich jedoch in den 1980er Jahren, noch vor den Herausforderungen der deutschen Einigung und der sich verstärkenden europäischen Integration, eine zunehmende Konfliktträchtigkeit der föderalen Entscheidungswege. Dafür stehen nicht nur die Streitigkeiten um die Finanzverteilung, sondern auch zuvor unbekannte Auseinandersetzungen des Bundes mit einzelnen Ländern bei der Ausführung von Bundesgesetzen im Auftrag des Bundes (Art. 85 GG). (Bundes-)Politische Konflikte, etwa über die friedliche Nutzung der Atomenergie, erhielten föderalistische Einkleidungen, etwa dann, wenn sich Länder vor dem BVerfG gegen Weisungen des Bundes in der Atomverwaltung zur Wehr setzten – und unterlagen[53].

4 Die dritte Phase: Der Bundesstaat in Europa, deutsche Einigung und vorsichtige Reföderalisierung

Die europäische Integration und die deutsche Einigung lösten zunächst einen Zentralisierungsschub aus, dem der verfassungändernde Gesetzgeber und das BVerfG zumindest teilweise entgegenwirkten.

Die Teilnahme eines Bundesstaates an der europäischen Integration ist mit besonderen Problemen verbunden. Der Bund kann nach Art. 23 Abs. 1 GG (bis 1992 Art. 24 Abs. 1 GG) eigene Hoheitsrechte und solche der Länder auf die Europäische Union übertragen. Das be-

---

50 Scharpf, Fritz W.: Die Politikverflechtungsfalle: Europäische Integration und deutscher Föderalismus im Vergleich, in: PVS 26 (1985), S. 323 ff., 350; Klatt, Hartmut: Parlamentarisches System und bundesstaatliche Ordnung. Konkurrenzföderalismus als Alternative zum kooperativen Bundesstaat, in: APuZ B 31/82, S. 3 ff.

51 Hesse, Jens Joachim / Benz, Arthur: Die Modernisierung der Staatsorganisation, Baden-Baden 1990, S. 225.

52 Goetz, Klaus H.: Kooperation und Verflechtung im Bundesstaat, in: Voigt, Rüdiger (Hg.), Der kooperative Staat, Baden-Baden 1995, S. 145 ff.

53 BVerfGE 81, 310 (334); 84, 25 (31 ff.); 102, 167 (172).

trifft die Länder doppelt: Sie verlieren, soweit es um Rechte des Bundes geht, innerstaatliche Mitwirkungsbefugnisse über den Bundesrat und sie müssen die Übertragung ihrer Kompetenzen auf die Union dulden. Die Gefahr der Erosion ihrer Zuständigkeiten haben die Länder frühzeitig erkannt; seit 1957 gibt es, im Laufe der Zeit zunehmend gestärkt, Beteiligungsrechte der Länder an der innerstaatlichen Willensbildung, die der Mitwirkung deutscher Vertreter in der EU vorausgeht. Im Streit um die Fernsehrichtlinie der Europäischen Gemeinschaft – sie betrifft innerstaatlich mit der Kultur- und Rundfunkhoheit Kompetenzen der Länder – hat das BVerfG die Notwendigkeit der Länderbeteiligung bekräftigt:

„Beansprucht die Europäische Gemeinschaft eine Rechtsetzungskompetenz, so ist es Sache des Bundes, die Rechte der Bundesrepublik Deutschland gegenüber der Gemeinschaft und ihren Organen zu vertreten. Behält das Grundgesetz die Regelung des von der Gemeinschaft beanspruchten Gegenstandes innerstaatlich den Landesgesetzgeber vor, so vertritt der Bund gegenüber der Gemeinschaft als Sachwalter der Länder auch deren verfassungsmäßige Rechte. Geht es um das Bestehen und die Reichweite einer solchen Gemeinschaftskompetenz, so verpflichtet das Bundesstaatsprinzip den Bund, den Rechtsstandpunkt der Länder zu berücksichtigen."[54]

Das ist nichts anderes als die Erweiterung des bundesstaatlichen Miteinanders auf die neue Problemkonstellation. Der 1992 neugefasste Art. 23 GG, der auf den Fall des BVerfG noch nicht anwendbar war, hat dies im einzelnen (Absätze 4 bis 6) ausformuliert. Die hier vorgesehene starke Beteiligung der Länder an der deutschen Willensbildung in europäischen Entscheidungsprozessen hat allerdings die problematische Nebenfolge der verminderten Handlungsfähigkeit des Bundes. Hier zeigt sich, dass die gewohnten Formen der bundesstaatlichen Kooperation nicht ohne weiteres auf den supranationalen Zusammenhang erstreckbar sind.

Auch bei der Abgrenzung der konkurrierenden Gesetzgebungsbefugnisse zwischen Bund und Ländern hat das BVerfG zuletzt die Länder gestärkt. Die bis 1992 geltende Bedürfnisklausel des Art. 72 Abs. 2 GG a. F. hatte – mit ausdrücklicher Billigung des BVerfG – keine ernsthafte Hürde für die Inanspruchnahme der Bundeskompetenz dargestellt[55]. Die neue „Erforderlichkeitsklausel", von vielen skeptisch beurteilt, hat das BVerfG inzwischen in vier Entscheidungen zur wirkungsvollen Begrenzung der Bundeskompetenz eingesetzt:

„ein von verfassungsgerichtlicher Kontrolle freier gesetzgeberischer Beurteilungsspielraum hinsichtlich der Voraussetzungen des Art. 72 Abs. 2 GG besteht nicht. [...] Die Entstehungsgeschichte des Art. 72 Abs. 2 GG n. F. belegt, dass der verfassungsändernde Gesetzgeber [...] das Ziel verfolgt hat, die Position der Länder zu stärken und zugleich eine effektive verfassungsgerichtliche Überprüfung sicherzustellen."[56]

Während dieser – begrenzten – Reföderalisierung nur beizupflichten ist, hat sich der Streit um die bundesstaatliche Finanzverteilung auch nach der Entscheidung von 1992 nicht beruhigt. 1999 entschied das Gericht erneut. In der Sache ging es um die gleichen Probleme wie in den vorausgegangenen Finanzausgleichsentscheidungen, allerdings vor einem deutlich veränderten Hintergrund. Nach der deutschen Einigung und dem Ablauf einer Übergangsfrist waren die neuen Länder im Zuge des „Solidarpakt I" mit Wirkung ab 1995 in den nunmehr gesamtdeutschen Länderfinanzausgleich einbezogen worden, dessen rechtliche Regelungen nicht überarbeitet worden waren. Das erhöhte angesichts der finanziellen Disparitä-

---

54 BVerfGE 92, 203 (230).
55 BVerfGE 1, 264; 2, 213 (224 f.); 10, 234 (245).
56 BVerfGE 106, 62 (135 f.); daran anschließend BVerfGE 110, 141 – Kampfhunde; BVerfGE 111, 126 – Juniorprofessur; BVerfGE 112, 226 (242 ff.) – Studiengebühren.

ten die erforderliche Umverteilung, ohne eine „neue Ungleichheit" zwischen den Ländern verhindern zu können. Zeitgleich hatten die 1990er Jahre eine ausufernde, zumeist mit Aspekten ökonomischer Effizienz argumentierende Diskussion über einen „Wettbewerbsföderalismus"[57] erlebt, der dem vorgeblich verkrusteten kooperativen Föderalismus als positives Modell gegenübergestellt wurde. Auf dieses Modell des Wettbewerbs und der Konkurrenz beriefen sich auch die antragstellenden finanzstarken Länder. Sie erfuhren mit diesen Argumenten in Karlsruhe eine völlige Zurückweisung. Wie in den vorausgegangenen Entscheidungen verengte das BVerfG den weitgesteckten Verfassungsrahmen nicht zu Gunsten eines bestimmten inhaltlichen Finanzausgleichsmodells. Dem Gesetzgeber komme eine „Erstzuständigkeit" bei der Verfassungsinterpretation zu[58]. Das gelegentlich kritisierte Fehlen einer Auseinandersetzung des Gerichts mit den Modellen eines Konkurrenzföderalismus erklärt sich daraus, dass dem geltenden Verfassungsrecht keine Betonung der Unabhängigkeit und Autonomie entnommen werden kann. Wer dies anstrebt, argumentiert verfassungspolitisch, nicht aber verfassungsrechtlich.

Auf andere Weise aber brach das Gericht mit seiner früheren Rechtsprechung. Die bundesstaatliche Finanzverfassung, so das Gericht jetzt, verpflichte den Gesetzgeber, das in Art. 106 und 107 GG lediglich in unbestimmten Begriffen festgelegte Steuerverteilungs- und Ausgleichssystem in zwei aufeinanderfolgenden Stufen zu konkretisieren. Die erste Stufe bildeten allgemeine und den Gesetzgeber selbstbindende Maßstäbe, die in einem besonderen „Maßstäbegesetz" festgelegt werden müssten, bevor auf der anschließenden zweiten Stufe aus diesem dauerhaften und allgemeinen Maßstäbegesetz die konkreten und in Zahlen gefassten Ausgleichsfolgen im Finanzausgleichsgesetz zu entwickeln seien[59]. Wenn das Gericht davon spricht, die Abschichtung solle, „Maßstäbe und Indikatoren gegen aktuelle Finanzierungsinteressen, Besitzstände und Privilegien abschirmen", die zeitversetzte Gesetzgebung solle „eine rein interessenbestimmte Verständigung über Geldsummen" ausschließen, die Regelung des Finanzausgleichs dürfe „nicht dem freien Spiel der politischen Kräfte überlassen bleiben"[60], so ist das Ziel des Gerichts klar (wenngleich nicht die verfassungsrechtliche Begründung): In Zukunft soll eine vernünftige und von konkreten fiskalischen Interessen möglichst losgelöste Gesetzgebung Verteilungsgerechtigkeit herstellen. Finanzausgleichsgesetzgebung soll nicht länger lediglich den Ergebnissen exekutivischen Aushandelns Geltung verschaffen. Darin steckt ein doppelter Kurswechsel, dessen Bedeutung kaum größer sein könnte. Zunächst verwirft der neue Ansatz des Gerichts nicht weniger als die gesamte bisherige Praxis der Finanzausgleichsgesetzgebung, die seit 1949, älteren Vorbildern unter der Weimarer Verfassung folgend, im Wege des gegenseitigen Nachgebens die Ergebnisse suchte, die der Bund und alle Länder akzeptieren konnten[61]. Jetzt soll der Gesetzgeber in Gestalt des Maßstäbegesetzgebers als unparteiischer, interessenentrückter Verfassungsinterpret tätig sein; das Gericht erhofft von der Vorherigkeit der Maßstabsetzung eine „institutionelle Verfassungsorientierung"[62]. Sodann aber verwirft das Gericht auch die in seiner gesamten früheren Rechtsprechung zum Bundesstaat tragende Grundtendenz, der Dynamik des Politischen Entfaltungsräume zu sichern. Jedes bundesstaatliche System ist wegen der viel-

---

57 Dazu etwa: Huber, Peter M.: Deutschland in der Föderalismusfalle?, Heidelberg 2003; Schmidt-Jortzig, Edzard: Herausforderungen für den Föderalismus in Deutschland, in: DÖV 1998, S. 746 ff.; Schatz, Heribert / van Ooyen, Robert Chr. / Werther, Sascha: Wettbewerbsföderalismus, Baden-Baden 2000.

58 BVerfGE 101, 158 (218).

59 BVerfGE 101, 158 (214 f., 217 f.).

60 BVerfGE 101, 158 (218).

61 Dazu Renzsch, Wolfgang: Finanzverfassung und Finanzausgleich, Bonn 1991.

62 BVerfGE 101, 158 (218 f.).

fältigen Entscheidungsträger auf Kooperation und Konsens angewiesen. Das Zusammenwirken von Bund und Ländern bei der (Finanzausgleichs-)Gesetzgebung kann nicht auf ein rationales, letztlich politikfernes Erkenntnisverfahren festgelegt werden[63]. So überrascht es nicht, dass im Jahre 2001 ein Maßstäbegesetz zum bundesstaatlichen Finanzausgleich verabschiedet wurde, das keine Maßstäbe, sondern fast nur Leerformeln enthält[64].

5 Ausblick

Eine Prognose, welche Bereiche der bundesstaatlichen Ordnung in Zukunft die Rechtsprechung des BVerfG beschäftigen werden, fällt nicht schwer. Es wird zunächst der Bereich der föderalen Finanzverteilung sein. Die Finanzkrise der öffentlichen Haushalte, deren Gesamtverschuldung 1.400 Mrd. Euro erreicht hat, verringert den Bewegungsraum der Politik bis zum Nullpunkt. Zudem erschwert der Grad der öffentlichen Verschuldung im hochgradig verflochtenen Finanzföderalismus die Konsenssuche. Zu verteilen sind nicht Zuwächse, sondern Kürzungen und Belastungen – eine Situation, welcher der grundgesetzliche Konsensföderalismus möglicherweise nicht gewachsen ist. Das BVerfG wird sich in nächster Zeit schon mit spezifischen Ausprägungen dieser Problematik befassen müssen. Das Land Berlin macht in einem derzeit anhängigen Verfahren[65] geltend, es befinde sich in einer extremen Haushaltsnotlage und sei auf Hilfe des Bundes und der anderen Länder und Zahlungen von etwa 45 Mrd. Euro als Entschuldungsbeitrag angewiesen. Diese Forderung könnte das Netz der Solidarität zerreißen, zumal sich das Problem der Haushaltsnotlagen auf andere Bundesländer ausdehnen könnte. Daneben gibt es, innerhalb und außerhalb der bundesstaatlichen Finanzverfassung, weitere Herausforderungen des grundgesetzlichen Bundesstaates. Die zunehmende europäische Integration wird die Grundannahme des föderalen Systems, es handele sich um eine zentral steuerbare Ordnung von Gebietskörperschaften, zukünftig noch stärker in Frage stellen. Das Konzept des kooperativen Föderalismus setzt die Autonomie und Abgeschlossenheit des Gesamtsystems voraus, die europäische Integration durchbricht beides. Die ruhigen Zeiten, in denen die verfassungsgerichtliche Rechtsprechung die bundesstaatlichen Bereiche des Nebeneinander, Miteinander und Gegeneinander ausgleichend vermessen konnte, scheinen vorbei.

---

63 Zur Kritik der Entscheidung etwa Wieland, Joachim: Finanzverfassung, Steuerstaat und föderaler Ausgleich, in: Badura, Peter / Dreier, Horst (Hg.), FS 50 Jahre Bundesverfassungsgericht, Bd. 2, Tübingen 2001, S. 771 ff., 775 ff., 793 ff.; Bull, Hans Peter / Mehde, Veith: Der rationale Finanzausgleich: Ein Gesetzgebungsauftrag ohnegleichen, in: DÖV 2000, S. 305 ff.; Helbig, Petra: Maßstäbe als Grundsätze, in: KJ 33 (2000), S. 433 ff.

64 Dazu Korioth, Stefan: Maßstabgesetzgebung im bundesstaatlichen Finanzausgleich – Abschied von der „rein interessenbestimmten Verständigung über Geldsummen"?, in: ZG 2002, S. 335 ff., 340 ff.

65 Zu diesem Verfahren Wieland, Joachim: Finanzverfassungsrechtliche Probleme extremer Haushaltsnotlagen im deutschen Bundesstaat, in: ZSE 2003, S. 529 ff.; Korioth, Stefan: Zwischen Verfassungsrecht und Finanzpolitik: Haushaltsnotlagen im deutschen Bundesstaat – eine Erwiderung, in: ZSE 2004, S. 212 ff.

Frank Pilz

Das Bundesverfassungsgericht und der Sozialstaat

Von politkwissenschaftlichem Interesse ist insbesondere die Frage, in welchen Politikfeldern das Bundesverfassungsgericht (BVerfG) dem Gesetzgeber einen weiten Gestaltungsspielraum einräumt oder ihm enge Grenzen zieht. Diese Frage wird exemplarisch anhand von sozialstaatlich relevanten Politikfeldern wie der Steuerpolitik, der Familien- und Alterssicherungspolitik, der Arbeitsmarktpolitik und der Sozialpolitik zu beantworten sein. Am Beispiel des sozialen Bundesstaats wird die Frage zu diskutieren sein, inwiefern durch neuere Entscheidungen des BVerfG die Gewichte zwischen dem föderalen Prinzip der Unterschiedlichkeit und dem sozialstaatlichen Prinzip der Einheitlichkeit der Lebensverhältnisse verschoben worden sind. Schließlich gilt der Frage besondere analytische Aufmerksamkeit, inwieweit das BVerfG angesichts anhaltender Konsolidierungszwänge der öffentlichen Haushalte bestimmte soziale Leistungen und arbeits-, sozial- und tarifrechtliche Regelungen im Kern für schützenswert erklärt.

In der *Steuerpolitik,* insbesondere in der Vermögens-Steuerpolitik, sind bisher die politikgestaltenden Möglichkeiten nur begrenzt genutzt worden, haben Politik und Rechtsprechung das Sozialstaatsgebot „nicht ausgeschöpft" und vor der Umverteilung von Vermögensbeständen in der Regel Halt gemacht[1]. Das BVerfG hat zwar aus dem Sozialstaatsprinzip für die Politik kein Umverteilungsgebot hergeleitet, politische Maßnahmen aber auch nicht für verfassungswidrig erklärt, wenn sie umverteilende Wirkungen haben[2]. So hat das Gericht in seinem *Urteil über die Vermögensbesteuerung* vom Jahr 1995 die Erhebung dieser Steuer zwar nicht für verfassungswidrig erklärt, aber einer umverteilenden Politik enge Grenzen gezogen[3]. Die Kritik an diesem Urteil hebt auch die den politischen Gestaltungsspielraum einschränkende Wirkung hervor, die Entscheidungen des Gesetzgebers „durch vermögensschützende Vorgaben begrenzend vorzuprägen und teilweise vorwegzunehmen"[4].

Das Vermögensteuer-Urteil ist insofern von sozialstaatlicher Relevanz, als es um die Frage ging, ob die unterschiedliche steuerliche Belastung von Grundvermögen und sonstigem Vermögen gegen das Gleichbehandlungsgebot des Art. 3 Abs. 1 GG verstößt. Die Grundeigentümer waren nämlich bislang gegenüber den Besitzern von Geldvermögen bevorzugt worden, weil bei der Besteuerung von Immobilien nicht der Verkehrswert, sondern der viel niedrigere Einheitswert zugrunde gelegt worden war.

---

1   Bull, Hans Peter: Absage an den Staat? Warum Deutschland besser ist als sein Ruf, Berlin 2005, S. 169; Bundesministerium für Gesundheit und Soziale Sicherung (BMGS): Lebenslagen in Deutschland. Der 2. Armuts- und Reichtumsbericht der Bundesregierung, Berlin 2005; Schmidt, Manfred G.: Sozialpolitik in Deutschland. Historische Entwicklung und internationaler Vergleich, 3.Aufl., Wiesbaden 2005, S. 276 f.

2   von Beyme, Klaus: Das politische System der Bundesrepublik Deutschland. Eine Einführung, Wiesbaden 2004, S. 383-391.

3   BVerfGE 93, 121 ff.

4   Abweichende Meinung des Richters Böckenförde: BVerfGE 93, 149-152.

Das BVerfG erklärte die unterschiedliche Bewertung von Grundbesitz einerseits und Betriebs- oder sonstigem Vermögen andererseits für verfassungswidrig, weil die Einheitswerte von Grundbesitz „in willkürlicher Weise um ein Mehrfaches niedriger als die ... Werte nicht einheitswertgebundenen Vermögens" seien[5]. Der Gesetzgeber könne die Verfassungswidrigkeit dadurch beseitigen, dass er das einheitswertgebundene Vermögen höher oder das zu Gegenwartswerten erfasste sonstige Vermögen niedriger besteuert[6].

Außerdem hatte sich das BVerfG mit der Frage zu befassen, inwieweit das Vermögen als wirtschaftliche Grundlage individueller Lebensführung gerade im umverteilenden Sozialstaat gegen (zu starke) steuerliche Belastung geschützt werden muss. Nach Auffassung des BVerfG hat der Gesetzgeber wegen der mehrfachen Vorbelastung des Vermögens (z. B. durch Einkommensteuern oder Verbrauchssteuern) für eine ergänzende Besteuerung nur noch einen engen Spielraum. „Die Vermögensteuer darf nur so bemessen werden, dass sie in ihrem Zusammenwirken mit den sonstigen Steuerbelastungen die Substanz des Vermögens ... unberührt lässt und aus den üblicherweise zu erwartenden, möglichen Erträgen (Sollerträgen) bezahlt werden kann"[7]. Demzufolge könne die Vermögensteuer nicht als Substanzsteuer, sondern lediglich als Sollertragssteuer, die an die Vermögenserträge anknüpft, ausgestaltet werden.

Über den Schutz des Vermögensbestandes hinaus sei auch der Vermögensertrag besonders schützenswert. Nach Art. 14 Abs. 2 GG dient der Gebrauch des Eigentums dem Wohle der Allgemeinheit und privatem Nutzen. Deshalb sei der Vermögensertrag einerseits der steuerlichen Belastung zugänglich, andererseits müsse dem Eigentümer auch ein privater Ertragsnutzen verbleiben. Die Vermögensteuer dürfe deshalb zu den übrigen Steuern auf den Ertrag „nur hinzutreten". Die steuerliche Gesamtbelastung des Sollertrages müsse „in der Nähe einer hälftigen Teilung zwischen privater und öffentlicher Hand verbleiben"[8]. Dabei müsse die Politik auch eine Lastenverteilung nach dem Prinzip finanzieller Leistungsfähigkeit beachten. Anstatt aber die Politik von ihrer, wenn auch eingeschränkten, Ausgestaltungsmöglichkeit Gebrauch gemacht hätte, wurde die Erhebung der Vermögensteuer ab 1997 einfach ausgesetzt[9].

Auch in der *Familienpolitik* betont das BVerfG, dass die *Erziehung und Betreuung von Kindern* nicht nur bei Alleinerziehenden *steuerlich* berücksichtigt werden darf. Das Gleichheitsgebot des Art. 6 Abs. 1 GG verbiete dem Staat, „Ehe und Familie gegenüber anderen Lebens- und Erziehungsgemeinschaften schlechter zu stellen"[10]. Dieses Diskriminierungsverbot bedeute, dass Ehepartner oder Eltern wegen ihrer Ehe oder Familie nicht von Steuerentlastungen ausgeschlossen werden dürfen. Da die Leistungsfähigkeit von Eltern generell durch den Betreuungsbedarf gemindert werde, sei dieser Bedarf als Bestandteil des kindbedingten Existenzminimums steuerlich zu verschonen. Aus Art. 1 Abs. 1 GG wird in Verbindung mit dem Sozialstaatsprinzip das Verfassungsgebot abgeleitet, dass nicht nur das Existenzminimum des Einzelnen als Mindestvoraussetzung eines menschenwürdigen Daseins

---

5   BVerfGE 93, 129.
6   Wissenschaftlicher Beirat beim Bundesministerium der Finanzen: Die Einheitsbewertung in der Bundesrepublik Deutschland – Mängel und Alternativen, Bonn 1989, S. 13.
7   BVerfGE 100, 137.
8   BVerfGE 100, 138.
9   Prantl, Heribert: Kein schöner Land. Die Zerstörung der sozialen Gerechtigkeit, München 2005, S. 55.
10   BVerfGE 99, 216 (232).

steuerfrei bleiben müsse[11], sondern auch das Existenzminimum sämtlicher Familienmitglieder[12].

Zwar hatte auch die Bundesregierung erwogen, die steuerliche Entlastung der Kinderbetreuung wegen Erwerbstätigkeit auf verheiratete Eltern zu erweitern, doch könne die Einbeziehung von Ehepaaren in die Steuerentlastung nicht zwingend aus dem Gleichheitsgebot abgeleitet werden. Nach Auffassung der Bundesregierung sei die Zwangsläufigkeit des Betreuungsaufwands bei Alleinerziehenden evidenter als bei Ehepaaren. Außerdem könne bei Eheleuten durch das Splitting zusätzlicher Betreuungsaufwand leichter getragen werden als bei Alleinerziehenden[13]. Dieser Sichtweise widersprach allerdings das BVerfG: Die einkommensteuerlichen Regelungen, in ehelicher Gemeinschaft lebende Eltern vom Abzug der Kinderbetreungskosten wegen Erwerbstätigkeit und der Gewährung eines Haushaltsfreibetrags auszuschließen, wurden mit dem Gleichheitsgebot für unvereinbar erklärt[14].

In der *Politik der Alterssicherung* war das Versorgungsausgleich-Urteil vom 28. Februar 1980 deshalb eine Entscheidung von historischer Bedeutung, weil die vorwiegend durch Beiträge begründeten Leistungen der Sozialversicherung, beginnend mit Rentenansprüchen und Rentenanwartschaften, unter Eigentumsschutz gestellt wurden[15]. Das BVerfG erklärte den nach der Eherechtsreform von 1977 eingeführten Versorgungsausgleich zwischen geschiedenen Ehegatten im Sinne des Schutzes der Eigentumsgarantie (Art. 14 Abs. 1 Satz 2 GG) durch den besonderen Schutz von Ehe und Familie (Art. 6 Abs. 1 GG) und durch den Grundsatz der Gleichberechtigung von Männern und Frauen (Art. 3 Abs. 2 GG) für verfassungskonform[16].

Der Gesetzgeber verfolgte mit der Einführung des Versorgungsausgleichs das Ziel, für den Ausgleichsberechtigten – im Regelfall die geschiedene Ehefrau – eine eigenständige Alters- und Invaliditätssicherung zu begründen[17]. Durch den Versorgungsausgleich werden die während der Ehe erworbenen Anwartschaften zwischen den Ehegatten aufgeteilt („Splitting").

Das BVerfG hatte sich mit den Bedenken „vorlegender" Gerichte, zahlreicher Verbände, des Bundesrats, von Sachverständigen usw. auseinander zu setzen[18]. Für die Kritiker des Versorgungsausgleichs ergeben sich Bedenken aus dem Eigentumsschutz des Art. 14 Abs. 1 GG gegen die Zulässigkeit der Übertragung von Versorgungsanwartschaften aus den gesetzlichen Rentenversicherungen. Rentenanwartschaften genössen deshalb einen besonderen Schutz der Eigentumsgarantie, weil sie nicht ausschließlich steuerfinanziert, sondern vor allem auf eigenen Beiträgen der Versicherten beruhten. Bei Durchführung des Versorgungsausgleichs würde dem Ausgleichspflichtigen ein Teil seiner „abgesplitteten" Anwartschaften entzogen. Dies sei mit der grundgesetzlich geschützten Eigentumsgarantie und dem Sozialstaatsprinzip unvereinbar, wenn den ausgleichspflichtigen Ehegatten nach durchgeführtem Versorgungsausgleich nur noch sozialstaatlich unvertretbare Kleinstrenten verblieben. Außerdem sei mit der Eigentumsgarantie unvereinbar, wenn die Altersversorgung des Aus-

---

11 BVerfGE 82, 60 (85).
12 BVerfGE 82, 60 (85); 87, 153 (169); 99, 233.
13 Bundestags-Drucksache 10/2884, S. 96 f.
14 BVerfGE 99, 218.
15 Schmidt, a. a. O. (Fn. 1), S. 158; Sesselmeier, Werner: Die demographische Herausforderung der Alterssicherung, in: Aus Politik und Zeitgeschichte (APuZ), Heft 8-9, 2006, S. 25 ff.
16 BVerfGE 53, 257 ff.
17 Bundestags-Drucksache 7/650, S. 155.
18 Zur Sache, Themen parlamentarischer Beratung 2/1976.

gleichspflichtigen zusätzlich durch Unterhaltsansprüche seines geschiedenen Ehegatten gefährdet werde. Ferner sei es verfassungsrechtlich bedenklich, dass die übertragenen Anwartschaften nach dem Tode des Ausgleichsberechtigten nicht an den Ausgleichspflichtigen zurückfielen.

Bei der Beurteilung der Verfassungskonformität oder Verfassungswidrigkeit des Versorgungsausgleichs musste das BVerfG abwägen, inwieweit Rentenversicherungsansprüche und Rentenanwartschaften einen personalen oder sozialen Bezug haben[19]. Für die Gestaltungsfreiheit des Gesetzgebers sei die Funktion des Eigentumsobjekts von großer Bedeutung und führe deshalb zu einer „Stufung des Schutzes". Die Gestaltungsfreiheit des Gesetzgebers, Inhalte und Schranken der Eigentumsnutzung zu bestimmen (Art. 14 Abs. 1 Satz 2 GG), sei umso weiter, je mehr es darum geht, die Funktionsfähigkeit des Systems der gesetzlichen Rentenversicherung im Interesse aller zu erhalten oder das System veränderten wirtschaftlichen Bedingungen anzupassen. Dem Gesetzgeber seien dagegen enge Grenzen gezogen, wenn das Eigentum der Sicherung der persönlichen Freiheit des Einzelnen dient[20].

Nach Auffassung des Verfassungsgerichts umfasst die Inhalts- und Schrankenbestimmung des Eigentums im Sinne des Art. 14 Abs. 1 Satz 2 GG grundsätzlich die Befugnis des Gesetzgebers, Leistungen zu kürzen und den Umfang von Ansprüchen und Anwartschaften zu vermindern. In Bezug auf den Versorgungsausgleich sind also Kürzungen von Rentenansprüchen und -anwartschaften des Ausgleichspflichtigen durchaus zulässig[21]. Das BVerfG verweist aber darauf, dass es im konkreten Rechtsstreit der Rentenkürzungen des Ausgleichspflichtigen nicht um die Erhaltung der Funktionsfähigkeit des Systems der Rentenversicherung, sondern um die Abwicklung des durch die Ehe begründeten privatrechtlichen Verhältnisses gehe.

Auch wenn die Übertragung von Anwartschaften und Ansprüchen des Ausgleichspflichtigen auf den Ausgleichsberechtigten ein – unter Umständen – schwerwiegender Eingriff sein könne, hielt das BVerfG den Versorgungsausgleich zwischen geschiedenen Ehegatten durch Art. 6 Abs. 1 und Art. 3 Abs. 2 GG für gerechtfertigt. Das Gericht bezog sich auf seine bisherige Rechtsprechung, wonach zum Wesen der auf Lebenszeit angelegten Ehe die Gleichberechtigung beider Partner gehöre, die auch nach Trennung und Scheidung der Eheleute auf ihre Beziehungen hinsichtlich Unterhalt und Versorgung und Aufteilung des Vermögens wirke[22].

Das BVerfG sieht im Hinblick auf Art. 3 Abs. 2 GG gleichwertig neben den monetären Unterhaltsleistungen die unmittelbaren Leistungen der Frau bei der Führung des Haushalts und der Erziehung der Kinder als Unterhaltsleistungen an. Deshalb dürften die während der Ehe gemeinsam erwirtschafteten Ansprüche und Anwartschaften nach Scheidung der Ehe gleichmäßig auf beide Partner verteilt werden.

Das BVerfG hat auch in der *Arbeitsmarktpolitik* den weiten Gestaltungsspielraum des Gesetzgebers betont[23], so bei der Verfassungsbeschwerde gegen die Regelung, Zuschüsse für Arbeitsbeschaffungsmaßnahmen nur zu leisten, wenn das vereinbarte Arbeitsentgelt 80 % der Tariflöhne für vergleichbare Tätigkeiten nicht übersteigt (§ 275 Abs. 2 Sozialgesetzbuch). Zwar griffen gesetzliche Regelungen über *Zuschüsse für untertariflich entgoltene Ar-*

---

19   BVerfGE 53, 292 ff.
20   BVerfGE 53, 292 ff.
21   BVerfGE 53, 293 (295).
22   BVerfGE 42, 64 77); 47, 85 (100).
23   BVerfGE 100, 271 ff.

beitsbeschaffungsmaßnahmen (Lohnabstandsklauseln) in die Tarifautonomie ein, seien „aber zur Schaffung zusätzlicher Arbeitsplätze in Zeiten hoher Arbeitslosigkeit gerechtfertigt". Bei Verfolgung arbeitsmarkt- und vereinigungspolitischer Ziele müsse der Gesetzgeber Art und Weise der Zuschussgewährung bestimmen können: Nicht nur die erleichterte Wiedereingliederung in das Arbeitsleben, sondern auch die Anforderungen des deutschen Einigungsprozesses rechtfertigten besondere Gestaltungsmöglichkeiten des Gesetzgebers.

Die Gewerkschaft als Beschwerdeführerin rügte, dass durch die Lohnabstandsklauseln der Art. 9 Abs. 3 GG verletzt werde, d. h., dass der Gesetzgeber faktisch Lohnleitlinien geschaffen habe, die den Verhandlungsspielraum der Arbeitnehmervertretung stark einschränke. Mit der Tarifabsenkung bei den Arbeitsbeschaffungsmaßnahmen verfolge der Gesetzgeber das Ziel, „den Tarifstandard in wirtschaftlichen Krisensituationen zu senken"[24].

Das BVerfG sieht im Sozialstaatsprinzip einen Gestaltungsauftrag an den Gesetzgeber. „Wie der Gesetzgeber diesen Auftrag erfüllt, ist mangels näherer Konkretisierung des Sozialstaatsprinzips seine Sache"[25]. Für das oberste Gericht ist die arbeitsmarktpolitisch motivierte Zuschussregelung und der damit verbundene Eingriff in die Tarifautonomie durch „überwiegende Gründe des Gemeinwohls gerechtfertigt"[26]. Dem Schutz von Gemeinwohlbelangen gebühre gleichermaßen verfassungsrechtlicher Rang wie die Garantie der Koalitionsfreiheit[27]. Der Gesetzgeber könne sich auf das Sozialstaatsprinzip berufen, wenn er dem „Ziel, Massenarbeitslosigkeit durch Förderung von zusätzlich bereitgestellten Arbeitsplätzen zu bekämpfen", Verfassungsrang einräume. Solche Zielsetzungen, denen das Sozialstaatsprinzip legitimierendes Gewicht verleiht, rechtfertigten einschränkende Auswirkungen auf die Tarifautonomie[28].

Die Lohnabstandsklausel soll auch dazu beitragen, mit den nur begrenzt verfügbaren Mitteln möglichst viele Arbeitslose zu fördern. Durch die Kappung der Entgelte für Arbeitsbeschaffungsmaßnahmen trete ein Spareffekt ein, der eine Bezuschussung einer größeren Zahl von Langzeitarbeitslosen ermögliche. Das BVerfG vertritt insofern angebotsorientierte Positionen der Arbeitgeber, als es davon ausgeht, dass ohne Lohnabstandsklausel höhere Tarifabschlüsse zustande gekommen wären, und dadurch die Anreize für Arbeitgeber abgeschwächt worden wären, Arbeitskräfte in Arbeitsbeschaffungsmaßnahmen zu beschäftigen[29].

In der Entscheidung zum *Kündigungsschutz in Kleinbetrieben* von 1998 wurde die bis zum 30. September 1996 geltende Regelung des Kündigungsschutzgesetzes, auch solche Betriebe vom Kündigungsschutz freizustellen, bei denen eine beliebig große Zahl von Arbeitnehmern wöchentlich zehn (monatlich 45) Stunden oder weniger arbeiteten, für grundgesetzkonform erklärt[30]. Die Arbeitsgerichte Reutlingen und Bremen hatten einen Rechtsstreit über den Geltungsbereich des Kündigungsschutzes in Betrieben und Verwaltungen mit geringer Beschäftigtenzahl (Kleinbetrieben) wegen vermuteter Verletzung des Gleichheitssatzes (Art. 3 Abs. 1 GG) und der Berufsfreiheit (Art. 12 Abs. 1 GG) ausgesetzt und ihn dem BVerfG zur Überprüfung der Verfassungsmäßigkeit vorgelegt. Nach Auffassung des Arbeitsgerichts Bremen verletze diese Regelung insofern den Gleichheitssatz, als im Ergebnis

---

24   BVerfGE 100, 276.
25   BVerfGE 1, 97 (105).
26   BVerfGE 100, 283.
27   BVerfGE 84, 212 (228).
28   BVerfGE 100, 284.
29   BVerfGE 100, 281 (286); Sinn, Hans Werner: „Deutsche Empfindlichkeiten interessieren die Chinesen nicht", in: Das Parlament vom 21.11.2005, S. 9.
30   BVerfG, 1BvL 22/93 vom 27.1.1998.

Betriebe beliebig viele Arbeitnehmer einstellen könnten, ohne in den Geltungsbereich des Kündigungsschutzgesetzes zu fallen.

Nach Auffassung des BVerfG benachteilige zwar die Kündigungsschutz-Regelung die Arbeitnehmer in Kleinbetrieben im Vergleich zu Arbeitnehmern in größeren Betrieben, doch sei diese Ungleichbehandlung durch die besondere Interessenlage der Arbeitgeber (z. B. persönliche Mitarbeit des Arbeitgebers im Betrieb, geringe Finanzausstattung) sachlich gerechtfertigt. Das Gericht erklärte überdies die Norm mit dem Grundrecht der Berufsfreiheit (Art. 12 Abs. 1 GG) vereinbar. Dem durch die Berufsfreiheit geschützten Interesse des Arbeitnehmers an der Erhaltung seines Arbeitsplatzes stehe das grundrechtlich geschützte Interesse des Arbeitgebers gegenüber, die Zahl der Mitarbeiter auf das von ihm bestimmte Maß zu beschränken. Dabei sei dem Gesetzgeber ein weiter Gestaltungsfreiraum einzuräumen, diese Interessen zu einem gerechten Ausgleich zu bringen. Dem Verfassungsgericht zufolge habe der Gesetzgeber diese gegenüberstehenden Belange angemessen berücksichtigt.

Im Urteil zur *Pflegeversicherung* vom 3.4.2001 hat das BVerfG den weiten Entscheidungsspielraum des „zur sozialpolitischen Gestaltung berufenen Gesetzgebers" bekräftigt[31]. Das Gericht hat die Regelung, dass Mitglieder der sozialen Pflegeversicherung, die Kinder betreuen und erziehen, neben dem Geldbeitrag (monetären Beitrag) einen generativen Beitrag zur Funktionsfähigkeit des sozialen Sicherungssystems leisten, mit einem gleich hohen Pflegeversicherungsbeitrag wie kinderlose Mitglieder belastet werden, für unvereinbar mit Art. 3 Abs. 2 in Verbindung mit Art. 6 Abs. 1 GG erklärt[32].

Zwar hat eine Unvereinbarkeitserklärung grundsätzlich zur Folge, dass die beanstandete Norm nicht mehr angewendet werden darf, doch kann sie ausnahmsweise weiter angewendet werden. Um dem Gesetzgeber die Möglichkeit zu geben, nach verfassungskonformen und finanzierbaren Wegen zu suchen, ließ das BVerfG die Weiteranwendung der für Eltern und Kinderlose gleich hohen Belastung bis zum 31. Dezember 2004 zu[33].

Das Gericht hob auch in diesem Urteil den großen Spielraum des Gesetzgebers bei der Ausgestaltung des Beitragsrechts in der sozialen Pflegeversicherung hervor. Das Grundgesetz verpflichte lediglich den Gesetzgeber und die Regierung dazu, beitragspflichtige Versicherte mit Kindern gegenüber kinderlosen Mitgliedern bei der Bemessung der Beiträge zu entlasten[34]. Der soziale Ausgleich zwischen Eltern und kinderlosen Personen müsse an die Erwerbsphase der Eltern anknüpfen, da die Elterngeneration während der Zeit der Betreuung und Erziehung der Kinder Beiträge entrichtet, die auch kinderlosen Versicherten zugute kommt, die später den pflegenahen Jahrgängen angehören oder pflegebedürftig sind. Die Entlastung der Elterngeneration oder die Belastung der Kinderlosen müsse deshalb durch unterschiedliche Beiträge in der Erwerbsphase und nicht durch unterschiedliche Leistungen im Fall des Eintritts der Pflegebedürftigkeit erfolgen[35].

Das Gericht beauftragte überdies den Gesetzgeber, die Anwendbarkeit des Urteils auch für andere Sozialversicherungszweige zu prüfen. So hält es beispielsweise der Rentenexperte und Politikberater der Bundesregierung Bert Rürup „zwar für möglich, aber keineswegs für geboten", die Kinderzahl bei der Beitragsgestaltung nicht nur in der Pflegeversicherung,

---

31   Leitsatz 2 des Pflegeversicherungs-Urteils.
32   BVerfGE 103, 242.
33   BVerfGE 103, 270.
34   BVerfGE 103, 270.
35   BVerfGE 103, 270.

sondern auch in der gesetzlichen Rentenversicherung zu berücksichtigen[36]. Der Interpretation Rürups zufolge lasse der vom Verfassungsgericht eingeräumte weite sozialpolitische Gestaltungsspielraum des Gesetzgebers sogar eine von der Zahl der Kinder abhängige Entlastung auf der Leistungsseite zu.

Mit diesem Urteil hat das BVerfG dem Gesetzgeber den Auftrag erteilt, bei der Gestaltung der Beiträge spätestens ab dem Jahr 2005 die Kindererziehung zu berücksichtigen. Der Gesetzgeber solle im Rahmen seines „sozialpolitischen Gestaltungsermessens" nicht nur den gesellschaftlichen Nutzen der Kindererziehung, sondern auch den Vorteil berücksichtigen, den kinderlose Pflichtversicherte durch die nachwachsende Generation erhalten[37]. Die in Zeiten der Erziehung anfallenden Kosten und Einnahmeausfälle rechtfertigten eine Neugestaltung der Beitragszahlungen durch höhere Freibeträge oder niedrigere Beitragssätze der Kinder erziehenden Versicherten oder durch höhere Beitragssätze kinderloser Versicherter. Der Gesetzgeber hat den Auftrag des BVerfG insofern Rechnung getragen, als ab dem Jahr 2005 Kinderlose einen um 0,25 Prozentpunkte höheren Beitrag allein zu entrichten haben.

Im *sozialen Bundesstaat* bestand und besteht immer ein Spannungsverhältnis zwischen dem föderalen Prinzip der Vielfalt, der Unterschiedlichkeit und des Wettbewerbs einerseits und dem sozialstaatlichen Prinzip der Einheitlichkeit oder Gleichwertigkeit der Lebensverhältnisse andererseits[38]. In jüngster Zeit hat allerdings das BVerfG die Gewichte dieser beiden konkurrierenden Prinzipien zu Gunsten der Unterschiedlichkeit der Lebensverhältnisse verschoben. Die in Politik und Wissenschaft vertretenen Wettbewerbsföderalisten plädieren schon seit längerem dafür, größere politische, wirtschaftliche und finanzielle Disparitäten im Bundesstaat zuzulassen[39]. In ihrer Sicht gewährleiste das Sozialstaatsprinzip ohnehin nur einen sozialen Minimalstandard im gesamten Bundesgebiet[40], erlaube den Ländern also durchaus, eigenständige politische Prioritäten zu setzen.

Wettbewerbspolitische Zielvorstellungen wurden insofern umgesetzt, als durch die Verfassungsänderung von 1994 im Art. 72 Abs. 2 GG der Begriff der „Einheitlichkeit" der Lebensverhältnisse durch den der „Gleichwertigkeit" ersetzt wurde. Im Gegensatz zum sozialstaatlichen Grundsatz der Einheitlichkeit, dem die Tendenz der „nivellierenden Vereinheitlichung" innewohnt, lässt die Norm der Gleichwertigkeit größere Unterschiede bei den arbeitsmarkt-, sozial- und infrastrukturspezifischen Standards zu[41]. Diese Verfassungsänderung sollte zudem den regionalen Besonderheiten der Länder, insbesondere der neuen Länder, Rechnung tragen. Der neue Begriff der „gleichwertigen Lebensverhältnisse" senkt das

---

36 Rürup, Bert: Ein Urteil mit begrenztem Gebrauchswert, in: Wirtschaftsdienst, Heft 5, 2001, S. 259-263, S. 259.

37 Schneekloth, Ulrich / Müller, Udo (Hg.): Wirkungen der Pflegeversicherung, Band 127 der Schriftenreihe des Bundesministeriums für Gesundheit, Berlin 2000, S. 175 f.

38 Pilz Frank: Das bundesstaatliche Finanzsystem und sein Reformspielraum: Von der Anpassungsfähigkeit zur Reformunfähigkeit der Politik?, in: Zeitschrift für Politik (ZfP), Heft 1, 2002, S. 1-35.

39 Hesse, Joachim Jens: Das föderative System der Bundesrepublik vor den Herausforderungen der deutschen Einigung, in: Seibel, W. u. a. (Hg.), Verwaltungsreform und Verwaltungspolitik im Prozess der deutschen Einigung, Baden-Baden 1993, S. 438; Renzsch, Wolfgang: Einheitlichkeit der Lebensverhältnisse oder Wettbewerb der Regionen, in: Staatswissenschaften und Staatspraxis, Heft 1, 1997, S. 98; Schultze, Rainer-Olaf: Föderalismusreform in Deutschland: Widersprüche – Ansätze – Hoffnungen, in: Zeitschrift für Parlamentsfragen (ZParl), Heft 2/Juni 1999, S. 183; Scholz, Rupert: Deutschland in guter Verfassung? Heidelberg 2004, S. 147-166.

40 Arndt, Hans-Wolfgang: Finanzverfassungsrechtlicher Reformbedarf – vom unitarischen Föderalismus zum Wettbewerbsföderalismus, in: Wirtschaftsdienst, Heft 2, 1998.

41 Stenografischer Bericht der Gemeinsamen Verfassungskommission, in: Zur Sache 2/1996 Band 1 – Bericht und Sitzungsprotokolle, Bonn 1996, S. 18.

Niveau der Vereinheitlichung deutlich ab[42]. Die Änderung, die ferner dem BVerfG das Letztentscheidungsrecht über bundesstaatliche Kompetenzstreitigkeiten zuwies, bot nunmehr den Ländern die Möglichkeit, besonders in der Sozial- und Bildungspolitik wegen Kompetenzüberschreitung des Bundesgesetzgebers zu klagen[43].

So hat beispielsweise das sozialpolitisch und bundesstaatlich relevante Urteil des BVerfG zum *Berufsbild des Altenpflegers* vom 24.10.2002 dem Bund engere Grenzen gezogen, von seiner konkurrierenden Gesetzgebungskompetenz Gebrauch zu machen[44]. Die Norm der Herstellung gleichwertiger Lebensverhältnisse des Art. 72 Abs. 2 GG ist darauf angelegt, die Disparitäten in Deutschland vor allem bei der Einkommens- und Vermögensverteilung, bei der Arbeitslosenquote, der Infrastrukturausstattung, der Ausbildungsstruktur und den Ausbildungsinhalten usw. nicht ausufern zu lassen. Für die Anhänger der Regionalisierung der Sozialpolitik stellt diese Verfassungsnorm kein Staatsziel, sondern lediglich eine Voraussetzung für die Kompetenz des Bundes im Bereich der konkurrierenden Gesetzgebung dar. In dieser Sichtweise soll verhindert werden, dass mit dieser Norm die Ausweitung konkurrierender Gesetzgebungszuständigkeit jederzeit gerechtfertigt werden kann. Denn die konkurrierende Gesetzgebungszuständigkeit sei „in der Verfassungspraxis ausschließliche Gesetzgebungskompetenz des Bundes", was die sozial-, arbeitsmarkt-, regional- und strukturpolitische Gestaltungsfähigkeit der Länder einschränke[45].

Mit dem Altenpfleger-Urteil lässt das Gericht Bundesgesetze nur noch zu, „wenn sich die Lebensverhältnisse in den Ländern der Bundesrepublik in erheblicher, das bundesstaatliche Sozialgefüge beeinträchtigender Weise auseinander entwickelt haben"[46]. Die Zielvorgabe der Herstellung gleichwertiger Lebensverhältnisse bildet die Grundlage für die Konkretisierung der Ziele der Wahrung der Rechts- oder Wirtschaftseinheit und für das Tatbestandsmerkmal des gesamtstaatlichen Interesses. Nach dem Altenpfleger-Urteil des Verfassungsgerichts erlauben weder diese Ziele noch das Merkmal des gesamtstaatlichen Interesses dem Bundesgesetzgeber, zur Verfolgung sonstiger Gemeinwohlinteressen oder mit dem allgemeinen Ziel einer Verbesserung der Lebensverhältnisse tätig zu werden[47]. Das Ziel der Wahrung der Rechtseinheit bedeute nicht, stets bundeseinheitliches Recht setzen zu müssen. Unterschiedliche Rechtslagen seien vielmehr für die Bürger eine „notwendige Folge des bundesstaatlichen Aufbaus". Die Voraussetzungen einer bundesgesetzlichen Regelung seien erst dann erfüllt, wenn „eine Rechtszersplitterung mit problematischen Folgen" drohe[48].

Die Wahrung der Wirtschaftseinheit setze, da sie im gesamtstaatlichen Interesse liege, mehr voraus als die Schaffung der Rechtseinheit. Die Erhaltung der Funktionsfähigkeit des Wirtschaftsraums der Bundesrepublik erfordere eine bundeseinheitliche Rechtsetzung. Gehe es um wirtschaftspolitisch bedrohliche Auswirkungen einer Rechtsvielfalt, greife die Zielvorgabe des gesamtstaatlichen Interesses[49]. Unterschiedliche landesrechtliche Regelungen können die sozialökonomische Entwicklung beeinträchtigen und insbesondere die Vertei-

---

42   Pilz, Frank / Ortwein, Heike: Das politische System Deutschlands. Prinzipien, Institutionen und Politikfelder, München/Wien 2000, S. 65 ff.; Scholz, a. a. O. (Fn. 39), S. 153-166.

43   Benz, Arthur: Kein Ausweg aus der Politikverflechtung? Warum die Bundesstaatskommission scheiterte, aber nicht scheitern musste, in: Politische Vierteljahresschrift (PVS), Heft 2, 2005, S. 204-214.

44   BVerfGE 106, 62 ff.

45   Laufer, Heinz: Das föderative System der Bundesrepublik Deutschland, hrsg. von der Bayerischen Landeszentrale für politische Bildungsarbeit, München 1991, S. 117.

46   BVerfGE 106, 63 (144).

47   BVerfGE 106, 145.

48   BVerfGE 106, 145.

49   BVerfGE 106, 146.

lung der personellen und sachlichen Ressourcen verzerren. Die in Art. 72 Abs. 2 GG verankerte Zielgröße der „Wirtschaftseinheit" beziehe sich nicht nur auf den Bereich des „Rechts der Wirtschaft" in Art. 74 Abs. 1 Nr. 11 GG, sondern umfasse alle Materien der konkurrierenden und der Rahmengesetzgebung, mithin auch die sozialstaatlich relevanten Materien des Arbeitsrechts und der Sozialversicherung (Art. 74 Abs. 1 Nr. 12). Der Erlass von Bundesgesetzen zur Wahrung der Wirtschaftseinheit stehe dann im gesamtstaatlichen Interesse, wenn Landesregelungen oder das Nichthandeln von Landesregierungen „erhebliche Nachteile" für die gesamte Wirtschafts- und Sozialordnung bewirken[50].

Angesichts der seit den 1980er Jahren anhaltenden *Konsolidierungszwänge*, denen die öffentlichen Haushalte, insbesondere die Sozialetats, ausgesetzt sind, stellt sich für die Politik, die Wissenschaft und die Rechtsprechung die Frage, ab welchem Niveau der Kürzung sozialer Leistungen und ab welchem Grad verschärfter Anspruchsvoraussetzungen für den Leistungsbezug der schützenswerte „Kernbestand des Sozialstaats" angetastet wird. Anhand sozialstaatlich relevanter Politikfelder ist aufgezeigt worden, dass das BVerfG dem Gesetzgeber gerade bei der Ausgestaltung der Politik im Sozialstaat einen weiten Gestaltungsspielraum zubilligt, ihm aber auch eine nicht geringe Gestaltungsverantwortung abverlangt[51]. Zwar lässt das BVerfG im Rahmen der gesetzgeberischen Gestaltungsfreiheit eine restriktivere Politik auf der Finanzierungs- und Leistungsseite des Sozialstaats zu[52], doch muss sich auch die Rechtsprechung der Frage stellen, inwieweit bei fortgesetztem „Abbau" des Sozialstaats die „Garantieklausel" des Art. 79 Abs. 3 GG, die auch das Sozialstaatsprinzip des Art. 20 GG umfasst, verletzt wird.

Zu den unverzichtbaren Aufgaben des Sozialstaats, gleichsam zur Substanz des Sozialstaats, gehören nach Auffassung des BVerfG die Leistungen der Fürsorge für Hilfsbedürftige[53]. Besonderen Schutz genießen demzufolge soziale Leistungen, die für die betroffenen Menschen von existenzieller Bedeutung sind und auf deren Sicherung sie vertrauen. Deshalb gibt es in Politik und Rechtsprechung einen breiten Konsens darüber, dass die Sicherung des Existenzminimums und damit die Bestreitung eines menschenwürdigen Lebensunterhalts zum unantastbaren Kernbestand des Sozialstaats gehören.

Ferner müsse die Steuerpolitik im Sozialstaat dem Erfordernis Rechnung tragen, „den in der Rechtsgemeinschaft anerkannten Mindestbedarf zu decken", d. h. das Existenzminimum von der Einkommensteuer zu befreien[54]. Dies verpflichte den Steuergesetzgeber, zumindest die Teile des Erwerbseinkommens nicht zu besteuern, die zur Befriedigung des existenznotwendigen Bedarfs benötigt werden.

So gelten auch Leistungen der klassischen Sozialpolitik, die wie Renten oder Arbeitslosenunterstützung auf Beitragsfinanzierung des Versicherten beruhen und damit der Eigentumsgarantie unterliegen, in ihrem Kernbestand als unantastbar[55]. Der Schutz solcher Leistungen verstärkt sich in dem Maße, wie sie durch einen personalen Bezug des Anteils eigener Beitragszahlungen geprägt sind und der Sicherung der persönlichen Freiheit des Einzelnen dienen[56]. Demgegenüber hat der Gesetzgeber eine umso weitere Gestaltungsfreiheit, je

---

50 BVerfGE 106, 147.
51 Hesse, a. a. O. (Fn. 39), S. 93 f.; Pilz, Frank: Der Sozialstaat. Ausbau – Kontroversen – Umbau. Band 452 der Schriftenreihe der Bundeszentrale für politische Bildung, Bonn 2004, S. 49.
52 BVerfGE 39, 302 (314 f.).
53 BVerfGE 40, 121 (133); 43, 13 (19).
54 BVerfGE 87, 153 f.
55 BVerfGE 53, 293
56 BVerfGE 53, 293 f.

stärker der soziale Bezug sozialversicherungsrechtlicher Positionen ist, d. h. bei angespannter öffentlicher Haushaltslage die Funktionsfähigkeit der sozialen Sicherungssysteme erhalten werden muss.

Angesichts anhaltender Konsolidierungszwänge sind grundsätzlich Leistungskürzungen, Leistungsausgrenzungen, höhere Zuzahlungen im Gesundheitssystem und strengere Anspruchsvoraussetzungen für den Bezug von Leistungen eine zulässige Inhalts- und Schrankenbestimmung des Art. 14 Abs. 1 Satz 2, sofern sie dem Zweck des Gemeinwohls dienen und dem Grundsatz der Verhältnismäßigkeit entsprechen[57].

Der Gesetzgeber hat deshalb zur Erhaltung der Funktionsfähigkeit der sozialen Sicherungssysteme eine nicht geringe Gestaltungsfreiheit für eine restriktive Politik, solange die sozialstaatlichen Eingriffe nicht die Sicherung der persönlichen Freiheit beeinträchtigen und maßvoll erfolgen. Mit dem Sozialstaatsgebot vereinbar werden deshalb folgende politische Konsolidierungsmaßnahmen anzusehen sein: in der Rentenversicherung niedrigere Rentenanpassungen oder „Nullrunden", in der Arbeitslosenversicherung gekürzte Leistungssätze oder strengere Voraussetzungen für den Leistungsbezug, in der Krankenversicherung Zuzahlungen bei den Medikamenten oder für den Krankenhausaufenthalt und die Privatisierung von Leistungen wie den Zahnersatz oder das Krankengeld.

Als verfassungsrechtlich bedenklich werden dagegen arbeitsmarktpolitische Maßnahmen wie die des Hartz-IV-Gesetzes zu beurteilen sein, die für Empfänger beispielsweise des Arbeitslosengeldes II zum Teil erhebliche Einkommenseinbußen bedeuten und somit die schützenswerte Sicherung der persönlichen Freiheit gefährden können. Außerdem könnten Leistungskürzungen auf Sozialhilfeniveau insbesondere im Fall älterer Arbeitnehmer den Eigentumsschutz für über Jahre durch Beitragszahlungen aufgebaute Anwartschaften verletzen.

Als Fazit kann festgehalten werden, dass das BVerfG dem Gesetzgeber in sozialstaatlich relevanten Politikfeldern einen weiten Gestaltungsspielraum eingeräumt hat. Lediglich in der Vermögensteuerpolitik sind dem Gesetzgeber enge Zügel angelegt worden, indem das Gericht der Politik weitreichende vermögensschützende Vorgaben machte.

In der Familienpolitik ließ das BVerfG wegen des Verbots, Ehe und Familie gegenüber anderen Lebens- und Erziehungsgemeinschaften schlechter zu stellen, nicht zu, die Erziehung und Betreuung von Kindern nur bei Alleinerziehenden zu berücksichtigen.

In der Alterssicherungspolitik hat das höchste deutsche Gericht bereits im Jahr 1980 insofern eine Entscheidung von historischer Bedeutung getroffen, als es durch Beiträge begründete Rechtsansprüche und Rentenanwartschaften unter den Schutz der Eigentumsgarantie gestellt hat.

In der Arbeitsmarktpolitik hat das BVerfG dem Gesetzgeber gerade in Zeiten hoher Arbeitslosigkeit einen weiten Gestaltungsspielraum zugebilligt. Das Gericht hat beispielsweise gesetzliche Regelungen über Zuschüsse für untertariflich bezahlte Arbeitsbeschaffungsmaßnahmen, auch wenn sie in die Tarifautonomie eingriffen, für gerechtfertigt erklärt. Der Gesetzgeber könne mit Berufung auf das Sozialstaatsprinzip dem Ziel der Bekämpfung der Massenarbeitslosigkeit gleichsam Verfassungsrang einräumen.

Das BVerfG hat überdies die Kündigungsschutz-Regelung, Kleinbetriebe mit geringer wöchentlicher Arbeitszeit vom Kündigungsschutz freizustellen, für grundgesetzkonform erklärt. Bei der Abwägung des Interesses des Arbeitnehmers an der Erhaltung seines Arbeitsplatzes und des Interesses des Arbeitgebers an dem von ihm bestimmten Maß der Beschrän-

---

57 BVerfGE 53, 293 ff.

kung der Zahl der Mitarbeiter habe der Gesetzgeber einen weiten Gestaltungsfreiraum. Diesen Interessenausgleich habe der Gesetzgeber dem Verfassungsgericht zufolge angemessen berücksichtigt.

Im Urteil zur Pflegeversicherung hat zwar das BVerfG den gleich hohen Pflegeversicherungsbeitrag für Kindererziehende wie für kinderlose Mitglieder für unvereinbar mit dem Grundgesetz erklärt, zugleich aber den zur sozialpolitischen Gestaltung berufenen Gesetzgeber einen großen Handlungsspielraum eingeräumt. So habe der Gesetzgeber im Rahmen seines Gestaltungsermessens die Möglichkeit, die Höhe der Beitragssätze nach der Kinderzahl zu staffeln und/oder kindererziehende Versicherte im Rahmen der langfristigen Absenkung des Leistungsniveaus zu entlasten.

In Bezug auf das im sozialen Bundesstaat bestehende Spannungsverhältnis zwischen dem föderalen Prinzip der Vielfalt und dem sozialstaatlichen Prinzip der Einheitlichkeit der Lebensverhältnisse hat das BVerfG in jüngster Zeit die Gewichte zugunsten der Unterschiedlichkeit der Lebensverhältnisse verschoben. So hat das Gericht beispielsweise mit dem Altenpfleger-Urteil dem Bund engere Grenzen gezogen, von der konkurrierenden Gesetzgebungskompetenz Gebrauch zu machen. Demzufolge lässt das Gericht nur noch Bundesgesetze zu, wenn sich die Lebensverhältnisse in den Ländern in erheblicher, das bundesstaatliche Sozialgefüge beeinträchtigender Weise auseinander entwickelt haben.

Vor dem Hintergrund anhaltender Konsolidierungspolitik des Sozialstaats genießen nach Auffassung des BVerfG soziale Leistungen und Regelungen in dem Maße besonderen Schutz, wie sie für die Menschen von existenzieller Bedeutung sind, auf eigenen eigentumsgeschützten Beiträgen beruhen, der persönlichen Freiheitssicherung des Einzelnen dienen und längere Rechtstradition haben. Demgegenüber weitet sich die auf Konsolidierung gerichtete sozialpolitische Gestaltungsfreiheit des Gesetzgebers umso mehr aus, je stärker der gemeinwohldienliche (soziale) Bezug sozialversicherungsrechtlicher Positionen ist.

Rudolf Steinberg / Henrik Müller

Die Rechtsprechung des Bundesverfassungsgerichts zum Umweltschutz

1 Einleitung

Der Rechtsprechung des BVerfG kommt für den Umweltbereich erhebliche Bedeutung zu. Im Folgenden werden einige Schwerpunkte dieser Rechtsprechung beleuchtet. Im Mittelpunkt steht dabei der so genannte „grundrechtliche Umweltschutz", also der mittelbare Schutz von Umweltgütern, soweit diese vom Schutzbereich einzelner Grundrechte umfasst sind (unten 2.). Weiterhin wird vor allem auf die bisherigen Judikate zur Staatszielbestimmung des Art. 20a GG (unten 3.) sowie auf die Rechtsprechung zu Umweltabgaben (unten 4.) einzugehen sein.

Trotz des hohen Stellenwerts der Rechtsprechung des BVerfG zum Umweltschutz ist jedoch auch zu konstatieren, dass der EuGH im Umweltbereich die Führungsrolle übernommen hat. Dessen Rechtsprechung zum Umweltschutz kommt in der Praxis – auch der Gerichte – eine immer größere Bedeutung zu.[1] Diese Entwicklung wird sich in Zukunft voraussichtlich fortsetzen, da sich die Rechtsprechung des EuGH zum Umweltschutz aufgrund seiner Zuständigkeit für die Kontrolle der Umsetzung und Anwendung der fortlaufend steigenden Zahl umweltrechtlicher EG-Vorschriften ständig erweitern wird, während die verfassungsrechtlichen Fragen des Umweltschutzes überschaubar bleiben werden.

2 Mittelbarer Umweltschutz durch Grundrechte

Bis zur Einführung der Staatszielbestimmung Umweltschutz des Art. 20a GG im Jahr 1994 (unten 3.) war die Umwelt auf Verfassungsebene lediglich durch die Grundrechte mitgeschützt.[2] Zwar enthält das Grundgesetz kein Umweltgrundrecht.[3] Jedoch schützen die Grundrechte Rechtsgüter, die Bestandteil der natürlichen Umwelt sind.[4] Dazu zählen insbe-

---

1   Siehe als aktuelles Beispiel etwa die vieldiskutierte Dragaggi-Entscheidung des EuGH zu gemeldeten FFH-Gebieten vom 13.1.2005, NVwZ 2005, S. 311, die u. a. im Urteil des VGH Kassel vom 28.6.2005, NVwZ 2006, S. 230 relevant geworden ist. Vgl. hierzu etwa Wagner, Thomas / Emmer, Marcus: Zum Schutz gemeldeter FFH-Gebiete vor Aufnahme in die Gemeinschaftsliste – Vorgaben der so genannten Dragaggi-Entscheidung des EuGH. In: NVwZ 2006, S. 422-424.

2   Vgl. hierzu Steinberg, Rudolf: Verfassungsrechtlicher Umweltschutz durch Grundrechte und Staatszielbestimmung. In: NJW 1996, S. 1985-1994 (1985 f.). Eine implizite Anerkennung des Umweltschutzes als staatliche Aufgabe bestand bereits zuvor durch einzelne Bestimmungen der Kompetenzartikel des Grundgesetzes.

3   Siehe BVerwG, Urt. v. 29.7.1977, BVerwGE 54, 211 (219) = NJW 1978, S. 554; Steinberg, Rudolf: Der ökologische Verfassungsstaat, Frankfurt 1998, S. 76. Zur rechtspolitischen Diskussion um die Einführung eines solchen Rechts Kloepfer, Michael: Umweltrecht, 3. Aufl., München 2004, § 3 Rdnr. 7 und 36.

4   Steinberg, Der ökologische Verfassungsstaat, S. 77; ders., NJW 1996, S. 1985, 1986.

sondere das Grundrecht auf Leben und körperliche Unversehrtheit (Art. 2 Abs. 2 S. 1 GG), aber auch die Eigentumsgarantie (Art. 14 GG).[5] Insofern nimmt die Umwelt mittelbar am Grundrechtsschutz teil. Der „grundrechtliche Umweltschutz" weist allerdings Lücken auf, da er nur soweit reicht wie der Schutz des jeweiligen Grundrechts.[6]

Dieser mittelbare Umweltschutz hat nach Inkrafttreten des Art. 20a GG nicht an Bedeutung eingebüßt. Denn die Grundrechte können – anders als die Staatszielbestimmung Umweltschutz (unten 3.) – von Betroffenen gerichtlich durchgesetzt werden. Abgesehen von der Naturschutzverbandsklage kann der Umweltschutz nur auf diese Weise durch die Klage Einzelner zur Geltung gebracht werden. Vor diesem Hintergrund ist zunächst auf die Bedeutung der Rechtsprechung des BVerfG für den „grundrechtlichen Umweltschutz" einzugehen. Hierbei ist zwischen den Funktionen der Grundrechte als Abwehrrechte und grundrechtliche Schutzpflichten mit korrespondierenden Schutzgewährrechten zu unterscheiden.

2.1 Grundrechte als Abwehrrechte

Bei umweltbelastenden Maßnahmen des Staates kommen die Grundrechte in ihrer abwehrrechtlichen Dimension zum Tragen. Oftmals stellt sich hier allerdings die Frage, ob sich eine bestimmte Maßnahme dem Staat zurechnen lässt. Unproblematisch ist dies bei Eingriffen, denen eigene Maßnahmen des Staates zugrunde liegen.[7] So liegt es beispielsweise eindeutig in staatlicher Verantwortung, wenn Grundstücke für den Bau einer Autobahn unmittelbar in Anspruch genommen, also enteignet werden sollen. Hier kann der Betroffene Art. 14 GG als Abwehrrecht geltend machen. Soweit der Schutz des Art. 14 GG in diesem Fall reicht, kommt er auch der durch den Autobahnbau voraussichtlich betroffenen Umwelt zugute.[8]

Umstritten ist die Geltung der Grundrechte in ihrer abwehrrechtlichen Funktion hingegen, wenn grundrechtliche Schutzgüter unmittelbar nur durch das Handeln Privater beeinträchtigt werden.[9] Zu dieser Frage hat das BVerfG für den Fall der atomrechtlichen Genehmigung in seiner Mülheim-Kärlich-Entscheidung ausgeführt, dass der Staat hierdurch eine Mitverantwortung für die von der genehmigten Anlage ausgehenden Gefährdungen übernehme. Hieraus folgert das Gericht, dass bei der verfassungsrechtlichen Beurteilung der materiell- und verfahrensrechtlichen Vorschriften für die Genehmigung von Kernkraftwerken nicht weniger strenge Maßstäbe anzulegen seien als bei der Prüfung staatlicher Eingriffsgesetze.[10] Diese Ausführungen sind indes nicht auf andere Anlagenzulassungen übertragbar. Denn anders als im sonstigen Anlagenrecht hat der Staat im Atomrecht nicht eine durch die soziale und wirtschaftliche Entwicklung vorgegebene Tätigkeit von Privaten im Allgemein-

---

5   Vgl. hinsichtlich der Eigentumsgarantie den „Waldschadensfall" BVerfG, B. v. 26.5.1998, NJW 1998, S. 3264; Kloepfer, Umweltrecht, § 3 Rdnr. 44.

6   Steinberg, NJW 1996, S. 1985 f. Keine Deckungsgleichheit von grundrechtlich geschütztem Individualrechtsgut und Umweltgut ist nur im Planfeststellungsrecht beim von enteignungsrechtlicher Vorwirkung Betroffenen erforderlich, da dieser auch Verstöße gegen rein umweltschützende Vorschriften geltend machen kann, Steinberg, Rudolf / Berg, Thomas / Wickel, Martin: Fachplanung, 3. Aufl., Baden-Baden 2000, § 6 Rdnr. 25.

7   Steinberg, Der ökologische Verfassungsstaat, S. 77.

8   Vgl. Steinberg, NJW 1996, S. 1985, 1986. Nach Ansicht des BVerwG fehlt Naturschutzverbänden, die Grundeigentum allein zur Erlangung der formalen Voraussetzungen für die Prozessführung erworben haben, die Klagebefugnis, BVerwG, Urt. v. 27.10.2000, NVwZ 2001, S. 427 ff. Ob dies mit der durch Art. 14 GG geschützten formalen Eigentümerstellung vereinbar ist, wird z. T. bezweifelt, Masing, Johannes: Relativierung des Rechts durch Rücknahme verwaltungsgerichtlicher Kontrolle. In: NVwZ 2002, S. 810-815.

9   Dazu Steinberg, NJW 1996, S. 1985, 1986 f. m. w. N.

10 BVerfG, B. v. 20.12.1979, BVerfGE 53, 30 (57 f.) = NJW 1980, S. 759.

interesse einer rechtlichen Regelung unterworfen, sondern durch sein finanzielles Engagement und seine Gesetzgebung die wirtschaftliche Nutzung der Kernenergie überhaupt erst ermöglicht. Er hat damit zugleich maßgeblich Risiken für die Schutzgüter des Art. 2 Abs. 2 S. 1 GG herbeigeführt, was seine Verantwortung begründet. Dementsprechend betont das Gericht an anderer Stellen die „Sonderstellung des Atomrechts" bzw. den „Sonderfall der atomrechtlichen Genehmigung".[11]

Der diesem Ausnahmefall gegenüberstehende Grundsatz, wonach dem Staat umweltbeeinträchtigende Maßnahmen Privater nicht zugerechnet werden können – und zwar auch dann nicht, wenn diese Maßnahmen staatlich zugelassen sind[12] –, kommt etwa in der Entscheidung zu immissionsbedingten Waldschäden zum Ausdruck.[13] Nachdem das Gericht dort zunächst einen Verstoß gegen das grundrechtliche Abwehrrecht aus Art. 14 Abs. 1 S. 1 GG mit der Begründung verneint, dass ein Zusammenhang zwischen einer angeblichen staatlichen „Politik der hohen Schornsteine" und den durch Luftverunreinigungen bedingten Waldschäden nicht hinreichend substantiiert dargelegt worden sei, führt es aus, dass auch die staatliche Zulassung luftverunreinigender Nutzungen keinen staatlichen Eingriff darstelle. Die Nutzung von Kernkraftwerken[14], Industrieanlagen, Hausfeuerungsanlagen und Kraftfahrzeugen, die mit der zugrundeliegenden Verfassungsbeschwerde für die Luftverunreinigung und dadurch verursachte Waldschäden verantwortlich gemacht wurden, falle in den grundrechtlichen Freiheitsbereich der Bürger. Daher erweitere die „staatliche Zulassung" dieser Nutzungen den Rechtskreis der privaten Nutzer nicht, sondern lasse nur die Sperre der Präventivkontrolle entfallen.[15] Des Weiteren nimmt das Gericht an, dass der Staat auch nicht auf andere Weise maßgeblich zu der allgemeinen Luftverunreinigung beigetragen habe.[16] Zur Begründung dieses letzten Gesichtspunkts wird angeführt, dass es „keine staatliche Grundsatzentscheidung" gegeben habe, die den entscheidenden Anstoß zur privaten Techniknutzung und der damit verbundenen Inanspruchnahme von Luft gegeben habe; vielmehr habe der Staat die Möglichkeiten zur Techniknutzung „im *allgemeinen* nur begleitet".[17] Eine Ausnahme von diesem allgemeinen Tatbestand stellt wie erwähnt die Nutzung der Kernenergie dar.

Oftmals ist es bereits schwierig zu entscheiden, ob das grundrechtsbeeinträchtigende Rechtssubjekt als grundrechtsverpflichteter Staat oder als grundrechtsberechtigter Privater anzusehen ist.[18] Dies betrifft vor allem auch den Fall, dass öffentliche Infrastruktureinrichtungen von privaten bzw. privatrechtlich organisierten Rechtssubjekten betrieben werden.

---

11 BVerfG, B. v. 8.8.1978, BVerfGE 49, 89 (146) = NJW 1979, S. 359; BVerfG, B. v. 31.5.1988, BVerfGE 78, 214 (227) = NJW 1989, S. 666. Hierzu Steinberg, NJW 1996, S. 1985, 1986; ders., Der ökologische Verfassungsstaat, S. 78 f.

12 Dies ist allerdings in der Literatur umstritten, siehe dazu etwa Callies, Christian: Rechtsstaat und Umweltstaat, Tübingen 2001, S. 311 m. w. N.

13 BVerfG, B. v. 26.5.1998, NJW 1998, S. 3264. Zu diesem Aspekt Murswiek, Dietrich: Umweltrecht und Grundgesetz. In: Die Verwaltung 33 (2000), S. 241-283 (256 ff.).

14 Soweit dort Kernkraftwerke in Bezug genommen werden, ist zu beachten, dass sich dies nur auf die großräumigen Luftverunreinigungen bezieht, die nach den Behauptungen des Bf. auch von Kernkraftwerken ausgehen, nicht jedoch auf atomare Risiken, die den „Sonderfall der atomrechtlichen Genehmigung" begründen.

15 BVerfG, B. v. 26.5.1998, NJW 1998, S. 3264, 3265.

16 BVerfG, B. v. 26.5.1998, NJW 1998, S. 3264 f. Zweifelnd, ob kein Eingriff vorliegt hingegen v. Hippel, Eike: Keine Entschädigung für Waldsterben. In: NJW 1998, S. 3254-3255.

17 BVerfG, B. v. 26.5.1998, NJW 1998, S. 3264 f. Hervorhebung durch die Verfasser.

18 Dieser Antagonismus (sog. Konfusionsargument) entspricht der hergebrachten Grundrechtsdogmatik, vgl. nur BVerfG, B. v. 2.5.1967, BVerfGE 21, 362 (369 f.); Krüger, Hartmut / Sachs, Michael, in: Sachs, Michael: Grundgesetz, 3. Aufl., München 2003, Art. 19 Rdnr. 90; Krebs, Walter, in: von Münch, Ingo / Kunig, Philip, Grundgesetz, Band 1, 5. Aufl., München 2000, Art. 19 Rdnr. 41.

Das BVerfG hat hierzu in seinem Beschluss zur Hamburger Elektrizitätswerke AG entschieden, dass diese nicht grundrechtsberechtigt sei, da sie zum einen eine Aufgabe der Daseinsvorsorge erfülle und sich die AG zu 72 % in öffentlicher Hand befinde, so dass die öffentliche Hand auf die Geschäftsführung maßgeblich Einfluss nehmen könne.[19] Zum anderen unterliege die Hamburger Elektrizitätswerke AG im Energieversorgungsbereich ohnehin solch engen rechtlichen Bindungen, dass insoweit von einer privatrechtlichen Selbstständigkeit nahezu nichts übrigbleibe.[20] Dieser Beschluss und die dort genannten Kriterien haben jedoch eher eine Diskussion zur Frage der Grundrechtsfähigkeit und -gebundenheit gemischtwirtschaftlicher Unternehmen angestoßen als eine Klärung bewirkt.[21] Ausdruck der in diesem Bereich nach wie vor bestehenden verfassungsrechtlichen Unsicherheiten sind etwa die Ausführungen des Verwaltungsgerichtshofs Kassel zum Betrieb des Flughafens Frankfurt/Main, wonach die Fraport AG als Betreiberin die bestandskräftigen Zulassungsentscheidungen auch insoweit, als diese keine Beschränkungen vorsehen, nur „bis zu den Grenzen einer Grundrechtsverletzung ausnutzen" dürfe.[22] Damit geht das Gericht implizit von einer Grundrechtsverpflichtung der Fraport AG aus, ohne diese zu begründen.[23] Angesichts solcher Judikate, welche den Doppelcharakter der betreffenden Unternehmen als Infrastrukturträger und Wirtschaftsunternehmen nicht hinreichend berücksichtigen, wäre eine Fortentwicklung der bisherigen verfassungsgerichtlichen Rechtsprechung zu diesem Fragenkreis hilfreich.

2.2 Grundrechtliche Schutzpflichten

Soweit umweltrelevante Grundrechtseingriffe nicht vom Staat ausgehen bzw. diesem nicht zugerechnet werden können, kommt unter bestimmten Voraussetzungen die vom BVerfG begründete grundrechtliche Schutzpflicht des Staates zum Tragen.

2.2.1 Entwicklung umweltbezogener grundrechtlicher Schutzpflichten

Nach der ständigen Rechtsprechung des BVerfG folgen aus den Grundrechten nicht nur Abwehrrechte, sondern vor allem auch die Verpflichtung des Staates zum Schutz grundrechtlicher Schutzgüter. Diese Schutzpflicht leitet das BVerfG aus dem Verständnis der Grund-

---

19 Kritisch zur Auffassung, die Erfüllung öffentlicher Aufgaben führe zum Grundrechtsausschluss, Dreier, Horst, in: ders.: Grundgesetz, Band I, 2. Aufl., Tübingen 2004, Art. 19 III Rdnr. 53 m. w. N. zur diesbezüglichen Rechtsprechung des Bundesverfassungsgerichts.

20 BVerfG, B. v. 16.5.1989, NJW 1990, S. 1783. Kritisch zu diesem Beschluss etwa Koppensteiner, Hans-Georg: Zur Grundrechtsfähigkeit gemischtwirtschaftlicher Unternehmungen. In: NJW 1990, S. 3105-3114. Siehe auch etwa Schmidt-Preuß, Matthias: Atomausstieg und Eigentum. In: NJW 2000, S. 1524-1529 (1524 f.).

21 Vgl. hierzu Fischer-Lescano, Andreas / Maurer, Andreas: Grundrechtsbindung von privaten Betreibern öffentlicher Räume. In: NJW 2006, S. 1393-1396 (1394).

22 VGH Kassel, Urt. v. 2.4.2003, NVwZ-RR 2003, S. 729, 731. Der VGH Kassel sieht die Fraport AG auch im Hinblick auf Art. 8 GG als grundrechtsverpflichtet an, siehe Beschluss vom 14.3.2003, NVwZ 2003, S. 874, 875, zur Begründung wird dort auf die Mehrheitsbeteiligung der öffentlichen Hand verwiesen. Zu dieser Entscheidung differenzierend Mikešic, Ivana: Versammlungs- und Demonstrationsrecht auf Flughafengelände. In: NVwZ 2004, S. 788-792.

23 Möglicherweise sieht der VGH Kassel die Fraport AG sogar als „staatliches Organ" an, das aufgrund grundrechtlicher Schutzpflichten (!) die Genehmigung nicht weiter ausnutzen darf, siehe urt. v. 2.4.2003, NVwZ-RR 2003, S. 729, 731 (vorletzter Absatz), wobei nicht ganz klar ist, ob dort die Fraport AG und/oder die genehmigende Behörde gemeint sind.

rechte als Elemente einer objektiven Wertordnung ab.[24] Das BVerfG hat die Schutzpflichtendogmatik, die zunächst im Hinblick auf den Schutz des ungeborenen Lebens entwickelt worden ist[25], auf Fälle der Bedrohung von Leben ausgedehnt[26] und bald danach auf Gefährdungen des Lebens und der körperlichen Unversehrtheit durch technische Risiken, also auf den Umweltbereich, erstreckt.[27] Für die Etablierung der Schutzpflichtendogmatik im Umweltbereich waren vor allem die drei Senatsentscheidungen des BVerfG Kalkar I, Mülheim-Kärlich und zum Flugplatz Düsseldorf-Lohausen von Bedeutung.[28] Diese Judikate, die sämtlich in die Zeit zwischen 1978 und 1981 fallen, werden als „Initialzündung für die dogmatische Entwicklung des Umweltverfassungsrechts" angesehen.[29] In der Literatur ist dem Schutzpflichtenkonzept des BVerfG im Ansatz ganz überwiegend zugestimmt worden[30], wobei allerdings die hohen Anforderungen an die Feststellung einer Schutzpflichtverletzung oftmals kritisch bewertet werden.[31]

2.2.2 Auslösung der Schutzpflicht

Die Schutzpflicht wird grundsätzlich ausgelöst bei gegenwärtigen rechtswidrigen Beeinträchtigungen grundrechtlicher Schutzgüter durch Private.[32] Nach der Rechtsprechung des BVerfG liegen bloße Grundrechtsgefährdungen grundsätzlich im Vorfeld verfassungsrechtlich relevanter Grundrechtsbeeinträchtigungen, allerdings könnten sie unter bestimmten Voraussetzungen Grundrechtsverletzungen gleichstehen.[33] Um welche Voraussetzungen es sich hierbei handele, habe das Gericht noch nicht abschließend entschieden.[34] Im ersten Kalkar-Beschluss heißt es, dass die Zulassung eines Risikos – im konkreten Fall ging es um die Genehmigung eines Kernkraftwerks – dann „aus verfassungsrechtlicher Sicht" ausscheidet,

---

24 Siehe etwa BVerfG, B. v. 8.8.1978, BVerfGE 49, 89 (141 f.); vgl. auch BVerfG, B. v. 20.12.1979, BVerfGE 53, 30 (57). Dazu grundlegend Hermes, Georg: Das Grundrecht auf Schutz von Leben und Gesundheit, Heidelberg 1987, S. 187 ff. und passim. Siehe auch etwa Steinberg, NJW 1996, S. 1985, 1987 und Murswiek, Die Verwaltung 33 (2000), S. 241, 242. Grundlegend zur objektiven Wertordnung BVerfGE 7, 198 (205). Kritisch zur objektiven Wertordnung etwa Böckenförde, Ernst-Wolfgang: Grundrechte als Grundsatznormen. In: Der Staat 1990, S. 1-31.

25 BVerfG, Urt. v. 25.2.1975, BVerfGE 39, 1 (42) = NJW 1975, S. 573 (Schwangerschaftsabbruch I).

26 BVerfG, Urt. v. 16.10.1977, BVerfGE 46, 160 (164 f.) = NJW 1977, S. 225 (Schleyer); BVerfG, B. v. 1.8.1978, BVerfGE 49, 24 (53) = NJW 1978, S. 2235 (Kontaktsperre).

27 Zu dieser Entwicklung der Schutzpflichtenrechtsprechung Steinberg, NJW 1996, S. 1985, 1987.

28 BVerfG, B. v. 8.8.1978, BVerfGE 49, 89; BVerfG, B. v. 20.12.1979, BVerfGE 53, 30; BVerfG, B. v. 14.1.1981, BVerfGE 56, 54.

29 Murswiek, Die Verwaltung 33 (2000), S. 241, 242.

30 Hermes: Grundrecht auf Schutz, S. 187 ff. und passim; Klein, Eckart: Grundrechtliche Schutzpflichten des Staates. In: NJW 1989, S. 1633-1640; Klein, Hans H.: Die grundrechtliche Schutzpflicht. In: DVBl. 1994, S. 489-497; Steinberg, Rudolf: Grundfragen des öffentlichen Nachbarrechts. In: NJW 1984, S. 457-464. Kritisch generell zum objektivrechtlichen Gehalt von Grundrechten, deren zentralen Begriff die Schutzpflicht darstelle, Böckenförde, Der Staat 1990, S. 1 ff., 12.

31 Hierzu näher unten 2.2.4.

32 Vgl. BVerfG, Urt. v. 25.2.1975, BVerfGE 39, 1 (42) = NJW 1975, S. 573 (Schwangerschaftsabbruch I). Vgl. auch Steinberg, Der ökologische Verfassungsstaat, S. 322.

33 BVerfG, B. v. 8.8.1978, BVerfGE 49, 89 (141 f.); BVerfG, B. v. 19.6.1979, BVerfGE 51, 324 (346 f.) = NJW 1979, 2349; BVerfG, Urt. v. 3.10.1979, BVerfGE 52, 214 (220) = NJW 1979, 2607; BVerfG, B. v. 20.12.1979, BVerfGE 53, 30 (59); BVerfG, B. v. 14.1.1981, BVerfGE 56, 54 (77 f.). Vgl. Lübbe-Wolff, Gertrude: Die Grundrechte als Eingriffsabwehrrechte, Baden-Baden 1988, S. 56 ff. Siehe auch BVerfG, B. v. 17.2.1997, NJW 1997, S. 2509 (elektromagnetische Felder), dazu Determann, Lothar: BVerfG zur staatlichen Pflicht zum Schutz der Gesundheit vor elektromagnetischen Feldern. In: NJW 1997, S. 2501-2503.

34 BVerfG, B. v. 16.12.1983, BVerfGE 66, 39 (58) = NJW 1984, 601; BVerfG, B. v. 29.10.1987, BVerfGE 77, 170 (220) = NJW 1988, S. 1651.

„wenn die Errichtung oder der Betrieb der Anlage zu Schäden führt, die sich als Grundrechtsverletzung darstellen. Das Gesetz nimmt insoweit jedenfalls keinen anlagespezifischen
Rest- oder Mindestschaden irgendwelcher Art in Kauf, der im Lichte des Grundrechts des
Art. 2 Abs. 2 Satz 1 oder anderer Grundrechte als Grundrechtsverletzung anzusehen wäre.“[35]
Geboten ist damit der sichere Ausschluss solcher Ereignisse, die bei ungehindertem Kausal-
verlauf mit hinreichender Wahrscheinlichkeit zu einem Schaden für die geschützten Rechtsgüter führten.[36] Bislang sind diese Voraussetzungen nicht näher präzisiert worden, so dass
nach wie vor unklar bleibt, unter welchen Bedingungen der Staat zum Schutz vor Risiken
verpflichtet ist.[37]

Besonders bedenklich ist die Annahme des Gerichts in einigen Entscheidungen, dass
staatliche Stellen nicht zum Schutz verpflichtet seien, wenn kein Nachweis schädlicher Wirkungen vorliege.[38] Der Nachweis der Schädlichkeit ist jedoch bei den oftmals komplexen
Wirkungszusammenhängen kaum möglich.[39] Dies führt dazu, dass bei zahlreichen neuen
technischen Entwicklungen, die – möglicherweise – mit Gefährdungen für grundrechtliche
Schutzgüter, insbesondere die Gesundheit, einhergehen, die Grundrechtsträger schutzlos gestellt sind.[40]

Weiterhin ist bemerkenswert, dass das BVerfG einer klaren Entscheidung über die mit
der Zulassung kerntechnischer Anlagen verbundenen (stochastischen) Schäden – das Gleiche gilt für die Zulassung der Emission oder Verwendung karzinogener Stoffe – ausweicht,
indem es diese einfach ignoriert. Es leugnet damit den Zwang zu „tragic choices“ – der Zulassung bestimmter Technologien auf Kosten wichtiger oder, beim Leben, sogar höchster
Werte der Gesellschaft – und vermeidet es, eine Begründung dafür zu geben, dass und warum das Leben ungeachtet der grundsätzlichen Bekenntnisse in der konkreten Situation keinesfalls als höchstes Gut behandelt wird.[41]

Das BVerfG nimmt indes in anderen Entscheidungen auch das Vorsorgeprinzip in den
Blick: Schon die „entfernte Wahrscheinlichkeit eines Schadenseintritts“[42] löse die staatlichen
Schutzpflichten zugunsten Dritter aus[43]; es gelte der „Grundsatz der bestmöglichen Gefah-
renabwehr und Risikovorsorge“.[44] Allerdings fehlen bislang noch präzisere Kriterien.[45]

Bislang ist in der verfassungsgerichtlichen Rechtsprechung – soweit ersichtlich – noch
nicht auf den in der Rechtswissenschaft zunehmend diskutierten Aspekt der zeitlichen Dimension staatlicher Schutzpflichten eingegangen worden. Dies betrifft die Frage, inwiefern
der Staat bereits gegenwärtig verpflichtet ist, Schutz vor Umweltbeeinträchtigungen zu ge-

---

35 BVerfG, B. v. 8.8.1978, BVerfGE 49, 89 (141).
36 Steinberg, Der ökologische Verfassungsstaat, S. 91 m.N.
37 Kritisch Murswiek, Die Verwaltung 33 (2000), S. 241, 251 f.
38 Vgl. BVerfG, B. v. 17.2.1997, NJW 1997, S. 2509, 2510; BVerfG, B. v. 28.2.2002, NJW 2002, S. 1638, 1639;
     BVerfG, B. v. 8.12.2004, NVwZ-RR 2005, S. 227, 228 (jeweils zu Mobilfunkanlagen bzw. elektromagneti-
     schen Feldern); Murswiek, Die Verwaltung 33 (2000), S. 241, 253.
39 Murswiek, Die Verwaltung 33 (2000), S. 241, 253.
40 Kritisch auch Murswiek, Die Verwaltung 33 (2000), S. 241, 253.
41 Steinberg, Der ökologische Verfassungsstaat, S. 92 f.
42 BVerfG, B. v. 8.8.1978, BVerfGE 49, 89 (142).
43 BVerfG, B. v. 20.12.1979, BVerfGE 53, 30 (57).
44 BVerfG, B. v. 8.8.1978, BVerfGE 49, 89 (139 u. 143).
45 Zur Kritik Murswiek, Die Verwaltung 33 (2000), S. 241, 249 ff.

währleisten, die erst in (fernerer) Zukunft zu Schädigungen oder Gefährdungen grundrechtlich geschützter Rechtsgüter führen können.[46]

2.2.3 Schutzpflicht und Schutzanspruch

Die Durchsetzung der grundrechtlichen Pflichten zum Schutz von Umweltgütern hängt nicht zuletzt auch davon ab, ob dem Einzelnen ein entsprechendes subjektives Recht auf Tätigwerden des Staates, d. h. insbesondere des Gesetzgebers, zusteht und damit die Verfassungsbeschwerde eröffnet ist, oder ob es sich bei den Schutzpflichten ausschließlich um objektivrechtliche Pflichten handelt.

Das BVerfG hat diese Frage zunächst nicht nur ausdrücklich offengelassen, sondern auch deutliche Zweifel an dem Vorliegen eines subjektiven Rechts geäußert.[47] In einem Kammerbeschluss vom 29.2.1988 wurde festgestellt, der einzelne Staatsbürger habe „grundsätzlich keinen verfolgbaren Anspruch auf ein Handeln des Gesetzgebers, es sei denn, der Beschwerdeführer könnte sich auf einen ausdrücklichen Auftrag des Grundgesetzes berufen, der Inhalt und Umfang der Gesetzgebungspflicht im wesentlichen umgrenzt."[48] Diese Zurückhaltung ist auf gewichtige Kritik in der Literatur gestoßen: Das Leugnen eines subjektiven Rechts sei grundsätzlich unvereinbar mit der menschenrechtlichen Tradition und dem auch in Art. 1 Abs. 1 S. 1 GG verankerten personalen Kern der Grundrechte. Im Übrigen sei es auch praktisch angesichts anderer Verfahren objektiver Rechtskontrolle als wenig realistischer Versuch anzusehen, die Machtbalance zwischen Verfassungsgericht und Gesetzgeber nicht weiter zu dessen Lasten zu verschieben.[49] Daraufhin hat das Gericht seine Auffassung stillschweigend geändert, allerdings nur für exekutivisches Unterlassen.[50] Demgegenüber ist bislang – soweit ersichtlich – in der verfassungsgerichtlichen Rechtsprechung offengelassen worden, ob der Einzelne das BVerfG mit einer gegen gesetzgeberisches Unterlassen gerichteten Verfassungsbeschwerde unmittelbar anrufen kann.[51]

2.2.4 Schutzpflichterfüllung und verfassungsgerichtliche Kontrolle

Das BVerfG hebt in ständiger Rechtsprechung hervor, dass dem Gesetzgeber wie der vollziehenden Gewalt bei der Erfüllung der grundrechtlichen Schutzpflichten ein weiter Einschätzungs-, Wertungs- und Gestaltungsbereich zukommt, der auch Raum lasse, etwa konkurrierende öffentliche und private Interessen zu berücksichtigen.[52] Die Entscheidung, wel-

---

46 Dies wird etwa unter dem Stichwort des „Nachweltschutzes" erörtert, hierzu Steinberg, NJW 1996, S. 1985, 1987 m. w. N. Hierzu eingehend Appel, Ivo: Staatliche Zukunfts- und Energievorsorge, Tübingen 2005, S. 115 ff.

47 Siehe BVerfG, B. v. 14.1.1981, BVerfGE 56, 54 (70 ff.).

48 1 BvR 206/88. Ebenso Steinberg, NJW 1984, S. 457, 460 f.

49 Hermes, Grundrecht auf Schutz, S. 208 ff.; Böckenförde, Der Staat 29 (1990), S. 1, 14 ff. Für die gleiche Reichweite von objektiver Schutzpflicht und subjektivem Schutzrecht plädiert auch Callies, Christian: Die grundrechtliche Schutzpflicht im mehrpoligen Verfassungsrechtsverhältnis. In: JZ 2006, S. 321-330 (328).

50 Seit BVerfG, B. v. 29.10.1987, BVerfGE 77, 170 (214) = NJW 1988, S. 1651.

51 So ausdrücklich in BVerfG, B. v. 26.5.1998, NJW 1998, 3264, 3265 unter Verweis auf BVerfG, B. v. 14.1.1981, BVerfGE 56, 54 (71 f.) = NJW 1981, S. 1655.

52 Siehe etwa BVerfG, B. v. 29.10.1987, BVerfGE 77, 170 (214 f.) = NJW 1988, S. 1651; BVerfG, B. v. 17.2.1997, NJW 1997, S. 2509; BVerfG, B. v. 2.12.1999, NVwZ 2000, S. 309, 310; BVerfG, B. v. 28.2.2002, NJW 2002, 1638, 1639; BVerfG, B. v. 8.12.2004, NVwZ-RR 2005, 227, 228. Zu diesem Kontrollmaßstab etwa Callies, Rechtsstaat und Umweltstaat, S. 321 ff.
Der Spielraum bei der Erfüllung der Schutzpflicht dürfte bei der Exekutive im Vergleich zur Legislative nur abgeschwächt bestehen, vgl. auch Murswiek, Die Verwaltung 33 (2000), S. 241, 259. Nach der Rechtspre-

che Maßnahmen geboten sind, könne deshalb nur begrenzt nachgeprüft werden. Das BVerfG könne einen Verstoß gegen grundrechtliche Schutzpflichten nur feststellen, wenn die öffentliche Gewalt Schutzvorkehrungen entweder überhaupt nicht getroffen hat oder die getroffenen Regelungen und Maßnahmen offensichtlich gänzlich ungeeignet oder völlig unzulänglich sind, das Schutzziel zu erreichen.[53] Diese Begrenzung der verfassungsrechtlichen Schutzpflicht auf eine Evidenzkontrolle sei geboten, weil es regelmäßig eine höchst komplexe Frage sei, wie eine positive staatliche Schutzpflicht durch aktive staatliche Maßnahmen zu verwirklichen ist.[54] Diese Beschränkung sei vor allem aus Gewaltenteilungsgründen erforderlich.[55]

Diese Rechtsprechung ist auf erhebliche Kritik gestoßen.[56] Angesichts der unzähligen umweltrechtlichen Regelungen ist es stets möglich, festzustellen, dass der Gesetzgeber überhaupt eine Schutzvorkehrung getroffen hat und diese nicht gänzlich ungeeignet bzw. völlig unzulänglich ist.[57] Die Anwendung des Evidenzkriteriums in der Rechtsprechung des Bundesverfassungsgerichts gewährleistet daher keinen effektiven Grundrechtsschutz.[58] Außerdem ist der Maßstab der bloßen Evidenzkontrolle mit den Kriterien nicht zu vereinbaren, die das BVerfG in der zweiten Schwangerschaftsabbruch-Entscheidung aufgestellt hat. Insofern drängt sich der Eindruck auf, dass hier Prüfungsmaßstäbe ergebnisorientiert gebildet und angewandt werden. Dort wird die Geltung eines so genannten Untermaßverbotes bei der Erfüllung staatlicher Schutzpflichten angenommen und ein *angemessener* Schutz verlangt. Maßgeblich sei, dass der Schutz „als solcher wirksam ist." Außerdem werden prozedurale Verpflichtungen begründet: Die Maßnahmen für den angemessenen und wirksamen Schutz müssten ausreichend sein und zudem auf sorgfältigen Tatsachenermittlungen und vertretbaren Einschätzungen beruhen.[59]

Ungeachtet der Kritik hält das BVerfG auch in jüngerer Rechtsprechung an seinem äußerst problematischen Maßstab zur Feststellung eines Schutzpflichtenverstoßes fest. Ein Beispiel für diese misslungene Schutzpflichtenrechtsprechung stellt der Ozon-Beschluss des BVerfG vom 29.11.1995 zu einer Verfassungsbeschwerde gegen die bundesrechtlichen Regelungen gegen das troposphärische Ozon dar. Die im zweiten Schwangerschaftsabbruch-Urteil entfaltete Schutzpflichtendogmatik wird dort nicht zur Kenntnis genommen. Vielmehr zieht sich das Gericht bzw. die Erste Kammer des Ersten Senats wieder auf die frühere und

---

chung des Bundesverfassungsgerichts ist es unter dem Gesichtspunkt des Vorbehalts des Gesetzes nicht erforderlich, dass die Entscheidungen über Art und Ausmaß der Risiken, die im Einzelfall hingenommen werden müssen, sowie über das Verfahren ihrer Ermittlung durch förmliches Gesetz getroffen werden. Vielmehr hält das Gericht es für verfassungsgemäß, wenn dies im Wege der Rechtsverordnung erfolgt, BVerfG, B. v. 2.12.1999, NVwZ 2000, S. 309, 311 unter Hinweis auf BVerfG, B. v. 8.8.1978, BVerfGE 49, 89, 138 = NJW 1979, S. 359.

53   Vgl. BVerfG, B. v. 14.1.1981, BVerfGE 56, 54 (81) = NJW 1981, S. 1655; BVerfG, B. v. 29.10.1987, BVerfGE 77, 170 (215) = NJW 1988, S. 1651; BVerfG, B. v. 30.11.1988, BVerfGE 79, 174 (202) = NJW 1989, S. 1271; BVerfG, B. v. 2.12.1999, NVwZ 2000, S. 309, 310.

54   BVerfG, B. v. 14.1.1981, BVerfGE 56, 54 (81 f.) = NJW 1981, S. 1655; BVerfG, B. v. 26.5.1998, NJW 1998, S. 3264, 3265; BVerfG, B. v. 2.12.1999, NVwZ 2000, S. 309, 310.

55   BVerfG, B. v. 26.5.1998, NJW 1998, S. 3264, 3265. Bei der Frage der Zuständigkeit des Bundes- oder Landesgesetzgebers für den Erlass umweltrechtlicher Regelungen ist auch die neuere Rechtsprechung des Bundesverfassungsgerichts zu den Voraussetzungen des Art. 72 Abs. 2 GG zu beachten, BVerfG, Urt. v. 27.7.2004, BVerfGE 111, 226 (252 ff.) = NJW 2004, S. 2803 und BVerfG, Urt. v. 24.10.2002, BVerfGE 106, 62 (135 ff.) = NVwZ 2003, S. 197.

56   Siehe aus jüngerer Zeit die Kritik bei Murswiek, Die Verwaltung 33 (2000), S. 241, 244 ff., 262 f. m. w. N.

57   Siehe Steinberg, NJW 1996, S. 1985, 1988.

58   Murswiek, Die Verwaltung 33 (2000), S. 241, 249.

59   BVerfG, Urt. v. 28.5.1993, BVerfGE 88, 203 (254 – Schwangerschaftsabbruch II).

auch in aktueller Rechtsprechung herangezogene Formel „evident unzureichender Maßnahmen" zurück. Das Gericht hätte – entsprechend der im zweiten Schwangerschaftsabbruch-Urteil geforderten Voraussetzung wirksamen Schutzes – der Frage nachgehen müssen, ob der Gesetzgeber wirksame Schutzmaßnahmen auf der Basis des verfügbaren Tatsachenwissens und im Rahmen einer verlässlichen Prognose getroffen hat. Für die Feststellung der Wirksamkeit wäre die Praktikabilität der Regelung zu untersuchen und Zweifeln hinsichtlich der Bestimmtheit und Geeignetheit nachzugehen gewesen.[60] Angesichts der erwiesenen Schädlichkeit des photochemischen Smogs für Menschen ebenso wie für Flora und Fauna[61] wäre es insbesondere auch geboten gewesen, zu überprüfen, ob die Auswirkungen auf die ozonempfindliche Personengruppe – auch wenn diese Auswirkungen nicht zu dauerhaften Schäden führten – nicht eine Grundrechtsverletzung darstellen, die ja nach der Rechtsprechung des BVerfG verfassungsrechtlich nicht hinzunehmen ist.[62]

Bedauerlicherweise werden von der entscheidenden Kammer noch nicht einmal die richtigen Fragen gestellt. Im Ozon-Fall wäre es auch ohne weiteres möglich gewesen, eine evidente Schutzpflichtverletzung festzustellen.[63] Damit nimmt das Gericht seine eigene Rechtsprechung zu den grundrechtlichen Schutzpflichten im Umweltbereich selbst nicht ernst. Der Ozon-Beschluss lässt damit erkennen, dass das BVerfG seine Rolle im verfassungsrechtlichen Umweltschutz noch nicht gefunden hat.

Leider hat das Gericht auch in weiterer Rechtsprechung an seinen bedenklichen Prüfungsmaßstäben festgehalten. So führt es in einem Beschluss vom 28.2.2002 zur Schutzpflicht des Staates gegenüber den möglicherweise nachteiligen Wirkungen elektromagnetischer Felder, die von Mobilfunkanlagen verursacht werden, wiederum aus, dass eine Verletzung der Schutzpflicht nach Art. 2 Abs. 2 S. 1 GG nur vorliege, „wenn die öffentliche Gewalt Schutzvorkehrungen überhaupt nicht getroffen hat oder die getroffenen Maßnahmen gänzlich ungeeignet oder völlig unzulänglich sind, das gebotene Schutzziel zu erreichen, oder erheblich dahinter zurückbleiben [...].“[64]

Eine besondere Konstellation lag der so genannten Waldschadens-Entscheidung zugrunde. Dort rügte der Beschwerdeführer eine Verletzung der grundrechtlichen Schutzpflicht durch Unterlassen des Gesetzgebers, finanzielle Ausgleichsregelungen für die von Luftverschmutzungen betroffenen Waldeigentümer zu schaffen. Nach der dargestellten Rechtsprechung kommt dem Gesetzgeber bei der Frage, auf welche Weise der erforderliche Schutz gewährt wird, grundsätzlich ein weiter Spielraum zu. Möglicherweise kann der gebotene Schutz auch durch Entschädigung(sregelungen) gewährt werden.[65] Das Gericht ließ im Waldschadensfall wie bereits erwähnt offen, ob überhaupt eine Verfassungsbeschwerde gegen ein Unterlassen des Gesetzgebers in Betracht kommt. Die Möglichkeit des Bestehens einer Schutzpflicht zum Erlass von Ausgleichsregelungen hat es zwar nicht von vornherein verneint, allerdings hält das Gericht dies nur für denkbar, wenn sich der Gestaltungsspielraum des Gesetzgebers auf diese Lösung verengt habe, was nicht der Fall sei.[66] Die erforder-

---

60 Steinberg, Der ökologische Verfassungsstaat, S. 330 m. w. N.
61 Siehe die Nachweise bei Steinberg, Der ökologische Verfassungsstaat, S. 329 f.
62 Vgl. hierzu BVerfG, B. v. 8.8.1978, BVerfGE 49, 89 (140 f.).
63 Murswiek, Die Verwaltung 33 (2000), S. 241, 246 f.
64 BVerfG, B. v. 28.2.2002, NJW 2002, S. 1638, 1639 unter Verweis auf BVerfG, B. v. 14.1.1981, BVerfGE 56, 54 (81); BVerfG, B. v. 26.1.1988, BVerfGE 77, 381 (405) = NVwZ 1988, S. 427; BVerfG, B. v. 30.11.1988, BVerfGE 79, 174 (202) = NJW 1989, S. 1271. Bestätigend wird auf den Beschluss vom 28.2.2002 im Beschluss des BVerfG v. 8.12.2004, NVwZ-RR 2005, S. 227, 228 Bezug genommen.
65 Murswiek, Die Verwaltung 33 (2000), S. 241, 254 m. N.
66 BVerfG, B. v. 26.5.1998, NJW 1998, S. 3264, 3265 f.

liche evidente Schutzpflichtverletzung liege vor allem angesichts der vom Staat bereits getroffenen Maßnahmen zum Schutz der Waldeigentümer jedenfalls nicht vor.[67]

Zusammenfassend ist festzustellen, dass die mit den genannten Leitentscheidungen (oben 2.2.1) verbundenen Erwartungen an einen wirksamen verfassungsrechtlichen Umweltschutz durch die nachfolgende Kammerrechtsprechung – eine Senatsentscheidung zu umweltbezogenen Schutzpflichten ist nach 1981 nicht mehr ergangen[68] – nicht erfüllt worden sind. Dies ist auf die dargestellte äußerst zurückhaltende verfassungsgerichtliche Kontrolle zurückzuführen, welche die staatlichen Schutzpflichten geradezu ins Leere laufen lässt. Dementsprechend ist durch das BVerfG bislang in keinem Fall ein Schutzpflichtenverstoß im Umweltbereich festgestellt worden.[69] Damit werden die Grundrechte letztlich wieder das, was nach den Erfahrungen mit der Weimarer Verfassung durch das Grundgesetz verhindert werden sollte, nämlich zu bloßen Programmsätzen. Es stellt sich daher die Frage, ob die Annahme grundrechtlicher Schutzpflichten – so wie sie das BVerfG im Umweltbereich handhabt – überhaupt Sinn macht oder nicht vielmehr verzichtbar ist.

2.2.5 Grundrechtsschutz durch Verfahren

Aus den grundrechtlichen Schutzpflichten hat das BVerfG auch die Erforderlichkeit des Grundrechtsschutzes durch Verfahren abgeleitet.[70] Von besonderer Bedeutung ist insoweit die Mülheim-Kärlich-Entscheidung des BVerfG zu atomrechtlichen Verfahrensvorschriften[71], der allgemein eine besondere Bedeutung für die Begründung des Grundrechtsschutzes durch Verfahren zuerkannt wird.[72] Das Gericht sieht es dort als Umsetzung der grundrechtlichen Schutzpflicht des Staates an, die Verwirklichung bestimmter Anlagen von einer vorherigen behördlichen Zulassung abhängig zu machen, die wiederum unter der Voraussetzung der Einhaltung bestimmter, auch verfahrensrechtlicher Anforderungen steht.[73] Zu diesen für die Schutzpflichterfüllung besonders bedeutsamen Vorgaben zählen vor allem die verfahrensrechtlich vorgesehenen Beteiligungsmöglichkeiten Betroffener.[74] Die Ausführungen des BVerfG in der Mülheim-Kärlich-Entscheidung zum Grundrechtsschutz durch Verfahren sind dabei nicht auf den Atombereich beschränkt, sondern beanspruchen allgemeine Geltung.[75] Bislang konnte es das Gericht offen lassen, ob die Schutzpflicht unter Umständen auch die Einführung eines förmlichen Verfahrens mit Öffentlichkeitsbeteiligung gebietet.[76] Allerdings

---

67 BVerfG, B. v. 26.5.1998, NJW 1998, S. 3264, 3265 f. Ablehnend Hippel, NJW 1998, S. 3254 ff. und Murswiek, Die Verwaltung 33 (2000), S. 241, 258 ff. Bereits zuvor war eine Verfassungsbeschwerde, mit der ein gesetzgeberisches Unterlassen beim Schutz vor Luftverschmutzung gerügt worden war, mangels evidenter Schutzpflichtverletzung erfolglos geblieben, BVerfG, B. v. 14.9.1993, NJW 1983, S. 2931 f.

68 Dazu Murswiek, Die Verwaltung 33 (2000), S. 241, 262.

69 Vgl. hierzu Murswiek, Die Verwaltung 33 (2000), S. 241, 262.

70 Vgl. BVerfG, B. v. 26.1.1988, BVerfGE 77, 381 (405 f.) = NVwZ 1988, S. 427; BVerfG, B. v. 8.2.1983, BVerfGE 63, 131 (143); BVerfG, B. v. 20.12.1979, BVerfGE 53, 30 (57 ff.); BVerfG, B. v. 27.9.1978, BVerfGE 49, 220 (225); BVerfG, Urt. v. 18.7.1972, BVerfGE 33, 303 (341). Vgl. hierzu Müller, Henrik: Verfahrensartfehler, Baden-Baden 2005, S. 171 ff.

71 BVerfG, B. v. 20.12.1979, BVerfGE 53, 30 ff.

72 Hierzu Müller, Verfahrensartfehler, S. 171 ff. m. w. N.

73 BVerfG, B. v. 20.12.1979, BVerfGE 53, 30 (57).

74 Siehe BVerfG, B. v. 20.12.1979, BVerfGE 53, 30 (60 u. 66). Vgl. dazu etwa Müller, Verfahrensartfehler, S. 171 f.

75 Dies folgt bereits daraus, dass in dieser Entscheidung an maßgeblichen Stellen auf Rechtsprechung und Literatur zu anderen Rechtsgebieten Bezug genommen wird, dazu Müller, Verfahrensartfehler, S. 172 f. m. w. N.

76 BVerfG, B. v. 2.12.1999, NVwZ 2000, S. 309, 311; BVerfG, B. v. 29.10.1987, BVerfGE 77, 170 (229) = NJW 1988, S. 1651; BVerfG, B. v. 20.12.1979, BVerfGE 53, 30 (61).

hat es auch darauf hingewiesen, dass „bei der Einrichtung großtechnischer Anlagen die außerordentliche Höhe der erforderlichen Investitionen für eine Vorverlagerung des Rechtsschutzes durch Beteiligung am Verfahren sprechen [mag], damit einer faktischen Vorprägung nachträglicher Entscheidungen im gerichtlichen Rechtsschutz vorgebeugt werden kann (...).“[77]

3 Staatszielbestimmung des Art. 20a GG

Das BVerfG hat die in der Verwaltungsrechtsprechung und Rechtslehre wohl einhellige Ansicht bestätigt, dass Art. 20a GG als Staatszielbestimmung keine subjektiven Rechte vermittelt.[78] Es hat außerdem entschieden, dass Art. 20a GG Beschränkungen von Grundrechten legitimieren kann, wenn die geschützten „hochrangigen Gemeinwohlbelange" die Interessen des Grundrechtsberechtigten überwiegen.[79] Unter anderem mit diesem Argument wurde im entschiedenen altlastenrechtlichen Fall begründet, dass ein Grundstückseigentümer allein wegen seiner Rechtsstellung verpflichtet werden kann, von dem Grundstück ausgehende Gefahren zu beseitigen, auch wenn er diese weder verschuldet noch verursacht hat.[80]

4 Umweltrechtliches Abgabenrecht

Von zunehmender Bedeutung ist des Weiteren die Rechtsprechung des BVerfG für das umweltrechtliche Abgabenrecht, das eine indirekte Verhaltenssteuerung mit dem Ziel des Umweltschutzes bezweckt.[81] Zu nennen sind insoweit vor allem die Entscheidungen zum „Wasserpfennig", zur kommunalen Verpackungssteuer und zu landesrechtlichen Abfallabgaben,

---

77 BVerfG, B. v. 2.12.1999, NVwZ 2000, S. 309, 311; BVerfG, B. v. 14.6.1988, BVerfGE 78, 290 (303 f.) = NVwZ 1988, S. 1015; BVerfG, B. v. 26.1.1988, BVerfGE 77, 381 (406) = NVwZ 1988, S. 427; BVerfG, B. v. 20.12.1979, BVerfGE 53, 30 (60).

78 BVerfG, B. v. 10.5.2001, NVwZ 2001, S. 1148, 1149 (Mühlenberger Loch). In dieser auf die Rechtspositionen eines Naturschutzverbandes bezogenen Entscheidung wird außerdem festgestellt, dass weder aus Art. 19 Abs. 4 S. 1 GG noch aus Art. 9 Abs. 1 GG ein Verbandsklagerecht folge. Zur Ablehnung eines subjektiven Gehalts des Art. 20a GG vgl. auch BVerwG, B. v. 19.12.1997, NVwZ 1998, S. 1080, 1081; BVerwG, Urt. v. 6.11.1997, NVwZ 1998, S. 398, 399; BVerwG, Urt. v. 18.4.1996, NVwZ 1996, S. 901, 904; Steinberg, NJW 1996, S. 1985, 1992; Hömig, Dieter, in: Seifert, Karl-Heinz / Hömig, Dieter, Grundgesetz, 7. Aufl., Baden-Baden 2003, Art. 20a Rdnr. 3 m. w. N.; Sparwasser, Reinhard / Engel, Rüdiger / Voßkuhle, Andreas, Umweltrecht, 5. Aufl., Heidelberg 2005, Kap. III Rdnr. 148. Zum mangelnden subjektiven Gehalt siehe vor allem auch den Bericht der Gemeinsamen Verfassungskommission, BT-Drs. 13/6000, S. 67.

79 BVerfG, B. v. 16.2.2000, BVerfGE 102, 1 = NJW 2000, S. 2573, 2575 (Altlasten; in Bezug auf Art. 14 GG). Vgl. auch BVerfG, B. v. 17.1.1996, NVwZ 1997, S. 159; vgl. dazu etwa Kloepfer, Umweltrecht, § 3 Rdnr. 10.

80 Kritisch hierzu etwa Bickel, Christian: Grenzen der Zustandshaftung des Eigentümers für die Grundstückssanierung bei Altlasten. In: NJW 2000, S. 2562-2563. Siehe zu dieser Entscheidung ausführlich auch Huber, Peter M. / Unger, Sebastian: Grundlagen und Grenzen der Zustandsverantwortlichkeit des Grundstückseigentümers im Umweltrecht. In: VerwArch 96 (2005), S. 139-173.

81 Hierzu eingehend Franzius, Claudio: Bundesverfassungsgericht und indirekte Steuerung im Umweltrecht. In: AöR 126 (2001), S. 403-440.

zur so genannten „Ökosteuer" sowie zum „Klärschlamm-Entschädigungsfonds" und zum „Solidarfonds Abfallrückführung".[82]

4.1 Wasserpfennig

Wasser unterfällt nicht einem grundrechtlich geschützten Freiheitsgebrauch.[83] Hieraus folgert das BVerfG im „Wasserpfennig-Beschluss", dass die Gestattung einer Entnahme von Wasser als wirtschaftlicher Nutzungsvorteil anzusehen sei, der durch eine Abgabe, den „Wasserpfennig", abgeschöpft werden dürfe.[84] Das Gericht vermeidet dabei allerdings eine klare abgabenrechtliche Einordnung des „Wasserpfennigs" und führt insoweit aus, dass die abgabenrechtliche Systematisierung und Katalogbildung keine Verfassungsfrage darstelle.[85] Dies ist insofern kritisch zu bewerten, als eine mangelnde rechtliche Einordnung überflüssige Unsicherheiten schafft und auf Grundlage des „Wasserpfennig-Beschlusses" bereits versucht worden ist, jede staatliche Ermöglichung umweltbelastender Maßnahmen als ausreichend für die Erhebung einer Abgabe als Vorzugslast zu qualifizieren.[86]

4.2 Kommunale Verpackungssteuer und Landesabfallabgaben

Die kommunale Verpackungssteuer, die den Verbrauch von Einwegverpackungen und Einweggeschirr senken sollte, ist vom BVerfG in seiner Entscheidung vom 7.5.1998 mit einer unerwarteten Begründung für verfassungswidrig erklärt worden. Die Verpackungssteuer wird in dieser Entscheidung als örtliche Verbrauchssteuer gemäß Art. 105 Abs. 2a GG qualifiziert, die bundesgesetzlich normierten Steuern nicht gleichartig sei.[87] Das BVerfG erklärt weiterhin, dass diese Abgabe auch zu Lenkungszwecken eingesetzt werden dürfe. Auch bedürfe es für eine steuerrechtliche Regelung mit einer außerfiskalischen Lenkungswirkung – auch wenn diese den Hauptzweck darstelle – keiner zusätzlichen Sachkompetenz, da das Grundgesetz zwischen Steuer- und Sachgesetzgebungskompetenz unterscheide.[88] Angesichts dieser geringen Anforderungen an örtliche Steuern musste das Gericht ein wirksames Kriterium entwickeln, um zu verhindern, dass die Sachkompetenzverteilung des Grundgesetzes durch steuerliche Regelungen unterlaufen wird. Es stellt hierfür auf das Erfordernis einer widerspruchsfreien Rechtsordnung ab, das aus der bundesstaatlichen Kompetenzordnung

---

82 BVerfG, B. v. 7.11.1995, BVerfGE 93, 319 = NVwZ 1996, S. 469 (Wasserpfennig); BVerfG, Urt. v. 7.5.1998, BVerfGE 98, 106 = NJW 1998, S. 2341 (Verpackungssteuer); BVerfG, Urt. v. 7.5.1998, BVerfGE 98, 83 = NJW 1998, S. 2346 (Landesabfallabgaben); BVerfG, Urt. v. 20.4.2004, NVwZ 2004, S. 846 ff. = BVerfGE 110, 274. (Ökosteuer); BVerfG, B. v. 18.5.2004, NVwZ 2004, S. 1477 = BVerfGE 110, 370 (Klärschlamm); BVerfG, Urt. v. 6.7.2005, NVwZ 2005, S. 1171 (Abfallrückführung).

83 BVerfG, B. v. 15.7.1981, BVerfGE 58, 300 ff. = NJW 1982, S. 745

84 BVerfG, B. v. 7.11.1995, BVerfGE 93, 319 = NVwZ 1996, S. 469. Mit der Entscheidung sind Verfassungsbeschwerden gegen das Wassergesetz Baden-Württemberg und das Hessische Gesetz über die Erhebung einer Abgabe für Grundwasserentnahmen zurückgewiesen worden. Siehe hierzu die Besprechung von Britz, Gabriele: Verfassungsmäßigkeit des Wasserpfennigs – BVerfG, NVwZ 1996, 469. In: JuS 1997, S. 404-410.

85 BVerfG, B. v. 7.11.1995, BVerfGE 93, 319 (345).

86 Dazu Franzius, AöR 126 (2001), S. 403, 413 f. m. w. N. Zu weiteren Aspekten vgl. Britz, JuS 1997, S. 404 ff.

87 BVerfG, Urt. v. 7.5.1998, BVerfGE 98, 106 (123 ff.). Auch nach Ansicht des Bundesverwaltungsgericht stellt Art. 105 Abs. 2a GG eine hinreichende Kompetenzgrundlage dar, BVerwG, B. v. 19.8.1994, BVerwGE 96, 272 (277 ff.) = NVwZ 1995, S. 59.

88 BVerfG, Urt. v. 7.5.1998, BVerfGE 98, 106 (118). Dies gilt nach Ansicht des Gerichts, solange die Regelung nicht verbotsgleich wirkt und damit nicht mehr als Steuer anzusehen ist.

und dem Rechtsstaatsprinzip folge.[89] Der Normadressat dürfe nicht widersprüchlichen Vorschriften ausgesetzt werden. Deshalb dürften Vorschriften, die auf Grundlage einer Steuerkompetenznorm erlassen worden seien, nur insoweit lenkend und damit mittelbar in den Kompetenzbereich des Sachgesetzgebers übergreifen, als die Lenkung weder der Gesamtkonzeption noch konkreten Einzelregelungen entgegenstehe.[90] Die kommunale Verpackungssteuer führe jedoch zu einem solchen unzulässigen Widerspruch, da sie dem vom Bundesgesetzgeber aufgrund seiner Sachkompetenz mit dem Kreislaufwirtschafts- und Abfallgesetz verfolgten Kooperationsprinzip zuwiderlaufe.[91] Mit entsprechender Begründung werden auch die Landesabfallabgaben für verfassungswidrig erklärt. Sie widersprächen dem im Bundesimmissionsschutzgesetz niedergelegten Kooperationskonzept.[92]

Diese Begründung des BVerfG ist unter verschiedenen Gesichtspunkten auf zum Teil scharfe, überwiegend berechtigte Kritik gestoßen.[93] Hervorzuheben sind hier die Bedenken gegenüber dem vom BVerfG aufgestellten zentralen Prüfungsmaßstab der Widerspruchsfreiheit der Rechtsordnung, der zu unbestimmt ist, um sichere Kompetenzabgrenzungen zwischen Steuer- und Sachgesetzgeber zu gewährleisten. Die Frage, ob eine Lenkungsabgabe der Gesamtkonzeption oder einzelnen Regelungen der Sachgesetzgebung zuwiderläuft, dürfte angesichts der Quantität und Komplexität des Normenbestandes oftmals nicht mit Gewissheit feststellbar sein. Da hiervon aber die Verfassungsmäßigkeit der jeweiligen Regelung abhängt, kann der Ansatz des BVerfG jedenfalls nicht als Schritt zu mehr Rechtssicherheit gewertet werden.[94] Auch die Argumentation des Gerichts zum kooperationsrechtlichen Gehalt der einschlägigen umweltrechtlichen Vorschriften ist kaum überzeugend.[95]

4.3 „Ökosteuer"

Das BVerfG hat mit Urteil vom 20.4.2004 Verfassungsbeschwerden gegen Vorschriften des Stromsteuergesetzes (StromStG) und des Mineralölsteuergesetzes (MinöStG) zurückgewiesen, die durch die Gesetze zur ökologischen Steuerreform[96] eingeführt worden sind.[97] Mit diesen Gesetzen ist vor allem eine Stromsteuer eingeführt sowie die bestehende Mineralölsteuer erhöht worden, um umweltschädliches Verhalten zu verteuern und gleichzeitig durch die steuerlichen Mehreinnahmen die Lohnnebenkosten zu senken.[98]

---

89 BVerfG, Urt. v. 7.5.1998, BVerfGE 98, 106 (118 f.).

90 BVerfG, Urt. v. 7.5.1998, BVerfGE 98, 106 (119).

91 BVerfG, Urt. v. 7.5.1998, BVerfGE 98, 106 (129 f.).

92 BVerfG, Urt. v. 7.5.1998, BVerfGE 98, 83 (100 f.).

93 Zur Kritik etwa Sendler, Horst: Grundrecht auf Widerspruchsfreiheit der Rechtsordnung? – Eine Reise nach Absurdistan? In: NJW 1998, S. 2875-2877; Bothe, Michael: Zulässigkeit landesrechtlicher Abfallabgaben. In: NJW 1998, S. 2333-2335; Kloepfer, Michael / Bröcker, Klaus T.: Das Gebot der widerspruchsfreien Normgebung als Schranke der Ausübung einer Steuergesetzgebungskompetenz nach Art. 105 GG. In: DÖV 2001, S. 1-12 (6 ff.); Franzius, AöR 126 (2001), S. 403, 416 ff. Grundsätzlich zustimmend hingegen etwa Di Fabio, Udo: Das Kooperationsprinzip – ein allgemeiner Rechtsgrundsatz des Umweltrechts. In: NVwZ 1999, S. 1153-1158.

94 Vgl. auch Schneider, Hans-Peter: Gesetzgebung und Einzelfallgerechtigkeit. In: ZRP 1998, S. 323-327 (327): „Denn was widersprüchlich ist oder nicht, bestimmen dann allein die Verfassungsrichter."

95 Jarass, Hans D.: Bemerkenswertes aus Karlsruhe: Kooperation im Immissionsschutzrecht und vergleichende Analyse von Umweltschutzinstrumenten. In: UPR 2001, S. 5-10 (6 f.; siehe auch die Nachweise bei Jarass in Fn. 6): „Käme die Argumentation nicht vom höchsten Gericht, würde man von einer unhaltbaren Position sprechen."

96 Gesetze vom 24.3.1999 (BGBl. I, 378), vom 16.12.1999 (BGBl. I, 2432) und vom 23.12.2002 (BGBl. I, 4602).

97 BVerfG, Urt. v. 20.4.2004, NVwZ 2004, S. 846 ff. = BVerfGE 110, 274.

98 Vgl. dazu Wernsmann, Rainer: Viel Lärm um nichts? – Die Ökosteuer ist verfassungsgemäß. In: NVwZ 2004, S. 819-821 (819).

Prüfungsmaßstab der Entscheidung ist allein Art. 3 Abs. 1 GG; Art. 12 Abs. 1 und Art. 14 Abs. 1 GG seien durch die Strom- und Mineralölsteuer nicht berührt.[99] Art. 3 Abs. 1 GG wird von den Beschwerdeführern (Dienstleistungsunternehmen, nämlich Kühlhausbetreiber und Transportunternehmen) als verletzt gerügt, weil sie nicht in die Steuervergünstigungen einbezogen seien, die im StromStG und MinöStG vorgesehen sind, allerdings nur für das produzierende Gewerbe. Dies führe zu Wettbewerbsverzerrungen und einer gleichheitswidrigen Belastung.

Das BVerfG führt aus, dass Art. 3 Abs. 1 GG im Steuerrecht den Grundsatz gleicher Zuteilung steuerlicher Lasten verbürge, wobei allerdings gewisse Ungleichheiten aufgrund der notwendigen Typisierung zulässig seien.[100] Weiterhin bestätigt das Gericht auch in dieser Entscheidung seine ständige Rechtsprechung, wonach Steuern auch zu Lenkungszwecken eingesetzt werden dürfen; der Lenkungszweck müsse allerdings ebenfalls gleichheitsgerecht ausgestaltet sein.[101] Vorteile, die auf einem ökologisch bedenklichen Umgang mit Gütern der Allgemeinheit beruhen, müssten dabei jedoch nicht auf Dauer erhalten bleiben. Wenn durch die Steuer ökologisch unerwünschtes Verhalten eingeschränkt werden soll, sei der Gesetzgeber durch Art. 3 Abs. 1 GG nicht gehindert, besonders problematische Wettbewerbssituationen durch Subventionen auszugleichen.[102]

Das BVerfG hebt – ähnlich wie bei den Schutzpflichten – hervor, dass dem Gesetzgeber eine große Gestaltungsfreiheit zukomme, wenn er ein bestimmtes Verhalten etwa aus umweltpolitischen Gründen fördern wolle. Die Grenze stelle insoweit nur das Verbot willkürlicher Verteilung von Leistungen bzw. Subventionen dar.[103]

Nach diesen Maßstäben sieht das Gericht keinen Verstoß der in Frage stehenden Vorschriften des StromStG und des MinöStG gegen den Gleichheitssatz. Es sei zulässig, das produzierende Gewerbe im Interesse der Sicherung des Wirtschaftsstandorts Deutschland durch Vergünstigungstatbestände vor Wettbewerbsnachteilen zu schützen.[104] Die Zwecke, über eine Verteuerung des Energieverbrauchs Anreize zu Energieeinsparungen zu bieten und damit günstige Umwelteffekte zu erzielen und gleichzeitig den Faktor Arbeit zu entlasten, seien legitim. Sie hielten sich im Rahmen der umwelt- und arbeitsmarktpolitischen Entschließungsfreiheit des Gesetzgebers. Der Kreis der Begünstigten sei sachgerecht begrenzt, da sich begünstigte und nicht begünstigte Branchen nach Art, Struktur, Wertschöpfungsprozess und Ausgangsposition im internationalen Wettbewerb erheblich unterschieden.[105]

Diese Ausführungen des BVerfG sind zum Teil kritisch aufgenommen worden. So ist insbesondere bemängelt worden, dass das Gericht entgegen seiner bisherigen Rechtsprechung die Privilegierungen bei der Ökosteuer anhand eines zu weiten Maßstabs überprüfe.[106] Die Verneinung eines Eingriffs in Grundrechte aus Art. 12 Abs. 1 und Art. 14 GG wurde zum Teil als „Aushöhlung des Freiheitsgrundrechte durch das BVerfG" bewertet.[107]

---

99 Insoweit wird bereits die Zulässigkeit der Rügen verneint, BVerfG, Urt. v. 20.4.2004, NVwZ 2004, S. 846 f. = BVerfGE 110, 274.
100 Ebd. S. 847.
101 Ebd.
102 Ebd. unter Verweis auf BVerfGE 93, 319 (349 f.) = NVwZ 1986, S. 469.
103 A.a.O., S. 848.
104 Ebd., S. 848 ff.
105 Ebd., S. 849.
106 Wernsmann, NVwZ 2004, S. 819, 820 f.; siehe auch Kahl, Wolfgang / Schmidt, Reiner: Neuere höchstrichterliche Rechtsprechung zum Umweltrecht. In: JZ 2006, S. 125-140 (126). Kritisch etwa auch Bongartz, Matthias: Welche „Ökosteuerbegünstigung" für das Produzierende Gewerbe ist verfassungsgemäß? In: NJW 2004, S. 2281-2284.
107 Frenz, Walter: Das Ökosteuer-Urteil und seine Folgen für den Emissionshandel. NuR 2004, S. 429-435.

4.4 „Klärschlamm-Entschädigungsfonds" und „Solidarfonds Abfallrückführung"

Weitere jüngere Entscheidungen zum abgabenrechtlichen Umweltrecht stellen die Urteile des BVerfG zum „Klärschlamm-Entschädigungsfonds" und zum „Solidarfonds Abfallrückführung" dar.[108]

Der „Solidarfonds Abfallrückführung" diente der Finanzierung der Rückführung illegaler Abfalltransporte, für die nach dem Völker- und Europarecht eine staatliche Garantenstellung besteht. Abgaben zu diesem Solidarfonds mussten alle notifizierenden Abfallexporteure leisten, wobei die nicht benötigten Mittel – etwa 90 % der Einzahlungen – rückerstattet wurden.[109] Die Beschwerdeführer machten vor allem geltend, dass sie als legal agierende Exporteure nicht für die Rückführung illegaler Transporte herangezogen werden dürften. Daher liege eine fremdnützige und somit verfassungswidrige Sonderabgabe vor.

Dieser Argumentation folgte das BVerfG letztlich und erklärte die Beitragspflicht zum Fonds für verfassungswidrig und damit nichtig. Die zu leistende Abgabe stelle keine Gebühr dar. Denn es fehle an einer entsprechenden öffentlichen Leistung, die den Abgabepflichtigen individuell zurechenbar sei. Ein solches individuelles Leistungsverhältnis sei nicht darin zu sehen, dass den Abfallexporteuren ein wirtschaftlicher Vorteil zukomme aufgrund der staatlichen Garantenstellung für die Rückführung illegaler Abfallexporte.[110] Da das Abgabeaufkommen nicht gruppennützig verwendet werde, sei die Abgabe auch nicht als Sonderabgabe mit Finanzierungsfunktion gerechtfertigt.[111]

Kritisch beurteilt worden ist diese Entscheidung unter den Gesichtspunkten, dass ihr ein sehr enger, traditioneller Gebührenbegriff zugrunde liege und außerdem im Gegensatz zum Wasserpfennig-Beschluss die Prüfung einer Vielzahl von Rechtfertigungsgesichtspunkten, wie beispielsweise der Vorteilsabschöpfung, unterblieben sei. Einen solchen Vorteil stellten die Exportchancen für Abfallexporteure dar, die der Staat erst mit der Garantenstellung für die Rückführung illegaler Exporte biete.[112] Ebenfalls in Frage gestellt wird, ob hinsichtlich der Sonderabgabe das Merkmal der Gruppennützigkeit fehle, da nur die Abfallexporteure Nutznießer der staatlichen, durch die Abgaben gewährleisteten Einstandspflicht seien.[113]

Anders als in der Entscheidung zum „Solidarfonds Abfallrückführung" wies das Gericht die Verfassungsbeschwerden zum „Klärschlamm-Entschädigungsfonds" zurück.[114] Dieser Fonds, der durch Abgaben der Hersteller von Klärschlamm finanziert wird, dient als Absicherung für Landwirte, die Klärschlamm als Dünger verwenden und das Erntegut aufgrund von Klärschlammrückständen nicht vermarkten können. Die Abgabe stellt nach Ansicht des BVerfG keinen Beitrag und keine Gebühr zum Ausgleich einer öffentlichen Leistung dar. Jedoch erfüllten die Abgaben zum Klärschlamm-Entschädigungsfonds, unabhängig davon wie sie im Einzelnen zu qualifizieren seien, jedenfalls die verfassungsrechtlichen Vorausset-

---

108 BVerfG, 18.5.2004, NVwZ 2004, S. 1477 = BVerfGE 110, 370 (Klärschlamm); dazu Kahl/Schmidt, JZ 2006, S. 125, 126 f. BVerfG, Urt. v. 6.7.2005, NVwZ 2005, S. 1171 (Abfallrückführung); dazu Koch, Hans-Joachim: Solidarfonds „Abfallrückführung" verfassungswidrig. In: NVwZ 2005, S. 1153-1155.

109 Zum Vorstehenden Koch, NVwZ 2005, S. 1153 f.

110 BVerfG, Urt. v. 6.7.2005, NVwZ 2005, S. 1171, 1172 f. Zuvor hatte der EuGH die Zahlungspflichten an den „Solidarfonds Abfallrückführung" bereits für europarechtswidrig erachtet, Urt. v. 27.2.2002, NVwZ 2002, S. 579.

111 BVerfG, Urt. v. 6.7.2005, NVwZ 2005, S. 1171, 1173 f.

112 Koch, NVwZ 2005, S. 1154 f.

113 Koch, ebd., S. 1155.

114 BVerfG, B. v. 18.5.2004, BVerfGE 110, 370 = NVwZ 2004, S. 1477. Vgl. zu dieser Entscheidung Kahl / Schmidt, JZ 2006, S. 125, 126 f.

zungen einer Sonderabgabe.[115] Insbesondere bestätigt das Gericht – anders als in Bezug auf den „Solidarfonds Abfallrückführung" – auch die Gruppennützigkeit der Abgabe: Diese ergebe sich daraus, dass der Fonds die Abgabepflichtigen als potenzielle Schadensverursacher von individuellen Ersatzpflichten entlaste.[116] Mit ähnlicher Begründung hätte allerdings wohl auch die Gruppennützigkeit der Abgabe zum „Solidarfonds Abfallrückführung" begründet werden können.

4.5 Bewertung

Die Rechtsprechung des Bundesverfassungsgerichts zum umweltrechtlichen Abgabenrecht ist durch Einzelfallentscheidungen geprägt und lässt bisher keine klaren dogmatischen Konturen erkennen.

---

115 BVerfG, B. v. 18.5.2004, BVerfGE 110, 370 = NVwZ 2004, S. 1477.
116 BVerfG, B. v. 18.5.2004, BVerfGE 110, 370 = NVwZ 2004, S. 1477, 1480 f.

Olaf Köppe

Bundesverfassungsgericht und Steuergesetzgebung – Politik mit den Mitteln der Verfassungsrechtsprechung?

1 Einleitung

Das Bundesverfassungsgericht (BVerfG) hat zahlreiche Entscheidungen zum Steuerrecht getroffen und damit die Steuergesetzgebung beeinflusst. Die Entscheidung zur „Zweitwohnsteuer" vom 11. Oktober 2005 (1 BvR 1232/00 und 1 BvR 2627/ 03) ist nur ein Beispiel von vielen zum Steuerrecht.[1] Wichtig für den Gesetzgeber und sich wandelnden politischen Mehrheiten in einer parlamentarischen Demokratie sind aber weniger verfassungsrechtliche Detailfragen zur Steuergerechtigkeit – auch wenn sie für Finanzminister oder Kämmerer durchaus kostenintensiv sein können.[2] Vielmehr ist relevant, dass der vom Parlamentarischen Rat verbriefte Handlungsspielraum des demokratisch legitimierten Steuergesetzgebers durch die Entscheidungspraxis des Verfassungsgerichts grundsätzlich nicht in Frage gestellt wird. Auch wenn es gerade Ziel und Zweck der Verfassung und der Grundrechte ist die politische Macht zu begrenzen, so bleibt es doch dem Gesetzgeber als unmittelbar demokratisch legitimierte politische Macht aufgetragen, das Steuerrecht auszugestalten. Der Weg in den Jurisdiktionsstaat schließt das Grundgesetz als Fundament der politischen Demokratie aus.

Weil das BVerfG zentraler Bestandteil des politisch-administrativen System Deutschlands ist, ist die Interpretationshoheit über die Verfassung stets auch eine Frage politisch-sozialer Hegemonie.[3] An der Rechtsprechung des Verfassungsgerichts zur Steuergesetzgebung lässt sich beobachten, wie sozio-ökonomische Veränderungen Einfluss auf die Interpretation des allgemeinen Gleichheitssatzes, der Sozialbindung des Eigentums und des Sozialstaatsprinzips haben. Denn der Wandel vom keynesianischen Wohlfahrtsstaat zum angebotsorientierten nationalen Wettbewerbsstaat bedeutet auch eine Veränderung der Interessenkonstellation der Akteure des bundesdeutschen Sozialstaates. Zumal die *staatliche Einnahmeseite* einen wesentlichen Bestandteil der wohlfahrtsstaatlichen Struktur ausmacht, wird das Steuerrecht und die Interpretation des Steuerrechts zu einem entscheidenden Faktor für das den Wohlfahrtsstaat auszeichnende „System der Stratifizierung"[4]. Denn nimmt der Steuerstaat

---

1   Ehepartner müssen keine Zweitwohnsteuer entrichten, wenn sie wegen der Ausübung ihres Berufes neben ihrer ehelichen Wohnung einen Zweitwohnsitz haben müssen. Das Gericht sah hier den Art. 6 Abs. 1 GG verletzt.

2   Der Deutsche Städte und Gemeindebund rechnet mit Einnahmeverlusten von 20 Mio. € pro Jahr, vgl.: www. spiegel.de/politik/deutschland vom 11. November 2005.

3   Vgl.: Massing, Otwin: Politik als Recht – Recht als Politik. Studien zu einer Theorie der Verfassungsgerichtsbarkeit, Baden-Baden 2005 sowie ders.: Rechtsstaat und Justizherrschaft. In: ders.: Verflixte Verhältnisse, Opladen 1987, S. 114-129.

4   Vgl.: Esping-Andersen, Gösta: Zur politischen Ökonomie des Wohlfahrtsstaates. In: Lessenich, Stephan / Ostner, Illona (Hg.): Welten des Wohlfahrtskapitalismus. Der Sozialstaat in vergleichender Perspektive, Frankfurt a. M. / New York 1998, S. 19-56. Als „system of stratification" bezeichnet Esping-Andersen das wohlfahrtsstaatliche Arrangement von Kräfte- und Klassenverhältnissen. Diesen Kräfte- und Klassenkonstellationen gehe es nicht nur darum, soziale Defizite zu beseitigen, sondern sie trachten danach, das System der Schichtenglie-

weniger ein, bleibt weniger Spielraum für distributive Sozialpolitik. Entscheidungen des BVerfG zum (steuerlichen) Existenzminimum, zur ‚Übermaßbesteuerung' oder zur Ende 1996 vom Gesetzgeber abgeschafften Vermögenssteuer, besitzen damit gesellschaftsgestaltende Bedeutung.

Es kann aufgezeigt werden, dass seit etwa 25 Jahren, ausgehend von wichtigen Entscheidungen zum steuerrechtlichen Existenzminimum, nach und nach neoliberale Konzepte in die Interpretation des BVerfG zum Steuerrecht Eingang gefunden haben. Hierbei handelt es sich um einen Prozess der Veränderung politisch-sozialer Hegemonie in allen westlich geprägten Wohlfahrtsstaaten, der sukzessiv angebotsorientierten/neoliberalen Interessengruppen Einfluss in den politischen und sozialen Organisationen sowie der öffentlichen Meinung verschafft hat.[5] Viele dieser Entscheidungen zum Steuerrecht lassen sich auf Bundesverfassungsrichter a. D. Paul Kirchhof zurückführen, dessen Einfluss auf die Steuerrechtsprechung des Verfassungsgerichts prägend war. In letzter Konsequenz hätten seine verfassungsrechtlichen Positionen auch dazu führen können, die *Flat Rate Tax'* mit den Mitteln des Verfassungsrechts, vor allen Dingen dem allgemeinen Gleichheitssatz, einzuführen. Im Bundestagswahlkampf 2005 wurde diese Position von ihm schließlich explizit als politisches Desiderat im „Kompetenzteam der CDU/CSU" vertreten.[6]

Doch muss darauf verwiesen werden, dass die Rechtsprechung von Kirchhof und der Mehrheit der Verfassungsrichter keineswegs unumstritten war und ist. Nicht nur das Sondervotum des Richters Ernst-Wolfgang Böckenförde verweist darauf,[7] sondern auch eine Entscheidung des Bundesfinanzhofes (BFH) zur ‚Übermaßbesteuerung'.[8]

2 Ökonomische Freiheit und Besteuerung – Ein neues steuerrechtliches Konzept setzt sich durch

Das Bundesverfassungsgericht ist ein allen anderen Verfassungsorganen gegenüber unabhängiger Gerichtshof. Es ist damit Gericht und Verfassungsorgan zugleich, auch wenn die konkrete Ausgestaltung dieser Gerichtsbarkeit dem Bundesverfassungsgerichts*gesetz* zu verdanken ist. Im Gegensatz zu den Fachgerichten legt es nicht die Gesetzestexte aus, sondern es prüft in seinen Urteilen oder Entscheidungen auf Verletzung des Verfassungsrechts. Weil aber Verfassungsrecht der Interpretation bedarf, ist die Rechtsprechung zu den Grundrechten oder anderen Verfassungsartikeln abhängig von der ‚herrschenden Lehre' im Verfassungsrecht. Die Durchsetzung der ‚herrschenden Lehre' ist Resultat einer von gesamtgesell-

---

    derung zu ihren Gunsten zu beeinflussen. Im Wohlfahrtsstaat, so Esping-Andersen, sind es gerade die sozialpolitischen Instrumentarien, mit denen soziale Disparitäten verändert oder aufrecht erhalten werden können.

5   Vgl. dazu: Borchert, Jens: Die konservative Transformation des Wohlfahrtsstaates, Frankfurt a. M. / New York 1995.

6   Die Steuerprogression wird von vielen neoliberalen Juristen kritisiert. Vgl.: Elicker, Michael: Kritik der direkt progressiven Einkommensbesteuerung. Plädoyer für die flache Steuer – aus rechtswissenschaftlicher Sicht. In: StuW 1/2000, S. 3-17.

7   Vgl.: Sondervotum des Richters Ernst-Wolfgang Böckenförde. In: BVerfGE 93, 121 (149 ff.).

8   Vgl. BFH – Beschluss vom 11. März 1998. – II B 59/97. Der BFH lehnte weite Teile einer Entscheidung des BVerfG vom 22.6.1995 (Einheitswert- und Vermögensteuer) zum Übermaßverbot ab und erklärt weite Teile der Entscheidung des Verfassungsgerichts damit zum Obiter Dictum. Der Inhalt des ‚Übermaßverbots' ist politisch und steuerrechtlich strittig und kann kaum als verfassungsrechtlich justiziabel angesehen werden.

schaftlichen Entwicklungen keineswegs abgeschotteten juristischen Elite, die als Kontrolleure zunächst einmal nur die juristische Fachöffentlichkeit haben.

Werden von gesellschaftlichen Gruppen nicht mehr die Akteure des politischen Systems im engeren Sinne (Parteien und Politiker) als Adressaten für die Durchsetzung bestimmter Interessen gesehen, verlagert sich die Artikulation von Partikularinteressen auf andere Akteure im politisch-administrativen System. Dies ist oft und regelmäßig die Ministerialbürokratie – aber auch die Justizbürokratie, die *funktional* (nicht normativ) dem politisch-administrativen System zugerechnet werden muss.[9]

Die in diesem Aufsatz als ‚neue Steuerrechtssprechung' oder auch ‚Kölner Schule' zu bezeichnenden Steuerrechtslehre setzt zur Durchsetzung ihrer Dogmatik offensiv auf die Justizbürokratie. Vertreten wird dieser Ansatz vor allem durch Klaus Tipke, Joachim Lang und Gerd Rose auf der steuerrechtlichen und von Paul Kirchhof und Klaus Vogel auf der verfassungsrechtlichen Seite. Das Bundesverfassungsgericht dient ausdrücklich als Vehikel zur Umsetzung der neuen Steuerrechtsdogmatik.[10] Denn nach Ansicht nicht weniger Steuerrechtler hat das Verfassungsgericht eine Pflicht zum eingreifen:

„Wenn aber die Gesetzgebung zur Wegwerfware verludert, wenn das Parlament im Widerstreit von Meinungen und Interessen, im Geflecht von wahltaktischen Überlegungen und Verantwortungsschau, unter dem Druck der Profilierungsbedürfnisse selbst noch von Landespolitikern die Kraft zur Gerechtigkeit nicht mehr findet; dann gehört es zur Aufgabe des Bundesverfassungsgerichtes, den Gesetzgeber zu seiner Verantwortung zurückzuführen."[11]

Mitte der achtziger Jahre kulminierten die fiskal- und verteilungspolitischen Fragen der angebotsorientierten ‚neuen Steuerrechtslehre' auf dem „Deutschen Juristentag 1988". Dieser beschäftigte sich unter anderem mit dem Thema „Empfiehlt es sich, das Einkommensteuerrecht zur Beseitigung der Ungleichbehandlung und zur Vereinfachung neu zu ordnen?"[12]. Dort wurden Beschlüsse zum Transfereinkommen und zur „Berücksichtigung eines realistischen Existenzminimums" gefasst. Einmal auf diesem Forum vertreten, konnte sich die angebotsorientierte Steuerrechtslehre zusehends etablieren.

---

9   Wegen der Kürze des Artikels kann auf den Zusammenhang zwischen der Entscheidungspraxis der Justizbürokratie, dem wesentlich unabhängigerem juristischen Diskurs und gesellschaftlicher Prozesse nicht näher eingegangen werden. Zur Funktion der Justizbürokratie im politisches System, des juristischen Diskurses und der Zivilgesellschaft vgl.: Köppe, Olaf: Politik und Justiz im Ausländerrecht. In: Kritische Justiz (2) 2004, S. 132-153.

10 Weil eine Vielzahl von Steuerrechtlern in der Politik und in der Ministerialbürokratie nur „kreative Chaoten" (Joachim Lang) am Werk sehen, wird unverhohlen auf das BVerfG gesetzt. So wendet sich Klaus Tipke, der Nestor des deutschen Steuerrechts, an das BVerfG, um die „Machtwalter" – gemeint sind die Akteure der Politik – dem Einfluss der „Ideenwalter" – hier sind die auf neoliberale Reformen drängenden Steuerrechtler – zugänglich machen. Vgl. dazu: Tipke, Klaus: Die Steuerrechtsordnung, Band 1-3, S. X f.

11 Vogel, Klaus: Zwangsläufige Aufwendungen – besonders Unterhaltsaufwendungen – müssen realitätsgerecht sein, in: StuW 1984, S. 197-203 (S. 197).

12 Vgl. dazu das gleichlautende Gutachten von Paul Kirchhof: Empfiehlt es sich, das Einkommensteuerrecht zur Beseitigung der Ungleichbehandlung neu zu ordnen? Gutachten F für den 57. Deutschen Juristentag, erstattet von Bundesverfassungsrichter Dr. Paul Kirchhof, ordentlicher Professor an der Universität Heidelberg, München 1988.

3 Zur Ökonomisierung der Grundrechte – Die kalte Abschaffung des Sozialstaatsprinzips mit den Mitteln der Verfassungsinterpretation?

Die Vertreter der „Kölner Schule" betrachten die Grundlagen der Besteuerung als verfassungsmäßig ungebunden.[13] Ihnen zufolge muss das Steuerrecht mit den Grundrechten in Einklang gebracht werden. Freilich muss hier der Frage nachgegangen werden, auf welcher Interpretation der Grundrechte eine verfassungsgemäße Besteuerung basieren soll. Sollen die Grundrechte auch als soziale Teilhaberechte verstanden werden oder sollen sie sich am ‚klassischen Liberalismus' orientieren? Weil nun in der bundesdeutschen Verfassung eine Grundentscheidung zu Gunsten der *ökonomischen Handlungsfreiheit* und zu Gunsten der „Sachgesetzlichkeiten einer freiheitlich organisierten Ökonomie"[14] enthalten sei, gilt diese Frage für Joachim Lang et. al. als beantwortet. So werden die Art. 3 Abs. 1, 12 Abs. 1 und 14 Abs. 1 GG unter dem Aspekt ökonomischer Freiheitsrechte wahrgenommen. Würde sich diese Interpretation durchsetzen, wäre eine verfassungsrechtliche Streitfrage aus der Zeit der frühen Bundesrepublik (Rechtsstaat vs. Sozialstaat) einseitig zugunsten des Rechtsstaates gelöst.[15] Eine Interpretation der Verfassung, die nur das Rechtsstaatsprinzip kennt, hätte schwerwiegende Auswirkungen auf die Interpretation der Grundrechte und der Besteuerung:

Denn jede Rechtfertigung von Steuern und Steuerhöhe basiert auf einem *gesellschaftlichen Ordnungsmodell*. Werden die Grundrechte nur als Individual- und Abwehrrechte betrachtet, verändert sich die Wahrnehmung des allgemeinen Gleichheitssatzes und des Eigentumbegriffs. Vor allen Dingen wird Eigentum als Arbeitseigentum verstanden, formelle Gleichheit rückt in den Vordergrund, das Sozialstaatsprinzip dient i. V. m. Art. 1 GG nur noch dazu, das (Familien-)Existenzminimum zu gewährleisten. Dass die Rechtfertigung von Steuern auch anders begründet werden kann, zeigt zum Beispiel Egon Matzner: Ihm zufolge ist die Mehrbelastung der besserverdienenden Einkommenspflichtigen „praktizierte Solidarität"[16]. Aber der Steuerprogression liegt nicht nur der Gedanke der Solidarität zu Grunde, sondern auch der des *Marktversagens*. Progressive Besteuerung geht damit immer auch von einem Versagen des (Arbeits-)Marktes bei der Allokation der Einkommen zu Ungunsten niedrigerer Arbeitseinkommen aus.

4 Steuerrechtlich relevante Begriffe

Um die Nähe wichtiger Formulierungen aus der Steuerrechtsprechung des BVerfG zur „Kölner Schule" nachzuweisen, gilt es nun Begriffe des Steuerrechts und deren Interpretation

---

13 Joachim Lang spricht von einer „verfassungs- und grundrechtsungebunden Besteuerung". Vgl. dazu: Lang, Joachim: Verfassungsrechtliche Gewährleistung des Familienexistenzminimums im Steuer- und Kindergeldrecht. In: StuW 1990, S. 331-348.
14 Ebd., S. 332.
15 Vgl. dazu: VVDStRL 10, Berlin 1952. Hierbei ging es um die Kontroverse zwischen Wolfgang Abendroth als einem Protagonisten der Vereinbarkeit von Rechtsstaats- und Sozialstaatsprinzip auf der einen Seite und Ernst Forsthoff als einem Vertreter der Unvereinbarkeit beider Kriterien auf der anderen Seite. Diese Kontroverse wird auch von Hans-Peter Ipsen in seinem Referat „Enteignung und Sozialisierung" (VVDStRL 10, Berlin 1952, S. 74-123) aufgegriffen.
16 Matzner, Egon: Wohlfahrtsstaat und Wirtschaftskrise. Österreichs Sozialisten suchen einen Ausweg, Reinbek bei Hamburg 1979, S. 129.

durch die „Kölner Schule" zu erläutern. Zentrale Begriffe im Steuerrecht sind die „horizontale Steuergerechtigkeit", die „vertikale Steuergerechtigkeit", die „Realitätsgerechtigkeit" und das „Leistungsfähigkeitsprinzip".[17] Der verfassungsrechtlich relevante Bedeutungsgehalt dieser Fachbegriffe ist durch die Rechtsprechung des BVerfG in den neunziger Jahren der „Kölner Schule" weitgehend angenähert worden. Auf einzelne Entscheidungen wird weiter unten eingegangen.

Etwa seit Anfang der siebziger Jahre beschäftigte sich die deutsche Steuerrechtswissenschaft mit der „realitätsgerechten Berücksichtigung der existenzsichernden Aufwendungen bei der Besteuerung von Einkommen"[18]. *Realitätsgerechte Berücksichtigung*" bedeutete zunächst, dass die im damaligen Steuerrecht nicht vorhandene Berücksichtigung eines „realitätsgerechten Existenzminimums" (dem sog. Grundfreibetrag) ins Steuerrecht aufgenommen werden müsse. Somit ging es zunächst nur um die einkommensteuerliche Berücksichtigung des am *Sozialhilferecht* orientierten Existenzminimums, das auch bei zwangsläufigen Unterhaltsaufwendungen berücksichtigt werden muss, weil die Leistungsfähigkeit des Steuerzahlers beeinträchtigt wird.

Während der steuerlichen Berücksichtigung des Existenzminimums sowie der Berücksichtigung des Existenzminimums bei Unterhaltsaufwendungen m. E. auch aus verfassungsrechtlichen Gründen zuzustimmen ist, wird sich zeigen, dass die „neue Steuerrechtslehre" hier keineswegs halt macht. Sie baut *auf den Erfolg eines Teilaspekts* ihrer Konzeption (Grundfreibetrag) auf, um über diesen hinaus an Einfluss zu gewinnen. So besteht ein Zusammenhang mit weitergehenden Forderungen: Bei Beziehern höherer Einkommen, deren zwangsläufige Unterhaltsaufwendungen auf Grund des § 1610 BGB über dem Existenzminimum liegen, sollen diese Aufwendungen über das Existenzminimum hinaus steuerlich berücksichtigt werden. Diese Forderung wäre nicht nur mit dem *allgemeinen Gleichheitssatz* vereinbar, sondern sie würden sich sogar *zwingend aus ihm ergeben*. Dass dies vereinbar sei, ergibt sich u. a. aus der apodiktischen Formulierung, die Degressionswirkung bei steuermindernden Abzügen sei keine Steuervergünstigung, sondern sie sei die „systemnotwendige Kehrseite der Progression bei den steuerbegründenden Zuflüssen."[19] Eine Folge dieser Ansicht wäre z. B., dass das Kindeswohl steuer- *und grundrechtlich* an das Einkommen der Eltern geknüpft wäre und das Steueraufkommen des Staates zu Gunsten von Familien mit höheren Einkommen geschmälert werden würde.

5 Zur Chronologie der Steuerrechtssprechung

Mit dem Beschluss zur Kilometerpauschale im Jahr 1969 (BVerfGE 27, 58) beginnt die Rechtsprechung des BVerfG, in der es um die im Einkommensteuerrecht vernachlässigte Be-

---

17 „Vertikale Steuergerechtigkeit" bedeutet beispielsweise, dass BezieherInnen höherer Einkommen höher besteuert werden können, als BezieherInnen niedriger Einkommen. Sie rechtfertigt die Steuerprogression. „Horizontale Steuergerechtigkeit" verlangt das BezieherInnen mit gleichem Einkommen dann nicht gleich hoch besteuert werden dürfen, wenn sie unterschiedliche Belastungen haben. Was zu den steuermindernden Belastungen gehören soll, ist dabei strittig und sollte großteils der Definition des Gesetzgebers obliegen. „Realitätsgerechte" Besteuerung verlangt, dass zumindest das Existenzminimum steuerfrei bleibt. Allerdings verbleibt auch hier wie beim strittigen „Leistungsfähigkeitsprinzip" viel Raum für Interpretationen.

18 Lang, Joachim: Besteuerung des Konsums aus gesetzgebungspolitischer Sicht. In: Rose, Manfred (Hg.), Konsumorientierte Neuordnung des Steuersystems, Heidelberg 1991, S. 291-348 (S. 321).

19 Deutscher Juristentag 1988: Verhandlungen des 57. Deutschen Juristentages, München 1988, S. N 214.

rücksichtigung der *tatsächlichen Minderung der Leistungsfähigkeit der Steuerpflichtigen* geht. Der Beschluss vom 23.11.1976 kann als letzte *grundrechtszurückhaltende* Entscheidung des Gerichts bezeichnet werden und soll helfen, den Wechsel in der Rechtsprechung zu verdeutlichen.

5.1 Der Beschluss vom 23. November 1976

Dem Beschluss des Ersten Senats vom 23.11.1976 (BVerfGE 43, 108) lagen Verfassungsbeschwerden vor.[20] Die Beschwerdeführer kritisierten, dass sie ihren Kindern Unterhalt gewähren würden, diesen aber nicht aus dem staatlichen Kindergeld bestreiten könnten. Ihres Erachtens seien sie durch die von ihnen angegriffenen Regelungen selbst, unmittelbar und gegenwärtig in ihren Grundrechten aus Art. 3 Abs. 1 sowie 6 Abs. 1 u. 2 GG verletzt. De facto, so die Beschwerdeführer, würden sie genauso behandelt wie kinderlose Ehepaare mit gleichem Einkommen, sodass das für den Bereich des Steuerrechts geltende Prinzip der *horizontalen Steuergerechtigkeit* und die Besteuerung nach dem *Leistungsfähigkeitsprinzip* durchbrochen werde, da die Unterhaltsleistungen für die Kinder nicht berücksichtigt würden. *Da die Unterhaltslasten aber die Leistungsfähigkeit mindern, ließe sich die Gleichheit nur durch den Abzug der Unterhaltsleistungen von der Bemessungsgrundlage, nicht durch Gewährung von Kindergeld erreichen* (da die gesetzlichen Unterhaltsansprüche der Kinder bei höherem Einkommen der Eltern steigen; vgl. § 1610 Abs. 1 BGB).

Zur Einkommensteuer und zum Leistungsfähigkeitsprinzip äußerte sich der Erste Senat folgendermaßen:

„Entgegen der Ansicht der Beschwerdeführer kann aus dem Wesen der Einkommensteuer, als einer auf die Leistungsfähigkeit angelegten Steuer, nicht auf das Prinzip geschlossen werden, dass das zu besteuernde Einkommen nur aus der Summe des Konsums und des steuererheblichen Vermögenszuwachses bestehe, wobei die für den Konsum der Kinder verwendeten Teile des Einkommens nicht der Besteuerung unterliegen dürften (...). Gegenstand der Einkommensteuer ist zunächst das erzielte Einkommen, wobei bei dessen Berechnung zwar weitgehend, aber nicht vollständig (...) die zu seiner Erzielung erforderlichen Aufwendungen abgesetzt werden (Nettoprinzip)."[21]

Auch sieht der Erste Senat dies nicht als ein sich aus der *Verfassung unmittelbar* ergebendes Rechtsprinzip an. Hervorgehoben wird lediglich ein „grundsätzliches Gebot der Steuergerechtigkeit", während einer Besteuerung nach dem Leistungsfähigkeitsprinzip auf Grund der *Vieldeutigkeit dieses Begriffs* eine Absage erteilt wird.

5.2 Neuer Einkommensbegriff durch Verfassungsrechtsprechung (1984)

Mit den Beschlüssen vom Februar und vom Oktober 1984 (BVerfGE 66, 214 und 67, 290) ändert sich die Rechtsprechung zur Abzugsfähigkeit von zwangsläufigen Aufwendungen im Einkommensteuerrecht. Auffällig ist eine auf das Steuerrecht Bezug nehmende Aufwertung des *allgemeinen Gleichheitssatzes* (Art. 3 Abs. 1 GG) durch die Verfassungsrechtsprechung. Wurde im 1976er Beschluss anhand des allgemeinen Gleichheitssatzes lediglich geprüft, ob

---

20 Prozessbevollmächtigter war Klaus Vogel. Die Verfassungsbeschwerden richteten sich gegen das Gesetz zur Reform der Einkommensteuer, des Familienlastenausgleichs und der Sparförderung - dem Einkommensteuerreformgesetz vom 5.8.1974 – soweit es Eltern für Unterhaltsleistungen an ihre Kinder keine Einkommensteuerermäßigungen gewährt.
21 BVerfGE 43, 108 (119).

das Kindergeldsystem mit seinen festen Geldbeträgen verfassungsrechtlich zulässig sei, wird nun das zunächst auf Grund seiner Vieldeutigkeit gescholtene Leistungsfähigkeitsprinzip in den Beschlüssen vom 22.2.1984 und vom 4.10.1984 zu einem *grundrechtlich* verbürgtem Prinzip erklärt. Zusätzlich erhält der Einkommensbegriff eine Neudeutung, die auffällig am Eigentumsbegriff von Klaus Tipke orientiert ist.[22]

Tipkes Einkommensbegriff setzt sich aus dem *indisponiblen Einkommen* sowie dem *disponiblen Einkommen* zusammen. Das indisponible Einkommen besteht aus a) den Lebenshaltungskosten (zumindest dem Existenzminimum) und b) den familiären Unterhaltskosten, sodass das disponible (das zu versteuernde) Einkommen ein Einkommen ist, bei dem a) zwangsläufige Unterhaltsaufwendungen berücksichtigt werden müssen und es b) als ein zu besteuerndes Einkommen oberhalb des Existenzminimums liegen muss.[23] Demnach ist eine tarifliche Nullzone als Grundfreibetrag in die Bemessungsgrundlage zu integrieren. Allerdings bilden diese beiden aufeinanderbezogenen *Einkommens*begriffe (disponibel/indisponibel) lediglich den Rahmen für weitere steuerrechtliche, damit haushalts- und sozialpolitisch bedeutsame Überlegungen:

„Soll jedoch die Gesellschaft möglichst frei und individualistisch (...) konzipiert sein, dann hat der Staat abzuwarten, bis der Bürger konsumiert. Der Steuerzugriff ist möglich spät anzusetzen (...). Dadurch wird das Steuersystem spar- und investitionsfreundlich; es lässt die Bildung des privaten Wohlstands zu (was gewiss nicht sozial ungerecht ist), belohnt ökonomische Tüchtigkeit und Vorsorge für die Zukunft."[24]

Grundsätzlich verbirgt sich dahinter ein Konzept, das bestimmte Gruppen (einkommen)steuerpflichtiger Bürger zu einer Zeit finanziell entlasten will, in der der *Zugang zum Arbeitsmarkt* (die Erwerbsarbeitschancen) – und zu einer dem „spar- und investitionsfreundlichen" Modell *vorausgesetzten Vollzeitbeschäftigung* – für immer größere Teile der Bevölkerung prekär, wenn nicht gar unmöglich wird. Insofern zielt diese Konzeption – mit durchaus erfreulicher Offenheit – darauf ab, den Mittelstand, „insbesondere die besserverdienenden Angestellten"[25] zu entlasten.

Zwischenresümee: Allgemeine Gleichheit, Steuergerechtigkeit und Arbeitseigentum

Neben Formulierungen wie „disponibles Einkommen"[26] und der an den Gesetzgeber gerichteten Forderung keine „realitätsfremden Grenzen" zu ziehen, die auf Einflüsse der „neuen Steuerrechtslehre" hinweisen, ergibt sich dem BVerfG zufolge aus Art. 3 Abs. 1 GG ein grundsätzliches *Gebot der Steuergerechtigkeit*, so „dass die Besteuerung nach der wirtschaftlichen Leistungsfähigkeit ausgerichtet"[27] werden muss. In seiner Rechtsprechung zum inhaltlich umstrittenen Leistungsfähigkeitsprinzip bedient sich das Gericht im Jahr 1984 eines in-

---

22 Vgl. Tipke, Klaus / Lang, Joachim: Steuerrecht, 14. völlig überarbeitete Auflage, Köln 1994, S. 208 ff.

23 Das „Markteinkommen gehört zum ökonomischen Einkommensteuerbegriff (§ 2 Abs. 1 u. 2 EStG) und erfasst die Summe der Einkünfte (§ 2 III EStG). Der „neuen Steuerrechtslehre" zufolge eigne sich das Markteinkommen nicht als Bemessungsgrundlage, da dafür nur das disponible Einkommen in Frage käme. Neben der „Summe der Einkünfte" sind damit gemäß § 2 IV EStG private Abzüge der Steuerpflichtigen abzuziehen. Dazu Tipke und Lang: „Dieses Grundkonzept des § 2 EStG ist allerdings nicht konsequent verwirklicht. Der Stufenaufbau des § 2 EStG ist von Sozialzwecknormen durchsetzt; er könnte verkürzt, vereinfacht und systematisch erheblich verbessert werden" (Tipke / Lang, S. 208 Rdnr. 41).

24 Tipke, Klaus / Lang, Joachim, S. 84 Rdnr. 97.

25 Lang, Joachim: Reiche sind nur schwer zu greifen. In: „Die Zeit" vom 17. Oktober 1997, S. 38.

26 BVerfGE 66, 214 (222).

27 Ebd., S. 223.

teressanten Kunstgriffs: Es beruft sich auf Art. 134 WRV („Alle Staatsbürger ohne Unterschied tragen im Verhältnis ihrer Mittel zu allen öffentlichen Lasten nach Maßgabe der Gesetze bei"). Der Senat unterstellt damit, dass Art. 134 WRV quasi als steuerrechtliche lex specialis zum allgemeinen Gleichheitssatz anzusehen ist.[28] Ausgehend von dieser Annahme, werden sogleich Rückschlüsse auf die Interpretation des allgemeinen Gleichheitssatzes des Bonner Grundgesetzes im Sinne der „neuen Steuerrechtslehre" gezogen. Kritikwürdig ist diese Interpretation, zumal *ein* bestimmter steuerrechtlicher Ansatz zu Ungunsten des Gesetzgebers aus dem allgemeinen Gleichheitssatz geschlussfolgert wird und den Spielraum des Steuergesetzgebers deutlich schmälert.

Während Klaus Vogel diese Judikatur emphatisch begrüßt, sieht Joachim Martens darin eine mangelnde Berücksichtigung des Sozialstaatsprinzips.[29] So schreibt Martens mit Bezug auf die durch die Entscheidung des BVerfG ermöglichte Berücksichtigung von Unterhaltsaufwendungen auch bei einkommensstärkeren Personengruppen:

„(...) damit würde ein durch nichts zu rechtfertigender Vorrang individueller Bedürfnisbefriedigung vor dem Bedürfnis der Allgemeinheit nach Finanzierung von Gemeinschaftsaufgaben geschaffen. Dem vielschichtigen Gedanken einer Krise des Wohlfahrtsstaates würde so ein weiterer Aspekt hinzugefügt, der durch *unsachgemäße Verbindung zwischen Steuerrecht und Unterhaltsrecht* gekennzeichnet wäre."[30]

Während *Martens* auf eine „unsachgemäße" Verbindung zwischen Steuer- und Unterhaltsrecht verweist, ist es u. a. gerade das Anliegen der „neuen Steuerrechtslehre", ihren Einkommensbegriff durch Verbindung mit dem Unterhalts- und Sozialrecht zu gewinnen und den Wohlfahrtsstaat von der *Einnahmeseite aus umzugestalten*.

Insofern ist das der „Kölner Schule" zu Grunde liegende Modell der Rechtfertigung von Steuern kurz zu skizzieren:

Das Steuerrecht dient dazu, nicht *Austauschgerechtigkeit*, sondern *Belastungsgleichheit* zu verwirklichen.[31] Dreh- und Angelpunkt des gerechtfertigten staatlichen Eingriffs in die privat erwirtschaftete Einkommenssphäre stellt der durch den Staat konstituierte „allgemeine Markt"[32] dar, an dem der ökonomische Akteur „die gesteigerte Sozialpflichtigkeit seines hinzuerworbenen Einkommens"[33] erfährt. Das steuerrechtlich relevante Einkommen wird durch einen *Arbeitseigentumsbegriff* gewonnen. Nicht nur der Verweis auf den „allgemeinen Markt", der ja unterstellt, dass faktisch jeder die gleichen Chancen aus ‚seiner Hände Arbeit' hätte, legt dies nahe. Wie beim Beschluss zur Vermögensteuer noch genauer zu sehen sein wird, wird auf das am „allgemeinen Markt" erwirtschaftete Einkommen als „Kernbestand des Erfolges eigener Betätigung"[34] gesetzt, um die Differenzen zwischen unterschiedlichen Eigentumsarten (Kapitalien, Produktionsmittel, Lohnarbeit) nicht wahrnehmen zu müssen. Dieser *Arbeitseigentumsbegriff* wird von den Vertretern dieser Position auf jedes Einkom-

---

28 Vgl.: ebd., S. 223.

29 Vgl.: Vogel, Klaus: Zwangsläufige Aufwendungen – besonders Unterhaltsaufwendungen – müssen realitätsgerecht abziehbar sein. In: StuW 1984, S. 197-203 (S. 202 f.) und Martens, Joachim: Grundrecht auf Steuergerechtigkeit? In: KritV – Kritische Vierteljahrsschrift für Gesetzgebung und Rechtswissenschaft (1) 1987, S. 39-60.

30 Martens, Joachim, S. 60, Herv. i. O. Auch Martens ist sich des komplizierten und teilweise ungerechten Charakters des bestehenden Steuerrechts bewusst; er hält aber ein aus dem allgemeinen Gleichheitssatz herrührendes Leistungsfähigkeitsprinzip zu Recht für „Verfassungspolitik".

31 Vgl.: Kirchhof, Paul: Die Steuerrechtsordnung als Wertordnung. In: StuW 1996, S. 3-11 (S. 7).

32 Ebd.

33 Ebd.

34 BVerfGE NJW 1995, S. 2615 ff. (S. 2617, II 3.a).

men, gleich welcher Herkunft angewendet. Erst dadurch wird es möglich, unter Berufung auf den allgemeinen Gleichheitssatz soziale Ungleichheiten im Steuerrecht zu rechtfertigten: Denn Vermögensteuer wäre dann ja eine Art doppelte Besteuerung, weil das Vermögen bereits besteuertem Arbeitseinkommen gewonnen wäre.

5.3 Familienexistenzminimum (1990) und Grundfreibetrag (1992)

Mit den Beschlüssen zum Familienexistenzminimum (BVerfGE 82, 60 sowie 82, 198) und zum Grundfreibetrag (BVerfGE 87, 153) wurden Entscheidungen gefällt, die über die Fachöffentlichkeit hinaus für reges Interesse sorgten. Bei den Beschlüssen zum Familienexistenzminimum ging es um die Berücksichtigung zwangsläufiger Unterhaltsaufwendungen in der Höhe des Existenzminimums und beim Beschluss zum Grundfreibetrag ging es um die am Sozialhilferecht orientierte steuerliche Freistellung des existenznotwendigen Bedarfs. Bei der Entscheidung zum Familienexistenzminimum ist dem Gericht zufolge der allgemeine Gleichheitssatz sowie Art. 6 Abs. 1 GG mit zu beachten. Der allgemeine Gleichheitssatz fordere eine Besteuerung nach der wirtschaftlichen Leistungsfähigkeit[35], sodass die „für den Steuerpflichtigen unvermeidbare Sonderbelastung durch Unterhaltsverpflichtungen (...) vom Gesetzgeber nicht unberücksichtigt bleiben"[36] darf. Ausdrücklich wird – wenn auch für den Gesetzgeber rechtlich nicht verbindlich – eine Kritik am § 12 Nr. 1 EStG geübt, da diesem Paragraphen (§ 12 EStG: Nicht abzugsfähige Ausgaben) zufolge Aufwendungen im privaten Bereich als allgemeine Kosten der Lebensführung nicht abzugsfähig sind. Hier zeigt sich also deutlich eine – wenn auch (noch) vorsichtige – Annäherung an die Positionen der „Kölner Schule".

5.4 Der Beschluss zur Vermögensteuer (BVerfGE 93, 121)

Bei dem Beschluss der Ende 1996 vom Gesetzgeber abgeschafften Vermögensteuer[37] (Steueraufkommen 1993 = 6,78 Mrd. DM und im letzten Jahr 1996 = 4,6 Mrd. DM) ist erstmalig Widerstand gegen die Etablierung der neuen Steuerrechtsdogmatik durch Verfassungsinterpretation zu verzeichnen. Gegenstand der Entscheidung war die ungleiche Bewertung von Grundvermögen und Geldvermögen. Doch die Mehrheit der Verfassungsrichter ging weit über die Vorlage hinaus. Ergingen die vorhergehenden Entscheidungen einstimmig, so veranlasste die Entscheidung der Senatsmehrheit den damaligen Bundesverfassungsrichter Ernst-Wolfgang Böckenförde dazu, ein Sondervotum zu verfassen.

Die Senatsmehrheit entwickelt im Beschluss zur Vermögensteuer Kriterien vertikaler Steuergerechtigkeit, die weit über die im Beschluss zum „Grundfreibetrag"[38] und dem Beschluss des Ersten Senats zum Familienexistenzminimum hinausgehen. Wurde in den zuletzt genannten Beschlüssen eine verfassungsrechtlich zwingende untere Grenze der direkten Besteuerung in Höhe des (Familien-)Existenzminimums festgelegt, so wird nun eine für den Steuergesetzgeber zwingende Höchstgrenze der Besteuerung auf etwa 50 % (vgl. Leitsatz

---

35 Vgl. BVerfGE 82, 60 (86).
36 BVerfGE 82, 60, (86 f.).
37 Während das Steueraufkommen der Vermögenssteuer in den USA oder in Großbritannien bei 10 % liegt, lag es in Deutschland nur bei knapp über 2 %.
38 BVerfGE 87, 153 (169): „Der existenznotwendige Bedarf bildet, von Verfassungs wegen, die Untergrenze für den Zugriff durch die Einkommensteuer."

Nr. 3) festgelegt. Dabei bezieht sich diese Grenze nicht nur auf *eine* direkte Steuer (indirekte Steuern wie die ‚Mehrwertsteuer' gehen hier nicht in die Berechnung ein), sondern sie kann auch bei Unterscheidungen zwischen unzulässigen oder zulässigen Mehrfachbesteuerungen berücksichtigt werden. Die Senatsmehrheit schränkt somit den gesetzgeberischen Spielraum der Anwendung des Art. 14 Abs. 2 GG ein, indem sie eine zwingende Progressionsgrenze in die Verfassung einschreibt. Die Vermögensteuer sei, so die Senatsmehrheit, eine Steuer auf bereits versteuertes Einkommen, da das Vermögen zumeist aus versteuertem Einkommen gebildet wurde, womit die Vermögensteuer in die Verfügungsgewalt dieses Vermögens eingreift (Art. 2 Abs. 1 und Art. 14 GG). Hierbei wäre der Senatsmehrheit zufolge zu beachten, dass dem

„Steuerpflichtigen ein Kernbestand des Erfolges eigener Betätigung im wirtschaftlichen Bereich als Ausdruck der grundsätzlichen Privatnützigkeit des Erworbenen und der grundsätzlichen Verfügungsbefugnis über die geschaffenen vermögenswerten Rechtsposition erhalten wird (...). Die Zuordnung der vermögenswerten Rechtspositionen zum Eigentümer und die Substanz des Eigentums müssen erhalten bleiben."[39]

Darüber hinaus wirke sich die mehrfache steuerliche Belastung des Vermögens auch dadurch aus, dass neben der Vermögensteuer auch Einkommensteuer aus dem Vermögen gezahlt werden muss. Auf Grund dieser Mehrfachbelastung hält es die Senatsmehrheit für berechtigt, dass die Vermögensteuer

„nur so bemessen werden (darf), dass sie in ihrem Zusammenwirken mit den sonstigen Steuerbelastungen die Substanz des Vermögens, den Vermögensstamm, unberührt lässt und aus den (...) möglichen Erträgen (Sollerträgen) bezahlt werden kann. Andernfalls führt eine Vermögensbesteuerung zu einer schrittweisen Konfiskation (...)."[40]

Verlangt wird bei der Bemessung der Vermögenssteuerlast, dass sie auf die einkommensteuerliche Bemessungsgrundlage angerechnet wird. Damit knüpft die Senatsmehrheit an ein altes Desiderat von *Klaus Tipke* an: *Tipke* zufolge ist eine selbstständige Vermögensteuer neben der Einkommensteuer abzulehnen.[41] Zwar sei, so die Senatsmehrheit, auch der Vermögensertrag für die steuerliche Gemeinlast zugänglich, jedoch gebiete Art. 14 Abs. 2 GG, dass das Eigentum *zugleich* dem privaten Nutzen und dem Wohl der Allgemeinheit dienen solle.

Mittels einer wohl nur noch als ‚*arithmetisch'* zu bezeichnenden Definition des Wortes „zugleich" in Art. 14 Abs. 2 GG wird die gesetzgeberische Ausgestaltung der vertikalen Steuergerechtigkeit begrenzt. Aus der Eigentumsgarantie des Art. 14 GG wird gefolgert, dass die Vermögensteuer „zu den übrigen Steuern auf den Ertrag nur hinzutreten (darf), soweit die steuerliche Gesamtbelastung des Sollertrages bei typisierender Betrachtung von Einnahmen, abziehbaren Aufwendungen und sonstigen Entlastungen in der *Nähe einer hälftigen Teilung zwischen privater Hand und öffentlicher Hand verbleibt* und dabei insgesamt auch Belastungsergebnisse vermeidet, die einer vom Gleichheitssatz gebotenen Lastenverteilung nach Maßgabe finanzieller Leistungsfähigkeit zuwiderlaufen."[42]

Inwieweit die von der Senatsmehrheit geforderte Belastungsobergrenze von etwa 50 % als justiziabel zu betrachten ist, ist selbst unter den Befürwortern dieser Entscheidung um-

---

39   BVerfGE 93, 121 (137).
40   Ebd.
41   Tipke, Klaus / Lang, Joachim, S. 473 ff.
42   BVerfGE 93, 121 (138), Herv. v. Verf.

stritten.[43] Allerdings insistiert Gerd Rose (Köln) darauf, dass der „Halbteilungsbegrenzungs-grundsatz" kein Obiter Dictum sei, sondern als „tragender Grund" der Entscheidung eine Bindungswirkung nach § 31 Abs. 1 BVerfGG zur Folge hätte.[44] Der Beschluss der Senats-mehrheit muss wohl – auch jenseits der Frage ob Obiter Dictum oder nicht – vor allem als ein *wirtschaftspolitisches Signal* an die Akteure im politisch-administrativen System, in der Justiz und an die Akteure im sozio-ökonomischen System verstanden werden. Nicht zuletzt auch, um die Klagebereitschaft zu steigern und so auf weitere Vorlagen von Finanzgerichten und/oder Verfassungsbeschwerden zu hoffen. Dass dem so ist, verdeutlicht die Stellungnah-me des Klägers vor dem Bundesfinanzhof (Beschluss vom 11. März 1998)[45], der sich in sei-nem Fall (erfolglos) auf eine „verfassungswidrige Übermaßbesteuerung (bzw. gleichheits-widrige Nichtberücksichtigung der mit der Betriebsfortführung verbundenen Belastungen)"[46] berufen hatte. Auf eine „Übermaßbesteuerung" konnte er sich deshalb berufen, weil die Se-natsmehrheit in kaum nachzuvollziehender Weise den im „Grundfreibetrag"[47] entwickelten eigentumsrechtlich relevanten *Erhalt* eines „Kernbestands des Erfolgs eigener Betätigung" auf die Entscheidung zum Einheitswert und zur Vermögensteuer übertragen hat. Denn schließlich war der Beschluss zum Grundfreibetrag anders gelagert, da er sich auf das *Exis-tenzminimum* bezogen hatte. Das Schlagwort *„Erdrosselungssteuer"*, das im Beschluss zum Grundfreibetrag im Zusammenhang mit der Gewähr eines *steuerfreien Existenzminimums* fiel, wird durch die Senatsmehrheit nun dahingehend ausgeweitet, dass es auf eine Besteue-rung über 50 % zutreffen kann, obwohl vor dem Gericht noch nie über ein derartig bezeich-netes Steuergesetz entschieden wurde.[48]

Trotz vereinzelter Kritik an der Entscheidung der Senatsmehrheit stieß die Intention des Beschlusses weitgehend auf ein positives Echo: Mit der Einführung einer verfassungsrecht-lich abgesicherten Belastungsobergrenze sei die Bedeutung der Freiheitsrechte (Art. 12 Abs. 1 und Art. 14 Abs. 1 GG) für die Besteuerung endlich geklärt worden; so der Tenor der Resonanz.[49] Die aus dem Beschluss zum „Grundfreibetrag" herrührende Formulierung zur

---

43 Vgl.: Arndt, Hans-Wolfgang / Schumacher, Andreas: Die verfassungsrechtlich zulässige Höhe der Steuerlast – Fingerzeig des BVerfG an den Gesetzgeber?, in: NJW 1995, S. 2603-2605. Die steuer- und nun auch explizit verfassungsrechtliche Problematik, die die Senatsmehrheit durch ihre Entscheidung aufgeworfen hat, ist bei-spielsweise die Frage nach der Berechnung dieser Höchstgrenze bei den verschiedenen Steuerarten, bis hin zur Frage der Besteuerung inflationsbedingter Scheinerträge, hinter der sich die Kritik am bestehenden Nominal-wertprinzip verbirgt (vgl. S. 2604). Gerd Rose hält den „Halbteilungsbegrenzugsgrundsatz" keineswegs für ein Obiter Dictum, sondern für rechtlich zwingend bindend, vgl: Rose, Gerd: Der Halbteilungsgrundsatz – Kein Obiter Dictum, in: Der Betrieb, Heft 23 vom 5.6.1998, S. 1154-1155.

44 Vgl. Rose, Gerd, ebd.

45 Beschluss des BFH vom 11.3.1998 (II B 59/97).

46 Hektographierter Text des Beschlusses vom BFH (11.3.1998, II B 58/97), S. 2 f.

47 BVerfGE 87, 153.

48 Im Beschluss der Senatsmehrheit zur Vermögensteuer wird auf die Formulierung verwiesen, dass Steuergeset-ze in ihrer freiheitsbeschränkenden Wirkung, insbesondere im beruflichen (Art. 12 GG) und vermögensrechtli-chen Teil (Art. 14 GG), zu prüfen wären. Keineswegs dürfe ein Steuergesetz eine „erdrosselnde Wirkung" (BVerfGE 87, 153, 169) haben. Diese „erdrosselnde Wirkung", in der Entscheidung zum Grundfreibetrag noch ans Existenzminimum gebunden, wird durch die Rechtsprechung des BVerfG nun auf weit über das Existenz-minimum hinausgehende Einkommen bezogen: Vgl. BVerfGE 93, 121 und 87, 153 (169). Dadurch werden ei-ne Vielzahl von Fragen aufgeworfen (z. B. das Verhältnis von direkten und indirekten Steuern), die wohl den Gesetzgeber, im Falle verstärkter Klagebereitschaft gestützt durch die Justizbürokratie, zwingen sollen, die Steuerrechtsordnung i. S. der „neuen Steuerrechtslehre" zu vereinfachen.

49 Stellvertretend dafür: Arndt, Hans-Wolfgang / Schumacher, Andreas: Die verfassungsrechtlich zulässige Höhe der Steuerlast – Fingerzeig des BVerfG an den Gesetzgeber? In: NJW 1995, S. 2603-2605 (S. 2604) und Leis-ner, Walter: Steuer- und Eigentumswende – die Einheitswert-Beschlüsse des Bundesverfassungsgerichts. In: NJW 1995, S. 2591-2596.

„grundsätzlichen Privatnützigkeit des Einkommens" bildet nunmehr nicht nur die *zwingende untere Grenze* der *vertikalen Steuergerechtigkeit*, sondern stellt auch die *zwingende obere Grenze* der Besteuerung dar. Zwar weist der Zweite Senat in seiner Entscheidung darauf hin, dass die *Umverteilungsfunktion der Vermögensteuer* nicht zur verfassungsrechtlichen Prüfung anstehen würde:[50] Jedoch liegt es nahe, der „Kölner Schule" das Gegenteil zu bescheinigen, da ihr zufolge Steuern keine „soziale Leistung" darstellen würden, sondern lediglich die individuelle Leistungsfähigkeit des Steuerpflichtigen widerzuspiegeln haben. Dass sich dahinter nicht nur eine Veränderung des Stellenwerts des allgemeinen Gleichheitssatzes, sondern auch des Eigentums verbirgt, bemängelt der dissentierende Richter Böckenförde:

„Dieser Wechsel in der Argumentation ist Ausdruck eines prinzipiell neuen Konzepts, das hier zum ersten Mal angewandt wird. Nach diesem Konzept ist die Intensität, in der das Vermögen durch Art. 14 GG gegenüber der Besteuerung geschützt wird, unterschiedlich, je nachdem, ob es sich um die Besteuerung des Vermögenszugangs in der Erwerbsphase (...), um die Besteuerung des Vermögensbestandes (...) oder um die Besteuerung der Vermögensverwendung (...) handelt. Für ein solches steuerrechtstheoretisches und steuerpolitisches Konzept, das sowohl Grund wie auch Intensität und Grenze der Besteuerung aus einer in sich differenzierten interpretierten Eigentumsidee herleitet, gibt die Eigentumsgarantie des Art. 14 GG keine Grundlage ab."[51]

6 Schlusswort: Steuerrechtsprechung und 'judical-self-restraint'

Während Ernst-Wolfgang Böckenförde zu Recht auf die Einschränkung des Handlungsspielraums des Gesetzgebers hinweist und an einen judical-self-restraint mahnt, war die Bindungswirkung der Entscheidungen stets zu Gunsten des Gesetzgebers ausgestaltet: Zwar hat das BVerfG die Möglichkeit (und einigen Autoren zufolge auch die Pflicht), Gesetze, die es für nichtig oder mit der Verfassung für unvereinbar erklärt, rückwirkend (ex tunc) für nichtig zu erklären. Dies mag aus Gründen rechtsstaatlicher Dogmatik auch geboten sein und wird in vielen Fällen auch praktiziert.[52] Bei haushaltsrechtlich relevanten Entscheidungen (Steuerrecht, rentenrechtliche Themen) wird der Gesetzgeber jedoch in der Regel auf eine pro-futuro-Revison verpflichtet. Dies war und ist auch die Praxis des Gerichts bei den Entscheidungen zum Steuerrecht, um beim Gesetzgeber die *Abnahmebereitschaft der Entscheidungen* zu steigern.[53] Auch wenn dies in der juristischen Realität zu dem Paradox führt, dass je mehr Bürger von einer verfassungsrechtlich unvereinbaren (und finanzpolitisch relevanten) Regelung betroffen waren, es um so wahrscheinlicher wird, dass dem Gesetzgeber Zeit zur Neuregelung überlassen wird: Im Beschluss vom 4. Dezember 2002 (BVerfGE 107, 27)

---

50 Vgl. BVerfGE NJW 1995, S. 2615 ff., hier S. 2617 (BVerfGE 93, 121).

51 Sondervotum des Richters Böckenförde, in: BVerfGE 93, 121 (154 f.).

52 Vgl. Seer, Roman: Unvereinbarkeitserklärung des Bundesverfassungsgerichts, in: NJW 1996, S. 285-291.

53 Mit dem Begriff der „Abnahmebereitschaft" verweist die Rechtssoziolgie darauf, dass Gerichte die Implementation unliebsamer Entscheidungen gegenüber staatlichen Bürokratien oder dem Gesetzgeber nicht erzwingen können. Wichtiger ist die überzeugende Entscheidungsbegründung und die Existenz von Bündnispartnern. Selbstverständlich kann als potentieller Bündnispartner bei Entscheidungen zum Steuerrecht die an einer Steuersenkung interessierte (Fach-)Öffentlichkeit in Frage kommen – wenn sie denn in der Lage ist, sich einheitlich zu artikulieren und nicht selbst politisch fragmentiert ist. Jedoch können die mit dem politischen Machtcode operierenden Ministerialbürokratien die Umsetzung von Urteilen obstruieren. Vgl. dazu: Blankenburg, Erhard / Voigt, Rüdiger: Implementation von Gerichtsentscheidungen, in: Dies. (Hg.), Implementation von Gerichtsentscheidungen. Jahrbuch für Rechtssoziologie und Rechtstheorie, S. 10-22, Opladen 1987.

zur Begrenzung der steuerlichen Anerkennung der doppelten Haushaltsführung auf zwei Jahre, erklärte das Gericht unter den Bedingungen sog. Kettenabordnungen seitens des Arbeitgebers oder beiderseits berufstätiger Ehegatten diese Begrenzung für unvereinbar mit der Verfassung. Allerdings ohne einen Zeitpunkt zu nennen, den verfassungswidrigen Zustand zu beheben. Jedoch reagierte das Bundesfinanzministerium bereits im Juni 2003 auf die Entscheidung.

Die Entscheidung zur Vermögensteuer deutete die Wende in der offensiven Verfolgung der Ziele der ‚neuen Steuerrechtslehre' durch Teile des BVerfG und der juristischen Fachöffentlichkeit an. Die Entscheidung zur ‚doppelten Haushaltsführung' aus dem Jahr 2002 lässt erkennen, dass das Gericht davon Abstand genommen hat, ein bestimmtes steuerrechtliches Konzept als *grundrechtlich* geboten zu bezeichnen. Stattdessen konzentriert sich das Gericht auf Detailfragen ohne den Spielraum für den Gesetzgeber in Grundsatzentscheidungen zum Steuerrecht einzuengen.

Das Sondervotum des Richters Böckenförde zur Vermögensteuer veranschaulicht, dass eine bestimmte steuerrechtlich relevante Interpretation der Grundrechte dauerhaft nicht mehrheitsfähig war. Dies zeigte auch eine Entscheidung des Bundesfinanzhofes (BFH) zur ‚Übermaßbesteuerung'.[54] Dass es in den letzten Jahren bezüglich der Steuerrechtsprechung des BVerfG ‚ruhiger' geworden ist, kann auf vier Gründe zurückgeführt werden:

a) das Ausscheiden Paul Kirchhofs als Bundesverfassungsrichter nach dem Ablauf seiner Amtszeit 1999,
b) einer verstärkten Besinnung auf einen 'judical-self-restraint' seitens der amtierenden Richter,
c) einer mangelnden dauerhaften Mehrheitsfähigkeit dieser Grundrechtsinterpretation innerhalb der juristischen Fachöffentlichkeit,
d) den Steuerreformen der rot-grünen Bundesregierung (1998-2005).

Denn zahlreiche angebotsorientierte Punkte der rot-grünen Steuerreform zeigen, dass Aspekte des neoliberalen Projekts ebenso zum Bestandteil sozialdemokratischer Politik geworden sind und somit in beiden Volksparteien in unterschiedlicher Intensität mehrheitsfähig sind.[55]

Die Entscheidungen des BVerfG zur „doppelten Haushaltsführung" (BVerfGE 107, 27) aus dem Jahr 2002 oder die zur „Zweitwohnsteuer" vom 10. Oktober 2005 (1 BvR 1232/00) machen deutlich, dass der Gesetzgeber nunmehr lediglich in verfassungsrechtlichen Detailfragen einer Kontrolle unterzogen wird. Der Weg der Interpretation der Grundrechte im Sinne angebotsorientierter Politik wird gegenwärtig nicht mehr verfolgt. Allerdings wurden durch die Entscheidungen verfassungsrechtliche Argumentationsmuster thesauriert, auf die jederzeit zurückgegriffen werden kann.

Trotz aller berechtigter Kritik an der Grundrechtsinterpretation des Verfassungsgerichts in dem untersuchten Zeitraum ist es das Verdienst des Gerichts, ein undurchsichtiges und mit einer Vielzahl fragwürdiger Subventionen versehenes Steuerrecht zur Diskussion gestellt zu haben. Es bleibt jedoch die Erkenntnis, dass Netzwerke von Interpretationseliten den verfassungspolitischen Prozess einseitig bestimmen können. Wenn auch nur zeitweise.

---

54 Vgl. BFH – Beschluss vom 11. März 1998. II B 59/97. Der BFH lehnte weite Teile einer Entscheidung des BVerfG vom 22.6.1995 (Einheitswert- und Vermögensteuer) zum Übermaßverbot ab und erklärt weite Teile der Entscheidung des Verfassungsgerichts damit zum Obiter Dictum. Es ist zu betonen, dass der Inhalt des ‚Übermaßverbots' politisch und steuerrechtlich strittig ist und kaum verfassungsrechtlich justiziabel angesehen werden kann.

55 Vgl. dazu: Köppe, Olaf: Rotgrüne Steuerpolitik – (k)ein Grund zur Panik? In: Kritische Justiz (3) 2002, S. 312-324. Die rotgrüne Steuergesetzgebung hat zwar das steuerliche Existenzminimum deutlich angehoben; dennoch begünstigt die Steuerreform höhere Einkommen und Kapitaleigentum überproportional.

Hans Peter Bull

Der Beitrag des Bundesverfassungsgerichts zur „Berücksichtigung der hergebrachten Grundsätze des Berufsbeamtentums"

1 Einleitung und Überblick

Über die Jahrzehnte hinweg hat das Bundesverfassungsgericht (BVerfG) sich immer wieder mit der Bestimmung des Art. 33 Abs. 5 GG befasst, die dem Gesetzgeber vorschreibt, das Recht des öffentlichen Dienstes „unter Berücksichtigung der hergebrachten Grundsätze des Berufsbeamtentums zu regeln". Es hat diese Grundsätze definiert und sie in Gesetzgebung und Verwaltungspraxis zur Geltung gebracht. Die stärkste Wirkung entfaltet die Verpflichtung nach Art. 33 Abs. 5 GG seit entsprechenden Karlsruher Entscheidungen dadurch, dass daraus auch subjektive Rechte hergeleitet wurden, die der einzelne Beamte gerichtlich einklagen kann[1] – eine durchaus umstrittene Deutung des Verfassungstextes durch das BVerfG, die aber kaum noch kritisiert wird. In den Grenzen seines Verständnisses der hergebrachten Grundsätze hat das BVerfG auch eine Weiterentwicklung des Beamtenrechts zugelassen.[2] Man tut dem Gericht aber kein Unrecht, wenn man aus der Vielzahl der beamtenrechtlichen Entscheidungen den Schluss zieht, dass es insgesamt eher dazu tendiert, die überlieferten Elemente des Beamtenrechts zu bewahren und keine grundlegenden Reformen zuzulassen. Mit manchen Reformbemühungen befindet sich der Gesetzgeber „auf einem schmalen Grat".[3]

2 Die Auseinandersetzung mit dem Nationalsozialismus

Bevor diese Judikatur im Einzelnen referiert und kommentiert wird, gilt es aber, noch eine andere Etappe der Beamtenrechtsentwicklung zu betrachten – eine Etappe, in der das BVerfG sich von der Tradition entschieden abgesetzt hat. In den ersten Jahren seiner Existenz hatte sich das BVerfG nämlich mit der rechtlich und politisch hoch umstrittenen Frage auseinanderzusetzen, ob die Beamtenverhältnisse aus der NS-Zeit durch die Kapitulation im Mai 1945 erloschen seien oder ob aus dem Gesetzgebungsauftrag in Art. 131 GG folge, dass sie nur unterbrochen seien und wieder aufleben könnten.[4] Der Bundesgerichtshof (BGH) hat

---

1   BVerfGE 8, 1 (14, 16 ff.); 12, 81 (87); 43, 154 (167).
2   Vgl. etwa BVerfGE 3, 58 (137); 7, 155 (162); 8, 1 (16); 11, 299 (303); 43, 154 (168); 67, 1 (14); 97, 350 (376 f.).
3   Musil, Andreas: Wettbewerb in der staatlichen Verwaltung. Tübingen 2005, S. 253.
4   Vgl. dazu Dreier, Horst: Verfassungsstaatliche Vergangenheitsbewältigung. In: Badura, Peter / Dreier, Horst (Hg.), Festschrift 50 Jahre Bundesverfassungsgericht, Tübingen 2001, Erster Band, S. 159 ff. (167 ff.) m. w. N.; Lübbe-Wolff, Gertrude, in: Dreier, Horst (Hg.), Grundgesetz-Kommentar, Band 3, Art. 83-146, Tübingen 2000, Art. 131 Rdnr. 5 ff.

sich in dem letzteren Sinne geäußert;[5] das BVerfG hingegen betonte in einer Reihe scharf akzentuierender Urteile aus den Jahren 1953/54 die Diskontinuität, also die Beendigung aller Beamten-, Soldaten-, Richter- und auch öffentlichen Angestelltenverhältnisse am 8. Mai 1945.[6] Den Kern seiner Argumentation bildete damals die Feststellung, dass die seinerzeitigen Machthaber den öffentlichen Dienst konsequent und effektiv auf die rechtsfeindlichen und menschenverachtenden Grundsätze des Nationalsozialismus eingeschworen haben:

„Die Zerstörung des verfassungsrechtlichen Schutzes für die wohlerworbenen Rechte der Beamten, die Regelung der personellen Voraussetzungen für das Beamtenverhältnis in Verbindung mit der gesetzlichen Verpflichtung zum persönlichen Treueid auf Hitler und zur Vollstreckung des Willens des von der NSDAP getragenen Staates sowie die Gerichtspraxis der obersten Disziplinargerichte ergeben mit aller Deutlichkeit, dass das Beamtenverhältnis im nationalsozialistischen Staat ein nur auf diesen Staat und die ihn tragende Ideologie der NSDAP zugeschnittenes Rechtsverhältnis sein sollte und war. Die auf diesem Rechtsverhältnis beruhenden gegenseitigen Treue- und Fürsorgepflichten zwischen Beamten und Staat waren allein auf das Vorhandensein und die Fortdauer eines bestimmten verfassungsrechtlichen Zustandes abgestellt. Daraus ergibt sich notwendig der dem nationalsozialistischen Beamtenverhältnis immanente Ausschluss gegenseitiger Rechte und Pflichten für den Fall, dass ein von der NSDAP getragener, mit ihr unlöslich verbundener Staat nicht mehr vorhanden sein würde".[7]

Die Kontroverse hierüber war überaus heftig; das Verfassungsgericht brachte damals fast die gesamte übrige Justiz und den größten Teil der Beamtenschaft gegen sich auf. Mit der Gegenmeinung setzte sich das BVerfG ausführlich und abschließend in dem Urteil vom 19.2. 1957[8] auseinander, wobei es die „vorwiegend politisch motivierten Angriffe oder gar Verdächtigungen" „selbstverständlich" unbeantwortet ließ[9], den juristischen Argumenten aber unter allen nur möglichen Aspekten widersprach. So war in der Literatur die Ansicht vertreten worden, das Berufsbeamtentum beruhe auf einem „vorkonstitutionellen, überpositiven Recht"; es sei „im Wesentlichen naturrechtlich notwendig, d. h. die Voraussetzung modernen sozialen Lebens"[10]. Dazu stellt das BVerfG fest:

„Es ist ein begriffsjuristischer Irrweg, von einem gewissermaßen über- oder vorstaatlichen Begriff des Berufsbeamtentums auszugehen und von dieser Grundlage aus die rechtliche Unmöglichkeit einer inhaltlichen Umgestaltung oder die Unmöglichkeit grundsätzlich verschiedenartiger rechtlicher Gehalte von Beamtenverhältnissen eines konkreten Staates zu folgern".[11]

Während diejenigen, die einen Fortbestand der Beamtenverhältnisse über den 8. Mai 1945 hinaus annahmen, sich auf die unpolitische „Sacharbeit" der Verwaltung bezogen, verwies das BVerfG auf die politischen Implikationen der Exekutivfunktionen und belegte mit eindrucksvollen Beispielen, in wie großem Maße angeblich unpolitische Beamte des „Dritten Reiches" ihre Amtsausübung an der rassistischen, rechtsfeindlichen Ideologie des National-

---

5   Vgl. insbes. BGHZ 13, 265 (292 ff.) (Großer Senat, B. v. 20.5.1954).
6   BVerfGE 3, 58 (76 ff. – Beamte); 3, 162 (173 ff. – Angestellte); s. a. 3, 187 (201 ff.); 3, 208 (212); 3, 213 (222). Zurückhaltender jedoch BVerfGE 3, 288 (299 ff. – Berufssoldaten).
7   BVerfGE 3, 58 (113 f.). Vgl. auch §§ 1 u. 3 Deutsches Beamtengesetz v. 27.1.1937 (RGBl. I S. 41), abgedruckt und kommentiert bei Frotscher, Werner: Das Berufsbeamtentum im demokratischen Staat. Sankelmark 1975, S. 17 f.
8   BVerfGE 6, 132.
9   BVerfGE 6, 132 (137).
10   Jerusalem, NJW 1954, 981; ähnlich Helfritz, VVDStRL 13, 99; zitiert in BVerfGE 6, 132 (138).
11   BVerfGE 6, 132 (152).

sozialismus ausgerichtet haben.[12] Der harte Schnitt, den das BVerfG bei den Beamtenverhältnissen vornehmen wollte, trat tatsächlich aber nicht ein: Die Ausführungsgesetze zu Art. 131 GG und die darauf aufbauende Praxis führten zur Wiederverwendung der meisten früheren Beamten und zur „weitgehenden Wiederherstellung des Berufsbeamtentums unter breitem Einschluss ehemaliger Funktionsträger".[13]

In den zitierten Aussagen des BVerfG ist im Nachhinein schon zu erkennen, was später in der Rechtsprechung zur Überprüfung von Bewerbern für den öffentlichen Dienst zum Ausdruck kam. Wegen der Möglichkeit der „politischen Infiltrierung" der Beamtenschaft bemühe sich der freiheitlich-demokratische Staat, „Verfassungsfeinde" – dieser Ausdruck wird seinerzeit bereits verwendet – „nicht nur von der funktionell politischen, sondern gerade auch von der Beamtentätigkeit fernzuhalten".[14] Als die Debatte um die „131er" schließlich auslief, gewannen auch in der Rechtsprechung des BVerfG andere Akzente an Bedeutung; man bekannte sich zu den Elementen der Beamtenrechts-Tradition, die vor dem NS-Regime entstanden waren[15]. Das Gericht hat zwar seine Rechtsprechung zum Erlöschen der früheren Beamtenverhältnisse konsequent fortgesetzt,[16] aber in anderen Zusammenhängen nicht daran angeknüpft, und in den Darstellungen des Beamtenrechts finden sich kaum Hinweise auf diese verfassungsgerichtliche Auseinandersetzung mit der deutschen Geschichte. Jurastudenten lernen in Veranstaltungen zum Beamtenrecht regelmäßig nichts von dieser Vergangenheit, und in Kompendien zur Rechtsprechung des BVerfG sind die zitierten Entscheidungen nicht enthalten; sie gelten wohl als rechtsdogmatisch unergiebig.

3 Die Entfaltung der „hergebrachten Grundsätze des Berufsbeamtentums"

3.1 Die Anknüpfung an die Weimarer Rechtslage

Die Grundsätze, an die nach Art. 33 Abs. 5 GG bei der Beamtengesetzgebung angeknüpft werden soll, sind vom BVerfG wie folgt umschrieben worden:

„Bei den ‚hergebrachten Grundsätzen des Berufsbeamtentums' handelt es sich um jenen Kernbestand von Strukturprinzipien, die allgemein oder doch ganz überwiegend und während eines längeren, Tradition bildenden Zeitraums, mindestens unter der Reichsverfassung von Weimar, als verbindlich anerkannt und gewahrt worden sind".[17]

Die Weimarer Reichsverfassung enthielt eine ganze Reihe von Aussagen über den öffentlichen Dienst, nicht nur den immer wieder gern beschworenen Satz, dass die Beamten „Diener der Gesamtheit, nicht einer Partei" sind (Art. 130 Abs. 1 WRV) (der inhaltlich selbstverständlich ist, aber dazu missbraucht wurde, den ohnehin verbreiteten Anti-Parteien-Affekt zu schüren). In Art. 128-131 WRV war der Rechtsstatus zusammengefasst, den die Beamten seit Anfang des 19. Jahrhunderts in zäher Auseinandersetzung mit den Fürsten errungen hat-

---

12 Besonders deutlich die Zusammenfassung in BVerfGE 6, 132 (193 ff.), wo entsprechende Handlungsweisen für die einzelnen Beamtengruppen von Richtern und Staatsanwälten über Standesbeamte usw. bis hin zu den Beamten der Jugendämter aufgeführt sind.

13 Dreier, a. a. O. (Fn. 4), S. 168 u. 170 m. w. N.

14 BVerfGE 6, 132 (154).

15 Vgl. BVerfGE 7, 155 (162); dazu sogleich unten 3.

16 BVerfGE 15, 80 (100); 15, 105 (112); 16, 94 (110); 22, 387 (408); 28, 163 (173).

17 BVerfGE 8, 332 (343); 15, 167 (196); st. Rspr.

ten, insbesondere Anstellung auf Lebenszeit, gesetzliche Regelung von Ruhegehalt und Hinterbliebenenversorgung, Rechtsschutzgarantie, Unabsetzbarkeit, Freiheit der politischen Gesinnung und Vereinigungsfreiheit, Amtshaftung statt persönlicher Haftung. Dieser Status sollte für die Zukunft gesichert werden – aber gleich im Frühjahr 1933 wurde überdeutlich, dass eine verfassungsrechtliche Garantie nichts wert ist, wenn eine rechtsfeindliche Regierung wie die nationalsozialistische an die Macht gelangt.

3.2 Ausdifferenzierung und Ergänzungen der „Grundsätze"

3.2.1 Das Grundgesetz übernahm ausdrücklich nur einen Teil dieser Garantien, z. B. in Art. 34 GG, und regelte die Materie in Art. 33 Abs. 5 GG eben durch die Verweisung auf die „hergebrachten Grundsätze". Das war gewiss eine kluge Methode, sich nicht zu stark an Details des früheren Rechts zu binden und doch der künftigen Rechtsetzung eine Richtung zu weisen. Aber dieser Satz erwies sich schon früh als „ein nahezu unüberwindliches Hindernis" „für alle Versuche einer Reform oder gar einer Neugestaltung des öffentlichen Dienstes".[18] Nach der Ansicht des BVerfG galten als „hergebrachte Grundsätze des Berufsbeamtentums" bereits unter der Weimarer Reichsverfassung „u. a. die Pflicht zu Treue und Gehorsam gegenüber dem Dienstherrn und zu unparteiischer Amtsführung, fachliche Vorbildung, hauptberufliche Tätigkeit, lebenslängliche Anstellung, Rechtsanspruch auf Gehalt, Ruhegehalt, Witwen- und Waisenversorgung".[19] Zu diesem Kern fügte das BVerfG noch weitere Grundsätze hinzu, die sich insbesondere auf die rechtliche Ausformung des Dienstverhältnisses beziehen. Die Gesamtheit der somit als „hergebracht" anerkannten Prinzipien lässt sich in drei große Gruppen aufteilen:

1. Ausgestaltung des Beamtenverhältnisses als *öffentlich-rechtliches Dienst- und Treueverhältnis*, dessen wesentliche materielle Elemente in der Anstellung auf Lebenszeit, der Hauptberuflichkeit, der Verpflichtung zu vollem Einsatz („voller Hingabe") und unparteilicher, gerechter Amtsführung bestehen und das rechtsförmlich durch einseitige Regelungsbefugnis des Dienstherrn (d. h. der Anstellungskörperschaft) gekennzeichnet ist (generelle Regelung der Einstellungs- und Arbeitsbedingungen durch Gesetz oder Rechtsverordnung; individuelle Gestaltung des Dienstverhältnisses durch Verwaltungsakt und nicht durch Vertrag); dementsprechend
2. *Rechte der Beamten* auf amtsangemessene Alimentation („Besoldung" und Versorgung) und auf Fürsorge des Dienstherrn für die Beamten und für ihre Familien, auf angemessene Beschäftigung und auf Förderung entsprechend ihrer Leistung und im Rahmen des Laufbahnrechts sowie
3. *Pflichten der Beamten* zur Verfassungstreue, zur Befolgung der Anweisungen ihrer Vorgesetzten (um nicht den belasteten Begriff des „Gehorsams" zu gebrauchen), zu parteipolitischer Neutralität und zur Amtsverschwiegenheit.

Die so gesicherte Rechtsposition der Beamten ist in einigen Beziehungen durch ergänzende Normen ausdifferenziert worden, die ihrerseits z. T. als „hergebrachte Grundsätze" qualifiziert worden sind. Als solche gelten u. a. auch das Laufbahnprinzip, das in Art. 33 Abs. 2 GG besonders herausgestellte Leistungsprinzip[20] und das Streikverbot[21]. Aber selbst die De-

---

18 Frotscher, a. a. O., (Fn. 7) S. 21.

19 BVerfGE 9, 268 (286).

20 Vgl. BVerfGE 62, 374 (383) und aus neuerer Zeit die Entscheidungen zum Konkurrentenschutz, z. B. BVerfG, NVwZ 2000, S. 1035; NVwZ 2002, S. 1367; ZBR 2004, S. 45; dazu Battis, Ulrich: Rechtsprechungsbericht zum öffentlichen Dienstrecht, in: JZ 2005, S. 1095 (1097). S. a. BVerwGE 122, 147 (152 f.).

tailvorschrift, dass das Ruhegehalt nach dem letzten Amt berechnet wird, gilt dem BVerfG als zu „beachtendes" Prinzip.[22] Ulrich Battis spricht angesichts einer Reihe neuerer Entscheidungen, in denen ähnliche Spezialfragen durch Richtervorlagen – „gelegentlich aber auch in eigener Sache" – vor das BVerfG gelangten, von „kleiner Münze" und stellt eine „partielle Trivialisierung von Art. 33 Abs. 5 GG" fest.[23]

3.2.2 In der Praxis gewann zunächst das *Alimentationsprinzip* besonderes Gewicht, was nicht verwunderlich war angesichts der relativ schlechten Bezahlung vieler Beamter bis in den höheren Dienst hinein und der äußerst knappen Versorgung der vielen früheren Beamten. In späteren Entscheidungen hat das Gericht den Alimentationsgrundsatz in einer anderen Richtung entfaltet, indem es die angemessene Berücksichtigung der den Beamten entstehenden Kosten für den Unterhalt, die Erziehung und die Ausbildung von Kindern anmahnte.[24] Der Dienstherr müsse auch die „in Art. 6 GG und im Sozialstaatsprinzip enthaltenen Wertentscheidungen" beachten und Beamten mit und ohne Kinder ein „annähernd gleiches Lebensniveau" ermöglichen. Diese Entscheidung liegt auf der Linie anderer „Signale" aus Karlsruhe, dass der Staat als Leistungsträger nicht nur jeweils ein Minimum an Leistungen zu gewähren habe, sondern zwischen den Leistungsempfängern nach Bedarfsgruppen unterscheiden müsse. In ähnlicher Weise hat das BVerfG schon mehrfach komplizierte Vergleiche zwischen verschiedenen Personengruppen angestellt.[25]

3.2.3 An einer Entscheidung aus dem Jahre 1976[26] lässt sich ablesen, in welche Schwierigkeiten das Gericht geraten kann, wenn es die *Fürsorge* für den einzelnen Beamten extensiv versteht. Ein Beamter war während der Probezeit entlassen worden – unter Umständen, die nach der Darstellung in dem Beschluss als dubios erschienen; das BVerfG machte dazu Ausführungen über den hergebrachten Grundsatz der Fürsorgepflicht des Dienstherrn:

„Der Grundsatz der Fürsorgepflicht verpflichtet den Dienstherrn, den Beamten gegen unberechtigte Anwürfe in Schutz zu nehmen, ihn entsprechend seiner Eignung und Leistung zu fördern, bei seinen Entscheidungen die wohlverstandenen Interessen des Beamten in gebührender Weise zu berücksichtigen".[27]

Auf Grund seiner Konkretisierung der Fürsorgepflicht für den Einzelfall kam das BVerfG zu dem Ergebnis, dass die Entlassung aufzuheben sei. Zwei Richter wandten sich in einem Dissenting Vote[28] mit sehr grundsätzlichen Erwägungen gegen diese Entscheidung. Sie übten

---

21 Vgl. schon BVerfGE 8, 1 (16 f.). Zu den Begründungsansätzen und zur Kritik daran s. Köpp, Klaus: Öffentlicher Dienst. In: Steiner, Udo (Hg.), Besonderes Verwaltungsrecht, 7. Aufl., Heidelberg 2003, III A, S. 407 ff., Rdnr. 42 ff.

22 BVerfGE 61, 43 (58).

23 JZ 2005, 1095 (1096).

24 BVerfGE 44, 249. Beschwerdeführer waren seinerzeit eine Reihe von Professoren mit mehr als zwei Kindern; sie wurden vertreten von dem späteren Bundesverfassungsrichter Paul Kirchhof. Ferner: BVerfGE 81, 363 (375 ff. – mit Berechnungen zur Gehaltsentwicklung für Beamte mit mehr als zwei Kindern, S. 379 ff.) sowie BVerfGE 99, 300 (320) (mit sechs Druckseiten Tabellen zum Vergleich der Gehälter mit der Sozialhilfe, S. 323 ff.). Die beiden letzten Entscheidungen tragen auch die Unterschrift des Richters Kirchhof. Zum Gesamtthema s. a. Battis, a. a. O. (Fn. 20) S. 1095 f. m. w. N.

25 Vgl. etwa BVerfGE 76, 256 (310) (Anrechnung von Renten auf Pensionen) und 103, 242 (260 ff.) (Pflegeversicherungsbeiträge von Eltern und von Kinderlosen).

26 BVerfGE 43, 154.

27 Ebd. (vorige Fn.), S. 165.

28 BVerfGE 43, 177.

mit beachtlichen Argumenten Kritik an der Ausweitung der Prüfung auf Einzelfallentscheidungen der Behörden und Fachgerichte.[29]

3.2.4 Als hergebrachten Grundsatz erkannte das BVerfG u. a. auch das Recht auf statusgemäße Beschäftigung[30] und auf angemessene Amtsbezeichnung an[31]. Betont wurde aber, dass es kein „Recht am Amt", „verstanden als Recht auf Ausübung der Amtsgeschäfte" gebe.[32] Bei der Gestaltung der Hochschulorganisation macht die besondere Verantwortung der Hochschullehrer für die wissenschaftliche Lehre nach Ansicht des BVerfG „sachgerechte Unterscheidungen" erforderlich[33], und die „als unausweichlich anerkannte Notwendigkeit, für öffentliche Krankenhäuser qualifizierte leitende Ärzte zu gewinnen", rechtfertigt Abweichungen von dem Prinzip, dass die Bezüge der Beamten durch Gesetz zu regeln sind.[34] Umgekehrt beeinflusst die besondere Stellung des hauptamtlichen Bürgermeisters, der sein Amt einer Wahl durch die Kommunalvertretung verdankt, seinen dienstrechtlichen Status; hier darf von den Regelungen abgewichen werden, die für die auf Lebenszeit angestellten Beamten gelten.[35]

3.3 Die prozessuale Absicherung der „Grundsätze"

Seit Ende der fünfziger Jahre hatte sich das BVerfG immer wieder mit Verfassungsbeschwerden von Beamten und früheren Beamten zu befassen, die eine günstigere Besoldung oder Versorgung erstreiten wollten. Zunächst schien es so, als hätte sich die verfassungsrechtliche Situation zu Ungunsten der Beamten verändert; denn das Grundgesetz garantiert nicht wie Art. 129 Abs. 1 S. 3 WRV die „wohlerworbenen Rechte der Beamten".[36] Das Grundgesetz wolle „nicht in erster Linie subjektive Rechte der Beamten schützen, sondern die Einrichtung des Berufsbeamtentums im Interesse der Allgemeinheit erhalten".[37] Diese Formel wurde des öfteren wiederholt.[38] Sie hinderte aber das BVerfG nicht, den Beamten schon in der ersten einschlägigen Entscheidung „ein grundrechtsähnliches Individualrecht" auf Beachtung des „hergebrachten Grundsatzes" der amtsangemessenen Alimentation einzuräumen, dessen Verletzung mit der Verfassungsbeschwerde gerügt werden kann.[39] Damit ging es gleich in doppelter Hinsicht über das bis dahin vorherrschende Verständnis des Art. 33 Abs. 5 GG hinaus: Zum einen wurde aus der Pflicht zur „Berücksichtigung" be-

---

29 Ebd., S. 179 f.
30 BVerfGE 47, 327 (410 ff.).
31 BVerfGE 38, 1 (11 ff.) (Richteramtsbezeichnungen); 62, 374 (383) (Lehrer); 64, 323 (351) (Universitäts- contra Fachhochschulprofessoren). Kritisch dazu mit Recht Köpp, a. a. O. (Fn. 21), Rdnr. 20: Für die Öffentlichkeit ist die *Funktions*bezeichnung wichtiger; es sollte daher Pflicht sein, diese anzugeben.
32 BVerfGE 8, 332 (344 ff. mit historischem Rückblick).
33 BVerfGE 35, 79 (127) („Gruppenuniversität"; Niedersächsisches Vorschaltgesetz zur Hochschulreform Anfang der 1970er Jahre); s. a. 47, 327 (388, s. a. 410 ff.) (Hessisches Hochschulgesetz).
34 BVerfGE 52, 303 (331) (Zusicherung des Privatliquidationsrechts an Chefärzte); s. a. BVerfGE 43, 242 (277 f.) (Hamburger Universitätsgesetz).
35 BVerfGE 7, 155 (165 f.); 8, 332 (344 ff.) (politische Beamte).
36 So ausdrücklich BVerfGE 3, 58 (136 f.).
37 BVerfGE 9, 268 (286).
38 Vgl. etwa BVerfGE 70, 69 (79) mit Zitatenkette.
39 BVerfGE 8, 1 Leitsatz 2 (Entscheidung vom 11.6.1958).

stimmter Grundsätze, die immerhin die Abwägung mit anderen Prinzipien zuließ,[40] eine ausdrückliche Verpflichtung zur Beachtung jedenfalls der besonders wichtigen Grundsätze,[41] und zum anderen wurde eben nicht mehr nur die „Einrichtung" als geschützt angesehen, sondern ein neues einklagbares Individualrecht geschaffen. Die Begründung für diese bedeutsamen Aussagen war sehr knapp; sie bestand nur aus einem Schluss vom Zweck auf das Mittel und dem Hinweis auf die „allgemein auf Verstärkung des Rechtsschutzes des Einzelnen gerichtete Tendenz des Grundgesetzes".[42]

Weil das Berufsbeamtentum die ihm zufallende Funktion, eine stabile Verwaltung zu sichern etc., nur erfüllen könne, „wenn es rechtlich und wirtschaftlich gesichert ist", müsse der Gesetzgeber die Sicherung eines angemessenen Lebensunterhalts als einen „besonders wesentlichen hergebrachten Grundsatz" *beachten*[43]. Ein grundrechtsähnliches Recht sei gegeben, weil das beamtenrechtliche Rechtsverhältnis die Eigenart habe, dass der Beamte keine rechtlichen Möglichkeiten besitze, auf die Höhe seines Gehalts einzuwirken, und auch nicht streiken dürfe.[44]

Auf diesem Verfahrenswege hat das BVerfG mehrfach den Gesetzgeber korrigiert, der nach seiner Einschätzung die Beamten materiell zu schlecht gestellt hatte.[45]

3.4 Der Streit um die politische Treuepflicht der Beamten

3.4.1 Anfang der 1970er Jahre traten die Auseinandersetzungen um die *politische Treuepflicht* der Beamten in den Vordergrund; das BVerfG hatte über die Verfassungsmäßigkeit des Überprüfungsverfahrens zu entscheiden, das zur Abwehr „radikaler" oder „extremistischer" Bestrebungen eingerichtet worden war. Die Grundsatzentscheidung vom 22.5.1975[46] betont, dass es ein „hergebrachter und zu beachtender Grundsatz des Berufsbeamtentums" ist, dass „den Beamten eine besondere politische Treupflicht gegenüber dem Staat und seiner Verfassung obliegt."[47]

„Die Treuepflicht gebietet, den Staat und seine geltende Verfassungsordnung, auch soweit sie im Wege einer Verfassungsänderung veränderbar ist, zu bejahen und dies nicht bloß verbal, sondern insbesondere in der beruflichen Tätigkeit dadurch, dass der Beamte die bestehenden verfassungsrechtlichen und gesetzlichen Vorschriften beachtet und erfüllt und sein Amt aus dem Geist dieser Vorschriften heraus führt. Die politische Treuepflicht fordert mehr als nur eine formal korrekte, im Übrigen uninteressierte, kühle, innerlich distanzierte Haltung gegenüber Staat und Verfassung; sie fordert vom Beamten insbesondere, dass er sich eindeutig von Gruppen und Bestrebungen distanziert, die diesen Staat, seine verfassungsmäßigen Organe und die geltende Verfassungsordnung angreifen, bekämpfen und diffamieren. Vom Beamten wird erwartet, dass er diesen Staat und seine Verfassung als einen hohen positiven Wert

---

40 In BVerfGE 3, 58 (137) hatte das Gericht noch formuliert, die hergebrachten Grundsätze sollten bei der Anpassung des Beamtenrechts an die Erfordernisse des Neuaufbaus zwar „‚berücksichtigt', aber nicht unter allen Umständen ‚beachtet' werden".

41 BVerfGE 8, 1 (14, 16 ff.). Vgl. a. BVerfGE 42, 263 (278) und 71, 255 (268). Krit. dazu u. a. Kunig, Philip: Das Recht des öffentlichen Dienstes. In: Schmidt-Aßmann, Eberhard (Hg.), Besonderes Verwaltungsrecht, 13. Aufl., Berlin 2003, Rdnr. 38.

42 Ebd. (vorige Fn.).

43 Hervorhebung im Original.

44 BVerfGE 8, 1 (16 f.).

45 BVerfGE 11, 203 (verfassungswidriger „Beförderungsschnitt" nach § 110 Bundesbeamtengesetz 1953); 15, 167 (landesrechtliche Schlechterstellung bestimmter Beamtengruppen); besonders bedeutsam: BVerfGE 44, 249 (unzureichende Berücksichtigung der Kinderzahl bei der Besoldung, s. o. Fn. 24).

46 BVerfGE 39, 334.

47 Ebd. Leitsatz 1 (vorige Fn.).

erkennt und anerkennt, für den einzutreten sich lohnt. Politische Treuepflicht bewährt sich in Krisenzeiten und in ernsthaften Konfliktsituationen, in denen der Staat darauf angewiesen ist, dass der Beamte Partei für ihn ergreift."[48]

Bewerber für Beamtenstellen müssen deshalb nach der Ansicht des BVerfG „die Gewähr dafür bieten", dass sie „jederzeit für die freiheitliche demokratische Grundordnung eintreten".[49] Besonders umstritten war die Frage, ob schon die Mitgliedschaft in einer politischen Partei Zweifel an der Verfassungstreue begründen könne; die Mehrheit des entscheidenden Senats bejahte diese Frage unabhängig davon, ob die Verfassungswidrigkeit der Partei vom BVerfG festgestellt worden ist oder nicht.[50]

3.4.2 Ein Charakteristikum der Auseinandersetzungen um das Verständnis und die Weiterentwicklung des Beamtenrechts, das auch in der „Extremisten"-Rechtsprechung erkennbar ist, besteht darin, dass dabei nicht nur Rechtsauslegung und Rechtsanwendung betrieben wird, sondern dass Orientierung aus dem historisch-soziologischen Begriff des *„Berufsbeamtentums"* entnommen wird. Auf den ersten Blick scheint zwar zwischen den Rechtsgrundsätzen des Beamtenrechts und den hergebrachten Grundsätzen des Berufsbeamtentums inhaltlich kein Unterschied zu bestehen, aber der (etwas altmodische) Begriff „Beamtentum" hat doch einen anderen Beiklang, und mit ihm ist – ebenso wie mit der Nennung des „Hergebrachten" – eine andere Art von Aussagen in den Orientierungsrahmen einbezogen. Er verweist nämlich nicht mehr nur auf die Beamten*schaft* als die Zusammenfassung der vorhandenen und künftigen Beamten, sondern auf die Idealvorstellungen von den Beamten als historisch und aktuell notwendigem Teil der Staatsorganisation. Die grundlegenden Normen des Beamtenrechts werden zu einer „Institution" „Beamtentum" gemacht[51] – was rechtsdogmatisch gerechtfertigt ist, aber in der Konsequenz zu einer Überhöhung führen kann und tatsächlich geführt hat. Aus der Institution werden dann – zirkelartig – neue Rechtsgedanken hergeleitet. So entsteht das geistige Gerüst eines Selbstverständnisses, das heute wie früher von großen Teilen der Beamtenschaft vertreten wird, ihres besonderen (elitären) Bewusstseins und ihrer Selbsteinschätzung als die wahren Hüter des Gemeinwohls[52].

Das BVerfG hat schon im Jahre 1958 die Bedeutung des Berufsbeamtentums für den Bestand des Staates und die unparteiische, gerechte Durchführung seiner Aufgaben hervorgehoben:

Die in Art. 33 GG normierten Grundsätze ergäben im Zusammenhang, „dass das Grundgesetz in Anknüpfung an die deutsche Verwaltungstradition im Berufsbeamtentum eine Institution sieht, die, gegründet auf Sachwissen, fachliche Leistung und loyale Pflichterfüllung, eine stabile Verwaltung sichern und damit einen ausgleichenden Faktor gegenüber den das Staatsleben gestaltenden politischen Kräften darstellen soll".[53]

---

48   Ebd. Leitsatz 2.
49   Ebd. Leitsatz 4.
50   Ebd. Leitsatz 8. Hiergegen jedoch die Abweichenden Meinungen der Richter Seuffert und Rupp BVerfGE 39, 375 ff. und 378 ff.
51   St. Rspr. seit BVerfGE 3, 58 (136 f.); s. etwa BVerfGE 7, 155 (162); 8, 1 (12); 9, 268 (286); aus neuerer Zeit BVerfGE 64, 367 (379).
52   Dazu bereits Bull, Hans Peter: Positionen, Interessen und Argumente im Streit um das öffentliche Dienstrecht. In: Die Verwaltung 2004, 327 ff.
53   BVerfGE 7, 155 (162).

Später schreibt das Gericht einmal:

„Ist auf die Beamtenschaft kein Verlass mehr, so sind die Gesellschaft und ihr Staat in kritischen Situationen ‚verloren'".[54]

In einer jüngeren Entscheidung heißt es:

„Die Vorschrift soll die Institution des Berufsbeamtentums in ihrer Funktionsfähigkeit im Interesse der Allgemeinheit erhalten und gewährleisten, dass der Bedienstete in rechtlicher und wirtschaftlicher Unabhängigkeit zur Erfüllung der dem Berufsbeamtentum vom Grundgesetz vorgeschriebenen Aufgabe, im politischen Kräftespiel eine stabile, gesetzestreue Verwaltung zu sichern, beitragen kann".[55]

In diesen Formulierungen kommt eine starke mentale Distanz zu den demokratie-typischen politischen Akteuren zum Ausdruck: Die „das Staatsleben gestaltenden politischen Kräfte" sind offensichtlich nichts anderes als die politischen Parteien und ihre Repräsentanten in Parlament und Regierung; die Beamtenschaft wird ihnen als die „bessere" Seite der Exekutive gegenübergestellt. Im Bewusstsein solcher Einschätzung fühlen sich die „Berufsbeamten" in politisch-moralischer Hinsicht den gewählten Volksvertretern und den von ihnen bestimmten Regierungen überlegen. Die Verfassungsrichter liefern den Beamten die Munition für die Auseinandersetzung mit der misstrauisch beäugten Politik – die demokratische Legitimation der Exekutivspitze wird in diesem Zusammenhang gar nicht erwähnt, und ebenso wenig ist von den Grenzüberschreitungen zwischen Recht und Politik die Rede, die in beiden Richtungen vorkommen. Sachwissen, fachliche Leistung und loyale Pflichterfüllung werden nur für die eine Seite in Anspruch genommen und der anderen abgesprochen.

Eine derart pointierte politische Aussage findet sich in späteren Entscheidungen nicht mehr. Die Gemeinwohlverpflichtung der Beamten und ihre dazu erforderliche Unabhängigkeit werden zwar immer wieder bekräftigt[56] und als Unterscheidungsmerkmal gegenüber anderen Beschäftigten bezeichnet, aber nicht mehr ausdrücklich in so scharfer Gegenüberstellung zur Politik. Das Gericht betont in neueren Entscheidungen die gegenseitige Bedingtheit von besonderen Rechten und besonderen Pflichten der Beamten; es verlangt von ihnen auch individuelle Opfer für die Allgemeinheit, z. B. die Hinnahme von Besoldungs- und Versorgungskürzungen.[57]

Der Erwähnung bedarf auch die Rechtsprechung zur Mitbestimmung der Personalräte. Das BVerfG hat mehrfach herausgearbeitet, dass alle staatlichen Entscheidungen der demokratischen Legitimation bedürfen und dass diese bei zu ausgedehnter Beteiligung der Personalvertretungen an beamtenrechtlichen Entscheidungen fehle[58] – eine Verfassungsauslegung von großer politischer Bedeutung.

---

54 BVerfGE 39, 334 (347) („Extremisten"-Entscheidung). Die politisch-empirische oder prognostische Aussage wird hier mit Zitaten von Rechtspositivisten wie Paul Laband (Deutsches Staatsrecht, 1876, S. 395 und 422) belegt.
55 BVerfGE 64, 367 (379).
56 BVerfGE 8, 1 (14); 11, 203 (210, 216 f.); 21, 329 (345, 350); 37, 167 (179).
57 BVerfGE 21, 329 (345, 350); 37, 167 (179); zuletzt U. v. 27.9.2005, 2 BvR 1387/02 (Abweisung einer Verfassungsbeschwerde gegen das Versorgungsänderungsgesetz 2001).
58 Vgl. insbes. BVerfGE 93, 37 (Mitbestimmungsgesetz Schleswig-Holstein); aus der frühen Rspr. s. BVerfGE 9, 268 (284 ff., 287).

4 Reformansätze und ihre verfassungsgerichtliche Beurteilung

4.1 Die Grenzen der Bindung des Gesetzgebers

Die Rechtsprechung des BVerfG hat über die unmittelbar betroffenen Fälle hinaus große Bedeutung für die Entwicklung des öffentlichen Dienstrechts. Man sollte zwar meinen, die Dienstrechtsgesetzgebung, die Art. 33 Abs. 5 GG einfordert, sei nach fast sechs Jahrzehnten abgeschlossen, der Auftrag des Grundgesetzgebers also erfüllt[59] – immerhin hat ja der Gesetzgeber ein umfängliches, vielfach differenzierendes Werk abgeliefert, und auf dessen Grundlage sind bereits Generationen von Beamten angestellt, ausgebildet und eingesetzt worden. Die strenge Geltung der „hergebrachten Grundsätze" ist überdies durch mancherlei Modifikationen – die man bei strengerer Beurteilung auch als Abweichungen bezeichnen könnte – abgemildert. So ist der Grundsatz der Hauptberuflichkeit und Vollzeitbeschäftigung durch die – arbeitsmarkt- und familienpolitisch zwingende – Zulassung von Teilzeitbeschäftigung nicht unerheblich beeinträchtigt. Ebenso bedeutet es eine teilweise Abkehr von dem Grundsatz der „vollen Hingabe", dass Arbeitszeiten festgelegt werden und Mehrarbeit vergütet wird.[60]

Gleichwohl wird die Aufforderung, sich an diesen Grundsätzen zu orientieren, auf dem methodischen Weg über die institutionelle Garantie des Berufsbeamtentums als weitergeltendes Recht angesehen[61] und wirkt als Sperre oder zumindest Bremse für alle Reformansätze, die mit dem herrschenden Verständnis nicht in Einklang stehen. Versperrt ist jedenfalls eine grundlegende Angleichung der Rechtsverhältnisse von Beamten und öffentlichen „Arbeitnehmern"[62]. Aber auch manche notwendigen Reformen, die den Fortbestand des Berufsbeamtentums nicht berühren würden, kollidieren möglicherweise mit einzelnen „hergebrachten Grundsätzen", so die Neugestaltung von Besoldung und Versorgung. Reichweite und Intensität der Bindung an diese Grundsätze müssen also immer wieder aufs Neue eruiert werden.

4.1.1 Grundsätzlich gestattet das BVerfG „eine stete Fortentwicklung, die das Beamtenrecht in seinen einzelnen Ausprägungen den veränderten Umständen anpasst"[63]. Des öfteren heißt es auch, die hergebrachten Grundsätze seien „nicht unter allen Umständen zu beachten", „sondern nur soweit sie mit den Funktionen vereinbar sind, die das Grundgesetz dem öffentlichen Dienst in der freiheitlichen, rechts- und sozialstaatlichen Demokratie zuweist".[64] Mit

---

59 So Köpp, a. a. O. (Fn. 21), Rdnr. 14 ff. mit Nachweisen auch zur (herrschenden) Gegenmeinung. Vgl. a. die differenzierenden Darlegungen von Gunnar Folke Schuppert, in: GG, Kommentar (Reihe Alternativ-Kommentare), 3. Aufl. 2002 (Stand August 2002), Art. 33 Abs. 4, 5 Rdnr. 36 ff., der mit guten Gründen fordert, auf die *Funktion* der verschiedenen Prinzipien abzustellen.
60 Köpp, ebd. (Fn. 21), Rdnr. 103.
61 BVerfGE 43, 154 (166 ff.) mit Abweichender Meinung S. 177 ff. (s. a. oben Fn. 28); dazu Köpp, a. a. O. (Fn. 21), Rdnr. 16.
62 Dies hat insbesondere die nordrhein-westfälische Regierungskommission „Zukunft des öffentlichen Dienstes – öffentlicher Dienst der Zukunft" gefordert (Bericht von Januar 2003, 2. Aufl., Mai 2004, Hg. v. Innenministerium Nordrhein-Westfalen). In dem Nebeneinander von Beamten- und Tarifrecht sieht die Kommission eine Ursache erheblicher Spannungen und Reibungsverluste im öffentlichen Dienst. S. dazu u. a. Bull, Hans Peter: Das öffentliche Dienstrecht in der Diskussion, in: DÖV 2004, S. 155 ff.; ders.: Verwaltungspolitik konkret, in: Behrens, Fritz / Heinze, Rolf G. / Hilbert, Josef / Stöbe-Blossey, Sybille (Hg.), Ausblicke auf den aktivierenden Staat, Berlin 2005, S. 85 ff.
63 BVerfGE 43, 154 (168); 67, 1 (14); 97, 350 (376 f.).
64 BVerfGE 15, 167 (195); s. a. schon BVerfGE 3, 58 (137); 7, 155 (162); 8, 1 (16); 9, 268 (286).

dieser Verweisung auf eine unbestimmte (und zudem im Kern außerrechtliche) Kategorie hat das BVerfG Unsicherheit darüber begründet, wie weit eine Neugestaltung des Beamtenrechts gehen darf.

4.1.2 Das größte Maß an Gestaltungsfreiheit besitzt der Gesetzgeber bei der Bestimmung der Höhe der Alimentation, die den Beamten zustehen soll. Bei der Entscheidung, welcher Lebensunterhalt angemessen sei, habe der Gesetzgeber ein „weitgehendes Ermessen".[65]

Das BVerfG hat auch ausdrücklich festgestellt, dass keineswegs alle Regelungen des Beamtenrechts einschließlich des Besoldungsrechts, die nach 1949 eingeführt worden sind, von Art. 33 Abs. 5 GG gefordert sind. Jederzeit geändert werden können danach die Vorschriften über das sog. 13. Monatsgehalt, über Leistungszulagen, Urlaubsgeld, Überstundenvergütung, Essensgeld und Beihilfen, aber auch Arbeitszeitverkürzungen und die Gestaltung von Nebentätigkeiten.[66] Damit war der Weg frei für verschiedene Sparmaßnahmen der Länder und des Bundes: Die „Sonderzuwendungen" wurden stark gekürzt oder ganz abgeschafft und die Beihilfeansprüche[67] in teilweiser Anpassung an Sparmaßnahmen der gesetzlichen Krankenversicherung eingeschränkt. Auch die Änderung der Grundgehaltssätze durch die neue Tabelle[68] sowie die Kürzung der Ruhegehälter durch das Versorgungsänderungsgesetz 2001 waren verfassungsrechtlich nicht zu beanstanden.[69]

Andererseits hat das BVerfG mit der bereits erwähnten Rechtsprechung zur Besoldung kinderreicher Beamter eine unübersehbare Warntafel aufgestellt: Der Gesetzgeber ist danach eben nicht frei in der Festlegung der Gehälter, sondern er muss „angemessen" bezahlen, wobei nicht der Marktwert der Leistung, sondern der Bedarf an Unterhalt, Teilnahme am kulturellen Leben und Kosten der Erziehung und Bildung der ganzen Familie den Maßstab abgibt, aber auch der Rang (das Amt) zu berücksichtigen ist.[70]

4.1.3 Noch schwieriger ist die Beurteilung, wenn Vorschriften über andere Aspekte als die Alimentation an neue Entwicklungen angepasst werden sollen. Wenn das Berufsbeamtentum als „Einrichtung" geschützt wird, können auch solche Neuregelungen verfassungswidrig sein, die der einzelne Beamte zu akzeptieren bereit ist. So liegt es nach der Ansicht des Bundesverwaltungsgerichts (BVerwG) bei der Einführung der „Einstellungsteilzeit": Das Gericht sah in einer Einstellung mit reduzierter Arbeitszeit, die den Bewerbern alternativlos angeboten und von ihnen akzeptiert wurde, Verstöße gegen mehrere „hergebrachte Grundsätze" (Vollzeitanstellung, Alimentationsprinzip, Leistungsgrundsatz).[71] Im Wege einer verfassungskonformen Auslegung korrigierte dieses Gericht den Landesgesetzgeber, der diese Gestaltung des Beamtenverhältnisses aus arbeitsmarktpolitischen Gründen (um mehr Lehrer einstellen zu können) geschaffen hatte. Das BVerfG konnte sich dazu noch nicht äußern,

---

65 BVerfGE 8, 11 (22). Im konkreten Fall dieser Entscheidung (v. 11.6.1958) hatte das BVerfG jedoch keine Zweifel, dass ein Verstoß gegen Art. 33 Abs. 5 GG vorlag, weil die notwendige Anpassung an die veränderten wirtschaftlichen Lebensverhältnisse unterblieben war.

66 BVerfGE 44, 249 (262, 263); zu Spezialfragen s. BVerfGE 70, 69 (79 ff.) und 71, 255 (begrenzter Vertrauensschutz bei Ruhestandsregelungen). Zu den Beihilfen s. BVerfGE 106, 225 (233); sie sind nicht gewährleistet, aber die Fürsorgepflicht verböte die vollständige Abschaffung entsprechender Leistungen, vgl. Köpp, a. a. O. (Fn. 21), Rdnr. 20/21.

67 Dazu BVerfGE 106, 225 (233 ff.) (Wahlleistungsausschluss).

68 BVerfG, NVwZ 2005, S. 677.

69 BVerfG, U. v. 27.9.2005, 2 BvR 1387/02.

70 Kritisch dazu Bull, Hans Peter: Umsteuern im Beamtenrecht – aber wie?, in: DÖV 1995, S. 592, und: Positionen, Interessen etc., a. a. O. (Fn. 52), S. 347.

71 BVerwGE 82, 196 (198 ff.); 110, 363.

weil das BVerwG die Sache ihm nicht – wie es nach Art. 100 Abs. 1 GG geboten gewesen wäre – vorgelegt hat.[72]

4.2 Rahmenbedingungen für das Arbeitsrecht

Auf das öffentliche Arbeitsrecht sind die „hergebrachten Grundsätze" nicht anzuwenden.[73] Allerdings verlangt das BVerfG auch von den Angestellten des öffentlichen Dienstes ein gewisses Maß an Verfassungstreue. Zwar seien an sie weniger hohe Anforderungen als an die Beamten zu stellen, doch auch sie schuldeten dem Dienstherrn „Loyalität und die gewissenhafte Erfüllung ihrer dienstlichen Obliegenheiten"; auch sie dürften „nicht den Staat, in dessen Dienst sie stehen, und seine Verfassungsordnung angreifen".[74]

4.3 Auswirkungen auf das Organisationsrecht

Beamtenrecht betrifft die persönliche Rechtsstellung der „Staatsdiener". Im Recht der Verwaltungs*organisation* gelten die „hergebrachten Grundsätze" nicht unmittelbar, aber wenn die persönliche Stellung gerade erst durch die Einfügung in eine Organisation geprägt wird, können sie doch auf die Organisationsfrage ausstrahlen. Das hat sich im Fall des Hochschulrechts gezeigt[75]. Andere Fälle sind in Bereichen vorstellbar, die von umfassenden Änderungen der Organisation betroffen sind, so beim Personal der früheren Bundesunternehmen Post und Bahn. Von der verfassungsrechtlichen Einschränkung des Personalvertretungsrechts war schon die Rede.[76] Organisationsrechtliche Bedeutung hat auch die Aussage des BVerfG, eine dauernde Trennung von Status und Funktion widerspreche hergebrachten Grundsätzen (hier Art. 33 Abs. 4 GG); das Land Bremen durfte deshalb keine Schulleiter auf Zeit bestellen, die nur eine Stellenzulage erhielten und nicht in ein besonderes Amt (auf Zeit) berufen wurden.[77]

Einen singulären Fall stellte es dar, als die Bundesabteilungen der Oberfinanzdirektionen länderübergreifend an einigen Orten konzentriert wurden und die betroffenen Oberfinanzpräsidenten, die sowohl Bundes- wie Landesbeamte waren (Art. 108 Abs. 2 S. 3 GG), dadurch eines ihrer Dienstherren verlustig gingen; das BVerfG fand darin keinen Verstoß gegen die Beamtenrechtsgrundsätze.[78]

4.4 Der Funktionsvorbehalt des Art. 33 Abs. 4 GG

Auch die Vorschrift des Art. 33 Abs. 4 GG kann sich als Reformhindernis auswirken. Der Funktionsvorbehalt gilt zwar nicht streng und ausnahmslos; nur als „ständige" Aufgabe sind hoheitliche Funktionen den Beamten vorbehalten.[79] In der Praxis ist aber vieles umstritten. Insbesondere die Frage, ob Lehrer und Hochschullehrer Beamte sein müssen, wird im Wege

---

72 Krit. dazu Bull, Hans Peter: Urteilsanmerkung, in: DVBl. 2000, S. 1773.
73 BVerfGE 3, 162 (186); 16, 94 (110 f.). Zu einem speziellen Thema der verfassungswidrigen Gestaltung des Rechts der öffentlichen Arbeitnehmer (§ 18 Betriebsrentengesetz, Verstoß gegen Art. 3 und Art. 12 Abs. 1 GG) vgl. BVerfGE 98, 365 (395 ff.).
74 BVerfGE 39, 334 Leitsatz 7.
75 S. oben bei Fn. 33.
76 S. oben bei Fn. 58.
77 BVerfGE 70, 251 (265) im Anschluss an BVerfGE 9, 268 (284).
78 BVerfGE 106, 1 (27 f.).
79 S. a. BVerfGE 83, 130 (150) zur Bundesprüfstelle für jugendgefährdende Schriften.

der Auslegung kaum zu lösen sein.[80] Überdies ist der Sinn des Funktionsvorbehalts fragwürdig geworden, seit zunehmend Beamte und Angestellte die gleiche Verwaltungstätigkeit wahrnehmen. Eine grundlegende Änderung, die den Dualismus von Beamten- und Tarifrecht überwinden wollte, wäre jedoch ohne Verfassungsänderung nicht möglich, weil eben die Rechtsform des „öffentlich-rechtlichen Dienst- und Treueverhältnisses" wegfiele, die allgemein mit dem Beamtenverhältnis gleichgesetzt wird. Auch als Schranke der Privatisierung von Staatsaufgaben hat sich Art. 33 Abs. 4 GG nicht wirklich bewährt.

5 Kritik und Ausblick

Die starke Traditionsbindung, die in der Rechtsprechung des BVerfG zum Ausdruck kommt, ist viel kritisiert worden. Schon der Übergang von der „Berücksichtigungs"- zur „Beachtungspflicht" ist nicht ohne Weiteres nachzuvollziehen. Philipp Kunig moniert mit Recht, dass das BVerfG vom Gesetzgeber zahlreiche Abwägungsentscheidungen verlangt, diese aber nicht final programmiert.[81] In anderen Zusammenhängen hat das Gericht, wie dargelegt, manche Regelungen als Verfassungsrecht angesehen, die schon wegen ihrer Detailliertheit kaum noch als „Grundsätze" akzeptiert werden können.[82]

Als Fazit lässt sich feststellen: Das BVerfG hat einen großen Beitrag dazu geleistet, dass die „hergebrachten Grundsätze des Berufsbeamtentums" nach wie vor als Schranke für gesetzliche Neuerungen beachtet werden. Ohne diese Rechtsprechung hätte das öffentliche Dienstrecht entschiedener modernisiert werden können. Auch bei den Themen, mit denen sich das BVerfG (noch) nicht befasst hat – wie der Problematik der „Einstellungsteilzeit" und der Führungspositionen auf Zeit – besteht Unsicherheit. Als Reformbremse fungieren dabei nicht nur die dargestellten inhaltlichen Beschränkungen aus Art. 33 Abs. 5 GG selbst, sondern vor allem auch die Tatsache, dass die Rechtsprechung wegen ihrer Unbestimmtheit stets ein – wie man sagt – „verfassungsrechtliches Risiko" begründet und daher im politischen Meinungsstreit benutzt werden kann und wird. Solange die Verteidiger des status quo die Bemühungen um Reformen mit dem Hinweis auf verfassungsrechtliche Risiken behindern können, sind Anpassungen des öffentlichen Dienstrechts an neue Entwicklungen und Herausforderungen erschwert.

---

80 Vgl. dazu u. v. a. einerseits Ruland, Franz: Verfassungsrecht und Beamtenrecht. Dargestellt am Beispiel aktueller Schwierigkeiten des Beamtenrechts mit Lehrern, in: ZRP 1983, S. 278-284 („Lehrer waren immer Beamte"), andererseits Gertrude Lübbe-Wolff, in: Dreier, Horst (Hg.), Grundgesetz-Kommentar, Band 2, Art. 20-82, Tübingen 1998, Art. 33 Rdnr. 59, sowie Schuppert, a. a. O. (Fn. 59), Art. 33 Abs. 4, 5 Rdnr. 20 ff., insbes. 25.

81 Kunig, a. a. O. (Fn. 41), Rdnr. 38 a. E.

82 S. oben zu Fn. 23 (Battis).

6 Bundesverfassungsgericht im internationalen Umfeld

Roland Lhotta / Jörn Ketelhut

Bundesverfassungsgericht und Europäische Integration

1 Einleitung

Die europäische Integration ist für das „neue deutsche Regierungssystem"[1] mittlerweile sowohl konstitutiver Bestandteil als auch Rahmenbedingung. Insofern wäre die fortgesetzte Pflege einer „Introvertiertheit der deutschen Rechtsordnung"[2] in der Gefahr, zum Anachronismus zu geraten. Nicht nur das Institutionensystem der Bundesrepublik, sondern auch dessen Akteure sind in ein mehrere Ebenen umfassendes System europäischer Governance[3] eingebunden. Als Teil dieses Systems findet über das Medium des Rechts ein dialogisch angelegtes „governing with judges"[4] statt, an dem auch das Bundesverfassungsgericht (BVerfG) beteiligt ist. Im Kontext des Gemeinschaftsrechtssystems ergibt sich die Problematik rechtlicher Integration, in der nationalstaatliche und europäische Rechtsordnungen samt ihrer Geltungsansprüche relationiert werden, v. a. bei der Zuständigkeitsabgrenzung und (Norm-)Hierarchie. Betrachtet man die Entwicklung dieser Problematik diachronisch aus der Perspektive der Judikatur des BVerfG, wird deutlich, dass aus der für das Gericht maßgeblichen verfassungsrechtlichen Perspektive der Staat als „Gegenüber" der Europäischen Union[5] fungiert, woraus sich an den Staat gebundene Formen der „Imagination des Politischen"[6] im Medium des Rechts ergeben, aus denen das BVerfG „etatistische Vorbehalte"[7] gegen den europäischen Konstitutionalisierungsprozess sowie eine partiell zwar suspendierte, aber eben nie ausdrücklich preisgegebene Überprüfungskompetenz gegenüber dem Gemeinschaftsrecht ableitet. Dies relativiert den Primat des Gemeinschaftsrechts gegenüber dem nationalem Recht als auch das Verwerfungsmonopol des Europäischen Gerichtshofs (EuGH) für die Überprüfung von sekundärem Gemeinschaftsrecht[8] und entspricht der institutionellen Logik, aus der sich das Aufgabenspektrum des BVerfG speist – als Hüter der Staatlichkeit[9] und der verfassungsrechtlichen Integrität Deutschlands ist es ein „gate-keeper" für die rechtliche In-

1 Sturm, Roland / Pehle, Heinrich: Das neue deutsche Regierungssystem. Die Europäisierung von Institutionen, Entscheidungsprozessen und Politikfeldern in der Bundesrepublik Deutschland, 2. Aufl., Wiesbaden 2005.

2 Frowein, Jochen Abr.: Kritische Bemerkungen zur Lage des deutschen Staatsrechts aus rechtsvergleichender Sicht. In: DÖV 1998, S. 806-811, hier S. 806.

3 Vgl. hierzu Benz, Arthur (Hg.): Governance – Regieren in komplexen Regelsystemen. Eine Einführung, Wiesbaden 2004.

4 Stone Sweet, Alec: Governing with Judges. Constitutional Politics in Europe, Oxford 2000.

5 Kirchhof, Paul: Die rechtliche Struktur der Europäischen Union als Staatenverbund, in: von Bogdandy, Arnim (Hg.), Europäisches Verfassungsrecht. Theoretische und dogmatische Grundzüge, Berlin u. a. 2003, S. 893-929, hier S. 909 ff.

6 Hierzu unter starkem Bezug auf Paul W. Kahn die Ausführungen bei Haltern, Ulrich: Europarecht und das Politische, Tübingen 2005.

7 Hofmann, Hasso: Von der Staatssoziologie zu einer Soziologie der Verfassung?, in: JZ 1999, S. 1065-1074, hier S. 1066.

8 Herdegen, Matthias: Europarecht, 7. Aufl., München 2005, S. 221, Rz. 35.

9 Hofmann, a. a. O. (Fn. 7), S. 1067.

tegration. Das BVerfG kann sich allerdings der „integration through law" nicht verweigern und muss deshalb eine ambivalente Rolle zwischen den konstitutionellen Ansprüchen des deutschen Grundgesetzes und der fortschreitenden Konstitutionalisierung der europäischen Rechtsordnung spielen. Dass hierbei grundlegend verschiedene Leit- und Ordnungsideen zu Staatlichkeit, Verfassung und nationaler Identität[10] eine Rolle spielen, mag ein Grund dafür sein, dass Kontroversen hier jenseits eines essentiell notwendigen „legal dialoguing"[11] oftmals einen Hang zur Überdramatisierung aufweisen – jedenfalls dann, wenn begriffsjuristische Konstruktionen zum Maßstab der Verfassungswirklichkeit[12] avancieren oder gar Kulturkämpfe[13] beschworen werden, ganz zu schweigen von Aufrufen, der Rechtsprechung des EuGH in Einzelfällen aus Gründen der Nichtbeachtlichkeit die Gefolgschaft zu verweigern[14]. Im Folgenden wird es darum aber nicht gehen. Vielmehr soll der Versuch gemacht werden, zu einer genaueren Einschätzung der Rolle des BVerfG als Akteur judizieller Governance im Kontext der europäischen Integration zu gelangen. Sofern man in Anwendung des Mehrebenenmodells für Europa dessen komplementäre Konstruktion und damit eine „Pluralität der Verfassungshüter" zu konzedieren bereit ist, führt dies ohnehin zu einer „Abkehr vom Kollisionsparadigma und einer Absicherung des Kooperationsparadigmas"[15], das hier v. a. im Sinne eines dialogischen Verfahrens gesehen wird, bei dem sich innerstaatliche Gerichte und der EuGH an der Integration durch Recht in Europa beteiligen. Dies entspricht einem Verständnis von Konstitutionalisierung, das hierunter einen „allmählichen und selbstbezüglichen Verrechtlichungsvorgang" fasst, „der insbesondere durch die Gerichte, aber auch durch eine sich systematisierende Verwaltungspraxis und durch die rechtswissenschaftliche Dogmatik vorangetrieben wird"[16]. Problematisch bleiben hierbei aber die miteinander verschränkten und aufeinander bezogenen Rechtskreise des deutschen Gesetzesrechts, des Europarechts und des Verfassungsrechts mit ihren je unterschiedlichen Leit- und Ordnungsideen, da sie unterschiedliche rechtliche Erkenntnisquellen darstellen und doch auf ein Zusammenwirken angelegt sind[17]. Wenn BVerfG und EuGH „von gegensätzlichen Grundnormkonzepten ausgehen und damit von Setzungen, die juristisch vorausgesetzt werden müssen und nicht weiter begründet werden können"[18], wird Kooperation schwierig, weil beide Gerichte dann als diskursive Arenen mit unterschiedlichen „fora of ideology"[19] funktionieren, in denen Akteure danach trachten, ihre politischen Programme in geltendes Recht

---

10 Vgl. Korioth, Stefan / von Bogdandy, Armin: Europäische und nationale Identität: Integration durch Verfassungsrecht. In: VVDStRL 62 (2003), S. 117-193.

11 Alter, Karen J.: Establishing the Supremacy of European Law. The Making of an International Rule of Law in Europe, Oxford 2002, S. 38.

12 Vgl. hierzu die Anmerkungen von Oeter, Stefan: Europäische Integration als Konstitutionalisierungsprozess. In: ZaöRV 59 (1999), S. 901-917, hier S. 904 ff.

13 Vgl. Haltern, Ulrich: Europäischer Kulturkampf. Zur Wahrung ,nationaler Identität' im Unions-Vertrag. In: Der Staat 37 (1998), S. 591-623.

14 So etwa Scholz, Rupert: Zum Verhältnis von europäischem Gemeinschaftsrecht und nationalem Verwaltungsverfahrensrecht. In: DÖV 1998, 261-267.

15 Mayer, Franz C.: Wer soll Hüter der europäischen Verfassung sein? In: AöR 129 (2004), S. 411-435, hier S. 424.

16 Möllers, Christoph: Verfassunggebende Gewalt – Verfassung – Konstitutionalisierung, in: von Bogdandy (Hg.), a. a. O. (Fn. 5), S. 1-57, hier S. 48.

17 Kirchhof, a. a. O. (Fn. 5), S. 909.

18 Heintzen, Markus: Die „Herrschaft" über die Europäischen Gemeinschaftsverträge – Bundesverfassungsgericht und Europäischer Gerichtshof auf Konfliktkurs? In: AöR 119 (1994), S. 564-589, hier S. 565.

19 Wiklund, Ola: Taking the World View of the European Judge Seriously – Some Reflections on the Role of Ideology in Adjudication. In: Wiklund, Ola (Hg.), Judicial Discretion in European Perspective, The Hague 2003, S. 29-47, hier S. 30.

transformiert zu bekommen. Die jeweils in Anspruch genommenen konträren Grundnormbehauptungen können dort juristisch nicht mehr hinterfragt, „sondern allenfalls auf ihre politische Plausibilität überprüft werden"[20]. Kompetitive Letztbegründungen, die nicht zuletzt auf differente Leit- und Ordnungsideen rekurrieren, machen den judiziellen Dialog in Europa somit konfliktanfällig[21]. Dies spiegelt sich in der Auseinandersetzung des BVerfG mit der europäischen Integration deutlich wieder.

2 Instutionelle Weichenstellungen: Die „Brückentheorie" und die staatsrechtliche Begründung des Vorrangs

Aufgrund der „Überschneidung und der möglichen Divergenz zweier eigenständiger Rechtsordnungen"[22] im Prozess der europäischen Integration, kam es bedingt durch die Konstitutionalisierung des Europarechts[23] und die infolge des Binnenmarktprogramms einsetzende zweite „relance européenne" zu Konflikten um die angemessene Rolle des BVerfG, insbesondere auch gegenüber seinem gewichtigsten Konkurrenten, dem als „Motor der Integration" fungierenden EuGH. Innerhalb der judiziellen Governance im EU-Mehrebenensystem agieren Gerichte als autoritative Manager von Leit- und Ordnungsideen[24] bzw. Grundnormkonzepten der Rechtskreise, die sie „hüten". Die von Gerichten in Entscheidungen kommunizierten Rechtspositionen kann man als „webs or clusters of relatively autonomous argumentation frameworks" interpretieren. Diese funktionieren als „discursive structures that organize (I) how parties to a legal dispute ask questions of judges and engage one another's respective arguments, and (II) how courts frame their decisions"[25]. Sie liefern im Gewand von „Schlüsselentscheidungen" und „verfassungsrechtlich determinierter Ordnungsstrukturen"[26] wichtiges Material für die Untersuchung des judiziellen Dialogs in Europa. Da gerichtliche Auseinandersetzungen wesentlich ein Austausch von Argumenten sind, in denen es darum geht, welche Argumente letztlich überzeugender sind und dem Sinn der spezifisch rechtskulturell geprägten Ordnungsideen am ehesten entsprechen, sind diese „argumentation frameworks" Bestandteile bestimmter „cognitive maps" der Richter, die auf einer inhaltlichen Ebene das richterliche Entscheidungsverhalten steuern. Im Sinne des „historischen Institutionalismus"[27] und seiner besonderen Betonung der Bedeutung von „Ideen" als Erklärungsvari

---

20 Heintzen, a. a. O. (Fn. 20), S. 582.
21 Büdenbender, Martin: Das Verhältnis des Europäischen Gerichtshofs zum Bundesverfassungsgericht, Köln 2005.
22 Schlaich, Klaus / Korioth, Stefan: Das Bundesverfassungsgericht. Stellung, Verfahren, Entscheidungen, 6. Aufl., München 2004, S. 261, Rz. 365.
23 Dies wird üblicherweise an der Etablierung und Durchsetzung der Prinzipien des Anwendungsvorrangs und der Direktwirkung festgemacht – vgl. hierzu umfassend Stone Sweet, a. a. O. (Fn. 4), S. 160 ff.
24 Dazu Lhotta, Roland / Ketelhut, Jörn: Der EuGH als Manager von Ordnungs- und Leitideen: Eine neo-institutionalistische Analyse am Beispiel der 'dominant ideology of motherhood', in: Zimmerling, Ruth / Becker, Michael (Hg.), Recht und Politik (PVS-Sonderheft 35), Wiesbaden, im Erscheinen.
25 Stone Sweet, Alec: Path Dependence, Precedent, and Judicial Power, in: Shapiro, Martin / Stone Sweet, Alec (Hg.), On Law, Politics and Judicialization, Oxford 2002, S. 112-135, hier S. 124.
26 Schulze-Fielitz, Helmuth: Wirkung und Befolgung verfassungsgerichtlicher Entscheidungen, in: Badura, Peter / Dreier, Horst (Hg.), Festschrift 50 Jahre Bundesverfassungsgericht, Bd. 1, Tübingen 2001, S. 385-419, hier S. 386 ff. bzw. S. 403.
27 Hierzu umfassend Peters, B. Guy: Institutional Theory in Political Science. The 'New Institutionalism', London / New York 2000, S. 63 ff.

ablen für das Verhalten von Akteuren, kann man deshalb die frühzeitige Entscheidung für eine bestimmte Leitidee als einen „locked-in choice" beschreiben, mit dem alle weiteren Entscheidungen des BVerfG in Sachen europäischer Integration in eine gewisse Pfadabhängigkeit gerieten[28]. Bereits in seinen ersten europapolitischen Entscheidungen griff das BVerfG auf die „Brückentheorie" zurück, um das Verhältnis des nationalen gegenüber dem europäischen Recht auszuloten[29]. In dieser Konzeption, die von der Existenz zweier autonomer Parallelrechtsordnungen, der staatlichen und der europäischen, ausgeht, fungiert das nationale Ratifikationsgesetz gewissermaßen als „Brücke" und exklusive Schnittstelle, über die einzelne staatliche Kompetenzen in den Bereich der gemeinschaftlichen Rechtsordnung hinüberwandern und dort ausgeübt werden[30]. Da sich die Kompetenz dadurch selbst nicht ändert, sondern nur der ausübende Träger, ist es in dieser Sichtweise rechtlich ausgeschlossen, dass eine Handlung, die vor dem „Hinüberwandern" verfassungswidrig war, im europäischen Kontext verfassungskonform wird. In letzter Konsequenz bedeutet dies, dass der innerstaatliche Ratifikationsakt, der die Übertragung einer prinzipiell rechtswidrigen Kompetenz ermöglicht, selbst verfassungswidrig ist, oder dass über die „Brücke" nur eine „enge" Kompetenz in den gemeinschaftlichen Bereich hinübergewandert ist[31]. Sollte die europäische Ebene mehr tun, als ihr diese einschränkende Interpretation des Zustimmungsgesetzes einräumt, überschreiten sie die ihr vom Grundgesetz gesetzten Schranken und handelt *ultra vires* – kompetenzwidrig[32]. Diese Argumentation, die den materiellen Kern des vom BVerfG verfolgten staatsrechtlichen Interpretationsansatzes ausmacht und auch seine Prüfungsvorbehalte gegenüber dem Recht der damaligen Europäischen Wirtschaftsgemeinschaft (EWG) begründet, zieht sich seither wie ein „roter Faden" durch die Verfassungsrechtsprechung. Bereits in ihrer ersten europapolitischen Entscheidung aus dem Jahre 1967 räumten sich die bundesdeutschen Verfassungsrichter implizit die Kompetenz ein, gemeinschaftsrechtliche Verordnungen mittels einer Prüfung des deutschen Zustimmungsgesetzes zu kontrollieren. Diese Linie fand noch im selben Jahr ihre Fortsetzung, als das BVerfG zwar unter Zurückweisung einer Verfassungsbeschwerde, mit der eine EWG-Verordnung angegriffen wurde, die Frage aufwarf, ob und in welchem Umfang das Sekundärrecht der Gemeinschaft an verfassungsrechtlichen Kontrollvorbehalten, z. B. den Grundrechtsgarantien, gemessen werden könne[33].

Die auf staatsrechtliche Positionen rekurrierende Interpretation der europäischen Integration fand im Beschluss vom 9. Juni 1971 ihren vorläufigen Schlusspunkt: Es ging um die Frage, ob im Fall einer Kollision einer einfachgesetzlichen Norm mit einer Bestimmung des Gemeinschaftsrechts allein das Bundesverfassungsgericht über die Unanwendbarkeit der nationalen Regelung zu befinden habe. Das BVerfG stützte seine Argumentation auf Art. 24

---

28 Vgl. Stone Sweet, Alec: The European Court and Integration, in: Stone Sweet, Alec (Hg.): The Judicial Construction of Europe, Oxford 2004, S. 1-44, hier S. 31.

29 Haltern, Ulrich: Europarecht. Dogmatik im Kontext, Tübingen 2005, S. 342.

30 Die Brückentheorie ist nach wie vor kennzeichnend für eine staatsrechtliche und ggf. auch prononciert etatistische Perspektive – vgl. als Beispiel dafür nur Kirchof, a. a. O. (Fn. 5), S. 908.

31 Rupp, Hans Heinrich: Ausschaltung des Bundesverfassungsgerichts durch den Amsterdamer Vertrag? In: JZ 1998, S. 213-217, hier S. 214.

32 Haltern, a. a. O. (Fn. 29), S. 382. Dies ist bemerkenswert, denn das auf einer Überschreitung der begrenzten Einzelermächtigung im Primärrecht beruhende ultra vires-Verdikt gegenüber Akten der europäischen Institutionen ist eigentlich Sache des EuGH. Mittels der Brückentheorie wird hier aber der Geltungsbereich und – anspruch des Grundgesetzes und damit auch der hierzu maßgeblichen Judikatur des BVerfG auf europäisches Sekundärrecht erstreckt. In Konsequenz dessen käme es zu einer heteronomen Fremdbestimmung der eigentlich autonomen Rechtsordnung Europas durch die nationalstaatlichen Rechtsordnungen bzw. deren „Hüter".

33 BVerfGE 22, 293.

GG und führte aus, dass diese Vorschrift nicht nur die Übertragung von Souveränitätsrechten auf eine zwischenstaatliche Organisation ermögliche, sondern dass eine sachgerechte Auslegung dieser Vorschrift auch dazu führe, die Hoheitsakte dieser Organisation auf nationalstaatlicher Ebene anzuerkennen. Ausdrücklich bezogen die Verfassungsrichter den EuGH und seine Urteile in diese Argumentation mit ein. Sie forderten daher von den nationalen Gerichten dem europäischen Recht und der Rechtsprechung des EuGH im Rahmen der deutschen Rechtsordnung Geltung zu verschaffen[34]. Gleichwohl beschränkte sich diese ausschließlich auf Art. 24 GG gestützte *staatsrechtliche* Begründung des Vorrangprinzips nur auf das *einfachgesetzliche* Recht der nationalen Ebene. Die eigentlich interessante Frage, nämlich die nach dem Verhältnis von Gemeinschafts- und mitgliedstaatlichem Verfassungsrecht, blieb in dieser Entscheidung unbeantwortet.

3 Der Schutz der Grundrechte: Der lange Weg von „Solange I" zu „Solange II"

Nachdem das BVerfG den Vorrang des Gemeinschaftsrechtes vor dem deutschen Gesetzesrecht[35] anerkannt hatte, konzentrierte sich der judizielle Dialog über die „Verfassungsfragen"[36] der europäischen Integration in den folgenden Jahren auf das Verhältnis des Europarechts zu den nationalstaatlich garantierten Grundrechten. Die Verfassungsrichter hatten ja bereits angedeutet, dass sie sich hier eine eigene Prüfungsmöglichkeit offen hielten. Nun sollte eine Vorlage des Verwaltungsgerichts Frankfurt diesen Vorbehalt konkretisierungsfähig machen: In dem Ausgangsverfahren sah ein Kläger seine deutschen Grundrechte durch eine Agrarverordnung des EWG-Ministerrates verletzt. Das zuständige Gericht legte den Fall dem EuGH vor. Es vertrat in dem Vorlagebeschluss die Auffassung „die Gemeinschaftsverordnungen müßten die durch das Grundgesetz garantierten elementaren Grundrechte beachten – und bei einem Verstoß gegen diese Prinzipien müsse der Vorrang des EG-Rechts hinter den Grundsätzen des deutschen Grundgesetzes zurücktreten"[37]. Der EuGH stellte jedoch fest, dass sich die gemeinschaftliche Rechtsordnung nicht dem Verfassungsrecht der Mitgliedstaaten unterordnen könne, denn die „einheitliche Geltung des Gemeinschaftsrechts würde beeinträchtigt, wenn bei der Entscheidung über die Gültigkeit von Handlungen der Gemeinschaftsorgane Normen oder Grundsätze des nationalen Rechts herangezogen würden. Die Gültigkeit solcher Handlungen kann nur nach dem Gemeinschaftsrecht beurteilt werden, denn dem vom Vertrag geschaffenen, somit aus einer autonomen Rechtsquelle fließenden Recht können wegen seiner Eigenständigkeit keine wie immer gearteten innerstaatlichen Rechtsvorschriften vorgehen, wenn ihm nicht der Charakter als Gemeinschaftsrecht aberkannt und wenn nicht die Rechtsgrundlage der Gemeinschaft selbst in

---

34 BVerfGE 31, 145 (174).

35 Zur Entwicklung in den anderen Mitgliedstaaten vgl. Slaughter, Anne-Marie / Stone Sweet, Alec / Weiler, Joseph H. H. (Hg.): The European Courts and National Courts. Doctrine and Jurisprudence, Oxford 1998; Haltern, a. a. O. (Fn. 29), S. 406 ff.; Müller-Elschner, Axel: Die höchsten nationalen Gerichte und das europäische Gemeinschaftsrecht – ein aktueller Überblick. In: Verwaltungsrundschau 1994, S. 264-269.

36 Vgl. Stone Sweet, Alec: Constitutional Dialogues in the European Community, in: Slaughter / Stone Sweet / Weiler (Hg.), a. a. O. (Fn. 35), S. 305-330, hier S. 312 ff.

37 Wolf-Niedermaier, Anita: Der Europäische Gerichtshof zwischen Recht und Politik. Der Einfluß des EuGH auf die föderale Machtbalance zwischen der Europäischen Gemeinschaft und ihren Mitgliedstaaten, Baden-Baden 1997, S. 103.

Frage gestellt werden soll. Daher kann es die Gültigkeit einer Gemeinschaftshandlung oder deren Geltung in einem Mitgliedstaat nicht berühren, wenn geltend gemacht wird, die Grundrechte in der ihnen von der Verfassung dieses Staates gegebenen Gestalt oder die Strukturprinzipien der nationalen Verfassung seien verletzt"[38]. Der EuGH betonte in diesem Zusammenhang aber, dass die Wahrung der Grundrechte ein integraler Bestandteil der allgemeinen Rechtsprinzipien des Gemeinschaftsrechts sei. Allerdings müssten sich die von den „gemeinsamen Verfassungsüberlieferungen der Mitgliedstaaten" getragenen Grundrechtsgarantien „auch in die Strukturen und Ziele der Gemeinschaft einfügen"[39]. Der EuGH beantwortete die Vorlage dahingehend, dass die beanstandete Regelung weder gemeinschaftlich geschützte Grundrechte verletze, noch gegen das Verhältnismäßigkeitsprinzip verstoße und daher rechtmäßig sei.

Der Spruch der Luxemburger Europarichter konnte das Verwaltungsgericht Frankfurt jedoch nicht zufrieden stellen. Da es auch weiterhin von der Verfassungswidrigkeit der beanstandeten Vorschrift überzeugt war, legte es den Fall nun dem BVerfG vor[40]. Im Vorlagebeschluss argumentierte das Verwaltungsgericht, der Grundsatz des Anwendungsvorrangs müsse seine Schranken an den Strukturprinzipien des Grundgesetzes finden. Es sei durchaus legitim, die Frage zu stellen, ob der Preis für ein vereintes Europa tatsächlich mit dem Niedergang der staatlichen Institutionen und der Rechtsstaatlichkeit bezahlt werden müsse. Zudem war das vorlegende Gericht überzeugt, dass der EuGH keine Kompetenz besitze, verbindlich über die Vereinbarkeit von europäischen Regelungen mit dem innerstaatlichen Recht zu entscheiden.

Das BVerfG erklärte die Richtervorlage für zulässig und nutzte sie, um dem EuGH im „Solange I"-Beschluss vom 29. Mai 1974 zu signalisieren, dass er sich mit seinem Urteil im oben skizzierten Fall der „Internationalen Handelsgesellschaft" zu weit in den exklusiven Kompetenzbereich der Bundesverfassungsrichter hineingewagt hatte. Zwar gelangten die Verfassungsrichter zu der Auffassung, dass die angegriffene Bestimmung der EWG-Agrarverordnung *nicht* gegen die Verfassung verstoße, dessen ungeachtet behielten sie es sich vor, subsidiären Rechtsschutz gegenüber dem abgeleiteten Recht der Gemeinschaft nach Maßgabe der deutschen Grundrechte zu gewähren[41]. Bislang hatte das BVerfG im Rahmen der „Brückentheorie" akzeptiert dass „das Gemeinschaftsrecht weder Bestandteil der nationalen Rechtsordnung noch Völkerrecht ist, sondern eine eigenständige Rechtsordnung bildet, die aus einer autonomen Rechtsquelle fließt"[42]. Nun setzte es sich in der Frage des Grundrechteschutzes über die bis dahin praktizierte Zweiteilung der richterlichen Kompetenzen hinweg. Das vom EuGH vertretene Argument, nur ein uneingeschränkter Vorrang könne den Bestand der supranationalen Rechtsordnung gewährleisten, wurden von den Verfassungsrichtern angezweifelt: „So wenig das Völkerrecht durch Art. 25 GG in Frage gestellt wird, wenn er bestimmt, daß die allgemeinen Vorschriften des Völkerrechts nur dem einfachen Bundesrecht vorgehen, und so wenig eine andere (fremde) Rechtsordnung in Frage gestellt wird, wenn sie durch den ordre public der Bundesrepublik Deutschland verdrängt wird, so wenig wird das Gemeinschaftsrecht in Frage gestellt, wenn ausnahmsweise das Gemeinschaftsrecht

---

38 EuGH, Rs. 11/70, Slg. 1970, 1125 (1135, Rdnr. 3).
39 EuGH, Rs. 11/70, Slg. 1970, 1125 (1135, Rdnr. 4).
40 Wolf-Niedermaier, a. a. O. (Fn. 37), S. 104.
41 Schwarze, Jürgen: Das „Kooperationsverhältnis" des BVerfG mit dem Europäischen Gerichtshof, in: Badura / Dreier (Hg.), a. a. O. (Fn. 26), S. 223-243, hier S. 225.
42 BVerfGE 22, 293 (296); E 31, 145 (173 f.); E 37, 271 (277 f.).

sich gegenüber zwingendem Verfassungsrecht nicht durchsetzen läßt"[43]. Das BVerfG führte weiter aus, dass das Grundgesetz keine schrankenlose Übertragung von Souveränitätsrechten an die europäische Ebene erlaube. Der Art. 24 GG müsse vielmehr wie jede Verfassungsbestimmung grundsätzlicher Natur im Kontext des gesamten Verfassungsgefüges ausgelegt werden. Obwohl er die staatliche Rechtsordnung derart öffnet, dass „der ausschließliche Herrschaftsanspruch der Bundesrepublik Deutschland im Geltungsbereich des Grundgesetzes zurückgenommen und der unmittelbaren Geltung und Anwendbarkeit eines Rechts aus einer anderen Quelle innerhalb des staatlichen Herrschaftsbereichs Raum gelassen wird"[44], gestattet er es nicht, auf diesem Wege die Grundstrukturen der Verfassung auszuhebeln, zu denen insbesondere die Gewährleistungen des Grundrechtsteils gehören. Solange das Gemeinschaftsrecht über keinen von einem Parlament beschlossenen und in Geltung stehenden Grundrechtskatalog verfüge, der dem deutschen im Wesentlichen entspreche, sollten die deutschen Gerichte daher die Möglichkeit haben, das BVerfG anzurufen, falls sie die vom EuGH dargelegte Interpretation einer gemeinschaftsrechtlichen Vorschrift für unanwendbar hielten, weil sie eine Kollision mit einer der Grundrechtsgarantien befürchteten[45]. Zwar wurde die „grundrechtsfreundliche" Rechtsprechung des EuGH in diesem Zusammenhang entsprechend gewürdigt, im Ergebnis aber als nicht ausreichend erachtet, um einen angemessenen Schutzstandard auf Dauer zu gewährleisten[46].

Die erste „Solange"-Entscheidung wurde überwiegend kritisch aufgenommen. Gleichwohl stellte sie aber auch klar, das die Einschaltung des BVerfG in den Fällen, in denen die Vereinbarkeit des europäischen Recht mit den deutschen Grundrechtsgewährleistungen bezweifelt wurde, erst im Anschluss an die gemeinschaftsrechtlich gebotene Vorabentscheidung des EuGH erfolgen dürfe. Damit bestand aber die Gefahr, dass der EuGH zu einer „Gutachten-Instanz" herabgestuft würde, deren Entscheidungen für den nationalen Richter relativ unverbindlich blieben. Das BVerfG hingegen hatte mit „Solange I" seinen exklusiven Anspruch auf das Letztentscheidungsrecht in grundrechtsrelevanten Fragen geltend gemacht und damit wieder entscheidenden Einfluss auf die Entwicklung der rechtlichen Integration zurückgewonnnen[47]. Zugleich wurde das Thema der Grundrechte auch auf der europäischen Ebene diskutiert und der EuGH begann, sich verstärkt dem Thema des Grundrechtsschutzes zu widmen.

Dieser veränderte Kontext veranlasste das BVerfG, über die Ausrichtung seiner europapolitischen Rechtsprechung nachzudenken. Nachdem es im „Vielleicht"-Beschluss aus dem Jahre 1979 bereits angedeutet hatte, dass die Grundsätze der „Solange"-Rechtsprechung beim gegenwärtigen Stand der rechtlichen Integration nicht mehr so streng angewendet werden müssten[48], vollzog es im Oktober 1986 die lang erwartete Wende[49]. In dem einstimmig gefassten „Solange II"-Beschluss kamen die Verfassungsrichter überein, ihre Prüfungskompetenz gegenüber dem europäischen Recht nicht mehr auszuüben, solange im gemeinschaftlichen Rahmen ein angemessener Schutz der Grundrechte durch die Rechtsprechung des EuGH gewährleistet sei. Sie stellten fest, dass mittlerweile „im Hoheitsbereich der Europäischen Gemeinschaften ein Maß an Grundrechtsschutz erwachsen [ist], das nach Konzeption,

---

43 BVerfGE 37, 271 (278 f.).
44 BVerfGE 37, 271 (280).
45 BVerfGE 37, 271 (280).
46 BVerfGE 37, 271 (280).
47 Haltern, a. a. O. (Fn. 29), S. 392.
48 BVerfGE 52, 187.
49 BVerfGE 73, 339.

Inhalt und Wirkungsweise dem Grundrechtsstandard des Grundgesetzes im wesentlichen gleich zu achten ist"[50]. Ausdrücklich hoben die Verfassungsrichter die Leistungen des EuGH bei der Herausbildung des europäischen Grundrechtsschutzes hervor und lobten seinen Vorstoß, die normative Verankerung der Grundrechte im Gemeinschaftsrecht über eine Verbindung zu den mitgliedstaatlichen Verfassungsordnungen und zur Europäischen Menschenrechtskonvention zu begründen. Angesichts dieser Entwicklungen sah das BVerfG keinen Grund mehr, seinen Prüfungsvorbehalt tatsächlich auszuüben. Damit war der EuGH als gesetzlicher Richter im Sinne des Grundgesetzes anerkannt und Richtervorlagen, mit denen die verfassungsrechtlichen Grenzen der EuGH-Rechtsprechung ausgetestet werden sollten, der Boden weitestgehend entzogen[51].

Die Argumentation der Verfassungsrichter in „Solange II" erntete in der Wissenschaft weitgehend Zustimmung und wurde nicht selten als ein Sieg des EuGH über das BVerfG interpretiert. Anders als in seiner bisherigen Rechtsprechung griff das BVerfG nicht auf die Figur der Parallelrechtsordnungen zurück, um das Verhältnis von europäischem und nationalem Recht zu bestimmen, sondern hob ausdrücklich hervor, dass „die mitgliedstaatliche Rechtsordnung und die Gemeinschaftsrechtsordnung nicht unmittelbar und isoliert voneinander stehen, sondern in vielfältiger Weise aufeinander bezogen, miteinander verschränkt und wechselseitigen Einwirkungen geöffnet sind"[52]. Allerdings verdeutlicht ein genauer Blick, dass die Karlsruher Richter trotz der im Ergebnis „europafreundlichen" Ausrichtung von „Solange II" weiter Einfluss auf den rechtlichen Integrationsprozess zu nehmen gedachten. Das BVerfG verwarf nämlich keineswegs seine bis dahin entwickelten Prüfungsvorbehalte gegenüber dem Gemeinschaftsrecht, sondern behielt sie in vollem Umfang aufrecht. Dabei äußerte es sich auch zur Frage des Vorrangs und suchte die Grundlage für den Anwendungsvorrang des Europarechts eben nicht in der gemeinschaftlichen Rechtsordnung, sondern führte ihn auf das nationale Verfassungsrecht zurück. Denn mit Art. 24 Abs. 1 habe das Grundgesetz nicht nur eine Möglichkeit geschaffen, zwischenstaatlichen Organisationen Hoheitsgewalt zu übertragen, sondern diese Norm gestatte es auch „dem von solchen Einrichtungen gesetzten Recht Geltungs- und Anwendungsvorrang vor dem innerstaatlichen Recht der Bundesrepublik Deutschland durch einen innerstaatlichen Anwendungsbefehl"[53] einzuräumen. Da das BVerfG den Vorrang vermittelt über den in den Grenzen der ermächtigenden Norm auszulegenden Ratifikationsakt herleitete, ließ es keinen Zweifel daran, dass die Suprematie des Europarechts an der Verfassung der Bundesrepublik auf ihre Schranken stößt, auch wenn sich in der Frage des Grundrechteschutzes eine arbeitsteilige Lösung abzeichnete.

Die „Solange"-Rechtsprechung zeigt insgesamt, dass sich Konflikte unterschiedlicher Leit- und Ordnungsideen durchaus konstruktiv auf die Entwicklung der rechtlichen Integration auswirken können[54]. Der EuGH reagierte nunmehr nämlich mit der Entwicklung einer europäischen Grundrechtejudikatur, die dazu beitrug, das Projekt der rechtlichen Integration materiell erheblich aufzuwerten[55]. Weiterhin sorgte die „Solange"-Rechtsprechung dafür, dass die deutschen Gerichte – insbesondere die obersten Instanzen der Fachgerichtsbarkeiten

---

50 BVerfGE 73, 339 (375 f.).
51 Haltern, a. a. O. (Fn. 29), S. 393.
52 BVerfGE 73, 339 (369).
53 BVerfGE 73, 339 (375).
54 Zu dieser „Dialektik" des rechtlichen Integrationsprozesses vgl. Alter, Karen J.: The European Union's Legal System and Domestic Policy: Spillover or Backlash? In: International Organization 54 (2000), S. 489-518.
55 Schwarze, a. a. O. (Fn. 41), S. 226.

– dem Gemeinschaftsrecht insgesamt mit größerem Respekt begegneten, denn schließlich hatte das BVerfG festgelegt, dass die Fachgerichte bei Zweifeln an der Gültigkeit einer europäischen Norm zunächst eine Vorabentscheidung des EuGH einzuholen hätten. Die Praxis der unteren Instanzen, selbständig über die Anwendung des Europarechts zu entscheiden, war damit unterbunden und die Gefahr einer Zersplitterung der europäischen Rechtsordnung durch eine Vielzahl von unterschiedlichen Auslegungen abgewendet[56]. Daher kann die vom BVerfG praktizierte staatsrechtliche Begründung des Vorrangs nicht nur als ein Instrument zur Kontrolle der rechtlichen Integration verstanden werden, sondern auch als ein Mechanismus, der es erlaubt, die grundsätzliche Kooperations- und Folgebereitschaft der nationalen Fachgerichte in europarechtlichen Fragen über die Auslegung des nationalen Verfassungsrechts sicherzustellen. Die Rolle des BVerfG im „Kloppenburg"-Verfahren, einer äußerst harschen Auseinandersetzung zwischen Bundesfinanzhof und EuGH über den Vorrang des Gemeinschaftsrechts und die Wirkung von Vorabentscheidungen[57], belegt, dass die Verfassungsrichter durchaus bereit waren, bis dahin „rebellische" Gerichte wie den Bundesfinanzhof auf einen „europafreundlichen" Kurs zu bringen. Dies geschah aber nicht uneigennützig, denn schließlich, das macht der „Kloppenburg"-Beschluss[58] aus dem Jahr 1987 mehr als deutlich, stellte das „europafeindliche" Verhalten der obersten Finanzrichter auch einen Eingriff in den Kompetenzbereich des BVerfG dar, den das BVerfG von einem nachgeordneten Gericht so nicht hinnehmen konnte. Folglich wies das BVerfG den Bundesfinanzhof auch aus institutionellem Eigeninteresse in seine Schranken.

4 Kompetenzüberschreitungen und Grundrechteschutz: „Maastricht" und die Folgerechtsprechung

Im Oktober 1993 fällte das BVerfG seine bislang umstrittenste europapolitische Entscheidung. Verhandelt wurde eine Verfassungsbeschwerde, die sich gegen das deutsche Zustimmungsgesetz zum Maastrichter EU-Vertrag richtete. Das Urteil wurde mit Spannung erwartet, denn der Bundespräsident hatte zu erkennen gegeben, dass er das Ratifikationsgesetz nur dann ausfertigen werde, wenn das BVerfG dem EU-Vertrag die verfassungsrechtliche „Unbedenklichkeit" attestierte. Das BVerfG nutzte die Gelegenheit und judizierte ausführlich zum Schutzbereich des Art. 38 GG, zur Integrationsoffenheit des Grundgesetzes und zur Rechtsnatur der Europäischen Union. Es entwickelte aus dem Demokratieprinzip konkrete Vorgaben für die Übertragung von Souveränitätsrechten und umriss Stellung und Funktion der nationalen Parlamente im europäischen „Staatenverbund". Anschließend ging das BVerfG auf die Grundrechtsgarantien ein und machte detaillierte Ausführungen zum „Kooperationsverhältnis" zwischen BVerfG und EuGH, zu den Prüfungsvorbehalten des Verfassungsgerichts sowie zu den Folgen möglicher Kompetenzüberschreitungen der EU[59]. Obwohl die Verfassungsrichter im Ergebnis die Verfassungsbeschwerde zurückwiesen und die

---

56 Haltern, a. a. O. (Fn. 29), S. 396.
57 Eine ausführliche politikwissenschaftliche Analyse des „Kloppenburg"-Verfahrens findet sich bei Alter, a. a. O. (Fn. 11), S. 98 ff.
58 BVerfGE 75, 223.
59 Zum Maastricht-Urteil vgl. Folz, Hans-Peter: Demokratie und Integration. Der Konflikt zwischen Bundesverfassungsgericht und Europäischem Gerichtshof über die Kontrolle der Gemeinschaftskompetenzen, Heidelberg u. a. 1999.

Vereinbarkeit des EU-Vertrages mit dem deutschen Grundgesetz feststellten, formulierten sie in bemerkenswert scharfem Ton einen Prüfungsvorbehalt gegenüber Akten, die aus dem kompetenziellen Rahmen der EU ausbrechen. Mehr noch: Das BVerfG dehnte seine Prüfungsvorbehalte gegenüber dem europäischen Recht auf den gesamten Bereich der Gemeinschaftskompetenzen aus. In Fortführung der staatsrechtlichen Argumentationslinie begründete es dies in kompetenziellen Belangen mit den verfassungsrechtlichen Schranken, die eine Übertragung von Hoheitsrechten auf die überstaatlichen Einrichtungen begrenzten. Kompetenzwidrige (d. h. unzulässig vertragserweiternde) Akte der europäischen Ebene seien keinesfalls durch das nationale Zustimmungsgesetz *und* das Integrationsprogramm des EU-Vertrages gedeckt[60]. Ein solcher „ausbrechender Rechtsakt" könne in der Bundesrepublik keine Bindungswirkung entfalten. Das BVerfG stellte damit den Vorrang des Gemeinschaftsrechts unter den Vorbehalt einer kompetenzgemäßen Aufgabenerfüllung seitens der EU bzw. EG und baute damit seine Kontrolle des europäischen Integrationsprozesses weiter aus. Gleichzeitig war dies ein Warnsignal an all diejenigen, die bislang tatkräftig an der Ausweitung der europäischen Kompetenzen mitgewirkt hatten, den EuGH eingeschlossen[61]. Insbesondere die „dynamische Erweiterung" der Gründungsverträge durch die Inanspruchnahme der „implied powers"-Regelung des früheren Art. 235 EGV (heute Art. 308 EGV) und die am Effektivitätsgrundsatz ausgerichtete Rechtsprechung des EuGH, die zusammen das ursprünglich im Vertragswerk angelegte Prinzip der begrenzten Einzelermächtigung aushebelten, wurde von den Verfassungsrichtern kritisch kommentiert und als Fehlentwicklung gerügt[62]. Der EuGH nahm auch diese „Warnung" des BVerfG ernst und stellte 1996 innerhalb eines Gutachtenverfahrens ausdrücklich fest, dass die Grenzen der „implied powers"-Klausel im Rahmen einer auf den Grundsatz der begrenzten Einzelermächtigung errichteten institutionellen Ordnung dort verlaufen, wo sie in materieller Hinsicht auf eine Vertragsänderung hinauslaufen[63]. Damit hatte der EuGH sich in Fragen der Gemeinschaftskompetenzen der Position des BVerfG angeschlossen.

Die Spannungen zwischen dem BVerfG und dem EuGH haben sich in jüngster Zeit gelegt und sind auf der Seite des Bundesverfassungsgerichts einem eher „pragmatischen" Umgang mit europarechtlichen Fragestellungen gewichen. Insbesondere die „Alcan"- und „Bananenmarkt"-Rechtsprechung des BVerfG verdeutlichen, dass sich der „Kurs der Kooperation gegenüber der Alternative Konfrontation"[64] im Verhältnis zum EuGH durchsetzt, und somit ein allmählicher „Teilrückzug des BVerfG aus der Kontrolle der Rechtmäßigkeit gemeinschaftsrechtlicher Rechtsakte"[65] stattfindet. Im Fall der Aluminiumhütte „Alcan", in dem es um die Rückerstattung einer gemeinschaftsrechtswidrigen, aber nach innerstaatlichem Recht verfristeten Stilllegungsbeihilfe ging, nahm das BVerfG die Verfassungsbeschwerde des nachteilig vom europäischen Recht betroffenen Unternehmens, mit der es u. a. eine Verletzung seiner Grundrechte durch das im Einklang mit dem EuGH gefällte Urteil des Bundesverwaltungsgerichtes anmahnte, nicht zur Entscheidung an. Das BVerfG stellte zur Grundrechtskonformität der Rückforderung fest: „Die Verfassungsbeschwerde ist unzulässig, soweit mit ihr die Verletzung von Grundrechten durch das angegriffene Urteil des Bun-

---

60 BVerfGE 89, 155 (188).
61 Tomuschat, Christian: Die europäische Union unter der Aufsicht des Bundesverfassungsgerichts. In: EuGRZ 1993, S. 489-496, hier S. 494.
62 BVerfGE 89, 155 (210).
63 EuGH, Gutachten 9/94, Slg. 1996, I-1759, Rz. 30.
64 Schwarze, a. a. O. (Fn. 41), S. 233.
65 Nicolaysen, Gert / Nowak, Carsten: Teilrückzug des BVerFG aus der Kontrolle der Rechtmäßigkeit gemeinschaftsrechtlicher Rechtsakte: Neuere Entwicklungen und Perspektiven. In: NJW 2001, S. 1233-1238.

desverwaltungsgerichts gerügt wird. Dieses ist in den für die Verfassungsbeschwerde maßgeblichen Teilen durch die Vorabentscheidung des Europäischen Gerichtshofs umfassend vorgeprägt. Es ist nicht erkennbar, dass durch diese Vorabentscheidung der vom Grundgesetz als unabdingbar gebotene Grundrechtsschutz generell in Frage gestellt würde[66]. Zudem erkannte das BVerfG „ein öffentliches Interesse der Europäischen Gemeinschaft an der Durchsetzung der gemeinschaftsrechtlichen Wettbewerbsordnung" an, das bei der Rücknahmeabwägung berücksichtigt werden muss, so wie es durch den „verfassungsrechtlich unbedenklichen" Spruch des Bundesverwaltungsgerichts geschehen ist[67]. In diesem Zusammenhang wies das BVerfG ausdrücklich auf den Vorrang des europäischen Rechts gegenüber dem einfachen deutschen Gesetzesrecht hin und „erstreckte seine Geltung der Sache nach sogar auf das vom EuGH geschaffene Richterrecht"[68], durch welches die nationale Fristenregelung maßgeblich abgeändert wurde. In kompetenziellrechtlicher Hinsicht konnte das BVerfG in dieser Modifikation nationaler Praxen durch den EuGH keinen „ausbrechenden Rechtsakt" erblicken, da die Vorabentscheidung des EuGH allein der Durchsetzung der im EG-Vertrag ausdrücklich vorgesehenen Befugnis der Kommission diene, Rückforderungen gemeinschaftsrechtswidriger Beihilfen anzuordnen. Sie wirke damit nur im Einzelfall und schaffe kein allgemeines gemeinschaftsunmittelbares Verwaltungsverfahrensrecht[69].

Das BVerfG setzte diesen „integrationsfreundlichen" Kurs im Beschluss vom 7. Juni 2000 zur Bananenmarktordnung konsequent fort[70]. Im Gegensatz zur „Alcan"-Rechtsprechung, die die Frage einer möglichen Kompetenzüberschreitung des EuGH in den Mittelpunkt rückte, stellte der Bananenmarkt-Beschluss auf den im Maastricht-Urteil formulierten Kontrollvorbehalt in Fragen des Grundrechteschutzes ab. Ausgelöst wurde der langjährige Rechtsstreit, der nationale Gerichte, den EuGH und die Spruchkörper der Welthandelsorganisation gleichermaßen beschäftigte[71], durch die Neuordnung des EG-Bananenmarktes Anfang der 1990er Jahre. Während die rechtlichen Interventionen auf internationaler Ebene letztendlich zu einer partiellen, aber immer noch umstrittenen Novellierung der Marktordnung führten, scheiterten im Rahmen des gemeinschaftlichen Rechtsschutzsystems die Versuche, das neue Importregime zu Fall zu bringen gänzlich. Der EuGH erklärte die Bananenmarktordnung vielmehr für rechtmäßig und wies entgegenlautende Klagen zurück. Da die Kläger des Ausgangsrechtsstreits, 19 Unternehmen der sog. „Atlanta"-Gruppe, ihre deutschen Grundrechte durch die vom EuGH bestätigte Anwendung der Einfuhrregelungen des EG-Bananenregimes verletzt sahen, setzte das Verwaltungsgericht Frankfurt das Verfahren aus und legte dem BVerfG mehrere Fragen zur Vereinbarkeit der Bananenmarktordnung mit dem Grundgesetz vor[72]. Die Vorlage, die sich im Wesentlichen auf das Argument stützte, dass die Rechtsprechung des EuGH den individuellen Grundrechtsschutz nicht mehr gewährleiste, wurde vom BVerfG jedoch als unzulässig zurückgewiesen. Es kam nicht zum „Warn-

---

66 BVerfG, NJW 2000, 2015 (2015).
67 BVerfG, NJW 2000, 2015 (2015).
68 Schwarze, a. a. O. (Fn. 41), S. 234.
69 BVerfG, NJW 2000, 2015 (2016). Näher dazu Schwarze, a. a. O. (Fn. 41), S. 234 ff; Nicolaysen / Nowak, a. a. O. (Fn. 65), S. 1235 f.
70 BVerfGE 102, 147.
71 Ausführlich dazu Cascante, José Christian / Sander, Gerald S.: Der Streit um die EG-Bananenmarktordnung, Berlin 1999.
72 Zum Vorlagebeschluss vgl. Zuleeg, Manfred: Bananen und Grundrechte – Anlaß zum Konflikt zwischen europäischer und deutscher Gerichtsbarkeit, in: NJW 1997, S. 1201-1207.

schuß in Sachen Grundrechtsschutz"[73], wie ein wissenschaftlicher Beobachter erhoffte. Im Gegenteil: Das BVerfG knüpfte an eine Richtervorlage bzw. eine Verfassungsbeschwerde, die Verletzungen von deutschen Grundrechtsgewährleistungen durch das sekundäre Gemeinschaftsrecht geltend macht, eine „besondere Zulässigkeitsvoraussetzung", die auf dem Wege einer systematischen Gegenüberstellung des Grundrechtsschutzes auf nationaler und gemeinschaftlicher Ebene im Einzelnen darlegt und begründet, dass „der jeweils als unabdingbar gebotene Grundrechtsschutz generell nicht gewährleistet ist"[74]. Gleichwohl dürften einem solchen Unterfangen keine großen Erfolgsaussichten beschieden seien, da sowohl die Grundrechtejudikatur des EuGH, als auch die Verabschiedung der Europäischen Grundrechtecharta ein Absinken des Schutzniveaus unter die in „Solange II" formulierten Standards nicht befürchten lassen. Damit hat das BVerfG die „Hürden für einen subsidiäre Kontrolle des sekundären Gemeinschaftsrechts am Maßstab des Grundgesetzes für die Zukunft sehr hoch gehängt"[75]. Der Bananenmarkt-Beschluss, der in dieser Hinsicht sicherlich als „Friedensangebot" [76] an den EuGH verstanden werden kann, verdeutlicht aber auch, dass das BVerfG seine Prüfungskompetenzen gegenüber dem Europarecht weiterhin aufrecht erhält, wenngleich es in der Frage des Grundrechteschutzes einem offenen Jurisdiktionskonflikt durch einen „Teilrückzug" aus dem Wege gegangen ist[77].

5 Zusammenfassung und Ausblick

Das BVerfG ist und bleibt ein relevanter Akteur im Prozess der europäischen Integration. Als gewichtige Stimme im judiziellen Dialog zur Integration durch Recht hat es eine konsequent staatsrechtlich grundierte Sicht auf die Probleme der Kompetenzabgrenzung und Grundrechtsgarantie im Integrationsprozess beibehalten. Hieraus resultiert ein latenter Vorbehalt hinsichtlich der Vereinbarkeit europäischen Rechts mit dem Grundgesetz, den das BVerfG nicht aufgegeben, zumindest aber bei den Grundrechten sowohl prozedural als auch materiell zu Gunsten des EuGH zurückgestellt hat. Dies ändert allerdings nichts daran, dass im prekären Kooperationsverhältnis von EuGH und BVerfG nach wie vor kompetitive Grundnormkonzepte bzw. Leit- und Ordnungsideen vorherrschen. Solange dies der Fall ist, gehören ein offener Konflikt und damit eine Frontstellung des BVerfG gegenüber den „Logiken" des Integrationsprozessen zum Bereich des Möglichen, da auch der „offene Verfassungsstaat" des Grundgesetzes non-tangible Kernbereiche hat, die zu schützen sind.

---

73   Stein, Torsten: „Bananen-Split"? – Entzweien sich BVerfG und EuGH über den Bananenstreit? In: EuZW 1998, S. 261-264, hier S. 262.

74   BVerfGE 102, 147 (164). Zur Kritik an den hohen verfassungsprozeduralen Hürden des Bananenmarkt-Beschlusses vgl. Nettesheim, Martin: Die Zulässigkeit von Verfassungsbeschwerden und Richtervorlagen nach Art. 23 GG. In: NVwZ 2002, S. 932-935; Schmid, Christoph: Ein enttäuschender Rückzug – Anmerkungen zum „Bananenbeschluss" des BVerfG. In: NVwZ 2001, S. 249-258.

75   Schwarze, a. a. O. (Fn. 41), S. 237.

76   Sturm / Pehle, a. a. O. (Fn. 1), S. 145.

77   Nicolaysen / Nowak, a. a. O. (Fn. 65), S. 1236 f.

Rainer Wahl

Das Bundesverfassungsgericht im europäischen und internationalen Umfeld[1]

1 Die Expansion der Verfassungsgerichtsbarkeit

Das 20. Jahrhundert hat in seiner zweiten Hälfte einen 1945 nicht vorhergesehenen globalen Siegeszug der Verfassungsgerichtsbarkeit erlebt.[2] Das Bundesverfassungsgericht (BVerfG), im Grundgesetz des Jahres 1949 vorgesehen und 1951[3] errichtet, ist ein Teil dieses Prozesses und zugleich in bedeutendem Maße auch Impulsgeber dieser Entwicklung.[4] Vor 1945 hat es nur in vier Ländern eine Verfassungsgerichtsbarkeit unterschiedlichen Umfangs gegeben, so im klassischen Pionier- und Mutterland der Verfassungsgerichtsbarkeit in den USA, in der Schweiz, in Österreich und in Irland.[5] Erst nach 1945 beginnt die bis zur unmittelbaren Gegenwart andauernde Expansion der Verfassungsgerichtsbarkeit.[6] Den Anfang machten Staaten mit Diktaturerfahrungen in der ersten Hälfte des Jahrhunderts wie Italien (1948/1956) und die Bundesrepublik Deutschland (1949/1951). Diesem Muster folgten in den 1970er Jahren Spanien, Portugal und Griechenland nach ihrem Systemwechsel zur Demokratie und nach 1989 die „Transformationsstaaten" in Ost- und Südosteuropa. Längst aber hatte sich die Verfassungsgerichtsbarkeit als adäquater Ausdruck und Schlussstein des Verfassungsstaats so überzeugend bewährt, dass die Institution auch ohne Systemwechsel zum Normalbestandteil einer gewaltenbalancierenden Verfassung wurde, so in Belgien (1984), länger schon in den skandinavischen Staaten, und verbreitet auch außerhalb Europas z. B. in den Commonwealth-Ländern (Australien, Canada, Indien), in Lateinamerika, in Afrika und Ostasien.[7] Ganz fehlt eine Verfassungsgerichtsbarkeit z. B. in den Niederlanden.[8]

---

1   Geringfügig (um Abschnitt 3.4) erweiterter Abdruck des Aufsatzes aus: Aus Politik und Zeitgeschichte. Beilage zur Wochenzeitung „Das Parlament", B 3, 37 -38/2001, S. 45-54 (Wahl, Rainer: Verfassungsstaat, Europäisierung, Internationalisierung, 2003, S. 254-274).

2   So schon 1976 Peter Häberle, in: ders. (Hg.), Verfassungsgerichtsbarkeit, 1976, S. XI.

3   Das BVerfG ist in Art. 92 und 93 GG (1949) vorgesehen, das in Art. 94 Abs. 2 GG vorgesehene Gesetz über das BVerfG vom 12. März 1951 trat am April 1951 in Kraft. Aufgrund der Verzögerungen bei der Richterwahl konnte das Gericht seine Tätigkeit erst am 8. September 1951 aufnehmen; mit Staatsakt vom 28. Sept. 1951 wurde das Gericht feierlich eröffnet.

4   Fromont, Michael: La justice constitionelle dans le monde, 1996, S. 17 ff. spricht von drei Generationen der Verfassungsgerichtsbarkeit, von denen das BVerfG die zweite anführt.

5   Seine Funktion als Verfassungsgericht nahm der U.S. Supreme Court 1803, das schweizerische Bundesgericht 1874 und der Österreichische Verfassungsgerichtshof 1920 auf. Auch die irische Verfassung von 1937 sah einen Supreme Court nach dem amerikanischen Modell vor, dazu Fromont, a. a. O. (Fn. 4), S. 19.

6   Zum Unterschied zwischen verselbständigter und in die Gerichtsbarkeit integrierter Verfassungsgerichtsbarkeit s. unten 2.1.

7   Eine tabellarische Übersicht über die Verfassungsgerichtsbarkeit in der Welt zum Stand 30.08.1991 bei Zierlein, Karl-Georg: Die Bedeutung der Verfassungsrechtsprechung für die Bewahrung und Durchsetzung der Staatsverfassung. Ein Überblick über die Rechtslage in und außerhalb Europas, in: EuGRZ 1991, S. 301, 341.

8   Ihre Verfassung (Art. 120) verbietet dem Richter die Beurteilung der Verfassungsmäßigkeit von Gesetzen und Verträgen.

Als neue Institution des deutschen Staatslebens hat das BVerfG rasch den normativen Mantel des Grundgesetzes und des Bundesverfassungsgerichtsgesetzes wirkungsvoll ausgefüllt, sich seinen Platz als oberster verbindlicher Interpret des Verfassungsrechts und der Verfassung gesichert und vor allem grundsätzliche Anerkennung gefunden.[9] Das Wort vom *Gang nach Karlsruhe* ist in Deutschland so sprichwörtlich geworden wie der Satz, dass Karlsruhe entschieden hat. Zu Recht hat vor zwei Jahren anlässlich des 50-jährigen Jubiläums des Grundgesetzes einer der besten ausländischen Kenner des deutschen Verfassungsrechts, der Franzose Michel Fromont, den Satz geprägt: „Das Bundesverfassungsgericht ist die einzige völlige Neuschöpfung des Grundgesetzes. Es ist auch die auf der ganzen Welt wohl bekannteste deutsche Einrichtung".[10] In der Tat bedeutete die Einführung einer umfassenden, eigenständigen Verfassungsgerichtsbarkeit einen qualitativen Entwicklungsschub für das deutsche Staatsrecht. Das BVerfG und seine Rechtsprechung haben wiederholt als Vorbild gewirkt, wie überhaupt ein beträchtlicher Einfluss des deutschen Verfassungsrechts in Spanien,[11] Portugal, Südkorea und Südafrika[12] zu verzeichnen ist. Ähnlich verhält es sich in den südosteuropäischen und osteuropäischen Staaten und ihren neuen Verfassungsgerichtsbarkeiten.[13] Neben dem Supreme Court zählt das BVerfG zu den Verfassungsgerichten mit der größten Ausstrahlung auf andere Gerichte.[14]

---

9   Eine Anerkennung, die durch manchen aufwallenden Unmut aus Anlass einzelner umstrittener Urteile nicht wirklich beeinträchtigt wurde und wird.

10 Fromont, Michael: Das Bundesverfassungsgericht aus französischer Sicht, in: DÖV 1999, S. 493.

11 Dazu differenziert Llorente, Francisco Rubio: Die Verfassungsgerichtsbarkeit in Spanien, in: Starck, Christian / Weber, Albrecht (Hg.), Verfassungsgerichtsbarkeit in Europa, Teilband I: Berichte, 1986, S. 249 sowie Cruz Villalón, Pedro: Landesbericht Spanien, in: Starck, Christian (Hg.), Grundgesetz und deutsche Verfassungsrechtsprechung im Spiegel ausländischer Verfassungsentwicklung, 1990 mit Landesberichten; S. 193 ff. Dezidiert ders.: Bericht Spanien, in: Battis, Ulrich / Mahrenholz, Ernst / Tsatsos, Dimitris (Hg.), Das Grundgesetz im internationalen Wirkungszusammenhang der Verfassungen, 1990, S. 93: „Es gilt in Spanien als unbestritten, daß das Bonner Grundgesetz die ausländische Verfassung ist, die den größten Einfluß auf unsere Verfassung von 1978 ausgeübt hat. (...). Wenn man vom Europäischen Gerichtshof für Menschenrechte absieht, so ist die Rechtsprechung des BVerfG auch diejenige, die vom spanischen Verfassungsgericht am meisten berücksichtigt wird".

12 Zu allen vier Ländern ausführlich Kokott, Juliane: From Reception and Transplantation to Convergence of Constitutional Models in the Age of Globalisation – with special References to the German Basic Law, in: Starck, Christian (Hg.), Constitutionalism, Universalism and Democracy – a comparative analysis, 1999, S. 71-134 ff. mit vielen Einzelbelegen zu direkten und indirekten Rezeptionen und Transplantaten.

13 Zimmermann, Andreas: Bürgerliche und politische Rechte in der Verfassungsrechtsprechung mittel- und osteuropäischer Staaten unter besonderer Berücksichtigung der Einflüsse der deutschen Verfassungsgerichtsbarkeit, in: Frowein, Jochen A. / Marauhn, Thilo (Hg.), Grundfragen der Verfassungsgerichtsbarkeit in Mittel- und Osteuropa, 1998, S. 89 ff. Ständige Berichte und Aufsätze über die Entwicklungen in (Süd)Osteuropa finden sich in der Zeitschrift für Osteuroparecht; vgl. auch die Nachweise unten Fn. 53.

14 Ausführlich ist der internationale Wirkungszusammenhang zwischen den Verfassungsgerichten anlässlich des 40. Jubiläums des Grundgesetzes in zwei großen Sammelbänden dokumentiert worden, s. Starck, a. a. O. (Fn. 11); Battis u. a., a. a. O. (Fn. 11). – In beiden Sammelbänden finden sich zu allen hier behandelten Fragen des (wechselseitigen) Einflusses des BVerfG auf eine Reihe von anderen Verfassungsgerichten vielfältiges Material; darauf sei generell verwiesen.

2 Überblick über die Landschaft der Verfassungsgerichte

2.1 Die Typen der Verfassungsgerichtsbarkeit

Für einen ersten Überblick über die weite Landschaft der Verfassungsgerichte in der Welt empfiehlt sich die vielfach verwendete und schon klassisch gewordene Einteilung von zwei Typen der Verfassungsgerichtsbarkeit.[15] Der eine Typ ist das *amerikanische*, erstmals beim Supreme Court (S. C.) ausgebildete Modell, bei dem Verfassungsgerichtsbarkeit als Funktion, nicht als eigene Institution erscheint und sie deshalb vom obersten Gericht wahrgenommen wird. Der S. C. vereinigt die Funktionen des obersten Gerichts im normalen Instanzenzug mit der Funktion der Verfassungsgerichtsbarkeit in einem einheitlichen Gericht (Einheitsmodell).[16] Zu diesem Typ gehören die meisten Staaten des Commonwealth wie Australien, Neuseeland, Canada, Indien sowie auch Irland, die Schweiz und die skandinavischen Staaten und auch die Mehrzahl der südamerikanischen Länder.[17] Demgegenüber hat erstmals der Verfassungsgerichtshof in Österreich und dann das BVerfG den Typ des eigenständigen und damit institutionell verselbständigten Gerichts verwirklicht (*österreichisch-deutsches Modell*).[18] In Europa hat in den letzten Jahren eindeutig dieses Trennungsmodell die Oberhand gewonnen.[19] Dies mag auch damit zusammenhängen, dass im Einheitsmodell die Gerichte zum Teil deutlich geringere Kompetenzen haben[20], in neuerer Zeit aber kompetenzstarke Verfassungsgerichtsbarkeiten begründet werden sollen. Zu diesem Typ gehören etwa Belgien, Frankreich, Griechenland, Italien, Liechtenstein, Spanien, Polen, Portugal, Türkei, Ungarn, Tschechien und Russland.

2.2 Die typusprägenden Merkmale der deutschen Verfassungsgerichtsbarkeit[21]

Will man die Position des deutschen BVerfG in der weltweiten Landschaft der Verfassungsgerichte verorten, dann empfiehlt es sich zunächst die typusprägenden Merkmale aufzulisten.

(1) An erster Stelle ist die *institutionelle Selbständigkeit* des BVerfG[22] neben – oder richtiger – über den obersten Fachgerichten zu nennen.

---

15 So schon Cappelletti, Mario / Ritterspach, Theo: Die gerichtliche Kontrolle der Verfassungsmäßigkeit der Gesetze in rechtsvergleichender Betrachtung, in: Jahrbuch des öffentlichen Rechts (JöR), Bd. 20, 1971, S. 65 ff.; Cappelletti, Mario / Cohen, William: Comparative Constitutional Law, Charlottesville, 1979, S. 84-95; v. Brünneck, Alexander: Verfassungsgerichtsbarkeit in den westlichen Demokratien. Ein systematischer Verfassungsvergleich, 1992; Joachim Wieland in: Dreier, Horst (Hg.), Grundgesetz, Bd. 3, 2000, Art. 93, Rdnr. 26 ff.; Böckenförde, Ernst-Wolfgang: Verfassungsgerichtsbarkeit: Strukturfragen, Organisation, Legitimation, in: NJW 1999, S. 9 ff.; Andreas Voßkuhle, in: v. Mangoldt, Herrmann / Klein, Friedrich / Starck, Christian: GG-Kommentar, Bd. 3, 4. Aufl., 2001, Art. 93 Rdnr. 14 ff. (Einheits- und Trennungsmodell).

16 Von Cappelletti / Cohen, a. a. O. (Fn. 15), S. 94 ff. „dekonzentrierte" oder „diffuse" Verfassungsgerichtsbarkeit genannt, weil alle Gerichte die Verfassungsmäßigkeit der Gesetze prüfen können.

17 Zur Ausstrahlung des Modells der USA auf Südamerika, einige Commonwealth-Staaten und ostasiatische Länder Grote, Rainer: Rechtskreise im öffentlichen Recht, in: AöR 126 (2001), S. 10, 45 ff., 47 ff. sowie 48.

18 Dazu jetzt Häberle, Peter: Das Bundesverfassungsgericht als Muster einer selbständigen Verfassungsgerichtsbarkeit, in: FS BVerfG, Bd. 1, 2001, S. 311 ff.

19 Wieland, a. a. O. (Fn. 15), Art. 93, Rdnr. 28.

20 Wieland, a. a. O. (Fn. 15), Art. 93, Rdnr. 27.

21 Der Text folgt den Ausführungen in Wahl, Rainer: Die Reformfrage, in: FS BVerfG, Bd. 1., 2001, S. 463 f. (= ders.: Verfassungsstaat, Europäisierung, Internationalisierung, 2003, S. 213 ff.).

22 Dazu Häberle, a. a. O. (Fn. 18), S. 311.

(2) Wegen seiner institutionellen Verselbständigung ist das BVerfG aus dem Zusammenhang der Gerichtsbarkeiten in einem Maße herausgehoben und in eine Sonderrolle hineingestellt, dass eine Qualifikation als *Verfassungsorgan* erwägenswert wird, wie sie § 1 BVerfGG[23] – unter dem Beifall der Lehre – zum Ausdruck bringt. Diese im internationalen Vergleich wohl wenige Parallelen findende Formel stellt das Gericht in eine dezidierte Nähe zu den politischen Verfassungsorganen. Sie ist deshalb problematischer, als es die ständige affirmative Zitierung vermuten lassen könnte.[24]

(3) Das BVerfG hat *sehr weite* – man ist geneigt zu sagen, die denkbar *weitesten* – *Zuständigkeiten*; es hat eine international gesehen einzigartige Kompetenzfülle.[25] Das BVerfG hat alle Zuständigkeiten der traditionell diskutierten (aber vorher selten verwirklichten) *Staats*-Gerichtsbarkeit als Entscheidung über Streitigkeiten zwischen den obersten Staatsorganen *und* zusätzlich mit der Verfassungsbeschwerde die breitflächige Kontrolle über das Staatshandeln gegenüber dem Bürger. Diese Kombination konstituiert das BVerfG als umfassendes *Verfassungs*gericht. Die Kurzcharakteristik der wichtigsten Verfahrensarten[26] belegt dies:

(a) Der *Organstreit* ist eine Verfahrensart, die tief in die spezifischen politischen Konflikte zwischen den obersten Organen hineinführt. Er ist insoweit die „politischste" Verfahrensart. Auslöser eines Verfahrens können der Bundestag, Bundesrat, Bundespräsident, Parteien, Fraktionen und einzelne Abgeordnete sein.

(b) Der *Bund-Länder-Streit* macht das Bundesstaatsverhältnis der gerichtlichen Entscheidung zugänglich. Er hat in den 50er Jahren Schrittmacherdienste für die Etablierung der Verfassungsgerichtsbarkeit geleistet.

(c) Mit der Zuständigkeit für (abstrakte und konkrete) *Normenkontrollen* zur Überprüfung der Verfassungsmäßigkeit hat das BVerfG eine Zuständigkeit, die zum Kern der Verfassungsgerichtsbarkeit gehört. Gleichwohl ist sie schwierig, weil sie das Gericht unmittelbar mit dem Gesetzgeber konfrontiert und das vom Parlament, dem demokratischen Hauptorgan, beschlossene Gesetz zum einzigen Entscheidungsgegenstand macht.

(d) Die *Verfassungsbeschwerde* ist eine in hohem Maße bürgerbezogene Verfahrensart: Jedermann kann sich mit der Behauptung, durch die öffentliche Gewalt in seinen Grundrechten verletzt zu sein, nach Erschöpfung des Rechtswegs an das BVerfG wenden. In der Regel richtet sich die Beschwerde gegen das letztinstanzliche Gerichtsurteil (sog. Urteilsverfassungsbeschwerde). In dieser Gestalt erreicht sie Zahlen von 4.500-5.000 Beschwerden pro Jahr.[27] In diesen großen Zahlen und der Einschlägigkeit für nahezu alle Gebiete des Rechts

---

23   § 1 BVerfGG: „Das Bundesverfassungsgericht ist ein den übrigen Verfassungsorganen gegenüber selbständiger und unabhängiger Gerichtshof des Bundes".

24   Kritisch zu dieser Qualifizierung Schoch, Friedrich / Wahl, Rainer: Einstweilige Anordnung des Bundesverfassungsgerichts in außenpolitischen Angelegenheiten, in: FS Ernst Benda, 1995, S. 265, 284, Fn. 62; Voßkuhle, a. a. O. (Fn. 15), Art. 93, Rdnr. 28 u. 19. S. auch Schlaich, Klaus: Das Bundesverfassungsgericht, 4. Aufl. 1997, Rdnr. 30-35.

25   Es fehlt allein die Popularklage, die aber in Ungarn, wo es sie gibt, besondere Überlastungsprobleme schafft, sodass man ihr Fehlen nicht als Mangel bezeichnen kann, dazu Brunner, Georg: Die neue Verfassungsgerichtsbarkeit in Ungarn, in: FS Fritz Stern, 1997, S. 1041, 1052, 1056.

26   Zu jeder Verfahrensart findet sich ein aussagekräftiger Überblick über die wichtigsten Entscheidungen bei Wieland, a. a. O. (Fn. 15) Art. 93, vor Rdnr. 1, S. 384.

27   Die aktuellen Zahlen sind abrufbar unter: www.bundesverfassungsgericht.de (Stichwort „Organisation" und „Jahresstatistik").

führt die Verfassungsbeschwerde zur Veralltäglichung und Ubiquität der Verfassungsgerichtsbarkeit – ein Ergebnis, das in kaum einem anderen Land eine Entsprechung findet.[28]

2.3 Rechtsvergleichung in Sachen Verfassungsgerichtsbarkeit: Notwendigkeit und Funktion

Bei der Rechtsvergleichung im Verfassungsrecht[29] geht es, wie auch sonst, nicht in erster Linie oder überhaupt nicht darum, die vielfältigen, auf der gesamten Welt verwirklichten Modelle als eine Art Warenhauskatalog zu verstehen, aus denen das Beste ausgewählt wird. Rechtsvergleichung ist nicht immer oder primär auf der Suche nach besseren Varianten oder immer nur eine Vorstufe von Reformforderungen, sondern häufiger und tiefer verstanden eine wichtige Methode, das eigene Recht im Spiegel anderer Rechtsordnungen in seinen Vor- und Nachteilen besser zu verstehen.[30] Insofern will das Vergleichen der weltweiten Verfassungsgerichtsbarkeiten einen Normalbaustein der Architektur gegenwärtiger Verfassungen in seiner Vielfalt und seinen Binnenvarianten verständlich machen. Die Verfassungsgerichtsbarkeit (als Funktion oder eigene Institution) ist ubiquitär geworden. Gerade deshalb darf man aber nicht Einheitlichkeit im Umfang und Gewicht ihrer Zuständigkeiten, in der Kontrollintensität und generell in ihrer Rolle gegenüber den obersten Staatsorganen erwarten. Die notwendige Vergleichung hat vielfache Themen[31], hier steht der Umfang der Zuständigkeiten im Vordergrund.

Konstitutiv für die heutige Verfassungsgerichtsbarkeit und Kern ihrer Zuständigkeiten ist ein Verfahren zum Zweck der *Überprüfung der Verfassungsmäßigkeit von Gesetzen*. Der verbreitete Konsens über die Berechtigung, ja Notwendigkeit einer Normenkontrolle ist nicht selbstverständlich. In Ländern, in denen die Souveränität des volksgewählten Parlaments als Basis des Verfassungslebens angesehen wird, ist der gedankliche Weg zur Anerkennung einer Kontrolle eben dieses Parlaments sehr weit und voraussetzungsvoll. Frankreich, ein klassisches Land dieses Denkens, kennt die Normenkontrolle nur als präventive Kontrolle vor Inkrafttreten des Gesetzes auf Antrag hoher Verfassungsorgane. Für das Vereinigte Königreich mit seiner noch stärker ausgeprägten Tradition der Parlamentssouveränität ist die Normenkontrolle bis vor kurzem ganz fernliegend gewesen. In den letzten Jahren

---

28 Unter anderem sind aufgrund von Verfassungsbeschwerden einzelner Bürger folgende bekannte Urteile ergangen: das Apothekenurteil zur Berufsfreiheit (BVerfGE 7, 377 [386 ff.]), das Mephisto-Urteil zum allgemeinen Persönlichkeitsrecht (BVerfGE 30, 173 [182 ff.]) und das Mitbestimmungsurteil zur Koalitionsfreiheit (E 50, 290 [318 ff.]) sowie die Urteile über den Maastricht-Vertrag und das Flughafenverfahren im Asylrecht.

29 Dazu zuletzt Tomuschat, Christian: Das Bundesverfassungsgericht im Vergleich mit der Verfassungsgerichtsbarkeit des Auslands, in: FS BVerfG, Bd. 1, 2001, S. 245 ff.

30 Dazu ausführlich Wahl, Rainer: Verfassungsvergleichung als Kulturvergleichung, in: FS Helmut Quaritsch, 2000, S. 163-182, und zur Bedeutung der Vergleichung ders.: Die Reformfrage, a. a. O. (Fn. 21) (= ders.: Verfassungsstaat, Europäisierung, Internationalisierung, 2003, S. 96).

31 So behandelt z. B. v. Brünneck, a. a. O. (Fn. 15) die Themen: Entstehung; Organisation; Verfahren der Gerichte; Entscheidungsprozesse; dissenting vote; Zugang zum Gericht; Verfahrensarten; Richterwahl; Einfluss der Parlamente, Regierungen und Parteien auf Wahl, Qualifikation und berufliche Erfahrungen; Inhalt und Dogmatik der verfassungsgerichtlichen Entscheidungen; Gründe für die Ausdehnung und Angleichung der Verfassungsgerichtsbarkeit; Kriterien für die Befugnisse. – A. Weber behandelt in seinem „Generalbericht", in: Starck / Weber, a. a. O. (Fn. 11), S. 49 ff.: Stellung und Organisation, Status der Gerichte, ausführlich die Zuständigkeiten, die Verfahren und die Stellung der Verfassungsgerichte im politischen Prozess.

gab es einige bedeutende Schritte in Richtung auf Normenkontrollen (am Maßstab der europäischen Menschenrechtskonvention).[32]

Aus dem gleichen Grund sehr voraussetzungsvoll und außerdem von der Verfassungstradition und -kultur der einzelnen Länder abhängig ist die Anerkennung des *Organstreits*, also des (gerichtsförmigen) Austragens von Streitigkeiten oberster politischer Organe nach Maßstäben des Rechts durch ein Gericht. Deshalb verwundert es nicht, dass die nach dem Grundgesetz selbstverständliche Verfahrensart des Organstreits in anderen Verfassungsstaaten häufig fehlt, so z. B. in den USA, Frankreich und natürlich im Vereinigten Königreich.[33] Damit sind die wichtigsten politischen Auseinandersetzungen zwischen den obersten Verfassungsorganen dem Gericht und der Gerichtsbarkeit entzogen.[34] In der Frage der Judizialisierung der politischen Streitigkeiten der obersten Verfassungsorgane besteht also ein deutlicher Dissens innerhalb der Verfassungsstaaten. Insoweit sind die historischen Erfahrungen und die daraus folgende Grundhaltung darüber, ob diese Konflikte besser durch Gerichte oder durch den sich selbst überlassenen politischen Prozess entschieden werden, geteilt. In den USA, in Frankreich und sicherlich auch im Vereinigten Königreich hat man insofern ein politischeres Verständnis des Staatslebens und seiner Konflikte und geht stärker von einer gewissen Eigenständigkeit der politischen Sphäre im Verhältnis zum Bereich des Rechts und der Gerichte aus. Letztlich spiegeln sich in der verschiedenen Bestimmung des Verhältnisses von Verfassungsgericht und Politik Unterschiede in dem, was man oft etwas pauschal „politische Kultur" nennt, was aber im Kern doch richtig gekennzeichnet ist.

Ein weiterer Unterschied im Typ, den man als den zwischen Staatsgerichtshöfen und Verfassungsgerichtshöfen bezeichnen könnte, liegt darin, ob auch der Einzelne über die *Verfassungsbeschwerde*[35] Antragsberechtigter und damit Mitspieler im Streit um die Verfassung ist oder nicht. Im ersteren Fall wird das Gericht als umfassendes Verfassungsgericht tätig und „verlebendigt" die Verfassung im Alltag der Bürgerinnen und Bürger; im andern Fall agiert es eher als klassischer Staatsgerichtshof und damit möglicherweise in einer gewissen Ferne zum Alltag. Ebenso wichtig und vor allem die praktische Bedeutung der einzelnen Verfassungsgerichte determinierend, ist der Umstand, ob die Urteilsverfassungsbeschwerde zulässig ist; denn sie bringt die große Menge von Fällen an das betreffende Gericht heran.[36]

---

32 Zu dieser neusten durch den Human Rights Act von 1998 angestoßenen Entwicklung im einzelnen Grote, Rainer: Die Inkorporierung der Europäischen Menschenrechtskonvention, in: Das britische Recht durch den Human Rights Act, in: ZaöRV 58, 1998, S. 309 ff.; Baum, Marius: Rights Brought Home, in: EuGRZ 2000, S. 281 ff.

33 Es ist zu wenig bekannt, dass die Zuständigkeit für die Organstreitigkeiten (innerhalb des Zentralstaates) eben wegen ihrer politischen Sensibilität letztlich nur in wenigen Ländern, neben Deutschland – in einer eingeschränkten und offenbar wenig praktizierten Form – in Italien anerkannt ist. Grote, Rainer: Die Rechtskreise im öffentlichen Recht, in: AöR 126 (2001), S. 10, 53, nennt insoweit überhaupt nur diese beiden Staaten in Westeuropa. Es verdiente einer näheren Untersuchung, in welchen Staaten der Organstreit überhaupt und mit welchem Umfang anerkannt ist, welche Äquivalente es in Form von Kompetenzstreitigkeiten gibt und in welcher Intensität er in der Praxis wahrgenommen wird. Sicher ist, dass die Rechtsprechungspraxis des BVerfG in Organstreitigkeiten ein sehr hohes Niveau vorgibt.

34 In den USA ist z. B. das Verhältnis zwischen Repräsentantenhaus und Senat oder zwischen Kongress und Präsident wohl verfassungsrechtlich geregelt, Meinungsverschiedenheit über die Kompetenzen müssen aber politisch ausgetragen werden.

35 Die Verfassungsbeschwerde fehlt in Frankreich sowie in den Ländern der integrierten Verfassungsgerichtsbarkeit, wo aber die normalen Rechtsmittel funktional äquivalente Bedeutung für den Einzelnen haben können.

36 Eine Urteilsverfassungsbeschwerde ist in Europa nur in Deutschland, Spanien und Portugal vorgesehen, vgl. Fromont, a. a. O. (Fn. 4), S. 22.

2.4 Ausgewählte Länder

Im Folgenden sollen diese allgemeinen Bemerkungen an einigen Ländern und ihren Traditionen konkretisiert werden, zunächst bei den Staaten mit einer *integrierten* Verfassungsgerichtsbarkeit.[37] In den *Vereinigten Staaten von Amerika* ist der U.S. Supreme Court[38] das oberste Instanzgericht und als solches unbestritten Revisionsinstanz.[39] Zur Eingliederung in die ordentliche Gerichtsbarkeit kommt als weiteres systemprägendes Merkmal hinzu, dass der Supreme Court generell auf konkrete Rechtsstreitigkeiten konzentriert ist – deshalb gibt es keinen Ansatz zu abstrakten Normenkontrollen, sondern Gesetzesprüfungen finden nur aus konkretem Anlass statt (Erfordernis von *case or controversy*). Im Rahmen der appeals gibt es eine Art konkreter Normenkontrolle bei *certified questions;* der S. C. entscheidet aber nicht selbst, sondern gibt gegebenenfalls eine Instruktion an das vorlegende Gericht. Es kommen erstinstanzliche Zuständigkeiten für Streitigkeiten zwischen Bund und Gliedstaaten (und diesen untereinander) hinzu. Rang und Glanz des Supreme Courts entstammen seiner aus konkreten (Rechtsmittel-)Fällen hervorgehenden Rechtsprechung zu Verfassungs- und insbes. Grundrechtsfragen.

Eine lange, auf das Jahr 1874 zurückgehende Tradition der integrierten Verfassungsgerichtsbarkeit hat die *Schweiz*,[40] die in ihrer am 1. Januar 2000 in Kraft gesetzten neuen Verfassung die bisherige Stellung des Bundesgerichts aufrechterhalten hat.[41] Es handelt sich um eine eingeschränkte Verfassungsgerichtsbarkeit, weil die Normenkontrolle für Bundesgesetze fehlt.[42] Die im Bundesstaat systemadäquate Verfahrensart der föderativen Streitigkeiten ist in der Schweiz seit langem vorgesehen, sie ist die einzige erstinstanzliche Zuständigkeit des Bundesgerichts. Im Übrigen ist der entscheidende Zugang zum Bundesgericht über die Berufung eröffnet und durch die in der Verfassung und im konkreten Gesetz ermöglichte Zuständigkeitsbegrenzung zugleich eingeschränkt[43]. Eine Totalrevision der Gerichtsbarkeiten (nach der Totalrevision der Verfassung) ist im Februar 2001 eingeleitet worden; durch sie soll insbes. das Bundesgericht von der Fehlentwicklung zur „Urteils-Fabrik" bewahrt werden. Im Lande der ausgebauten direkten Demokratie muss die Reform auch das hier auftauchende (Rang-)Verhältnis zwischen der Verfassungsgerichtsbarkeit und den direkten Abstimmungen des Volkes klären.

Zu den Staaten mit einer *verselbständigten* Verfassungsgerichtsbarkeit gehören wie erwähnt[44] Deutschland, Belgien, Frankreich, Griechenland, Italien, Liechtenstein, Spanien, Po-

---

37 Liste der hierzu gehörenden Staaten siehe vorne bei 2.1. Texte der Verfassungen mit den Normen über die Verfassungsgerichtsbarkeit bei Horst Dreier, www.uni-wuerzburg.de/law/index.html.

38 Insgesamt dazu und den Rechtsgrundlagen Brugger, Winfried: Grundrechte und Verfassungsgerichtsbarkeit in den Vereinigten Staaten von Amerika, 1987, S. 1-21; ders.: Einführung in das Öffentliche Recht der USA, 1993, S. 7 ff.; Haller, Walter: Supreme Court und Politik in den USA, 1972; Heller, Kurt: Der Supreme Court der Vereinigten Staaten von Amerika, in: EuGRZ 1985, S. 685, 689.

39 Die in Deutschland negativ und abwehrend besetzte Formel vom Superrevisionsgericht würde in USA wegen des im Ansatz anderen Systems keinen Schrecken auslösen.

40 Dazu eindrücklich Müller, Jörg Paul: Die Verfassungsgerichtsbarkeit im Gefüge der Staatsfunktionen, in: VVDStRL 39 (1981), S. 58 ff.

41 Die Verfassung hat als „nachgeführte" Verfassung keine substanziellen Änderungen bei der Verfassungsgerichtsbarkeit gebracht, sondern diese sind im Rahmen einer Revision der einschlägigen Gesetze und dann auch der Verfassungsartikel beabsichtigt. Zum Konzept der Nachführung der Verfassung und insgesamt zur neuen Verfassung Rhinow, René: Die Bundesverfassung 2000. Eine Einführung, S. 1-21.

42 Rhinow, a. a. O. (Fn. 41), S. 1, 8, 9. Für kantonale Gesetze ist die Normenkontrolle gegeben.

43 Rhinow, a. a. O. (Fn. 41), S. 207, zu den unvermeidlichen Auseinandersetzungen während der Verfassungsreform über die Frage des Zugangs und damit der Steuerung der Belastung des Bundesgerichts.

44 S. o. 2.1.

len, Portugal, Türkei, Ungarn, Tschechien und Russland.[45] Im europäischen Mutterland der verselbständigten Verfassungsgerichtsbarkeit *Österreich*[46] knüpft die Innovation der Verfassung der 1. Republik von 1920 funktional an die – ebenfalls sehr bedeutenden – Traditionen insbes. des Österreichischen Reichsgerichtshofes, der seit 1867/68[47] Prüfung von Verwaltungsmaßnahmen an verfassungsmäßigen Rechten vornahm, an. Die eigentliche Neuerung besteht dann aber in der Erfindung eines verselbständigten Verfassungsgerichtshofs. Er hat (vor allem seit der Einführung der konkreten Normenkontrolle 1929) ein breites Spektrum an Zuständigkeiten,[48] angefangen bei den naheliegenden Bund-Länder-Streitigkeiten über Kompetenzkonflikte bis zu den (präventiven, abstrakten sowie den konkreten) Normenkontrollen. Die Verfassungsbeschwerde umfasst nicht die Urteilsverfassungsbeschwerde.

In *Frankreich* gab es von 1789 bis 1958 keine Verfassungsgerichtsbarkeit: In der Verfassung der 5. Republik von 1958 wurde vor allem eine gerichtliche Klärung der Abgrenzung zwischen dem Parlament und seiner Gesetzgebungsgewalt und der Regierung und ihrer Verordnungsgestalt eingeführt mit der ursprünglichen Absicht, das Parlament in Grenzen zu halten. Die Judikatur hat sich indes anders und ausgreifender entwickelt. Dies betrifft vor allem die Normenkontrolle, die zwar nur als präventive Kontrolle auf Antrag oberster Organe hin vorgesehen ist, die aber inhaltlich wirkungsvoll ausgeweitet worden ist. Die bahnbrechende Entscheidung des conseil constitutionnel[49] vom 16. Juli 1971 hat der Verfassung von 1958 die umfassenden Grundrechte der Deklaration von 1789 und der Verfassung von 1946 hinzugefügt und damit den Kontrollmaßstab beträchtlich erweitert. Die praktische Relevanz der Normenkontrolle ist 1974 durch eine gewichtige Ausdehnung des Antragsrechts (auch auf Minderheiten in beiden Kammern) beträchtlich erhöht worden. Generell ist der Organstreit nicht vorgesehen; der wichtige Spezialfall der Abgrenzung der rechtsetzenden Gewalt des Parlaments von der Verordnungsgewalt der Regierung ist aber anerkannt, er gehört zum Kern des Verfassungssystems. Verfassungsbeschwerden und konkrete Normenkontrollen gibt es nicht.[50]

Ähnliche Kompetenzen wie das BVerfG hat der spanische Tribunal Constitucional[51] und annähernd die gleichen der italienische Corte Costituzionale (vorgesehen in der Verfassung

---

45 Zu den Texten der Verfassungen vgl. Nachweis oben Fn. 37.

46 Dazu und zum Folgenden Korinek, Karl: Die Verfassungsgerichtsbarkeit im Gefüge der Staatsfunktionen, in: VVDStRL 39, 1981, S. 8. ff.; Voßkuhle, a. a. O. (Fn. 15), Rdnr. 15.

47 Korinek, a. a. O. (Fn. 46), S. 8, formuliert, dass die Verfassung von 1920 „die in Österreich schon seit 1868 bestehende Verfassungsgerichtsbarkeit um einen entscheidenden Punkt, nämlich um die Funktion der Gesetzesprüfung erweitert habe"; ders., in Starck / Weber, a. a. O. (Fn. 11), S. 152; Zierlein, a. a. O. (Fn. 7), S. 311.

48 Adamovich, Ludwig / Funk, Bernd-Christian / Holzinger, Gerhart: Österreichisches Staatsrecht, Bd. 2, 1998.

49 Hamon, Léo: Les juges de la loi. Naissance et rôle d'un contrepouvoir: le conseil constitutionel, 1987, S. 159 spricht „von der zweiten Geburt des Conseil constitutionnel" und Varaut, Jean-Marc: Le droit au droit, pour un libéralisme institutionnel, 1986, S. 70 bezeichnet die Entscheidung als „l'arrêt Marbury contre Madison du juge constitutionnel français", beides zitiert nach Spies, Axel: Verfassungsrechtliche Normenkontrolle in Frankreich: der conseil constitutionnel, in: NVwZ 1990, S. 1040, 1044 mit Fn. 53.

50 Näher Bauer, Stefan: Verfassungsrechtlicher Grundrechtsschutz in Frankreich, 1997; Starck, Christian: Der Schutz der Grundrechte durch den Verfassungsrat in Frankreich, in: AöR 113 (1988), S. 632 ff.

51 Weber, Albrecht: Die Verfassungsgerichtsbarkeit in Spanien, in: JöR 34 (1985), S. 245 ff., Knaak, Thomas Peter: Der Einfluß der deutschen Verfassungsgerichtsbarkeit auf das System der Verfassungsgerichtsbarkeit in Spanien, 1995; Llorente, F. Rubio: Die Verfassungsgerichtsbarkeit in Spanien, in: Starck / Weber, a. a. O. (Fn. 11), Verfassungsgerichtsbarkeit in Westeuropa, Bd. 1, 1986, S. 243 ff.; ders.: Constitutional Review and Legislation in Spain, in: Landfried, Christine (Hg.), Constitutional Review and Legislation – An international Comparison, 1988, S. 127 ff.

von 1948, errichtet 1956[52]). Hingewiesen sei noch auf die Verfassungsgerichte in Südosteuropa, die mit recht umfassenden Zuständigkeiten als selbständige Verfassungsgerichtshöfe errichtet worden sind. Der beste Kenner dieser Entwicklungen, Georg Brunner, betrachtet das Verfassungsgericht in Ungarn „gegenwärtig wohl als das mächtigste und aktivste Exemplar seiner Art in der ganzen Welt".[53] Eine kräftige Entwicklung der Verfassungsgerichtsbarkeit ist in Südkorea seit deren Errichtung 1987 zu verzeichnen[54] und ein besonderer Fall der Rezeption ist Südafrika.[55]

2.5 Die Besonderheit des BVerfG im Spiegel anderer Verfassungsgerichte

Im Lichte der Vergleichung erweist sich als maßgebliches Merkmal des BVerfG nicht nur die Existenz der oben geschilderten Einzelelemente, sondern wichtiger und ausschlaggebend ist deren *Kombination*. Deshalb liegt die eigentliche Besonderheit der deutschen Verfassungsgerichtsbarkeit in der *Verbindung von institutioneller Selbständigkeit mit der Urteilsverfassungsbeschwerde und dem Organstreit*. Die institutionelle Verselbständigung des Verfassungsgerichts erhält mit der Urteilsverfassungsbeschwerde erst ihre eigentliche Krönung[56]. Deshalb übersteigt das deutsche Modell das Vorbild des österreichischen Verfassungsgerichtshofs beträchtlich; es bildet einen eigenen Typ. Das BVerfG hat – als weiteres Kennzeichen – mit dem Organstreit und der Normenkontrolle alle relevanten Rechtsprechungsaufgaben im originär *politischen Bereich*.

Was in der Rechtsvergleichung noch zur Untersuchung aussteht, ist die Analyse der Gemeinsamkeiten und Unterschiede in der Praxis der Rechtsprechung selbst. Zu fragen wäre nach dem je spezifischen Verständnis der Aufgabe der Verfassungsgerichtsbarkeit, ausge-

---

52 Diese weitgehende Parallelität mit Deutschland endet bei der Verfassungsbeschwerde: Sie ist in Italien nicht vorhergesehen, ihre Funktion nimmt zum Teil die großzügig gehandhabte konkrete Normenkontrolle (90 % der Entscheidungen) ein. Näher dazu Luther, Jörg: Die italienische Verfassungsgerichtsbarkeit (Geschichte, Prozeßrecht, Rechtsprechung), 1990; Stoy-Schnell, Udo: Das Bundesverfassungsgericht und die Corte Costituzionale, 1998; Ritterspach, Theo: Die Verfassungsgerichtsbarkeit in Italien, in: Starck / Weber, a. a. O. (Fn. 11), S. 219 ff.

53 Brunner, Georg: Die neue Verfassungsgerichtsbarkeit in Osteuropa, in: ZaöRV 53, 1993, S. 819, 827 ff.; ders.: Grundrechtsschutz und Verfassungsgerichtsbarkeit in Osteuropa, in: FS Stern 1997, S. 41 ff.; Frowein, Jochen / Marauhn, Theo (Hg.), Grundfragen der Verfassungsgerichtsbarkeit in Mittel- und Osteuropa, 1998. Zur Lage in Russland Hartwig, Matthias: Verfassungsgerichtsbarkeit in Rußland. Der dritte Anlauf, in: EuGRZ 1996, S. 177 ff.; Traut, Johannes (Hg.): Föderalismus und Verfassungsgerichtsbarkeit in Rußland, 1997; Schroeder, Friedrich-Christian: Die russische Verfassungsgerichtsbarkeit in der Praxis, in: JZ 1998, S. 132 f.

54 Art. 111 ff., 107 Verfassung von 1987; dazu Hyun Seok, Jong: Die Entwicklung des Staats- und Verwaltungsrechts in Südkorea, in: Pitschas, Rainer (Hg.), Entwicklungen des Staats- und Verwaltungsrechts in Südkorea und Deutschland, 1998, S. 57, 66.

55 Kokott, a. a. O. (Fn. 12), S. 117 ff., 128 ff.; Pippan, Christian: Südafrikas Verfassungswandel im Zeichen von Demokratie und Rechtsstaat, in: ZaöRV Bd. 55 (1995), S. 991 ff.; Venter, François: Aspects of the South African Constitution an African democratic and Social Rechtsstaat, in: ZaöRV Bd. 57 (1997), S. 57; Grupp, Thomas Michael: Südafrikas neue Verfassung. Mit einer vergleichenden Betrachtung aus deutscher und europäischer Sicht, 1999; Mireku, Obeng: Constitutional Review in Federalised Systems of Government. A Comparison of Germany and South Africa, 2000; Schmid, Eefje Diana: Die Grundrechtsjudikatur des Verfassungsgerichts der Republik Südafrika, 2000; Fedtke, Jörg: Die Rezeption von Verfassungsrecht, Südafrika 1993-1996, 2000.

56 Durch die Urteilsverfassungsbeschwerde werden die obersten Fachgerichte dem BVerfG definitiv untergeordnet; sie erleben das über ihnen stehende höchste Gericht als eines, das ihre Urteile kontrolliert und zuweilen aufhebt. Erst mit der Urteilsverfassungsbeschwerde, die die institutionelle Verselbständigung des Verfassungsgerichts gegenüber den Fachgerichten zur Voraussetzung hat, gelangt das Verfassungsgericht definitiv an die Spitze des Aufbaus der Gerichtsbarkeiten.

drückt in der Intensität der Überprüfung, in der Art und im Umfang der Anreicherung des Gehalts des Verfassungsrechts durch die Interpretation der einzelnen Gerichte. Die interessanteste Frage also ist die, was die einzelnen Gerichte in ihrer Rechtsprechung aus den Verfassungstexten „machen", wie die Normen, die oft stark übereinstimmen, in und durch die Interpretation unterschiedlichen Inhalt und Gewicht erhalten.

3 Das BVerfG im europäischen Kontext

3.1 Das BVerfG als Bestandteil einer europäischen Architektur der Verfassungsgerichte

Bisher war vom Siegeszug der (nationalen) Verfassungsgerichtsbarkeit und von der Erfolgsgeschichte des BVerfG die Rede. So richtig diese Urteile sind, so unvollständig sind sie inzwischen geworden. Nichts hat sich in den letzten Jahren an der Qualität der Rechtsprechung der Verfassungsgerichte in den verschiedenen europäischen Ländern gemindert – und trotzdem hat sich ihre Bedeutung beträchtlich gewandelt.[57] Die nationalen Verfassungsgerichte haben den Wandel vom Solitärgericht an der Spitze der Gerichts-Pyramide eines Landes hin zum Mitspieler in einem größeren Konzert von Höchstgerichten in Europa erlebt. Die nationalen Verfassungsgerichte sind Teil einer Gesamtarchitektur von Verfassungsgerichten in Europa und für Europa geworden.[58] In ihr prägt sich sowohl die horizontale Dimension des Verbundes und des Dialogs der nationalen Verfassungsgerichte untereinander stärker aus; hinzugetreten ist auch das in der Vertikalen angelegte Verhältnis zum EuGH (und dem EMRG), das Züge einer Rang- und Überordnung jener europäischen Gerichte annimmt.[59] Kraft dieser Veränderung des Umfelds (bzw. ihrer verstärkten Wahrnehmung) können zunehmend Bürger(innen) des eigenen Landes Rechtsschutz vor Gerichten außerhalb des Staates erlangen. Insoweit ist der vielberufene Himmel über Karlsruhe nicht mehr völlig frei, sondern teilweise besetzt.

Für diesen Prozess kann man mit einer Abwandlung des bekannten Worts von Hegel, dass die Eule der Minerva ihren Flug erst in der Dämmerung beginnt, veranschaulichen und erklären. Jürgen Habermas fasst Hegels Auffassung so zusammen: Hegel sei der Auffassung gewesen, dass jede historische Gestalt im Augenblick ihrer Reife zum Untergang verurteilt sei. Man muss sich Hegels voraussetzungsvolle Geschichtsphilosophie und schon gar nicht die Untergangsprophetie zu eigen machen[60], um zu erkennen, dass eine „historische Gestalt

---

57 Vgl. zu dieser Thematik schon Wahl, Rainer: Quo vadis Bundesverfassungsgericht? Zur Lage von Verfassungsgerichtsbarkeit, Verfassung und Staatsdenken, in: Guggenberger, Bernd / Würtenberger, Thomas (Hg.), Hüter der Verfassung oder Lenker der Politik?, 1998, ders.: Die Reformfrage, a. a. O. (Fn. 21).

58 Wobei hier ohne weitere Analyse die europäischen Gerichte in Luxemburg (EuGH) und in Straßburg (Europäischer Gerichtshof für Menschenrechte) ihrer Funktion nach als Verfassungsgerichte bezeichnet werden, ohne dass die Frage, ob Europa (schon) eine „echte" Verfassung hat, hier näher behandelt wird.

59 Hinzu kommt die Dimension die Internationalisierung des Rechts, die sich im vorliegenden Zusammenhang in der Existenz internationaler Gerichte, wie dem Int. Gerichtshof in Den Haag, im künftigen Int. Strafgerichtshof, in den Streitbeilegungsinstitutionen der WTO niederschlägt.

60 Vgl. Habermas, Jürgen: Der europäische Nationalstaat, in: ders., Die Einbeziehung des Anderen, Frankfurt/M. 1999, S. 128 f. – Fraglich ist, ob sich Hegels berühmtes Diktum überhaupt auf die Realvorgänge und nicht allein auf das Denken über die Realvorgänge bezieht. Gleichwohl hat der im Text parallel dazu formulierte Gedanke eine beträchtliche Plausibilität.

im Augenblick ihrer Reife" Veränderungen ausgesetzt ist und dass eine Institution, auf einem gewissen Höhepunkt angelangt, typischerweise von neuen Entwicklungen überformt werden kann. Die nationalen Verfassungsgerichte sind in den letzten Jahren nicht bewusst reformiert worden, sie haben sich jedoch durch die Veränderungen ihres Umfelds und ihrer Umwelt nachdrücklicher verändert[61], als dies eine formelle Novellierung der einschlägigen Rechtsgrundlagen hätte tun können. Anlass für einen Abgesang auf die (nationale) Verfassungsgerichtsbarkeit besteht jedoch nicht, schließlich ist ihre Aufgabe nicht abgeschafft worden, sondern sie ist – selbstverständlich – beibehalten, verbreitert und ausgedehnt worden. Was in der Gesamtarchitektur der Verfassungsgerichte im Europa der Europäischen Union und des Europarats stattfindet, ist nicht der Abbau, sondern die Verdoppelung der Funktion der Verfassungsgerichtsbarkeit im Verbund der nationalen Verfassungsgerichte und des EuGH bzw. EGMR.

3.2 Zum Verhältnis des EuGH zum BVerfG

Die Entwicklung sei noch in einigen Einzelheiten nachgezeichnet. Das Grundgesetz hat von vornherein in einem europäischen Bezugsfeld und internationalen Kontext gestanden.[62] Bereits in den fünfziger Jahren entstanden auf europäischer Ebene Gerichte, zu denen sich das BVerfG in Beziehung setzen musste: der Europäische Gerichtshof für Menschenrechte (EGMR) in Straßburg, der die Einhaltung der Europäischen Menschenrechtskonvention (EMRK) durch die einzelnen Staaten prüft,[63] und der Europäische Gerichtshof (EuGH) in Luxemburg als höchste Instanz für den Bereich des europäischen Gemeinschaftsrechts. Die gewachsene und hochentwickelte Grundrechtsjudikatur des EGMR ist längst zu einer gleichberechtigten und beachtenswerten Interpretation der Grundrechte geworden.[64] Im Weiteren hat das BVerfG auch schon erkennen müssen, dass der EGMR das letzte Wort hat, gerade auch dann, wenn das Verhalten des BVerfG (überlange Prozessdauer) Anlass zur berechtigten Kritik gegeben hat.[65] Im Ganzen gesehen kann das Ergänzungs-Verhältnis zweier auf hohem Niveau judizierender Gerichte dem Grundrechtsschutz in Europa nur förderlich sein. Seit ihren Anfängen ist die Rechtsprechung des Europäischen Gerichtshofs, die die verstärkte europäische Integration begleitete und vorantrieb, in ihrer Bedeutung objektiv groß gewesen. Die deutsche Öffentlichkeit wie auch das BVerfG haben die Bedeutung dieser Europäi-

---

61 Früh hat sich mit dem Thema der damalige Verfassungsrichter Theodor Ritterspach beschäftigt: ders.: Das supranationale Recht und die nationalen Verfassungsgerichte, in: FS Gebhard Müller, 1970, S. 301.

62 Der in seiner Bedeutung für das Staatsverständnis der Bundesrepublik als offener Staat gar nicht zu überschätzende Art. 24 GG, der die Übertragung von Hoheitsakten auf zwischenstaatliche Einrichtungen ermöglicht und der Hebel sowohl für die Europäisierung wie die Internationalisierung geworden ist, beweist dies. Dazu Wahl, Rainer: Die Internationalisierung des Staates, in: FS Alexander Hollerbach, 2001, S. 193 ff. und ders.: Die Stellung des einzelnen jenseits des Staates, in: Der Staat 40 (2001), S. 45 ff. (= ders.: Verfassungsstaat, Europäisierung, Internationalisierung, 2003, S. 17 ff. und 53 ff.).

63 Auf der Basis der Europäischen Menschenrechtskonvention (EMRK) wurde der Schutz zunächst durch zwei Institutionen gewährt: die Europäische Kommission und den Europäischen Gerichtshof für Menschenrechte (EGMR). Seit 1998 ist an die Stelle dieser beiden Institutionen der neue ständige Europäische Gerichtshof für Menschenrechte getreten. Dazu zusammenfassend Peukert, Wolfgang: Zur Reform des Europäischen Systems des Menschenrechtsschutzes, in: NJW 2000, S. 49-51.

64 Dazu zuletzt Grabenwarter, Christian: Europäisches und nationales Verfassungsrecht, in: VVDStRL 60 (2001), S. 290 ff.

65 Zu den drei Urteilen des EGMR gegen die Bundesrepublik wegen zu langer Prozessdauer aus den Jahren 1996 und 1997 vgl. Klose, Bernd: Grundrechtsschutz in der Europäischen Union und die Europäische Menschenrechtskonvention, in: DRiZ 1997, S. 122 ff.

sierung freilich erst mit großer Verspätung zur Kenntnis genommen. Der entsprechende Wandel trat erst mit der Debatte um den Vertrag von Maastricht 1992/93 in das allgemeine Bewusstsein.

Die Bedeutung der europäischen Integration hat das BVerfG denn auch zunächst nur am Rande beschäftigt, vor allem im Bereich der Grundrechte. Hier stand es früh vor dem Problem, ob es das sogenannte Sekundärrecht der Europäischen Gemeinschaft – also EG-Richtlinien und Verordnungen – an den im Grundgesetz verbürgten Grundrechten messen durfte. Diese Frage war deswegen besonders drängend, weil die Europäischen Verträge keinen Grundrechtskatalog enthielten und der Europäische Gerichtshof in seiner Rechtsprechung der fünfziger und sechziger Jahre keinen eigenen Grundrechtsstandard für das Sekundärrecht entwickelte. Das BVerfG reagierte darauf 1974 mit seiner sogenannten „Solange"-Rechtsprechung: Danach behielt es sich vor, das europäische Sekundärrecht an den Grundrechten des Grundgesetzes zu messen, solange auf europäischer Ebene kein adäquater Grundrechtsschutz gewährleistet war.[66] Diese Judikatur war mit dafür ursächlich, dass der Europäische Gerichtshof nunmehr verstärkt eine eigene Grundrechtsrechtsprechung entwickelte.[67] Infolge dieser Entwicklung geht das BVerfG seit 1986 davon aus, dass auf europäischer Ebene ein den deutschen Standards im Wesentlichen vergleichbarer Grundrechtsschutz gewährleistet ist.[68] Die Beziehung zwischen beiden Gerichten beschreibt es als ein „Kooperationsverhältnis", in dem „der Europäische Gerichtshof den Grundrechtsschutz in jedem Einzelfall für das gesamte Gebiet der Europäischen Gemeinschaften garantiert, das Bundesverfassungsgericht sich deshalb auf eine generelle Gewährleistung der unabdingbaren Grundrechtsstandards ... beschränken kann".[69] In seiner Maastricht-Entscheidung hat das BVerfG 1993 überdies bekräftigt, dass es weiterhin prüfen wird, ob europäische Rechtsakte sich in den Grenzen der der europäischen Ebene zugewiesenen Kompetenzen halten. Damit und mit dem Vorbehalt hinsichtlich der unabdingbaren Grundrechtsstandards behält es sich eine Art Notzuständigkeit vor, um in Ausnahmefällen sicherzustellen, dass die europäische Ebene ihre Kompetenzen nicht überdehnt bzw. grundrechtliche Mindeststandards garantiert bleiben. Obwohl das BVerfG in der Maastricht-Entscheidung im Gesamtduktus das sog. Kooperationsverhältnis konfrontativ und asymmetrisch zu seinen Gunsten formuliert hatte, hat es in der Folgezeit von den postulierten Vorbehalten keinen Gebrauch gemacht, sie also eher als virtuelle Vorbehalte im Raum stehen lassen, obwohl einige Autoren in der Literatur und Antragsteller in konkreten Verfahren dazu aufgefordert und dies angemahnt hatten.[70] Es ist also Besonnenheit und Gelassenheit eingetreten, die dem Thema und dem Verhältnis zweier solcher Gerichte angemessen ist. Der Grundrechtsschutz in Europa, der in Arbeitsteilung zwischen den nationalen Verfassungsgerichten und den beiden europäischen Gerichten vorzunehmen ist und der darin nur gewinnen kann und wird, eignet sich nicht für zuspitzende Debatten über den Inhaber der Souveränität oder der Kompetenz. Es ist statt dessen klug und

---

66 BVerfGE 37, 271.

67 Die wichtigsten Anfangsentscheidungen waren: EuGH, RS. 29/69 „Stauder", U. v. 12.11.69, SlG. 1969, S. 419; EuGH, RS. 11/70 „Internationale Handelsgesellschaft", U. v. 17.12.1970, SlG. 1970, S. 1125; EuGH, RS. 4/73 „Nolt", U. v. 14.05.1974, SlG. 1974, S. 491; und zur weiteren Rechtsprechung vgl. Hummer, Waldemar / Simma, Bruno / Vedder, Christoph: Europarecht in Fällen, 3. Aufl. 1999, S. 415 ff.

68 BVerfGE, 73, 339.

69 BVerfGE 89, 155 (175) unter Verweis auf BVerfGE 73, 339 (387).

70 Das Maastricht-Urteil hat bei europa- und völkerrechtlichen Autoren zum Teil sehr heftige Kritik ausgelöst. Zu Recht bemerkt Wieland, a. a. O. (Fn. 15), Rdnr. 24: „Aus der Sicht des Europarechts ist das Verständnis des BVerfGs von der Reichweite seiner Gerichtsbarkeit schwer zu ertragen", dort auch weitere Nachweise der Kritik.

vernünftig, diese Fragen in der Schwebe zu belassen und in der Praxis einen wirkungsvollen Grundrechtsschutz zu bewirken und dies geht nur in der beschriebenen Arbeitsteilung.

3.3 Zum Verhältnis des EGMR zum BVerfG

Nahezu zwangsläufig musste auch das Verhältnis zwischen dem BVerfG und dem Europäischen Gerichtshof für Menschenrechte in Straßburg (EGMR) zum Gegenstand von Diskussionen und Kritik werden. Über lange Jahre fehlte es an auffälligen Streitfällen, sieht man davon ab, dass das BVerfG mehrfach wegen überlanger Dauer von Gerichtsverfahren beanstandet wurde. In der jüngsten Zeit kam es dann zu einer Divergenz zwischen den beiden Gerichten, zunächst im Caroline-Fall.[71] In ihm erklärte der EGMR die Rechtsprechung des BVerfG zum Verhältnis von Pressefreiheit und Persönlichkeitsrecht in Teilen als unvereinbar mit der EMRK. Ein Novum war daran, dass der EGMR hier die pressefreundliche Rechtsprechung eines nationalen Verfassungsgerichts kritisierte und dieses zu einer stärkeren Gewichtung der Privatsphäre von Personen veranlasste.

In nahem zeitlichen Anschluss hieran nahm das BVerfG eine eigene Entscheidung[72] zum Anlass, ähnlich wie bei der Maastricht-Entscheidung eine grundsätzliche Bestimmung des Verhältnisses der beiden Rechtsgebiete vorzunehmen, diesmal also zwischen dem deutschem Verfassungsrecht und der EMRK bzw. der Urteile des EGMR. Gesucht wurde ein Standpunkt zwischen staatlicher Letztentscheidung und Einbindung in die Völkerrechtsordnung.[73] Da der Fall selber zu einer solchen Grundsatzentscheidung keinen unmittelbaren Anlass bot, wurde das Vorgehen des BVerfG allgemein als Replik auf die Caroline-Entscheidung aufgefasst;[74] unabhängig davon war es aber durchaus an der Zeit, dass sich das BVerfG zu seinem Selbstverständnis gegenüber der Europäischen Menschenrechtskonvention und dem Straßburger Gericht geäußert hat.

Das BVerfG stellt dabei klar, dass alle „Träger der deutschen öffentlichen Gewalt" grundsätzlich an die Entscheidungen des EMGR gebunden seien, woraus eine Pflicht der Fachgerichte folge, die Entscheidungen zu berücksichtigen. Andererseits zieht das BVerfG aber den Rechtstitel der Souveränität und das Grundgesetz als Positionen heran, um die Grenzen zwischen beiden Gerichten zu ziehen und eine Reservatsposition für die deutsche Verfassung und für das deutsche Höchstgericht zu ziehen. In der Entscheidung betont das BVerfG, dass Völkerrecht – die EMRK und der EGMR gehören dem (regionalen) Völkerrecht an – und nationales Recht zwei unterschiedliche Rechtskreise seien. Zwar habe das Grundgesetz den Gedanken der Völkerrechtsfreundlichkeit formuliert und betont. Dem widerspreche es aber nicht, wenn „der Gesetzgeber ausnahmsweise Völkervertragsrecht nicht beachtet, sofern nur auf diese Weise ein Verstoß gegen tragende Grundsätze der Verfassung abzuwenden ist." Das Grundgesetz wolle „keine jeder verfassungsrechtlichen Begrenzung und Kontrolle entzogene Unterwerfung unter nichtdeutsche Hoheitsakte". Die Grenze für die Pflicht, der konventionsgemäßen Auslegung den Vorrang zu geben, liege dort, wo sie „etwa wegen einer geänderten Tatsachenbasis gegen eindeutig entgegenstehendes Gesetzesrecht

---

71   EGMR, Caroline v. Hannover/Deutschland, Urteil v. 24.6.2004, Beschwerde Nr. 59320/00, EuGRZ 2004, 404.

72   BVerfG, Beschluss vom 14.10.2004 - 2 BvR 1481/04 = NJW 2004, 3407 ff. – Görgülü.

73   Kadelbach, Stefan: Der Status der Europäischen Menschenrechtskonvention im deutschen Recht, in: Jura 2005, S. 484.

74   Kadelbach, a. a. O. (Fn. 73), S. 485; Peters, Anne: Die Causa Caroline. Kampf der Gerichte, in: Betrifft Justiz 2005, S. 165, spricht sogar von „Vergeltung".

oder deutsche Verfassungsbestimmungen, namentlich auch gegen Grundrechte Dritter" verstoße.[75]

Dem BVerfG mag hier ein Kooperationsmodell vorschweben, allerdings sieht sich das BVerfG im theoretischen Zweifelsfall für den Geltungsbereich des Grundgesetzes als übergeordnet an.[76] Gerade in ausbalancierten Teilsystemen des Rechts, etwa im „Familienrecht mit seinen mehrseitigen Interessenkonflikten", in denen es auf sensible Abwägung ankomme und Entscheidungen des EGMR auf „durch eine differenzierte Kasuistik geformte nationale Teilrechtsordnungen treffen"[77], sieht das BVerfG eine sehr komplexe Konstellation und deshalb besondere Schwierigkeiten, die es durch eine Art Arbeitsteilung beheben möchte: Der EGMR solle sich auf die Kontrolle schwerwiegender, also auf die „richtigen" Menschenrechtsverletzungen konzentrieren. Dagegen sollte er sich bei den komplexen richterlichen Abwägungen auf der Ebene des einfachen Rechts zurückhalten und sie den nationalen Gerichten überlassen. Vorgestellt wird also eine Art Kooperationsverhältnis vor. Dabei hat dieser Gedanke immer zwei Aspekte. In der Sache steckt in der Grundvorstellung der Arbeitsteilung ein richtiger und auf Dauer für die Funktionsfähigkeit von EuGH und EGMR unerlässlicher Gedanke. Anders als durch Konzentration auf spezifische Probleme können die beiden europäischen Gerichte ihre Aufgaben nicht erfüllen, sie würden an Überlastung scheitern. Daneben gibt es aber in der Redeweise vom Kooperationsverhältnis immer auch einen zweiten Aspekt. Es geht – es kann gar nicht anders sein – um die Erhaltung der eigenen Institution, um die Sicherung der eigenen Kompetenzen, also um Gewichts- und Machtfragen. Urteile von nationalen Höchstgerichten über ihr Verhältnis zum EuGH oder zum EGMR sind nicht nur Erkenntnisakte (wie ist die Rechtslage?), sondern immer auch Positionsbestimmungen in einem normativ nicht vollständig geklärten Konkurrenz- und Spannungsverhältnis. Die gern gebrauchte Formel vom Kooperationsverhältnis enthält beide Aspekte, die Beschreibung einer sinnvollen Arbeitsteilung und zugleich die wenig verhüllte Drohung, dass man sich seinen Anteil an der Kooperation bewahren werde.

Kritik am Urteil des BVerfG entzündete sich vor allem an der Betonung der nationalen Souveränität, da sie es sich auch anderen Vertragsstaaten ermöglichen könnte, unter Verweis auf das „Vorbild" Deutschland, unliebsamen Entscheidungen des EGMR zu entziehen. Das Urteil ist insofern introvertiert, ohne Bedacht auf die Außenwirkung und ohne zu beachten, dass das Souveränitätsargument, wenn es anerkannt wäre, die EMRK, das EMRG und das Völkerrecht nachhaltig zu beschränken, geeignet wäre. Tatsächlich ist es aber gerade andersherum. Die Souveränität des Staates zeigt sich im Vertragsschluss und im Beitritt zur EMRK. Einmal Vertragspartner geworden, kann gegen die dadurch eingetretene völkerrechtliche Vertragsbindung die Souveränität nicht in Anspruch genommen werden (abgesehen von dem Fall, dass man sich über die Grenzen des Souveränitätsverzichtes streitet, eine Frage, die aber nicht bei jeder Entscheidung des EGMR gegen einen Staat aufgeworfen ist). Umgekehrt gehört es zur Vertragsbindung nach Art. 46 EMRK, dass die Vertragspartner „in allen Rechtssachen, in denen sie beteiligt sind, das endgültige Urteil des Gerichtshofes befolgen." Unter diesem Aspekt hat Deutschland alles zu tun, um die Wirkung der Entscheidungen des EGMR zu garantieren. Deutschland konnte zwar bei der Umsetzung der EMRK bestimmen, dass diese nur im Range eines einfachen Gesetzes gilt. Dies war aber nur vertrags-

---

75 Vgl. auch die Besprechungen bei Kadelbach, a. a. O. (Fn. 73); Cremer, Hans-Joachim: Zur Bindungswirkung von EGMR-Urteilen – Anmerkungen zum Görgülü-Beschluss des BVerfG vom 14.10.2004, in: EuGRZ 2004, S. 683.
76 Kadelbach, a. a. O. (Fn. 73), S. 486.
77 Wie dies etwa bei der Caroline-Entscheidung der Fall war.

gemäß, wenn die deutsche Rechtsordnung auch die Erreichung des Ziels von Art. 46 EMRK ermöglicht: Wenn die deutsche Doktrin die im Urteil des BVerfG formulierten Vorbehalte betont und „hochspielt", wird sie mit der umgekehrten Frage konfrontiert werden, ob die deutsche Gesamtkonstellation (Umsetzung der EMRK durch einfaches Gesetz und prozessrechtliche Vorkehrungen) geeignet sind, ein „Befolgen" im Sinne des Art. 46 EMRK zu gewährleisten. Wäre sie es nicht, dann würde die Bundesrepublik gegen die Pflichten aus der EMRK verstoßen. Zu solchen Zuspitzungen muss man es nicht kommen lassen. Das deutsche Recht kann auch anders und konventionsgemäß ausgelegt werden. Es ist bedauerlich, dass das BVerfG in seiner Görgülü-Entscheidung eine janusköpfige Entscheidung getroffen hat. Auf weiten Strecken wird eine völkerrechtsfreundliche und konventionsgemäße Interpretation des Verhältnisses zu Straßburg getroffen; nur die Berufung auf die Souveränität und damit auf die Behauptung, man könne auch ganz anders, stört dieses Bild.[78]

Einen ganz anderen Hintergrund hat die Caroline-Entscheidung. Dort geht es um eine der schwierigsten Abwägungen, die die Grundrechte zu bieten haben, nämlich um die Abwägung zwischen Pressefreiheit und Ehrenschutz bzw. Schutz der Privatheit. Es liegt auf der Hand und es ist völlig normal, dass man in dieser Abwägung unterschiedlicher Meinung sein kann. In Deutschland haben die Zivilgerichte, an ihrer Spitze der BGH, lange Zeit anders abgewogen und in diesem Konflikt häufiger zugunsten der Ehre entschieden, als dies das BVerfG für richtig gehalten hat. Nun stellt sich heraus, dass der EGMR in einer Fallkonstellation anders abwägt als das BVerfG – was ist daran überraschend? Die Lehre daraus ist einfach. Höchstrichterliche Entscheidungen in dieser schwierigen Abwägung sind, so wohl überlegt sie sein mögen, nicht der Ausweis der einzig-richtigen Entscheidung, sondern sie sind Ausdruck der Letztverbindlichkeit der Entscheidung. Die Abwägungen des BGH waren ja nicht grundfalsch, sie wurden nur durch die Abwägungen der letztverbindlichen Instanz außer Kraft gesetzt. Nun ist die Letztverbindlichkeit eine Stufe hinaufgewandert und nun erlebt das BVerfG, was es heißt, nicht mehr die letztverbindliche Instanz zu sein. Dies alles ist voller Normalität und Erwartbarkeit. Für die Zukunft ist etwas ganz anderes wichtig: Es muss nämlich unabhängig von den formell-rechtlichen Fragen der Letztentscheidungsbefugnis über die inhaltlichen Probleme dieser Abwägungen ein substantieller Dialog zwischen dem EGMR und den nationalen Verfassungsgerichten geführt werden. Das BVerfG war im Vergleichsfall des innerstaatlichen Bereichs auf die Dauer auch nur dann wirklich erfolgreich, wenn es gegenüber einer zunächst abweichenden Rechtsprechung der Fachgerichte nicht nur als höhere Instanz auftrat, sondern als ein argumentierendes und als solches überzeugendes oder sich auch korrigierendes Gericht.

3.4 Bilanz

Mit der zunehmenden Europäisierung der Rechtsordnung verliert das BVerfG erkennbar die Exklusivität der Prüfung und Kontrolle des in Deutschland geltenden Rechts. Dem darin liegenden Bedeutungsverlust steht aber die bedeutsame Möglichkeit gegenüber, Einfluss auf

---

78 Oder um es noch einmal zu sagen: Es ist natürlich nicht auszuschließen, dass im Verhältnis zwischen den Normebenen des Völkerrechts und des nationalen Rechts und beim Verhältnis zweier Höchstgerichte die Frage der Letztentscheidung auftaucht und aufbricht. Dann geht es um die Frage des Umfangs der Übertragung von Letztentscheidungsbefugnis auf die EGMR (ähnlich im Verhältnis beim nationalen Recht zum EU-Recht). Dieser Fall ist aber nicht immer involviert, wenn es darum geht, ob eine Entscheidung des EGMR das letzte Wort hat. Es gehört zur Klugheit und zur richterlichen Erfahrung, dass man begrenzte Meinungsverschiedenheiten nicht vorschnell zu Problemen eines Letztkonfliktes stilisieren oder eskalieren lässt.

der europäischen Ebene zu gewinnen und über den Europäischen Gerichtshof zum Beispiel die Grundrechtsstandards gemeinschaftsweit mitzugestalten. Es ist eine verkürzte Perspektive, wenn man die neue Situation nur oder vorwiegend in Begriffen wie Einbindung, Verlust der Exklusivität u. ä. interpretiert und nicht die Bedeutung der neuen Aufgabe und Herausforderung insgesamt sieht. Diese bestehen nämlich in der Ausbildung und Mitgestaltung der europäischen Verfassungsordnung auf den beiden Ebenen der Nationalstaaten und der Union, die Ausgestaltung des europäischen Verfassungsraums insgesamt. Mit dieser Aufgabe weitet sich auch die Rolle des BVerfG und die der anderen Verfassungsgerichte. Diese Mitwirkung an dem weit über den nationalen Staat hinausreichenden Verfassungsraum Europas ist die – positive – Kehrseite der Europäisierung. Darin sind beträchtliche Entwicklungschancen für die nationalen Verfassungsgerichte enthalten.

Das große Thema der Europäisierung von Verfassungsrechtsprechung bzw. der Verfassungsgerichte in Europa kann hier nicht einmal ansatzweise behandelt werden,[79] im vorliegenden Zusammenhang[80] ist lediglich eine abschließende Bewertung vorzunehmen. Bei der Teilnahme an der geschilderten neuen Aufgabe, den Grundrechtsschutz, die Rechtsstaatlichkeit sowie andere Prinzipien des Verfassungsstaats im europäischen Rahmen auszubauen, haben Deutschland und das BVerfG schon große Erfolge gehabt – man denke an das Auslösen der Grundrechtsentwicklung oder an den „Export" des Verhältnismäßigkeitsprinzips. Das deutsche Verfassungsrecht hat so große Erfolge gehabt, wie ein Teil des Ganzen, wie ein Staat und ein Gericht unter 15 Staaten nur haben können. Dass dabei auch Prinzipien und Denkweisen anderer Varianten des westlichen Verfassungsstaates und des gemeinsamen europäischen Rechtsbewusstseins in das werdende verbindliche gemeineuropäische Verfassungsrecht eingehen und als solches auch auf Deutschland einwirken, ist selbstverständlich und bei diesem Prozess mitgedacht. Wer solche Ein- und Rückwirkungen von außen beklagen will, verkennt die Gesetzmäßigkeiten des Integrationsprozesses. Er müsste zudem erst einmal von Fall zu Fall darlegen, warum die aus anderen westliche Traditionen stammenden Prinzipien und Annahmen für das deutsche und europäische Verfassungsrecht schädlich sind, warum sie nicht stattdessen je zu erwägende und abzuwägende Binnenvarianten aus einem gemeinsamen Grundbestand des europäischen-westlichen Verfassungsdenkens sind. Der nationale Betrachter muss oder sollte jedoch so viel innere Souveränität haben, dass er die Möglichkeit einräumt, das eigene Recht könnte auch zu seinen Gunsten von Alternativen in den anderen Rechtsordnungen lernen und ihm könnte auch in einigen Punkten die Rezeption von Varianten gut bekommen. Der Gewinn ist die *neue* und *zusätzliche* Aufgabe des Mitwirkens am gesamteuropäischem Grundrechtsschutz und der Erstreckung der gefundenen Lösungen auf den gesamten Raum der Gemeinschaft. Gewinn entsteht auch aus dem intensiven Dialog mit andern Verfassungsgerichten, der für die neue Phase unerlässlich ist und der einen ausgeweiteten Problemhorizont und das Denken in mehr Alternativen mit sich bringen

---

79 Ausführlich mit zahlreichen Literaturnachweisen Frowein, Jochen: Die „Europäisierung" des Verfassungsrechts, und Schwarze, Jürgen: Das „Kooperationsverhältnis" des Bundesverfassungsgerichts mit dem Europäischen Gerichtshof, beide in: FS BVerfG 2001, Bd. 1, S. 209 ff., S. 223 ff.; umfangreiche Literaturnachweise bei Voßkuhle, a. a. O. (Fn. 15), Art. 93 Rdnr. 208; Limbach, Jutta: Die Kooperation der Gerichte in der zukünftigen europäischen Grundrechtsarchitektur. Ein Beitrag zur Neubestimmung des Verhältnisses von Bundesverfassungsgericht, Gerichtshof der Europäischen Gemeinschaften und Europäischen Gerichtshof für Menschenrechte, in: EuGRZ 2000, S. 417; Graf Vitzthum, Wolfgang: Gemeinschaftsgericht und Verfassungsgericht – rechtsvergleichende Aspekte, in: JZ 1988, S. 161 ff., jeweils mit Lit. Angaben.

80 Einige Überlegungen schon von Wahl, Quo vadis Bundesverfassungsgericht?, a. a. O. (Fn. 57), S. 81, 106 ff., dort S. 105 auch drei „Gleichungen" zur Abhängigkeit des Gewichts der nationalen Verfassungsgerichtsbarkeit von der Bedeutung der – nationalen – Verfassung.

wird. An diesem Ausbau einer verbindlichen gemeineuropäischen Verfassungsordnung gestaltend mitzuwirken, ist eine große und bleibende Aufgabe der nationalen Verfassungsgerichte. Die beiden europäischen Gerichte in Straßburg und Luxemburg sind dazu – schon aus Gründen ihrer sonstigen großen Belastung – nicht allein imstande. Dies ist eine Aufgabe zur gesamten Hand für die nationalen Verfassungsgerichte und die beiden europäischen Gerichte, oder genauer gesagt: Dies kann zur Aufgabe zur gesamten Hand werden, wenn die nationalen Verfassungsgerichte ihre Aufmerksamkeit nicht nur nach innen auf die eigene Rechtsordnung, sondern auch nach außen auf den gesamten Verfassungsraum Europas wenden.

7 Reformperspektiven und Vorbildrolle

Daniel Burchardt

Zur Reformulierung der verfassungsgerichtlichen Kompetenz[1]

Die Diskussion um das BVerfG reißt nicht ab. Mit jeder streitbaren Entscheidung, und derer trifft das Gericht offenbar viele, wird erneut um seine strukturellen Kompetenzen gestritten. Und zwar ganz im Sinne der – spätestens seit *Thomas Hobbes* – alles entscheidenden Grundfrage: Wer darf entscheiden? Dem BVerfG wird vorgeworfen, dem Gesetzgeber vorbehaltene Entscheidungen zu treffen. Es überschreite seinen Funktionskreis.

Der Beitrag will zum einen die diesen Vorwurf begründende Problematik verdeutlichen. Zum anderen soll ein konsistenter, leistungsfähiger Lösungsansatz bündig dargestellt werden, nach welchem der Arbeitsauftrag des BVerfG demokratietheoretisch reformuliert werden kann.

1 Wertordnung und Konsequenzen

Gäbe es keine Verfassung, könnte ein Streit über ihre Inhalte naturgemäß ebenso wenig entstehen, wie ein Streit über ihre Justiziabilität. Es gäbe diesenfalls auch kein Verfassungsgericht. Gibt sich eine Gemeinschaft aber eine Verfassung, ist dieser – soll sie ernst genommen werden – Vorrang gegenüber allem einfachen Recht einzuräumen. Das einfache Recht hat sich also an ihr zu orientieren; der Gesetzgeber also an der Verfassung. Der mitunter heftige Streit um deren Aussagen zeigt aber schon, dass Verfassungsinhalte nicht einfach ablesbar sind. Verfassungsrechtliche Entscheidungen sind noch recht einfach zu erkennen, wenn der im Einzelfall entscheidende Verfassungssatz etwa konditional programmiert ist und eine klare Wenn-dann-Entscheidung ermöglicht. Aufgrund der Abstraktion, die einer Verfassung naturgemäß abverlangt werden muss, sind solche Entscheidungsmuster aber die absolute Ausnahme. Insbesondere die Grundrechte erlauben heute kein eindimensionales Verständnis mehr. So ist ihre Funktion über den als klassisch zu bezeichnenden Hintergrund des einfachen Abwehrrechts mittlerweile längst und weit hinausgewachsen. Nach diesem fungieren die Grundrechte als Abwehrrechte für den Fall des bestehenden beziehungsweise bevorstehenden Eingriffs in die dem Staat vorausliegende Individualsphäre; sie verbürgen die Abwesenheit von staatlichem Zwang in Gestalt eines subjektiven Rechts, den auf Unterlassung gerichteten *negatorischen Anspruch*. Diese *liberale (bürgerlich-rechtsstaatliche)* Grundrechtsinterpretation beschreibt den zentralen Gehalt der meisten Freiheitsrechte des Grundgesetzes bis heute zutreffend. Mittlerweile ist es aber mehr oder minder Gemeinplatz, dass den

---

[1] Siehe zu dem Gegenstand dieses Beitrags ausführlich Burchardt, Daniel O.: Grenzen verfassungsgerichtlicher Erkenntnis – Zur Proceduralität der Verfassungsnormativität, Berlin 2004.

Grundrechten daneben auch objektive Wertentscheidungen zugrunde liegen und sie insgesamt als *objektive Wertordnung* begriffen werden können.[2]

Diese allerorten vertretene Auffassung hat für die verfassungsgerichtliche Rechtsprechung weitgreifende Folgen. Das verspricht schon die zum Auffinden von entsprechenden Wertentscheidungen notwendige Methode. Werden den Abwehrrechten Wertentscheidungen entnommen, die ihrerseits wiederum zur Grundlage neuer Rechtsfolgen werden, und wird damit eine völlig neue, von der tradierten Substanz abgelöste Interpretationsebene geschaffen, dann ist augenscheinlich, dass dem Objektiv-rechtlichen die inhaltliche Präzision des bloßen Abwehrrechts zwangsläufig verloren gehen muss. Diese Abstraktion macht es gerade entfaltungsfähig und schlagkräftig. So strahlen die Wertentscheidungen des Grundgesetzes in verschiedenste Richtungen.

Die hieraus zu ziehenden Konsequenzen sind enorm. Die Kritik am BVerfG, die Befürchtung einer aus dem Ruder laufenden Verfassungsrechtsprechung, kann nur vor ihrem Hintergrund richtig verstanden werden. Als anschauliches Beispiel dafür kann auf das Urteil zum Schwangerschaftsabbruch verwiesen werden.[3] Darin kassierte das Gericht den damaligen § 218a StGB als verfassungswidrig, der eine Fristen- und Indikationenlösung des Problems vorsah. Aber nicht nur das. Der Gesetzgeber habe das sich im Mutterleib entwickelnde Leben im Hinblick auf Art. 2 Abs. 2 S. 1 GG vermittels strafrechtlicher Sanktionen zu schützen. Dabei hatte das BVerfG nicht nur zu überwinden, dass Bundestag wie auch Bundesregierung seinerzeit die gegenteilige Auffassung vertraten. Vielmehr konnte schon im Parlamentarischen Rat diesbezüglich keinerlei Einigung erzielt werden, so dass das ungeborene Leben letztlich im Grundgesetz unerwähnt blieb. Gleichwohl genügten dem BVerfG nur wenige Sätze, diese entscheidende Schwierigkeit wie selbstverständlich aufzulösen.[4]

Indem das Gericht zwischen den konfligierenden Interessen des Nasciturus und der Schwangeren recht oberflächlich und eindimensional zugunsten des Ersteren vermittelt und so dem Lebensschutz zwingenden Vorrang für die gesamte Dauer der Schwangerschaft zuspricht,[5] hat der Staat, konkret der Gesetzgeber, von einer Pflicht der Schwangeren zur Austragung des ungeborenen Lebens auszugehen, den Abbruch der Schwangerschaft mithin als Unrecht anzusehen und ihn rechtlich zu missbilligen.[6] Die wohl effektivste und damit im Er-

---

2   Hierzu führt das BVerfG aus: „Ebenso richtig ist aber, dass das Grundgesetz, das keine wertneutrale Ordnung sein will […], in seinem Grundrechtsabschnitt auch eine objektive Wertordnung aufgerichtet hat und dass gerade hierin eine prinzipielle Verstärkung der Geltungskraft der Grundrechte zum Ausdruck kommt […]. Dieses Wertsystem, das seinen Mittelpunkt in der innerhalb der sozialen Gemeinschaft sich frei entfaltenden menschlichen Persönlichkeit und ihrer Würde findet, muss als verfassungsrechtliche Grundentscheidung für alle Bereiche des Rechts gelten; Gesetzgebung, Verwaltung und Rechtsprechung empfangen von ihm Richtlinien und Impulse." E 7, 198-230 (205). Das neue Verständnis des Rechtscharakters der Grundrechte hat dann Jörg P. Müller auf den Punkt gebracht: „Ihr eigentliches Wesen [der Grundrechte] liegt nicht in der individualistischen Abgrenzung von Willenssphären, sondern in der Gewährleistung eines bestimmten, wertbezogenen Ordnungsgefüges. Als elementare Ordnungsprinzipien für das soziale Leben sind sie von vornherein zur Geltung in der Gemeinschaft, also in der Allseitigkeit und nicht in der Zweiseitigkeit (im Verhältnis zum Staat) bestimmt. Als elementare Verfassungsgrundsätze für das soziale Leben sind die Grundrechte weder öffentliches noch privates, sondern „überdachendes" Verfassungsrecht, eben Grund-Recht, das mit seiner umgreifenden normativen Kraft unmittelbar in die spezialrechtlichen Bereiche eindringt.", in: Die Grundrechte der Verfassung und der Persönlichkeitsschutz des Privatrechts, 1964, S. 163/164. Das Bundesverfassungsgericht war freilich nicht der Schöpfer dieser Idee. Der von ihm ausgedrückte Gedanke geht zurück auf grundlegende Vorarbeiten auch der deutschen Literatur, etwa Rudolf Smend, Albert Hensel und Ernst Rudolf Huber.

3   BVerfGE 39, 1-68, mit abweichender Meinung Rupp – v. Brünneck/Simon, S. 68-95.

4   A. a. O., S. 37/38.

5   A. a. O., S. 43.

6   A. a. O., S. 44.

gebnis unverzichtbare Form der rechtlichen Missbilligung meint das BVerfG in der strafrechtlichen Sanktionierung des nicht indizierten Schwangerschaftsabbruches ausmachen zu können. Jedoch die Brücke zu schlagen von der bloßen Möglichkeit des Einsatzes strafrechtlicher Sanktionen zu deren Notwendigkeit, gelingt ihm nur leidlich:

Der Gesetzgeber ist grundsätzlich nicht verpflichtet, die gleichen Maßnahmen strafrechtlicher Art zum Schutze des ungeborenen Lebens zu ergreifen, wie er sie zur Sicherung des geborenen Lebens für zweckdienlich und geboten hält […]. Aufgabe des Strafrechts war es seit jeher, die elementaren Werte des Gemeinschaftslebens zu schützen […]. Der Schwangerschaftsabbruch ist eine Tötungshandlung […]. Keine rechtliche Regelung kann daran vorbeikommen, dass mit dieser Handlung gegen die in Art. 2 Abs. 2 Satz 1 GG verbürgte grundsätzliche Unantastbarkeit und Unverfügbarkeit des menschlichen Lebens verstoßen wird. Von hier aus gesehen ist der Einsatz des Strafrechts zur Ahndung von „Abtreibungshandlungen" ohne Zweifel legitim […]. Ebenso ergibt sich hieraus, dass auf eine klare rechtliche Kennzeichnung dieses Vorganges als „Unrecht" nicht verzichtet werden kann.

Wie schmal hier der Weg ist, auf dem das Gericht die von ihm vermuteten Grenzen seiner Gemarkungen patrouilliert, zeigt das vorsichtige Tasten in Richtung Gesetzgeber, wobei sich das Gericht der Gefahr der Funktionsusurpation zunächst durchaus bewusst zu sein scheint:

Das Verfassungsgebot, das sich entwickelnde Leben zu schützen, richtet sich zwar in erster Linie an den Gesetzgeber. Dem BVerfG obliegt jedoch die Aufgabe, in Ausübung der ihm vom Grundgesetz zugewiesenen Funktion festzustellen, ob der Gesetzgeber dieses Gebot erfüllt hat. Zwar muss das Gericht den Spielraum des Gesetzgebers sorgfältig beachten, der diesem bei der Beurteilung der seiner Normierung zugrundeliegenden tatsächlichen Verhältnisse, der etwa erforderlichen Prognose und der Wahl zukommt.[7]

Diese Zurückhaltung wird indes wenige Seiten später wieder aufgegeben:[8]

Wenn der Gesetzgeber die bisherige undifferenzierte Strafandrohung für den Schwangerschaftsabbruch als ein fragwürdiges Mittel des Lebensschutzes ansieht, so entbindet ihn dies doch nicht der Verpflichtung, zumindest den Versuch zu unternehmen, durch eine differenziertere strafrechtliche Regelung einen besseren Lebensschutz zu erreichen, indem er diejenigen Fälle unter Strafe stellt, in denen der Schwangerschaftsabbruch verfassungsrechtlich zu missbilligen ist.[9]

Die strafrechtliche Sanktion avanciert vom „legitimen" kurzerhand zum *unverzichtbaren* Mittel, ohne das eine „Schutzlücke" entstünde, „welche die Sicherung des sich entwickelnden Lebens in einer nicht geringen Anzahl von Fällen gänzlich beseitigt, indem es dieses Leben der völlig freien Verfügungsgewalt der Frau ausliefert"[10]. Glaubte sich das BVerfG insoweit offenbar in Übereinstimmung mit dem „allgemeinen Rechtsbewusstsein",[11] erwies sich sein vom Gesetzgeber 1976 gefügig umgesetztes Indikationenmodell gleichwohl als untauglich.[12] Unter seinem Alias wurde die Fristenlösung letztlich doch zum Modell der Praxis. So kam es 1992 zur Kodifikation eines solchen, die auch nach BVerfGE 88, 203 mit dem Schwangeren- und Familienhilfeänderungsgesetz des Jahres 1995 der Grundstruktur nach aufrechterhalten wurde.

---

7   A. a. O., S. 51.
8   Siehe hierzu auch Scholz, Rupert: Karlsruhe im Zwielicht — Anmerkungen zu den wachsenden Zweifeln am Bundesverfassungsgericht, in: Burmeister, Joachim (Hg.), Verfassungsstaatlichkeit: Festschrift für Klaus Stern zum 65. Geburtstag, München 1997, S. 1201-1223.
9   A. a. O., S. 65.
10   A. a. O., S. 55.
11   A. a. O., S. 66.
12   Siehe hierzu eingehend Stürner, Rolf: Die Unverfügbarkeit ungeborenen menschlichen Lebens und die menschliche Selbstbestimmung, in: JZ 1990, S. 709-724.

Es ist hier nicht der Ort, Wert und Unwert strafrechtlicher Sanktionierung grundsätzlich zu diskutieren. Allerdings hat insbesondere die Entwicklung der Sittlichkeitsdelikte die in den letzten Jahrzehnten mitunter zu beobachtende Schnelllebigkeit strafrechtlicher Leitgedanken beispielhaft demonstriert. Die Problematik des Schwangerschaftsabbruches tat dasselbe einmal mehr. Umso deutlicher wird die Schwierigkeit, die Tragfähigkeit grundgesetzlicher Strafansprüche zu behaupten. Dass dann aber effektive gesetzgeberische Maßnahmen gerade und ausschließlich in Gestalt der verfassungsgerichtlich evaluierten strafrechtlichen Sanktionen geglaubt werden, nimmt zunächst wunder, zumal auch das BVerfG bislang aufgrund seines eigenen Demokratieverständnisses der Meinung zu sein schien, die Effektivität beabsichtigter gesetzgeberischer Maßnahmen sei zu vermuten, solange und soweit sie nicht offensichtlich widerlegt werden kann.[13] Sollte hierin tatsächlich jemals ein Grundsatz der Verfassungsjudikatur gelegen haben, kehrt das Gericht ihn in dieser Entscheidung offenbar rundweg um, will es doch dem Gesetzgeber den Verzicht auf Strafsanktionen fürderhin nur noch unter der Bedingung erlauben, dass die Wirksamkeit anderer Maßnahmen zweifelsfrei feststehe.[14]

Gedeckt wird dieses Ergebnis augenscheinlich durch einen Kunstgriff des Gerichts, der im vierundzwanzigsten Band klar angekündigt wurde:

Soweit dabei [bei der gerichtlichen Beurteilung, ob ein Vorhaben dem Allgemeinwohl dient] Wertungen und Erwägungen des Gesetzgebers von Bedeutung sind, kann sich das Gericht über sie allerdings nur dann hinwegsetzen, wenn sie eindeutig widerlegbar oder offensichtlich fehlsam sind *oder der Wertordnung des Grundgesetzes widersprechen.*[15]

Insoweit also ist das Fordern der strafrechtlichen Pönalisierung des Schwangerschaftsabbruches nur konsequent, empfindet doch das BVerfG die Tötung des Nasciturus – von wenigen eng gefassten Ausnahmefällen einmal abgesehen – als eindeutigen Verstoß gegen die objektive Wertordnung des Grundgesetzes und meint dergestalt nachgewiesen zu haben, dass ihn der Gesetzgeber vor dem Hintergrund eben dieser Wertordnung hinreichend nur mittels des Strafrechts zu verhindern suchen kann.[16]

Indes ist in Anbetracht des letztlich eindeutigen Fehlgehens des von dem BVerfG als allein effektiv vermuteten Indikationenmodells zumal aus der Retrospektive kaum zu verstehen, warum sich das Gericht nicht an seine eigenen, ursprünglich mit gutem Grund herausgebildeten Grundsätze gehalten hat:

Der Grundsatz der Rechtsstaatlichkeit fordert, dass der Einzelne vor unnötigen Eingriffen der öffentlichen Gewalt bewahrt bleibt. Dies bedeutet auch, dass die Mittel des Eingriffs zur Erreichung des gesetzgeberischen Ziels geeignet sein müssen [...]. Die Zielsetzung und die Bestimmung des geeigneten Mittels setzen eine politische – sei es eine wirtschafts-, gesellschafts- oder rechtspolitische Entscheidung voraus. Naturgemäß muss der Gesetzgeber bei dieser Entscheidung von der Beurteilung der zur Zeit des Erlasses des Gesetzes bestehenden Verhältnisse ausgehen. Da die Entwicklung sich nicht genau vorausberechnen lässt und aus den verschiedensten Gründen der erwartete Geschehensablauf eine unvorhergesehene Wendung nehmen kann, müssen Irrtümer über den Verlauf der [...] Entwicklung in Kauf genommen werden. Eine gesetzliche Maßnahme kann nicht schon deshalb als verfassungswidrig angesehen werden, weil sie auf einer Fehlprognose beruht [...]. Die Frage nach der Zwecktauglichkeit eines Gesetzes kann also nicht nach der tatsächlichen späteren Entwicklung, sondern nur danach beurteilt werden, ob der Gesetzgeber nach seiner Sicht davon ausgehen durfte, dass die Maßnahmen zur Er-

---

13 BVerfGE 7, 377-444 (412); 16, 147-188 (187 f.); 24, 367-424 (406); 30, 250-272 (263); 35, 79-170 (165).
14 A. a. O., S. 65. Siehe insoweit auch das Sondervotum, S. 78.
15 BVerfGE 24, 367-424 (406) (Hervorhebungen nicht im Original).
16 Insoweit ist das Sondervotum zum Schwangerschaftsabbruchsurteil etwas vorschnell; BVerfGE 39, 1-95 (78).

reichung des gesetzten Ziels geeignet waren, ob also seine Prognose bei der Beurteilung [der] Zusammenhänge sachgerecht und vertretbar war.[17]

Das Schwangerschaftsurteil liest sich indes, als gestattete das Gericht von nun an die hier noch dem Gesetzgeber zugestandene Fehlbarkeit nicht mehr, sondern beanspruchte sie vielmehr für sich selbst. Das heißt, dass also fortan nicht mehr die Irrtümer des Gesetzgebers, wohl aber die des Gerichts in Kauf genommen werden müssen. Eine Vision, die angesichts der dem Gericht eigentlich verschlossenen Möglichkeit, seine Entscheidungen von sich aus zu revidieren, wenig behagen dürfte.[18] Demgemäß scheinen die substantiellen Anforderungen der Verfassung, insbesondere der Grundrechte, den kompetenziellen Anforderungen des Demokratieprinzips antipodisch gegenüber zu stehen.

Mit der objektiv-rechtlichen Ausgestaltung hatte das BVerfG die Eindimensionalität der Grundrechte zugunsten seiner Entscheidungssuprematie überwunden. Die negatorische Kompetenz der Grundrechte, adressiert auf hoheitliches Unterlassen eines Eingriffs in die grundrechtlich geschützte (Freiheits-)Sphäre des Einzelnen, freilich effektuiert durch Sekundäransprüche, wird um ein positives Moment ergänzt. Die Grundrechte artikulieren seitdem ein System von Wertverbindlichkeiten; Verbindlichkeiten, die nach hoheitlicher Verwirklichung verlangen. Dabei ist jedoch eine Realisation nicht mehr wie im Rahmen negatorischer Verpflichtung durch bloßes Unterlassen möglich und ausreichend. Vielmehr besteht insoweit eine staatliche Haftung dafür, grundrechtliche Werte in reale Gewährleistungen zu überführen; verlangt ist demnach ein positives Tun. War also der liberale Gedanke nur dem *Verbot* von Eingriffen verbunden, kommt dem neuen Verständnis positiv verpflichtender Charakter im Sinne objektiv bestehender *Gebote* zu,[19] bestimmt zur Effektuierung durch das gesetzgeberische Regulativ und überwacht durch das BVerfG. Die maßgebliche Besonderheit der objektiv-rechtlichen Obligation ergibt sich dabei aus ihrer Struktur: Sie besitzt eine *generalisierte Permanenz* dergestalt, dass sie einer Aktivierung durch äußere Umstände, etwa hoheitlicher Ingerenz, gerade nicht mehr bedarf — wie sie eine (rein) liberale Konzeption noch voraussetzte. Darüber hinaus hat sie die Relativität zu einem bestimmten Grundrechtssubjekt gänzlich verloren.

Die Grundrechte – bislang nur der Abwehr hoheitlicher Freiheitsbeschränkungen tauglich – auferlegen dem Staat darüber hinaus auch Maßnahmen zur Freiheits*realisation*. Die Verfassung ist damit nicht mehr nur die die öffentliche Gewalt *limitierende* Grenze, sondern auch ihre unmittelbare *Direktive*,[20] ihr zentraler Auftrag. Und zwar nicht mehr bloß programmatischer Natur[21] – dem Verfassungsauftrag kommt nunmehr eine (in letzter Konsequenz) (verfassungs-)gerichtlich einforderbare[22] Rechtsbindung, zumal des Gesetzgebers,

---

17 BVerfGE 30, 250-272 (263); siehe ferner schon E 25; 1-24 (12 f.).

18 Insoweit sehr selbstkritisch Limbach, Jutta: Das Bundesverfassungsgericht, München 2001, S. 56.

19 Siehe Böckenförde, Ernst-Wolfgang: Grundrechte als Grundsatznormen, in: Der Staat, 29. Bd. (1990), S. 1-31 (S. 12), der dazu neigt, Schutzpflichten und Handlungsaufträge als den zentralen Gehalt der objektiv-rechtlichen Bedeutung der Grundrechte anzusehen.

20 So auch Jarass, Hans D.: Grundrechte als *Wertentscheidungen* bzw. objektivrechtliche Prinzipien in der Rechtsprechung des Bundesverfassungsgerichts, in: AöR Band 110 (1985), S. 363-397 (S. 369).

21 Siehe nur das Urteil zum *Schwangerschaftsabbruch* (BVerfGE 39, 1-95 [Leitsätze 1 und 4]). Die hiermit begründete Rechtsprechung zusammenfassend: BVerfGE 56, 54-86 (-*Fluglärm*-), S. 73.

22 Die Einforderbarkeit für den Grundrechtsträger ist etwa bezüglich Art. 2 Abs. 2 Satz 1 GG ausdrücklich entschieden worden, vgl. BVerfGE 77, 170-240 (-*C-Waffen*-), S. 214; siehe auch schon BVerfGE 76, 1-83 (-*Familiennachzug*-), S. 37, 49 f. Siehe ferner Böckenförde, a. a. O. (Fn. 19), S. 23 und 15-17. Zur umfassenden Subjektivierung der Grundrechtsnorminhalte siehe ausführlich Borowski, Martin: Grundrechte als Prinzipien, Baden-Baden 1998, S. 183-350.

nach Maßgabe seiner ver(grund-)rechtlichten politischen Formgebung zu. Eine Wertordnung in diesem Sinne kann sich nicht darauf beschränken, bestimmte Freiheiten gegen den Staat zu behaupten. Sie geben sich dem Staat im Rahmen der Verfassungsfunktion vielmehr als Ordnungsaufgabe *von selbst* auf und begründen hiermit eine „Grundrechtsverwirklichungspflicht"[23].[24].

Das BVerfG, das letztverbindlich über die Inhalte der Verfassung und damit eigentlich auch über die Emanationen einer grundrechtlichen Wertordnung zu entscheiden hat, hat über die objektive Wertordnung einen Hebel gefunden, Verfassungswirkungen in jeden Lebensbereich hinein zu entfalten. Wenn das Gericht etwa in seiner stark umstrittenen Wehrpflichtnovellen-Entscheidung Art. 3 Abs. 1 GG als Garanten der Gerechtigkeit schlechthin definiert, kann und müsste es folgerichtig bei jeder von ihm festgestellten Abweichung von seinem ureigenen Gerechtigkeitsbegriff auf entsprechende Anfechtung hin mit Letztentscheidungskompetenz intervenieren.[25] Dem wäre nichts entgegenzuhalten, könnte man behaupten, dass der vom Verfassungsgericht jeweils festgestellte Inhalt der Gerechtigkeit mit Sicherheit richtig sei. Nur wer außer dem Gericht selbst sollte dies feststellen? Eine objektive Möglichkeit, Wertungen als richtig zu beweisen, gibt es nicht. Obwohl die juristische Methodik auf eine lange Entwicklungsgeschichte zurückschauen kann, hat sie die Wertung einer Rationalisierung nur insoweit zugänglich gemacht, als man bei weiter Fassung des Begriffs von *Vertretbarkeit* sprechen kann. Wertungskollisionen analytisch-rational auflösen zu können, ist eine bloße Illusion.[26]

Beachtlich ist auch die weitere dogmatische Entwicklung[27] des Objektiv-rechtlichen. Während sich das BVerfG zunächst noch unmittelbar an den einzelnen Verfassungsnormen orientierte,[28] leitete es einzelne Werte später bisweilen vollends losgelöst vom Verfassungstext her.[29] Diese Emanzipation des Wertsystems führte schließlich zu einem äußerst bemerkenswerten Phänomen: Entsprang die Wertordnung ursprünglich noch der Grundrechtsexegese, so hatte sich von jetzt an die Exegese des gesamten Grundgesetzes an jener – freilich durch das BVerfG letztentscheidend festgelegten – Wertordnung zu orientieren.[30] Dann ist aber die dem Gesetzgeber in diesem Zusammenhang verbleibende Aufgabe offenbar: Kann das BVerfG die von ihm in Auslegung der Verfassung definierten Werte einfachgesetzlich nicht selbst realisieren, so braucht es den Gesetzgeber als *staatstechnisches Bin-*

---

23 So Dolderer, Michael: Objektive Grundrechtsgehalte, Berlin 2000, S. 159-162.

24 Die Funktion des parlamentarischen Gesetzgebers wird aber noch weiter relativiert durch den Umstand, dass die grundrechtliche Schutzdimension des einen die grundrechtliche Freiheitsdimension des anderen verfassungsunmittelbar einschränkt. Fehlt demnach ein Gesetz, zu dessen Erlass der parlamentarische Gesetzgeber freilich angehalten ist, müsste der grundrechtliche Schutz also konsequenterweise unmittelbar wirken, so dass das geforderte Gesetz eigentlich überflüssig ist, da es letztlich nur deklaratorisch wirkte.

25 Das hat Martin Hirsch in seiner abweichenden Meinung eingängig herausgearbeitet, BVerfGE 48, 127-206 (187).

26 Dies wird anhand des Fehlgehens einer Vielzahl verschiedener Ansatzpunkte nachgewiesen von Burchardt, Daniel O.: Grenzen verfassungsgerichtlicher Erkenntnis – Zur Proceduralität der Verfassungsnormativität, S. 179-255.

27 Zur Multifunktionalität der Grundrechte im Allgemeinen siehe ausführlich Bleckmann, Albert: Staatsrecht II – Die Grundrechte, 4. Aufl. 1997, § 11 (S. 243-396).

28 Dabei wurde mitunter sogar der Organisationsteil des Grundgesetzes fruchtbar gemacht (siehe etwa BVerfGE 35, 127-206 [159]).

29 Gusy, Christoph: Parlamentarischer Gesetzgeber und Bundesverfassungsgericht, Berlin 1985, S. 64.

30 Hierzu kritisch auch Starck, Christian: Praxis der Verfassungsauslegung, Baden-Baden 1994, S. 32. Siehe auch den Hinweis Hesses, Konrad: Grundzüge des Verfassungsrechts der Bundesrepublik Deutschland, 20. Auflage, Heidelberg 1995 (Neudruck der 20. Auflage 1999), S. 28 (Fn. 31) im Verweis auf Häberle, Peter: Die Wesensgehaltgarantie des Art. 19 Abs. 2 Grundgesetz, 3. Auflage, Heidelberg 1983, S. 32.

deglied; ihm obliegt noch der einfachgesetzliche Vollzug der vom BVerfG vorausgelegten (Wert-)Entscheidungen.[31]

Insofern zeigt sich in voller Deutlichkeit, dass die Auslegung des Grundgesetzes als Wertordnung jeder auf die Wertordnung abstellenden Entscheidung eine *schöpferische*, eine *recht*setzende Implikation verleiht: In Evaluation des Verfassungsrechts schreibt das Gericht vor, was der Gesetzgeber im Einzelnen umzusetzen hat. Damit ist die Tätigkeit des Gesetzgebers qualitativ eine vollends neue: Seine zunächst in den Grenzen der grundgesetzlichen Abwehrrechte bestehende *Gestaltungs*freiheit wandelt sich um in eine durch die Vorüberlegungen des Bundesverfassungsgerichts verengte *Ermessens*freiheit.

Je öfter dabei das Gericht angerufen wird, desto engmaschiger knüpft es das der gesetzgeberischen Tätigkeit vorausliegende Netz. Und je engmaschiger dieses Netz, um so öfter wird eine weitere Verfassungsstreitigkeit provoziert. Die objektive Wertordnung wirkt in diesem staatsrechtlichen Karussell wie ein Multiplikator, indem sie diesen Prozess maßgeblich beschleunigt. Ergebnis des Ganzen ist ein durch das Verfassungsgericht determiniertes Rechtssystem.[32]

2 Kassandrarufe

Wie weit die aus dem Selbstverständnis des Bundesverfassungsgerichts zwanglos zu ziehenden Konsequenzen reichen, vermag das aktuell auf Verfassungsebene vielerorten neu verhandelte Folterverbot exemplarisch zu veranschaulichen. Vereinzelte aber namhafte Staatsrechtler sind der Meinung, dass der Folter ein angemessener Platz im Rahmen der Gefahrenprävention einzuräumen ist. So begründet der Heidelberger Professor für Staatsrecht Winfried Brugger in einem Aufsatz für die Juristenzeitung sogar die staatliche Pflicht zum Foltern.[33] Liegt eine klare, unmittelbare und erhebliche Gefahr das Leben und die körperliche

---

31   Siehe Wahl, Rainer: Vorrang der Verfassung und die Selbständigkeit des Gesetzesrechts, NVwZ 1984, S. 401-409, S. 407.

32   Die bundesdeutschen Parteien selbst haben diese Entwicklung gefördert, wie sie Teil derselben sind; waren sie es doch, welche die Niederlage im „Politischen" regelmäßig mit einem Sieg im „Juristischen" auszugleichen suchten: „Organstreit und abstrakte Normenkontrolle sind [...] die Niederlagenkorrektive der jeweiligen Opposition"; so Zuck, Rüdiger: Der unkontrollierte Kontrolleur, in: F.A.Z. vom 24. Juli 1999; siehe auch von Münch, Ingo: Reparaturbetrieb der Politik, in: NJW 1996, S. 2073-2076, S. 2075; ferner Knies, Wolfgang: Auf dem Weg in den „verfassungsgerichtlichen Jurisdiktionsstaat"? – Das Bundesverfassungsgericht und die gewaltenteilende Kompetenzordnung des Grundgesetzes, in: Festschrift für Klaus Stern zum 65. Geburtstag, München 1997, S. 1155-1182, S. 1179. Und zusätzlich hierzu sorgen die unzähligen Verfassungsbeschwerden dafür, dass jeder gesellschaftspolitische Streit sein gerichtliches Forum findet. Bezeichnend ist in diesem Zusammenhang eine Äußerung des U.S. Supreme Court: (*Goldwater vs. Carter*, 444 US 996, 62 Law. Ed. 2nd, S. 428-432 [428], 100 S Ct 533): „Differences between the President and the Congress are commonplace under our system. The differences should, and almost invariably do, turn on political rather than legal considerations. The Judicial branch should not decide issues affecting the allocation of power between the President and the Congress until the political branches reach a constitutional impasse. *Otherwise, we would encourage small groups or even individual Members of Congress to seek judicial resolution of issues before the normal political process has the opportunity to resolve the conflict.*" (Hervorhebungen nicht im Original). Michael Bertrams, Verfassungsgerichtliche Grenzüberschreitungen, in: Festschrift für Klaus Stern zum 65. Geburtstag, München 1997, S. 1027 – 1039, S. 1038, hebt hervor, dass das Bundesverfassungsgericht in den Fällen, da ersichtlich nur die Meinung des Gerichts eingeholt werden soll, dieses seine Zuständigkeit verneinen sollte, ginge es in der Sache doch um die Erstattung eines Rechtsgutachtens.

33   Brugger, Winfried: Vom unbedingten Verbot der Folter zum bedingten Recht auf Folter, in: JZ 2000, S. 165-173.

Integrität einer unschuldigen Person vor und ist die Gefahr durch einen identifizierbaren Störer verursacht, der als einziger die Gefahr beseitigen kann, indem er sich nämlich durch Erteilung der lebensrettenden Informationen in die Grenzen des Rechts zurückfindet, sei der Staat zur Anwendung körperlichen Zwangs als einzigem erfolgversprechenden Mittel zur Informationsbeschaffung verpflichtet.[34] Brugger kommt zu diesem Ergebnis, da die unbedingten Folterverbote nach seinem Dafürhalten mit Widersprüchen belastet seien. Denn in dem Fall, da der Schutz des Menschenlebens nur über die Information seitens des Aggressors zu bewerkstelligen wäre, sei durch das unbedingte Folterverbot der Täter, nicht aber das eigentlich schützenswerte Opfer geschützt.[35] Verfassungsrechtlich möglich würde die Entscheidung zur Folter durch die Gegenüberstellung von Art. 104 Abs. 1 S. 2 GG sowie Art. 1 Abs. 1 GG auf der einen Seite und Art. 2 Abs. 2 i. V. m. Art. 1 Abs. 1 GG auf der anderen Seite: „es steht also körperliche Integrität gegen körperliche Integrität und Würde gegen Würde, und falls ein solcher Konflikt nicht anderweitig auflösbar ist, darf im Zweifel der Staat die Interessen der Opfer denjenigen der Täter überordnen".[36] Dass diese Abwägung in geeigneten Fällen auch den Einsatz der Folter notwendig verlange,[37] folge daraus, dass die Schutzpflichtendimension der Grundrechte dem Staat nicht nur die Achtung der Grundrechte gebiete, sondern auch deren Schutz vor Gefahren von dritter Seite; dies wiederum gebiete die in ständiger Rechtsprechung des BVerfG vertretene Ansicht, dass Grundrechte nicht nur Abwehrrechte, sondern auch objektive Wertentscheidungen seien (!).[38] Damit würde die Folter in vereinzelten Fällen zur verfassungsrechtlich verankerten Notwendigkeit.

Folgte das BVerfG dieser Auffassung, könnte es dem Gesetzgeber die gesetzliche Legitimation der Folter abverlangen. Auch eine einstweilige Anordnung, die Exekutive zur Folter in einem geeigneten Fall zu verpflichten, wäre denkbar. Zwar hat das BVerfG in dem problembezogen vergleichbaren Fall der Entführung Hanns Martin Schleyers den Erlass einer einstweiligen Verfügung seinerzeit abgelehnt.[39] Es stellte in seiner Entscheidung zunächst fest, dass das menschliche Leben einen Höchstwert darstelle und daher die grundrechtliche Schutzpflicht besonders ernst genommen werden müsse.[40] Die Exekutive wie auch Legislative besitze bei der insoweit anzustellenden Abwägung zwischen Einzel- und Gesamtwohl einen Beurteilungs- und Ermessensspielraum, in den das BVerfG nicht voreilig eingreifen könne.[41] Diese Zurückhaltung relativiert das Gericht aber indem es darauf hinweist, dass sich die „Freiheit in der Wahl zum Schutz des Lebens in besonders gelagerten Fällen auch auf die Wahl eines bestimmten Mittels verengen [könne], wenn ein effektiver Lebensschutz auf andere Weise nicht zu erreichen ist"; so habe die zu entscheidende Sache jedoch nicht gelegen.[42] Es hielt sich im Ergebnis damit für die Zukunft den Weg zu einem entsprechenden Eingriff frei. Die bundesverfassungsgerichtliche Anordnung der Folter in einem „besonders gelagerten Fall" wäre damit nach dem aktuellen Selbstverständnis des Gerichts theoretisch wie praktisch genauso möglich wie die bundesverfassungsgerichtliche

---

34 A. a. O., S. 171.
35 A. a. O., S. 170.
36 A.a.O., S. 169.
37 So ganz ausdrücklich a. a. O., S. 171.
38 A. a. O., S. 170.
39 BVerfGE 46, 160-165.
40 A. a. O., S. 164.
41 A. a. O., S. 165.
42 Ebd.

Verpflichtung des parlamentarischen Gesetzgebers, ein geeignetes Folterinstrumentarium gesetzlich zu fixieren.[43]

Nun kann man (insoweit) zur Folter stehen wie man will. Die Frage ihrer Berechtigung muss hier überhaupt nicht gestellt werden. Es soll anhand ihrer nur aufgezeigt werden, dass der dem Verfassungsgericht aktuell eingeräumte Gestaltungsrahmen ihm potenziell Entscheidungen zuweist, die schon intuitiv dem Gesetzgeber vorzubehalten sind.

3 Gerichtsverfahren statt Wahlentscheid

Wenn man mit Hans Kelsen davon ausgeht, dass auch in der Demokratie nur eine beschränkte Freiheit dergestalt besteht, dass nur derjenige wirklich frei ist, dessen Stimme sich mit dem Wahlergebnis deckt, so ist (auch) dieses Verhältnis nun nicht mehr aufrechtzuerhalten, da in der „neuen Ordnung" nur noch derjenige wirklich frei im Sinne politischer Einflussnahme ist, der vor dem BVerfG als Beschwerdeführer obsiegend auftritt. Das Gewicht der Wählerstimme tritt weiter zurück. Sie hat nunmehr nicht nur dann kein Gewicht, wenn die gewählte politische Kraft nicht in Staatsmacht erwächst; ihr geht entscheidender Einfluss auch im Fall des Durchbringens der eigenen Überzeugung ab. Der eigentliche demokratische Entscheidungsprozess verliert erheblich an Bedeutung, wenn er nun (freilich jeweils partikular) durch das Führen eines Verfahrens vor dem Verfassungsgericht ersetzt werden kann.[44]

Eine wertende Verfassung lässt die eingangs zitierte Frage mit Wolfgang Fikentscher also lauten: „*Wer* darf Werterkenntnis in Entscheidung umsetzen?"[45]. Der unbestreitbare Anspruch des Verfassungsvorrangs bei ebenso unbestreitbarer sprachlicher Begrenztheit des Verfassungsrechts zeigt, dass man mit dieser Frage nicht allzu leichtfertig umgehen sollte. Denn in funktioneller Hinsicht korreliert mit dem Vorrang der Verfassung der Vorrang des die Verfassung letztverbindlich auslegenden Interpreten. Dies muss praktische Staatstheorie berücksichtigen, will sie belastbar sein. Die Funktionsgrenzen des BVerfG müssen vor diesem Hintergrund gezeichnet werden.

4 Restriktionen

Verfassungsrecht ist gedacht als Maßstab des gesellschaftlichen Miteinanders. Dabei ist es die Antwort der auf seine Formulierung Einfluss nehmenden Kräfte auf die ewig drängende Frage nach Grundwahrheiten. Es soll als logisches Resultat des allzu häufig empfundenen

---

43 Gerade hat das BVerfG in seinem Urteil zum Luftsicherheitsgesetz (1 BvR 357/05 vom 15. Februar 2006, Absätze 1 – 156, http://www.bverfg.de/entscheidungen/rs20060215_1bvr035705.html) den Achtungsanspruch der Menschenwürde allerdings unmissverständlich gestärkt. Die Begründung der Entscheidung dürfte die Position der Folterbefürworter mit ihr nur schwer vereinbar machen. Freilich steht damit jedenfalls nicht fest, dass eine entgegensetzte Entscheidung des BVerfG nie ergehen wird. Es sei weiter darauf hingewiesen, dass die aus der Nichtigkeit des Luftsicherheitsgesetzes tragenden Rechtsfeststellungen des Urteils, gleichermaßen wie die aus diesen gezogenen Leitsatzkonsequenzen, auch auf der Grundlage des in diesem Beitrag zu entwickelnden Entscheidungsmodells zulässig bleiben.

44 Böckenförde, Ernst-Wolfgang: Zur Lage der Grundrechtsdogmatik nach vierzig Jahren Grundgesetz, München 1990, S. 71; ders., a. a. O. (Fn. 19), S. 1-31, S. 30.

45 Methoden des Rechts, Band I, Frühe und religiöse Rechte – Romanischer Rechtskreis, Tübingen 1975, S. 389.

staatlichen Verrats an für wahrhaftig gehaltenen Normen ein Mindestmaß an Menschlichkeit garantieren. Hieraus resultiert die Dialektik des Verfassungsrechts. Zwar wird seine Regelungsintensität durch die empfundene Erkenntnistiefe bestimmt; Effektivität gewinnt es also durch Penetration. Die aus den gesellschaftlichen Sicherungsinteressen resultierende Tendenz, „letzte und universelle" Weisheiten festschreiben zu wollen, gilt vor dem Hintergrund all der im Namen vermeintlicher Gerechtigkeit bereits angerichteter Desaster aber als gefährlich. Allen freiheitlichen Staaten ist daher eine gewisse Vorsicht ihrer Verfassungen gemein. Eine Vorsicht, die ihre Rechtfertigung aus der Dynamik gesellschaftlicher Entwicklung, dem humanistischen Fortschritt gewinnt. Schon von vornherein eignet dem Verfassungsrecht daher potentieller Widerspruch im Bewahren und Verwerfen. Der über die Inhalte des Verfassungsrechts Entscheidende muss diesem Spannungsverhältnis Rechnung tragen. Dass dies aufgrund der offenbaren Streitbarkeit jeder Wertentscheidung nicht wie selbstverständlich möglich und garantierbar ist, weist auf die Gefahren einer verfassungsgerichtlichen Funktionsüberschreitung hin.

Von dieser Erkenntnis zeugen die vielen Versuche der Staatswissenschaft, dem Verfassungsgericht entscheidungserhebliche Grenzen zu setzen. Zu den überkommenen Ansätzen gehören der Versuch der freien Unterscheidung von Recht und Politik, die Herleitung des Trennungsmoments aus dem Gewaltenteilungsprinzip, die *Political-question*-Doktrin (also der US-amerikanischen Lesart des Gedankens Recht und Politik auseinanderzuhalten) und das *Judicial-self-restraint* (die verklärte und diffuse Theorie einer Art richterlichen Anstands). In ihrer naiven Linearität haben all diese Ansätze etwas Archaisches gemeinsam. Sie werden daher heute – sieht man einmal von der fast nur noch dahin dümpelnden *Political-question*-Doktrin ab und zählte die Forderung nach *Judicial-self-restraint* nicht mit, sofern sie in Sonntagsreden applausbettelnd vielerorts angemahnt oder vom BVerfG zur Selbstverteidigung von Mal zu Mal beschworen wird – auch kaum mehr ernsthaft diskutiert. Es hat sich herumgesprochen, dass diese Felder nur Steine liefern: Recht und Politik sind auf Verfassungsebene schon deshalb nicht so recht trennbar, weil die Auslegung der Verfassung nicht ohne politischen Effekt erfolgen kann: Ist Politik die Steuerung eines Sozialsystems, muss eine unanfechtbare systemsteuernde Entscheidung von vornherein politisch erscheinen.[46] Über den abstrakten Begriff der Gewaltenteilung ist ebenso wenig zu gewinnen. Schon Montesquieues Modell der Gewaltenteilung[47] beschrieb keine stringente Trennung;[48] vielmehr ist eine „wechselseitige Verschränkung" (Gerd Sturm) der grundsätzlich getrennten Gewalten im Sinne einer Übertragung gewisser Teile der Staatsgewalt „zur gesamten Hand" (Roman Herzog) für die Verwirklichung der verfolgten Ziele ebenso wichtig wie deren Teilung.[49] Die Zuständigkeitsverteilung entspringt damit keineswegs einem schlechterdings un-

---

46 Zum Versuch der Unterscheidung von Recht und Politik siehe genauer Burchardt, a. a. O. (Fn. 26), S. 17-29.

47 Eine erste Einführung in das Verständnis Montesquieus bietet etwa von Hippel, Eike: Gewaltenteilung im modernen Staate, Koblenz 1948; zur weiteren Geschichte der Gewaltentrennungslehre siehe die Darstellung Kluxens, Kurt: Die Herkunft der Lehre von der Gewaltentrennung, in: Rausch, Heinz (Hg.), Zur heutigen Problematik der Gewaltentrennung, Darmstadt, 1969, S. 131-152.

48 Nicht zuletzt Werner Kägi (Von der klassischen Dreiteilung zur umfassenden Gewaltenteilung, in: Rausch, Heinz (Hg.), Zur heutigen Problematik der Gewaltentrennung, Darmstadt, 1969, S. 286-312, S. 294 f.) hat mit sicherer Hand bewiesen, dass es weniger die Lehre des „Esprit des Lois" war, was der Nachwelt von popularisierenden Zusammenfassungen überliefert wurde, als vielmehr „ein (simplifiziertes) Schema, das über vielerlei Differenzierungen, Voraussetzungen und Vorbehalte Montesquieus" hinweggeht. Werner Kägi weist aber mit Recht auch daraufhin, dass es gerade diese Dogmatisierung ist, die der Gewaltenteilungslehre ihre Schlagkraft verleiht und sie „geradezu zur conditio sine qua non des (modernen) Verfassungsstaats" erhebt (S. 297).

49 Gerade hierin verwirklicht sich das Moment der Gewalten*hemmung: le pouvoir arrête le pouvoir.* Siehe auch BVerfGE 95, 1-27 (15).

verrückbaren Korsett. Vielmehr ist es erst die jeweils verfassungsspezifische Form der Machtbemessung, die dem schlichten Grundsatz in der jeweiligen Rechtsordnung ein greifbares Gepräge verleiht. Mit anderen Worten: Verlangt ist nur, *dass* staatliche Gewalt *überhaupt* aufzuteilen ist; *wie* dies aber im Einzelnen zu geschehen hat, wie weit also die Befugnisse der zu unterscheidenden Staatsorgane im Verhältnis zueinander realiter reichen, vermag der bare Ruf nach Gewaltenteilung nicht zu vermitteln. Und die *Political-question*-Doktrin ist eine Fehlgeburt; wenn auch das allgemein als sie begründend dargestellte Urteil[50] des *Supreme-Court*-Richters John Marshall immerhin als salomonisch bezeichnet werden kann, sollte das sie tragende Motiv der Angst vor der eigenen Bedeutungslosigkeit dieses Attribut nicht hindern. Es kann aber dahinstehen, ob diese Entscheidung schon deshalb keine staatstragenden Resultate zeitigen darf, weil sie von Anfang an gar nicht ernst gemeint war. Jedenfalls ist es bislang niemandem gelungen, die Doktrin anhand eines verallgemeinerungsfähigen Programms überhaupt nur ansatzweise zu domestizieren. Bezeichnend dafür ist das Scheitern des wissenschaftlich vielleicht sogar wertvollsten weil theoretisiertesten Ansatzes, der „Theorie der richterlichen Verantwortung" Fritz W. Scharpfs[51].[52] Scharpf zeichnet darin einen unhandlichen Strauß von Kriterien, der gleichwohl noch einer „normativen Einschränkung"[53] unterzogen werden muss und die Formulierung „weitere[r] Faktoren der *political question*"[54] voraussetzt, um schlussendlich aber dennoch nicht alle vom Gericht entschiedenen Fälle wirklich exemplifizieren zu können.[55]

Auch neuere Ansätze, welche die unzureichende Belastbarkeit der überkommenen Lösungsansätze zur Grundlage nehmen und verlangen, „normativ Gegebenes und Festgelegtes" von „nicht geregelten und offengehaltenen Spielräumen" zu unterscheiden,[56] indem sie auf eine vorgebliche „Tradition der Rechtsanwendung"[57] abstellen, ohne diese aber fassbar konkretisieren zu können, hypostasieren nur das Problem, zu dessen Lösung sie angetreten sind.

Solcherart abstrahierte Ansätze können zwischen den sich zunächst offenbar widersprechenden Prinzipien parlamentarischer Willensbildung und deren Kontrolle nicht erfolgreich vermitteln, da sie einem gemeinsamen Irrtum unterliegen. Sie setzen stillschweigend voraus, dass die Willensbildung des BVerfG gegenüber der des parlamentarischen Gesetzgebers aufgrund des Vorrangs der Verfassung zumindest theoretisch höherrangig ist. Es kann dagegen auf Basis des Demokratiegedankens herausgearbeitet werden, dass diese Grundthese nur bedingt zutrifft.

---

50 Abgedruckt in 1 Cranch, 2nd Law. Ed. (1803), 137-178. Besonderer Belang kommt dem Fall – neben seiner Bedeutung für die *Political-question*-Doktrin – insbesondere deswegen zu, weil er die verfassungsgerichtliche Kontrolle aller Gewalten durch den Supreme Court verankert. Eine pointierte Darstellung dazu findet sich etwa bei Winfried Brugger, Einführung in das öffentliche Recht der USA, München 1993, S. 7-13.

51 Grenzen der richterlichen Verantwortung, Karlsruhe 1965.

52 Zu diesem und weiteren Erklärungsversuchen, einer Entscheidungssammlung und bundesdeutschen Transskriptionstheorien siehe weiterführend Burchardt, a. a. O. (Fn. 26), S. 32-62.

53 Fritz W. Scharpf, a. a. O. (Fn. 50), S. 411.

54 A. a. O., S. 413.

55 So ist Scharpf partiell dazu gezwungen, Ausnahmen zu den Ausnahmen zuzulassen – so etwa in Bezug auf die Entscheidungen zur *Guaranty clause* (vgl. Scharpf, a. a. O. (Fn. 50), S. 414, 415-416 [siehe insbes. 416]).

56 Beispielhaft Hwang, Shu-Perng: Verfassungsgerichtlicher Jurisdiktionsstaat?, Berlin 2005, S. 227. Hwang bezieht sich dabei auf von Ernst-Wolfgang Böckenförde gewählte Kategorien (vgl. Böckenförde, Ernst-Wolfgang: Die Eigenart des Staatsrechts und der Staatsrechtswissenschaft, in: Staat, Verfassung, Demokratie: Studien zur Staatslehre, Verfassungstheorie und Rechtsphilosophie, Frankfurt am Main 1991, S. 11-28, S. 23).

57 Hwang, a. a. O. (Fn. 55), S. 228.

5 Prämissen der Demokratie

Dies ist der Ansatz des Divergenzmodells. Der Divergenzansatz verneint eine totale Kongruenz[58] von Verfassungsbindung und Justiziabilität dergestalt, dass der sich für den Gesetzgeber als „Handlungsnorm" darstellende Verfassungssatz für das BVerfG als bloße „Kontrollnorm"[59] wirkt. Denn ein Verfassungsgericht könne die aus einem Verfassungssatz abzuleitenden Wertentscheidungen aufgrund der *prozeduralen Forderungen der Demokratie* weitenteils gar nicht entschlüsseln. *Konsequenterweise ist damit die Frage nach der Kompetenz in Wahrheit die Frage nach der Fähigkeit.* Oder andersherum ausgedrückt: Seine Fähigkeit muss als Grenze der Macht jeder staatlichen Institution gelten. Die damit gemeinte *Prozeduralität der Verfassungsnormativität* kann nur durch Entfaltung des Demokratiegedankens begreifbar gemacht werden:

Seine ideeliche Herkunft hat insbesondere die Legitimation hoheitlichen Machtanspruchs und den Abbau von Fremdherrschaft zur Quelle. Beides kann nicht gänzlich voneinander isoliert werden. Fehlt es nämlich an der Identifikation des Einzelnen mit dem Demos als Entität, kommt jede staatliche Entscheidung, sofern sie nicht allein auf dem Willen des Einzelnen beruht, einer Fremdbestimmung gleich. Nur dadurch also, dass der Einzelne sich als Teil eines Ganzen erkennt und dieses seinerseits als legitimes Faktum *an*erkennt, besitzt die Entscheidung des Ganzen ihm gegenüber Legitimation. Die hierzu notwendige Bedingung ist unter Freien also die Mitbestimmung.

Dass allen Menschen Würde eignet, impliziert die Konsequenz *äquipollenter*[60] (indes *nicht unbedingt gleicher*[!]) Rechte.[61] Rechnet man hinzu, dass der Mensch in gesellschaftlichen Beziehungen zu leben geneigt, dabei aber ohne allgemeinverbindliches Reglement nicht auszukommen geeignet ist,[62] und beachtet ferner das Credo der Systemtheorie, nach welchem in komplexen Gesellschaftsstrukturen prinzipiell nicht von einem allumfassenden Normkonsens ausgegangen werden kann,[63] ist die Beantwortung der Frage nach der Wil-

---

58 Zur Konvergenzlehre siehe Scherzberg, Arno: Grundrechtsschutz und Eingriffsintensität, Berlin 1989, S. 87-97.

59 Hier wird der Begriff „Kontrolle" freilich nicht im Sinne von Herrschaft verstanden. Zu Begriff und Funktion der Kontrolle allgemein: Krebs, Walter: Kontrolle in staatlichen Entscheidungsprozessen, Heidelberg 1984, S. 4-50.

60 Hiergegen John Stuart Mill, der – ganz im Sinne des platonischen Gedankens, Gleichheit unter Ungleichen sei ungerecht – intelligenteren und besser ausgebildeten Menschen eine gewichtigere Stimme zuerkennen will, da ein ungleiches Stimmgewicht der natürlichen Ordnung des menschlichen Lebens entspräche, ders., in: MacCallum, R. B. (Hg.), Representative Government, Oxford 1946, S. 216-222.

61 Hierbei geht es namentlich um den Ausschluss von Willkür. Nicht unbedingt derselbe Rechtsinhalt ist zu gewähren – ein solches ist schon durch die Zielvorgabe einer funktionalen und effektiven Gesellschaftsorganisation weithin ausgeschlossen. Die den einzelnen Gesellschaftsmitgliedern zugewiesenen Rechte müssen einen sinnvollen Ausgleich konfligierender Interessen schaffen. Siehe hierzu genauer Rawls, John: Eine Theorie der Gerechtigkeit, 7. Auflage, Frankfurt am Main 1993, S. 21/22 und S. 27-34.

62 So ist etwa auch unter Idealbedingungen nicht anzunehmen, dass alle Bürger den für jede Gesellschaftsorganisation unabdingbaren Steuerzahlungen vollends freiwillig und in einem „gerechten" Maße nachkämen. Nur die Institutionalisierung von Normen, ihre Bewehrung mit staatlichem Zwang, kann die Normdurchsetzung und damit die Realisierung von Kooperationsgewinnen in der Gemeinschaft sichern (Tschentscher, Axel: Prozedurale Theorien der Gerechtigkeit – Rationales Entscheiden, Diskursethik und prozedurales Recht, zugleich Dissertation, Baden-Baden 2000, S. 333). Siehe hierzu außerdem Hart, Herbert L. A.: Concept of Law, Oxford 1961, S. 91. Dagegen Taylor, Michael: Anarchy and Cooperation, London/New York 1976, S. 134.

63 Siehe hierzu Luhmann, Niklas: Politische Theorie im Wohlfahrtsstaat, München/Wien 1981.

lensbildung durch das Mehrheitsprinzip bereits vorgegeben.[64] Damit ist einerseits zwar soviel Einigkeit wie möglich, andererseits aber auch soviel Mehrheit wie nötig hergestellt[65] und ein Maximum an Partizipation gewährt. Hiermit ist gesagt, dass die Frage der Herrschaftslegitimität realiter eine Frage der Partizipation des Beherrschten ist, beruhend auf der freiheitlichen Erwägung, Herrschaft als Beschränkung individueller Freiheit muss identisch sein mit Selbstgesetzgebung.[66] Die Unmöglichkeit vollständiger Autonomie des Einzelnen wird ersetzt durch Partizipation – wobei auf einen eigentümlichen Automatismus spekuliert wird: Da alle über das Gleiche beschließen, also neben ihrem Nachbarn auch sich selbst von der *ge*troffenen Entscheidung *be*troffen sehen, soll der notwendige Zwang auf ein Minimum reduziert werden.

Mit Kant begriffen ist der Staat die Vereinigung seiner Bürger unter der Herrschaft der Gesetze, die, verbunden mit dem durch sie implizierten Rechtszwang, genuin der *Verhinderung eines Freiheitshindernisses* zu dienen bestimmt sind.[67] Die Rechtfertigung hoheitlicher Verkürzung individueller Freiheit ist aus diesem Grunde allein in der Effektuierung der Freiheitsgarantie Anderer verortbar.

Diese freiheitliche Reziprozität muss aber das Versprechen einlösen, dass der Mensch auch unter Rechtsgesetzen (soweit wie nur möglich) ein Freier bleibt.[68/69] Das Fehlen eines dergestalt symbiotischen Verständnisses von individualer Freiheit und Mehrheitsherrschaft führte zu einem verkehrten Begriff entweder Ersterer oder Letzterer: Schrankenlose Freiheit bedeutete Anarchie, schrankenlose Mehrheitsherrschaft Despotie.[70] Dieses aristotelische Monitum ist Grundlage eines *kritischen* Begriffes mehrheitsgenerierter Gerechtigkeit. Denn

---

64 Grundlegend für den theoretischen Unterbau Rawls, a. a. O. (Fn. 60), S. 251-258. Kritisch zu Rawls: Weinberger, Ota: Logische Analyse in der Jurisprudenz, Berlin 1979, S. 195-216. John Rawls ganz ähnlich Höffe, Otfried: Vernunft und Recht: Bausteine zu einem interkulturellen Rechtsdiskurs, 2. Auflage, Frankfurt am Main 1998, S. 258.

65 In Anlehnung an Werner Maihofer, in: ders. / Benda, Ernst / Vogel, Hans-Jochen (Hg.), Handbuch des Verfassungsrechts, 2. Auflage, Berlin New York 1994, § 12, S. 427-536, S. 474.

66 Kant, Immanuel: *Metaphysik* der Sitten, in: Vorländer, Karl (Hg.), Immanuel Kant – Sämtliche Werke, Band III, 3. Auflage, Leipzig 1919, Erster Teil, § 46 (Die Rechtslehre, Zweiter Teil, [S. 136-138]).

67 A. a. O.

68 Direkt Vorschub geleistet ist hiermit also der Vorstellung, dass die Demokratie die der individuellen Freiheit günstigste Staatsform ist. Siehe zu dieser spezifischen Zweck-Mittel-Relation auch Kelsen, Hans: Was ist Gerechtigkeit, 2. Auflage, Wien 1975, S. 16. Ferner ders., a. a. O., S. 5 mit scharfem Blick: „Da wirkliche Freiheit, d. h. Freiheit von jedem Zwang, von jeder Art Regierung, mit jeder Art von Gesellschaftsordnung unvereinbar ist, kann die Idee der Freiheit die negative Bedeutung eines Freiseins von Regierung nicht beibehalten. Der Begriff der Freiheit muss die Bedeutung einer besonderen Form der Regierung annehmen. Freiheit muss bedeuten: Regierung durch die Mehrheit, wenn nötig, gegen die Minderheit der regierten Subjekte. Die Freiheit der Anarchie verwandelt sich so zur Selbstbestimmung der Demokratie". Insoweit sprechen mithin Gründe der praktischen Legitimität dafür, die rechtlichen Entscheidungen auf der Grundlage des weitmöglichsten Konsenses zu treffen: Dadurch, dass Wertungen der Verobjektivierbarkeit – wenn überhaupt – nur beschränkt zugänglich sind, wird eine vollständige Übereinkunft in den wenigsten Fragen möglich sein. Ist nun eine Entscheidung zu treffen und ein Interesse auf Kosten eines anderen durchzusetzen, so muss dieser Interessenträger grundsätzlich zurückstehen. Im Rahmen der prinzipiellen Gleichheit sollen es aber eben die Wenigsten sein, die zurückstehen müssen und sich so nicht repräsentiert fühlen.

69 Hierin unmittelbar findet sich die Begründung für den Grundsatz vom Gesetzesvorbehalt. Schon Verfassungen des Frühkonstitutionalismus folgten diesem Gedanken und verlangten für bestimmte Eingriffe in die Rechtssphäre des Bürgers („Freiheit und Eigentum") ein Gesetz, das wiederum die Zustimmung der Stände voraussetzte. Daher sind die Implikationen einer generalregulativen Grundrechtsidee so gefährlich für die Freiheit (vgl. hierzu Starck, Christian: Die Grundrechte des Grundgesetzes – zugleich ein Beitrag zu den Grenzen der Verfassungsauslegung, in: JuS 1981, S. 237-246, insbesondere S. 246; Wahl, Rainer / Masing, Johannes: Schutz durch Eingriff, in: JZ 1990, S. 553-563, S. 555.

70 *„La force sans la justice est tyrannique"* (Blaise Pascal).

Freiheit und Gleichheit sind nicht Selbstzweck, sondern Voraussetzung der Erkenntnis, des Bewusstseins.

Negatorisch gewendet bedeuten daher Würde und die von dieser eingeforderte Freiheit gleichzeitig die Begrenzung *realer* Macht. Ist damit angesprochen, dass der Satz von der Legitimität durch Legalität zwar Anspruch und auch Grundlage des demokratischen Konzeptes ist, nicht aber sein notwendiges *Resultat*, dass also eine valide Theorie der Demokratie aus ihrem Negativ, dem *Despotismus aller* zu entwickeln ist, bedarf es folglich einer Organisation des Staates, welche die Schwächen menschlicher Führung einzurechnen und hieraus einzuebnen in der Lage ist.[71] Ist nämlich damit zu rechnen, dass angestellte Folgeabwägungen nicht zutreffen, entweder weil ihre Grundlagen nicht richtig oder nicht hinreichend ermittelt, sachfremde Erwägungen angestellt oder die Ergebnisse fehlinterpretiert wurden, ist die Vereinbarkeit der Entscheidung mit Verfassungsinhalten in vielschichtigen Sozialsystemen also in mehrfacher Hinsicht ungewiss ist, betont dies die Notwendigkeit der Kontrolle.[72]

Dass also immerhin natürlich begründete, nichtpositivistische (Menschen-)Rechte des Einzelnen nicht durch die Mehrheit veräußerlich sind, gilt es zu garantieren.[73] Da nur solche Normen Allgemeinverbindlichkeit verdienen, welche die (mehrheitliche) Zustimmung aller Betroffenen reklamieren können, ist es Aufgabe der politischen Grundrechte, die gleiche potentielle Teilnahme des Einzelnen an den Beratungsprozessen und der Entscheidungsfindung zu garantieren. Diese symmetrisch verrechtlichte Effektivität kommunikativer Individualfreiheiten zur Sicherung des öffentlichen Diskurses ist *die* Voraussetzung dafür, dass die letztlich getroffenen Entscheidungen die Vermutung der Legitimität für sich haben. Realisiert werden kann dies vermittels eines die jeweilige Mehrheit als den Gesetzgeber in die Pflicht nehmenden Grundsatzprogramms, das bestenfalls durch einen allumfassenden, fortdauernden Konsens des der Staatsbildung präexistenten Souveräns, dem Volk als *pouvoir constituant* getragen wird. Hieraus erklärt sich der gemeinsame Ursprung von Volkssouveränität und Menschenrechten.[74] Das ist das Konzept der Verfassung,[75] einer Verfassung, der zeitgemäße Entwurf einer *grundrechtsbasierenden konstitutionellen Demokratie*.[76/77]

---

71 Gerade darum geht es auch Immanuel Kant, wenn er die Demokratie vom Republikanismus scheidet – wenn auch zunächst nur im Sinne des hier nicht weiter zu verfolgenden Gedankens der Disparität von Legislative und Exekutive; hierzu Maus, Ingeborg: Zur Aufklärung der Demokratietheorie, Frankfurt am Main 1992, S. 191-202 (insbesondere S. 194).

72 Siehe zur Rolle der Kontrolle als Surrogat in der mittelbaren Demokratie allgemein Meyn, Hans-Ulrich: Kontrolle als Verfassungsprinzip, Baden-Baden 1982, S. 198-207. Entwicklungsgeschichtlich Roellecke, Gerd: Kann Rechtsprechung Politik ersetzen?, in: DRiZ 1996, S. 174-179, S. 175-177.

73 Es gilt nämlich zu bedenken: *Summum ius summa iniuria*. Damit wird solchen (leicht facharroganten) Stimmen Rechnung getragen, die daran erinnern wollen, dass die Demokratie die staatliche Kardinalfunktion, die Gesetzgebung, dem „Laien" aufträgt (siehe Pestalozza, Christian: Gesetzgebung im Rechtsstaat, in: NJW 1981, S. 2081-2087, S. 2082).

74 Vgl. Habermas, Jürgen: Faktizität und Geltung, Frankfurt am Main 1992, S. 161.

75 Vgl. hierzu auch Rawls, a. a. O. (Fn. 60), S. 28: „Es sind diejenigen Grundsätze, die freie Menschen in ihrem eigenen Interesse in einer anfänglichen Situation der Gleichheit zur Bestimmung der Grundverhältnisse ihrer Verbindung annehmen würden. Ihnen haben sich alle weiteren Vereinbarungen anzupassen; sie bestimmen die möglichen Arten der gesellschaftlichen Zusammenarbeit und der Regierung."

76 Dass die grundrechtliche und demokratische Freiheitsidee einer einheitlichen Quelle entspringen, wird vielfach nicht gesehen; siehe etwa Starck, Christian: Grundrechtliche und demokratische Freiheitsidee, in: Isensee, Josef / Kirchhof, Paul (Hg.), Handbuch des Staatsrechts, Band II, 2. Auflage, Heidelberg 1998, § 29, S. 3-27, S. 4 (Rdnr. 2) m. w. N., im hiesigen Sinne einschränkend dann aber S. 5 (Rdnr. 4).

77 Sichere Demokratie ist jedenfalls ohne Grundrechte nicht denkbar. Ob dieser Satz auch umgekehrt Geltung beanspruchen kann, darf bezweifelt werden, tut aber hier nichts zur Sache.

Die Rekapitulation des Bisherigen fördert die Einsicht, dass sich kein System auf Zwangsgewalt allein stützen kann. Dauerhafte Herrschaft nimmt vielmehr einen allgemeinen Konsens zur Voraussetzung, der bestenfalls jede einzelne Entscheidung konkret zu bilden in der Lage wäre und insoweit als entscheidungskonstituierend zu bezeichnen ist. Ist eine Teilnahme dieserart aus verschiedenen Gründen nicht möglich, tritt das konstituierende Moment zurück und ist abzutauschen durch ein akzeptierendes. Diese Akzeptanz ergibt sich nach dem hier verfochtenen Modell nicht mehr aus dem direkten Einfluss der Beteiligung des Einzelnen, sondern aus der *Gleichheit seiner mittelbaren Teilnahme*. Ist aber eine mittelbare Teilnahme naturgemäß mit einem minderen Maß an inhaltlichem Einfluss auf die einzelne Entscheidung verbunden, muss sie aus einer der unmittelbaren Teilnahme gleichwertigen Perspektive heraus anderweitig in der Lage sein, das politische System in gleichem Maße zu stabilisieren. Die Schwierigkeit besteht hierbei darin, dass Entscheidungen als akzeptabel und damit bindend darzustellen sind, deren Inhalt weitgehend unklar ist. In einem gewissen Sinne setzt dies also die Bereitschaft zum Gehorsam in der Beliebigkeit voraus. Der Inhalt des Befehls wird „um dessen selbst willen"[78] zur Maxime des Verhaltens. Eine Beliebigkeit allerdings, deren Flanken korrektivierend durch die Verfassung bestimmt werden.[79] Mit anderen Worten: *Das Akzeptieren der Entscheidung selbst ist surrogiert durch das Akzeptieren ihrer Prämissen.* Aus diesem Grunde hat *Niklas Luhmann* zutreffend vorgeschlagen, Legitimität zu definieren als eine „generalisierte Bereitschaft, inhaltlich noch unbestimmte Entscheidungen innerhalb gewisser Toleranzgrenzen hinzunehmen".[80]

Liegt also nach dem Ausgeführten eine der wesentlichen Prämissen in der Einheit von Gesetzesrecht und Verfassung, müssen Gesetzesentscheidungen folglich in jedem Falle darauf überprüfbar, also anfechtbar sein.[81] Existiert damit Rechtsgarantie nicht ohne Rechtskontrolle, ist dieselbe das unverzichtbare Moment wahrer Demokratie.[82]

Kontrolle aber, will sie effektiv sein, ist nur gewährleistet in der Hand eines von dem kontrollierenden, dem gesetzgebenden zu unterscheidenden Organs, genauer: einer extralegislativen, vollumfänglich unabhängigen Institution. Ist also der Staatskonzeption aufgrund ihrer grundsätzlichen Ausrichtung auf die Mehrheitsherrschaft hin ein Kontrollmoment zwingend unterlegt, verlangt eben dieses wiederum zwingend die Trennung des Kontrollierenden vom zu Kontrollierenden.[83] Die Gewaltenteilung in Legislative und Judikative ist

---

78 So knapp zum Gehorsamsbegriff Weber, Max: Wirtschaft und Gesellschaft – Grundrecht der verstehenden Soziologie, 5. Auflage, 1. Halbband, Tübingen 1976, S. 123.

79 Wenn Wolfgang Fikentscher die Grundrechte aus dem Sollen selbst erklärt, weil dieses über die es verwirklichende Macht zu einem Sein verartet, und damit der Wertigkeit des Sollens ein Gegenwert gegenüberzustellen sei, der geeignet ist, die „ethologische Dezision auch dann offenzuhalten, wo die ihr innewohnende Antinomie sie zu blockieren droht – nämlich in ihrer politischen Verwirklichung" (Methoden des Rechts, Band IV, Dogmatischer Teil, Tübingen 1977, S. 402/403) –, dann ist dies insoweit tatsächlich „überraschend" (Fikentscher), als diese Erklärung grundrechtlicher Existenz die Sozialdynamik unbeachtet lässt, welche zwar den Inhalt des Sollens berührt, dessen Bestehen aber nicht angeht, sondern vielmehr garantiert. Dennoch ist der Ansatz richtig – nur eben *insoweit* unvollständig –, da die Grundrechte als Grundwerte den *Prüfstein* alles Sollens bilden.

80 Ders.: Legitimation durch Verfahren, 2. Auflage Frankfurt am Main 1989: Suhrkamp; text- und seitenidentisch mit der 3. Auflage 1978: Luchterhand, S. 28.

81 Demokratie verhält sich zur staatlichen Willensbildung wie die (Selbst-)Kritikfähigkeit zur Individualpsyche.

82 Gerade das ist es, das dem aufgrund der hohen Komplexität der Entscheidungsvorgänge an Einzelheiten nahezu desinteressierten Bürger sein generalisiertes Systemvertrauen ermöglicht und damit die Geschäftsgrundlage des modernen Staates sichert. Näher Luhmann, Niklas: Vertrauen. Ein Mechanismus der Reduktion sozialer Komplexität, 3. Auflage, Stuttgart 1989, S. 31.

83 Grundlegend Montesquieu: De L'esprit des Lois, 1749, Buch XI, Kap. 6: „Es gibt ferner keine Freiheit, wenn die richterliche Gewalt nicht von der gesetzgebenden und vollziehenden getrennt ist. Ist sie mit der gesetzge-

mithin ebenfalls demokratisches Korollarium. Damit wird offenbar, warum ein wahrhaftig demokratischer Staat insofern *notwendig* Rechtsstaat im materialen Sinne ist[84].[85]

Für den nicht vollständig verrechtlichten Verfassungsfall zeigt sich daher noch einmal eindeutig, dass die Präzisierung der Verfassungsordnung grundsätzlich nur einem *kontrollierbaren Staatsorgan* überlassen werden darf. Die Gefahr, dass dieses endgültig Inhalte definiert, die mit der Verfassung nicht vereinbar sind, ist auf Grund der immer möglichen Kassation seiner Entscheidung vergleichbar gering. Das Verfassungsgericht ist dabei die institutionelle Reflektion des allbezüglichen Vorrangs der Verfassung.

6 Handlung und Kontrolle

Entscheidungen des Bundesverfassungsgerichts als Entscheidungen über den *Inhalt der Verfassung* müssen ihrer Natur nach mit der Verfassung auf derselben Stufe stehen. Für Rechtsmittel gegen sie fehlt es daher an einem übergeordneten Maßstab. Vor diesem Hintergrund sind Entscheidungen des Bundesverfassungsgerichts endgültig, das heißt unanfechtbar. Hieraus darf natürlich keine omnipotente Suprematie des Gerichts gefolgert werden.[86] Im Gegenteil: Das Verfassungsgericht *dient gerade* der Abwendung potentiell verfassungsfeindlicher Allmacht und hat sich daher in den spezifischen Funktionskreis der jeweiligen Verfassung intermediär einzuordnen. Besteht nun der Sinn eines solchen Funktionskreises insbesondere darin, eine freiheitliche Staatsgestalt zu aktualisieren, dann besteht die Kehrseite der Wahrnehmung eigener Funktionen in dem Ausschluss des Wahrnehmens organfremder Funktionen. Noch einmal: anderenfalls würde die Teilung unter Umständen ermöglichen, was sie selbst abzuwehren intendiert. Ein Verfassungsgericht – will es demokratischen Denkkategorien entsprechen – muss daher aus der Beschreibung der Tätigkeit des Gesetzgebers entwickelt werden.

Nach dem Gesagten ist hierbei Ausgangspunkt die demokratische Willensbildung und die Fassung des politisch durchgesetzten Willens in Gesetze. Mit dem Begriff des Gesetzes sind hier solche materiellen Rechtssätze gemeint, die eine mehr oder minder konkrete Sollensfrage, entweder rein konditional oder zweckentsprechend formuliert, mit einem allgemeinverbindlichen Gebot oder Verbot beantworten. Solche Normen entspringen, wollen sie den demokratischen Gedanken einlösen, einem spezifisch geregelten, den Einzelentschluss des Souveräns surrogierenden Verfahren und gewinnen daher erst aus diesem heraus ihre

---

benden Gewalt verbunden, so wäre die Macht über Leben und Freiheit der Bürger willkürlich, weil der Richter Gesetzgeber wäre."

84 Demokratie ist damit Ausdruck der Entscheidung gegen den Kampf und für den Wettbewerb. Und zwar den Wettbewerb zwischen Positions- und Wertelite in dem jeweiligen Bestreben um beider Vereinigung (vgl. zu diesen hier vorausgesetzten Begriffen näher: Münkler, Herfried: Der Wettbewerb der Sinnproduzenten – Vom Kampf um die politisch-kulturelle Hegemonie, Merkur 2006, S. 15-22, S. 15-17). Kampf setzte notfalls Revolution voraus, um Bewusstsein die Durchsetzung zu erlauben. Echter Wettbewerb erübrigt diesen Kampf. Und zwar unabhängig der Frage, ob staatliche Willensbildung kreatorisch den „neuen Menschen" oder pathologisch das Revitalisieren bereits verhandelter Werte zum Ziel hat.

85 Denselben Gedanken hat Hans Nawiasky „seitenverkehrt" fruchtbar gemacht: „Mit anderen Worten: es zeigt sich, dass das eigentliche Wesen des Rechtsstaates in der Verwirklichung der Freiheit zum Ausdruck kommt.", Allgemeine Staatslehre, 3. Teil: Staatsrechtslehre, Einsiedeln Zürich Köln 1956, S. 124. Gleichwohl scheint das BVerfG das Rechtsstaatprinzip nicht zu den in Art. 20 GG niedergelegten Grundsätzen zu rechnen (Art. 79 Abs. 3 GG!), siehe E 30, 1-47 (24); 40, 296-352 (327).

86 ... wenn auch der Verfassung selbst.

Legitimation. Ein demokratisches Gesetz ist demnach in einem ersten Schritt zu kennzeichnen durch die Beliebigkeit seines Inhaltes,[87] verbunden mit der Nichtbeliebigkeit seiner prozeduralen Voraussetzung.[88] Da die inhaltliche Beliebigkeit dabei auch nicht den Vorrang der Verfassung unterlaufen darf, müssen Gesetze – wie gezeigt – darüber hinaus auch zwingend kontrollierbar sein. Gesetz in einem freiheitlich-demokratischen Sinne ist damit und darf nur sein (!) der prozedural legitimierte, (allgemeinverbindliche,) *kontrollierbar positivierte*[89] *Sollenssatz*.[90]

Eine Kontrolle der kontrollierenden Entscheidung findet jedenfalls nicht statt. Anderenfalls könnte und müsste das Rechtsschutzsystem endlos sein.[91] Konnte gerade aber gezeigt werden, dass all jene Entscheidungen, die den Bürger als Teilträger staatlicher Souveränität angehen, appellabel sein müssen,[92] setzt freiheitliche Demokratie auch voraus, dass die kontrollierende Gewalt, deren Entscheidungen selbst inappellabel sind, nur im Rahmen seiner tatsächlichen Fähigkeiten, im Sinne der zu seiner Konstituierung führenden Notwendigkeiten entscheidet.

Damit muss dem BVerfG aber die *positive* Verfügung über die normativen Gründe von Gesetzesentscheidungen zwangsläufig verwehrt sein.[93] Denn die Einlösung des Anspruchs, Gesetze dürften allein genuine Emanation der Selbstbestimmung sein, schließt ein Abtauschen von *Universalisierung* als Rechtssetzung und *Universalisierbarkeit* als ethische/moralische Begründung des gesetzten Rechts zwingend aus. Verhält sich damit die Ethik zu der Universalisierbarkeit wie das Recht zur Universalisierung, ist Rechtwerdung der Ethik nur über den Weg des von unten nach oben gerichteten öffentlichen Prozesses möglich. Auf der Prämisse eines solchen Verfahrens, durch dieses bedingt also, beruht die Zustimmung des Einzelnen zu dem von ihm eingegangenen „Gesellschaftsvertrag" und den hieraus resultierenden Regeln. Das mit der Gewähr für dieses Prozedere eingegangene Versprechen von

---

87 *Auctoritas non veritas facit legem.* Was nicht zuletzt als Warnung verstanden werden muss – zumindest wenn man autoritäre Staatstheorien als Beschreibung und nicht zum Anspruch nimmt.

88 So in Anlehnung an Immanuel Kant auch Maus, Ingeborg: Zur *Theorie* der Institutionalisierung bei Kant, in: Göhler, Gerhard / Lenk, Kurt / Münkler, Herfried / Walter, Manfred (Hg.), Politische Institutionen im gesellschaftlichen Umbruch, Opladen 1990, S. 358-385, S. 372.

89 Der Begriff der Positivierung soll den Unterschied zwischen Gesetz und *Rechtserzeugungsquelle* besetzen. In Anlehnung an Ross, Alf: Theorie der Rechtsquellen, Leipzig und Wien 1929 (Neudruck Aalen 1989), S. 291 f., will mit letzteren der „Erkenntnisgrund für etwas als Recht" beschrieben sein. Als Rechterzeugungsquellen „sind danach alle Handlungsanweisungen und Maßstäbe zu verstehen, die Verhaltensmuster vorschreiben, Ziele und Maßstäbe des Verwaltungshandelns festlegen und die rechtliche Entscheidung von Konflikten bestimmen, gleichgültig in welcher äußeren Form sie in Erscheinung treten.", so Ossenbühl, Fritz: Gesetz und Recht – Die Rechtsquellen im demokratischen Rechtsstaat, in: Isensee, Josef / Kirchhof, Paul (Hg.), Handbuch des Staatsrechts, Band III: Das Handeln des Staates, Heidelberg 1988, § 61, S. 281-314, Rdnr. 3 (S. 283). Hiergegen abzugrenzen ist der Begriff der Rechtsquelle. Darunter ist die Verfassung, das förmliche Gesetz, Rechtsverordnung und die Satzung zu fassen; siehe Ossenbühl, a. a. O., Rdnr. 33 (S. 297), der allerdings terminologisch nicht konsequent ist (Rdnr. 3 [!]).

90 Zum voranschreitenden formalisierten Gesetzesbegriff, dem sich der hier benutzte zugehörig fühlt, siehe die umfangreichen Nachweise bei Stern, Klaus: Das Staatsrecht der Bundesrepublik Deutschland, Band II, München 1980, § 37 I 4 b mit Fn. 53 (S. 568).

91 Beachte hierzu auch Walter Jellineks Frage: Quis custodiet custodes? in: Aussprache über die Berichte zum ersten Beratungsgegenstand, VVdStRL, Heft 5 (1929), S. 88-123 (S. 96).

92 So ausdrücklich auch Simon, Helmut: Die verfassungskonforme Gesetzesauslegung, in: EuGRZ 1974, S. 85-91, Rdnr. 59 (S. 1672).

93 Diesen Gedanken vor Augen wird klar, dass die kompetenziellen Forderungen des Demokratieprinzips *tatsächlich* den substanziellen Forderungen der Grundrechte antipodisch gegenüberstehen (siehe insoweit auch Raabe, Marius: Grundrechte und Erkenntnis, zugleich Dissertation, Baden-Baden 1998, S. 17 f.). Darin zeigt sich schon, dass sich eine Verortung der Kompetenzgrenzen besonders am Epistemischen zu orientieren hat.

Erwartungssicherheit wäre gebrochen, setzte ein anderer als der durch dieses Verfahren Privilegierte Recht; der demokratische Staat würde sich selbst verraten.[94] Nur dieses Ergebnis – als solches der Logik der Demokratie – ist Ausdruck einer tatsächlichen Symmetrie reziprok bedingter Individualrechte. In Verabschiedung eines beliebig austauschbaren, weil wertfixierten Gerechtigkeitsbegriffes ist damit abschließend nur gerecht, was das vereinbarte Verfahren zur Gerechtigkeitsfeststellung durchlaufen hat.

Wenn nun also die Ethik, verklärt durch den juristisch akzeptierbaren Begriff der Wertung, als das Maß des Gesetzes vorgestellt wird, heißt das, den Prozess legitimer Rechtwerdung umzukehren. Die Volkssouveränität wird surrogiert durch ein justizverwaltetes Arkanum vorgeblich verfassungsexegierter „Ethik". Rechtwerdung vollzieht sich nunmehr innerhalb eines von oben nach unten gerichteten Prozesses. Hiergegen kann auch nicht gewendet werden, dass Entscheidungen des Bundesverfassungsgerichts, die auf Rechtsetzung hinauslaufen, immerhin noch der Umsetzung des legitimierten Gesetzgebers bedürften. Dieser kann schlichtweg nicht anders, als dem (indirekt) gesetzten Zwang zu folgen; mag dieser im Ergebnis auch nur auf der besonderen, öffentlich empfundenen Autorität des Verfassungsgerichts beruhen, welche die Entscheidung zur Nichtumsetzung zu einem Inpopularium machte. Solche Zwangsentscheidungen sind aber von seiner Legitimation nicht umfasst. Im Gegenteil: Dem Recht als Emanation eines allgemeinvollzogenen Konsensbildungsprozesses eignet ein rein empirischer Charakter, der gerade hieraus seine Rechtfertigung bezieht. Es beruht auf einer anspruchsvollen demokratischen Organisation, welche unter den Vorbegriffen der Freiheit und Gleichheit die Partizipation des Einzelnen an einem dialogischen, institutionalisierten Willensbildungsverfahren regelt und überprüfbar macht. Anders verhält es sich hingegen mit der Moral, die nicht als Empirem, sondern an den tatsächlichen Verhältnissen übergeordneten (Ziel-)Vorgaben festzumachen ist. Wenngleich durch sie regelmäßig auch überkommene Maßstäbe reflektiert werden, ist der Prozess ihrer Genese letzlich rein monologisch und nicht überprüfbar. Insoweit kann von einer gewissen Statik, einer Unverfälschbarkeit des Gesetzes als Sein im Gegensatz zu einem freibeweglichen Begriff der Ethik/Moral als vorgeblichem Sollen gesprochen werden. Die also diametral verlaufenden Strukturunterschiede zwischen Gesetz und Moral würden aber verwischt, müsste der Gesetzgeber nicht mehr den Vorgaben eines tatsächlich (vermittels seiner Durchsetzung) *beweisbaren*, sondern denen eines nur *behaupteten* Sollens folgen.[95]

Für die Kompetenz des Bundesverfassungsgerichts heißt dies zusammengerechnet folgendes: Seine Kontrollgewalt ist unter anderem aber auch *insbesondere* das Resultat der Aufspaltung der *eigentlich einheitlichen* legislativen Gewalt zugunsten ihrer Verfassungsgemäßheit.[96] Ist die Gesamtgewalt damit aus staatstaktischen Gründen zwei verschiedenen Organen zugeordnet, kann der bundesverfassungsgerichtliche Anteil als Teil der ursprünglich einheitlichen Gewalt aber jedenfalls nicht gleichbedeutend sein mit dieser an sich. Anderenfalls machte die Aufspaltung, die der Hemmung und nicht der Verlagerung von Macht

---

94 Vor dem Hintergrund dieser gewaltenspezifischen Gefährdungslage hat sich Schweden in den siebziger Jahren gegen die Einführung einer Verfassungsgerichtsbarkeit entschieden; vgl. auch Höffe, a. a. O. (Fn. 63), S. 261.

95 Siehe hierzu auch Maus, a. a. O. (Fn. 70), S. 326-329.

96 Ganz ähnlich offenbar Sinemus, Burkhard: Der Grundsatz der Gewaltenteilung in der Rechtsprechung des Bundesverfassungsgerichts, Frankfurt am Main 1982, S. 81-87. Allerdings erscheint dessen darauf folgende Gegenüberstellung von Gewaltenteilung und Pluralismus (a. a. O., S. 87-97) als etwas überkünstelt, daraus folgend, dass Sinemus den Gedanken, dass echter Pluralismus die Gewaltenteilung notwendig impliziert, nicht konsequent nachvollzieht: „Zwar ist pluralistisches Nebeneinander dort, wo Gewaltenteilung überhaupt, und insb. dort, wo sie außerhalb der Staatsfunktionen stattfindet, durchaus *Voraussetzung* gewaltenteiligen Miteinanders. [...]" (Hervorhebung nicht im Original).

zu dienen bestimmt ist, keinerlei Sinn. Ist es damit alleinig dem parlamentarischen Gesetzgeber aufgegeben, kann es nicht die Aufgabe einer Verfassungsgerichtsbarkeit – auch nicht des Bundesverfassungsgerichts – sein, positive respektive zu positivierende Sollenssätze zu verfassen.[97]

Das genau ist es, was die Unterscheidung zwischen Handlungs- und Kontrollnorm ermöglicht. Die Verfassungsnorm behält als Handlungsnorm ihre programmatische Funktion gegenüber dem Gesetzgeber vollständig – auch inklusive aller objektiv-rechtlichen Bezüge. Wird sie aber als Kontrollnorm genutzt, beschränkt sie die Tätigkeit des Verfassungsgerichts gegenüber dem parlamentarischen Gesetzgeber nach den strukturellen Anforderungen des Demokratieprinzips auf die instituts-ursprüngliche negatorische Kassation einer gesetzgeberischen Entscheidung.

7 Prämissen der Erkenntnis

Nach Aristoteles ist „Tugend" das richtige Maß im Verhältnis zwischen zwei Extremen. Und dieses Maß muss jede Gesellschaft, jede Generation, für sich neu finden. Denn Tugenden gehen aus der jeweils herrschenden Denkungsart hervor (Kant). Schon deshalb kann es kein geschlossenes System der Tugenden geben. Der Mensch muss seine Tugenden in Freiheit wählen können, soll er tatsächlich für sie verantwortlich sein. Deswegen setzt eine vitale normative Kraft der Verfassung voraus – was für die Staatsrechtslehre des Konstitutionalismus noch selbstverständlich gewesen sein dürfte –, dass die Verfassung die „geistige Situation" ihrer Zeit zu rezipieren in der Lage ist, so dass sie „vom allgemeinen Bewusstsein als sachgemäße und gerechte Ordnung bejaht und getragen wird".[98] Es kann hiergegen auch keine Rigidität der Verfassung gewendet werden, die einen fortentwickelnden Zugriff auf ihren Inhalt verböte,[99] ist doch die Fortbildung der Verfassung nicht ihre Änderung und hat ihre Notwendigkeit schon dem Verfassungsgeber klar vor Augen gestanden: Im Parlamentarischen Rat war in den meisten Einzelfragen Konsens nur durch den Rückzug auf die letzte Abstraktionsstufe im Sinne eines kleinsten gemeinsamen Nenners zu erreichen.[100] Dann ist aber ein Verfassungsautomatismus, der einem nur mittelbar legitimierten gerichtlichen Organ, quasi an der parlamentarischen Volksvertretung vorbei, die Position des Stellvertreters des Verfassungsgebers überantwortete, nicht erklärbar.[101] Wenn eine realitätsnahe Umsetzung der gesellschaftlichen und politischen Wirklichkeit überhaupt möglich sein sollte, dann nur durch den parlamentarischen Gesetzgeber.[102]

---

97 In diesem Sinne Hesse, a. a. O. (Fn. 30), Rdnr. 83 (S. 32).

98 Hesse, Konrad: Die Normative Kraft der Verfassung, Tübingen 1959, S. 13.

99 Missverständlich – allerdings in anderem Zusammenhang – Scherzberg, Arno: Grundrechtsschutz und „Eingriffsintensität", Diss., Berlin 1989, S. 106.

100 Vgl. Gusy, a. a. O. (Fn. 29), S. 94 f.

101 In diese Richtung aber Isensee, Josef: Verfassungsrecht als „politisches Recht", in: ders. / Kirchhof, Paul (Hg.), Handbuch des Staatsrechts, Band VII, Heidelberg 1992, § 162, S. 103-163, Rdnr. 108 f. (S. 162 f.).

102 Hans Joachim Mengel schreibt hierzu: „Wenn Demokratie ernst genommen werden soll, dann muss das Vertrauen der Bürger in die kompetente Gestaltungskraft gesetzgeberischer Entscheidungsfindung sich auf den Gesetzgeber konzentrieren und nicht auf zwar in der Regel hochqualifizierte, integere, aber für die Aufgabe der politischen Gestaltung nicht legitimierte Richter.", Recht und Politik. Zur Theorie eines Spannungsverhältnisses im demokratischen Staat, Das Parlament 1989, B 13-14, S. 30-38, S. 38.

Einem solchermaßen *gleitenden Verfassungsverständnis*, einer Verfassung also, die sich in materieller Hinsicht permanent fortentwickeln lässt und auch fortentwickelt werden muss, kommt das prozedurale Divergenzmodell nicht nur entgegen, sondern es setzt dieses sogar voraus. Es kann damit als die Pointe demokratischer Gerechtigkeitsidee gelten. Die Überlegenheit einer prozeduralen Kontrolltheorie ergibt sich also aus ihrer leicht einsehbaren Distinktion. Muss bei vorausgesetzter Deckungsgleichheit von Handlungs- und Kontrollnorm im Allgemeinen versucht werden, das Verhältnis zwischen Macht und ihrer Kontrolle aus einer der Gegenüberstellung beider entspringenden Verselbständigung der Kontrolle heraus zu entwickeln, wird der prozedurale Ansatz – quasi umgekehrt – als Ergänzung des politischen Prozesses entfaltet, so dass Kontrolle im Sinne der kant'schen Grundposition vollkommen unabhängig verfassungsmaterieller Kriterien definiert werden kann. Die Gefahr der Überanstrengung einer Norm ist mithin relativiert.

Demokratie im Sinne ihres eigentlichen Ziels ist begründet auf einem konsequenten Verständnis von politischer Gleichheit. Wenn aber einem Gremium, das faktisch weder kontrollierbar noch zur Rechenschaft ziehbar ist, derartige Gestaltungsmacht eingeräumt ist, dass es das gesellschaftliche Geschehen *kreativ* beeinflussen kann, ist dieses Ziel verfehlt. Ein auf Ausbildung und beruflicher Karriere und eben nicht auf dem Vertrauen des Souveräns gründendes Mandat bestimmte diesenfalls die Politik. Vielmehr ist jede Entscheidung, die inhaltlich eine Folgenabschätzung erfordert und in demokratischem Sinn Verantwortung des Entscheiders verlangt, so dass er bei Fehlgehen seiner Entscheidung möglichst schnell demissiert werden kann, eine politische Entscheidung, die in den Verantwortungskreis des parlamentarischen Gesetzgebers gehört.[103]

Diese Vorstellung ist selbst zudem politisch vollkommen neutral. So neutral sogar, dass auch dahinstehen kann, ob der Gleichheit im Zweifel Vorrang vor der Freiheit einzuräumen ist oder umgekehrt. So neutral, dass damit erst recht nicht entschieden werden muss, ob liberal-demokratische oder sozial-demokratische Muster, in welcher Erscheinungsform auch immer, vorzuziehen sind. Diese Entscheidung ist vielmehr absolut unpolitisch. Denn der sie ursprünglich tragende politische Aspekt ist heute keine politische Frage mehr, sondern gehört zu den *rationes aeterna*, ist Menschenrecht: die politische Stimme des Individuums.

Natürlich lässt sich fragen, ob denn das „einfache Volk" und mit ihm die von ihm gewählten Vertreter – vor allem in Anbetracht des hypertrophierten Einflusses der Wirtschaft auf Willensbildung und Staatsgeschäft – überhaupt dazu in der Lage sind, richtige Entscheidungen zu treffen. Das ist aber eine Frage nach der Berechtigung der Demokratie überhaupt. Hat man sich aber zu ihr entschieden, ist sie ehrlich zu behandeln, sonst ist sie eine reine Farce. Demokratie ist kein einfaches Konstrukt; es ist ein Ideal. Alle daraus ggf. entstehenden Nachteile sind an anderer Stelle zu klären. So ist auch der schon in viele politische Farben getauchte Verweis auf die Ungebildetheit und/oder Uneinsichtigkeit des Staatsvolks der Verweis auf die unzureichende Bildungspolitik des Landes, auf das Versagen bei der Kindererziehung, auf das Nichterkennen der Notwendigkeit, einen Menschen lebenstauglich zu machen. Und lebenstauglich meint natürlich weder, dass der Mensch in der Gesellschaft ir-

---

103 Dies hat jedenfalls innerhalb eines statischen Willensbildungsverfahrens zu gelten, das repräsentativ unter Gleichen in den meisten westlichen Gesellschaften auf nationaler und regionaler Ebene etabliert ist. Dagegen steht ein sozusagen dynamisches Willensbildungsverfahren. Ein solches lässt sich etwa auf EU-Ebene beobachten. Vom unrepräsentativen Einstimmigkeitsprinzip (was in seinen Vorteilen, etwa dem *Peer pressure*, gleichzeitig auch seine Nachteile findet) entwickelt sich hier das Verfahren der Willensbildung Schritt für Schritt (auch Rückschritte sind insoweit möglich) und zunächst nur bereichsweise, also nach Maßgabe des geringsten Widerstands, zu einem repräsentativen Mehrheitsentscheid: Die schwierige Umkehr des *top-down*.

gendwie – bestenfalls noch nur mit Hilfe von Sozialansprüchen – als „stummer Ballast" ü-
berleben kann noch die Personifizierung des Leistungsprinzips in einer jede soziale Verantwortung negierenden Karrierepersönlichkeit. Der deutsche Staat braucht sich weder einerseits über die mitunter bis in die Unmündigkeit reichende Motivationslosigkeit noch andererseits über die nicht selten bis in die Anmaßung reichende Oberflächlichkeit seiner Bürger
zu beschweren: er hat diese Eigenschaften in dem gleichen Maß befördert, wie er in der
Ausbildung des Einzelnen versagte. Wer seinen Kindern die Welt nicht offenbart, darf sich
nicht darüber wundern, dass sie nichts mit ihr anzufangen wissen. Und dennoch oder gerade
deshalb hat niemand das Recht, seine Meinung außerhalb der demokratischen Prozedur (genauer: hinterrücks) durchzusetzen – auch und gerade derjenige nicht, der sich durch das persönliche Privileg von Bildung als besser und gerechter empfindet.[104] Jeder, der die Wahrheit
zu kennen glaubt, soviel ist sicher zu stellen, muss bei Wahrung der Menschenrechte und unter Inkaufnahme des mitunter steinigen demokratischen Weges sachlich (genauer: inhaltlich)
überzeugen. Wenn Weltgeschichte – und nur als deren zwangsläufiges Produkt kann sich ein
demokratischer Staat überhaupt begreifen – bisher ein Credo hat, dann ist es dieses. Dem
muss eine Verfassung Rechnung tragen, dem muss ein Verfassungsgericht Rechnung tragen.

Auch diejenigen, die von „Großem" überzeugt waren, haben Kriege verloren und Dialo-
ge zu Diskussionen verrissen. Berechtigtes Selbstbewusstsein und Arroganz der Macht liegen zu dicht beieinander, als dass ihr Unterschied nicht durch intelligente Argumentation ka-
schiert werden könnte. Gewalt und Prätention sind keine nachhaltigen Mittel – die in Freiheit vermittelte Erkenntnis ist es. Wilhelm von Humboldt brachte es auf den Punkt: „Keine
Staatsverfassung kann gelingen, welche die Vernunft nach einem angelegten Plan gleichsam
von vorn her gründet; nur eine solche kann gedeihen, welche aus dem Kampf des mächtige-
ren Zufalls mit der entgegenstehenden Vernunft hervorgeht [...]. Staatsverfassungen lassen
sich nicht auf Menschen, wie Schößlinge auf Bäume pfropfen. Wo Zeit und Natur nicht vor-
gearbeitet haben, da ists, als bindet man Blüten mit Fäden an. Die erste Mittagssonne ver-
sengt sie".

---

104 Denn hierin steckt prinzipiell auch die Gefahr eines jeden Fundamentalismus: „die Herstellung einer ungefähr-
deten Deutungshoheit, die Beendigung sowohl des Wettbewerbs als auch des Kampfes der Sinnproduzenten
durch die Installierung einer Gruppe letztverbindlicher Sinnbewirtschafter." (Münkler, a. a. O. [Fn. 83], S. 20).
Dieses Argument ist demokratietheoretisch zudem auch unterhalb der (objektiv ohnehin nicht messbaren)
Schwelle des Fundamentalismus gültig. Es steht in einem System prozeduraler Gerechtigkeit universell gegen
jeden Befehl, der nicht originäres Produkt des vereinbarten Willensbildungsverfahrens ist.

Klaus von Beyme

Modell für neue Demokratien?
Die Vorbildrolle des Bundesverfassungsgerichts

Einleitung: Das österreichisch-deutsche Modell im Kontrast zum amerikanischen Modell des judicial review

Zwei Modelle des richterlichen Prüfungsrechts gegenüber staatlichen Hoheitsakten hat Hans Kelsen (1942) im amerikanischen Exil skizziert – seltsamer Weise im „Political Science Journal" und nicht in einer juristischen Fachzeitschrift. Er nannte das „österreichische Modell", das durch Hitler zeitweilig wirkungslos wurde und das amerikanische Modell.

1)

Das amerikanische Modell des judicial review ist eine „diffuse Kontrollmethode", bei der der Supreme Court „*incidenter*" entscheidet. Amerikas Judicial Review wurde erst 1803 in der Entscheidung „Marbury v. Madison" entwickelt und konzentrierte sich zunächst auf den Schutz individueller Rechte. Um die Star-chamber-proceedings der englischen Praxis des Spätabsolutismus zu vermeiden, durfte es kein spezielles Verfassungsgericht geben. „Abstrakte Normenkontrolle" war von den founding fathers bewusst nicht vorgesehen worden, obwohl ein „Council of Revision" diskutiert worden ist, eine Institution, die aus Mitgliedern der exekutiven und jurisdiktionalen Gewalt zusammen gesetzt sein sollte und mit der Macht ausgestattet worden wäre, Kongress-Gesetze abzulehnen[1].

In der alten Common Law Tradition haben amerikanische Gerichte die Verfassung wie jedes andere Rechtsdokument interpretiert. Insofern war der Supreme Court mit seinem Judicial Review ein Fremdkörper im Common Law, bei dem eine föderalistische Ideologie mit dem Glauben an aufgeklärte Eliten mit der Idee der Volkssouveränität und der Idee der Gewaltenteilung versöhnt werden musste[2]. Das präsidentielle System mit seinem strikten Dualismus (Inkompatibilität von Exekutivamt und Abgeordnetenmandat, Fehlen von Misstrauensvoten der Parlamentsmehrheit und des Gegenmittels der Parlamentsauflösung) schien ebenfalls eines Vermittlers zu bedürfen. Der Supreme Court war radikalen Demokraten durchaus verdächtig. Er schien das am wenigsten demokratische Organ der Entscheidung und war – wie der drittel-erneuerte Senat – ein Instrument die Volatilität demokratischer Entscheidungen in Grenzen zu halten. Das Modell schien die logische Konsequenz aus der Föderalisierung der angelsächsischen Tradition. In der Verbindung mit der konkreten Normenkontrolle war das amerikanische Modell stark „policy-orientiert", mit einer Neigung

---

1   Reitz, in: Kenney, Sally J. / Reisinger, William M. / Reitz, John C. (Hg.): Constitutional Dialogues in Comparative Perspective. Houndsmill, Basingstoke, Macmillan, 1999, S. 66.
2   Griffin, Stephan M.: American Constitutionalism : From Theory to Politics. Princeton, Princeton University Press, 1996, S. 13, 17.

zum „*social engeneering"*. Diese Konzeption ist mit der Tradition einer anti-etatistischen Markt-Orientierung der amerikanischen Politik erklärt worden, die sich bewusst vom europäischen Etatismus abgrenzte. Das erscheint vor allem im Vergleich zu Frankreich zutreffend, wo das richterliche Prüfungsrecht nur in abstrakter Form und „ex ante" bestand. Sowie ein Gesetz promulgiert war, gab es kein Prüfungsrecht mehr. Das amerikanische Modell hatte ein individualistisches Bias. Dennoch waren die USA keine anarchistische Gesellschaft. Um den Individuen Gehör zu verschaffen, kam es zu einer beispiellosen Vielfalt von Interessengruppen und sozialen Bewegungen. Sie haben policy-orientierte Beschwerden aufgegriffen und sie in Verfassungsklagen umgemünzt.

2)

Das zweite Modell hat Kelsen *das „österreichische"* genannt. Er hatte Vorläufer in der gemeinsamen Geschichte Deutschlands und Österreichs im „Deutschen Bund" (1815-1866). In der Revolution von 1848 hat die deutsche Nationalversammlung in Frankfurt – einen „kaiserlichen Gerichtshof" vorgesehen. Viele Verfahren waren schon vorweg genommen, selbst die Verfassungsklage gegen Verletzungen der Reichsverfassung oder der Verfassungen der Länder (§ 126, f und g). Leider hat dieses Modell die Restauration von 1849 nicht überlebt. Erst nach dem Zusammenbruch der faschistischen Diktaturen wurde die Erinnerung an diese Tradition wieder belebt. Der Rechtsstaat gewann eine herausragende Bedeutung im System, da die Mehrheitsdemokratie vielfach versagt hatte. Die Priorität des Rechts wurde gegen die Emanationen der demokratischen Volkssouveränität geschützt. Kelsen[3] legte Wert auf die Feststellung, dass Amerika nicht Modell gewesen ist und bekannte, dass die Schweizer und die deutsche Verfassung als Beispiel gedient habe. Wenn auch die USA nicht direkt als Modell dienten, so hat doch die intellektuelle Unterstützung der amerikanischen Sieger in Europa dazu beigetragen, dass das Prinzip des richterlichen Prüfungsrechts rasch akzeptiert wurde[4].

Kontinentale Verfassungsgerichte entscheiden *principaliter* über die Verfassungsmäßigkeit von Gesetzen. Sie sind zentralisiert, abstrakt und allgemein bindend angelegt. Nach dem Zusammenbruch der Doppelmonarchie hat Kelsen das Modell 1920 entwickelt. Es war theoretisch auf seine „Reine Rechtslehre"[5] gegründet, die versuchte ohne politische Ideologie und ohne nicht-juristische Deduktionen auszukommen. Kelsen wurde auf dem europäischen Kontinent viel zitiert, aber sein Modell folgte in vielem kaum seiner Lehre, vor allem nicht seinem „aufgeklärten Positivismus" (Richard Thoma).

3)

Ein dritter Typ entstand in Ländern, die nach 1918 zur vollen Demokratie mit allgemeinem Wahlrecht vorstießen, wie Groß-Britannien oder Schweden. Sie erkannten im Prinzip an, dass die Verfassung – oder grundlegende Verfassungsgesetze wie im Westminster Modell – bindend für die Gesetzgebung seien. Da Verfassungskonflikte jedoch in diesen Ländern rar waren, *schien keine Notwendigkeit gegeben, ein Verfassungsgericht einzurichten.* Die skan-

---

3 Kelsen, Hans (Hg.): Die Verfassungsgesetze der Republik Österreich, Teil 5, Wien, Deuticke, 1922, S. 55.
4 von Beyme, Klaus: America as a Model. The Impact of American Democracy in the World. New York, St. Martin's Press, 1997, S. 91 f.
5 1960 III, S. 277 ff.

dinavische Möglichkeit, Bürgerrechte durch einen *Ombudsman* zu schützen, schien ein hinreichendes Äquivalent der Verfassungsgerichtsbarkeit darzustellen. Ursprünglich galten beide Einrichtungen als inkompatibel. Nach 1945 haben jedoch viele Länder die Einrichtung des ombudsman mit der Verfassungsgerichtsbarkeit kombiniert, und sei es auch nur sektoral wie der deutsche Wehrbeauftragte als Kopie des schwedischen „*militie-ombudsman*".

Nach dem zweiten Weltkrieg hatte das amerikanische Modell eine Chance zur Ausbreitung. Aber die Behauptung dass das judicial review von den Besiegten akzeptiert worden sei „at the point of a gun" kann allenfalls für Japan gelten[6]. Japan folgte dem amerikanischen Modell, aber seine Verfassungsgerichtsbarkeit entwickelte sich nicht zu europäischen Standards. Immerhin half dieser Rezeptionsprozess das Vorurteil zu zerstreuen, das amerikanische Modell führe zur „Herrschaft der Richter". Vor allem Italien und Deutschland folgten der österreichischen Tradition. Italienische Verfassungsväter beriefen sich explizit auf Kelsen[7]. Deutschland hatte seine eigenen Traditionen und niemals ernsthaft die amerikanische Alternative in diesem Bereich diskutiert (im Gegensatz zum präsidentiellen System, das Teile der CSU und der FDP favorisierten). Die französische Tradition war am resistentesten gegen die Idee die staatlichen Entscheidungskompetenzen mit dem Einfluss von Richtern zu teilen. Der „*conseil constitutionnel*" war bewusst als politische Einrichtung konzipiert und nicht als ein Verfassungsgericht[8]. In Richtung der Verfassungsgerichtsbarkeit entwickelte er sich erst als de Gaulle mit seiner 5. Republik das semi-präsidentielle System wieder belebte, das schon in der zweiten Republik (1848-1851) bestanden hatte und es mit orleanistischen Elementen in einer „Republikanischen Monarchie" abmilderte, um die Parlamentshoheit einzuschränken, welche die 3. und 4. Republiken extrem instabil erscheinen ließ. Die Beschränkung des richterlichen Prüfungsrechts auf ex ante-Entscheidungen und „abstrakte Normenkontrolle" galt als strategische Entscheidung, um auch das judicial review von vornherein zu beschränken und es mit einer politischen Kultur vereinbar werden zu lassen, die immer noch an die Volkssouveränität glaubte. Der conseil constitutionnel wurde so anfangs zu einem „hybriden Organ" mit Kennzeichen einer Art dritten Kammer. Dennoch wurde der Conseil – wie das deutsche Verfassungsgericht – oft in die hitzigen Parlamentsdebatten hineingezogen – ein in den USA undenkbarer Vorgang. Amerikanische Fälle erreichen den Supreme Court oft erst nach Jahren, wenn der Pulverdampf hitziger Congress-Debatten sich längst verflüchtigt hat.

Das amerikanische Modell schien vergleichsweise konservativ. Da der Verfassungswandel selten durch Amendments zur Verfassung stattfand (nur 27 amendments, und wenn man die Bill of Rights abzieht, die rasch eingefügt wurde, nur 17 Amendments in über 200 Jahren!), wurde der Wandel durch judicial review gleichsam unmerklich aber stetig bewirkt. Das Prinzip *stare decisis*, die Treue zu Präzedenz-Entscheidungen, war in einem Common-Law-System unerlässlich, um die Kontinuität zu erzeugen, welche die kontinentalen römisch-rechtlichen Traditionen durch exzessive Kodikationen bewirkten. Dieses Prinzip war ursprünglich auch Ausfluss der elitären Hoffnungen der Partei der Federalists, um das System gegen zu raschen Wandel zu schützen. Zusätzlich wurde das Beharrungsvermögen durch die lebenslange „tenure" der Obersten Richter gestärkt. Die politische Versuchung, durch „Court-packing" bei anfallenden Ernennungen Parteistandpunkte zu zementieren, be-

---

6   Shapiro, in: Kenney et al., a. a. O. (Fn. 1), S. 196.

7   Rolla / Groppi, in: Sadurski, Wojciech (Hg.): Constitutional Justice. East and West. Den Haag, Kluwer Law International, 2002, S. 143, 144.

8   Stone, Alec. S.: The Birth of Judicial Politics in France: The Constitutional Council in Comparative Perspective. Oxford, Oxford University Press, 1992, S. 96 ff.

günstigte eher konservative Kräfte wie unlängst die Administration Bush wieder demonstrierte. Der Konservatismus des amerikanischen Modells war für viele Politiker nach 1945 weniger attraktiv, nach Jahren der autoritären Diktaturen, denn viele Gesetze mussten demokratisiert werden und selbst die Eigentumsstrukturen sollten in einigen europäischen Ländern geändert werden.

Das „österreichische Modell" schien angemessener für Europa mit überwiegend parlamentarischen Regierungssystemen und einer römisch-rechtlichen Tradition. Aber es wurde nirgendwo voll „Kelsenianisch" verwirklicht. Kelsen wollte die legislativen und jurisdiktionalen Funktionen im System möglichst getrennt halten und hat daher die Kontrolle über Verfassungsrechte möglichst vermeiden wollen. Europa aber durchlief nach 1945 eine „Revolution konstitutioneller Rechte"[9]. Die exzessive Kodifikation von Rechten auf allen Ebenen hat den Verfassungsgerichten in einigen europäischen Ländern starke Lasten beim Schutz all dieser Rechte aufgebürdet.

Während der „dritten Welle" der Demokratisierung in Süd- und Osteuropa wurden die USA allenfalls indirekt zum Modell für das „constitutional engineering". Der zweite Präsident des russischen Verfassungsgerichts, Vladimir Tumanov[10] erwähnte, dass viele russischen Experten das amerikanische Modell interessant fanden, bis sie die Schwierigkeiten der Adaption in einer Rechtskultur erkannten, die der amerikanischen Common-Law-Tradition geradezu entgegen gesetzt schien. Die ultra-aktivistische Konzeption des russischen Verfassungsgerichts unter seinem Vorgänger Zorkin bis 1993 drängte in eine andere Richtung als die des Supreme Court. Der einzige amerikanische Einfluss in dieser Phase lag in der Neigung, die „political question-Doktrin" zu übernehmen[11]. Amerikanische Liberale haben die neuen aktivistischen Verfassungsgerichte in Osteuropa – vor allem den ungarischen – gedrängt, die Institution der „abstrakten Normenkontrolle" aufzugeben – mit geringem Erfolg[12]. Die Abschaffung der abstrakten Normenkontrolle ist in Deutschland und Spanien immer wieder in der Diskussion aufgetaucht. Aber das österreichisch-deutsche Modell war populär schon weil die ethnischen Minderheiten in Osteuropa des Schutzes gegen Mehrheiten der Gesinnung im Geist des „ancien régimes" bedurften[13].

Eine Vermutung dieses Autors, dass judicial review am leichtesten dort einzuführen war, wo der Rechtsstaat der Einführung von Demokratie und Föderalismus vorausging, ist bezweifelt worden[14]. Der Föderalismus spielte keine größere Rolle für die Gestaltung der Verfassungsgerichtsbarkeit – nicht einmal in Russland, wo das föderale System das einzige war, dass im früheren kommunistischen Lager in verkleinerter Form überlebte[15]. Aber das Rechtsstaats-Argument war keineswegs von der Hand zu weisen. Nur Tschechien hatte vor 1945 demokratische Traditionen entwickelt. All die anderen quasi-autoritären Systeme zwi-

---

9   Stone Sweet, Alec: Governing with Judges: Constitutional Politics in Europe. Oxford, Oxford University Press, 2000, S. 38.

10   Tumanov, in: Frowein, Jochen A. / Marauhn, Thilo (eds.): Grundfragen der Verfassungsgerichtsbarkeit in Mittel- und Osteuropa. Berlin 1998, S. 538.

11   Schwartz, Herman: The New East European Constitutional Courts. In: Howard, A. E. Dick (Hg.): Constitution Making in Eastern Europe. Baltimore, Johns Hopkins University Press, 1993: S. 163-207, hier S. 166.

12   Ackerman, Bruce: The Future of Liberal Revolution. New Haven, Yale University Press, 1992, S. 108 f.

13   Schwartz, Herman: The Struggle for Constitutional Justice in Post-Communist Europe. Chicago, University of Chicago Press, 2000, S. 30.

14   von Beyme, Klaus: The Genesis of Constitutional Review in Parliamentary Systems. In: Landfried, Christine (ed.): Constitutional Review and Legislation. Baden-Baden, Nomos, 1988: S. 21-38, hier S. 37; Sadurski, a. a. O. (Fn. 7), S. 164.

15   von Beyme, Klaus: The Russian Constitutional Court in an Uneasy Triangle between President, Parliament and Regions. In: Sadurski, a. a. O. (Fn. 7), S. 309-325.

schen den Weltkriegen hatten vor dem Kommunismus nur unzulängliche Rechtsstaatlichkeit garantiert. Alle diese Systeme standen der römisch-rechtlichen Tradition nahe. Antistaatsgefühle in den Oppositionen der Nelken-Revolutionäre neigten zur Ideologie der „Civil Society" und entwickelten Interesse am amerikanischen Modell. Aber „*angst*" – das deutsche Wort fand selbst in englisch geschriebenen „text books" Aufnahme[16] drängte die Oppositionen zu einem Modell, das aus der Misstrauen gegen Machtballungen geboren war. Daher war das österreichisch-deutsche Modell für sie attraktiv.

Nirgendwo wurde ein „reines Modell" implementiert. Griechenland kam dem „dispersed American type" in einigen Punkten nahe. In anderen Ländern, wie Polen, Ungarn und Estland erlangten die Verfassungsgerichte die Kompetenz über die Verfassungsmäßigkeit zu entscheiden, ehe ein Gesetz in Kraft trat, ein System, das Deutschland relativ früh aufgegeben hat. Rumänien – mit seiner traditionellen Orientierung auf Frankreich hin – hat die abstrakte Normenkontrolle nach französischem Muster nur zugelassen, ehe ein Gesetz promulgiert wird. Die Behandlung der Verfassungsgerichte in den Verfassungen ist in vielen Fällen dem österreichisch-deutschen Modell nicht gefolgt, ebenso wenig wie in den Modi der Richter-Bestellung. Österreich hatte das Modell nach dem ersten Weltkrieg wieder erfunden, aber die Bundesrepublik hat das Verfassungsgericht zu einer machtvollen dritten Gewalt werden lassen – mit Einflüssen, die von Madrid bis Moskau reichen sollten. Diesem Prozess lag weder deutscher Rechtsimperialismus zu Grunde, noch war Deutschland generell ein unbestrittenes Modell. In vielen Bereichen, vor allem in der Gestaltung des Verhältnisses von Exekutive und Legislative im semi-präsidentiellen System diente eher Frankreich als Vorbild. Das Gericht in Karlsruhe wurde vielfach studiert, nicht zuletzt, weil kein anderes Gericht so exzessiv dokumentiert wurde und weil die deutsche Neigung zu systematischem Denken sich auch in der Rechtsprechung niederschlug.

Fünf Prozesse ließen das BVerfG einflussreich werden:

1) In Deutschland strebte das Verfassungsgericht eine Harmonisierung von professioneller Normanwendung und systematischer Erfassung von Normen und Werten, die über Kelsens positivistisches Ur-Modell hinausging.

2) Kein anderes Verfassungsgericht bot eine so große flexible Anzahl von Verfahren, um den Bedürfnissen in post-autoritären Gesellschaften zu genügen.

3) Deutschland war von den Ländern mit Verfassungsgerichtsbarkeit der am stärksten entwickelte Sozialstaat. Kollektive Ansprüche mussten mit individuellen Rechten in Einklang gebracht werden.

4) Nur in Deutschland gab es ab 1990 eine Verfassungsgerichtsbarkeit, die mit den speziellen Problemen der Bevölkerung in einem vormals kommunistischen System vertraut war.

5) Die Adaption nationalen Rechts an die Erfordernisse der Europäischen Einigung hatte eine eigenwillige Rechtssprechung entwickelt – auch wenn sie nicht immer zum Modell für andere Länder werden konnte.

1 Normanwendung auf der Basis einer systematischen Wertetheorie

Ausländische Kenner nannten das Verfassungsgericht die „originellste Einrichtung des westdeutschen Systems" (Alfred Grosser). Deutschland hat auf Grund seiner diktatorischen Ver-

---

16   Vgl. Sadurski, a. a. O. (Fn. 7), S. 10.

gangenheit versucht, systematische Barrieren gegen Machtmissbrauch zu schaffen. Andererseits lagen dieser Einrichtung nicht nur progressive Motive zu Grunde. Der deutsche Konstitutionalismus, der erst 1918 parlamentarisiert wurde, hat traditionell den Rechtsstaat stärker betont als die politische Partizipation. Eine gewisse Konfliktscheu der Deutschen war auf Konsens gerichtet. Linke Theoretiker vermuteten, dass dies die Anpassung an die Macht begünstigte[17]. Gelegentlich wurde diese Mediationsfunktion von den Parteien sogar missbraucht, etwa als die FDP eine Entscheidung verlangte, ob deutsche Soldaten im Auftrag der UNO in Awacs-Flugzeugen fliegen dürften[18]. In diesem Verfahren wurde ein Scheinprozess für eine politische Entscheidung gewittert, in einer Situation als die Liberalen Teil der Regierung waren, die beschlossen hatte, Militäraktionen der UNO zu unterstützen.

Nach den Erfahrungen mit der Diktatur sollte es keine „justizfreien Hoheitsakte" mehr geben, wie noch in der Weimarer Republik. Das System der Bundesrepublik strebte nach dem „lückenlose Rechtswege-Staat". Spätestens als eine Überlastung des Gerichts mit Anträgen sichtbar wurde, schien eine der Möglichkeiten zur Milderung des Arbeitsdrucks, sich auf die amerikanische political question-Doktrin zu besinnen. Ein Ausschuss des Justizministers, der über Entlastungsmöglichkeiten nachdachte, verwarf diese Möglichkeit jedoch[19]. Ein weiterer Nachteil der deutschen Regelung schien, dass das Verfassungsgericht allzu stark in politische Konflikte hineingezogen wurde – wie etwa dreimal bei der Parlamentsauflösung – bei Fragen, in denen der amerikanische Supreme Court schlicht die political question-Doktrin zur Nichtannahme des Antrags bemüht hätte. Das gilt auch für die Frage, ob das Gericht über die Meinungsfreiheit entscheiden müsse, bei der Frage, ob linke Kritiker Soldaten „Mörder" nennen dürften[20], oder ob „sit-ins" vor Atomkraftwerken und Militäreinrichtungen zulässig seien[21].

Nicht alle Systeme auf dem Weg zur Demokratisierung haben Lückenlosigkeit des deutschen Rechtswege-Staats übernommen. In der Türkei sind der Präsident der Republik und der Oberste Militär-Rat jenseits der Möglichkeiten eines „judicial review" (Verfassung, Art. 125), eine Regelung, die für die Europäische Gemeinschaft kaum akzeptabel sein dürfte. Die dritte Welle der Demokratisierung seit 1974 in Südeuropa und seit 1979 in Osteuropa – die größte Welle der Demokratisierung in der Geschichte – schuf einen begreiflichen Bedarf nach Vorbildern. Dies führte zu einem lebhaften Interesse an der „abstrakten Normenkontrolle", selbst in Estland, das manchmal in der Nähe des amerikanischen Vorbilds vermutet wurde[22]. Der Schutz der Grundrechte wurde in einigen Ländern so stark betont, dass daraus schon Nachteile für die Seite der demokratischen Entscheidungsfähigkeit im System vermutet worden sind[23]. Die neuen Demokratien waren nicht nur an einer positivistischen Anwendung von Normen im Geiste Kelsens interessiert. Die Verfassung hatte für die „Samtrevolutionäre" meta-positivistische Bedeutung, um Rechtsstaat und Demokratie ein Werte-Fundament zu geben. Die allgemeinen Prinzipien der Präambeln und Staatszielbestimmungen sind nie zuvor in Verfassungen so stark betont worden. Die Türkei machte besonders exzessiv davon Gebrauch (Präambel, Art. 1-5) – vom Patriotismus bis zum Wohlfahrtsstaat. Der deut-

---

17   Preuss, Ulrich K.: Politik aus dem Geist des Konsenses. Zur Rechtsprechung des Bundesverfassungsgerichts. Merkur. 1987, S. 1-12.
18   BVerfGE 90, 286 ff.
19   Entlastung des Bundesverfassungsgerichts. Bericht der Kommission. (ed.: Bundesministerium der Justiz), Bonn, 1998, S. 20.
20   BVerfGE 93, 266 ff.
21   BVerfGE 92, 1 ff.
22   Halmai, in: Frowein / Marauhn, a. a. O. (Fn. 10), S. 565.
23   Polakiewicz, in: Frowein / Marauhn, a. a. O. (Fn. 10), S. 578.

sche Rechtsstaat stammte aus einer Tradition, die eher a-politisch und neutral gegenüber der Macht war. Es gab keine übergeordneten Prinzipien in der Verfassungstradition wie die „Parlamentssouveränität" in Großbritannien oder das „judicial review" in den USA. Judicial review in Deutschland war hoch zentralisiert – und auch das lag den neuen Demokratien im nachautoritären Zeitalter näher als das fremde amerikanische Rechtssystem.

2 Ein Modell mit zahlreichen Verfahrensarten, die flexible Antworten auf soziale Bedürfnisse der Gesellschaft ermöglichen

Vor allem die abstrakte Normenkontrolle und die Verfassungsbeschwerden im deutschen System entwickelten Appeal für neue Demokratien. Die tschechischen Verfassungsväter und -mütter haben explizit auf das deutsche Grundgesetz Bezug genommen. Ungarische Wissenschaftler setzten sich mit einem Modell auseinander, dass sie das „österreichisch-deutsche Modell" nannten[24]. Transnationale Vergleiche kamen zu dem Schluss, dass deutsche und spanische Vorbilder für die Gestaltung der neuen Verfassungsgerichte am einflussreichsten gewesen seien[25].

Rechtlich gesehen kann das Parlament in verschiedener Weise involviert werden, als Kläger, als Beklagter, oder als Nebenkläger in einem Verfahren, das der Bundestag nicht initiiert hat (Gesetz über das Bundesverfassungsgericht (BVerfGG) § 65 Abs. 2) oder als Zeuge und Ratgeber (§ 94 Abs. 1, § 23 Abs. 2 BVerfGG). Das Gericht hat eine starke Position gegenüber dem Parlament. Der Bundestag kann das erste Wort haben – das Verfassungsgericht hat das letzte Wort. Die Urteile des Verfassungsgerichts haben bisweilen ex post facto weit reichende Konsequenzen für die Gesetzgebung. Sie haben aber auch ex-ante-Wirkungen entfaltet, weil der Gesetzgeber nicht selten in „vorauseilendem Gehorsam" entscheidet, wenn die Opposition droht, ein Gesetz „nach Karlsruhe zu tragen". Der Einfluss des Verfassungsgerichts wird an verschiedenen Indikatoren gemessen, wie der Zahl der Gesetze, die dem judicial review unterlagen, die Zahl der Gesetze, die vom Verfassungsgericht für verfassungswidrig erklärt wurden und die präventive Drohung, eine Entscheidung vor das Gericht zu bringen. Trotz gewissenhafter Statistik des Verfassungsgerichts wird der Einfluss auf die Politikfelder der Gesetzgebung nicht dokumentiert. Diese Frage ist als eine Art „political question" den Politikwissenschaftlern überlassen worden, die Studien über ausgewählte Gesetze vorgelegt haben[26], und nur gelegentlich längere Zeiträume für die Schlüsselentscheidungen bearbeiteten[27]. Empirische Studien falsifizieren die saloppe publizistische Redeweise vom Verfassungsgericht als „Friedhof wichtiger Gesetzesvorhaben". Selbst bei 108 Schlüsselentscheidungen in 12 Legislaturperioden, die vor das Verfassungsgericht kamen, wurden nur 14,8 % Gesetze nicht oder teilnichtig und 19,4 % als unvereinbar mit dem Grundgesetz erklärt. Bei 17.5 % der Fälle wurde eine verfassungskonforme Interpretation

---

24 in: Sadurski, a. a. O. (Fn. 7): S. 397, 190.

25 Tomuschat, Christian: Das Bundesverfassungsgericht im Kreise anderer nationaler Verfassungsgerichte. In: Badura, Peter / Dreier, Horst (Hg.): Festschrift 50 Jahre Bundesverfassungsgericht. Tübingen 2001, vol. 1: S. 245-288, hier S. 268.

26 Landfried, Christine: Bundesverfassungsgericht und Gesetzgeber. 2. Aufl., Baden-Baden, Nomos, 1996.

27 von Beyme, Klaus: Der Gesetzgeber. Der Bundestag als Entscheidungszentrum. Opladen, Westdeutscher Verlag, 1997, S. 301 f.

angemahnt[28], ein Urteilstyp, der auch in westlichen Demokratien Nachahmung fand, etwa in den französischen „déclarations de conformité sous reserve"[29].

War die abstrakte Normenkontrolle deutschen Musters einerseits ideologisch attraktiv für die Anhänger der „Velvet-Revolution" in Osteuropa, so war sie andererseits in ihrer täglichen Ausprägung gelegentlich auch abschreckend. Da es kaum föderale Systeme in den neuen Demokratien gab, musste die Strapazierung dieser Möglichkeit durch Länder nicht befürchtet werden, wie sie manchmal in Bayern unter christlich-sozialer Dominanz und in Hessen in der Zeit der Dominanz einer vergleichsweise links gestimmten SPD, beklagt worden ist. Aber die abstrakte Normenkontrolle als Instrument der Opposition, wie sie sich mit wachsender Polarisierung seit 1969 zeigte, drohte in den Augen vieler „neuer Demokratien" die außenpolitischen Kompetenzen der Regierung auszuhöhlen, wie an Hand von Fällen wie Deutschlandvertrag (1952[30]), Saar-Urteil (1955)[31], Grundlagenvertrag (1973[32]) argumentiert worden ist. Wenn der Grundsatz richterlicher Zurückhaltung (judicial restraint) gelegentlich aufgegeben wurde, so konnte die generalisierende abstrakte Betrachtung selbst in anderen Verfahrenstypen auftreten. Eine Diätenentscheidung[33] ist nicht ganz grundlos als abstrakte Normenkontrolle in der Verkleidung einer Verfassungsbeschwerde genannt worden[34].

Der Verfahrenstyp des Parteienverbots hat die neuen Demokratien vielfach beschäftigt. Die zwei Fälle in Deutschland (SRP 1952[35] und KPD 1956[36]) waren nicht überzeugend, und noch weniger der unzulänglich vorbereitete Antrag von Innenminister Schily, die NPD zu verbieten. Russland unter der Leitung von Zorkin hat weit flexibler gehandelt. Die Zentralorganisation der KPdSU wurde verboten, aber die Gründung von regionalen Organisationen wurde nicht ausgeschlossen, die sich unter neuem Namen wieder als Partei konstituieren konnte. Der Fall war gleichsam die Kurzzeitversion der deutschen Langzeitlösung, als Heinemann als Innenminister in der Großen Koalition die Gründung der DKP ermöglichte, wohl ahnend, dass das Führungspersonal zu Zweidritteln mit den alten KPD-Kadern identisch sein werde.

3 Harmonisierung von individuellen Rechten und kollektiven Bedürfnissen im Wohlfahrtsstaat

Die Bevölkerung in früher kommunistischen Staaten verlangte die lang entbehrten Freiheitsrechte, wollte aber zugleich auf die paternalistische Wohlfahrtsstaatlichkeit des realen Sozialismus nicht verzichten. Nach Umfragen war Schweden das bevorzugte Modell, das man fälschlich für „sozialistisch" hielt, obwohl dort der Anteil des Staatseigentums vergleichsweise geringer war als in Deutschland und den romanischen Ländern. Aber Schweden hatte

---

28   von Beyme, Der Gesetzgeber, a. a. O. (Fn. 27), S. 304.
29   Favoreu, in: Landfried, Christine (Hg.): Constitutional Review and Legislation. An International Comparison. Baden-Baden 1988, S. 100.
30   BVerfGE 1, 396.
31   BVerfGE 4, 157.
32   BVerfGE 36, 1.
33   BVerfGE 40, 296 f.
34   Eckertz, R.: Die Kompetenz des Bundesverfassungsgerichts und die Eigenheit des Politischen. Der Staat. 1978, S. 183-203, S. 190.
35   BVerfGE 2, 1.
36   BVerfGE 5, 85.

keine Verfassungsgerichtsbarkeit. Deutschland wurde daher zur Inspirationsquelle, wie man Widersprüche zwischen individuellen Rechten und kollektiven Ansprüchen schlichten konnte. Das BVerfG hat sich nach empirischen Analysen der Politik-Felder in denen es intervenierte und Gesetze für null und nicht erklärte, am häufigsten in der Sozialpolitik – doppelt so häufig wie in der Rechtspolitik – eingemischt[37]. Bei den Schlüsselentscheidungen wurde am häufigsten interveniert, wo Rechte ausgeweitet werden sollten. Redistributive Maßnahmen figurierten nicht sehr hoch, weil ihre Zahl relativ gering war. Die Verfassungsgerichte in den neuen Demokratien haben die deutschen Entscheidungen studiert und gelegentlich funktional äquivalent reproduziert.

4 Das Verfassungsgericht als Wächter des „due process" beim Übergang zur Demokratie in Ostdeutschland

Großes Ansehen erwarb das BVerfG in seiner Rolle als Wächter des „due process" im Prozess der Transformation vom sozialistischen Regime zu einem marktwirtschaftlichen Rechtsstaat. Es gab eine kurze Zeit, da für eine demokratische unabhängige DDR geplant wurden. Aber die „Runden Tische", die Verfassungsideen bastelten, hatten kaum Alternativen zu westdeutschen Verfassungsideen – nicht einmal die Kommunisten in den Gremien. Das Karlsruher Modell eines Verfassungsgerichts stand hoch im Kurs. Einige Juristen der Systeme östlich der DDR, welche die Transformation vorbereiteten, haben diese Debatten zur Kenntnis genommen. Der Konsens mit Westdeutschland lag nicht in einem ethnischen Nationalismus, sondern in dem was „Meta-Recht" und „Verfassungspatriotismus" genannt wurde – Begriffe, die nicht auf dem Boden der DDR gewachsen waren. Wie einst bei den westdeutschen Verfassungsvätern und -müttern verliefen die Diskussionen in einem Klima gutwilligen Idealismus, der möglich „neutrale Gerichtsentscheidungen" einer politischen Entscheidung in Bonn oder Berlin vorzog. Der Legalismus, den Almond und Verba schon 1963 in „The Civic Culture" für die Deutschen ermittelt hatten, überlebte 44 Jahre deutscher Trennung. Deutschland wurde wegen der „Nationalisierung" des Transformationsprozesses zum abweichenden Fall. Vergleichende Transformationsstudien außerhalb Deutschlands haben diesen Fall in der Regel nicht berücksichtigt. Westdeutschland hatte sein Rechtssystem exportiert. Selbst der spiritus rector der Wiedervereinigungsgespräche in der Regierung Kohl, Wolfgang Schäuble, hat festgestellt, dass er sich in einigen Rechtsmaterien durchaus Sonderregelungen für Ostdeutschland vorstellen konnte. Aber die ostdeutschen Unterhändler wollten „tutto e subito" das westliche System. Auch die Bürger der DDR dachten überwiegend nicht anders. Sie wollten schnelle und nachhaltige Vereinigung. Viele von ihnen hingen im Vergleich zu den Westdeutschen noch einem traditionaleren Patriotismus an als die Westdeutschen[38]. Der „DM-Nationalismus", wie Habermas das wegwerfend titulierte, war die moderne Seite dieser Option. Selbst frühere Kommunisten waren für Vereinigung, nur langsamer, konföderativer und mehr an einem „dritten Weg" orientiert, der zwischen Markt- und Planwirtschaft angesiedelt sein sollte.

Eine wichtige Funktion des Verfassungsgerichts musste nicht bemüht werden. Wie in Irland bis vor kurzem gab es einen Wiedervereinigungspassus in der Präambel, der eine Art

---

37 Aufstellung in: von Beyme, Der Gesetzgeber, a. a. O. (Fn. 27), S. 303.
38 Westle, Bettina: Kollektive Identität im vereinten Deutschland. Opladen, Leske & Budrich 1999.

moralisches Anrecht artikulierte. Hätte die westdeutsche Mehrheit im Bundestag das Anschluss-Angebot der Volkskammer abgelehnt, hätte diese sich einklagen müssen. Dieses worst-case-scenario hätte eintreten können, wenn nicht alle westdeutschen Politiker – mit wenigen Ausnahmen wie Lafontaine – sich über die Kosten und ökonomischen Folgen der Wiedervereinigung geirrt hätten. Viele Experten schätzten die Gesamtkosten auf 200 Mrd. DM und antizipierten nicht, dass diese Summe fast pro Jahr bezahlt werden musste. Die deutsche Einheit wurde zur „Stunde der Exekutive". Die Regierung hatte mit der DDR im Einigungsvertrag Verfassungsänderungen vereinbart, die der Bundestag kaum noch abändern konnte. Das Gericht hat sich in einheitsfreundlicher Eile „für das schneidigste aller Verfahren" entschieden, nämlich die Verwerfung des Antrags nach § 25 BVerfGG[39]. Der Leitsatz des Urteils vom 31. Oktober 1990: „das Staatsvolk, von dem die Staatsgewalt in der Bundesrepublik Deutschland ausgeht, wird nach dem Grundgesetz von den Deutschen ... gebildet"[40] ist gelegentlich als nationalistisch bezeichnet worden. Ein solches Verdikt tut den Richtern des zweiten Senats unrecht. Man konnte in dem Urteil auch eine Art richterliche Zurückhaltung sehen, um nicht zu stark in die Außenpolitik einzugreifen. Es lag darin eine Art Moratorium, um der Bundesregierung die Möglichkeit zu geben, in der Europäischen Union eine gebilligte internationale Lösung für die deutsche Frage zu erreichen. Außerdem sollte der Gesetzgeber die Chance erhalten, die Klärung der Frage nach dem Wahlrecht zu erreichen.

Das Verfassungsgericht in Karlsruhe bekam auf anderen Gebieten protektive Funktionen für die Ostdeutschen Neubürger. Die plötzliche Einführung der Marktwirtschaft schuf eine Goldgräberatmosphäre in den neuen Ländern. Das Verfassungsgericht schützte die Chancen von Bürgern, Angestellten und Parteien in Ostdeutschland. Im Wahlrechtsurteil wurde vom zweiten Senat verhindert, dass die Fünfprozentklausel bei den ersten gesamtdeutschen Wahlen sofort bundesweit angewandt wurden. DDR-Regional-Parteien bekamen somit eine Chance, auch wenn sie nicht durch Listenverbindungen mit einer westdeutschen Gruppe listenfähig geworden sind. Selbst die PDS, die im Kampf um ihr Vermögen vor Gericht unterlag[41], errang in ihrem Anspruch auf Fraktionsstatus wenigstens einen Teilerfolg, da ihr die Mitgliedschaft in den Unterausschüssen des Bundestages zugesprochen wurde[42].

Diese Rechtsprechung wurde in anderen ex-kommunistischen Ländern verfolgt, hatte aber weniger direkten Einfluss, weil die postkommunistischen Parteien dort über eine wesentlich stärkere Position verfügten, und gerade in den einst oppositionellsten Ländern rasch wieder an die Macht kamen, wie in Litauen (1992), Polen (1993) und Ungarn (1994).

In das Bild eines angeblich „liberalen" ersten Senats schien es weniger zu passen, dass das Verfassungsgericht die „Warteschleife" im April 1991 für verfassungsmäßig erklärte. Die Angestellten des öffentlichen Dienstes, die mit Wirksamwerden des Einigungsvertrages vom 3. Oktober 1990 suspendiert worden waren, da sie Einrichtungen angehörten, die nicht von Bund, Ländern und Gemeinden übernommen und daher „abgewickelt" wurden, sind für 6 Monate (Personen über 50 Jahre für 9 Monate) unter Zahlung von 70 % ihrer Bezüge gleichsam beurlaubt worden. 304 der Betroffenen hatten in Karlsruhe Verfassungsbeschwerden eingereicht, weil ihnen pauschal und nicht individuell gekündigt worden sei. Darin wurde eine Verletzung der Berufsfreiheit, der Rechtsweggarantie und der Menschenwürde gewittert. Die Zahl der Betroffenen wurde auf drei- bis sechshunderttausend geschätzt. Die

---

39   Meyer, in: Badura / Dreier, a. a. O. (Fn. 25), S. 85.
40   BVerGE 83, 37.
41   BVerfGE 84, 290 ff.
42   BVerfGE 84, 304 ff.

Verfassungsbeschwerde wurde in wesentlichen Teilen abgelehnt. Die Menschenwürde sah das Gericht nicht verletzt, da die Bediensteten in der Warteschleife nach Ablauf ihrer Verträge zunächst Arbeitslosengeld und später Arbeitslosenhilfe erhielten, sodass ihr Existenzminimum gesichert schien. Die staatliche Politik einer effizienten Neuordnung der Verwaltung in den neuen Bundesländern, mit der Konsequenz einer Abschaffung aller als überflüssig erachteten Einrichtungen aus kommunistischer Zeit, wurde damit gestützt. Lediglich gegenüber Frauen, die Anspruch auf Mutterschutz hatten, Alleinerziehenden, Behinderten und älteren Angestellten wurden ein paar kleinere Konzessionen gemacht[43]. Auch diese Urteile wurden im osteuropäischen Ausland studiert. Bei dem Umbau kommunistischer Regime wurde dort jedoch zum Teil weniger Rücksicht auf spezifische Rechtslagen genommen. Generelle Regeln, hohe und mittlere Kader von Ämtern für eine Zeit auszuschließen, hätten der deutschen Verfassungsgerichtsbarkeit vermutlich kaum stand gehalten. Die „negative Kaderpolitik" der neuen Demokratien hat sich im Übrigen weitgehend auf Fälle der Zusammenarbeit mit der Staatssicherheit beschränkt[44]. Hier gab es Parallelen zur deutschen Entwicklung, aber keine direkten Einflüsse deutscher Regelungen. Den Verfassungsrichtern in Karlsruhe wurde vielfach vorgeworfen, keine hinreichende Kenntnis von den Lebensbedingungen der DDR zu haben. Dieser Einwand entfiel bei den osteuropäischen Verfassungsgerichten, die gelegentlich eher zuviel Verständnis für den Status quo ante zeigten.

Kein Land hatte eine so effiziente Einrichtung, wie die „Gauck-Behörde" geschaffen. Daher blieben generelle Ausschluss-Ankündigungen unter Jelzin weitgehend folgenlos, obwohl selbst die Zentren der Orthodoxen Kirche dem Verdacht der KGB-Verbindungen ausgesetzt waren[45]. Gesetze der Russländischen Föderation stellten das „outing" von Staatsicherheitsinformanten sogar unter Strafe. In Polen kursierten „Agentenlisten" in einigen Zeitungen, trotz hoher Strafandrohungen. Der selektive Gebrauch von Geheimdienstakten im politischen Kampf war durch solche Versuche, die alte Nomenklatur zu schonen, jedoch nirgendwo ausgeschlossen. Nur in der Tschechoslowakei wurde im Lustrationsgesetz[46] eine exzessive Justizialisierung des Tatbestandes „wissentliche Zusammenarbeit mit der Staatssicherheit" (§ 2.2) versucht. Präsident Havel unterzeichnete das Gesetz mit großen Bedenken, Ministerpräsident Dubcek verweigerte die Unterschrift und überließ sie seinem Stellvertreter. Die slowakische Regierung unter Meciar hatte schon 1992 angekündigt, das Lustrationsgesetz nach der Trennung von Tschechien abzuschaffen. Das Verfassungsgericht hat sich mit dem Gesetz befasst. Es erklärte die Regelung für verfassungskonform, beanstandete aber die Kategorisierung von Tätern. Das Volk hatte rasch an der negativen Kaderpolitik kein Interesse mehr[47]. Der Elitenwechsel fand wie in Ostdeutschland weniger durch gesetzliche Maßnahmen als durch die faktische Verdrängung von der Macht statt.

Auch bei dem Urteil über die Klage von Eigentümern, die sich nicht mit der Respektierung der Enteignung durch die sowjetische Besatzungsmacht abfinden wollten, ist das Gericht 1991 weitgehend der „Staatsräson" gefolgt, obwohl seiner allgemeinen Abneigung gegen willkürliche Staatseingriffe kein Zweifel bestand. Die Richter suchten einen Mittelweg zwischen der außenpolitischen Staatsräson, wie sie in einem gemeinsamen Brief von Genscher und de Maizière vom 14. September 1990 ausgedrückt worden ist – dass die „Enteignungen auf besatzungsrechtlicher Grundlage" nicht rückgängig zu machen seien – und den

---

43   BVerfGE 85, 167.
44   Vgl. von Beyme; Klaus: Systemwechsel in Osteuropa. Frankfurt 1994, S. 185 ff.
45   RFE/RL Research Report 1992, Nr. 23, S. 61 ff.
46   Gesetz 451/1991.
47   RFE/RL Research Report 1993, Nr. 29, S. 23.

Geboten der Gerechtigkeit gegenüber den Geschädigten. Die Enteignungen galten nicht in dem Verantwortungsbereich der „dem Grundgesetz verpflichteten Staatsgewalt". Als doppelte Sicherung konnte man darauf hinweisen, dass bis 1949 auch das Grundgesetz, auf das die Kläger sich beriefen, noch nicht einmal in Westdeutschland galt[48]. Eine Pflicht zur eigentumsrechtlichen Wiederherstellung des Status quo ante wurde auch in anderen ex-kommunistischen Ländern nicht gefolgt, obwohl sie nicht den scharfsinnigen Unterschied zwischen Enteignungen durch die kommunistische Staatsgewalt und Enteignungen durch die „sowjetische Besatzungsmacht" bemühen konnten.

5 Die Adaption des nationalen Rechts an die Erfordernisse der Europäischen Einheit

Die Herstellung der deutschen Einheit hatte einen besonderen Aspekt, der zunächst in den anderen ex-kommunistischen Ländern fehlte: es wurde vom Verfassungsgericht versucht, die deutsche und die europäische Einheit zusammen zu sehen. Viele deutsche Konzessionen an den europäischen Einigungsprozess waren auch als Werbung für die Akzeptierung der deutschen Einigung durch die westlichen Nachbarn gedacht.

Die Hoffnung auf Zugang zur Europäischen Union hat die Debatten in diesen Ländern jedoch früh eine Rolle gespielt und begünstigte die Einrichtung der Verfassungsgerichtsbarkeit nach einem „europäischen Modell". Louis Favoreu entwickelte einen weiteren Grund gegen das amerikanische Modell: die Säuberung des Rechtssystems von belasteten Juristen auf allen Ebenen – die in Amerika über konstitutionelle Fragen entscheiden können – hätte eine noch härtere „negative Kaderpolitik" in den ex-kommunistischen Ländern erfordert. Das Beispiel des Verfassungsgerichts der Russischen (korrekter: Russländischen Föderation, da die Verfassung den terminologischen Unterschied zwischen „russkij" und „rossijskij" macht) Föderation macht, zeigte in der ersten Ära unter Präsident Zorkin, dass die Säuberung selbst in der Spitze der Hierarchie keine Garantie für eine völlig demokratische neue Rechtspolitik bot[49]. Der Präsident selbst politisierte die Aktivitäten seines Gerichtshofes. In einigen dieser Systeme wie in Polen unter Walesa und in Russland unter Jelzin wurde der Präsident eher als Demokratisierungsmotor angesehen als das Verfassungsgericht[50].

Die Verfassungsgerichte in Europa wurden vielfach zum Mediator zwischen europäischem und nationalem Recht. Für Mitglieder gibt es keine Möglichkeit außer der Angleichung. Ein Beschluss zum Verlassen der Union wird von Juristen als „illegal" angesehen[51]. Einige Länder, wie Italien und Deutschland folgten strikt der Doktrin des *Gesetzesvorbehalts*. Andere machten vor allem von Dekreten Gebrauch, wie das in Deutschland nicht möglich war. Italien schuf 1987 und 1989 ein Spezialregime der Anpassung durch Gesetze[52].

---

48 BVerfGE 84, 90 ff.
49 Vgl. von Beyme 2002, S. 318.
50 Sadurski, a. a. O. (Fn. 7), S. 174 f.
51 Frowein, in: Badura / Dreier, a. a. O. (Fn. 25), S. 212.
52 von Bogdandy, Armin: Europäisierung der nationalstaatlichen Verfassung: Erosion eines gesellschaftlichen Grundkonsenses? In: Schuppert, Gunnar Folke / Bumke, Christian (Hg.), Bundesverfassungsgericht und gesellschaftlicher Grundkonsens. Baden-Baden 2000, S. 243-261, hier S. 249.

Im Maastricht-Urteil von 1993[53] musste das BVerfG über die Verfassungskonformität weitreichender Vertragsänderungen entscheiden. Es ging vor allem um eine europäische Währungsunion. Das Gericht hat sich nicht nur zur Frage des Grundrechtsschutzes gegen Rechtsakte der Gemeinschaft geäußert, sondern auch zu Grenzen der Kompetenzen der Gemeinschaft und zum Kontrollvorbehalt der Nationalstaaten. Der *„Wesensgehalt der Grundrechte"* musste nach diesem Urteil selbst gegen die EU verteidigt werden. Es kam jedoch zu einem Bekenntnis der Kooperation mit dem Europäischen Gerichtshof. In der Literatur überwog die Ansicht, dass das „Fehlerkalkül" im Falle der Europäischen Gemeinschaft präzise begrenzt sei[54]. Es wurde begrüßt, dass das Verfassungsgericht die Kooperation stärker betont habe als in früheren Urteilen[55].

Umstrittener war die Definition der Union als „Staatenverbund"[56]. Rein sprachlich hatte diese Erfindung, die man Paul Kirchhof zuschrieb, den Nachteil in anderen Sprachen schwer reproduzierbar zu sein. Allenfalls die Schweden können sich einen „statsförbundet" denken. Andere Sprachen, vor allem das hochrelevante Englisch kann diese sprachliche Differenzierung nicht reproduzieren. Der Staatenverbund sollte mehr als ein „Staatenbund", aber weniger als ein „Bundesstaat" sein. Die Klagen gegen den Maastricht-Vertrag wurden verworfen, da die Bundesrepublik mit der Ratifikation des Unionsvertrag nicht einem „unüberschaubaren in seinem Selbstlauf nicht mehr steuerbaren ‚Automatismus' zu einer Währungsunion unterworfen habe, und das Parlament auf jeder Stufe bewusst über weitere Integrationsschritte beraten könne. Zweifellos wurde auch in diesem Bereich das Verfassungsgericht zum Vorbild für künftige Mitglieder, weil es seiner „Ausgleichs- und Brückenfunktion" mit Augenmaß und Mäßigung gerecht geworden sei[57]. Der Präsident des BVerfG, Papier[58], sah die nationale Souveränität nicht im Konflikt mit internationalen Normen, solange das Grundgesetz „völkerrechtsfreundlich" interpretiert werde. Konflikte wären denkbar, für die Einwanderungspolitik in Europa, die zunehmend alle Mitgliedsländer betrifft, selbst die 10 Mitglieder, die unlängst der Union beitraten. Das Verfassungsgericht versuchte Barrieren gegen ein Konzept der „multikulturellen Gesellschaft" zu errichten und hat die Wahlrechte für Ausländer in engen Grenzen für zulässig gehalten[59]. Aber auch in diesem Bereich kommt es zunehmend zur Rechtsangleichung in Europa, die selbst vor den neuen Mitgliedern nicht halt macht.

---

53 BVerfGE 89, 155 ff.
54 Frowein, in: Badura / Dreier, a. a. O. (Fn. 25), S. 223.
55 Schwarze, in: Badura / Dreier, a. a. O. (Fn. 25), S. 243.
56 BVerfGE 89, 165 ff.
57 Kirchhof, Paul: Die Aufgaben des Bundesverfassungsgerichts in Zeiten des Umbruchs. In: NJW 1996, S. 1497-1505.
58 Papier, Hans-Jürgen: Straßburg ist kein oberstes Rechtsmittelgericht. Ein Gespräch mit dem Präsidenten des Bundesverfassungsgerichts. Frankfurter Allgemeine Zeitung, 9.12.2004, S. 5.
59 BVerfGE 83, 37 ff.

Abkürzungsverzeichnis

a.	auch / aber
a. A.	anderer Ansicht
a. a. O.	am angegebenen Ort
Abs.	Absatz
abw.	abweichend(es)
a. E.	am Ende
a. F.	alte Fassung
Anl.	Anlage(n)
Anm.	Anmerkung
AnwBl	Anwaltsblatt
AöR	Archiv des öffentlichen Rechts
APuZ	Aus Politik und Zeitgeschichte, Beilage zur Wochenzeitung Das Parlament
ARD	Arbeitsgemeinschaft der Rundfunkanstalten Deutschlands
ARSP	Archiv für Rechts- und Sozialphilosophie oder American Political Science Review
Art.	Artikel
ASuS	Archiv für Sozialwissenschaft und Sozialpolitik
Aufl.	Auflage
Az.	Aktenzeichen
B.	Beschluss
BayVBl	Bayerische Verwaltungsblätter
BBG	Bundesbeamtengesetz
Bd.	Band
Bde.	Bände
BDK	Bund Deutscher Kriminalbeamter
BDVR	Bund Deutscher Verwaltungsrichter
BGH	Bundesgerichtshof
Blätter	Blätter für deutsche und internationale Politik
BND	Bundesnachrichtendienst
BVerfG	Bundesverfassungsgericht(s)
BVerfGE	Entscheidungssammlung des BVerfG (Jahr, Seite)
BVerfGG	Gesetz über das BVerfG
BVerwG	Bundesverwaltungsgericht
BVerwGE	Entscheidungssammlung des BVerwG (Jahr, Seite)
bzw.	beziehungsweise
CILIP	Bürgerrechte & Polizei/CILIP
CR	Computer und Recht
ders.	derselbe
DGB	Deutscher Gewerkschaftsbund
Diss.	Dissertation
DJZ	Deutsche Juristenzeitung
DÖV	Die Öffentliche Verwaltung
DRiZ	Deutsche Richterzeitung
DVBl	Deutsches Verwaltungsblatt
DVP	Deutsche Verwaltungspraxis
ebd.	ebenda
EGMR	Europäischer Gerichtshof für Menschenrechte
einschl.	einschließlich
EMRK	Konvention zum Schutze der Menschenrechte und Grundfreiheiten (Europäische Menschenrechtskonvention)
etc.	et cetera (lat.: und das Übrige)
EuGH	Gerichtshof der EU
EuGRZ	Europäische Grundrechte-Zeitschrift
f.	folgende (z. B. Seite, Nummer)
ff.	fortfolgende (z. B. Seiten, Nummern)
Fn.	Fußnote
FS	Festschrift
GA	Goltdammers's Archiv für Strafrecht
GdP	Gewerkschaft der Polizei
GG	Grundgesetz
gg.	gegen
ggf.	gegebenenfalls
GMBl.	Gemeinsames Ministerialblatt (Jahr, Seite)
GO	Geschäftsordnung
grch.	(alt)griechisch
GVG	Gerichtsverfassungsgesetz
HChE	Herrenchiemseer Entwurf
Hg.	Herausgeberin / Herausgeber
HistJb	Historisches Jahrbuch
hrsg.	herausgegeben
i. A.	im Allgemeinen
i. D.	in Druck
i. d. F.	in der Fassung
i. E.	in Entstehung
IfS	Institut für Staatswissenschaften (Schriftenreihe)
insbes.	insbesondere
i. V.	in Vorbereitung
JBED	Jahrbuch Extremismus und Demokratie
JBöR	Jahrbuch des öffentlichen Rechts der Gegenwart
JBÖS	Jahrbuch Öffentliche Sicherheit
JöR	Jahrbuch des öffentlichen Rechts der Gegenwart. Neue Folge
JR	Juristische Rundschau
JurBl	Juristische Blätter
JuS	Juristische Schulung
JZ	Juristenzeitung
Kap.	Kapitel
KJ	Kritische Justiz

krit.	kritisch
KritV	Kritische Vierteljahresschrift für Gesetzgebung und Rechtswissenschaft
KZfSS	Kölner Zeitschrift für Soziologie und Sozialpsychologie
lat.	lateinisch
MAD	Militärischer Abschirmdienst
m. a. W.	mit anderen Worten
m. E..	meines Erachtens
Mio.	Millionen
m. N.	mit Nachweis(en)
m. w. N.	mit weiteren Nachweisen
NAFTA	North American Free Trade Agreement (Nordamerikanische Freihandelszone)
NC	numerus clausus (geschlossene Anzahl
n. F.	neue Fassung
NJW	Neue Juristische Wochenschrift
NKP	Neue Kriminalpolitik
Nr.	Nummer(n)
NVwZ	Neue Zeitschrift für Verwaltungsrecht
o. Ä.	oder Ähnliches
OLG	Oberlandesgericht
o. O.	ohne Ort
p. a.	per anno (= jährlich)
PID	Präimplantationsdiagnostik
PKH	Prozesskostenhilfe
PoStu	Politische Studien
PVS	Politische Vierteljahresschrift
Rdnr.	Randnummer(n)
Rspr.	Rechtsprechung
RGBl.	Reichsgesetzblatt
RuP	Recht und Politik (Zeitschrift)
s.	siehe
S.	Seite(n) oder Satz / Sätze
s. a.	siehe auch / siehe aber
scil.	scilicet (= nämlich)
s. o.	siehe oben
sog.	so genannt(e)
Staat	Der Staat (Zeitschrift)
StGH	Staatsgerichtshof
StPO	Strafprozessordnung
st. Rspr.	ständige Rechtsprechung

s. u.	siehe unten
TVöD	Tarifvertrag für den öffentlichen Dienst
TVÜ-Bund	Tarifvertrag zur Überleitung der Beschäftigten des Bundes in den TVöD und zur Regelung des Übergangsrechts
u.	und
U.	Urteil
u. a.	unter anderen / anderem
u. ä.	und ähnlich
Univ.	Universität
UNO	United Nations Organizations (Organisation der Vereinten Nationen)
UPR	Umwelt- und Planungsrecht (Zeitschrift)
usw.	und so weiter
u. v. a.	und vor allem
v.	vor / von / vom
v. a.	vor allem
Verf.	Verfassung / Verfasser
Verw	Die Verwaltung (Zeitschrift)
VerwArch	Verwaltungsarchiv
VerwRspr	Verwaltungsrechtsprechung
vgl.	vergleiche
vorgänge	vorgänge. Zeitschrift für Bürgerrechte und Gesellschaftspolitik
vs.	versus (gegen)
VVDStRL	Veröffentlichungen der Vereinigung Deutscher Staatsrechtslehrer
WiMi	Wissenschaftliche(r) Mitarbeiter(in)
WRV	Weimarer Reichsverfassung
ZaöRV	Zeitschrift für ausländisches öffentliches Recht und Völkerrecht
z. B.	zum Beispiel
ZBR	Zeitschrift für Beamtenrecht
ZfP	Zeitschrift für Politik
ZG	Zeitschrift für Gesetzgebung
ZParl	Zeitschrift für Parlamentsfragen
Zpol	Zeitschrift für Politikwissenschaft
ZRP	Zeitschrift für Rechtspolitik
ZSE	Zeitschrift für Staats- und Europawissenschaften
z. Zt.	zur Zeit

Verzeichnis der Autorinnen und Autoren

Anter, Andreas
Professor Dr. phil., Vertretungsprofessor für Politikwissenschaft an der Universität Bremen.
📖 Max Webers Theorie des modernen Staates, 2. Aufl., Duncker & Humblot: Berlin 1996; Die normative Kraft des Faktischen. Das Staatsdenken Georg Jellineks, Nomos: Baden-Baden 2004 (Hg.); Die Macht der Ordnung. Aspekte einer Grundkategorie des Politischen, Mohr Siebeck: Tübingen 2004.

von Beyme, Klaus
Professor Dr. phil. Dr. h. c.; em. Ordinarius, Institut für Politische Wissenschaft der Universität Heidelberg.
📖 Politische Theorien im Zeitalter der Ideologien 1789-1949, Westdeutscher Verlag, Wiesbaden 2002; Das politische System der Bundesrepublik Deutschland, 10. Aufl., VS Verlag für Sozialwissenschaften, Wiesbaden 2004; Das Zeitalter der Avantgarden. Kunst und Gesellschaft 1905-1955, Beck, München 2005konstantin; weitere Publikationshinweise unter www.politik.uni-hd.de/personen/beyme.uhtml.

Brodocz, André
Dr. phil., wissenschaftlicher Mitarbeiter am Projekt "Verfassung als institutionelle Ordnung des Politischen" des Sonderforschungsbereichs 537 "Institutionalität und Geschichtlichkeit" der TU Dresden.
📖 Die symbolische Dimension der Verfassung. Ein Beitrag zur Institutionentheorie. Wiesbaden 2003; Die Eigenzeit des Bundesverfassungsgerichts. Eine qualitative Analyse seiner Rechtsprechung, in: Zeitschrift für Rechtssoziologie 24 (2003), S. 183-217; Institutionelle Macht. Genese - Verstetigung - Verlust. Köln/Weimar/Wien 2005 (Hg.).

Bryde, Brun-Otto
Professor Dr. jur.; seit 2001 Richter im Ersten Senat des Bundesverfassungsgerichts, Karlsruhe; seit 1987 Professur für Öffentliches Recht und Wissenschaft von der Politik an der Universität Gießen.
📖 Verfassungsentwicklung 1982; Die bundesrepublikanische Volksdemokratie als Irrweg der Demokratietheorie, in: Staatswissenschaft und Staatspraxis, Heft 3/1994, S. 305 ff.; Die Verfassungsgerichtsbarkeit in der Rechtssoziologie in: J. Brand/D. Strempel (Hrsg.), Soziologie des Rechts, Festschr. f. E. Blankenburg, Schriften der Vereinigung für Rechtssoziologie Bd. 24, Baden-Baden (Nomos) 1998 S. 490 ff.; Constitutional Courts in Constitutional Transition in: F. Van Loon/K. Van Aeken (Eds.), 60 maal recht en 1 maal wijn, Liber Amicorum Jean Van Houtte, Leuven (Acco) 1999, S. 235 ff.; International Democratic Constitutionalism, in: Ronald St. John Macdonald / Douglas M. Johnston (ed.), Towards World Constitutionalism, Leiden / Boston (Nijhoff), 2005, S. 103 ff.; weitere Publikationshinweise unter www.recht.uni-giessen.de/wps/fb01/ma/pub/Bryde.

Bull, Hans Peter
Professor (em.) Dr. jur.; Universität Hamburg, Fakultät für Rechtswissenschaft.
📖 Allgemeines Verwaltungsrecht mit Verwaltungslehre (zusammen mit Veith Mehde), 7. Aufl., C. F. Müller, Heidelberg 2005; Datenschutz, Informationsrecht und Rechtspolitik, Duncker & Humblot, Berlin 2005; Absage an den Staat? Vorwärts Buch, Berlin 2005.

Burchardt, Daniel
Dr.; Rechtsanwalt in Berlin.
📖 Grenzen verfassungsgerichtlicher Erkenntnis – Zur Prozeduralität der Verfassungsnormativität, Berlin 2004.

Bürklin, Thorsten
Dr. phil. Dipl. Ing., Architekt und Philosoph, lehrt an der Staatlichen Akademie der Bildenden Künste Karlsruhe sowie an der Fachhochschule und an der Universität Frankfurt am Main.
📖 Balance und Krise. Weltgestaltende Individualität und Werk in der italienischen Renaissance, OLMS, Hildesheim, Zürich, New York 1997; AuftritteScenes. Interaktionen mit dem architektonischen Raum: die Campi Venedigs, (gem. mit A. Janson) Birkhäuser, Basel, Boston, Berlin 2002; Lokale Identitäten in der globalen Stadtregion. „Alltagsrelevante Orte" im Ballungsraum Rhein-Main, (gem. mit M. Peterek) IKO-Verlag, Frankfurt am Main 2006.

Grigoleit, Klaus Joachim
Dr. iur., Privatdozent an der Juristischen Fakultät der Humboldt-Universität zu Berlin und Rechtsanwalt in Stuttgart.
📖 Bundesverfassungsgericht und deutsche Frage. Eine dogmatische und historische Untersuchung zum judikativen Anteil an der Staatsleitung. Tübingen 2004; weitere Publikationshinweise unter http://www.rewi.hu-berlin.de/~grigoleit/.

Günther, Frieder
Dr. phil.; Promotion am Seminar für Zeitgeschichte der Universität Tübingen, 2002-2005 wissenschaftlicher Mitarbeiter der Stiftung Bundespräsident-Theodor-Heuss-Haus, seitdem selbständiger Historiker in Stuttgart.
📖 Denken vom Staat her. Die bundesdeutsche Staatsrechtslehre zwischen Dezision und Integration 1949-1970, Oldenbourg, München 2004; Heuss auf Reisen. Die auswärtige Repräsentation der Bundesrepublik durch den ersten Bundespräsidenten, Franz Steiner, Stuttgart 2006.

Gusy, Christoph
Dr. jur., Professor für Öffentliches Recht, Staatslehre und Verfassungsgeschichte an der Universität Bielefeld.
📖 Publikationen unter http://www.jura.uni-bielefeld.de/Lehrstuehle/Gusy/Veroeffentlichungen_Vortraege/Publikat ionen.html.

Häberle, Peter
Professor Dr. Dr. h.c. mult.; Direktor des Bayreuther Instituts für Europäisches Recht und Rechtskultur, Universität Bayreuth.
📖 Rechtsvergleichung im Kraftfeld des Verfassungsstaats, Berlin 1992; Verfassung als öffentlicher Prozess, 3. Aufl., Berlin 1998; Europäische Rechtskultur, Baden-Baden 1994; Öffentliches Interesse als juristisches Problem, 2. Aufl. 2006. Übersetzungen in 18 Sprachen. Weitere Publikationshinweise in: Liber Amicorum für P. Häberle, Tübingen 2004, S. 875-914.

Haltern, Ulrich
Inhaber des Lehrstuhls für deutsches und europäisches Staats- und Verwaltungsrecht, Direktor des Instituts für nationale und transnationale Integrationsforschung, Universität Hannover, Königsworther Platz 1, 30167 Hannover, LS.Haltern@jura.uni-hannover.de.
📖 Verfassungsgerichtsbarkeit, Demokratie und Misstrauen, Berlin 1998; Europarecht und das Politische, Tübingen 2005; Europarecht: Dogmatik im Kontext, Tübingen 2005. Weitere Publikationshinweise unter http://www.lehr stuhl-haltern.de.

Henne, Thomas
Priv.-Doz. Dr. jur., LL.M. (Berkeley); Privatdozent für Neuere Rechtsgeschichte und Zivilrecht; Lehrstuhlvertreter an der HU Berlin, der Universität Tübingen und zuletzt an der Universität Frankfurt/M.
📖 Das 'Lüth'-Urteil in (rechts-) historischer Sicht. Die Konflikte um Veit Harlan und die Grundrechtsjudikatur des Bundesverfassungsgerichts (Hg.), Berlin 2005; Die Mephisto-Entscheidungen der deutschen Gerichte. Eine exemplarische, justitiell geführte Auseinandersetzung über den Umgang mit der deutschen NS-Vergangenheit in den späten sechziger und frühen siebziger Jahren, in: Birgit Feldner u. a. (Hg.), Ad Fontes. Europäisches Forum Junger Rechtshistoriker/innen Wien 2001, Frankfurt/M. 2002, S. 193 ff.; Die neue Wertordnung im Zivilrecht, speziell im Familien- und Arbeitsrecht (Vortrag auf dem Rechtshistorikertag 2004), in: Michael Stolleis (Hg.), Die Bonner Republik. Älteres Recht und neues Grundgesetz, Berlin 2006 (i. E.). Weitere Publikationshinweise unter http://web. uni-frankfurt.de/fb01/henne/.

Hesse, Hans Albrecht
Prof.(em.), Dr. rer. pol. Uni Hannover, Juristische FAkultät.
📖 Einführung in die Rechtssoziologie. VS-Verlag. Wiesbaden 2004; Experte, Laie, Dilettant. Westdeutscher Verlag. Opladen u. Wiesbaden 1998; Der Schutzstaat. Nomos. Baden-Baden 1994.

Hohmann-Dennhardt, Christine
Dr. iur.; Richterin des Bundesverfassungsgerichts, Karlsruhe.
📖 Ungleichheit und Gleichberechtigung – Zur Kompensatorischen Funktion der Frauenquoten in Rechts- und Sozialpolitik, Heidelberg 1982; Sozialstaat ohne Zukunft – Zukunft ohne Sozialstaat? in: Adolf-Arndt-Kreis (Hg.), Schriftenreihe Bd. 3, Stachel der Gerechtigkeit. Die Zukunft des Sozialstaates, Berlin 2005, S. 91; Freiräume – Zum Schutz der Privatheit, in: NJW 2006, S. 545.

Ketelhut, Jörn

Dipl.-Pol., Wissenschaftlicher Mitarbeiter am Institut für Politikwissenschaft der Helmut-Schmidt-Universität / Universität der Bundeswehr Hamburg.

Die „maternalistische" Geschlechterpolitik des EuGH: Familienpolitische Leitbilder in der Rechtsprechung zu Mutterschutz und Elternrechten. In: Jünemann, Annette / Klement, Carmen (Hg.), Die Gleichstellungspolitik in der Europäischen Union (Schriftenreihe des Arbeitskreises Europäische Integration e. V., Bd. 52), Baden-Baden: Nomos 2005, S. 46-64; Bremen: Parlamentarismus im Zwei-Städte-Staat (zusammen mit Roland Lhotta). In: Mielke, Siegfried / Reutter, Werner (Hg.), Länderparlamentarismus in Deutschland, Wiesbaden: VS-Verlag 2004, S. 169-194; weitere Publikationshinweise unter: www2.hsu-hh.de/lhotta/Wissenschaftliche_Mitarbeiter/Ketelhut.

Köppe, Olaf

Dr. sc. pol.; Diplom - Sozialwiss.; Wiss. Mitarbeiter am Deutschen Bundestag; Lehrbeauftragter an der Humboldt Universität zu Berlin; wissenschaftlicher Angestellter an der Universität Duisburg - Essen von 1996 - 2001.

„Migration, Wettbewerbsstaat und Europäisierung: Zur Verschärfung der Migrationspolitik in der Ära der Globalisierung", in: PERIPHERIE. Zeitschrift für Politik und Ökonomie in der Dritten Welt, Nr. 97/98, Mai 2005, S.172 ff.; „Politik und Justiz im Ausländerrecht", in: Kritische Justiz 2004 (Heft 2), S. 132 ff; „The Leviathan of Competitiveness. How and Why do Liberal States (Not) Accept Unwanted Immigration?", in: Journal of Ethnic and Migration Studies, Volume 29, issue 3 pp: 411 - 428 von 2003.

Korioth, Stefan

Universitätsprofessor, Dr. jur.; Ordinarius für Öffentliches Recht und Kirchenrecht an der Ludwig-Maximilians-Universität München.

Integration und Bundesstaat. Ein Beitrag zur Staats- und Verfassungslehre Rudolf Smends, Duncker & Humblot, Berlin 1990; Der Finanzausgleich zwischen Bund und Ländern, Mohr Siebeck, Tübingen 1997; Das Bundesverfassungsgericht. Stellung, Verfahren, Entscheidungen (zusammen mit Klaus Schlaich), C. H. Beck, München, 6. Auflage 2004.

Landfried, Christine

Prof. Dr., Professorin für Politische Wissenschaft an der Universität Hamburg (Lehrstuhl für Vergleichende Regierungslehre).

The Selection Process of Constitutional Court Judges in Germany. In: Malleson, Kate / Russell, Peter H. (Hg.), Appointing Judges in an Age of Judicial Power: Critical Perspectives from Around the World. Toronto, Buffalo, London: University of Toronto Press 2006, S. 196-210; Das politische Europa. Differenz als Potential der Europäischen Union, Baden-Baden: Nomos, 2., überarbeitete und erweiterte Auflage 2005; Das Entstehen einer europäischen Öffentlichkeit. In: Franzius, Claudio / Preuß, Ulrich K. (Hg.), Europäische Öffentlichkeit, Baden-Baden: Nomos 2004, S.121-135.

Lembcke, Oliver

Dr. phil.; M.A.; Wissenschaftlicher Mitarbeiter am Lehrstuhl für Öffentliches Recht und Rechtsphilosophie der Friedrich-Schiller-Universität Jena; Lehrbeauftragter am Institut für Politikwissenschaft der FSU Jena und an der Staatswissenschaftlichen Fakultät der Universität Erfurt.

Hüter der Verfassung. Eine institutionentheoretische Studie zur Autorität des Bundesverfassungsgerichts, J. C. B. Mohr (Paul Siebeck), Tübingen, 2006 [i. E.]; Über das Ansehen des Bundesverfassungsgerichts. Ansichten und Meinungen in der Öffentlichkeit 1951-2001, Berliner Wissenschafts-Verlag, Berlin 2006; Menschenwürde: Subjektivität als objektives Prinzip. In: Marburger Jahrbuch Theologie 17 (2005), S. 49-77; weitere Publikationshinweise unter www.oliver-lembcke.de.

Lhotta, Roland

Prof. Dr. phil., Professor für Politikwissenschaft, insbes. das politische System der Bundesrepublik Deutschland, an der Helmut-Schmidt-Universität / Universität der Bundeswehr Hamburg.

Die Integration des modernen Staates. Zur Aktualität der Integrationslehre Rudolf Smends (Staatsverständnisse, Bd. 14), Baden-Baden: Nomos 2005; Vermitteln statt Richten: Das Bundesverfassungsgericht als judizieller Mediator im LER-Verfahren. In: Zeitschrift für Politikwissenschaft 12 (2002), S. 1075-1100; Das Bundesverfassungsgericht als politischer Akteur: Plädoyer für eine neoinstitutionalistische Ergänzung der Forschung. In: Schweizerische Zeitschrift für Politikwissenschaft 9 (2003), S. 142-153; weitere Publikationshinweise unter: www2.hsu-hh.de/ lhotta/Prof__Lhotta/Publikationen.

Lietzmann, Hans J.
Univ.Prof. Dr. phil., Lehrstuhl für Politikwissenschaft an der Bergischen Universität Wuppertal, Fachbereich A/ Geistes- und Kulturwissenschaften.
⌂ Zahlreiche Veröffentlichungen zur Politischen Theorie, Rechts- und Verfassungspolitik sowie zur Europapolitik. Zuletzt: Politik und Geschichte. (m. A. Gawrich) Münster (Westf. Dampfboot) 2005 (darin: Die politische Symbolkraft von Verfassungen und die Genealogie des europäischen Konstitutionalismus.); Die politische Verfassung Europas. Verfassungspolitische Traditionen und Perspektiven der EU (m. G. Wilde) Wuppertal 2005; Klassiker der Politikwissenschaft. Von Aristoteles bis David Easton. (m. W. Bleek) München (C. H. Beck) 2005; http://www. polwiss.uni-wuppertal.de, hans.j.lietzmann@uni-wuppertal.de.

Möllers, Martin H. W.
Professor Dr. phil.; Dipl. Soz. Wiss.; Studienassessor; Dozent an der Fachhochschule des Bundes für öffentliche Verwaltung, Fachbereich Bundespolizei, Lübeck.
⌂ Wörterbuch der Polizei, C. H. Beck, München 2001 (Hg.); Polizei und Grundrechte, Verlag für Polizeiwissenschaft, Frankfurt am Main 2006; weitere Publikationshinweise unter www.martin-moellers.de.

Müller, Henrik
Dr., Wissenschaftlicher Mitarbeiter am Institut für Öffentliches Recht der Johann Wolfgang Goethe-Universität Frankfurt am Main, zuvor Rechtsanwalt in Frankfurt am Main.
⌂ Verfahrensartfehler, Baden-Baden 2005; Das Fachplanungsrecht nach seiner Anpassung an die UVP- und die IVU-Richtlinie, Baden-Baden 2002 (zus. mit Wickel, Martin); Zum Vorliegen einer zulassungspflichtigen Änderung von Betrieb oder Anlage eines Flughafens, NJW 2001, S. 3293-3296 (zus. mit Steinberg, Rudolf).

Niclauß, Karlheinz
Prof. Dr. phil., Professor für Politische Wissenschaft an der Universität Bonn (em.).
⌂ Die Sowjetunion und Hitlers Machtergreifung, Bonn 1966; Demokratiegründung in Westdeutschland – Die Entstehung der Bundesrepublik 1945-1949, München 1974; Kontroverse Deutschlandpolitik – Die politische Auseinandersetzung in der Bundesrepublik über den Grundlagenvertrag mit der DDR, Frankfurt 1977; Der Weg zum Grundgesetz. Demokratiegründung in Westdeutschland 1945-1949, Paderborn 1998 (UTB 2058); Das Parteiensystem der Bundesrepublik Deutschland. Eine Einführung, Paderborn 2002 (2. Aufl. UTB 1896); Kanzlerdemokratie. Regierungsführung von Konrad Adenauer bis Gerhard Schröder, Paderborn 2004 (UTB 2432). Aktuelle Beiträge im Volltext unter www.karlheinz-niclauss.de.

van Ooyen, Robert Chr.
Dr. phil.; Oberregierungsrat; 1998-2001 Vertretung einer Professur für Politikwissenschaft an der Universität Duisburg, seitdem Dozent an der Fachhochschule des Bundes für öffentliche Verwaltung, Fachbereich Bundespolizei, Lübeck; Lehrbeauftragter am Otto-Suhr-Institut für Politikwissenschaft der FU Berlin.
⌂ Der Staat der Moderne, Duncker & Humblot, Berlin 2003; Der Begriff des Politischen des Bundesverfassungsgerichts, Duncker & Humblot, Berlin 2005; Politik und Verfassung, VS Verlag für Sozialwissenschaften, Wiesbaden 2006; Die Staatstheorie des Bundesverfassungsgerichts und Europa, Nomos, Baden-Baden 2006.

Piazolo, Michael
Prof. Dr. iur; Dipl. pol.; Professor für Politikwissenschaft an der Fachhochschule für Verwaltung und Rechtspflege Berlin; bis Anfang 2006 Dozent an der Akademie für Politsche Bildung in Tutzing.
⌂ Solidarität. Deutungen zu einem Leitprinzip der EU, Ergon, Würzburg 2004; Der Rechtsstaat, 3. Aufl., München 2004; Das Bundesverfassungsgericht. Ein Gericht im Schnittpunkt zwischen Recht und Politik (Hg.), v. Hase & Köhler, Mainz 1995.

Pilz, Frank
Professor für Politikwissenschaft an der Universität Regensburg, Regensburg.
⌂ Publikationen: siehe Literatur zum Beitrag.

Schaal, Gary S.
PD Dr. phil. habil.; Heisenbergstipendiat an der TU Dresden.
⌂ Einführung in die Politischen Theorien der Moderne, UTB, Opladen 2006 (zusammen mit Felix Heidenreich); Verfassungsgerichtliche Deutungsmacht und rationale Selbstbindung, in: Vorländer, Hans (Hg.), Die Deutungsmacht der Verfassungsgerichtsbarkeit, VS-Verlag, Wiesbaden, 2006, S. 121-137; Vertrauen, Verfassung, Demokratie, VS-Verlag, Wiesbaden, 2004.

Schäller, Steven

M. A.; 2004-2005 wiss. Hilfskraft am Lehrstuhl für Politische Theorie und Ideengeschichte und am Projekt I „Verfassungen als institutionelle Ordnungen des Poltiischen" des SFB 537 „Institutionalität und Geschichtlichkeit" von Professor Hans Vorländer in Dresden; seit 2005 Promotionsstipendiat der Friedrich-Naumann-Stiftung.

📖 Herfried Münkler, in: Gisela Riescher (Hrsg.): Politische Theorie der Gegenwart, Kröner, Stuttgart 2004, S. 333-337; Präjudizien als selbstreferenzielle Geltungsressource des Bundesverfassungsgerichts, in: Hans Vorländer (Hg.), Die Deutungsmacht der Verfassungsgerichtsbarkeit, VS-Verlag, Wiesbaden 2006, S. 205-234; Gute Erfahrungen – schlechte Erfahrungen. Präsumtive Präjudizienbindung im gewaltenteiligen demokratischen Rechtsstaat, in: André Brodocz (Hg.), Erfahrung als Argument, Nomos, Baden-Baden (i. E.).

Steinberg, Rudolf

Prof. Dr., Präsident der Johann Wolfgang Goethe-Universität Frankfurt am Main seit dem Jahr 2000, zuvor ebendort Inhaber des Lehrstuhls für Öffentliches Recht, Umweltrecht und Verwaltungswissenschaft.

📖 Fachplanung, 3. Aufl., Baden-Baden 2000 (zus. mit Berg, Thomas und Wickel, Martin); Der ökologische Verfassungsstaat, Frankfurt 1998; Verfassungsrechtlicher Umweltschutz durch Grundrechte und Staatszielbestimmung, NJW 1996, S. 1985-1994.

Stüwe, Klaus

Privatdozent Dr. phil. habil.; M.A.; Fachvertreter für Vergleichende Politikwissenschaft und Systemlehre an der Katholischen Universität Eichstätt-Ingolstadt.

📖 Antike und moderne Demokratie (Hg. mit Gregor Weber), Verlag Philipp Reclam, Stuttgart 2004; Die Inszenierung des Neubeginns, VS-Verlag, Wiesbaden 2004; Die Rede des Kanzlers, VS-Verlag 2005; Das Bundesverfassungsgericht, VS-Verlag, Wiesbaden 2007 (i. E.). Weitere Publikationshinweise unter http://www.klaus-stuewe.de.

Voigt, Rüdiger

Dr. jur.; Professor; 1981-1990 Professor für Politikwissenschaft an der Universität Siegen, seitdem Professor für Verwaltungswissenschaftan der Universität der Bundeswehr München, Direktor des Instituts für Staatswissenschaften.

📖 Des Staates neue Kleider, Nomos, Baden-Baden 1996; Recht – Spielball der Politik, Nomos, Baden-Baden 2000; Phönix aus der Asche, Nomos, Baden-Baden 2003; Weltordnungspolitik, VS-Verlag, Wiesbaden 2005.

Vorländer, Hans

Professor Dr., ordentlicher Professor für Politikwissenschaft an der TU Dresden.

📖 Demokratie. Geschichte, Formen, Theorien. München: C. H. Beck 2003; Die Verfassung. Idee und Geschichte, 2. Aufl., München: C. H. Beck 2004; Die Deutungsmacht der Verfassungsgerichtsbarkeit (Hg.), Wiesbaden: VS Verlag 2006.

Wahl, Rainer

Professor Dr., Institut für Öffentliches Recht, Albert-Ludwigs-Universität Freiburg.

📖 Der Vorrang der Verfassung; Reform des Bundesverfassungsgerichts; Internationalisierung des Staates, alle Publikationen in: Verfassungsstaat, Europäisierung, Internationalisierung, Suhrkamp, Frankfurt 2003, S. 121, 273, 17. Weitere Publikationshinweise unter: www.jura.uni-freiburg.de/institute/ioeffr5/forschung/uebersicht.php.

Zuck, Rüdiger

Professor Dr. jur.; Rechtsanwalt; Stuttgart.

📖 Subsidiaritätsprinzip und Grundgesetz, Beck, München, 1965; Lechner/Zuck, Bundesverfassungsgerichtsgesetz, Kommentar, 5. Aufl. 2006, Beck, München; Das Recht der Verfassungsbeschwerde, 3. Aufl. 2006, Beck, München.

Stichwortregister

Abgeordnete 75; 77; 81 f.; 122; 128; 216 ff.; 221; 232 f.; 291; 337; 480

Ablehnung eines Verfassungsrichters 41

Abstimmung des Gerichts 124; 234; 269; 276; 278 f.; 327; 483

Abstrakte Normenkontrolle 219; 519

Abtreibung 9; 183; 262

Abwehrrechte (*Grundrechte) 134; 182; 207; 315; 367 f.; 371; 420 ff.; 438; 497 f.; 503 f.

Abweichende Meinung (*Dissenting votes, *Sondervotum) 76; 269; 277; 301; 365; 407; 456

Adenauer, Konrad 6; 73; 121; 142; 151; 153 ff.; 161; 164; 190; 215; 223; 244 f.; 278; 335; 336; 340 f.; 537

Amtszeit 78; 128; 151; 163; 233; 447

Anhörung 10; 39; 40; 104; 241; 346

Annahmeverfahren (Selektion) 209

Apotheken-Urteil 136

Appellentscheidung 41; 302

Asylgrundrecht (Asylrecht) 379 f.; 382; 481

Auslagen (*Kosten) 376

Ausland 136; 168; 321; 481; 529

Ausländer 38; 353; 531

Ausländerwahlrecht 328; 330

Ausstrahlungswirkung der Grundrechte 134

AWACS 218

Baumgarten, Paul 17 ff.; 22 ff.

Beamte 132 f.; 153; 286; 290; 346; 360; 366; 449; 450 ff.

Befangenheit 78; 166; 262; 336

Beratung 40; 117 f.; 120 ff.; 127 f.; 153; 202; 210; 218; 259; 262; 276 f.; 356; 398; 409

Berufsfreiheit 136; 148; 263; 411 f.; 481; 528

Beschwerdebefugnis 223 f.

Beteiligte 44; 71 f.; 83; 163; 173; 217; 283; 397

Bill of Rights 521

Bindungswirkung der Entscheidungen 84; 93 f.; 169; 375; 445 f.; 474; 490

Brandt, Willy 6; 163 ff.; 172 ff.

Bundesgericht (*Oberste Bundesgerichte) 122 ff.; 127; 154; 195; 202; 208; 477; 483

Bundeskanzler 12; 73; 155; 163; 165; 173 f.; 190; 246; 278; 301; 538

Bundesminister der Justiz 79; 111; 120; 125; 157; 194; 278; 336; 341

Bundespräsident 70; 76; 155 f.; 190; 375; 473; 480; 535

Bundesrat 72; 74 ff.; 78; 80 f.; 117; 120; 125 ff.; 159; 163; 190; 194; 202; 215; 217; 232 f.; 241; 250; 342; 346; 392 f.; 397; 399; 403; 409; 480

Bundesregierung 43; 70 f.; 73 ff.; 77; 79; 82; 85; 131; 153 f.; 156 f.; 165 ff.; 170 f.; 173 f.; 190; 194; 202; 215; 218; 220; 222 f.; 233; 245 f.; 251; 278; 293; 330; 335 f.; 339 ff.; 346; 362; 392; 398 f.; 407; 409; 412; 447; 498; 528

Bundesstaat 7; 12; 112; 391 ff.; 404 f.; 407; 413; 417; 483; 531; 536

Bundestag 12; 65; 71; 73 ff.; 80 ff.; 85; 103; 117; 120; 125 ff.; 137; 159; 163; 165 f.; 181; 190; 194; 199; 216 ff.; 220 ff.; 225 ff.; 229; 232 f.; 240 f.; 250; 276; 281; 294; 299 ff.; 346; 399; 480; 498; 525; 528

Bundestagsauflösung 12; 285

Bundestreue 397 f.

Bundesverfassungsgerichtsgesetz 117; 190; 195; 201; 204; 233; 241; 271; 283; 289; 340; 436; 478; 538

Bund-Länder-Streitigkeiten 484

Bürger 36 f.; 39; 43; 45; 50; 53; 56; 58 f f.; 76; 81; 89; 100; 105; 119; 170; 176 ff.; 181; 183; 185 f.; 190; 192; 196; 198; 202 ff.; 206 f.; 210 f.; 213; 226; 232; 235; 244; 247 f.; 291; 300; 315; 318 f.; 323; 330 f.; 343 f.; 351; 361 f.; 367 f.; 371; 373 f.; 381; 385 ff.; 414; 421; 441; 446; 480 ff.; 486; 508 f.; 511 ff.; 515; 517; 527 f.

Bürgergericht 39; 192; 291

Bürgerrechte 192; 328; 352; 361; 367; 369; 521; 532 f.

Datenschutz 198; 534

Demokratie 6; 22 ff.; 36; 40; 46 f.; 49; 60; 62; 72; 99 ff.; 109 ff.; 118; 121 ff.; 125; 133; 145 f.; 148 f.; 176; 191 ff.; 210 ff.; 226 f.; 229 f.; 232; 239; 243 ff.; 247; 249; 270; 276 f.; 280 ff.; 284; 294; 310; 313; 315; 321 ff.; 326 ff.; 333 f.; 337; 339; 345 f.; 368 ff.; 375; 435; 458; 473; 477; 483; 485; 505; 507 ff.; 520; 522; 524; 527; 532; 535; 537 f.

Deutsche Demokratische Republik (DDR) 68; 81 f.; 165; 168 f.; 218; 250; 527 f f.; 537

Deutscher Bund 66; 81; 118; 155; 171; 174; 190; 198; 217; 221 f.; 225; 256; 337; 343; 536

Deutungsmacht 6; 12; 48; 70; 189 f.; 192 ff.; 233; 250 ff.; 537 f.

Dienst- und Treueverhältnis 452; 461

Diktatur 121; 129; 171; 215; 323; 327; 333; 338; 520; 522; 524

Dissenting votes (*Abweichende Meinung, *Sondervotum) 12; 61; 261 f.; 264; 269 f.; 453

Dreielementenlehre 386

Drittwirkung (*Ausstrahlungswirkung) 37; 42; 135; 142; 145; 147 f f.; 367

Ehe (*Schutz von Ehe und Familie) 147; 253 ff.; 264; 408 ff.; 416

Eherechtsreform 261; 409

Neu im Programm
Politikwissenschaft